定海交通志

DING HAI JIAO TONG ZHI

（1989 ~ 2010）

舟山市定海区交通运输局《定海交通志（1989 ~ 2010）》编纂委员会编

中国文史出版社

图书在版编目(CIP)数据

定海交通志：1989-2010 / 舟山市定海区交通运输局编．
-- 北京：中国文史出版社，2016.11
ISBN 978-7-5034-8646-3

Ⅰ．①定… Ⅱ．①舟… Ⅲ．①交通运输业—概况—舟山市—1989-2010
Ⅳ．① F512.755.3

中国版本图书馆 CIP 数据核字 (2016) 第 285716 号

责任编辑：张蕊燕

出版发行：中国文史出版社
网　　址：www.chinawenshi.net
社　　址：北京市西城区太平桥大街 13 号　　邮编：100811
电　　话：010-66198268　66192584
印　　装：浙江省舟山市定海同润图文印刷中心
经　　销：全国新华书店
开　　本：16
印　　张：42.75　　　　字数：957 千字
版　　次：2016 年 12 月北京第 1 版
印　　次：2016 年 12 月第 1 次印刷
定　　价：180.00 元

定海交通志

丙申秋书
孝年九十七

2015 年 5 月 25 日，中共中央总书记、国家主席、中央军委主席习近平视察境内舟山长宏国际船舶修造有限公司。

2009 年 12 月 25 日，中共浙江省委书记赵洪祝在舟山跨海大桥通车仪式上讲话。

1995 年 11 月 23 日，国家主席杨尚昆视察舟山，在鸭白线“舟渡 5 号”轮上题词“建设蓝色海洋，发展舟山经济”。

2010 年 3 月，钱正英院士考察金塘港区大浦口集装箱作业区。

2011 年 4 月，全国政协副主席董建华考察舟山国际海运学院。

1991 年 5 月 23 日，全国人大常委会副委员长阿沛阿旺晋美考察定海老塘山港区码头。

2006 年 4 月 23 日，中共中央政治局委员、国务院副总理吴仪乘坐舟山海关缉私分局“886”艇，考察舟山海上交通。

2010年5月15日，国家工业和信息部部长李毅中一行调研考察岙山国家石油储备基地。

2011年11月7日，省交通运输厅副厅长储雪青在舟山市定海区督查73省道白泉段改建工程。

2008年6月30日，省交通厅副厅长郑黎明一行调研定海交通工作。

2014 年 8 月 20 日，中共舟山市定海区委书记傅良国调研定海交通工作。

2011 年 11 月 17 日，舟山市交通运输委员会主任余本年一行调研定海交通工作。

2012 年 8 月 20 日定海港客运区和舟山港务大厦俯瞰。

舟山解放前夕被国民党炸毁的定海海军码头。

舟山解放初期的定海三北码头。

2015 年 11 月 27 日，舟山市汽车客运中心（盐仓站）投入运行。

定海港

《定海交通志（1989 ~ 2010）》编纂委员会

主　任　赵志军　（前任主任　戎仁文）

副主任　周军波　（前任副主任　车利康　周明华）

委　员　虞建军　李鹏飞　刘奋勇　乐科军　张成业　刘璋宏

张建伟　黄海舟　朱旭东　周家友　缪承强　施科军

黄涌涌　程　广　沈振波

（前任委员　邬勤平　傅造娟　应仁飞　缪富平　林建跃

陈小华　姚国宏　张毅群）

《定海交通志（1989 ~ 2010）》编纂办公室

主　任　黄海舟　（前任主任　张成业　庄缀萍）

主　编　徐瑞兴

办公室成员　施财龙　戴孝根

校　对　章新亚　徐瑞兴

序 一

马克思曾讲过:"人类历史始终是和产业史交通史关联着。"交通运输是国民经济的重要组成部分,是基础经济,与社会经济、政治文化、国防建设及人民生活紧密相连,休戚相关。

定海地处浙江省东北部东海海域、中国最大的群岛一舟山群岛的中、西部,是中国东部沿海航运线与长江"黄金水道"交汇的咽喉要冲,是南北海运和江海联运枢纽。境内港湾众多,水域广阔,可供开发的深水岸线长达68.7公里。近代历史表明,定海交通的发展和变化,始终与长江流域经济和东部沿海地区经济发展紧密联系在一起。定海海洋、海岛遭受异族入侵战车荼毒时,交通深受其害。清代定海成为鸦片战争主战场,民国时期又遭日军蹂躏。解放前,定海交通事业发展极其缓慢,陆路交通仅有古道,20世纪40年代初始才有简易公路。

解放后,特别是党的十一届三中全会以来,定海交通运输业呈现跨越式发展,发生了根本性变化。交通投资连创新高,路网设施服务能力全面升级,以国省道和县乡公路为支撑的主岛内公路网络及金塘、册子、长白等岛屿水陆联运架构逐步形成。通过"县乡公路三年提升工程"及"通村联网公路、农村公路大中修"等实事项目的持续投入,农村公路路况大幅提升,客运站场和港湾式候车亭建设持续发展,客货运输量稳步增长,运输服务效率和水平不断提高。

修编史志,千秋大业。定海区交通运输局同志们高瞻远瞩,宏怀大器,承编《定海交通志(1989～2010)》裨益当代,惠及后人。修志人员不辞辛劳,广征博采,数易其稿,终成付梓,值得庆贺。是《志》坚持实事求是原则,纵述横陈,辩证地记述定海区交通运输发展的历史,客观真实地反映各个时期定海交通基础设施建设和交通运输业发展面貌,总结定海交通运输管理工作中的经验和教训。纲举目张,条分缕析,是一部体例完备,资料详实,内容丰富,文笔流畅,具有时代特征和行业特色的部门专业志书。《定海交通志(1989～2010)》入列我区重要历史文献,当之无愧。

时下,浙江舟山群岛新区建设方兴未艾,定海区交通运输事业的发展,正值千载难逢的良好机遇。愿定海区交通运输战线广大干部职工，以“创新、协调、绿色、开放、共享”五大发展理念为引领，按照“树标杆、补短板、求突破、走前列”的要求，积极投身“比学赶超”，发扬负重奋进，迎难而上，挑战风险，敢于突破的精神，站在建设舟山江海联运服务中心“桥头堡”位置上，守住“桥头堡”阵地，担当“桥头堡”责任，践行“桥头堡”使命！

舟山市定海区人民政府副区长

2016 年 4 月

序　二

交通是人类适应和改造自然环境的产物，显示了人类不屈不挠的精神和聪明才智。“想致富、先修路”这句话告诉我们交通是社会经济发展当之无愧的先行官，交通的变迁与发展折射出的正是社会的发展和时代的进步。《定海交通志（1989 ～ 2010）》的编辑出版是全区交通运输系统的一件大事，可喜可贺！

定海地处舟山群岛中西部，是长江流域对外开放的海上门户和通道，战略位置十分重要。但由于种种原因，改革开放前定海的经济社会和交通运输事业发展相对滞后。党的十一届三中全会以来，定海交通运输系统全体干部职工，在中共定海区委区人民政府和市交通运输局的正确领导和大力支持下，攻坚克难，砥砺奋进，开拓创新，交通运输事业飞速发展。截至“十二五”末，全区公路总里程达到 757.4 公里，路网密度位居全省第二、全市第一；拥有陆岛交通码头 55 座、73 个泊位，实现全区千人以上岛屿陆岛交通码头全面普及；建成农村公路客运站 22 个、港湾式候车亭 546 个，完成农村客运网络基本布局。全区人民群众切身感受和共享了交通发展的成果。

《定海交通志（1989 ～ 2010）》的编写起步于 2009 年，辛勤耕耘，历经六年。期间，具体参与编写的同志克服诸多困难，四处奔波，广征博采，千淘万漉，去伪存真，终于完成了这部观点正确、立意鲜明、资料翔实、科学规范的《定海交通志（1989 ～ 2010）》编撰工作。该《志》是一部珍贵的地方交通百科全书和史料典籍，可为当前和今后制定定海区国民经济发展战略提供历史经验，可为定海交通运输系统广大干部职工了解历史、鉴古知今、激发创新提供学习材料。

值此机会，我要向所有为编写《定海交通志（1989 ～ 2010）》提供热心帮助、指导、支持的单位和个人，表示衷心的感谢。同时，还要郑重地向全区交通运输系统干部职工推荐这本书，鼓励大家学历史，知现在，谋将来，求发展。愿大家从中汲取营养、振奋精神、奋勇争先，在新机遇与新挑战下，主动作为、大胆创新，积极发挥交通“先行官”作用，为服务国家战略，为定海经济的快速腾飞，作出新的贡献。

舟山市定海区交通运输局局长 赵志军

2016 年 4 月

凡　例

一、《定海交通志（1989 ～ 2010）》以邓小平理论、“三个代表”重要思想、科学发展观为指导，坚持辩证唯物主义和历史唯物主义观点，突出时代特点和地方特色，如实记述定海境内、主要是改革开放后定海区交通事业的发展轨迹。

《定海交通志（1989 ～ 2010）》是《定海交通志》（1996 年版）的续志，时间节点、记述内容衔接《定海交通志》（1996 年版）。为保持资料完整性、连贯性和衔接性，个别事物上下限略有追溯和延伸。续志下限 2010 年，重要事项延伸到志书出版。

二、记述的地域范围，以 2010 年舟山市定海区行政区域为基准，属地入志，不涉管理体制，包括中共舟山市委、市人民政府创新行政管理体制确定的经济功能区——浙江舟山群岛新区新城管委会和浙江舟山群岛新区金塘管委会。“住人岛”、“无人岛”即指有常住户口居民的岛屿和无常住人口居民的岛屿。港口划分、定名、范围等均按国务院、交通部、省人民政府规定。

三、《定海交通志（1989 ～ 2010）》横排纵写，设篇、章、节、目、子目五个层次。大事记采用编年体与记事本末体相结合的记叙法。全志主体采用记叙文体，顺叙法，述而不论，寓观点于记述中。志、记、传、图、表、录诸体并用，彩图置卷首，图表和照片穿插在正文中。概述和篇章节目下的“无题小序”，起统揽和点题作用。

四、计量单位，除个别保持历史资料原状外，采用国家法定计量单位。

五、采用公元纪年。1950 年 5 月 17 日定海解放，所提及“解放前”“解放后”，即以此为界。

六、地名、人名，历史上地名，一仍其旧；1989 年后地名，采用今标准名称；浙江省内地名，采自《浙江地名简志》（1988 年 12 月浙江人民出版社出版）。

七、荣誉榜，荣列 1989 年以来获地厅级以上荣誉称号个人和集体。

八、入志资料来自各级档案馆、史志办馆藏和单位提供资料以及地方志书、年鉴、书籍、报刊和知情人、当事人回忆等，均经考订后入志，一般不注出处。

概　述

（一）

舟山市定海区境域地理坐标：东经121° 38′～122° 15′，北纬29° 55′～30° 15′。在浙江省东部海域，居舟山群岛中西部，东南与同市普陀区接壤，南与宁波市北仑区海域相接，西南与宁波市镇海区、慈溪市海域交界，北与同市岱山县毗邻。相依在上海、杭州、宁波等沿海发达城市，附近即国家级风景名胜区普陀山、国家级生态公园朱家尖岛。背倚中国最具活力的长三角，面向浩瀚的太平洋，是中国伸入环太平洋经济圈的前沿和进入西太平洋的主通道。

定海拥有海岸线总长428千米，深水岸线87千米。海域宽阔，航道少淤，大型船舶畅行无阻，通多条国际航线。港口资源得天独厚，是我国南北海运、江海联运的枢纽，是上海国际航运中心和宁波—舟山港的重要组成部分，是长三角地区对外贸易物流岛和海上中转集散地。港口与世界上100多个国家和地区的大约600个港口有贸易运输往来。国内航线向北直通宁波、上海、南京、大连，向南直达厦门、广州、香港、澳门、台北等港口。

定海区境域总面积1444平方千米，其中海域875.20平方千米，占总面积60.61%，陆地568.8平方千米，占总面积39.39%。海岛丘陵地貌，大部分山峰在海拔400米以下，最高点黄扬尖主峰海拔503.6米。行亚热带海洋季风气候，四季交替明显，冬暖夏凉，温暖湿润，光照充足。夏秋多热带气旋（包括热带风暴、强热带风暴、台风、强台风和超强台风）。年均气温16.1摄氏度。年均降水量1442.9毫米，年均降水日数153.4天（日降水量≥0.1毫米）。

定海交通是定海区经济发展的重要支撑。经济快速发展，需要交通强劲驱动。党的十一届三中全会后，定海交通事业在“改革开放”总方针指引下，取得了实质性发展。至二十世纪末，交通基础设施明显改善，运输功能逐步增强，交通长期滞后的“瓶颈”状况彻底扭转。提前实现了中共浙江省委、省人民政府提出的“先缓解，后适应”的工作目标。

跨入二十一世纪后，海洋经济开发风起云涌，为定海创造了前所未有的发展机遇。市、区两级交通行政部门的干部职工，抓住机遇，围绕服务经济，以科学发展观为指导，坚持民生为先，惠民利民，团结务实，奋勇拼搏，超前谋划，大手笔、大投入，大力发展“畅通高效，安全绿色”的现代交通运输业，着力构建立体交通框架，畅通路网通道，提高通达能力，交通事业日新月异，突飞猛进，驶入快车道。二十一世纪头十年，一大批重要的交通基础设施项目相继完成，各小岛交通基础设施“旧貌换新颜”，取得有目共睹的辉煌成就。2009 年 12 月 25 日，全长 48 千米，投资约 130 亿人民币的世界级大桥—舟山跨海大桥全线通车，结束了千百年来定海与大陆舟楫相渡、隔海相望的历史，实现定海与大陆无缝接轨，直接融入长三角一体化发展进程，迎来了大桥经济时代的机遇期。“沧海变良田，天堑变通途”，定海交通进入一个崭新的半岛时代，实现了几代人的跨越梦想，改变了定海对外交通运输格局，开创了“水陆并举，外快内畅”的交通新局面，海岛交通从此迈入了高速发展的快车道。推进大路网建设，城乡统筹，优先发展公共交通等惠民工程，更使定海交通面貌焕然一新，实现与大陆现代道路交通网全面接轨。

开发得天独厚的港口和航道资源，建设新港，改造老港，全力推进大港口建设，优化和调整港口布局。港口大开发带来临港产业的跨越式井喷式发展，一个个大型临港工业项目竞相落户，快速崛起。中国最大商业原油储运基地、国家石油战略储备基地、民营绿色石化基地和舟山国际粮油集散中心先后建成运营。定海已成为投资者竞相驻足的开发热土。定海港已经从单一的装卸运输功能港口，发展成国家重要的石油、粮食、化工品等大宗商品储运中转加工贸易现代化港口。物流岛功能凸显，国家战略性资源的综合保障能力提高，为定海对接承担国家战略举措使命—舟山江海联运服务中心“一号工程”建设奠定了基础。

1989 年至 2010 年，定海港口开放开发，舟山跨海大桥贯通，定海境域水陆交通四通八达，形成“通达、便捷、经济、安全”现代运输体系。交通事业的快速发展既全力推动定海产业提质升效，助推经济快速发展，又彻底改善岛城交通面貌和城市形象，实实在在惠及社会民生，改善岛民出行环境。交通建设辉煌成果为广大百姓所共享、所称颂。

（二）

港口开发　定海得天独厚的优越建港自然环境条件，是最具优势的潜在资源和未来振兴定海经济的推进力和新的增长极。1987 年 4 月，国务院批准舟山港（含定海、老塘山作业区）正式对外开放。1988 年 7 月，中国化工进出口总公司选址岙山港建设石油中转和储运基地，未几，成立内地与港合资兴中石油转运有限公司。1997 年 10 月 6 日，省人民政府批复同意《舟山港总体布局规划》，其中在定海境域内的有定海港区和老塘山港区以及当年正在规划中的金塘港区。2002 年，野鸭山区块建设定位为“舟山国际粮油产业园区”。2003 年 11 月，册子岛原油中转基地一期项目开工建设。2004 年，交通部规划研究院编制的《舟山港总体规划》，增加境内金塘港区、马岙港区。2006 年 1 月，启用“宁波—舟山港”名称，境内港口岸线等战略性资源得到进一步整合开发。2009 年“宁波—舟山港”货物吞吐量达到 5.7 亿吨，超过上海港（5 亿吨），跃居世界各海港之首。是年，投资 58.5 亿元的定海金塘大浦口集装箱港区开工建设，2010 年 7 月 25 日投产运行。该港区拥有 5 个现代化集装箱泊位，年吞吐能力达到 250 万标箱，成为撬动或进一步提高宁波—舟山港的国际竞争力，促进舟甬地区，乃至整个长三角区域经济的协调发展的支撑点。

2010年,定海境内港域货物吞吐量达到8317万吨(不包括金塘、岙山辖区),港口生产创历史新高。拥有各类港口经营企业102家,各类泊位107座,其中万吨级以上14座,靠泊能力88余万吨。

2015年5月13日,省政府宣布成立宁波—舟山港管委会工作组,9月29日,宁波舟山港集团有限公司揭牌成立,标志着宁波舟山港实现了以资产为纽带的实质性一体化,宁波、舟山两港从此合二为一。2014年,宁波港和舟山港的货物吞吐量达到87346万吨,在全球所有港口中,名列第一,世界第一大港梦想成真。下步,宁波舟山港集团有限公司还将融入已在定海新城成立的省海港集团。该集团的目标是将宁波港、舟山港、嘉兴港、台州港和温州港五大港口公司进行大整合,统一运营,朝着习近平总书记提出的"建设'更大规模'的东方大港"的目标迈进,发展前景灿烂辉煌。

公路基础设施建设　1988年,定海境内公路大多数还属于等外线,线型较差公路占总里程77.84%,高级、次高级路面仅占22.16%。1989年后,定海公路建设先后实施"八五"、"九五"、"十五"、"十一五"建设规划。1991年12月,329国道二级公路(二车道)全线竣工通车。1995年12月,329国道境内段鸭蛋山至晓峰岭隧道西"兴舟大道"改建为一级公路四车道。2003年,境内乡村公路建设实施"康庄工程",砂石机耕路改建成水泥混凝土或沥青砼路面。2005年,境内砂石路面县道全部改为水泥混凝土或沥青砼路面。舟山跨海大桥全线通车后,定海成为浙江舟山群岛新区连接大陆的桥头堡,实现与大陆的无缝隙对接,腹地从舟山岛不到600平方千米的地方扩大到整个长三角地区。定海的区位优势愈加凸显。

2010年,定海境内通车里程从1988年337.69千米增至671.836千米,有公路线239条,其中国道线1条,高速公路1条,省道2条,县道26条,乡道22条,专用道7条,村道180条。高速公路32.125千米,一级公路94.384千米,二级公路108.533千米,三级公路56.543千米,四级公路356.459千米。另有准四级公路17.845千米,等外级公路5.947千米。国道线全线改建成一级公路(四车道)。新建高速公路、省道各一条,还新建、改建扩建了一批二级和三级公路,各乡镇(街道)均有三级以上等级公路。同时拥有公路隧道28座,13937延米。公路桥梁(5米以上)148座,总长29343.4米。其中新建跨海大桥7座(包括舟山跨海大桥),总长26225米。跨海大桥使里钓、富翅、册子、金塘、长峙、岙山6个岛屿与舟山岛连接,并贯通(登上大陆)宁波。

城乡公交一体化　定海境内市区公交大建设始于1988年9月26日,定海道头至沈家门半升洞区间客运班线改建成1路公交线。始发定海金海饭店,经三官堂至沈家门半升洞,沿线设25个站点。1991年2月5日,又开通公交线2条,一条为鸭蛋山轮渡码头至沈家门天丰楼,沿线设21个站点。另一条为原地委党校(城北水库下)至环南新村公交线,沿线设9个站点。1993年4月8日,成立定海公交公司。是年,先后开通1、2、3、4、5、6路公交线。1996年8月,调整公交线8条。2002年3月,1路、2路、5路公交线更名为31路、32路、35路。2005年2月21日,为方便市民去市行政中心办事,新开通37路公交线,始发点舟山港务局码头,终点舟山第一小学。2007年1月,34路、36路更名为"游2"、"游3",成为定海城区环城游公交线。

2007年6月，根据“公交优先”原则，筹建舟山市港城公共交通有限公司并试运营。翌年1月，市港城公共交通有限公司正式运作。定海境内有市公司下设的一分公司（经营定海城区）、二分公司（经营三组团区域及定海农村地区）。3月13日，二分公司析为二、五两个分公司，其中二分公司经营定海—新城—沈家门“三组团区域”，五分公司，经营定海至各乡镇间公交线。同年，新辟69路（以白泉为中心辐射周边村镇），“游6”（鸭蛋山至蜈蚣峙快速公交），68路（檀东颐景园至册子）3条公交线。

2009年，市人民政府第24次常务会议审议通过并发出《关于全面推进舟山本岛城乡公共交通一体化实施意见的通知》。2010年，定海境内城乡公交线达到20条，营运车辆210辆，城乡公交一体化达到100%，公交车辆全部实现空调化。

水上客运　“抬头见海，出门坐船”，是定海人民世代出行的真实写照和唯一选择。1988年，定海境内有水上客运航线15条，常规客轮有“南湖”、“浙江815”等9艘，定期往来宁波、上海、温州、镇海、衢山、泗礁、六横、沈家门等港。乡镇渡口19处，客渡船30艘（其中木质渡船占90%以上）。客滚船渡口航线仅有鸭蛋山—白峰1条渡运线，客滚船为“舟渡1”、“舟渡2”轮。1991年1月，舟山市第一海运公司“银洲湖”豪华高速双体客轮开通定海—上海芦潮港航线，首开舟山群岛至大陆水上高速客轮营运先河。嗣后，随着旅客需求的提高，本着“快速、便捷、舒适、安全”的原则，定海境内通往主要经济岛屿的水上运力结构调整提速，向高速（准高速）迈进。常规客轮营运的航线陆续被高速（准高速）客轮替代。定海境内担负小岛间水上客运任务的乡镇客渡船，于1996年～2004年，集中进行3次较大规模的乡镇客渡船钢质化改造。至2004年，老旧钢质和木质渡船全部退出水上客运市场。

2010年，定海境内有客滚船航线8条，客滚船12艘，年渡运量216.5万人次，渡运车辆102.8万辆次。乡镇渡口16处，渡埠3处，乡镇客渡船10艘，年渡运量172.2万人次。定海境内主要经济岛屿之间水上客运全部实现高速化，客滚化。

水上货运　“靠海吃海”，海上货运业历来是定海国民经济支柱产业之一。上世纪九十年代初，定海境内货运船舶吨位小（500吨以下），种类单一（散货船），航线短（沪、甬、温为主）。至1988年，交通行政部门管辖的仅有货运船舶34艘，29282载货吨，年完成水上货物运输量124.10万吨，非交通部门属下的有专用货船32艘，总吨位1.65万吨。1990年，国家交通部一度采取“有路大家行车，有水大家行船”的开放政策，吸引社会方方面面买船经营运输业，促进了水运业快速发展。1992年，浙江省海运公司舟山分公司（现为舟山第一海运有限公司）购入舟山市首艘二手万吨级杂货轮“浙舟718”轮（6383总吨，3574净吨，10403载重吨），标志着境内船舶向大型化方向发展。2002年，舟山市实施“水运强市”战略，国内航线遍及全国沿海各大港口及长江下游一带。国外航线至日本、巴拿马、新加坡、韩国、马来西亚等国家和地区。翌年，定海境内拥有各类货运船舶470艘，484861载重吨，港口货物吞吐量（未包括老塘山）551万吨。2005年，货运船舶结构进一步朝“大、特、优”方向发展，单船平均载重吨达1559吨，万吨级以上船舶达到10艘，运力约24.29万载重吨，占定海境内货运船舶总运力 27.87%。其中有油船、集装箱船、液化船等特种船舶 67 艘，占运输船舶总数 12%，运力 16.2 万吨，占总运力 18.5%。是年，定海境内拥有各类注册货运船舶 559 艘，运力 87.17 万载重吨。全年港口货物吞吐量（未包括老塘山）682 万吨。2010 年，有货船 562 艘，总运力 182 万载重吨，船舶平均吨位 2752 载重吨。年完成物货物吞吐量 8317 万吨（不包括金塘、岙山）。

联合运输　1986 年 2 月，开通鸭蛋山—白峰“蓝色公路”航线，定海境内与周边地区形成“公公中转，公铁中转”联合运输网络。1993 年 2 月，英国籍 31.8 万吨级“兰姆帕斯”号超级油轮装载 18.9 万吨原油成功靠泊岙山石油转运基地码头，定海境内原油中转业务开始。1997 年 10 月，上海海运集团“长青”轮装运电煤 1.8 万余吨抵达老塘山港区，境内港口电煤中转作业启动。2006 年 2 月，中国石化管道储运分公司南京输油处册子岛油库海底输油管道向甬—沪—宁管网输油，开启境内海底石油“管道运输”先河。是年 4 月，境内首家“浙江舟山中集国际集装箱货运有限公司”组建成立。翌年，该公司牵头联合浙江舟山茂宇国际集装箱有限公司等 34 家集装箱公司成立“舟山市定海区集装箱运输行业协会”。成立伊始，集装箱协会有运输车辆 300 余辆。2010 年，原油吞吐量达 10353 万吨，煤炭吞吐量达 650 万吨，注册集装箱企业 92 家，拥有集装箱车辆 2738 辆，总载重吨 27300 吨，总产值 69000 万元，入库税收 3800 万元。

（三）

回顾 1989 年～ 2010 年短短二十余年的发展历程，定海交通事业发展的特点、亮点历历在目，成绩可圈可点。这是中国改革开放大潮在定海掀起的浪花，是定海交通人的精神升华和汗血的凝结，从中也折射出定海交通系统广大干部、职工牢记使命，负重奋进的百折不挠拼搏精神，践行团结共建和谐社会理念和担负同圆中国梦的历史重任。2011 年 6 月 30 日，国务院批复设立浙江舟山群岛新区，舟山群岛的开发开放上升为国家战略，定海跨入历史性的新区时代。随着新区建设的工作目标推进，定海经济社会的发展和人流、物流的集聚，也为定海交通发展描绘和展示了广阔前景和发展空间。2014 年 11 月，李克强总理在浙江调研时提出，建立舟山江海联运服务中心，并将舟山江海联运服务中心定位为长江经济带和“一带一路”两大国家战略的支撑。2015 年 8 月 17 日，浙江省人民政府发布筹建“浙江省海港发展委员会（筹）”，8 月 25 日，成立浙江省海港投资运营集团有限公司，为定海交通事业发展又提供了一个千载难逢的发展机遇。面临新的机遇，新的挑战，定海交通战线广大干部职工，按照党中央、国务院的要求和部署，立足国家战略，服务国家战略，进一步解放思想，大胆创新，紧紧围绕舟山江海联运服务中心“一号工程”建设和定海现代化建设总目标，顺势而上，主动作为，积极行动，发挥“先行官”作用，正在为定海经济的进一步快速腾飞，进一步服务民生，作出应有的新的贡献。

目　录

第三篇　海上运输

第四篇　道路交通

第五篇　渡　　口

第六篇　交通工贸

第七篇　科教文化

第八篇　交通管理

第九篇　旅游交通

第十篇　群英谱

第十一篇　丛　录

大 事 记

1989年

1月17日，定海区汽运公司成立营运后，首次开通定海至金华跨地区长途客运班车。

2月15日，省道定海三官堂至西码头公路改建工程动工，12月底竣工，路面拓宽7～9米，减少部分弯道，铺浇沥青路面。

25日，高亭——西码头海峡汽车轮渡航线由岱山县衢山海运公司新建造的“岱渡2号”客滚船营运。日往返8航次，翌年增至12航次。舟山航运分公司所属“810”车渡轮退出该航线。

4月20日，岱山县汽车运输公司首次开通岱山至定海长途客运班车。

21日，市海运公司“浙舟59号”1800吨冷冻船，在厦门东南60海里处，与香港“金源”号货轮（14300吨）相撞沉没，死亡7人，经济损失3600万元。

7月，舟山市交通局内设立公路铁路联运处，办理定海至全国各地货物联运业务。

9月15日，根据“以渡养渡”原则，区物价局、区交通管理局根据市物价局、市交通局调价精神，决定境内岛屿间乡镇渡船运距在二十海里内的，每人海里由0.12元调整到每人海里0.16元，运距在二十海里以上至五十海里内的，每人海里由0.10元调整到0.1444元。即日起，境内乡镇客渡船执行新票价。

是月，329国道舟山段三期工程惠民桥至勾山浦桥段动工建设，建设里程7.54千米。翌年9月完工，路面宽9米，水泥混凝土路面。

10月1日，329国道舟山段定海晓峰岭隧道工程建成并竣工通车，隧道全长246.5米。

27日，交通部批复，同意舟山第一海运公司“银洲湖”高速客轮营运定海至上海芦潮港客运航线。

同日，金塘山潭乡东堠200吨级客货码头竣工并交付使用。

11月，岑港镇富翅岛客渡码头改建工程动工，翌年1月竣工，可靠泊150吨船舶。

12月，舟山水上安全监督处撤销，定海区航运管理所内设机构定海港监股一度并入舟山水上安全监督处的人员返回定海区航运管理所，所内重设港监股，对外称“定海港监”。

1990 年

1 月 1 日，三官堂至西码头公路改建工程竣工通车。全长 15 千米，沥青路面，是舟山第一条达到国家三级标准公路。是为 1989 年舟山市人民政府列入“八件大事”的重点工程之一。

7 日，舟山市（含定海）调整海岛短途公路客运票价。即日起舟山本岛除定海城关至沈家门的干线客运票价和公基金按省规定执行外，其他支线普通大客车票价从每人公里 0.043 元，提高到每人公里 0.052 元，高靠背软座客车每人公里从 0.055 元提高到每人公里 0.062 元。边缘小岛每人公里由 0.05 元提高到 0.06 元，高靠背软座每人公里由 0.06 元提高到每人公里 0.07 元。全市 10 座～ 24 座普通客运班车每人公里由 0.08 元提高到每人公里 0.10 元。

2 月，舟山一海公司购入舟山第一艘豪华型双体客轮—“明珠湖”轮。翌年 4 月，经营普陀山—定海—宁波北仑小港航线。

3 月 9 日，在定海环城南路 311 号设立舟山市客运联合售票处。发售公路、水路、铁路、民航所衔接的各线客票。

4 月 23 日，舟山兴中石油转运有限公司成立，后易名“中化兴中石油转运（舟山）有限公司”。

6 月 1 日，定海区人民政府批准开征水上渡船更新改造基金。境内渡运乘客每人每公里征收 0.02 元，由经营单位（者）在发售渡运票时向旅客代征。包船、带货渡运按营运收入 10% 征收，渡船以乡（镇）为单位统一代征，按月解缴区交通局专项基金账号。基金专项用于境内水上渡船更新改造。

9 日，舟山市乡镇船舶整顿工作会议在定海召开，副市长陈泰声与各县区政府签订市县（区）渡口和乡镇船舶安全管理责任书。

13 日下午 2 时，定海区汽运公司“浙江 5-1202”大客车在定西线塘高岭南坡与个体小客车相撞，造成死 2 人、重伤 8 人的重大交通事故。

7 月 26 日，小沙毛峙可靠泊 50 吨级登陆艇及 200 客位客轮的组合码头竣工投入使用。

8 月 28 日，舟山港定海客运站开设全国海岛军人售票窗口。

是月，交通部公布舟山港（定海、老塘山、沈家门、普陀山、岙山等）为商港，岑港、沥港、西码头港为以商为主港口。

9 月 12 日，北蝉新汽车站建成交付使用，建筑面积 250 平方米，附建有混凝土停车场 600 平方米。

10 月 10 日，新建金塘柳行小李岙车渡码头动工，翌年 1 月竣工，可靠泊 500 吨级船舶。

11 月 7 日～ 11 日，交通部组织全国 12 个海岛县的陆岛交通会议在定海“华侨饭店”召开，来自辽宁、山东、上海、浙江、福建、广东、广西、海南 8 个省市 70 余名代表参加会议。

12 日，岑港新汽车站竣工交付使用，建筑面积 239.21 平方米，停车场面积约 600 平方米。是具有候车室、售票处等较完善设施的乡镇汽车站。

12月12日，浙江省远洋运输公司所属宁波至香港集装箱班轮“浙雁号”首次挂靠老塘山港，装载9只标准集装箱后，起航驶往香港。

1991年

1月，舟山第一海运公司“银洲湖”号高速客轮投入营运定海至上海芦潮港客运航线。该轮150客位，航速18节。后因客流量少，是年4月停航。

2月25日，市汽运公司在定海、沈家门城区间开通2条区间客运班车，(鸭蛋山至沈家门饭店，途经20个站点。舟山市委党校经定海城区至沈家门饭店，途经8个站点。其站点基本相同，分别发22班次与8班次)。

4月20日，定海航运公司“金塘渡3号”轮(部队退役登陆艇改装)开通定海至金塘汽车轮渡航线。可载4车位，250客位。后因车客流量少，于1994年2月停航。

是月，舟山第一海运公司“银洲湖”号与“明珠湖”号高速客轮开通定海至普陀山，定海至宁波小港两条客运航线，日各两航次。

是月，金塘大浦口500吨级交通客货码头动工建造，翌年7月竣工并投入使用。

5月23日，全国人大常委会副委员长阿沛·阿旺晋美莅临定海，考察定海老塘山港区码头。

7月1日，定海区汽运公司客运站获省交通厅“全省交通系统文明车站”称号。

8月25日，浙江省交通厅转发交通部等3家单位联合通知，授予境内舟山第一海运公司“浙江815”轮“1990年度全国交通系统两个文明建设先进集体”荣誉称号。

10月28日，定海汽运公司的“浙江11–A0336”(驾驶员戴明亮，乘务员单国芳)被省交通厅表彰为“全省交通系统文明示范客车”(舟山市同获表彰的共有7辆)。

是月，西码头30车渡码头工程动工，是为西码头开通上海金山海峡汽车轮渡航线的基础设施，1993年5月竣工。

12月25日，省道定岑公路改建工程岑港小岭隧道开工，1993年10月竣工通车。隧道全长416米，宽9米，高6米。

是月，市海运公司“浙舟63”号300吨货轮，航经长江口遇大风浪触礁沉没。船员全部获救，经济损失约110万元。

1992年

1月23日，定海区汽运公司汽车站获省交通厅授予的“1991年度文明车站”荣誉称号。

3月，舟山港务管理局老塘山管理处更名为“舟山港码头管理处”。是月，办公地点由老塘山搬迁到定海港码头，4月挂牌。

4月，长峙王家墩300吨级客货码头动工建设，12月竣工，陆上客运与附属设施于翌年完工。

5月1日，定海白泉镇汽车站建成并投入使用，占地面积约1900平方米。

6月1日，定海岑港至册子岛汽车轮渡开通。此后，两地海上客运航线由车渡和客渡船同时营运。

8月1日开始，定海区汽运公司控股的“舟山市夏利汽车出租有限公司”，在舟山本岛运输市场从事出租车客运业务。营运当日投入8辆新“桑塔纳”和“夏利”品牌轿车。公司是舟山市交通系统首家股份制客运出租企业。

12月20日，国家交通部原部长、全国人大常委会委员李清一行莅临舟山考察定海老塘山、外洋螺、朱家尖、岱山等地，就海岛交通综合开发、规划提出建议。

是月，定海民间码头（500吨级）扩建工程动工。翌年11月竣工并投入使用。

1993年

1月8日，定海区汽运公司首次开通跨省间的定海至山东日照市长途客运班车，全程1040千米。

2月11日，境内中化岙山石油基地20万吨级油品码头建成投产，成功首靠舟山港口有史以来最大的（英籍31.8万吨）超级油轮“兰姆帕斯”号。该油轮装载19万吨北海原油首次靠泊定海岙山25万吨级原油码头并完成卸油作业。是为舟山港口第一个20万吨级码头。

25日，浙江省交通厅转发交通部通知，授予境内舟山第一海运公司“浙江815”轮为“1992年度全国公路、水路旅客运输文明单位”荣誉称号。

3月18日，舟山港老塘山二期工程通过交工验收。二期工程包括一座2.5万吨级煤炭专用码头、一座3000吨级装船码头与长323米、宽22米平台及陆域附属设施。

4月1日起，市海峡汽车轮渡公司经营的鸭蛋山至宁波白峰轮渡航线昼夜通渡，每天34航班次增加至44航班次。

2日，市人民政府印发《舟山港专用码头管理暂行办法》，规定“凡需新建、拟建、扩建、改建的专用码头，须经港管机关（港务管理局）批准后方能按规定办理城市规划、建设用地许可等手续”。此后舟山港口岸线使用管理开始制度化。9月，境内启动专用码头登记发证工作。至年底，发放登记表22份，办理专用码头登记12个。至1994年底，普查境内各类码头103座，55个单位专用码头登记造册，10个从事经营性业务专用码头核发《经营许可证》。

8日，市汽运公司公交公司开通定海城区“1路、3路”公交车，月底开通2路公交车（1路公交车起于定海汽车站终至鸭蛋山，3路公交车起于定海汽车站终至舟山医院，2路公交车起于海军4806工厂终至市财贸干校）。

5月1日，白泉镇汽车站扩建完成并投入使用。车站占地1900多平方米，停车场1413平方米。

21 日，境内城区隧道“镇鳌山隧道”工程通过竣工验收。隧道全长 118 米，宽 10 米。是连接定海环城北路与环城西路的枢纽工程。

6 月 15 日，“舟山市定海小岭隧道管理所”成立。1996 年 5 月 1 日撤销关闭。

是月，岑港 500 吨级客货（兼车渡）码头动工建设，翌年 7 月竣工。

7 月 13 日，西码头海峡汽车轮渡码头工程通过竣工验收。

10 月 30 日，定海民间码头（两座 500 吨级趸船码头）通过竣工验收并投入使用。

11 月 10 日，册子岛 300 吨级客货兼车渡码头动工建设，翌年 7 月竣工。

22 日，定海区汽运公司新辟定海至永康长途客运班车线。

1994 年

1 月，市交通委员会、市物价局批复，同意境内开征新车落籍公路重点建设基金。

9 日，市重点工程之一——定海岑港小岭隧道试通车成功，隧道全长 416 米。

28 日，舟山岛环岛公路定海鸭蛋山至老塘山公路新建工程破土动工，全长 10.05 千米，2 级公路标准。

是月，定海南善桥至小沙公路改建工程动工，改建公路里程 8 千米，山岭 3 级，路基宽 8.3 米，路面宽 7 米，开凿隧道 1 座。

2 月 24 日，舟山远程船务公司成立，公司主营海上运输，归属定海区交通局。

3 月 1 日，市汽运公司下属公交公司开通定海城区 4 路公交线，起于定海汽车站，终至城北原市委党校。

12 日，定海区汽车运输公司增开定海至西码头、定海至岑港直快中巴客车。

22 日，乡贤、香港西伯利亚皮革行经理方新道捐资 500 万元人民币改建故乡金塘镇沥港—柳行—大浦口公路。其中一段命名为“新道公路”（柳行至大浦口混凝土路面）。24 日举行奠基仪式，6 月 16 日动工。

是月，国家交通部批准，定海水产集团公司“舟山 58”号、“舟山 76”号冷藏货船许可经营国际海运业务。

5 月 1 日，舟山一海公司所属“浙江 805”轮航在定申航线第 99 航次，6 时 27 分与“浙舟 435”轮发生碰撞，导致“浙江 805”轮船艏破损，“浙舟 435”轮沉没的重大海损事故。经济损失 716 万元。上海吴淞港监调解结案。“浙江 805”轮负 40% 责任，承担 270 万元经济损失。

7 月 18 日，定海岑港镇 500 吨级交通客货码头主体工程通过交工验收。

23 日，定海区交通管理局成建制并入市交通委员会，实行市和区两级机构“合署”办公。定海区航运管理所一并进入。

10 月 2 日，长白乡 300 吨级交通客货码头动工兴建。翌年 6 月竣工投入使用。

1995 年

2 月 28 日，定海西码头至上海金山卫客滚航线开通，由上海金海马公司“金龙”号营运。此后，两地海上航行时间比原来缩短近三分之二，结束舟山岛北部地区北往车辆必须绕道甬杭的历史。

5 月，西码头至三江码头改建公路动工，全长 4.63 千米，三级公路标准。

9 月 8 日，定海小岭隧道通过竣工验收并通车，隧道长 416 米，宽 9 米，高 6 米。

28 日，新建定海鸭蛋山至老塘山二级公路主体工程完工，沥青路面。

10 月，岑港至烟墩公路改建工程动工，里程 4 千米，三级公路标准，路基宽 8.5 米，路面宽 7 米，沥青路面，翌年 7 月竣工通车。

11 月 23 日，国家前主席杨尚昆莅临舟山，在“舟渡 5 号”轮上为市海峡汽车轮渡公司留题“建设蓝色公路、发展舟山经济”。

1996 年

1 月 27 日，定海解放街道“浙定 58008”货船，197 总吨，由温州开往舟山，途经温州洞山头附近海域沉没，4 人死亡，2 人失踪，经济损失约 55.11 万元。

5 月 7 日，定海区汽运公司新购 40 辆夏利出租车投入定海城区营运。

24 日，定海区汽运公司开通金塘岛至上海的长途客运卧铺班车，沿途通过沥港至镇海海峡汽车轮渡，沿途停靠镇海、杭州、嘉兴，终至上海新客站。全程 420 千米。

6 月 20 日，盘峙岛 300 吨级交通客货码头开工，当年 12 月 10 日竣工。

8 月 25 日，大猫岛 300 吨级交通码头开工，翌年 2 月竣工并投入使用。

9 月 1 日，岙山岛 300 吨级交通码头开工，翌年 5 月竣工并投入使用。

10 月 8 日，定海区汽运公司投入 150 万元改建定海汽车站候车大厅竣工并投入使用。改建后的候车大厅内设有电子显示开车时刻、旅客告知等便民内容。

26 日，市通达高速客轮有限公司“飞舟 1 号”（60 客位）高速客轮投入西码头至岱山高亭航线营运，全程约 30 分钟。

是月，市汽运公司定海站开通定海至白泉金山、至白泉小支农村客运班车，全程分别为 15 千米、18 千米，日发 2 班、3 班次。

11 月，中华人民共和国舟山港务监督岙山监督站挂牌成立。

是月，舟山一海公司投资 100 多万元，从广东购入 720 客位二手客轮，冠名“大红鹰”轮，顶替因船龄到期而报废的“南湖”轮，投入定申客运航线。

12 月 8 日，浙江茂盛海运有限公司“茂盛”高速客轮开通泗礁—衢山—定海西码头高速客运航线，日营 1 班。

1997 年

1 月 26 日，普陀区六横运输公司“普顺”高速客轮开通六横至定海客运航线。

31 日，新建的环城南路 15 号“舟山市汽车客运中心”竣工并投入使用，内有电子显示屏幕、计算机操作售票等功能。

2 月 24 日，定海区汽车运输公司成建制并入舟山市汽车运输公司。

4 月 14 日，市通达高速客轮有限公司“飞舟 3 号”（60 客位）开通定海至金塘小李岙（东堠）高速客运航线。

18 日，329 国道舟山段定海惠民桥至普陀浦西段拓宽工程动工，工程全长 7.8 千米，2 车道拓宽为 4 车道，中间设 2 米宽绿化隔离带。一级公路标准。

6 月 25 日，省人民政府批复同意老塘山作业区对外开放水域新增 2 条外国船舶进入航线。

是月，市汽运公司定海汽车站开通定海至大沙（方家）农村客运班车，日发 4 班次。

8 月 25 日，定海马岙三江 500 吨级交通（客货）码头动工，翌年 9 月竣工验收并投入使用。

9 月 1 日，岙山岛 300 吨级交通码头动工，翌年 8 月竣工并投入使用。

是月，定海区航管所与舟山港务监督定海监督站合署办公。

10 月，市汽车运输总公司定海汽车站开通定海至岑港紫窟农村客运班车。途经南善桥、岑港、涨次、椗次、烟墩、马目农场等，全程 33 千米，日发 8 班。

11 月 7 日晨 3 时 15 分，市汽车运输总公司“浙 L00715”长途客运班车在杭甬高速公路上翻车，造成死 5 人、伤 7 人的特大道路交通事故。

1998 年

1 月 8 日，舟山市通达海运有限公司成立，新建“通达 1 号”客滚船（33 辆标车，396 客位）投入西码头至上海金山海峡汽车轮渡航线营运。

是月，定海区汽车旅游客运服务公司（除交通饭店转隶舟山市交通委员会外）成建制并入舟山市汽车运输总公司。

2 月 25 日，定海港客运码头水上二期工程（建设 1000 吨级码头 1 座，500 吨级码头 3 座）动工，总投资 1000 万元。

5 月 21 日，浙江省海运总公司批复同意将由广东新会高速船开发公司建造的 AMD150 穿浪型高速轮交由舟山一海公司经营，冠名“飞鹰湖”轮，7 月 30 日投入定海—衢山—泗礁客运航线。

6 月 2 日，金塘至镇海 15 车渡码头动工，10 月 15 日竣工并投入使用。

8 月 20 日，金塘大鹏岛 300 吨级交通码头开工，翌年 1 月 20 日通过竣工验收。

同日，富翅岛 30 吨级交通码头动工，年底完工。

9 月 16 日，定海西码头—岱山高亭往返高速客轮和常规客轮始发港全部从西码头迁址三江码头，班次、时间、票价不变。

30 日，新建定海至马岙公路竣工并投入使用。公路于 1995 年 5 月 1 日动工兴建，全长 9.5 千米，2 级公路，开凿隧道 2 座，市重点工程之一。

是月，329 国道舟山段定海惠民桥至普陀浦西段扩建工程竣工。全长 7.8 千米，沥青路面，一级公路。

是月，市汽运总公司开通定海至马岙、三江直达客运班车，日发 33 班次。

10 月 25 日，里钓岛 200 吨级交通码头开工，翌年 6 月竣工。

同日，西蟹峙 300 吨级交通码头开工，翌年 7 月竣工验收并投入使用。

12 月 1 日，老塘山至岑港公路动工，公路东连鸭老线，西接舟山大陆连岛工程岑港大桥，全长 2.53 千米，开凿隧道 1 座（长 408 米），二级公路标准。

1999 年

1 月 25 日，市人民政府出台舟山市客运出租车管理办法，共九章三十七条。

2 月 1 日，“舟山大陆连岛工程建设提案”列入省人代会 1 号议案。

13 日，市汽车运输总公司投资 120 万元新购入 18 辆外观新颖中巴客车，投放定海城区 1 路、2 路公交车线路。

4 月 15 日，岱山—三江（西码头）客滚船航线增开夜班渡。

29 日，省计经委、省交通厅在定海联合主持召开“舟山半岛工程预可性研究报告会”，国内有关专家评审通过。

7 月，市汽运总公司定海汽车站开通定海至北蝉黄沙农村客运班车，途经白泉、河东、大支等，日发 36 班。

9 月 26 日，岑港大桥打入第一根桩基，开工建设。大桥起于岑港庄鸡山嘴，终至里钓岛，桥长 792.25 米，桥面宽 22.5 米，可通航 300 吨级以下船舶。岑港大桥是舟山跨海大桥（五桥）首座开工建设的大桥，2006 年 1 月 1 日通车。

10 月，市汽运总公司定海汽车站开通定海至大沙沈毕家农村客运班车，途经南善桥、侯家、小沙、大沙。日发 4 班次。

11 月 8 日，329 国道舟山段的定海鸭蛋山至惠民桥外环线（绕开定海城区）的改建工程开工。全长 14.4 千米，一级公路标准。

21 日～ 12 月 5 日，定海在境内水域开展冬季打击无证营运船舶联合行动。行动期间完成一般程序案件 8 件，简易程序案件 2 件。

12 月 3 日，东蟹峙 300 吨级交通码头开工建设，翌年 3 月竣工。

14 日，响礁门大桥动工。

2000 年

2 月 1 日，市汽车运输总公司投资 1000 万元新购入 5 辆中型高等级客车（每辆 45 客位）开通定海至上海直快客运班车，日发 4 班次，全程 400 千米。

3 月 28 日，大陆连岛一期工程的第三座跨海大桥桃夭门大桥开工。全长 888 米，宽 22.5 米，一级公路标准。2006 年 1 月 1 日通车。

9 月 15 日，摘箬山 300 吨级交通码头开工，翌年 3 月 20 日竣工。

20 日，舟山岛环岛公路定海老塘山至岑港（客运码头）一段二级公路竣工通车，其中开凿老塘山隧道一座，长 409 米，宽 12 米，高 5 米。

10 月 29 日，东湾至皋泄公路开工，全长 3.53 千米，开凿东皋岭隧道 1 座，长 1113 米，宽 12 米，净高 5 米，二级公路标准。工程总投资 4800 万元，2002 年 7 月全线通车。

2001 年

2 月 1 日，市汽运总公司开通舟山至上海高速客运班车，进口豪华大巴承运，每日 4 班次，全程 418 千米，单程 6 小时。

3 月 15 日，沥港镇大鹏村贺信国的“浙定 39092 号”货船（24 总吨）从沥港装锌块等货物开往宁波镇海，突遇大风浪致船倾斜沉没，4 人死亡，9 人失踪，经济损失约 150 万元。

4 月 1 日，中华人民共和国舟山定海海事处在舟山港务监督定海监督站的基础上组建成立，实行国家海事局垂直领导的管理体制，为舟山海事局的派出机构，负责监督管理定海辖区水上交通安全，履行《中华人民共和国海上交通安全法》、《中华人民共和国海洋环境保护法》等法律、法规赋予海事机构的各项职责。

2 日，定海区环南街道“浙定 58048 号”货船（199 总吨）装钢材 400 余吨在双屿门响水礁附近海域因雾中航行与沥港“浙定 39069 号”货船（装黄沙）发生碰撞，“浙定 58048 号”货船进水沉没，6 名船员失踪，直接经济损失约 160 万元。

是月，连接岑港大桥至响礁门大桥的接线公路动工，全长 1.23 千米，公路桥 1 座，长 330 米，一级公路标准。

5 月 30 日，舟山岛环岛公路定海北蝉至普陀螺门公路改建工程开工，全长 10.69 千米，开凿隧道（小展岭、摩鼻岭）2 座，二级公路标准。

8 月 3 日，恢复定海区交通局建制，内设机构有办公室、工程科、计财科、运输安全科（含交通战备办）。

10 月 1 日，329 国道舟山段的定海鸭蛋山至惠民桥外环线（绕开定海城区）的改建工程竣工通车。全长 14.4 千米，一级公路，4 车道，沥青路面。

22 日，岑港至五龙桥公路改建工程开工，全长 4.36 千米，2 级～ 3 级公路标准。翌年 12

月 10 日通过竣工验收并投入使用。

2002 年

4 月 15 日，成立区交通局公路养护体制改革领导小组。

是月，设立舟山港务管理局定海分局，与舟山市定海区航运管理所，两块牌子一套班子。

6 月 18 日，南善桥至鸭老线公路改建工程开工，工程途经黄泥坎，全长 3.2 千米，二级公路标准。

同日，成立“定海南洋船舶运输服务中心”，定海港内 97 艘无证小船全部纳轨管理。

7 月 16 日，长峙岛一艘无证船遇雷雨大风沉没，船上 5 人，2 人死亡，3 人获救。

19 日，定海区编制委员会行文通知，区公路运输管理（稽征）所升格为副科级事业单位。

20 日，“岱渡 1”轮开通秀山兰山—西码头客渡航线。

8 月 19 日，区人民政府办公室行文通知，成立定海区公路管理体制与运行机制改革领导小组。

9 月 12 日，区人民政府批转区交通局公路管理体制与运行机制改革实施意见。

2003 年

1 月，在省十届人大一次会议上，“抓好舟山大陆连岛工程等重大工程项目建设”列入省政府工作报告内容。

2 月 8 日，长白（小沙海丰）4 车渡码头开工，12 月 5 日通过竣工验收。

23 日，金塘小李岙至大浦口公路改建工程通过设计会审。

4 月 16 日，定海开展境内无证营运船舶治理整顿。

28 日，金塘小李岙 20 车渡码头工程完工，6 月 12 日通过交工验收。

5 月 30 日，岑港大桥通过交工验收。

6 月 30 日，金塘小李岙至大浦口公路建设开工，开凿隧道 1 座。

8 月 26 日，响礁门大桥通过交工验收。

是月，定海启动全境“乡村康庄工程”，公路路面全部为水泥或沥青路面，准四级以上标准。

10 月 5 日，舟山本岛环岛公路（定海段）北蝉至岑港公路改建工程开工建设，全长 36 千米，二级公路标准设计建造。

同日，舟山岛环岛公路定海紫窟涂围工程公开招标开工。

11 月 15 日，金塘沥港至大浦口公路改建工程（包括开凿隧道 1 座）全面竣工，翌年 1 月 20 日交工验收。全长 15 千米，二级公路标准，沥青路面。

12 月 25 日，长白车渡码头竣工，4 车渡，总投资 1000 万元。

26 日，定海区公路行政执法大队挂牌成立。

30 日，桃夭门大桥通过交工验收。

是月，舟山市重点工程，定海白泉至普陀沈家门一级公路动工。工程起于白泉镇弄口村，与 73 省道相接，终至普陀区沈家门应家湾平东线，全长 17.42 千米，路基宽 25.5 米，路面宽 11 米，一级公路标准。

2003 年，省交通厅授予定海区交通局“2003 年度浙江省交通‘六大工程建设’先进单位”荣誉称号。

2004 年

2 月 18 日，定海区交通局举行“信用在交通、满意在交通”的车、船、站、签名仪式。

3 月 16 日，定海区公路行政执法大队更名为“交通行政执法大队”。

5 月 20 日，长峙岛万吨级货运码头开工，12 月 28 日完成主体工程。

7 月 5 日，舟山市发展计划委员会批复同意五洲公司在定海五奎山建设厂房及配套设施，建筑面积 50000 平方米，项目总投资 3000 万元。翌年 5 月 25 日上午 8 时，公司承建的第一艘 3 万吨级散货船—浙海公司“浙海 507”轮开建，开启公司发展史上新的一页。该轮 2006 年 7 月 5 日上船台，2007 年 4 月 14 日竣工交付使用。

8 月 20 日，长白岛珠子山至后岸公路改建开工。全长 3.77 千米，三级公路标准，路基宽 8.5 米，路面宽 7 米，沥青路面，翌年 7 月通过交工验收。

9 月 28 日，岱山蓬莱客运有限公司所属“仙洲 6”高速客轮，投入高亭—衢山—三江航线。

12 月 1 日，舟山大陆连岛工程大桥一期（岑港大桥、桃夭门大桥、响礁门大桥）竣工后，定海汽车客运公司开辟定海岑港至册子公交线路，首趟班车载乘客从岑港出发驶过岑港、桃夭门、响礁门三座大桥，到达册子岛终点站。

16 日，金塘小李岙 20 车渡码头通过竣工验收并投入使用。工程质量等级评为优良。

2005 年

1 月 21 日，国家发改委核准舟山大陆连岛工程金塘大桥立项建设项目。2 月 1 日，国家发改委核准舟山大陆连岛工程西堠门大桥立项建设项目。

2 月 5 日，长途—三江高速客轮航线开通，岱山蓬莱客运有限公司所属“仙洲 2”高速客轮经营，每天 2 航次。

3 月 10 日，省人民政府决定成立浙江省舟山连岛工程建设领导小组和浙江省连岛工程建设指挥部。4 月，指挥部挂牌，金塘、西堠门两座大桥建设启动。

4 月 30 日，定海区人大任命李军为定海区交通局局长。

5 月 1 日开始，定海区公路运输管理所履行境内驾驶员培训管理及驾校审批职责。

17 日，金塘小李岙 500 吨级兼靠 1000 吨级码头通过交工验收投入使用。

20 日，舟山连岛工程西堠门大桥开工。

6 月 30 日，舟山连岛工程金塘大桥、西堠门大桥专家技术咨询组成立，技术咨询组由省政府和交通部共同组建，国内著名桥梁专家组成。

7 月 14 日，万边山至二眼碶公路大中修动工。

22 日，本岛环岛公路定海段紫窟涂围垦工程完工，并通过交工验收。

25 日，长白岛珠子山至后岸全长 3.77 千米三级公路竣工通车，结束境内最后一个乡镇无等级公路的历史。

是月，境内中石化册子原油中转基地 30 万吨级油品码头建成，是为舟山港口第一个 30 万吨级油品码头。

9 月 20 日，境内县道公路砂石路面全面改为沥青路面工程完工。

30 日，舟山连岛工程金塘大桥主通航孔桥试桩工程第一根钢管桩开锤施打。

10 月 8 日，境内最长公路隧道黄杨尖隧道开工，全长 1383 米，宽 11 米，净高 5 米，在临城至螺门新建公路中，2007 年 2 月通过竣工验收。

11 月 25 日，舟山连岛工程金塘大桥主通航孔桥海上施工平台打下第一根桩，金塘大桥建设开工。

12 月，连接临城和长峙岛的跨海新城大桥竣工通车。桥长 1277 米、宽 16.1 米，二级公路（2 车道）标准。主桥为中承式钢管混凝土提篮拱桥，主跨 148 米，两边跨 36 米，2002 年 7 月 1 日动工，2004 年底完成大桥主体工程。大桥贯通后，长峙岛与舟山岛相连。

2006 年

1 月 1 日，启用“宁波—舟山港”名称。宁波—舟山港按照“规则、建设、品牌、管理四统一”原则，推进一体化进程。

9 日，长白岭隧道修复加固工程结束。

2 月 15 日，马岙北海疏港公路建设项目开工。

3 月 15 日，新建长春岭至北海二级公路开工，全长 4.3 千米，年底竣工，总投资 378.3 万元。

21 日，定海区建立“海上安全管理联席会议”制度。会议召集人为区交通局局长，成员单位有定海海事处、舟山港务管理局定海分局、定海公安边防大队等。联席会议办公室设在区交通局。

是月，按照浙江省人民政府国有资产监督委员会文件要求，浙江省海运集团公司所属舟山一海海运有限公司完成 51% 国有股权划转舟山市管理。划转舟山后的舟山一海运公司转隶舟山市交通委员会。

4 月 10 日，区交通局下属的“舟山市宏道养护工程有限公司”、“舟山市金道工程有限公司”分离，实行两块牌子，一套班子。

14 日，省海运集团公司定海五奎山五洲船厂与德国 NSC 公司签订建造 4 艘大开口多用途船建造合同。

是月，国务院副总理吴仪莅临定海，乘坐舟山海关缉私分局“886”艇，考察舟山海上交通。

5 月 8 日，区交通局完成第二次公路管养体制改革。

12 日，金塘东堠至西堠公路改建工程在市招标中心公开招标，浙江交工路桥、宁波交工集团等 6 家施工单位投标，宁波交工集团为第一中标人。工程全长 2.25 千米，二级公路标准。8 月 15 日开工。

6 月，舟山连岛工程西堠门大桥完成索塔、锚碇施工，上部结构开建。

7 月，区交通局获中共舟山市委、市人民政府、舟山警备区授予的“双拥先进单位”称号。

8 月 1 日，舟山连岛工程西堠门大桥建设先导索在未封航条件下由直升机牵引过海获得圆满成功。

22 日，金塘小李岙客货运码头工程通过省港航局竣工验收，交付使用。

9 月 5 日，金塘外小岙至西堠“外西线”砂石路面改造工程全线完工。时为境内最后 4 条乡道路面砂改油工程的最后 1 条乡道砂石公路，工程投资 270.9 万元，长 8.5 千米。

10 月 16 日，三官堂至观音堂公路改建开工，里程 7.54 千米，二级公路标准，开凿隧道 1 座。

20 日，小沙至鸭岑线公路改建开工。全长 14.16 千米，二级公路标准，路基宽 10 米，路面宽 8.5 米，开凿隧道 2 座，改建旧隧道 1 座。

21 日，盘峙东岠岛（小岠）300 吨级交通码头开工，翌年 2 月完工。

11 月 10 日，册子岛 500 吨级货运码头开建，翌年 2 月完工。

15 日，干礅 1000 吨级（兼靠 3000 吨级）货运码头开建，翌年 5 月完工。10 月 19 日通过交工验收并投入试运行。

19 日，舟山港口全年货物吞吐量首次突破亿吨大关。

26 日，境内连村联网公路工程全部完工，全长 66.1 千米。

12 月 8 日，区人民政府非常设协调机构　区海运业管理办公室挂靠区交通局。同日设立定海区交通局金塘分局，为定海区交通局派出机构，股级，所需人员在区交通局内调剂。

2007 年

1 月 17 日，区交通行政执法大队被中共定海区委、区人民政府表彰为“2006 年度先进集体”。

2 月 4 日，舟山环岛公路定海段项目通过交工验收，6 日举行通车仪式。

13 日，盘峙东岠岛小岠 300 吨级交通码头通过交工验收并投入试运行。

24 日，区交通行政执法大队被舟山市交通委员会表彰为“2006 年度交通行政执法先进单位”。

是月，中共定海区委、区人民政府授予区交通局“区级文明单位”称号，同月中共舟山市委、市人民政府授予区交通局“2006 ～ 2007 年度文明单位”荣誉称号。

是月，中共定海区委、区人民政府授予区交通局“2006 年度支持社会主义新农渔村建设优秀单位”荣誉称号。

3 月 23 日，册子货运码头通过交工验收投入试运行。

4 月 17 日，盐仓虹桥准四级客运站通过竣工验收。投资 50 万元，建筑面积 500 平方米。

25 日，长白与小沙海丰车渡码头工程双向同时开工建设，各建 1 座 1000 吨级（20 车渡）码头，总投资 4100 万元。翌年 10 月 7 日工程竣工并通过验收，12 月 27 日通航。

5 月 26 日，在区交通局四楼会议室召开“定海区交通局人武部成立暨民兵点验大会”，区委常委、区人武部部长孙康晨，副区长陈剑，区人武部政委任江，区交通局局长李军等出席会议。

7 月 2 日，省海运集团公司定海五洲船厂承建全球第一艘 CSR 船舶审图和建造现场检验会在舟山华侨饭店召开。国际船级社协会理事会主席、CCS（中国船级社）总裁以及 CCS 总部有关部门、上海佳豪船舶工程设计有限公司等单位领导、专家 80 余人参加。7 月 3 日在定海五奎山五洲船厂现场进行建造检验和指导。五州船厂计划建造此型船舶 10 艘。

30 日，撤销区交通行政执法大队，保留其牌子，机构由区交通局直隶转为定海区公路运输管理所隶属。

9 月，连接长峙至岙山的岙山、长松两座跨海大桥竣工。两桥均于 2005 年 11 月开建，其中岙山大桥长 343 米，净宽 12 米，主跨采用 200 米的钢管混凝土提篮拱桥，通航等级 300 吨，长松大桥长 580 米，净宽 12 米，主跨 170 米，预应力砼连续桥梁，通航等级 300 吨。两桥贯通后，岙山、松山两岛与舟山岛连为一体。

10 月 10 日，小沙至鸭岑线公路改建工程新建 2 座隧道（分别长 183 米与 156 米，宽 9 米）主体工程完工。水泥混凝土被覆结构。

19 日，干礁 1000 吨级货运码头通过交工验收投入试运行。工程概算总投资 1400 万元。2006 年 11 月 15 日开工，建成 1000 吨级（兼靠 3000 吨级）货运码头 1 座，泊位设计年通过能力为货运 9 万吨。

20 日，舟山环岛公路定海工业园区改线工程开工。长 1.96 千米，二级公路标准，行车速度 60 千米 / 小时，路基宽 12 米，行车道宽 2 × 3.5 米。

是月，中共舟山市委、市人民政府授予定海区交通局“舟山市村庄示范整治工作先进单位”荣誉称号。

9 月中旬和 10 月上旬，超强台风两次影响舟山，舟山连岛工程西堠门大桥实测风力达到 13 级，处于建设架梁期的大桥安然无恙。

11 月 22 日，长白车渡码头至后岸（小园山）公路工程开工。长 3.065 千米，其中新建 1.1 千米，二级公路标准建设总投资 1800 万元，2008 年 11 月竣工。

28日，金塘镇穆岙准四级客运站通过竣工验收。项目投资100万元，建筑面积820平方米。同日，投资120万元，建筑面积1000平方米的金塘镇卫平准四级客运站通过竣工验收。

29日，投资125万元，建筑面积1170平方米的岑港镇椗次准四级客运站通过竣工验收。

12月6日，投资50万元，建筑面积400平方米的北蝉马峙准四级客运站通过竣工验收。

10日，中共定海区委任命戎仁文为中共定海区交通局委员会委员、书记，免去李军中共定海区交通局委员会委员、书记职务。

同日，全长4.3千米的长春岭至北海公路工程(马岙疏港公路)通过交工验收并投入试运行。

11日，区人民政府任命戎仁文为舟山市定海区海运业管理办公室主任；免去李军的舟山市定海区海运业管理办公室主任职务。

14日，定海区属11个乡镇(街道)的77个港湾式候车亭通过竣工验收，总投资110万元。至此，定海区共有渔农村港湾式候车亭133个。

16日，舟山连岛工程西堠门大桥126段钢箱梁的最后一个梁段中的跨南43号梁完成吊装连接，西堠门大桥全线贯通。金塘岛与舟山岛连为一体。

21日，定海区人大任命戎仁文为舟山市定海区交通局局长；免去李军的舟山市定海区交通局局长职务。

2008年

1月29日，因大雪定马线首次全线封道，定海交通部门启动应急预案，安排人力物力赶赴现场抢险救灾。经公路部门组织力量突击除雪4小时，至中午12时30分，定马线全线恢复通车。

3月5日，长春岭隧道东南侧公路边坡裂缝，凸显安全隐患，定马线全线封道，定海区交通部门组织施工整治，31日上午开始双向半幅通车。

5月12日，定海区人民政府出台《关于进一步加快海运业发展的若干意见》。

上月，定海三官堂至观音堂公路建成通车。该公路于2006年12月开建，全长9.4千米，建设里程7.6千米，工程概算总投资7500万元。

6月4日，金塘大桥全长460米的东通航孔桥贯通。

30日，金塘大桥主通航孔桥93段钢箱梁安装完成，金塘大桥主通航桥贯通。

7月11日，区人民政府出台《关于加快道路运输业发展的若干意见》。

15日，舟山连岛工程金塘大桥60米跨非通航孔桥预制箱梁全部架设完成，大桥18.27千米长的海上部分贯通。

8月4日，总投资45万元的定马线部分路基加固工程开始施工，至10日整个工程结束。

18日中午11时08分，省海运集团公司定海五洲船厂为德国NSC公司建造的第一艘5万吨级大开口多用途轮顺利下水。该轮2007年5月28日开工，2010年4月21日交船。

9月 20日，大猫安基岗货运码头开建。300吨级（兼500吨）货运码头，工程概算投资624万元。

是月底完成定马线长春岭隧道东南侧不良地质处理。准四级农村客运车站里溪站竣工。

11月 1日，盘峙车渡码头动建。1000吨级，工程概算投资2094万元。2009年9月24日码头通过竣工验收，并投入试运行。

12日，省交通厅委托省公路局在定海主持召开北向疏港公路延伸段大沙至马目公路、长白大满盐场至蛟龙公路、临城至北蝉钓梁疏港公路三个项目的工程可行性研究报告评审会议。

18日，省交通厅副厅长王德宝偕省公路局、港航局、运管局有关领导一行莅临定海区交通局，调研定海区交通基础设施规划建设及物流发展情况。

20日，定海区编制办行文确认区公路段、区公路运输管理所（稽征）所（区道路运政稽查大队）为监督管理类事业单位；区交通建设事务中心为纯公益性事业单位。

12月 15日，定海区农村联网公路“康庄工程”完工并验收，工程总概算投资1200万元。建设总里程40千米（含市下达）、计37条路，涉及14个乡镇（街道）。

16日，中共定海区委任命戎仁文为中共舟山市定海区交通局党组书记，免去其中共舟山市定海区交通局委员会委员、书记职务。

26日，区交通局通过目标档案管理省二级认定。

30日，小沙至鸭岑线公路完成改建通车。工程于2006年10月16日开工，改建14.1千米，工程概算总投资8874万元。

31日，中共定海区委决定，撤销中共舟山市定海区交通局委员会和中共舟山市定海区交通局纪律检查委员会，建立中共舟山市定海区交通局党组和中共舟山市定海区交通局纪律检查组。

2008年，定海区在8个乡镇（街道）公交沿线新建城乡港湾式候车29个，在金塘、干礁、马岙、双桥、白泉等地新建准四级客运站5个，总投入380万元。

2009年

1月，舟山连岛工程西堠门大桥锚道全部拆除完毕。

2月，舟山连岛工程一全长2302米的镇海侧引桥最后一跨现浇箱梁施工完成，舟山跨海大桥全线贯通。

3月 25日，72省道定岑线南善桥危桥改造工程全封闭施工，工期4个月。

27日，区人民政府出台《关于支持海运企业应对金融危机保持稳定发展的若干意见》。

5月 28日，大猫岛交通码头交工验收。

7月 14日～22日，舟山连岛工程西堠门大桥、金塘大桥进行桥梁静、动荷载试验结果，各项性能指标达到设计要求。

8 月 17 日，岑港货运码头开工。新建 500 吨级货运码头 1 座及陆域配套设施，设计年吞吐能力 6 万吨。

9 月 1 日，金塘沥鹏交通码头完成招投标，9 月 25 日开建。500 吨级客货码头，概算投资 800 万元。

24 日，盘峙车渡码头通过竣工验收并投入试运营。码头 2008 年 9 月动建，总投资 2094.1 万元，1000 吨级。

10 月，金塘疏港公路开建。总投资 8 亿多元，全长约 15.9 千米，主要是沥港互通大浦口段，木岙至大桥服务区互通段和双礁支线段 3 个路段。前 2 段按四车道一级公路标准建设，后 1 段二级公路标准建设，设计速度每小时 80 千米，预计 2011 年底前竣工交付使用。

11 月 25 日，西堠门大桥、金塘大桥通过交工验收，具备通车试运行条件。

12 月 1 日，金塘客（货）运集散中心落成投入使用。项目总投资 3000 万元，总建筑面积 3193 平方米，年初开建。

14 日，通村公路联网工程进行竣工验收，20 日结束。

25 日，舟山跨海大桥通过交工验收后，是日举行通车典礼，进入试运行。

26 日，金塘客运中心经舟山跨海大桥首发至定海、宁波镇海的客运班车运行，金塘客运结束只有海上渡运历史。

同日，宁波至舟山的客运班线直走舟山跨海大桥，日班次从走车渡线时的 44 班增至 64 班，票价为 40 元至 47 元不等。定海赴杭州等其他地方的长途班次、时间和票价未变。

12 月，老塘山五期 12 万吨级（兼靠 15 万吨级）散货码头建成并投入营运，成功首靠 17 万吨散货船“天使雅阁”号。

2009 年，区交通局被中共舟山市委、市人民政府表彰为“2008 ～ 2009 年度市级文明单位”。获省交通战备办公室授予的“2009 年度浙江省交通战备工作先进单位”称号。

2010 年

1 月 8 日，舟山市港航管理局挂牌成立，11 日，舟山港务管理局定海分局更名为舟山市港航管理局定海分局。

26 日，国家环境保护部、交通运输部、环境保护部华东环境保护督查中心、浙江省环境保护厅、舟山市环保局联合中化兴中石油转运（舟山）有限公司，对公司 30 万吨级油码头进行环评验收并通过。

5 月 1 日，舟山跨海大桥展览馆开门迎客，三天日均 1000 人次。展馆设在舟山跨海大桥金塘服务区内。

3 日，岱山县蓬莱客运轮船有限公司投资 2000 万元，新建的“仙洲 9”豪华高速客轮首航衢山至三江航线。“仙洲 9”轮长 48 米，宽 6.8 米，航速 26 节，载客定额 271 人。

15 日，国家工业和信息部部长李毅中一行莅临定海，在省政府副秘书长孟刚等陪同下，调研考察岙山舟山国家石油储备基地。舟山国家石油储备基地项目是国务院批准建设的国家首批4个石油储备基地之一，2004年10月注册成立。

24日，329国道与73省道立交工程（文化路立交桥）开工，项目起自329国道田螺山附近，沿329国道（昌洲大道）线位设高架桥跨越文化路及昌洲大道，与73省道顺接，终至浙江海洋学院附近，长1.6千米，一级公路标准，限速每小时80千米。高架桥长778米，宽23米，主线高架桥双向四车道，地面双向六车道。工程概算总投资1.37亿元。2012年1月1日通车。

6月，舟山市委、市人民政府印发《关于加快现代港口物流业发展的若干意见》。

同月，民营企业浙江天禄能源有限公司入选国家石油储备中心公布的“利用社会库容存储国储油资格项目”的舟山6家企业名单之一。浙江天禄能源有限公司系中外合资企业，址定海区岑港镇，经营范围包括成品油、石油化工制品的装卸、储运和中转，一期建设完成储量42万立方米的油品储运基地和25万吨级的配套码头1座。

同月，定海的晟海船务有限公司等10家船员服务机构获国家交通部海事部门认定的定海第一批“乙级海船船员服务许可证”单位。此后，无许可证的不能从事代理业务，资格不够的淘汰出局。

7月6日，光汇石油舟山外钓岛储运基地开建。基地址在定海岑港，总投资约12亿美元，主要项目油库和码头两个项目。油库项目由香港联交所主板上市公司光汇石油（控股）有限公司独资建设，一期南岛建设库容204万立方米，总投资约10亿美元。码头项目，由光汇石油与舟山港务集团有限公司共同投资，拟建30万吨级到千吨级各类泊位13个，包括30万吨级泊位1个，5万吨级泊1个位，2万吨级泊位1个，总投资约2亿美元。

12日，中化兴中石油转运（舟山）有限公司岙山30万吨级码头项目入列2010年度浙江省建设优质工程“钱江杯”。项目曾于2008年在浙江省水运工程质量、造价、安全执法大检查中名列第一，被浙江省交通厅工程质量监督局评定为优良工程，2010年3月获舟山市“海山杯”优质工程奖。

同日，岱山蓬莱客运轮船有限公司“仙洲9”高速客轮投入衢山—高亭—三江航线。

同日～13日，舟山甬舟集装箱码头有限公司大浦口集装箱码头1号、2号泊位通过省有关部门验收，交付运营。

18日，金塘至杭州班车开通。班线由舟山市汽车运输有限公司与杭州长运东南客运公司联手运营，双方各投入一辆豪华大客，运营金塘汽车客运中心至杭州九堡长途汽车站，全程205千米。

25日，金塘大浦口集装箱码头一期工程建成并试投产。项目总投资16亿元，建设历4年多，是宁波——舟山港一体化的标志性项目。

8月1日，宁波——舟山港核心港区深水航路实行船舶定制线，定制线是超大型船舶进出宁波——舟山港唯一通道。此定制线由普陀虾峙门航道至定海金塘水道，长50.61海里。

19日，首批从宁波口岸起运，经舟山金塘大浦口集装箱码头出口的货物，经宁波海关审核后放行。

20日，定海区人民政府在《舟山日报》公布《定海区无动力在(待)修造船舶防台风和油品储运、经营企业安全管理主要责任人名单》。

9月1日，定海区公路路政管理大队开展“干线公路百日专项整治”活动，加大查处路边设摊，违章建筑等力度。争取以全优成绩迎国检。

13日，长277米，宽40米，6万载重吨的“北欧釜山”轮，成功靠泊大浦口集装箱码头1号泊位。码头上4台桥吊投入作业，将船上的集装箱平稳地卸到集卡上，由集卡运至堆场。投运1月，吞吐量逾万。累计达到12352.75标箱。

27日，普陀山108名僧人与218名居士组成“南海观音慈航宝岛”护送团，乘“歌诗达经典号”豪华邮轮，偕千余游客，在定海老塘山码头起航。护送千尊观音圣像赴宝岛台湾，翌日上午抵达基隆港，受台湾佛教界高僧及民间信众的盛大礼遇。

是月，连接新城至北蝉的临北线动建。临北线全称“临城至北蝉钓梁疏港公路”，长6.134千米，总投资约5.3亿元。一级公路标准，双向四车道，车速80千米／小时。起自329国道新城城隍头社区附近，与新城规划道路临长线相接，经陈岙水库东侧，隧道穿尖峰岗山，再经东岙底水库西侧，终点在北蝉洪家社区与北向疏港公路相交。2013年8月16日通车，投入试运行。

10月14日晚9时，俄罗斯远东海洋轮船运输有限公司所属“芬瑟夫船长”号集装箱班轮成功靠泊宁波——舟山港金塘港区大浦口集装箱码头1号泊位，当天完成508标箱作业，翌日下午驶往上海港。自此，远东俄罗斯航线正式挂靠大浦口集装箱码头，计划每月停靠6艘～7艘干线集装箱船，月吞吐量可达2100标箱。该码头于7月25日试投产，主要停靠的干线集装箱航线为西非航线。

11月23日，由国家交通运输部水运局主持，省港航管理局、省发改委、省交通运输厅、中化集团工程管理部、市发改委、市港航管理局、舟山海事局以及消防、环保、卫生等单位组成的专家组，验收全国最大商用石油转运基地——中化兴中石油转运(舟山)有限公司岙山30万吨级油码头。专家实地察看码头试运行，查验工程施工和有关竣工报告资料，听取码头设计、施工、监理和建设单位汇报，结果一致同意通过岙山30万吨级油码头竣工验收。

28日，浙江正和造船有限公司为南京远洋运输有限公司建造的两艘57000吨散货船“南远珍珠”和“南远翡翠”轮举行交船命名仪式。

12月10日，舟山万向石油储运工程项目主体完成。项目于2008年7月经国家发改委核准，建设用地708亩，岸线总长1280米，总投资8.9亿元。在定海岙山建设27座总容量为57万立方米的储油罐以及与之配套的5万吨级、5000吨级、3000吨级和1000吨级油码头泊位各1座，设计年通过能力为660万吨。

20日，舟山远洋渔业公共服务码头1万吨级1号泊位和1000吨级2号泊位开建，2012年3月5日通过竣工验收。500吨级的3号和4号泊位于2011年7月20日开工，2012年8月12日完工，31日整体工程通过交工验收。工程总投资3015万元，码头建在定海干磁西码头，年吞吐量86.2万吨。工程投资方是舟山市定海区畅道物流有限公司，施工方是宁波市交通建设集团有限公司。2011年11月29日，根据中共定海区委常委扩大会议精神，其中1号、2号泊位和门机设备及其相应配套设施，由舟山市定海区畅道物流有限公司以5983.7万元一次性转让给舟山惠群远洋渔业发展有限公司。

31日，老塘山码头全年货物吞吐量1281.6万吨，突破千万吨大关。其中，老塘山三期、五期码头分别有232艘和59艘大型散货船完成靠泊作业，作业工程船800余艘，吞吐量820余万吨，老塘山二期煤炭码头到港作业船舶220余艘，吞吐量454.2万吨。

2010年，定海区交通局获中共浙江省委、省人民政府授予的“2010年度文明单位”荣誉称号。获中共舟山市委、市人民政府、舟山警备区授予的“拥军优属先进单位”荣誉称号。

2011年

1月16日，定海区编制委员会批复同意，成立舟山市定海区公路养护中心，股级事业单位，自收自支（上拨经费），隶属区交通局，额定事业编制62名，主要职责是定海区域内公路养护等。

5月9日，中共定海区委、区人民政府行文通知，舟山市定海区交通局更名“舟山市定海区交通运输局”。12月16日，定海区人民政府办公室《关于印发定海区交通运输局主要职责内设机构和人员编制规定的通知》明确定海区交通运输局工作职责，内设机构和人员编制。内设机构8个（办公室、人事教育监察科、运输安全科〈行政审批科〉、财务审计科、规划计划科、建设管理科、运输管理服务科、交通战备科〈人武部〉），行政编制13人，其中局长1人、副局长3人、总工程师1人。

6月13日，中共定海区委撤销中共定海区交通局党组，建立中共定海区交通运输局党组。

30日，国务院批复同意设立浙江舟山群岛新区。

7月4日，在盐仓新螺头举行定海海运大厦落成典礼。海运大厦大楼2幢22楼层，建筑面积36126平方米，总投资1.6亿元，为定海海运协会和定海区36家海运企业办公用房。

12月10日，定海区编制委员会办公室行文，批复同意设立舟山市定海区交通工程质量监督站，股级全额拨款事业单位，隶属区交通运输局，核定事业编制8名。

2012年

11月5日，中共定海区委任命周明华为定海区交通运输局党组副书记。

12月21日，海关总署、国家口岸办、公安部、交通运输部、质检总局、总参作战部组成的对外开放口岸验收组组织并通过舟山港定海境内舟山世纪太平洋化工有限公司、太平洋海岸工程（舟山）有限公司、舟山纳海油污水处理有限公司、浙江天禄能源有限公司4家口岸企业码头船坞对外开放的国家验收。随即投入启用。

2013 年

1 月 19 日，在金塘大浦口集装箱码头，中海集团 50 多吨制鞋类原料装上“维罗妮卡”轮运往西非。是为大浦口集装箱码头疏港公路通车后，首次通过陆路进入该码头的集装箱货物。

31 日，定海盐仓主干道试通车。工程东起解放西路竹山隧道，经盐仓段后与昌洲隧道相连，接跨海大桥接线公路，长 3.315 千米，双向四车道，包括竹山隧道和昌洲隧道，总投资 1.77 亿元。2008 年 9 月开建，计划 2 年半完工。2011 年底，受隧道西口 930 米处的 12 户拆迁户未签订拆迁协议影响，被迫停工。2012 年 2 月 1 日，最后一户拆迁户签下拆迁协议，停工路段重新启动招投标，4 月再次动建完成。

3 月 12 日，东山隧道复线开工爆破。隧道在定海弘生大道上，是连接定海老城区和新城区的主通道之一。复线工程居东山隧道（东西向）北侧。施工从东侧洞口及路基开挖，按城市主干道建设标准建造。复线工程总长 1159.414 米，其中隧道长 870 米，净宽 13.25 米，设计车速 60 千米 / 小时，总投资 1.2 亿元。2014 年 11 月 15 日通车。定海区城乡建设集团有限公司承建。

5 月 20 日，定海区编制委员会办公室行文，批复同意“舟山市定海区公路管理段”、“舟山市定海区公路运输管理所”分别更名“舟山市定海区公路管理局”、“舟山市定海区公路运输管理局”。

7 月 1 日，舟山市金塘汽车出租车有限公司投入运营。公司由市汽车运输有限公司和定海区金塘镇集体资产经营有限公司共同出资组建。车辆的产权和经营权归公司所有，经营范围在金塘岛内。车辆由公司统一购置办证、统一缴纳税费、统一投保、统一标志和统一管理。公司与司机签订劳务合同，司机拿固定工资。先期投入 20 辆客运出租汽车，配备 37 名驾驶员。

8 月，市、区两级政府的重点工程—“舟山市汽车客运中心”（盐仓站）在盐仓破土动工。项目地处定海盐仓街道昌洲社区翁洲大道 199 号，紧邻 329 国道，占地总面积 104 亩，建筑总面积 2.1 万平方米，项目总概算 1.8 亿元。设计发车位 15 个，日均发送长（短）途客运班车 500 班次，日均运送旅客量 1.2 万人次。站前广场设置出租车专用区域、送站区域和专车服务区域。2015 年 8 月竣工，11 月 27 日投入运行。新站启用后，定海区环城南路 15 号的定海客运中心同日关闭，9 条公交线路作相应调整。定海客运码头的定海汽车南站升级改造，只开通少量高端商务旅游专线，普通班车全部进入盐仓站发班。为方便公众购票，定海汽车南站增加发自舟山的所有长途班车的售票功能。

9 月 28 日，中共定海区委任命赵志军为定海区交通运输局党组书记，免去戎仁文原任的该职务。

10 月 8 日，定海区人大常委会任命赵志军为定海区交通运输局长，免去戎仁文原任的该职务。

29 日，镇鳌山西侧隧道（海山隧道）进入掘进作业阶段。隧道开凿在环城北路镇鳌山西侧，东起腾坑湾路市林科院，西至白虎山路与尾山路交叉口，全长 780 米，其中隧道长 600 米，宽 14.5 米，按城市次干道设计，总投资约 1.5 亿元，是市、区重点工程项目。2013 年 8 月 16 日开建，2015 年 11 月 28 日试通车。定海区城乡建设集团有限公司承建。

是年底，定海的一个地标性建筑——老东门车站拆除，建东门交通综合体工程。该建筑与西侧八层和东侧五层两栋主体大楼组合，总建筑面积 71000 平方米。建成后，中部和东部为商业体，西部交通综合体，一层为常规公交车和长途 BRT 车站，二层公交停车场，三层商务楼。是为定海首个采用地下两层车库的建筑，其中地下一层为非机动车车位，地下二层为机动车车位，西区地下还有一个出租车上下客区。至 2015 年 8 月，完成主体工程 95%。

2014 年

1 月 13 日，中共定海区委任命张建伟为中共定海区交通运输局党组成员、纪律检查组组长。免去应仁飞中共定海区交通运输局纪律检查组组长职务。

23 日，定海区人民政府任命虞建军兼任定海区交通运输局副局长。

2 月 9 日，定海区政府根据《浙江舟山群岛新区党工委管委会办公室关于印发〈浙江舟山群岛新区金塘管理委员会主要职责内设机构和人员编制规定〉的通知》，有关浙江舟山群岛新区金塘管理委员会内设规划建设与交通局精神，召开专题会议，将区交通运输局在金塘区域内的交通道路建设、管理和道路运输市场监管等相关职责，全部划转给金塘管委会。

9 月 3 日，中共定海区委任命周军波为定海区交通运输局党组副书记，免去周明华原任该职务。

26 日，中共舟山市定海区委舟山市定海区人民政府《关于创新定海区行政体制的通知》，设立舟山市定海区公路管理局，并挂“舟山市定海区公路路政管理大队”牌子。副科级全额拨款事业单位，隶区交通运输局，承担定海区公路养护管理、路政管理职责。设立舟山市定海区道路运输管理局，挂“舟山市定海区道路运政稽查大队”牌子。舟山市定海区公路稽征所与区道路运输管理局合署办公。副科级全额拨款事业单位，隶区交通运输局，主要职责是定海区道路运输监督管理。

10 月 10 日，舟山市新城公路与运输管理局挂牌成立。接受市交通运输局与新城管委会双重领导管理，以市交通运输局为主。主要行使新城区公路路政、运政以及水上客运管理等交通管理职权。

16 日，定海区编制委员会行文通知，撤销定海区交通运输局金塘分局，分局 5 名事业编制划入区交通建设事务中心。

2015 年

1 月 10 日，金塘“北围公路”西堠隧道开工。至 8 月 16 日，全长 960 米的隧道左右洞分别掘进 270 米和 250 米，预计 2016 年 2 月贯通。

2 月 9 日，定海区人民政府任命方龙飞为定海区交通运输局副局长(挂职)。

4 月 22 日，舟山跨海大桥通过竣工验收。2009 年 12 月 25 日，大桥全线通车进入试运营，至 2014 年底，累计通行车辆 2176 万辆，其中 2014 年 1 年通行 608 万辆。至此，已超过设计预计十年后日均通车 8000 辆的流量。

5 月 12 日，长峙岛车客渡码头工程项目竣工。码头总长 300 米，设两个 1000 吨级车渡泊位和两个 500 吨级客运泊位，主要开通新城长峙至六横等岛际航线，总投资 1.32 亿元。

新城长峙至六横大岙航线将于 9 月 15 日试营行，10 月 1 日通航，航行时间约 1 小时。航线由舟山海峡汽车轮渡有限公司和普陀六横运输总公司联合经营。普陀六横运输总公司投入“双屿 11 号”(核定载客 480 人，可装载小型车辆 70 辆)，舟山海峡汽车轮渡有限公司投入一艘“舟渡”轮。“双屿 11 号”渡轮由“鲁胶渡 2”号改装，设贵宾舱、普舱、观光舱等。

13 日，省人民政府宣布成立宁波—舟山港管委会工作组，省交通运输厅厅长郭剑彪任组长。此举旨在加快开展宁波舟山港口一体化和江海联运服务中心建设，推进宁波—舟山港做强做大，向世界第一大现代化港口迈进。

25 日，中共中央总书记、国家主席、中央军委主席习近平莅临定海，考察舟山长宏国际船舶修造有限公司、岙山国家石油储备基地等处。

7 月 13 日，百里滨海大道定海青垒头路段(沿港东路至弘生大道段)一期改造工程启动。该路段长 600 米，道路拓宽至 30 米，双向 4 车道，设置隔离栏分两侧非机动车道和人行道，年底完工。

20 日，定海城区商业主干道—解放路改造工程动建。当日，园林工人将定海文化广场前的10棵法国梧桐树迁移到干礁广场。改造工程包括移树，分段改造地下管网，雨污水分离，非机动车道和人行道加宽，变两车道为三车道等，非机动车道和人行道暖色花岗石铺装，机动车道沥青混凝土路面，电力管线移至地下，新植常绿乔木，要求整条路体现“时尚大气”之美。总投资 4600 万元，工期 7 个月。

8 月 17 日，省人民政府公布筹建“浙江省海洋港口发展委员会(筹)”人事任免，浙江省副省长孙景淼兼任浙江省海洋港口发展委员会(筹) 主任。

25 日，浙江省海港投资运营集团有限公司(浙江海港集团) 成立，落户定海新城。集团整合省内宁波港、舟山港、嘉兴港、台州港和温州港五大港口公司统一运营。浙江省建设投资集团有限公司董事长改任浙江省海港投资运营集团有限公司(筹) 董事长。

26 日，区委办通知，乐科军任中共舟山市定海区交通运输局党组成员；刘璋宏任中共舟山市定海区交通运输局纪律检查组组长。

18 日，乐科军受命任舟山市定海区交通运输局副局长；张建伟受命任舟山市定海区道路运输局局长。

29 日，宁波舟山港集团有限公司在宁波成立。省委书记、省人大常委会主任夏宝龙为公司揭牌。公司为宁波港集团有限公司和舟山港集团有限公司合并而成，称宁波舟山港集团有限公司。公司拥有 19 个港区，600 多座生产性泊位。预计 2045 年集装箱吞吐量有望突破 2000 万标准箱。

是年底，中央编办批准设立省海港委，为省政府直属正厅级机构，副省长兼任党委书记、主任。省海港委履行涉海涉港行政职责，主要包括省政府办公厅的口岸管理职责，省发改委的海洋发展职责和按权限审批审核备案海港重大建设项目职责，省交通运输厅的海港规划及投资、沿海港口岸线管理和宁波舟山港管委会的职责，省海洋渔业局的海岸线统筹管理职责，及管理省海港集团和宁波舟山港集团。

2016 年

2 月 21 日，富翅门大桥工程开建。工程起自甬舟高速富翅互通，路线沿东侧山坡，双塔结合梁斜拉桥跨富翅门水道，与舟山北向疏港公路到互通，终于定海岑港涨次村南侧，接拟建 329 国道舟山段改建工程，也是舟山港主要通道工程的起始段。工程 2.01 千米，包括长 1493 米的特大桥 1 座，新建岑港互通 1 处，富翅岛收费站 1 座，改造富翅互通 1 处。双向四车道，设计时速 80 千米。大桥通航等级为 500 吨级，总投资 16.43 亿元，工期 36 个月。

4 月 1 日起，浙江省启用船舶排放控制区，控制船舶硫氧化物、氮氧化物和颗粒物排放，改善沿海和沿河区域特别是港口城市环境空气质量。根据要求，除军用船舶、体育运动船艇和渔业船舶外，所有船舶在控制区内靠岸靠泊，停靠期间，应使用硫含量不高于 0.5%m/m 的燃油。浙江省现有船舶排放控制和实施范围 10 个港区，其中在境内的有定海、金塘 2 个港区。

第一篇　自然环境

定海位于浙江省东部海域，处舟山群岛中西部，介东经 121° 38′～ 122° 15′，北纬 29° 55′～ 30° 15′。东南与舟山市普陀区接壤，南与宁波市北仑区毗邻，西南与宁波市镇海区慈溪市在海上交界，北接岱山县，总面积 1444 平方千米。陆域由舟山岛大部分（中西）和金塘、册子、长白、长峙、盘峙、大猫等 127.5 个岛屿（舟山岛以半个计）和 120 个岛礁组成。总面积 568.80 平方千米，占境域总面积的 39.39%，占舟山群岛岛屿总面积 39.50%。舟山岛是中国第四大岛，浙江省第一大岛，总面积 502.65 平方千米，定海境域占其 79.9%（陆域面积 384.79 平方千米，滩涂面积 16.84 平方千米）。定海海域总面积 875.20 平方千米，占定海区境域总面积的 60.61%。本篇首述海域、陆地和其他与定海交通紧密相关的自然条件，以明概况。

第一章　海　域

定海是一个海岛型县（区）。境内岛屿众多，岛礁棋布，港湾罗列，航道交错。深水岸线和深水航道资源优势得天独厚。海域占境域的 60% 以上。居民在长期的生产、生活习惯中，把境域相关海域划分成 5 个洋，并分别冠名为灰鳖洋、横水洋、峙头洋、大猫洋、黄大洋。

第一节　海域诸洋

本节按居民习惯的对海域分洋，分别叙述境内海域。

灰鳖洋　境域西北部海域。北起火山列岛，西北连王盘洋（又作黄盘洋、玉盘洋），西抵人陆岸，南承甬江，东至岱山岛、长白岛。南北长约 40 千米，东西宽约 50 千米，面积约 1500 平方千米，境域占其 40%。清康熙《定海县志》卷三：“龟鳖洋，县北，因龟、鳖两山得名。”后谐音作今名。水深 5 米～ 15 米，由西向东渐深。年均水温 17.3℃，最高八月 26℃，最低 2 月 7.6℃。年均盐度 25.6‰，最高 6、7 月 28.7‰，最低 11 月 20.4‰。水呈黄色，透明度 0.5 米。行规则半日潮，涨潮流向西，落潮流向东，流速 3 ～ 5 节，年均潮差 2 米左右。泥沙质底。夏季盛东南风，冬季多西北风，年均风速 5.7 米 / 秒，最大风速 23 米 / 秒。年均雾日 12.7 天，雾季12月至次年4月，夏秋少雾。可通航万吨级船舶，为航行定海、宁波、上海间主航道，南侧北仑港，可泊10万吨级船舶。金塘岛西侧深水锚地和七里峙、大鹏山、大长坛山、鱼腥脑岛、长白岛等岛均设有灯标、雾警器。

横水洋　境域西部海域，介舟山岛与金塘岛之间。清康熙《定海县志》卷三："横水洋，县西。海水奔赴冲激震荡，极为险要，舟欲东西而水则横于其中，故曰横水。"因北有册子岛，又名册子水道，略呈长方形，南北12.5千米，东西9千米，面积约100平方千米。南接金塘水道，北经西堠门、富翅门水道通灰鳖洋，东经螺头门、蟹峙门水道通峙头洋，为定海港至上海便捷航道。水深东北部8米～11米、西北部20米以上，最深处106米。年均水温17.3℃，最高八月26℃，最低2月7℃。年均含盐度25.6‰，最高6、7月28‰，最低11月20.4‰。水呈黄色，透明度0.5米。规则半日潮，涨潮流向西，落潮流向东南，流速2～4节。南北两端均有强漩涡，尤以西堠门为甚。泥沙质底。中部半洋礁置灯桩。东部舟山岛一侧辟有避风锚地。

峙头洋　境域东南部海域，因穿山半岛之峙头得名。西起穿鼻岛，东至大蚂蚁岛，西南起梅山岛，东北至小干岛。呈马蹄形，东西20千米，南北15千米，面积约300平方千米，境占其31%。西深东浅，北深南浅，最深处穿鼻岛东北119米，最浅处蚂蚁岛北11米。年均水温18℃左右，最高9月26.1℃，最低2月7.2℃。年均含盐度27‰左右，最高8月30.64%，最低10月24.17‰。水呈黄色，透明度0.5米。潮流流向复杂，有旋转流，涨潮流向西南，落潮流向东，流速2节～3节。泥沙质底。年均风速4.5米/秒，最大风速35米/秒。夏季盛东南风，冬季多西北风。雾季3月～6月，年雾日26天～52天。水道2条，东西向螺头门水道，东北～西南向佛渡水道。航道有4：西经螺头门水道入金塘水道；北经普沈水道入莲花洋；东经虾峙门入外海；南经佛渡水道入磨盘洋、大目洋。

大猫洋　境域北部海域，东起秀山岛，南接舟山岛北岸，西至下灰鳖岛与灰鳖洋相连，北抵岱山县大峧山。东西10千米，南北9.6千米，面积约90平方千米，境占其71%。水深5米～20米，由西往东渐深。年均水温17.3℃，最高8月26℃，最低2月7.6℃。含盐率最高6～8月25‰，最低1月20‰。水呈黄色，透明度0.5米。不规则半日潮，涨潮流向西，落潮流向东，年均潮差3米。粉砂底质。夏季盛东南风，冬季多西北风，年均风速6.9米/秒，最大风速31米/秒。年均雾日12.7天，冬春多雾。为定海至岱山常用航道。小乌峙、野鸭山、大峧山、小园山等岛设有灯塔、雾警器。

黄大洋　又作黄它洋。境域北部海域，东北部干磺镇、北蝉乡为其沿岸，西与大猫洋相接。北起中街山列岛，西起秀山岛，南至普陀山，东临东海。面积约1400平方千米。水深14米～40米，自西北向东南渐深。海底多为泥质。属规则半日潮，涨潮流向西，落潮流向东，流速2节～5节，西部流速大，且多岛屿、礁石。小龟山上有灯塔，三块山、小杯山、里镬屿、黄它山等处设有灯桩导航。可通巨轮。

第二节 航门水道

定海海域航门水道纵横交错，统称航道。计有航道23条，其中主要航道7条。册子水道、金塘水道、螺头水道与邻县的主要水道相接，与大大小小的航门相通，形成口大、域广、水深的港域。

册子水道 介舟山岛与金塘岛间。呈西北～东南走向，西北接西堠门、菰茨航门，东南连金塘水道、螺头水道、蟹峙门和螺头门。水道周围整个海域称横水洋。航道开阔，水深20米以上。涨潮流向西北，落潮流向东南。大部分水域流速3节。系南来船舶进入甬江的主要航道，是定海港至宁波航行船舶的安全通道。

金塘水道 介金塘岛、宁波北仑和大榭岛间，东西走向。东连册子水道，南靠北仑港，西通甬江口，长15.5千米，宽5.5千米～7千米，泥质底，水深20米～100米。涨潮流西，落潮向东，流速3节。南侧大榭岛泥涂嘴、黄牛礁和北仑港沿岸、金塘岛长鼻嘴及大黄蟒山等处均建有灯桩，为通宁波必经航道。

螺头水道 介大猫岛、摘箬山岛和穿山半岛间。东西走向，西连册子水道，东通峙头洋，接舟山岛东南方各水道。宽约2.22千米，水深60米以上。涨潮流向西，落潮流向东，流速3节～4节。船舶南下浙南和福建各港口及北上宁波、上海等港的主要通道。

西堠门 介册子、金塘岛间。航道长约7.4千米，宽约1.2千米，水深25米～90米。呈西北～东南走向，西北连灰鳖洋，通杭州湾，东南接册子水道。系激流区。涨潮流向西北，落潮流向东南，流速4节～6节，最大可达7节。中部、南口西侧有深12.1米、15.6米暗礁各一。为船舶往来定海至上海、沥港之常用航道。

灌门 介舟山岛北侧与秀山岛间。西北～东南走向，西北连长白水道，东南通黄大洋。航道长约7.4千米，宽约1千米，最窄处约550米，水深20米～73米。涨潮流向西北，落潮流向东南，流速4节～6节。为著名激流区。元大德《昌国州图志》载:“灌门，去州两潮，屹乎中流有一砥柱……水汇与此，旋涌若沸。”清康熙《定海县志》载:“风雨将发，涛鸣如雷，声闻百里。”当地有“老大好做，灌门难过”之说。

菰茨航道 介舟山、册子岛间。北连灰鳖洋，通杭州湾，南接册子水道。富翅岛将水道分成东、西两航门。东侧响礁门，宽约220米，水深11米～52米，南口与富翅门相接。西侧桃夭门，宽550米～1300米，水深20米以上，泥质底。涨潮流向西北，落潮流向东南，流速2节～3节。富翅岛东侧有下大礁。

长白水道 舟山岛与长白岛间。东西走向，长8.5千米，宽1千米～3千米，水深10米～54米。航道中央和东侧6米、3米处各有一急流漩涡区。泥质底，涨潮西流，落潮向东，流速2节～3节。置有长白嘴、大长山灯桩。长白岛东南侧水深5米～16米处有锚地，可避8级西北风。

盘峙北水道 介舟山、盘峙岛间。呈东西走向，西接螺头门，南连蟹峙门，与盘峙南水道隔岛相对。宽约 1.5 千米，水深 20 米～ 69 米。涨潮流向西，落潮流向东，流速 1.5 节。西来船舶进出定海港之必经航道。

盘峙南水道　盘峙岛南，介于王家山、小盘峙与高背山、干山间。呈东西走向，东连火烧门，西接蟹峙门。长约 2.7 千米，宽约 500 米，水深 15 米～ 40 米。涨潮流向西南，落潮流向东北，流速 4 节～ 5 节。

螺头门　定海港西，介西蟹峙、枕头山岛间。东北～西南走向，东北接盘峙北水道，西南连横水洋。宽 25 米～ 500 米，水深 10 米～ 53 米。涨潮流向西南，落潮流向东北，流速 4 节。沪、甬船舶进出定海港之常用航道。

蟹峙门　在定海港西南，介盘峙、西蟹峙岛间。东北～西南走向，东北接盘峙北水道，西南通册子水道。宽约 1.5 千米，水深 16 米～ 66 米。涨潮流向西南，落潮流向东北，流速 2 节～ 3 节。南来船舶进出定海港之主要航道。

响水门　介东、西岠山间。东北～西南走向，东北接定海港，西南连吉祥门。宽约 300 米，水深 8.4 米～ 41 米。涨潮流向东北，落潮流向西南，流速 2.5 节～ 3 节。

火烧门　定海港南缘，介小盘峙、干山、西岠诸岛间。南北走向，北连定海港，南接吉祥门。宽约 280 米～ 430 米，水深 16 米～ 66 米，岩质底。涨潮流向北，落潮流向南，流速 2 节～ 4 节。南来船舶进出定海港之捷径。

吉祥门　介东岠、干山、团鸡山与摘箬山诸岛间。南北走向，北连火烧门与响水门，南接峙头洋。宽约 1 千米，水深 16 米以上。涨潮流向北，落潮流向南，流速 3 节。中小型船舶进出定海港之常用航道。

十六门　定海港东侧，长 1 千米，宽 50 米。内列东蟹峙、大圆山、中圆山、对面圆山、周家圆山、沙尖山、竹篙山、泥螺山、馒头山等岛礁，诸多水道纵横交错，总称十六门。岩质底，水深 15 米～ 20 米，涨潮流西，落潮向东，流速 4 节～ 6 节。大圆山与沙尖山上置灯桩导航，小型船舶往来定海、沈家门两港之常用航道。

富翅门　富翅岛与里钓山间。北接响叫门、桃夭门，南连册子水道。长约 4 千米，宽约 930 米，水深 10 米～ 30 米。涨潮流向北，落潮流向南，流速 1 节～ 3 节。

岙山北水道　介松山、岙山和长峙岛间。长约 3.7 千米，宽约 185 米。

东岠岛东侧水道　东岠、松山两岛间。长约 3 千米，宽约 270 米，水深 10 米～ 33 米。流速 2 节。

亮门　大、小亮门山间。宽约 370 米，水深 10 米以上。潮流南～北，流速 5 节。

大龙江水道　大、小盘峙岛间。宽 55 米～ 220 米，水深 6 米～ 39 米。

沥港南口水道　介沥港与捣杵山间。宽约 370 米，水深 9 米～ 14.6 米。潮流北～南，流速 3 节～ 4 节。3000 吨级船舶进出沥港港之主要航道。

髫果门　介大髫果与髫果山间。宽 350 米，水深 6 米～ 35 米。

甘峙门　大鹏山与甘峙山两岛间。宽约 450 米，水深 7 米～ 48 米。

定海海域其他航门水道

单位：米、节

名称	位置	长	宽	水深	流速
菜花门	大菜花山与小菜花山间	600	200～350	6～28	2～4
肮脏门	鱼龙山与大菜花山间	1500	700	10～52	
甘池门	甘池山与大鹏山间	600	450	7～48	4
鱼龙港	鱼龙山与金塘岛、大鹏山间	5700	1200～1500	0.2～14	2～4
小门	册子岛与老虎山间	500	250	24～26	4～6
凉帽山西水道	凉帽山与下圆山间	600	200	5～47.5	
凉帽山东水道（又名龙王宫东水道）	凉帽山与龙王跳嘴间	500	250	8～21	
洋螺门	舟山岛与洋螺山间			20～30	
门口港	舟山岛与东、西担峙、蛇山、小干山间	7500	200～400	5～32	3
松山门	松山与岙山间	2000	300	11～24	2
岙山港	岙山与长峙岛间	4000	600	9～45	2

第三节　岸　　段

境内岛屿主要岸段分布在定海港区、老塘山港区、金塘港区、马岙港区，共22处，深水岸线总长87千米。

定海港区岸段

定海港区滨海及境域南部海域，以定海区城东街道金垒角及南部东屿山为界，分为定海港区和西区两大区块。

定海港区（西）深水岸段　舟山岛金垒角至小洋螺的滨海岸段和南部诸岛深水岸段，除已开发岸段外，待开发的深水岸段有6处11段，总长15500米。

定海老港区岸段　即定海老城区滨海地带舟山岛南侧，西起小竹山东到金垒角，凹弧形岸线。可利用岸线4000米左右，岸滩稳定，前沿水深变化复杂，外侧有岛礁及沙质浅滩掩护，后缘为舟山城市区，沿岸遍布码头，舟山市港航管理局的主要客运码头在此岸段。

鸭蛋山深水岸段　舟山定海区盐仓街道的鸭蛋山与小竹山之间，东西走向内凹弧形，东接定海港区岸段，西连螺头岸段。岸线长约3500米，岸滩稳定。前沿10米等深线距岸100米～200米，港池水域宽度1500米，后缘陆域平原约有3平方千米，列为舟山城区扩大用地。岸段遍布码头，建有舟山海峡汽车轮渡码头，是连接大陆“蓝色通道”的桥头堡。

螺头深水岸段　在舟山定海区盐仓街道螺头。岸线东西走向，可利用深水岸线长约1000米，前沿20米等深线距岸200米～300米，港池水域宽度300米～1000米。后缘陆域平原面积约有1平方千米，水资源丰富，列为城市拓展规划区。已有3000吨级码头1座，有

公路直通定海城区。

西蟹峙深水岸段　属定海区环南街道，东与盘峙岛隔海相望，南为大猫岛。西蟹屿岛屿岸线长 4590 米，深水岸段在该岛南侧和东侧，总长 2000 米，南侧岸段长 1000 米，前沿水深大于 20 米，20 米等深线距岸 200 米，港池深而宽阔，已建有 1.8 万吨级油库码头 1 座；东部岸段长约 1000 米，水深大于 20 米。岛屿陆域面积 1.01 平方千米，其中半为平原和盐田。2010 年有居民 231 人，以农业为主。供电来自舟山岛，蓄水量 $1.95 \times 10^4 m^3$。有 100 和 500 吨级码头各 1 座。

大猫深水岸段　属定海区环南街道，大猫岛岸线总长 14449 米，深水岸线在岛的东北、西南，长约 5000 米，20 米等深线离岸 200 米～ 400 米。东北茅草岙岸段和冷坑岸段各长 1000 米，后缘有小片平地；西南部分 3 段（大南岙岸段、淡湖岙岸段、盘峙湾岸段），由猫嘴巴至梅湾山咀，计长约 3000 米，后缘有少量平地和滩涂。大猫岛陆域面积 6.92 平方千米，2010 年有居民 875 人，以农业为主。舟山输电网供电，总蓄水量 $13.9 \times 10^4 m^3$。通电、通电话，有 100 吨级码头 4 座，有定期班轮往返定海。

盘峙深水岸段　属环南街道。盘峙岛岸线总长 9985 米，深水岸线位于岛的东北和西岸，长约 3000 米，西岸定海岙岸段，长约 1000 米，20 米等深线距岸 100 米～ 200 米。港域水深大于 20 米的宽度 400 米～ 500 米；东北大岙岸段，长 2000 米，20 米等深线距岸 150 米左右，前沿水深大于 20 米的宽度 500 米～ 700 米。

盘峙陆域面积 4.11 平方千米，属渔、农、工、盐业综合经济地区。2010 年有居民 2375 人。舟山岛输电网供电，总蓄水量 $53 \times 10^4 m^3$，通邮、通电话，有简易公路 8.7 千米，500 吨级码头 1 座，船埠头 6 处。

摘箬山深水岸段　属定海区环南街道。摘箬山岛屿岸线总长 7266 米，深水岸线位于岛的东、两、南侧的东岙、西岙、沙岙沿岸，长约 3500 米，南岸后缘主要是山坡地，东西两岙有少量平原，前沿水深超过 20 米，20 米等深线距岸 100 米～ 200 米。摘箬山陆域面积 2.70 平方千米，2010 年有居民 58 人。除农业、渔业外，尚有部分劳动力搞运输业。已接通舟山岛供电网，蓄水量 $2 \times 10^4 m^3$。有船埠头 3 处。

东岠深水岸段　属定海环南街道。东岠岛屿岸线长 7726 米，深水岸段位于岛西的西岙沿岸，长约 1000 米，前沿 20 米等深线距岸 100 米。东岠山陆域面积 3.42 平方千米，2010 年有居民 159 人，主要从事渔业和农业生产。舟山岛输电网供电，总蓄水量约 $3 \times 10^4 m^3$，有船埠头 2 处。

定海港区（东）深水岸段　金垄角至平阳浦的舟山岛滨海岸段和南部的岙山、长峙两岛沿岸，深水岸段总长约 6000 米。

金垄角至双阳岸段　定海区城东街道和临城街道滨海地带。该区段的舟山岛岸线长约 11000 米，近岸水域是定海至沈家门的内航道，航道窄，水深变化大，建有大于 1000 吨级码头 13 座。江（港）口浦深水岸段有瓦窑湾 5000 吨级杂件码头和港口浦 3000 吨级煤码头及 5000 吨级、3000 吨级油品码头各 1 座，江口浦至十六门有 5000 吨级修理码头 3 座；在惠民桥岸段，建有惠民桥电厂3000吨级煤码头。在东部的长升村、双阳村外，建有3000吨级成品油码头各1座。东段牛头山至鳌头浦长1000米的岸段，前沿水深大于10米，宽300米，可发展5000吨级以下泊位。

岙山深水岸段　属定海区临城街道。岙山岛岸线总长13150米，深水岸段位于南岸、西岸和东北岸，可利用岸线5000米。岙山岛总面积5.96平方千米，以渔业为主。2010年全岛居民937人，舟山岛输电网供电，总蓄水量$38\times10^4m^3$，纳入舟山市区程控电话网络。

岙山岛外长礁附近深水岸段有中化兴中石油中转码头1号泊位，靠泊25万吨级；2号和3号泊位，分别靠泊10万吨级和1.25万吨级。与1号泊位相配套的储油罐容量$30\times10^4m^3$，2号、3号泊位有相应的成品油储油设施。岛西尚有发展余地；岛南岸狗头颈以东长约1200米岸段，万向石油储运（舟山）公司正在筹建一期10万吨级、二期20万吨级泊位；兴中和万向两公司所用岸段之间的后方为国家石油储备基地。岙山岛东北岸段，介于庙山与前山咀之间，有长约1000米的深水岸段，港池为岙山港，水深10米～30米，宽500米左右，后缘有虾塘和小片平原。主要进出口航道（通向峙头洋）水深10米左右（长约2000米），候潮可通3万吨～5万吨级船舶。

长峙深水岸段　属定海区临城街道，20世纪50年代，长峙山与外长峙山筑塘围拢而成，海岸线总长14030米，南岸有长约3000米的深水岸段，正面与岙山岛相望，港池为岙山港。水深大于10米的宽度300米～500米，东浅西深。东段2000米岸外，水深多在10米～20米之间；西段1000米岸外，前沿港域水深大于20米。外长峙附近1000米岸段在建1万吨级通用泊位码头区。长峙岛陆域面积7.97平方千米，平原面积占70%以上。2010年有居民1130人，用电由舟山岛输电网供给，总蓄水量$33.7\times10^4m^3$，设有邮电所，纳入舟山市区程控电话网络。建有临城大桥与舟山岛相通，船埠头5处，有定期航船通往附近岛屿。深水港区后缘平原面积大，主要是盐田面积大，土地资源丰富，且距城区近，宜发展依托港口的滨海工业、企业。

老塘山港区岸段

老塘山港区岸段在舟山岛西部和西南部海域，分别属定海区的双桥镇、岑港镇和册子乡。有深水岸段6处9段，总长约20000米。

老塘山深水岸段　以老塘山嘴为中心，分东南、西北两段。东南段又称野鸭山岸段，属双桥镇，老塘山嘴向东南至野鸭山东约400米，岸线长约3000米，港池为册子水道（横水洋）北部，水域宽阔，水深10米～50米，15米等深线距岸约1000米，东南为野鸭山锚地，后缘陆域滨海平原面积大于6平方千米，规划为临港加工区，滨岸规划为粮油、木材等多用码头区。老塘山三期已建5万吨级（兼靠8万吨级）粮油码头和在建5万吨级木材码头各1座。用电由舟山电网供给，水资源较丰富，交通便利。

西北段原称老塘山岸段，属岑港镇，由老塘山嘴向北伸延至花地里，长约2000米，掩护条件好，岸线稳定。港池水深10米～20米，宽度400米左右。腹地平坦，陆域平原面积约有2平方千米。该段深水岸线已利用，一期工程于1987年4月竣工，建成1.5万吨级杂货码头1座，二期工程兴建2.5万吨级、7000吨级（主要为煤炭）泊位各1座，1993年10月投产运行。港区通电、通水、通程控电话，港区道路与舟山岛公路网络连接，已初步形成舟山煤炭、木材、粮油、杂货等大宗物资的中转及加工基地。

烟墩深水岸段　在舟山岛西北部的马目、烟墩西南侧，属岑港镇。岸线呈西北至东南走向，长约7000米，前沿10米等深线距岸100米～500米，港池水域为菰茨航门，水深10米～50米，前沿水深大于20米，宽1500米～2000米。后缘约有陆域平原5平方千米。

烟墩岸段后方是以农业为主、工农业并举的地区，用电由定海电厂35千伏输电网供给，总蓄水量124～104m³。此岸段因受富翅至册子跨海大桥建成通航限高影响（通航孔只能通过2000吨级船舶），开发深水岸段船舶只能绕道灰鳖洋、大猫洋、龟山航门、黄大洋进出，最浅水深10米～12米的航路长约25千米，所以只能布置小于3万吨级的泊位。

富翅、里钓、外钓深水岸段　三岛均属定海区岑港镇。富翅岛深水岸线位于岛西南岸，长约1000米，港池为桃夭门，水深大于20米，10米等深线距岸约150米，陆域面积1.36平方千米。2010年有居民448人，以农业为主，兼海洋渔业、石料开采和海洋运输业。岛上电网与舟山岛连接，总蓄水量$6\times10^4m^3$，跨海大桥连接里钓，舟山岛。

里钓山深水岸线位于岛西岸，长约1000米，港池为富翅门，水深多大于20米，20米等深线距岸约150米，陆域面积1.87平方千米，岛上总蓄水量$7.4\times10^4m^3$，2010年有居民465人，以农业为主，兼搞开采石料等。跨海大桥已与舟山本岛和富翅岛连通。

外钓山深水岸线位于岛西南段，长约1000米，20米等深线距岸约100米，港池为册子水道北缘，陆域面积1.42平方千米，2010年有居民28人，以晒盐为主，有盐田约48ha，年产原盐1300吨，该岛蓄水量约$0.15\times104m^3$，有100吨级码头1座，岛西北部有拟建中的输油管道通过。

册子深水岸段　属定海区册子乡。岸线总长23854米，深水岸段位于岛的东南、南和西南，可利用岸线5000米，前沿20米等深线距岸100米～500米。后缘陆域平原约4平方千米。册子岛陆域面积14.97平方千米。2010年有居民3996人，以农业、渔业为主，电网与舟山岛连接，总蓄水量$110\times10^4m^3$，已开通程控电话，有公路10千米，建有客运码头2个，跨海大桥已架通。东南珠丝门2000米长岸段已建成石化石油储运码头2个，分别靠泊25万吨和30万吨（珠丝门北在建3万吨、15万吨、规划6万吨级船坞各1座）。南岸尖锋山岸段长约1000m，西南双螺岸段，长约2000米（港池西堠门）有待开发。

金塘港区岸段

金塘港区在金塘岛周边海域，深水岸段分6处9段，总长22500米。

金塘岛深水岸段　金塘岛在舟山岛西南部海域，属定海区金塘镇。岸线总长49210米，深水岸线20000米，分布在岛西、南、东三面，分为7段。

木岙岸段：近南北走向，北起小山，南至龙洞咀，长4000米，港池称金塘洋面，10米等深线间的宽度大于3000米，水深多大于10米，15米等深线距岸约800米。正前方为油轮锚地，后缘陆域木岙平原面积大于3平方千米，沿岸为盐田，并有约300米×3000米滩涂，可围成工程用地。

大浦口岸段：东南至西北走向，介大浦口与长鼻咀（外湾山咀）之间，内凹，直线距离 2 千米，港池为金塘水道西北口，宽约 3000 米，20 米等深线距岸 300 米左右，后缘陆域为大丰平原，近岸有约 85 平方千米盐田，工程用地富裕。中间有海底输电电缆通过。

上岙与张家岙岸段：西南至东北走向，沿岸山岬和小山岙相间，港池为金塘水道北侧深槽，20 米等深线距岸 50 米～ 300 米，由西南老牛岗山咀至东北宫山南，总长约 6000 米。后缘有小湾岙平原多处，可开拓为工程用地。

小李岙与北岙岸段：近南北走向，北起北岙东，南至宫山，总长约 5500 米，前方港域为册子水道（横水洋）西南水域，水深面宽。20 米等深线距岸 200 米～ 400 米。小李岙码头以南小李岙岸段，长约 2500 米，后缘有 4 个小湾岙的平地可供工程用地；小李岙码头以北称北岙（或长沙）岸段，长约 3000 米，后缘陆域多为山坡地，湾岙小而少，有少量滩涂可围填作为工程用地。北侧有海底输电电缆通过。

东堠岸段：东堠、西堠平原沿岸，岸线总长 2500 米。北山咀以南长 700 米、以北长 1800 米，10 米等深线距岸 200 米～ 500 米，20 米等深线近岸。港池为西堠门，水深多大于 20 米，但跨海大桥预留孔位只可通航 3 万吨级船舶。后缘有东堠、西堠平原，有滩涂可围填。

金塘港区岸段已有详细规划，以建大型集装箱和杂货码头为主。

金塘岛面积 82.11 平方千米，舟山第 4 大岛。2010 年全镇人口 42012 人，以农业为主，兼营渔业、工业、盐业和第三产业等。岛上新建 35 千伏变电所，通过海底输电电缆与浙江电网相连接。水资源较为丰富，总蓄水容积 788.6 万立方米。承载通讯便捷，拥有 3000 门程控电话。海陆交通方便，公路通达主要乡村，有客货码头 12 座。跨海大桥建成后，海上客运退出运营，由跨海大桥承载连接大陆和舟山岛。

大鹏山深水岸段　大鹏山位于金塘岛西北侧，属金塘镇，两岛间仅隔宽 350 米的沥港港。深水岸段位于岛西侧，埠头山咀向北长约 1500 米，向东南长约 1000 米，港池为一深槽，滩槽稳定，大于 20 米的宽度约 1000 米，20 米等深线距岸 200 米～ 1000 米，但跨海大桥通航孔只可通航 5 万吨级船舶。后缘有小平原和大片涂滩，可供工程使用。

大鹏山岸线总长 12310 米，陆域面积 6.09 平方千米，平地 1.032 平方千米，滩涂约 2.574 平方千米，2010 年有居民 959 人，以农业为主，兼营船舶修理、海洋运输和渔业，电力与金塘岛联网，总蓄水量约 7.7 万立方米。

马岙港区岸段

马岙港区岸段位于舟山岛北部海域，分东、西两区。东区在白泉、北蝉、展茅沿岸，西区在马岙、小沙和长白沿岸。深水岸段总长约 23000 米。

马岙港区（西）深水岸段　舟山岛西北部海域，分隶马岙、小沙、长白 3 个乡镇，深水岸线共长 13000 米。海域为灌门水道（西段）、长白水道及大猫洋。北有岱山、东有秀山等岛掩护，水深条件好。

马岙深水岸段　定海区马岙镇北部沿海，长约 4250 米，分东、西两段。东段胜利塘岸段，在马岙盐场（胜利塘）外侧，介庙山咀与龙下巴之间，长2000米，港池水深20米～60米，宽度大于1000米。20米等深线距岸堤200米～250米，规划建大宗散货泊位，后缘有约10平方千米的马岙平原，供建港配套工程用地；西段北海岸段，龙下巴至后湾山北，长约2250米，前沿水深13米～20米，水下地形复杂，规划为大宗散货及临港工业泊位。后缘有虾塘、滩涂和小平原。

小沙深水岸段　定海区小沙镇北部沿海，长约5450米，分东、西两段。东段小沙（毛峙）岸段，东起后湾山北，西至小塘里（山咀），长3000米左右，10米等深线距岸100米～500米，港池为长白水道东段，毛峙山附近深潭水深大于20米，受长白岛东南部水深小于10米的水下浅滩制约，水深多在10～15米之间，水深大于10米的宽度1000米左右，后缘有约4平方千米的小沙平原，沿岸有大于1平方千米的虾塘盐田可供工程用地；西段大沙（峙岙塘）岸段，从小塘里至峙岙塘（渡埠），长约2450米，10米等深线距岸200米～600米，港池为长白水道，水深10米～30米，两端北侧地形起伏大，外侧水深仅2.9米的暗礁。两段为预留发展港区。

2010年，马岙、小沙两镇人口分别为10223人和16399人。舟山电厂和大陆电网供电，水资源丰富，有昌门里、峡门、东岙等100万立方米～300万立方米的中小型水库供水，陆上交通方便，多条公路通向定海、鸭蛋山轮渡，可直达沿岸主要村庄及深水岸段。水路有三江轮渡码头等。程控电话、卫星电视等通讯、信息传输便捷。

长白深水岸段　属定海区长白乡。长白岛岸线长19161米，深水岸段位于岛东和北部，长约3300米。港域为大猫洋，水深20米～50米，宽1500米～2000米，20米等深线距岸100米～300米。分两段：东北东山咀岸段，老鼠尾巴（东山咀）向西北至雄鹅头，长约1500米，20米等深线贴近岸边，后缘多山坡地，开发可利用南侧的大湾村平原；北段后岸（傅家）岸段，雄鹅头向西至外湾山咀，长约1800米，外湾山咀北有乌峙山，二者间水深大于20米的宽度约500米，后缘有大满等虾塘和滩涂，面积约1平方千米，可作工程用地。

长白岛面积11.272平方千米，2010年设5个村委会，居民5126人，从事农、渔、盐业为主。舟山电网供电，岛小山低，水资源欠丰。公路连接各行政村。有通往舟山岛的码头1座。

马岙港区（东）深水岸段　在定海区白泉镇、北蝉乡和普陀区展茅镇沿海，港池处黄大洋西南海域。以钓山为中心，分东、西两段。

西段钓山至浪洗岸段　白泉镇浪洗至北蝉乡钓山之间。岸段长约4500米，港池为灌门东口外的潮流深槽区，深度20米～50米。钓浪围填工程在建，完成后，20米等深线离堤约200米，水深大于20米的水域宽度约1800米。槽内底床起伏大，底质基岩裸露，南北两侧边坡和浅滩区为黏土质粉砂。

浪洗至钓山岸段水深流顺，西端浪洗沿岸建有舟山发电厂的1万（兼靠2.5万）吨级卸煤码头1座（泊位长宽208米×18米），前沿水深10米，东端钓山建有钓门冷库码头等。钓山东北侧有乌龟山、石皮礁等岛礁，乌龟山以北有一水下暗礁，水深10.8米，暗礁北侧水深大于20米的水域宽度约900米，南侧与乌龟山之间水深大于20米的宽度约250米，一般万吨级船舶亦可走暗礁南顺直进入港区，如作炸礁处理，大型船舶进入钓山及以两岸段更加顺直、宽畅。

东段钓山至小梁横岸段　钓山—牛头山—小梁横连线以北，分属定海区北蝉乡和普陀区展茅镇。深水区距后缘海岸较远。规划在钓山—乌龟山—石皮礁—牛头山—小梁横山—大梁横山—中柱礁—后门山—烧灰岗(螺门东侧)围堤，完成后，围堤线北侧可形成长约5500米的深水岸线。10米等深线距堤坝均在100米左右。牛头山以东至小麦杆礁段长约1500米，20米等深线距堤坝约400米左右，牛头山以西至石皮礁长约3000米，15米等深线距堤坝约700米左右，石皮礁与乌龟山连线以北长约1000米，20米等深线距堤坝400米左右。前沿水深多在15米～20米之间，水深大于18米的港域宽度大于3000米。大、小麦杆礁东北有湖色礁等暗礁，水深分别为6.8米和7.6米。湖色礁与大麦秆礁之间水深大于20米的宽度约500米，湖色礁北侧水深大于20米的水域宽度大于1500米，水深大于15米的宽度有约2500米。正常情况下，湖色礁南北均可通航大吨位的船舶。围堤与舟山岛之间的三角形区块面积可达18平方千米以上。

岸段后缘陆域是白泉、北蝉、展茅三乡镇，农业、盐业、渔业等第一产业久负盛名，乡镇企业及第三产业发达：人口分别为30140人、11007人、23010人；舟山电厂和大陆联网供电；通信便捷，有程控电话传递信息；交通便利，定海、沈家门公路直达滨海前沿的洗浪、钓门和螺门。后缘陆域平原面积大，山体高，舟山岛最高点——黄杨尖，是舟山群岛第二高山，水库、山塘多，河网密布，水资源丰富。

定海海域岸线资源利用情况表

单位：米

港区	岸段坐落	总长	已使用岸线			未使用岸线	
			已建	在建(在批)	项　目	长	规划功能
定海	定海环南	400	400	—	舟山客货码头	0	—
	鸭蛋山	323	323	—	舟山轮渡码头	0	—
	螺头	1000	1000	—	国贸公司物流货运码头(已批未建)	0	—
	西蟹峙	2000	1000		能源码头(在建)	1000	港口岸线
	大猫	5000	700	—	瑞泰投资油品项目(已批未建)	4300	港口岸线
	大盘峙	1500	1500	—	大神洲公司(在建)	1500	港口岸线、修造船
	摘箬山	3500	3500	—		3500	预留港口岸线
	东岠山	1000	1000	—		1000	港口岸线

续表

港区	岸段坐落	总长	已使用岸线			未使用岸线	
			已建	在建（在批）	项　目	长	规划功能
定海	定海临城				城市景观岸线	0	
	岙山	5000	3500	400	万向、兴中油品码头	1100	港口岸线
	长峙	1000	200	0	万吨级通用泊位	800	城市生活岸线
	小计	21500	7900	400		13200	
老塘山	老塘山	5000	4000	0		1000	港口岸线
	烟墩	7000	5800	0	纳海、泰莱、海洋石化、金泰、天禄能源	1200	临港工业用港口岸线
	里钓	1000	0	0		1000	港口岸线
	外钓	1000	0	1000	光汇集团油品码头（在建）	0	港口岸线
	富翅	1000	0	0		1000	港口岸线
	册子	5000	1200	500	南洋船业、册子船厂、中石化、大舫船舶	3300	港口岸线、修造船
	小计	20000	11000	1500		7500	
金塘	金塘岛	20000	2000	4000	甬舟集装箱项目	14000	集装箱、预留港口岸线
	大鹏山	2500	0	0		2500	预留临港工业港口岸线
	小计	22500	2000	4000		16500	
马岙	马岙、小沙	9700	3100	0	和邦、康道公用码头、太平洋	6600	临港工业、公用泊位
	长白	3300	3300	0	中电绿科修造船	1200	港口、临港工业、修造船
	白泉、展茅	10000	10000	1100	中船重工、万邦	6100	临港工业用港口岸线
	小计	23000	23000	1100		13900	

第四节　锚　　地

锚地为过往船舶联检、过驳、引水、避风、候潮和停泊之所。定海海域锚地众多，许多港湾可供各类船舶锚泊。主要锚地有定海港锚地、野鸭山锚地和金塘岛东、西锚地、东霍山锚地及西码头、沥港、岑港、马目、长白锚地等。

定海港锚地

定海港港域开阔，水深适宜，锚地宽广，自西向东分为6个锚地。

大盘峙西锚地　大盘峙与西蟹峙间，水域开阔，水深16米～25米。泥底，锚抓力好，可避9级诸向大风，可容10艘～12艘万吨轮船锚泊和消磁。

大盘峙东北锚地　大盘峙东北方、大五奎山南，水深7米～54米。泥底，能避8级诸向大风，可供3艘～4艘2000吨级～5000吨级轮船锚泊。

小竹山东侧锚地　小竹山东侧岸线150米以南海域，小五奎山灯桩及码头西侧范围内。水深6米～20米。泥底，可避7级～8级诸向风，急流时易移锚。可供10艘～16艘2000吨级以下轮船锚泊。

大五奎山东北锚地　大五奎山东北，距岸80米外水域，水深10米～20米。泥底，可供200吨级以下船舶锚泊，急流时易拖锚。

老鼠山东南锚地　大五奎山东老鼠山东南方。水深6米～40米，能避8级诸向风，可供2艘～3艘大型轮船锚泊。

东岠北锚地　东岠山北。水深5米～44米，泥岩底，能避8级诸向风，可供2艘～3艘大型轮船锚泊。

野鸭山锚地

老塘山港西南。长1740米，宽735米，面积1.28平方千米，水深19米～26米。泥底，锚抓力好，为万吨级船舶停泊避风锚地。1987年4月向外国籍货轮开放和为中国籍远洋货轮锚泊。2008年，野鸭山建海军基地，锚地取消对外轮开放，供国轮锚泊。2010年1月12日，调整分为南锚地和北锚地。南锚地面积0.96平方海里，水深30米～70米，呈五边形，北锚地面积1.16平方海里，水深17米～40米，五边形。

西码头港锚地

舟山岛北岸中部，秀山岛南面，东南～西北走向，分内、外港两个锚地：

内港锚地　上、下圆山与西码头间，近西码头侧。水深8米～15.6米，泥底，面积约0.2平方千米。可避8级以下偏南风和6级～7级偏北风，能容1～2艘千吨级船舶锚泊。

外港锚区又分两锚地

一个锚地在西码头西北、小园山以西海域。水深6.8米～15.2米，泥和软泥底，面积约0.6平方千米。可避8级以下偏南风，能容1艘5000吨～1万吨级船舶锚泊。另一个锚地在秀山岛西侧与畚斗山东南间海域。水深16米～40米，泥底，面积约0.5平方千米。可避8级以下偏东风。能容1艘万吨级船舶锚泊。

沥港港锚地

金塘岛西北端。西有大鹏山、捣杵山两岛作屏障。为一狭长半圆形水道，长约4000米，宽280米～460米。分南北两口。北口狭且浅，口外水深约3米；南口为主要进出口，水深7米～23米。泥沙底，锚抓力强，船舶避大风和台风的良好锚地。

岑港港锚地

舟山岛西侧，介舟山岛和里钓山、中钓山、外钓山间。港域弯曲狭长，呈“S”形。长约5600米，最窄处宽仅100米，水深5米～30米。东侧泥底，西侧泥沙底。南北两口，南口通册子水道，水深5米以上，为主要通道；北口通响礁门，最浅水深3米～4米。自北至南，分北、中、南3个锚地：

北部锚地　水深2.7米～17米，泥底，锚抓力良好，可避除北风外的诸向大风。

中部锚地　水深5米～9米，泥底，锚抓力良好，可避诸向大风、台风。

南部锚地　水深9米～11米，泥、碎石底，锚抓力良好，可避除南风外的诸向大风。

马目锚地

册子岛北侧。马目原为岛，1958年筑堤围田，与舟山岛相连。沿岸湾坳均为泥滩，西北侧有浅滩外伸，5米等深线外伸1海里。海区平坦，无障碍物。北侧和西北侧水深10米～18米，泥底，锚地面积约4.7平方千米，可供船舶临时锚泊，使用时须注意避开北侧的海底电缆。

长白锚地

舟山岛西北部与长白岛间，分东西两个锚地：

东侧锚地　水域开阔，水深5米～16米，泥底，可避西北和偏南大风。偏南大风时应选靠舟山岛一侧抛锚，偏北大风时靠长白岛一侧抛锚。

西侧锚地　水深7米～15米，泥底，可避偏南大风。

老塘山港区临时应急锚位

老塘山港区五期码头西侧设置大型船舶临时应急锚位3个，锚位水深40米～60米，半径600米。可满足老塘山港区、册子油库20万吨级以下船舶临时应急锚泊使用。

金塘东临时锚地

金塘岛东侧。水深大于40米，泥底，可供20万吨～30万吨级船舶临时锚泊。锚地面积3.8平方千米，须应注意避开南侧的海底电缆。随着宁波—舟山港核心港区船舶定线制建立，金塘东锚地规划调整。调整后锚地避开定制线航道，由于锚地距离金塘岛东侧岸线较近，金塘岛东侧岸线开发后，该锚地将取消，故现为船舶临时锚地。可供10万吨级以下船舶临时锚泊。锚地水深约29米～40米，面积2.4平方千米。

金塘西锚地

金塘岛木岙埠头至黄泥坎间西侧海域。南北长2200米，东西宽1500米。东临金塘岛，南接金塘水道，西南临甬江口，北接沥港南口，水深10米以上。海底泥质平坦，水域开阔，可供大型船舶避东北—东南大风，可供11艘5万吨级～20万吨级船舶待泊、联检。上世纪80年代初北仑港原油码头建成后成为油轮锚地。2009年金塘大桥建成通车，该锚地调整、缩建，功能依旧，为5万吨级以下船舶联检待泊锚地。因锚地面积有限，船舶需采用定点锚泊方式。锚地水深约16米～20米，面积7.8平方千米。

东霍山锚地

东霍山岛东南侧，东临五屿，南侧为金塘岛，距金塘大桥北侧安全警戒线约8500米。随着宁波—舟山港的快速发展，为满足由北方港口沿西航路进入金塘港区、马岙港区的烟墩作业区、北仑港区、镇海港区、老塘山作业区船舶锚泊需要，在东霍山附近建东霍山锚地。锚地总面积40.3平方千米。其中建有3000吨级～5万吨级锚位65个，可作为待泊、候潮、引航、联检、避风使用。东霍山锚地为东西两区，东区锚地水深11.8米～13.5米，面积13.1平方千米；西区锚地水深8.0米～12米，面积27.2平方千米。项目建设资金由宁波、舟山以及舟山跨海大桥业主共同出资。2011年9月14日获省发改委批复，2012年12月交工验收。

第五节　水　　文

定海境域地处钱塘江、甬江入海口，海域大部分在于舟山岛西，属内侧性半封闭海域。海底平坦，底质以粉砂质软泥和粘土质软泥为主，水深一般在10米～20米之间。横水洋有一条南北向深沟，最深处108米。

海流

江浙沿岸水流、台湾暖流和黄海冷水团交汇于此。大陆径流年均入海近1万亿立方米，形成强大的低盐水团，水色混浊，春夏向外伸展，秋冬向沿岸退却。台湾暖流高温高盐，水色澄清，春夏自南向北楔入，直抵沿岸水域，冬季偏离沿岸，向南退缩。黄海冷水团南下，随台湾暖流强弱变化，秋冬季舌尖状伸入，初夏逐渐向北退缩，形成南北带状逶迤水团混合区。海域外侧岛屿连线以东海区，潮流以顺时针方向呈回转流，以西海区，往复流转。

江浙沿岸水团　由长江和钱塘江等入海径流与海水混合形成，终年存在，水量和分布范围夏季大、冬季小，低盐。水团内部盐度水平梯度大。夏季型分布期间，等盐线自长江口呈舌状向东偏北方向扩展，形成较大范围低盐区。冬季水团温度低，夏季温度高，多年月平均温度的季节变化为本海域诸水团中最大。

台湾暖流水团　由台湾东侧北上的黑潮水和来自台湾海峡的海水混合而成。按温度和盐度特征可分为表层水、深层水。表层水呈高温、次高盐特征。盐度略低于台湾暖流深层水。深层水低温、高盐，温度低于表层水，而盐度则居于本海域诸水团之首。

黄海冷水团　主体在黄海，出现在境域的冷水团仅是其边缘部分。分布范围冬季大、夏季小。夏季，仅存在于本境域海东北一隅深底层，上层为江浙沿岸水所占据。黄海冷水团低温、中盐，盐度高于江浙沿岸水，低于台湾暖流水。

潮汐潮流

定海港附近海域　行不正规半日潮，平均潮差1.9米，最大潮差3.7米，平均海面2.3米。港区内往复流，潮流顺港岸、水道流动，流向复杂多变。涨潮流始于港区高潮前3小时～4小时，由大猫岛以东各航门水道流人，经盘峙南、北水道，从蟹峙门和螺头门流出；落潮流相反，始于该港区高潮后2小时～3小时。港区内流速2节～3节，火烧门、盘峙南水道、大猫岛与刺山之间水道流速可达5节。风力5级以上时，转流时间提前或推迟0.5小时～1小时，遇东南风时尤为明显。

老塘山港区附近海域　不正规半日潮，最高潮位 4.81 米，最低潮位 –0.08 米；平均高潮位 2.81 米，平均低潮位 0.90 米；平均潮差 0.02 米，最大潮差 3.67 米，最小潮差 1.41 米；平均涨潮历时 05 时 36 分，平均落潮历时 06 时 49 分，平均涨、落潮历时差 01 时 13 分；平均海面 2.26 米。

老塘山港区的野鸭山岸段潮流基本呈往复流。涨潮东南流，偏向陆岸；落潮西北流，落潮流大于涨潮流。涨潮平均流速最大 1.3 节，落潮平均流速最大 2.2 节。菰茨航门潮流顺水道涨落。涨潮西北流，落潮东南流，始于定海港高潮前、后 3 小时，流速 1 节～ 3 节，最大涨潮流速可达 5 节，最大落潮流速 4 节。西堠门涨潮西北流，始于定海港高潮前 4 小时；落潮东南流，始于定海港高潮后 2 小时。流速一般 6 节左右，大可达 7 节。最大流速发生在定海港高、低潮前、后 1 小时，最小流速发生在定海港高潮前 3 小时～ 4 小时与高潮后 2 小时～ 3 小时。航门内有急流和旋涡。金塘岛北侧涨潮西北流，始于定海港高潮前 2 小时；落潮东南流，始于定海港高潮后 4 小时，流速 1.5 节～ 3 节。册子水道涨潮西北流，始于定海港高潮前 2 小时；落潮东南流，始于定海港高潮后 3 小时，流速 2 节～ 4 节。金塘水道涨潮西北流，落潮东南流，始于定海港高潮前 2 小时和高潮后 2 小时。水道东口及西口有急流及旋涡。大黄蟒岛东北方流速可达 6 节，大部分地方流速 3 节。

西码头港和长白岛附近海域　正规半日潮，西码头港高潮间隙 10 时 41 分，大潮汛 3.3 米，小潮汛 2.6 米，平均海面 2.1 米。长白岛平均高潮间隙 11 时 11 分，大潮汛 3.3 米，小潮汛 2.6 米，平均海面 2.1 米。

龙王跳嘴至梁横山附近海面涨潮西流，始于定海港高潮前 2 小时；落潮东流，始于定海港高潮后 4 小时，流速 3 节。龟山航门内涨潮为西流，始于定海港高潮前 3 小时；落潮东流，始于定海港高潮后 3 小时，流速 5 节～ 6 节。航门内有急流，流急时不宜航行。宜航时间在定海港高潮前、后 3 小时左右。灌门内涨潮西北流，始于定海港高潮前约 3 小时；落潮东南流，始于定海港高潮后 3 小时，流速 4 ～ 5 节，落潮流时流速最大可达 6 节。粽子山附近有急流和旋涡。长白水道东部涨潮西流，落潮东流，流速 2 节～ 2.8 节；西部涨潮西北流，落潮东南流，流速 3.5 节。涨潮流始于定海港高潮前 3 小时，落潮流始于定海港高潮后 3 小时。

海水温度与盐度

海水表层年均温度 17℃～ 3℃，略高于年均气温。最高水温 29℃～ 30℃，最低 4℃～ 5℃，15℃以上日数在 195 天～ 232 天之间，20℃以上日数在 138 天～ 155 天之间。

表层海水盐度变化在 20.42‰～ 30.53‰之间，年均盐度 25.6‰，盐度自西向东逐渐递增。

水质条件

沿海江河流注给沿岸水体带来大量营养盐类，海域水质肥沃。金塘洋面和岙山附近水质抽样测定：水质 PH 值在 8.15 ～ 8.30 之间，水体溶解氧为 6.19 毫克 / 升～ 8.31 毫克 / 升，氨氮 0.04 毫克 / 升～ 0.10 毫克 / 升，硝酸盐 0.405 毫克 / 升～ 0.621 毫克 / 升。1981 年～ 1982 年分季调查表明：浮游动物均值为 28.4 毫克 / 米户～ 30.1 毫克 / 米 ^{3}，浮游植物均值为 34 × 104 个 / 米 ^{3} ～ 40.6 × 104 个 / 米 ^{3}，底栖生物均值为 300 毫克 / 米 ^{2} ～ 1150 毫克 / 米 ^{2}，各种鱼类及其仔幼鱼育肥生长的饵料基础丰富。但近几年来未经处理的废水及有害物质大量排入海域，水质污染严重。

第六节　气　　候

地处欧亚大陆与西北太平洋过渡地带，属典型的亚热带海洋性季风气候。季风交替明显，四季分明，有明显的干湿季节，光照充足，大风频繁，雨量丰沛，空气湿润，雨热季节变化同步。全年多大风，春季多海雾，夏秋多热带气旋（包括热带风暴、强热带风暴、台风、强台风和超强台风）。

春季

南北风交替出现，东南风多于偏北风。天气晴雨多变，乍暖还寒，会出现较长时间的低温阴雨，气温回升呈跳跃式，常伴有倒春寒，多海雾。

夏季

受副热带高压影响，盛行南～东南风，气温明显升高，全年最热，但无酷暑，初夏"梅雨"期，阴雨连绵，7月～8月晴热少雨，热带气旋是主要灾害性天气。

秋季

冷空气日趋活跃，偏北风多于偏南风，气温呈波状下降，9月份仍有热带气旋活动，9月～10月会秋雨绵绵，10月下旬起秋高气爽。

冬季

受大陆冷高压控制，盛行北～西北风，偏北大风频繁，是浙江省冬季风力最大的地方，全年最冷，但无严寒。

气温

年均气温16.1℃，年际变动15.7℃～17.3℃，变幅1.6℃。8月最热，月平均最高气温30.7℃，1月份最冷，月平均最低气温3.2°C。极端最高气温40.2℃，出现在2007年7月21日。极端最低气温-4.2℃，出现在1991年12月28日。

日照

年均日照时数1937.8小时。月际分布，以7月～8月最多，465.3小时，占全年日照数24%，1月～3月最少，361小时，占全年日照时数18.6%。最多2004年2096.4小时，最少2006年1698.7小时。

降水

年均降水量1442.9毫米，降水时间分布不均，其中3月～10月各月平均降水量都在100毫米以上，最大出现在8月，197.2毫米，占全年的13.7%，其余各月平均降水量都在100毫米以下，最小出现在12月，53.4毫米，为全年的3.7%。

年均降水日数153.4天（日降水量≥0.1毫米）。最长连续降水日数21天，总降水量226.7毫米。5月～10月为暴雨（≥50毫米）最多期，其中8月～9月为暴雨集中期，年均4次。最多2002年1888.0毫米，最少2003年835.5毫米，年均雨日149天。

最大月降水量446.5毫米（2005年8月），最大日降水量235.9毫米（2007年10月8日）。

年均雪日5.6天，初雪期12月27日，终雪期3月5日。2001年初雪期最早，12月12日。1998年终雪期最晚，3月29日。最多雪日，1995年17天；最少雪日，1994年、2000年、2006年各1天。

风

随季节转换，4月由偏北风向偏南风转换，5月～8月多东南到南风，9月由偏南风转向偏北风，10月至次年3月多北或西北风，北风出现次数最多。

年平均风速2.7米／秒～3.6米／秒，月平均风速8月最大，3.4米／秒，6月最小，2.6米／秒。

阵风8级以上的大风四季皆有，冬季最多，秋季及早春次之。造成境内大风天气系统为冷空气、低气压、入海高压后部、热带气旋及雷暴，前三者为主。1988年～2007年，年均大风16天，最多1990年35天，最少2003年6天。

灾害性天气

台风　热带气旋是造成定海大风、暴雨、风暴潮、巨浪的主要天气系统。常年影响定海的热带气旋（含热带风暴、强热带风暴、台风、强台风、超强台风）年均3.9次。其中有严重影响的年均1.2次，有中度影响的年均1.4次，有轻度影响的年均1.3次。热带气旋影响的时间段为5月～11月，以7月～9月最多。

大风　极大风速≥17.2米／秒（即风力≥8级）的大风日数常年平均在12天～45天。其中8月及11月至次年3月是一年中大风日数最多的时期，5月～7月为大风日数最少时期。大风以冷空气影响形成的最常见，以台风、低气压、强对流等天气形成的大风最凶猛。

能见度（海雾）　海上能见度低是造成海运海损事故的主要原因之一，70%以上的海损事故是海上能见度低（海雾）造成的。境内海域海雾的特点是：出现频繁，日变化大，一般都出现在夜间和清晨，在上午8时以后开始消散，持续时间多在12小时之内，时间跨度大，一年四季都有，有明显的季节变化，主要集中在春季和夏初，局地性强。有时舟山海域别的航区内没有海雾。但在定海鸭蛋山附近海域却有大雾，这种海雾的局地性现象在每年的5月～6月份出现次数比较多，对航运船只造成很大的危险。

旱涝　主要是夏秋降水不均，易出现干旱内涝，积水淹没公路中断车辆通行。

龙卷风　龙卷风出现的概率小，但其来势猛，风力强，威力大，速度快，范围小，生命史短，加上其所伴随的强风不是单一风向，而是旋转风，常造成大的危害，给海上航运船舶带来灾难性的海损事故。出现时间一般在4月～9月份。1994年9月5日，龙卷风袭击定海马岙乡光二村，所到之处空中砖块、瓦片、家具飞舞，转眼间地面上一片废墟，甚至将装满1.5吨黄沙的拖拉机移动20多米。此次龙卷风影响，定海区直接经济损失237万元，6人受伤，499间房屋损坏。

雷雨大风（包括飑线）　雷雨大风、飑线是有组织的强对流灾害天气，常伴有雷暴、大风、冰雹、暴雨等，给社会经济和人民生命财产造成极大的损失。且具有范围小（几十到几百平方米)，生命史短(几小时)预报难度大。像飑线等在境区产生的概率很小，几乎都是从临近省市快速移入的，预报难度更大。

第二章　陆　　域

定海境域陆域主要由舟山群岛的主岛——舟山岛的大部分(中西部)和金塘、册子、长白、长峙、盘峙、大猫等127.5个岛屿组成，占境域总面积的39.39%，其余均为海域。

第一节　岛　屿

面积500平方米以上，有植被的谓岛屿。1994年版《定海县志》称，境内有岛屿124个，其中有居民(常住人口，下同)岛30个，无居民岛94个，礁120个。1997年，舟山市人民政府发布《关于调整全市岛屿基本数据的通知》:定海区有岛屿127.5个(舟山岛以半个计)，岛屿限地总面积(含潮间带滩涂)568.80平方千米，其中陆域面积531.06平方千米，有居民岛屿27.5个。其后市政府实施“小岛迁、大岛建”战略和填海围涂造地工程，至2010年，定海区实有大小岛屿127.5个，其中有居民岛屿23.5个。

有居民岛

境内有居民岛23.5个(舟山岛按0.5个计)。

舟山岛　舟山群岛主岛，位于杭州湾东南，北纬29°56′～30°11′、东经121°56′～122°20′，东西长46.1千米，南北宽19.4千米。岸线长170.16千米，岛屿总面积502.65平方千米，其中陆地面积476.165平方千米，潮间带滩涂面积26.48平方千米。中国第四大岛。南距浙东大陆穿山半岛9.1千米。其中岛西部属定海区，面积401.63平方千米。2010年，置有解放、城东、环南、昌国、盐仓、临城6个街道办事处，小沙、白泉、干礁、岑港、马岙、双桥、北蝉、长白8个乡镇，居民116089户，313720人，人口密度781/平方千米。

岛上丘陵起伏，山脉一般都在岛屿中央，最高点黄杨尖山，位于临城、北蝉与普陀区交界处，海拔503.6米，面积1.49平方千米;次高点石礁与紫微两地交界处蚂蟥山的大尖峰，海拔477.7米。400米以上的高丘有岛中北部五雷山，海拔432.1米，中部蚂蝗山，海拔422.5米，后岙岗，海拔416.4米，尖(基)峰岗，海拔416.2米，计面积3.6平方千米。其余为丘陵，海拔300米～200米以下，面积311.3平方千米。

地质情况，出露底层主要是侏罗系上统，其岩性大都为酸性火山岩夹沉积岩，酸性熔结凝灰岩和酸性熔岩等。舟山岛中部城隍头山和东部勾山一带有白垩系下统地层出露。侵入岩体有花岗钾长岩，花岗二长岩和花岗斑岩等，分布于马岙至小沙及芦花至塘头和小洋岙至茅岭一带。还有辉绿岩、石英霏屑斑岩和石英岩等岩脉零星分布。第四系地层分布在岛屿沿海地带，常形成两山夹一岙的浅海沉积平原和通过筑塘围垦而成的连岛平原。地势平坦，海拔 3 米以下。高丘、低丘、平原分别占陆地总面积的 0.79%、62% 和 31.3%。2010 年，林地面积 179.7 平方千米，主要为松、杉、樟、楝、桐、杨及次生杂木所覆盖，森林覆盖率 37.3%，内经济林 4.717 平方千米，竹林约 3.6 平方千米，广种梨、桃、桔、杏、枇杷、杨梅及茶、桑等作物。如皋泄杨梅、黄杨尖芽茶为舟山名特产品。2010 年，有耕地 13.81 万亩，主植水稻、大麦等粮食作物及果蔬等经济作物，是舟山市粮食主要产区。

舟山岛属亚热带海洋性季风气候，年平均气温 16.1℃。最冷 1 月，月平均气温 5.2℃，最高 7 月，月平均气温 27.5℃。年平均降水量 1442.9 毫米。无霜期 247 天，6 月～ 9 月常有热带气旋影响，雾季在 3 月～ 5 月。

金塘岛　区境西部，北纬 29° 58′～ 30° 05′、东经 121° 50′～ 121° 56′，西北、北、东北有大鹏山、大菜花山、鱼龙山、横档山、大（小）髫果山、册子岛等岛屿环列。南与北仑港岸距 3.5 千米。呈南北走向，长 13.5 千米，宽 5.6 千米，总面积 82.11 平方千米，其中陆地面积 77.35 平方千米，岸线长 49.82 千米，舟山群岛第四大岛，周围水深 10 米至 20 米。

岛上丘陵，由仰天岗、潭头山、大坪港、炮台山构成主脉。形成大丰、山潭、沥港三块海积平原，古有“翁州田裹山，金塘山裹田”之说。主峰仙人山，海拔 455.9 米，出露岩石为侏罗系上统酸性火山碎屑岩；东部出露燕山晚期花岗斑岩和晚侏罗世次火山岩、霏细斑岩；北部花岗斑岩。土壤垂直地带分布明显，低丘红壤，平原水稻土、脱盐土，滩涂盐土。全岛丘陵面积 7.79 万亩，平原 3.7 万亩，分别占陆地总面积 68% 和 32%。金塘岛种植的金塘李有 120 多年栽培史，是金塘岛的特产，另有贝母种植。

2001 年，因经济建设需要，以岛置镇为金塘镇。下设 12 个社区，有居民 16937 户，39995 人。舟山跨海大桥建成后金塘岛与宁波、舟山岛相通。

大鹏山　区境西部，北纬 30° 04′，东经 121° 50′，金塘岛之西北方，沥港港岸西 350 米处。是沥港港外围屏障。据传，因该岛山峰平缓，早期群众称“太平山”，又因其山形似大鹏展翅，改名大鹏山。

岛呈东南～西北走向，长 3.37 千米，宽 1.01 千米，总面积 6.09 平方千米，其中陆地面积 3.82 平方千米，岸线长 12.31 千米，周围水深 2 米～ 17 米。中部太平山最高，海拔 161 米。岛上土层较厚，石砂土为主。岸线曲折，建有太平山灯塔。岛南、西、北侧均为滩涂，约有 2000 余亩，南侧滩涂较大。属金塘镇大观社区，有居民 875 户，1870 人。

册子岛　区境西部，北纬 30° 05′，东经 121° 56′，东邻富翅岛，与岑港镇岸距 2.5 千米，西南与金塘岛岸距 2.3 千米。

中部凤凰山将册子岛隔成南岙、西岙两个岙口，形似翻开放着的书册，故名“册支（子）”。南北长 5.5 千米，东西宽 2.46 千米，面积 14.97 平方千米，其中陆地面积 14.2 平方千米，岸线总长 23.85 千米，其中岩质岸线 16.32 千米，周围水深 3 米～ 60 米，宜建深水泊位。岛南半部平坦，北半部山势陡峻，西部马王岗最高，海拔 275 米。岛四壁陡峭，岸线曲折，东为桃夭门水道，西为西堠门水道。筑有海塘 3 条，围涂面积 194 亩。

设册子乡政府，驻南岙，下设3个社区，2010年有居民1537户，3996人。舟山跨海大桥建成后，册子岛与金塘、宁波、舟山岛相通。

长白岛　区境北部，北纬30° 10′，东经122° 02′。

岛中央山丘绵亘，南部地势平坦，北部多山地，最高大平岗，海拔249.3米。岸边有石人嘴头、小满山嘴、洪脚桶山嘴、稻桶礁、棺材礁等。总面积14.16平方千米，其中陆地面积11.1平方千米，丘陵面积7663亩，平原面积5029平方千米，分别占陆地总面积54%和46%。四周皆滩涂，解放后围涂5500余亩，岛西大园山岛已与本岛筑堤相连。岛南端小龙山建有灯桩1座。

设长白乡政府，驻沙地里，下辖3个社区，2010年有居民2063户，5126人。

峙中山　区境北部，北纬30° 12′，东经122° 04′，西南距长白岛2.2千米。属长白乡。

岛型如口朝西南的畚箕，中部凹形，有两口天然水池，似池在岛中，故名池中，方言“池”“峙”音相同，谐音为“峙中”。岛长1.25千米，宽0.53千米，总面积0.70平方千米，其中陆地0.41平方千米，岸线长3.09千米，周围水深5米～15米。岛北最高点海拔65.5米，无常住人口，有捕鳗苗人生产季节在此居住。

富翅岛　区境西部海域，北纬30° 05′，东经121° 57′。西隔桃夭门，与册子岛相望，东频响叫（礁）门，北为菰茨门，南靠富翅门，据水道要冲。

从东南向西北依次排列有面前山、后门山、桃夭门山，以面前山为最高，海拔86.7米。三座山中间为平原地带。岛呈棱形，总面积1.36平方千米，其中陆地面积1.09平方千米，海岸线长6.01千米，岛近岸水深8米～40米。丘陵面积950亩，占陆地总面积58%。岛西端有一灯标，为进出桃夭门船舶导航。属岑港镇司前社区，2010年有居民239户，642人。

里钓山　区境西部，北纬30° 04′，东经121° 58′，西与册子岛相望，东与岑港镇岸距150米。

南北走向，长1.98千米，宽0.77米，总面积1.87平方千米，其中陆地面积1.65平方千米。岸线长5.5千米，周围水深3米～29米。俯瞰岛形似葫芦，最高点里钓山，海拔114.8米。东西两侧大多为石砌海塘，南端、北端和中部靠岑港一侧各建有灯标。属岑港镇司前社区，2010年有居民305户，835人。

中钓山　区境中部，北纬30° 04′，东经121° 58′，西南与外钓山岸距150米，东北与里钓山岸距100米。西北与册子岛相望。岛在里钓山、外钓山中间，故名中钓山。南北走向，长0.17千米，宽0.27千米，总面积0.40平方千米，其中陆地面积0.16平方千米，表土瘠薄。属岑港镇司前社区，2010年有居民20户，67人。

外钓山　区境西部，北纬30° 03′，东经121° 58′，西与金塘岛、册子岛隔海相望；东临舟山岛，东南为舟山岛老塘山港，岛处里钓山、中钓山之外，故称外钓山。南北走向，长1.55千米，宽0.31千米，总面积1.42平方千米，其中陆地面积0.99平方千米，岸线长4.55千米，周围水深3米～50米。最高点海拔104.2米。属岑港镇司前社区，2010年有居民17户，87人。

富翅、里钓、中钓、外钓四岛，自2005年建成桃夭门大桥以后，均与舟山岛相连，直通汽车，与定海城区、岑港、册子往来。

大五奎山　区境南部，北纬 29° 59′，东经 122° 06′，西南有小五奎山，北与定海港岸距 0.6 千米。

大五奎山岛形似龟，今大小五奎山旧统称龟山（俗称乌龟山），后改名五奎，取其音近义雅。南北走向，长 0.67 千米，宽 0.39 千米，总面积 0.47 平方千米，其中陆地面积 0.38 平方千米，岸线总长 2.81 千米，周围水深 0.6 米～ 2.3 米。西北部较平坦，余为山地，北部最高点海拔 78.7 米。属环南街道卫海社区，2010 年有居民 1 户，2 人。

大猫岛　区境南部，北纬 29° 56′，东经 122° 02′，西埋头距大榭岛 3.85 千米，东距小猫山 250 米。南有螺头水道，北隔西蟹峙与舟山岛隔海相望。南北走向，长 3.85 千米，宽 1.5 千米，总面积 6.921 平方千米，其中陆地面积 6.18 平方千米，岸线长 14.45 千米，周围水深 0.5 米～ 11.4 米。中部主峰乌石岩，海拔 337 米，有国家二级保护植物舟山新木姜子自然分布，覆盖率在舟山乃至全国堪称首位。梨头、葍头是岛上特产。属环南街道千岛社区大猫村民委员会，有居民 528 户，1369 人。

盘峙岛　区境南部，舟山岛南，北纬 29° 59′，东经 122° 04′，西为蟹峙门，与西蟹峙岛相望，北临盘峙水道，与舟山本岛最近岸距点 1.1 千米。南北走向，长 3 千米，宽 1.17 千米，总面积 4.11 平方千米，其中陆地面积 3.78 平方千米，岸线长 9.99 千米，其中岩质岸线 3.42 千米。北部海域水深 9.6 米～ 19 米，其余海域 1.5 米～ 9.8 米。地势北高南低，东部平坦，西部为山冈，最高点为北部大盘山，海拔 159 米。长礁山嘴建有过秦角灯标，闪红 4 秒。属环南街道千岛社区盘峙村民委员会，2010 年有居民 683 户，1759 人。

小盘峙　区境南部，北纬 29° 58′，东经 122° 05′，西北与盘峙岛隔港相峙，因面积小于盘峙岛，故名。东西走向，长 1.04 千米，宽 0.43 千米，总面积 0.61 平方千米，其中陆地面积 0.53 平方千米。岸线总长 3.39 千米，周围水深 8.2 米。南高北低，最高点海拔 70 米。岛上丘陵由东南向北与西北延伸，将全岛分隔成西南、北、东北三块小平原。属环南街道千岛社区盘峙村民委员会，2010 年，有居民 102 户，293 人。

西蟹峙　区境南部，北纬 29° 59′，东经 122° 02′，东与盘峙岛，南与大猫岛相望，西北与舟山岛最近点岸距 1.0 千米。因岛形似螯，俗称蟹钳，钳与峙音谐，又于东蟹峙相对，故名西蟹峙。南北长 1.2 千米，东西宽 0.6 千米，总面积 1.01 平方千米，其中陆地面积 0.82 平方千米，岸线长 4.59 千米。最高点海拔 93 米，丘陵山脊由北向东南延伸，隔成东部和西南两块平地。丘陵面积 732 亩，占陆地总面积 63.6%，四周水深 2.1 米～ 9.6 米，北端东侧猫头山岛已筑塘与西蟹峙岛相连。岛东南山嘴有一灯桩。属环南街道千岛社区五联村民委员会，2010 年有居民 123 户，355 人。

刺山　区境南部，北纬 29° 57′、东经 122° 04′，东临小摘箬山，北与盘峙岛相望。刺山又名雌山。民间传说，古时有流星陨落在山巅，形如刀刺，故名刺山。南北走向，长 1.58 千米，宽 0.45 千米，总面积 0.64 平方千米，其中陆地面积 0.54 平方千米，岸线总长 4.42 千米，周围水深 2.4 米～ 6.2 米，最高点海拔 81.3 米。东南沿海有小块平原，余为丘陵，分别占陆地面积

14% 和 86%。属环南街道千岛社区五联村民委员会，2010 年有居民 43 户、114 人。

摘箬山　区境南部，北纬 29° 50′，东经 122° 04′。南北走向，长 2.26 千米，宽 1.01 千米，总面积 2.70 平方千米，其中陆地面积 2.34 平方千米，海岸线长 7.2 千米。南高北低，最高点海拔 215 米。岛东南连柱山嘴上设有灯标。岸局部为沿岸，少滩涂，多为人工堤岸，周围水深 2.4 米～ 12.4 米。属环南街道千岛社区五联村民委员会，2010 年有居民 94 户、248 人。

西岠岛(大巨)　区境南部，北纬 29° 59′，东经 122° 06′，西与小盘峙相邻，东南与东岠岛相对。原名大巨，1985 年 6 月改名。西南～东北走向，长 0.85 千米，宽 0.21 千米，总面积 0.27 平方千米，其中陆地面积 0.20 平方千米，岸线总长 2.06 千米，周围水深 1.8 米～ 8 米。最高点五当山，海拔 36 米。岛南 200 米处有一暗礁，东北、西南海域 0.5 千米和 0.6 千米处各建有一灯标。属环南街道千岛社区五联村民委员会，2010 年有居民 60 户、158 人。

东岠岛(小巨)　区境东南部，北纬 29° 58′，东经 122° 06′，西为火烧门，西南临吉祥门，北与舟山岛岸距最近点 1.1 千米。原名小巨。相传古时有航海者，先发现远处的东岠岛，便取名为小巨，不久，船航至面积不及东岠岛十分之一的西岠，误认为该岛大于东岠，遂取名大巨，沿称至今。1985 年 6 月，为避免混淆，按方位更名为东岠、西岠。南北走向，长 2.4 千米，宽 1.23 千米，总面积 3.42 平方千米，其中陆地面积 3.08 平方千米，岸线长 7.73 千米，其中岩质岸线 3.61 千米，周围水深 3.0 米～ 19.2 米。多山地与陡坡，丘陵面积占陆地总面积 87.3%，最高点中部偏南的小坑岗，海拔 209 米。属环南街道千岛社区五联村民委员会，2010 年有居民 126 户、344 人。

长峙岛　区境东南部，北纬 29° 58′，东经 122° 09′，四周有 20 个大小岛礁相围，北距舟山岛岸 350 米。呈西北—东南走向，岛形狭长，与舟山岛隔港对峙，遂名“长峙”。长 4.57 千米，宽 1.16 千米，总面积 7.97 平方千米，其中陆地面积 6.30 平方千米，岸线总长 14.03 千米，四周水深：东南 1 米～ 4 米，西北 13 米～ 24 米，西南 24 米～ 45 米。最高点岛西扇子港，海拔 104.7 米。东南外长峙山，海拔 71 米。1971 年～ 1972 年筑塘与长峙相连。西部、中部偏西和东南角为丘陵与平原相间地带，丘陵和平原面积分别占陆地总面积 34% 和 66%。岛周围皆海涂，解放后筑塘 10 处，总长 6.78 千米，围垦涂地 3990 亩。中部偏东，有大片盐田。

2001 年 7 月，长峙岛撤乡归临城街道管辖，建一个社区，有长峙、王家墩、马安三个村民委员会。2005 年 12 月 27 日，临城至长峙新城大桥贯通。2010 年有居民 682 户，1718 人。

东蟹峙　区境东南部，北纬 29° 59′，东经 122° 08′，十六门水道西侧，东隔周家圆山等四个小岛与长峙岛相望，北与舟山本岛相对，岸距 500 米。岛形似螯，俗称蟹钳，“钳”“峙”音近，且西侧 19 千米处，也有一个形状相似的岛，遂分别取名东、西蟹峙。

东西走向，长 0.84 千米，宽 0.37 千米，总面积 0.63 平方千米，其中陆地面积 0.47 平方千米，岸线长 3.38 千米，周围水深：南侧 8 米～ 13.2 米，北侧 11 米～ 19 米。中部最高点海拔 58 米。属临城街道长峙社区，2010 年有居民 297 户、740 人。

凤凰山　区境南部，北纬 29° 59′，东经 122° 08′，东北隔小凤凰山与东蟹峙相望，岸距 350 米；西南与东岠岛相邻，岸距 600 米。呈西南—东北走向，长 450 米，宽 160 米，总面积 0.17

平方千米，其中陆地面积 0.09 平方千米，岸线长 1.35 千米，周围水深 4 米～ 5 米。以岛形似展翅凤凰而得名。岛东部狭，西部宽，最高点海拔 16.5 米。属临城街道管辖。整个岛被开发为旅游度假村。

松山　区境东南部，北纬 29° 58′，东经 122° 07′，西近东岠岛，东南对岙山岛，东北与长峙岛相邻。民间传说，前人错把面积小的岛取名大巨山后，欲将此山送给大巨，使它名副其实，故名“送山”，“送”“松”谐音，后改为松山。东西走向，长 1.71 千米，宽 0.45 千米，总面积 1.01 平方千米，其中陆地面积 0.84 平方千米，岸线总长 5.03 千米，南侧海域水深 3.3 米～ 23 米，其余海域水深 10 米～ 28 米。最高点为岛西松山，海拔 84 米。属临城街道长峙社区，并入后岸村民委员会。2007 年 9 月，长松大桥建成后，松山与长峙、舟山岛临城相通。

岙山　区境东南部，北纬 29° 57′，东经 122° 08′，东北距长峙岛 600 米，北偏西为松山门水道。东西走向，长 3.3 千米，宽 1.23 千米，总面积 5.96 平方千米，其中陆地面积 5.15 平方千米，岸线总长，13.15 千米，近岸水深 5 米～ 26 米。中化兴中石油转运（舟山）有限公司坐落在岛西南部，是国家大型石油转运基地，国家战略石油储备基地。

岛由两个东西走向的山脉组成，最高点鹁鸪嘴，海拔 128.3 米，丘陵和平原分别占陆地总面积 53% 和 47%。

2001 年 7 月，属临城街道长峙社区，有岙山、长岙两个村民委员会。2007 年 9 月建成长松大桥后与松山岛、长峙岛相连，公共汽车直通舟山岛定海。2010 年有居民 483 户，1143 人。

无居民岛

境内有无居民（常住人旦）岛屿 104 个，其中 7 个因围涂筑堤等工程与附近大岛相连而消失，14 个已被部分开发利用。

大五峙山　区境西北部，北纬 30° 13′，东经 121° 53′，东南距瓜连山约 5.6 千米，东北与大鱼山隔海相望。陆地面积 0.14 平方千米，最高点海拔 46.6 米。表土黄泥较厚，产野生天门冬、独立金鸡等草药。原无林木，1983 年冬至 1984 年春栽黑松 400 亩。岸边有贝类，附近海区产鮸鱼，岛上常年有大量鸥、鹭鸶类候鸟在此栖息、产卵，列为鸟类自然保护区。周围水深 3 米～ 4 米。1986 年在岛南端嘴头建白色灯塔一座，屋 4 间，无人常住。大五峙山在列岛中面积最大，海拔最高，故称大五峙，俗称五峙大山。属岑港镇管辖。

隔壁山　区境南部，北纬 29° 59′，东经 122° 02′，西南与枕头山相望。圆形，面积 0.006 平方千米，最高点海拔 14.1 米。四周水深 0.8 米～ 8.6 米。属盐仓街道管辖。冶金部钢铁研究院钢铁海水腐蚀试验基地。

皇地基岛　区境东南部，北纬 29° 58′，东经 122° 08′，南临松山，东距长峙岛 1.1 千米，长 400 米，宽 150 米，面积 0.15 平方千米，最高点海拔 1.5 米。百年前东蟹峙居民就在此晒盐，1967 年起，在四周围堤，现有对虾塘 200 亩。属临城街道。

担峙岛　区境东南部，北纬 29° 59′，东经 122° 10′，长峙岛东北侧。长条形，面积 0.167 平方千米，最高点海拔 10.5 米。四周水深 5.2 米～ 11 米。岛形狭长，形似“扁担”而得名。原分“东担峙”（群众习称“上担峙”）、西担峙（群众习称“下担峙”），上世纪 80 年代末两个岛联合称“担峙岛”。属临城街道。

园山岛　区境北部，分为上园山、下园山，2004 年建设渔港筑堤相连。属干礅镇管辖。

上园山　北纬 30° 07′，东经 122° 08′，东南与下园山相望。面积 0.131 平方千米。最高点海拔 50.2 米。南面较陡，西北面平坦。周围水深 6 米以下。东临灌门水道上游，清光绪《定海厅志》称“上游山”，“游”“园”音近，群众习称“上园山”，又名蛇舌头山。

下园山　北纬 30° 07′，东经 122° 09′。东临灌门水道，西北距上园山 500 米。东南—西北走向，面积 0.217 平方千米，最高点海拔 63.3 米。四周水深 2 米～ 16 米。因处上园山东南，故名。

王家山　区境南部海域，北纬 29° 58′，东经 122° 04′。在盘峙岛南，小盘峙西南。东西走向，长 630 米，宽 220 米，面积 0.127 平方千米，最高点海拔 38.5 米。周围水深 1.8 米～ 11 米。原住王姓居民，故名王家山。后改住几户潘姓居民，1958 年迁居盘峙岛。属环南街道。

和尚山　区境南部，北纬 29° 58′，东经 122° 04′。盘峙岛南 0.65 千米处。三角形，东西长 240 米，南北宽 90 米，面积 0.024 平方千米，最高点海拔 27 米。四周水深 5.2 米～ 11.4 米。属环南街道管辖。

团鸡山　2007 年因扩建垃圾填埋场，与棟槌山围填相连。

团鸡山　区境南部，北纬 29° 58′，东经 122° 05′，北邻棟槌山，西南近摘箬山。面积 0.20 平方千米，狭长形，最高点海拔 78.1 米，四周水深 3.2 ～ 6.6 米。市垃圾填埋场。属环南街道。

棟槌山　区境南部，北纬 29° 58′，东经 122° 05′，临盘峙南水道，与小盘峙岸距 0.65 千米。面积 0.03 平方千米，最高点海拔 22.8 米，四周水深 13.2 米～ 17.2 米。山形似捣衣用的棟槌，故名。属环南街道。

大王脚山　区境南部，北纬 29° 58′，东经 122° 03′。西为盘峙门水道东南口，东与盘峙岛相邻，南 0.6 千米处有脚印礁，原名“大王脚板”，1985 年 6 月更名“大王脚山”。南北向，面积 0.083 平方千米，岸线总长 1.21 千米，西高东低，最高点海拔 18 米。丘陵、平原分别占陆地总面积的 38.5% 和 61.5%。1992 年有居民 7 户，31 人。属环南街道。2007 年起开发为船舶修造业企业用地。

小竹山　区境南部，北纬 30° 03′，东经 122° 07′，北为竹山门水道，西南距盘峙岛 1.25 千米，南北走向，长 350 米，宽 170 米，面积 0.04 平方千米，最高点海拔 34.8 米。西周水深 9.4 米～ 17 米，岛上建有灯标。属解放街道茅岭村管辖。2007 年起开发建设船厂用地。

大馒头山　境东南，与长峙西南马鞍岭南岸相距 100 米。北纬 29° 58′，东经 122° 07′。陆域面积 0.043 平方千米，最高点海拔 22.7 米。北西～南东走向，四周均为石砌海塘，北部有铁桥通长峙，南部与小馒头山相连处已建成船坞，西侧为船舶修造厂。由舟山岛输电网供电。属临城街道。

大菜花山　区境西部，北纬 30° 06′，东经 121° 51′，北临灰鳖洋，南距金塘岛 2.5 千米，南北走向，长 1.38 千米，宽 0.56 千米，面积 0.68 平方千米，岸线长 4.85 千米，周围水深 1.8 米～ 14 米，最高点海拔 146.5 米。北部狭长，南部宽且高，岛北部东侧有 1 灯塔，闪 3 秒，33 米，

13海里。灯塔东小菜花山旁有2艘沉船。岛上除有人常住管山林外，尚有册子乡、金塘镇少数居民来此垦地种植蔬菜并饲养山羊禽畜，岛东多山嘴，形似菜花瓣，又比东北侧小菜花山大，故名。属金塘镇。

大黄蟒岛　又名黄茅山、黄蟒山、大黄毛。定海金塘水道西口中央，距金塘岛西南3.1千米，距宁波北仑仅1千米。北纬29° 58′、东经121° 48′。岛长约690米，宽310米，陆域面积0.174平方千米，海岸线长1.88千米，最高点海拔74米。北东～南西走向，岛上建有2座灯塔，并有石料开采厂。属金塘镇。

定海区将无居民岛划分为舟山岛西、南部附近诸岛，舟山岛北部附近诸岛、金塘岛附近诸岛3个区域。

定海区舟山岛西南部附近诸岛情况表

单位：米、平方米

岛　名	陆地面积	滩涂面积	总面积	岸线	地理坐标		隶属乡镇（街道）
					北纬	东经	
枕头山	41857.70	46294.67	88152.37	861.48	29° 59′	121° 02′	盐仓
鸭蛋山	2557.92	0	2557.92	206.01	30° 00′	122° 03′	盐仓
洋螺山	21954.41	0	21954.41	578.87	29° 59′	122° 01′	盐仓
周家圆山	60637.00	24438.00	85075.00	1271.00	29° 59′	122° 08′	临城
小松山	4094.64	16928.17	21022.81	245.57	29° 59′	122° 08′	临城
铜盆礁	569.65	2959.20	3528.85	92.70	29° 58′	122° 07′	临城
大圆山	36545.68	40229.67	76775.35	1231.47	29° 59′	122° 08′	临城
西担峙	167197.36	172046.29	339243.65	3652.11	29° 59′	122° 10′	临城
皇地基岛	148614.90	78662.70	227277.60	1518.00	29° 58′	122° 08′	临城
蛇山	120760.92	1098772.72	1219533.64	2123.37	29° 58′	122° 11′	临城
沙尖山	9942.68	18413.90	28356.58	573.98	29° 59′	122° 08′	临城
泥螺山	865.43	12104.64	12970.07	107.99	29° 59′	122° 09′	临城
长馒头山	13963.14	17869.54	31832.68	594.81	29° 58′	122° 08′	临城
大谷山	11610.46	13027.16	24637.62	403.86	29° 58′	122° 07′	临城
小谷山	2034.16	0.00	2034.16	176.58	29° 58′	122° 07′	临城
小五奎山	144335.64	26424.64	170760.28	1756.34	29° 59′	122° 06′	环南
中馒头山	8238.33	13246.89	21485.22	364.47	29° 58′	122° 08′	临城
半边凉帽山	2547.24	18304.40	20851.64	193.48	29° 58′	122° 12′	临城
小凤凰山	11091.29	23968.60	35059.89	404.12	29° 59′	122° 08′	临城
大桶山	12788.02	4326.56	17114.58	429.86	29° 56′	122° 07′	临城
中圆山	5232.87	954.65	6187.52	268.61	29° 59′	122° 08′	临城

续表

岛　名	陆地面积	滩涂面积	总面积	岸线	地理坐标		隶属乡镇（街道）
					北纬	东经	
对面圆山	53229.15	35569.44	88798.59	910.96	29° 59′	122° 08′	临城
和尚山	23924.54	2150.13	26074.67	616.6	29° 58′	122° 04′	环南
无名岛	992.01	0.00	992.01	120.79	29° 58′	122° 05′	环南
大鼠山	4700.47	8896.06	13596.53	290.08	29° 58′	122° 04′	环南
大王脚山	82829.76	62570.13	145399.89	1212.27	29° 58′	122° 03′	环南
南馒头山	26089.30	1651.63	27740.93	687.77	29° 58′	122° 04′	环南
干山	48501.24	86229.98	134731.22	983.77	29° 58′	122° 05′	环南
小干山	1082.63	0	1082.63	132.39	29° 58′	122° 05′	环南
高背山	4818.62	15058.53	19877.15	261.22	29° 58′	122° 04′	环南
团鸡山	229957.90	97827.01	327785.15	3140.39	29° 58′	122° 05′	环南
王家山	127465.77	60761.71	188227.48	1648.45	29° 58′	122° 04′	环南
小卵黄山	1185.78	0	1185.78	130.85	29° 57′	122° 06′	环南
小摘箬山	117661.60	46276.00	163937.60	2041.20	29° 57′	122° 04′	环南
大卵黄山	4565.14	43294.59	47859.73	317.02	29° 57′	122° 06′	环南
大亮门山	115341.13	0	115341.13	1771.53	29° 57′	122° 03′	环南
笔架山	76738.69	25800.64	102539.33	1411.72	29° 57′	122° 06′	环南
小亮门山	40682.77	0	40682.77	780.03	29° 57′	122° 03′	环南
小猫山	518838.30	95928.84	614767.14	3428.66	29° 56′	122° 06′	环南
老鼠山	6396.16	20236.74	26632.90	391.13	30° 00′	122° 06′	环南
小团鸡山	5680.13	0	5680.13	290.40	29° 57′	122° 05′	环南
墨斗山	5254.72	8495.30	13750.02	268.16	30° 06′	121° 55′	册子
老虎山	19115.83	0	19115.83	689.01	30° 04′	121° 55′	册子
双螺礁	1732.35	0	1732.35	163.13	30° 05′	121° 55′	册子
小菜花山	18751.70	0	18751.70	668.01	30° 07′	121° 52′	册子
竹高山	3467.86	7681.88	11148.74	264.33	29° 59′	122° 09′	城东
馒头山	5535.66	9725.48	15261.14	278.31	29° 59′	122° 09′	城东
半洋礁	2206.11	0	2206.11	173.50	30° 01′	121° 57′	双桥
屿山	10689.84	3427.07	14125.91	582.35	30° 05′	121° 57′	岑港
北钓礁	899.51	0	899.51	124.50	30° 04′	121° 58′	岑港
钓礁	834.30	0	834.30	107.53	30° 02′	121° 57′	岑港
隔壁山	6084.00	12064.00	18148.00	303.00	29° 59′	122° 02′	盐仓
小竹山	43357.00	15991.00	59348.00	924.00	30° 00′	122° 05′	环南
大馒头山	43267.00	36428.00	79695.00	976.00	29° 58′	122° 07′	临城

定海区舟山岛北部附近诸岛无居民岛情况表

单位：米、平方米

岛　名	陆地面积	滩涂面积	总面积	岸线	地理坐标		隶属乡镇（街道）
					北纬	东经	
上灰鳖山	37955.27	4638.88	42594.15	1011.98	30° 14′	122° 03′	长白
下灰鳖山	23867.99	0	23867.99	716.79	30° 14′	122° 04′	长白
无名岛	801.04	0	801.04	124.24	30° 12′	122° 05′	长白
横档礁	3134.32	0	3134.32	248.92	30° 12′	122° 05′	长白
小峙中山	56118.23	32842.47	88960.70	1217.10	30° 12′	122° 05′	长白
五峙山	29207.43	0	29207.43	868.98	30° 12′	122° 01′	长白
鲫鱼礁	3186.57	0	3186.57	282.02	30° 12′	122° 04′	长白
小乌峙	5628.91	0	5628.91	301.70	30° 12′	122° 01′	长白
白馒头山	11968.37	0	11968.37	428.51	30° 12′	122° 04′	长白
野鸭山	4071.48	0	4071.48	234.35	30° 12′	122° 04′	长白
北馒头山	9903.01	3431.45	13334.46	427.94	30° 14′	121° 53′	岑港
无毛山	4017.82	0	4017.82	265.66	30° 13′	121° 53′	岑港
龙洞山	17122.10	7002.61	24124.71	739.01	30° 13′	121° 53′	岑港
丫鹊山	10788.41	0	10788.41	546.57	30° 13′	121° 53′	岑港
半边山	5284.09	0	5284.09	275.70	30° 13′	121° 53′	岑港
小五峙	12432.10	0	12432.10	459.10	30° 13′	121° 53′	岑港
大五峙	141475.50	0	141475.50	2705.93	30° 13′	121° 53′	岑港
瓜连山	87831.78	0	87831.78	1950.84	30° 11′	121° 56′	岑港
小瓜连山	6225.65	8786.29	15011.94	341.27	30° 12′	121° 56′	岑港
癞头礁	1454.10	0	1454.10	173.98	30° 09′	122° 07′	马岙
下长山	6095.28	0	6095.28	381.37	30° 08′	122° 07′	马岙
无名岛	3510.73	0	3510.73	224.18	30° 08′	122° 07′	马岙
团山	20676.43	57817.00	78493.43	600.00	30° 08′	122° 07′	马岙
园山岛	348071.25	146567.03	494638.28	4598.85	30° 07′	122° 09′	干䃎
小园山	10918.49	0	10918.49	431.97	30° 08′	122° 08′	干䃎
凉帽山	3019.54	0	3019.54	231.99	30° 07′	122° 09′	干䃎
无名岛	2469.09	0	2469.09	200.51	30° 07′	122° 10′	白泉
粽子山	7823.03	0	7823.03	250.78	30° 07′	122° 10′	白泉

定海区金塘岛附近诸岛无居民岛情况表

单位：米、平方米

岛名	陆地面积	滩涂面积	总面积	岸线	地理位置		所属乡镇（街道）
					北纬	东经	
小髫果山	45459.98	0	45459.98	1010.45	30° 06′	121° 50′	
大髫果山	179809.10	0	179809.10	2039.20	30° 06′	121° 50′	
鱼龙山	356118.00	26698.24	382816.24	3048.23	30° 06′	121° 51′	
横档山	140007.61	41204.31	181211.92	2318.61	30° 05′	121° 52′	
甘池山	40885.56	0	40885.56	920.35	30° 05′	121° 48′	
捣杵山	57229.68	93550.34	150780.02	1713.12	30° 03′	121° 50′	
大黄狗	1026.74	0	1026.74	125.57	29° 60′	121° 55′	
三块岛	9456.89	2009.78	11466.67	411.27	29° 58′	121° 48′	
三块岛 -1	3724.38	0	3724.38	233.99	29° 58′	121° 48′	
三块岛 -2	1403.29	0	1403.29	140.44	29° 58′	121° 48′	
小黄蟒岛	42679.45	30162.78	72842.23	1170.76	29° 58′	121° 48′	
交（蛟）杯岛 -1	3795.33	0	3795.33	236.39	29° 58′	121° 48′	
交（蛟）杯岛 -2	3095.29	0	3095.29	215.01	29° 58′	121° 48′	
大黄蟒岛	173635.00	96539.00	270174.00	1880.00	29° 58′	121° 48′	
大菜花山	681144.00	221114.00	902258.00	4850.00	30° 06′	121° 51′	

第二节　礁　岩

境内有礁120个，其中明礁12个、干出礁61个、暗礁47个。

定海区海域明礁情况表

单位：米、平方米

名　称	地理坐标		海拔	面积	隶属乡镇
	北纬	东经			
黄牛礁	30° 06′	121° 54′	7.5	930	金塘
大黄狗礁	30° 06′	121° 55′	4.8	200	
鲨鱼礁	30° 06′	121° 55′	1.0	10	
小鸡骨礁	30° 06′	121° 57′	2.1	6	岑港
北嘴头礁	30° 06′	121° 56′	2.5	350	
龙礁	30° 06′	121° 53′	2.5	900	
龙北礁	30° 06′	121° 53′	3.4	800	
小鳖礁	30° 06′	122° 04′	4.0	2700	长白
寡妇礁（丁寡妇礁）	30° 06′	122° 02′	1.5	600	盐仓
乌粪礁（钓礁）	30° 06′	122° 13′	2.8	300	北蝉
石皮礁（卒山礁）	30° 06′	122° 14′	3.3	400	
小长山礁	30° 06′	122° 07′	14.5	500	马岙

定海区海域干出礁情况表

单位：米、平方米

名　称	地理位置		干出高度	干出面积	隶属乡镇
	北纬	东经			
小黄狗礁	29° 59′	121° 55′	1.20	3000	金塘
双礁	29° 58′	121° 51′	2.00	2500	
悬水礁	30° 00′	121° 49′	1.50	60	
小菜根礁	30° 06′	121° 52′	1.30	2000	
风水礁	30° 04′	121° 50′	2.50	15	
杵北礁	30° 03′	121° 50′	1.00		
菜叶礁	30° 06′	121° 51′	2.60		
菜皮礁	30° 06′	121° 51′	2.40		
菜根礁	30° 06′	121° 51′	2.30	1000	
池东礁	30° 05′	121° 45′	2.00	250	
棺材礁	30° 12′	122° 02′	1.00	30	长白
野鸭蛋礁	30° 12′	122° 05′	2.00	20	
稻桶礁	30° 12′	122° 02′	0.20	4	
北大礁	30° 13′	121° 53′	3.00	240	岑港
上大礁	30° 05′	121° 38′	2.00	2000	
乱礁	30° 05′	121° 58′	1.00		
鲚鱼礁	30° 05′	121° 54′	3.40	140	册子
铜钿礁	30° 06′	121° 55′	3.20	12	
稻篷礁	30° 04′	121° 55′	3.00	30	
大礁	30° 07′	121° 56′	2.70	70	
马桩礁	30° 06′	121° 57′	2.00	10	
鲞鱼礁（瓦片礁）	30° 00′	122° 03′	0.10	600	盐仓
洋蜡礁	29° 58′	122° 11′	2.40	2400	临城
泥蛤蟆礁	29° 59′	122° 11′	2.70	1000	
水蛤蟆礁	29° 59′	122° 11′	2.50	333	
浦口礁	29° 59′	122° 10′	0.50		
左手礁（牛屎礁）	29° 59′	122° 07′	2.00	600	
牛屙礁	29° 58′	122° 08′	1.00	200	
玉秃礁	29° 59′	122° 09′	2.00	4000	
外长礁	29° 56′	122° 08′	4.90	6000	

续表

名　称	地理位置		干出高度	干出面积	隶属乡镇
	北纬	东经			
石柱礁	29° 57′	122° 07′	2.20	6500	
黄鳝骨礁	29° 57′	122° 07′	1.50	5000	
海蜇礁	29° 59′	122° 10′	0.70		
金地伏礁	29° 59′	122° 07′	1.80	600	
出礁	29° 59′	122° 08′	2.00		
铜地袱礁	30° 06′	122° 14′	1.30	15	北蝉
金光礁	30° 07′	122° 14′	1.60	10000	干磃
泥屙礁	30° 07′	122° 10′	2.10	500	
蛇舌礁	30° 07′	122° 08′	1.90	300	
小礁	30° 07′	122° 01′	2.10	300	
泥石礁	30° 06′	122° 09′	2.60	800	
圆边礁	30° 07′	122° 09′	1.50		
龙王礁	30° 06′	122° 09′	0.60		
三江拦礁	30° 09′	122° 07′	2.20	17000	马岙
百亩险礁	30° 09′	122° 05′	1.50		
南泥糊礁（大礁尾巴）	30° 08′	122° 07′	1.30	425	
癞边礁	30° 09′	122° 07′	0.50		
小泥糊礁	30° 08′	122° 07′	2.50	4000	
鲢鱼礁	29° 59′	122° 06′	1.40	60	环南
麦糊礁	29° 58′	122° 05′	2.50	667	
小长礁	30° 06′	122° 04′	1.20	1200	
里礁	29° 57′	122° 04′	1.70	4000	
老太婆礁	29° 58′	122° 05′	0.10		
小奎礁	29° 59′	122° 06′	2.00		
野猪礁	29° 58′	122° 07′	1.70	300	
响礁	29° 58′	122° 06′	1.00	80	
盘西礁	29° 58′	122° 04′	1.80		
小摘边礁	29° 57′	122° 04′	2.70	150	
大摘边礁	29° 57′	122° 04′	2.00	1300	
猫尾礁	29° 56′	122° 03′	2.00	1875	
道场礁	30° 00′	122° 03′	2.00	2800	

定海区海域暗礁情况表

单位：米、平方米

名　称	地理坐标		水深	隶属乡镇
	北纬	东经		
银地袱暗礁	29° 58′	121° 51′	2.70	金塘
平沙暗礁	30° 03′	121° 49′	14.6	
碗盏暗礁	30° 04′	121° 53′	2.50	
堠门暗礁	30° 04′	121° 54′	11.00	
泥暗礁	30° 04′	121° 49′	0.20	
鳖蛋暗礁	30° 04′	122° 01′	1.50	长白
东大暗礁	30° 13′	122° 05′	8.20	
北瓦爿暗礁	30° 14′	122° 02′	0.80	
泥沙暗礁	30° 15′	122° 02′	2.00	
长深暗礁	30° 09′	122° 02′	11.2	
横档西北	30° 12′	122° 05′		
瓦爿暗礁	30° 12′	121° 56′	3.00	岑港
西大暗礁（南大礁）	30° 11′	121° 52′	5.40	
大鱼暗礁	30° 13′	121° 53′	1.90	
泥灰暗礁	30° 06′	121° 56′	2.20	
龙珠暗礁	30° 05′	121° 59′	1.80	
泥土暗礁	30° 04′	121° 58′	0.80	
乱石暗礁	30° 05′	121° 58′	1.60	册子
泥涂暗礁	30° 05′	121° 59′	0.70	双桥
堠南暗礁	30° 03′	121° 54′	15.60	
百亩暗礁	30° 02′	121° 58′	1.90	临城
横洋暗礁	30° 01′	121° 58′	3.60	
螺暗礁	29° 59′	122° 08′	5.40	
竹根暗礁	29° 59′	122° 09′	3.90	
松籽暗礁	29° 57′	122° 07′	2.40	
西蛇眼暗礁	30° 58′	122° 11′	3.10	
猫脚暗礁	30° 59′	122° 09′	2.10	
东蛇眼暗礁	29° 58′	122° 11′	3.20	
石城暗礁	30° 06′	122° 14′	2.00	北蝉
泥子暗礁	30° 07′	122° 10′	3.80	干礅
金星暗礁	30° 07′	122° 08′	6.70	

续表

名　称	地理坐标		水深	隶属乡镇
	北纬	东经		
西圆暗礁	30° 07′	122° 08′	6.20	
蛇蛋暗礁	30° 07′	122° 08′	6.60	
金岩暗礁	30° 07′	122° 08′	5.70	
灌深暗礁	30° 08′	122° 08′	13.40	
癞东暗礁	30° 09′	122° 07′	1.80	马岙
癞西暗礁	30° 09′	122° 07′	0.30	
梅花暗礁	29° 59′	122° 06′	5.60	城东
吉祥暗礁	29° 58′	122° 05′	3.30	环南
上暗礁	29° 58′	122° 04′	2.30	
脚印暗礁	29° 58′	122° 03′	0.50	
鸡冠暗礁	29° 58′	122° 04′	1.90	
沙暗礁	29° 58′	122° 05′	2.00	
下暗礁	29° 57′	122° 04′	2.80	
盘东暗礁	29° 58′	122° 05′	1.00	
鲢鱼尾暗礁	29° 59′	122° 00′	3.20	
猫爪暗礁	29° 56′	122° 03′	0.70	

第二篇　港区港口

舟山市定海区境域位于浙江省北部沿海，西邻杭州湾口，东濒东海，北与长江口毗连，南至崎头洋。港域踞我国沿海南北航线与长江“黄金水道”的T型交汇处，背靠我国最具经济活力的“长三角”，东出东海，可与日本、韩国、东南亚诸国大港形成等距离的海运网络，与上海港、宁波港共同构成我国东部对内对外两个辐射扇面的中心点。

定海境内诸港港池开阔，水深流顺，优质岸线绵延，航道四通八达，港域锚地优质，有得天独厚的优越建港条件。定海港是历史上舟山开埠以来通往大陆的最早港口，曾是我国对外贸易的重要商埠。

1987年4月，定海、老塘山港口作业区经国务院批准对外开放。是时，港口货运航线国际上与日本、朝鲜、新加坡、马来西亚、美国、独联体等国家和中国香港地区均有贸易运输往来，开通与香港的国际集装箱班轮。国内货运航线通达我国沿海和长江中下游各港口。出口主要货种有矿材、钢板、盐、水产品和轻工电子产品等，进口主要货种有石油、木材、煤炭、水泥和粮食等。

1991年10月22日，国家主席江泽民视察舟山并题词“开发海洋，振兴舟山”，揭开舟山市包括定海区开发海洋经济帷幕，随着省政府“港航强省”、市政府“以港兴市”战略实施，陆续建成和在建一批超大型、专业化、开放式、高效率的港口深水泊位和物流园区。在定海港口通过的主要货种为大宗原油、木材、粮油等，货物吞吐量逐年递增。

1995年11月，浙江省交通设计院完成《舟山港总体布局规划》编制，并通过省级评审。1997年10月6日，省人民政府批复，将舟山港划分为定海、沈家门、老塘山、高亭、衢山、泗礁、绿华山、洋山8大港区。其中定海境内有定海港区和老塘山港区，以及当年正在规划中的金塘港区。

进入21世纪，海洋经济快速发展，地处“长三角”门户的定海港，在接轨上海，依托宁波，面向世界，尽快建成上海国际航运中心配套港的基础上，逐步将定海港建设成我国江海联运和国际海运业的枢纽大港。2004年，交通部规划研究院编制的《舟山港总体规划》港区有新的调整，在8个港区设置基础上，新增境内金塘港区、马岙港区和普陀区六横港区，总体增至11个港区。

2006年1月，启用“宁波—舟山港”名称。2009年3月30日，国家交通运输部、浙江省人民政府《关于宁波—舟山港总体规划的批复》，同意宁波—舟山港划分为甬江、镇海、北仑、穿山、大榭、梅山、象山港、石浦港、定海、老塘山、马岙、金塘、沈家门、六横、高亭、衢山、泗礁、绿华、洋山 19 个港区。定海境内有定海、老塘山、马岙、金塘 4 个港区。

2010 年，定海境内港域货物吞吐量 8317 万吨（不包括金塘、岙山辖区），港口生产创历史新高。拥有各类港口经营企业 102 家，各类泊位 107 个，其中万吨级以上 14 个，靠泊能力 88 余万吨。

第一章　定海港区

定海港区，背靠定海历代县、州、厅、市治所，是舟山市内外客货联系的中心点，航线众多，为舟山群岛交通枢纽。1997 年 10 月，省人民政府批复同意的《舟山港总体布局规划》，将定海港区扩大到西起洋螺山灯桩与冷坑嘴，东至勾山浦，包括大猫山、西蟹峙、盘峙、东岠、长峙、岙山、摘箬山等诸岛，可供开发的深水岸线 57.4 千米。有定海、外洋螺、青垒头、瓦窑湾、盘峙、长峙、岙山、甬东、摘箬山 9 个作业区。至 2010 年，其中外洋螺、青垒头、甬东、摘箬山 4 个作业区雏形尚未明显凸现。

第一节　定海港客运区

定海港区在舟山岛中部，即定海城区正南面沿岸，地理坐标：北纬 30° 00′ 30″，东经 122° 06′ 00″。东至沈家门港 14 海里，南距温州港 192 海里，西到宁波港 34 海里，北达上海港 135 海里。

客运区水域东起炮台山老礁到东岠岛，西至老虎山到西蟹峙；南至小盘峙、东岠、西蟹峙岛和大王脚板连线。弯月形，坐北朝南。东西长 8 千米，南北宽 4 千米。港对面为大小盘峙和东岠山诸岛，东有长峙岛，西有金塘岛遮蔽。港区水深大部分 20 米～40 米以上，最深 69 米，主航道水深 17 米以上。舟山岛与西侧的小竹山，南边的大、小五奎山间称内港，水域宽 600 米以上，

今日定海港客运区

西部水深10米～20米，最深23.5米。小竹山与五奎山间有一中沙浅滩，范围500平方米～700平方米，水深0.4米～5米。港区中部水面宽约600米，水深6米～10米，5米等深线离岸边5米～100米。港区的东部水面宽约200米，有礁屿、浅滩，水域分散。水深10米～20米，5米等深线迫近岸，10米等深线离岸数十米。码头前沿水深5米。港区内大部泥质底，淤积缓慢。港区岸线（不含港域内深水岸线）8148.8米，其中交通部门使用1084.6米。

1970年的舟山定海客运码头区

潮汐不规则半日潮，潮流往复流。涨潮流由港区东南各岛间入港区，经港区西南各岛间出港区，流速2节～3节（即每小时2海里～3海里），响水门一带可达4节；落潮流由港区附近流向东，再转向东南各水道流出，流速1.5节～2.5节，最大可达4.8节。

1988年，定海港内有交通部门客货码头13座，延长528米；有企事业单位码头27座，延长916米。港内有“南湖”、“浙江815”、“浙江801”“浙江806”、“浙江803”、“浙江812”、“浙江814”、“浙江604”8艘客轮定期通航宁波、上海、温州、镇海、衢山、泗礁、普陀山、穿山、六横、虾峙、桃花、沈家门等港。定海港客运站全年发售船票77.56万张。旅客年运输量110.75万人次。货运航线直达宁波、上海、天津、连云港、秦皇岛、葫芦岛、广州、香港、深圳、蛇口及长江中下游诸港口。港口货物年吞吐量36.56万

1988年定海港客运站全景

吨。是时，定海港有舟山海岸电台代管的船舶电台90多部，联络对象为近海国轮、国际远洋轮和外国籍船舶。通讯范围北至丹东、南至海南岛、广州等海岸电台。是年，定海港内民间客运码头通往盘峙岛、摘箬山岛、西蟹峙岛、岙山岛、大猫岛共有8条航线，11艘渡航船靠泊。年航渡16213航次，客运量42.97万人，旅客周转量373.49万人千米。

1990年，定海港有9条客运航线15艘客轮与上海、宁波、温州、镇海、衢山、泗礁。穿山、六横、桃花、沥港和大浦口等16个港口通航。货运直达全国沿海和长江中下游各港口，同年8月，交通部公布，舟山港（定海港区、老塘山港区、沈家门港区、普陀山港区、岙山港区）为商港。是年，舟山海岸电台（又名舟山港务管理局通讯导航站）代管的船舶电台有98座，代管单位25个，与舟山市交通系统所有水运船舶及进出舟山港的外地国轮和外国籍船舶均有联络。是年，舟山市港务局投资25万元，一号码头西侧建“0”号码头1座，钢筋混凝土浮码头结构，长36米，宽9米，可供500吨级客轮靠泊。舟山港定海客运站使用，供行驶甬定航线客轮靠泊。其时，定海港有市属客运码头8座，9条航线15艘客轮通航宁波、上海（十六浦）、温州、镇海、衢山、泗礁、穿山、六横、桃花、沥港、大浦口等16个港口，旅客进出量93.04万人次。货运直达全国沿海各港口和长江中下游港口，货物吞吐量37.36万吨。进口货物主要有煤、毛竹、木材、水泥、钢材、化肥、农药、纺织品、工业品、五金家电等，出口货物主要为石料、水产品和盐等。民间客运码头驶往盘峙、岙山和大猫诸岛的9艘渡航船仍靠泊该码头。年旅客进出量51万余人次，定海区交通局管理。1992年5月1日舟山海岸电台建台20周年时，该台代管的船舶电台已增至105座，通讯范围北至锦州，南至香港、海南岛，东至日本东京。

1992年，改善民间交通设施列入定海区十项重点工程之一。是年7月，定海民间客运码头扩建工程开工，新建钢筋混凝土趸船一艘，长38米，宽9米。另建钢引桥3座，均长18米，其中1座宽4米，余2座宽2.5米。12月底竣工后，新趸船与旧趸船两艘并列使用，靠泊能力由200吨级提高至300吨级。1993年，在石灰衕头旧址新建民间客运（航运）大楼一幢，4层楼房，边上为6层，总面积2500平方米。楼上为定海航运管理所办公用房，底层为候船室和民间客运站办公用房。候船室面积275平方米，可供200余名旅客候船。民间客运码头和民间客运（航运）大楼两项工程总投资375万元。至此，海上民间客运状况得大的改观。

90年代中后期，启动定海客运港区改造工程。建设分为客运码头水工一期、二期和候船室综合楼。1997年7月至翌年11月，国家投资1940万元，在定海环江路原址重新建造定海港6座钢筋混凝土趸船码头及钢质引桥。码头自东向西排列为3000吨级2座、1000吨级1座、500吨级3座，后方陆域增5200多平方米。年吞吐能力为72万人次。候船室综合楼包括综合楼、候船楼和长廊三部分，建筑面积22584平方米。于原舟山航运大楼、定海港客运站原址，动工建造21层舟山港务大厦（即综合楼），1998年12月15日动工建设，定海客运站候船楼亦同时开工。港务大厦投资7500万元，建筑面积19484平方米，高86米，地面21层，地底1层，框架筒体结构，智能化办公楼。2000年12月28日竣工，2001年交付使用。工程质量获省“钱江杯”奖。候船楼3936平方米，现浇框架结构，屋面拱形桁架压型钢板屋盖，投资约4千万元，按二级客运站设计。至2003年7月，定海港有“紫竹林”、“海游”、“飞翔”、

“六横3号”、“普顺”、“大丰渡”、“山潭渡”、“飞舟3”号、“飞舟6”号9艘客轮（含快艇）通航上海十六浦、上海芦潮港及区际六横、台门，区内小李岙、东堠、沥港等渡口。同月25日起，行驶定沪航线的“紫竹林”（2005年5月易名“普陀山”）客轮改泊新落成的上海吴淞客运中心码头。

2003年10月至年底，兴建舟山港务大厦前的港务广场，总投资1000万元，占地1.10万余平方米。整个广场沿纵向轴线分两大区域，一是雕塑广场区，二是集散广场区。雕塑广场区，由雕塑广场、喷泉水池及其周边绿化组成，以高6.5米，重22.7吨，乌黑锃亮的铁锚雕塑为中心，体现广场功能及特色。

2004年，启动市政建设定海海滨公园项目，民间客运（航运）大楼及定海民间码头列入拆迁。7月16日下午4时30分，“定海港吊1”号机开始起吊码头引桥，至此，石灰衕头民间客运码头在此服务22年之久的历史宣告结束。翌日，定海民间客运站站址迁移至舟山港海通客运有限公司定海港一号码头内，委托舟山港海通客运有限公司管理。新址有浮码头2座，约60米。原6艘民间渡航船均移泊于新址。“盘峙渡1”号继续行驶定海至盘峙航线，“大猫渡”驶行定海至大猫航线，“盘峙渡5”号与“盘峙渡6”号分别行驶定海至西蟹峙航线、定海至大小岠航线，“册渡1”号与“长峙渡”分别航驶于定海至册子、定海至岙山航线，票价不变。

2010年，定海港客运区有码头泊位7个，岸线长400米，年通过能力72万人次。随着舟山跨海大桥通车，上海十六铺码头拆迁，旅客“弃海走陆”，以及定海境内海上客运站点布局的调整，定海三江、西码头客运站扩容，定海港客运流量急剧萎缩，仅存区内岛际盘峙、大猫、西蟹峙、大小岠、小盘峙、扎箬山渡航船。区外定海—六横客运航线，供普陀六横普通客渡船和快艇靠泊。该港区岸线段已规划作为港口支持系统和港作船舶基地。

第二节　岙山作业区

岙山港作业区在舟山岛南部海域的岙山岛西南侧、峙头洋畔。岙山岛介于长峙岛和穿山半岛之间，东濒崎头洋，南邻螺头水道，西与宁波市北仑区在海上相接。西北距定海和上海分别为5海里、127海里。岙山岛面积5.4平方千米，踞我国南北沿海航线与长江水道海江“T”字形交汇点。

岙山海域周围群岛环抱，有天然屏障。水域开阔，航道畅通，港岸坡陡，水深条件良好，行规则半日潮，流速3节左右。深水岸线2500米，坐北朝南，20米等深线距岸200米。有100多万平方米可供建设的陆域。水域主体是相连的金塘水道、册子水道、螺头水道，东西长约35海里，南北宽约5海里。航门四通八达，金塘水道西通杭州湾南部；册子水道北出西堠门可达上海及北方各港。螺头水道东通福利门、清滋门，南出虾峙门、条帚门进入东海，与日本，东南亚、澳大利亚的航路相接，甚至可横越太平洋直达美洲西海岸各国港口。是世界上天然的优良海港之一。

史书记载：早在明嘉靖年间，有4艘日本勘合贸易船赴宁波港，因违反明廷"十年一贡"之规定，遭宁波官府拒纳，在岙山海域停泊逗留达10个月之久。明代，岙山港为舟山15个港口之一。天启《舟山志》记载：岙山港，通城樵络绎之处。清康熙《定海县志》、民国《定海县志》分别记载：拗山港位于县东南十里，在拗山北。民国12年（1923年），舟山衜头埠有2艘航船驶往拗山，称拗山航船，每日各往来1次。

解放前，岛上无埠头，渡航船往来停靠近岸坡海域、浅滩。解放后，岙山岛东北面的岙山渔业村北侧，建起斜坡式埠头1座，可靠泊10吨船舶。该埠与长峙岛前山埠隔港相距500米。70年代中期，岙山渔业村集资2000元扩建该埠。1988年，区政府、岙山渔业村分别投资6万元、2万元于原埠东约千米处建起水泥浮码头一座，趸船长25米，宽8米；引桥长13米，宽4米。靠泊能力150吨级，供200客位的岙山渡船停靠。80年代末，岙山渡口核定航线两条：一条岙山至定海，单程5海里，"岙山渡1"号行驶。该船钢质，总吨位47吨，200个客位。另一条岙山至前山，单程300米。渡船为"岙山渡2"号，木质，总吨位6.4吨，客位49个。日航渡38航次，日均渡运量800人次。分别由岙山渔业村和岙山农业队经营。

1988年7月，中国化工进出口总公司选定岙山港作为开发石油中转和储运基地。未久，内地与香港合资兴中石油转运有限公司成立，选址岙山港兴建石油中转基地。通过国内招标，中国船舶工业总公司上海第九设计院承担基地总体设计，交通部第三航务工程局第四工程公司承担施工，在岙山岛西南端建造成拥有20万吨级码头、30万立方米储油罐，可进行计算机自动化控制的中国首座商用石油储运基地。

1990年3月，开始"三通一平"工作。翌年初，一期工程开工。设计总面积17.6万平方米。工程项目分油品装卸区、储油区、辅助生产区和行政管理区4个区。油品装卸区主要有20万吨级油码头、500吨级工作船码头、海上传播系统及消防、输油、供水等设施。储油区由油罐、中央控制室、计量和油泵等组成。辅助生产区包括电力、消防、给排水、油污水处理等设施。行政管理区设置办公楼、食堂、浴室、俱乐部和涉外机构。1991年元月底，500吨级工作船码头竣工，供工作船、交通艇靠泊使用。该码头投资180万元，交通部第三航务工程局第四工程公司承建。是年又投资2040万余元兴建20万吨级原油码头，地点岗干里，岙山岛西南角，坐北朝南。交通部第三航务工程局第四工程公司承建。系蝶形敞开式墩式码头，由工作平台、引桥、主副靠船墩、人行便桥等组成。工作平台长50米、宽25米，引桥长174.7米、宽8米，主副靠船墩各2个。码头泊位总长555.7米，码头前沿水深20米，靠泊能力20万吨级。供装卸原油使用。1992年底，电力、消防、给排水、油污水处理及各种办公、生活用房等设施工程逐一竣工。总投资3000万美元，创舟山市单项工程投资之先例。

1992年5月，第一期扩建工程经浙江省计划经济委员会批准，投资2141万美元，在原规模基础上新建4座5万立方米保温型原油储油罐、1座8万吨级原油、成品油兼用码头。扩建工程油罐区征用已围海涂2公顷、荒山4公顷。设计方案由河南省洛阳石化工程公司设计院和交通部第三航务工程局设计。翌年2月，20万吨级原油码头竣工投入使用。2月4日，6.8万吨级油船"大庆92"号装载5.7万吨原油试靠原油码头成功，舟山港开始原油中转业务。

是年3月经全面审议通过。1994年，拓展国外油品外进外出中转储运业务。翌年3月，岙山石油中转基地项目竣工并投入使用，基地年吞吐能力550万吨。

1996年元月，舟山兴中石油转运有限公司又投资近3000万美元进行第二期工程建设，其规模为5万立方米内浮顶油罐10座。工程分两个阶段建设。1997年4月，第一阶段4座5万立方米高凝点油罐建成投产。是年底，第二阶段再建6座5万立方米原油储罐及配套设施，工程于1999年6月完工投入试运行。翌年元月通过竣工验收，工程质量评为优良等级。

2001年，岙山石油转运基地油品吞吐量超千万吨，全港完成油品吞吐量1298.84万吨。2002年，开拓海洋油品中转业务，实施虾峙外锚地减载项目，完成两艘油轮减载作业，全港完成成品油吞吐量1524.33万吨。2001年4月，中化兴源石油储运（舟山）有限公司投资1.80亿元，在岙山石油转运基地再建7座总容量为38万立方米储油罐及相应配套设施。2003年6月建成投产。至此，基地拥有39座总容量为158万立方米的储油罐。之后，全港油品吞吐量连年上升。2003年完成1794.33万吨，2004年达2461万吨。

2003年，中化集团公司《岙山国家石油储备基地工程环境影响报告书》通过国家环保总局评审。翌年初，国家发展改革委员会发文，启动岙山国家石油储备基地项目。项目计划投资28亿元，规模为500万立方米的原油储罐。2004年底，进入工程施工。

2004年，万向石油储运（舟山）有限公司落户岙山，岙山成品油中转另一项目再次启动。该项目占用岙山岛东南部岸线1.3千米、土地690.9亩，建设规模为总容量151万立方米油库，10万吨级、3万吨级码头各1座及1000吨级码头3座，工程概算总投资约12亿元。2005年2月，一期工程进入实质性开发阶段，翌年底完工投入使用。

岙山基地拥有中国沿海港口最深水道之一，25万吨级油轮可候潮出入。1993年2月英籍“兰姆帕斯”号邮轮首次靠泊作业以后，至2003年7月，共靠泊巴拿马、韩国、新加坡等国家30万吨级以上油轮29艘，装载油品主要有中东石油、卡宾达原油和奥里油灯10余种。翌年8月，32.3万吨级沙特籍FOLKSUN（“民族阳关”号）油轮成功靠泊中化兴中石油转运（舟山）有限公司岙山基地原油码头，卸下26.2万吨燃料油。2005年底，岙山基地中威成品油罐区又增2万立方米成品油储罐，储油罐总容量达160万立方米，年油品吞吐能力达2600万吨以上。

2007年5月，岙山国家石油储备油库一期工程已完成12个共120万立方米原油储罐及配套设施。是月22日，新加坡籍油轮“普罗达”号装载23.8万吨伊拉克原油靠上岙山国家石油储备油库1号泊位进行卸载。翌年2月，舟山兴中石油转运（舟山）有限公司岙山库区通过海底管道向境内册子岛油库输油，进而汇入甬沪宁进口原油输油管网。2009年底公司岙山库区累计各类油类吞吐量超2.1亿吨，到港作业船舶超过1万艘次。翌年，仅中化兴中石油转运（舟山）有限公司岙山基地油品吞吐量就达2436.84万吨。

2010年1月26日，国家环境保护部、交通运输部、环保部华东环境保护督查中心、省环境保护厅、舟山环境保护局人员组成的验收组对中化兴中石油转运（舟山）有限公司30万吨

全国最大的石油储备和吞吐基地——岙山岛港区，2015年油品吞吐量达2700万吨，创历史新高。

级油码工程进行环境保护竣工验收。经过现场检查和审阅、核实环境保护部环境工程评估中心竣工环境保护验收资料，当日通过该项目环境保护验收。

第三节　瓦窑湾货运区

瓦窑湾货运区在定海城东街道青垒头路116号，建有500吨级浮码头2座，趸船规格：长36米、宽9.2米，引桥长36米，宽3.5米，1990年10月建造。500吨级兼靠1000吨级高桩梁板式码头1座，规格：长37米、宽9米，引桥长29.5米、宽4米。1998年11建造。浙江海通港航工程有限责任公司经营管理，货运区主要功能是为舟山岛的定海中心区域日常生活杂货运输服务，2010年归舟山市环境卫生管理处经营管理。

第四节　盘峙作业区

盘峙岛作业区在舟山岛西南面盘峙岛，深水岸段位于岛东北和西南，水深大于20米，岸线长约3000米，20米等深线离岸100米～200米，2005年7月，舟山正东油品仓储有限公司盘峙油库落户盘峙岛，（该公司为数人共同出资组建的股份制公司）。油库地理位置：东经122° 04′，北纬29° 59′。2010年有3000吨级、300吨级高桩梁板式码头各1座，为集燃料油、柴油及润滑油仓储、中转为一体的石油储运企业。储油罐8座，共2500立方，其中4500立方储油罐3座，300立方米储油罐3座，2000立方米储油罐1座，500立方米储油罐1座。装卸设备包括两台输油臂及若干输油软管，其中输油臂最大装卸能力为300立方 / 小时，2009年油品吞吐量超过12万吨。

西蟹峙作业点

西蟹峙岛属定海区环南街道，东与盘峙岛隔海相望，南为大猫岛。岛屿岸线长4590米，深水岸段在岛南侧和东侧，长 2000 米，其中南侧岸段长 1000 米，前沿水深大于 20 米，20 米等深线距岸 200 米，港池深而宽阔。1995 年 11 月富兴石油储运公司在南岸建设油库，1997 年 1 月建成投产。工程规模为 1.8 万吨级油品泊位 1 个，高桩梁板式，泊位长度 100 米。1 万立方米油罐 4 座，2000 立方米油罐 2 座，总投资 5000 万元。2005 年，民营企业舟山市名洋船务有限公司在西蟹峙岛投资 2.5 亿人民币，新建名洋油库基地。基地库区总储量为 9.8 万立方米，18 座罐体，高桩梁板式 3000 吨级码头 2 座。

第五节　长峙作业区

长峙岛在舟山岛以南 300 米，岸距 350 米，隶属定海临城街道，海岸线总长 14030 米，南岸有约长 3000 米深水岸段，与岙山岛相望，港池为岙山港，水深大于 10 米，宽度为 300 米～ 500 米，东浅西深，东段 2000 米岸外，水深多在 10 米～ 20 米之间，西段 1000 米岸外，前沿港域水深大于 20 米。史记载，明代郑和下西洋船队从江苏太仓港口出发，途经小猫山过崎头（洋）中的升罗屿，据日本学者考证，升罗屿即今长峙岛。清光绪七年（1881），长峙等岛屿先后置风帆船，随潮开往定海衜头，明清时代长峙岛港航的发展为当代长峙岛的开发和发展提供了前期准备。

2004 年，舟山港务集团投资 2700 万元，在长峙岛东南端外长峙西侧，建设规模为 1 万吨级杂货泊位兼靠 3 万吨级泊位 2 个，设计年吞吐量 45 万吨。泊位总长 174 米，其中码头平台长 134 米、宽 21 米；西北侧距平台 34 米处设系缆墩一座。码头与陆域以两座栈桥相连。1 号栈桥长 36 米、宽 8 米，2 号栈桥长 330 米、宽 8 米。2004 年 5 月动工，12 月完成主体工程。2005 年 1 月，省交通厅工程质量监督站对码头工程水工部分进行交工质量鉴定，工程质量为优良。舟山港海兴装卸储运有限公司投资 1000 万元完成场地平整及附属设施、配套设施建设。

第二章　老塘山港区

老塘山港区　在舟山岛洋螺山灯桩与冷坑嘴以西区域，包括老塘山、野鸭山、富翅、册子、马目、里钓、外钓作业区。

第一节　老塘山作业区

位于舟山岛西南岸老塘山下。地理坐标北纬 30° 02′ 57″，东经 121° 58′ 48″。港区三

老塘山港

面环山，西面隔海有外钓山、中钓山、里钓山为天然屏障，西南和南面分别有金塘岛、大榭岛和大陆作掩护。水域成海峡型南北通道。港内10米等深线平顺，15米等深线距岸200米～1000米。老鼠山以北300米至外洋螺有10千米长海岸线。陆域腹地纵深1000米以上，岸坡平缓、岸线稳定。作业港区面积约100平方千米，可利用的深水区约38平方千米。该港北距上海135海里，南距温州196海里，西距宁波34海里。潮汐属不规则半日潮，潮流为往复流。涨潮流向北，流速约1节～4节，落潮流向南，流速约1节～3节。北、东南风为常风向，西北强风可影响港区水域。

老塘山一期码头（件杂货码头）

1982年8月，浙江省交通厅批准建设定海老塘山万吨级件杂货码头，占岸线393米，征用土地82.13亩。工程始于1985年4月，1987年8月竣工。工程总投资1780万元，建成1.5万吨级件杂货码头（高桩梁板式）1座，设计年吞吐量75万吨。岸线长365米，占地面积6.2万平方米；码头前沿水深10.5米，码头平台长130米、宽22米，栈桥2座，各长154米、宽9米，堆场1.7万平方米，仓库2000平方米。是年底，先后有“东光”、“国家首领”号等7艘远洋轮装载水泥、木材靠泊。1990年底有苏联“雷彻金斯”号等2艘外国籍船舶和169艘中国籍远洋轮靠泊。2000年投资5000万元扩建一期工程，包括码头平台1座，长120米、宽22米，栈桥1座，长154米，宽10.5米，系缆墩1座，人行便桥1座，长40米，宽2米，扩建后码头可供1.5万吨级船舶和5000吨级船舶同时靠泊，堆场辟出集装箱堆场7500平方米，拥有10吨门机2台、40吨门机1台，42吨正面吊1台等其他机械设备，工程总投资5000万元。

2005年9月，舟山港务集团有限公司与中海海洋石油总公司所属基地集团有限公司合资组建中海石油（舟山）基地物流有限公司，合作经营一期码头。2001年、2006年，基地分别投资200万元、460万元建库房二座，面积为3000平方米和3240平方米，投资200万元建1000平方米办公楼1幢，投资2000万元建堆场1.5万平方米。项目主要作为东海油气田后勤物流基地。

老塘山二期码头（煤炭码头）

1988年1月动工兴建，1990年国家计委正式批准立项，属地方大中型基本建设项目，列为省、市重点建设工程。主体工程包括码头，煤炭场地和专用机械。码头采用钢筋混凝土散货专业高桩梁板式结构，平台长323米、宽22米，码头前沿水深负11米，岸线长479米，设置 2.5 万吨级、3000 吨级泊位各 1 个，码头平台与后方陆域由 3 座栈桥（分别长 123 米、91 米、75 米，宽各 9.5 米）连接；码头两端各设系缆墩 l 座，由 40 米长的联系桥与平台相连。后方陆域占地 10 万平方米，设 250 米 ×38 米堆场 4 块。码头上配套 Q2540·27 桥式抓斗卸船机 3 台（每台通过能力 540 吨 / 小时），YZJ800·15 移动式装船机 2 台（每台通过能力 800 吨 / 小时）；堆场上配套 DQ630 / 1300·30 斗轮堆取料机 3 台（每台通过能力：堆料机 1300 吨 / 小时，取料机 630 吨 / 小时）；码头与堆场之间由皮带输送机连通，皮带输送机总长 3708 米。工程总投资 6932 万元，年吞吐能力 400 万吨。1992 年 12 月竣工，1993 年 12 月通过验收，评为优良工程。

第二节　野鸭山作业区

在野鸭山区块。作业区北起老塘山山脚，南至墩头山以南，岸线约 3400 米。原为船舶联检、停泊避风锚地。1987 年 6 月，日本籍货船“第二罗塔拉斯”号从马来西亚装运木材首次锚泊。2010 年，建有老塘山三期码头（件杂货码头）、老塘山五期码头（通用散货码头），作业区港口企业陆续进驻，舟山中海粮油工业有限公司等 30 多家企业落户。

老塘山三期码头(件杂货码头)

野鸭山作业区内，省“十五 " 交通建设重点项目。2002 年 6 月动工，建设规模为 5 万吨级（兼靠 8 万吨）码头 1 座，总投资 1.87 亿元，码头结构采用高桩梁板式，栈桥连接两个布置成“ ⌐”型泊位，外侧为 5 万吨级（兼靠 8 万吨）散货码头，内侧为工作船码头。泊位长 302 米，码头平台长 258 米，宽 31 米，栈桥长 905 米、宽 13.5 米。工程建设分 2 个合同段同时进行，2003 年 6 月完工。2004 年 4 月，通过省口岸办组织的对外启用验收。

2005 年 4 月，动工兴建老塘山港区三期工程装船泊位。装船泊位在 5 万吨级散杂货泊位后侧 385 米处，离岸约 520 米，与 5 万吨级码头和栈桥成“F”形布置。码头前沿为 3000 吨级兼靠 5000 吨泊位 1 个，码头后侧可停靠 1000 吨级散货船舶。码头平台 92 米 ×14 米，高桩梁板式结构，桩基 600 毫米 ×600 毫米钢筋砼预应力方桩；码头平台与栈桥之间通过 80.2 米 ×8.5 米的联桥连接；码头平台西北侧 30 米处设一系缆墩，通过 1.5

1.5 万吨级件杂货码头

米宽的联系桥与码头平台连接。工程合同造价1250万元。是年10月完工。

同年7月，开工建设5万吨级（兼靠8万吨）散杂货泊位1个，后侧可停靠2万吨级散货船舶的老塘山港区三期扩建工程。该泊位位于已建三期5万吨级泊位东侧，与三期已建栈桥交接处设置防撞墩，栈桥端部西侧设辅助平台，平台31米×12米。码头上部结构现浇桩帽、大节点结构。纵横梁、面板均采用预制叠合构件。整个水工工程2006年4月20日完成。7月，通过竣工验收，工程质量优良。

野鸭山区块2002年建设，定位为“舟山国际粮油产业园区”，规划打造成我国重要的国际粮油储运、加工、交易、综合服务基地。园区总面积约为4.14平方千米，至2013年8月，巳累计投资约77亿元，集聚各类企业30多家，其中大型粮油加工储运企业3家，主要从美国、阿根廷、巴西等国进口粮油、销往长三角、华东等地区。首家落户港口企业为舟山中海粮油工业有限公司。公司成立于2001年10月，是和润集团控股的国内大型粮油加工产销一体化企业。公司注册资金5000万元，计划总投资6亿元，一期、二期固定资产投资已完成4.5亿元。2010年，拥有固定资产20.28亿元，净资产1.1亿元，企业有职工250人，其中管理人员35人。2004年取得国家ISO9001、2000认证，2005年获得QS企业生产许可证。2009年豆粕吞吐量超40万吨，豆油吞吐量10万吨。公司占地30万平方米，建有12万吨立筒仓、2万吨房式仓及2.6万立方米油罐，配有8万吨深水港公共码头及1000米深水海岸线，建有5000吨、3000吨、1000吨泊位各1个。

舟山中海粮油工业有限公司外景

5000吨级粮油散货码头于2007年4月10日开工，2008年7月8日完工，同年8月26日交工验收，11月3日投入试运行。

扩建3000吨级泊位（内侧兼靠1000吨泊位）于2008年8月27日开工，2009年4月2日完工，同年4月10日通过交工验收，5月投入试运行。

码头和泊位工程由舟山市交通规划设计院设计，舟山市海通水运工程咨询监理有限责任公司负责施工监理，工程由舟山市海港工程有限公司和上海大润港务建设有限公司承建。

5000吨级粮油散货码头高桩梁板式结构，结构强度按10000吨货运码头设计。码头由靠泊平台、系缆墩及2座栈桥组成。泊位总长度185米。靠泊平台160米×22.5米，引桥为

18.5 米 ×13 米，南北两个结构段各为 80 米。平台东面与扩建 3000 吨泊位相接，前沿水深 14.5 米。

扩建 3000 吨泊位（内侧兼靠 1000 吨泊位），高桩梁板式结构，结构强度按 100000 吨货运码头设计。规模 3000 吨级泊位 1 个，内侧 1000 吨级泊位 1 个，利用相邻的 5000 吨级粮油散货码头栈桥。泊位总长度 139 米，靠泊平台 139 米 ×22.5 米，引桥 58.55 米 ×12 米。平台西面与 5000 吨级粮油散货码头相接，内侧泊位靠引桥部位安装防撞墩 1 座，前沿水深 14.5 米。主要为装运进出口物资的大型船舶提供减、加载中转功能，并为后方储运、加工企业提供支撑。

生产和物流均实行电脑全自动控制。舟山中海粮油工业有限公司项目是舟山利用深水良港优势大力开发临港工业的先行重点项目，被市政府列为首批重点扶持企业和地方粮油加工骨干企业。

老塘山五期码头（通用散货码头）

野鸭山岸段中部，老塘山港区三期工程南侧。2007 年 12 月开建，2009 年 6 月竣工，总投资 6.4 亿元，建成 12 万吨级（手工结构为 15 万吨级）卸船泊位 1 个，3.5 万吨级和 1 万吨级装船泊位各 1 个及相应配套设施，年设计通过能力 1145 万吨。码头岸线长 400 米，项目总投资约 6.4 亿元，舟山港务集团负责实施。2009 年 6 月 9 日，开港，是华东地区最大的煤炭码头，是接纳国内外煤炭资源的一个大型平台，是通过水水中转，发挥集海运、存储、中转、配煤等功能于一体的大型专业煤炭中转基地。

2010 年老塘山（含野鸭山）作业区全年货物吞吐量 1281.6 万吨，突破千万吨大关。其中，老塘山三期、五期码头分别有 232 艘和 59 艘大型散货船完成靠泊作业，作业工程船 800 余艘，吞吐量 820 余万吨。老塘山二期煤码头到港作业船舶 220 余艘，吞吐量达 452.2 万吨。

第三节　册子作业区

在册子岛西南端、西堠门海域。东北及东隔菰茨航门、桃夭门、富翅门分别与舟山岛、富翅、里钓诸岛相望，西南隔西堠门与金塘岛东堠相对。地理坐标北纬 30° 05′ 16″，东经 121° 56′ 14″，岛周围约有 10 米～ 15 米深水岸线 2.5 千米，岛东南部之珠丝门（朱泗门）岸段，水域宽约 3 千米，水深 20 米，距岸仅 60 米，可建 30 万吨级码头，宜敷设海底管道。

册子岛原油中转基地　册子岛油库处定海册子岛东南侧，属中石化管道储运分公司南京输油处。2003 年 11 月，一期项目开建，占地 1150 亩，投资约 8.2 亿元。2005 年 4 月，完成原油储罐、输油管线、输油机泵、输油臂等大型设备的安装调试。11 月，油库、30 万吨级原油中转码头通过口岸开放预验收。12 月 18 日，5 万吨级“桂河”号油轮试靠成功。2006 年 2 月 25 日，30 万吨原油中转码头投产一次成功，28 日，管道外输原油投产一次成功。

油库、码头承担进口原油接卸、装船、岙山来油中转及管道外输任务，承担华东五大炼油厂及长江多家炼化企业的原油供给的任务。原油来自中东，主要是阿拉伯中质、轻质原油和阿曼原油。是甬—沪—宁管网的一座大型油库。整个工程通过库区管网和海底管线与岙山石油转运基地、镇海炼化相连，汇入甬沪宁进口原油管网工程。油库一期工程管道设计年外输能力2700万吨，原油码头设计年接卸能力2054万吨。2009年接卸原油1435万吨，油库采用分公司内部劳务用工和外委的用工形式，有员工168人，管理人员20人。

2005年12月18日，册子石油中转码头试靠油轮成功

油库一期工程主要设备包括：陆域部分，储油罐21座（总库容205万方。其中一般贸易罐110万方，保税库95万方），输油泵14台，35千伏变电所1座，以及配套的消防系统、污水处理系统、工业电视、周界报警系统、建有1支专职消防队伍等。水域部分，30万吨原油码头1座（设计代表船型为30万吨级，最小可停靠船型为3万吨级油轮），原油码头泊位长度510米。输油臂4台（三用一备），接卸能力为9600立方／小时。码头设计能力2000万吨／年，岙山来油中转能力1500万吨／年，管道外输能力2700万吨／年。

按照总部规划，还将建册子岛——上海曹泾输油管道复线1条和万吨原二期45万吨级原油码头1座。届时，原油码头接卸能力将达到3000万吨／年，外输能力达到4000万吨／年。

项目始于90年代中期。是时，经省政府批准，上海金山石油化工有限公司投资征用南岙村土地69万平方米，建25万吨级（兼靠30万吨级）石油储运中转码头和储油库。90年代后期，中国石化企业筹股设海底管道，将原油直输宁波镇海。21世纪初，四川攀枝花工程公司爆破平整帽头山山体。2003年2月，国家发改委批准，中国石化集团公司投资“岙山—册子—镇海”原油海底管道工程，总投资9.8亿元，管线总长87千米，起自岙山转运码头，经长峙岛、舟山岛、外钓岛、册子岛，终点为镇海炼化厂。管线横穿岙山港、担峙水道、岑港水道、富翅门水道及灰鳖洋5个水域，海底部分44.7千米。工程为中国石化集团“甬沪宁”600千米原油运输网之重要分段。是年5月30日，主体工程“岙山——册子——镇海”原油管道工程启动。

2004年底，在册子南岙村珠丝门一期工程建10万立方米浮顶储油罐6座，30万吨级原油码头1座及相关生产、电力、环保、通信设施，翌年6月竣工。总投资约7.25亿元。2005

定海区册子岛实华码头卸载原油

年11月，工程通过预验收，同年12月18日，5万吨级“桂河”号空载油轮在该基地30万吨级原油中转码头顺利完成首次试靠作业。

2006年，储油区、辅助生产区、行政管理区和预留罐区工程全部竣工。2月，通过浙江省打击走私与海防口岸管理办公室组织的验收并对外启用。2月25日，利比里亚籍14.6万吨“高盛”号（CAUSEWAY）油轮从阿联酋满载原油驶抵册子原油中转码头接卸。3月，接卸第一艘30万级“雄狮号”装载的27.4万吨原油。至年底，中石化册子岛油库共接卸进口原油944万吨，成为舟山口岸管网进口量最大的油品中转基地之一。油库二期（两座10万方储罐）及商储基地工程（13座储油罐共125立方）于2011年11月25日投产。

册子石油中转基地

2010年，中国石油化工股份有限公司将南岙村珠丝门30万吨原油码头与舟山港务集团有限公司共同出资组建舟山实华原油码头有限公司，承担码头原油接卸、岙山原油中转和管道外输任务，并为中国石化集团所属的上海石化、高桥石化、金陵石化、扬子石化、镇海石化及中石化商业储备公司等单位提供原油。其中管道外输的海底输油管最大排量每小时3750立方米，管道直接通到镇海岗山，融入中石化本世纪初投资建设的甬沪宁管道中，与我国目前口径最大、距离最长、自动化水平最高的进口原油管道连为一体。公司于2010年4月1日开始营运，至年底，已接卸进口原油1032多万吨，创收入1.053亿元，净利润5670万元。

第四节　外钓山作业区

在定海岑港镇外钓山，港池为册子水道北缘。2009年5月总投资约10.71亿美金的光汇石油舟山外钓岛储运基地落户岑港镇，2010年7月6日外钓岛光汇石油舟山外钓岛储运基地开工。项目主要包括油库和码头两个项目。其中油库项目由在香港联交所主板上市公司光汇石油（控股）有限公司独资建设，一期规划建设库容204万立方米，总投资约10亿美金，码头项目由光汇石油和舟山港务集团有限公司合资建设，拟建从30万吨级到千吨级各类泊位13个，包括30万吨级、10万吨级、5万吨级、2万吨级泊位各1个，3000吨级泊位6个，以及3个工作船泊位，总投资约2亿美金，泊位总长度1395米，设计年通过能力3290万吨，其中接卸能力1735万吨，装船能力1555万吨。除了油罐和码头，还将建设输油泵棚、氮气站、变电所、机柜间、泡沫站、消防废水池等配套设施。

项目以服务长三角地区为主，兼顾山东、福建等地区沿海港口的船舶保税燃油运输，承担船舶保税燃油接卸、转运和供油船装船服务。大型运输船可直接停靠码头装卸油品，减少海上过驳业务操作，提高供油安全，降低疏运成本。建成后，将成为我国最大的船舶保税燃料油储运、海上供应基地。同时，作为国家能源储备基地之一。

2013年10月，舟山光汇油品码头有限公司的宁波—舟山港老塘山港区外钓岛光汇万吨级油品码头工程项目，获国家发改委核准，作为光汇石油舟山储运基地的关键配套工程。第一期194万立方米储罐工程及配套码头，预计2014年底投入使用，第二期122万立方米储罐工程，计划2015年上半年建成并开始营运。

第五节　老塘山港区对外开放

1997年，浙江省人民政府下发《关于划定舟山港沈家门、老塘山作业区对外开放范围的通知》，其中涉及老塘山港部分，省政府原则同意关于划定舟山港老塘山作业区对外开放范围的意见，陆域包括金塘、册子、富翅、外钓山部分地域，并考虑舟山港发展的需要在野鸭山锚地已开放的基础上适当扩大。外国船舶进出航线新增2条支航线：一是从岙山联检锚地以东航向237度航行，至大门山与外交杯山转东航向186度驶入六横岛大岙液化气储运码头。二是从野鸭山联检锚地以东航向270度从半洋礁灯桩向南1海里驶入金塘沿岸水域。2008年，野鸭山因建海军基地，锚地取消对外轮开放，仅供国轮锚泊。

第三章　金塘港区

在舟山岛西南。地理坐标：东经 121° 50′ ～ 121° 56′，北纬 29° 58 ～ 30° 05′，距定海客运码头 20.9 千米，东距舟山岛最近岸线 6.25 千米，南与宁波北仑港相距 3.5 千米，水域面积 31 平方千米，属北亚热带海洋性季风气候，沿岸潮流多为往复流，流向基本与等深线走向平行。根据浙江省人民政府关于《宁波—舟山港口资源整合方案》、《舟山港总体规划》和 2009 年 3 月 30 日国家交通运输部、浙江省人民政府《关于宁波—舟山港总体规划的批复》：金塘岛定位为“现代化、国际化集装箱物流岛”，金塘港区划分为木岙、大浦口、上岙、张家岙、小李岙和北岙六个作业区，其中大浦口在内的三个作业区为集装箱作业区，成为宁波—舟山港的重要集装箱中转港区，并分期实施控制。1、近期建设：大浦口、小李岙、木岙作业区；2、中远期建设：上岙、张家岙作业区；3、北岙作业区。根据需要，适时建设，先期开发建设 B 区（大浦口作业区）和 E 区（小李岙作业区）。

第一节　大浦口作业区

在金塘岛西南岸大浦口，与北仑港隔水相望。码头岸线 3820 米，泊位长度 1974 米，水深 18 米，陆域面积 262 万平方米，年吞吐能力为 250 万标箱。2004 年 1 月宁波港股份有限公司、舟山金塘港口开发公司、香港宁兴集团公司签订金塘大浦口集装箱码头合资意向书，作为宁波—舟山港口一体化后的首个工程。同年 2 月，舟山甬舟集装箱码头公司成立，总投资 2998 万美元，注册资本 1200 万美元，由宁波港股份有限公司、香港宁兴（集团）有限公司、舟山市金塘港口开发有限公司三方按照 65%、25%、10% 的股比合资经营。2005 年 5 月 18 日，举行项目前期工程（围堤及陆域形成）施工合同签字仪式暨开工典礼，10 月 28 日开始前期工程施工。2006 年 2 月和 4 月，开展土石方工程和工作船码头工程招标，评标确定中国水利

大浦口集装箱码头外轮作业

水电第十二工程局和中国核工业华兴建设有限公司为土石方工程施工单位，中港第三航务工程局为工作船码头施工单位。2007 年 10 月 30 日，招投标确定中国交通部第三航务工程局有限公司承担 1 号、2 号泊位水工及道路堆场施工任务。2007 年 11 月 8 日水工工程开工试桩。2008 年 4 月 24 日，通过浙江省交通厅工程质量监督局的工程交工质量鉴定，围堤、陆域形成，两个单位工程质量均被评为优良。大型设备委托宁波港进出口公司代理采购。通过招投标，与上海振华港口机械（集团）股份有限公司签订 6 台集装箱桥吊采购合同，其中 4 台于 2009 年 6 月 30 日整机上岸，与诺尔起重设备（中国）股份有限公司签署 12 台轨道式龙门吊采购合同，其中第一批、第二批各 4 台集装箱轨道吊于 2009 年 3 月进入安装调试，7 月 20 日，8 月 20 日交钥匙。一期工程二个泊位于 2009 年 7 月 12 日至 13 日经省市有关部门验收，具备试生产条件。码头规格分别为 490 米 ×59 米 2 座，引桥规格分别为 178 米 ×26 米，178 米 ×19 米各 1 座。

2010 年 7 月 25 日投产运行。当年 8 月，首批从宁波口岸启运、经舟山金塘大浦口集装箱码头出口的货物，在宁波海关与杭州海关审核后放行。首航金塘港区的是一艘韩进（中国）海运公司“毕尔巴鄂”集装箱轮。9 月 13 日，长 277 米、宽 40 米、载重 6 万吨的“北欧亚釜山”轮成功靠泊大浦口集装箱 1 号泊位。随后码头上 4 台桥吊全部投入作业，将船上的集装箱卸到集卡上，由集卡运至堆场。同年，引进西非和远东俄罗斯两条固定航线。10 月 14 日，俄罗斯远东海洋轮船运输有限公司所属的“亚芬瑟夫船长”号集装箱班轮成功靠泊宁波—舟山港金塘港区大浦口集装箱码头 1 号泊位并进行作业。自此，远东俄罗斯航线正式挂靠大浦口集装箱码头。航线每月停靠 6 艘～ 7 艘干线集装箱船，月吞吐量 2100 标箱。至年底，运行 5 个月，集装箱吞吐量达到 154112 标箱。二期工程计划在三年内建设 2 个 10 万吨级和 1 个 7 万吨级集装箱泊位。建成后码头年吞吐能力可达 250 万标准箱。

大浦口集装箱码头

2009 年 11 月，金塘大浦口集装箱陆路物流配套工程接线公路—金塘疏港公路开工建设。工程主要包括大浦口沥港互通至大浦口段穆岙至大桥服务区互通段和双礁支线段，全长约 15.9 千米，总投资 8 亿元。其中沥港互通段 1 千米，沥港互通至大浦口 8.9 千米，穆岙至金塘互通 5 千米，设计标准均一级公路，设计时速 80 千米 / 时，路基宽 24.5 米。双礁支线 1 千米，设计标准级二级公路，设计时速 80 千米 / 时，路基宽度 12.0 米。工程有大桥 740 米

金塘疏港公路

/2座，分离式立交桥647米/1座，中桥283米/5座，小桥107米/4座，单线桥面净宽10.5米。主线隧道1888米/2座，净高7.03米，净宽10.5米，单洞行车道宽7.5米。2009年9月15日金塘岛互通至大浦口港区疏港公路工程建设办公室完成招投标工作，Ⅰ标由中铁隧道集团有限公司中标，Ⅱ标由浙江交工路桥建设有限公司中标，监理单位由浙江公路水运工程有限公司中标。后续阶段双礁支线由舟山市宏达交通工程有限责任公司中标，机电工程由浙江金基电子技术有限公司中标，房建工程由舟山益民建筑安装工程有限公司中标，交通安全设施由杭州华兴交通设施工程有限公司中标。12月28日，工程开工，主体工程合同施工工期22个月。金塘岛互通至大浦口疏港公共征用土地954.942亩，涉及7个社区，1000多农户。疏港公路共迁移坟墓近400座，涉及六个社区，房屋拆迁涉及东堠、大浦和新丰三个社区，拆迁房屋69户，祖堂8处，建筑面积约9000平方米。2010年底打通瓶颈，2011年12月31日疏港公路工程主线通车，2012年1月中旬连接疏港公路主线与舟山跨海大桥的沥港互通收费站开通。

2011年，大浦口码头集装箱吞吐量175002.5标箱。是年6月3日，国务院批复设立浙江舟山群岛新区，随着新区建设和海洋经济的快速发展，及杭州海关针对舟山金塘港区特点量身定制的“水路直通关”通关模式施行，大浦口集装箱码头的吞吐量逐年成倍递增。

第二节　木岙作业区

金塘岛南面，与北仑港隔水相望。码头岸线4250米，前沿水深15米，陆域面积205平方千米，泊位长度2946米，吞吐能力280万标箱。2007年12月，舟山港务管理局和新加坡国际港务集团（中国）有限公司签署《投资建设经营舟山金塘木岙集装箱码头项目框架协议》和《合资经营合同》。

2011年6月30日，浙江舟山群岛新区获国务院批复设立，舟山金塘木岙集装箱港区建设项目是舟山市新区设立后首批实施的重点项目之一。集装箱物流项目总投资88亿元，围垦面积1420亩，征用土地2300亩，作业区可布置7个7万吨级～10万吨级集装箱码头泊位。项目分三期实施，首期计划建设3个泊位，岸线长1020米，其中2个7万吨级泊位，1个10万吨级兼靠15万吨级，设计吞吐量150万标箱，总投资约43亿元（包括围垦投入）。二期

2个泊位，岸线长600米，年设计吞吐量130万标箱；三期2个泊位，岸线长660米，年设计吞吐量130万标箱。其中，一期3个集装箱泊位工程项目于2011年9月开始港区围垦工程，2013年1月8日，围垦工程2709米长堤顺利合龙。二期、三期工程根据市场需求陆续开发。

第四章　马岙港区

舟山岛北部海域，分东西两区，东区在白泉、北蝉、展茅沿岸，西区在马岙、小沙和长白沿岸。由定海烟墩临港工业、金鸡山作业区、钓浪作业区、长白作业区组成，深水岸段23000米。港区是进口能源、原材料为主的大宗散货装卸作业区和物流园区。有机结合港口和后方土地的资源优势，依托港口，接受长三角地区的产业转移，形成化工、电力、冶金、船用配件为主的工业基地。

马岙港区海域为灌门水道（西段）、长白水道及大猫洋。北有岱山、东有秀山等岛掩护，水深条件好。

马岙港区进出港航道：东南经灌门水道出入黄大洋，最浅水深16.5米，北经龟山航门进入黄大洋、最浅水深13米左右，向西、西北经大猫洋、灰鳖洋进入杭州湾水域、浅水区10米左右。大猫洋锚地水深10米～16米，可供3万吨级船舶锚泊，大吨位船舶可在黄大洋新辟锚地锚泊。

第一节　烟墩临港工业区作业区

定海烟墩临港工业区（定海工业园区），在舟山岛西北部，岸线东起小沙镇毛峙，西至马目东海农场养殖塘，北至长白水道，南至环岛公路，工业区总面积12.13平方千米，海岸线总长10千米，其中深水线4千米。是宁波—舟山港一体化建设进程中重要的新兴临港产业集聚基地。作业区西片为大型临港企业加工区和中小型配套加工区，范围自马目山至游头山，岸线条件一般。中片为船舶修造类企业区、管理服务区和生活区，范围自游头山至团结农场，岸线条件优越。东片为大型临港工业加工区和港口物流区，范围自团结农场至毛峙，岸线条件良好。其中物流区北侧有杂货码头及其拓展备用的公共码头、小型企业码头，南侧为仓储区。至2010年底已落户工业区的主要临港企业有：

舟山增洲船舶修造有限公司　占用岸线808米，投资额73725万元，注册资金10000万元，建设7万吨船台2座，配套舾装码头1座，码头泊位2个。2007年开工建设，2008年11月投产。2010年产值60142.7万元。

舟山长宏国际船舶修造有限公司　占用岸线4500米，占地面积4500亩，整个工程分二

舟山市长宏国际有限公司

期进行：一期工程占用岸线2500米，占地面积2390亩，注册资金10000万元，投资额220000万元。一期已建成1200米和575米舾装码头各1座，可靠泊10万吨～30万吨级船舶，拥有18万吨水平船台2座，30万吨级和8万吨级干船坞各1座，5米和3米钢板预处理流水线各1条，可满足PSP要求的“三喷六涂”涂装设施，500吨级龙门吊，5070门坐线起重机，150吨行车等起重设备100多台（其中，5070码头门式起重机4台，25吨卸船机1台，3255船台六式起重机4台，500吨龙门吊1台，5070船坞门式起重机4台，还将制造2台900吨龙门吊），具有建造修理国内外各类大型船舶的条件和能力。2015年10月30日公司承接全省首制最大吨位的25万吨级矿砂船顺利下水，公司已位列“中国企业500强”第223位，“中国民营企业500强”第46位，江苏新长江集团有限公司投资建设。

舟山长宏国际船舶再生利用有限公司船舶拆解项目属长宏国际产业园二期工程项目。二期工程由拆船、二手船交易，以金属加工利用为主的港口物流企业。项目占用岸线2000米，占地约2110亩，主要建设610米×120米和120米×450米挖入式港池各1座，拆船、二手船交易及废钢材装卸码头1座。配套拆解场地、废钢材分理及堆场、拆件堆场、废钢车间、仓库等生产设施，二手船交易中心和配套公用设施，投资额30亿元，注册资金2亿元。可年拆解各类船舶80艘～100艘，总拆船量128万轻吨，处理加工废钢材100万吨，预计产值180亿元。2011年2月，船舶拆解项目开工建设，2012年9月，拆船项目所需的港池和相关的配套设施设备相继建设完成，并获环保等相关部门准行的批文，外贸船舶拆解批文也于年底获得。2012年9月26日，一艘载重吨约7000吨的国内散货船停靠长宏国际产业园海洋工程平台拆解，其时，舟山最大船舶拆解项目—长宏国际船舶拆解项目开始试运行。

舟山顺翔船舶修造有限公司　占用岸线548米，投资额95764万元，注册资本5000万元。建造4万吨级船坞1座，4万吨级船台2座及配套的舾装码头一座，年造船舶6艘，24万吨载重吨生产能力。2008年开工建设。

第二节　金鸡山作业区

金鸡山作业区处舟山岛北部，西起狮子山脚，东至金鸡山附近，自然岸线约9千米，为石化工业等临港工业区、大宗散货区和为后方企业发展的通用泊位区。

散货区：金鸡山东向西1100米依次利用布置3万吨级～10万吨级泊位4个，形成大宗散货作业区，利用3200米岸线布置液体散货泊位，布置万吨级泊位11个，并配套建设中级泊位，形成液体散货中转泊位区。

通用泊位区：散货区向西约2.2千米岸线作为通用泊位区。港区陆域纵深10000米，陆域面积230万平方米。港区后方陆地为重化工业等大型临港工业区。

临港工业区：通用泊位区至狮子山脚约2.3千米岸线作为临港工业区，可布置3万吨级～5万吨级泊位约9个，后方陆域纵深10000米左右，陆域面积为230万平方米。港区后方陆地为重化工业等大型临港工业区。

金鸡山作业区落户的临港企业主要有：

中海石油舟山石化有限公司（原名和邦化学有限公司）　2005年11月，宁波凯丰石化有限公司、宁波宏邦石化有限公司与香港德基投资有限公司三家合资设立和邦化学有限公司。其中宁波两家公司各出资2700万元，港方出资3.06亿元，合计3.60亿元。主要生产芳烃产品，2008年4月投产，月平均产量123174.7吨，月平均产值9亿元，月平均利润1500万元。产品销往上海、浙江、江苏、广东、福建等地。2009年7月2日，中海石油炼化有限责任公司收购和邦化学有限公司、宁波凯丰石化有限公司、宁波宏邦石化有限公司全部股份，收购香港德基投资有限公司持有的21.9%股份。企业重新整合，更名“中海石油舟山石化有限公司”。新整合公司股权中，中海石油炼化有限责任公司占股份67%，香港德基投资有限公司占股份33%。

“和邦化工”工厂全景

舟山世纪太平洋化工有限公司　坐落在马岙镇北海村。企业是万荣投资控股（集团）有限公司旗下的经营国际石化仓储中转的港口物流企业。公司成立于2005年11月，分两期建设，项目一期总投资10亿元人民币，使用岸线1100米，陆域占地总面积37.4公顷，一期建物料储罐38台，罐容78万立方米。一期码头包括：5万吨级（兼靠8万吨）泊位1个，3万吨级，1万吨级泊位各1个。一期库区主要经营品种为油品及化工品，一期项目工程于2009年10月18日投入试运行，5万吨级码头顺利实现首船靠泊。截至2010年底，累计靠泊各类大小船舶353艘次，其中万吨以上船舶40艘次，最大单船靠泊吨位61957吨。项目二期使用陆域面积80公顷，岸线1380米，规划建设300万立方米罐容、建设5000吨级装船泊位4个（其中2个可兼靠10万吨卸船泊位），3000吨级装船泊位2个，15万吨卸船泊位1个（可兼靠2个1万吨装船泊位）。

第三节　钓浪作业区

钓浪作业区西起长跳嘴，东至钓山。自然岸线4千米，规划作为远景发展区，码头泊位具体位置和形式亦根据建港条件和临港企业选址确定。钓浪作业区码头泊位主要分布在浪洗一带，主要有舟山金海船业有限公司、舟山电厂浪西码头。

舟山金海船业有限公司　坐落在定海白泉镇屋基园，公司成立于2006年10月，注册资金4亿人民币，使用岸线1800米，占地面积45万平方米，拥有30万吨级和10万吨级干船坞各1座，配套码头2座，共3个泊位。具有制造、改装各类大中型集装箱轮、成品油轮、散货轮、海工船、自卸船、CPG船等能力。

舟山电厂浪洗煤码头　坐落在舟山岛西岸长跳嘴东侧，临近灌门水道，拥有5万吨级卸煤码头1座，年卸煤吞吐量约80万吨。

第四节　长白港作业区

位于舟山市境西北侧的定海区长白乡（长白岛）。介北纬30° 10′ 00″，东经122° 10′ 00″。南邻长白水道。港域即近西北至东南走向的大猫洋。港区水域面积1.5万平方米，陆域面积0.05万平方米，自然岸线长0.1千米。长白岛四周均为泥滩，岛北有乌峙山，岛西有马目山和瓜连山。马目山西北方浅滩水深5米以下，延伸约1.85千米。长白山与峙中山之间水道宽约1.85千米，水深30米以上。水道附近导航标志完善，可昼夜航行。长白山水道，在长白山与舟山岛北岸之间，宽约9.26千米，水深10米以上，水道中央有水深2.9米暗礁。港内潮流为往复流。长白山与峙中山之间水道涨潮流向西北，落潮流向东南，流速2.57米/秒。长白山水道涨潮流向西到西北，落潮流向东南到东，流速1.54米/秒～2.05米/秒。

民国时期，长白岛南部的前岸村建有埠头，有渡船往返小沙毛峙和大沙峙岙塘。民国34年（1945）村民集资建埠头1座，引道长85米，宽1.5米，可供10吨船舶靠泊，是后来建成的长白码头前身。

长白码头　在长白乡（岛）珠子山。1965年，定海县人民政府投资在珠子山建台阶式埠头1座，靠泊能力30吨级。1983年扩建成50吨级钢筋混凝土固定码头，平台长10米，宽6米，靠泊能力增至50吨级。1985年旅客进出量2万人次，货物吞吐量1.2万吨，其中出口0.7万吨。1988年，交通部门和市、区、乡政府共同投资13万元，改建成钢筋混凝土斜坡组合码头，平台长30米，宽5米～8米，前沿水深2.5米，靠泊能力200吨级，同时可供50吨级渡轮靠泊，属定海区航运管理所管辖。1990年,港内有非交通部门码头1座、交通码头1座。交通码头与毛峙、大沙、西码头和峙中分别有定期班轮和渡航船往来。旅客进出量96.65万人次,货物进口为煤、石油、钢铁、矿建材料、水泥、木材、化肥、农药和粮食等,出口为非金属矿石、盐和粮食等,年货物吞吐量10.08万吨。

长白交通码头　在长白岛南侧(册子船厂东侧55米处)。1994年10月2日交通部门投资140万元,新建300吨级固定交通码头1座,1995年11月8日竣工。高桩梁板式平台,桩基梁板式栈桥。平台长32米、宽10米,栈桥石堤长83米、宽6米。陆域面积1526平方米,站房113平方米,后方道路长80米,宽6米。年吞吐能力客运10万人次,货运8万吨。

长白车渡码头　在舟山岛西北小沙镇境内。2003年2月8日交通部门投资449万元,新建4车渡码头泊位1个及相应配套附属设施,码头结构型式采用高桩梁板式,码头平台长25.1米、宽8米,栈桥94.43米、宽8米,填筑陆域场地1200平方米,新建站房一座,建筑面积154平方米。设计能力年吞吐能力车1万辆、旅客10万人次。2003年11月25日竣工。

长白前岸车渡码头　在长白乡前岸村,2007年4月25日投资1740万元,新建1000吨级车渡码头2座及相应配套附属设施。陆域场地11250平方米,码头平台及栈桥采用高桩梁板式结构,斜坡采用液压门吊式结构。码头平台长30米、宽12米,栈桥长106米、宽8米,码头设计年吞吐能力车1万辆、旅客10万人次。2008年9月1日竣工。

2010年底已落户的临港企业选介:

太平洋海洋工程(舟山)有限公司　居长白岛西,使用岸线1200米。公司隶香港嘉里集团(东南亚称郭氏兄弟集团)旗下的新加坡太平洋中国集团(舟山)私人有限公司的全资子公司。2006年9月8日经省发改委批准设立。协议投资2.6亿美元,核准总投资1.96亿美元。主要从事生产石油勘探平台、海上浮式储卸装置制造与修造船业务。2006年12月8日奠基。有400米×106米×13.7米干船坞1座,相应的生产、生活设施配套,占地69.96公顷(约1049亩)。先后为意大利籍散货轮“罗马号”实施舾装作业,美国GMC公司的“WINBULL号”海工船实施改装作业,在定海境内船企中首次成功完成中海油“海洋石油942”钻井平台坞内检修和吊机更换作业。2011年上半年,与美国德克萨斯州的莱文斯顿公司签署世界级可移动自升式起重平台建造意向书。

建设中太平洋海洋工程项目

舟山中电绿科船舶修造有限公司　居长白岛东北(东山嘴～雄鹅头),使用岸线长2700

米，项目总投资16.35亿元，总占地面积69.7877公顷（计1047亩），规划新建修造船坞4座，码头4座计8个泊位，建设50年一遇标准海塘约2700米及其他相应生产、生活辅助设施。2010年底处于全面建设阶段，其中1号、2号船坞已开挖。

第五章　定海老港区

第一节　岑港港

居舟山岛西侧的定海岑港镇。介北纬30°04′30″，东经121°59′20″。西临中钓山、里钓山，左右为菰茨和富翅门两航门，西～西南与册子、金塘隔海相望。岑港港面临宁波、上海和沿海经济带，紧靠沪、杭、甬中国东部大中城市，处于长江口与东海T字形交叉点附近，与韩国、日本、新加坡，以及中国香港、台湾诸多世界重要港口相距不远，具有明显的地理位置优势。

岑港港海岸线总长49千米，水域面积2.5万平方米，陆域面积0.05平方米。东南与定海港相距12海里，西南起于老塘山港区北侧，与镇海港相距11.4海里，东北止于紫窟与小沙镇，紧靠甬江口和钱塘江入海口，西有册子、里钓山、中钓、外钓、富翅五岛，东北扼守长白水道，紧邻岱衢洋。

岑港老港区　起于老塘山港区北侧至毛湾山嘴，岸线长4千米，港口弯曲狭长，南北相通呈“S”形，长约5.6千米，平均宽210米，最窄处100米，水深5米～30米。东侧泥底，西侧泥沙底，5米等深线离滩约10米，10米等深线距滩40米，水深在5米～10米，不规则半日潮，涨潮北流，落潮向南，流速1.3节～3.4节。港内浪平流顺，岸滩稳定，泥沙回淤少，航道众多，500吨级船舶可自由进出。港内建有300吨级～1000吨级码头7座，建有冷库、油库和其他渔港基础设施。港西和西南侧有里钓山和外钓山为屏障，远处又有册子、金塘等岛及大陆作掩护，历来是理想的自然避风良港。台风来临，船舶云集，十分壮观。史书记载，五代时称“六国港口”，“舟航鳞集”。1990年，国家农业部列为群众渔业港区。

繁忙的岑港货运码头

港区海岸线总长49千米，利用自然岸坡作业地段长150米。港域弯曲狭长，长约5.6千米，最窄宽100米，水深5米～30米。东侧泥底，西侧泥沙底，5米等深线离滩约10米，10米等深线距滩40米，西山嘴外有一浅段（海底平台）长400米，水深8米～10米，进出有南北两口，南口水深5米以上，为主要通道，北口窄且浅，深处3米～4米。

1950年解放后，陆续建有航埠头2座，供渡航船靠泊。70年代至80年代，企事业单位陆续建造专用码头5座。1986年建成定海水泥厂码头后，港内货物装卸大多借用该码头。陆域建有客运设施90平方米，其中候船室面积50平方米。生产用仓库和堆场面积分别为250平方米和900平方米。1990年有定期渡航船通册子、镇海及附近岛屿。1990年旅客进出量25万人次。货物进口有煤炭、石油、钢铁、矿建材料、木材、非金属矿石和化肥、农药等。定海区航运管理所岑港航管站管辖。港口类别为岛屿港。港内生产用码头泊位总延长52米，2个泊位，最大靠泊能力300吨级，权属物资部门。有生产用仓库250平方米，堆场面积900平方米。生产用装卸机械工具有起重机械类2台，最大起重能力5吨。客运设施90平方米，内候船室面积50平方米。1993年8月至翌年7月，交通部门投资240万元，新建500吨级客货（兼车渡）码头1座，岑港至册子间开通汽车轮渡。是定海区有渡口乡镇乡镇渡航船开通的第一条“海上蓝色公路”。

2001年7月，机构改革（乡镇政府撤、扩、并），合烟墩乡、马目乡、岑港镇境置岑港镇。2003年5月，岑港镇政府与浙江大学港口海岸与近海工程研究所编制“舟山港岑港港区自然环境与规划研究”。2004年10月，岑港镇政府与河海大学设计编制“岑港渔港扩建工程可行性研究报告”。2005年12月，定海区人民政府批准《舟山市定海区岑港土地利用总体规划（2001～2010）》”，岑港港域岸线扩大，功能重新定位，港区沿海岸线分为岑港渔港（即老港，功能前述）和涨次—烟墩—马目港两个港口功能区。

岑港海洋化工集聚区

涨次—烟墩—马目港区 岸线长8.2千米，区内岸线顺直，流速平稳，涨落潮向南北，水深5.5米～10米之间，最深18米，可供3.5万吨～5万吨船舶靠泊。风向，夏半年以东南～偏南风为主，冬半年以西北～偏北风为主，夏季多台风，春季多海雾，区内建有舟山海洋化工园区，有1000吨级～50000吨级码头11座。

至2010年落户园区的临港企业（选介）：

浙江海洋石油化工有限公司　居岑港烟墩舟山海洋化工工业区内，所在水域为菰茨，使用岸线253.5米，油品供应、储存企业。企业始建于2002年8月，注册资金6000万元，资产规模2.5亿元。企业共有职工90余人，其中具有石油化工行业管理专业的各类中高级管理人员、技术人员30人。2009年油品吞吐量超过42万吨。公司占地64000平方米，拥有可同时靠泊两艘5000吨级油轮作业码头1座，码头长45米，宽13米，南北侧平台各长61.5米，中间平台长45米，宽13米，南侧2个系缆墩，北侧1个系缆墩，有人行桥连接。设计年吞吐量200万吨，工程采用高桩梁板式结构，码头前沿水深11米，码头最大靠泊吨位30000吨级。陆域已投入使用，储油罐区总储油量14万立方米，建有国内先进的油品化验及装卸油设备，配套安全监控系统等设施。置有液压输油臂1台（DN250），手动输油油臂2台，软管2条。经营范围主要是油品销售、加工、仓储、运输等，油品年吞吐量100万吨。浙江海洋石油仓储有限公司为其全资子公司，注册资金3000万元，是上海期货交易所指定燃料交割库。

浙江天禄能源有限公司　居岑港马鞍山。成立于2007年4月19日，注册资金225299725元。天禄投资集团是从事石油储运、物流等为业务的民营企业。集团旗下的浙江天禄能源有限公司和舟山中际化工有限公司是从事石油储运业务的子公司，项目列入舟山市“十二五”重点建设项目和定海区“338”重点工程，项目总建设用地1200亩，使用岸线491米，总投资约50亿元。油品储运规模416万立方米，已建成储运能力236万立方米，其中成品油罐区66万立方米，原油罐区170万立方米。建5000吨级液货码头1座（兼靠3万吨，2个泊位）和5000吨级货运码头1座（1个泊位），2个液货泊位平台结构采用高桩梁板式结构，2个5000吨级泊位连续布置、共用1座栈桥，泊位总长316米，其中大平台平面尺度104米×22米，小平台平面尺度52米×22米，平台间有40米×8.5米联桥连接，栈桥平面398.85米×8.5米。系缆墩4座，均采用高桩梁板式结构，平面9米×10米，通过人行桥与码头工作平台相连。

货运码头平台结构采用高桩梁板式结构，泊位总长175米，工作平台平面148米×18米，栈桥平面141.75米×10.5米，系缆墩1座，采用高桩土墩式结构，通过人行桥与码头工作平台相连。

液货货运码头工程由浙江天禄能源有限公司组织，浙江交通规划设计研究院设计，上海三航奔腾建设工程有限公司施工，浙江公路水运工程监理有限公司监理。

液货货运码头工程于2008年7月1日开工，2009年7月31日竣工。货运码头工程于2008年9月21日开工，2009年7月31日竣工。项目于2010年5月入选国家石油储备中心公布的“利用社会库容存储国储油资格项目”名单，这是自国务院鼓励和引导民间投资的“新16条”公布后，民营企业首次获得国家石油储备资格，开始介入到石油领域。项目还列入浙江省“十二五”能源发展规划，并获得商务部核准的“成品油仓储经营批准书”和海关核准的“油品保税仓库批准书”。公司通过国际标准的ISO9001、ISO14001、GB/T28001管理体系认证。

舟山泰莱建设构件有限公司　居岑港烟墩社区，与舟山跨海大桥的响礁门大桥、桃夭门大桥隔江相望，占地面积20公顷，与环岛公路、疏港公路相连。所在水域菰茨航门，平均水深7米，最大水深11米，使用深水岸线260米，建有2000吨级码头1座，工作平台6.2米

×4.2 米，引桥 77 米 ×3.9 米；3000 吨级码头 1 座，工作平台 6.2 米 ×4.2 米，引桥 64 米 ×4.2 米；800 吨级建材码头 1 座，工作平台 160.4 米 ×15 米，引桥 65 米 ×8 米。3 座码头均为高桩梁板式结构。

主要产品有 600mm×600mm 预应力混凝土方桩，产品用于港口、码头、桥梁等项目，年生产能力 10 万立方，年产值达 1.2 亿元。公司还拥有 65 米架高打桩船一艘，1000 马力拖船 1 艘，驳船 2 艘，并拥有一支经验丰富的打桩施工队伍。

舟山金泰石化能源有限公司　居岑港镇化工工业集聚区内，成立于 2004 年 10 月，从事石化产品储运的民营企业，注册资金 3000 万元，总资产 6000 万元，净资产 2700 万元。企业有职工 21 人，其中管理人员 6 人，2009 年油品吞吐量 11 余万吨。公司占地 30756 平方米，建有储油罐 18 个，总容量 43800 立方米，使用岸线 170 米，海港 1 个泊位，年货运量 10 万吨，所在水域菰茨航门，平均水深 5 米，最大水深 8 米。2006 年始建造 5000 吨级(兼靠 10000 吨级)油品、化工码头 1 座，规格为：作业平面 52 米 ×13 米，引桥 186 米 ×6.5 米，高档梁板式。码头配套 2 台 DN200 输油臂，通过能力 300 立方米 / 小时，能接卸 100 吨至 10000 的油轮。企业出口与环岛公路、疏港公路相连接。公司主要储存中转柴油、燃料油、沥青及化工品(苯类、甲醇汽油、混合芳烃、碳九芳烃、丙酮、石脑油，溶剂油、甲基叔丁基醚、甲醇、汽油、煤油等)，主要设施设备有：2 个装卸油泵区，置螺杆泵 4 台、离心泵 11 台。储库设有锅炉房，拥有先进的导热油加热设备及制氮、吹扫设施。码头设置由轻质油、重质油输油臂各一台，同时配有多条输油软管，可保证收发油作业安全、快捷。企业是舟山市和宁波市的山海协作项目之一，2004 年度首批山海协作工程项目。

舟山纳海油污水处理有限公司　在岑港烟墩社区，成立于 2006 年，注册资金 1 亿元。承担宁波—舟山港船舶修造业、油品储运中转和临港石化企业及舟山海洋化工区块石化类企业油污水处理集中化、资源化、环保化任务及经营成品油仓储业务。公司所在水域为灰鳖洋航门，平均水深 7 米，最大水深 9 米，使用岸线 670 米，建 3 个泊位：1 号泊位(3 万吨级～5 万吨级)，码头平台：长 212 米，宽 22 米。栈桥 149.85 米 ×9 米，高桩梁板式。2009 年 11 月 4 日建设，2010 年 11 月 10 日竣工。2 号泊位(3000 吨级)，码头工作平台长 140 米，宽 60 米，无栈桥，高桩梁板式，2006 年 9 月 4 日建设，2007 年 6 月 16 日竣工。3 号泊位(3 万吨级～5 万吨级)，码头工作平台 60 米 ×22 米(2 座)，52 米 ×22 米(1 座)，栈桥 164.85 米 ×9 米，2008 年 7 月 1 日建设，2009 年 6 月 20 日竣工，高桩梁板式。公司 2007 年经省发改委核准，投资 8.3 亿元新建 2 万吨 / 日油污水处理与 100 万吨 / 年废油净化、20 吨 / 日固体废弃物处置项目，征用土地 480 亩。项目瞄准中国目前船舶修理行业、清洗业的基本特征，以中石化抚顺石油化工研究所技术为基础，开发三级隔油 AO-BAF 工艺处理高浓度含油污水，油污水处理可达到二级排放标准。200 吨 / 日工业废弃物处理装置，采用浙江大学热能工程研究所研制的回转式流化床多段热解气化焚烧装置。项目边建设边投产。2008 年试产，至 2010 年底，连续 3 年被浙江省列为“山海协作”项目之一、浙江省循环经济“991 行动计划”百项重点项目及浙江省城市建设重点项目之一。

岑港港港区里钓山、中钓山岸线还可建游艇及小吨位泊位。紫窟段岸线有顺祥等多家船舶修造企业落户。

岑港地理位置为港口建设和临港产业发展创造了有利的条件。1998年底连接大陆的舟山跨海大桥中的岑港大桥工程启动，至2005年底连接岑港至里钓岛的岑港大桥、连接里钓岛与富翅岛的响礁门大桥、连接富翅岛与册子岛的桃夭门大桥先后竣工，2006年元旦起，自定海经岑港港直达册子岛的汽车正式开通。2009年12月25日，舟山跨海大桥全线贯通，岑港已成为全天候通往大陆的桥头堡。

岑港港港货（客）运码头泊位基本情况表（一）

单位：米、吨、万元

一	码头长度	靠泊能力	引桥长度	投资额	竣工年月
良港船厂码头	31.2×62	500～3000		80	2008年5月
浙江海洋石油化工有限公司码头	45×13	1000～5000（最大30000）		3000	2005年
天禄能源有限公司液货泊位码头	104×22	5000吨液化船	298.85×8.5	5200	2008年7月
天禄能源有限公司散货码头	148×18	5000	141.75×10.5		
定海百达石化工程有限公司码头	30×10	1000	35.5×6.5	80	2006年10月
舟山市会邦建材有限公司砂石及散货码头	65×18	500（兼1000）	182×18	600	
舟山纳海污水处理公司码头	64.5×17	3000（兼5000）	29.8×2	15000	2006年
舟山纳海油污水处理公司码头	66×22	3000（兼5000）	164.85×9		2009年
舟山豪舟混凝土预拌有限公司码头	47×15	1000（兼3000）	33.9×8	2000	2008年5月
舟山金泰石化有限公司码头	52×13	5000（兼10000）	186×6.5	630	2006年

补充：1.表内所列码头建筑结构类型和式样均为高桩梁板式。

2.定海百达石化工程有限公司码头、舟山市会邦建材有限公司砂石及散货码头和舟山豪舟混凝土预拌有限公司码头的开工日期分别为2006年8月、2009年7月和2006年6月

岑港港港区货（客）运码头泊位基本情况表（二）

单位：米、吨、万元

码头泊位名称	码头长度	靠泊能力	引桥长度	投资额	竣工年月
舟山市益民废物利用厂码头	26.5×6.5	300（兼500）	22×5	80	2002

续表

码头泊位名称	码头长度	靠泊能力	引桥长度	投资额	竣工年月
舟山泰莱建筑构件有限公司码头	6.2×4.2	2000	64×4.2	900	2005
舟山泰莱建筑构件有限公司码头	6.2×4.2×2	1000	64×4.2		
渔港码头（改扩建）	45×8.2	500		160	2008.02
老鼠山渔港码头	45×12	1000	75.5×6.5	360	2008.01
岑港镇客货码头（北侧兼靠车渡）	40×10	500	22×6.5	122	1995
钓山渡轮码头	12×5	300	12×3.5	50	1995
富翅方块码头	10×6	300	30×3.5（石砌）	60	1999

补充：钓山渡轮码头为浮趸码头，其余均为高桩梁板式。

第二节　西码头港

位于舟山岛北岸中部、定海区干礁镇北岸与上圆山、下圆山之间。介北纬 30° 06′ 50″，东经 122° 07′ 12″。东南距沈家门港 21 海里，东北距长涂港约 10 海里，北距高亭港 10 海里。港域月牙形，东南～西北走向，长约 3 千米，宽 0.6 千米～ 1.4 千米，港区岸线总长 7.6 千米，港池面积 3.5 平方千米，港池航道平均水深 10 米以上。陆域范围西起疏港公路，东至龙王庙的沿海岸段与西岑线、73 省道所围合的区域，以及隔海相对的上圆山下圆山，总面积约 415.98 公顷。北临灌门水道，西通长白水道，是通往长白、秀山、岱山、长涂、大衢诸岛客货运港。水域开阔，港池按习惯分内外两港，内港介上圆山下、下圆山与舟山岛之间，水深 6 米～ 21 米；外港在秀山岛与舟山岛、上圆山、下圆山之间。海底部分泥底，部分岩底。港域背依舟山岛，前有上圆山、下圆山和秀山作屏障，可避 8 级以下偏南风和 6 级～ 7 级偏北风。行规则半日潮港，往复流，涨潮流向西北，最大流速 0.97 米 / 秒～ 1.23 米 / 秒，落潮流向东南，最大流速 0.82 米 / 秒～ 1.28 米 / 秒。港西口介干礁老鹰山嘴与上圆山，宽 1.2 千米，水深 5 米～ 13 米；港东口介橄榄角与下圆山，宽 600 米，水深 10 米～ 15 米。北航道较宽，常用航道，设导航灯桩。大长山与畚斗山之间的大长山水道是通往岱山高亭港的客轮主航道。20 世纪 50 年代定为港口，90 年代初，港口雏形初具，客运航线辐射到岱山、长涂、长白和秀山岛，有客班轮船定期往来，年旅客进出港 56.5 万人次，其中出口 26.93 人次。进港货物以石油、矿建材料、水泥、化肥、农药和粮食为主，出港多为水产品及什杂件。年货物吞吐量 2.4 万吨，其中出港货物 0.4 万吨。

1990 年，西码头港由定海区航运管理所管理。港内生产用码头泊位总长 159.5 米（属交通部门 23 米）。泊位 5 个（属交通部门 1 个），可靠泊 300 吨级船舶。生产用装卸工具有起重机械类 1 台，最大起重能力 1.5 吨。陆域场地 936 平方米，候船室占地 186 平方米。1991

年舟山交通部门投资660万元，扩建西码头汽车轮渡码头，开辟西码头与上海金山间第二条“海上蓝色公路”。扩建工程10月动工。翌年6月，西码头渡口建设开钻。扩建后，陆域总面积21462.58平方米，一期停车场面积2560平方米，管理、生产、生活用房占地1670平方米。渡口由顺岸式浮码头（1000吨级）、栈桥及钢引桥组成，30车渡浮式码头平台长50米，宽8米。钢引桥采用热喷铝防腐处理新工艺，负荷60吨，40英尺集装箱可安全通过。钢撑杆长21.8米，前端设置门架与吊架，受台风影响时便于起吊。当年2月，扩建西码头汽车轮渡码头工程开工，扩建后，陆域总面积21462.58平方米，一期停车场2560平方米，管理、生产、生活用房占地1670平方米。趸船、引桥、栈桥设计荷载15级。1993年5月，渡口扩建工程竣工，7月起投入与岱山通渡。

1994年10月，上海金山渡口工程竣工，同月开通西码头至金山海峡汽车轮渡航线。上海金山船务公司“金龙号”承运（2000年4月停航），两地相距56海里，汽车轮渡航行4个半小时即可抵达。金山渡口有大客车载送旅客至上海市区。

1997年11月，成立舟山市通达海运有限责任公司，翌年元月8日，该公司“通达1”号轮投入承运。“通达1”号渡轮35车渡、396客位，航速15.5节(每小时15.5海里)。至2000年共营运672航次，承运各类汽车1.5万余辆次、旅客近5.5万人次，货物14.3万吨。90年代中后期，交通部门投资450万元，重新开发马岙镇三江港，建干䃎至马岙三江码头公路4.63千米。2003年，建成三江客运港区、客运站，成立三江客运中心。是年9月，通航9年的西码头至上海金山海峡汽车轮渡航线移至三江港。嗣后，西码头港仅作群众性渔港使用。

90年代末，西码头港列为国家二级群众渔港。2003年9月，农业部批准列为一级群众渔港。是年，港内有各种码头14座，初步形成集水产品加工、贸易、船舶修造、旅客中转、货物运输集散、水、油、冰等渔需物资补给和餐饮服务等功能齐全的综合性港区。2003年底，国家投资近亿元，扩建西码头渔港，归顺岸线，建防波堤，连接大圆山、小圆山，增建码头用水、用油、冲冰及船舶修理等设施。2004年8月，为纪念郑和下西洋600周年，“凤凰号下西洋”大型电视采访活动专门到港区拍摄渔港港景，2005年5月浙江规划设计研究所受舟山市定海区渔港开发有限公司邀请参与渔港经济区控制详细规划的编制工作，并划定将西码头渔港经济区范围为西起疏港公路，东至龙王庙的沿海岸段与西岑线，73省道所围合的区域以及隔海相对的上圆山、下圆山，土地总面积约415.98公顷。

西码头渔港经济区分为“居住生活配套区、修造船基地、渔资供应区、商贸综合服务区、物流仓储配送区、水产品加工区、休闲旅游区”七类功能区。

居住生活配套区—规划布置在西码头渔港经济区的西北部和中部，西北部依托新码村，整治建设高标准的渔民新村，一类居住用地为主；中部结合干䃎镇新镇区的建设，建设二类居住用地为主的居住小区，建筑以多层公寓式住宅为主，推进渔区城市化。

修造船基地—规划搬迁现位于西码头渔港经济区中部的修造船企业至东部，集中成片，规模经营并利用现有的山岙等地形，减少修造船企业对附近渔民生活干扰。

渔资供应区—规划布置在上圆山、下圆山南岸，结合3座码头（1500吨级油品码头1座，以及300吨级、500吨级渔业码头各1座）规划建设，功能是为进港船舶提供资源补给，包括生活用品、饮用淡水、保鲜冰、柴油等。

商贸综合服务区—西码头渔港经济区的主要配套服务区，居中部核心地带，集行政管理、渔民培训、商业、水产品贸易、餐饮服务、休闲等多功能于一体，也是整个经济区景观的核心。

物流仓储配送区—西码头渔港经济区西北部，临近西岑线，交通便利，适合大规模开发建设，区内主要安排物流配送。兼有批发市场、仓储，修理、包括网具日常维修、渔具机械修理等与渔业生产配套的多种服务、用途功能。

水产品加工区—西码头渔港经济区的南部，集中布置水产品及海洋生物精深加工企业，形成规模效应，提升渔港传统功能，大力发展海洋“二产”。

休闲旅游区—西码头渔港经济区北部的富田休闲园，包括住宿、餐饮、垂钓等休闲内容，在已有的休闲园基础上扩建，形成经济区品牌“代言人”。

20世纪末21世纪初，西码头外贸水产企业加工生产的虾仁、淡菜、鱿鱼、鮟鱇鱼、淡水龙虾、梭子蟹等水产品运销美国、欧盟、加拿大、日本、韩国等十几个国家和地区。

2003年9月前，定海通往上海、嵊泗、衢山、岱山和秀山等方向的航线皆集中于三江客运码头。嵊泗小洋山至上海芦潮港的东海大桥贯通后，又增三江至小洋山的快艇及汽车轮渡航线。为分流三江客运站客流，是月，恢复西码头至嵊泗小洋山航线。2006年12月，交通部门投资1650万元，动工改造西码头，翌年12月竣工。改造后的西码头新增1000吨级车渡固定码头1座（兼靠3000吨级客运船舶），车渡靠泊浮趸船工作平台长50米，宽12米，栈桥高桩梁板式结构，长为98米，宽8米。原有的客渡船浮码头1座，靠泊平台长12米，宽5米，前沿水深10米。客运站陆上占地面积21200平方米，其中停车场13217平方米，候车厅543平方米。2008年元月21日，开通西码头港至上海的出口航线。是日起，西码头与小洋山之间每日有客滚船“通达2”号、“通达5”号轮及高速客轮（快艇）“飞舟10”号、“嵊鹰2”号轮分别对开，往返各3航班。同年秋，市通达高速客轮有限公司又新增豪华型高速客轮“飞舟12”号轮投入运营。该船长48米，载重346总吨，客位265个，航行时速26海里，抗风等级8级。自此，旅客由西码头抵小洋山，换乘豪华客车经东海大桥到上海黄浦区客运集散中心，3个小时可以抵达。

2010年，舟山市召开渔业大会，提出建设国家级远洋渔业基地目标，市委市政府选址西码头建设全国鱿鱼集散中心。定海区政府提出举全区之力建设以西码头为核心，涵盖周边部分区块、建成一个集远洋水产品装卸、交易、仓储、加工、物流、服务等多功能为一体、一二三产业联动发展的远洋渔业产业集聚区和配套服务特色产业体系。当年集聚大洋、西峰、京洲等近40家水产企业，年水产加工能力在20万吨以上，年精深加工鱿鱼量5万吨。

西码头港区临港企业选介：

浙江成路造船有限公司　在干礁镇锡杖塘，2004 年 12 月成立，注册资金 1 亿元。晨洲集团属下一家集船舶修造于一体的中型专业船舶修造企业，主要制造 2 万吨以下散货船、化学品船、油轮、工程船等不同类型的船舶。已建造船舶有 3800 吨散货船，8000 吨级散货船、7000 吨级油轮、13500 吨级散货船、22500 吨级散货船、8300 立方米化学品油轮。正在建造的有香港 NK 级 12800 吨化学品油轮，15000 吨散货船和 72 米平台供应船。取得生产 2 万吨以下 CCS 及 NK 认可。

公司占地面积约 8 万平方米，建筑面积 1.5 万平方米，海岸线总长 485 米，可用岸线 450 米。2007 年 6 月投入资金 2500 万元，建 2 万吨级舾装码头 1 座，码头平台长 146 米，宽 18 米，栈桥长 30 米，宽 8 米，高桩梁板式，是年 12 月竣工；建 2 万吨船台 5 座，15 吨高吊 1 座、100 吨龙门吊 5 台、64 吨龙门吊 2 台，分段制作场地配有 20 吨以下龙门吊 4 座，并拥有与船舶建造相配套数控切割机 3 台，12 米三蕊滚板机 1 台，肋骨冷弯机 1 台，6000 吨、300 吨油压机各 1 台，折边机 1 台，剪板机 1 台，弯管机 2 台以及自动埋弧焊机、CO2 气体保护机等系列造船设备。造船工艺采用先进的计算机设计船体、管路、电气线路放样、分段制造，预装油漆、船台总组装达到壳舾涂一体化造船水平。2006 年 5 月通过 ISO9001、2000 质量管理体系认证。

浙江舟山奔腾建材制品有限公司　在定海区干礁镇东升社区，2005 年 7 月，上海华滋奔腾控股集团有限公司和上海三航奔腾建设工程有限公司共同投资组建，总投资 1.2 亿元。分两期实施。注册资金 2000 万元，占地 137 亩。建有码头 1 座，靠泊能力 3000 吨级，码头平台长 160 米、宽 10 米，栈桥长 70 米，宽 10 米，高桩梁板式结构，2006 年 8 月始建，2008 年 8 月竣工，投入资金 5000 万元。房屋建筑面积 8000 余平方米，其中厂房 6000 余平方米，试验室 100 平方米，办公用房及附属设施 2000 余平方米。

一期主要生产 Φ100、Φ800、Φ1000、Φ1200 大型预应力混凝土管桩，2007 年 4 月试生产，5 月投产，产品主要用于海上、江河的大型桥梁、码头、港口、船坞和海塘水利建设，2007 年 12 月开始筹备二期生产线，主要生产 Φ508 ～ Φ1626 大型钢管桩，2008 年底正式投产，年生产能力 10 万吨，产值 5 亿元。产品已用于杭州湾跨海大桥、嘉绍大桥、舟山朱家尖大桥工程，南通中远连云港码头工程等。

浙江泰通船舶有限公司　在定海区干礁镇西码头东碶头原海军 13 团场地，是一家建造多种船型的公司，2006 年 6 月成立，注册资金 1 亿元，占地面积 12 万平方米，使用岸线 300 米，建有简易水泥固定船舶靠泊码头 1 座，平台总长 139.2 米，分 3 个不连接小平台（30 × 18 米，8 × 9 米，9 × 9 米），还拥有 5 万吨级船台 4 座，数控切割车间、管系车间、喷涂车间、舾装车间以及 6 台 30 吨～ 120 吨龙门吊、一辆 100 吨平板车、一辆 25 吨汽吊、三辆叉车等设备、设施。主要生产 2.5 万吨级以下的 CCS.BV.GC.NK 等各船级社检验认可的各类船舶。2007 年通过中国船级社颁发的 ISO9001：2000 质量管理体系认证，2008 年通过浙江省船舶修造业安全生产标准化达标。

西码头港企业码头情况表

单位:米,吨级,万元

企业码头名称	码头	靠泊能力	栈桥长 × 宽	投资	开工年月	竣工年月
浙江奔腾建材制品有限公司	60 × 10	3000	70 × 10	5000	2006.08	2008.08
舟山五环水产有限公司	90 × 9	2000	20 × 9	300	2002.02	2003.12
舟山西峰水产有限公司	35 × 7	1000	20 × 9	20	1993.02	1994
东升水产有限公司	9 × 9	500	38 × 9	500	2002.08	2003.04
西码头东升水产交易有限公司	19 × 9	1000	39 × 9	1000	2006.10	2007.08
舟山市通达海运有限责任公司	90 × 9	2000	20 × 9	3000	2006.12	2008.01
舟山市龙泰船舶有限公司	36 × 8	500	28 × 8	20	1985	1986.08
定海海上运输公司	50 × 12	500	50 × 8	600	2004.04	2005
定海辉昊物资公司	63 × 10	3000	60 × 6	300	2004.03	2005.05
众达水泥制品公司	50 × 10	1000	23 × 8	300	2006.02	2007.03
合源码头	25 × 8	500	40 × 6.5	300	1994.06	1995.08
定海石油工贸联营公司	35 × 5.8	500	20 × 3	37.5	1990.06	1990.12
成路船厂舾装码头	146 × 18	20000	30 × 8	2500	2007.02	2007.12
舟山永锦船舶配件有限公司	63.5 × 10	10000（兼靠 30000）	62.3 × 15	500	2006.05	2007.01
众达公司码头(山维公司租赁)	50 × 10	500	45 × 6	600	2005.01	2005.08
沿港船厂码头	60 × 12	2000	60 × 10	300	2007.03	2007.12
启帆船厂舾装码头	87 × 18	10000	80 × 15	600	2007.02	2007.12
干礁镇货运码头 1	50 × 12	1000（兼靠 3000）	24.1 × 6	150	2006.11	2007.04
干礁镇货运码头 2	50 × 12	1000（兼靠 3000）	24.1 × 6	150	2006.11	2007.04
西码头水产交易市场 1	45 × 8	1000（兼靠 3000）	52.9 × 6	287.5	2006.06	2007.03
西码头水产交易市场 2	45 × 8	1000（兼靠 3000）	52.9 × 6	287.5	2006.06	2007.03

※ 表内码头结构型式均为高桩梁板式

第三节　三江港

三江港在舟山岛北岸的马岙镇三江口。港口坐南朝北,与岱山、秀山二岛隔海相望。史书记载,是舟山群岛最早开发的港口,在唐代,三江口就有渡船定期、不定期往来宁波、岱山、秀山、衢山、长涂及嵊泗诸岛。1953 年春,三江码头停止运营,客货运输全部迁至西码头,三江航埠废弃。

1997 年，为适应舟山岛北部经济发展需要，交通部门重建三江港，翌年 9 月竣工。1998 年 9 月 26 日，舟山市通达海运有限公司在三江口成立客运站。主要经营公司所属“通达”轮业务及代理岱山、嵊泗船公司经营的定海三江至岱山、嵊泗县相关岛间高速客轮、车客渡轮、常规客轮水上航线客票代理业务。

至 2010 年，客运站经不断改扩建，已拥有 1000 吨级车客渡泊位（可兼靠高速客轮和常规客船）3 个，500 吨级快艇泊位 3 个。客运中心陆域面积 4.4 万平方米，待渡停车场 2.1 万平方米，一次可停放标准 5 吨车 100 余辆，两个候船厅可容纳旅客 2000 余人。1 号候船厅（候往高亭、长涂、秀山旅客），2 号候船厅（候往泗礁、大洋山、衢山、小洋山至上海旅客）。客运大厅拥有完备的电子显示系统，为旅客配设有母婴休息室、军人候船室、小卖部等。室内以及码头、站场的照明、消防、防护等设备齐全，能保证旅客、车辆安全。

2010 年，客运站经营 9 条航线，即三江—高亭航线，快艇日发航班 22 班，车客渡日发航班 15 班。三江—秀山航线，车客渡日发航班 12 班。三江—长涂航线，快艇日发航班 2 班，车客渡日发航班 3 班。三江—衢山航线，快艇日发航班 1 班。三江—高亭—衢山航线，快艇日发航班 2 班，车客渡日发航班 1 班。三江—衢山—嵊泗航线，快艇日发航班 1 班；三江—大洋—嵊泗航线，快艇日发航班 2 班；三江—高亭—嵊泗航线，快艇日发航班 1 班。三江—岱山双合—小洋山航线，车客渡日发航班 2 班。客运站自营和代理高速客轮 11 艘，2603 总吨，2352 客位。车客渡 11 艘，18195 总吨，3907 客位，可载标准车辆 232 辆。

2010 年，年旅客吞吐量 3292810 人次，进出车辆 359233 辆次。

第四节　沥港港

宋元时称猎港、冽港、烈港，明天启间称平倭港。金塘对外经济联系重要港口，在金塘岛北端西侧，介于金塘岛与大鹏山、捣杵山。地处北纬 30° 0,4′ 15″，东经 121° 51′ 00″。东距定海港 21 海里，西南离甬江口约 8 海里，北至岱山高亭港 25 海里。港域呈南北向，狭长形，长 4.3 千米，宽 280 米～ 460 米，岸线长 3.6 千米。航道最窄处 40 米，附近水深 3.4 米～ 5 米，主航道水深 6 米。南北两口进出。北口窄浅，口外水深 3 米。南口为主要进出口，水深 7 米～ 23 米。百吨以下船舶进出宁波港待潮避风处。大鹏山与捣杵山海域宽约 280 米，水深不及 5 米。港中部近大鹏山一侧有水深 2.7 米的银地袱暗礁。捣杵山南侧有深 2.4 米、2.8 米暗礁各一个，西北侧距岛 1.4 千米处有水深 14.6 米～ 16.8 米深暗礁 4 个，北侧有 0.4 米干出礁 1 个。大鹏岛西北端设有灯塔，东南端置灯桩。灯桩以东水道中央有 2 处暗礁，其中 1 处水深 2.7 米。潮汐属不规则半日潮，潮流呈往复流。涨潮流向北，落潮流向南，流速 1.5 节～ 3 节。多年平均风速 3.5 米 / 秒，最大风速 28 米 / 秒。

1980 年建沥港轮渡埠头，1983 年，交通部门建 500 吨级客运码头 1 座，陆域建 650 平方米客运大楼，1987 年日均进出港客货轮 9.1 艘，1994 年，修理客运码头栈桥，更换钢板 60 平方米，耗资 25938.60 元。1990 年，国家交通部公布沥港为商港。1991 年 10 月，沥港造船厂与上海沪东造船厂联营，投资600万元，将沥港3000吨级船坞扩建成1.6万吨级船坞，并新建1座2万吨级舾装码头，1993年竣工，为船厂专用码头。1993年，省航运管理局同意开辟金塘沥港至镇海车客渡航线，1994年，投入85万元改造车渡码头、改装车渡船。至1996年，有交通部门管理的有客、货码头3座，计长85米。非交通部门码头6座。有4艘客轮定期往返镇海、定海、宁波等地。宁波航运公司"天宁轮"往返甬、沥、岱间，兼靠沥港。是年旅客运输量17万人次，港口货物吞吐量15万吨。

1998年6月2日，交通部门投资660万元动工兴建金塘沥港至镇海车渡码头，同年11月5日竣工。金塘一侧位于沥港大塘墩平倭船厂西侧约40米处，镇海一侧位于镇海招宝山下沿港东路岸段处，兴建可停靠15车渡码头各一座，并配套相应设施，其中房屋建筑9800平方米（金塘沥港一侧6800平方米，镇海一侧3000平方米），年吞吐客货运量各20万人次、10万吨。趸船浮码头结构型式码头，两侧主趸船各一艘，规格50米×13米，辅助趸船各两艘，规格36米×9米，钢引桥21米×6米，栈桥44.7米×10米。1987年核定航线2条：一条始发沥港，经金塘小李岙至定海，2000年12月因客源萎缩停航。另一条沥港至宁波镇海车客渡航线。2009年是沥港车客渡码头至镇海车客流量高峰年，进出港约30万人次、5万车次，每天10个航班。

2009年12月25日，舟山跨海大桥通车（不含货车），旅客不经车客渡航线可直接从金塘客运中心去宁波、镇海等地。通往岛外靠泊的金塘小李岙码头和大浦口码头常规客轮、高速客轮先后停止营运。沥港车客渡码头仍继续营运。2010年12月31日，舟山跨海大桥开通货车通道，沥港车客渡码头车客流量锐减，航班逐步调整递减。2011年11月5日，沥港车客渡码头关闭，航线停航。金塘居民4万余人自此告别出岛必经水上客运舟楫历史，进入汽车时代。

2010年沥港港建成码头情况表

单位：米、吨级

码头泊位名称	坐落	码头		栈桥		靠泊能力	建成年代
		长	宽	长	宽		
大鹏货运码头	大观社区	36	9	20	5	300	1998
沥港车渡码头	沥港大塘墩	50	12	21.8	6	15车渡	1998
		36	9	44.7	10	15车渡	1998
金平船厂1号码头	大观社区	76.5	14.8			5000	1997
金平船厂2号码头	大观社区	73.8	6			5000	1997
中石油沥港分公司码头	大观社区	24.6	11.6	17	14	5000	1997
中石油沥港分公司码头	大观社区	47.3	7	30	4	2000	1998
新港水产冷冻厂码头	大观社区	38.3	5	17	2.8	3000	1995

续表

码头泊位名称	坐落	码头		栈桥		靠泊能力	建成年代
		长	宽	长	宽		
中石化舟山分公司码头	大观社区	39	5.5	23	4	5000	2000
三江海运有限公司码头	大观社区	36.2	9	27	48	500	1982
沥港船舶有限公司 1 号码头	和建社区	114.8	10.5	50	5	5000	2008
沥港船舶有限公司 2 号码头	和建设区	104	14	50	5	20000	2002
沥港船舶有限公司 3 号码头	和建社区	104	16	50	5	35000	1992
金舟船厂码头	大观社区	66	14	12	12	10000	2005
沥港阿三搬运码头	沥平社区	50.2	15	26.5	5	1000 兼靠 2000	2005

补充：1. 表内码头结构型式除大鹏货运码头、沥港车渡码头为浮码头，沥港车渡码头另有辅助趸船两艘外，均为高桩梁板式。

2. 表内所列码头的用途除大鹏、沥港为客货兼用外，其余均为企业专用码头。

第六章　港航养护

定海境内航道养护工作始于 1958 年，主要以局部港口疏浚、沉船打捞、航道整治、养护等，目的是保障进出港船舶航行靠泊安全畅通。

第一节　港口疏浚

1958 年，舟山专署交通运输管理局港监科打捞队，队员 12 人。至 1988 年，队有职工 123 人，拥有抓扬式挖泥船 2 艘，337 总吨、330 千瓦，泥驳 5 艘，一次可驳载 1240 立方米，拖轮 4 艘，272 总吨、762 千瓦。年疏浚能力 102 万立方米。是年，挖定海港淤泥 1.2 万立方米。

2002 年，动工并完成定海港民间码头至小竹山航道疏浚工程。工程施工岸线 4000 米，工程设计水深理论深度基准面负 3 米以下，可满足 500 吨以上等级船舶航泊需求，工程土方量 16 万立方米，沿线拆装大小码头 16 座。2005 年，完成定海岑港航道疏浚和护岸整治。

2008 年，舟山港海通客运有限责任公司疏浚定海港码头 0 ～ 8 号泊位前沿水域，工程土方量 38412 立方米，水深理论深度要求在基准面负 3.5 米。通过招投标，由舟山科特港务工程有限公司施工，舟山市海通水运工程咨询监理有限责任公司监理。工程自 2008 年 7 月开始招投标，2008 年 9 月始施工，10 月 12 日疏浚工程结束，同时更换定海港码头的部分锚链、卸扣等配件以及改善码头的供水、供电设施等。

第二节　沉船打捞

1989年至2010年，在境内水域打捞沉船的主要有“首运3号”驳船和“勤丰168轮”。

打捞“首运3号”驳船沉船　“首运3号”驳船为舟山首和中转储运有限公司所有。首和中转储运有限公司由香港国际中转储运有限公司与舟山港务管理局双方出资成立的中外合资企业，投资总额1250万美元，注册资金500万美元。1993年3月12日在定海注册成立，驻老塘山港区作业，1994年8月营运。主要从事港口各种货物的水水中转、驳运、装卸等业务。

“首运3号”驳船，长76.5米，型宽11.3米，型深4米，满载吃水3.5米，满载排水量2739吨，无自航动力。1971年建造，1994年从荷兰购入。

1995年12月21日19时10分，驳船从大轮上卸载1900吨铁矿砂后，由舟山首和公司拖轮拖至外钓山东侧灯标附近，地理位置于30° 02′ 57″N / 121° 38′ 48″E处锚泊。22日上午8时许，发现“首运3号”驳船沉没在锚泊处，前桅杆露出水面2米。23日，经有关部门研究决定，先由潜水员下水探摸，掌握第一手资料后，确定打捞方案。此后连续几天大风，潜水工作未能如期。27日风力减小，下午潜水员下水，探摸发现驳船船首朝南，船尾坐北，船底陷入淤泥70厘米，驳船两弦8个气孔窗，大部分已进水，驳船周围没有发现碰撞痕迹。据此确定，先将沉船内1900吨铁矿砂打捞上来，打捞任务由普陀区台门疏浚公司承担，首和公司遣驳船1艘负责配合驳砂。29日下午1时，台门公司挖砂船开始作业。但海域潮涌流急，造成驳船定位困难，挖砂船又缺乏大吨位抓砂设备，效果不理想，且出现挖砂船及配合作业的驳船几次被潮流冲击至沉船上面的情况，为避免再出险情停止作业。

1996年2月，改请上海打捞局实施打捞。3月3日，上海局派遣“大力号”打捞船抵达定海老塘山港区，“大力号”日本进口，具有2500吨起吊能力，主机作业浮吊，无自航动力。打捞前，首和公司另派一艘抓矿砂船投入作业。该船主机作业抓斗，自航能力4级。1983年荷兰建造进口，设计装卸矿石能力8000吨／日。3月4日下午开始挖捞沉船内矿砂，3月5日下午结束，捞上矿砂1500吨。但是经海水浸泡，矿砂化学成分变化，失去使用价值。首和公司只好弃矿于大海。3月6日，潜水员完成穿引钢缆，计划3月10日起吊捞船。3月9日，“大力号”潜水员再次下水探摸确认，发现沉船时间过长，沉船两边淤泥增高至2米，其余情况如旧。3月10日下午5时起吊，但当沉船甲板缓缓吊出水面时，钢缆吃力重心挤压打滑，承力点集中在吊臂一头（呈二角形上头），沉船船体中间断裂，沉船中段吊出水面，头尾两头沉入海底，造成沉船船体弓字形破坏，打捞未果，最后作弃船、破坏性解体处理。沉船残骸由“大力号”打捞船吊至浮吊甲板。数日后“大力号”装载沉船残骸由拖轮拖至宁波北仑区杨公山码头，作为废钢铁卖给北仑区一家拆船公司。

打捞“勤丰168”轮沉船　2008年3月27日，浙江省台州市路桥勤丰船务有限公司所属“勤丰168”轮从镇海空载驶往天津，途中违规通过金塘大桥的非通航孔，船艏桅和驾驶台相继与金塘大桥非通航孔E19—E20桩位之间箱梁发生触碰，造成大桥该处（30° 03′.5N、

121° 47′.2E）箱梁脱落并压置于“勤丰168”轮舱面与驾驶台部位，桥墩局部受损，“勤奋168”轮艏桅断裂，驾驶台严重变形，雷达桅倒塌。船员18人，获救14人，4名船员死亡。

“勤丰168”轮

船籍港：台州；呼号：BLFY9；船舶种类：多用途船；船体材料：钢质；总吨：7122；净吨：3988；载重吨：10452吨；船长：134米；船宽：19米；型深：9.2米；

主机功率：2500千瓦；造船日期：2005年11月25日；建造厂名：浙江临海市江海造船厂。

海事调查造成事故的原因：“勤丰168”轮航行中使用未经改正的海图，错误设计计划航线是发生事故的重要原因。调查发现大桥主通航孔及相关导航标志于2007年2月1日0时起启用，但船上本航次使用的、图号为13381的2005版航用海图未按照海军航保部或海事部门发布的航行通告修正，未标识出金塘大桥及其通航桥孔的位置。本航次该船制定的计划航线偏离主通航孔近1海里，直接通过非通航孔。

“勤丰168”轮在没有完全掌握金塘大桥通航条件的情况下，违规穿越大桥非通航孔，是导致事故发生的直接原因。鉴于事发当时航行值班人员全部死亡，根据船舶航迹调查分析，事故起因有两种可能：一是该轮临近大桥时错误判断大桥桥面高度，误认为可以安全通过。但事实上该船艏桅高度24.4米，减去本航次艏吃水2.4米，艏桅实际高于水面约22米。驾驶台罗经甲板高度21.8米，减去本航次艉吃水5.2米，实际高出水面约16.6米。出事桥段箱梁零水位高度不足18米，减去当时潮高2.92米，实际高度不足15.1米。显然无法正常通过。二是误认为该桥段未铺箱梁，或者由于严重疏忽，未发现已铺设的箱梁，以为可以从两桥墩之间安全通过。海事认定：事故原因是“勤丰168”轮错误设计航线，在本轮水面以上高度大于桥梁净空高度的情况下，违规穿越金塘大桥非通航孔，造成船舶触碰大桥箱梁的重大水上交通责任事故。“勤丰168”轮负事故全部责任。

“勤丰168轮”下沉后，有关部门迅即调浙江蛟龙集团公司潜水员下海探摸，并调运大型浮吊设备进场，把压在船上的大桥卸梁板去除。经过9天9夜打捞，沉船捞起拖离现场。同年9月，四块大桥箱梁残骸也清理完毕。

第三节　航道整治

2006年～2010年，主要整治了马岙港区公共航道、长白航道和烟墩航道。

马岙港区公共航道整治

马岙港区公共航道整治工程分灌门进港航道整治和龟山航门航道整治。建设规模为满足10万吨级船舶双向通航，其中狭口段宽度满足10万吨级及5万吨级双向通航要求。灌门狭口以外段炸礁深度满足15万吨级船舶通航要求，龟山航门航道口满足5万吨级船舶双向通航要求。整体工程包括炸礁192238立方米，新建香炉花瓶礁、秀山东（钓浪北）、秀山西三处大型锚地，面积共43.3平方千米；设置灯浮标5座、灯桩3座、雷达应答器2座，撤除灯浮标2座，安装灯标遥测遥控系统26套，新建水文波浪站一座。

2006年，市和区二级航道管理部门着手马岙公共航道整治工程外业勘察、工可评审、炸礁工程、环境评价等前期工作。4月，省发改委批复马岙港区公共航道整治工程项目建议书，舟山港务管理局监理公司开展外业勘察和监理工作。8月初，舟山港务管理局向东海舰队、海事、海洋等有关单位征求马岙港区工可报告（初稿）的意见，根据各单位意见，委托上海航道勘察设计院编制完成《舟山港马岙港区公共航道整治工程可行性研究报告》评审稿。8月27日，浙江省海洋与渔业局在定海组织评审通过《马岙港区公共航道整治工程灌门炸礁项目环境影响报告书》，9月15日，省发改委和省交通厅在杭州联合组织工可报告评审，11月初核准修改完善后的环境影响报告。省发改委批复工程概算12336万元。2007年11月28日，炸礁工程开工，由中交广州航道局有限公司承担，监理单位经两次公开招标，因报名单位未达到三家，经请示省交通厅，不再进行招标，经协商和谈判，最后议定由温州港工程咨询监理有限公司承担。工程于2009年10月13日交工验收。建设单位为舟山港务管理局（现称：舟山市港航管理局），设计单位为中交上海航道勘察设计研究院有限公司，炸礁施工单位为中交广州航道局有限公司，航标施工单位为宁波镇海行星航标有限公司，波浪站施工单位为浙江省机电设计研究院有限公司。

马岙港区公共航道整治后，完善了舟山港口基础设施，提升了港口服务功能，为马岙港区、岱山高亭区服务，并为长白、秀山、岱山修船基地建设与我国修造船业“东移”整体布局创造条件，为加快本区域临海工业园区建设以及原料集疏运创造了良好的水运条件。

长白航道整治

长白航道是马岙港区公共航道的附属航道，处于马岙港区公共航道（灌门航道或龟山航门航道）至长白水道东侧，航道全长11.3千米。炸礁总方量为33169立方米。建设规模为满足1万吨级杂货船通航要求，同时兼顾满足8万吨级船舶空载通航要求。远期发展按满足2万吨级杂货船通航要求建设，航道宽度为500米。工程建设单位为定海工业园区管理委员会，施工单位为广东中海工程建设总局。2008年完成航道工程的水深测量浅剖，浅钻及水文测验等前期勘察和招标，2009年初开工，2009年10月23日通过1万吨级航道炸礁工程交工验收。是为航道管理部门首次和地方政府，企业三方共同联合建设的公共航道。

完成长白航道整治，满足了定海工业园区货运船舶航行需求，也满足了修造船舶和海洋产品船舶的航行需求。

烟墩航道整治

烟墩航道建设规模为满足3万吨级油轮乘潮双向通航。3万吨级油轮通航需限制吃水11.2米以下，乘潮通航保证率30%，航道宽度为350米，其中北面转角BC段航道宽度建加宽至500米。北向航道为20万吨级空载通航。

工程建设内容包括沉船清障以及航标设置，由浙江天禄能源有限公司、舟山金泰石化有限公司、浙江海洋石油化工有限公司、舟山纳海油污水综合处理有限公司、浙江正和造船有限公司、浙江三建鑫造船有限公司、舟山市舟基港航机械有限公司等7家联合出资建设。2008年7月开工，投资总额200万元，2010年1月完成。

第七章 港口企业

港口企业主要指为港口服务企业。1989年后，定海港口开放开发催生和培育了一大批为港口服务港口企业。至2010年，境内已发展到门类齐全、配套服务的港口装卸、客运、轮驳、港航工程、船舶交易、外轮代理、外轮理货等港口企业，为助推定海经济发展，推进大港口建设发挥了一定作用。

第一节 港口企业

1989年，境内港口企业有舟山港第一装卸运输公司、第四装卸运输公司、中国外轮代理公司舟山分公司、中国外轮理货总公司舟山分公司、舟山港定海客运站、定海联运站、舟山港航工程处和舟山港交通旅游公司8家。1990年舟山港航工程处、舟山港定海联运站等单位分别更名为舟山港航工程公司、舟山港货物联运公司。

1992年，增设舟山港劳动服务公司和舟山港轮驳公司，组建舟山港客运服务总公司和舟山港船舶服务总公司。1997年10月，展开舟山港务企业转制，明晰产权，建立现代企业制度。至2000年，新成立改制企业9家。2001年，实施以理顺产权关系和职工身份转换为主要内容的企业改制。同时，结合产权制度改革，调整港务国有资产经营公司管理及经营权限，扩大港口投资融资渠道，增强港口自身发展能力。至2010年，境内有各类港口经营企业121家。

舟山港老塘山中转储运有限责任公司 前身系舟山港第一装卸运输公司。1988年6月，从定海搬迁到老塘山港区，经营件杂货（木材、钢材、废电机、集装箱等）、散货（矿砂、煤炭、粮食等）装卸、中转、储运业务。舟山港务管理局直属重点港口企业。1998年4月，注册成立国有控股企业——舟山港海通中转储运有限责任公司。注册资金638万元，其中国有股占58%，职工股占42%。2001年10月，完成企业职工劳动关系转换。2005年实现利税650万元。2010年企业改制整体转让给舟山港老塘山中转储运有限公司，为国有独资企业，注册资金1000万元。公司租赁舟山港老塘山港区二期码头（内贸）及承接三期、五期码头（外贸），从事港口物流业务，是集港口装卸、中转、储运于一体的股份制企业，2010年有合同制职工301人。公司实行董事会领导下的总经理负责制，设分管生产业务、技术设备和行政事务三个副总经理及分管党务工作的副书记，内设计划财务科、人事教育科、设备技术科、商务调度科、安全科、总务科、办公室、政工保卫科等8个职能科室，下设老塘山港区二期和三期两个作业队。2009年完成港口货物吞吐量1400万吨。

舟山港老塘山中转储运有限公司第一分公司　前身是舟山港第四装卸运输公司，创建于1956年，是一家有着五十多年历史，从事装卸、运输、中转、储运的传统港口装卸企业。成立初始为定海城关手拉车运输合作社。1958年1月改名定海县运输公司。1959年3月，并入国营舟山交通运输公司。1960年5月更名为地方国营舟山县运输公司，1961年10月企业体制下放，成立舟山县城关镇搬运服务站，后改名定海县搬运站。1977年3月，成立定海县运输公司，1979年3月定海县东方红搬运站并入，1987年5月，舟山拆地建市，定海县运输公司隶属于舟山市港务局，改名为舟山港第四装卸运输公司。1998年6月，企业集体所有制改为有限责任公司，更名舟山港海隆装卸运输有限公司，注册资本为180万元，其中舟山港务集团有限公司（原舟山港务国有资产经营有限公司）出资20%，公司职工出资80%。公司主营港口装卸运输、仓储、堆存、转运及过驳业务。公司分设本埠、互窑湾、木材公司、秀山常石集团、岑港作业区，并开展汽车修理，从事野鸭山国际锚地内外贸货物中转过驳业务。

1998年公司完成第二次改制，改制时由于没有进一步实施转换职工劳动关系，冗员过多，经济状况没有改善。2002年10月28日公司所在地沿江东路20号划入整体拆迁范围，安置地方相对偏远。在政府协调下，沿海东路20号资产整体与舟山经济开发区顺昌码头加原城关冷冻厂资产转换。2005年公司从沿海东路搬迁到顺昌码头，由于地理位置和经营情况变化，客户流失，业务减少，加上置换资产不能及时确权，行业竞争加剧等因素，企业每况愈下，难以为继。2008年底，公司资产总量1000万元，实现利税50.4万元。2010年公司员工有149人。是年9月公司股权由舟山港务集团有限公司收购，改名舟山港老塘山中转储运有限公司第一分公司。

舟山港海通轮驳有限责任公司　前身为舟山港轮驳公司，成立于1993年1月，港口配套服务型企业。1998年2月转制为有限责任公司，注册资金3950万元，舟山港务管理局占60%国有股，兴中公司占40%企业法人股。主营港口内外贸大轮靠离岸码头服务，船舶安全进出舟山港助航助泊，沿海货轮拖带，巩固拓展沿港各修船厂、货主码头的拖轮和其他海上服务作业。履行舟山港海上“急、难、险”突发性抢险救灾职责。2010年，公司拥有2058千瓦～3675千瓦全回转拖轮18艘、1911千瓦专职港口消防船1艘，建有盘峙、老塘山、野鸭山、马岙、六横拖轮工作船基地5处。公司机关署定海卫海路海韵大楼九楼。

舟山首和中转储运有限公司　香港国际中转储运有限公司与舟山港务管理局合资企业，投资总额1250万美元，1993年12月注册成立，注册资金500万美元，主要从事港口各种货物的水水中转、驳运、装卸等业务。1994年8月运营，当年完成矿砂吞吐量61.91万吨。2010年，公司机关署定海新桥路15号502室。

公司主要设备“首和二号”浮吊系海上作业抓斗浮吊，无自航动力。1983年荷兰建造进口，设计装卸矿石能力8000吨／日。适用于各种散货（如矿石、煤炭、化肥、谷物等），大件及集装箱装卸。船员配额10人，其中轮机长、电机师各1人，浮吊司机兼水手8人。

1994年8月公司运营首日，即在老塘山港开启舟山港开港以来矿砂中转先例。至2003年，先后为舟山老塘山港区、青岛港、湛江港过驳矿石及煤炭计447.4万吨，吊运集装箱及大件 531 只，协助港口抢救搁浅船舶 3 艘。

舟山实华原油码头有限公司　2010 年 4 月，由中国石油化工股份有限公司和舟山港务集团有限公司共同出资组建成立。主要承担码头原油接卸、岙山基地来油中转和管道外输的任务，并为中国石化集团所属的上海石化、高桥石化、金陵石化、扬子石化、镇海石化及中石化商业储备公司等单位提供原油。

公司主要设施为一座 30 万吨级原油中转码头，该码头设计最大年通过能力 2054 万吨。2010 年，公司机关署册子岛东南角朱丝门。有员工 73 人，其中高级工程师 7 人。

浙江船舶交易市场有限责任公司　前身是舟山船舶交易市场有限责任公司，成立于 1998 年 6 月，由舟山港务管理局国有资产经营有限公司控股、舟山市交通投资公司、舟山市市场局和舟山市东方渔业开发公司出资组建，注册资金 1000 万元。经营范围包括开办船舶交易市场、代理船舶买卖、租赁、拆修造、代理水路货运、代办船舶货运业务、代办船舶各类证书、船舶技术业务咨询服务、船舶、机械设备、五金交电、电子产品、金属材料、建材、化工产品、仪器仪表、通信设备、工矿产品、农副产品销售。自营和代理各类商品和技术进出口。具备船舶设计及自营进出口资质。业务涵盖船舶交易、船舶评估、船舶设计、船舶拍卖、船舶贸易、船舶建造、船用技术开发、电子商务、软件开发等。至 2007 年，公司年船舶交易额超 10 亿元。2010 年，公司机关署定海临城街道合兴路 33 号中昌国际大厦 5 楼。

中国舟山外轮代理公司　经营国际航运代理的专业企业。统一承办航行国际航线和港、澳、台等地区中外籍各类船舶在舟山港口和水域各项代理业务，承揽进出口货物，办理订舱、租船、储运、代理、报关、报验，旅游、集装箱运输，以及油轮清洗舱、船舶修理、船舶买卖等业务。成立于 1981 年 4 月。1998 年，由中国外轮代理总公司和舟山港务管理局共同出资组建成有限责任公司。同年，通过英国 BSI 公司国际质量体系认证，为舟山市首家获得 IS09002 国际标准化验证企业。2010 年，公司机关署定海海韵大楼 7 楼～ 9 楼。有员工 181 人，下属全资子公司有舟山海通报关责任有限公司、舟山兴港国际船舶代理有限公司、舟山兴港船舶服务有限公司、舟山兴港船舶供应有限公司。

舟山中理外轮理货有限责任公司　成立于 1981 年 4 月，为航行于国际航线的船舶及进出口货物提供公正理货涉外服务机构。1998 年公司改制，成立舟山海通理货有限责任公司，同时挂中国外轮理货总公司舟山分公司牌子。经营范围：国际、国内航线船舶理货业务；国际、国内集装箱理箱业务；集装箱装、拆箱理货业务；货物计量、丈量业务；监装、监卸业务；货损、箱损检定等业务。公司下设普陀、老塘山、嵊泗、六横理货部。2010 年 8 月 1 日易名为舟山中理外轮理货有限公司，公司机关署定海港码头 8 号。有员工 70 人。

舟山港海通客运有限责任公司　前身是舟山港客运总公司。1998 年 3 月公司改制，成立舟山港海通客运有限责任公司。注册资金 85 万元，舟山港务管理局独家出资组建，国有独资有限责任公司。下属单位有普陀山客运站（代售沈家门半升洞、朱家尖蜈蚣峙、岱山高亭、上海、嵊泗洋山、宁波等航线旅客票）、定海港客运站（代售六横台门、桃花、定海盘峙大猫等小岛航线旅客票），代管单位有沈家门客运站（代售沈家门辐射周围小岛航线旅客票）。

2010年，公司机关署定海港码头1号。有员工369人，是年完成旅客吞吐量63万人次，客流量10106160人次。

第二节　港航工程企业

浙江蛟龙集团公司　成立于1995年7月。至2010年，经营较有影响的打捞作业15起，其中有1996年11月，在大戢偏西触礁沉没的乐清利达海运公司所属“雁峰6号”轮进行水下爆破清障。2001年2月，防止海洋环境再次污染，在普陀区桃花岛触礁沉没的台湾“圣高泰德航运公司”所属“新发”轮水下切割分块打捞。2008年3月27日，台州籍“成丰168”轮碰撞在建舟山大陆连岛工程金塘大桥非通航孔桥，经9天9夜打捞，沉船拖离现场。同年9月完成事故中沉入海底的四块大桥箱梁残骸清理。2009年11月1日，载重2.3万吨的伊朗籍货船“200R1K”（祖立克）在西绿华山北岸与礁石碰撞搁浅，船体断裂二截，公司清污吸油、切割打捞，2010年8月完成。

公司在做好舟山沿海疏浚业务基础上，不断向东部沿海扩展。2009年6月承接连云港旗台港区25万吨矿石码头疏浚工程，合同造价10000万元，2010年底完工。承接辽宁营口港30万吨航道扩建工程，预计总投资16亿元，二期为5年，已建设3年。洽谈中的江苏连云港30万吨深水航道扩建工程，预计总投资78亿元，产量4.3亿立方。

公司加大投入，增添工程船舶，开展租赁船舶业务。2008年5月与中海油签下5年租船协议。根据协议，公司从2008年下半年开始打造2艘68米近海平台供应船，其中1艘已于2008年4月完工，6月投入使用。另1艘2010年8月完工，9月投入使用。2艘船投入使用，公司年收入新增4000万元。

公司具有交通部颁发的救助打捞二级资质证书，是中国航海学会救助打捞专业委员会会员、上海航道局协作单位，舟山承接海底管道铺设维修、海上抢险救灾、沉船打捞与航道疏浚业务的专业公司。

2010年，公司机关署定海环城南路357号5楼。公司有职工106人，其中潜水员27人。公司自有船舶其中工程船3艘，拖船1艘，驳船3艘，甲板货驳1艘，供应船2艘等设施和设备，

舟山科特港务工程有限公司　成立于1992年，是一家专业从事港口与海岸、航道爆破、土石方采掘、工业与民用建筑等工程的专业港航工程施工企业。下设金塘、普陀、六横、岱山4家分公司。企业资质为总承包三级，2003年通过ISO9001质量管理体系认证，注册资金2683万元。

1992年～2010年，公司秉承“质量第一，用户至上”经营理念，获得用户较好评价。1995年承建国家重点工程秦山核电厂5000吨级中构件码头，获浙江省优良工程奖。1996年承建总包江苏亚太造纸厂、电厂2万吨级散货泊位码头工程质量达标。同时承建的2万吨～20万吨舾装码头、5000吨级～20000吨级交通码头，工程质量获良好信誉。承接的日本常石集团秀山船厂8.5万吨级船台及船坞、深水护岸、3000吨级内河码头航道疏浚、大型

土石方回填、水工护岸、爆破采掘、水下炸礁工程等150个施工项目，质量均达到合格以上，未发生重大施工安全事故。其中水下炸礁作业是舟山市唯一水下爆破企业，在社会上享有一定信誉。

2010年，公司机关署定海区蟠洋山路39号。有员工600余人，其中大中专以上学历100余人，具有各类专业职务任职资格人员75人，工程技术人员55人（高级职称3人，中级职称15人），拥有各类大中型施工机械百余台，年施工产值在1.5亿元以上。

浙江海江工程有限公司　成立于2001年2月1日，经营范围：航道疏浚、吸砂取泥、围堰吹填工程、航道工程项目咨询、船舶租赁。拥有2200立方米自航耙式挖泥船1艘，2500立方米、3500立方米绞式挖泥船各1艘，600立方米吸沙船1艘，80吨锚式工作船3艘等大中型海上施工专用设备，形成一支较强的疏浚船队。总装机容量37743KW、年疏浚生产能力3500万立方米，资产总值4亿元。

2001年～2010年先后参与长江口深水航道综合治理、上海人工半岛、上海金山化工城码头、东海大桥建设，辽宁营口鲅鱼圈、大连庄河港口改造、天津塘沽调头区、广西钦州港航道综合整治等一大批国家重点工程建设。诚实守信，优质高效赢得业主好评，树立了良好的企业品牌。

2010年底，公司机关署定海区新露亭公寓2幢1102室，有员工170余人，其中中高级工程技术人员30人。

浙江华恒海洋工程船务有限公司　成立于2004年，中国疏浚协会会员单位。主要经营水上工程、航道疏浚、水利与港口工程及围海造田工程施工。注册资本2800万元。

2010年，拥有运营和在建船舶有“恒瑞号”、“华恒8”、“华恒16”3艘和4500吨级油船2艘共5艘。办公用房700平方米，址定海区环城南路9号恒大银座5楼，有员工110人。

2004年～2010年，港口工程作业参与上海外港一、二期工程建设、杭州湾大桥建设、天津曹妃甸项目，天津港三期、四期拓宽加深项目、河北黄骅港一期工程项目、辽宁营口港拓宽加深项目等。港口航道疏浚和围海造田工程参与天津港、青岛港、泉州港、广州高栏港、温州洞头出海航道等。

2010年产值1.6亿元。是年9月，公司总资产23578万元，所有者权益10245万元。

第八章　导航设施

航标，是供船舶定位、导航或者用于其他专用目的助航设施标志，包括视觉航标、无线电导航设施和音响航标。

1988年，定海境内水域视觉航标有灯塔2座，灯桩37座，灯浮4座。同时，在海域内航行的船舶还受益于七里峙灯塔、长跳嘴灯桩、筱洋梅灯桩、游山江灯浮。1989年，航标设施由交通部宁波海上安全监督局镇海航标区管辖。1996年始，靠近宁波镇海、穿山等水域的灯塔、部分灯桩归镇海航标站管理，西码头、长白、马目等附近水域的灯桩归岱山航标站管理。是年4月18日，设立交通部宁波海监局镇海航标区定海航标站。2000年8月3日，定海RBN／DGPS台站设备安装完毕，并开始运作播发信号。2006年，上海市航道管理处批复同意设立宁波航标处定海航标站（定海航标养护站）。2007年9月，长峙、岙山两座跨海大桥建成后，两大桥主跨防护栏上设专用涵标（指示船舶航行与禁航灯标）12座，桥墩警示灯桩4座，灯浮标3座。2009年9月27日，舟山连岛工程响礁门、西堠门、岑港大桥设专用灯桩、桥涵标计40座。2010年4月23日，“迎世博'环沪护城河'航海保障应急演练”活动在舟山金塘大桥附近水域举行，演练抛设沉船应急示位标4座。宁波航标处“海标21轮”、“海标1041轮”、“海标1043轮”、“海标1045轮”参与了演练活动。同日，宁波航标处成功抛设“金塘大桥501号”灯浮。

2010年，境内海域有灯塔4座、灯桩52座，桥浮标69座，灯浮13座。

第一节　灯　　塔

2010年，定海境内水域有太平山（曾名裂表嘴）灯塔、菜花山灯塔、七里峙灯塔、洋小猫灯塔共4座。

太平山(曾名裂表嘴)灯塔

位于沥港太平山（又名大鹏山）西北角，与蟹浦、伏龙山隔海遥对。北纬30°04′59.5″，东经121°49′16.1″。为沪甬航线船舶进入甬江导航。

1902年，大鹏岛商人杨希栋发起建塔，所需经费向南北号木船捐募，建造在大鹏岛裂表嘴山上。砖垒，外粉石灰，圆形，顶端四周围玻璃，内燃油灯，作为光源。过往船舶均能望见。1906年建成发光。1933年，杨圣波秉先人遗志，集资万余金重建。由方氏设计监建，当年5月竣工。塔身用水泥改筑，圆柱形，高8.9米，内设铸铁旋梯迂回可达顶端。灯塔高出海拔87米，光源改为汽油灯。光线增强。同时新建西式洋房3间，为管塔人居留之所。是宁波港至上海诸港的链路标之一。

1933年改建的裂表嘴灯塔

1927年10月，改装成无人看守的电石气闪光灯，置白塔之上，全塔高出高潮水面以上280尺。每$2\frac{8}{10}$/秒闪放白光一次，即明时历$\frac{3}{10}$/秒，灭时历$\frac{5}{10}$/秒。晴天10海里内可见。1956年增装雾笛。雾天，每90秒

太平山灯塔

鸣笛 3 次，70 年代废。80 年代初，以氙光灯为光源。1985 年 10 月，接通三相 380V 岸电作光源。1986 年 11 月 1 日，100W 氙灯改为美国进口灯器 FA–251，12V/3A。1989 年灯质为白色，三闪，周期 9 秒（0.3+1.2+0.3+1.2+0.3+5.7）。置有备用灯，白色定光，射程 8 海里。2000 年后，灯源为美国进口灯器 TRB–400，射程 16 海里。

1933 年灯塔改建，经费由杨圣波独立负担。至 1947 年 10 月，无力维修，海务科机师史瑞昌随“流星”号航标船实地调查，接管该塔，归浙海关管辖。1950 年 5 月，由交通部航务工程总局上海区海务办事处管理。1953 年 7 月，移交中国人民解放军海军有关部门管理。1983 年元月 1 日，由上海航道局航标测量处接管，上海航道局镇海航标区管理。1977 年，守塔人员抢救江苏省启东县失火机帆船，救出船员 9 人。直属政治处为倪忠贤等 3 人各荣记三等功 1 次。2006 年 1 月，改为无人看守灯塔，装有人主备自动转换系统，并通过七里峙灯塔对其瞭望观察。后因无人看守，灯塔设施被盗，影响助航设施功能的正常发挥。2008 年夏，又重新配设灯塔管理员 3 人。2010 年，灯塔归属宁波航标处镇海航标站管理。

菜花山灯塔

西堠门北口，大菜花山东北坡上。北纬 30° 07′ 0.5″，东经 121° 51′ 48.0″。昼夜识别西堠门的重要导标，为驶经灰鳖洋的船舶导航。

始建于 1927 年。灯塔建在水泥平顶屋上，无塔身，屋顶式灯塔。砖砌，玻璃窗内置煤油灯为光源，长夜不灭。1948 年前后，灯煤油为乙炔灯头，光线增强。1979 年改建为独立塔身，白色定形石垒筑，圆锥形，内置螺旋形石阶梯。塔高 10.65 米。灯笼系虎蹲山灯塔之旧物（该灯塔建北仑港时拆除）。四等镜机，灯高海拔 33 米，射程 13 海里。1986 年 11 月 20 日，220V 直流白炽灯改为美国进口灯器 FA–251，12V/3A。置有备用灯，射程 3 海里。1988 年，灯质仍为白色，周期 3 秒（0.3+2.7）。置有备用灯，白色定光，射程 3 海里。2000 年后，灯源易为美国进

菜花山灯塔

口 APRB-288 旋转灯器，射程增至 16 海里。2004 年 6 月，改为无人看守，平时按规范巡检。后因无人看守，灯塔设施屡次被盗，影响助航设施的正常工作。2008 年夏，恢复为有人值守灯塔。

原塔象山县东门岛人任筱和、任筱甫（孚）兄弟俩募建。修建、管理由兄任筱和主持，向上海港海关争取灯油给养及劝募资金，由其弟为之。任筱和过世后，任筱甫独力难支，灯塔捐献国家，1936 年，由上海港海关接管。1951 年，由交通部航务工程总局上海区海务办事处管理。1953 年 7 月，移交中国人民解放军海军有关部门管理。1983 年元月 1 日起，由上海航道局航标测量处接管，上海航道局镇海航标区管理。2010 年，改归宁波航标处镇海航标站管理。

七里峙灯塔

亦称七里屿灯塔，位于甬江口外约 2 海里半的七里屿山顶。北纬 30° 0′ 2.1″，东经 121° 45′ 34.3″。为进出甬江口的船舶导航。

清同治四年（1865），浙海关税务司与宁绍道台协同建造。初用普通油灯为光源，置于玻璃窗内，另置铜锣发雾警信号。十一年（1872）重修，建成高 17 英尺砖木结构白色塔楼，装置由外国购入的五等镜机，灯质白色，烛力 130 枝。照射海平面以上 123 英尺（37.5 米），无云天气能见度 9 海里。翌年，铜锣改置五［百重］船用雾钟。光绪二十九年（1903），改置明灭相间镜机，烛力增至 200 枝。民国 9 年（1920），雾钟改用雾炮。14 年重新建造，所有屋宇均砖砌造，基础用混凝土浇制，砖砌塔身，白色，八角锥形，边缘阶梯及回廊门户均石料砌成，内置铸钢旋梯。塔高 27.4 英尺（8.35 米），灯高海拔 123 英尺。21 年（1932），易为电石瓦斯灯头，每 5 秒钟自动闪光一次，烛力增至 600 枝，射程 12 海里。60 年代初，人民海军设置 TBW 型美国中波发射台作为船舶无线电侧向仪校差台，“文化大革命”期间拆除。灯塔光源为长江日月牌 JQ1000U，285 型直流发电机 2 台，约每周充电一次，供管塔人生活用电。1988 年 11 月 12 日，100W 氙灯改为美国进口灯器 FA-251，12V/3A，灯质白色，周期 5 秒（0.8+4.2）。置有备用灯，白色定光，射程 3 海里。

灯塔初由英人管理，清光绪十三年（1887）年后，由国人管理。抗日战争前由浙海关管理，战后归上海港海关管理。1950 年 9 月后，由国家交通部航务工程总局上海区海务办事处管理。1953 年 7 月，移交中国人民解放军海军有关部门管理。1983 年元月 1 日起，由上海航道局航标测量处接管，上海航道局镇海航标区管理。2010 年，归属宁波航标处镇海航标站管理。

洋小猫灯塔

又名小洋猫灯塔，位于峙头东面洋小猫岛山上，地理坐标：北纬 29° 53′ 4.1″，东经 122° 09′ 01.4″，1952 年人民海军建造莜洋梅灯桩，为南来北往船舶助航。1995 年 6 月～8 月，改建成洋小猫灯塔，白色六角柱形混凝土瓷砖贴面，采用美国进口 ML-300 灯器，灯高（距海平面）49.8 米，塔身高 10.9 米，灯质为白色闪（2）10 秒，射程 15 海里

第二节　灯　　桩

定海境内水域灯桩多数为解放初期人民海军设置。2003年12月，岙山石礁礁（黄鳝骨礁）、长峙岛金地伏礁设标。翌年1月、8月，册子水道钓礁、金塘水道大小黄千、西堠门水道册子西灯桩设标。2007年9月，长峙、岙山两座跨海大桥主跨防护栏设4座桥墩警示灯桩。2009年9月27日，舟山连岛工程响礁门、西堠门、岑港大桥设专用灯桩17处。至2010年底，境内水域有灯桩52处。

册子水道半洋礁灯桩　册子水道中央。北纬30°01′03.2″，东经121°57′43.1″。白色方形，石砌桩身高5.7米。灯高16.5米，灯光射程7海里。灯质为白光，一闪，周期5秒（0.3+4.7）。进出西堠门的识别标志与助航标志。1952年，人民海军建造。1983年，海军37502部队移交镇海航标区（现宁波航标处，下同）管理。1992年11月改建成砼柱身、白色六角形混凝土、马赛克贴面。

菰茨山灯桩　又名富翅山灯桩，建在富翅岛西端。北纬30°05′57.0″，东经121°57′42.5″。红色圆形，混凝土桩身高5.9米。灯高18米，灯光射程5海里。灯质为红光，一闪，周期3秒（0.3+2.7）。为进出桃夭门的船舶助航。1953年人民海军建造。

1983年，海军37502部队移交镇海航标区管理。1998年7月改建成砼柱身、白色六角形混凝土、瓷砖贴面。

下大礁灯桩　又称响礁灯桩。在响叫门，北纬30°05′48.0″，东经121°58′45.7″。红色圆柱形，钢筋混凝土桩身高6.6米。灯高5.6米，灯光射程4海里。灯质红光，一闪，周期3秒（0.3+2.7）。为进出响叫门的船舶助航。1972年，人民海军建造。1983年，海军37502部队移交镇海航标区管理，2008年11月改建完工，红色混凝土结构。

螺头角灯桩　建在大猫山峰尖螺头角上，居定海港的西南方。北纬29°55′57.6″，东经122°02′01.4″。白色方形，石砌桩身高5.8米。灯高20米，灯光射程8海里。灯质白光，三闪，周期10秒（0.3+1.0+0.3+1.0+0.3+7.1）。为进出螺头水道的船舶助航。遮蔽弧：138°～260°。1952年，人民海军建造。1983年由海军37502部队移交镇海航标区（现宁波航标处）管理，1992年12月改建，白色六角形混凝土马赛克贴面。

涂泥嘴灯桩　金塘水道东端。北纬29°57′24.6″，东经121°57′51.0″。白色圆形，石砌桩身高6.0米。灯高14.2米，灯光射程7海里。灯质白光，三闪，周期6秒（0.3+1.0+0.3+1.0+0.3+3.1）。为进出金塘水道、螺头水道及册子水道的船舶助航。1978年建造。2001年9月金塘水域划入镇海管理，灯桩随之划入镇海航标处管理。2010年，归宁波航标处镇海航标站管理。

干尾石灯桩　盘峙南水道火烧门内。北纬29°58′34.6″，东经122°05′40.8″。黑红黑横带，圆形，混凝土桩身高7.8米，顶标是两个黑色球形。灯高3.7米，灯光射程6海里。灯质白光，二闪，周期5秒。为峙头角经吉祥门、火烧门进入定海港船舶助航。为孤立危险物标。

1955 年，人民海军建造。

1983 年，海军 37502 部队移交镇海航标区管理。2008 年 10 月改建，黑红黑横带混凝土结构。2010 年，归宁波航标处定海航标站管理。

小五奎山灯桩　小五奎山西南端。北纬 29° 59′ 46.9″，东经 122° 05′ 29.7″。白色圆锥形，石砌桩身高 10.2 米，灯高 39 米，灯光射程 7 海里。灯质为白光，一闪，周期 1 秒（0.2+0.8）。为峙头角、螺头门或蟹峙门驶入定海港船舶助航。遮蔽弧：300° ～ 213° 。1952 年建造，1961 年、1984 年两次改建。1983 年，海军 37502 部队移交镇海航标区管理，1985 年 3 月改建，白色圆锥形石砌。2010 年，为宁波航标处定海航标站管理。

道场礁灯桩　老鼠山北，定海港内。北纬 30° 00′ 18.3″，东经 122° 06′ 13.7″。黑红黑横带，方形，条石桩身高 6.6 米，顶标是两个黑色球形。灯高 5.3 米，射程 6 海里。灯质白光，二闪，周期 5 秒。为进入定海港船舶助航，孤立危险物标。遮蔽弧：352° ～ 000°，023° ～ 067°。1952 年建造。

1983 年，海军 37502 部队移交镇海航标区管理。1991 年 10 月、1997 年 8 月两次改建，黑红黑横带六角柱形钢筋混凝土瓷砖贴面。2010 年，归宁波航标处定海航标站管理。

鲸鲢礁灯桩　响水门北。北纬 29° 59′ 12.5″，东经 122° 06′ 38.7″。黑红黑横带，圆形，混凝土桩身高 6.6 米，顶标为两个黑色球形。灯高 2.77 米，灯光射程 6 海里。灯质为白光，二闪，周期 5 秒。为船舶进出响水门助航，孤立危险物标。1961 年建造。1983 年，海军 37502 部队移交镇海航标区管理。1998 年 9 月改建，黑红黑横带六角柱形钢筋混凝土。2010 年，为宁波航标处定海航标站管理。

老礁灯桩　又称左手印、牛屎礁灯桩。青垒头东南。北纬 29° 59′ 21.0″，东经 122° 07′ 32.0″。绿色桩身高 5.5 米，顶标为绿色锥形。灯高 4.5 米，灯光射程 1 海里。灯质绿光，一闪，周期 4 秒。右侧标，为夜间进出定海港船舶助航。1959 年建造，1961 年改建。1999 年再次改建，2001 年 9 月由舟山市航道管理处移交镇海航标处管理，石砌绿色圆锥形灯桩。2010 年，为宁波航标处定海航标站管理。

十六门南灯桩　大园山山脚。北纬 29° 59′ 21.5″，东经 122° 08′ 45.8″。红色桩身高 3.5 米，顶标红色罐形。灯高 4 米，灯光射程 2 海里。灯质为红光，一闪，周期 4 秒。系左侧标，为进出定海港船舶助航。1954 年建造，1959 年改建。2001 年 9 月由舟山市航道管理处移交镇海航标处管理，2008 年 10 月再次改建，为红色圆柱形混凝土灯桩。2010 年，为宁波航标处定海航标站管理。

黄斗礁灯桩　金塘水道东口。北纬 29° 57′ 54.5″，东经 121° 53′ 58.5″。白色方形，石砌桩身高 5.2 米，灯高 8.4 米，灯光射程 8 海里。灯质白光，一闪，周期 6 秒（0.5+5.5）。为进出北仑港、镇海口船舶助航。1953 年海军建造，1958 年改建。2010 年，归宁波航标处镇海航标站管理。

西蟹峙灯桩　在西蟹峙岛南端。北纬 29° 58′ 52.6″，东经 122° 02′ 47.1″。白色方形，石砌桩身高 5.6 米 . 灯高 38.4 米，灯光射程 7 海里。灯质为白光，四闪，周期 6 秒（0.2+0.7+0.2+

0.7+0.2+0.7+0.2+3.1）。是西方向来船识别蟹峙门的主要目标。遮蔽弧：170° ～ 130°。西蟹峙南侧设有罗经自差校正标。1953 年建造。

1983 年，海军 37502 部队移交镇海航标区管理，2007 年 8 月改建为白色圆柱形混凝土桩身。2010 年，时为宁波航标处定海航标站管理。

寡妇岩灯桩　又名丁家礁、丁寡妇礁灯桩。在螺头门东口的寡妇岩上。北纬 29° 59′ 47.3″，东经 122° 02′ 51.8″。为黑红黑横带，圆形，混凝土桩身高 14.38 米，顶标是两个黑色球形。灯高 14 米，灯光射程 6 海里。灯质白光，二闪，周期 5 秒。为宁波、西堠门方向来船及从螺头门驶入定海港的船舶助航，系孤立危险物标。西南方 350 米处有 1.8 米暗礁。南宋咸淳年间（1265 ～ 1274），昌国县令王与善竖石表标记，后圮，里人朱文仁捐资重设。弃遣后又废。清康熙二十八年，左营游击叶纪（原籍湖广，入籍定海）斥俸修竖。1953 年，人民海军重新建造，名“寡妇岩灯桩”，圆形，混凝土桩身，灯高 5.8 米，灯光射程 6 海里，为宁波、西堠门及从螺头门驶入定海港的船舶助航。

1983 年，海军 37502 部队将该灯桩移交镇海航标区管理。1995 年 18 月，镇海航标处改建为黑红黑横带六角柱形桩身，瓷砖贴面，顶标两个黑色球形，上下相对。标身高 14.38 米，灯高 5.8 米改建后增至 14 米。2010 年，归宁波航标处定海航标站管理。

鸭蛋山灯桩　寡妇岩东北 0.3 海里处。北纬 30° 00′ 14.9″，东经 122° 03′ 11.6″。白色圆形，石砌桩身高 6.1 米。灯高 10 米，灯光射程 4 海里。灯质白光，一闪，周期 4 秒（0.4+3.6）。为螺头门驶入定海港的船舶助航。1962 年建造。1983 年，人民海军 37502 部队移交镇海航标区管理。2010 年，归宁波航标处镇海航标站管理。

钱岗礁灯桩　盘峙北水道北侧。北纬 30° 00′ 36.5″，东经 122° 03′ 55.5″。黑色圆锥形，混凝土桩身高 7.7 米，灯高 5.5 米，灯光射程 7 海里。灯质为白光，一闪，周期 3 秒（0.3+2.7）。为停靠码头船舶助航。1981 年建造，后拆除。

管门礁灯桩　又名鸭掌礁灯桩。在螺头水道。北纬 30° 00′ 36.5″，东经 122° 03′ 55.5″。黑色圆锥形，混凝土桩身高 7.7 米。灯高 5.5 米，灯光射程 7 海里。灯质白光，一闪，周期 3 秒（0.3+2.7）。为停靠码头船舶助航。1978 年建造。

野鸭山灯桩　又名凉帽篷、小斗山灯桩。在摘箬岛东北方吉祥门内。北纬 29° 57′ 36.4″，东经 122° 05′ 40.8″。白色圆锥形，石砌桩身高 8.3 米。灯高 21 米，灯光射程 7 海里。灯质白光，四闪，周期 6 秒（0.2+0.7+0.2+0.7+0.2+0.7+0.2+3.1）。为峙头角进入定海港船舶助航。1953 年，人民海军建造。1983 年，海军 37502 部队移交镇海航标区管理。2010 年，归宁波航标处定海航标站管理。

十六门北灯桩　沙尖山山脚。北纬 29° 59′ 24.0″，东经 122° 08′ 46.0″。绿色桩身高 4 米，顶标为绿色锥形。灯高 3.2 米，灯光射程 1 海里。灯质为绿光，一闪，周期 4 秒。系右侧标，为进出定海、沈家门港途经十六门船舶助航。1954 年建造，1959 年改建。2001 年 9 月由舟山市航道管理处移交镇海航标处管理，2003 年 12 月改建成绿色圆柱形钢筋混凝土灯桩。2010 年，归宁波航标处定海航标站管理。

外湾山嘴灯桩　又名长鼻嘴灯桩。金塘岛双礁山西面。北纬29° 58′ 23.9″，东经121° 50′ 50.0″。红色圆锥形，钢筋混凝土桩身高7.9米。灯高16米，灯光射程7海里。灯质白光，一闪，周期4秒(0.4+3.6)。为西来进入甬江船舶助航。1980年建造。

黄蟒山灯桩　又名大黄蟒灯桩。位于金塘水道西口。北纬29° 58′ 31.4″，东经121° 48′ 29.2″。白色方锥形，石砌桩身高8.4米。灯高80.2米，灯光射程7海里。灯质白光，二闪，周期6秒(0.4+1.0+0.4+4.2)。其东、西两侧均可通航。1958年建造，1984年12月改建。

凉帽篷山灯桩　又名龙王宫灯桩。在西码头港。北纬30° 07′ 05.9″，东经122° 09′ 36.1″。白色方形，块石桩身高4.5米。灯高6米，灯光射程7海里。灯质为白光，四闪，周期6秒(0.2+0.7+0.2+0.7+0.2+0.7+0.2+3.1)为停靠西码头船舶助航。1955年，人民海军建造。

沥港灯桩　在大鹏山东南端。北纬30° 04′ 14.5″，东经121° 50′ 50.6″。白色，砖砌桩身高2米。灯高3.6米，灯光射程2海里。灯质白光，一闪，周期4秒(0.4+3.6)。为进出沥港港口船舶助航。1959年建造，1965年改建。2001年9月由舟山市航道管理处移交镇海航标处管理。2010年，归宁波航标处镇海航标站管理。

洋螺山灯桩　又名螺头山灯桩。在螺头门北侧螺头山上。北纬29° 59′ 23.8″，东经122° 01′ 22.4″。白色，石砌桩身高5米。灯高36.1米，灯光射程7海里。灯质白光，二闪，周期4秒(0.3+0.9+0.3+2.5)。西北方来船识别螺头门标志。1959年建造，1965年改建。2001年9月由舟山市航道管理处移交镇海航标处管理，2003年9月改建成白色圆柱形钢筋混凝土灯桩。2010年，归宁波航标处定海航标站管理。

长白山西南角灯桩　在长白水道内。北纬30° 09′ 53.8″，东经122° 01′ 12.8″。白色方锥形，块石桩身高4.4米。灯高5米，灯光射程4海里。灯质白光，一闪，周期4秒(0.4+3.6)。为进出长白水道船舶助航。1954年，人民海军建造。1983年海军移交镇海航标区管理。2010年，归宁波航标处岱山航标站管理。

长白山北礁灯桩　又名小鸟屿灯桩。在长白山北端。北纬30° 12′ 33.8″，东经122° 01′ 36.0″。白色方锥形，块石桩身高5.7米。灯高16米，灯光射程4海里。灯质白光，三闪，周期10秒(0.3+1.0+0.3+1.0+0.3+7.1)。为途经长白水道船舶助航。1956年，人民海军建造。1983年，海军移交镇海航标区管理。2010年，归宁波航标处岱山航标站管理。

鲤鱼礁灯桩　又名扁担礁灯桩。在响水门北端、东蟹峙东南的扁担礁上。北纬29° 58′ 50.8″，东经122° 08′ 32.3″。绿色桩身高5米，顶标绿色锥形。灯高4.5米，灯光射程1海里。灯质绿光，一闪，周期4秒，右侧标。为进出定海港较大船舶助航。1960年建造。2001年9月由舟山市航道管理处移交镇海航标处管理。2003年12月改建成绿色圆柱形混凝土灯桩。2010年，归宁波航标处定海航标站管理。

玉秃礁灯桩　又名牛粪礁灯桩。在长峙乡。北纬29° 59′ 30.0″，东经122° 09′ 41.0″。红色桩身高5.5米，顶标红色罐形。灯高4.5米，灯光射程2海里。灯质红光，一闪，周期4秒。左侧标。为进出定海港船舶助航。1958年建造，1960年改建。2001年9月由舟山市航道管理处移交镇海航标处管理，2003年12月改建成红色圆柱形钢筋混凝土灯桩。2010年，归宁波航标处定海航标站管理。

水蛤巴(水蛤蟆)灯桩　在临城荷花蛇山附近。北纬 29° 58′ 59.0″，东经 122° 10′ 58.0″。为黑红黑横带，桩身高 5 米，顶标是两个黑色球形。灯高 3.5 米，灯光射程 4 海里。灯质白光，二闪，周期 5 秒。为进出定海港船舶助航，孤立危险物标。1958 年建造，1962 年改建。1999 年重建为黑红黑横带钢筋混凝土灯桩。2001 年 9 月由舟山市航道管理处移交镇海航标处管理。2010 年，归宁波航管处定海航标站管理。

小亮门灯桩　在小猫山北侧小亮门山嘴。北纬 29° 57′ 02.0″，东经 122° 03′ 34.0″。白色，块石桩身高 4 米。灯高 18 米，灯光射程 7 海里。灯质白光，二闪，周期 6 秒（0.3+1.0+0.3+4.4）。为进入盘峙北水道南来船舶助航。1979 年建造。2001 年 9 月由舟山市航道管理处移交镇海航标处管理。2003 年 9 月改建为红白竖条圆柱形混凝土灯桩。2010 年，归宁波航标处定海航标站管理。

小园山灯桩　又名鹁鸪山灯桩。在西码头附近的鹁鸪山上。北纬 30° 07′ 59.2″，东经 122° 08′ 34.4″。白色方形，砖砌桩身高 3.5 米。灯高 18.4 米，灯光射程 4 海里。灯质白光，二闪，周期 6 秒（0.3+1.0+0.3+4.4）。为进出西码头港船舶助航。1953 年，人民海军建造。2010 年，归宁波航标处岱山航标站管理。

金光礁灯桩　在西码头附近。北纬 30° 07′ 18.4″，东经 122° 08′ 14.1″。白色，条石桩身高 5.7 米。灯高 2 米，灯光射程 1.5 海里。灯质为白光，三闪，周期 6 秒（0.3+1.0+0.3+1.0+0.3+3.1）。为进出西码头港船舶助航。1956 年，人民海军建造。2010 年，归宁波航标处岱山航标站管理。

粽子山灯桩　又名粽珠山灯桩。在西码头外。北纬 30° 07′ 30.0″，东经 122° 10′ 06.2″。白色方形，块石桩身高 4.7 米。灯高 21 米，灯光射程 7 海里。灯质白光，一闪，周期 3 秒（0.3+2.7）。为进出西码头港船舶助航。1956 年，人民海军建造。2010 年，归宁波航标处岱山航标站管理。

五屿灯桩　又名五峙灯桩。在马目社区西五峙山上。北纬 30° 13′ 00.0″，东经 121° 53′ 14.8″。白色方形，石砌桩身高 4.2 米。灯高 49.7 米，灯光射程 7 海里。灯质白光，一闪，周期 10 秒（0.5+9.5）。为进入定海港船舶助航。1954 年，人民海军建造。

长跳嘴灯桩　在甬江入海口南岸。北纬 29° 58′ 27″，东经 121° 45′ 50.7″。白色方形，石砌桩身高 4.2 米。灯高 9.8 米，灯光射程 7 海里。灯质白光，一闪，周期 12 秒（1.0+11.0）。夜间为北来船舶助航。1955 年建造。2010 年，归宁波航标处镇海航标站管理。

过秦角灯桩　在大盘峙北山嘴。北纬 30° 00′ 08.1″，东经 122° 04′ 15.7″。白色圆形，石砌桩身高 7.6 米。灯高 6.7 米，灯光射程 4 海里。灯质红光，一闪，周期 4 秒（0.4+3.6）。为通过盘峙北水道船舶助航。1953 年建造。1983 年海军 37502 部队移交镇海航标区管理，1998 年 7 月、2006 年 9 月分别修理改建，成为白色圆柱形混凝土灯桩。2010 年，归宁波航标处定海航标站管理。

摘箬岛灯桩　在摘箬岛东南端。北纬 29° 56′ 36.8″，东经 122° 05′ 35.5″。白色圆形，石砌桩身高 6.2 米。灯高 18 米，灯光射程 7 海里。灯质白光，一闪，周期 4 秒（0.4+3.6）。是南北方向进入吉祥门船舶的重要助航目标。1979 年建造。

1983 年海军 37502 部队移交镇海航标区管理，1998 年改建成白色圆柱形混凝土瓷砖贴面灯桩。

老虎山灯桩　又名碗盏山灯桩。在西堠门水道东侧。北纬 30° 04′ 2.2″，东经 121° 55′ 15.2″。白色圆形，石砌桩身高 7.5 米。灯高 33.5 米，灯光射程 8 海里。灯质白光，二闪，周期 6 秒（0.4+1.0+0.4+4.2）。为进出西堠门的船舶助航。1952 年，人民海军建造，2010 年，灯桩拆除。

册子西灯桩　在西堠门水道西面礁石上。北纬 30° 05′ 25.1″；东经 121° 54′ 24.0″。2004 年 8 月设置，绿色圆柱形钢管，灯质闪绿 4 秒，射程 4 海里，灯高 9 米，标身高 9.5 米。

大小黄干灯桩　在金塘水道东南端。北纬 30° 00′ 00.0″；东经 121° 55′ 46.2″。2004 年 1 月设置，2005 年 9 月改建竣工，白色圆锥形混凝土结构，灯质闪（2）白 4 秒，射程 10 海里，灯高 15.1 米，标身高 11.8 米。

钓礁灯桩　在册子水道、老塘山对面礁石上。北纬 30° 02′ 51.8″；东经 121° 57′ 49.4″。2004 年 1 月设置，2005 年 9 月改建竣工，白色圆锥形混凝土结构，灯质闪（3）白 10 秒，射程 10 海里，灯高 13.7 米，标身高 11.8 米。

石柱礁（黄鳝骨礁）灯桩　在岙山岛西端。北纬 29° 57′ 39.7″，东经 122° 07′ 25.8″。2003 年 12 月设置，方形钢筋混凝土结构，灯质闪白 2 秒，射程 3 海里，灯高 4.1 米，标身高 5.5 米。

金地伏礁灯桩　在长峙岛西端。北纬 29° 58′ 35.5″；东经 122° 07′ 44.0″。2003 年 12 月设置，黑白横带正方形钢混结构，灯质闪白 5 秒，射程 3 海里，灯高 3.8 米，标身高 5.5 米。

东岠野猪礁灯桩　在环南街道盘峙社区金地伏礁西端。北纬 29° 58′ 35.9″，东经 122° 07′ 26.4″。2004 年 12 月设标，上红下白圆柱形钢管，灯质闪红 4 秒，射程 4 海里，灯高 8.7 米，标身高 7.4 米。

小谷山南灯桩　在长峙岛西南端。北纬 29° 58′ 24.1″，东经 122° 07′ 40.7″。2005 年 12 月设置，绿色圆柱形钢管结构，灯质闪绿 6 秒，射程 4 海里，灯高 11.8 米，标身高 5.9 米。

松山北灯桩　在临城长峙松山岛背面。北纬 29° 58′ 17.2；东经 122° 07′ 48.8″。2005 年 12 月设置，红色圆柱形钢管结构，灯质闪红 6 秒，射程 4 海里，灯高 11.4 米，标身高 5.9 米。

长松 5 号灯桩　在长峙大桥下，结构为红黄相间圆柱形玻璃钢，桩身高 6 米，灯高 8.8 米，灯质黄色快闪，射程 4 海里。建于 2007 年 9 月，桥墩警示标。

长松 6 号灯桩　在长峙大桥下，红黄相间圆柱形玻璃钢，桩身高 6 米，灯高 8.9 米，灯质为黄色快闪，射程 4 海里，建于 2007 年 9 月，桥墩警示标。

长松 7 号灯桩　在长峙大桥下，红黄相间圆柱形玻璃钢，桩身高 6 米，灯高 8.8 米，灯质黄色快闪，射程 4 海里，建于 2007 年 9 月，为桥墩警示标。

长松 8 号灯桩　在长峙大桥下，红黄相间圆柱形玻璃钢，桩身高 6 米，灯高 8.9 米，灯质黄色快闪，射程 4 海里，建于 2007 年 9 月，桥墩警示标。

小团鸡山(小斗山)灯桩　摘箬山岛东北吉祥门内。北纬 29° 57′ 36.6″，东经 122° 05′ 43.8″。1983 年，海军 37502 部队移交镇海航标区管理，2008 年 10 月完成改建，混凝土结构，灯质闪（4）白 10 秒，射程 7 海里，灯高 21.1 米，标身高 8.3 米。2010 年，归宁波航标处定海航标站管理。

洋腊礁灯桩　长峙水道礁石上。北纬 29° 58′ 40.1″，东经 122° 11′ 31.0″。1968 年设置，2001 年 9 月由舟山市航道管理处移交镇海航标处管理，2007 年 10 月改建成红色圆柱形混凝土结构。灯质闪（2）红 6 秒，射程 4 海里，灯高 6.5 米，标身高 9 米。2010 年，归宁波航标处定海航标站管理。

第三节　桥涵标

桥涵标是指示船舶航行与禁航灯标。2007 年以前，境内没建造过大型跨海大桥，也没设过专用涵标。是年 9 月，长峙、岙山两座跨海大桥主跨防护栏上设专用涵标 12 个。2009 年 9 月 27 日，舟山连岛工程响礁门、西堠门、岑港三座跨海大桥设专用灯桩、桥涵标 40 个。至 2010 年，境内海域有桥涵标 69 个。

舟山市定海区海域灯桩桥涵标分布及设置情况表

单位：米、千米

名称	北纬 / 东经	灯质	灯高	射程	构造	其他
响礁门大桥 1 号灯桩	30° 05′ 26.9″ /121° 58′ 24.1″	莫（C）黄 12 秒	7.6	3	黄色圆柱形钢管，顶标黄色“X”形，标体明显处漆黑色水中构筑物标记；标身高 3.7	专用标（水中构筑物）2009.09.27 设
响礁门大桥 2 号灯桩	30° 05′ 28.8″ /121° 58′ 25.5″	莫（C）黄 12 秒	7.6	3	黄色圆柱形钢管，顶标黄色“X”形，标体明显处漆黑色水中构筑物标记；标身高 3.7	专用标（水中构筑物）2009.09.27
响礁门大桥 3 号灯桩	30° 05′ 24.7″ /121° 58′ 25.4″	莫（C）黄 12 秒	7.6	3	黄色圆柱形钢管，顶标黄色“X”形，标体明显处漆黑色水中构筑物标记；标身高 3.7	专用标（水中构筑物）2009.09.27 设
响礁门大桥 4 号灯桩	30° 05′ 26.1″ /121° 58′ 27.7″	莫（C）黄 12 秒	7.6	3	黄色圆柱形钢管，顶标黄色“X”形，标体明显处漆黑色水中构筑物标记；标身高 3.7	专用标（水中构筑物）2009.09.27 设

续表 1

名称	北纬 / 东经	灯质	灯高	射程	构造	其他
响礁门大桥 5 号灯桩	30° 05′ 19.6″ /121° 58′ 26.2″	莫（C）黄 12 秒	7.6	3	黄色圆柱形钢管，顶标黄色“X”形，标体明显处漆黑色水中构筑物标记；标身高 3.7	专用标（水中构筑物）2009.09.27 设
响礁门大桥 6 号灯桩	30° 05′ 23.8″ /121° 58′ 33.0″	莫（C）黄 12 秒	7.6	3	黄色圆柱形钢管，顶标黄色“X”形，标体明显处漆黑色水中构筑物标记；标身高 3.7	专用标（水中构筑物）2009.09.27 设
响礁门大桥 7 号灯桩	30° 05′ 15.6″ /121° 58′ 29.4″	莫（C）黄 12 秒	7.6	3	黄色圆柱形钢管，顶标黄色“X”形，标体明显处漆黑色水中构筑物标记；标身高 3.7	专用标（水中构筑物）2009.09.27 设
响礁门大桥 8 号灯桩	30° 05′ 19.8″ /121° 58′ 36.2″	莫（C）黄 12 秒	7.6	3	黄色圆柱形钢管，顶标黄色“X”形，标体明显处漆黑色水中构筑物标记；标身高 3.7	专用标（水中构筑物）2009.09.27 设
响礁门大桥 9 号灯桩	30° 05′ 14.4″ /121° 58′ 33.8″	莫（C）黄 12 秒	7.6	3	黄色圆柱形钢管，顶标黄色“X”形，标体明显处漆黑色水中构筑物标记；标身高 3.7	专用标（水中构筑物）2009.09.27 设
响礁门大桥 10 号灯桩	30° 05′ 15.7″ /121° 58′ 36.1″	莫（C）黄 12 秒	7.6	3	黄色圆柱形钢管，顶标黄色“X”形，标体明显处漆黑色水中构筑物标记；标身高 3.7	专用标（水中构筑物）2009.09.27 设
长松 5 号灯桩	29° 58′ 15.2″ /122° 08′ 29.7″	快黄	8.8	4	红黄横带圆柱形玻璃钢；桩身高 6	桥墩警示标 2007.09.29 设
长松 6 号灯桩	29° 58′ 9.7" /122° 8′ 28.9″	快黄	8.9	4	红黄横带圆柱形玻璃钢；桩身高 6	桥墩警示标 2007.09.29 设
长松 7 号灯桩	29° 58′ 15.2″ /122° 8′ 29.2″	快黄	8.8	4	红黄横带圆柱形玻璃钢；桩身高 6	桥墩警示标 2007.09.29 设
长松 8 号灯桩	29° 58′ 9.8″ /122° 8′ 28.5″	快黄	8.9	4	红黄横带圆柱形玻璃钢；桩身高 6	桥墩警示标 2007.09.29 设
长松 9 号桥涵标	29° 58′ 13.3″ /122° 8′ 29.4″	定绿	—	—	边长 2.5 米绿色正三角形日标牌	通航孔右侧标 2007.09.29 设
长松 10 号桥涵标	29° 58′ 11.4″ /122° 8′ 29.2″	定红	—	—	边长 2.0 米红色正方形日标牌	通航孔左侧标 2007.09.29 设
长松 11 号桥涵标	29° 58′ 13.4″ /122° 8′ 29.0″	定绿	—	—	边长 2.5 米绿色正三角形日标牌	通航孔右侧标 2007.09.29 设
长松 12 号桥涵标	29° 58′ 11.5″ /122° 8′ 28.7″	定红	—	—	边长 2.0 米红色正方形日标牌	通航孔左侧标 2007.09.29 设

续表 2

名称	北纬 / 东经	灯质	灯高	射程	构造	其他
长松 13 号桥涵标	29° 58′ 16.6″ /122° 8′ 29.9″	定红	—	—	边长 2.5 米黄底红 X 形正方形日标牌	桥孔禁航标 2007.09.29 设
长松 14 号桥涵标	29° 58′ 8.3″ /122° 8′ 28.7″	定红	—	—	边长 2.5 米黄底红 X 形正方形日标牌	桥孔禁航标 2007.09.29 设
长松 15 号桥涵标	29° 58′ 16.7″ /122° 8′ 29.4″	定红	—	—	边长 2.5 米黄底红 X 形正方形日标牌	桥孔禁航标 2007.09.29 设
长松 16 号桥涵标	29° 58′ 8.2″ /122° 8′ 28.3″	定红	—	—	边长 2.5 米黄底红 X 形正方形日标牌	桥孔禁航标 2007.09.29 设
长松 17 号桥涵标（代）	29° 58′ 12.4″ /122° 08′ 29.3″	定绿	—	—	日标牌为边长 2.0 米白底两平行上下绿色箭头正方形	双向通航桥孔中央标 2008.03.21 设
长松 18 号桥涵标（代）	29° 58′ 12.5″ /122° 08′ 28.9″	定绿	—	—	日标牌为边长 2.0 米白底两平行上下绿色箭头正方形	双向通航桥孔中央标 2008.03.21 设
松岙 1 号桥涵标	29° 57′ 56.8″ /122° 8′ 31.3″	定绿	—	—	边长 2.5 米绿色正三角形日标	通航孔右侧标 2007.09.29 设
松岙 2 号桥涵标	29° 57′ 55.1″ /122° 8′ 32.3″	定红	—	—	边长 2.0 米红色正方形日标	通航孔左侧标 2007.09.29 设
松岙 3 号桥涵标	29° 57′ 56.6″ /122° 8′ 30.9″	定绿	—	—	边长 2.5 米绿色正三角形日标	通航孔右侧标 2007.09.29 设
松岙 4 号桥涵标	29° 57′ 55.0″ /122° 8′ 31.8″	定红	—	—	边长 2.0 米红色正方形日标	通航孔左侧标 2007.09.29 设
松岙 5 号桥涵标	29° 57′ 56.0″ /122° 8′ 31.8″	定绿	—	—	日标牌为边长 2.0 米白底两平行上下绿色箭头正方形	双向通航桥孔中央标 2008.03.21 设
松岙 6 号桥涵标	29° 57′ 55.8″ /122° 8′ 31.4″	定绿	—	—	日标牌为边长 2.0 米白底两平行上下绿色箭头正方形	双向通航桥孔中央标 2008.03.21 设
响礁门大桥 11 号桥涵标	30° 05′ 13.7″ /121° 58′ 35.6″	X 形定红	—	—	日标牌为边长 2.0 米黄底红 X 实心正方形	桥孔禁航标 2009.09.27 设
响礁门大桥 12 号桥涵标	30° 05′ 14.1″ /121° 58′ 36.1	X 形定红	—	—	日标牌为边长 2.0 米黄底红 X 实心正方形	桥孔禁航标 2009.09.27 设
响礁门大桥 13 号灯桩	30° 05′ 12.8″ /121° 58′ 36.3″	快黄	7.9	3	黄红黄横带圆柱形钢管；桩身高 4	桥墩警示标 2009.09.27 设
响礁门大桥 14 号灯桩	30° 05′ 13.1″ /121° 58′ 37.0″	快黄	7.9	3	黄红黄横带圆柱形钢管；桩身高 4	桥墩警示标 2009.09.27 设
响礁门大桥 15 号桥涵标	30° 05′ 12.4″ /121° 58′ 36.7″	快红	—	—	日标边长 2.0 米红色实心正方形	左侧标 2009.09.27 设

续表 3

名称	北纬 / 东经	灯质	灯高	射程	构造	其他
响礁门大桥 16 号桥涵标	30° 05′ 12.7″ /121° 58′ 37.3″	快红	—	—	日标边长 2.0 米红色实心正方形	左侧标 2009.09.27 设
响礁门大桥 17 号桥涵标	30° 05′ 10.8″ /121° 58′ 38.0″	两平行上下绿箭头定绿	—	—	日标牌为边长 2.0 米白底正方形，标牌上标绘两平行上下绿色箭头	双向通航桥孔中央标 2009.09.27 设
响礁门大桥 18 号桥涵标	30° 05′ 11.1″ /121° 58′ 38.6″	两平行上下绿箭头定绿	—	—	日标牌为边长 2.0 米白底正方形，标牌上标绘两平行上下绿色箭头	双向通航桥孔中央标 2009.09.27 设
响礁门大桥 19 号桥涵标	30° 05′ 09.2″ /121° 58′ 39.2″	快绿	—	—	日标边长 2.4 米绿色实心正三角形	右侧标 2009.09.27 设
响礁门大桥 20 号桥涵标	30° 05′ 09.5″ /121° 58′ 39.9″	快绿	—	—	日标边长 2.4 米绿色实心正三角形	右侧标 2009.09.27 设
响礁门大桥 21 号灯桩	30° 05′ 08.8″ /121° 58′ 39.6″	快黄	7.9	3	黄红黄横带圆柱形钢管；桩身高 4.0	桥墩警示标 2009.09.27 设
响礁门大桥 22 号灯桩	30° 05′ 09.2″ /121° 58′ 40.2″	快黄	7.9	3	黄红黄横带圆柱形钢管；桩身高 4.0	桥墩警示标 2009.09.27 设
响礁门大桥 23 号桥涵标	30° 05′ 07.7″ /121° 58′ 40.5″	X 形定红	—	—	日标边长 2.0 米黄底红 X 实心正方形	桥孔禁航标 2009.09.27 设
响礁门大桥 24 号桥涵标	30° 05′ 08.1″ /121° 58′ 41.0″	X 形定红	—	—	日标边长 2.0 米黄底红 X 实心正方形	桥孔禁航标 2009.09.27 设
西堠门大桥 1 号桥涵标	30° 03′ 43.8″ /121° 54′ 58.9″	闪红 4 秒	—	—	日标边长 3.5 米红色实心正方形	左侧标 2009.09.27 设
西堠门大桥 2 号桥涵标	30° 03′ 44.7″ /121° 54′ 57.9″	闪红 4 秒	—	—	日标边长 3.5 米红色实心正方形	左侧标 2009.09.27 设
西堠门大桥 3 号桥涵标	30° 03′ 51.0″ /121° 55′ 07.2″	两平行上下绿箭头定绿	—	—	日标边长 3.5 米白底正方形，标牌上标绘两平行上下绿色箭头	双向通航桥孔中央标 2009.09.27 设
西堠门大桥 4 号桥涵标	30° 03′ 51.9″ /121° 55′ 06.3″	两平行上下绿箭头定绿	—	—	日标边长 3.5 米白底正方形，标牌上标绘两平行上下绿色箭头	双向通航桥孔中央标 2009.09.27 设
西堠门大桥 5 号桥涵标	30° 03′ 58.2″ /121° 55′ 15.6″	闪绿 4 秒	—	—	日标边长 3.5 米绿色实心正三角形	右侧标 2009.09.27 设
西堠门大桥 6 号桥涵标	30° 03′ 59.1″ /121° 55′ 14.6″	闪绿 4 秒	—	—	日标边长 3.5 米绿色实心正三角形	右侧标 2009.09.27 设
西堠门大桥 7 号桥涵标	30° 04′ 07.5″ /121° 55′ 26.3″	X 形定红	—	—	日标边长 4.2 米黄底红 X 实心正方形	桥孔禁航标 2009.09.27 设
西堠门大桥 8 号桥涵标	30° 04′ 08.3″ /121° 55′ 25.4″	X 形定红	—	—	日标边长 4.2 米黄底红 X 实心正方形	桥孔禁航标 2009.09.27 设

续表 4

名称	北纬 / 东经	灯质	灯高	射程	构造	其他
岑港大桥 1 号桥涵标	30° 04′ 16.8″ /121° 58′ 58.6″	X 形定红	—	—	日标边长 2.0 米黄底红 X 实心正方形	桥孔禁航标 2009.09.27 设
岑港大桥 2 号桥涵标	30° 04′ 17.2″ /121° 58′ 59.4″	X 形定红	—	—	日标边长 2.0 米黄底红 X 实心正方形	桥孔禁航标 2009.09.27 设
岑港大桥 3 号灯桩	30° 04′ 16.1″ /121° 58′ 59.2″	快黄	9	3	黄红黄横带圆柱形钢管；桩身高 6.1	桥墩警示标 2009.09.27 设
岑港大桥 4 号灯桩	30° 04′ 16.5″ /121° 58′ 59.8″	快黄	9	3	黄红黄横带圆柱形钢管；桩身高 6.1	桥墩警示标 2009.09.27 设
岑港大桥 5 号桥涵标	30° 04′ 15.4″ /121° 58′ 59.6″	X 形定红	—	—	日标边长 2.0 米黄底红 X 实心正方形	桥孔禁航标 2009.09.27 设
岑港大桥 6 号桥涵标	30° 04′ 15.8″ /121° 59′ 00.3″	绿色向上箭头定绿	—	—	日标边长 2.0 米白底正方形，标牌上标绘绿色向上箭头	单向通航孔标 2009.09.27 设
岑港大桥 7 号灯桩	30° 04′ 14.7″ /121° 59′ 00.1″	快黄	9	3	黄红黄横带圆柱形钢管；桩身高 6.1	桥墩警示标 2009.09.27 设
岑港大桥 8 号灯桩	30° 04′ 15.1″ /121° 59′ 00.8′	快黄	9	3	黄红黄横带圆柱形钢管；桩身高 6.1	桥墩警示标 2009.09.27 设
岑港大桥 9 号桥涵标	30° 04′ 14.0″ /121° 59′ 00.5″	绿色向上箭头定绿	—	—	日标边长 2.0 米白底正方形，标牌上标绘绿色向上箭头	单向通航孔标 2009.09.27 设
岑港大桥 10 号桥涵标	30° 04′ 14.4″ /121° 59′ 01.3″	X 形定红	—	—	日标边长 2.0 米黄底红 X 实心正方形，	桥孔禁航标 2009.09.27 设
岑港大桥 11 号灯桩	30° 04′ 13.3″ /121° 59′ 01.0″	快黄	9	3	黄红黄横带圆柱形钢管；桩身高 6.1	桥墩警示标 2009.09.27 设
桃夭门大桥 1 号桥涵标	30° 06′ 02.2″ /121° 57′ 29.1″	快红	—	—	日标边长 2.5 米红色实心正方形	左侧标 2009.09.27 设
桃夭门大桥 2 号桥涵标	30° 06′ 03.0″ /121° 57′ 29.5″	快红	—	—	日标边长 2.5 米红色实心正方形	左侧标 2009.09.27 设
桃夭门大桥 3 号桥涵标	30° 06′ 00.6″ /121° 57′ 34.0″	两平行上下绿箭头定绿	—	—	日标边长 2.5 米白底正方形，标牌上标绘两平行上下绿色箭头	双向通航桥孔中央标 2009.09.27 设
桃夭门大桥 4 号桥涵标	30° 06′ 01.4″ /121° 57′ 34.4″	两平行上下绿箭头定绿	—	—	日标边长 2.5 米白底正方形，标牌上标绘两平行上下绿色箭头	双向通航桥孔中央标 2009.09.27 设
桃夭门大桥 5 号桥涵标	30° 05′ 59.0″ /121° 57′ 38.9″	快绿	—	—	日标边长 3.0 米绿色实心正三角形	右侧标 2009.09.27 设
桃夭门大桥 6 号桥涵标	30° 05′ 59.9″ /121° 57′ 39.3″	快绿	—	—	日标边长 3.0 米绿色实心正三角形	右侧标 2009.09.27 设

第四节　灯　　浮

2010年，定海境内水域有灯浮13座。

中央浅滩灯浮

小五奎山北面。北纬30° 00′ 11″，东经122° 05′ 26″。绿色柱形，顶标绿色锥形，锥顶向上。灯质绿光，一闪，周期4秒(0.5+3.5)。右侧标。为船舶进出定海港助航。1952年设。1983年，海军37502部队移交镇海航标区管理，直径2.4米，绿色柱形灯浮。2010年，归宁波航标处定海航标站管理。

中央浅滩西灯浮

定海小竹山东南方。北纬30° 00′ 19″，东经122° 05′ 05.0″。黄黑黄横带，柱形，顶标为两个黑色锥形，锥顶相对。灯质白光，甚快闪(9)，周期10秒，西方位标。为船舶停靠4806工厂码头助航。1960年设。

1983年由海军37502部队移交镇海航标区管理，直径2.4米，黄黑黄柱形灯浮。2010年，归宁波航标处定海航标站管理。

中央浅滩北灯浮

定海小竹山东南方。北纬30° 00′ 27″，东经122° 05′ 15″。上黑下黄柱形，顶标两个黑色锥形，锥顶向上。灯质白色，快闪，北方位标。为船舶停靠4806工厂码头助航。1955年设。

1983年，海军37502部队移交镇海航标区管理，直径2.4米黑黄柱形灯浮。2010年，归宁波航标处定海航标站管理。

大五奎山灯浮

定海大五奎山东面。北纬29° 59′ 42″，东经122° 06′ 22″。红色中间一条绿色宽横带，柱形，顶标为红色罐形。灯质红光，闪(2+1)，周期6秒(0.5+0.5+0.5+1.0+0.5+3.0)。推荐航道左侧标。为进出大、小五奎山间水道船舶助航。1958年设。1983年，海军37502部队移交镇海航标区管理，直径2.4米红绿红柱形灯浮。2010年，归宁波航标处定海航标站管理。

游三江灯浮

宁波镇海口。北纬29° 58′ 23″，东经121° 44′ 28″。红色柱形，顶标红色罐形。灯质红光，一闪，周期4秒(0.5+3.5)。为进出镇海口船舶助航。民国25年(1936)设无灯黑色浮筒，1952年设灯浮。

2001年9月移交镇海航标处管理。至2010年，该灯浮撤除。

老塘山1号灯浮

老塘山西南面。北纬30° 02′ 53.2″；东经121° 58′ 31.0″。直径2.4米，红色柱形，顶标红色罐形，左侧标，灯质闪红4秒。2001年9月，舟山市航道管理处移交镇海航标处管理。2010年，归宁波航标处定海航标站管理。

老塘山 2 号灯浮

老塘山西南面。北纬 30° 03′ 17.8″，东经 121° 58′ 15.3″。2004 年 12 月设，直径 2.4 米，红色柱形，顶标红色罐形，左侧标，灯质闪（2）红 6 秒

吉羊石灯浮

东岠野猪礁西面。北纬 29° 58′ 29.7″，东经 122° 05′ 58.0″。直径 2.4 米黑红黑横带柱形灯浮。顶标两个黑色球形，孤立危险物标，灯质闪（2）白 5 秒。2003 年 11 月设标，原为航道左侧标，2004 年 2 月改为孤立危险物标，

火烧门灯浮

位于盘峙岛东偏南面。北纬 29° 58′ 41.6″，东经 122° 05′ 54.8″。2003 年 11 月设，直径 2.4 米黄黑黄柱形灯浮，顶标两个黑色锥形，锥顶相对，西方位标，灯质甚快（9）白 10 秒。

册子灯浮

半洋礁旁边。北纬 30° 01′ 57.7″，东经 121° 58′ 02.7″。2004 年 12 月设，直径 2.4 米黑红黑横带柱形灯浮，顶标两个黑色球形，孤立危险物标，灯质闪（2）白 5 秒。

泥灰礁灯浮

在岑港水道。北纬 30° 06′ 00.7″，东经 121° 58′ 58.4″。2003 年 12 月设标，直径 1.5 米绿色柱形灯浮，顶标为绿色锥形，右侧标，灯质闪绿 4 秒。

碗盏礁灯浮

西堠门水道东侧。北纬 30° 04′ 48.7″，东经 121° 53′ 38.1″。2005 年 12 月设标，直径 2.4 米黑红黑横带柱形灯浮，顶标两个黑色球形，孤立危险物标，灯质闪（2）白 5 秒。

岙山东灯浮

岙山水道中。北纬 29° 57′ 09.0″，东经 122° 10′ 41.0″。2005 年 6 月设，直径 2.4 米黑黄黑横带柱形灯浮，顶标两个黑色锥形，锥底相对，东方位标，灯质甚快（3）白 5 秒。

第九章　港口码头

1988 年，境内交通部门有客、货运及专用码头 13 座，非交通部门码头 277 座；有乡（镇）村渡埠码头 66 座，其中乡镇客渡船码头 14 座、埠头 29 座，非客渡船码头 15 座、埠头 8 座。九十年代后，随着经济社会的发展和人流、物流的集聚以及临港工业的崛起，优越的区域位置和深水岸线，多种经济抢滩建造各种类型客货运码头，境内港域码头泊位数量剧增。

至 2010 年，仅客运码头一项，属交通部门的就有 19 座，属非交通部门的客（货）运码头有 31 座。

第一节　交通客运码头

定海港区客运码头

址定海港务码头1号，与盘峙五奎山隔江相望。经多次改造，至1978年，一至六号码头由西向东排列。均属舟山地区交通局管辖，分别由定海港客运站、舟山航运局装卸工区等单位使用。1987年7月29日，海军6号码头有偿转让舟山市交通局。1990年，舟山港务局投资25万元，于一号码头西侧建0号码头一座，钢筋混凝土浮码头结构，码头长36米，宽9米，可供500吨级客轮靠泊。由舟山港定海客运站使用，供行驶甬定航线客轮靠泊。是时，定海港客运港区有客运码头8座，9条航线15艘客轮通航宁波、上海（十六铺）、温州、镇海、衢山、泗礁、穿山、六横、桃花、沥港、大浦口等16个港口，旅客吞吐量93.04万人次。

1996年11月4日，省计经委批准立项，同意定海客运港区改造工程。建设分为水工一期、二期和候船室综合楼。1997年3月11日，舟山港务局成立工程指挥部。4月8日，水工工程开工，工程投资1940万元，在定海环江路原址重新建造定海港6座钢筋混凝土趸船码头及钢质引桥。码头自东向西排列为3000吨级泊位2座，1000吨级泊位1座，500吨级泊位3座，后方陆域增5200多平方米。1999年4月9日通过交工验收。改造后，码头泊位统一向外移10米，设8个码头泊位。

客运码头新增陆域2689平方米，结构为陆域桩基梁板式，钻孔灌注桩289根，平台面积5229平方米。共安装趸船8艘，其中安装60×12米趸船3艘，36×9米趸船5艘，引桥11座，其中17.7×4.5米6座，20×4.5米5座。钢撑杆10根。

定海港1号客运码头泊位　环港西路零号客运泊位东侧。1954年，省航运局在三北码头旧址建浮式码头1座，趸船长25米，宽5米，靠泊能力300吨级，是年11月竣工。1957年建铁架木结构趸船1艘，长23米，宽7米，由省航运局工程队设计，宁波船舶修造厂承建。1962年，调换趸船，安装长27米，宽7米木质趸船。1973年，进行定海港第一期扩建工程，拆除木质浮码头，在原基础上用砂垫层提高淤泥本身力学强度，使地基深层趋于稳定，建成重力式岸壁56米，安装长40米，宽9米的钢筋混凝土趸船，可承载8吨汽车。钢质引桥长20米，宽4米，可承载6吨汽车。码头设计可靠泊500吨级船舶。舟山港定海客运站使用。是时，主要靠泊定、衢、泗、沪航线客轮。1997年4月投资200万元改建1号泊位，码头外移10米，改建后，1号泊位趸船长60米，宽12米，钢质引桥长20米，宽4.5米。可靠泊3000吨级船舶。2月动工，10月竣工，11月通过省交通厅工程质量监督鉴定，12月竣工使用。码头结构为陆域桩基梁板式。供定海民间客运渡船渡靠泊。舟山港海通客运有限公司定海客运站经营管理。

定海港2号客运码头泊位　环港西路1号码头东面，1954年，与1号码头泊位同时建造，规格相同。翌年，修理趸船，码头两旁建石质驳岸，供运输船靠泊与装卸。1957年，调入高亭木质趸船，修理后使用，铁架活动式结构，长27.5米，宽7.5米。1959年修理趸船和引桥。

1962年和1973年与1号码头泊位同时修理和扩建，趸船和钢质引桥规格均同1号码头泊位，两码头并列使用，可靠泊3000吨级船舶。舟山港定海客运站使用，供定沪航线客轮靠泊。

1997年4月，投资200万元改建2号泊位。码头外移10米。改建后，2号泊位趸船长60米，宽12米，钢质引桥长20米，宽4.5米。靠泊能力3000吨级。2月动工，10月竣工，11月通过省交通厅工程质量监督鉴定，12月竣工使用。码头结构为陆域桩基梁板式。供定海民间客运渡航船靠泊。舟山港海通客运有限公司定海客运站经营管理。

定海港3号客运码头泊位　2号码头泊位东面。1959年，省交通厅工程队设计，舟山航运局施工。在现2号～5号码头泊位岸线上建造木桩基础的重力式岸壁106米。翌年2月，岸壁倒坍，仅引桥、趸船和撑杆保持完整，损失7万余元。当年底先建码头护坡及挡土墙等部分附属工程。1964年8月，建浮式码头，移用嵊泗石柱码头水泥趸船，长32米、宽7米，当年竣工。1973年，定海港第一期扩建工程建成长36米，宽9米钢筋混凝土趸船码头，承载力8吨汽车，栈桥为钢筋混凝土桩基，长16米，宽4米，可承载6吨汽车，钢质引桥长20米，宽4米，承载力6吨汽车。是时，码头可供500吨级～1000吨级船舶靠泊。舟山港定海客运站使用，供定沪航线客轮靠泊。1998年，改造码头泊位，码头泊位外移10米，结构陆域桩基梁板式，钢筋混凝土趸船长25米，宽9米，无撑杆，可供1000吨级船舶靠泊。2月动工，10月竣工，11月通过省交通厅工程质量监督鉴定，并投入使用，供定海民间客运渡航船靠泊。舟山港海通客运有限公司定海客运站经营管理。

定海港4号客运码头泊位　3号码头泊位东面。1974年2月，启动定海港第二期扩建工程，新建桥台1座，撑墩2只，驳岸线71米，填场地850米，10月竣工。趸船钢筋混凝土结构，长36米，宽9米，可承载8吨汽车。钢质引桥长20米，宽4米，可承载6吨汽车。码头泊位可供500吨级～1000吨级船舶靠泊。舟山港定海客运站使用。

1998年，改造码头泊位，码头泊位外移10米。结构为陆域桩基梁板式，钢筋混凝土趸船长36米，宽9米，钢质引桥长17.7米，宽4米，可供1000吨级船舶靠泊。2月动工，10月竣工，11月通过省交通厅工程质量监督鉴定并投入使用，供普陀六横、桃花客渡船靠泊。由舟山港海通客运有限公司定海客运站经营管理。

定海港5号客运码头泊位　定海港东北侧4号码头泊位东面。1977年定海港第三期扩建工程中，驳砌岸线67.4米。趸船钢筋混凝土结构，长36米，宽9米，可承载6吨汽车。钢质引桥长20米，宽4米，可承载6吨汽车。码头靠泊能力500吨级船舶。舟山港第一装卸运输公司使用。

1998年，改造码头泊位，码头泊位外移10米，结构为陆域桩基梁板式。钢筋混凝土趸船长36米，宽9米，钢质引桥长17.7米，宽4.5米，可供1000吨级船舶靠泊。2月动工，10月竣工，11月通过省交通厅工程质量监督鉴定并投入使用，供普陀六横、桃花客渡船靠泊。舟山港海通客运有限公司定海客运站经营管理。

定海港6号客运码头泊位　5号客运码头泊位东面。1977年12月与5号码头同时建成。趸船、钢质引桥规格均相同，承载力仅容板车通过。舟山市航道队使用。1998年，改造码头

泊位，码头泊位外移 10 米。结构为陆域桩基梁板式，钢筋混凝土趸船长 36 米，宽 9 米。钢质引桥长 17.7 米，宽 4.5 米，可供 1000 吨级船舶靠泊。工程 2 月动工，10 月竣工，11 月通过省交通厅工程质量监督鉴定并投入使用。舟山市引航站船舶靠泊使用。

定海港 7 号客运码头泊位　8 号泊位和 1 号泊位之间。1998 年，改造码头泊位，码头泊位外移 10 米，结构为陆域桩基梁板式，钢筋混凝土趸船长 36 米，宽 9 米。钢质引桥长 17.7 米，宽 4.5 米，可供 1000 吨级船舶靠泊。码头工程于 2 月动工，10 月竣工，11 月通过省交通厅工程质量监督鉴定。舟山海事局船舶靠泊使用。

定海港 8 号客运码头泊位　在定海区环港西路，6 号客运码头泊位东面。1990 年 10 月，舟山港务局投资 25 万元兴建。翌年 1 月竣工。钢筋混凝土结构趸船浮码头，长 36 米，宽 9 米，前沿水深 5 米，可供 500 吨级客船靠泊。舟山港定海客运站使用，供往返宁波的客轮靠泊。1998 年整体改造，泊位外移 10 米，结构为陆域桩基梁板式，钢筋混凝土趸船长 36 米，宽 9 米，钢质引桥长 17.7 米，宽 4.5 米，可靠泊 1000 吨级船舶。2 月动工，10 月竣工，11 月通过省交通厅工程质量监督鉴定并投入使用。舟山市港航局港航船舶靠泊使用。

候船室综合楼　1996 年 11 月 4 日，省计经委批准立项，同意定海客运港区改造工程水工一期、水工二期和候船室综合楼项目。候船楼按二级客运站设计。工程分基础和上部结构两部分。桩基工程于 1998 年 12 月动工，1999 年 4 月完工。候船室综合楼主体结构工程于 1999 年 2 月动工，2001 年 5 月竣工并交付使用。候船大厅建筑面积 3866 平方米，有候船厅、售票厅、广播调度室、行包室、售品部、盥洗室等客运服务设施。大厅配中央空调，18 平方米大型电子字幕显示，有 4000 平方米的旅客集散场地，400 米防雨长廊，客运大厅门前与 18000 平方米港务广场融为一体。2004 年，分别获交通部、省交通厅授予的“三星（三级）文明客运站”称号。

鸭蛋山客滚船码头

址定海盐仓鸭蛋山，属舟山海峡轮渡集团有限公司。码头泊位吃水最大 1.6 米，均为 1000 吨级、30 车渡码头，通行能力 55 吨，集卡通行能力 40 英寸。

1 号泊位　1983 年，轮渡码头始建时结构为趸船、平台、栈桥组成的浮式码头。趸船 1 艘，长 18 米，宽 9 米。靠船墩左右各 2 只，各长 4 米、宽 4 米；固定平台长 41.2 米，宽 10 米。东西两侧各有引桥 1 座，长 21 米，宽 5 米；横向车行栈桥长 70.4 米、宽 8 米，呈“T”字形布局。靠船墩有人行栈桥与陆地连接。侧行人栈桥长 71 米，宽 3 米；西侧长 81 米，宽 3 米。码头前沿水深 4.9 米，码头全长 159.2 米，占用岸线 317 米。渡船横向停靠在靠船墩，车辆纵向于浮趸船上下。可停靠 500 吨级以下船舶。1996 年 7 月，东侧泊位大吨位改（扩）建，增至为 1000 吨级，并首次采用液压设备升降平台。2007 年，改（扩）建 1 号泊位，更换后趸船长 50 米，宽 12 米，撑杆长 20 米，宽 2 米，撑墩长 4.6 米，宽 4.6 米。码头主平台长 51 米，宽 10 米。栈桥长 72 米，宽 13 米。东侧钢引桥长 28 米，宽 5.6 米，西侧钢引桥长 21.8 米，宽 5 米。

2 号泊位　1999 年改造，建液压升降平台 1 座 7.9 米 ×6.5 米，钢引桥 21.8 米 ×5 米。2000 年 10 月，再次改造泊位平台及喇叭口，改造后 2 号趸船长 31.5 米，宽 10 米，高 3.2 米。

撑杆长20米，宽1米，撑墩长4.6米，宽4.6米。2001年3月，改造泊位引桥，改造后栈桥60米×8米（包括人行道2米），西边平台24米×22米。

3号泊位　2004年9月，大吨位扩建鸭蛋山码头，在2座1000吨级泊位基础上，西侧延伸，新增1000吨级泊位1座，采用液压设备升降平台，2005年1月通车。3号泊位趸船长60米，宽12米，高3.8米。钢引桥主桥长21.8米，宽6米，栈桥长20.3米，宽8米，撑杆长20米，宽2米。

4号泊位　2003年，鸭蛋山码头新建4号趸船泊位。该趸船长50米，宽12米，撑杆长20米，宽2米，撑墩长4.6米，宽4.6米。

白峰客滚船码头

址宁波市北仑区白峰乡司前村。产权属舟山海峡轮渡集团有限公司。该公司白峰站客滚船码头泊位吃水最大1.6米，1000吨级、30车渡码头，通行能力55吨，集卡通行能力40英寸。

1号泊位　1983年，轮渡码头1号泊位始建时由趸船、平台、栈桥组成浮式码头。该趸船长60米，宽12米。撑杆长20米，宽2米，撑墩长4.6米，宽4.6米，东西长28.8米、宽6米钢引桥1座。由长20米，宽6米钢引桥与大趸船连接，呈“T”字形布局。东西靠船墩各有长45米，宽3米栈桥与陆地连接。码头全长157.2米，占用岸线300米，码头前沿水深8米，可停靠1000吨级以下船舶。

2号泊位　1991年底改建，其西侧新建1000吨级泊位1座。2004年改建泊位钢引桥，29.1米×6米，主平台60米×12米。

1995年12月，改（扩）建东侧泊位，翌年5月竣工。500吨级增至1000吨级，栈桥22.06米×8米，钢引桥21.8米×6米。2004年又改建，钢引桥为28.8米×6米，主平台65米×15米，泊位60米×11.5米。

3号泊位　2003年12月扩建，在2座1000吨级泊位的基础上，西侧延伸10米，新增1000吨级泊位1座，采用液压设备升降平台，2004年4月工程竣工。扩建后泊位钢引桥21.8米×6米，泊位55米×9米，撑杆长20米，宽2米，撑墩长4.6米，宽4.6米。

西码头客滚船码头

在定海干礁北部岸段，舟山市通达海运有限责任公司经营管理。

1988年12月，省交通厅批复同意，定海—岱山汽车轮渡码头工程动工。汽车轮渡码头选址西码头石埠码头东侧。1991年2月，在西码头船厂东侧动工新建30车渡码头1座。1992年2月竣工并投入使用。码头趸船、引桥、栈桥设计荷载为15级（单车20吨），可容40英尺集装箱车辆通过。

2007年1月，整体改造西码头客滚船码头。新建1000吨级车渡（兼靠3000吨客运船舶）泊位1座，靠泊平台50米×12米浮趸船。靠泊平台、栈桥采用高桩梁板式结构，钢吊桥、立柱墩、人行过桥（长98米，宽8米）均采用桩基墩式结构，立桥墩、钢吊桥（桥台长12.9米，宽10.20米）采用液压设备起降，适应不同潮位的船舶靠泊。

2008年1月，码头改建工程完工，21日，新西码头客滚船码头启用。主营西码头—岱山双合—嵊泗洋山客滚航线、代理快艇航线。

2011 年 1 月 12 日，西码头客运站所有业务功能迁入三江客运站，机构合并。西码头客滚船渡运码头停止使用，客运场地另做他用。

三江客滚船码头

位于舟山本岛北部定海区马岙镇三江湾。属舟山市通达海运有限公司经营管理。

1 号客滚船码头　1997 年，建设定马公路的同时，交通部门投资 121.88 万元，在三江口建客货运码头 1 座，泊位 2 个（兼靠 1000 吨级）。码头结构为高桩梁板式，趸船 2 艘，长 40 米，宽 8 米，钢引桥座、栈桥、人行过桥长 44 米，宽 7.5 米。8 月开工，11 月竣工并投入使用。

2 号客滚船码头　2003 年 9 月，新建 15 车渡兼靠 30 车渡码头竣工并正式投入试运行。2009 年 6 月，整体扩建改造三江码头，码头设施改造后，车客渡码头泊位主趸船 60 米 ×40 米，辅助趸船 50 米 ×12 米，主、辅趸船均采用单桥双撑布置，

快艇码头

2009 年 9 月，新建快艇码头（500 吨级），浮码头结构形式，分东、西 2 个泊位，1 号泊位（西侧）采用单桥单撑结构，2 号泊位（东侧）单桥双撑结构，2 座趸船规格均为 40 米 ×90 米，趸船间有 6.5 米 ×3 米钢过桥连接。

2010 年 1 月 12 日，扩建工程通过工程验收，总投资 1841.84 万元。是年，有车客渡码头 3 座、快艇码头 3 座计 6 个泊位。

第二节　乡镇客（货）运码头

沥港客运码头　在沥平社区沿港南路。1983 年 2 月建造。舟山港航局设计、局工程队施工，历时 10 个月，11 月 20 日完工。钢筋混凝土结构趸船 1 艘，长 36 米、宽 9 米。钢质引桥 1 座，长 20 米、宽 4 米。栈桥长 12 米、宽 6 米。圆形钢质栏杆 2 支，各长 20 米。码头前沿水深 4.5 米，可靠泊 500 吨级客货轮。属定海航运公司，沥港客运站使用。1998 年 6 月，定海航运公司改制，更名舟山市三江海运有限公司，码头归其属。2010 年 4 月，定海沥港车渡码头竣工、投入使用，沥港客运码头客渡船移泊定海沥港车渡码头，沥港客运码头产权转让给个人，成个私经营企业。

小李岙车渡码头　在金塘小李岙。有 1、2 号两个泊位，金塘镇政府经营管理。

1 号车渡泊位　1990 年 7 月投资 53 万元，建 500 吨级车渡码头 1 座，高桩梁板式结构。平台长 30.1 米、宽 12 米，栈桥长 28 米、宽 6 米，翌年 2 月竣工使用。

2 号车渡泊位　2002 年投资 500 万元，在小李岙车渡码头南侧建 1000 吨级码头 1 座，相应设施配套。高桩梁板式结构，液压式升降系统。码头平台长 26.22 米、宽 10 米，栈桥长 55.22 米、宽 6 米。是年 10 月动工，翌年 4 月竣工使用。

大鹏岛客货码头　在金塘大鹏山岛，金塘镇政府经营管理。1998 年投资 300 万元，在大鹏岛渡埠处新建 300 吨级客货码头 1 座，相应设施配套。其中建房 18 平方米。钢筋混凝土

结构浮码头，趸船长36米、宽9米，钢引桥长20米、宽5米。是年8月动工，11月竣工使用。

2009年投资960万元在300吨级码头基础上改建成500吨级交通码头1座，并配套相应设施。钢筋混凝土结构浮码头，趸船长36米、宽8米。高桩梁板式结构栈桥，长211米、宽6米，其中钢引桥长20米、宽4米。是年10月动工，12月竣工，翌年4月通过验收交付使用。

金塘沥港码头 在金塘沥港街1号，金塘镇政府管理。1959年，在乱石堆砌的渡埠上改建成斜坡浆砌结构渡埠，长25米，宽10米，靠泊能力50吨级，泊沥港至大鹏岛的渡船。1981年曾建候船室1间。1991年改建成200吨级浮码头。2012年改建成500吨级客货码头。设计年吞吐能力客17万人次、货1.5万吨。码头平台40×9×2千米。平台后设撑杆和撑墩固定，并通过200米长的钢引桥与原栈桥连接。原栈桥南侧建设平台与陆域相连。陆域场地950平方米，并建有候船室等配套设施。码头结构采用高桩梁板式。桩基均为Φ800毫米钻空灌注桩。工程于2012年8月10日开工，2013年1月8日竣工，工程概算922万元。定海区交通运输局组织实施。

金塘沥港车客渡码头 在金塘沥港大塘墩，金塘镇政府经营管理。1998年投资660万元，建1000吨级码头1座，配套相应设施。钢筋混凝土结构浮码头，主趸船长50米、宽12米，辅助趸船长36米、宽9米2艘。钢引桥长21.8米、宽6米，栈桥长44.7米、宽10米。6月动工，11月竣工使用。

小李岙客货码头 在金塘小李岙，金塘镇政府经营管理。2004年投资1000万元，建500吨级（兼靠1000吨）码头1座，配套相应设施。陆域场地13000平方米，年吞吐能力货运12万吨、客运10万人次。高桩梁板式结构码头，平台前沿长63.9米，后沿长39.22米，东侧宽5.6米，西侧宽19.86米。码头前沿设步阶2个，方便旅客上下。引桥与车渡码头共用。是年7月动工，翌年3月竣工使用。

大浦口客货运码头 在金塘岛西南岸大丰浦口村，金塘镇政府经营管理。1986年旧码头水泥桩断裂，大丰乡集资3000元修复。1991年4月，动工建设500吨级客货运码头，翌年4月竣工。2010年2月，舟山跨海大桥贯通，客货运码头废弃。

长白交通客货码头 在定海长白岛南面岸线，长白乡政府经营管理。有1号、2号。3号、4号4个码头。

1号码头 在长白云龙村前。1994年投资140.3万元，建300吨级客货两用码头1座，高桩梁板式结构。码头平台长32米、宽10米。栈桥石堤长83米、宽6米。是年10月动工，翌年11月竣工使用。

2号码头 2001年投资22万元，在客货运码头引桥的东侧新建斜坡实体码头1座。长60米，宽6米。是年2月动工，9月竣工使用。

3号码头 在长白前湾社区。2007年，投资1740万元，新建1000吨级车渡码头2座（兼靠快艇泊位1座）配套相应附属设施。码头平台、栈桥采用高桩梁板式结构，斜坡采用液压门吊式结构。平台长30米、宽12米，栈桥长106米、宽8米。是年4月动工，8月竣工使用。

岑港交通码头 在岑港海口，岑港镇政府经营管理。1993年投资149.27万元，在民间渡口南侧60米处，新建500吨级钢筋混凝土固定式客货码头1座。平台、栈桥采用高桩梁板式结构。平台长40米、宽10米，栈桥长23米、宽6.5米。管理房、候船室共80平方米，场地500平方米。是年10月动工，翌年6月竣工使用。

钓山渡口码头　在岑港钓山岛，岑港镇政府经营管理。1998年投资250万元，在钓山岛东面渡口处建200吨级客货码头1座，钢筋混凝土结构浮码头，趸船长24米、宽7米，钢引桥长20米、宽3米。是年11月动工，翌年3月竣工使用。

富翅交通码头　在岑港富翅岛东南面。岑港镇政府经营管理。1998年投资300万元，建200吨级客货钢筋混凝土码头1座，配套相应设施。固定式结构码头，平台长27米、宽5米，栈桥长7.3米、宽6.5米。是年8月20日动工，12月竣工使用。

册子交通码头　在册子道头湾。册子乡政府经营管理。1993年投资155万元，建300吨级钢筋混凝土固定式码头1座，配套相应设施，高桩梁板式结构，码头平台长33米、宽10米，栈桥长48米、宽6米。是年11月10日动工，翌年6月30日完工，7月通过验收并投入使用。

小沙海丰码头　在小沙海丰。小沙镇政府经营管理。有1号、2号2个码头。

1号码头　2003年，为长白岛开通车渡配套，投资500万元，海丰新建4车渡钢筋混凝土码头1座，并配套相应附属设施。码头结构为高桩梁板式，平台长25.1米、宽8米，栈桥长94.43米，宽8米，陆域场地1200平方米，建管理房154平方米。是年3月动工，11月竣工使用。

2号码头　2007年，配套长白岛开发，投资1700万元，新建1000吨级钢筋混凝土车渡码头1座、泊位2座（兼靠快艇泊位1个）配套相应附属设施。高桩梁板式结构码头，斜坡采用液压门吊式

盘峙中心渡口码头　在盘峙岛长坑村，环南街道经营管理。1996年，投资87.67万元，建300吨级客货浮式码头1座，趸船长36米、宽9米，钢质引桥长21米、宽4.5米，陆域场地2950平方米，堆场630平方米。是年6月动工，12月竣工使用。

盘峙车渡码头　在定海盘峙岛同心村，环南街道经营管理。2008年投资2094.1万元，建1000吨级钢筋混凝土车渡码头1座，配套相应附属设施。陆域场地2000平方米，管理房290平方米。舟山市交通规划设计院设计，舟山宏道交通工程有限责任公司承建。码头由靠泊平台、通车平台、栈桥、门架墩、桥台墩、钢吊桥、过桥墩、人行钢过桥等组成。其中码头靠泊平台长45米、宽10米，通车平台长23米、宽12米，栈桥长20.6米、宽8米，门架墩长7.5米、宽6米2座，桥台墩长12米、宽10米，钢吊桥长28.5米、宽5.6米，人行钢过桥长14.85米、宽1.2米2座。是年11月动工，翌年9月竣工使用。

西蟹峙客货码头　在西蟹峙岛中岙，环南街道经营管理。1998年投资300万元，建300吨级客货码头1座。钢筋混凝土高桩梁板式结构固定码头。码头平台、栈桥桩基均采用800毫米灌注桩。平台长25米、宽8米，栈桥长45米、宽5米。是年11月动工，翌年10月竣工使用。

大猫梅湾客货码头　在大猫岛梅湾，环南街道经营管理。1996年投资180万元，新建300吨级固定式钢筋混凝土客货码头1座。平台、栈桥为高桩梁板式结构，平台长25米、宽8米，栈桥长35.05米、宽5米。是年8月动工，翌年2月竣工使用。

大猫庵基岗客货码头 在大猫岛庵基岗，环南街道经营管理。2008年投资280万元，新建300吨级（兼靠500吨级）钢筋混凝土客货码头1座，高桩梁板式结构，平台长45米、宽10米，栈桥长11米、宽6米，是年8月动工，翌年4月竣工使用。

大猫小南岙渡口码头 在大猫岛南面小南岙，环南街道经营管理。1991年投资2万元大修，码头向外扩2米、向东扩2米，采用水泥混凝土沉包实叠，平台加高0.5米。引桥石砌长120米、宽2米。可靠泊100吨船舶。

大猫冷坑客货码头（合兴码头） 在大猫岛北面冷坑，环南街道经营管理。

1987年政府投资13万元，建钢筋混凝土平台码头一座，平台长18米、宽8米，引桥长60米、宽5米，同时建管理房和候船室计15平方米。可靠泊200吨船舶。

摘箬山东岙客货运码头 在摘箬山东岙，环南街道经营管理。

2000年投资215万元在摘箬山岛东南面（东岙）建300吨级钢筋混凝土客货运码头1座及相应配套设施，固定高桩梁板式结构。码头平台长23.05米、宽8米，栈桥长14.07米、宽5米。是年9月动工，翌年3月竣工使用。

小岠客货码头 在环南街道小岠岛，环南街道经营管理。有1号、2号2个码头。

1号码头 1990年，改建渡埠。码头平台长10米、宽4米。是年1月动工改建，6月竣工并投入使用，可靠泊100吨船舶。

2号码头 2007年投资540万元，在小岠岛北面建300吨级客货码头1座，配套相应设施。浮码头，趸船长36米、宽9米，平台一端后侧设撑杆、撑墩，另一端通过钢引桥，引桥长20米、宽4米，固定栈桥宽6米。是年10月动工，翌年2月竣工使用。

大岠客货运码头 在大岠（西岠）岛东侧，环南街道经营管理。1990年1月，大岠岛渡埠改建后码头平台长10.5米，宽3.5米，是年6月竣工并投入使用。2009年投资800万元在码头原址建500吨级钢筋混凝土货运码头1座，浮码头。趸船长36米、宽8米。平台一端后侧设撑杆、撑墩，另一端通过钢引桥，引桥长20米、宽4米，陆域场地933平方米。是年10月动工，翌年1月竣工，4月通过验收并投入使用。

王家墩客货运码头 在长峙岛王家墩村北面，临城街道经营管理。1993年投资120万元，建300吨级钢筋混凝土客货运码头1座，高桩梁板式结构。平台长35米、宽9米，引桥长25米、宽5米。是年4月动工，翌年9月竣工使用。2005年12月27日，舟山岛连接长峙岛的新城大桥通车，王家墩往返惠民桥渡船停运，码头客渡运功能终止。

惠民桥客渡运码头 在临城惠民桥村十六门电厂东侧，临城街道经营管理。1986年投资55万元，扩建码头成混凝土实体斜坡码头，斜坡长35米、宽11米，可靠泊300吨船舶。1987年竣工使用。2005年12月27日，舟山岛连接长峙岛的新城大桥通车，惠民桥往返王家墩渡船停运，码头客渡运功能终止。

长峙前山渡埠码头 在长峙岛南面前山，临城街道经营管理。1995年投资60万元，渡埠改造成混凝土斜坡码头，长40米、宽9米，可靠泊300吨船舶。是年4月动工，翌年3月竣工使用。2007年10月1日，连接长峙岛、岙山岛的长峙大桥、岙山大桥通车，长峙岛往返岙山岛客渡船停运，码头客渡运功能终止。

东蟹峙客货码头　在东蟹峙岛北面，临城街道经营管理。1999 年投资 300 万元建 300 吨级钢筋混凝土客货码头 1 座。浮码头，趸船长 36 米、宽 8 米，钢引桥长 20 米、宽 4 米。是年 12 月动工，翌年 5 月竣工使用。

东蟹峙客渡码头　在东蟹峙岛背面，临城街道经营管理。2001 年投资 45 万元，改造渡埠，成混凝土斜坡码头。斜坡长 35 米、宽 12 米，可靠泊 300 吨级船舶。是年 3 月动工，11 月竣工使用。

岑港货运码头　在岑港烟墩椗次，舟山市泰莱公司码头南侧，岑港镇政府经营管理。陆岛交通码头。2009 年投资 1350 万元，建 500 吨级码头 1 座，配套相应设施。码头平台长 72 米、宽 10 米，码头前沿水深 5.8 米～ 6.8 米。栈桥长 83.9 米、宽 8 米。码头与栈桥呈“T”形布局。陆域场地 2200 平方米。高桩梁板式结构，近岸段栈桥桩基采用 800 毫米铝孔灌注桩，离岸段栈桥和平台采用 600 毫米 ×600 毫米预制空心方桩，上部预制梁板叠合并浇注铺装层。

8 月 12 日动工，翌年 5 月竣工。8 月通过验收并投入使用。

册子货运码头　在册子桃夭门，册子乡政府经营管理。陆岛交通码头。500 吨级。2007 年，交通部门投资 760 万元建造。高桩梁板式结构。平台长 49 米、宽 8 米。工程于是年 11 月动工，翌年 2 月竣工，3 月通过验收并交付使用。

盘峙货运码头　在盘峙岛中心码头东侧，陆岛交通码头。属环南街道经营管理。500 吨级。2009 年，交通部门投资 886 万元建成。码头由钢筋混凝土趸船、钢引桥、撑墩组成。趸船长 36 米、宽 9 米，引桥长 36 米、宽 6 米，其中钢引桥长 20 米、宽 4 米。码头栈桥撑墩采用高桩梁板式结构，桩基均采用 800 毫米铝孔灌注桩。是年 12 月动工，翌年 2 月竣工，8 月通过验收并投入使用。

干礁镇货运码头　在干礁西码头，1000 吨级（兼靠 3000 吨）。陆岛交通码头。2006 年，交通部门投资 300 万元建造相同规格的 1000 吨级（兼靠 3000 吨）码头 2 座。高桩梁板式结构。平台长 50 米、宽 12 米，引桥长 24.1 米、宽 6 米。工程于是年 11 月动工，翌年 4 月竣工使用。2010 年，定海区政府将该区块规划为远洋渔业水产品集散中心，2 座码头撤除，拟新建一座远洋渔业服务公共码头。

东堠货运码头（原东堠渡口码头）　在金塘东堠渡口处，300 吨级，金塘镇政府经营管理。陆岛交通码头。1987 年，交通部门投资建造，高桩梁板式结构。平台长 11.4 米、宽 4 米，引桥长 7.8 米、宽 6.8 米。后几经修建，可靠泊 300 吨级船舶。2003 年 8 月，金塘镇政府组建“金塘水上客运中心”，调整岛内客运航线，撤销金塘东堠渡口和东堠至定海的客渡运航线，码头改作他用。

大浦口货运码头　在金塘岛西南大浦口社区，500 吨级，金塘镇经营管理。陆岛交通码头。1991 年投资 150 万元建造，高桩梁板式结构。平台长 40 米、宽 8.8 米，引桥长 6 米、宽 9.5 米。是年 4 月动工，翌年 8 月竣工使用。

第三节　非交通部门权属码头

舟山发电厂浪洗码头　在舟山岛北岸白泉浪洗村，属舟山浪洗发电厂。1996年4月，投资4399万元，新建万吨级钢筋混凝土散货码头1座，配套相应设施。交通部上海港湾设计院设计，交通部第三航务工程局第四公司承建。码头平面布局呈反“L”型。建有现场指挥楼1座和引桥，高桩梁板式结构。码头平台长208米、宽18米，引桥长1.6千米、宽16米。分3个区段：西侧区段长73米，设7跨，8个排架，排架间距10米。中间区段长63米，6跨，7个排架，间距10米。东侧区段长72米，7跨，8排架，间距10米。上部纵横梁加预制迭合面板，纵横梁下设1道混凝土二层撑杆系统。采用600毫米×600毫米预制钢筋混凝土方桩，桩长52米，每个排架7根～8根，总桩数171根。桩长55.5米～57.5米。

码头与引桥转角处设指挥楼平台，平面长27米，宽12.5米，基础是600毫米×600毫米预制钢筋混凝土方桩，桩长52米～58米，总桩数15根。引桥采用高桩梁板式结构，分8个区段，每个区段设3跨、4个排架，标准排架间距为20米，近码头处排架近距为20.6米，近引岸堤处设4跨，5个排架，近引堤排架间距为19.7米，基础采用600毫米×600毫米预制钢筋混凝土方桩和1100毫米钻孔灌注桩，总桩数110根，桩长12米～56.5米。1996年4月动工，1997年8月竣工并投入使用。

舟山同基船业有限公司码头（2座）　在白泉浪洗屋基园，属舟山同基船业有限公司。2009年，公司投资7000万元，分别建15万吨级和7万吨级码头各1座，即1号码头和2号码头。

1号码头　15万吨级，投资总额4000万元，钢筋混凝土高桩梁板式结构。码头平台长450米、宽25米，栈桥2座，延长49.9米、宽10米。2009年10月动工，翌年6月竣工并投入使用。

2号码头　7万吨级，投资总额3000万元，钢筋混凝土高桩梁板式结构。码头平台南侧长155米、宽30米，北侧长75.4米、宽36米，栈桥50长、宽10米。2009年10月动工，翌年6月竣工并投入使用。

太平洋化工有限公司码头（4座）　在马岙西北角，属太平洋化工有限公司。2007年，公司投资1.42亿元，建5万、3万、1万和1000吨级码头各1座，即1号、2号、3号和4号码头。陆域场地366850平方米。是年6月动工，2009年6月竣工使用。

1号码头　5万吨级，钢筋混凝土高桩梁板式结构。平台规格62米×27米，引桥规格144米×14.7米。

2号码头　3万吨级，钢筋混凝土高桩梁板式结构。平台规格76米×41米，引桥规格348米×14.7米。陆域场地366850平方米。

3号码头　1万吨级，钢筋混凝土高桩梁板式结构，平台规格52米×31米，引桥规格348米×14.7米。

4号码头　1000吨级，钢筋混凝土高桩梁板式结构。平台规格50米×12米，引桥规格7.5

米 ×4.3 米。

舟山中海石化有限公司码头　在马岙后湾村，属舟山中海石化有限公司。有 1 号、2 号 2 个码头。

1 号码头　建于 2005 年～ 2007 年。2005 年，公司投资 2500 万元，建 3000 吨兼 5000 吨级钢筋混凝土码头 1 座，高桩梁板式结构，泊位 2 个，平台分别为 42 米 ×12 米、14 米 ×15 米，引桥分别为 106 米 ×19 米、106 米 ×8.5 米。2005 年 5 月动工，2007 年 5 月竣工使用。

2 号码头　公司投资 13385.58 万元，建 50000 吨级(兼靠 10 万吨)钢筋混凝土码头 1 座。高桩梁板式结构，平台长 84 米、宽 22 米，引桥长 133 米、宽 8.5 米。2006 年 12 月动工，翌年 12 月竣工并投入使用。

宇锦码头　在马岙三江港，属宇锦公司。2001 年，公司投资 2600 万元，建 3000 吨级钢筋混凝土码头 1 座，高桩梁板式结构。平台长 156 米、宽 19 米，引桥长 10 米、宽 7 米。是年 1 月动工，11 月竣工使用。

佰爱家有限公司码头　在马岙三江，属佰爱家有限公司。1993 年，公司投资 15 万元，建 300 吨级钢筋混凝土码头 1 座，高桩梁板式结构。平台长 11 米、宽 10 米，无引桥。是年 3 月动工，9 月竣工使用。

弘信有限公司码头　在马岙三江港，属弘信有限公司。1987 年，公司投资 200 万元，建 600 吨级钢筋混凝土码头 1 座，高桩梁板式结构。平台长 15 米、宽 6 米，引桥长 20 米、宽 4 米。是年 2 月动工，同年完工使用。

浙江海洋石油化工有限公司码头　在老塘山港区，属浙江海洋石油化工有限公司。2004 年，公司投资 3000 万元建 2 万吨级油轮码头 1 座，钢筋混凝土高桩梁板式结构，2 座泊位并配套相应附属设施。码头平台长 45 米、宽 13 米，靠船平台南北侧均长 61.5 米、宽 20 米，同时可供 1000 吨和 5000 吨级油轮作业。陆域场地 65000 平方米，附属设施建筑物 2626.7 平方米。2005 年建成投产。

天禄能源有限公司码头(3 座)　在岑港烟墩鸡骨礁至马目西汉嘴一线。分别为 1 号液化气码头、2 号液气码头、3 号散货码头。2007 年，公司总投资 5200 万元建 5000 吨级液化船码头泊位 2 座、5000 吨级散货船码头 1 座，均为钢筋混凝土高桩梁板式结构。陆域场地 42000 平方米，附属设施建筑 2000 平方米。翌年 7 月建成投产。

1 号液化气码头　5000 吨级，大平台长 104 米、宽 22 米，小平台长 55 米、宽 22 米，引桥长 299 米、宽 8.5 米。

2 号液化气码头　5000 吨级，大平台长 104 米、宽 22 米，小平台长 55 米、宽 22 米，引桥长 299 米、宽 8.5 米。

3 号散货码头　5000 吨级，平台长 148 米、宽 18 米，引桥长 141.75 米、宽 10.5 米。

定海百达石化工程有限公司码头　在岑港花田外张家。2006 年，公司投资 210 万元，建 500 吨级码头 1 座，高桩梁板式结构。平台长 30 米、宽 10 米，泊位总长 60 米，引桥长 35.5 米、宽 6.5 米。陆域场地 8200 平方米。是年 10 月建成投产。

舟山市汇邦建材有限公司码头　在位于岑港碇次工业区。2009 年，公司投资 600 万元，建 500 吨级散货码头 1 座，高桩梁板式结构。平台长 65 米、宽 18 米，引桥长 182 米、宽 18 米，陆域场地 877 平方米。附属设施管理房机房 300 平方米，其中输送带长 200 米、宽 1.5 米。是年 7 月动工，10 月竣工使用。

舟山纳海油污水处理有限公司码头　位于岑港镇碇次工业区。有 1 号、2 号、3 号 3 个码头。

1 号码头　2006 年，公司投资 3000 万元，建 3000 吨级（兼靠 5000 吨）码头 1 座，高桩梁板式结构。平台长 66 米、宽 20 米，引桥长 29.8 米、宽 2 米，陆域场地 1608.5 平方米，工程于 2006 年建成投产。

2 号码头、3 号码头　2009 年，公司投资 1.2 亿元，建 3 万吨级油码头 2 座，高桩梁板式结构，码头平台规格分别为 60 米 ×22 米 ×2（个）和 52 米 ×22 米 ×2（个）。引桥规格 164.85 米 ×9 米 ×2（个）。

豪舟混凝土预拌有限公司码头　在岑港龙眼门。2006 年，公司投资 2000 万元，建 1000 吨级码头 1 座，高桩梁板式结构。平台长 47 米、宽 15 米，引桥长 33.9 米、宽 8 米。陆域场地 3 万平方米，附属设施 2500 平方米。是年 6 月动工，2008 年 5 月竣工使用。

舟山金泰石化有限公司码头　在岑港碇次工业区。2006 年，公司投资 630 万元，建 5000 吨级码头 1 座，高桩梁板式结构。平台长 52 米、宽 13 米，引桥长 186 米、宽 6.5 米，陆域场地 2000 平方米，2006 年建成投产。

舟山益民废物利用厂码头　在岑港碇次工业区。2002 年，厂方投资 80 万元，建 300 吨级（兼靠 500 吨级）码头 1 座，高桩梁板式结构。平台长 26.5 米、宽 6.5 米，引桥长 22 米、宽 5 米，陆域场地 450 平方米。当年建成投产。

舟山泰莱建筑构件有限公司码头　在岑港碇次。有 1 号、2 号、3 号 3 个码头。

1 号码头　1000 吨级。2005 年，公司建 1000 吨级码头 1 座泊位 2 个，高桩梁板式结构。平台长 6.2 米、宽 4.2 米，引桥长 64 米、宽 4.2 米，结构为高桩梁板式。是年建成。

2 号码头　2000 吨级。2005 年，公司建 2000 吨级码头 1 座泊位 2 个。平台长 6.2 米、宽 4.2 米，引桥长 64 米、宽 4.2 米，高桩梁板式结构。当年建成。

1、2 号码头共投资 900 万元，陆域场地 58000 平方米。

3 号码头　1000 吨级。公司建于 2008 年，高桩梁板式结构，平台长 6.2 米、宽 4.2 米，引桥长 64 米、宽 4.2 米。当年建成投产。

定海恒通公司码头　在岑港海口毛湾。2007 年，公司投资 160 万元，扩建石砌码头成 500 吨级码头 1 座，高桩梁板式结构。码头平台长 45 米、宽 8.2 米。工程于是年 9 月动工，翌年 2 月竣工使用。

老鼠山码头　在岑港老鼠山，个私投资建造。2007 年，个体投资 360 万元，建 1000 吨级码头 1 座，高桩梁板式结构。平台长 45 米、宽 12 米，引桥长 75.5 米、宽 6.5 米，陆域场地 1000 平方米。是年 6 月动工，翌年 1 月竣工使用。

连岛大桥指挥部码头　在岑港海口，属舟山连岛大桥指挥部，有1号、2号2个码头。

1999年，指挥部以300万人民币向定海水泥厂购进高桩梁板式码头和浮码头各1座。

1号码头　高桩梁板式，码头平台长52米、宽5米，引桥长10米、宽5米，可靠泊1000吨船舶。

2号码头　钢筋混凝土浮码头，可靠泊500吨船舶，趸船长32米、宽6米，引桥长10米、宽5米。

正和造船有限公司码头　在册子桃夭门，有1号、2号2个码头。

1号码头　3万吨级。2005年，公司投资1000万元建成。高桩梁板式结构，平台长135米、宽16米。是年4月动工，2007年2月竣工并投入使用。

2号码头　6万吨级。2008年，公司投资2500万元建成。高桩梁板式结构，平台长180米、宽16米。是年6月动工，2010年8月竣工使用。

永存船舶有限公司码头　在册子桃夭门。2008年，公司投资400万元，建造3000吨级码头1座，高桩梁板式结构。平台长84米、宽16米。是年9月动工，2010年1月竣工使用。

舟山南洋之星船业有限公司码头　在册子桃夭门，有1号、2号2个码头。

1号码头　6万吨级。2005年，公司投资1500万元建成。高桩梁板式结构，平台长200米、宽20米。是年4月动工，翌年8月竣工并投入使用。

2号码头　8万吨级。2007年，公司投资2000万元建成。高桩梁板式结构，平台长200米、宽20米。是年6月动工，翌年11月竣工使用。

浙江大舫船舶修造有限公司码头　在位于册子南岙道头。2004年初，公司动工建造，15万吨级码头1座，高桩梁板式结构。平台长250米、宽20米。后因公司暂停经营，码头建设处于停工状态。

册子船厂码头（2座）　在册子南岙。有1号、2号2个码头。

1号码头　25000吨级。2005年，厂方投资800万元建造。高桩梁板式结构。平台长130米、宽16米，双引桥。是年4月动工，10月竣工并投入使用。

2号码头　35000吨级。2009年，厂方投资1200万元建造。高桩梁板式结构，平台长140米、宽16米。是年3月动工，9月竣工使用。

舟山市海岸构件有限公司码头　在册子南岙。有1号、2号2个码头。

1号码头　2000吨级。公司建造于2007年5月。高桩梁板式结构。平台长38.8米、宽8.0米，轨道桥长46.2米、宽4.2米，总投资632万元。翌年10月竣工。

2号码头　1000吨级。公司建造于2007年5月。高桩梁板式结构。平台长72.5米、宽10米，轨道桥长39.3米、宽6.5米，总投资744万元。翌年10月竣工。

册子石子码头　在南岙村朱泗门，属个私所有。200吨级。1988年3月，个私投资5万元新建，高桩平台结构，预制板引桥和石砌引道。平台长6米、宽5米，引道长38米、宽3米。

舟山实华原油有限公司码头　在册子岛南岙朱泗门。30万吨级。2004年7月23日，中国石化集团公司独资建设中的石化册子岛油库一期30万吨级原油码头开工。码头泊位设计长度510米，呈蝶形布置，有系缆墩6座，主副靠船墩各2座，工作平台1座。码头与岸通过1座长66米，宽10米的引桥相连。码头设计最大年通过能力为2054万吨。2005年6月30日完工，7月投入试运行。

码头为高桩墩式和重力式圆形沉箱墩台式相结合结构，靠船墩之间、工作平台之间的人行桥采用预应力空心板，系缆墩之间人行桥采用钢桥，引桥上部为预应力混凝土T型梁结构。工作平台尺长45米，宽30米，采用直径1200毫米钢管桩，部分钢管桩采用锚岩桩结构。1号、4号靠船墩长20米，宽14米，2号、3号靠船墩长13米，宽11米，采用直径1500毫米钢管桩，锚岩桩、嵌岩桩结构。1号、3号系缆墩为直径11米圆形墩台，采用直径1500毫米钢管桩。4号～6号系缆墩为直径16米重力式圆形沉箱墩台。引桥为直径9米重力式圆形沉箱墩台。码头上建有综合楼、登船梯、输油臂、管架、测速仪、消防泡沫罐及消防炮等设施。建设单位为中国石化集团管道储运公司，设计单位为交通部第二航务工程勘察设计院，施工单位为中港第三航务工程局宁波分公司，监理单位为上海东华建设监理所。浙江省交通厅工程质量监督局于2005年8月24日鉴定工程交工质量为优良。

2010年，中国石油化工股份有限公司以30万吨原油码头为股份与舟山港务集团有限公司共同组建舟山实华原油码头有限公司。此后，30万吨原油码头由舟山实华原油码头有限公司经营管理。

舟山增洲船舶修造有限公司码头　在小沙大沙村。2008年，公司投资5100万元建7万吨级码头1座，包括3000吨材料泊位和2000吨级驳船泊位各1个。

码头由一个工作平台、两座接岸栈桥和300吨龙门起重机独立吊车道组成。码头泊位总长416米、宽25米，高桩梁板式结构。1号栈桥长109米、宽14.5米，2号栈桥长104.8米、宽10米，300吨龙门起重机独立吊车道长124米、宽5.5米（水上部分）。是年7月动工，翌年6月完工。2010年1月19日通过质量鉴定并交付使用。

定海区小沙工业园区公用码头　在岑港东大塘外涂工业园区内，属小沙工业园区。5000吨级。2010年2月，工业园区投资4000万元新建，同时建码头管理场、仓库、堆场等，占地面积63137平方米（94.8亩）。码头由泊位与靠泊平台、系缆墩及2座栈桥组成。码头为高桩梁板式结构，工作平台长240米，宽20米，2座栈桥，一座长180米，宽8米，另一座长152米，宽8米。2012年3月28日交工。施工单位：宁波交通工程建设集团有限公司，监理单位：温州港湾工程咨询监理有限公司。

舟山中海粮油工业有限公司码头　在定海老塘山东侧。有1号、2号2个码头。

1号码头　5000吨级粮油散货码头。2007年，公司投资1964万元建成。高桩梁板式结构。由泊位与靠泊平台、系缆墩及2座栈桥组成。泊位总长185米。靠泊平台长160米、宽22.5米，2座栈桥分别长18.5米、宽13米和长58.55米、宽12米。是年4月动工。翌年8月通过交工验收并投入使用。

2号码头　5000吨级散货码头扩建而成。2008年8月，公司投入2914万元扩建，东侧建长139米、宽22.5米的靠泊平台，平台西面与码头相接，新增3000吨级泊位1个，内侧

1000吨级泊位1个。栈桥与5000吨级码头共享。是年8月动工，翌年4月竣工并投入使用。码头泊位配备有DLQ-8型电动轮胎吊3台，AHJ1635A门座起重机1台，16吨吊钩、10吨抓斗、门机移动轨道连接至3000吨级泊位。5000吨级码头西侧装2007毫米管径输油管道1条和50米长橡胶输油软管。输油管道连接后方油罐区泵房，最大工作流量为250吨/小时。

舟山市龙江船舶修造厂码头　在盘峙东山头西侧。3000吨级（兼靠5000吨）钢质浮码头。1999年，厂方投资300万元建成。趸船2艘分别长32米、宽4米和长30米、宽4米。引桥长8米、宽2米。是年5月动工，翌年1月竣工使用。

定海盘峙兴港船厂码头　在盘峙大龙江。300吨级水泥钢筋浮码头。2006年，厂方投资5万元建成。趸船长20米、宽9米，引桥长8米、宽2米。是年6月动工，11月竣工使用。

定海海礁船厂码头　在盘峙岛北面，与海军4806工厂相对。2008年，该厂投资3000万元建1000吨级、5000吨级码头各1座，即1号码头、2号码头。是年6月动工，翌年12月竣工使用。

1号码头　1000吨级。高桩梁板式结构，靠泊平台长80米、宽15米。引桥长13米、宽15米。

2号码头　5000吨级。高桩梁板式结构，靠泊平台长100米、宽15米。引桥长13米、宽15米。

定海汇丰船舶修造厂码头　在盘峙岛西面同心村，500吨级。1997年，厂方投资50万元建造，高桩梁板式结构。平台长38米、宽8米，引桥长10米、宽2.5米。是年7月动工，翌年1月竣工使用。

浙江半岛船业公司码头　在盘峙同心村大王脚板，5万吨级。2007年，公司投资1300万元建造，高桩梁板式结构。码头平台长230米、宽16米，引桥长30米、宽15米。是年6月动工，2009年4月竣工使用。

大神洲船厂码头　在盘峙岛北侧，与4806工厂相对，10万吨级。2009年，厂方投资3500万元建造，高桩梁板式结构。平台长422米、宽25米，引桥长30米、宽15米。是年1月动工，12月竣工使用。

舟山东泰石油公司码头　在盘峙岛东北侧，与定海小竹山相望，3000吨级。2006年，公司投资200万元，在原有小码头处建造，高桩梁板式结构。平台长51米、宽10米，引桥长10米、宽5米。是年6月动工，翌年2月竣工使用。

舟山正东油品仓储有限公司码头（2座）　在盘峙大龙江（原冷冻厂）。2006年，公司投资500万元，建3000吨、500吨级码头各1座，即1号码头、2号码头。是年5月动工，翌年1月竣工使用。

1号码头　3000吨级。高桩梁板式结构，靠泊平台长59米、宽14米，引桥1座长15米、宽4米。

2号码头　500吨级。高桩梁板式结构，靠泊平台长25米，宽7米。引桥1座长15米、宽4米。

舟山建桥能源有限公司码头 在西蟹峙岛南岙，1.8万吨级油品码头。1995年11月，富兴石油储运公司投资5000万元建造，配套1万立方米油罐4个、2000立方米油罐2个。码头工作平台长100米、宽16米，引桥长25米、宽12米。1997年建成投产。同年企业变更，公司更名为舟山建桥能源有限公司。码头等配套设施同时转让给舟山建桥能源有限公司。

浙江诚达船业公司码头 在西蟹峙岛东面，2万吨级（兼靠3万吨）。2007年，公司投资2000万元建造。高桩梁板式结构，靠泊平台长153米、宽18米，引桥长40米、宽15米。是年1月动工，9月竣工使用。

舟山市名洋船务公司西蟹峙油库码头 在西蟹峙岛南面，有2座5000吨级码头，即1号码头、2号码头。2007年，公司投资4500万元，建5000吨级码头2座，均为高桩梁板式结构。是年4月动工，2009年12月竣工使用。

1号码头 5000吨级。靠泊平台长155米、宽10米，引桥1座，长80米、宽5米。

2号码头 5000吨级。靠泊平台长155米、宽10米，引桥1座，长80米、宽5米。

五洲船厂码头 在五奎山岛，与定海城隔港相望。2006年，厂方投资2620万元，建7万吨级、4万吨级和300吨级码头各1座，即1号码头、2号码头、3号码头。是年9月动工，翌年6月竣工使用。

1号码头 7万吨级。高桩梁板式结构，靠泊平台长200米、宽25米，引桥长45米、宽20米。

2号码头 4万吨级。高桩梁板式结构，靠泊平台长198米、宽18米，引桥长40米、宽20米。

3号码头 300吨级。钢筋混凝土浮码头结构。趸船长40米、宽8米，引桥长10米、宽4米。

舟山渔业柴油公司码头 在盘峙小巨岛东北侧，3500吨级浮码头。2004年，公司投资120万元建造。趸船长50米、宽10米，引桥长17米、宽4.5米。是年5月动工，翌年1月竣工使用。

长峙岛万吨级货运码头 在长峙岛东南端、外长峙山西侧，1万吨级（兼靠3万吨）杂货码头。权属舟山港务集团公司，舟山港海兴装卸储运有限责任公司经营管理。2004年5月，舟山港务集团公司投资2700万元建造。靠泊泊位2个，设计年吞吐量45万吨，高桩梁板式结构，泊位总长度174米，其中码头平台长134米、宽21米。西北侧距平台34米处设系缆墩1座。码头与陆域有两座栈桥相连，1号栈桥长306米、宽8米，2号栈桥长330米、宽8米。当年12月完成主体工程。2005年1月，省交通厅工程质量监督站鉴定工程质量为优良。舟山港海兴装卸储运有限责任公司投资1000万元完成场地平整及附属配套设施建设。

马鞍村盐码头 在长峙岛马鞍村西北面，500吨级，临城街道经营管理。1989年，投资20万元建造。高桩梁板式结构，平台长40米、宽12米，引桥长20米、宽5米，陆域场地1500平方米。是年8月建成使用。

长峙后岸码头 在长峙新后岸村东北面，150吨级，为村级码头。建造于1976年，总投资20万元，混石斜坡结构，可靠泊150吨船舶。后被兴中石油公司征用。

精施船厂码头　在长峙岛馒头山东面。10000 吨级。2007 年，厂方投资 1200 万元建造。高桩梁板式结构。平台长 90 米、宽 12 米，引桥长 39 米、宽 6.5 米。工程是年 8 月动工，翌年 10 月竣工使用。

昌国食品厂码头　在临城永华村南面，1500 吨级钢筋混凝土浮码头。2007 年，厂方投资 1200 万元建造。趸船长 50 米、宽 10 米，引桥长 30 米、宽 5 米。是年 8 月动工，翌年 10 月竣工使用。

吉海冷库码头　在临城惠民桥村南面，1000 吨级钢筋混凝土浮码头。1993 年，冷库投资 100 万元建造。趸船长 40 米、宽 9 米，引桥长 20 米、宽 4 米。当年建设，当年竣工使用。

瀛洲船舶有限公司码头　在东蟹峙岛北面，35000 吨级。2003 年，公司投资 800 万元建造，高桩梁板式结构。平台长 120 米、宽 15 米，引桥长 35 米、宽 6 米。是年 9 月动工，2005 年 10 月竣工使用。

隆昇船厂码头　在长峙东蟹峙岛东(北)面，有 2 个码头，即 1 号码头、2 号码头。

1 号码头　30000 吨级。2007 年 9 月，厂方动工建造，高桩梁板式结构。平台长 161 米、宽 16 米，引桥长 29 米、宽 8 米。总投资 1000 万元。2009 年 6 月竣工使用。

2 号码头　10000 吨级。2006 年 4 月，厂方动工建造，高桩梁板式结构。平台长 88 米、宽 15 米，引桥长 23 米、宽 8 米。总投资 480 万元，翌年 11 月竣工使用。

中化兴中岙山石油基地码头　有 5 个码头，即 1 号码头、2 号码头、3 号码头、4 号码头、5 号码头。

1 号码头　25 万吨级。在岙山南侧岸线，为高桩墩式结构，呈蝶型敞开式布置。泊位长度 555.7 米，码头前沿水深在 20 米以上。工程由中国船舶工业总公司第九设计院设计，交通部第三航务工程局四公司施工，浙江省水运工程质量监理站监理。泊位原设计为 20 万吨，1991 年 1 月开工，1993 年 2 月投入运行。1994 年 10 月至 1995 年 5 月，改造码头下限靠泊能力，1996 年 8 月码头泊位由原来的 20 万吨升级为 25 万吨。码头靠泊船舶吨位范围为：1 万吨级至 25 万吨级油轮，在核定码头限定条件下最大可停靠 32 万级油轮(装载量≦ 27.5 万吨)。

2 号码头　8 万吨级兼靠 10 万吨级。在岙山西侧岸线，高桩墩式码头，呈展开蝶型布置。码头泊位长度 340 米，码头前沿水深在 15.5 米。上海港湾设计研究院设计，交通部(中港)三航四公司施工，浙江省水运工程监理站监理。2 号码头泊位原设计为 5 万吨级兼靠 8 万吨级油轮。1994 年 5 月开工，1995 年 3 月投入运行。1995 年 3 月下旬到 4 月上旬在工作平台前沿两侧沉下 4 根直径 1.2 米靠船钢管桩，成功并投入运营，新增吞吐能力 510 万吨。1995 年 3 月下旬到 4 月上旬在工作平台前沿两侧沉下 4 根直径 1.2 米靠船钢管桩，把码头靠泊能力下限定位到 1000 吨级。1997 年 7 月，2 号码头泊位升级为 8 万吨级兼靠 10 万吨油轮(船总长≦ 250 米)。

3 号码头　原设计可靠泊 1 千吨级至 1 万吨级。在岙山西侧海岸，钢筋混凝土梁板结构平台加系缆墩结构型式。泊位长 230.47 米(其中平台长度 120 米)，前沿水深 9.50 米、工程由上海港湾设计研究院设计，交通部(中港)第三航务工程局四公司施工，监理单位为浙江省水运工程质量监理总站舟山港分站。泊位原设计可靠泊 1 千吨级至 1 万吨级油轮，1995 年 3 月开工，1996 年 11 月竣工并投入运行。2000 年 11 月增建可满足 500 吨级及以下船舶靠泊需要的系船柱。

4 号码头　在岙山西侧，墩式高桩大板式结构。泊位长 150 米，前沿水深 6.8 米。上海港湾设计研究院设计，中港第三航务工程局宁波分公司施工。2005 年 4 月开工，2006 年 4 月竣工并投入运行。

5 号码头　3 万吨级～ 30 万吨级，位于岙山南侧岸线，高桩墩式结构，呈蝶型敞开式布置，泊位长 480 米，前沿水深 23.8 米以上。中交第三航务工程勘察设计有限公司设计，中交第三航务工程局有限公司施工，南京长江工程监理有限公司监理。2007 年 5 月动工，2009 年 6 月竣工并投入运行。

岙山村高码头　在岙山岛北面，1000 吨级，临城街道长峙社区岙山村经营管理。2000 年，村投资 60 万元建造，高桩梁板式结构。平台长 30 米、宽 6 米，引桥长 20 米、宽 5 米。是年 3 月动工，翌年 8 月竣工使用。

岙山村新码头　在岙山岛西北面，1000 吨级，临城街道长峙社区岙山村经营管理。2001 年，岙山村投资 45 万元建造，高桩梁板式结构。码头平台长 36 米、宽 8 米，引桥长 20 米、宽 4.5 米。是年 3 月动工，翌年 8 月竣工使用。

浙江奔腾建材制品有限公司码头　在干礁西码头，3000 吨级。2006 年，公司投资 5000 万元建造，高桩梁板式结构。平台长 160 米、宽 10 米，引桥长 70 米、宽 10 米。是年 8 月动工，2008 年 8 月竣工使用。

舟山五环水产有限公司码头　在干礁西码头，2000 吨级。2002 年，公司投资 300 万元建造，高桩梁板式结构。平台长 90 米、宽 9 米，引桥长 20 米、宽 9 米。是年 2 月动工，翌年 12 月竣工使用。

舟山西峰水产有限公司码头　在干礁西码头，1000 吨级。1993 年，公司投资 20 万元建造，高桩梁板式结构。平台长 35 米、宽 7 米，引桥长 20 米、宽 9 米。是年 2 月动工，翌年竣工使用。

东升水产有限公司码头　在干礁西码头，500 吨级。2002 年，公司投资 500 万元建造高桩梁板式结构。平台长 9 米、宽 9 米，引桥长 38 米、宽 9 米。是年 2 月动工，翌年 4 月竣工使用。

东升水产交易有限公司码头　在干礁西码头，1000 吨级。2006 年，公司投资 1000 万元建造，高桩梁板式结构。平台长 19 米、宽 9 米，引桥长 39 米、宽 9 米。是年 10 月动工，翌年 8 月竣工使用。

舟山市龙泰船舶有限公司码头　在干礁西码头，500 吨级。1985 年，公司投资 20 万元建造，高桩梁板式结构。平台长 36 米、宽 9 米，引桥长 28 米、宽 8 米。翌年 8 月竣工使用。

定海海上运输公司码头　在干礁西码头老鹰山嘴北侧，500 吨级。2004 年，公司投资 600 万元建造，并建相应配套附属设施，码头为高桩梁板式结构。平台长 50 米、宽 12 米，引桥长 50 米、宽 8 米，陆域场地面积 8000 平方米。是年 4 月动工，11 月竣工使用。

定海辉昊物资公司码头　在干礁西码头老鹰山嘴北侧，3000吨级。2004年，公司投资300万元建造，高桩梁板式结构。平台长63米、宽10米，引桥长60米、宽6米。是年3月动工，翌年8月竣工使用。

众达水泥制品公司码头　在干礁西码头，有2个码头，即1号码头、2号码头。

1号码头　500吨级。2005年，公司投资600万元建造，高桩梁板式结构。平台长50米、宽10米，引桥长45米、宽6米。是年1月动工，8月竣工使用。

2号码头　1000吨级。2006年，公司投资300万元建造，高桩梁板式结构。平台长52米、宽10米，引桥长23米、宽8米。是年2月动工，翌年3月竣工使用。

合源公司码头　在干礁西码头，500吨级。1994年，公司投资300万元建造，高桩梁板式结构。平台长25米、宽8米，引桥长40米、宽6.5米。是年6月动工，翌年8月竣工使用。

定海石海工贸联营公司码头　在干礁西码头，500吨级。1990年，公司投资37.5万元建造，高桩梁板式结构。平台长35米、宽5.8米，栈桥长20米、宽3米。是年6月动工，12月竣工使用。

成路船厂舾装码头　在干礁西码头老鹰山嘴北侧，20000吨级。2007年，厂方投资2500万元建造，高桩梁板式结构。平台长146米、宽18米，引桥长30米、宽8米。是年2月动工，12月竣工使用。

舟山永锦船舶配件有限公司码头　在干礁西码头，1000吨级(兼靠3000吨)。2006年，公司投资500万元建造，高桩梁板式结构。平台长63.5米、宽10米，引桥长62.3米、宽15米。是年5月动工，翌年1月竣工使用。

沿港船厂码头　在干礁西码头，2000吨级。2007年，厂方投资300万元建造，高桩梁板式结构。平台长60米、宽12米，引桥长60米、宽10米。是年3月动工，12月竣工使用。

启帆船厂舾装码头　在干礁西码头，10000吨级。2007年，厂方投资600万元建造，高桩梁板式结构。平台长87米、宽18米，引桥长80米、宽15米。是年2月动工，12月竣工使用。

西码头水产交易市场码头　在干礁西码头社区新马，分1号、2号码头，均为1000吨级(兼靠3000吨)，干礁镇政府经营管理。2006年，投资287.5万元，建相同规格的1000吨级(兼靠3000吨)码头2座，高桩梁板式结构。平台长45米、宽8米，引桥长52.9米、宽6米。是年6月动工，翌年3月竣工使用。

金平船舶修造有限公司码头　在沥港大观社区。1997年，公司投资500万元，在船坞两侧建5000吨级码头2座，分别称1号码头、2号码头。1月动工，翌年8月竣工使用。

1号码头　5000吨级，高桩梁板式结构。码头平台长76.5米、宽14.8米，无引桥。

2号码头　5000吨级，高桩梁板式结构。码头平台长73.8米、宽6米，无引桥。

新港水产冷冻厂码头　在沥港大观社区，3000吨级。1995年，厂方投资500万元建造，高桩梁板式结构。码头平台长38.3米、宽5米，引桥长17米、宽2.8米。6月动工，翌年4月竣工使用。

中石化浙江舟山分公司码头　在沥港大观社区，5000吨级。2000年，公司投资500万元建造，高桩梁板式结构。平台长 39 米、宽 5.5 米，引桥长 23 米、宽 4 米。是年 4 月动工，12 月竣工使用。

三江海运有限公司（原定海航运公司）码头　在沥港大观社区，500 吨级。1982 年，定海航运公司投资 40 万元建造，高桩梁板式结构。平台长 36.2 米、宽 9 米，引桥长 27 米、宽 4.8 米。原为定海航运公司集体资产，1997 年企业转制，转让给个体所有，企业更名三江海运有限公司。

中石油沥港分公司码头　在沥港大观社区，2000 吨级。1998 年，公司投资 500 万元建造，高桩梁板式结构。平台长 47.3 米、宽 7 米，引桥长 30 米、宽 4 米。是年 5 月动工，翌年 8 月竣工使用。

木岙冷库码头　在金塘南面木岙社区，1000 吨级。1989 年，冷库投资 350 万元建造，高桩梁板式结构。平台长 24 米、宽 7.8 米，引桥长 32 米、宽 4.4 米。是年 2 月动工，12 月竣工使用。

沥港船舶有限公司码头　在金塘沥港和建社区。有 3 个码头，即 1 号码头、2 号码头、3 号码头。

1 号码头　5000 吨级。2008 年 10 月，公司投资 500 万元建造，高桩梁板式结构。码头平台长 114.8 米、宽 10.5 米，引桥长 50 米、宽 5 米。翌年 8 月竣工使用。

2 号码头　20000 吨级。2002 年 9 月，公司投资 350 万元建造，高桩梁板式结构。码头平台长 104 米、宽 14 米，引桥长 50 米、宽 5 米。翌年 7 月竣工使用。

3 号码头　5000 吨级。1992 年 6 月，公司投资 300 万元建造，高桩梁板式结构。码头平台长 104 米、宽 16 米，引桥长 50 米、宽 5 米。翌年 3 月竣工使用。

金舟船厂码头　在沥港大观社区，1000 吨级。2005 年，厂方投资 600 万元建造，高桩梁板式结构。平台长 66 米、宽 12 米，引桥长 12 米、宽 12 米。是年 3 月动工，翌年 2 月竣工使用。

舟山定海沥港阿三搬运码头　在沥港沥平社区，1000 吨级（兼靠 2000 吨），个私经营。2005 年，个私阿三投资 550 万元建造，高桩梁板式结构。平台长 50.2 米、宽 15 米，引桥长 26.5 米、宽 5 米。是年 10 月动工，翌年 5 月竣工使用。

舟山港海隆装卸运输有限公司（原舟山港第四装卸运输公司）码头

在定海城东街道甬东村，5000 吨级。1992 年，公司投资 800 万元建造，高桩梁板式结构。平台长 150 米、宽 20 米，引桥长 35 米、宽 5 米。是年 1 月动工，12 月竣工使用。

舟山燃料公司码头　在定海城东街道甬东村，5000 吨。1978 年，公司投资 500 万元建造，高桩梁板式结构。平台长 150 米、宽 15 米，引桥长 20 米、宽 5 米。

舟山石油公司码头　在定海城东街道甬东村，有 1 号码头、2 号码头和 3 号码头、4 号码头。

1 号码头　3000 吨级，1985 年，公司投资 300 万元建造，结构为浮码头。趸船长 120 米、宽 10 米。

2 号码头　1000 吨级，1990 年，公司投资 150 万元建造，结构为浮码头。趸船长 80 米、宽 10 米。

3号、4号码头　5000吨和6000吨，1992年，公司投资472万元建造，结构为浮码头。两艘趸船规格分别为长200米、宽10米和长24米、宽7米。

华定公司码头　在定海城东街道黄土岭村，7000吨。2004年，公司投资246万元建造，高桩梁板式结构。平台长36米、宽10米，引桥长21米、宽5米。是年4月动工，12月竣工使用。

久嘉公司码头　在城东黄土岭村，2000吨级。2002年，公司投资190万元建造，高桩梁板式结构。平台长36米、宽9米，引桥长9米、宽4米。是年4月动工，12月竣工使用。

十六门冷库码头　在城东黄土岭村，7000吨级。1991年，冷库投资460万元建造，钢板浮码头。趸船长100米、宽8米，引桥长15米、宽4米。是年1月动工，9月竣工使用。

博客油库码头　在城东黄土岭村，5000吨级。2003年，油库投资100万元建造，高桩梁板式结构。平台长25米、宽8米，引桥长30米、宽5米。是年4月动工，12月竣工使用。

黄土岭村码头　在城东黄土岭村，500吨级。1997年，村投资45万元建造，钢筋混凝土浮码头。趸船长12米、宽4米，引桥长10米、宽4米。是年5月动工，10月竣工使用。

定海十六门电厂码头　在城东黄土岭村与临城街道惠民桥村间，有2个码头分别为1000吨级和3000吨级。称1号码头、2号码头。

1号码头　1000吨级。1974年，电厂建造煤炭专用码头，高桩钢筋混凝土框架结构。平台长15.2米、宽6米。

2号码头　3000吨级。1979年，电厂建造，址在老码头西侧，高桩梁板式结构。平台长110米、宽11米。

舟山海晨船务工程有限责任公司码头　在城东街道甬东村，2个码头，分称1号码头、2号码头。

1号码头　1000吨级。原为定海海运公司船厂码头。1972年，海晨船务工程有限责任公司改建成块石浆砌实体码头。平台长20米、宽6米。

2号码头　1000吨级。1986年，公司自建钢筋混凝土浮码头。趸船长40米、宽10米。

舟山市华森房地产开发有限公司码头（原舟山市木材公司码头）　在定海城区念亩墩，500吨级。1977年，舟山市木材公司建造，高桩框架式结构。平台长36米、宽10米。1989年，企业转制，舟山市木材公司更名为舟山市华森房地产开发有限公司，码头产权也归属舟山市华森房地产开发有限公司。

茅岭村码头　在定海城区念亩墩，100吨级。1983年，村建造，高桩框架式结构。平台长14米、宽5.8米。

定海电瓷厂码头　在定海城区念亩墩，100吨级。1977年，定海瓷器厂建造，高桩梁板式结构。平台长14米，宽5米。1994年10月，市和区合署，企业隶属市经委。1995年名为定海电瓷厂。1998年，企业转制，属个人，码头产权也归属个人。

定海城东洋岙船厂码头　在城东黄土岭十六门，500吨级，2个码头。称1号码头、2号码头。

1号码头　500吨级，1977年，船厂建造，钢筋混凝土浮码头。趸船长33米，宽8米。

2号码头　500吨级，1984年，船厂增建500吨级码头1座，钢筋混凝土浮码头。趸船长38米、宽8米。

定海海洋渔业联合公司码头　在定海城区青垒头，500吨级。1982年，公司建造浮码头1座泊位2个。2艘趸船规格相同，均长36米、宽8米。

城东街道码头　在甬东村，30000吨级，甬东村经营管理。原址有二十世纪60年代建造的小码头，1996年改建。2008年，投资1560万元改建成码头1座泊位2个，高桩梁板式结构。1号泊位平台长36米、宽9米，2号泊位平台长28米、宽8米，引桥长16.5米、宽4.2米。

舟山市大昌建筑集团公司预制厂码头（原舟建公司预制厂码头）　在临城鳌头浦，50吨级。二十世纪70年代，舟建公司建造，块石浆砌实体结构。平台长10米、宽3米，可靠泊50吨船舶，2005年，企业转制，更名为舟山市大昌建筑集团有限公司，码头产权也归属舟山市大昌建筑集团公司预制厂。

舟山市蓝焰燃气有限公司码头（原舟山化肥厂码头）　在临城田螺峙，500吨级。二十世纪60年代，舟山化肥厂建造，浮码头。趸船长36米、宽10米。1988年，舟山化肥厂转产，更名为舟山市蓝焰燃气公司，码头产权也归属舟山市蓝焰燃气有限公司。

舟山饲料厂码头　在临城惠民桥，500吨级，二十世纪70年代建造，高桩梁板式结构。平台长35米、宽6米，可靠泊500吨级船舶

新螺头马家塘张文明（个私）货运码头　在盐仓新螺头马家塘，5000吨级。2002年，个私投资1000万元扩建成5000吨级，高桩梁板式结构。平台长85米、宽15米，引桥长23米、宽8米，陆域面积6660平方米。

沈松伟船厂码头　在盐仓螺头司前街150号，500吨级。2004年，个私沈松伟投资80万元建造，钢筋混凝土浮码头结构。趸船平台长32米、宽9米，引桥长15米、宽6米。

朱富生船厂码头　在盐仓螺头平岩头6号，500吨级。2000年，个私朱富生投资200万元建造，钢筋混凝土浮码头。趸船平台长36米、宽9米，引桥长15米、宽6米。

联盟船厂码头　在盐仓螺头联盟村平岩马家塘，300吨级。2003年，联盟船厂投资25万元建造，钢筋混凝土浮码头。趸船平台长26米、宽7米，引桥长10米、宽4米。

鸭蛋山货物装卸有限公司码头　在盐仓跃进平岩59号，1000吨级（兼靠3000吨）。2005年，公司投资500万元建造，高桩梁板式。平台长78.5米、宽12米，引桥长25米、宽6米。

盐仓街道鸭蛋山码头　在新螺头社区螺头村，500吨级。1973年，盐仓乡政府投资20万元建造，钢筋混凝土浮码头。趸船平台长32米、宽9米，引桥长15米、宽6米。

凤凰山休闲岛码头　在环南街道东南面的凤凰山岛上，有2个码头，即1号码头、2号码头。

2001年始，舟山凤凰岛置业发展有限公司开发凤凰山岛旅游业，先后投资55万元建造，与旅游业配套。

1号码头　在凤凰岛北面，300吨级。2001年，公司投资30万元建造，钢筋混凝土浮码头。趸船平台长36米、宽9米。当年8月建成使用。

2号码头　在凤凰岛南面，300吨级。2002年，公司投资25万元建造，钢筋混凝土浮码头。趸船平台长25米、宽9米。当年10月建成使用。

2010年定海港域主要万吨级泊位分布情况表

单位：米．万吨级．万吨

港口企业或码头单位	所属港区	泊位名称	主要货物	投产年份	泊位长	设计靠泊能力	泊位设计年通过能力
中化兴中石油转运（舟山）有限公司	定海港区	兴中公司1号泊位	油品	1993	556	25	1000
中化兴中石油转运（舟山）有限公司	定海港区	兴中公司2号泊位	油品	1995	340	8	500
舟山中威石油储运有限公司	定海港区	中威石油3号泊位	油品	1999	230	1	150
浙江舟山富兴能源有限公司	定海港区	西蟹峙油库码头	油品	1997	100	3.5	88
定海康道交通有限公司	马岙港区	公用码头	化工品	2008	350	5（兼靠10）	290
中化兴中石油转运（舟山）有限公司	定海港区	兴中公司5号泊位	油品	2009	480	30	1500
世纪太平洋液体化工有限公司	马岙港区	卸船码头	化工品	2009	350	5（兼靠8）	175
世纪太平洋液体化工有限公司	马岙港区	卸船码头	化工品	2009	288	3	115
世纪太平洋液体化工有限公司	马岙港区	卸船码头	化工品	2009	178	1	60
甬舟大浦口集装箱码头有限公司	金塘港区	集装箱码头	集装箱	2009	255	7	50万TEU
甬舟大浦口集装箱码头有限公司	金塘港区	集装箱码头	集装箱	2009	255	7	50万TEU

2010年定海港域修造船立项码头项目泊位分布和建设情况表

单位：米．万吨

<table>
<tr><th>单位名称</th><th>所在位置</th><th>岸线长</th><th>建设性质</th><th>靠泊等级</th><th>泊位长度</th></tr>
<tr><td rowspan="2">舟山同基船业有限公司</td><td rowspan="2">白泉镇屋基园</td><td rowspan="2">1281</td><td rowspan="2">在建</td><td>15</td><td></td></tr>
<tr><td>7×2</td><td></td></tr>
<tr><td>定海启帆船舶修理工贸实业公司</td><td>干礁镇锡丈塘</td><td>134</td><td>已建</td><td></td><td></td></tr>
<tr><td>浙江成路造船有限公司</td><td>干礁镇锡丈塘</td><td>450</td><td>已建</td><td>3</td><td></td></tr>
<tr><td rowspan="2">龙泰船厂</td><td rowspan="2">干礁镇</td><td>120</td><td>已建</td><td></td><td></td></tr>
<tr><td>250</td><td>已建</td><td></td><td></td></tr>
</table>

续表

单位名称	所在位置	岸线长	建设性质	靠泊等级	泊位长度
舟山市海晨船务工程公司	临城港口浦	350	已建		
浙江海运集团舟山一海海运	临城港口浦	60	扩建		
舟山市宏明船舶修造有限公司	岑港碇次短礁头	460	在建	4	
				1	
凯灵船厂	定海沿港西路	1030	已建		
招宝船厂	定海甬东村	300			
浙江海运集团舟山五洲船舶修造公司	五奎山南侧	280	扩建	7	
				2.5	
		248	已建	4	
舟山市定海盘峙船厂	大盘峙方家山东家头	1020	已建	3.5	
舟山市安达船舶修造公司	大王脚板	390	在建	5	
		430.78		2	
舟山市大神洲船舶修造有限公司	大盘峙同兴村	415	新建	4	
舟山市舟基船业有限公司	小盘峙石塘岙	1079	在建	7	
舟山城达船舶修造公司	西蟹峙流山咀	172	已建	1	170
舟山隆昇船业公司	东蟹峙	437	已建	3	
宏洲船厂	东蟹峙	700	已建		
鸿力升船厂	十六门	260	已建		
长礁船厂	盘峙村	95	已建		
精驰船厂	长峙岛	138	已建		
浙江正和造船有限公司	册子岛小马柱	1000	在建	6	
				5	
舟山南洋船业公司	册子岛小道头湾——碇次浦	800		6×2	450
浙江大舫船舶修造公司		375	新建	15	400
舟山市定海区册子船厂		260	扩建	3	200
				2.5	
舟山市沥港船舶修造公司	金塘岛沥港船厂路 12 号	850	已建	3	
				1	
金洲船厂	金塘岛沥港	309	已建		
舟山市金平船舶修造公司	金塘沥港大鹏山	197	已建		
太平洋海洋工程（舟山）有限公司	长白岛南端洞坑山咀	1200	在建		

第十章 港口物流

1987年前，定海港口物流以传统装卸、中转联运为主，功能单一。1987年，国务院批准舟山港对外开放，允许外轮进出舟山港域，定海港口集疏运现代物流基地起步。同年5月11日，12800吨远洋货轮“东光号”满载朝鲜水泥首泊舟山港第一个万吨级件杂货码头—定海老塘山一期1.5万吨码头。1990年12月12日，浙江省远洋运输公司“浙雁”轮装运9个标箱，其中8个标箱装载对虾，转口美国洛杉矶，1个标箱转口马来西亚巴生港，从舟山港老塘山作业区起航驶往香港。1993年2月4日，6.8万吨级油船“大庆92”轮装载5.7万吨原油试靠岙山原油码头成功，舟山港开始原油中转业务。翌年3月，岙山石油中转基地项目竣工并投入使用。2001年10月，舟山中海粮油工业有限公司落户老塘山野鸭山区块。翌年，野鸭山区块定位为“舟山国际粮油产业园区”。2003年11月，册子岛原油中转基地一期项目开建。2004年2月，舟山甬舟集装箱码头公司成立。2009年3月30日国家交通运输部、省人民政府《关于宁波—舟山港总体规划的批复》，金塘岛定位为“现代化、国际化集装箱物流岛”。随后，大宗商品进出贸易量逐年大幅提升，与之相适应的港口开发建设高起点定位，科学规划，更促进境内港口物流从传统的中转式物流加快向商贸型综合物流转变。

自1987年后，大宗物资通过大型船舶运输抵达定海港岸基码头，装卸、中转、集装箱疏运、仓储、加工、交易，定海港区形成岙山、金塘大浦口、册子、老塘山现代物流基地(岛)，是国际和国内物流的重要接合部。到2010年，境内已具有一批特色鲜明、品种各异、功能齐全、商贸畅通的油品、矿砂、煤炭、液体化工品、粮油、集装箱等港口集疏运现代物流基地，形成信息交流，计算机控制的现代物流产业平台、商品交易市场平台。

第一节 大宗散货(油品、液化)物流枢纽港

1987年4月，舟山港第一个万吨级件杂货码头—定海老塘山一期1.5万吨码头竣工。5月11日，12800吨远洋货轮“东光号”满载朝鲜水泥实现首泊。至年底，先后有“第二螺塔拉斯”、“国家首领号”等7艘次远洋轮装载水泥、松木靠泊卸载。标志着境内大宗散货物流枢纽港启动。1993年，建成老塘山港区二期煤炭水水中转、件杂货专用码头。

1993年2月，中化岙山石油基地20万吨油品码头竣工，并投入使用。4日，6.8万吨级油轮“大庆92”轮装载5.7万吨原油试靠原油码头成功。11日，英籍31.8万吨油轮“兰姆帕斯”号装载19万吨北海原油，从大西洋东岸远航驶抵，历时55天，成功首泊20万吨级原油码头并进行作业。

1994年8月,“大洋舟”远洋轮从秘鲁装运14万吨进口铁矿石抵达定海老塘山中转码头,舟山首和中转储运有限公司成功卸载水水中转后装运至首都钢铁公司,开启舟山港水水中转进口铁矿石先例。至年末,完成矿石砂吞吐量61.91万吨。1994年8月～1996年3月,公司在老塘山码头先后靠泊12艘进口铁矿石大轮,为首都钢铁公司卸载装运铁矿石280万吨。

2005年7月,建成中石化册子原油中转基地30万吨级油品码头。同年,老塘山港三期码头扩建工程竣工,泊位5万吨至8万吨。12月,启用“宁波—舟山港”名称。2009年和2010年,港口吞吐量连续两年跃居世界第一位。2005年11月,宁波凯丰石化有限公司、宁波宏邦石化有限公司与香港德基投资有限公司3家合资,在马岙筹建成立中海石油舟山石化有限公司(原名和邦化学有限公司),2008年4月投产,月平均产量123174.7吨。主要产品是芳烃。销往上海、浙江、江苏、广东、福建等地。同月,万荣投资控股(集团)有限公司旗下的经营国际石化仓储中转的港口物流企业—舟山世纪大平洋化工有限公司在马岙北海村建立。建设分二期,一期建物料储罐38台,计78万平方米罐容。一期码头包括:5万吨级(兼靠8万吨)泊位1座,3万吨级,1万吨级泊位各1座。一期库区主要经营品种为油品及化工品。2009年10月18日投入试营运。至2010年。靠泊各类大小船舶353艘次,其中万吨以上船舶40艘次,最大单船靠泊吨位61957吨。

2009年12月,建成舟山港最大件杂货码头—定海老塘山五期12万吨级(兼靠15万吨级)件杂货码头,17万吨货轮“天使雅阁”号首靠成功。2010年,货物吞吐量达到1281.6万吨。

随着海洋经济发展上升为国家战略,定海港口资源内涵价值快速提升,吸引一大批超大型油品、液化物流企业落户。至2010年,光汇石油舟山外钓岛储运基地项目6个3000吨级泊位及配套设施建设开工。坐落在册子岛东南角的舟山实华原油码头有限公司开始营运,岑港化工集聚区天禄化工项目一期2座5000吨级码头和22.4万立方米储罐投产运行,二期184万立方米油品储运项目建设进展顺利。浙江万向岙山油品储运基地动工兴建。定海港物流枢纽港基础设施进一步完善。年底,境内有万吨级以上泊位20个,货运码头靠泊能力达到164余万吨。

2010年11月14日～16日,省政府办公厅会同南京军区司令部、东海舰队司令部和杭州海关、浙江检验检疫局、浙江省边防总队、浙江海事局和舟山市人民政府,组织舟山市6企业码头船坞对外开放的省级预验收,其中在定海境内列入项目的,舟山世纪太平洋化工有限公司、太平洋海洋工程(舟山)有限公司、舟山纳海油污水处理有限公司、浙江天禄能源有限公司均通过了省级预验收。

第二节　老塘山粮食物流基地

2001年10月,舟山中海粮油工业有限公司首家落户老塘山国际粮油集散中心区。是年,公司动工建码头1座。配套16吨吊机2台,25吨门式卸船机3台,300吨/斗轮机1台。是为大豆油榨油原料配套的水水中转码头。

中心区面积 4.87 平方千米，是临港大型粮食物流基地，也是浙江省重点打造的全国性粮食物流基地之一，浙江省首批 40 个现代服务业集聚示范区之一。2009 年 12 月，浙江泰丰粮油公司落户，2011 年，泰丰粮油完成 6 座 5000 吨容量的平房仓、3 座稻谷仓、1 座下粮房和烘干房建设，着手安装相应设施，2012 年投产。至 2010 年，中心已累计完成投资超 60 多亿元，集聚各类企业 32 家，其中大型粮油加工储运企业 6 家，储运能力 100 万吨，加工能力 200 万吨。2012 年，中心完成粮油吞吐量 600 多万吨，粮油储运、加工能力分别达到 108 万吨和 195 万吨。2014 年，舟山国际粮油产业园区实现销售额超 60 亿元，进口粮食到港量超 1300 万吨，其中通过老塘山港区运往长江一带 1200 万吨，园区加工进口粮食量 125 万吨，园区现有仓储容量 80 万吨，设计仓储容量 200 万吨。园区主要配套码头老塘山三期、五期码头年吞吐量近 1000 万吨，设计年吞吐能力 3500 万吨。预计“十二五”末，可成为长三角地区主要的粮油接卸减载中转基地，年实现实体交易 50 万吨，虚拟交易 1000 万吨。

第三节　金塘国际集装箱物流岛

2005 年 5 月，舟山市金塘港口开发有限公司与宁波港股份有限公司—香港宁兴（集团）公司共同出资 58.5 亿元人民币，在金塘大浦口建立“舟山甬舟集装箱码头有限公司”。2009 年 12 月，建成万吨泊位 2 个，有 65 吨级大吊车 4 台，41 吨级吊车 8 台。是年 12 月，省人民政府、交通运输部批复同意，启用“宁波—舟山港”名称。

2007 年 12 月，舟山港务管理局和新加坡国际港务集团（中国）有限公司签署《投资建设经营舟山金塘木岙集装箱码头项目框架协议》和《合资经营合同》。舟山金塘木岙集装箱码头项目总投资 88 亿元，拟建 7 个 7 万吨级以上集装箱泊位，开发岸线总长 2340 米。项目分三期实施，一期 3 个集装箱泊位，岸线长 1020 米，设计年吞吐量 200 万标箱。二期 2 个泊位，岸线长 600 米，设计年吞吐量 130 万标箱。三期 2 个泊位，岸线长 660 米，设计年吞吐量 130 标箱。其中，一期 3 个集装箱泊位计划于 2010 年前后建成投产，二期、三期工程根据市场需求陆续开发。

2009 年 12 月 9 日，浙江省交通厅根据编制的《宁波—舟山港综合集疏运网络规划》，将金塘港区物流园区列为省交通厅重点扶持物流基地。规划用地 14.64 平方千米，分南部物流核心功能区和北部物流拓展功能区，并拟建一条通往舟山港域（穿越金塘岛）的铁路通道，实现海铁联运。金塘岛成为宁波—舟山港集装箱中转的重要港区。

2010 年 8 月 10 日，大浦口集装箱码头投入作业。9 月 13 日，完成“北欧亚釜山”轮卸货作业。至当年 12 月 30 日，完成“亚芬瑟夫船长号”轮 585 个标箱业后，金塘大浦口集装箱码头累计完成吞吐量 50298 标箱。针对“水水中转”业务模式，舟山甬舟集装箱码头有限公司成立驳运衔接工作小组，加强与驳船公司、驳运点码头协调。实现驳船与干线船无缝衔接。在口岸部门支持配合下，干线船的联检时间由原来的 90 分钟至缩短 50 分钟，减少船舶在港时间，提高在泊效率。码头装卸平均单机效率保持在每小时 32 自然箱以上。至 2012 年，金塘大浦口码头已开通 9 条国际航线，码头吞吐量将达 50 万标箱。2014 年，金塘大浦口集装箱码头吞吐量首次突破 70 万标箱。

舟山市港口物流岛规划金塘岛定位为“现代化、国际化”的集装箱国际物流中心，在浙江舟山群岛新区的空间布局中，金塘岛的定位是“国际物流枢纽岛”，全部建成后金塘岛各港区的集装箱年吞吐能力，可超过 1000 万标箱。

附：通讯导航

境内建立海岸电台工作始于 1972 年，其目的是确保舟山籍运输船舶及进出舟山港的外地国轮通讯畅通和航行安全，及保持与外籍船舶的联络。后随着通信技术的升级换代和通信工具的普及，通讯导航站功能逐渐消失，后撤销。

舟山港务局通讯导航站 1972 年 5 月，舟山航运大楼四楼设舟山地区交通邮政局航运公司海岸电台，又名交通部舟山海岸电台，定员 10 人。开放 CR 有限的公共通讯业务。1975 年，代管船舶电台 10 座，代管海运单位 4 个，年抄发报工作量 19 万组。1979 年台湾海峡通航，为确保通过海峡船舶通讯畅通和航行安全，交通部要求通行海峡船舶配备报务员 2 人，每日 24 小时守听。

1980 年 7 月 1 日起，开放船舶航行电报、大众船舶电报业务。1985 年，舟山海岸电台代管的船舶电台 58 座，代管的海运单位 17 个，抄发报工作量 29 万组。1981 年，舟山航运公司建立航运通信专用单边带电台，5 月 1 日开通运行，形成以杭州为中心的航运专用通讯网。1986 年 11 月 30 日零时起，交通部批准对外国籍船舶开放 CP “国际船舶公众电报业务”，人员增至 31 名，电台下设通讯业务室、通讯维修所和通讯导航维修服务部。通信手段为中短波无线电报、有线电传电报（有联络邮电局和各海运企业的 7 条线路）、VHT 无线电话及有线、无线通信装置。通信设备有德国、日本进口的收报机以及 1000W、500W 中高频发迅机，达到通讯导航应急开放要求。

1998 年，舟山海岸电台代管船舶电台 90 座，联络对象为近海国轮，国际远洋轮和外国籍船舶，通讯范围北至丹东，南至海南岛、广州等海岸电台。至 1990 年，舟山海岸电台代管船舶电台 98 座，代管单位 25 个，与舟山市交通系统所有水运船舶及进出舟山港的外地国轮和外国籍船舶均有联络。1992 年 5 月 1 日建台 20 周年时，代管船舶电台增至 105 座，通讯范围北至锦州，南至香港、海南岛，东至日本东京。

1994 年，港口海岸电台新辟单边带窄带印字电报业务。港口通讯工作效率大提高。年底，通讯导航管理站拥有莫尔斯电台中频、高频发讯机、SSB 单边带电台、VHF 甚高频话台、RX1002、JEC–93E 收报机，窄带印字电报终端等通信设备设施 15 台（套）。是年完成莫尔斯电报传递收发报 5867 份 /127080 组，转发报 1257 份招 1495 组，气象、台风报 835 份 /145761 组，航行警告 1255 份 /50807 组，完成甚高频通讯联络 3016 次，单边带通讯联络 1039 次。2001 年，舟山海事分设，通讯导航站撤销。

第三篇　海上运输

舟山市定海区境域60%以上是大海，海上客、货运输历史悠久，是重要的产业之一。

1989年后，境内海上运输适逢计划经济向市场经济转轨时期，在中央“改革、开放、搞活”方针指引下，特别是交通部出台“有水大家行船”、“国家、集体、个人一起上”的政策后，境内海上货运业长期被“计划经济”束缚的运输生产力得到释放，适时抓住发展机遇，壮大运输规模，淘汰木质货运船舶，海上货运业有了量的扩展。海上客运市场针对计划经济时期形成、沿袭的运力不足、客轮小、设施差、“一票难求”现状，特别是定—申、高—西（岱山高亭—西码头）客运航线，供需矛盾突出。围绕“先缓解，后适应”、“旅客走得了，又走得好”目标，着力改善客船运力结构和技术状况，期间先后购置建造了“新南湖”（大红鹰）、“紫竹林”轮和客渡船等客轮，缓解了旅客“买票难”和海岛住民“出行难”问题。2000年后，境域海运业拓展航线，推进水运投资主体多元化，建立现代企业制度，创新融资方式，调整和改善运力结构，淘汰了一批吨位小、船况差、不利于经营的货运船舶，形成多家竞争，百舸争流，快速发展的局面，海上运输规模有质的提升。海上客运业以旅客“快捷、舒适、安全”需求为目标，适度超前，更新老旧常规客船，大力发展高速客轮。至2010年，定海境域内货运船舶已形成船型标准化，门类较全（散货船、油船、化工船等）的运力结构。岛屿间客运已形成以高速（准高速）客轮为主，常规客轮为辅的运力格局。海上货运和客运业的发展，为定海经济发展和惠及民生提供了有力保障。

第一章　海上客运

1989年初，营运水上客运航线（客滚船、乡镇客渡船另章节记述）常规客船有“南湖”、“新南湖”（大红鹰）、“浙江815”、“浙江801”、“浙江805”、“浙江803”、“浙江812”、“浙江814”、“浙江604”9艘客轮，定期通航宁波、上海、温州、镇海、衢山、泗礁、普陀山、穿山、六横、虾峙、桃花、沈家门等港。翌年，定海西码头至高亭汽车轮渡通航。4月，岱山县衢山海运公司建成200客／4车“岱渡1”号、“岱渡2”轮，行驶高亭至定海西码头渡航线，每日往返8航次。2000年增至12航次。

1990 年，定海港有 15 艘常规客船营运宁波、上海（十六铺）、温州、镇海、衢山、泗礁、穿山、六横、桃花、沥港、大浦口等 16 个港口航线，旅客吞吐量 93、04 万人次 / 年。翌年 1 月，舟山市第一海运公司“银洲湖”豪华型双体高速客轮（650 客，20 节）投入三江至芦潮港航线，航程 70 海里，日 2 航次。4 月停航。开创境内水上高速客运先河。

1997 年 5 月，上海金马海船务公司“新世纪”高速客轮（304 客，30 节）投入定海港—金山航线，航程 67 海里，日 2 班。同年，建设定马公路同时，辟三江客运港区。三江客运站建成启用后，舟山市通达高速客轮有限公司“飞舟 1”号、“飞舟 2”行驶三江至岱山航线，日 16 航次。浙江茂盛海运有限公司“茂盛”轮航行于三江至衢山至泗礁，隔日班。翌年 8 月，岱山蓬莱客运轮船有限公司“仙洲 2”轮，航行于三江、衢山、高亭航线，日 2 航次。2003 年 9 月起，通往上海、泗礁、衢山、岱山和秀山等航线皆集中于三江客运码头。至此，三江客运站成为定海、舟山岛向外辐射的海上客运枢纽港。

2003 年 7 月，定海港有“紫竹林”、“海游”、“飞翔”、“六横 3 号”、“普顺”、“飞舟 3 号”、“飞舟 6 号”9 艘客轮（含快艇、客渡轮）通往上海十六铺、上海芦潮港及舟山市内六横、台门，定海区内小李岙、东堠、沥港等港口。2007 年 3 月 29 日晨，“普陀山”轮搭载 12 名旅客由上海吴淞客运码头驶抵定海港，是为定沪海上客运航线最后一个航班。至 2008 年 7 月，定海港仅有“普利”轮、“海晶 5”号、“海晶 6”号、“台门 5”号、“普顺”、“飞舟 3”号等 7 艘快艇和常规客船行驶市内及区内短途航线。是时，定海港全年旅客吞吐量为 40 余万人次。

2010 年，营运于定海境内的水上客运航线的船舶有：（客滚船、乡镇客渡船另章节记述）“台门 5”轮、“海晶 9”轮、新“飞舟 1”轮、“飞舟 7”轮、“飞舟 8”轮、“飞舟 9”轮、“飞舟 10”轮、“飞舟 11”轮、“飞舟 12”轮、“仙洲 11”轮、“仙洲 2”轮、“仙洲 9”轮、“嵊翔”轮、“茂盛”轮、“茂盛 2”轮、“碧海 1”轮。运载工具、运力结构、运载速度、舒适性、服务质量、基础设施等，已适度超前。

第一节　运输工具

1989 年至 2010 年，定海境内水域客运工具主要有钢质常规客船 16 艘，其中为定海境外企业所有的 4 艘，高速客轮（客滚船和乡镇客渡船另章节记述）28 艘，其中为境外企业所有的 13 艘。

“南湖”轮

钢质常规客船

“南湖”轮　普通常

规客轮，钢质。1952年，丹麦哥本哈根造船厂建造。船长92.87米，型宽13.26米，型深7.47米。核定载客920人(卧724席，座196席)，2961总吨，1674净吨，主机功率2500.7千瓦，船速12节。1985年8月，浙江省航运公司从广东购入沿海二手客船“鼎湖”轮(购入后更名为“南湖”轮)，9月投入定海至上海航线，与“浙江805”轮对开，隔日班。原船舶核定载客502人，主机功率大(2500.7千瓦)，经济性较差，营运4个月，亏损达40余万元。1986年，省航运公司舟山分公司委托上海七○八所改装设计，船舶卧位增至724人，并增196席散客客位。1997年1月停航转让。权属浙江省航运公司舟山分公司。

“新南湖”(大红鹰)轮

“新南湖”(大红鹰)轮　普通常规客轮，钢质。1983年12月，广州船厂建造。船长96.40米，型宽15.20米，型深8米，核定载客852人，4083总吨，1773净吨，主机功率1678千瓦×2，航速13节。1997年2月起，营运定海至上海航线，1999年下半年更名“大红鹰”，2003年6月停航转让。权属浙江舟山一海海运公司并经营。

1973年浙江801轮靠泊定海港客运码头

“浙江801”轮　普通常规客货轮，钢质，1973年1月，上海江南造船厂设计制造。875.6总0吨，406.41净吨，船长58.13米，宽10米，型深5.30米，核定载客322人(卧铺204席，坐铺118席)，载货175吨，主机功率485千瓦×2，航速11.9节，抗风能力8级。1973年5月起，营运定海—衢山—泗礁—上海航线。2001年2月停运。权属省航运公司舟山分公司。

“浙江805”轮　普通常规客轮，钢质，原“鲁民2”号，1981年2月，省航运公司舟山分公司购入，上海江南造船厂建造。820总吨，船长78米，宽7.48米，型深5.55米，核定载客

244人（卧194席，座50席，175载货吨），主机功率485千瓦×2，航速10.5节，抗风能力8级。1984年11月，行驶定海—衢山—泗礁—上海航线。2001年2月停运。权属省航运公司舟山分公司（今浙江省舟山第一海运有限公司）。

“浙江806”轮　钢质双体客轮，1984年，江苏镇江市中船总公司润州船厂建造。核定载客575人，685总吨，342净吨，主机功率367.75千瓦。船长45.11米，型宽12.6米，型深4.40米，1984年4月23日起，营运定海至宁波航线。是境内第一艘经营海上客运双体客轮。1994年12月停止运营转让。权属浙江省航运公司舟山分公司（今为浙江省舟山第一海运有限公司）。

“浙江810”轮　小型汽车轮渡，钢质，1986年11月，上海沪东造船厂建造。300总吨，船长37.35米，宽7.04米，型深3.40米，核定载客228人，每航（次）可载货物5吨，货车2辆、小车4辆，主机功率136千瓦×2，航速10.5节，抗风能力8级。1986年12月26日，省航运公司舟山分公司开通西码头至岱山高亭汽车轮渡航线，由“浙江810”轮营运，每日往返4航次。1989年4月1日，“浙江810”轮退出此线营运。权属浙江省航运公司舟山分公司。

“浙江815”轮

“浙江815”轮　普通钢质客货轮，1975年，上海江南造船厂建造，客货兼运。1884总吨，882净吨，船长77.3米，宽12.4米，型深6.9米，核定载客679人（卧554席，坐125席），载货300吨，主机功率970.86千瓦，航速11.5节，抗风能力8级。1975年10月起营运定海—上海航线。1987年1月起，投入定海—衢山—泗礁—上海航线，隔日班。2001年2月停航，7月转让。属浙江舟山一海海运公司。

“浙江816”轮　普通常规客轮，钢质，“浙江815”轮姐妹船。1975年，上海江南造船厂建造，客货兼运。1884总吨，882净吨，船长78米，宽7.50米，型深5.54米，核定载客679人（卧554席，坐125席），载货300吨，主机功率970千瓦×2，航速11.5节，抗风能力8级。1993年，省海总以内部调拨形式，从浙江海门海运公司划拨给浙江舟山一海海运公司，原名“浙江403”，划拨后更名“浙江816”，是年取代“浙江805”轮，投入定海—衢山—泗礁—上海航线，隔日班。1999年7月停运转让。权属浙江舟山一海海运公司。

“紫竹林”轮　普通常规客轮，钢质。1990年10月，东海船厂建造、出厂。1996年8月，取代“浙江816”轮营运定海至上海航线。2811总吨，1405净吨，船长78米，宽14米，型深

4.70米，核定载客728人，主机功率600千瓦×2，航速13.2节，隔日班，抗风等级8级。2004年12月18日，舟山海星轮船有限公司从舟山一海海运有限公司购入该轮，经改装改名为新“普陀山”轮，替代“法雨”轮营运普—岱—申航线。2005年，又投入定海至上海航线（舟山海星轮船有限公司经营），每星期一、三、五从定海开往上海，二、四、六从上海返回定海。2007年3月29日，搭载旅客12人，由上海吴淞客运码头驶抵定海港，完成该轮定—沪航线最后一班航次。属舟山一海海运有限公司。

“紫竹林”轮

“舟海晶1”轮　普通常规客轮，钢质。1998年1月，舟山扬帆船厂建造，船长31.50米，型宽6米，型深2.85米。182总吨，核定载客250人。主机功率218千瓦，航速8节，抗风等级8级。1998年2月起营运金塘大浦口至镇海航线，船舶权属定海区大丰海运站，名“大丰渡1”轮。2003年8月，舟山市海峡汽车轮渡有限公司与金塘镇集体资产经营公司组建成立“舟山市海晶海运有限责任公司”，“大丰渡1”轮更名为“舟海晶1”轮。2009年12月25日，舟山跨海大桥通车，停运。

“舟海晶3”轮　普通常规客轮，钢质。1995年12月，普陀沈家门船厂建造，船长31.50米，型宽6米，型深2.85米。182总吨，核定载客239人。主机功率218千瓦，航速8节，抗风等级8级。1995年12月起投入金塘东堠至定海航线，日4航次。船舶权属定海区金塘山潭渡轮站，名“山潭渡”轮。2003年8月，舟山市海峡汽车轮渡有限公司与金塘镇集体资产经营公司组建成立“舟山市海晶海运有限责任公司”，更名“舟海晶3”轮，仍经营东堠至定海航线，2005年9月起，改变航线，经营小李岙至定海航线。2010年1月，金塘小李岙至定海客运航线停航，随即停止营运。

“舟海晶5”轮　普通常规客轮，钢质。2004年11月，舟山海晨船务工程有限责任公司建造，船长43.30米，型宽7.80米，型深3.50米。341总吨，核定载客428人。主机功率551千瓦，航速9节，抗风等级9级。2004年12月起，营运金塘小李岙至定海客运航线。权属舟山市海晶海运有限责任公司。2010年1月，金塘小李岙至定海客运航线停航，随即停止营运。同年3月以船舶租赁形式，光租给舟山海华客运有限公司，投入营运朱家尖蜈蚣峙至普陀山客运航线。

权属定海境外企业（单位）的船舶

“海游2000”轮　普通常规客轮，钢质。1991年1月25日，天津新河船厂建造。山东威海威大海运有限公司所有，舟山一海海运有限公司租赁。2002年替代“大红鹰”客轮营运定海至上海航线。1858总吨，船长71.65米，宽13米，型深4.6米，核定载客460人，主机功率600×2千瓦，隔日班。抗风等级8级。

“兰秀1”轮　普通钢质常规客轮。1992年1月25日，浙江富春江船厂新建。199总吨，船总长33米，长29米，宽7.40米，型深2.90米，核定载客260人，主机功率136千瓦×2，航速10.5节，抗风等级8级。同年4月，替代原160客“兰秀1”木帆船，营运岱山高亭至定海西码头航线。权属岱山县秀山海运公司。2000年企业转制后属岱山县蓬莱客运轮船有限公司所有。2005年，“兰秀1”轮经再次改装，额定客位为196人，其他技术规格不变。2005年9月28日，改变航线，投入岱山高亭至秀山海岙航线。

“兰秀2”轮　普通钢质车客渡轮，原为部队75吨登陆艇，1987年4月，秀山海运公司向驻军购入改装而成。54总吨，船长28米，宽5.40米，型深2.70米，核定载客140人，载汽车2辆。主机功率88千瓦×2，航速9.5节，抗风能力8级，额定船员10人。1988年，投入岱山县秀山乡兰山至定海西码头航线，权属岱山县秀山海运公司。2000年，公司转制，车客渡轮出售。

“台门5号”　普通钢质常规客轮，1989年4月1日，广西梧州船舶修造厂设计建造。总长38.22米，长34.00米，主机功率647千瓦，抗风等级7级，核定载客300人，2007年1月1日，投入营运六横台门—大岙—定海港客运站航线，至2010年底该轮仍继续运营。权属舟山市普陀区六横台门运输公司。

高速客轮

1991年1月31日，舟山一海公司“银洲湖”双体高速客轮开通了舟山市第一条跨省水上高速客运航线—定海至上海芦潮港航线。1998年7月，浙江省海运总公司新建造国内第一艘180客位穿浪型双体高速客船“飞鹰湖”轮，投入定海—衢山—泗礁客运航线营运，舟山一海公司经营。至2010年，在定海境内营运的高速客轮达22艘。

“银洲湖”轮　豪华钢质高速双体客轮，1982年3月，香港英辉船厂建造。船长19.35米，宽8.70米，型深2.71米，核定载客150人，134总吨，70净吨，航速18节，主机功率551.4千瓦×2。1990年6月3日，省交通厅批复同意省海运总公司购置两艘150客位双体高速姐妹客船——“银洲湖”轮与“明珠湖”轮。

“银洲湖”轮

1991年1月31日，舟山市第一海运公司开辟定海至上海芦潮港航线，“银洲湖”轮经营，每日2班次，全程70海里，舟山市第一条跨省水上高速客船航线。4月，因客流原因停航。“银洲湖”轮又投入普陀山——定海——宁波北仑小港航线，每日4航次，航程23海里。权属舟山市第一海运公司。

“明珠湖”轮　豪华钢质高速双体客轮，1981年12月，香港英辉船厂建造。总长19.35米，宽8.70米，型深2.71米，核定载客150人，134总吨，70净吨，主机功率551.4千瓦×2，航速18节。1990年2月，舟山一海公司购入，翌年4月，由原经营定海——宁波北仑小港航线延伸为普陀山—定海—小港航线，5月15日，省交通厅航运管理局批复同意。此时，“明珠湖”轮与“银洲湖”轮对开，每日4航次，航程23海里。浙江省舟山第一海运公司经营。

“飞鹰湖”轮　钢质高速客轮，1998年6月，由广东新会航通高速客轮开发公司设计、建造。总长25米，型宽9.32米，型深4.50米，主机功率839×2千瓦，铝合金高速客轮，核定载客180人，196总吨，98净吨，航速25.5节。1998年7月30日，投入定海港—衢山—嵊泗—上海航线，航程74海里，日2航次。浙江省舟山市第一海运公司经营。2003年3月，停运。

“飞鹰湖”轮

“飞舟1”轮　钢质高速客轮，1996年，武汉南华高速船舶工程有限公司设计、制造。总长30.40米，型宽3.60米，型深1.80米，核定载客60人，主机功率339千瓦×2，航速24节，抗风能力8级。原名“飞云1”，1996年10月改名为“飞舟1”轮，同年10月26日起，投入定海西码头至岱山高亭航线，后改航定海三江至岱山高亭航线，航程11海里。权属舟山市高速客轮有限公司。2001年调整载客定额为70人。2002年，退出航线。

新“飞舟1”轮　钢质高速客轮，2004年5月，武汉南华高速船舶工程有限公司设计、制造。总长48.3米，型宽7.2米，型深3.3米。383总吨，260个客位，主机功率2000千瓦×2，航速32节，抗风能力8级。2004年5月起，投入定海三江至嵊泗大洋山航线，日航16班。2011年3月，卖给嵊泗东方航运公司。

“飞舟2”轮　钢质高速客轮，1996年，武汉南华高速船舶工程有限公司设计、制造。总长30.40米，型宽3.60米，型深1.80米。71总吨，核定载客60人，主机功率339千瓦×2，航速24节，抗风能力8级。原名“飞云2”，是年10月26日起，“飞舟2”轮，与“飞舟1”轮对

“飞舟2”轮

开定海西码头（三江）至岱山高亭航线。2001年，经改造，客位增至70人。2002年12月，退出航线。权属舟山市通达高速客轮有限公司。2003年至2008年，租赁给浙江省舟山连岛工程指挥部作交通艇用。

“飞舟3”轮　钢质高速客轮，1996年12月，武汉南华高速船舶工程有限公司设计、制造。总长30.4米，型宽3.6米，型深1.8米。71总吨，核定载客70人，主机功率339千瓦×2，航速23节，抗风能力8级。2001年1月起，经营定海至金塘东堠航线，日航4班。权属舟山市通达高速客轮有限公司。2009年，舟山跨海大桥开通后停航。

“飞舟5”轮　钢质高速客轮，1998年12月，武汉南华高速船舶工程有限公司设计、制造。总长30.4米，型宽3.6米，型深1.8米，71总吨，核定载客70人，主机功率339千瓦×2，航速23节，抗风能力8级，属舟山市通达高速客轮有限公司。2001年起经营定海沥港至镇海航线。2008年停航，转让给岱山县蓬莱客运轮船有限公司。

“飞舟6”轮　钢质高速客轮，1998年，武汉南华高速船舶工程有限公司设计、制造。总长33.70米，型宽4.10米，型深1.90米。86总吨，47净吨，核定载客92人，主机功率367千瓦×2，航速22节，抗风能力8级。2002年2月起，经营定海至沥港航线、沥港至镇海航线，日2航次。权属舟山市通达高速客轮有限公司。2010年6月，被岱山县蓬莱客运轮船有限公司收购，同月8日投入高亭至三江航线营运，是年12月易名“仙洲11”轮，载客定额调整为98人。

“飞舟7”轮　钢质高速客轮，2002年12月，武汉南华高速船舶工程有限公司设计、制造。总长33.70米，型宽4.10米，型深1.90米。86总吨，核定载客98人，主机功率373千瓦×2，航速23节，抗风能力8级。2003年1月12日起，替代“飞舟1”轮，营运定海三江至岱山高亭客运航线，日30航次。权属舟山市通达高速客轮有限公司。

“飞舟8”轮

“飞舟8”轮　钢质高速客轮，2002年12月，武汉南华高速船舶工程有限公司设计、制造。总长33.70米，型宽4.10米，型深1.90米。86总吨，核定载客98人，主机功率373千瓦 ×2，航速23节，抗风能力8级。2003年1月12日起，替代“飞舟2”轮营运定海三江至岱山高亭客运航线至今，日30航次。权属舟山市通达高速客轮有限公司。

“飞舟9”轮　钢质高速客轮，2004年5月，武汉南华高速船舶工程有限公司设计、制造。总长38.2米，型宽4.4米，型深2.3米。131总吨，核定载客130人，主机功率615千瓦 ×2，航速23节，抗风能力8级。2004年起，投入定海沥港至宁波镇海航线。2006年3月，投入定海三江至嵊泗小洋山航线，日2航次。权属舟山市通达高速客轮有限公司。

“飞舟10”轮　钢质高速客轮，总长32.5米，型宽9.67米，型深3.7米。306总吨，核定载客260人，主机功率2520千瓦，航速26节，抗风能力8级。2006年12月起，舟山市通达高速客轮有限公司从玉环苏泊尔公司购入(原名“苏泊尔2”号)，投入定海三江至嵊泗小洋山航线，日2航次。权属舟山市通达高速客轮有限公司。2011年转让。

“飞舟11”轮　钢质高速客轮，2008年12月，武汉南华高速船舶工程有限公司设计、制造。总长33.9米，型宽4.5米，型深1.90米，核定载客99人，主机功率407千瓦 ×2，航速23节，抗风能力8级。2009年1月起，投入定海三江至岱山高亭航线营运，日30航次。权属舟山市通达高速客轮有限公司。2010年6月，被岱山县蓬莱客运轮船有限公司收购，次月易名“仙洲10”轮，营运航线不变。

“飞舟12”轮　钢质高速客轮，2008年9月，武汉南华高速船舶工程有限公司设计、制造。总长48米，型宽6.8米，型深3.3米。346总吨，核定载客265人，主机功率1398千瓦 ×2，航速26节，抗风能力8级。是年10月起，投入(西码头)三江至小洋山航线，日4航次，营运至2010年5月止。2010年6月起，营运定海三江至大洋山至嵊泗航线，日2航次。权属舟山市通达高速客轮有限公司。

兼营定海的域外高速客轮

“新世纪”轮　钢质高速客轮，核定载客304人，航速30节，1997年5月，投入定海港—金山航线，日2班。权属上海金马海船务公司。

“飞翔”轮　钢质高速客轮，核定载客450人，航速32节，2001年1月，舟山港海通客运有限公司与上海交通游船有限公司联合经营定海港至上海芦潮港航线。权属上海交通游船有限公司。

“茂盛”轮　钢质高速客轮。1994年12月，武汉南华高速船舶工程有限公司建造。332总吨，船长49.60米，宽5.80米，型深3.15米，核定载客282人，主机功率1432千瓦 ×2，航速28节，抗风等级8级。权属浙江茂盛海运有限公司，2005年1月企业重组后，权属嵊泗东方海运有限责任公司。1995年6月起，投入泗礁—衢山—西码头航线，后改营泗礁—衢山—三江航线，隔日班。2007年6月起，“茂盛2”轮代替营运此航线。2009年9月29日，嵊泗县东方海运有限公司开通泗礁—高亭—三江航线，由“茂盛”轮营运，日营运1班。

“茂盛2”轮　钢质高速客轮。2003年2月，武汉南华高速船舶工程有限公司建造。原属浙江茂盛海运有限公司。2005年1月企业重组后，权属嵊泗东方海运有限责任公司。348

总吨，船长 48 米，宽 6.20 米，型深 3.30 米，核定载客 286 人，主机功率 1641 千瓦 ×2，航速 28 节，抗风能力 8 级。2007 年 6 月 26 日起，代替“茂盛”轮营运泗礁—衢山—三江航线，隔日班。

“嵊翔”轮　钢质高速客轮，1996 年 2 月 9 日，武汉南华高速船舶工程有限公司建造。124 总吨，62 净吨，船长 38 米，宽 4.4 米，型深 2.3 米，核定载客 114 人，主机功率 736 千瓦 ×2，航速 29 节，抗风能力 8 级。2003 年 6 月起，营运泗礁—洋山—三江航线，日 2 航次。2005 年退出，由“嵊盛”轮代替。权属嵊泗昌盛海运有限公司。

“嵊盛”轮　钢质高速客轮，2005 年 3 月 8 日，武汉南华高速船舶工程有限公司建造。392 总吨，196 净吨，船长 48.3 米，宽 7.2 米，型深 3.3 米，核定载客 260 人，主机功率 2000 千瓦 ×2，航速 29 节，抗风能力 8 级。2005 年 5 月起，营运泗礁—洋山—三江航线，日 2 航次。权属嵊泗昌盛海运有限公司。

“碧海 1”轮　钢质高速客轮，2009 年 4 月 24 日，武汉南华高速船舶工程有限公司建造。属嵊泗东方海运有限责任公司。346 总吨，173 净吨，船长 48 米，宽 6.80 米，型深 3.30 米，核定载客 265 人，主机功率 1399 千瓦 ×2，航速 28 节，抗风能力 8 级。2009 年 5 月初始，为“茂盛”、“茂盛 2”轮应急运力，运营于泗礁—衢山—三江或泗礁—高亭—三江航线。

“仙洲 2”轮　钢质高速客轮，岱山县衢山海运公司发起建造，出厂后属岱山县蓬莱客运轮船有限公司。2001 年 2 月出厂，上海船舶设计院设计，宁波滨海船厂建造。153 总吨，77 净吨，船长 41.07 米，宽 4.70 米，型深 2.30 米，核定载客 148 人，功率 839 千瓦 ×2，航速 25 节，抗风等级 8 级。2001 年 3 月 20 日起，运营高亭—衢山—三江航线。2003 年 7 月 18 日，“仙洲 5”轮投入，退出航线，转营高亭至长涂倭井潭航线。2005 年 2 月 5 日起，营运高亭—长涂—三江航线。2005 年 3 月 16 日停航。2006 年 4 月 29 日复航。2007 年 11 月 15 日起，营运高亭蒲门—长涂—三江航线，日 3 航班。

“仙洲 3”轮　钢质高速客轮。2001 年 7 月 19 日，舟山市通达船务公司建造出厂。32 总吨，船长 23.50 米，宽 3.40 米，型深 1.70 米，核定载客 40 人，主机功率 205 千瓦 ×2，航速 20.5 节，抗风能力 8 级。2001 年 12 月 1 日起，营运秀山兰山至三江航线。2007 年 7 月 5 日起改营运岱山大蒲门至长涂大浦口航线。权属岱山县蓬莱客运轮船有限公司。2008 年 6 月 23 日，出售给浙江丰顺船舶重工有限公司。

“仙洲 5”轮　钢质高速客轮，2003 年 6 月 27 日，武汉南华高速船舶工程有限公司建造出厂。348 总吨，180 净吨，船长 48 米，宽 6.20 米，型深 3.30 米，核定载客 292 人，主机功率 1641 千瓦 ×2，航速 28 节，抗风能力 8 级。2003 年 7 月 18 日起，营运衢山至三江航线。2004 年 1 月 7 日，岱山县蓬莱客运轮船有限公司开通高亭至芦潮港航线后，改营运高亭至芦潮港航线。权属岱山县蓬莱客运轮船有限公司。

“仙洲 9”轮　钢质高速客轮，2010 年 4 月 24 日，武汉南华高速船舶工程有限“公司建造。348 总吨，173 净吨，船长 48 米，宽 6.8 米，型深 3.30 米，核定载客 271 人，主机功率 1399 千瓦 ×2，航速 26 节，抗风能力 8 级。2010 年 5 月 8 日起，作应急调剂运力，营运衢山—高亭—三江或衢山—高亭—镇海航线。是年 7 月 12 日起，营运衢山—高亭、三江—高亭—衢山客运航班。权属岱山县蓬莱客运轮船有限公司。

“仙洲6”轮　钢质高速客轮，2004年9月10日，武汉南华高速船舶工程有限公司建造。383总吨，191净吨，船长48.30米，宽7.20米，型深3.30米，核定载客258人，主机功率2000千瓦×2，航速31节，抗风能力8级。2004年9月28日投入高亭—衢山—三江航线。2006年6月11日起，替代“仙洲5”轮营运岱山至小洋山航线。权属岱山县蓬莱客运轮船有限公司。

“普顺”轮　钢质高速客轮，1996年，武汉南华高速船舶工程有限公司建造。71总吨，36净吨，船长30.4米，宽3.6米，型深1米，核定载客72人，主机功率339千瓦×2，航速23.5节，抗风能力8级。1997年1月28日起，营运普陀沈家门至六横台门、桃花、虾峙航线。2007年起，营运普陀六横至定海航线。自出厂营运始，权属普陀顺吉高速客轮公司。2001年企业转制，权属普陀六横顺舟客运有限公司。

第二节　客运航线

1988年，境内有定沪、定甬、甬定瓯等水上客运航线15条，航线北至上海，南达温州，东抵泗礁，西溯宁波，通航710海里，当年客运量236万人次。1990年7月，开通温州至宁波航空线。1991年11月，撤销温定甬水上客运航线。

1991年，舟山第一海运公司先后购置150客位的“银州湖”轮（航速20节）和“明珠湖”轮（航速23节），开辟境内首条定海—上海（芦潮港，70海里）、定海—宁波（小港，23海里）高速客运航线。1996年10月，舟山市通达高速客轮有限公司“飞舟1”轮开辟定海西码头至岱山高亭高速客运航线（11海里）。2001年～2003年，又先后开通沥港—宁波（镇海，10海里）、兰山—三江（3海里），定海—沥港（21海里）、定海—桃花（11海里）、泗礁—洋山—三江（61海里）5条高速客运航线。此后，常规客轮营运的航线陆续被高速（快速）客轮替代。

1989年～2010年，水上客运航线的设置、布局，遵循服务经济、方便海岛旅客出行、服务旅游，既有拓展、优化，又有调整、整合，符合经济社会发展需要。同时，高速客轮的开通，提前实现市政府提出的舟山全境岛际交通“二小时交通经济圈”的战略目标。2010年，境内有高速客运航线6条，国际（地区间）客运航线1条。是年旅客运输量68.91万人，旅客周转量1520.70万人/千米。

常规客运航线

定海—上海航线　全程135海里。1989年～1993年，浙江舟山一海海运公司（浙江航运公司舟山分公司）“南湖”轮（920客位）和“浙江805”轮（244客位）营运。定申对开，每天1班。因定申线运力不足，1993年，购入“浙江816”轮（556客位）替代“浙江805”轮营运。1996年8月，购入“紫竹林”轮（728客位），替代“浙江816”轮。同年11月，“大红鹰”轮（720客位）投航，取代“南湖”轮。1998年后，随着杭州湾大桥贯通，沪杭甬高速公路客运开通及民航、客滚船、高速快艇的发展，客源分流，定申线水上客运量逐年下降。至2000年，企业经营亏损。2003年，上海十六铺客运站移址吴淞，定申线全程110海里。定申海上客运量进一步萎缩。是年6月，“大红鹰”轮退出，另租“海游200”轮（500客位）营运。2004年3月，也因亏损撤线。同年底，营运定申航线的最后一艘客轮—“紫竹林”轮转让给舟山海星轮船有限公司。这条由浙江舟山—海海运公司经营50年的客运航线业务全部停止。嗣后，舟山海星轮船公司购入的“紫竹林”轮更名“普陀山”，继续营运定申航线。每星期一、三、五开往上海，二、四、六返回定海。2005年，客运量1.66万人次。2007年3月29日停航。

高速客运航线

定海（三江）—衢山—嵊泗（泗礁）航线　全程60海里。2003年6月16日开通。嵊泗县昌盛海运有限公司“嵊翔2号”轮承运，114客位，航速29节，每天2航次。2004年5月，舟山市通达高速客轮有限公司购入“飞舟1”轮260客，航速32节，投入营运，每天往返2个航次。

三江至衢山航线　全程24.5海里。2001年8月，“仙洲2”轮，148客，投入高亭—衢山—三江航线，日营运2班，4航次。2003年7月起，改由292客“仙州5”轮营运，航班次仍旧。为便利高亭至衢山方向旅客，2007年6月起，“仙洲5”轮，每天上午9点40分由三江开往衢山途中兼弯高亭，节假日增开1班，2航次往返衢山—三江。

三江（西码头）至秀山航线　2001年12月，岱山蓬莱客运轮船有限公司“仙洲3”轮取代“兰秀2”常规客轮，经营定海西码头至秀山兰山航线，日营4班。2003年9月，定海三江码头建成使用后，改营三江至秀山兰山航线（3海里）。2006年9月起，为解决秀山兰山进出车辆问题，撤销“仙洲3”航班，继由客滚船（岱渡1）轮营运。

定海（三江）至岱山高亭航线　全程11海里。1996年10月、12月起，分别由60客“飞舟1”、“飞舟2”轮营运定海西码头至岱山高亭航线。1998年9月起，两轮改营定海三江至岱山高亭（高三线）航线，撤销西码头至岱山高亭航线。1998年12月，新建“飞舟5”轮取代“飞舟1”轮营运高三线。1999年8月，“飞舟1”轮将60客位改装成70客位取代“飞舟2”轮营运高三线。2001年，“飞舟2”轮也改装成70客位，取代“飞舟5”轮营运高三线。2003年1月，新建98客位“飞舟7”、“飞舟8”高速客轮取换“飞舟1”、“飞舟2”轮投入营运。2009年1月，新建99客位“飞舟11”轮投入高三线营运。2010年底，该条航线有“飞舟7”、“飞舟8”、“飞舟9”、“飞舟11”4艘高速客轮营运，日航行30个班次。

定海至小李岙（东堠）航线　全程13海里。1997年4月，舟山市通达高速客轮公司新建60客位“飞舟3”高速客轮，营运定海至金塘小李岙航线。同年7月改营定海至金塘东堠航线。2001年5月，“飞舟3”轮改装成70客位，继续营运。2005年9月，金塘水运中心小李岙站启用后，改营运定海至金塘东堠航线为定海至金塘小李岙线。2009年12月25日，连接金塘岛的舟山跨海大桥贯通，多数旅客弃船乘车，2010年1月19日该线撤销。

定海西码头（三江）至小洋山航线　全程36海里。2006年3月开通，定海三江至嵊泗小洋山航线，130客位“飞舟9”轮营运。2007年1月，260客位“飞舟10”高速客轮取代“飞舟9”轮营运。2008年1月，航线始发点由三江迁址西码头。9月，新建265客“飞舟12”轮投入定海西码头至嵊泗小洋山航线（西小线）营运。2010年，营运西小线客轮有“飞舟9”、“飞舟 12”2 艘高速客轮(其中“飞舟 9”轮为机动运力),日航行 4 班次。

国际(地区间)旅游航线

定海老塘山至台湾国际(地区间)旅游客运航线　全程约 500 海里。2010 年 9 月 27 日,舟山群岛旅游投资开发公司包租意大利籍“诗歌达·经典”号豪华邮轮,从舟山定海老塘山码头出发直抵台湾,停靠基隆港和台中港。普陀山佛教协会会长、普济禅寺方丈道慈大和尚带领 108 位僧侣和 218 位居士一行,护送 1000 尊观音宝像,赴台湾举办“慈航宝岛”祈福法会等弘扬佛法的各项交流活动,1000 尊观音宝像赠送给台湾各寺院供奉。随行的舟山市民 1500 人,开始此行四天三夜直航台湾的观光旅游。开辟了定海境内直航台湾岛的客运旅游专线。

直航台湾活动是国台办重点支持活动之一,由普陀山佛教协会和台湾中华护僧协会主办,台湾四大民间观音法脉月眉山、法云寺、观音山、大岗山协会、台湾财团法人南海观音文教基金会发起。

“歌诗达·经典”号邮轮总吨位 53000 吨,载客量(总床位) 1680 个,有 13 个甲板(其中 11 个甲板供游客使用),船速 19 节。船内有 2 个游泳池、4 个室外水按摩浴缸、250 米慢跑跑道、餐厅、多功能酒吧、剧院、休闲吧(舞厅)、棋牌室、图书馆(网吧)、360° 全方位观测台、儿童乐园,以及设有免税店的购物中心等服务设施,10 月 1 日,返回上海港。

1988 年 ~ 2010 年定海境内旅客海上运输量和周转量

单位:万人 . 万人 / 千米

年	运输量	周转量	年	运输量	周转量
1988	42.97	373.49	2000	67.80	675.10
1989	41.44	324.07	2001	75.80	754.80
1990	81.85	967.38	2002	104.60	1435.10
1991	93.01	963.26	2003	121.10	1961.30
1992	82.30	528.80	2004	154.70	2117.90
1993	81.05	542.05	2005	226.10	3725.30
1994	97.40	156.40	2006	194.70	1297.80
1995	110.30	1578.50	2007	197.90	2301.80
1996	86.20	3312.90	2008	198.12	3481.41
1997	116.40	1295.70	2009	228.08	3966.40
1998	65.20	649.10	2010	68.91	1520.70
1999	69.00	687.00			

第三节　水上客运企业选介

1989 年～ 2010 年境内专业水上客运企业（客滚船、乡镇客渡船水上客运企业另章节记述）主要有舟山市通达高速客轮有限公司、省海运集团舟山一海海运有限公司等。

舟山市通达高速客轮有限公司　址定海区海韵大厦五楼。1996 年 5 月 10 日，舟山市海星轮船公司、舟山市海峡汽车轮渡有限公司、舟山市交通投资公司共同出资组建成立。办公地址始在定海沿港东路 18 号。隶属于舟山市交通委员会。2000 年 2 月 25 日，划转舟山市交通投资公司管理。是时，舟山市交通投资公司持股权 50%，舟山市海峡汽车轮渡有限责任公司持股权 30%，舟山海星轮船有限公司持股权 20%。2006 年 10 月，公司迁址定海区卫海路 87 号海韵大厦五楼。2007 年 12 月 27 日，舟山市国资委同意舟山海峡轮渡集团有限公司按原股东投资金额收购其余二家股东所持有的股权，收购后舟山海峡轮渡集团有限公司持有舟山市通达高速客轮有限公司 100%股权，该公司成为舟山海峡轮渡集团有限公司全资子公司。

公司经营航线：

定海三江至岱山高亭航线　航程 11 海里。1996 年 10 月 7 日和 12 月 2 日起，由均为 60 客位的“飞舟 1”、“飞舟 2”轮营运西码头至岱山高亭航线。1998 年 9 月 16 日舟山市交通委员会协调会后，“飞舟 1”、“飞舟 2”轮改营定海三江至岱山高亭航线，同时撤销西码头至岱山高亭航线。1999 年 12 月 31 日起，新建“飞舟 5”轮替代“飞舟 1”轮营运。1999 年 8 月 9 日，改装成 70 客位的“飞舟 1”轮替代“飞舟 2”轮营运。2001 年，改装成 70 客位的“飞舟 2”轮替代“飞舟 5”轮营运。2003 年 1 月起，新建 98 客位的“飞舟 7”、“飞舟 8”替换“飞舟 1”、“飞舟 2”轮营运（“飞舟 1”轮出售）。2010 年 6 月，市政府专题会议后，岱山高亭至三江航线经营权 1 / 2 划给岱山蓬莱客运有限公司，原营运于高三线上 99 客位的“飞舟 11”轮、92 客位的“飞舟 6”轮同时转让给岱山蓬莱客运有限公司，分别更名“仙洲 10”轮、“仙洲 11”轮。2010 年，公司营运高三线的客轮有“飞舟 7”、“飞舟 8”两轮，日航行 21 班次（夏令 22 班次），“飞舟 2”轮为该线常备应急运力。

定海三江至大洋山至嵊泗泗礁航线　航程 61 海里。2004 年 5 月 30 日起，由新建 260 客位的“飞舟 1”轮开通。2010 年起，由 265 客位的“飞舟 12”轮取代，日航行 2 航次。

定海三江至小洋山航线　航程 34 海里。2006 年 3 月 5 日起，由新建 130 客位的“飞舟 9”轮开通。2007 年 1 月 19 日起，新建造 260 客位的“飞舟 10”轮取代。2008 年 1 月 21 日起，始发点由定海三港迁址定海西码头。2008 年 9 月 21 日起，至小洋山的另有定海西码头始发的 265 客位“飞舟 12”轮。2009 年起，130 客位“飞舟 9”轮取代“飞舟 12”轮。2010 年 1 月起，“飞舟 12”轮营运的这条同到小洋山的航线始发点也由西码头移址三江。

宁波大榭至舟山普陀山航线　航程 24 海里。2003 年 7 月 5 日开通，“飞舟 5”轮营运。2005 年 2 月 7 日起。由 92 客位的“飞舟 6”轮营运，后由 70 客位“飞舟 3”轮取代，2010 年

6月后“飞舟6”轮出租，日航行2班次～4班次。

定海至金塘小李岙航线　航程13海里。1997年4月18日，新建60客位“飞舟3”轮投入营运，同年7月21日起，“飞舟3”轮改营定海至金塘东堠线。2001年1月12日起，由“飞舟2”轮取代“飞舟3”轮，同年5月，“飞舟3”轮改成70客位后重新投入营运。2005年9月23日起，启用金塘水运中心小李岙站，定海至金塘东堠线改为定海至金塘小李岙线，“飞舟3”、“飞舟7”轮（“飞舟7”轮为机动运力）营运，日航行12班次。2009年12月25日，舟山跨海大桥通车，2010年1月19日，航线撤销。

2010年，舟山通达高速客轮有限公司拥有70客位高速客轮2艘，98客位高速客轮2艘，130客位高速客轮1艘，265客位高速客轮1艘。在职员工71人，其中科室人员23人，船员48人。公司机关内设办公室、安全科、机务科、运输科、财务科、NSM办公室。

1997年～1998年被市安委会表彰丙市级安全生产先进单位，1998年～2001年被舟山市交通委员会表彰为交通安全先进单位，2002年被定海区政府表彰为区级文明单位，2003年被市人民政府表彰为市级文明单位。2005年飞舟，1、6、7、8四轮分别获省级文明航线、文明船称号。2007年～2008年被市交委表彰为安全先进单位。2008年～2009年被市安委会表彰为安全生产企业。

省海运集团舟山一海海运有限公司　址定海港码头16号，国有控股企业，1956年6月成立，至二十世纪初，承担计划经济期间定海港通往舟山市主要岛屿间及辐射宁波、温州、上海等大陆航线上的水上主要客运任务和完成国家沿海计划物资运输任务的企业。

1979年1月1日，省航运公司恢复建制，公司是省航运公司下属单位，至1988年，仍称“浙江省航运公司舟山分公司”，是年客运量30.84万人次。翌年4月21日，省航运公司更名“浙江省海运总公司”，舟山分公司更名浙江省舟山海运公司，5月5日舟山海运公司再次更名浙江省舟山第一海运公司。2000年7月，企业改制为股份制企业，国有控股51%、职工参股49%。公司易名为浙江省海运集团有限公司舟山一海海运有限公司（简称“舟山一海公司”），为浙江省海运集团控股子公司，7月19日，工商注册登记，注册资金1000万元。

1993年，建立定海西码头轮渡站。1995年2月28日，开通西码头至上海金山客滚航线。舟山市水上客运站点调整和重新布局，定海三江（西码头）水上客运中心形成，上海十六铺水上客运码头迁址。旅客出行出现求快捷、弃海走陆等新情况，定海港水上客运航线通往大陆的客源逐年萎缩，水上客运船舶经营状态每况愈下，企业经营维艰。2004年12月18日，舟山一海公司退出经营多年的舟山水上客运市场。2005年12月，省交通集团与舟山市人民政府签订“关于舟山一海海运有限公司划转舟山市管理的协议”，原浙江省海运集团公司所属舟山一海海运公司所持51%国有股权划转由舟山市管理，2006年1月底，完成国有股权划转等各项交接工作，3月划转工作完成。舟山一海公司划转舟山后转隶舟山市交通委员会。1989年至2004年舟山一海公司经营的主要水上客运航线有：

定海西码头—岱山高亭航线　1986年12月26日开通。“浙江810”轮营运。1989年4月，退出营运。

定海—上海航线　1975 年，新置客轮“浙江 815”轮。9 月 23 日投入定海—衢山—泗礁—上海航线，三天班，1983 年 7 月 10 日起改驶两天班。2001 年停航。

1985 年 9 月，购置 3000 吨级，920 客位“南湖”轮，营运定海—上海航线，2 天班。1997 年 1 月停航。

1997 年 2 月，新置 4083 总吨，852 客位“新南湖轮”，投入定海—上海航线，2 天班。1999 年 6 月更名“大红鹰”，继续营运，2002 年 6 月停航，后出售给山东威海一船公司。

1990 年，省海运总公司内部划拨浙江海门海运公司“浙江 406”轮，改名“紫竹林”轮，营运定海—衢山—泗礁—上海航线，2 天班。2004 年 12 月 18 日，停止营运，出售给舟山海星轮船有限公司。

第二章　海上货运

定海海上货物运输历史源远流长，是传统特色产业。1989 年后，经济社会持续好的发展趋势，海上货运市场繁荣，沿海港口吞吐量逐年递增。1992 年，境内首艘二手万吨级杂货轮“浙海 718”轮投入运营。

1993 年，国家放开运输市场，海上个体、联户货运船舶持续出现，海上货物运输呈现国营、集体、个体、联户多种经营，多家竞争，百舸争流，快速发展的新局面。航线则从江、浙沿海港口三类航区，延伸至全国沿海港口二类航区，海上货物运输进入一个新发展期，运输市场空前繁荣。翌年，国家交通部批复同意舟山市定海水产（集团）公司两艘冷藏船从事以浙江省各港口为主的水产品近洋国际海上航线营运。1999 年始，国家扩大内需，增加投入，拉动经济增长等一系列宏观调控政策措施到位，海运企业经济运行状况好转，但社会有效需求仍不足，运输市场波动较大，企业经济运行质量不高，困难重重，举步维艰。定海海运企业以产权制度改革为突破口，通过股份制改造，陆续转制重组。根据市场需求，想方设法筹措资金，“购造结合，以购为主”，调整和改善运力结构。重点放在技术状况好、适用性强、船龄相对较短、价格又相对较低二手船的购置上，增强抗风险能力，淘汰了一批吨位小、船况差、不利于经营的船舶。2001 年～ 2002 年，国家交通部先后发布实施了《运输船舶强制报废制度》（简称 2 号令），境内一批符合报废的运输船舶强制出局，船况得到显著改善，运力结构进一步优化。

2002 年，舟山市实施“水运强市”战略。境内海运企业抓住发展机遇，拓展航线。国内航线遍及全国沿海各大港口及长江下游一带，南至湛江、香港，北至大连、丹东，进长江通航芜湖、武汉等江岸城市。国外航线及至日本、巴拿马、新加坡、韩国、马来西亚等国家和地区。2003 年，定海区水运市场有各类船舶 470 艘，计 484861 载重吨，港口货物吞吐量（未包括老塘山）551 万吨。

2005年，船舶规模、结构进一步朝“大、特、优”方向发展，采用标准化、降耗、节能船舶，加快淘汰性能差、结构不合理、高油耗老旧运输船舶，促进航运企业向规模化、集约化和节能化方向发展。这一年单船平均1559载重吨，比上年同期增加390吨，增长33%。新增万吨以上船舶4艘，约12.8万载重吨，拥有万吨以上船舶10艘，运力约24.29万载重吨，约占全区货运船舶总运力27.87%。新组建航运企业（包括外地落户企业）13家。运力万吨以上水运企业23家，占50%。特种船舶有油轮、集中箱船、散货船、液化船和冷藏船等67艘，占运输船舶总艘数12%，运力16.1万吨占总运力18.5%。其中营运国际航线船舶运力达到16.2万载重吨。是年，在定海区内注册的各类货运船舶有559艘，计87.17万载重吨。至年底，定海港内货物吞吐量（不包括老塘山港区）完成682万吨。

2007年，定海区有水路运输（服务）企业134家，各类货运船舶580艘，1165470载重吨，船舶单船平均载重吨2009吨，比上年增加149吨，平均船龄下降到10.5年，万吨以上大吨位船舶23艘，比上年净增加4艘，特种船舶和万吨以上船舶分别占总艘数和总运力的20%和60.3%。至年底。辖区内港口货物吞吐量（不包括老塘山港区）1316万吨。

2010年，有钢质货运船舶602艘，总运力165.7万载重吨。全年净增运力314924吨。其中特种船舶和万吨以上船舶占总艘数和总运力32%和49.6%。10万吨运力规模以上海运企业2家，5万吨运力规模以上企业2家，企业平均运力规模为22553载重吨（比2009年增加2207载重吨），运输船舶平均吨位2752载重吨。比“十五”末增长83%。“十一五”期间，总运力净增767714载重吨，五年内运力增长82%。是年，完成货物吞吐量达8317万吨（不包括金塘、岙山）。

1988年～2010年定海海上货物运输周转能力变化情况表

单位：万吨、万吨／千米

年	运输量	周转量	年	运输量	周转量
1988	10.74	2366.84	1998	649.10	36999.30
1989	16.36	5034.18	1999	209.00	49279.00
1990	27.64	2869.23	2000	225.80	55801.90
1991	33.80	4567.10	2001	251.60	56810.20
1992	62.60	7513.70	2002	308.40	65096.10
1993	57.76	7339.49	2003	520.70	82697.40
1994	66.50	8619.60	2004	665.30	959816.90
1995	—	—	2005	582.40	—
1996	86.60	25071.00	2006	621.11	—
1997	267.20	95845.40	2007	1260.00	—
			2008	1462.00	—
			2009	1760.00	—
			2010	8317.00	—

第一节　运输工具

1988 年，定海海上货运工具主要为小吨位、普通钢质散货船、冷藏船，油轮等，其中交通部门有钢质散货船 34 艘，最大散货船为“浙海 717”轮（6830.5 载重吨）。非交通部门，市、区所属石油、木材、水产、粮食、商业、外贸等部门（企业）增置的油轮及木材、粮食、氨水、冷藏、活水鱼等专用货轮有 32 艘，达到 1.65 万总吨。主要是舟山洛达轮船公司 4 艘、舟山石油公司 10 艘，冷藏船则有舟山市海运公司所属“浙舟 59”轮。

1989 年，全国水上货运市场逐步放开始，为适应市场，船舶结构不断调整、优化。船舶种类构成从钢质小型老旧散货船舶为主，逐步向大吨位船舶发展，并发展化学品船、集装箱船等特种船舶。是年 1 月 21 日，舟山市海运公司（集体所有制企业）与广东省航运开发服务公司联营购入的“粤定 301”轮（原名“惠成”轮），长 64.60 米，宽 10.80 米，型深 5.10 米，主机功率 1617 千瓦，载重 2800 吨），并装有卫星导航、10 吨船吊等一整套先进设备，抵达定海港。标志着定海货运企业船舶（除国有）至国内沿海航线船舶吨位、装备迈上一个台阶。9 月，中国对外贸易运输公司浙江省舟山办事处租用“芝山二号”轮装载罐头去香港。这是舟山港第一次对外定期货运航线，此后每月 1 航次，定期航行于舟山至香港间。1990 年，水上货运市场开始复苏，国家交通部采取积极培育措施，一度采取“有路大家行车，有水大家行船”的开放政策。市场准入“门槛”降低，投资海运见效较快，吸引了社会方方面面买船搞运输。这一方面促进了定海水运业的快速发展，另一方面也存在一定安全隐患。乡镇 500 吨以下运石运砂运输船舶（含“三无”船舶）事故多发。这使具有一定市场竞争力的定海海上运输企业有条件抓住机遇，筹措资金，调整运力结构，扩大货运船舶规模。1992 年，浙江海运公司舟山分公司（现为浙江舟山一海海运有限山公司）购入舟山市首艘（二手）万吨级杂货轮“浙海 718”轮，（1969 年日本建造，船长 138.5 米，船宽 14.59 米，型深 11.2 米，6383 吨，3574 净吨，10403 载重吨，主机功率 4854 千瓦，航速 14 节）。同时，公司拓宽航线，北到秦皇岛、天津、山东（黄华港）、唐山（京唐港），南到上海及长江下游，运营煤炭，承运山东岚山到宁波石灰，青岛到长江下游铁矿石运输业务。“八五”期间到“九五”期末，公司运力从 1.42 万吨增至 4.5 万载重吨，年货运量从 78.78 万吨增至 172 万吨。

1995 年，公司又购入二手万吨级散货轮“浙江 720”轮，（日本建造，船长 156.2 米，宽 22.6 米，型深 12.9 米，10711 总吨，6219 净吨，19505 载重吨，主机功率 6176 千瓦，航速 12 节）。

1993 年，海上货运市场逐渐复苏，民营企业舟山中昌海运有限公司购置“中昌 8 号”轮，始承揽国内沿海及长江中下游各港口间建筑材料及制品等货物运输业务。同时，一方面拓宽货源渠道，另一方面边购置船舶增加运力。到 2003 年底，总运力达 12 万吨。

2001 年 3 月 19 日，交通部、国家经贸委、财政部发布《关于实施运输船舶强制报废意见》，4 月 9 日，交通部颁发《老旧船舶管理规定》，规定了报废船龄，即老旧船舶达到报废船龄即退出水运市场。营运船舶状况得到改善，船公司也从购买二手老旧船为主理念转向新造或购置船龄不长船舶。

2002年，市政府实施"水运强市"战略，海运企业抓住机遇，多措齐下，筹资购置大型船舶，开拓货源市场，形成以运输成品油、钢材、煤炭、矿砂、粮食、废钢、水泥、沙石、集装箱等大宗货物为主的港口进出货物体系。航线向外辐射，不断延伸，国内运输航线逐渐遍及全国沿海各大港口及长江中下流一带，南至湛江、香港，北至大连、丹东、进长江通芜湖、武汉等江岸城市，国外航线及至日本、巴拿马、新加坡、韩国、马来西亚等国家和地区。至翌年底，定海有海运企业24家，船舶291艘，总运力36.8万载重吨。船舶结构仍以普通散装货船为主。

2009年11月30日，国家交通运输部《关于修改〈老旧运输船舶管理规定〉的决定》，规定船龄在12年以上的油船（包括沥青船）、散装化学品船、液化气船，为三类老旧海船，强制报废船龄为31年以上。船龄在18年以上的散货船、矿砂船，为四类老旧海船，强制报废船龄为33年以上。船龄在20年以上的货滚船、散装水泥船、冷藏船、杂货船、多用途船、集装箱船、木材船、拖轮、推轮、驳船等，为五类老旧海船。强制报废船龄为34年以上。至此，境内符合强制报废的老旧船舶被淘汰出局。

至2010年底，定海有海运企业80家，拥有钢质货船602艘，53.5516万千瓦，总运力1657226载重吨，其中万吨以上船舶53艘，全年货运量5333万吨。

鲜活鱼运输船　内置鲜活鱼生存设施，将舟山活鳗、活石斑鱼运往香港和日本销售。1989年，舟山洛达轮船公司从事远洋国际航线鲜活鱼运输船两艘，一艘"洛洲轮"，长39.2米，宽7.1米，型深3.23米，主机588千瓦，辅机126千瓦，14载重吨，一艘"洛兴"轮，长29.5米，宽5.17米，型深2.3米，主机441千瓦，辅机126千瓦。之后无鲜活鱼运输船发展。

冷藏船　内设冷藏设备，可直接制冷，将舟山冷冻水产品、冻鱼、冻肉、冻禽蛋运往国内各地、香港和日本。经营单位先后有舟山市海运公司、舟山洛达轮船公司、定海水产供销公司及舟山市定海区水产（集团）公司4家，投入冷藏船11艘。1989年，舟山市海运公司有冷藏船4艘："浙舟59"轮，长86米，宽12.60米，型深6.18米，主机2315千瓦，1803载重吨。"浙舟52"轮，长50.18米，宽8.56米，型深5.18米，主机441千瓦，300载重吨。"浙舟53"轮，长55.12米，宽9.2米，型深4.3米，主机735千瓦，400载重吨。"浙舟54"轮，长49.83米，宽9米，型深4米，主机136×2千瓦，515载重吨。舟山洛达轮船公司有冷藏船2艘："洛伽轮"，长71.5米，宽11米，型深3.5米，主机1690千瓦，辅机279千瓦，1392载重吨。"洛川轮"，长67.5米，宽10.9米，型深4.5米，主机1323千瓦，辅机88千瓦，1099载重吨。定海水产供销公司有冷藏船3艘："舟山32"轮，长47米，宽8米，型深3.5米，主机441千瓦，辅机286千瓦，245载重吨。"舟山33"轮，长48米，宽8.1米，型深3.5米，主机735千瓦，辅机455千瓦，280载重吨。"舟山24"轮，长59米，宽10米，型深3.4米，主机441千瓦，辅机235千瓦，500载重吨。1994年，国家交通部批复，同意舟山市定海区水产（集团）公司（定海水产供销公司）"舟山58"、"舟山76"两艘冷藏船从事以浙江省各港口为主的水产品近洋国际海运。之后无冷藏船发展。

油轮　海上装运油类钢质船舶。1989年，境内油品尚未放开，仅有国有舟山石油公司

10 艘油轮（大庆 761、大庆 762、大庆 763、大庆 764、大庆 765、大庆 766、大庆 767、大庆 731、大庆 733、大庆 734），共计 13280 载重吨。装运船舶吨位最大的油轮是“大庆 733”轮、“大庆 734”轮。两轮于 1988 年 12 月在辽宁渤海船厂建造，钢质。同类船型，型长 101.5 米，型宽 13.82 米，型深 6.50 米，3000 载重吨，1427 净吨，主机功率 1654 千瓦。10 艘油轮均行驶沿海二类航区。年石油运量 60 万吨。2001 年 6 月，公司改制，更名“浙华油轮运输联运公司”。至 2010 年，公司拥有油轮 5 艘，计 20539 载重吨。

2000 年，油品放开，定海境内新注册登记的海上运输油品公司有 5 家，添置 5000 载重吨以上油轮 6 艘，新增运力 26792 总吨。2007 年，舟山市天麒船务有限公司、舟山百通海运有限公司分别新置“金仑 17”，“百通 8”两艘油轮。其中“金仑 17”轮总吨 4575，净吨 2562，总长 117 米，船长 108 米，船宽 16.8 米，型深 8.6 米，7238 载货吨，功率 2500 瓦。同年，浙江长润海运有限公司光租“利华 18”油轮，该轮 4484 总吨，2511 净吨，总长 117.4 米，船长 109 米，船宽 16.5 米，型深 8.3 米，7080 载重吨，功率 2060 千瓦。至 2010 年，境内有从事海上油品运输的企业 22 家，拥有船舶 82 艘，计 214182.77 载重吨。

拖轮　专门用于港口移动货物、拖带机器发生故障或触礁、搁浅的各类船舶，以及完成其他原因造成的“急、难、险”抢险救灾任务的船舶。1993 年 1 月，境内成立舟山港海通轮驳公司，引进日本 1971 年～ 1972 年生产的旧拖轮 2 艘，均为 3200HP，船长 35 米，宽 10 米，型深 4.5 米。1998 年 2 月，公司改制成有限责任公司。2004 年，公司有拖轮 5 艘（其中 1 艘 4000HP，余下为 3200HP）。

至 2010 年，公司有拖轮 14 艘，其中自有 12 艘，计 48524 千瓦，委管 2 艘，计 11660 千瓦。

舟山港海通轮驳有限责任公司拥有拖轮情况表

（2010 年）

单位：米、吨

船　名	吃水（满）	长	宽	深	建造日期
舟港拖 18	1.1	31	9.8	4.4	2009.06.10
舟港拖 11	4.1	31	9.8	4.4	2006.12.28
舟港拖 15	3.6	28.5	9.2	3.9	2008.08.21
舟港拖 16	3.6	28.5	9.2	3.9	2008.11.08
舟港拖 9	4.5	31.85	10.4	4.7	2005.11.24
舟港拖 8	4	30.5	9	3.8	1988.08.26
舟港拖 3	4.2	26.5	9.5	4.3	1980.01.01
舟港拖 4	3.9	29.5	8.5	3.4	1979.09.01
舟港拖 6	4.2	31	9.8	4.5	2004.11.29
舟港拖 7	4	27	8.8	3.6	1989.11.01
舟港拖 12	4.1	31	9.8	4.4	2007.07.21
舟港拖 10	4.5	31.5	10.4	4.7	2006.07.10
港兴拖 217	4.1	26.5	9.5	4.3	1990.01.01
舟港拖 5	4.1	29	9.2	4.18	1993.04.01

舟山通洲船务公司“舟通58”轮化工品船

化工品船 1995年8月1日，成立舟山通洲船务有限公司，经营国内沿海及长江中下游油品、散装化学品运输。时公司拥有化学品船2艘，即“舟通28”和“益能”轮，计5250载重吨。“舟通28”轮：2004年6月建造，3200载货吨，吃水(满)5.3米，吃水(空)2.811米，5舱数，长91.03米，宽13.50米，型深6.35米。“益能”轮：2007年5建造，2050载重吨，吃水(满)4.583米，吃水(空)3.093米，5舱数，长81.65米，宽12.00米，型深5.60米。

2005年3月28日，成立舟山永盛海运公司，经营国内沿海及长江中下游化学品运输。时有化学品船4艘，计6286载重吨，即“永盛化2”、“永盛化5”、“永盛化9”、“永盛化3”轮。“永盛化2”轮，2007年7月28日建造，1100载重吨，吃水(满)4米，吃水(空)2.549米，10舱数，长65米，宽10.50米，型深5米。“永盛化5”轮，1988年3月1日建造，1059载重吨，吃水(满)4.04米，吃水(空)2.600米，8舱数，长64.91米，宽10.00米，型深4.5米。“永盛化9”轮，2007年10月29日建造，3000载重吨，吃水(满)5.1米，吃水(空)3.680米，12舱数，长91.03米，宽13.50米，型深6.5米。“永盛化3”轮，2006年2月8日建造，1127载重吨，吃水(满)3.95米，吃水(空)1.95米，8舱数，长62.33米，宽10.20米，型深4.9米。

舟山和丰船务公司10800载重吨716TEU“新群岛”集装箱船

至2010年，定海境内有化学品船6艘，计11536载重吨。

集装箱船 1998年7月24日，成立舟山和丰船务有限公司，经营国内沿海及长江中下游集装箱运输业务。至2010年，公司有集装箱船舶3艘，即“新舟山”、“新群岛”、“新和达”轮。“新舟山”轮，2004年

1月9日建造，9500载重吨，吃水（满）8米，吃水（空）5.19米，3舱，长127.7米，宽20.80米，型深10.50米。“新群岛”轮，2005年3月1日建造，10800载重吨，吃水（满）7080米，吃水（空）4.63米，4舱，长135.30米，宽20.80米，型深10.50米。“新和达”轮，2005年10月16日建造，10800载重吨，吃水（满）7080米，吃水（空）4.626米，4舱，长135.30米，宽20.80米，型深10.50米。

2000年10月20日，成立舟山市永茂运输有限公司。2006年7月11日，公司新建造“金联海”集装箱轮，9789载重吨，吃水（满）8米，吃水（空）4.365米，3舱，长112米，宽20.80米，型深10.5米，

2000年11月19日，成立舟山市和扬船务有限公司。时公司有集装箱轮2艘，即“和宏”和“和易”轮，计13206载重吨。“和宏”轮，1990年11月1日建造，7118载重吨，吃水（满）6.15米，吃水（空）3.356米，3舱，长99.2米，宽20米，型深7.6米，经营浙江—山东航线，2010年完成集装箱货运量23654TU。“和易”轮，2004年4月24日建造，6088载重吨，吃水（满）6.00米，吃水（空）2.86米，3舱，长107.7米，宽16.2米，型深7.8米，经营山东—福建航线，2010年完成集装箱货运量17927TU。

2004年4月，成立浙江和易海运股份有限公司。时有集装箱船舶3艘，即“和华”、“和瑞”、“和泰”轮。“和华”轮，2007年2月12日建造，8308载重吨，吃水（满）6.9米，吃水（空）4.672米，3舱，长122米，宽18.8米，型深9.4米。“和瑞”轮，2005年11月28日建造，6003载重吨，吃水（满）6.15米，吃水（空）3.237米，3舱，长107.7米，宽16.2米，型深7.8米。“和泰”轮，2005年1月15日建造，6100载重吨，吃水（满）6.15米，吃水（空）3.170米，3舱，长107.7米，宽16.2米，型深7.8米。经营国内沿海及长江中下游航线。

2007年6月，成立舟山明赢船务有限公司。时有集装箱船舶2艘，即“明赢6”、“明赢8”轮。“明赢6”轮，2004年7月5日建造，4000（198TEU）载重吨，吃水（满）5.85米，吃水（空）2.53米，2舱，长90米，宽13.6米，型深7.2米。“明赢8”轮，2006年1月18日建造，7814（402TEU）载重吨，吃水（满）6.7米，吃水（空）2.997米，3舱，长119.27米，宽16.2米，型深8.75米。另外长期租用5000吨多用船舶（500TEU）2艘，经营国内沿海及长江中下游各港间集中箱货物专业运输、集装箱中转业务。2008年完成集装箱货运量近35000TEU。

2010年，定海境内有集装箱船舶11艘，计79214载重吨。

货滚船　专门经营舟山岛际货滚船运输业务。2007年2月9日，成立舟山亿洋岛际运输有限责任公司，主要从事舟山沿海遮蔽航区岛际货滚船运输。时有货滚船2艘，即“岛际1”、“岛际2”，次年又新置货滚船4艘。之后，境内无货滚船发展。

2010年底，境内有货滚船6艘，计512载重吨。

舟山亿洋岛际运输有限公司拥有货滚船情况表

（2010年） 单位：米、吨

船名	载重吨	吃水（满）	吃水（空）	长 / 宽 / 深	建造年月
岛际1	60	2.40	2.00	24 / 5 / 3	2007.6
岛际2	60	2.40	2.00	24 / 5 / 3	2007.6
岛际3	98	2.50	2.10	23 / 5.5 / 3	2008.1
岛际5	98	2.50	2.10	23 / 5.5 / 3	2008.1
岛际7	98	2.50	2.10	23 / 5.5 / 3	2008.2
岛际9	98	2.50	2.10	23 / 5.5 / 3	2008.2

注：表内货滚船均为1舱

货船 专载散货。1989年，在定海境内有交通部门货运船舶34艘，最大货运船舶为浙江省舟山第一海运公司（改制前称浙江海运公司舟山分公司）所属“浙海717”轮，5722载重吨。是年1月21日，舟山市海运公司与广东省航运开发服务公司联营购入的“粤定301”轮（原名“惠成”轮），抵达定海港。（该轮长64.60米，宽10.80米，型深5.10米，主机功率1617千瓦，2800载重吨），配套卫星导航、10吨船吊等一整套先进设备。至此，境内至国内沿海货运船舶装备跃上一个新台阶。1992年，浙江海运公司舟山分公司（改制后更名为“浙江舟山一海海运有限责任公司”）购入舟山市首艘二手万吨级杂货轮“浙海718”轮，（1969年9月30日，日本株式会社名村造船厂建造，钢质，一般干货船。总长138.5米，型宽18.59米，型深11.20米，6383总吨，3574净吨，11894.8载重吨，主机功率4854千瓦，航速14节）。行驶近海航区。浙江省舟山第一海运公司经营。此后，定海经营的海上货运船舶朝大吨位方向快速发展。期间，舟山中昌海运有限公司购置“中昌8号”轮，开始承揽国内沿海及长江中下游各港口间建筑材料及制品等货物运输业务。同时，拓宽购置船舶渠道，增加运力。到2003年，总运力达到12万吨。

1989年～2010年营运在境内的主要普通钢质货运船舶有：

“浙海704”轮 1988年1月，安徽芜湖造船厂建造。钢质货轮。总长106.55米，型宽14米，型深7.80米，3346总吨，1874净吨，4889.10载重吨，主机功率661.5千瓦，航速11节。行驶沿海航区。浙江省舟山第一海运公司经营。

“浙海712”轮 1977年1月，日本浅川造船厂建造。钢质货轮。总长106.44米，型宽16.30米，型深8.15米，3951总吨，2212净吨，6079.30载重吨，航速11节，2375千瓦，行驶近海航区。浙江省舟山第一海运公司经营。

“浙海713”轮 1991年7月，广东顺德勒流船舶修造厂建造。钢质油船。总长31.10米，型宽5.30米,型深2.40米,103总吨,58净吨,175载重吨,主机功率105千瓦,航速7节。行驶遮蔽区。浙江省舟山第一海运公司经营。

"浙海716"轮　1973年10月,日本WATANABE建造。钢质一般干货船。总长116.55米,型宽17.40米,型深8.70米,4809总吨,3000净吨,7898.11载重吨,主机功率3308千瓦,航速11节。行驶近海航区。浙江省舟山第一海运公司经营。

浙江省舟山第一海运公司"浙海717"轮

"浙海717"轮　1970年1月,日本高松四国造船公司建造。钢质一般干货船。总长110.50米,型宽17米,型深8.40米,4065总吨,2276净吨,6830.5载重吨,主机功率2750千瓦,航速11节。行驶近海航区。浙江省舟山第一海运公司经营。

浙江省舟山第一海运公司"浙海718"轮

"浙海718"轮　1969年9月30日,日本株式会社名村造船厂建造。钢质一般干货船。总长138.5米,型宽18.59米,型深11.20米,6383总吨,3574净吨,11894.8载重吨,主机功率4854千瓦,航速14节。行驶近海航区。浙江省舟山第一海运公司经营。

"清波"轮　1989年10月13日,安徽芜湖船厂建造,钢质散货船。船长106.55米,型宽14米,型深7.8米,3347总吨,1874净吨,4522载重吨,主机功率750×2千瓦,航速11节。行驶近海航区。浙江省舟山第一海运公司经营。

"清泰"轮　1989年年10月13日,安徽芜湖造船厂建造。钢质散货船。总长106.55米,型宽14米，型深7.80米，3434总吨，1932净吨，4524.4载重吨，主机功率750×2千瓦，航速11节。行驶近海航区。浙江省舟山第一海运公司经营。

“浙海720”轮　1974年日本日立船厂建造，1998年购入，散货轮。船长156.2米，型宽22.6米，型深12.9米，10711总吨，6219净吨，19505载重吨，主机功率6167千瓦，航速12节。浙江省舟山第一海运公司经营。

“浙海721”轮　1978年西班牙毕尔巴鄂船厂建造，2002年购入，杂货轮。船长144米，型宽21.4米，型深12.2米，9942总吨，5568净吨，15195载重吨，主机功率4520千瓦，航速11节。浙江省舟山第一海运公司经营。

“浙海722”轮　1984年西班牙建造，2003年购入，干货轮。船长144米，型宽21.4米，型深12.2米，9855总吨，5519净吨，14950载重吨，主机功率5080千瓦，航速12节。浙江省舟山第一海运公司经营。

“浙海728”轮　秘鲁建造，1974年11月出厂，2003年购入，散货轮。船长180.3米，型宽22.86米，型深13.72米，16009总吨，8165净吨，25566载重吨，主机功率8820千瓦，航速11节。浙江省舟山第一海运公司经营。

“浙海723”轮　日本今井造船株式会社建造，1977年出厂，2004年购入，干货轮。船长143.38米，型宽21.9米，型深12.2米，10175总吨，5698净吨，15758载重吨，主机功率5082千瓦，航速14节。浙江省舟山第一海运有限公司经营。

“新一海1”轮　舟山市招宝船舶修造有限公司建造，2007年1月出厂，散货轮。船长143.38米，型宽21米，型深11.2米，9729总吨，5448净吨，15308载重吨，主机功率3824千瓦，航速11节。浙江省舟山第一海运有限公司经营。

浙江省舟山第一海运有限公司“新一海1”轮

“新一海2”轮　2008年11月25日，浙江海丰造船有限公司建造，散货轮。船长148米，型宽24米，型深13.2米，13603总吨，7617净吨，22000载重吨，主机功率4400千瓦，航速12.5节。浙江省舟山第一海运有限公司经营。

“新一海3”轮　2008年12月29日，乐清市江南船舶有限公司建造，散货轮。船长149.8米，型宽米，型深14米，15493总吨，8676净吨，22171载重吨，主机功率4400千瓦，航速 12.5 节。浙江省舟山第一海运有限公司经营。

“德勤 68”轮 2008 年 10 月 31 日建造，散货轮。船长 149 米，型宽 22.6 米，型深 12.15 米，12554 总吨，7030 净吨，20276 载重吨，主机功率 4413 千瓦，航速 11.6 节。德勤集团股份有限公司经营。

“浮山湾”轮 2006 年 6 月 20 日建造，散货轮。船长 158.8 米，型宽 24 米，型深 13.2 米，13502 总吨，7561 净吨，20838 载重吨，主机功率 5400 千瓦。浙江正和航运有限公司经营。

“中昌 68”轮 1986 年 5 月 26 日建造，散货轮。船长 195 米，型宽 14 米，型深 14.3 米，18121 总吨，10147 净吨，26807 载重吨，主机功率 7870 千瓦，航速 12.5 节。中昌海运有限责任公司经营。

“中昌 88”轮 1987 年 12 月 2 日建造，散货轮。船长 182.8 米，型宽 30.5 米，型深 15.75 米，24536 总吨，13740 净吨，42620 载重吨，主机功率 6190 千瓦，航速 11.5 节。中昌海运有限责任公司经营。

“新浙江”轮 1984 年 8 月建造，散货轮。船长 252 米，型宽 32 米，型深 17 米，39537 总吨，26100 净吨，65362 载重吨，主机功率 12798 千瓦。行驶国际航线，浙江远洋船务有限公司经营。

1988 年 ~ 2010 年定海区境内经营船舶发展情况表

单位：艘、吨、个

年份	船舶	载重货吨	客位	年份	船舶	载重货吨	客位
1988	268	14528.5	2589	1998	174	42168	3351
1989				1999	195	45645	3342
1990	214	9745	2924	2000	296	86599	2947
1991	208	12096	3268	2001	410	140616	6402
1992	378	16074	3283	2002	393	133469	3176
1993	222	26903	3212	2003	462	454838	
1994	220	29578	2468	2004	515		
1995	296	40793	3104	2005	603	805197	10072
1996	111	21035	2927	2006	633	1048589	8427
1997	182	81790	2877	2007	623	1139845	11058

定海境内经营的 6000 吨以下部分货（油）轮

（2010 年）

单位：吨、千瓦、米

船名	船舶分类	建造完工日期	总吨位	净吨位	载货量	功率	船长	型深
百通 8	油船	2007.05.28	4461	2498	7080	2060	109	8.3
大庆 739	油船	2006.11.02	4552	2549	7016	2060	109	8.3
德勤 1	货船	2003.04.28	2801	1568	5350	3528	85.7	7

续表

船名	船舶分类	建造完工日期	总吨位	净吨位	载货量	功率	船长	型深
德勤 11	货船	1981.01.01	3893	2180	5900	2490	106.9	8.3
德勤 15	货船	2005.06.21	2959	1657	5100	2000	90.5	7.4
德勤 28	货船	1988.11.01	3888	2177	6010	5590	105.2	8.6
德勤 29	货船	2007.01.26	5723	3205	8518	2426	112.4	9.4
恩基 1	货船	2006.06.29	2996	1677	5009	1765	89.8	7.4
恩基 3	货船	2008.09.28	2996	1677	5011	1765	90.8	7.4
金柏海 3	货船	2005.08.23	5221	2923	8110	2500	116	8.5
金仑 17	油船	2007.01.28	4575	2562	7238	2500	108	8.6
金山岭	货船	2005.11.03	4415	2472	6006	2500	107.7	7.8
金兆 16	货船	1984.08.02	4439	2486	7097	1690	105.6	9.7
金兆 20	货船	2008.09.18	2980	1668	5010	1765	89.8	7.4
金兆 28	货船	1987.10.30	5303	2969	7928	1840	111.6	9.3
利华 18	油船	2007.05.11	4484	2511	7002	2060	109	8.3
天润之 68	货船	2005.09.20	2963	1659	5108	1765	92.9	7.1
协昌 88	货船	2005.05.25	2988	1673	5123	1765	89.8	7.4
新宏洲 11	货船	2005.12.15	2995	1677	5100	1765	89.8	7.4
新金林 1	货船	2004.07.15	2879	1612	5030	1545	91.6	7.2
新金林 5	货船	2008.08.21	2996	1678	5014	1765	90.8	7.4
鑫鸿 11	货船	2004.09.06	2990	1675	5055	1765	89.8	7.4
鑫鸿 16	货船	2005.04.08	2995	1677	5008	1476	92.9	7.1
鑫鸿 6	货船	2005.09.08	2959	1657	5060	1765	90.5	7.4
永隆 56	货船	2003.12.31	2968	1662	5156	1471	90.5	7.4
永盛 36	油船	2007.03.08	4603	2577	7200	2060	108	8.6
增兴	货船	2005.08.25	2978	1667	5000	1765	93	7.4
振威 6	货船	2007.01.31	2959	1657	5100	1765	90.5	7.4
振威 7	货船	2004.11.26	3037	1700	5100	1765	90.5	7.4
振威 8	货船	2005.01.30	3037	1700	5100	1765	90.5	7.4
中铁 6	货船	2005.11.7	2993	1676	5156	1470	92.9	7.1
舟海油 66	油船	2004.06.14	4117	2306	6631	2060	106.	8.2

定海境内经营的万吨以上货轮

（2010 年）

单位：吨、千瓦、米

船名	建造日期	总吨	净吨	载重量	功率	船长	型深
必胜隆 9	2008.12.18	10222	5724	15737	2970	140.9	11.2
昌联海	2009.04.23	8376	4690	13502	2970	131.8	10.5
大海祥	2007.04.10	9582	5366	16033	2868	138	11.2
大河祥	2008.08.08	9969	5582	15642	3309	138	11.3
大舟祥	2007.01.28	9104	5098	14233	3824	136	10.8
德勤 27	2008.09.27	8317	4657	13029	3088	126	9.6
德勤 37	2005.11.08	8963	5019	14736	3824	136	10.8
德勤 57	2007.08.26	7685	4303	12140	2941	121	9.6
德勤 58	2005.09.18	6071	3400	10005	2500	117	9.7
德勤 66	2009.03.29	9513	5327	15687	2970	133.8	10.96
德勤 67	2008.11.06	8377	4691	13166	2970	131.8	10.5
德勤 68	2008.10.31	12554	7030	20276	4413	149	12.15
东和明 8	2005.09.25	7122	3988	10458	2500	125.8	9.2
浮山湾	2006.06.20	13502	7561	20838	5400	148	13.2
高淳	1989.07.30	12084	6767	15000	6002	146.8	13.2
金兆 11	2005.12.06	6507	3644	10108	2970	120.3	9.7
金兆 12	2009.03.28	9792	5483	15835	2941	138	11.3
金兆 22	2009.07.28	9956	5575	15785	2941	138	11.3
利华 28	2008.12.12	8725	4321	13369	3824	129.5	10.8
洛达 3	2008.12.25	10102	5657	16029	2970	138.7	11.25
祺杰	2009.03.16	10901	6104	17362	2942	141	11.65
泰荣 7	1986.12.15	11573	6179	13593	7080		12.01
天润之 8	2009.03.23	8702	4873	13228	2941	130	10.25
祥和 26	2005.01.25	6339	3550	10007	2940	117	9.7
新金海	2006.06.27	9692	5428	16010	3300	138	11.2
新一海 1	2007.01.29	9729	5448	15308	3824	139.4	11.2
新一海 2	2008.11.25	13603	7617	22000	4400	148	13.2
新一海 3	2008.12.29	15493	8676	22171	4440	149.8	14
新浙江	1987.07.01	39537	26100	65362	12798	240.9	17
一海 721	1978.09.01	9942	5568	15195	4520	134	12.2
一海 722	1984.06.27	9855	5519	14950	5080	134	12.2
一海 723	1977.01.01	10175	5698	15758	5082	135	12.2
永隆 1	2006.04.10	6583	3686	10128	2500	124.5	9.2
永隆 102	2008.01.14	7616	4264	12253	2574	126	10.6

续表

船名	建造日期	总吨	净吨	载重量	功率	船长	型深
增佳 9	2008.12.29	9875	5530	16125	2941	138.72	11.25
中昌 28	1985.05.01	12034	6739	17782	4996	150	12.49
中昌 68	1986.05.26	18121	10147	26807	7870	183.01	14.3
中昌 88	1987.12.02	24536	13740	42620	6190	174	15.75

第二节　海运企业选介

1989 年，境内有省属海运企业 1 家（浙江省航运公司舟山分公司〈国有〉），市属企业 1 家（舟山市海运公司〈集体所有制〉），县（区）属企业 2 家（定海航运公司、定海外海运输站〈集体所有制〉）。中共十一届三中全会后，改革开放，发展交通运输立足“人便于行，货畅其流”，交通部曾一度采取“有路大家行车，有水大家行船”政策，市场准入“门槛”降低，社会方方面面买船搞运输，且投资海运业见效相对较快，海运企业数量剧增，海运市场发展跌宕起伏，鱼龙混杂。进入新世纪后，海运企业转制重组，弱者淘汰，强者做大做强。至 2010 年，定海境内水路运输企业 80 家。

舟山中昌海运有限责任公司　址在定海临城街道合兴路 33 号中昌国际大厦 31 层。上市公司—中昌海运股份有限公司的全资子公司，是舟山市“十强”航运企业和优秀海运企业、浙江省重点海运企业之一，排名在全国散货海运企业前列。

始建于 1993 年 8 月。2010 年，拥有散装货船 10 艘，运力近 38 万吨。其中 2 万吨级船舶 5 艘，4 万吨级船舶 3 艘，5 万吨级船舶 2 艘。公司资产规模近 20 亿元，年货运能力 1000 万吨。员工 400 余人，其中管理人员 55 人，具有中高级技术职称员工 60 人。主营浙江至国内沿海及长江中下游各港货物运输、货物代理、船舶租赁。控股子公司有：嵊泗中昌海运有限公司、舟山市普陀中昌海运有限公司、阳西中昌海运有限责任公司、中昌船务（香港）有限公司、舟山中昌船员管理有限公司、上海中昌航道工程有限公司。

公司连续多年被浙江省工商局命名为“重信用，守合同”AAA 级单位，是中国农业银行浙江分行“AA”级资信企业，是舟山市人民政府重点扶持的海运企业之一。

德勤集团股份有限公司　址在定海盐仓海运大厦东 9–13 楼，民营经济企业。成立于 2003 年 5 月 26 日，注册资金 2.36 亿元，总资产 40 亿元，有员工 549 人，下属全资子公司有 9 家。主要经营国内沿海干散货运输，是提供“门到门”的全程物流供应链服务的综合物流企业集团。“十一五”期间，集团实现产值 30.64 亿元，净利润 6.06 亿元，上缴税收 2.39 亿元。连续六年获“舟山市十强航运企业”和“优强航运企业”称号，同时先后获得“中国物流百强企业”、“全国交通企业文化建设优秀单位”、“浙江省著名商标”、“浙江省服务业重点企业”、“舟山市市长质量奖”等荣誉和奖状。2010 年，拥有船舶 23 艘，自有运力 45 万载重吨，可控运力 130

万载重吨，年服务客户货运量3900万吨。在全国主要港口设有办事处10处，部署了6大物流基地。交通部出版的《2011年中国航运发展报告》数据显示，德勤集团船队运力规模在全国沿海运输企业中排名第四。

浙江舟山一海海运有限公司　址定海港码头16号。市属股份制企业，1956年6月成立后，一直从事水上客货运输业务。2004年3月，“紫竹林”轮营运定海—上海航线最后一客运航班后停航，经营50余年的客运业务撤销，公司退出舟山水上客运市场。此后，专门从事沿海货运业务。2005年12月，省交通集团与舟山市人民政府签订“关于舟山一海海运有限公司划转舟山市管理的协议”，决定将原浙江省海运集团公司所属舟山一海海运公司所持有的51%国有股权划转舟山市，体制下放后，转隶舟山市交通委员会，易名“浙江舟山一海海运有限公司”。在册职工945人，固定资产净值4.40亿元，固定资产总额7.768亿元。下辖船舶修造厂、气胀式救生筏站。拥有散（杂）货轮11艘，计17.4万载重吨。其中2.6万吨货轮1艘，2.3万吨货轮3艘，1.6万吨货轮4艘，4500吨级3艘。船舶以承运煤炭、矿石等散装货物为主。2007年，完成货运量404万吨，货物周转量49.62亿吨千米，营业收入1.55亿元，实现利润600万元。主要航线为北方秦皇岛、天津、京唐、黄骅港、青岛等港到浙江、上海及长江下游各港口散货运输，承担舟山电厂和定海电厂煤炭运输任务。完成货运量327万吨，货物周转量39.7亿吨千米，完成营业收入1.55亿元，实现利润600万元。2006年、2008年，公司二次增资扩股，注册资金增加到1.5亿元，其中国有股占51%，职工股占49%。止2008年，总资产达到58401万元，净资产26667万元。2010年，公司拥有散（杂）货轮9艘，计14.93万载重吨。完成货运量453.75万吨，货物周转量50.24亿吨千米，营业收入2.215亿元，实现利润 –2881万元。

浙江舟山一海海运有限公司拥有普通货运船舶情况表

（2010年）　　单位：吨、米

船名	船舶类型	载重吨	吃水（满）	吃水（空）	长	宽	深	建造日期
浙一海6	散货船	25515	10.20	5.414	149.500	25.8	14.2	2009.10.27
浙一海5	散货船	22086	9.50	5.027	148.000	24.00	13.2	2009.10.22
浙一海2	散货船	22000	9.50	5.29	148.000	24.00	13.2	2008.01.25
浙一海1	散货船	15308	8.10	4.4	139.360	21.00	11.2	2007.01.29
浙一海3	散货船	22171	9.80	5.963	4.400	24.40	14.0	2008.12.29
清泰	散货船	4500	5.80	3.304	5.963	14.00	7.8	1991.07.18
一海722	干货船	14950	9.00	4.324	9.800	21.40	12.2	1984.06.27
一海721	杂货船	15195	8.94	3.062	5.800	21.40	12.2	1978.09.01
一海723	干货船	15778	9.37	4.359	9.000	21.90	12.2	1977.01.01
一海704	干货船	4580	5.90	3.148	99.800	14.00	7.8	1988.01.23
清波	干货船	4522	5.80	2.901	99.800	14.00	7.8	1990.12.01

舟山市海运公司 2002年12月9日，址设定海区环城南路258号，集体所有制企业。

1958年8月16日，定海县木帆船运输合作社一社、二社、三社合并成立定海县木帆船运输合作社，计有社员1097人，有40吨～50吨木质冰鲜船、运输船、驳船和渡航船152艘(5332吨)。货运船舶经营江浙沪沿海航线，以装运水产品、黄沙、木材、粮食、煤炭等货物为主，客运兼营定海至沈家门、沥港、大浦口3条客运航线。翌年3月，并入舟山县交通运输公司。8月，公司拆分为定海交通运输站、普陀交通运输站。定海站址设在定海石灰道头原万盛锅厂，隶属舟山航管处。1960年5月，两站又合并，成立地方国营舟山县运输公司，下没沈家门站。翌年10月，公司迁址沈家门，下设定海业务站。1962年10月，舟山县运输公输撤销，成立定海县运输合作社，1966年10月，更名定海要武海运服务站。1972年改称定海县海运站，1977年2月25日，易名为定海县海运公司。1978年底隶属定海县交通管理局，公司驻地定海城关石灰道头。1985年，同广东省航运总公司合办东南联合运输有限公司，辟香港货运航线。1987年1月23日，舟山撤地建市，5月公司体制上升为市属企业，隶属舟山市交通局，5月19日更名舟山市海运公司。

1990年，有钢质机动货船19艘，载重吨13052吨，主机功率6115.8千瓦。其中钢质冷藏机动船2艘，载重吨866吨，货驳船2艘，载重吨1100吨，油轮1艘，载重吨85吨。固定资产原值1614万元，营运总收入774万元，职工718人。完成货运量17.3万吨，货物周转量15.56万吨千米。航线北至天津、大连、丹东、西涉南京、九江、武汉，南达广州、深圳、海南。公司船厂设千吨级船坞1座，供1000吨级船舶修理。

1992年，全国海运市场仍显疲软，待装运货物少，粥少僧多，运价连跌，企业老旧船舶多，运力结构、人才结构适应不了海运市场等，公司开始逐年走下坡路，1998年4月，公司办公大楼(定海区环城南路258号)抵债给舟山市交通投资公司，经舟山市国有城镇集体中小企业改革领导小组办公室同意，出让方和受让方免缴土地出让金和有关税费。是年5月，企业经营难以为继，解体重组。

舟山市顺安海运公司 址定海区环城南路258号，股份合作制企业。

1998年4月15日，交通部水运管理司批复同意组建舟山市顺安海运有限责任公司。5月，由原舟山市海运公司改制后职工、舟山市海峡汽车轮渡公司、舟山市轮船公司出资组建成立。注册资金1000万元人民币，其中原舟山市海运公司改制后职工占70%(其中职工现金出资132万元)，舟山市海峡汽车轮渡公司、舟山市轮船公司各占13%。经营国内沿海及长江中下游各港间货物(含成品油)运输。有货轮8艘，31300载重吨。2002年12月9日歇业，原企业剩余资产归还债务。

舟山远程船务公司 址设定海道头。1994年2月24日成立，国有企业，主营沿海上货物运输，隶属定海区交通管理局。7月市区合署办公，转隶舟山市交通委员会。1997年，舟山市资产评估事务所评估确认，累计亏损936万元。至1997年6月，公司总资产1400.2万元，总负债2534.49万元，净资产-1134.29万元。企业资不抵债，进入破产清算程序，1998年6月，舟山市交通委员会下达关于舟山市远程船务公司划归舟山市海运公司管理的通知，划归后保留舟山远程船务公司牌子，企业性质及原公司的债权、债务关系不变，人员由舟山市海运公司分流。其后，企业清偿债权债务后解体。

定海航运公司　址设定海金塘沥港客运路 9 号，为客货兼运县属大集体海运企业。

1958 年，金塘人民公社建 3 艘近百吨木帆船，合并沥港、大丰搬运组成立金塘运输队，从事海上货运及搬运装卸业务。1962 年 4 月，金塘运输队从金塘人民公社剥离，成立金塘运输合作社，隶定海航运管理站，集体性质海上货运企业。1968 年 5 月改名金塘海运站，逐步更新木帆船为机动货轮，至 1978 年，有机动货船 7 艘，643 吨，木帆船全部淘汰。1981 年 2 月，更名定海县航运公司，客货兼营，隶属定海县交通管理局。1987 年 1 月 23 日，舟山撤地建市，6 月，公司易名定海航运公司。1990 年，拥有钢质货轮 8 艘，2045 载重吨，货运周转量 4836 万吨千米，固定资产原值 366 万元，年末职工 191 人。

1994 年 10 月，市、区政府合署，隶属舟山市交通委员会，1998 年 6 月 24 日，舟山市交通委员会、定海航运公司江伟岳（发起人）商议后，定海航运公司整体转让给江伟岳（发起人）经营，公司易名舟山市三江海运有限公司。

舟山市三江海运有限公司　址定海弘生大道 388 号。1998 年 6 月，市改制办批复将定海航运公司改制为有限责任公司，并整体转让给江伟岳等三位职工。由江伟岳、江波涛、江波舟三位职工出资组建。注册资本 2200 万元，总资产 5800 万元，净资产 3800 万元，拥有普通货运船舶 4 艘，17950 载重吨。主营：水路客货、油运输，经营国内沿海及长江中下游工业盐、煤、矿、钢材等普通货物运输业务，企业有职工 88 人，其中管理人员 13 人。2007 年，公司实施安全管理体系，所有船舶委托专业船舶管理有限公司管理。2010 年，拥有普通货运船舶 6 艘，32950 载重吨。

舟山金宇船务发展有限公司　址定海金塘镇府路 9 号。成立于 2003 年 1 月 12 日。注册资本 5110 万元，主营国内沿海及长江中下游普通船舶货运业务。2010 年公司拥有 3000 总吨～ 16000 总吨普通货船 10 艘，总运力 73735 吨，总资产 28316 万元。下有健全的船舶安全及防污染管理机构，内设海务部、机务部、人事部、体系办等，并配备适任的船、岸人员。2003 年～ 2010 年连年被表彰为定海区或金塘镇先进企业，是舟山市政府确定的舟山市 10 家重点海运企业之一，2005 年获“舟山市十强航运企业”荣誉称号。

舟山港兴港海运有限公司　址定海环城南路 556 号。是舟山港务集团有限公司控股，江苏沙钢集团有限公司和舟山市海峡轮渡集团有限公司共同参股的水上散货运输企业，2009 年 2 月注册成立。主要从事国内沿海、长三角及长江流域的矿砂、煤炭、大豆、水泥熟料等大宗散货减载中转运输。2010 年拥有“舟港海”系列 6800 吨级散货船 4 艘，总运力 2.7 万吨。在建 45000 吨级散货船 2 艘。

舟山明赢船务有限公司　址定海惠飞路 468 号 B 幢 4 楼。成立于 2007 年 6 月，注册资本 1680 万元。2010 年有干货船舶 6 艘，运力 44512 吨 / 1198 标箱，主要从事国内沿海及长江中下游普通货物运输。

定海区属海运企业及拥有货运船舶情况表

（按 2010 年企业坐落地址乡镇分）　单位：艘、吨

企业名称	船舶总数/总载重（货）吨	其中			法人代表
		自有船舶/载重吨	新增船舶/载重吨	新增自有船舶/载重吨	
定海合计	442/1060302	217/772051	−3/−1165	1/143	
干礅小计	55/308630	47/301892	−1/108	1/620	
德勤集团股份有限公司（货）	13/188150	13/188150			任马力
舟山市德勤运输发展有限公司（货）	3/18618	3/18618			任马力
舟山市德勤物流运输有限公司（货）	5/38731	5/38731			任马力
舟山必胜隆船务有限公司（货）	4/20870	3/17156			邵三伟
浙江鑫亿运输贸易有限公司（货）	6/8845	6/8845	1/620	1/620	门学宏
舟山新华船务有限公司（油）	6/7526	6/7526	−1/−122		李立新
舟山珑源船务有限公司（货）	6/6366	6/6366			李　海
舟山千岛船务有限公司（油）	3/5471	1/3980	−1/−390		陈雨顺
舟山富源船务有限公司（油）	1/3350	1/3350			蒋世元
舟山市定海海上运输有限责任公司（货）	7/2753	2/1220			丁小富
舟山沪航船务有限公司（货）	1/7950	1/7950			陈锦会
环南小计	122/198046	44/70527	−5/−3905	−1/−963	
舟山市定海永隆海运服务有限公司（货）	10/40191	1/10128			虞　福
舟山市金洋船务有限公司（货）	8/31333	1/4370			杨善开
舟山市定海鑫鸿船务有限公司（货）	7/25270	2/5808			乐梅波
舟山永盛海运有限公司（油、化）	14/20606	11/14779	−1/−963	−1/−963	陈永康
舟山市大东方船务有限公司（油）	8/20673	7/15873			贺风
舟山市宇浩船务有限公司（货）	45/21539	8/2800	−2/−1500		孙国平
舟山市建桥船务有限公司（油）	4/17941	2/5395			余钱钱
舟山骏鸿船务有限公司（货）	15/8887	7/4347			林肖华
舟山市安达船务有限公司（货）	7/5283	2/1584	−1/−892		徐胜军
舟山秉业船务有限公司（货）	1/4200	1/4200			董　伟
舟山市千舟船务有限公司（货）	3/2123	2/1243	−1/−550		苗伟忠
金塘小计	38/163754	20/142445			
舟山金宇船务发展有限公司（货）	11/89235	9/79765			朱庆兆
舟山市三江海运有限公司（货）	5/32713	4/30063			江伟岳

续表 1

企业名称	船舶总数/总载重(货)吨	其中			法人代表
		自有船舶/载重吨	新增船舶/载重吨	新增自有船舶/载重吨	
舟山市定海沥港渡运站(货)	19/11992	4/2803			孙志刚
舟山科翔船务发展有限公司(货)	2/9754	2/9754			郑玉坤
舟山市柏安船务有限公司(货)					虞柏忠
舟山市昌新海运有限公司(货)	1/20060	1/20060			曹石分
双桥小计	72/136432	56/115917	2/1385	0/–134	
浙江金林海运有限公司(货)	5/23644	3/15044			朱　波
舟山昌洲船务有限公司(货)	2/17532	2/17532			包可妙
舟山市中达船务有限公司(油)	24/27334	22/26256			余　斌
浙江恒帆海运有限公司(货)	12/18767	10/14783		–1/–934	陈斌峰
舟山明赢船务有限公司(货、集)	4/24431	4/24431			柳文明
舟山德锦船务有限公司(货)	10/8412	5/4320		1/800	陆德伟
舟山海宏石油运输有限公司(油)	3/9012	3/9012			郑岳康
舟山和联船务有限公司(油)	5/1997	2/621			徐国定
舟山市定海区金舟船务有限公司(货)	7/5303	5/3918	2/1385		张　军
岑港小计	57/68674	11/25496	0/627		
舟山市定海恒通海运有限公司(货)	51/40930	7/5590	0/627		谢华军
舟山和扬船务有限公司(集)	2/13206	2/13206			赵惠增
浙江光汇海运有限公司(油)	4/14538	2/6700			周育博
城东小计	26/60038	8/33773			
舟山市恩基船务发展有限公司(货)	4/19601	3/15106			王崇尧
舟山增佳船务有限公司(货)	3/24604	1/16125			许论意
舟山邦宏海运有限公司(货)	19/15833	4/2542			应伟跃
册子小计	25/40133	8/25431			
浙江正和航运有限公司(货)	1/20838	1/20838			黄德明
舟山市定海区顺海运输有限公司(货)	12/9671	1/360			贺亚康
舟山市舟欣船务有限公司(货)	12/9624	6/4233			支忠义
盐仓小计	3/17270	2/15270			

续表 2

企业名称	船舶总数/总载重(货)吨	其　中			法人代表
		自有船舶/载重吨	新增船舶/载重吨	新增自有船舶/载重吨	
浙江昌盛海运有限公司(油)	2/4042	1/2042			王平飞
舟山天润船务有限公司(货)	1/13228	1/13228			丁泊凯
白泉小计	6/21607	3/13379			
舟山大洋船务有限公司(货)	3/9228	1/3500			陈　晓
舟山市定海增展船务有限公司(货)	3/12379	2/9879			顾飞龙
解放、马岙、北蝉及定海开发区小计	38/45718	18/27921			
舟山市京润海运有限公司(货)	27/23725	8/6028	1/620	1/620	陈　良
舟山百通海运有限公司(油)	2/11683	2/11683			张　超
舟山市天麒船务有限公司(油)	2/9698	2/9698			叶　川
舟山亿洋岛际运输有限公司(货)	7/612	6/512			杨阚士

定海境内市属海运企业及拥有货运船舶

（2010 年下）　单位:艘、吨

企业名称	船舶总数/总载重(货)吨	其　中			企业法人
		自有船只/载重吨	新增船只/载重吨	新增自有船只/有载重吨	
合　计	120/748901	84/659928	−2/−8265	−1/−4980	
定海小计	113/618778	78/536807			
舟山中昌海运股份有限责任公司(货)	3/87209	3/87209			田平波
舟山和丰船务有限公司(集装箱)	3/31100	3/31100			胡海鸥
舟山市永茂运输有限公司(货)	11/43214	1/2600			杨迎生
舟山海翔船务有限责任公司(油、货)	4/6452	3/5472			胡天能
浙江和易海运股份有限公司(集、货)	4/26417	3/20411			张　健
舟山港海通轮驳有限责任公司(拖)	16	14			何　伟
舟山海光海运有限公司(油)	7/21533	3/14100	−2/−8265	−1/−4980	陈良科
舟山浙华石油运输有限公司(油)	5/20539	5/20539			王冬南
舟山通洲船务有限公司(油、化、货)	11/21307	4/10530			袁信军
浙江蛟龙集团有限公司(货、油)	6/8907	3/3697			郑志龙
舟山市正大船舶事务有限公司(油)	3/11625	2/10670			周荣耿
舟山联诚海运有限公司(油)	4/9701	2/5397			金　涛

续表

企业名称	船舶总数/总载重（货）吨	其中			企业法人
		自有船只/载重吨	新增船只/载重吨	新增自有船只/有载重吨	
浙江通宇船务有限公司（油）	11/23171	7/17479			虞　敏
浙江舟山一海海运有限公司（货）	10/163374	10/163374			陈忠爱
舟山市大舟祥船务有限责任公司（货）	3/45908	3/45908			郑福祥
舟山泰荣国际海运有限公司（货）	1/13593	1/13593			马碧艺
舟山洛达海运有限公司（货）	1/16029	1/16029			冯宽根
浙江鸿霖船舶工程有限公司（货）	2/9446	2/9446			郑雅萍
舟山逸帆船务有限公司（货）	1/5006	1/5006			邵基旺
舟山港务集团海运有限公司（货）	4/27078	4/27078			孙大庆
舟山锦海顺海运有限公司（货）	2/24119	2/24119			沈沃林
舟山卓远船务有限公司（化学品）	1/3050	1/3050			许　崎
临城小计	5/54496	4/47494			
浙江新海星航务有限公司（货）	1/16010	1/16010			畲银儿
浙江长润海运有限公司（油）	4/38486	3/31484			陈仕海
国际航线小计	2/75627	2/75627			
浙江远洋船务有限公司（货）	1/65362	1/65362			
浙江华顺海运有限公司	1/10265	1/10265			

2010年定海区属海运企业货运船舶分类情况表

单位：艘、吨

船舶载重吨位	船舶数量	载重吨	其中							
			油船数	载重吨	化工船数	载重吨	集装箱船数	载重吨（吨）	货船及其他船数	载重吨
合　计	442	1060302	88	168511	2	4127	4	28617	348	859047
※1万吨以上含1万吨余类推	26	409108							26	409108
5000至1万（含5000）	34	200562	3	22114			4	28617	27	149831
3000至5000（含3000）	45	177216	20	76739	1	3000			24	97477
1000至3000（含1000）	23	49629	12	25811	1	1127			10	22691
1000以下	314	223787	53	43847					261	179940

※1万吨以上含1万吨余类推。

2010 年境内市属海运企业货运船舶分类情况表

单位：艘、吨

船舶载重吨位	船舶数量	载重吨	其　中							
			油船数	载重吨	化工船数	载重吨	集装箱船数	载重吨	货船及其他船数	载重吨
合　计	102	673274	49	150476	2	4750	6	51511	45	466537
※1 万吨以上	25	433043	2	26724			2	21600	21	384719
5000 至 1 万（含 5000）	16	105832	4	27665			4	29911	8	48256
3000 至 5000（含 3000）	24	89538	18	63650	1	3050			5	22838
1000 至 3000（含 1000）	13	26238	9	19474	1	1700			3	5064
1000 以下	24	18623	16	12963					8	5660

※1 万吨以上含 1 万吨余类推，运力包括临城 2 家公司。

第三章　联合运输

联合运输是提高运输效率的方式之一。1989 年～ 2010 年，境内联合运输方式有水陆中转联运、水水中转、水陆中转、公公中转、公铁中转以及海底管道运输等。

第一节　水陆中转联运

1986 年 2 月，舟山市海峡汽车轮渡公司客滚船首航舟山岛鸭蛋山至宁波白峰“蓝色公路”。交通部门根据经济社会发展的特点，立足方便货主，提高效率，节约运输成本，通过协调、沟通，逐步与周边港口、上海、宁波、温州等地区建立“公公中转，公铁中转”联合运输网络，开展道路货物异地联运业务。1988 年，定海区道路联运货物 520 万吨，周转量 6323 万吨公里，分别为货物总运量的 57.97%，总周转量的 55.63%。1990 年，定海区联运货物量达到 392 万吨，周转量 6933 万吨公里，其中非公路交通部门（包括个体联户）运输量完成 365 万吨，周转量 6640 万吨公里。其时，港口货物运输以传统的中转式运输为主，功能单一。

1988 年后，境内道路货物运输朝着建立“统一、开放、竞争、有序”的运输市场方向发展。2009 年舟山跨海大桥贯通，“公公中转”、“公铁中转”运输形式逐渐被新型的物流运输企业（集装箱运输）所替代，道路货物联运走向直达，并随着海洋经济开发，港口货物运输从传统装卸、水陆中转联运，向商贸型综合现代物流业态转变。2010 年，境内港口已建成一批特色鲜明、品种各异、功能齐全的货物中转基地。

第二节　水水中转

1993 年 3 月，列入国家“七五”计划的定海老塘山“水水中转”港区二期码头竣工并投入使用。配套 16 吨桥式卸船机 3 台，800 吨 / H 装船机 2 台，1300 吨 / H 斗轮机 3 台，25000 吨级卸船泊位 1 个，5000 吨装船泊位 1 个。是年货物吞吐量 55.93 万吨，成为舟山市第一家集煤炭水水中转、件杂货专用泊位及石料出口的多功能转港区。

1994 年 8 月，“大洋舟”轮装载 14 万吨铁矿石从秘鲁运抵舟山老塘山码头，舟山首和中转储运有限公司接卸，水水中转运抵首都钢铁公司，开启舟山港水水中转铁矿石先例。1994 年 8 月至 1996 年 3 月，又先后接卸 12 艘矿石船，计 280 万吨铁矿石。2001 年 10 月，新加坡万邦船务公司“赛兰登”轮装运 7 万吨铁矿石在舟山港野鸭山锚地减载过驳，2.5 万吨铁矿石由二程船直接运入长江。

1997 年 10 月，舟山港务管理局与浙江省电力燃料总公司在杭州签订舟山港老塘山二期电煤中转协议。是月，上海海运集团“长青”轮装运电煤 1.8 万余吨抵达老塘山港区，启动电煤中转作业。2001 年，开展配煤业务，全年配煤 162.71 万吨，完成煤炭吞吐量 368.09 万吨。至 2002 年，老塘山港区卸载 2 万吨煤船时间缩短至 18 小时内。

2004 年 6 月，老塘山港区三期码头竣工，配套 16 吨门式卸船机 2 台，25 吨门式卸船机 3 台，300 吨 / H 装船机 1 台，50000 吨级兼靠 80000 吨卸船泊位 2 只，20000 吨级装船泊位 2 只，5000 吨级装船泊位 1 只，是年，港区货物吞吐量达 746.63 万吨。2009 年　12 月，老塘山港区专用于矿砂水水中转的五期码头竣工，有 45 吨桥式卸船机 3 台，4500 吨 / H 装船机 1 台，12 万吨级兼靠 15 万吨卸船泊位 1 个，3.5 万吨级和 1 万吨级装船泊位各 1 个，当年，港区货物吞吐量达 1400.19 万吨。

2010 年，老塘山港区货物吞吐量 2002.5 万吨。

1989 年 ~ 2010 年老塘山港区货物吞吐情况表

单位：万吨

年份	煤炭	矿砂	钢材	木材	粮食	水泥	水泥熟料	废电机	硫黄	其他	合计
1989			9.00	5.10		10.01					24.11
1990			6.40	4.60		4.19					15.19
1991	9.00		5.00	4.80		1.23					20.03
1992	7.00		4.70	3.10		2.05					16.85
1993	25.00		10.48	10.22		10.23					55.93

续表

年份	煤炭	矿砂	钢材	木材	粮食	水泥	水泥熟料	废电机	硫黄	其他	合计
1994	30.22		17.36	12.47		15.24				6.59	81.88
1995	26.48		14.37	9.89		12.74				8.14	71.62
1996			37.70					2.20		1.30	163.70
1997	16.77		20.44	8.40		6.41				1.53	53.55
1998	240.38		7.31							19.64	267.33
1999	204.87		12.44							40.63	257.94
2000	259.18		6.72					1.60		1.11	268.61
2001	368.09		3.15					8.03		0.16	379.43
2002	369.09		2.07	6.98				8.27			386.41
2003	402.70		3.37	7.11				0.47			413.65
2004	646.24	8.99	60.70	8.87	11.20					10.63	746.63
2005	650.75	131.83	20.06	2.13	133.74		154.04		22.41	94.98	1194.94
2006	627.92	210.19			7.92		170.45		6.60	207.91	1230.99
2007	675.23	83.07	4.80		196.25		420.76				1380.11
2008	710.12	170.78			340.61		312.89			5.94	1540.34
2009	484.28	475.34			431.57					9.00	1400.19
2010	650.00	787.20			407.56		12.11			145.63	2002.50

1999 年 ~ 2003 年老塘山港区集装箱吞吐量

单位:标箱

年	数量（TEU）	发生时间段
1999	756	6 月～12 月
2000	1926	1 月～12 月
2001	1343	6 月～12 月
2002	134	6 月～12 月
2003	1208	1 月～10 月

第三节　水陆中转

1980 年代中，境内至上海、宁波、杭州，有定期货轮发往北方沿海、长江沿线以及四川、湖北、湖南、江苏、省内嘉兴内河主要港口的另担和大批货物，主要由交通运输部门经营，费用低，结算方便。1989 年 8 月，中国对外贸易运输总公司浙江省舟山公司与定海区外贸进出口公司合资成立“舟山外贸联合运输服务公司”，开展冷藏汽车经过海峡轮渡通往大陆水陆中转运输业务，主要从事外贸及内销冷冻、鲜活水产品的国内调运至集中港口。公司成立伊始有冷藏车 2 辆，后发展到 10 辆，此后，经营部门、物流品类、交通运输工具、线路、范围均突破传统，向外延拓展。1990 年，在舟山港成立“定海货物联运公司”，一次性办理一票到底水陆、水铁、水水中转联运等业务。1991 年始，舟山港务局第一装卸运输公司货运业务场地搬迁，客货运输航线改变，港务客运码头改建，境内出现各类个私货物运输企业，“舟山市公路货物配载服务中心”、“公铁联运处”，“定海货物联运公司”撤销。当年 8 月，“舟山外贸联合运输服务公司”股东定海区外贸进出口公司撤资，改称为“舟山外贸运输服务部”。1996 年，企业转制，“舟山外贸运输服务部”名称撤销。

第四节　公公中转

1987 年 8 月，浙江省汽车运输公司舟山分公司与杭州市汽车运输公司、温州市汽车运输公司签订协议，定海境内运往全国的另担货物，通过舟山海峡轮渡，先到达并再由杭州、温州两地中转，运往全国各地。建立“公公”联运网络。1989 年 8 月，舟山市交通局在定海境内组建“舟山市公路货物运输配载服务中心”，1993 年 1 月，定海区公路运输所组建成立“定海公路运输货物配载信息服务中心”，以“组织货源调度、代办承托业务、签发运输票据、代办货物保险、联络运输网络、组织回程配载、签发运输合同、协助处理商务、代办车辆过户、沟通运输信息、面向社会服务、提高经济效益”为服务内容、服务宗旨，货物配载取得良好信誉。中心有车辆 8 辆，40 总吨。

1993 年～ 1998 年定海公路运输货物配载信息服务中心历年货运量

单位：吨

年	货物运量（吨）	日　期	货物运量（吨）
1993	43800	1997	62500
1994	47600	1998	68000
1995	52000	1999	由于交通事故、停业
1996	57800		

第五节　公铁中转

1980年,定海出境货物通过海路由铁路中转发往北方各省的,由上海港中转,发往南方各省的由宁波港、杭州港中转。1989年8月,舟山市交通局在定海境内组建成立"公铁联运处"开展公铁联运业务。

第六节　原油中转

1993年2月,英国籍31.8万吨级"兰姆帕斯"号超级油轮装载18.9万吨原油成功靠泊岙山石油转运基地码头。是为舟山港原油中转业务开始。1994年,开展国外油品外进外出中转储运业务。2001年,岙山石油转运基地油品吞吐量超千万吨,全港完成油品吞吐量1298.84万吨。2002年,开拓海洋石油中转业务,实施虾峙门外锚地原油减载项目,完成2艘油轮减载作业。定海港完成油品吞吐量1524.96万吨。之后定海港油品吞吐量连年上升,2003年完成1794.33万吨,2004年达到2461万吨。2010年,岙山石油转运基地油品吞吐量达1777万吨,全区境内原油吞吐量达10353万吨。

第七节　电煤中转

1997年10月,舟山港务管理局与省电力燃料总公司在杭州签订舟山港老塘山二期电煤中转协议。当月,上海海运集团"长青"轮装运电煤1.8万余吨抵达老塘山港区,标志舟山市港口电煤中转作业启动。2001年,开展配煤业务,全年配煤162.71万吨,完成煤炭吞吐量486.51万吨。2002年,老塘山港区卸载2万吨煤船的时间缩短至18小时内。2005年,老塘山港区煤炭吞吐量达到650.75万吨,2010年煤炭吞吐量为650万吨。

第八节　海底管道运输

2005年4月,册子岛油库及30万吨原油中转码头完成原油储罐、输油管线、输油机泵、输油臂等大型设备的安装调试。2006年2月,中国石化管道储运分公司南京输油处册子岛油库海底输油管道向甬—沪—宁管网输油,开启舟山市海底石油管道运输的先例。(定海册子岛油库至宁波段管网海底输油管线长45千米),最大排量可达3750立方米/小时,管道直接通到宁波镇海岚山,融入中国石化本世纪投资建设的甬沪宁管道,与中国口径最大、距离最长、自动化程度最高的进口原油管道连为一体,是长三角乃至全国石油配置网络上的重要节点之一。是年输油944万吨。

2008年2月20日,境内另一条连接岙山至册子岛的海底输油管道—中化兴中石油转运

(舟山)有限公司岙山基地海底输油管道全长45千米竣工投产。是日开始通过海底管道向中国石化管道储运分公司南京输油处册子岛油库输油。是年输油210万吨。

2010年，册子岛油库接卸进口原油13758777.964吨，岙山来油3209850.889吨，外输17064878.075吨。

2006年～2010年册子岛油库历年接卸原油量

单位：吨

年	接卸油量	岙山来油	外输
合计	65050143.402	7827422.902	72536599.135
2006	9449847.161	—	9014697.242
2007	14873169.164	—	14728372.157
2008	12607597.057	2107719.038	14973544.356
2009	14360752.056	2509852.975	16755107.305
2010	13758777.964	3209850.889	17064878.075

第四篇　道路交通

人和物（人流和物流）在通行机动车、非机动车和行人的带状建筑工程物、即道路上的转运和输送。道路一般由路基、路面、桥梁、涵洞及各种排水和防护设施组成，包括公路、城市街道、行业专用道和农村道路等。

第一章　县区道路

主要叙述舟山市定海区的城市街道、隧道即城区主干道和城区桥梁隧道。

第一节　定海城区主干道

1988年，定海城区共有街道77条，计长51.0千米。沥青、混凝土路面占63%，石板路（面）占13%，泥结石路（面）占24%。明清时期形成的中大街、西大街、东大街等，仍保留石板、条石（路面）结构。几经改造，至1990年，城区有道路74条，计长96千米，路面均为沥青、混凝土结构。2007年，定海老城区主要街道拓展、提质改造，临城新城定海新城区主街道贯通。舟山市城乡建设委员会、舟山市财政局、舟山市物价局界定：定海城区（老城区）主干道26条，即人民路、解放路、环城东路、环城西路、环城北路、环城南路、东海路、昌国路、兴舟路、西山路、纺织厂路、青垒头路、东山路、东山隧道西口接线道路（宏生大道）、东皋线、新桥路、东河路、东瀛路、昌洲大道、文化路、沿港东路、甬兴路、甬和路、新海路、新国南路、新竹路。新城（新城区）主干道9条，即海客道、沧海道、海天大道、海景道、高云路、岛城路、千岛路、港岛路、富丽岛路。至2010年，老城区内的闹市主街道以解放路、人民路、环城南路、环城北路、昌国路为主。新城区以海客道、沧海道、海天大道、海景道、高云路、岛城路、千岛路、港岛路、富丽岛路为主。境内城区主干道路网更加优化。

人民路　南北走向，南起沿港东路，北至义桥路。分人民南路、人民中路、人民北路3段。全长2.695千米。

人民南路　市区主要商业街道之一，南北走向，南起环港东路西端定海客运码头，经环城南路、东海路至解放路中心红绿灯处。1988 年建成，长 1.030 千米，大衜头大街、南门外大街改建而成。1955年始，改建成6米宽泥结石道路。1965年和1968年，改为混凝土路。1965年，环城东路至东海路段改建成水泥路面。1968 年，东海路至解放路段改建成水泥路面。1982 年至 1985 年，投资 35 万元再次改建，拆迁民房 55 户、商店 48 家，拓宽成 30 米，其中车行道宽 14 米，沥青路面，两侧人行道各宽 8 米，铺筑混凝土预制块。1993 年，与人民南路、沿港东路一起拓宽改造，1994 年 10 月，完成房屋拆迁等改建前期工作，11 月开工建设，道路北侧开山爆破，完成土石方 4.8 万立方米，端掉横卧在拟建道路中间的旧工事（日伪时期留下，占地 130 平方米，钢筋混凝土结构），1995 年竣工。

人民中路　南北走向，南起解放路与人民南路相接处，1988 年，北至东大街、西大街交界点之状元桥，称南门大街。1992 年，向北延伸至昌国路，全长 554 米。

解放路与人民南路相接处至横塘弄、竺家弄口段，长 170 米，南门大街改建。1967 年～ 1971 年，填没路西河道、拆除状元桥、拆迁商店、民房 2400 平方米，170 米长的道路拓宽到 18 米、车道 10 米，水泥混凝土路面，两侧人行道路各 4 米，铺装混凝土预制块，两侧街道为市区主要商业街道。1992 年拆迁民房 6700 平方米，向北延伸 384 米，至昌国路。2010 年 3 月从人民南路与解放路交接处，至舟山市建设银行办公楼一段铺设沥青路面，投资 19.2 万元，改造路面 1800 平方米。

原北大街南端，右侧为丁四房，左侧为陆军服务社（干大圣庙）　朱红英摄

人民北路　南北走向，南起昌国路中段与人民中路交界点，北至义桥路，（1988）年称至舟山医院住院部路，全长 984 米。原为北大街和北门外大路，曾名东风路。其中昌国路至环城北路段长 674 米、宽 4 米，夹在居民住宅区，间有店铺。70 年代后整修路面，除部分保留石板路面外，余皆改为水泥路。环城北路至义桥路段，长 310 米，宽 7 米，原为泥结石路，1987 年改建成水泥路。1994 年，拓宽改建成城市道路，长 180 米，宽 30 米，间隔 2 条绿化带（宽各 4 米），水泥混凝土路面，投资 110 万元。原人民北路南段，北起环城北路，南至昌国路，全长 660 米，宽 4 米～ 6 米，石板石条路面，步

人民北路

行道，为定海区中轴线道路的卡脖子地段。1995 年 9 月，市政府成立定海人民北路拓宽改造工程指挥部，启动拓宽、改造工程，1998 年 6 月竣工。改建后的道路宽 30 米，主车道 15 米，水泥混凝土路面。

环城南路　东西走向，东起环城东路，经人民南路，环城西路至晓峰岭隧道，全长 3.646 千米，是 329 国道线过境段。1984 年～ 1990 年，以人民南路为界，分东西两段兴建。1984 年～ 1985 年投资 65 万元建成东段，长 560 米，征用土地 22 亩，拆迁民房 2979 平方米。1987 年～ 1990 年建西段，全线路宽 30 米，其中车道宽 18 米，两侧人行道各宽 6 米。沥青路面，定海老城区东西交通干道之一。

1993 年～ 1994 年，向东延伸，与东山路相接，长 908 米、宽 36 米，水泥混凝土路面，1994 年底贯通，全长 3.518 千米。

2002 年，改造环城南路西起晓峰岭隧道东口，东至与环城东路交叉点，计 2.540 千米。分项工程有机动车道、非机动车道、人行道、绿带、停车位、候车亭、灯光、地下管网等。是年 6 月 25 日开工，9 月 10 日竣工，投资 1400 万元(包括 Φ600 压力污水管道铺设工程)，验收结果，工程质量良好。改造后的环城南路，绿化、美化、亮化、有序。机动车道宽 14 米，两边非机动车道两边各宽 3.25 米，两边绿化带各宽 2 至 4 米，两边人行道各宽 2 米～ 3 米。主车道，4厘米粗粒式和3厘米细粒式沥青混凝土路面。非机动车道，15厘米稳定层和18厘米砼路面。人行道铺设砼彩砖。沿路建70个机动车停车位和10个候车亭，道路交叉口设橡胶缓冲装置。铺设民用和动力用电管线、有线电视和电信、联通、移动、通讯管线，供气、供水、排水管道等。绿化工程保留原行道树，新增绿化 1 万多平方米。西段北靠城西河的绿地改造成绿化带，新辟 5 处临水休息场所，设置栏杆、座凳，安置花盆、石球；沿路花坛首次采用专用花坛砌块；晓峰岭隧道口两侧新置花坛绿篱，共种植各类灌木等 12 万棵，景观植物和各类花卉 12000 株，铺植草坪 4500 平方米。改建后，灯光工程道路安装杆高 9 米的水晶灯 158 组，每组 1080 瓦，价值近万元。舟山市规划建筑设计研究院设计改造方案及施工图，舟山市园林管理处、市城建开发总公司设计绿化方案，舟山宏达交通工程有限公司、市桓昌市政工程公司、市大昌建筑安装工程有限公司、市恒昌园林分公司等单位施工。

2008 年 10 月 17 日，环城南路部分沥青路面改造工程动工，工程呈东西走向，东起环城西路，西至西园商业街，全长 506 米，宽 20 米，投资 35 万元，2008 年 11 月 15 日竣工。

环城西路　南北走向，南起沿港西路，北接昌国路(1988 年称接藤坑湾路)，原称西郊路、模范路，全长 1.699 千米，分别宽 20 米、30 米。1982 年～ 1984 年，填没护城河，修筑涵渠，逐段放直拓宽，铺装沥青，水泥混凝土路面。1993 年，环城西路至环城南路段路宽 6.5 米，其余路宽 20 米，其中车道 8 米～ 10 米。2003 年改造后道路全长 1450 米，两侧人行道各宽 3 至 5 米。供水、供电、供气、电力、通讯、有线电视等各类管线重新铺设，人行道铺装彩色砼块，与解放西路交叉地段等处局部主干道加宽，新辟非机动车道等。同年 2 月 23 日，改造环城西路延伸段桥梁工程，投资 150 万元，10 月竣工，宁波市政施工。

昌国路　东西走向，环城东路至环城西路，原为简易公路，曾名要武路。1980 年～ 1983

年，投资 25 万元，取直、拓宽，拆迁民房 1060 平方米，改建成沥青路，宽 20 米，其中车道宽 10 米，两侧人行道各宽 5 米。1992 年～ 1993 年，昌国路延伸，起环城东路至外环线，长 586 米，宽 20 米，结构砼路面。1993 年，沿路有舟山市党政机关，以及舟山中学、舟山师范学校和舟山印刷厂等单位。2002 年 7 月～ 9 月，斥资 120 余万元，整修环城东路至环城西路人行道，长 950 米，两侧人行道各宽 4 米～ 5 米。铺设的本色砼预制块，改用压制砖（长 20 厘米、宽 10 厘米、厚 6 厘米）铺装。同时拆除高架电力线，埋设地缆，安装新颖庭院式反光路灯 70 盏。2010 年 9 月 15 日，舟山市城市建设总公司拓宽改造昌国路东端的昌国桥。桥面总宽从原来的 20 米，加宽到 23.5 米，桥北侧路面拓宽到 3.5 米，机动车道从原来的 10 米，加宽到 12.5 米，北侧人行、非机动车混合道从原来的 5 米加宽到 6 米。总投资 54.55 万元，当年 12 月 15 日竣工。是年底，昌国路沿途有舟山中学、定海区政府机关（2006 年 7 月，舟山市政府机关移址临城新区新大楼，原大院为定海区府机关进驻）、定海一中、舟山市广电局、舟山市档案局、舟山市国安局等单位。

解放路 东西走向，分解放东路、解放西路两段，沟通定海城区东西走向主干道，定海区最繁华商业街道之一。东起洞桥，经环城东路、人民中路、环城西路至晓峰岭下，长 2.967 千米，宽 20 米。以人民中路为界分东解放路和西解放路。解放东路，人民路至洞桥。解放西路，人民路至西山路。1956 年至 1959 年，拆除旧城墙，以旧城（南）墙址为路基，修建成泥土路。1967 年，国家机关和企事业单位职工、居民、驻舟山人民解放军义务劳动，修筑路基，建成长 1.0 千米、宽 4.5 米的泥结碎石路。1970 年改建成宽 10 米的水泥混凝土路面。1980 至 1985 年征用农田 54 亩，拆迁民房 300 平方米，先后延伸、拓宽，东延至洞桥，西延伸至晓峰岭下西山路，建成沥青混凝土路面，路宽 18 米，其中车行道宽 10 米，两侧人行道各宽 4 米。东接定沈公路，西通定岑公路。

解放路中段改造 环城东路至环城西路段，是定海城区最繁华街道之一，全长 1.0 千米，宽 24 米，沥青路面。2004 年 5 月动工，7 月完成，耗资 750 万元，主车道宽 6 米，沥青路面，用标线与非机动车道分隔，两侧非机动车道各宽 4 至 5 米，两侧人行道各宽 4.5 米，均为花岗岩火烧板铺设，其标高虽比机动车道低 4 厘米，但整个道路路面仍为同一平面。把机动车道与非机动车道置于同一平面上，为舟山市城市道路改造史首例。改造期间，通讯、电力、燃气、自来水等管线全部更新，除路北的高压线和路灯杆外，有线电视等挂空线均移埋入地，各种栏杆、立杆全部拆除，原来规格不一的铸铁窨井盖全部换成复合新色方形井盖，建 6 个港湾式公交停靠站，避免因公交车停靠在机动车道而造成交通堵塞。沿路新安置 50 只款式新颖的果壳箱、20 条木质长条休闲凳和 20 只方形木质花盆，安装公用饮水机 5 处，供行人自行取水饮用。

解放东路段改造 2004 年 4 至 5 月，东起东河路，西至环城东路，全长 530 米，投资 100 万元，改造人行道面积 4600 平方米，增辟非机动车道长 100 余米，更新路旁侧栏长 300 余米。

解放西路段改造 东起环城西路，西至竹山门路，全长 1.386 千米，宽 20 至 24 米，铣刨重新铺装沥青路面，更换路灯，重新铺设（局部）排水管道、水电等管线，（部分）花坛绿化等。

耗资285万元。2006年7月开工,10月竣工通车。

环城东路　南北走向,沟通定海老城区南北的主干道。南起海滨桥,经环港东路、环城南路、东海东路、解放东路、昌国路至环城北路,与文化路相接,长2.6千米。以昌国路为界分南北两段,北段长0.71千米,1959年在旧城墙址上筑成宽4米的泥结碎石路。1981年拓建成8米宽的沥青路面。1979年开始兴建南段(昌国路至海滨桥),填没宽15米,长550米的河道,征用农田67亩、拆迁民房375平方米。至1989年拓建成长1890米,宽33米的道路,沥青路面,两块板,车道宽18米,间隔3米宽的绿化带,两侧人行道各宽6米,水泥混凝土预制块铺装。1990年,路东侧建成5米宽人行道。南段长1.89千米。1993年,北段向东侧拓宽,建成3块板,宽36米。

2001年4月,破土动工改造环城东路,9月竣工,耗资1800万元。12月,通过省建设厅和省质量技术监督局考评,命名为“省级城市街容示范路”。是为舟山市率先达到省级街容标准的城市主干道。改造工程包括景观工程和“三化”(亮化、美化、绿化)工程。工程南起海滨桥,北至昌国桥。其中昌国路以北至环城北路段,配合整条道路的街景设计要求,调整照明和绿地。工程建设包括道路改造、河道治理、景观布置、绿地、灯光等。上海市市政工程设计研究院设计改造工程方案,中国园林总公司设计“施工图”,奉化绿缔园艺公司、宁波路面工程公司、舟山市恒昌市政工程有限公司、大昌建筑安装工程有限公司等单位施工。

道路断面调整及路面整修　海滨桥至昌国桥段,全长1900米,原道路断面二块板,宽20米,中间2米宽绿化隔离带。调整后机动车道4车道,宽15米,全线铺装9厘米厚的沥青混凝土。两边设置0.62米高的铸铁链条栏,与非机动车道隔开。非机动车道各宽3.25米,两侧人行道宽4至8米,东侧3至6米,非机动车到和人行道在同一标高,用不同颜色的花岗石板铺设,是为舟山城市道路建设首例。非机动车道路面,由长60厘米、宽30厘米、厚3厘米的灰白色花岗石(表面拉成丝纹,防滑)铺设。人行道路面由枫叶花岗石(长10厘米、宽60厘米、高3厘米),和菊花花岗石(长61厘米、宽31厘米、厚3厘米),围铺成一块块正方形,人行道中间铺设0.6米宽的导盲道。昌国泵站至东海路敷设管径在800毫米、500毫米等排序管道150余根,全长670米,通向河道的数十条短距雨水管道整修疏通。沿路重新铺设安装民用和动力用电管线、有线电视和电讯、“联通”、“移动”等通讯管线。调整供气、供水管道。年久失修旧的“东美桥”(长12米、宽3米)拆除,重建长12米、宽7米,具现代气息的步行桥梁,改称新河桥。桥面两端置直径1.2米、高0.6米的花岗石花盆各一个。

文化路　南北走向,南起环城北路,北至城北水库,接定马线。长1.628千米。原为农田。1985年6月施工,翌年底建成泥结石路。1987年铺设沥青路面,宽24米,其中车道宽16米,两边人行道各宽4米。其时沿途有舟山卫生学校、东海职业专科学校、舟山师范专科学校、舟山商业学校、舟山水产学校、中共舟山市委党校等大中专学校,为舟山市规划建成文教区而新建的道路。

2003年6月～7月改造文化路、环城北路至昌洲大道一段人行道,铺设彩色砼块。2004年7月～8月,耗资105万元,改造文化路北段人行道,南起昌洲大道,北至城北水库,长1.2

千余米，改造人行道7000平方米（内含改建大小花坛数十个，面积700平方米），路面铺设彩色砼块，更新路灯33盏。

东山路　南北走向，定海城区东侧，南起纺织厂路，北至新桥路，与环城南路成十字交叉，是定海老城区的主要道路。原道路宽5米～6米，为泥结石路面的乡道。2004年7月开始，在原址上，按城市主干道Ⅱ级标准设计、改建后，道路全长1175米，宽21米～30米，其中机动车道15米，沥青路面。由于道路实际地形断面复杂，改造保证主车道15米宽度不变，非机动车道和人行道宽度略有变化，两边人行道各4米～5米。又因拆迁等原因，至2005年底，尚有200余米路段工程未完成。至2006年6月28日竣工，投入资金800万元。舟山市恒达市政工程有限公司施工，舟山市规划建筑设计院设计，舟山市万事达建设工程管理有限公司监理。

环城北路　东西走向，西起建国路，东至文化路南端，长520米，宽8米，沥青路面。1992年开始拓宽改造，并向西延伸，与镇鳌山隧道相接。1993年底，完成改造、拓宽工程，道路长686米、宽20米，其中主车道14米。水泥混凝土路面。1998年8月～12月，向东延伸至黄家碶路，长315米、宽20米，水泥混凝土路面。

兴舟大道　舟山连接大陆的主要通道之一，东西走向，晓峰岭隧道口至鸭蛋山轮渡码头，全长3.0千米。1995年1月开始拓宽改造，路面从14米拓宽到32米，砼结构，1996年12月竣工，耗资2500万元。2008年3月31日，动工改造大道转盘处道路，长331.9米，宽30米，其中主车道宽15米，非机动车道宽2×4.5米，投资180万元。2008年4月26日竣工，浙江隆图建设施工。

西山路　南北走向，海军4806工厂至茅岭墩，全长1.096千米，宽10米，沥青路面。

纺织厂路　东西走向，东接东山路，西连沿港东路，全长450米，宽10米，其中机动车道宽7米，人行道2×1.5米，投资133.87万元。2006年6月20日开工，2006年10月16日竣工，中欣建筑施工。

青垒头路　南北走向，机场路至纺织厂路，长1.45千米，宽12米，沥青路面。2002日4月15日延伸改造青垒头路，工程起自纺织厂路，终至惠飞路加油站，长3.052千米，耗资1158.63万元。2002年10月31日竣工。

东皋线　东西走向，在定海城区东北方，即原舟山市73省道东皋岭段（含73省道东皋岭段东皋岭隧道，长1113米）。2007年9月25日开工拓宽，工程路线起自向东北沿原73省道右侧拓宽，在已建公路的南侧新建隧道，穿越东皋岭，终点与白沈线相接，全长4.57千米，新开凿的南侧隧道长1177米，为一级公路拓宽新建工程。路基宽23.0米，沥青混凝土面层。2008年12月30日完工，工程投资额9986.75万元。

新桥路　东西走向，起自东河路，终止檀枫东路，全长2252米，路面宽24米，砼路面，2001年1月开工建设，同年竣工。

东河路　南北走向，起自环城南路，终止昌国路，全长1.13千米，路面宽24米，砼路面结构，1994年7月开工建设，1997年7月竣工。

东瀛路　南北走向，长500米，宽24米，机动车道宽13.5米，非机动车道宽6.5米，机动车道面积6750平方米，人行道面积4500平方米，合计面积11250平方米。

沿港东路　东西走向，1990年建，起自增产碶，终止人民南路，长715米、宽7米，砼路面结构。1993年拓宽改造。1994年10月，完成房屋拆迁等改建等前期，11月底开工。道路北侧开山爆破。工程起自人民路南端，终止机场路与惠飞路交叉口。改造后道路全长1.233千米，宽30米（机动车道14米，非机动车道2×4.5米，绿化带2×1.0米，人行道2×2.5米）中建桥梁1座，拆迁13000平方米，投资2262万元。竣工通过验收时，被市道路工程建设工程质量验收评委会验收为优良工程。恒达市政、恒昌市政施工。

新海路　南北走向，在城东舟山经济开发2号区段，即甬东村，与原329国道成垂直交叉，道路全长470米，砼路面。1994年12月开工，1996年8月18日竣工，定海区市政工程公司施工，投资871477元。

黎明路（曾名新竹路）　南北走向，甬东村沿江路北侧，道路全长640米，沥青路面。中有新竹桥，长11.6米，宽20米，板装式桥梁。中外建市政分公司承建施工，舟山万事达监理公司监理。

宏生大道（曾名甬兴路）　东西走向，在舟山经济开发区B区内，东接原329国道外环线昌洲大道，西接东山隧道，是舟山经济开发区主干道。2001年2月10日开工，2001年9月6日竣工。全长2.421千米，宽30米，沥青路面。投资2500万元。2008年8月16日，投资582万元，全线大修，当年9月22日竣工，施工单位是浙江隆图建设。

甬和路　东西走向，舟山经济开发区B区甬庆村内，道路全长840米，其中一期151米，二期353米，砼路面结构，路面宽20米。1998年11月5日一期开工，1999年5月20日二期开工，一、二期均于1999年10月18日竣工。投资75万元。舟山市恒昌市政工程有限公司承建。

新国南路　南北走向，在舟山经济开发区B区、城东街道甬庆村，路面长750米，宽30米，局部14米，砼路面结构，原计划1995年1月20日竣工，后因部分农田未征用等原因，到1995年5月30日竣工。施工单位是舟山市市政公司。

定海新城城区主干道※建设情况表

单位：米

路　名	走向	起　讫	长	宽	修建年月
高云路	南北	海天大道—定沈路	371	30	2006.04 ～ 2006.12
岛城路	南北	海景道—新城大道	2300	60	2003.04 ～ 2008.07
千岛路	南北	海景道—沈白线	4157	100，局部56	2001.07 ～ 2006.07
体育路	南北	海景道—定沈路	1800	30	2002.10 ～ 2008.07
港岛路	南北	海天大道—定沈路	1670	40	2003.04 ～ 2005.03
绿岛路	南北	定沈路—绿城桂花城	800	30	2005.07 ～ 2006.07

续表

路　名	走向	起　　讫	长	宽	修建年月
新城路	东西	弘生大道—千岛路	5100	40	2006.11 ～ 2008.04
定沈路	东西	临长路—金岛路 千岛路—绿岛路	1260.64 1187.09	40	2003.04 ～ 2006.09
海天大道	东西	惠民桥—体育路	4183	48	2007.07 ～ 2009.07
海景道	东西	新城大桥西侧—体育路	2240	15，局部 30	2005.09 ～ 2007.11
富丽岛路	南北	海天大道—海景道	503	40	2010.50 ～ 2011.10

※ 路面结构均为沥青砼

定海新城城区主干次道※建设情况表

单位：米

路　名	走向	起讫	长	宽	修建时间
宝岛路（又名长升路）	南北	定沈路—邦泰未来城	800	20	2003.04 ～ 2007.12
金岛路	南北	海天大道—新城大道	2050	20	2002.05 ～ 2004.11
怡岛路	南北	海月道—翁山路	650	20	2003.04 ～ 2008.07
海力生路	南北	船舶交易市场—工业园区	736	13	2002.02 ～ 2007.06
桃湾路	东西	临长路—千岛路	724	20	2007.12 ～ 2008.12
翁山路	东西	临长路—港岛路	2400	40	2004.02 ～ 2005.01
海宇道	东西	千岛路—绿岛路	1657	30	2002.10 ～ 2005.03
海月道	东西	体育路—港岛路	521	20	2003.02 ～ 2003.08
和润龙湖山庄配套道路	南北	新城大道—龙湖山庄	500	4.5	2006.03 ～ 2006.09
CBD 步行街	南北	银泰西侧、CBD 区块内	260	15	2007.04 ～ 2007.10
三所地块配套道路	南北、东西	海天大道—金岛路	200	12	2007.08 ～ 2009.01
工业园区配套道路	南北、东西	工业园区内道路	1866.14	9	2008.06 ～ 2009.05

※ 路面结构均为沥青砼

第二节　城区桥梁　隧道

1988 年，定海城区有桥梁 49 座（不含已废桥梁）。1989 年后，随着城市化建设推进，老城区延伸、拓建和市政建设的发展，定海城区的古桥梁有的被废，有的改建涵洞，有的改建为公路桥梁，1991 年～ 2000 年期间，定海城区新建临城跨海大桥一座、城区普通新桥梁 17 座，改建 7 座，至 2010 年，定海旧城区有桥梁 89 座，定海（新城）临城（新）区有桥梁 12 座。

新城大桥　在定海临城长兴村与隔海相望长峙岛马鞍之间，是连接舟山岛与长峙岛的跨海通道。是定海（新城）临城（新）区“六纵四横”道路布局之临长路的重要组成部分。全长 1277 米，宽 16.4 米，双向二车道，可为 500 吨级以下船舶通航。工程投资约 9600 万元。

工程前期工作始于2001年2月，同年11月，舟山市发展计划委员会下发《关于舟山新城大桥可行性研究报告的批复》。2002年4月又下发《关于舟山新城大桥初步设计的批复》。7月1日，动工建设，2005年12月27日，通过交工验收。舟山新城大桥工程项目法人是舟山市城乡建设委员会。根据舟山市政府专题会议纪要精神，舟山市大陆连工程指挥部为工程代建单位。舟山市大陆连岛工程指挥部于2002年6月18日组建成立舟山市大陆连岛工程指挥部新城大桥工程项目部，负责管理新城大桥的建设。舟山新城大桥设计单位是中交公路规划设计院，施工单位是中港第三航务工程局，监理单位是武汉桥梁建筑工程监理公司。

城区（其他）桥梁

至2010年定海城区桥梁建设情况表

单位：米

桥　名	位置	长	宽	原桥长	原桥宽	建造年月	建设单位	桥面板结构
昌国桥	昌国路	12	20	15.80	20.70	1991.08	市城建委	现浇
带月桥	环城东路东侧	16.5	5.8	21.60	5.49	1999.60	市城建委	现浇
德行桥	德行路	18	12	16.40	12.50	1996.12	市城建委	拱桥
东港桥	环城南路与环城东路交叉口	16.6	30	15.40	30.00	1993.04.01	市城建委	现浇
东河桥	东河南路南端	20	31.5	20.30	33.00	1993.08	市城建委	预制
海滨桥	沿港东路东端	44	30	38.60	30.30	1995.11	市城建总公司	预制
横河桥	横河路	18	15.7	15.30	5.40	1982		预制
黄家碶桥	黄家碶路	15	7.7	6.00	7.50	2012.07		预制
解放桥	解放东路与环城东路交叉口	17.5	26.5	16.00	28.50	1989	市城建委	现浇
开源桥	环北路南侧	8	5	8.00	4.50	1998.7	市城建委	现浇
开源新村桥	香园社区北门道路	5.1	7.9	5.40	6.00	1998	市城建委	现浇
蟠龙桥	紫竹林路	10	20			2001.09	市外环线定海城区段工程指挥部	预制
香源桥	香源新村西侧	14.5	9.6	14.65	9.00	1993	市建设开发总公司	预制
新河桥	新桥路	13.6	5.8			2001.09	市外环线定海城区段工程指挥部	

续表 1

桥　名	位置	长	宽	原桥长	原桥宽	建造年月	建设单位	桥面板结构
永珍桥	联谊大酒店前，环城北路南侧	7.35	2.9					现浇板
爱枫桥	昌洲大道	26	30				市城建委	预应力混凝土斜空心板
昌东桥	昌国路	16.5	20	16.20	19.80	1994	地产开发公司	预制
丁香桥	丁香路西端	16.8	6.5	16.20	6.90	1995	市城建委	预制
东瀛桥	东瀛路	20	20					预制钢筋砼空心板
洞桥	新桥路	13	24	8	10	2001.07	市城市建设综合开发总公司	现浇梁预制空心板
香荷桥	香荷园东门道路	8	7			1995.12	市城建总公司	预制
横河桥	横河路	18	15.7	9.30	4.30	1970，1999年改造		预制＋现浇板
华海桥	青云桥路	23.9	4.64	18.20	4.60	1995	城西房地产公司	现浇
金城里桥	香荷园南门道路	20.6	7.5					钢筋混凝土简支梁
老洞桥	洞桥头居民区道路	10.7	3.75	8.00	3.80	1958		预制
蟠洋山路桥	蟠洋山路	5.8	7.5					现浇板
青云桥	檀树南区边门道路	8.6	2.6	7.80	2.60	1982.04		预制
双拥路桥	双拥路	5	34.3					现浇空心板
双拥桥	双拥路	10	25					预制空心板梁
颐景园路桥	颐景园路	22	24.1				舟山市教育开发公司	预应力混凝土简支梁
小碶桥	小碶南路	12	6				市城建委	简支预制空心板

续表 2

桥　名	位置	长	宽	原桥长	原桥宽	建造年月	建设单位	桥面板结构
新港桥	东河北路	8	24	8.00	26.00	1994	舟信房地产	现浇板
新桥	新桥路	4.5	7	5.20	7.70	1956	市政园林管理局	简支预制板
舟山二中桥	檀枫路	24	24				市城建总公司	空心板
芙蓉洲路桥	芙蓉洲路	10	27			2004.12	市城建总公司	装配式钢筋砼斜空心板
阜安桥	环城西路	11.9	30			2003.10	市城建总公司	装配式钢筋砼斜空心板
工农桥	晓峰路	3.5	4.3	4.30	2.30	1978	市政园林管理局	现浇
顾家桥	顾家桥弄西关路南端	7.1	5.6	5.90	5.60	1993	市城建委	现浇
海山桥	环城西路	20	20	7.30	20.80	1992	市城建委	板式梁
海狮桥	海狮路	3.3	3.8					现浇
环南新村桥	环南新村小区道路	8.8	4					预制空心板
集市桥	南珍菜场北侧	7	15.6	3.60	16.00	1993	市城建委	钢筋混凝土简支梁
金寿新村人行桥	金寿新村西门道路	6.9	2.76					箱涵
金寿桥	金寿路南端	7.4	14.5	5.80	11.90	1988	市城建委	现浇
观音桥	观音桥弄	3.6	5.1	5.00	3.60	2002.05	市城建委	箱涵
盛家塘桥	新河南路	4.7	7.4					预制空心板
南珍桥	人民南路	4.7	68.77	6.80	4.20	2001.08	市城建委	现浇
蓬莱桥	环南路环卫站东	11.7	20	10.30	24.50	1984.08	区城建局	钢筋混凝土简支梁

续表 3

桥　名	位置	长	宽	原桥长	原桥宽	建造年月	建设单位	桥面板结构
区财政局桥	区财政局正门道路	4.5	6.35					现浇
群乐桥	人民广场北侧	10	8.6	4.50	8.00	2004.12	市城建总公司	现浇
西园商业街桥	西园街	7.2	12	5.60	12.00	1990	市城建委	现浇
寿星桥	华南路消防大队东侧	10	32	10.50	30.00	1989	市城建委	现浇
寿星路桥	寿星路南端	7.25	6	5.60	12.00	1990	市城建委	现浇
体育场桥	观音桥路	7.3	7	6.30	6.90	1989，1999 年 5 月加固	市城建委	现浇
尾山桥	尾山桥	6.6	12	2.20	3.30	2003.12	市城建总公司	现浇
金茂建材市场桥		5.8	4.15					拱桥
孝娘桥	环城南路	11	29.6	8.80	85.00	1989	市城建委	空心板
兴中路桥	兴中路南端	7.2	12	5.40	12.10	1989	市城建委	现浇空心板
杨家塘桥	炼焦厂路	7.5	2.54					预制
蓬莱桥	环城南路	11.7	20	15.20	4.50	1984.08	区城建局	现浇
徐家桥	徐家桥路北侧	10.3	6.35	7.80	9.00	1987		现浇
盐仓桥	兴舟大道	20	36	19.60	35.00	1995.12 ～ 1996.12	市城建委	预制
增产桥（横河东桥）	东河南路	13	60					箱涵
丰产碶桥	沿港东路	8.2	30	7.30	22.20	1994.11 ～ 1995.5	市城建开发总公司	预制
塔水桥	气象台路	8.7	15.15				市城建开发总公司	钢筋混凝土空心板
城西河桥	解放西路	8	19					现浇空心板
蓬莱路五孔桥	蓬莱路	15.55	4.8					现浇空心板

续表 4

桥　名	位置	长	宽	原桥长	原桥宽	建造年月	建设单位	桥面板结构
解放东桥	解放东路	老桥：9.6、拼宽桥：9.26	29.5	8.60	18.00	1982	市城建委	老桥：现浇板 拼宽桥：箱涵
文化东桥	海院路	7.8	10.25					现浇空心板
西园商业街桥	西园街	7.2	12					
文化桥	文化路	9.6	20.1	7.50	10.50	1988	市城建委	现浇
海狮路桥	海狮路	3.8	31	6.40	30.00	1988	市城建委	现浇
银桥	弘生世纪城小区道路	16	8.6	15.40	9.80	1989	舟山纺织厂	预制
增产碶桥	增产碶西侧	29.3	6.8	30.00	6.30	1960		预制＋现浇
和平桥	和平路	7.7	14					现浇
生产桥		5.6	3.5					现浇空心板
周家塘桥	跨越蓬莱河	7.2	2.8					现浇
文昌桥	东皋线	8	95			2005.04	舟山市地产开发公司	现浇梁
石化学校桥	原石化学校正门道路	8	12.5					现浇空心板
东皋线桥1	东皋线	3.7	30				舟山市外环线工程指挥部办公室	预制空心板梁
东皋线桥11	东皋线	8.5	24				舟山市外环线工程指挥部办公室	预制空心板梁
文澜桥	东皋线	10	30			2003.05	市外环线工程指挥部办公室	预制空心板梁
昌东桥	昌国路	16.5	20			1993.06		现浇空心板
利民碶桥	沿港西路	8	7.8					拱桥

续表 5

桥　名	位置	长	宽	原桥长	原桥宽	建造年月	建设单位	桥面板结构
碧水蓝天桥	碧水蓝天桥南门道路	4.75	13					箱涵
千岛绿苑桥	千岛绿苑正门	5.5	8.8					现浇空心板
海院北路桥	海院北路	7	10			2008.11	武警舟山市边防支队	箱涵
海天景苑桥	海天景苑正门	6.8	7.25					箱涵
海院路东桥	海院北路	7	15					箱涵
城北加油站桥	城北加油站进出	8	2 × 13.6					现浇空心板
城北拆迁安置小区桥	城北拆迁安置小区道路	8	4			2005.08	舟山市房地产公司	
玫瑰园小区桥	玫瑰园小区南门道路	13.2	5					拱桥
四一三医院桥	永安路	8.6	6.5					现浇空心板
文澜桥延伸段桥	昌洲大道	5.5	60					预制空心板
双拥建材市场桥		10	7					现浇空心板
溪湾路桥	阳光路	4.2	9					现浇板
育才学校桥	刘家嘴路	5.1	6					现浇板
汽车学校桥	溪湾路	桥一：5.2，桥二：11.4	桥一：3.1，桥二：4.3					现浇空心板
鸿毛湾桥		4.8	6.9					箱涵

2010年定海新城(临城)区桥梁建设情况表

单位:米

名　称	位置	长	宽	建造年月	建设单位	桥面板结构
翁浦大桥	千岛路	26	东侧16来,西倒21米	2008.12	市城建委	装配式钢筋混凝土空心板
※翁浦桥	海天大道	南50 北70	20	2008.12	市城建委	装配式钢筋混凝土空心板
体育路北侧桥	体育路	24	36		市新城建设开发公司	装配式预应力混凝土空心板
怡岛路北侧桥	怡岛路	20	24	2010.03	市城建委	装配式钢筋砼空心板
桃湾路3号桥	桃湾路	20	26	2010.08	市城建委	装配式钢筋混凝土斜空心板
桃湾路2号桥	桃湾路	20	26	2010.08	市城建委	装配式钢筋混凝土空心板
合兴桥	新城大道	20	42	2013	临城新区开发建设有限公司	装配式钢筋混凝土空心板
千岛桥	千岛路	20	31		市城建委	预制空心板梁
桃湾路1号桥	桃湾路	20	26		市城建委	装配式钢筋混凝土空心板
陈家墩桥	金岛路	18	20	2006.10		装配式钢筋混凝土板梁
东方润园桥	新城大道	16	40		市城建委	装配式钢筋混凝土空心板
翁山路桥	翁山路	24	30		市城建委	装配式钢筋砼空心板
边检桥	边防检查站正门道路	30	10			钢筋混凝土空心板
临城桥	临城街	10	8.5			钢筋砼板梁
翁洲桥	金岛路	4	20			现浇板
交警支队桥	海天大道	1#50、2#20	1#8.8、2#9	2008.03	市住建委	装配式钢筋混凝土空心板
田螺峙路桥	田螺峙路	24	26	2010.08	市城建委	装配式钢筋混凝土斜空心板
金岛路四期桥	金岛路	20	35	2010.03	临城新区开发建设有限公司	装配式钢筋混凝土空心板
田螺峙路桥东侧桥	田螺峙路	48	26	2008.05	市城建委	装配式钢筋混凝土斜空心板

补充:翁浦桥,旧有桥,原桥长40米

续表 1

名　称	位置	长	宽	建造年月	建设单位	桥面板结构
临海路二期桥	海景道	52	15		市城建委	预应力砼斜空心板
塘河桥	千岛路	26	45		市城建委	预应力砼斜空心板
市政府广场南侧暗渠	市政府广场	5.8	400			盖板涵
荷花池西侧桥	荷花池道路	32	3.7			钢筋混凝土空心板
荷花池东侧桥	荷花池道路	32	3.7			钢筋混凝土空心板
体育场路内部桥	体育场路内部道路	30	28			装配式钢筋混凝土空心板
体育场北侧桥	体育路	26	36			装配式预应力砼斜空心板
体育路桥	体育路	东 24、中 24、西 20	东 5、中 18.4、西 4.6			装配式预应力砼斜空心板
市政府东侧步行桥	市政府东侧道路	20	8.5			钢筋混凝土板
市政府西侧步行桥	市政府西侧道路	17	8.5			钢筋混凝土板
临经四路 2 # 桥	体育路	13	33.2		市城建委	预应力砼斜空心板
市政府北门桥	市政府北门进出道路	22	45		市城建委	预应力空心板简支梁
财富酒店前桥	海宇道	20	30		市城建委	预应力砼斜空心板
小碶大桥	千岛路	20	24		临城新区开发建设有限公司	装配式钢筋砼
9 号泵站 1 # 桥	翁山路	16	33		市政园林管理局	预制空心板简支梁
9 号泵站 2 # 桥	港岛路	16	40.5	2010.06	市城建委	简支预制空心板
中央御城桥	中央御城桥西门道路	20	8.8			钢筋混凝土空心板
官山桥	定沈路	16	40		市城建委	砼空心板
临伟三路延伸段桥	海宇道	20	33.5	2005.03	临城新区开发建设有限公司	装配式钢筋混凝土空心板
新城小学桥	绿岛路	39	35		市城建委	装配式钢筋混凝土空心板

续表 2

名　称	位置	长	宽	建造年月	建设单位	桥面板结构
茶山河桥	港岛路	24	31	2004.04	市城建委	装配式钢筋混凝土斜空心板
丰茂菜场人行桥	港岛路东侧人行道	20	3			钢筋混凝土板梁
东止界桥	海月道	13	20	2003.09	市城建委	钢筋砼空心板简支梁
怡岛路桥	怡岛路	13	20		市城建委	装配式钢筋混凝土空心板
东止界桥	海天大道	南 8、北 8	南 26.5、北 26.5	2012. 改扩建	临城新区开发建设有限公司	装配式钢筋混凝土空心板
万塘桥	海天大道	南 36、北 72	南 26.5、北 26	2012. 改扩建	临城新区开发建设有限公司	装配式钢筋混凝土空心板
绿岛桥（河浦桥）	绿岛路	26	35	2013	临城新区开发建设有限公司	装配式钢筋混凝土空心板
万丈路桥	万东路	6.4	3.9			钢筋混凝土板梁
富丽岛路 2 # 桥	富丽岛路	20	24		临城新区开发建设有限公司	装配式钢筋混凝土斜空心板
陈家桥 1 #	陈家村道	3.9	2.5			盖板涵
陈家桥 2 #	陈家村道	4	6.15			盖板涵
横桥	居民区村道	4.5	3			现浇板
严家桥 1 #	严家村道	4.4	2.75			盖板涵
严家桥 2 #	严家村道	3	2.8			盖板涵
汪家桥 1 #	汪家村道	4.2	6.2			盖板涵
汪家桥 2 #	汪家村道	3.4	2.3			盖板涵
汪家桥 3 #	汪家村道	2.8	3			盖板涵
民意桥	万东路	3.5	4			现浇板梁
众兴桥	东荡街五弄	5	3	1992.04		现浇板梁
东荡街桥	东荡街五弄	3	1.6			盖板涵
富丽岛路 1 # 桥	富丽岛路	24	24		临城新区开发建设有限公司	装配式钢筋混凝土斜空心板
大浦口桥		26	9.5	2007.03		预应力钢筋混凝土空心
进园桥	海力生集团正门道路	26	9.5			钢筋混凝土空心板

续表3

名　称	位置	长	宽	建造年月	建设单位	桥面板结构
荷花浦桥	海天大道	南16、中30、北16	南12.2、中26、北14	2012.改扩建	临城新区开发建设有限公司	装配式钢筋混凝土空心板
众庆桥	桃湾六区道路	20	26	2010.08		装配式钢筋混凝土斜空心板
桃湾新村六区北侧桥	星岛路	13	36			装配式钢筋混凝土空心板
高云水库南侧桥	新城大道	12	32	2008.03	市城建委	装配式钢筋混凝土空心板
孙家岙桥	新城大道	13.3	47	2008.03	市城建委	箱涵
孙家岙涵洞	停车场道路	8	9.9			箱涵
高云桥	高云路	8	36			装配式钢筋混凝土空心板
碶头山桥	定沈路	9	9.8			盖板涵
坟灯笼桥	沧海新村道路	4.5	6.6			盖板涵
※惠民桥	海天大道	南32，北30	南31.75，北5.25	2012.改扩建	临城新区开发建设有限公司	装配式钢筋混凝土空心板
甬北桥	兴东路	24	20			钢筋混凝土空心板
三联桥	昌洲大道	16	62.5			装配式钢筋混凝土空心板
※鳌头浦桥	海天大道	南16，北16	南11，北11		市城建委	装配式钢筋混凝土空心板
大昌预拌桥	厂区进出道路	20	8			钢筋混凝土空心板
鳌头浦老桥	鳌头浦内街坊道路	2.8	5			盖板涵
丁家桥	丁家塘村道	3.3	3.6			盖板涵
※南海桥	海天大道	10	南11.5，北11.5			装配式钢筋混凝土空心板
章家庙桥	定沈路	10	42			装配式钢筋混凝土空心板

补充：1. 惠民桥，旧有桥，原桥长30米，宽25米。
2. 表内桥梁养护单位均为舟山市市政园林管理局。
3. 鳌头浦桥，旧有桥，原桥长8米，宽25.5米。
4. 南海桥，旧有，原桥宽25.5米。

城市隧道　1989年前，境内城区无城市隧道。1991年9月，城建部门开凿定海城区第一座城市隧道—镇鳌山隧道。2001年10月，329国道舟山段改道，原公路隧道—晓峰岭隧道划入城建部门。后定海城区扩展，市行政中心迁至临城（新城），城建部门先后开凿的城市隧道有东山隧道、新城隧道、竹山隧道、昌洲隧道。

2010年，定海有城市隧道6座，计2492.22延米。

晓峰岭隧道　定海城区西，晓峰岭下，东西走向，东接定海解放街道，西连盐仓街道。单洞双向。1987年动工，原为329国道舟山段组成部分，1989年10月1日竣工通车，总投资150万元。隧道全长246.5米，宽11米（其中行车道宽7米，两侧各2米宽非机动车道），净高6米，水泥混凝土衬砌被覆结构，顶设照明灯。2001年10月，329国道改道，移交城建部门作为城市隧道。隧道经十余年运营后，顶壁破损渗水，路面不平，灯光昏暗，2002年，改造环城南路时，投资174万元，整修隧道。工程包括补漏、铺设沥青路面、更换照明灯具和装饰装修等。隧道顶采用合成树脂乳液喷刷，人行道铺广场砖（1000平方米），路面铺浇3厘米厚沥青混凝土，安装140盏（每盏30瓦）日光灯向下照射，158盏（每盏150瓦）投光灯转顶反射，隧道口墙面用花岗石重新铺面（500平方米），“晓峰岭隧道”5个钢字重新抛光。2002年7月动工，9月竣工。

镇鳌山隧道　定海城区北侧，海山公园西，东西走向，东接环城北路，西至藤坑湾北端，单洞双向。1991年9月15日动工兴建，1993年5月21日竣工。穿越镇鳌山，连接环城西路与环城北路。是城建部门开凿的定海城区道路第一条城市隧道。全长110米，净宽10米（机动车道7米，人行道各宽1.5米），拱高6.5米，隧道口部为抗倒塌钢筋混凝土整体现浇，洞内墙面预制混凝土块浆砌，拱顶钢筋混凝土现浇，总投资233万元。2002年10月投资30万元，进行全面整修。整修工程主要包括拱顶、洞壁补漏、洞内装修、照明系统改造维修等。是年12月竣工。

竹山隧道　定海城区西，晓峰岭天福山下，东西走向。东接解放西路，西连翁洲大道，单洞双向。2008年1月20日开工，因拆迁问题工期延长一年多，2010年8月30日竣工，11月1日通车。全长460米，车道宽8米，沥青路面，非机动车、人行混合道两侧各4.25米，大理石路面，净高5米，顶置两排计260盏全日照明灯，是为舟山隧道建设

工人正在拆除盐仓主干道试通车前封道的砖块

首次采用无极灯，解决LED灯亮度不足问题。水泥混凝土衬砌被覆结构。隧道两壁下部采用外墙釉面砖贴面，上部和顶部采用真石漆工艺，避免因采用传统防火涂料容易出现脱落等问题。总投资2900万元。定海区城市建设投资开发有限公司施工，舟山市交通规划设计院设计，浙江交通工程集团承建，浙江公路水运工程监理有限公司监理。

昌洲隧道　定海盐仓街道昌洲社区建胜村老虎山下，东西北走向。东接翁洲大道，西连跨海大桥接线公路线，单洞双向。长357米，净宽14.5米，净高5米，沥青路面，车道宽7.5米，两边人行道各宽3.25米，大理石路面，水泥混凝土衬砌被覆结构，全日照明灯，无极灯200W，间距3米。全线埋设一根DN600给水管，管道材料除过河段采用钢管外，其余均为球墨铸铁管，雨水管沿道路双管布设，管径DN225—DN1500。2008年12月16日开工，2009年12月28日竣工。工程造价约2200万元。工程建设单位为舟山市城市建设投资开发有限公司，舟山市交通规划设计院设计，衢州市政工程有限公司施工，杭州市城市建设监理有限公司监理。

昌洲隧道

新城隧道　临城新区海客道西接口，东西走向，西连定海舟山经济开发区，通过弘生大道经东山隧道连接定海（旧）城区，东接海客道通往普陀城区，单洞双向。长524.12米，净高5米，净宽14.5米，两车道宽7.5米，两侧人行道各宽3.25米，侧向宽度2×0.5米，沥青路面。拱部为单心圆（半径R=8.2米），侧墙为圆弧（半径R=4.0米），仰拱与侧墙间用小半径圆弧连接（半径R=1.5米），仰拱为大半径圆弧（半径R=18米），安装100套2×40W飞利浦双排节能日光灯。2007年1月28日开工，2008年4月26日竣工。招标造价264.78万元。工程建设单位是舟山市临城新区开发建设有限公司，宁波顺和路桥设计有限公司设计，浙江公路水运工程监理有限公司监理，中铁隧道集团有限公司施工。

东山隧道　定海（旧）城区东面东山下，东西走向。西接东山路，东连宏生大道，单洞双向。1998年5月动工兴建，2002年2月建成通车。长805米，净宽14米，其中主车道宽7.5米，两侧人行道各宽3.25米，拱高6.5米，总投资5600万元。是贯通定海（老）城区经舟山经济开发区B区通往定海新城（区）的交通要道，也是拓展定海城区开通定海—沈家门联系的一条新通道。隧道内敷设定海至沈家门二期输水管道、有线电视、电信通讯等管线。隧道内配置绿、蓝、黄、白彩色灯光，浮雕式拱顶。

第二章　公　　路

1988年，定海境内有公路337.69千米。其中在建国道1条，19.7千米。省道2条，计36.79千米。县道17条（不含环城线），计135.8千米。乡道15条，计50.3千米。专用道19条，计46.5千米。港澳台胞、侨胞捐建公路48.6千米。平均每百平方千米有公路56.9千米，密度列全省前茅。惟公路大多属等外线，线型较差的占公路总数77.84%，高级、次高级路面的占22.16%。

1989年后，定海公路建设实施"八五"、"九五"、"十五"、"十一五"建设规划。1991年12月，境内329国道线二级公路（二车道）全线竣工通车。1995年12月，329国道境内段鸭蛋山至晓峰岭隧道西"兴舟大道"改建为一级公路四车道。1996年12月开工新建普陀平阳浦至东港段，1999年2月通车，全线建成。2003年，乡村公路建设实施全省"康庄工程"，砂石机耕路改建成水泥混凝土或沥青砼路面。2009年12月25日，舟山跨海大桥通车，连接舟山—宁波镇海段跨海线路，列入国家高速公路网杭州湾地区环线高速公路联络线甬舟高速，首次突破并改写定海公路史上没有高速公路里程的历史。

2010年，通车里程从1988年的337.69千米增至671.836千米，239条。其中高速公路1条，国道线1条，省道2条，县道26条，乡道22条，专用道7条，村道180条。高速公路50千米，一级公路94.384千米，二级公路108.533千米，三级公路56.543千米，四级公路356.459千米，准四级公路17.845千米，等外公路5.947千米。国道线全线均改建成一级公路（四车道），新建高速公路一条。另外，还新建、改扩建了一批二级和三级公路，各乡镇、街道均有三级以上等级公路。2010年，有公路隧道28座，13937米。公路桥梁（5米以上）148座，总长29343.4米。其中新建跨海大桥7座（含大陆连岛工程—舟山跨海大桥），总长26225米，舟山群岛中，又有里钓、富翅、册子、金塘、长峙、岙山6个海岛与主岛舟山岛相连在一起。舟山岛连接宁波贯通大陆。

第一节　高速公路

甬舟高速定海段　始于宁波绕城高速公路镇海段，终于定海双桥收费站。2009年12月25日，舟山跨海大桥通车当日即被国家交通运输部列入国家高速公路网杭州湾地区环线高速公路联络线甬舟高速一部分，编号G9211。全线主要由岑港、响礁门、桃夭门、西堠门、金塘五座跨海大桥及接线公路（定海走向含甬舟线双桥与岑港交界处炮台岭左右侧隧道）组成，全长50千米。按一级公路标准设计，双向四车道，大桥沥青路面，5厘米厚，设计时速60千米／小时～（80～100千米）／小时，路基宽22.5米，桥涵和路基同宽。1996年9月26日，全线第一座连岛大桥—岑港大桥开工。2008年7月15日，全线最后一座跨海大桥—金塘大桥海上段贯通。至此，连接舟山和宁波间的甬舟高速公路定海段的岑港大桥、响礁门大桥、桃夭门大桥、西堠门大桥、金塘大娇先后竣工。2009年12月25日，甬舟高速公路定海段全线建成通车，当月车流量入口（出舟山）53406辆，出口（进舟山）53411辆。翌年，入口（出舟山）3504538辆，出口（进舟山）3505867辆。2009年～2014年，日均通行量达到1.7万辆次，单日最高通行量5.5万辆次，高峰时段单向小时通行量达到2500辆次。2014年，入口（出舟山）5489327辆，出口（进舟山）5795782辆，营运收入6.2亿元，提前5年达到预计车流量。

第二节　国　道

329国道舟山境内段　始于鸭蛋山轮渡码头，经定海区盐仓街道、定海（老）城区、白泉镇、临城街道，普陀区勾山街道、东港街道、朱家尖街道，终至普陀朱家尖南沙，是舟山境内唯一一条国道公路。既是贯通舟山岛西东走向的主要通道，也是舟山连接宁波、沟通普陀山国家级旅游风景区的主要干线公路。一级公路（四车道），全长46.52千米，其中定海境内段23.30千米。

“329”国道舟山段，原为定海至沈家门公路（定沈线）。1986年，列入公路技术改造重点。改建工程采用新建、改建、分段、逐年完成的办法，新建：定海鸭蛋山轮渡码头至普陀大干段公路，线路走向与舟山岛南海岸趋平行。利用原定沈线改建：大干至沈家门段。

改建工程分三期进行。一期工程，1980年12月至1986年2月，改建定海增产碶至惠民桥公路，投资164万元。至1988年前，定海境内国道线已完成定海增产碶（海滨桥）、青垒头沿海线，定海电厂至惠民桥段，长6.51千米，二级公路标准，路面宽9米，沥青路。二期工程，1986年12月至1989年9月，新建定海鸭蛋山轮渡码头至海滨桥（增产碶）段，长5.2千米，路基宽12米～14米，投资435.29万元，征用土地148亩，拆迁房屋8972.4平方米，其中穿城区线（环城南路）路基宽30米，路面宽17.5米，中间开凿晓峰岭隧道1座（长246.8米，宽11米），1989年9月竣工。三期工程，1989年9月至1991年12月，新建和改建惠民桥至普陀勾山浦桥段，长7.54千米，路面宽9米，水泥混凝土路面。大干至沈家门宫墩隧道西口段由普陀区完成，水泥混凝土路面，长4.93千米。两段合计长12.47千米，其中新建8.47千米，利用老路改建4千米，总投资676万元。主要工程包括填筑路基，砌筑挡土墙12.47千米，修建桥梁12座计长195.85米，涵洞62道。1990年，329国道舟山段总里程为29.3千米，其中二级公路14.9千米，四级公路为14.4千米。桥梁12座199.1米，隧道1座246.8米。线路走向为鸭蛋山轮渡码头经兴舟大道、晓峰岭隧道、观音桥、海滨桥、新建的增惠公路（煤场）、惠民桥、三官堂至大干一段（临城、两眼碶、勾山、大干）二渔公司、墩头、沈家门宫墩。

1991年，国道线二级公路（二车道）全线竣工通车。沥青路面18.8千米，水泥混凝土路面8.7千米，路基宽12米～14米，其中穿城区部分宽30米，路面宽9米，桥梁23座、383.66米，隧道一座、246.8米。1992年，定海公路段大修，同时发生境内329线瓦窑湾路基、甬东大溪桥边坍方各一处。是年，建成 329 线境内鸭蛋山隧道西口油路路面 3 千米。1993 年，定海公路段完成 329 国道境内瓦窑湾路基坍方修复。是年，329 国道舟山段总里程 27.3 千米（均为二级公路），桥梁 26 座 488 米，隧道 1 座 246.8 米。线路走向为鸭蛋山轮渡码头经兴舟大道、晓峰岭隧道、观音桥、海滨桥、新建的增惠公路（煤场）、定沈线（329 国道舟山段改造而成，1991 年 1 月始至 1992 年 10 月竣工，起点惠民桥，经长升、永华、横塘、西塘、万塘、勾山、大干、墩头、普陀汽车站、宫墩隧道西口。建成二级公路，总投资 1200 万元）。1994 年，定海公路段中修 329 国道境内海滨桥—港口浦处油路 3.3 千米。1995 年 6 月，329 国道普陀大干段劈山拓宽，打通“瓶颈”，1996 年 7 月竣工，总投资 365 万元，开挖土石 12.5 万立方米，建成长 270 米，宽 34 米水泥混凝土路面，面积 8640 平方米。至此，定海境内段 19.7 千米。

1995 年 12 月，市城建部门扩建国道线鸭蛋山至晓峰岭隧道西“兴舟大道”，长 3.0 千米，路面行车道拓宽至 15 米，4 车道，两旁设绿化分隔带和非机动车道，水泥混凝土路面，翌年 12 月竣工通车。1996 年，定海区公路段完成境内 329 国道改沥青路面为水泥路面 4.12 千米，新建 3 道涵洞，大修 0.6 千米油路。是年 12 月，329 国道舟山段改建，次年 5 月至 1998 年 10 月，329 国道舟山段拓宽工程竣工。工程起自惠民桥终止浦西段（连接平东线一级公路），全长 7.8 千米，路基及 12 座桥梁各拼宽 12.5 米，道路中间建 2 米宽绿化分隔带，两边各有 9 米宽两车道，2 米宽硬路基，一级公路标准建设，为沥青路面，全长 7.55 千米，翌年 4 月竣工通车。同年，新建普陀平阳浦至东港公路，拟与建成后的朱家尖海峡跨海大桥衔接，全长 7.67 千米，一级公路标准设计建设，路基宽 25.5 米，路面行车道宽 15 米，中间设绿化带或隔离栏，水泥混凝土间沥青路面，1999 年 2 月竣工通车。1997 年 3 月，建设普陀东港至朱家尖海峡跨海大桥，大桥长 2706 米，宽 12 米，二级公路标准建设，1999 年 5 月竣工验收后投入使用。国道线舟山段改线后延伸至朱家尖海峡跨海大桥。11 月，国道线鸭蛋山至惠民桥段的外环线改道，绕开定海（老）城区，总长 9.78 千米，一级公路标准建设，路基宽 25.5 米，路面行车道宽 15 米（4 车道），中间设 2 米宽绿化或分隔带。第一段起自鸭蛋山轮渡大门以北 296 米，经在盐仓的市农科所、在坝桥与 72 省道交叉，再沿盐仓变电所至青岭，全长 5.28 千米，桥梁 6 座 138.78 米，涵洞 63 道。第二段起点自双拥路、与 73 省道平交后，穿过好岸山嘴、经三联小学，过石岗岭至终点惠民桥，全长 4.50 千米。其中青岭（文化路）至双拥路定海城区段（4.62 千米）由市城建部门建设，路基宽 60 米，主车道宽 2×11 米，非机动车道宽 2×6 米，中间各设 2.5 米宽绿化分隔带，水泥混凝土路面。原 329 国道舟山段鸭蛋山经晓峰岭隧道、海滨桥至惠民桥段改称鸭惠线。1999 年，329 国道舟山段总里程 27.3 千米，其中一级公路 7.55 千米，二级公路 19.75 千米，桥梁 26 座 444.75 米，隧道 1 座 246.8 米。线路走向为鸭蛋山轮渡码头经兴舟大道、晓峰岭隧道、观音桥、海滨桥、新建的增惠公路（煤场）、惠民桥、定沈线（329 国道拓宽改造路段，由原来的二车道改为 4 车道，二级公路改为一级公路）的浦西处、二渔公司、墩头、沈家门宫墩隧道西口。

2000 年，定海区公路段完成 329 国道境内油路大修 4.92 千米。2001 年 3 月至 9 月全国第二次公路普查，329 国道舟山段总里程 53.12 千米，其中一级公路 45.77 千米（含海峡里程

15.87 千米），二级公路 7.35 千米，桥梁 26 座 3282.2 米。329 国道舟山境内段调整为从宁波白峰至舟山鸭蛋山的海峡里程（15.87 千米作为一级公路延伸），鸭蛋山轮渡码头（大门口为整桩号）—坝桥—青岭—文化路—双拥路—好岸山嘴—惠民桥—临城—浦西—应家湾—东港—朱家尖大桥—朱家尖机场南。2001 年 10 月，国道外环线改道工程竣工通车。

2003 年 8 月，动工新建朱家尖泗苏至南沙一级公路，是为国道线舟山段从朱家尖海峡跨海大桥延伸至朱家尖南沙的工程，全长 9.88 千米，路基宽 23 米，路面宽 14 米，行车道宽 2×7.0 米，中间设 2 米宽绿化分隔带，四车道，沥青路面，翌年 7 月竣工通车，工程初步概算 8999.16 万元。329 国道线舟山段全长达到 43.2 千米。

2004 年 12 月，动工新建定海白泉至沈家门一级公路，是为 329 国道线舟山段改道工程，市重点工程。工程起自白泉弄口，往东经庙山、潮面、爱国至深坑岭（白泉镇与临城街道交界），经临城新区（城隍头）洞岙至童家山缸兆岭，穿蔡家岙岭至勾山街道，再经山头黄、大蒲岙、小蒲岙、至芦花，折南偏东，越芦花岭至应家湾，终点在原 329 国道（浦西—东港段）上，全长 17.26 千米，路基宽 25.5 米，路面行车道宽 2×7.5 米，四车道，中间 2 米宽绿化分隔带，沥青路面，隧道 2 座约 660 米。2006 年 1 月竣工通车，总投资 1.95 亿元。是年，329 国道舟山段总里程 43.23 千米，其中一级公路 39.83 千米（根据交通部意见从 2004 年起海峡里程 15.87 千米不计入公路总里程），二级公路 3.4 千米，桥梁 28 座 3336 米。329 国道线舟山段走向为鸭蛋山轮渡码头—坝桥—青岭—文化路—双拥路—好岸山嘴—惠民桥—临城—浦西—应家湾—东港—朱家尖大桥—新建泗苏—南沙公路。翌年，完成 329 国道舟山段定海境内双拥路至惠民桥路段、鸭蛋山至青岭段的沥青路面大中修 5 千米。改善了 329 国道舟山段定海境内外路容路貌，提高了通行能力。

白沈公路开通

2006 年，世界佛教论坛会议在舟山市普陀山召开，同年国内自行车赛也在舟山举行。为整治环境，迎接会议和赛事，是年 8 月 22 日开始，整治 329 国道定海鸭蛋岭——青岭路段（全长 5.756 千米）路面，投资 1313 万元，10 月竣工。舟山市宏达交通有限责任公司承建。整治沿线 21 座桥梁的桥头跳车，并加强保洁，确保公路平整、畅通。

2007 年，329 国道舟山段总里程为 46.52 千米，一级公路 39.04 千米，二级公路 7.48 千米，水泥混凝土路面 8.21 千米，沥青混凝土路面 38.31 千米。

2007年9月25日，329国道线舟山段再次改道工程动工。目的是缓解交通压力，满足临城新（城）区发展需求。工程始起自己建成的73省道东湾，经东皋岭隧道，终至并衔接国道白沈线，全长4.57千米，一级公路标准建设，路基拼宽12.5米，再开凿1座东皋岭隧道（长1177米），路面采用沥青混凝土面层。2009年1月1日通车。改道后329国道舟山段走向为鸭蛋山轮渡码头—坝桥—青岭—文化路—城市新境—东皋岭隧道（与S231省道重复KO-5.48）—白泉弄口—新建白泉至沈家门公路（白沈公路）—东港—朱家尖大桥—泗苏至南沙公路—朱家尖南沙，总里程46.52千米，其中一级公路38.75千米，二级公路7.77千米，桥梁25座3352.2米。同时，将329国道原路段定海境内文化路—双拥路—惠民桥—临城—浦西—应家湾—岭陀隧道—沈家门线改称为定沈线（县道）。11月，329国道定海境内青岭段0.3千米路段进行边坡绿化，投资77万元。经公开招标，舟山市丽景园林景观工程有限公司承建，2008年3月竣工。

2009年9月5日，大修329国道舟山段定海境内4.6千米路面，重点是路面严重龟裂、坑槽、沉陷路段，破损严重的沥青路面，加铺乳化改性沥青纤维碎石封层。10月20日完工，总投资384万元。定海区公路段为该项目建设单位，是年8月17日，工程在舟山市招投标中心经过公开招投标，舟山市宏达交通工程有限责任公司中标，舟山元通工程监理咨询有限公司监理，市交通工程质监局进行质量监督。翌年1月29日，市公路局组织召开“329国道舟山境内路面大中修工程交（竣）工验收会议”，经验收，综合评定工程质量等级为优良，同意交付使用。

2010年1月29日，市公路局组织召开“329国道（舟山段）2009年桥头应急专项整治工程施工图设计审查会议”。桥头跳车整治工程，包括16座桥梁，其中定海路段9座、普陀路段7座。公路技术等级为一级，桥涵设计荷载为公路—Ⅱ级，路基宽度23米～25.5米，路面宽度20米～22.5米。Ⅰ类、Ⅱ类路面接坡结构合并采用3厘米细粒式沥青砼＋5厘米中粒式沥青砼＋20厘米水稳基层，Ⅳ类、Ⅴ类路面接坡结构合并采用先铣除旧沥青路面，重新铺筑5厘米细粒式沥青砼，取消Ⅲ类路面接坡结构。7月，应急专项整治境内329国道路段沿线9座桥梁（上游桥、建胜桥1号、建胜桥2号、舟胜桥、皋泄1号桥、皋泄2号桥、潮面桥、万寿桥、同胜桥）桥头跳车，总投资112.4万元，是年10月竣工。同时，大修329国道定海路段青岭——昌洲社区、昌洲——建胜、建胜——青岭路段路面，全长5.5千米。采用泡沫沥青再生技术方案，设

施工人员正在329国道白沈线深坑村附近路段修复破损路面

计路面结构采用 15 厘米泡沫沥青基层 +5 厘米中粒式沥青混凝土。行车道结构采用 12 厘米泡沫沥青基层 +5 厘米中粒式沥青混凝土。硬路肩结构采用 5 厘米中粒式沥青混凝土罩面。沿线 4 座桥头接坡采用铣除旧沥青路面，重新铺筑 5 厘米中粒式沥青砼。9 月竣工，投资 1571.0 万元。8 月，应急养护 329 国道定海路段皋泄——同胜路段 9.5 千米。路面结构：皋泄——潮面——同胜段 7.7 千米，行车道铣刨 17 厘米并处理局部基层病害，加铺 12 厘米厂拌泡沫沥青基层 +5 厘米沥青混凝土。硬路肩铣刨 3 厘米原路面并处理病害后，加铺 3 厘米沥青混凝土。同胜——城隍头段 1.8 千米，行车道铣刨 8 厘米并处理基层病害，加铺 8 厘米沥青混凝土。硬路肩铣刨 3 厘米原路面并处理病害后，加铺 3 厘米沥青混凝土。11 月完工，总投资 2114 万元。

第三节　省　道

2010 年，定海境内有省道 2 条，29.892 千米，即：定海至西码头公路、定海至岑港公路，编号 S231、S321。

定海至西码头公路　省道编号 S231，又称 73 省道，全长 14.584 千米。是贯通舟山岛中部南北的主要通道。也是连接岱山县、嵊泗县、上海市主要通道。起自定海文化路，经城东街道东湾东皋岭隧道、过白泉皋泄、平湖、大兴，柯梅岭隧道，经干礁东升、至西码头，长 14.584 千米（其中与 329 国道舟山段重复 5.476 千米）。通过高速快艇、海峡汽车轮渡，连接岱山高亭，通过海峡汽车轮渡连接嵊泗洋山港东海大桥。

1989 年 2 月，改建原有线路三官堂至西码头段 15 千米，列为舟山市的十件实事之一。15 日动工，12 月 30 日竣工。投资 200 多万元，投工 3 万多工，完成土石方 3 万余立方米，路面拓宽至 10.5 米，唐高岭段降坡 5.7 米以上，减少 20 多个弯道，实现全线路面黑色化。至 1990 年，建成路基宽 8.5 米～ 12 米，路面宽 7 米～ 9 米，沥青路面，公路桥梁 5 座，长 54.4 米，平原微丘四级公路。

1991 年，定海公路段大修定西线油路路面 0.25 千米，改建定西线弯道路基拓宽 0.1 千米。1992 年，定海公路段中修定西线油路路面 1 千米，大修定西线涵洞一道。1996 年，定海区公路段完成定西线油路中修 2 千米。翌年，完成定西线白泉岭弯道油路 241 米。1998 年，定海区公路段完成定西线油路大修及涵洞大修、路基大修。翌年，完成油路中修 2.45 千米，包括挡土墙加高，混凝土压顶，培路基，修复白泉桥，白泉岭护栏（墙）中修油漆。

2000 年 10 月，动工新建定海东湾至皋泄公路（73 省道走向改道的前期工程），中间开凿隧道 1 座（东皋岭隧道，长 1113 米）。公路长 3.53 千米，二级公路技术标准建设，路基宽 12 米，路面宽 9 米，沥青路面，设计时速 80 千米 / 小时。2002 年 10 月竣工通车。同时，73 省道新走向线路动工建设（并衔接新建东皋线）。工程经皋泄村、柯梅岭，终至干礁西码头，二级公路技术标准建设，中间开凿柯梅岭隧道 1 座，沥青路面，翌年 10 月竣工通车。新 73 省道全程 14.584 千米，比原来缩短 4.7 千米，其中 K5+500–K6+640 段按一级公路标准设计，路基宽

25米，路面宽16米。

2001年，定海区公路段完成定西线油路中修2.2千米。翌年9月，省交通厅批复73省道定海至西码头公路改造工程初步设计，工程概算8162.83万元，线路全长约13千米，其中隧道2座，长1580米，工期24个月，2003年完工。同时完成定西线中修0.25千米，路面结构为2厘米厚细粒式沥青注入，宽9米，投资4.3万元。

2004年，改造定西线白泉至干礁路段，1月动工，9月完工。全线长502.6米，按二级公路标准建设，宽12米，总投资3500万元。

2006年，东皋岭、柯梅岭两隧道照明系统维修工程分别于9月、11月完成，照明、材料费投入4671元。同年，省交通厅批复同意定海73省道东皋岭拓宽工程建设项目。次年6月，拓宽工程开工。工程起自建成的东皋线，向东北沿老路右侧拓宽，南侧新建隧道，穿越东皋岭，终止329国道外环线254.300千米，全长4.57千米，中有隧道1座（右侧），长1177米。按照交通部颁发的《公路工程技术标准》（JTGB01–2003）一级公路标准执行，设计速度80千米/小时，整体式路基宽23米，行车道宽2×7.5米，分离式路基宽11.25米，行车道宽7.5米。路面设计标准轴载BZZ–100，桥涵设计计算荷载为汽车荷载等级–公路Ⅰ级，新建隧道单洞净宽10.5米，其中行车道7.5米，净高5米。路面结构：起点至K2＋315段路面层采用24厘米厚水泥混凝土，K2＋315至终点段采用10厘米厚沥青混凝土，基层采用水泥稳定碎石，底基层采用级配碎石。总投资约1亿元。2008年12月30日完工，2009年1月1日通车。中铁隧道集团有限公司施工。

2008年，定西线（73省道）有一级公路2.41千米，二级公路12.17千米，水泥混凝土路面2.89千米，沥青混凝土路面11.69千米。8月，定西线柯梅岭左侧隧道工程动工，并拓宽柯梅岭社区——柯梅岭隧道路段2.514千米。2010年11月竣工通车。该段同疏港公路重复2.542千米。

2009年6月1日，市公路局召开“73省道定西线2009年路面大中修工程施工图设计审查会议”。同年9月4日工程开工，路面大修路段万边山——柯梅、东升社区——西码头，计5千米，路基宽12米，路面宽9米，设计速度80千米/小时，投资753万元，当年12月3日完工。翌年1月29日，市公路局召开“73省道定西线定海段路面大中修工程竣工验收会议”，验收结果，综合评定工程质量等级为合格，同意交付使用。项目建设单位是定海区公路段，舟山市招投标中心公开招投标，舟山市宏达交通工程有限责任公司中标，浙江省公路水运监理有限公司监理，市交通工程质监局进行质量监督。

定海至岑港公路　省道编号S321，又称72省道，全长15.696千米。是舟山岛西部陆上主要运输线。起自定海东门解放桥，经解放西路、茅岭、定海六中、雅岙岭、双桥镇至岑港，路线计长15.696千米，路基宽11米～18米，路面宽7米～8米，其中沥青路面14.389千米，水泥混凝土路面0.919千米。建有桥梁7座，152.72米，隧道2座，计9.11米。平丘二级、三级公路。

1988年，72省道线长17.5千米，路基宽8.5米～12米，路面宽5米～9米，沥青（渣油）路面12.15千米，水泥混凝土路面1.1千米，桥梁5座，长82.4米，其中4.2千米砂石路面为等外公路。平原微丘三级公路。

1991年12月，改建其中的等外公路，开凿小岭隧道1座，长416米，隧道进出口接线公路降坡、拓宽，消除纵坡14%。1993年10月竣工通车。至此，72省道全部为沥青或水泥路面。改建后省道全长15.70千米，比原来缩短约2千米。

1994年，定海公路段将定岑线砂石路面全部改建为油路面，并新建司前公路桥1座，长20.3米，宽9米，新增涵洞11道148米。

1999年，定海区公路段完成定岑线油路大修2.8千米，包括挡土墙加高，混凝土压顶，培路肩。完成小岭隧道中修油漆。次年，又完成油路中修。

2003年1月，省公路局批复同意舟山市72省道坝桥改建，核准资金61.6万元。当年原址改建坝桥，上部结构2孔10米钢筋混凝土空心板，下部结构钻孔灌注桩，设计汽车荷载公路—Ⅱ级，桥面宽12.5米，其中行车道11.5米，全长36米，12月竣工通车。同年，改扩建72省道海口桥。改建后，海口桥长20米，宽14米，次年8月竣工通车。

2004年，大修油路0.6千米。路面结构5厘米沥青注入，宽7米，总投资10.5万元。中修油路0.65千米，路面结构4厘米厚沥青注入，宽7米，投资8.7万元。当年9月底全线竣工通车。大中修后72省道比原来缩短5.18千米。

2007年7月，动工改造省道双桥东方村—东岳宫路段，新建隧道1座，名“东南隧道”，长495米。桥梁1座，名“东南桥”，长20.04米，2010年10月竣工通车。8月，投资554万元整治双桥南山——岑港桥头社区路段4.7千米。路基宽9.0米，行车道宽7米，设计时速60千米/小时，当年11月上旬完工。改造、整治后，省道定岑线全长15.696千米。同年，按照公路护栏新标准，改墙式间断护栏为钢质护栏，完成钢质护栏设置36.03千米，墙式间断护栏300米。翌年，72省道有一级公路1.32千米，二级公路0.91千米，三级公路13.47千米。其中水泥混凝土路面0.91千米，沥青混凝土路面9.46千米，简易铺装5.33千米。

2009年3月25日，拆除南善桥，原址重建新南善桥2孔跨10米，全长24.04米，宽12米，设计速度60千米/小时，设计汽车荷载公路Ⅱ级，抗震按7度设防。总造价98.56万元，当年7月21日完工。翌年1月29日，舟山市公路管理局组织召开“舟山市72省道南善桥改造工程交（竣）工验收会议”，验收结果综合评定工程质量等级为合格，同意交付使用。定海区公路段为项目建设单位，由舟山市招投标中心公开招投标，舟山市宏达交通工程有限责任公司中标，舟山元通工程监理咨询有限公司监理，市交通工程质监局进行质量监督。

第四节　县　道

1988年前，境内有县道17条（不含城区公路）。改建新建到2005年，砂石路面全部改建成水泥混凝土或沥青路面。至2010年，列入公路路网的县道增至26条，计244.103千米。

三官堂—两眼碶公路（三大线）　起自定海三官堂，经黄土岭、惠民桥、南海学校、老碶头，终至两眼碶，长9.8千米，路面宽7米～15米，曾是定沈老路一段。其中南海学校至老碶头段曾改建为国道线，一级公路四车道，其余三级公路，双车道。2009年，大修东荡田——荷花（1.15千米）段，路面结构为15厘米水泥稳定碎石+5厘米中粒式沥青砼+3厘米细粒式沥青砼，总投资109万元，当年10月完成。

鸭蛋山—东港公路（鸭东线）　起自鸭蛋山大转盘花坛处，经双桥外山头、老塘山隧道、岑港海军码头、烟墩、白泉东升村、柯梅岭隧道、小展岭隧道、摩鼻岭隧道、茅洋、平东线，终止普陀东港应家湾，全长59.457千米。其中属定海境内公路管养的为48.100千米，有桥29座，隧道8座。路面宽12米～25.5米，路基宽9米～22.5米，等级一—二级，双或四车道沥青混凝土路面，其中白泉柯梅社区——干礁东升社区与73省道线重复2.542千米。是舟山岛贯通东西方向的交通枢纽。旧鸭东线于2007年划入公路路网。2008年改建疏港公路，2010年12月工程竣工通车后，旧鸭东线缩短5.930千米（原65.387千米）。同年调整、列入公路路网。

2010年大中修鸭蛋山——螺头、三江——干礁镇政府4.2千米路面，投入经费406.1万元，10月完工。同月修复双桥汽车城潮面桥桥台台背填土坍空、护坡，工程造价18.5万元。

定海—马岙三江公路（定马线）　二十世纪九十年代末，境内新建的县道，舟山岛市公路网又一条纵干线。起于定海文化路原市委党校，经颂河岭、长春岭，马岙镇，终至三江交通码头，全长13.426千米。按二级公路技术标准建设，路基宽12米，路面宽9米，沥青路面，中开隧道2座（颂河岭隧道、长春岭隧道），投资3600万元。公路工程分两段实施，先期，1995年5月至1998年9月，完成定海至马岙段9.5千米。后期1997年1月至1998年1月，完成马岙至三江段接线公路，沥青路面。定海区公路段1998年创建的定马线文明样板路。2000年，完成定马线沥青硬路肩3.2千米。2001年，完成定马线颂河岭隧道病害整治工程，2002年1月竣工通车。

2008年，中修长春岭段1千米，投资48.6万元。是年3月，连续降雨，隧道东南侧进口外东侧斜坡上坡体裂缝，显示滑坡隐患。路处低山地貌，地形总坡度25°～30°，砾石粉质黏土土质。3月6日，市交通委、市公路局、定海区政府办公室、区交通局、区公路段，浙江省交通规划设计研究院等联合组织人员，现场踏勘、讨论，形成“关于定马线长春岭隧道东南侧不良地质的处理意见”。6月25日，区交通局组织召开“长春岭滑坡治理工程初步设计审查会”，与会专家审查讨论，形成“会议纪要”。根据专家组意见，滑坡体前缘先进行局部抢修处理，加强监测，视情况发展再按预案处理。抢修方案包括实施滑坡体前缘卸载、坡面防护、载排水及边坡绿化等。项目由定海区公路段建设管理，省交通规划设计研究院勘测设计所设计，浙江交工路桥建设有限公司承建，浙江公路水运工程监理有限公司监理，舟山市交通工程质监局进行质量监督。2008年3月21日开工，当年9月30日完工。总投资300万元。同年，大修长春岭路段0.6千米，总投资90万元，路面结构15厘米水泥稳定碎石+5厘米中粒式沥青砼+3厘米细粒式沥青砼，总投资90万元，当年10月完成。翌年2月26日，舟山市公路管理局组织召开“定海区定马线长春岭滑坡治理工程交（竣）工”和“长春岭路段大修”两项工程进行验收会。经验收两项工程综合评定工程质量等级合格，同意交付使用。

双桥—小沙毛峙公路（双小线） 起自定海双桥外山头，经南善桥，紫微、狭门、大岭、小沙乐家村，终至小沙毛峙车站。全长14.931千米，路基宽8.5米～15米，路面宽7米～10米.二级公路，双车道沥青混凝土路面。

1994年1月，改建扩建，按山岭三级公路标准建设，路基宽8.5米，路面宽7米，中开凿大岭隧道1座（长388.8米，宽9米）。铺浇沥青路面，1998年10月全线完工。2003年，省交通厅批复同意定海小沙至鸭岑线公路改建工程初步设计，路线全长约15千米，初步概算4557.45万元。2006年10月，列入舟山市干线公路网规划的“四纵”之一。启动小沙至鸭岑线公路改建。起自定海境内环岛公路双桥外山头，沿南毛线老路，经陈家、小沙镇政府、狭门（开凿2座隧道），进入双桥镇境内至南善桥与72省道平交，终至鸭岑线。按二级公路标准设计建设，长14.16千米，路基宽12米，路面宽10.5米。开凿狭门1号、2号隧道（分别长183米与150米），改造大岭隧道（宽度至11米）。新建桥梁3座，拼宽桥梁3座。浙江交工路桥建设有限公司施工，2006年10月开工，2008年12月25日完工。总投资8874万元。同年，大修庙桥——五保岙路段，路面结构15厘米水泥稳定碎石+6厘米中粒式沥青砼，投资49万元，11月完工。

鸭蛋山—惠民桥公路（鸭惠线） 起于鸭蛋山轮渡码头，过兴舟大道，穿晓峰岭隧道、沿城区环南路，经青垒头、甬兴、大碶，终至惠民桥，长12.766千米，路面宽9米～15米，原为国道线，双车道至四车道，沥青、水泥混凝土路面。2001年10月，国道线改道外环线并建成通车后，鸭惠线降为县道（见国道线条目）。2007年，中修鸭惠线2.40千米。2009年8月21日，舟山市公路管理局《关于定海区鸭惠线小碶桥改造工程施工图设计及预算的批复》同意改造鸭惠线小契桥，拆除老桥，原址重建3×10米钢筋混凝土桥梁，设计荷载公路二级，桥面宽14.25米。上部结构预应力空心板，下部结构三柱式桥台及桥墩，基础单排钻孔灌注桩，核定工程预算198.6万元。9月25日，改造工程动工，改建后桥长34.08米，桥宽14.25米，实际投资181万元。2010年2月9日通车。

砂改油路工程

小岭下—老塘山公路（小老线） 原是县道衔接定岑线至老塘山港区公路中一段，长3.13千米，路面宽5米。1993年4月改建，路面拓宽至7米，铺浇沥青（渣油）路面，三级到四级公路。1996年10月，新建鸭蛋山至老塘山公路后，调整县道，至2007年底，仍保留1.935

千米。2005 年 4 月～ 9 月，根据路损情况，实施砂改油路工程，路面结构 18 厘米水泥稳定碎石 +4 厘米细粒式沥青砼，总投资 109.95 万元。舟山市宏道公路养护有限公司施工，当年 9 月完成。三级公路。

干礁—平石岭公路（干平线）　曾是原县道干礁至白石泥岗公路中一段，舟山岛西北部主要公路线，起于干礁镇，经平石岭、马岙、小沙、大沙，终至岑港白石泥岗，长 26.96 千米，路面宽 4.5 米～ 6 米。1991 年～ 2000 年进行改建、扩建、大中修，铺浇沥青（渣油）路面 22.11 千米。后，境内路网改造，原县道有的被复线、改道，或降为乡、村道。至 2007 年，仅留此段仍为县道，起自干礁镇，经鲍家、长春岭水库终至马岙平石岭，长 4.026 千米，宽 4 米～ 7 米，沥青路面，四级公路。

沥港—大浦口公路（沥大线）　在金塘岛，起自沥港交通码头，经外小岙、穆岙、山潭、柳行、大丰，终至大浦口，长 13.45 千米，沥青混凝土路面，其中柳行—大浦口段为水泥混凝土路面。全线一级公路 6.23 千米，三级公路 7.22 千米。原为金塘岛主要公路线，1986 年，投资 10 万元改建。至 1990 年，全线建成路基宽 4 米～ 16 米，路面宽 4 米～ 12 米，泥结碎石路面，四级公路。1994 年 2 月，台胞方新道捐资 500 万元，省市交通部门出资 500 万元，共 1000 万元改建大浦口—柳行—沥港段公路。改建后路面宽 6 米，铺浇水泥混凝土与沥青路面。1998 年，定海区公路段完成沥大线涵洞大修。1999 年，定海区公路段完成沥大线油路大修 1 千米，包括挡土墙加高 C15 混凝土压顶，培路肩及新建盖板涵 1 道。

2000 年，定海区公路段完成沥大线油路大修 1 千米。2001 年，又完成沥大线油路大修 0.9 千米。2002 年 6 月，省交通厅批复同意定海区金塘沥港至大浦口公路工程初步设计方案，工程概算费用 6428.04 万元，路线全长 13.6 千米，其中隧道 1 座长约 438 延米，工期 24 个月。当年 11 月动工，按二级公路技术标准设计建造。建成后部分路面宽至 6 米～ 9 米。翌年 10 月通车，比老路缩短 2.96 千米，实际投资 6800 万元。2005 年，沥港交通码头处路段砂改油，路基宽 20 米，路面宽 14 米，路面结构 15 厘米水泥稳定碎石加 4 厘米厚细粒式沥青砼，当年 10 月完工，投资 43.7 万元。2009 年 5 月 25 日，沥大线乱石岙——穆岙，柳行路面动工大修，路面结构 15 厘米水泥稳定碎石加 5 厘米厚中粒式沥青砼加 3 厘米厚细粒式沥青砼，总投资 175 万元，当年10月20日完工。

砂改油路工程

2009 年 5 月 14 日，沥大线乱石岙—穆岙—柳行段路面工程建设招投标，定海区公路段为项目建设单位，舟山市招投标中心招投标，舟山市宏道公路养护工程有限公司中标，浙江省公路水运监理有限公司监理，市交通工程质监局质量监督。5 月 25 日开工，当年 10 月 20 日完工。验收综合评定工程质量等级为合格，同意交付使用。翌年 1 月 29 日，舟山市公路管理局组织召开“定海区 2009 年农村公路大中修工程交（竣）工验收会议”，通过交（竣）工验收。

2010 年，沥港交通码头处路段路面大中修，投入经费 67.0 万元，当年 10 月完工。

万边山—毛竹山公路（万毛线）　原为县道万边山至两眼碶公路一段。1996 年 3 月至 1998 年 10 月，县道改建，全长 12.78 千米，路面宽 5.5 米，铺浇沥青路面后，境内路网改造，原县道有的被复线、改道或降为乡村道。至 2005 年，仅保留此段仍为县道，起自万边山，终至毛竹山，长 5.05 千米，路基宽 7.5 米，路面宽 5.5 米。是年 4 月～ 9 月，实施砂改油路工程，铺浇了沥青路面，四级公路。

毛竹山—北蝉公路（毛北线）　起自原万两线的毛竹山，经林场，终至北蝉，长 7.414 千米，原路面宽 3 米，砂碎石路面，偏僻县道。2002 年 5 月大修，路面拓宽至 4 米，铺浇沥青路面 5 千多米，余仍为砂石路面。2005 年 4 月，毛竹山——蝉南路段再次砂改油，路面结构 15 厘米水泥稳定碎石＋ 3 厘米厚细粒式沥青砼，总投资 202.52 万元。舟山市宏道公路养护有限公司施工，当年 9 月完成。微丘四级公路。

万强—浪西公路（万浪线）　起自白泉繁强村，经小柯梅、大门岭，终至浪洗，长 4.72 千米。原路长 6.45 千米，宽 3.5 米～ 4 米，砂石路面。1986 年、1999 年，中竹岭进行二次降坡。1998 年 4 月和 2001 年 10 月，大修、中修，路面拓宽 4.5 米～ 5 米，路基水泥混凝土驳坎，铺沥青路面 4.28 千米，余 2.17 千米仍旧砂石路面。2006 年 5 月，再次大修，又铺浇沥青路面，线路长调整为 4.72 千米，原山路部分不计在内。当年 9 月完工。微丘四级公路。

茅岭—颂河公路（茅叉线）　起自定海茅岭村，经虹桥水库、共裕村，终至颂河村，长 7.555 千米，路面宽 4 米～ 6 米，单车道，沥青混凝土路面，微丘三级到四级公路。1997 年 6 月大修，砂石路铺浇沥青（渣油）路面，当年 9 月完工。2008 年，茅岭——虹桥地段 0.8 千米、共裕地段 0.65 千米进行大修，投资 62.9 万元。2009 年 5 月 25 日，颂河段 0.60 千米大修，路面结构 15 厘米水泥稳定碎石加 5 厘米厚中粒式沥青砼，总投资 42 万元。当年 10 月完工。工程于 2009 年 5 月 14 日由舟山市招投标中心公开招投标，舟山市宏道公路养护工程有限公司中标，浙江省公路水运监理有限公司监理，市交通工程质监局质监。2010 年 1 月 29 日，舟山市公路管理局组织验收结果，综合评定工程质量等级为合格，同意交付使用。

2010 年，虹桥水库——共裕村、共裕——颂河计 4.305 千米进行路面大中修，投入经费 212.1 万元，10 月完成。

穆岙—西堠公路（穆西线）　在金塘岛。起自金塘穆岙，经山潭十字口，终至西堠社区。长 5.351 千米，2009 年路网调整后新增县道。原是县道沥大线、东东线的一段。路网调整后，原沥大线、东东线部分划入穆西线，并延伸 1.724 千米。线上新建隧道 1 座，桥梁 2 座。

柳行—小李岙公路（柳小线）　在金塘岛。起自金塘柳行，经小李岙岭，终至小李岙车客渡码头。原长6.35千米。1995年5月大修，铺浇沥青（渣油）路面，路面宽3米。2003年6月，列为市重点工程—小李岙至大浦口公路动工改建，中间开凿隧道1座（名“佳力德隧道”，长446米），按二级公路标准建设，路面拓宽至9米，沥青路面，2004年10月竣工。改建缩短2.02千米。2009年12月，“佳力德隧道”更名“小李岙隧道”。

三官堂—华旗山公路（三华线）　原系73省道，舟山岛南北公路纵干线。2003年10月，建成新的73省道走向线路，三官堂至华旗山一段降为县道。2010年又延伸3.197千米。起自三官堂，经皋洩、万边山、白泉岭水库、黄沙周、干礁镇政府，终至干礁华旗山。长17.866千米，路基宽8.5米～5.5米，路面宽7米～15米。其中皋洩至万边山1.21千米为四车道沥青砼一级公路（与73省道相重复），其余均为2车道。2008年，三官堂——皋洩5.7千米路段完成大中修，投资382万元。

定海—北蝉公路（定北线）　起于329国道东湾村，经鸭蛋岭、白泉桥、水管口，终至鸭东线北蝉摩鼻岭，长12.675千米，路基宽7米～14米，路面宽4.5米～10米。原在定海至大展公路线中，先期于1993年5月改造，铺浇水泥与沥青路面10.45千米，路所处地貌变化大。2001年5月，舟山岛环岛公路北蝉至螺门公路改建，在定海段开凿隧道2座（小展岭、摩鼻岭隧道），按二级公路标准建设。尔后又大修、中修东湾——金林路段计6.854千米。2005年，东湾——金林路段计6.04千米实施砂改油工程，路面结构20厘米水泥稳定层+5厘米细粒式沥青砼，25厘米培路肩，总投资223.88万元。舟山市宏道公路养护有限公司施工，当年9月完成。2008年6月6日，米岭　碶头山路段计2.475千米动工大修，当年11月30日完工，投资188万元。

砂改油路工程

2009年，定海区实施公路安装钢质防护栏安全保障工程，涉及两条线路，其中一条为定北线处。定海区公路段为该项目建设单位。6月9日，安保工程由舟山市招投标中心招投标，余姚市交通标志设施有限公司中标，舟山元通工程监理咨询有限公司监理，市交通工程质监局进行质量监督。工程于26日开工，8月22日完工。2010年1月29日，舟山市公路管理局组织验收结果，综合评定工程质量等级为合格，同意交付使用。

定海—荷花浦公路（定荷线）　定沈线的一段，起自329国道东湾，即国道外环线与73省道交汇处，经双拥路、惠民桥，终至临城荷花浦，长14.3千米，路基宽9米～26米，路面宽

7 米～ 18 米。原是境内国道线。2007 年 1 月，国道线改道后，降为县道。

两眼碶—高峰公路（两高线） 起自临城两眼碶，经洞岙水库、凉亭、铁火尖隧道东口，终至高峰村。长 5.859 千米，路面宽 3.5 米～ 10.5 米。原县道洞岙至高峰公路的改线，砂碎石路面，宽 3.8 米，偏僻县道。2001 年 4 月大修，路面拓宽至 3.5 米～ 4.5 米，铺浇浅表沥青路面。2006 年 5 月，再次大修，重铺了水泥与沥青路面（水泥路面 0.244 千米）。2006 年 8 月完工。微丘四级公路。2010 年大修中修两眼碶——中段里 1.15 千米路面，投入经费 96 万元，10 月完成。

双桥—坝桥公路（双坝线） 2009 年境内路网调整新增线路。起自双桥高速公路收费站，经双桥外山头、雅岙岭，终至坝桥，长 7.324 千米，路面宽 15 米，四车道沥青混凝土路面，微丘一级公路。走向与 72 省道定岑线雅岙岭——坝桥段重复 1.375 千米。

临城—螺门公路（临螺线） 新建县道。起自临城，经洞岙、高峰，终至庙后，长 4.300 千米，路面宽 10.5 米，双车道沥青混凝土路面，微丘二级公路。2007 年 2 月通车。列入公路路网时为乡道。2008 年路网调整后为县道。新建隧道 2 座（铁火尖隧道、黄杨尖隧道），桥梁 2 座。

北蝉—钓门（北钓线） 起自北蝉，与鸭东线在小柯梅点相交，终至钓门，长 4.684 千米，路基宽 5 米～ 8.5 米，路面宽 4 米～ 7 米，单车道、双车道沥青混凝土路面，微丘三级到四级公路。2008 年调整为县道。2010 年 10 月，沙头路段 0.3 千米路面损毁修复，工程造价 27.3 万元。

马岙—北海（马北线） 新建县道。起自马岙白马街，经光一村、光二村，终至北海，长 4.329 千米，路基宽 12 米，路面宽 10.5 米，双车道沥青混凝土路面，微丘二级公路。2007 年由舟山市宏道公路养护有限公司施工，当年完成，划入公路网乡道，2008 年调整为县道。

长升—岙山（长岙线） 新建县道。起自临城长升蛤蚧浦，经新城大桥、长峙大桥、岙山大桥，终至岙山后岸村，长 8.743 千米，路基宽 10 米，路面宽 8.5 米，二级公路技术标准建设，双车道沥青混凝土路面。列入市重点交通基础建设项目。2005 年 11 月 9 日开工，2007 年 9 月 8 日竣工，10 月 1 日通车。设计单位，浙江省交通规划设计院，施工单位，四川公路桥梁建设集团，二级公路技术标准建设。长岙线建成通车，使岙山岛与舟山岛连为一体，是连接岙山国家战略石油储备基地的公路线。2007 年划入公路网乡道，2008 年调整为县道。

门岙涂—大晒网（门大线） 新改建县道。起于册子乡门岙涂，终至册子乡大晒网村。长 5.523 千米，路基宽 12 米，路面宽 10.5 米，按二级公路技术标准建设，双车道沥青混凝土路面。2010 年，列入公路县道路网。

碇次村—下庵村（碇下线） 鸭东线改道后留下的老县道。起自岑港镇碇次村，经坞丘、马目、峙岙塘，终至下奄村，长 11.464 千米，路基宽 8.5 米～ 12 米，路面宽 7 米～ 9 米，按二、三级公路技术标准建设，双车道沥青混凝土路面。2010 年路网调整，称县道碇下线。

东方村—汪高岭（东汪线） 2007 年 7 月，72 省道改道后剩下路段降为县道。起自双桥镇东方村，经桥头施，终至双桥镇汪高岭，长 2.125 千米，路基宽 11 米，路面宽 7.0 米，二级公路技术标准建设，双车道沥青混凝土路面。2010 年路网调整，县道东汪线。

至 2010 年，定海境内有县道公路 250.89 千米。

2010年定海区县道公路建成情况表

单位：千米、米

公路名称	简称	沿途经过	全里程长	路基宽	路面宽	路面结构	公路等级	铺浇水泥、沥青路年份
三官堂—两眼碶	三两线	黄土岭、惠明桥、两眼碶	9.800	9.0～25.0	6.5～15.0	沥青贯入、沥青砼	一级、四级	2007.09完工
鸭蛋山—东港	鸭东线	双桥、岑港、小沙、马岙、白泉、北禅	48.100	12～24.5	9～2.5	沥青砼、水泥砼	一级36.143、二级9.415	鸭蛋山—老塘山1995年、岑港—螺门2010年疏港公路改建
定海—马岙三江码头	定马线	颂河、长春岭、马岙、三江	13.426	12.0	9.0	沥青砼	二级	1998
双桥外山头—小沙毛峙	双小线	紫薇、狭门、下沙、毛峙	14.931	8.5～15.0	7.0～10.5	沥青砼	二级、三级	1995
鸭蛋山—惠民桥	鸭惠线	鸭蛋山码头、青垒头、甬兴、甬庆	12.766	12.0～19.0	9.0～15.0	沥青砼、水泥砼	一级、二级、三级	1988
小岭下—外山头	小老线	老塘山	1.935	10.0	7.0	沥青砼	三级	2000
干礁—平石岭	干平线	平石岭、马岙	4.026	5.～-9.5	4.0～7.0	沥青贯入	四级	2002
沥港—大丰	沥大线	沥港、外小岙、穆岙、山潭、柳行、大浦口	13.450	9.0～12.0	6.0～9.0	沥青砼、水泥砼	二级、四级	2003
万边山—毛竹山	万毛线	毛竹山	5.050	7.5	5.5	沥青砼	四级	2000
毛竹山—北蝉	毛北线	毛竹山、林场	7.414	6.5	4.0	沥青砼	四级	2005
繁强—浪洗	万浪线	万强、小柯美、大柯美	4.720	6.0～7.0	4.5～5.0	沥青砼	四级	2004
茅岭—颂河	茅叉线	茅岭、虹桥水库、共裕村	7.555	6.5～7.5	5.0～6.0	沥青砼	三级、四级	2005

续表

公路名称	简称	沿途经过	全里程长	路基宽	路面宽	路面结构	公路等级	铺浇水泥、沥青路年份
穆岙—西堠	穆西线	山潭	5.351	12.0	9.0	沥青砼	二级	2009
柳行—小李岙	柳小线		4.334	12.0	9.0	沥青砼	二级	2004
三官堂—华旗山	三华线	皋洩、万边山、黄沙周、干磯	16.655	8.5～10.0	7.0	沥青贯入、沥青砼	三级、四级	1990
定海—北蝉	定北线	东湾、克冲岗、白泉桥、水管口	12.675	7.0～14.0	4.5～10.0	沥青砼	二级、三级、四级	2005
定海—沈家门	定沈线	双拥路、惠民桥、临城新区、荷花浦	14.300	25.5～26.0	15.0～18.0	沥青砼	一级	1990
两眼碶—高峰	两高线	洞岙	5.859	4.5～7.5	3.～-6.0	沥青砼	二级、四级	2006
双桥—坝桥	双坝线	盐仓外汕头、雅岙岭	7.324	25.5	15.0	沥青砼	一级	2007
临城—螺头	临螺线	洞岙、高峰	4.300	12.0	10.5	沥青砼	二级	2006
北蝉—钓山	北钓线		4.684	5.0～8.5	4.0～7.0	沥青砼	三级、四级	2000
马岙—北海	马北线	光一、光二	4.329	12.0	10.5	沥青砼	二级	2007
长升—岙山	长岙线	临城新区	8.743	10.0	8.5	沥青砼	二级	2007
门岙涂—大晒网	门大线	册子	5.523	12	10.5	沥青砼	二级	2010线路调整
碇次村—下奄村	碇下线	坞丘、马目农场	11.464	8.5～12	7～9	沥青砼	二级、三级	2010线路调整
东方村—汪高岭	东汪线	桥头施	2.125	11	7	沥青砼	三级	2010线路调整

第五节　乡　道

至1988年,定海有乡道15条,即西码头至东码头公路、虹桥至颂河公路、雅岙岭至螺头公路、北蝉至钓门公路、沙厅至北马峙公路、老碶至洞岙公路、毛洋周至皋岭下公路、岑港至柴戴公路、长坑至黄金湾公路、大沙至峙岙塘公路、岑港至码头公路、竹山门至林家湾公路、晓峰岭至鸭蛋山公路、沥港至山潭公路、柳行至小李岙公路,(另有专用道)。乡道除西码头至东码头公路为沥青（渣油）路外，其余均为砂石路面或等外公路。

至1989年，乡道公路除少数由侨胞捐资铺浇水泥混凝土路面外，多数为机耕泥碎石路，宽度1米～2米，路况差，等级低。进入21世纪，定海经济快速发展，“要想富，快修路”，上下联动，资金大量投入，改建扩建乡道，路面铺浇水泥混凝土或沥青工程全面提速。至2010年，乡道经过改建或大、中修，及路网调整，有的被复线，有的上升为县道，乡道公路面貌大变。是年底，定海拥有乡道22条，均为水泥混凝土或沥青路面，路面也拓宽至4米～9米（附表）。

鸭蛋山—螺头（鸭螺线），原是定海境内329国道线一段，国道改道后降为乡道。起自盐仓街道鸭蛋山轮渡口，经跃进村、渔家山庄，终至螺头，长3.702千米，路面宽4米～9米。中有鸭东线重复段。双车道沥青砼二级公路。2005年，平岩——螺头列入乡道砂改油工程，路面结构为15厘米水泥稳定基层+4厘米细粒式沥青砼，投资53.45万元，舟山市宏道公路养护有限公司施工，9月完工。

雅岙岭—联勤（雅联线），起自盐仓街道定岑线雅岙岭，经潮面村，终至联勤村，长3.864千米，路面宽4米～5米，微丘单车道四级公路。原是砂石路面，2004实施大修，雅岙岭——潮面沥青贯入式路面，潮面——联勤段1.42千米水泥砼路面。舟山市宏达交通工程有限责任公司施工。

应家山—野鸭山（应野线），起自双桥镇应家山交定岑线应家山，经墩头村，终至野鸭山，长3.272千米，路面宽4.5米～5米，单车道沥青贯入式四级公路。2003年路面沥青贯入，2009年全线列入中修，面层4厘米细粒式沥青砼摊铺，投资98.1万元。舟山市宏道公路养护工程的限公司施工，10月完工．

岑港—柴戴（岑柴线），起自岑港镇岑港车站，经岩头王，终至柴戴，长4.903千米，路面宽4米，单车道四级公路。原是砂石路面，2004年大修，全线改为沥青贯入式路面。舟山市宏达交通工程有限责任公司施工。2008年对岑港车站——岩头王路面进行3厘米沥青砼摊铺，舟山市宏道公路养护工程有限公司施工，11月完工。

农场—紫窟（农紫线），起自岑港镇马目农场，终至紫窟，长1.712千米，路面宽3.5米，单车道水泥砼四级公路。原为砂石路面，2004年全线改为沥青贯入式路面，2009年大修路损路面，路面结构15厘米水泥稳定碎石+18厘米水泥砼，投资110万元。舟山市宏道公路养护工程有限公司施工。

马鞍—黄金湾（马黄线），原是县道岑目线一段，路网调整后降为乡道，境内偏僻乡道。起自岑港镇马鞍，经马目农场，终至黄金湾，长7.691千米，路面宽3.5米～4米，单车道四级公路，经多次大、中修，马鞍——农场段1.63千米改为水泥砼路面，农场——马目段4.78千米改为沥青砼，马目——黄金湾段为沥青贯入式路面。

毛洋周—皋泄（毛皋线），起自白泉毛洋周，终至皋泄，长1.098千米，路面宽4.5米，单车道沥青砼四级公路，2004年全线改为沥青贯入式路面。

西码头—东码头（西东线），起自干礅镇西码头，终至干礅东码头，长1.594千米，路基宽

7.5 米，路面宽 6.0 米，1989 年铺浇沥青路面 1.3 千米，2000 年改水泥混凝土路面。2010 年为单车道水泥砼四级公路。

碶头—青林（碶青线），起自小沙小沙碶头，终至小沙青林，长 2.348 千米，路面宽 4.5 米，单车道沥青砼四级公路。2006 年，全线列入乡道砂石路面改造工程，路面结构改为 15 厘米水泥稳定基层 +3 厘米细粒式沥青砼，投资 49.67 万元。舟山金道公路建设工程有限公司施工，9 月完工。

峙岙塘—竹篱山（峙竹线），起自小沙镇大沙峙岙塘，终至大沙竹篱山，长 1.047 千米，路面宽 5.0 米，单车道沥青贯入式四级公路。2004 年全线改为沥青砼路面。舟山金道公路建设工程有限公司施工，9 月完工。2010 年，峙竹线路面大中修 0.25 千米，投入经费 10.8 万元，10 月完成。

大沙—沈毕家（大沈线），起自小沙镇竹白线 2K+550，经大沙街，终至沈毕家，长 3.272 千米，路面宽 4 米～ 5 米，单车道沥青砼四级公路。2002 年全国公路普查后，划入公路网。2008 年路损列入大修项目，路面结构建成 15 厘米水泥稳定碎石基层 +3 厘米细粒式沥青砼，投资 18.98 万元。舟山市宏道公路养护工程有限公司施工，11 月完工。2010 年，大中修应家——沈毕家 1.572 千米路面，投入经费 85 万元，10 月完成。

东峰—海峰（东海线），起自北蝉乡东峰交白展线，终至海峰，长 1.442 米，其中东峰交白展线始 800 米路面宽 6 米，余后段路面宽 4.0 米，单车道水泥砼四级公路。2004 年修建，路面结构为 20 厘米水泥混凝土。

小李岙—海洋（小海线），起自金塘小李岙，经长坑、海建村、南海村、六局坑，终至海洋村，长 8.011 千米，路基宽 4.5 米，路面宽 3.5 米～ 4 米，单车道准四级公路。2002 年全国公路普查后划入公路网。2003 年列入康庄工程，9 月开工，12 月完工。路面水泥砼段的 4.07 千米、沥青贯入式的 3.94 千米。舟山金道公路建设工程有限公司施工。

渡口—渡口（盘峙环岛公路线），在环南街道。起自盘峙车渡交通码头，环经东山头，再终至盘峙车渡交通码头，途经 10 个船厂，盘峙岛唯一交通通道。2002 年全国公路普查后划入公路网。2004 年列入康庄工程，8 月开工，12 月完工，路线长 8.119 千米，路面宽 3.5 米～ 6 米，路面结构水泥砼。盘峙建筑工程队施工，四级公路。

长白码头—东山嘴（长东线），在长白岛。起自长白车渡交通码头，经前岸村、前湾村，终至东山嘴，长 3.712 千米，路基宽 8.5 米，路面宽 5 米，水泥砼路面。2002 年全国公路普查后划入公路网，2005 年铺浇水泥混凝土路面，三级公路。

万荣—洞岙（万洞线），在临城街道，原为县道万两线（万边山—两眼碶）一段，2007 年降为乡道。起自杭朱线定海临城城隍头，经城蝗头村、同胜村，终至洞岙（同胜——中段里），长 3.296 千米，路面宽 5 米～ 6 米，沥青砼路面，四级公路，其中新城地段与杭朱线（329 国道舟山境内段）重复 0.454 千米，一级公路。

大象—浦口（大浦线），在金塘，起自金塘镇大象，经伍丰村委、前方村、西丰村，终至浦口，长 4.166 千米。1996 年，全线铺浇水泥路面，其中大象——山前段为单车道水泥砼等外公路，路面宽3.5米，山前——浦口段为单车道水泥砼四级公路，路面宽6米。2002年全国公路普查后划入公路网。

王家墩—前农（王前线），在临城街道长峙，起于临城街道长峙王家墩，终至前农，长2.83千米，路面宽6米，单车道水泥砼等外公路。2002年列入公路网。

外小岙—乱石岙（外乱线），原是县道沥大线一段，因改道划出降为乡道。起自金塘外小岙，终至乱石岙，长2.899千米，路面宽6米～9米，双车道四级公路，沥青砼路面。

马岙街—沙峧（马沙线），原是县道鸭东线一段，县道改道划出，降为乡道。起自马岙镇马岙街，交定马线白马街，终至沙蛟，交鸭东线沙蛟，长3.598千米。马岙街始885米处，路基宽14米，路面宽11.7米，双车道二级公路，沥青砼路面，余下白马街——沙蛟段，路基宽7米，路面宽5米，单车道四级公路，沥青贯入式路面。2008年，路损严重，列入农村公路中修工程，投资57.61万元，路面摊铺3厘米细粒式沥青砼。舟山市宏道公路养护工程有限公司施工。

小沙街—碶头（小碶线），原是县道鸭东线一段，县道改道划出，降为乡道。起自小沙镇小沙街，终至碶头，长2.901千米，路基宽7米，路面宽5米，单车道四级公路。2006年，铺浇沥青路面，沥青贯入式。2009年，路损严重，列入农村公路大修工程，投资141万元，路面摊铺15厘米水泥稳定碎石+5厘米中粒式沥青砼。舟山市宏道公路养护工程有限公司施工。

竹篱山—白石泥岗（竹白线），原是县道鸭东线一段，县道改道划出，降为乡道。起自小沙竹篱山，经大沙，终至白石泥岗。长6.385千米，路基宽6米～7米，路面宽5米，单车道四级公路，沥青贯入式路面。舟山金道公路建设工程有限公司2005年施工。

2010年定海乡道公路建设情况表

单位：千米、米

公路名称	简称	沿途经过	里程	路基宽	路面宽	路面结构	公路等级	铺浇水泥、沥青路年份
※鸭蛋山至螺头	鸭螺线	跃进、渔家山庄	3.702	5～12	4～9	水泥、沥青	二、四级	其中跃进至渔家山庄为鸭岑线段（二级公路）2005年大修，重新铺浇
雅岙岭至联勤	雅联线	潮面村	3.864	4.5～7.5	4～5	沥青、水泥	四级	2004年
应家山至野鸭山	应野线	八井、墩头村	3.272	7	4.5～5	沥青	四级	2004年
岑港至柴戴	岑柴线	大庙、岩头王	4.903	4.5～6.5	4	沥青	四级	2004年
马目农场至紫窟	农紫线	农场	1.712	5.5	3.5	水泥	四级	2005年
马鞍至黄金湾	马黄线	农场、马目	7.691	5～5.1	3.5～4	水泥、沥青	四级	2005年
毛洋周至皋洩	毛皋线		1.098	5	4.5	沥青	四级	2002年

补充：表内除鸭蛋山至螺头公路的跃进至渔家山庄为鸭线的二级公路外，其余均为四级公路

续表

公路名称	简称	沿途经过	里程	路基宽	路面宽	路面结构	公路等级	铺浇水泥、沥青路年份
西码头至东码头	西东线		1.594	7.5	6	水泥	四级	1989 年铺浇沥青路面 1.3 千米，2000 年重铺浇
碶头至青林	碶青线		2.348	7	4.5	沥青	四级	1991 年 10 月 拓宽砂碎石路面至 4.5 ～ 6 米，2005 年铺浇沥青路面
峙岙塘至竹篱山	峙竹线		1.047	7	5	沥青	四级	2006 年
大沙至沈毕家	大沈线	大沙、曙光村	3.272	5.5 ～ 7	4 ～ 5	沥青	四级	其中曙光至沈毕家段等外级，2000 年铺浇沥青路面
东峰至海峰	东海线		1.442	4.5	4	水泥	四级	2004 年铺浇
小李岙至海洋	小海线	长坑、海建村、南海村	8.011	4.5	3.5 ～ 4	沥青、水泥	四级	在金塘岛，2004 年
盘峙渡口至东山头	盘峙线	盘峙环岛公路	8.119	5.5 ～ 6.5	3.5 ～ 6	水泥	四级	2004 年
长白码头至东山嘴	长东线	珠子山、后岸	3.712	5.5	5．0	水泥	四级	2005 年
万荣至洞岙	万洞线	新城	2.842	6 ～ 7.5	5 ～ 6	沥青	四级	万两线的一段降为乡道
大象至浦口	大浦线	吴家	4.166	4.5 ～ 6	3.5 ～ 6	水泥	四级	在金塘岛，1996 年铺浇
王家墩至前农	王前线	王家	2.83	6	6	水泥	四级	2004 年
外小岙至乱石岙	外乱线	乱石岙	2.899	6.5	6	沥青	四级	县道沥大线一段降级为乡道
※ 马岙至沙岐	马沙线		3.598	7 ～ 14	5 ～ 11.7	沥青	二级、四级	1990 年 3 月 拓宽改建砂石路面 5 ～ 6 米，其中马岙街段二级公路，2000 年铺浇
小沙街至碶头	小碶线		2.901	7	5	沥青	四级	2006 年
竹篱山—白石泥岗	竹白线		6.385	6 ～ 7	4.5 ～ 5	沥青	四级	2000 年

补充：表内除马岙至沙岐公路的马岙街段为二级外，其公路等级均为四级。

第六节　专用道

至1988年，定海境内有专用道19条，即应家山至墩头公路、霸桥至蚂蝗山公路、东湾至平石岭公路、河东至岙底陈公路、老碶至舟山化肥厂公路、马龙山至长岗山公路、桥头施至蚂蝗山公路、洋岙至枫树湾公路、沙霸头至新村公路、颜家岙至西溪岭公路、飞机场至红庙公路、鱼市场至东港浦公路、岑港码头至涨次公路、竹山门至西管庙公路、东宫桥（应为“董公桥”《定海区地名志》作“东宫桥”，误。原桥为平铺两石条桥，石条侧铭“董公桥”。董公是乡贤，他出资、募工造了这架桥，故名“董公桥”。）至王家岙公路、小展至海头公路、鸭蛋岭至克冲岗公路、东湾至高岭下公路、霸桥至113医院公路。

至2010年底，境内有专用道7条，19.338千米。

河东—岙底陈（河岙线），1954年建，原长0.83千米，路基宽6米，路面宽4米，至1989年底，仍为砂石路面，等外公路。2000年，改为水泥混凝土路面，长0.967千米，单车道四级公路。

桥头施—蚂蟥山电视台（桥蚂线），原长8.3千米。1949年修筑成军用公路，1972年政府拨款改建。1974年，省、地两级政府投资22万元，在原路基础上新建桥头施至蚂蟥山电视台专用公路，翌年竣工使用，路基宽4.5米，砂石路面，等外公路。2006年改为水泥混凝土路面，路面宽3.5米，单车道四级公路，长8.13千米。

霸桥—陆军113医院（霸医线），长1.422千米，路面宽3.0米，1962年建，砂石路面，等外公路。1998年改为沥青贯入式碎砾路面，单车道四级公路。今“陆军113医院”早已迁址，但人们习惯上仍称这一带为“113医院”。

鸭蛋岭—克冲岗（鸭克线），1965年建，原长1.4千米，砂石路面。2006年，改建成水泥混凝土路面，长2.065千米，路面宽3.5米，单车道等外公路。

白泉—浪洗电厂（白浪线），长4.663千米，路面宽9.0米，为水泥混凝土路面，双车道二级公路。1995年建造。

甬东—一海船厂（甬一线），长0.650千米，路面宽4.5米，路面为沥青贯入式碎砾，单车道等外公路。1999年建造。

北海—和邦化工厂（北和线），长1.441千米，路面宽9.0米，沥青混凝土路面，双车道二级公路。2007年建造。

第七节　通村公路

2003年开始，贯彻实施“浙江省乡村康庄工程”计划，改、扩建境内渔农村道路和通村联网公路。

2004年4月，省交通厅下达《关于“乡村康庄”工程与“千村示范、万村整治”工程进一步结合实施的通知》和《浙江省乡村康庄工程建设管理若干规定》，并下达2004年度乡村康庄工程资金补助项目安排计划。至年底，境内等级公路行政村通车率、路面硬化率均达到100%，提前实现康庄工程建设要求达到的“双百”目标。翌年3月，市乡村康庄工程办公室下达“2005年度通村联网公路计划”。12月，补充下达“2005年度通村联网公路建设调整计划”。年底，境内按市乡村康庄工程办公室下达的计划（含调整计划），全面完成通村联网工程（公路）24项（条），计24条，33.4千米里程。其中干磯镇1条、马岙镇2条、岑港镇1条、双桥镇3条、盐仓街道1条、临城街道1条、白泉镇4条、册子乡1条、北蝉乡2条、金塘镇2条、小沙乡2条、长白乡3条、环南街道1条。

2006年5月，市乡村康庄工程办公室下达“2006年度通村联网公路建设计划”。翌年，定海境内完成通村公路建设15条，新建里程18.9千米，投入资金567万元。其中干磯镇3条、盐仓街道1条、小沙镇1条、白泉镇2条、双桥镇3条、岑港镇2条、金塘镇1条、临城街道1条、长白乡1条。境内乡村公路路况、通车能力及舒适度大幅提升和改善。2008年5月，市乡村康庄工程办公室下达“2008年度农村联网公路建设计划”，安排“计划”建设23条，计25.5千米，投入资金765万元。其中白泉镇5条、册子乡3条、岑港镇1条、长白乡2条、环南街道1条、临城街道1条、马岙镇4条、双桥镇3条、小沙镇3条。新建通村公路均为水泥路面，四级公路以上，路面宽最小值3.5米，最大值8米。2009年，定海境内完成市乡村康庄工程办公室下达的农村联网公路竣工项目46个，计39.5千米。其中白泉镇9条、北蝉乡4条、册子乡3条、岑港镇2条、长白乡3条、干磯镇3条、环南街道3条、金塘镇6条、马岙镇3条、双桥镇4条、小沙镇3条、盐仓街道2条。均为水泥混凝土铺装路面，四级公路，路面宽度最低值3.5米，最高值7米，工程合格率100%。

2010年，定海境内安排农村联网公路建设项目（公路）17个（条），其中干磯镇2条、环南街道1条、马岙镇3条、白泉镇1条、金塘镇2条、小沙镇2条、双桥镇4条、城东街道2条，计长14.6千米，均为水泥混凝土路面，四级公路，路面宽度最小值3.5米，最大值5米。当年，工程全部完工。是年，境内通村公路列入公路路网的有180条，计长237.337千米，全部为铺浇水泥混凝土或沥青路面，路面宽度4米～6米，达到准四级以上公路标准。

庵基岗—小南岙（庵小线），在环南街道大猫岛，起自庵基岗，经合兴、顺风，终止小南岙。长7.385千米，路基宽4.5米，路面宽3.5米，水泥混凝土路面，四级公路。2004年3月动工，11月完工。

鳌头浦—孙夹岙（鳌孙线），在临城街道，起自惠明桥加油站，穿定沈线、三大线，经永华村、碶头桥，终止孙夹岙。长3.026千米，路基宽4.5米，水泥混凝土路面，宽3.5米，四级公路。

新后岸村—海防村（新海线），在临城街道，起自新后岸村，经长岙线、岙山村委会，终止海防村。长3.935千米，路基宽4.5米，水泥混凝土路面，宽3.5米，四级公路。2004年3月开工，11月完工。

小李岙—长沙（小长线），在金塘岛，起自小李岙交通码头，经海山村，终止长沙。长2.776千米，路基宽5.5米，沥青贯入式碎石路面，宽3.5米，四级公路。2003年，利用国债资金实施的康庄工程，当年11月完工。

和建一沥港(和沥线),在金塘岛,起自沥大线,经里小岙、沥平村委会、平倭、观前村,终止沥港。长3.808千米,路基宽4.5米～6米,沥青贯入式碎石路面,宽3.5米～5米,四级公路。

双塘一田岙(双田线),在双桥镇,起自鸭东线4900米处,经外山头、双塘村、庆胜村,终止田岙。长2.731千米,路基宽4.5米,水泥混凝土路面,宽3.5米,四级公路。2004年3月开工,11月完工。

金林一王家山(金王线),在白泉镇,起点交定北线,经金林村委会,王家山,终止定北线。长3.827千米,路基宽4.5米,水泥混凝土路面,宽3.5米,四级公路。2004年3月开工,11月完工。

老碶头一河东(老河线),在白泉镇,起点交鸭东线47千米处,经小支村委会,终止河东。长3.412千米,路基宽4.5米,水泥混凝土路面,宽3.5米,四级公路。老碶头——河东段,2006年修建。河东——白泉段,2009年修建。均为康庄工程实施项目。

晓岭一涨次(晓涨线),在岑港镇,起点交定岑线岑港车站,经司前村委会、涨次村委会,终点交鸭东线涨次。长4.048千米,路基宽4.5米,沥青贯入式碎石路面,宽3.5米,四级公路。

东方红一华旗山(东华线),在干礁镇,起点干礁东方红,经里邵、小芦,终止华旗山。长4.085千米,路基宽5.0米,水泥混凝土路面,宽4.0米,四级公路。2004年3月动工,11月完工。

白泉岭下一建新(白建线),在干礁镇,起点白泉岭下,经新建、里陈、过南洞,到终点新建村。长3.467千米,路基宽4.5米,水泥混凝土路面,宽3.5米,四级公路。2008年11月完工。

海峰一黄沙村(海黄线),在干礁镇,起点交海峰,经黄沙村委会、红旗村,终点交鸭东线黄沙。长5.195千米,路基宽4.5米,水泥混凝土路面,宽3.5米,四级公路。2004年11月完工。

五一村一三星村(五三线),在马岙镇,起点交白马街,经五一村、马岙村委会、安家村、景陶,终止三星村。长3.676千米,路基宽6米～4.5米,水泥混凝土路面,宽5米～3.5米,四级公路。

卫生院一蛟龙村(卫蛟线),在长白乡,起点交珠子山,经卫生院,终止蛟龙村。长2.663千米,路基宽6.0米,水泥混凝土路面,宽5.0米,四级公路。2004年11月完工。

前岸一徐家(前徐线),在长白乡,起点交前岸——徐家,经长白隧道、后岸村委会,终止徐家。长2.914千米,路基宽4.5米,水泥混凝土路面,宽3.5米,准四级公路。2004年11月完工。

2010年定海境内村道公路建设情况表

单位:米、千米

公路名称	简称	途经	里程	路基宽度	路面宽度	路面结构	公路等级	建成年
合计			237.337					
庵基岗一小南岙	庵小线	环南街道	7.385	4.5	3.5	水泥	四级	2004
小巨一东岙	小东线	环南街道	2.02	4.5	3.5	水泥	四级	2007
摘箬山一西岙	摘西线	环南街道	1.448	4.5	3.5	水泥	四级	2008

续表 1

公路名称	简称	途经	里程	路基宽度	路面宽度	路面结构	公路等级	建成年
大西岙—城北	大城线	城东街道	0.726	4.5	3.5	水泥	四级	2004
义桥村—青岭	义青线	城东街道	0.56	4.5	3.5	水泥	四级	老路降级
青岭—舟山医院	青舟线	城东街道	0.519	4.5	3.5	水泥	四级	老路降级
鸭蛋岭村—东湾村	鸭东线	城东街道	1.153	6	5	水泥	四级	老路降级
※ 蟠洋山—森林公园	蟠森线	城东街道	0.601	6	5	水泥	四级	乡村建
六份头—陆家湾	六陆线	城东街道	0.424	5	4.5	水泥	四级	乡村建
畚金—劳教所	畚劳线	城东街道	0.321	4.5	3.5	水泥	四级	乡村建
甬庆—甬东	甬甬线	城东街道	0.829	5	4	水泥	四级	2004
三官堂—大洋岙	三大线	城东街道	1.167	10	7	水泥	四级	老路降级
大洋岙—鸿毛湾	大鸿线	城东街道	0.448	5	4	水泥	四级	乡村建
大洋岙—袁家	大袁线	城东街道	0.676	4.5	3.5	水泥	四级	乡村建
小洋岙—长岗山水库	小长线	城东街道	1.526	4.5	3.5	水泥	四级	乡村建
张佰房—龙潭坑	张龙线	城东街道	0.34	4.5	3.5	水泥	四级	乡村建
城北村—大西岙	城大线	城东街道	0.793	4.5	3.5	水泥	准四级	2006
甬庆村—小碶村	甬小线	城东街道	0.828	4.5	3.5	水泥	准四级	2005
黄土岭—三官堂	黄三线	城东街道	1.795	4.5	3.5	水泥	准四级	2005
庙门口—黄泥岙	庙黄线	盐仓街道	0.47	6.5	4.5	沥青	四级	乡村建
青岭—虹桥山嘴	青虹线	盐仓街道	1.23	5.5	4	沥青	四级	老路降级
青岭下—后高地	青后线	盐仓街道	0.631	12	9	水泥	四级	2004
茅岭—粮食仓库	茅粮线	盐仓街道	0.504	4.5	3.5	水泥	四级	2002
建胜—海富	建海线	盐仓街道	1.877	10	6	水泥	四级	2004
晓峰岭—獭山	晓獭线	盐仓街道	1.224	4.5	3.5	水泥	四级	老路降级
獭山—林家湾	獭林线	盐仓街道	1.399	4.5	3.5	水泥	四级	老路降级
建胜—外塘	建外线	盐仓街道	1.584	4.5	3.5	水泥	四级	乡村建
建胜—跃进	建跃线	盐仓街道	2.223	4.5	3.5	水泥	四级	2005
鸭蛋山—上游村	鸭上线	盐仓街道	0.351	4.5	3.5	水泥	四级	2004
跃进村—平岩	跃平线	盐仓街道	0.498	4.5	3.5	水泥	四级	2006
建胜—新桥头	建新线	盐仓街道	0.564	4.5	3.5	水泥	四级	乡村建
山高地—上湾	山上线	盐仓街道	1.494	4.5	3.5	水泥	四级	乡村建
缸窑岭—院山下	缸院线	临城街道	0.423	4.5	4.5	水泥	四级	
中段里—大地沙	中大线	临城街道	0.473	4.5	3.5	水泥	四级	2005
鼓吹山—茨湾里	鼓茨线	临城街道	0.672	4.5	3.5	水泥	四级	

续表 2

公路名称	简称	途经	里程	路基宽度	路面宽度	路面结构	公路等级	建成年
中湾—青湾	中青线	临城街道	0.874	4.5	4.5	水泥	四级	2004
横荡—长升	横长线	临城街道	1.35	5	5	水泥	四级	
荷花浦—郭家	荷郭线	临城街道	2.084	4.5	3.5	水泥	四级	
大青岙—五步岭	大五线	临城街道	0.482	4.5	3.5	水泥	四级	
河鲫鱼山—陈家岙	河陈线	临城街道	0.763	4.5	3.5	水泥	四级	
鳌头浦—孙夹岙	鳌孙线	临城街道	3.026	4.5	3.5	水泥	四级	
万二—万三	万万线	临城街道	1.144	4.5	3.5	水泥	四级	
王家墩—谢家山	王谢线	临城街道	1.658	4.5	3.5	水泥	四级	
新后岸村—海防村	新海线	临城街道	3.935	4.5	3.5	水泥	四级	2004
山门—馋头嘴	山馋线	临城街道	2.782	4.5	3.5	水泥	四级	2004
码头—乐家塘	码乐线	临城街道	1.255	4.5	3.5	水泥	四级	2004
荷花—张家岭	荷张线	临城街道	1.001	4.5	4	水泥	四级	2004
小李岙———长沙	小长线	金塘镇	2.776	5.5	3.5	沥青	四级	2003
柳行—肚斗岙	柳肚线	金塘镇	2.616	7.5 ～ 4.5	6.5 ～ 3.5	沥青	三级 1.29 四级 1.326	老路降级
柳行—水库	柳水线	金塘镇	1.951	5	5	水泥	四级	老路降级
中弄—溪东	中溪线	金塘镇	0.349	6	6	水泥	四级	2007
中弄—魏家	中魏线	金塘镇	0.446	4.5	4	水泥	四级	2006
溪东—肚斗岙	溪肚线	金塘镇	0.71	4.5	3.5	水泥	四级	乡村建
东风岭—溪东	东溪线	金塘镇	1.399	4.5	3.5	水泥	四级	乡村建
山前—柏林	山柏线	金塘镇	1.002	4.5	3.5	水泥	四级	2004
河北—河南	河河线	金塘镇	1.412	4.5	3.5	水泥	四级	2006
苏家—小卫平	苏小线	金塘镇	1.75	6	5	水泥	四级	2006
苏家—梓岙	苏梓线	金塘镇	0.563	4.5	4	水泥	四级	乡村建
苏家—杨家	苏杨线	金塘镇	0.372	4.5	4	水泥	四级	2007
万荣—柳行	万柳线	金塘镇	0.866	7.5	6	沥青	四级	2005
西堠—小西堠	西小线	金塘镇	0.876	4.5	3.5	沥青	四级	2006
西堠—牛鼻岭	西牛线	金塘镇	0.454	6	6	水泥	四级	2006
兴丰—树弄	兴树线	金塘镇	0.814	4.5	3.5	沥青	四级	2007
勤建—西岙	勤西线	金塘镇	0.53	4.5	3.5	沥青	四级	2005
朱树墩—木岙	朱木线	金塘镇	0.329	6	6	水泥	四级	2004
半塘胡家—永昌	半永线	金塘镇	1.003	4.5	3.5	水泥	四级	2006

续表 3

公路名称	简称	途经	里程	路基宽度	路面宽度	路面结构	公路等级	建成年
和建——沥港	和沥线	金塘镇	3.808	6 ～ 4.5	5 ～ 4.5 ～ 3.5	水泥 2.591 沥青 1.217	四级	2006
平倭—观前	平观线	金塘镇	0.671	6	5	水泥	四级	2005
码头—平倭	码平线	金塘镇	0.667	14	14	水泥	三级 0.667	乡村建
大鹏—罗家	大罗线	金塘镇	0.94	4.5	4.5	水泥	四级	2004
肚斗村—南胜	肚南线	金塘镇	0.468	4.5	3.5	水泥	准四 0.468	2006
新丰——侨兴	新侨线	金塘镇	2.051	4.5	4.5	水泥	四级	2007
大柏树湾——侨兴	大侨线	金塘镇	0.765	4.5	4.5	水泥	四级	2007
东风岭—西堠	东西线	金塘镇	3.519	8 ～ 5.5	6 ～ 4.5	沥青	四级	2005
张家桥——卫平岙	张卫线	金塘镇	1.077	4.5	3.5	水泥	四级	2004
南胜——南石弄	南南线	金塘镇	1.204	4.5	3.5	水泥	四级	2009
应家—华厅	应华线	小沙镇	0.904	4.5	4.5	水泥	四级	2004
华厅—庙桥	华庙线	小沙镇	0.826	10	9	沥青	四级	乡村建
陈家—金鹰集团	陈金线	小沙镇	0.553	6.5	5	沥青	四级	2007
五星—伍佰岙	五伍线	小沙镇	0.425	4.5	3.5	水泥	四级	乡村建
滨海社区—伍百岙	滨伍线	小沙镇	1.018	4.5	3.5	水泥	四级	2009
东庙—西庙	东西线	小沙镇	0.504	6	5	水泥	四级	乡村建
西庙—何家山嘴	西何线	小沙镇	1.08	4.5	3.5	水泥	四级	2004
王家桥—乐家	王乐线	小沙镇	0.441	4.5	3.5	水泥	四级	2005
七寸头—伍户头	七伍线	小沙镇	0.409	4.5	3.5	水泥	四级	乡村建
碶头—三东	碶三线	小沙镇	2.353	4.5	3.5	水泥	四级	2003
天打石岩—曙光	天曙线	小沙镇	0.7	4.5	3.5	水泥	四级	乡村建
丁字街—茶岭	丁茶线	小沙镇	1.467	4.5	3.5	水泥	四级	2004
下鳖场—颜家	下颜线	小沙镇	0.325	4.5	3.5	水泥	四级	2003
应家—周家	应周线	小沙镇	0.803	4.5	3.5	水泥	四级	乡村建
峙岙塘—大坑里	峙大线	小沙镇	1.068	4.5	3.5	水泥	准四级	乡村建
※ 东风村—毛峙村	东毛线	小沙镇	0.51	4.5	3.5	水泥	准四级	2006
※ 曙光村—山东村	曙山线	小沙镇	1.125	4.5	3.5	水泥	四级	2006
庙桥村—伍百岙村	庙伍线	小沙镇	1.812	4.5	3.5	水泥	四级	乡村建
畈潮—天童	畈天线	双桥镇	1.393	5.5	4.5	水泥	四级	2007

续表 4

公路名称	简称	途经	里程	路基宽度	路面宽度	路面结构	公路等级	建成年
外山头—畈潮	外畈线	双桥镇	0.402	4.5	3.5	水泥	四级	2004
双塘—田岙	双田线	双桥镇	2.731	4.5	3.5	水泥	四级	2004
新村—潮面	新潮线	双桥镇	0.534	8.5	6	水泥	四级	2005
潮面—六井	潮六线	双桥镇	1.391	4.5	4	水泥	四级	2005
双塘—六井	双六线	双桥镇	0.763	4.5	3.5	水泥	四级	2005
顺利—溪口	顺溪线	双桥镇	1.148	4.5	3.5	水泥	四级	2005
桥头施—韩家	桥韩线	双桥镇	0.602	4.5	3.5	水泥	四级	2005
鲍家洋—侯家	鲍侯线	双桥镇	0.504	4.5	3.5	水泥	四级	2007
新裕宫下—浦东	新浦线	双桥镇	0.474	4.5	3.5	水泥	四级	2007
东方—六井	东六线	双桥镇	2.299	4.5	3.5	水泥	准四级	2006
墩头村—里岙村	墩里线	双桥镇	0.816	4.5	3.5	水泥	准四级	2006
碶头—双塘	碶双线	双桥镇	1.365	4.5	3.5	水泥	四级	2009
东皋岭—皋泄	东皋线	白泉镇	1.069	4.5	3.5	沥青	四级	2008
皋泄—弄口	皋弄线	白泉镇	0.42	6.5	5	沥青	四级	2008
金林—王家山	金王线	白泉镇	3.827	4.5	3.5	水泥	四级	2004 年
白泉—金山	白金线	白泉镇	0.867	4.5	3.5	水泥	四级	2005
金星—金山	金金线	白泉镇	2.331	6.5 ～ 4.5	5 ～ 3.5	水泥	四级	2004
大竹山—下山头	大下线	白泉镇	0.325	4.5	3.5		四级	乡村建
中竹下—潘家山嘴	中潘线	白泉镇	0.389	4.5	3.5	水泥	四级	乡村建
金山—繁强	金万线	白泉镇	0.437	4.5	3.5	水泥	四级	2005
老碶头—河东	老河线	白泉镇	3.412	4.5	3.5	水泥	四级	乡村建
竹桥头—大胜	竹大线	白泉镇	2.01	6.5 ～ 4.5	5 ～ 4	水泥	四级	2004
背排下—壮前	背壮线	白泉镇	0.346	4.5	4.5	水泥	四级	2004
毛竹山—爱国	毛爱线	白泉镇	1.115	4.5	4	水泥	四级	2003
岙底陈—炮营	岙炮线	白泉镇	0.785	4.5	3.5	水泥	四级	2008
烟墩山—雷古山	烟雷线	白泉镇	0.536	5.5	4.5	水泥	四级	2004
大支—大成农场	大大线	白泉镇	0.923	4.5	3.5	水泥	四级	2007
万寿———寺弄	万寺线	白泉镇	0.933	4.5	3.5	水泥	四级	2006
和合村—外山嘴	和外线	白泉镇	0.574	4.5	3.5	水泥	准四级	2006
蔡家岙—潮面	蔡潮线	白泉镇	0.932	4.5	4	水泥	四级	2008
繁强—中竹岭下	万中线	白泉镇	0.957	4.5	3.5	水泥	四级	2009
全家—万寿	全万线	白泉镇	1.955	4.5	3.5	水泥	四级	2008

续表 5

公路名称	简称	途经	里程	路基宽度	路面宽度	路面结构	公路等级	建成年
碇次—涨次	碇涨线	岑港镇	0.48	4.5	3.5	沥青	四级	2007
路林—烟墩	路烟线	岑港镇	1.193	4.5	3.5	沥青	四级	2007
马目—宫前码头	马宫线	岑港镇	1.222	4.5	3.5	水泥	四级	2004
农场—坞丘	农坞线	岑港镇	0.908	4.5	3.5	水泥	四级	2003
紫窟—短尚了嘴	紫短线	岑港镇	0.934	4.5	3.5	水泥	四级	2007
丁家嘴—碇次	丁碇线	岑港镇	1.028	4.5	3.5	沥青	四级	老路降级
晓岭—涨次	晓涨线	岑港镇	4.048	4.5	3.5	沥青	四级	2007
里厂—外厂	里外线	岑港镇	0.669	4.5	3.5	水泥	四级	2007
宫前—沿屯坑	宫沿线	岑港镇	0.842	4.5	3.5	水泥	四级	2004
双螺—大晒网	双大线	册子乡	1.245	4.5	3.5	水泥	四级	2004
南岙—庄家	南庄线	册子乡	0.446	8	7	水泥	三级	2004
北岙—桃夭门	北桃线	册子乡	2.284	8.5	7	水泥	三级	2005
道头湾—上横村	道上线	册子乡	3.46	6.0	5.0	水泥	四级	2006
东方红—华旗山	东华线	干礁镇	4.085	5	4	水泥	四级	2004
鹰矸—新码	鹰新线	干礁镇	1.911	5.5	5	水泥	四级	2005
双庙社区—郭家	双郭线	干礁镇	1.739	5.5	4	水泥	四级	2004
东码头—胜丰	东胜线	干礁镇	1.25	6	5	水泥	四级	2007
黄沙—东碶头	黄东线	干礁镇	2.552	5.5	5	水泥	四级	2006
东方红—海鲜城	东海线	干礁镇	1.656	11	8	水泥	三级	2007
白泉岭下—建新	白建线	干礁镇	3.467	4.5	3.5	水泥	四级	2008
干礁村—南岙村	干南线	干礁镇	0.681	4.5	3.5	水泥	四级	2007
惠民—里邵	惠里线	干礁镇	0.819	4.5	3.5	沥青	四级	2006
东方红村—西岙村	东西线	干礁镇	0.444	4.5	3.5	水泥	准四级	2006
东兴村—干礁村	东干线	干礁镇	0.486	4.5	3.5	水泥	准四级	2007
三星龙口—洪家村	三洪线	北蝉乡	1.958	9	7	沥青	四级	2005
小展隧道—东峰	小东线	北蝉乡	0.979	4.5	3.5	水泥	四级	2007
海峰—黄沙村	海黄线	北蝉乡	5.195	4.5	3.5	水泥	四级	2004
钓门—黄沙	钓黄线	北蝉乡	2.404	4.5	3.5	水泥	四级	2005
新街—姚家	新姚线	北蝉乡	2.03	4.5	3.5	水泥	四级	2008
洪家门—红旗	洪红线	北蝉乡	0.486	4.5	3.5	水泥	准四级	2006
沙厅—北马峙	沙北线	北蝉乡	2.235	4.5	3.5	水泥	四级	2007
东蝉线—蝉南	东蝉线	北蝉乡	2.24	4.5	3.5	水泥	四级	2010

续表 6

公路名称	简称	途经	里程	路基宽度	路面宽度	路面结构	公路等级	建成年
五一村—三星村	五三线	马岙镇	1.775	6 ～ 4.5	5 ～ 3.5	水泥	四级	2009
平石岭—三胜村	平三线	马岙镇	4.851	4.5	3.5	水泥	四级	2004
三星—乌龟山	三乌线	马岙镇	1.449	4.5	3.5	水泥	四级	2009
光一—龙下山嘴	光龙线	马岙镇	0.804	10	8	沥青	三级	2005
沙蛟—北海	沙北线	马岙镇	1.73	4.5	3.5	水泥	四级	2005
蔡家—碶门	蔡矸线	马岙镇	1.477	4.5	3.5	水泥	四级	2006
乌龟山—盐场	乌盐线	马岙镇	2.02	4.5	3.5	沥青	四级	2006
碉管—同兴	碉同线	马岙镇	0.704	4.5	3.5	水泥	四级	2006
三江社区—同兴	三同线	马岙镇	0.968	4.5	3.5	水泥	准四级	2006
耿家王—乌龟山	耿乌线	马岙镇	1.334	4.5	3.5	水泥	四级	2004
马岙社区—后湾新村	马后线	马岙镇	0.695	4.5	3.5	水泥	四级	2007
五一—化城庵	五化线	马岙镇	2.467	4.5	3.5	水泥	四级	2006
王家—大池塘	王大线	长白乡	0.825	4.5	3.5	水泥	四级	2007
珠子山—后岸	珠后线	长白乡	1.658	8.5	7	水泥	三级	2006
三龙村—小龙山	三小线	长白乡	0.581	4.5	3.5	水泥	四级	2004
卫生院—蛟龙村	卫蛟线	长白乡	3.062	6	5	水泥	四级	2004
前岸—徐家	前徐线	长白乡	2.914	4.5	3.5	水泥	准四级	2004
小满岭—葛家	小葛线	长白乡	0.372	4.5	3.5	水泥	准四级	2005
大湾村—前岸	大前线	长白乡	1.064	4.5	3.5	水泥	准四级	2006
大湾—石塘坎	大石线	长白乡	0.631	4.5	3.5	水泥	准四级	2006
外湾—矸门	外矸线	长白乡	0.774	4.5	3.5	水泥	准四级	2007

第三章　公路桥梁

1988 年，定海境内有公路桥梁 33 座，长 497.55 延米，均为中、小型公路桥。1999 年 9 月 26 日始，舟山连接大陆的大型公路跨海大桥—舟山跨海大桥的首座桥梁岑港大桥开建。2005 年 11 月 9 日，连接舟山岛和长峙岛、岙山岛的长峙、岙山公路跨海大型桥同时开建。2009 年 12 月 25 日，历经 10 年、连建 5 桥，全长 48 千米、时为我国最大的陆岛连接工程—舟山跨海大桥全线贯通。从此以后，定海境内公路无缝接入国家高速公路网。

2010 年，境内有公路桥梁 131 座，长 28529.28 延米。其中高速公路沿线桥梁 5 座，国道线沿线桥梁 9 座，省道线沿线桥梁 10 座，县道线沿线桥梁 79 座，乡道线沿线桥梁 5 座，村道线沿线桥梁 16 座，专用道沿线桥梁 5 座。按公路桥梁建设跨径分：有大（型）桥 7 座，中（型）桥 13 座，小（型）桥 111 座。

第一节　大型桥

舟山跨海大桥　舟山跨海大桥，国家高速公路网杭州湾地区环线高速公路联络线甬舟高速的一部分，编号 G9211，由岑港、响礁门、桃夭门、西堠门、金塘 5 座跨海大桥组成，全长 48 千米，一级公路标准设计，双向四车道，设计行车速度 60 千米 / 小时～（80 ～ 100 千米）/ 小时，路基宽 22.5 米，桥涵宽同路基。组成舟山跨海大桥的 5 座大桥中，最长桥金塘大桥，长 24.4 千米，跨海 18.27 千米。西堠门大桥主桥 2.588 千米，主跨 1.65 千米，时称“中华第一跨”悬索桥。完成舟山大陆连岛工程，构筑全天候的舟山—大陆通道，实现海岛同大陆的连接，实现海岛交通与大陆交通完善的基础设施网络相融合相连接，实现中国最好的深水岸线资源与海洋经济相融合，推进浙江省、长江三角洲乃至中国经济发展。

1995 年，舟山市人大代表首次在省人大会上提出建大桥登陆连接宁波的建议，翌年，这个构想成为当年浙江省人大会议的第一号提案。1999 年 9 月 26 日，舟山大陆连岛工程的第一座桥—岑港大桥开建。工程分两期实施。一期包括岑港大桥、响礁门大桥、桃夭门大桥和大桥的接线公路，列为地方项目。至 2006 年 1 月 1 日 3 桥全部建成通车。二期工程包括西堠门大桥项目和金塘大桥项目，国家发改委分别于 2005 年 2 月 1 日和 1 月 21 日核准立项建设，2009 年 11 月 2 日，两个项目同时通过交工验收。

舟山跨海大桥工程东起舟山岛定海区岑港镇，与 329 国道舟山段及舟山市城市外环线相接，连接里钓、富翅、册子、金塘四岛，跨越多个水道和灰鳖洋海域，在宁波市镇海区新泓口登陆，通过蛟川枢纽经宁波绕城高速公路与沈海高速（G15）和杭甬高速（G92）相接。在舟山岛的岑港及里钓岛、富翅岛、册子岛、金塘岛均有互通立交，与各地方道路相接。舟山跨海大桥宁波连接线下穿宁波绕城高速公路出蛟川收费站，与宁波市东外环城市快速路顺接。

2009 年 12 月 25 日，舟山跨海大桥全线通车，与同时建成通车的舟山跨海大桥宁波连接线，宁波地方公路相连。此后，舟山岛与大陆间“非舟楫不相往来”的交通格局改变，同时也改写了舟山没有高速公路的历史。2010 年 12 月 31 日，与舟山跨海大桥相接的宁波绕城高速公路东段镇海段开通，舟山无缝接入国家高速公路网。2014 年 11 月 13 日，在舟山跨海大桥建成通车五周年前夕，其中的两座世界级大桥—金塘大桥、西堠门大桥均以高分通过国家交通运输部竣工验收，获评优良工程。

岑港大桥　起自舟山岛西端岑港庄鸡山嘴，跨越岑港水道，连接舟山岛和里钓山岛，终至里钓山岛。桥长 793 米，桥面宽 22.5 米，双向四车道，中间 2 米宽隔离带，一级公路标准建设，设计车速度 60 千米 / 小时，通航净高 17.5 米，单向通航净宽 40 米，可通 300 吨等级船舶。主桥是 3 跨 50 米的先简支后连续预应力混凝土 T 型梁，引桥结构采用 30 米的 T 梁和

岑港大桥

25米的空心板，设计荷载，汽车20吨，挂车120吨，抗地震烈度7级。1999年9月26日开工，2001年7月28日贯通，2003年5月30日交工验收，2006年1月1日试运营通车。浙江省交通规划设计研究院设计，中交集团第三航务工程局宁波分公司承建。上海远东水运工程监理公司和重庆中宇工程咨询有限公司监理。

岑港大桥主跨基础采用了预应力混凝土大管桩桩端加接钢桩技术，成功解决大管桩难以穿透海底砾石层的问题，为加快施工进度赢得了时间，不到两年，实现提前合龙。是舟山连岛工程—舟山跨海大桥第一桥。

响礁门大桥　起自里钓山岛，跨越响礁门水道，终至富翅岛。长951米。桥面宽22.5米，双向四车道，一级公路标准建设，设计行车速度60千米/小时，通航净高21米，通航净宽135米，可通航500吨级以下船舶。主跨是80米＋150米＋80米的大跨径预应力混凝土连续箱梁，引桥为先简支后连续预应力混凝土T型梁，主跨150米，设计荷载汽车20吨，挂车120吨，抗震烈度7级。1999年12月25日开工，2002年12月12日架通，2003年8月26日至2004年12月17日通过交工验收，2006年1月1日试运营通车。从此，里钓山、富翅岛居民告别了只能坐船到舟山岛的历史。

响礁门大桥

浙江省交通规划设计研究院设计，中交集团第三航务工程局宁波分公司承建。上海远东水运工程监理公司和重庆中宇工程咨询有限公司监理。

大桥钻孔灌注桩采用大口径钢管桩与钻孔灌注桩工艺相结合的新技术，成功地打入了直径达2.74米的钢护筒，利用打入的大口径钢护筒，搭设钻孔施工平台。是舟山连岛工程—舟山跨海大桥的第二座大桥，时为华东最长的跨海大桥。

桃夭门大桥　起自富翅岛，跨越桃夭门水道，终至册子岛桃夭门岭垭口，连接富翅岛和

桃夭门大桥

册子岛。全长（含接线公路）3858米，其中桥长888米，桥面宽27.6米，一级公路标准建设，双向四车道，设计行车速度60千米／小时。双塔双索面半漂浮体系混合式斜拉桥。主跨为580米钢箱梁，边跨为48＋48＋50（米）的预应力混凝土箱梁，主塔高151米。通航净高32米，通航净宽280米，可通航2000吨级以下船舶。桥梁设计荷载汽车20吨，挂车120吨，抗震烈度7级。2000年3月28日开工，2003年4月16日合拢。大桥斜拉索抗风雨振研究应用达到国内领先水平，并采用钢箱梁电弧喷涂防腐、环氧沥青铺装等多项新技术。两边头接线公路（1.21千米、1.76千米）均于2002年10月9日开工，分别于2004年9月30日和2005年6月30日完工，2005年12月20日交工验收。是年12月29日，桃夭门大桥主桥交工验收。2006年1月1日试运营通车。中交公路规划设计院有限公司设计，主要承建单位：上海建工（集团）总公司，中交集团第二航务工程局和中铁宝钢股份有限公司等。重庆中宇工程咨询监理有限责任公司和铁道部桥梁科学研究院监理公司监理。是舟山连岛工程—舟山跨海大桥第三座大桥。

西堠门大桥　起自册子岛桃夭门岭，接桃夭门大桥西接线，于门头山经老虎山小岛，跨越西堠门水道，终至金塘岛雄鹅嘴，衔接金塘大桥接线公路，全长5.452千米，工程概算总投资约23.6亿元。其中西堠门大桥长2.588千米，册子岛侧接线公路长2.864千米，大桥与两岸接线公路均按四车道高速公路标准建设。大桥全宽36米，净宽24.5米，接线公路路桥宽24.5米。主桥采用主跨1650米，两跨连续中间开槽6米双箱钢悬索桥，全桥钢箱梁总重约33000吨，采用世界上尚无先例的分体式钢梁加劲梁，钢梁箱连续长度达2228米，时为世界上跨径最大的钢箱梁悬索桥、世界上首座分体式钢箱梁悬索桥，可抗17级强台风，是世界上抗风能力最强的桥梁之一。是跨径世界第二、国内第一的特大桥梁，南引桥采用两联6×60米预应力混凝土连续箱梁。

西堠门大桥

依托西堠门大桥进行

的“跨海特大跨径钢箱梁悬索桥关键技术研究及工程示范”项目，被列入“十一五”国家科技支撑计划。该桥设计行车速度 80 千米 / 小时。通航净高 49.50 米，净宽 630 米，可通航 3 万吨级船舶。

2005 年 5 月 20 日，西堠门大桥开建。2006 年 6 月 13 日，完成西堠门大桥南北两个索塔浇筑。两索塔高 211.286 米，北塔建在长 210 米，宽 110 米的老虎山孤岛上，月底完成南北两端锚碇。南北两个索塔锚碇混凝土总方量分别约 7.8 万立方米和 8 万立方米。是年 8 月，施工采用直升机牵引（特制直径 6 毫米尼龙绳）先导索过海并顺利系在索塔顶上。是月 27 日至 11 月，顺利完成大桥上部结构猫索道牵引系统与架设。猫道是悬索桥上部结构施工的高空作业平台，长达 2800 余米。猫道验收交付使用后，施工开始西堠门大桥主缆架设。架设的大桥两根主缆（采用国产极限抗拉强度 1770 兆帕的高强镀锌钢丝，每根长 2880 米，重 10614 吨），在主缆架设同时还架设通长索股 338 根，背索索股 16 根。2007 年 4 月完成大桥主缆架设，进行钢箱梁吊装各项前期准备工作。6 月，大桥钢箱梁架设安装，12 月 16 日，西堠门大桥钢箱梁全部安装完毕，主桥贯通。接着安装大桥防护栏，进行桥面建设及附属设施等后续工程。西堠门大桥 2005 年 5 月 20 日开工，2007 年 12 月实现主桥贯通，2009 年 12 月 25 日建成通车。是舟山连岛工程—舟山跨海大桥的第四座大桥。中交公路规划设计院设计，主要建设单位有中国路桥集团第二公路工程局、四川路桥集团有限公司，中铁宝钢股份有限公司等，武汉桥梁建筑工程监理公司监理。

2010 年，西堠门大桥因其在工程结构、美学价值、环境和谐等方面的杰出成就，被国际桥梁会议（IBC）授予古斯塔夫·林德撒尔奖。2011 年 2 月 24 日，国家科技“跨海特大跨径钢箱梁悬索桥关键技术研究及工程示范”支撑计划项目在定海通过验收。验收组专家一致认为：该项目研究形成的海洋环境特大跨径钢箱梁悬索桥勘测、抗风、关键材料、施工、结构监测、养护管理等建设核心技术，体现了当代桥梁的最新建设理念，支撑了西堠门大桥工程的建设，并在行业标准规范和多座大跨径悬索桥梁建设中得到推广应用，对于现代桥梁技术发展具有重要的推动作用，社会和经济效益显著。2015 年，获被誉为国际工程咨询界“诺贝尔奖”的菲迪克（FIDIC，国际咨询工程师联合会）工程项目奖。

金塘大桥　起自金塘岛雄鹅嘴，接西堠门大桥，经金塘岛化成寺水库、茅岭、跨沥港水道、金塘水道、越灰鳖洋，终至宁波镇海老海塘镇海炼化厂西侧，与宁波沿海北线高速公路相接。线路全长 26.54 千米，其中金塘岛侧接线长 5.511 千米、引桥长 1.007

金塘大桥

千米，跨海大桥长 18.27 千米。镇海侧浅水区引桥长 550 米，岸上引桥长 1.752 千米。是为我国第一座按桥梁新规范体系设计建造的跨海特大桥梁。全线双向四车道，按高速公路标准建设，设计行车速度 80 千米～ 100 千米 / 小时。桥、路宽 24.50 米，其中金塘互通立交至终点段桥路宽达 26 米。大桥分段由主通航孔桥、东通航孔桥、西通航孔桥、非通航孔桥、金塘侧引桥、镇海侧浅水区引桥和岸上引桥组成，是舟山大陆连岛工程—舟山跨海大桥中规模最大的跨海大桥，也是第五座大桥，即最后一座桥梁。有斜拉桥、连续钢钩桥、连续梁桥等多种桥型。大桥设 3 个通航孔道，通航净高 51 米，净宽 544 米，大桥主孔桥可通 5 万吨级船舶。东通航孔桥全长 460 米，为主跨 216 米的三跨连续刚构桥，可通 3000 吨级船舶。西通航孔桥全长 330 米，为主跨 156 米的三跨连续梁桥，可通 500 吨级船舶。非通航孔桥总长 15720 米，根据海底高程不同和覆盖层厚薄，分别采用 60 米、118 米和 50 米跨径的连续梁桥。金塘侧引桥长 1007 米，镇海侧浅水区引桥长 550 米、岸上引桥长 1752 米，均为连续箱梁桥。主通航孔桥为主跨 620 米半漂浮双塔双索面钢箱斜拉桥，通航净高 51 米，净宽 544 米，可通 5 万吨级船舶。东通航孔桥全长 460 米，为主跨 216 米的三跨连续钢构桥，可通 3000 吨级船舶。西通航孔桥全长 330 米，主跨 156 米三跨连续梁桥，可通 500 吨级船舶。非通航孔桥总长 15720 米，根据海底高程不同和覆盖层厚薄，分别采用 60 米、118 米和 50 米跨径的连续梁桥。金塘大桥是继中国杭州湾跨海大桥、东海大桥之后的第三长跨海大桥，概算总投资约 77 亿元。

2005 年 1 月 21 日，金塘大桥获国家发改委批复准予立项。9 月 30 日开工建设，打下钢管试沉桩。2006 年 9 月，完成金塘大桥主通航孔桥索塔桩基（钻孔灌注桩），并开始钢套箱安装和承建阶段，两个索塔墩基础均为国内超长直径变截面嵌岩桩。11 月，始浇注大桥非通航孔预制墩身，12 月 30 日，完成主通航孔下部结构施工后，首个预制墩开始安装西通航孔桥西侧，非通航孔安装 428 预制墩身，采用现浇混凝土湿接方式与承台连接。2007 年 3 月 18 日，始浇注大桥主通航孔桥索塔（高 210 米）混凝土。2007 年 8 月 1 日完成全桥钢管桩沉桩施工。同年 2 月，距宁波镇海约 5 千米处非通航孔桥上架设第一片预制混凝土箱梁，大桥上部结构施工开始，大桥上部长 18.27 千米，其中 14.1 千米铺装长 60 米跨预应力混凝土连续箱梁，需架设预制混凝土箱梁 310 片、浇注混凝土 60 米跨非通航孔桥桥墩身。同时，主通航桥两座标高 210 米的索塔封顶。主通航桥全长 1210 米，主跨 620 米，2005 年 11 月 25 日开工，经海上施工平台搭设、桩基施工、承台与索塔浇筑，2007 年 11 月 26 日，安装首节钢箱梁，2008 年 6 月 30 日，安装完毕。7 月 15 日实现金塘大桥海上部分贯通。2009 年 12 月 25 日通车。金塘大桥由中交公路规划设计院设计，建设单位主要有：中铁四局集团第二工程有限公司、中交集团第一、第二、第四航务工程局和广东长大工程有限公司及浙交工程集团有限公司等。监理单位为广东虎门技术咨询有限公司、中铁武汉大桥工程咨询监理公司、铁道部科学工程咨询有限公司与南华建设监理所等。

西堠门大桥、金塘大桥作为舟山跨海大桥二期工程，预计投资 100 亿元，全部完成总投资 131.31 亿元。

长峙大桥

长峙大桥　在定海临城长峙岛与松山岛之间。起自长峙岛，向南跨越长松航道至松山岛，长580米，3孔，主桥上部采用94米+170米+94米的预应力砼连续箱梁，两端引桥采用5×35米简支预应力砼小箱梁，钻孔灌注桩基础，桥净宽11米，通航桥高40米，可通300吨级船舶，设计荷载汽—II，为预应力砼连续梁跨海通航特大桥。2005年11月9日开工，2007年9月8日竣工，10月1日通车。四川公路桥梁建设集团承建，广东虎门技术咨询有限公司监理。

岙山大桥　在定海临城长峙松山岛与岙山岛之间，起自长峙松山岛，向南跨越松岙航道至岙山。桥长343米，净宽11米，1孔，主跨采用260米钢管砼提篮拱。通航桥高40米，可通300吨级船舶，设计荷载汽—II。跨海通航特大桥。2005年11月9日开工，2007年9月8日竣工，10月1日通车。四川公路桥梁建设集团承建，广东虎门技术咨询有限公司监理。

岙山大桥

长峙大桥和岙山大桥都是长峙至岙山公路工程项目，总投资1.4亿元人民币。

第二节　中型桥

建胜2号桥　329国道线247千米又502米处，上部空心板梁，下部钢筋混凝土钻孔灌注。4孔，跨径8米，桥长33米，桥高1.95米，净宽22.5米，汽车荷载公路—Ⅰ级，挂车–100吨，2000年9月竣工，12月通车，舟山市通达基础工程有限公司承建。

霸桥　定海至岑港公路即72省道5千米208米处。始建于清代，原为石拱桥，跨径6米，桥宽4米。1955年改建为石台三合土石桥。1978年定海县交通管理局再次改建，8月动工，翌年5月竣工。上部双曲拱，下部为重力式浆砌块石结构。由舟山地区公路段设计，定海盐仓公社组织施工。全长25.9米，桥宽7米，桥高4.5米，1孔，净跨18米，汽车荷载公路—Ⅱ级。时为舟山境内第一座采用沙垫层基础建造的桥。2006年重建，上部空心板梁，下部钢筋混凝土钻孔灌注。桥长16米，桥高1.8米，净宽10米，2孔，跨径16米，桥梁设计汽车荷载公路—Ⅱ级。2006年重建，10月通车，舟山市通达基础工程有限公司承建。

碶头桥（双桥）　在定海双桥镇碶头，鸭蛋山至东港公路（鸭东线）6千米又37米处，上部空心板梁，下部钢筋混凝土钻孔灌注。桥长44.04米，桥高2.2米，净宽22.5米，2孔，跨径20米。汽车荷载公路—Ⅱ级，2005年12月竣工，2006年5月通车。宁波交通工程建设集团承建。

畈潮桥　在定海双桥天童，鸭蛋山至东港公路（鸭东线）7千米又708米处，上部空心板梁，下部钢筋混凝土钻孔灌注。桥长24.0米，桥高2.0米，净宽22.5米，1孔，跨径20米。汽车荷载公路—Ⅱ级。2008年12月竣工。宁波交通工程建设集团承建。

碶头桥（小沙）　在定海小沙，鸭蛋山至东港公路（鸭东线）31千米又212米处，上部空心板梁，下部钢筋混凝土钻孔灌注。桥长16米，桥高1.7米，净宽11米，3孔，跨径13米。汽车荷载公路—Ⅱ级。2005年12月竣工，2006年5月通车。

光一1号桥　在定海马岙光一村，鸭蛋山至东港公路（鸭东线）36千米又091米处，上部空心板梁，下部钢筋混凝土钻孔灌注。桥长40.64米，桥高2.2米，净宽11米，3孔，跨径13米。汽车荷载公路—Ⅱ级，2005年12月竣工，2006年2月通车。

大河桥　在定海北蝉，鸭蛋山至东港公路（鸭东线）45千米又560米处，上部空心板梁，下部钢筋混凝土钻孔灌注。桥长40.6米，桥高1.7米，净宽12米，4孔，跨径10米。汽车荷载公路—Ⅱ级，2003年10月竣工，2003年12月通车。

翁浦桥　在定海临城街道，定海至沈家门公路10千米又809米处，上部空心板梁，下部钢筋混凝土钻孔灌注。桥长40.4米，桥高1.9米，净宽23米，4孔，跨径10米。桥梁设计汽车荷载公路—Ⅱ级，1990年10月竣工，12月通车。浙江海港工程队承建。

万塘桥　在定海临城街道，定海至沈家门公路12千米又400处米，上部空心板梁，下部钢筋混凝土钻孔灌注。桥长24米，桥高3.4米，净宽12米，3孔，跨径8米。汽车荷载公路—Ⅱ级，1989年11月竣工，1990年2月通车。浙江海港工程队承建。1997年拼宽，桥面净宽22.8米，桥长36.2米，当年12通车。

潮面桥　在定海盐仓，霸桥至双桥外山头公路2千米又185米处，上部空心板梁，下部钢筋混凝土钻孔灌注。桥长43.04米，桥高1.5米，净宽11.25米，3孔，跨径13米。汽车荷载公路—Ⅱ级，2007年7月通车。浙江海港工程队承建。

上岙林家二号桥　在定海马岙，马岙至北海公路731米处，上部空心板梁，下部钢筋混凝土钻孔灌注。桥长43米，桥高1.8米，净宽11米，3孔，跨径13米。汽车荷载公路—Ⅱ级，2007年12月通车。浙江海港工程队承建。

白泉大桥　在定海白泉镇，白泉至浪洗专用公路1千米又834米处，上部空心板梁，下部钢筋混凝土钻孔灌注。桥长40.5米，桥高1.7米，净宽11.8米，4孔，跨径10米。汽车荷载公路—Ⅱ级，1995年11月通车。

大浦桥　在定海白泉，白泉至浪洗专用公路4千米又602米处，上部空心板梁，下部钢筋混凝土钻孔灌注。桥长48.7米，桥高2.7米，净宽11.8米，5孔，跨径9.3米。汽车荷载公路—Ⅱ级，1995年11月通车。

第三节　小型桥

至2010年，定海境内县乡公路网中有小型桥111座，择其主要者列表如下：

单位：米

名　称	所在公路线	中心桩号	桥梁长	跨径 × 孔数	桥面宽度	修建年月
皋泄一号桥	杭朱线	259.277	14.50	8×1	9.00	2008.10 右侧拼宽
皋泄二号桥	杭朱线	259.554	14.50	8×1	9.00	2008.10 右铡拼宽
顾家桥	定西线	5.53	8.20	8×1	29.00	2005.02 右侧拼宽
坝桥	定岑线	5.208	36.00	16×2	10.00	2006.10 重建
甕洞桥	定岑线	5.755	20.04	16×1	11.25	2007.10 新建
南善桥	定岑线	11.423	24.04	10×2	11.00	1990～2009年重建
海口桥	定岑线	15.617	20.00	10×2	11.00	2004.10 重建
毛湾大桥	鸭东线	13.187	18.00	1.6×1+11.9×1+3.6×1	8.00	2002.11 左侧拼宽
侯家桥	双小线	4.233	10.40	4.5×2	12.00	2008.12 左侧拼宽
长寿桥	双小线	5.849	23.04	8×2	12.00	2008.12 重建
迴峰桥	双小线	6.183	9.50	4×2	12.00	2008.12 左侧拼宽
狭门桥	双小线	6.342	23.04	8×2	12.00	2008.12 重建
万年桥	双小线	6.903	17.04	10×1	12.00	20081201 重建
大庙桥	双小线	10.557	6.90	6.2×1	16.40	2008.12 左侧拼宽
小碶桥	鸭惠线	10.236	34.08	10×3	14.25	2010.03 重建
大干桥	万毛线	0.542	20.40	10×2	7.50	1999.09 重建
洪溪桥	三西线	12.126	16.40	8×1	11.90	2002.07 重建
鳌头浦桥	定沈线	8.18	8.60	8×1	23.00	1990.05～1996 右拼宽
牛角河桥	定沈线	8.892	10.70	10×1	22.80	1990.12～1996 右拼宽
蛤蚧浦1号桥	定沈线	9.922	12.9	12×1	22.6	1990.12～1996 右拼宽
蛤蚧浦2号桥	定沈线	10.021	25.2	12×2	22.6	1990.10～1996 右拼宽
翁浦桥	定沈线	10.809	40.4	10×4	23	1990.12～1996 右拼宽
江家河桥	定沈线	11.115	5.5	5×1	22.6	1990.12～1996 右拼宽

续表

名　称	所在公路线	中心桩号	桥梁长	跨径 × 孔数	桥面宽度	修建年月
西址界河桥	定沈线	11.753	8.8	8×1	22.6	1990.12 ～ 1996 右拼宽
大牛峙河桥	定沈线一	11.815	16.7	8×2	22.6	1990.02 ～ 1996 右拼宽
东峙界河桥	定沈线	12.276	8.6	8×1	22.6	1990.02 ～ 1996 右拼宽
万塘桥	定沈线	12.4	36.2	11.8×3	22.8	1990.02 ～ 1996 右拼宽
荷花浦桥	定沈线	14.202	30.4	10×3	22.6	1990.02 ～ 1996 右拼宽

第四章　公路隧道

至 1988 年，定海境内尚无公路隧道。1989 年～ 1990 年，境内开凿 6 座公路隧道（含晓峰岭隧道，2001 年 10 月 329 国道舟山段改道，该座隧道计入城市隧道）。进入 21 世纪，随着经济社会的快速发展，公路延伸，路网加密，科技、现代设备在隧道开凿中应用，横亘在境内路网建设中一个个“天堑”变通途。

2010 年，计有公路隧道 28 座，13937 延米。其中：高速公路隧道 2 座，国道 2 座，省道 4 座，县道 18 座，村道 2 座。

第一节　高速公路隧道

炮台岭左侧隧道　甬舟线双桥与岑港交界处炮台岭下。全长 710 米，净宽 12 米，净高 5 米。水泥混凝土衬砌被覆结构，洞内两侧排水，全日照明灯，机械通风。2005 年 9 月动工，2009 年 12 月通车。工程由舟山市大陆连岛工程指挥部组织实施，浙江省交通规划设计院设计，福建省第二公路工程公司施工，浙江省公路水运工程监理有限公司监理。

炮台岭右侧隧道　甬舟线双桥与岑港交界处炮台岭下。全长 710 米，净宽 12 米，净高 5 米。水泥混凝土衬砌被覆结构，洞内两侧排水，全日照明灯，机械通风。2005 年 9 月动工，2009 年 12 月通车。工程由舟山市大陆连岛工程指挥部组织实施，浙江省交通规划设计院设计，福建省第二公路工程公司施工，浙江省公路水运工程监理有限公司监理。

第二节　国道隧道

东皋岭左侧隧道　定海城区东北角东湾东皋湾岭下，329 国道（杭州～朱家尖线）舟山定海段左线上。2000 年，73 省道改道，定海东湾至皋泄公路段开工，同时开凿东皋岭隧道。

东皋岭隧道

隧道全长1113米，宽12米(行车道宽9米，检修道宽2侧 ×1.5米)，净高5米，一级公路标准设计，设计时速60千米/小时，汽车荷载公路—Ⅰ级，水泥混凝土衬砌被覆结构，洞内地下排水，全日照明灯，机械通风。属长隧道。2000年10月动工，2002年9月竣工。宁波市交通设计院设计，铁道部隧道局宁波公司施工，总投资5800万元。2006年舟山岛公路线路调整，73省道东湾至皋泄公路一段入网329国道(与73省道重复线5.476千米)。东皋岭左侧隧道是定海城区东北角通向西码头、朱家尖的主要通道。2007年12月，维修、更新隧道照明系统，投入资金30924元。

东皋岭右侧隧道　定海城区东北角东湾东皋岭下，329国道(杭朱线)舟山定海段右线上(与左侧隧道为双向隧道)。2007年，329国道定海东湾至皋泄段(与73省重复段)拓宽改造，开拓复线，在东皋岭新开凿右侧隧道1座(与原左侧隧道为双向隧道)。全长1177米，净宽10.5米，净高5米，一级公路标准设计，设计时速60千米/小时，汽车荷载公路—Ⅰ级，水泥沥青混凝土面层，结构形式为:4厘米细粒式沥青混凝土＋6厘米中粒式沥青混凝土＋下封层＋20厘米水泥稳定碎石基层＋15厘米级配碎石底基层，混凝土衬砌被覆结构，洞内地下排水，全日照明灯，机械通风。属长隧道。2007年9月25日动工，2008年12月30日完工，浙江省交通规划设计研究院设计，中铁隧道集团有限公司施工，浙江省公路水运工程监理有限公司监理，质量监督单位舟山市交通工程质量监督局，检测单位舟山市交通工程质量监督局检测中心试验室，总投资9986.75万元。

第三节　省道隧道

柯梅岭右侧隧道　73省道定西线白泉柯梅至干磁路段交界处柯梅岭下。2003年1月动工，9月竣工。全长502.6米，宽12米(行车道宽9米，检修道宽2×1.5米)，净高5米，水泥混凝土衬砌被覆结构，沥青砼路面，洞内地下排水，全日照明灯，自然通风。舟山市交通规划设计院设计，浙江良和交通建设有限公司施工，总投资约1000万元。2007年12月维修、更新照明设施。

柯梅岭左侧隧道　73省道定西线的白泉柯梅至干磁路段交界处柯梅岭下，2008年8月动工，2010年11月竣工。全长658米，宽8.15米，净高5米，水泥混凝土衬砌被覆结构，沥青砼路面，洞内路侧排水，全日照明灯，自然通风。浙江省交通规划设计院设计，浙江交通工程建设集团公司施工，总投资约1770万元。

东南隧道　双桥东方与南山交界处，72省道定海至岑港公路线处。2007年7月动工，2010年10月竣工通车，单洞双向隧道。全长495米，净宽9米，净高5.0米，水泥混凝土衬砌被覆结构，水泥砼路面，洞内路侧排水，全日照明灯，自然通风。工程由72省道建设办公室组织实施，舟山市交通设规划设计院设计，宁波交通工程建设集团公司施工，总投资1500万元。

小岭隧道　72省道定海双桥至岑港小岭交界处线上。东西走向，东口为紫微长增村，西口为岑港杨家村，单洞双向隧道。1991年12月25日，省道定岑公路改建，岑港小岭隧道开工，1994年1月竣工通车。全长416米，宽9米（行车道宽7.5米，检修道宽2×0.75米），净高5.5米，水泥混凝土衬砌被覆结构，水泥砼路面，洞内地下排水，全日照明灯，自然通风。工程由定海区交通管理局组织实施，浙江省交通设计院设计，定海区第六建筑公司紫微工程队施工，总投资690万元。2007年12月维修、更新隧道照明设施。

第四节　县道隧道

老塘山隧道　老塘山至岑港公路线中，衔接鸭蛋山至老塘山公路，1998年12月动工，2000年9月竣工，单洞双向隧道。全长409.2米，宽12米（行车道宽9米，检修道宽2侧×1.5米），净高5米，水泥混凝土衬砌被覆结构，水泥砼路面，洞内地下排水，全日照明灯，自然通风。工程由舟山市交通委员会组织实施，舟山市交通设计所设计，铁道部隧道局施工，总投资800万元。2007年12月维修、更新隧道照明设施。

何家弄左侧隧道　定海岑港与小沙交界处，鸭东线上。2007年9月动工，2010年10月竣工。全长588米，净宽8.75米，净高5米，水泥混凝土衬砌被覆结构，沥青砼路面，洞内路侧排水，全日照明灯，自然通风。工程由舟山北向疏港公路工程建设办公室组织实施，浙江省交通规划设计研究院设计，浙江交通工程建设集团公司施工。

何家弄右侧隧道　岑港与小沙交界处，鸭东线上。2007年9月动工，2010年10月竣工。全长588米，净宽8.75米，净高5米，水泥混凝土衬砌被覆结构，沥青砼路面，洞内路侧排水，全日照明灯，自然通风。工程由舟山北向疏港公路工程建设办公室组织实施，浙江省交通规划设计院设计，浙江交通工程建设集团公司施工。

何家弄左右侧两座隧道总投资3900万元。

摩鼻岭左侧隧道　定海北蝉与普陀展茅交界处摩鼻岭下，鸭蛋山至摩鼻岭隧道公路线上。2001年6月动工，2002年9月竣工。隧道全长359米，宽12米（其中行车道宽9米，检修道宽2侧 ×1.5米），净高5米，水泥混凝土衬砌被覆结构，水泥砼路面，洞内地下排水，全日照明灯，自然通风。工程由舟山市螺门码头至北蝉公路工程建设办公室组织实施，舟山市交通规划设计院设计，象山交通建设有限公司施工，总投资853万元。2007年12月维修、更新照明设施。

摩鼻岭右侧隧道　定海北蝉乡与普陀展茅镇交界处摩鼻岭下，鸭蛋山至摩鼻岭隧道公路线上。2008年9月动工，2010年9月竣工。全长391米，净宽8.75米，净高5米，水泥混凝土衬砌被覆结构，沥青砼路面，洞内地下排水，全日照明灯，自然通风。工程由舟山北向疏港公路工程建设办公室组织实施，浙江省交通规划设计院设计，浙江交通工程建设集团公司施工，总投资1390万元。

小展岭左侧隧道　北蝉至螺门公路线上小展岭下，2001年6月动工，2002年9月竣工。全长383米，宽12米(行车道宽9米，检修道宽2×1.5米)，净高5米，为水泥混凝土衬砌被覆结构，水泥砼路面，设有照明灯，洞内地下排水，自然通风。工程由舟山市螺门码头至北蝉公路工程建设办公室组织实施，舟山市交通规划设计院设计，中铁隧道集团有限公司施工，总投资840万元。2007年12月维修、更新照明设施。

小展岭右侧隧道　北蝉至螺门公路线上小展岭下，2008年6月动工，2010年9月竣工。全长500米，净宽8.75米，净高5米，水泥混凝土衬砌被覆结构，沥青砼路面，顶设照明灯，洞内地下排水，自然通风。工程由舟山北向疏港公路工程建设办公室组织实施，浙江省交通规划设计研究院设计，浙江交通工程建设集团公司施工，总投资1580万元。

颂河岭隧道　定海城区至马岙公路线上颂河岭下，单洞双向隧道。1996年11月动工，1998年9月竣工。全长427.5米，宽12米(行车道宽9米，检修道宽2×1.5米)，净高5米，水泥混凝土衬砌被覆结构，水泥砼路面，顶设照明灯，洞内地下排水，自然通风。工程由定马公路建设办公室组织实施，舟山市交通设计院设计，中铁隧道集团有限公司施工，总投资770万元。

长春岭隧道　定海至马岙公路线上长春岭下，单洞双向隧道。1996年1月动工，1997年6月竣工。全长155.5米，宽12米(车道宽9米，检修道宽2侧 ×1.5米)，净高5米，水泥混凝土衬砌被覆结构，路面水泥砼，自然通风。工程由定马公路建设办公室组织实施，舟山市交通设计院设计，台州市路桥公司隧道分公司施工，总投资230万元。

长春岭隧道

小龙山一号　双桥外山嘴至小沙的双小线公路线上小龙山下。2006年10月20日开工，2008年12月25日完工投入使用。全长128米，净宽10米，净高5米，无照明设施，水泥混凝土衬砌被覆结构，水泥砼路面。工程由舟山市定海区交通局组织实施，舟山市交通规划设计院设计，浙江交工路桥建设有限公司施工，总投资约460万元。

小龙山二号　双桥外山嘴至小沙的双小线公路线上小龙山下，2006年10月开工，2008年12月通过竣工验收并投入使用。全长172米，净宽10米，净高5米，无照明设施，水泥混凝土衬砌被覆结构，水泥砼路面。工程由舟山市定海区交通局组织实施，舟山市交通规划设计院设计，浙江交工路桥建设有限公司施工，总投资约540万元。

大岭隧道　定海双桥外山嘴至小沙交界点，双小线公路上大岭处，单洞双向隧道。1993年4月动工，1998年7月竣工，长388.8米，宽9米，高4米，为水泥混凝土衬砌被覆结构，洞口边墙盲沟排水，路面水泥砼。2007年5月改扩建，2008年12月通车。改扩建后隧道全长428米，宽10米，高5米，总投资2550万元。舟山市定海区交通局组织实施，舟山市交通规划设计院设计，浙江交工路桥建设有限公司施工。

华业隧道　金塘岛沥港至大浦口公路线上乱石岙中（曾名乱石岙隧道），2002年10月动工，2003年11月建成通车。全长433米，宽11米（行车道宽9米，检修道宽2侧×1.0米），净高5米，顶设照明灯，水泥混凝土衬砌被覆结构，地下排水，沥青砼路面。定海区交通局组织实施，舟山市交通规划设计院设计，浙江宏途交通工程建设有限公司施工，总投资约1500万元。2007年12月维修、更新照明设施。

华业隧道

顾家岭隧道　金塘穆岙至西堠穆西线上的顾家岭处，单洞双向隧道。2006年10月动工，2009年11月竣工。全长304.5米，宽9米，高5米，顶设照明灯，水泥混凝土衬砌被覆结构，地下排水，沥青砼路面。定海区交通局组织实施，浙江省勘测设计有限公司设计，宁波交通工程建设有限集团公司施工，总投资约1100万元。

小李岙隧道　金塘柳行至小李岙公路线上仙人山下，原名为佳力德隧道，单洞双向。2009年11月更名为小李岙隧道。2003年6月开工，2005年9月25日建成通车。全长448米，宽11米（行车道宽7.5米，检修道宽2侧×1.75米），净高5米，顶设照明灯，水泥混凝土衬砌被覆结构，地下排水，沥青砼路面。定海区交通局组织实施，中国公路工程咨询监理总公司设计，浙江宏途交通工程建设有限公司施工，总投资约1800万元。2007年12月，维修、更新照明设施。

黄扬尖隧道　定海临城新区至普陀螺门公路线上龙山处，单洞双向隧道。2005年12月开工，2007年9月通过竣工验收并投入使用。全长1383米，净宽11米（行车道宽7.5米，检修道宽2侧×1.75米），净高5米，顶设照明灯，为水泥混凝土衬砌被覆结构，洞内路侧排水，

贯通定海洞岙与普陀展茅的黄杨尖隧道

水泥砼路面。舟山市交通委员会组织实施，宁波市鄞县交通勘测设计院设计，中铁隧道集团有限公司施工，总投资约5000万元。是时，为舟山最长一座公路隧道。

龙潭坑隧道　册子门岙涂至大晒网公路上龙潭坑处，单洞双向。2009年4月开工，2010年8月通过竣工验收并投入使用。全长249米，净宽10米，净高5米，顶设照明灯，水泥混凝土衬砌被覆结构，洞内路侧排水，水泥砼路面。定海区交通局组织实施，舟山市交通规划设计院设计，杭州宇航交通工程公司施工，总投资约1001万元。

铁火尖隧道　定海临城新区至普陀螺门公路线上铁火尖山下，单洞双向。2005年12月开工，2007年2月通过竣工验收并投入使用。全长410.5米，净宽11米（行车道宽7.5米，检修道宽2侧 ×1.75米），净高5米，顶设照明灯，水泥混凝土衬砌被覆结构，洞内路侧排水，水泥砼路面。舟山市交通委会组织实施，宁波市鄞县交通勘测设计院设计，中铁隧道集团有限公司施工，总投资约2000万元。2007年12月，维修、更新隧道照明设施。

第五节　村道隧道

吉祥岭隧道　金塘山潭至西堠乡道公路线上吉祥岭处，单洞双向。1995年4月动工，1996年10月竣工通车。全长24米，净宽4.5米，净高4.5米，水泥混凝土衬砌被覆结构，地下排水，沥青砼路面。定海区山潭乡政府组织、设计，山潭乡西堠工程队施工，资金由乡、村两级政府自筹90万元建造。境内最短的一座公路隧道。2015年7月27日，因金塘岛沥港欣港路至西堠工业区道路建设需要，吉祥岭隧道降坡拓宽。工程完工后，吉祥岭隧道结束历史使命。

长白隧道

长白隧道　定海长白前岸村至后岸村（前徐线）长白岭处，1996年9月动工，1998

年7月竣工。全长375米，宽4.5米，高4.5米，为水泥混凝土衬砌被覆结构，洞内路面水泥砼。定海区长白乡政府组织、设计，长白乡工程队施工，资金由乡政府、后岸村村民自筹120万元。

2010年定海区境内省道及县乡道公路隧道建设情况表

单位：米

隧道名称	所处公路路线	所在地点	中心桩号	长度延米	净宽米	净高米	按长度分类	通车日期	变更日期	建设单位
合计				13937						
东皋岭隧道右	杭朱线	城东街道、东湾村	256.535	1177	10.5	5	长	2009.01.01		舟山市73省道东皋岭段拓宽工程建设办公室
东皋岭隧道左	杭朱线	城东街道、东湾村	256.6	1113	9	5	长	2002.10.15	2007.12	舟山市东皋岭线工程建设小组办公室
炮台岭隧道右	甬舟线	炮台岭	66.153	710	12	5	中	2009.1.225		舟山市大陆连岛工程指挥部
炮台岭隧道左	甬舟线	炮台岭	66.153	710	12	5	中	2009.12.25		舟山市大陆连岛工程指挥部
柯梅岭隧道左	定西线	干礅镇、柯梅村	11.602	503	9	5	中	2003.10.10	2007.12	舟山市72省道定海至西码头公路工程建设小组办公室
柯梅岭隧道右	定西线	干礅镇、柯梅村	11.658	658	8.15	5	中	2010.11		舟山北向疏港公路工程建设办公室
东南隧道	定岑线	岑港镇、东方村	8.746	495	9	5	短	2010.10		舟山市72省道建设办公室
小岭隧道	定岑线	岑港镇、桥头村	13.652	416	9	5.5	短	1993.10.15	2004.12	舟山市定海区交通局
老塘山隧道	鸭东线	岑港镇、老塘山村	9.65	409.2	9	5	短	2000.0.830	2007.12	舟山市交通委员会
何家弄隧道	鸭东线	小沙镇、何家弄	18.415	588	8.75	5	中	201010		舟山北向疏港公路工程建设办公室
何家弄隧道	鸭东线	小沙镇、何家弄	18.415	588	8.75	5	中	2010.10		舟山北向疏港公路工程建设办公室
小展岭隧道右	鸭东线	北蝉乡、小展村	45.865	500	8.75	5	短	2010.09		舟山北向疏港公路工程建设办公室
小展岭隧道左	鸭东线	北蝉乡、小展村	45.972	383	9	5	短	2002.10.30	2007.12	舟山市螺门码头至北蝉公路工程建设小组办公室

续表

隧道名称	所处公路路线	所在地点	中心桩号	长度延米	净宽米	净高米	按长度分类	通车日期	变更日期	建设单位
摩鼻岭隧道右	鸭东线	北蝉乡、摩鼻岭	47.721	391	8.75	5	短	2010.09		舟山北向疏港公路工程建设办公室
摩鼻岭隧道左	鸭东线	北蝉乡、摩鼻岭	47.848	359	9	5	短	2002.10.30	2007.12	舟山市螺门码头至北蝉公路工程建设小组办公室
颂河岭隧道	定马线	城东街道、城北村	3.695	427.5	9	5	短	1998.09.30	2007.12	定马公路工程建设办公室
长春岭隧道	定马线	盐仓街道、颂河村	6.294	155.5	9	5	短	1998.09.30		定马公路工程建设办公室
小龙山一号	双小线	双桥镇、狭门村	7.844	128	10	5	短	2008.1.201		舟山市交通委员会
小龙山二号	双小线	双桥镇、狭门村	8.09	172	10	5	短	2008.12.01		舟山市交通委员会
大岭隧道	双小线	双桥镇、狭门村	8.99	428	10	5	短	2008.12.01		舟山市交通委员会
华业隧道	沥大线	金塘镇、沥港	2.392	433	9	5	短	2003.10.30	2007.12	舟山市定海区交通局
顾家岭隧道	穆西线	金塘镇、西堠村	4.151	304.5	9	5	短	2009		舟山市定海区交通局
小李岙隧道	柳小线	金塘镇、柳行	2.661	448	11	5	短	2004.10.30		舟山市定海区交通局
铁火尖隧道	临螺线	临城	1.364	410.5	11	5	短	2007.02	2007.12	舟山市交通委员会
黄杨尖隧道	临螺线	临城	3.572	1383	11	5	长	2007.02	2007.12	舟山市交通委员会
龙潭坑隧道	大线	册子乡、大晒网	5.164	249	10	5	短		2010.08	舟山市定海区交通局
吉祥岭隧道	山西线	金塘镇、西堠村	1.269	23	4.5	4.5	短	1995.12	2007.12	金塘镇人民政府
长白岭隧道	前徐线	长白乡	1.041	375	4	4.5	短	1998.07	2006.09	长白乡人民政府

第五章　公路工程

公路工程即定海境内公路基本建设施工项目，题目内容涵盖选址、勘测、设计、施工、原材料的选择研究，设备、工艺、施工方法的研究以及施工队伍的组织等。本章重点介绍公路建设（包括养护）、桥梁建设，以及选择介绍建设施工企业。

第一节　公路建设

1989 年，定海区公路管理段（时为舟山市公路管理处直属单位）承担境内公路建设、公路养护。是时，定海区公路管理段内设专业养护道班 10 个（庆丰、东湾、岑目、北蝉、马岙、白泉、岑港、老碶、定海、小沙）。是年贯彻“以养好路面为中心，搞好排水为重点，加强全面养护”的养路方针，实行道班岗位责任制。养路人员配备、养路经费支出、养路质量都按部、省行业规定和标准执行。1999 年 10 月，舟山市公路建设养护体制改革深化，定海区成立舟山市金道公路建设工程有限公司，具有公路路面、路基工程专业承包三级资质。经营主要项目是参与境内公路施工项目招投标和部分区外公路施工项目招投标。

公路施工现场

2001 年 9 月，市和区二级交通管理体制调整，定海区公路段体制下放，隶属刚恢复建立的定海区交通局。翌年 10 月 22 日，养路体制再次改革，舟山市宏道公路养路

公路施工现场

工程有限公司成立，负责承担定海区国道、省道、县乡道、农村公路的小修保养、大中修、公路绿化管理、公路附属设施、标志标线、公路抢险、自然灾害抢险、隧道维修等养护管理工作。1998年上半年，全省公路养护道班优化组合，实行“小站并大站”战略，定海境内10个专业养护道班撤并为临城公路站、白泉公路站、马岙公路站、岑港公路站、金塘公路站5个公路站。2002年，根据省交通厅文件，全省公路养护体制改革，管养分离。10月22日，定海公路段与定海康道交通发展有限公司共同出资组建成立“舟山市宏道公路养护工程有限公司”。2006年，舟山宏道公路养护工程有限公司与舟山市金道公路建设工程有限公司分离，舟山宏道公路养护工程有限公司新设一个机修站，负责定海境内国道、省道、县乡道、农村公路的小修保养、隧道维修等工程建设。

定海区列入省交通“十五”、“十一五”公路工程施工项目

（2001年～2010年）　单位：千米、亿元

项目名称	建设性质	建设年限		投资	建设里程	承建单位	建设情况
		开工年份	完工年份				
岑港至五龙桥公路工程	新建	2001	2002			舟山市宏达交通工程有限公司	完成
金塘沥港至大浦口公路工程	新建	2002	2003			浙江省宏途交通建设有限公司	完成
金塘小李岙至大浦口公路工程	新建	2003	2004			浙江省宏途交通建设有限公司	完成
南善桥至鸭岑线公路工程	新建	2002	2003			市金道公路建设工程有限公司	完成
舟山环岛公路（定海）工程	新建	2004	2006	1.8256	33	浙江省宏途交通建设有限公司	完成
重要县道皋泄至荷花池头公路、长白珠子山后岸公路	改建、新建	2005	2006	0.7954	11.79	市金道公路建设工程有限公司	完成
长春岭至北海公路工程	新建	2006	2007	1.8183	4.3	市金道公路建设工程有限公司	完成
金塘山潭至西堠公路工程	新建	2006	2009		6.32	市金道公路建设工程有限公司	完成
小沙至鸭岑线公路改建工程	改建	2006	2008	0.8874	14.16	浙江交工路桥建设有限公司	完成
册子门岙涂至晒网公路工程	新建	2009	2010	0.74	8.1	杭州宇航交通工程有限公司	完成
定海岑港至小沙公路工程	新建	2010	2012	1.63	9	温州交通建设集团有限公司	在建
73省道舟山市定海白泉段改建	改建	2010	2012	1.91	4	浙江交工路桥建设有限公司	在建
定海长白大满盐场至蛟龙公路	新建	2010	2012	1.04	5.6	中交第四公路工程局有限公司	在建
金塘沥港欣港路至西堠公路	新建	2010	2012	1.092	5.254	浙江恒立交通工程有限公司	在建

定海区县级及其他施工项目

（2001 年～ 2010 年）

单位：万元

工程名称	工程类别	技术指标	项目经理	技术负责人	合同价（万元）	结算价（万元）	开工时间	交工时间	竣工时间	质量评定结果
三江码头至小沙公路改建工程	县乡道路	二级	王　鹰	缪承强	794.00	798.00	2004.02.16	2005.05.14	2006.12.02	优良
长白珠子山至后岸公路工程	县乡道路	三级	刘世国	黄文正	301.00	301.90	2004.07.10	2005.04.17	2006.12.16	合格
金塘外西线公路路面工程	县乡道路	三级	陈国忠	叶世斌	423.19	421.78	2005.03.19	2005.06.17	2006.12.08	合格
定海区县道砂石路面改造工程	县乡道路	四级	王　鹰	何富军	1367.15	1366.23	2005.04.29	2005.10.26	2007.05.23	优良
白泉皋荷线公路工程	县乡道路	二级	刘世国	黄文正	1557.46	1557.00	2005.07.03	2006.04.08	2008.02.28	优良
白泉繁二线公路改建工程	县乡道路	四级	陈永和	苗敬舟	323.00	325.00	2005.07.15	2005.12.27	2007.12.31	合格
马岙北海至和邦化学公路工程	其他	二级	郑继斌	叶世斌	941.30	940.57	2005.06.13	2006.03.25	2007.12.13	合格
长春岭至北海公路工程	县乡道路	二级	刘世国	黄文正	795.00	958.10	2006.02.10	2006.12.15	2008.02.02	优良
2006 年定海乡道砂石路面改造工程	县乡道路	四级	何富军	严燕波	255.24	254.00	2006.05.11	2006.08.03	2008.01.17	合格
定海通村联网工程（金塘山潭村—木岙村）	县乡道路	四级	缪承强	刘奋勇	132.53	131.88	2006.06.20	2006.09.13	2007.11.22	合格
小巨交通码头至南岙公路工程	县乡道路	二级	苗敬舟	叶世斌	278.50	280.40	2007.09.01	2007.11.12	2008.10.08	合格
西码头至三江码头路面工程	县乡道路	三级	陈小华	王鹰	385.60	319.00	2007.09.11	2007.10.09	2008.10.15	合格
长春岭至北海公路工程	县乡道路	二级	刘志国	黄文正	1024.50	871.10	2007.04.10	2007.11.01	2009.01.02	合格
定海 2007 年通村联网公路工程	县乡道路	四级	何富军	陈国忠	1895.00	1804.50	2007.09.26	2007.12.12	2008.12.16	合格
定海区环岛公路大沙岭岙塘段线工程	县乡道路	二级	郑继斌	苗敬舟	1689.26	1378.48	2007.10.23	2008.06.30		合格
长白车渡码头至后岸（小园山）公路工程	县乡道路	三级	刘世国	叶世斌	958.17	1261.00	2007.11.05	2008.09.13		合格

续表

工程名称	工程类别	技术指标	项目经理	技术负责人	合同价（万元）	结算价（万元）	开工时间	交工时间	竣工时间	质量评定结果
定海2008年通村联网公路工程	县乡道路	四级	陈国忠	严燕波	603.10	643.00	2008.09.14	2009.01.13		合格
农紫线道路修复工程	县乡道路	四级	郑继斌	支乐斌	116.20	121.00	2008.10.22	2009.01.09		合格
金塘山潭至西堠公路工程	县乡道路	二级	叶世斌	何富军	831.90	1299.51	2009.02.07	2009.08.20		合格
定海2009年通村联网公路工程	县乡道路	四级	叶世斌	严燕波	1939.00	1411.00	2009.05.25	2009.10.25		合格
里钓海防公路工程	其他	四级	刘世国	缪承强	162.38		2009.12.10	2010.06.10		合格
大沙中心和河公路桥工程	其他	其他	叶世斌	张雷	117.42		2010.05.08	2010.09.07		合格
金塘红星桥改建工程	其他	其他	何富军	虞磊磊	95.64		2010.06.25	2010.09.25		合格

※ 以上项目施工企业均为舟山市金道公路建设工程有限公司

2001年～2010年定海区境外工程项目情况表

单位：万元

工程名称	工程类别	技术指标	项目经理	技术负责人	合同价（万元）	结算价（万元）	开工时间	交工时间	竣工时间	质量评定结果
岱山长涂镇至车渡码头公路工程	其他	三级	支乐斌	支乐斌	208.92	207.00	2005.06.01	2005.11.09	2007.09.07	优良
嵊泗新型社区公路路面改建工程	其他	三级	叶世斌	陈小华	305.28	305.40	2006.06.15	2006.12.02	2008.01.01	合格
普陀虾峙大岙至礁岙公路工程	县乡道路	四级	苗敬舟	叶世斌	495.10	548.00	2008.03.02	2008.10.03		合格
嵊泗南朝阳至高湾公路工程	县乡道路	三级	苗敬舟	何富军	1088.96		2009.10.13	2010.10.12		

※ 以上项目施工企业均为舟山市金道公路建设工程有限公司

第二节　桥梁建设

1989年，境内县乡公路桥梁建设项目由定海区交通管理局组织实施。1994年，市、区合署办公，境内国省道、县乡道公路桥梁施工建设项目由舟山市交通委员会组织实施。2001 年 9 月，市、区交通行政职能机构分设，境内县乡等级公路以下桥梁建设项目由定海区交通局组织实施。

2001 年～ 2010 年定海区公路桥梁施工项目

单位：米、万元

桥梁名称	所在路线	桥梁中心桩号	按跨径分类	长	宽	高	设计荷载	验算荷载	建设单位	修建年度	通车年月
太平桥	柳水线	0.994	小桥	12.00	8.8	2.5	汽车 –15 级	挂车 –80	定海	2001	2001.05.08
水库桥	柳水线	1.561	小桥	24.00	4.0	2.0	汽车 –15 级	挂车 –80	定海	2001	2001.05.09
三江桥	光龙线	0.436	小桥	22.40	10.0	5.8	汽车 –20 级	挂车 –100	定海	2001	2001.12.30
三江 2 号桥	光龙线	0.473	小桥	8.60	10.0	6.0	汽车 –20 级	挂车 –100	定海	2001	2001.12.30
三联桥	定沈线	4.893	小桥	16.90	25.5	3.9	汽车 –20 级	挂车 –100	区交通局	2001	2001.01.01
惠民二桥	定沈线	7.011	小桥	31.00	25.5	5.5	汽车 –20 级	挂车 –100	区交通局	2001	2001.01.01
毛湾大桥	鸭东线	13.189	小桥	18.00	9.0	5.5	汽车 –20 级	挂车 –100	区交通局	2002	2002.11
外山头桥	双小线	0.287	小桥	10.60	13.0	2.0	汽车 –20 级	挂车 –100	区交通局	2002	2002.12.12
里岙桥	双小线	1.531	小桥	10.60	13.0	3.0	汽车 –20 级	挂车 –100	区交通局	2002	2002.12.12
新裕桥	双小线	2.868	小桥	6.20	15.1	3.0	汽车 –20 级	挂车 –100	区交通局	2002	2002.12.12
双拥桥	青后线	0.308	小桥	23.00	12.7	3.6	汽车 –20 级	挂车 –100	定海	2003	2003.09.12
金鹰桥	东西线	0.402	小桥	11.00	7.0	2.2	汽车 –15 级	挂车 –80	定海	2003	2003.09.10
东方红桥	东华线	0.179	小桥	16.40	7.8	2.2	汽车 –15 级	挂车 –80	定海	2003	2003.12.12
碶门桥	鸭东线	38.224	小桥	16.00	10.0	3.1	汽车 –20 级	挂车 –100	区交通局	2003	2003.02
大河桥	鸭东线	45.567	中桥	40.60	13.0	3.7	汽车 –20 级	挂车 –100	区交通局	2003	2003.12
新河桥	鸭东线	46.083	小桥	20.60	13.0	3.7	汽车 –20 级	挂车 –100	区交通局	2003	2003.12
东风桥	沥大线	5.559	小桥	12.00	12.6	3.7	汽车 –20 级	挂车 –100	区交通局	2003	2003.10.30
海口桥	定岑线	15.621	小桥	20.00	12.0	1.5	汽车 – 超 20 级	挂车 –100	区交通局	2004	2004.12
六井桥	双六线	0.301	小桥	20.00	5.1	3.5	汽车 –15 级	挂车 –80	定海	2004	2004.09.10
潘家桥	定西线	7.669	小桥	10.00	12.0	1.6	汽车 –20 级	挂车 –100	区交通局	2005	2005.12
颂河桥	定西线	8.274	小桥	13.00	12.0	1.5	汽车 –20 级	挂车 –100	区交通局	2005	2005.12
泥河桥	定西线	13.525	小桥	13.00	12.0	1.5	公路 –II 级	挂车 –120	区交通局	2005	2005.12
马鞍桥	鸭东线	20.321	小桥	19.74	12.0	2.5	汽车 –20 级	挂车 –100	区交通局	2005	2005.12
峙岙塘桥	鸭东线	26.568	小桥	14.50	12.0	2.5	汽车 –20 级	挂车 –100	区交通局	2005	2005.12
竹篱桥	鸭东线	27.382	小桥	19.74	12.0	2.1	汽车 –20 级	挂车 –100	区交通局	2005	2005.12

续表 1

桥梁名称	所在路线	桥梁中心桩号	按跨径分类	长	宽	高	设计荷载	验算荷载	建设单位	修建年度	通车年月
光一 2 号桥	鸭东线	35.987	小桥	27.64	12.0	3.9	汽车 -20 级	挂车 -100	区交通局	2005	2005.12
矸头桥	鸭东线	6.037	中桥	44.04	25.5	3.2	公路 -I 级	挂车 -120	舟山大陆连岛指挥部	2006	2006.05
矸头桥	鸭东线	31.212	中桥	42.74	12.0	2.6	汽车 -20 级	挂车 -100	区交通局	2006	2006.05
同兴二号桥	鸭东线	34.263	小桥	17.64	12.0	3.5	汽车 -20 级	挂车 -100	区交通局	2006	2006.01
同兴一号桥	鸭东线	35.172	小桥	14.64	120	3.5	汽车 -20 级	挂车 -100	区交通局	2006	2006.01
光一 3 号桥	鸭东线	35.82	小桥	27.64	12.0	3.8	汽车 -20 级	挂车 -100	区交通局	2006	2006.01
光一 1 号桥	鸭东线	36.09	中桥	40.64	12.0	3.9	汽车 -20 级	挂车 -100	区交通局	2006	200.602
田岙桥	双坝线	3.397	小桥	20.04	25.5	2.8	公路 -I 级	挂车 -120	舟山大陆连岛指挥部	2006	2006
六井桥	双坝线	3.729	小桥	20.04	25.5	3.0	公路 -I 级	挂车 -100	舟山大陆连岛指挥部	2006	2006
潮面桥	双坝线	5.143	中桥	43.04	25.5	3.8	公路 -I 级	挂车 -120	舟山大陆连岛指挥部	2006	2006
中段里桥	临螺线	0.437	小桥	14.00	12.1	5.0	汽车 -20 级	挂车 -100	区交通局	2006	2006.05
高峰桥	临螺线	1.85	小桥	13.20	12.1	2.5	汽车 -20 级	挂车 -100	区交通局	2006	200.605
壅洞桥	定岑线	5.737	小桥	20.04	25.5	2.7	公路 -I 级	挂车 -120	舟山大陆连岛指挥部	2007	2007.12
西湾桥	三乌线	0.312	小桥	10.90	5.2	2.0	汽车 -20 级	挂车 -60	马岙镇政府	2007	2007.10.30
侯家桥	双小线	4.239	小桥	10.40	13.0	3.1	汽车 -15 级	挂车 -80	区交通局	2007	2007
万年桥	双小线	6.908	小桥	17.04	13.0	3.0	汽车 -20 级	挂车 -100	区交通局	2007	2007
双塘桥	双坝线	4.582	小桥	20.04	25.5	3.8	公路 -I 级	挂车 -120	舟山大陆连岛指挥部	2007	2006
上岙林家一号桥	马北线	0.484	小桥	16.00	12.0	2.5	汽车 -20 级	挂车 -100	区交通局	2007	2007.12
上岙林家二号桥	马北线	0.735	中桥	43.00	12.0	2.5	汽车 -20 级	挂车 -100	区交通局	2007	2007.12

续表 2

桥梁名称	所在路线	桥梁中心桩号	按跨径分类	长	宽	高	设计荷载	验算荷载	建设单位	修建年度	通车年月
蔡家一号桥	马北线	1.007	小桥	20.00	12.0	2.4	汽车 –20 级	挂车 –100	区交通局	2007	2007.12
蔡家四号桥	马北线	1.598	小桥	30.00	12.0	2.6	汽车 –20 级	挂车 –100	区交通局	2007	2007.12
徐家桥	马北线	2.888	小桥	24.00	12.0	1.6	汽车 –20 级	挂车 –100	区交通局	2007	2007.12
潘家桥	马北线	3.006	小桥	34.00	12.0	2.5	汽车 –20 级	挂车 –100	区交通局	2007	2007.12
顾家桥	马北线	4.025	小桥	34.00	12.0	2.6	汽车 –20 级	挂车 –100	区交通局	2007	2007.12
太平桥	马北线	4.297	小桥	24.00	12.0	2.5	汽车 –20 级	挂车 –100	区交通局	2007	200.712
山门桥	长岙线	3.212	小桥	7.50	12.0	2.1	汽车 –20 级	挂车 –100	区交通局	2007	2007
长峙大桥	长岙线	6.858	特大桥	580.00	12.0	45.0	汽车 –20 级	挂车 –100	市交通委	2005	2007.09.08
岙山大桥	长岙线	7.396	特大桥	343.00	12.0	45.0	汽车 –20 级	挂车 –100	市交通委	2005	2007.09.08
畈潮桥	鸭东线	7.708	中桥	24.00	25.5	3.0	公路 –I 级	挂车 –120	舟山大陆连岛指挥部	2008	2008
长寿桥	双小线	5.854	小桥	23.04	13.0	2.7	汽车 –20 级	挂车 –100	区交通局	2008	2008
迴峰桥	双小线	6.188	小桥	9.50	13.0	2.5	汽车 –20 级	挂车 –100	区交通局	2008	2008
狭门桥	双小线	6.347	小桥	23.04	13.0	2.5	汽车 –20 级	挂车 –100	区交通局	2008	2008
大庙桥	双小线	10.557	小桥	6.90	17.4	2.0	汽车 –20 级	挂车 –100	区交通局	2008	2008
西堠一号桥	穆西线	4.56	小桥	28.00	12.0	2.0	公路 –II 级	挂车 –100	区交通局	2008	2009
西堠二号桥	穆西线	5.077	小桥	28.00	12.0	2.0	公路 –II 级	挂车 –100	区交通局	2008	2009
南善桥	定岑线	11.42	小桥	24.04	12.0	2.5	汽车 –20 级	挂车 –100	区公路管理段	2009	2009
东直桥	五化线	0.347	小桥	13.30	7.9	1.5	汽车 –20 级	挂车 –60	马岙镇政府	2009	2009

※ 补充资料：三联桥造价：72.5 万元，惠民二桥造价：139 万元，外山头桥造价：25 万元，潮面桥造价：36.4 万元，西堠一号桥、西堠二号桥造价各 200 万元。

第三节　施工企业选介

舟山市金道公路建设工程有限公司　址定海区解放西路164号。1999年10月注册成立，是专业从事公路建设的有限责任公司，具有公路路面、路基工程专业承包三级资质。前身是定海区公路管理段工程处，担负定海区境内公路施工任务。上世纪九十年代，舟山交通事业发展，公司抓住机遇，内抓管理，制订制度，外塑形象，坚持质量，加大投入，提高竞争力。先后承接329国道舟山段改建工程、岙山环岛公路建设、定马线、白展线、鸭老线、北钓线、新桥路建设、南毛线、甬兴隧道接线公路等省、市重点工程施工任务，得到中共定海区委、区人民政府和区交通主管部门以及社会各界的肯定，拥有一支拉得出、打得响、肯吃苦的海岛公路工程施工队伍。

公司根据公路建设市场形势和企业发展的需要，不断提升企业管理水平。加大硬件投入力度。先后购置沥青砼拌合楼、沥青摊铺机、挖掘机、装载机、振动压路机等大型施工设施设备，加快施工进度，提高施工质量，提升生产能力。先后完成长春岭至北海公路第二合同段，三江码头至小沙公路、洞高线、岑五线，金塘沥大线、小大线，嵊泗县通村公路，长白公路、砂改油工程、岱山长涂镇车渡码头、万二线、盐仓双拥大道、通村联网工程、嵊泗新型社区公路路面工程等，积极参与到海岛新一轮公路建设中。企业在公路建设中壮大和发展。

公司以质量求信誉，以管理促发展，推进良性循环，可持续发展。2005年8月，公司通过ISO9001质量管理体系认证。2006年，获区政府授予的“文明单位”称号。2007年被区级表彰为先进单位。2008年12月，荣获省交通厅授予的改革开放30周年创业创新先进集体荣誉称号。2010年3月，获区人民政府授予的“创建劳动关系和谐企业”先进单位荣誉称号。公司按照现代企业管理制度运行，内设综合部、财务部、技术经营部3个工作机构和工程部、沥青拌合站2个生产部门。

2010年，有员工45人（不含临时工），工程技术人员25人。

舟山市宏道公路养护工程有限公司　址定海区解放西路164号。

2002年10月22日注册登记成立，注册资本300万元人民币。由定海公路管理段与定海康道交通发展有限公司共同出资组建，经营期限30年，养护资质二类甲级、乙级；三类甲级、乙级。2002年，根据浙江省交通厅文件，报请区政府批复同意，按照舟山市定海区人民政府《关于同意定海区交通局公路管理体制与运行机制改革实施意见的批复》，合理划分（即管养分离），公路管理职能与养护生产职能，建立舟山市宏道公路养护工程有限公司。新成立的舟山市宏道公路养护工程有限公司与定海区公路段下属舟山市金道建设工程有限公司实行“两块牌子、一套班子”，经营范围除从事公路养护、大中修外，还包括对外承接各类交通工程建设业务。

2006年4月，舟山市宏道公路养护公司与金道公路建设工程有限公司分离，“宏道”仍隶定海区公路管理段管理，下设临城、白泉、岑港、马岙、金塘五个公路站和一个机修站，负责承担整个定海区国道、省道、县乡道、农村公路的小修保养、大中修、公路绿化管理、公路附属设施、标志标线、公路抢险、公路自然灾害抢险、隧道维修等养护管理工作。是年，公司投入小修保养经费322.22万元，其中固定资产投入70.03万元。

公司秉持“爱国敬业、精心养护、保障畅通、服务社会”宗旨，以人为本，充分调动、发挥职工聪明才智，培育和铸造“团结务实、开拓创新、无私奉献、一心为民”的企业精神，造就一支“职业道德素质高，顽强拼搏精神好，管理创新能力强”的职工队伍。公司上下齐心协力，加强全面养护，管养的公路路面、附属结构完好，专业养护公路水毁抢通率达到100%，路面修复率 100%，养护路面平整、路肩整洁、排水畅通、设施齐全、绿化完好，公路好路率年年稳中有升。2007 年，公司养护 329 国道杭朱线、72 省道定岑线、73 省道定西线等 40 多条线路，小修保养经费投入 337.06 万元，其中固定资产投入 67.87 万元。

2008 年，随着境内公路里程和等级不断提高和交通量增大，公司积极筹措资金加快机械设备配套步伐，提高公路养护质量和道路服务水平，淘汰更新陈年老旧养护机具设备。投入一百多万元新增清扫车、路面灌缝机、挖掘机等先进的机械设备，公路养护全面实现机械化。2002 年至 2008 年，小修保养经费投入 612.53 万元，其中固定资产投入 211.12 万元。

2010 年，公司有员工 65 人，其中工程技术人员 11 人。小修保养经费投入 640.41 万元，其中固定资产投入 105.59 万元。下辖临城、白泉、马岙、岑港、金塘 5 个公路站及 1 个机修站。

临城公路站　设在临城新区，站房建筑面积 290 平方米，职工 8 人。管养杭朱线、三大线、鸭惠线、定沈线、两高线、长岙线、临螺线、万洞线的公路。设有鸭蛋山 Y（杭朱线）、坝桥 Y（杭朱线）、城隍头 Z（杭朱线）3 个交通流量间隙式观测点，和青垒头 Y（鸭惠线）、临城 Y（三大线）、临城 Z（定沈线）、三门 Y（长岙线）、高峰 Y（两高线）5 个县乡观测点。

白泉公路站　设在定海区北蝉乡，站房建筑面积 240 平方米，职工 6 人。管养定西线、鸭东线、万毛线、毛北线、万浪线、三华线、定北线、北钓线、毛皋线、西东线、东海线的公路。设有和平村 Z（定西线）1 个交通流量间隙式观测点，和北蝉 Y（鸭东线）、洞岙 Y（万毛线）、林场 Y（毛北线）、和合 Z（万浪线）、明星 Z（北钓线）、油灶 Z（三西线）、万强 Z（定北线）7 个县乡观测点。

马岙公路站　设在马岙镇，站房建筑面积 489 平方米，职工 5 人，管养鸭东线、双小线、定马线、干平线、茅叉线、马北线、碇下线、碶青线、峙竹线、大沈线、马沙线、小契线、竹白线的公路。设有三江 Y（定马线）、三江 Z（鸭东线）、小沙 Y（双小线）、干磁 Y（干平线）、虹桥 Z（茅叉线）、大沙 Y（竹白线）6 个交通流量县乡观测点。

岑港公路站　设在岑港镇，站房建筑面积 476 平方米，职工 7 人。管养定岑线、鸭东线、双小线、小老线、双坝线、门大线、碇下线、东汪线、鸭螺线、雅联线、应野线、岑柴线、农紫线、马黄线的公路。设有盐仓 Y（定岑线）1 个交通流量间隙式观测点，和农场 Y（马黄线）、应家山 Y（应野线）、岑港站 Z（岑柴线）、田岙 Y（雅联线）、跃进 Z（鸭东线）、农场 Y（碇下线）、跃进 Z（鸭螺线）7 个县乡观测点。

金塘公路站　设在金塘镇，站房建筑面积 206 平方米，职工 1 人。管养沥大线、穆西线、柳小线、外乱线等公路。设有东风岭 Y（沥大线）、山潭街 Y（穆西线）、溪东 Z（柳小线）3 个交通流量县乡观测点。

机修站　设在城东街道三官堂村。负责安装、维修定海区公路标志、标线、标牌等公路交通安全设施，生产乳化沥青和加工冷补沥青。

舟山市晶固沥青混凝土拌和中心　址北蝉三星村。2002 年 1 月，市发展与改革委员会批复同意建设沥青砼拌和站。当年 5 月，市交通委员会批复同意成立舟山市晶固沥青混凝土拌和中心。中心占地 55 亩，投资 555 万元，企业性质为集体，自主经营，自负盈亏，隶属舟山市公路局。6月16日，舟山市晶固沥青拌和中心正式投产，全年产出23000立方米计52000多吨，创产值1150万元，实现利润310万元。2010年，销售额1123万元，利润4万元。

第六章　汽车站

1988年，境内有汽车客运站14个，其中农村汽车客运站13个。分布在境内舟山岛和金塘岛。八十年代后，全区经济发展，境内人流、物流逐年递增，先后扩建、调整和增建一批城乡汽车站(亭、点)，进一步合理、优化汽车站点布局。

2010年，境内有城区汽车客运站(中心)13个，城区候车亭126个，港湾式候车亭20个，停靠点14个。乡镇汽车站32个，乡镇候车亭322个，港湾式候车亭5个，停靠点93个。

第一节　城区汽车站(客运中心)

舟山市定海汽车客运中心　址定海区环城南路15号，一级运输站场。1995年3月动工建造，占地面积14675．9平方米。建筑面积6061.04平方米，客运中心大楼为7层楼，1996年6月投入使用。候车大厅800平方米，快客候车厅175平方米，售票室15平方米，设4个窗口，售票、发车均有电脑荧光屏显示，行李快件速递部180平方米，停车场9500平方米。客运中心设有小件寄存，问讯服务，售票预订，送票上门服务。旁侧有商店、餐厅等服务设施。内部有汽车修理厂，面积895平方米。时为定海最大的汽车客运中心，舟山市汽车运输有限公司经营管理。

客运中心大楼一楼:候车、售票厅;二楼、三楼:“舟山市汽车运输有限公司快客分公司”;四楼:“千岛外事旅游汽车有限公司”;五楼:“舟山市港城公共交通有限公司第一分公司”;六楼:“舟汽旅游集散中心”;七楼:“舟山市港城公共交通有限公司”。

客运中心经营跨省市的长途客运业务，有国内江苏、福建、山东、上海、湖北、江西、安徽、湖南的31条客运路线。经营省内的45个地市的客运路线。日发省市间班车22.75个班次，省内82.5个班次，舟甬70个班次。2010年，有职工163人。

定海汽车站　址定海解放东路解放桥东北侧，二级运输站场。1945年，始设于定海南门外半路亭，1954年迁址东门外，1959年12月，舟山公路运输段于原址西附近新建定海汽车站。是时，为境内舟山岛城乡、定海至沈家门区间汽车客运枢纽站。

1985年6月，浙江省汽车运输公司舟山分公司在解放桥东北侧(原汽车站稍后处)新建定海汽车站。浙江省建筑设计院设计，定海县建筑公司施工，翌年12月竣工，项目总投资110万元，占地面积9255.1平方米，总建筑面积3437.38平方米，其中候车大厅面积450平方米，售票厅面积156.5平方米，行李房面积100平方米，停车场面积3000平方米，可同时停车

60 辆。另建汽车修理房 1 幢，面积 300 平方米，用于汽车小修和保养。售票、发车均有电脑荧光屏显示，小件寄存、问讯服务、商店、餐厅等配套设施齐全，站外筑鱼池、种花木、养金鱼。1987 年 1 月 1 日投入使用。

1988 年 8 月 1 日，省属汽运公司舟山分公司定海汽车站成建制下放舟山市定海区，区政府在此站基础上组建成立定海区汽车运输公司，办公地点在汽车站二楼。是年，日发客运班车 98 班次，日客运量约 5000 人次，主要营运班线有县区间的定海至沈家门线，有区内的定海至西码头、马岙、长坑、毛峙、大沙、大展、塘夹岙、老虎山线等，有长途营运班线定海至杭州。1996 年，利用场地，扩大经营，开展创收，候车厅分割成二层，一层门口增设 2 部钢扶梯，第二层开旅店，定海汽车运输公司经营管理。

1997 年 2 月，市交通委为理顺市区合署后定海境内陆上客运管理体制，将定海区汽车运输公司成建制并入舟山市汽车运输有限公司。5 月，定海区汽车运输公司更名为“定海客运分公司”。2008 年 9 月，舟山市港城公共交通有限公司从舟山市汽车运输有限公司析出，定海客运分公司划入舟山市港城公共交通有限公司，更名“舟山市港城公共交通有限公司第五分公司”。同时，在定海汽运公司车队基础上成立舟山市港城公共交通有限公司第二分公司。定海车站站房及设施由这 2 个公司共用。

2010 年 10 月 22 日，定海公交东站在城东街道大洋岙双拥路东侧建成启用，原来在定海汽车站始发的其中 16 个条线路迁至新站。

是年末，车站有职工 343 人，车辆 214 辆，日发区内班车 1000 班次，年客运量 6000 万 / 人次。

舟山群岛旅游集散总站（定海汽车南站） 址环南街道定海港码头 1 号，二级站场。原设计功能为定海港客运站候船楼（为新建的舟山港务大楼附属设施）。1998 年 12 月 15 日动工，建筑面积 3936 平方米，现浇框架结构，屋面为拱形桁架压型钢板屋盖，投资约 4 千万元，按二级客运站设计，2001 年交付使用。不久，境内水上客运中心重心转移至定海三江客运站，定海港水上客流量逐年减少。2007 年农历正月初七，定海—上海航线“普陀山轮”（原紫竹林轮）从定海港开出最后一班航班后，该航线从此终至。此后，该候船楼仅为定海港附近小岛乡镇客渡船上下旅客服务，客流量远远不能满足候船大厅设计功能，资源闲置。

2005 年 9 月，舟山市汽车运输有限公司下属定海汽车客运旅游服务公司（出资 19%）、普陀南顺旅游客运有限公司（出资 51%）、普陀国旅旅游客运有限公司（出资 10%）、舟山市海星轮船有限公司（出资 10%）、上海黄浦旅游集散站（出资 10%）五单位共同出资组建成立舟山群岛旅游集散总站有限公司（又名舟山市旅游集散服务中心）。总站站址和经营场地设在定海港客运大楼候船大厅内，开辟舟山—杭州、舟山—上海直通旅游大巴专线。这条专线始发站均为普陀城北长途总站，中途在新城公交总站、接着在集散总站（定海汽车南站）补员后直达沪、杭两地。集散总站还设散客自助游、包车游项目，经营上海、杭州、南京、苏州、无锡旅游集散线路。当年，集散站年客运量 5764 人次。

2008 年 4 月，舟山港务集团下属舟山港务客货运输有限公司组建成立舟山港务客货运输有限公司定海汽车南站。站址也设在定海港客运站大楼内，经营场地同为客运大楼候船大厅。设立伊始有舟山港务集团所属“舟山港务集团旅游外事”旅游大巴车20辆经营定海至宁波、杭州、上海线路，日发班车28/班次。2010年，“舟山港务集团旅游外事”旅游大巴车增至25辆，年客运量16.7万人次。

舟山群岛旅游集散总站、定海汽车南站、定海港客运站3个站经营场所合用客运大楼候船大厅，停车场地2500平方米，站务人员60人（定海港客运站人员兼）设售票窗口4个，售票、发车、安检等站务工作统一由定海港客运站站务人员承担。候车大厅内，电子荧光屏显示售票处出售车船班次、发车时间等各种信息。

2010年，舟山群岛旅游集散总站、定海汽车南站有“普陀南顺”、“普陀国旅”、“舟山海星”，“港务旅游外事”等150余辆旅游大巴，经营舟山—杭州、舟山—上海、舟山—宁波等地旅游大巴专线；经营上海、杭州、南京、苏州、无锡等地旅客包车线，年客运量50万人次。

新城公交总站　址新城海天大道与金岛路交汇处南东侧（定沈公路南侧），临城新区海天大道528号，三级站场。2008年4月动工建造，2010年1月23日投入使用。总投资2064万元，占地面积23576平方米，有建筑面积计4312平方米的三层办公楼1幢（含一楼候车大厅），舟山市新城管委会投资，舟山市大沙建筑工程有限公司施工。启用伊始，开通途经新城的公交线路13条，客运车辆189辆，8446个客位，日承运旅客量8.5万人次。4月1日，舟山市港城公共交通有限公司迁至新城公交总站。11月，新增9路、88路公交线2条，其中9路公交线有营运车辆16辆，日发123班次，88路公交线路有营运车辆3辆，日发21班次。同时增长途进站补员车辆146辆。11月15日，又增加了营运车辆48辆。2010年，公司拥有营运车辆482辆，员工1350人，其中驾驶员700人，年客运量4646.13万人次。

定海公交东站　址城东街道大洋岙双拥路东侧。2009年，东门社会车辆临时停放点搬迁，5月原址建造定海公交东站。2010年10月22日竣工。总投资2500多万元，占地面积16350平方米，建筑面积4030平方米。有办公大楼1幢，二层框架结构，建筑面积1780平方米（含一层候车大厅）。西北面为一层平房钢结构，建筑面积1860平方米。东边为待发车区，西北边进站，南边出站，西边为站前混合区，包括营运三轮车候客区和出租车下客点，东边为非机动车停放区。竣工之日，舟山港城公共交通有限公司第一、第五分公司迁入办公。

启用伊始，定海公交30路（外螺头）、34路（岑港）、36路（长春）、41路（六井）、42路（外山头）、56路（毛峙）、58路（岑港）、60路（长坑）、62路（大沙）、64路（小沙、毛峙、大沙）、66路（紫微墩头）、68路（册子）12条公交主线，及定海至长白码头，柴戴、黄金湾等7条兼营线共19条公交线路始发站从檀东颐景园站迁移至定海公交东站。同时调整4条线路的始发站，31路从东门车站外面发车，调整至公交东站发车。32路从小洋岙延伸到鸿毛湾，53路从东门车站内始发改为到原东门车站外面的31路发车位始发，20路从原东门快车站路口发车调整为定海东门车站内发车。

定海城区除汽车总站、客运中心外，另有四级站场8个。

草子坑站　址城西茅岭下草子坑，四级站场，2010年9月设立。占地面积1000平方米，建筑面积35平方米（砖结构），使用单位为港城第一分公司，产权属政府。

港务码头首末站 址港务码头，四级站场，2001年8月设立。占地面积280平方米，建筑面积67平方米（港城一分公司1间30平方米，港城二分公司1间37平方米），使用单位为港城一、二分公司，产权属政府。

舟医住院部站 址舟医住院部前门西侧，四级站场。2006年1月设立。占地面积380平方米，建筑面积36平方米（港城第一分公司2间26平方米，港城第二分公司1间10平方米），使用单位港城一、二分公司，产权属政府。

鸭蛋山站 址定海鸭蛋山，四级站场，2005年12月设立。占地面积150平方米，建筑面积48平方米（2间48平方米简易房），使用单位港城二分公司，产权属政府。

舟山第一小学站 址定海新城，四级站场，2007年4月设立。占地面积640平方米，建筑面积12平方米（2间），使用单位为港城第一分公司，产权属政府。

三江码头站 址定海三江码头，四级站场，2006年10月设立。占地面积2600平方米，建筑面积42平方米（港城第二分公司3间），使用单位港城第二、第五分公司，产权属轮渡公司。

娄家站 址定海盐仓娄家，四级站场，2008年设立。占地面积650平方米，建筑面积86平方米（港城第一分公司2间40平方米，港城第五分公司3间，简易房），使用单位港城第一、第五分公司，产权属政府。

鸿毛湾站 址定海鸿毛湾，四级站场，2010年设立。占地面积1340平方米，建筑面积292.61平方米（港城第一分公司4间），使用单位港城第一分公司，产权属政府。

第二节 乡镇汽车站

白泉汽车站 址定海白泉桥南，邮电路旁，四级站场。1956年，在白泉桥北公路西侧建汽车站，建筑面积100平方米，内有售票员、驾驶员寝室和停车棚各1间。1967年，于白泉桥北侧新建站房1幢，建筑面积170平方米，包括候车室、售票房和停车棚。1970年建造白泉新汽车站，址白泉桥南侧，站房面积150平方米，建有候车室、售票室、库棚和寝室等，停车场面积290平方米，1971年搬入。1992年投资40万元原址重建，占地面积1759.3平方米，建筑面积707.08平方米，当年5月投入使用，定海区汽车运输公司经营管理。2008年9月后，由舟山市港城公共交通有限公司第五分公司经营管理。

岑港司前客运站（曾称岑港车站） 址岑港镇，四级站场。建筑面积331平方米，始建于1956年，1974年7月扩建，定海岑港综合社承建。1990年投资14万元迁址岑港镇入口处，占地面积789.6平方米，建筑面积239.21平方米，有二层砖混结构站房，停车场600平方米，定海区汽车运输公司经营管理。2008年9月后，由舟山市港城公共交通有限公司第五分公司经营管理。

北蝉汽车站 址北蝉洪家，四级站场，1957年建造，建筑面积50平方米。1974年新建候车室、售票房计91.7平方米，停车场300平方米。1989年，旧址重建，建筑面积210.14平方米，内有候车室、售票室，定海区汽车运输公司经营管理。2008年9月后，由舟山市港城公共交通有限公司第五分公司经营管理。

小沙汽车站　址小沙庙桥头，四级站场。1964年建站房，建筑面积50平方米。1992年重建，占地面积299.39平方米，建筑面积269.39平方米，内有候车室，售票室、停车场，定海区汽车运输公司经营管理。2008年9月后，由舟山市港城公共交通有限公司第五分公司经营管理。

马岙汽车站　址马岙镇楼门口，四级站场，1971年建造，建筑面积50平方米，有候车室、售票房，计150平方米，停车场地150平方米。1983年新建候车室、售票房，计150平方米，另新建停车场地150平方米。1988年重建，建筑面积166.97平方米。2008年9月后，由舟山市港城公共交通有限公司第五分公司经营管理。

定海长白客运站　址长白碶门村与前岸村之间直出海口，四级站场。占地面积3000平方米，建筑面积1000平方米。

定海星马客运站　址北蝉经济开发区，四级站场。占地面积8808平方米，建筑面积1411平方米。

定海小支客运站　址白泉小支村，四级站场。占地面积755平方米，建筑面积500平方米。

金塘汽车站（曾名沥港车站）　址金塘沥港平倭村，1984年12月建造。设有候车室、售票房、修理间、停车场，占地面积563.3平方米，其中停车场地50平方米，建筑面积450.54平方米。1988年8月1日后，由定海区汽运公司经营管理。1997年2月后，由舟山市汽车运输有限公司经营管理。1995年6月，成立“金塘陆上客运中心”，址金塘汽车站，拥有中巴车15辆。2005年，成立“金塘汽车运输有限公司”，址金塘汽车站。2009年12月25日，舟山跨海大桥通车后，车站改作停车场。

金塘汽车客运中心

金塘汽车客运中心　址金塘山潭东风岭下，是金塘岛对接舟山跨海大桥的交通基础设施，2009年3月16日动工，总投资2100余万元，占地面积27亩，站场3100平方米，建有候车大厅、售票房、综合超市、行李房等配套设施，三级站场。当年12月26日竣工并投入使用。金塘汇通汽车运输有限公司经营管理，有客车29辆，总客位839座，经营客运线路为金塘岛内、金塘至定海、金塘至镇海。其中在金塘岛内投有14辆客车运营，客运量2000人次。日发定海（舟山岛）客车10辆，运营金塘至定海班线，客运量1000人次，班线分直达快线和沿途慢线，直达快线自金塘客运中心至定海东门车站，车程50分钟。沿途慢线途经册子富翅、双桥等地，终点站定海东门车站，车程60分钟，日发32班次，间隔约20分钟，首发6:30，末班20:00，客运量1000人次。日发3辆客车运营金塘至镇海班线，每天24个班次来回，客运量300人次。

2009年10月29日，舟山市汽车运输有限公司、宁波公运集团、宁波长运公司、宁波宇达公司、宁波中北公司5家道路客运企业合资组建成立“甬舟汽车客运有限公司”，经营舟山岛经金塘至宁波方向的客运班线。甬舟汽车客运有限公司是舟山市首家以线路为纽带的股份制客运企业，其中舟山汽运公司占54%的股份，宁波方的4家企业占46%的股份。此前，宁波方经营的客运班车都采用承包经营模式，新公司成立后统一改为公司经营模式。公司运作后，逐步推出“浙江快客”、“市际巴士”和“浙江快旅”三大服务项目。当年12月25日，舟山跨海大桥通车，甬舟汽车客运有限公司开通定海—金塘—宁波客运班线，每日6班，班车途经金塘时，在金塘客运中心停靠补员。2010年，舟山市汽车运输有限公司与杭州长运东南客运公司联手，双方各投入1辆豪华大客，开通金塘汽车客运中心至杭州九堡长途汽车站运营线路，全程205千米，日来回各2班。是年7月18日，班线开通。此后，金塘岛旅客外出乘车可直达杭州，免去宁波或定海转车环节。

2010年，定海金塘汽车客运中心拥有客车31辆，员工87人，其中驾驶员39人，客运量200余万人次。

第三节　乡镇准四级客运站

2004年12月，省交通厅办公室下达《关于推荐农村乡镇准四级汽车客运站设计方案的通知》，区交通局结合乡镇社区综合楼建设，启动建设渔农村客运基础设施项目，项目资金由交通部门和当地乡镇政府并盘解决，交通部门按每个准四级汽车客运站资金补助30万元拨付，余额由当地乡镇政府兜底。至2010年，境内先后建造18个乡镇准四级汽车客运站，交通部门投入资金540万元。

干礁双庙客运站　址干礁双庙社区，占地600平方米，建筑面积250平方米，停车场50平方米，投资40万元，2004年6月动工，12月竣工。

盐仓颂河客运站　址盐仓街道颂河社区，建筑面积450平方米，停车场50平方米，投资45万元，2005年5月动工，11月竣工。

双桥临港客运站　址双桥临港社区，建筑面积400平方米，停车场60平方米，投资50万元，2005年6月动工，12月竣工。

白泉柯梅客运站　址白泉柯梅社区，建筑面积240平方米，停车场45平方米，投资40万元，2005年5月动工，12月竣工。

马岙客运站　址马岙五一社区，建筑面积1142平方米，停车场46平方米，投资119万元，2006年6月动工，12月竣工。

双桥南山客运站　址双桥南山社区，建筑面积540平方米，停车场80平方米，投资50万元，2006年动工，12月竣工。

金塘卫平客运站　址金塘卫平社区，建筑面积1000平方米，停车场65平方米，投资120万元，2007年6月动工，12月竣工。

金塘穆岙客运站　址金塘穆岙社区，建筑面积1000平方米，停车场60平方米，投资100万元，2007年5月动工，11月竣工。

盐仓虹桥客运站　址盐仓街道虹桥社区，建筑面积500平方米，停车场50平方米，投资50万元，2007年6月动工，12月竣工。

北蝉马峙客运站　址北蝉星马社区，建筑面积400平方米，停车场55平方米，投资50万元，2007年6月动工，12月竣工。

岑港椗次客运站　址岑港椗次社区，建筑面积1170平方米，停车场60平方米，投资125万元，2007年6月动工，11月29日竣工。

干䃔龙潭客运站　址干䃔龙潭社区，占地面积1800平方米，建筑面积600平方米，投资55万元，2008年6月动工，12月竣工。

白泉米林客运站　址白泉米林社区，建筑面积550平方米，投资55万元，2008年5月动工，11月竣工。

双桥浬溪客运站　址双桥浬溪社区，建筑面积550平方米，投资60万元，2008年6月动工，12月竣工。

金塘西堠客运站　址金塘西堠社区，建筑面积500平方米，投资100万元，2008年5月动工，11月竣工。

马岙三江客运站　址马岙三江社区，建筑面积900平方米，投资120万元，2008年6月动工，是年12月竣工。

白泉河东客运站　址白泉河东社区，建筑面积500平方米，投资70万元，2009年5月动工，11月竣工。

小沙客运站　址小沙光华社区，建筑面积790.9平方米，投资190万元，2009年9月动工，翌年6月竣工。

第四节　港湾式车站、候车亭

1993年4月始，舟山市汽车运输有限公司所属各分公司结合城区道路改扩建和城乡客运线路延伸及人流实际，经城建、交警和区交通局同意，重新规划公交停靠站（点），在旧站

乡镇候车厅

(点) 改建或增建新建城区候车亭、停靠点。

2004年始，定海区启动建设渔农村客运基础设施项目，结合各乡镇社区综合楼建设，同步推进。至2010年，共投入资金540万元，建成“准四级车站”18个。同时建造322座以不锈钢、塑钢为结构的乡镇港湾式站点。资金由交通部门和所在地乡镇并盘解决，交通部门每座拨付1.5万元，共计投入483万元，工程由当地乡镇政府实施。

建设港湾式车站、候车亭，历经数年优化布局，几经补充完善，至2010年底，定海城区有候车亭126个，港湾式候车亭20个，停靠点14个。新城城区有候车亭15个，港湾式候车亭90个，停靠点34个。乡镇有候车亭322个，港湾式候车亭5个，停靠点93个。

定海城区公交港湾式站点候车亭分布情况表

单位：只

站点	港湾式候车站点	候车亭	停靠线路
竹山门		2	29、37
西园菜场面（边检站）		1	30、32、36、41、游3、56、58、60、62、64、66
西园饭店	2		30、32、36、41、游3、56、58、60、62、64、66
西关新村	1		30、32、36、41、游3、56、58、60、62、64、66
南珍菜场	1		32、游2、游3
市建设银行		2	游3、33、38、25
电信大楼		1	游3、33、38、25
移动公司		1	游3、33、38、25
北园新村	2		游3、37
合源新村		2	游3、37、26
开源新村			游3
广电中心		1	
檀树新村		2	31、游3

续表 1

站点	港湾式候车站点	候车亭	停靠线路
紫竹公寓	2		26、31、游 3、37
檀枫新苑		2	游 3
骨伤医院		1	61、29、20、28、39、41、42、32、53、55、57、58、66、68
东山路	2		25
兰沁公寓	1	1	游 3
桔园		2	25、游 3
草子坑	首末站		游 2、游 3
大石头跟	—		游 2、游 3
聋哑学校	—		游 2
海山小学	—		游 2
第三人民医院		2	游 2、28、33、35、39、38
露亭宾馆		2	游 2、28、33、35、39、38
新露亭公寓		2	游 2、28、33、35、39、38
金海饭店		2	游 1、游 2、61、51、52、59、68
东港桥		2	
博物馆		1	25、游 2
东门口		2	57、29、31、游 1、50、51、52、55、58、66、25
双拥广场		1	28、31、32、35、39、36、41、42
文化广场		2	28、31、32、35、39、36、41、42
环南停车场		2	27、31、34、游 1、51、52、68、59、61
孝娘桥		2	27、31、34、游 1、51、52、68、59、61
西园街		2	27、31、34、游 1、51、52、68、59、61
兴中路		1	27、31、34、游 1、51、52、68、59、61
区交警队		1	27、31、34、游 1、51、52、68、59、61
客运中心		2	27、31、34、游 1、51、52、68、59、61
竹山公园			27、31、34、游 1、51、52、68、59、61
娄家		4	27、31、34、游 1、51、52、68、59、61、29、31、34
海龙村		2	29、27、31、34、68
兴舟村		2	29、27、31、34
金鹰公寓		2	29、27、31、34、68
海富村		2	29、27、31、34
盐仓中心小学		2	29、27、31、34
大转盘		2	27、29、31、34

续表 2

站点	港湾式候车站点	候车亭	停靠线路
鸭蛋山		1	27、29、31
定海公交东站		2	28、29、61、35、39、53、59
檀东颐景园		2	28、29、61、35、39、53、59
港城公寓		2	28、29、61、35、39、53、59
畚金花苑		2	28、29、61、35、39、53、59
丁香桥		2	59、61、68
梅园新村		1	28、29、30、32、34、35、36、39、41、42、53、55、57、58、59、61、66
东门邮政		2	30、32、34、35、36、39、41、42、53、55、57、58、66
东门车站		1	28、29、30、32、34、35、36、39、41、42、55、57、58、66
东海路口		2	25、30、34、游 1、51、52
保险公司		2	25、30、34、游 1、51、52
电焊机厂		2	30、32、36、41、42、56、58、60、62、64、66
凯灵中学		1	30、32、36、41、42、56、58、60、62、64、66
敬老院	2		30、32、36、41、42、56、58、60、62、64、66
茅岭墩	—		30、32、36、41、42、56、58、60、62、64、66
小洋岙		1	32
阳光园		1	32
颐景园路		1	32
学林雅苑	首末站		33
海洋学院		1	26、33、50、51、游 1、52、55、57
四一三医院		2	26、33、50、51、游 1、52、55、57
青少年宫		2	26、33、50、51、游 1、52、55、57
机关幼儿园		2	26、33、50、51、游 1、52、55、57
钻石楼		1	33、35、39
海滨公园		2	33
华定大厦		2	33
海滨桥		2	27、33、38
机场路	—		27、33、38
建材市场		1	27、33、38
东山隧道西口		2	27、33
百绿园	—		25
东山公寓	—		25
东山遂道东口	—		27、25、33

续表 3

站点	港湾式候车站点	候车亭	停靠线路
弘生集团		2	27、25、33
金湖集团		2	27、25、33
甬东		1	27、25、33
老鹰山		2	33
海山电影院	—		30
将军桥		2	29、37、56、58、60、62、64、66
藤坑湾		2	37
祖印寺		2	29、56、58、60、62、64、66
舟山中学		2	29、56、58、60、62、64、66
定海一中		2	29、56、58、60、62、64、66、25
香源小区		2	游 1、51、50、52、55、57
天主教堂	—		51、55、57
海洋学院正门	—		51、55、57
东湾	1	1	51、55、57
金色雅苑		2	26、31、37、56、60、62、64
城东街道站	2		26、31、37、56、60、62、64
昌洲花苑站	2		26、31、37、56、60、62、64
长城花园站	2		26、37
弘生世纪城		2	27、38

定海新城城区公交港湾式站点候车亭分布情况表

单位：只

站点	港湾式候车亭	候车亭	停靠线路
党校		1	26、28、29、35、37、39、53、59、61
黄土岭加油站		2	26、27、28、35、37、39
惠民桥	—		26、27、28、35、37、38、39
鳌头浦	2		26、27、28、37、38
昌国食品	2		26、27、28、37、38
海运学院	2		26、27、28、37、38
恒大晶筑城	2		27、28、37、81
新城公交总站	2		9、20、26、27、28、37、81、88
临城商业街	—		26
临城街道	—		25、26、35、39、81、88

续表 1

站点	港湾式候车亭	候车亭	停靠线路
翁洲小区	2		29、35、39
气象局	2		29、35、39
公安大楼	2		9、27、28、37、88
市政府南门	2		20、27
万塘	—		9、25、26、27、28
双阳	—		25、26、27、28
科来华国际广场	—		9、25、26、27、28
船用品市场	—		9、25、26、27、28
炜驰集团	—		9
陈家岙	2		25
韩家塘	—		29、35、39
碶头山	—		29、35、39
章家庙	—		29、35、39
高云水库	2		25
郭家堂	2		25
东方润园	2		25
桃湾二区	2		25、88
桃湾一区	2		25、88
新城机关幼儿园	2		25
新城医院	2		25、29
绿岛新村	2		29
东荡田	—		29、35
两眼碶	—		29、16
九眼碶	—		29、16
老碶（临城菜场）	—		29、35、39、81
花园大酒店	2		26、39
后半浦	2		39
金鸡山	2		39、88
大成中学	2		39、88
新碶头	2		39、88
水库下	—		39

续表 2

站点	港湾式候车亭	候车亭	停靠线路
倪家	2		39
舟山第一小学	首末站		35、37、81
荷塘月色	2		9、81
新城时代	2		9、26、81
星岛路	2		9、26、81、88
邦泰城	2		26、28、35、37、81、88
烟草大厦	2		25、26、29、81、88
绿城大酒店	2		9、28、37、88
市政府北门	2		9、28、35、37、88
长升村	2		38、81
马鞍村		2	38、81
新区	—		38、81
山门邮局		2	38、81
长峙村		2	38
岙山码头	首末站		38
王家墩村		2	38
碶门口	—		38
郑家马鞍	—		38
谢家山		2	38
后岸唐家湾		2	38
新后岸村	—		38
后岸大桥下	—		38
岙山村	首末站		38
荷胜	—		16、35
龙舌	—		16、35
杨家山嘴	—		35
小青湾	—		35
青湾	—		35
华中	—		35
洞岙	2		35
新城村	2		35

续表 3

站点	港湾式候车亭	候车亭	停靠线路
高峰	首末站		35
同胜村	2		16、39
建材市场(富丽岛)	—		29
城隍头	2		16、39
上南村站	2		16
发达岭	2		16、88
万寿	2		16、88
桂花城	2		9、25、26、28
荷花	—		16
浦西陶瓷市场	—		9、20、25、26、27、28
丰茂菜场	2		25、28、81
邦泰城西门	2		26、81、88
移动大楼	2		35、37、81
雪岭下	2		16、88
芮家	2		39

定海区乡镇公交站点候车亭分布情况表

单位:只

站点	候车站亭	港湾式候车亭	停靠线路
小岭下	2		30、58、60、62
山高地	—		30
叶家	1		30
上游村	1		30
大井头	1		30
金鹰公司后门	1		30
老虎山	2		30、34
盐仓船厂	—		30
外螺头	1		30
外螺头	首末站		30
青岭路	1		32、36
虹桥	—		32、36
正磊预制厂	—		32

续表 1

站点	候车站亭	港湾式候车亭	停靠线路
舟胜高墙门	首末站		32
螺头岭	1		30、34
螺头王	1		34
敬老院	2		34、39
黄沙	1		34、53
新村 2	2		34
新村 1	1		34
潮面	—		34
外山头	2		34、42
石礁	—		34
野鸭山	1		34
紫薇农场	1		34
上山头	1		34
老塘山加油站	—		34
中海粮油	—		34
隧道口	1		34
码头	1		34
老鼠山	1		34
桃花苑	—		34
司前(老塘站)	—		34
大桥下	1		34
金船船配	2		34、71
岑港	1		34、58、60、62、71
上星村	1		36
红星村	1		36
颂河	—		36
共裕	—		36
长春	1		36
甬庆	2		38
华富石村市场	2		38
甬东	2		38
十六门	2		38
电厂			38

续表 2

站点	候车站亭	港湾式候车亭	停靠线路
大青岙	—		29
黄土岭	2		26、27、28、29、35、37、39
三官堂	—		29、53、59、61、64
三联小学	—		53、29、59、61
定海六中	2		41、42、56、58、60、62、64、66
田岙	1		41、55
六井	首末站		41
庆裕村	1		42
庆胜村	—		42
林家	—		42
城北水库墩	2		游 1、26、50、52
大西岙	2		游 1、26、50、52
乌峰庙	—		游 1、26、50、52
长春	1		游 1、26、50、52
五雷峙	2		游 1、26、50、52
龙潭坑	2		同上
平石岭	1		游 1、52
颜家	2		游 1、26、52
中峰庙	2		26、50、52
光四村	2		26、50、69
光三村	2		26、50、69
三江社区	2		26、50、69
光一村（三潭）	1		26、50、69
三江口	1		16、26、69
马岙老站	—		游 1
马岙镇政府	首末站		游 1
白泉站	1		16、51、53、55、57、59、61、88
白泉镇政府	2		16、51、57、59、61、69、67
白泉镇政府（51 路终点站）	1		51
宝岛路	2		16、59、57、61
华狮啤酒厂	—		69、67
大胜村路碑	1		67、69
伏禧寺	—		67

续表 3

站点	候车站亭	港湾式候车亭	停靠线路
大胜路 8 号	—		67
柯梅社区	1		16、69、67
柯梅岭墩	—		同上
半山里揽州路	—		69
东升站	2		16、69
变压器站	—		69
东碶头	2		69
干礁镇政府	2		16、53、69
西码头菜场	—		16、69
下沙头	1		16、39
双庙社区	2		16、39
老鹰山咀	—		16、69
华其山	2		16、69
马岙菜场	2		52、69
马岙博物馆	2		52、69
古文化遗址	2		52、69
上袁村	2		52、69
化城庵后门	2		52、69
沙岐	2		52、69
滨海社区	2		52、69
五星	1		52、69
姚家 2	1		52、56、69
姚家 1	1		52、56、69
金鹰集团	1		52、56、69
庙桥公园	2		52、56、64、69
小沙	1、首末站		52、56、64、69
北海四叉路口	1		游 1
北海社区	—		游 1、马岙环线
北海	首末站		同上
大门岭	—		67
弯头	—		67
塘夹岙	首末站		67
潘家	—		67

续表 4

站点	候车站亭	港湾式候车亭	停靠线路
叶家（东向）	2		67
大树根	—		67
小支村委	首末站		67
洛阳宫	—		67
章家 2 号	—		67
沙滩	1		53、59、61
郑家塘	2		53、59、61
大平里	1		53、59、61
塘高岭	2		53、59、61
魏家	1		53、59、61
毛洋周桥头	1		53、59、61
毛洋周	1		53、59、61
千荷小学	2		53、59、61
弄口	1		53、59、61
皋泄	1		53、59、61
顾氏医院	2		53、59、61
河东桥头陈	1		59、61
半路秦	—		59、61
河东	1		59、61
岙底陈	1		59、61
大支站	—		59、61
碶头山	2		59、61
黄家	2		59、61
方家	1		59、61
陆家	2		59、61
北蝉站	—		15、59、61
何家	1		59
外沙厅	—		59
中船重工	—		59
北马峙	1、首末站		59、57
北蝉小学	1		59
东山后	1		59
黄沙	首末站		59

续表 5

站点	候车站亭	港湾式候车亭	停靠线路
洪家桥头	2		15、61
洪家隧道口	2		15、61
西里舍	—		15、61
东嶽宫	1		15、61
东峰站(小展)	1		15、61
高桥头	2		15、61
董公桥	—		16、55、88
东湖	1		16、55、88
梅山路	1		16、55、88
潮面	1		16、55、88
秧田岙	1		16、55、88
全家	1		16、55、88
毛竹山	1	1	16、55、88
定海六中	2		58、56、60、62、64、66、41、42
小山干	1		56、58、60、62、64、66
黄家湾	1		56、58、60、62、64、66
柳家	1		56、58、60、62、64、66
桥头施卫生院	1		56、58、60、62、64、66
桥头施	1		56、58、60、62、64、66
南山总路	1		56、58、60、62、64、66
东岳山	1		56、58、60、62、64、66
南善桥	—		56、58、60、62、64、66
鲍家洋	1		56、64
浦东	1		56、58、60、62、64、66
双桥镇政府	1		58、60、62、66
应周路	1		58、60、62
小岭下	1		58、60、62
大岭下	1		58、60、62
桥头社区	1		58、60、62
岑港站	1		58、60、62
望海桥	2		34、71、60、62
岑港镇政府	1		34、71、60、62
金船船配(金天机构)	2		34、71

续表 6

站点	候车站亭	港湾式候车亭	停靠线路
册子南岙	1		68
册子北岙	1		68
册子双螺	1		68
册子桃夭门	1		68
册子大桥下	1		68
册子	首末站		68
桥头饭店	1		68
大庙站(招)			58
大庙 6 号	1		59
大庙 57 号	—		60
岩头王	—		61
柴戴站	首末站		62
天童顾李	1		66
百岁 1 区	—		66
紫薇墩头	首末站		66
外回峰	2		60、62
涨次	2		60、62
小涨次	2		60、62
泰莱公司	2		60、62
木定次站	2		60、62
木定次地片	2		60、62
隧道南站	2		62
丁家山	1		60
金塘弄	1		60
烟墩路口	1		60
烟墩站	—		60
石秃岩	—		60
马鞍	—		60
农场站	—		60
宫前站	1		60
北斗岙站	1		60
步枪湾	1		60
长坑站	—		60

续表 7

站点	候车站亭	港湾式候车亭	停靠线路
长坑山咀	—		60
黄金湾	首末站		60
管山咀	—		60
小坞丘	1		60
紫窟	首末站		60
光辉 1	2		62
光辉站	2		62
应家(大沙)	1		62、64
大沙站	2		62、64
候家	1		56、64
风雨亭	2		56、64
狭门骆家	1		56、64
里回峰	2		56、64
狭门 1	1		56、64
狭门水库下	1		56、64
白水桥	—		56、64
花厅村	1		56、64
乐家门口	2		64
乐家	1		64
海丰	1		64
海丰三官塘	1		64
寨湾里	2		64
小沙碶头	2		64
小江尖	1		64
江尖 8 号	2		64
大江尖站	2		64
青呑西路	2		64
竹峙山站	1		64
峙呑塘站	2		64
应家(小峙大)	2		64
碶门头	1		64
大小店	—		64
陷塘新区	1		64

续表 8

站点	候车站亭	港湾式候车亭	停靠线路
增辉社区	2		64
周黄畈 1 号	1		64
大沙街 147 号	—		64
红星	1		36
上王家	1		64
方家	1		59、61
地畈里	1		62
圆山	1		62
沈毕家	1		62
沈毕家	首末站		62
青岙社区	1		62
青林招呼站	1		62
青林站	1、首末站		62
五星	1		52、56、69
毛峙	首末站		52、56
金山社区	1		53
虞家	1		53
金星村叉口	—		57
金山体育中心	1		57
金山村委	首末站		57
里沙厅	1		59
淡水坑站	1		59
薄湾	1		59
六春岙	—		59
钓门（后沙头）	1		59
钓山站	1		59
水库墩	2		26、游 1、50、52、53
教导队	1		53
黄沙周	1		53
干礁	1		53
东方红桥头	1		53
友谊村	1		53
下沙头	—		53

续表 9

站点	候车站亭	港湾式候车亭	停靠线路
双庙社区	2		53
外邵 118	—		53
小芦	首末站		53
西码头	首末站		53
卫民路	—		53
鲍家	首末站		53
舒家水泥路	2		51、53、55、57、59
庙后庄	2		51、55、57
笔架山	2		51、55、57
胜建	2		51、55、57
隧道东口	2		51、55、57
万金湖鱼庄	—		57
开发区第一站(经三站)		2	57
友宁(经五路)		2	57
下袁村	1		52、69
狭门二	1		56、64
外弯	1		60
三江码头	首末站		60、16、26
茅岭北	2		30、32、36、41、42
蔡家墩	1		30、32、36、41、42、56、58、60、62、64、66
长白码头	首末站		52、56
希望公寓	1		16、53
汪高岭	1		56、58、60、62、64、66
邬家岩	2		56、64
北蝉海丰	1		59
张家(大沙方向)	2		62
沙塘里	2		62
陈家(大沙方向)	1		52、56、62、69
增洲船厂	—		64
富翅	1		68、71
船厂	2		69
金林村委	—		67

续表10

站点	候车站亭	港湾式候车亭	停靠线路
双桥收费站	—		71、34
军粮加工厂	—		38
虹庙	—		38
中化兴中码头	—		38
凤凰山	—		38
江口浦	2		38
大岭	1		56、58、60、62、64
永丰	1		56、64
庙园	2		56、64
庙桥东路	—		52、56、64、69
毛家	1		66
大地畈	1		66
茅岭下	—		59
杜王	—		64
上叶	—		64
马岙供电所	—		88
电厂里	2		88
光一菜场	2		16、69、88
林家庙（乌龟山）	2		88
同兴村	1		88
沈家	1		26、马岙环线
三星社区	1		52、69
高兴村	1		马岙环线
王家弄村	1		马岙环线
张家	1		马岙环线
安家	1		马岙环线
姚家（干礁方向）	2		16、52、56、88、69
上横	1		71
椅子湾	1		71

第七章　道路客运

道路运输即公路运输，主要指汽车运输，是一种使用汽车在公路上运送货物和旅客的运输方式。定海区公路密布深入，汽车机动灵活，便于物流、人流换装转运，也便同铁路、水运、航空运输线相衔接。

本章主要叙述道路客运，包括客运工具、城乡短途客运、陆上长途客运、城乡公交客运、出租汽车客运、正三轮摩托车客运等。

1989年，定海道路客运业在发展国有主渠道客运的同时，涌现出个体客运、出租客运、人力三轮车客运等，这些车辆进出大街小巷、车站码头，形成国有、集体、个体共同经营局面。旅客(游客)和城乡居民出行提供了方便。1993年4月，受国家“公交优先”政策及乘客“求快、便捷、安全、舒适”需求导向，舟山市汽车运输公司成立“定海公交公司”、“定沈快客公司”。常规短途(农村)客运班线经营模式，向城乡公交客运经营模式转换。

1994年，按照交通部“放有度，管有法，活有序”政策，舟山运管部门放开5座以下出租车审批权。先后出现近十家出租汽车公司。2007年6月，舟山港城公共交通有限公司成立。2009年开始，加快推进城乡公交一体化建设步伐，老百姓出行更加方便、快捷、舒适。是年12月25日，舟山跨海大桥贯通，陆岛客运业发展，出行更加便捷，旅客流量大增。翌年，定海城乡公交一体化达到100%。

至2010年，境内道路客运有：公交客运、出租车客运、人力三轮车客运、正三轮车客运、残疾人车客运及向岛外线路延伸的长途客运、旅游客运等。

第一节　客运工具

1989年，道路客运工具主要有人力三轮车，残疾人营运机动三轮车，摩托车(二轮、侧三轮、正三轮)，农用载客车、出租汽车，客运大中型汽车等。

人力三轮车　由车厢、车轮、车把、踏脚板等部件组成，车厢内有软坐垫，车厢外有遮阳御雨的篷布，一般载客2人。1988年，定海有牌证三轮车260辆，分布城区。1993年达到1371辆，其中许多是无牌无证三轮车，分布扩散到各乡镇、街道。1995年，有证从事客运三轮车1544辆，10月25日，市人民政府颁布7号令，城区三轮车分单双日行驶，换发红、黄牌，三轮车车身喷刷红、绿漆，以示区别。1998年，1410辆人力三轮车通过年审。是年，市政府特许22辆人力三轮车指标解决下岗困难职工生计。年末，1432辆人力三轮车通过年审。此后，人力三轮车数量被严格控制。至2010年，期间未新增一辆。

正三轮摩托车　始于1991年，是时，境内有7辆正三轮摩托车，6客位“西湖牌”，分布盐仓鸭蛋山轮渡码头与临城，补充乡镇、城郊揽客货运输工具。1993年，正三轮摩托车（2客位）及后三轮摩托车营运区域扩大至白泉、干礅、北蝉、马岙、岑港、小沙、金塘、定海城区。1998年，办理营运证件计116辆，另有200余辆未登记。2004年2月，92辆正三轮按“三更一”政策更新为出租车，余下部分拍卖、部分就地拆解、部分供残疾人用于载客运输。

残疾人营运机动三轮车　发动机驱动的三轮机动车。车厢内有软坐垫，车厢外有遮阳御雨的篷布，一般载客2人～3人。2008年，市、区两级政府为解决残疾人生计，于3月，整治在定海城区营运的残疾人机动三轮车，统一更新后，4月18日重新投入营运。2010年，定海城区营运残疾人营运机动三轮车计38辆。

农用载客车　农村道路客运工具之一，2001年执行浙江省人民政府124号令《浙江省客运安全管理办法》2002年全部退出运营，为中巴车所取代。

出租汽车　1989年，有个体出租小汽车51辆，车型多为大陆更新后流入舟山的“波尔乃茨”、“菲亚达”、“上海”、“昌河面包”等老、旧杂牌轿车、面包车。1992年，出现3家出租车公司（定海夏利出租车公司、舟山市中昌出租车有限公司、市汽运公司出租旅游公司），10辆红色天津产“夏利”，40辆上海大众“桑塔纳”（普桑）轿车投放客运市场。出租车档次有所提升。1994年底，境内有出租车646辆，新车型为上海大众“桑塔纳”（普桑）、天津产“夏利”，排量均为1.6升。其后，节能经济型新车型陆续投放。1996年，舟山市大通出租车有限公司20辆“富康”、市汽运公司出租旅游公司40辆“长安奥拓”投放市场。1998年，境内771辆出租车中208辆上海大众“桑塔纳”（普桑），按政策更新，新投放的车型排污标准达到“欧Ⅲ”“桑塔纳”2000或3000型。同年，为控制环境污染，对严重超标、尾部冒黑烟的“捷达”柴油发动机轿车不准上牌营运。2007年，境内140辆到期出租车，更新成排放标准达到“欧Ⅲ”标准的70辆上海大众“桑塔纳”3000型轿车。

2010年底，境内有出租小轿车753辆（含金塘镇8辆）。

大中型客车　1989年，境内交通部门有大客车195辆，7673客位，国产“东风”、“解放”（每辆45座，（含1986年定海汽车客运旅游公司成立购入的日本产“三菱”豪华旅游大巴2辆，每辆45座。）车型。中型客车922辆，7673客位，“华西”、“雨花”等（每辆19座）车型。1992年开始，舟山市汽车运输有限公司引入东风 ZJK6970TR 柴油空调大客 3 辆（126 座）。翌年，引入东风 JT6970W 大客（卧铺）4 辆（128 座）。进入新世纪后，境内客运企业围绕“节能减排，科学发展”主题，更新车辆，分期分批淘汰技术等级低、排放不达标、尾气污染严重、能源消耗大的车辆。2000 年，境内舟山市汽车运输有限公司购入“西沃”、“华西”大中小客车 131 辆，计 2731 座，其中“华西 CDL6606C”小客 116 辆，计 2204 座，直达偏僻乡村，向公交城乡一体化方向发展。非交通部门企事业单位自备车辆（主要用于职工上下班）逐年增多。2004 年后，环保意识进一步增强，购置新车优先考虑“节能”、“环保”，客运企业形成以“宇通”、“金龙”、“青年”“西沃”等新一代大中型客车为代表的主力车型。

2010 年，定海区农村班车通达率 94%，其中舟山本岛行政村的农村班车通过率为 100%。

2010 年，舟山市汽车运输有限公司购入“青年”、“宇通”、“北方”大中型客车 117 辆，计 6539 座，投资额 5333 万余元。2012 年 6 月，舟山港城公交公司首批引进 136 辆以天然气为燃料的环保型通道公交车和气电混合通道公交车投入舟山岛 15 条线路，年内又引进 166 辆 LNG 气电混合通道动力公交车，改写了境内大型客车一直沿用汽油、柴油发动机作动力的历史。

1989 年 ~ 2010 年定海境内专业客运企业拥有客车情况表

单位：辆、座

年	大客	客位	中客	客位	小客	客位	合　计	
							车　辆	客　位
1989	87	4024	10	240	6	100	103	4364
1990	45	2055	5	120	17	323	67	2498
1991	46	2058	5	120	27	513	78	2691
1992	58	2625	8	202	24	456	90	3283
1993	62	2356	8	202	58	1102	128	3660
1994	54	2376	8	202	94	1706	156	4284
1995	51	2149	3	83	99	1881	153	4113
1996	581	3505	10	269	194	3059	285	6831
1997	39	1393	25	765	218	4142	282	6300
1998	33	1144	30	923	217	4123	280	6190
1999	38	1256	36	1115	230	4370	304	6741
2000	43	1470	43	1319	275	5226	361	8014
2001	53	1855	95	2493	281	5339	429	9687
2002	48	1782	119	3054	272	4455	439	9291

续表

年	大客	客位	中客	客位	小客	客位	合计	
							车辆	客位
2003	52	2054	127	3259	263	4257	442	9561
2004	62	2640	149	3968	261	4898	472	11506
2005	65	2766	266	7303	229	4290	560	14359
2006	79	2993	342	9535	165	3074	579	15597
2007	106	4406	415	13055	92	2141	613	19602
2008	147	7381	418	14826	61	1562	626	23769
2009	219	15159	446	15662	46	1254	711	32075
2010	267	14590	385	13610	53	918	705	29196

补充资料：1、定海区汽车运输公司1988年组建成立，1990年～1995年期间车辆数资料缺失，无法列入表中。1996年，公司并入舟汽公司，当年公司拥有车辆数仍列入表中，不计入舟汽公司。

2、定海区汽车客运旅游服务公司1989年～1995年期间拥有车辆数资料缺失，数据无法列入表中。

3、舟山港集团客货运输有限公司2006年组建成立至2010年，该公司拥有车辆数列入表中。

第二节　城乡短途客运

1988年前，定海短途（农村）客运班线有18条（包括金塘岛3条），即：定海至沈家门、螺门、西码头、白泉、大展、高峰、马岙、塘夹岙、毛峙（小沙）、大沙、岑港、柴戴、长坑、颂河、螺头（老虎山）等。金塘岛3条：沥港至小李岙、大浦口，小李岙至大丰，定海汽运公司经营。1990年，定海汽车运输公司到学校、部队、渔农村调查客流情况，新辟定海至淡水坑、定海至高峰、定海至东码头3条客车线路。随着县、乡村公路建设发展，农村短途客运班线延伸，并调整。1994年3月12日始，定海汽车运输公司增开定海至西码头、岑港中巴直快汽车。1997年5月，舟山市公路局批复同意定海汽运公司开通定海至白泉小支村客运班车。2004年，境内舟山岛农村（短途）开始城乡公交一体化运作，部分农村班线改作公交班线。至2007年7月，境内仍有城乡（短途）客运班线58条（含金塘11条），主要线路有：定海至沈家门、定海至西码头、定海至北蝉、定海至三江、定海至毛峙、定海至大沙、定海至岑港、马目、定海至册子。以定海汽运公司、定沈快客公司经营为主。金塘岛线路有：沥港至大丰、沥港至小李岙、沥港至大浦口、大丰至小李岙、大丰至大浦口、大浦口至小李岙、山潭至小李岙、山潭至大浦口、东堠至小李岙、柳行至大浦口、大丰至南山、大丰至长沙。均由金塘汽车运输有限公司、金塘陆上客运中心经营。

2010年，定海区农村班车通达率94%，其中舟山本岛行政村的农村班车通达率为100%。同年，境内取消城乡短途客运班线，全境实现城乡公交一体化。

定海城乡(短途)客运班线基本情况表

（2007年6月）　单位:千米

班线起迄	途径主要站点	里程	班次	开通年月
定海—岑港	虹桥、南善桥、小岭下	18	106	1988年前
定海—岑港—大沙沈毕家	南善桥、岑港、涨次、光辉等	30	30	1991.10
定海—小沙—大沙方家	南善桥、侯家、狭门、小沙、大沙	33	30	1997.06
定海—紫窟	桥头施、小岭下、岑港、烟墩、马目	28	8	1997.10
定海—柴戴	南善桥、小岭下、岑港、大庙、晶星	23	8	1988年前
定海—长坑—黄金湾	岑港、宫前、长坑、大岗尖、大沙、碶头	35	42	1988年前
定海—青林	侯家、狭门、小沙、碶头	31	8	1988年前
定海—小沙—毛峙	桥头施、南善桥、小沙、五星	27	49	1988年前
定海—马岙—头碶	长春、中锋庙、三胜	26	49	2004.01
定海—紫微—墩头	桥头施、南善桥、紫微	15	30	1988年前
定海—马岙	城北、长春、中锋庙	14	82	1998.09
定海—青青世界	城北、长春、中锋庙、马岙	14	52	2005.01
定海—北海(北蝉)	长春、马岙、三胜	19	52	1999.02
定海—钓门　(淡水坑)	白泉、河东、大支、北蝉、淡水坑	28	52	1990.01
定海—黄沙	白泉、河东、大支、北蝉	24	52	1999.04
定海—海丰(峰)	白泉、河东、大支、北蝉、小展	28	52	1988年前
定海—三江码头	城北、长春、中锋庙	16	102	1998.09
定海—金山	三官堂、毛洋周、皋泄、白泉	15	102	1996.01
定海—东湾—新建	东湾	11	120	2002.01
定海—三官堂—白泉	三官堂、毛洋周、皋泄等10站点	13	120	1988年前
定海—毛竹山	三官堂、毛洋周(皋泄)潮面	20	84	1988年前
定海—小支	三官堂、毛洋周(皋泄)白泉	18	84	1997.01
定海—西码头	三官堂、毛洋周(皋泄)白泉、干礁	20	120	1990年前
定海—塘夹岙	三官堂、毛洋周(皋泄)白泉、小柯梅	19	12	1988年前
定海—北蝉	三官堂、白泉、河东、大支	22	68	1989年前
定海—洞岙	江口浦、惠民桥、老碶、金鸡山	19	16	1993.04后为公交
定海—高峰	江口浦、惠民桥、老碶、金鸡山、洞岙	23	12	后为公交
定海—龙舌	惠民桥、南海学校、洞岙	22	16	1993.04
定海—干礁小芦	三官堂、毛洋周、皋泄、白泉、干礁	23	2	2001.00
定海—金林		15	2	2004.11
定海—鲍家	三官堂、弄口、白泉、干礁	20	1	1988年前
定海—富翅		22	5	2004.12

续表

班线起讫	途径主要站点	里程	班次	开通年月
定海—狭门—碶头		27	6	2004.12
定海—老塘山		20	35	1997.01 后为公交
定海—义页河		22	20	1999.12 后为公交
定海—六井		20	8	2002.6 后为公交
定海—里邵村				2004.12
定海—东碶头（东升村）				2004.04
定海—半升洞（直快）		27	140	1979.12 有定海汽车站 1 辆
定海—墩头码头		21	140	2002.07
定海民间码头—半升洞		29	75	2001.08
定海—塘头		34	1.5	2004.06
定海—螺门		37	45	1988.00
鸭蛋山—蜈蚣峙		37	64	2005.12
三江码头—半升洞		41	42	2006.01
定海—老碶		14	144	1994.01
檀东—册子		32	71	2006.01

2007 年金塘岛内※客运班线分布情况表

单位：千米

起讫点	途径主要站点	里程	班次	开通年月
一沥港—大丰	外小岙、穆岙、山潭、柳行	12.783	25	1998.12
沥港—小李岙（船班）	外小岙、穆岙、仙居社区	13.736	7	1998.12
沥港—大浦口（船班）	外小岙、穆岙、柳行、河北、卫平、大象、红星	16.183	1	1998.12
大丰—小李岙（船班）	卫平、河北、柳行、仙居社区	6.70	7	1998.12
大丰—大浦口（船班）	大象、红星	3.40	6	1998.12
大浦口—小李岙（船班）	红星、大象、卫平、河北、柳行、仙居社区	11.219	1	1998.12
山潭—小李岙（船班）	小桥头、东风岭下、仙居社区	8.633	2	1998.12
山潭—大浦口（船班）	柳行、河北、卫平、大象、红星	7.683	1	1998.12
东堠—小李岙（船班）	山潭、东风岭下、仙居社区	7.95	2	1998.12
柳行—大浦口（船班）	河北、卫平、大象、红星	5.35	1	1998.12
大丰—南山	卫平、河北、柳行、仙居社区、小李岙、长坑、张家岙	18.30	4	1998.12
大丰—长沙	卫平、河北、柳行、仙居社区、小李岙	10.70	2	1998.12

※2007 年金塘岛内客运班线均由金大塘汽车运输有限公司、金塘陆上客运中心营运。

第三节　长途客运

1986 年 1 月 30 日，舟山市海峡汽车轮渡公司所属“舟渡 2”轮首次试航定海鸭蛋山—宁波镇海白峰航线。2 月 1 日，省汽车运输公司舟山分公司长途客运班车旅客从沈家门经定海乘市海峡汽车轮渡公司所属“舟渡”轮经宁波抵达杭州，开通定海至大陆长途汽车客运。同年又增开沈家门—定海—宁波、温岭、温州、椒江过境客运班车。

1988 年 8 月 1 日，成立定海区汽车运输公司，开通跨省、市长途客运班线。年末，市汽车运输公司、区汽车运输公司经营跨省、市长途客运班线 14 条，日均客运量 800 人次。其中跨市班车有：定海至宁波、杭州、衢州、湖州、诸暨、义乌、金华、兰溪、永康、椒江、温州、温岭；跨省班车有：定海至山东日照、金塘至上海（沥港汽车轮渡到镇海，开通约 2 个月后停运）。

1989 年 3 月，市汽车运输公司开通首条沈家门—定海—南京线长途客运班线，不久又开通普陀—定海—石狮班线。省内继开通杭州班线后，又陆续开通沈家门—定海—瑞安、石浦、慈溪、余姚、路桥、石狮、金华等长途客运班线。

1990 年，定海境内始发和过境长途客运线路 21 条，其中跨省线路 3 条，跨市线路 18 条。日发跨省、市长途客车 31 班次，年客运量 381 万人次。1992 年 10 月 1 日，岱山县汽车运输公司首次开通岱山过境定海西码头经鸭蛋山轮渡至杭州东站长途客运班线。1992 年 10 月 1 日，又辟岱山过境定海至杭州东站长途客运班车，1993 年，再辟岱山过境定海至温州西站长途班车。同年，市海峡汽车轮渡公司应对进出岛城车辆逐年大幅递增趋势，缓解汽车过渡难矛盾，自 4 月 1 日起，鸭白线增加航班次密度，昼夜航渡。

1996 年 5 月，舟山市定海汽车客运中心（址定海西门，属市汽车运输有限公司）建成使用。市汽车运输有限公司东门客运站始发长途客运班车、在环城南路海军环南招待所长途班线停靠点的市汽运公司、区汽运公司、普陀区汽运公司车辆一并全部迁入市汽车客运集散中心。

2007 年，舟山市定海汽车客运中心（境内）跨省内外经营长途客运班线 51 条，北至山东日照、潍坊（里程 1033 千米、1197 千米），南至广东汕头（里程 1373 千米），西至武汉（里程 1060 千米）。

2009 年 12 月 25 日，连接大陆的舟山跨海大桥通车，境内跨省、省内地市经营长途客运班车（除开往温州方向小数几辆客运班车外），98 ～ 99%弃轮渡走大桥。

2010 年，境内市长途汽车客运集散中心（舟山市定海汽车客运中心）跨省向外辐射客运班线有江苏、福建、山东、上海、湖北、江西、安徽、湖南 23 条，经营省内跨市客运班线 40 条，日发省外 22.75 个班次，省内 82.5 个班次，舟甬 70 个班次，全年客运量达到 277.0779 万人次。

2010年定海长途客运班线情况表

单位：千米

起讫点	里程	日班次	舟山岛内主要停靠站	开通年月	经营单位
普陀—定海—南京	531	0.5	市汽车长途客运集散中心（即址在定海西门的舟山市定海汽车客运中心，以下简称“汽车长途客运中心”）	1989.3	舟山市汽车运输有限公司（以下简称市汽运公司）
普陀—定海—无锡	398	0.5	汽车长途客运中心	1990.4	市汽运公司
普陀—定海—合肥	693	0.5	汽车长途客运中心	1992.11	市汽运公司
普陀—定海—盐城	667	0.5	汽车长途客运中心	0993.11	市汽运公司
普陀—定海—福州	747	0.5	汽车长途客运中心	1993.8	市汽运公司
普陀—定海—汕头	1287	0.5	汽车长途客运中心	1996.10	市汽运公司
普陀—定海—阜阳	1033	1	汽车长途客运中心	1996.10	市汽运公司
普陀—定海—苏州	356	0.5	汽车长途客运中心	1997.1	市汽运公司
普陀—定海—宿州	806	0.5	汽车长途客运中心	1998.9	市汽运公司
普陀—定海—项城	1157	0.5	汽车长途客运中心	1999.11	市汽运公司
普陀—定海—上海	282	6	汽车长途客运中心	2000.2	市汽运公司
普陀—定海—启东	553	0.5	汽车长途客运中心	2001.10	市汽运公司
普陀—定海—武汉	1004	0.5	汽车长途客运中心	2002.1	市汽运公司
普陀—定海—厦门	1027	0.5	汽车长途客运中心	2005.1	市汽运公司
普陀—定海—福清	797	0.5	汽车长途客运集散中心	2005.7	市汽运公司
普陀—定海—青岛	1218	1	汽车长途客运中心	2005.7	市汽运公司
普陀—定海—宁德	623	0.5	汽车长途客运中心	2004.12	对方公司
普陀—定海—日照	1060	1	汽车长途客运中心	1992.11	对方公司
普陀—定海—石狮	969	1	汽车长途客运中心	1989.7	对方公司
普陀—定海—安庆	758	0.5	汽车长途客运中心	1994.11	对方公司
普陀—定海—景德镇	715	0.5	汽车长途客运中心	2003.1	对方公司
普陀—定海—黄山	588	0.5	汽车长途客运中心	2005.5	对方公司
普陀—定海—恩施	1646	0.5	汽车长途客运中心	2005.10	对方公司
普陀—定海—淮安	737	0.5	汽车长途客运中心	2006.3	对方公司
普陀—定海—平玉	1066	0.5	汽车长途客运中心	2006.4	对方公司
普陀—定海—鹰潭	724	0.25	汽车长途客运中心	2007.12	对方公司
普陀—定海—东山	1380	0.5	汽车长途客运中心	2008.1	对方公司
普陀—定海—凤阳	788	0.5	汽车长途客运中心	2009.6	市汽运公司
普陀—定海—益阳	1580	0.5	汽车长途客运中心	2009.6	市汽运公司
普陀—定海—杭州	226	1.0	定海汽车车南站	2009.6	舟山港务集团客货运输有限公司、南顺公司

续表 1

起讫点	里程	日班次	舟山岛内主要停靠站	开通年月	经营单位
普陀—定海—上海	282	6	定海汽车南站	2003.1	舟山海星外事旅游客运有限公司
普陀—定海—宁波	83	30	定海汽车南站	2008.4	舟山港务集团客货运输有限公司
普陀—定海—杭州	226	15	汽车长途客运中心	1986.2	市汽运公司
普陀—定海—宁波	83	67	汽车长途客运中心	1986.3	市汽运公司
普陀—定海—温岭	280	0.5	市汽车长途客运中心	1986.4	市汽运公司
普陀—定海—椒江	255	0.5	市汽车长途客运中心	1986.6	市汽运公司
普陀—定海—温州	336	2.0	市汽车长途客运中心	1986.11	市汽运公司
普陀—定海—镇海	64	1.0	市汽车长途客运中心	1988.11	市汽运公司
普陀—定海—路桥	254	0.5	市汽车长途客运中心	1989.1	市汽运公司
普陀—定海—石浦	136	0.5	市汽车长途客运中心	1989.3	市汽运公司
普陀—定海—瑞安	374	1.0	市汽车长途客运中心	1989.8	市汽运公司
普陀—定海—慈溪	124	1.0	市汽车长途客运中心	1989.9	市汽运公司
普陀—定海—衢州	457	0.5	市汽车长途客运中心	1989.10	市汽运公司
普陀—定海—余姚	143	1.0	市汽车长途客运中心	1990.9	市汽运公司
普陀—定海—天台	231	1.0	市汽车长途客运中心	1991.10	市汽运公司
普陀—定海—苍南	417	0.5	市汽车长途客运中心	1992.5	市汽运公司
普陀—定海—永康	319	0.5	市汽车长途客运中心	1992.9	市汽运公司
普陀—定海—丽水	387	0.5	市汽车长途客运中心	1992.10	市汽运公司
普陀—定海—玉环	317	0.5	市汽车长途客运中心	1993.3	市汽运公司
普陀—定海—嵊州	178	1.0	市汽车长途客运中心	1993.6	市汽运公司
普陀—定海—松门	306	1.0	市汽车长途客运中心	1993.6	市汽运公司
普陀—定海—奉化	108	1.0	市汽车长途客运中心	1993.7	市汽运公司
普陀—定海—义乌	275	2.0	市汽车长途客运中心	1993.8	市汽运公司
普陀—定海—兰溪	385	0.5	市汽车长途客运中心	1993.9	市汽运公司
普陀—定海—宁波	90	3.0	市汽车长途客运中心	1993.12	市汽运公司
普陀—定海—金华	341	1.0	市汽车长途客运中心	1994.5	市汽运公司
普陀—定海—水头	424	0.5	市汽车长途客运中心	1994.11	市汽运公司
普陀—定海—湖州	317	0.5	市汽车长途客运中心	1994.12	市汽运公司
普陀—定海—富阳	342	1.0	市汽车长途客运中心	1995.06	对方公司
普陀—定海—宁海	154	1.0	市汽车长途客运中心	1997.01	市汽运公司
普陀—定海—上虞	168	1.0	市汽车长途客运中心	1998.08	市汽运公司

续表 2

起讫点	里程	日班次	舟山岛内主要停靠站	开通年月	经营单位
普陀—定海—临平	321	1.0	市汽车长途客运中心	1998.09	对方公司
普陀—定海—绍兴	189	1.0	市汽车长途客运中心	2000.04	市汽运公司
普陀—定海—南浔	351	0.5	市汽车长途客运中心	1997.01	市汽运公司
普陀—定海—柳市	312	1	市汽车长途客运中心	1996.10	市汽运公司
普陀—定海—诸暨	243	1	市汽车长途客运中心	1989.05	市汽运公司
普陀—定海—萧山	223	1.0	市汽车长途客运中心	1997.12	市汽运公司
普陀—定海—桐照	144	1.0	市汽车长途客运中心	1997.07	市汽运公司
普陀—定海—江山	483	0.5	市汽车长途客运中心	2003.04	市汽运公司
普陀—定海—杜桥	275	1	市汽车长途客运中心	2008.08	市汽运公司
普陀—定海—三门	196	1	市汽车长途客运中心	2009.01	市汽运公司
普陀—定海—淮安	730	0.5	市汽车长途客运中心	2010.01	市汽运公司
普陀—定海—许昌	1360	0.5	市汽车长途客运中心	2010.04	市汽运公司
普陀—定海—亳州	1020	0.5	市汽车长途客运中心	2010.05	市汽运公司
普陀—定海—东海	880	0.5	市汽车长途客运中心	2010.07	市汽运公司
普陀—定海—来安	712	0.5	市汽车长途客运中心	2010.07	市汽运公司
金塘—镇海	55	9	直达	2009.12	市汇通汽车运输有限公司
金塘—杭州	205	1	直达	2010.07	市汽运公司
定海—金塘—宁波	89	6	金塘汽车客运中心	2009.12	甬舟汽车客运有限公司

1989 年～ 2010 年定海区长途班线客运量情况表

单位：万人、万人千米

年份	客运量（万人）	客运周转量（万人千米）	年份	客运量（万人）	客运周转量（万人千米）
1989	370	9444	2000	2690	52541
1990	381	10941	2001	3050	54367
1991	431	12933	2002	3210	61420
1992	468	14874	2003	3522	66528
1993	616	15805	2004	3948	79445
1994	890	18068	2005	4700	82498
1995	1033	22065	2006	4011	69179
1996	1030	23443	2007	4262	82988
1997	1806	43479	2008	779	44835
1998	1876	42488	2009	5158	103340
1999	1872	43397	2010	331.97	56929.03

第四节　城乡公交客运

1988年9月26日，舟山市汽车运输公司将定海道头至沈家门半升洞区间客运班线改为公交线，开设定海金海饭店经三官堂至沈家门半升洞1路公交线。中途停靠半路亭、南珍桥、解放东路、三官堂、江口浦、惠民桥、章家庙、老碶、东荡田、勾山、平阳浦、墩头、舟山水产食品厂、民间码头、荷外等25个站点。头班车发车时间5时30分，末班车收车时间17时，班车始发间隔20分钟。10月15日，增开定海金海饭店经甬东至沈家门半升洞的2路公交线。翌年3月，增开夜班车，末班车收车时间18时45分。1990年2月，2路公交线停开。是年1路车日往返120班次，客运量7200人次。

1991年2月5日，舟山市汽车运输公司开通2条公交线。一路为鸭蛋山舟山海峡轮渡码头至沈家门天丰楼。沿途经盐仓、停靠西园饭店、环南新村、江口浦、甬东、鳌头浦、万塘、舟渔公司、墩头、舟山水产食品厂、天丰楼等21个站点，日发22班。另一路从市委党校（城北水库下）至环南新村，沿途停靠舟山医院、市政府、定海区政府、南珍桥、半路亭、金海饭店等9个站点。日发8班。

1993年4月8日，舟山市汽车运输公司定海公交公司成立。当年先后开通1路、2路、3路、4路、5路、6路公交线路。从早上5:30至晚上18:30。每日投放中巴车25辆，计450座。其中1路车由定海汽车站始发，途经环城东路、昌国路、人民路、环城南路、兴舟大道至鸭蛋山渡口。2路车起自定海汽车站，经解放东路、解放西路至4806工厂。3路车由定海汽车站始发，途经解放东路、人民中路、昌国路、环城东路、环城北路至舟山医院住院部。4路车由定海汽车站始发，途经环城东路、环城南路、人民南路、解放西路、环城西路、昌国路、环城东路、文化路至城北水库下市委党校。5路车由新华书店始发，途经解放东路、环城东路、沿港东路、增惠线，原329国道至临城老碶。6路车由定海汽车站始发，沿定沈老公路至一渔公司。6月23日，定海区人民政府批复同意定海汽运公司开行定海—干磡西码头、定海—岑港册子渡口、定海—盐仓颂河3条公交线。

1995年，定海城区开通以2路车为主线的公交文明线路车。1996年8月，舟山市交通委员会重新核定定海区公交线路8条。1997年，3路、4路因客流量少停驶，2路线改为小洋岙至虹桥。市定海客运中心新增9路公交车，从定海沿老定沈线至沈家门半升洞。是年，市区合署，定海区汽车运输公司名称撤销，新成立定海客运公司（原定海区汽车运输公司经营的长途班线划转市定海汽车长途客运中心）。

1999年2月，舟山市公路局先后批复同意舟山市汽运总公司开通马岙三胜至北海、定海至颂河公交车，延伸至黄沙村、大沙曙光村至沈毕家村公交车。1999年8月开始，31路、32路公交线对年满60周岁～69周岁老年乘客实施半费乘坐，70周岁以上全免。是年春节前，市汽运公司筹资，全面改造定海城区1、2路18辆公交车，使城区公交车面貌焕然一新。

2000年，市汽运公司投资600万元，购进新一代中型客车36辆，其中26辆为中型高等级豪华客车，19客位／辆，车上配有空调、VCD等。10辆为新型普通中巴，19客位／辆。8月1日，投入定沈线直快公交班车营运。年末，定沈线区间有3条公交线：即豪华型直达快客班线，走329国道舟山段的38路班线，走老路定沈线的29路班车线。5分钟一个班次。2002年3月，1路、2路、5路分别更名为31路、32路、35路，新增33路。4月6日，市汽车运输有限公司投入50万元，新购置8辆19座牡丹型中巴车，投入33路公交线，始发自文化路北端市委党校，经舟山医院住院部、人民路、沿港路、机场路、东山隧道，终至舟山经济开发（工业）区B区，营运里程8.5千米。

2003年2月，市交通委、市物价局同意市内公交车票价尾数调整为0.5元制，3月1日起执行。此前同年1月，市汽车运输有限公司投入80余万元，购置14辆（每辆19座）中巴车，投入定海城区公交线，并新增34路、36路2条公交线。1月8日，34路公交班线试营运桔园小区—博物馆—市教育局—金海饭店—露亭宾馆—市第三人民医院—南珍菜场—定海区政府—西关新村—西园饭店—白虎山—市第二人民医院—聋哑学校—大石头跟—茅岭草子坑。11月18日，36路公交线营运。桔园小区—丁香桥—东河路—市交警支队—檀枫小区—紫竹小区—檀树北区—市广电大楼—开源新村—紫金公寓—北园新村—市移动公司—市电信大楼—市建行—南珍菜场—定海区政府—西关新村—西园饭店—市边检站—竹山门—市客运中心（舟山市定海客运中心）。

2006年元旦，自定海城区开进册子岛的第一辆公交车

2005年开始，市机关办公大楼陆续搬迁新城，新城成全市新的政治中心。2月21日，为方便市民去市行政中心办事，新开通37路公交线，始发舟山港务局码头，沿人民南路、人民北路经环城北路联谊大酒店门口，沿外环线至终点临城舟山第一小学。5月，市交通委批复同意市汽车运输有限公司开通定海至新城、沈家门半升洞27路公交线。是年，市汽运公司投入资金4000余万元，28路、29路定沈公交线全部更新为32辆空调客车，9路新城—沈家门公交车更新改造为16辆空调车。定海境内公交运力结构进一步优化，提高了旅客舒适性，减缓了早晚客流量压力。同年，启动实施农村“准四级”客运站、港湾式停靠站建设。境内白泉柯梅岭车站、双桥镇车站和盐仓车站破土动工，年内基本完成。颁河车站于12月投入使用。定海境内65个港湾式停靠站建设全部动工，其中册子乡港湾式停靠站完工并投入使用，其余于2006年先后投入使用。

2007年1月，34路、36路更名“游2”“游3”，为定海城区环城游公交线并在岛城率先实行无人售票新模式。1月6日，开通38路公交线，起自舟山医院住院部，沿人民路、沿港东路、东山隧道至临城长峙，全程18千米。5月1日，31路、32路定海城乡公交线也改为定海城区无人售票线。同日，市汽运公司新辟81路新城至长峙无人售票公交线，票价1元／人。7月1日，定海至沈家门快客公交线投入25辆豪华无人售票公交车，取代“华西”牌客车，定海至三江投入8辆无人售票公交车。10月1日，开通定海三江—普陀半升洞26路公交线，全程41千米。是年，境内渔农村客运基础设施投入260万元，在金塘、北蝉、盐仓、岑港新建准四级站5个(其中金塘2个)，在11个乡镇(街道)建设上下客站点77个，设港湾式及简易候车亭，有站牌等设施。

2007年，城市化进程的加快，定海城区范围扩大。6月，经市政府同意，筹建舟山市港城公共交通有限公司并试运营。翌年1月始，舟山市港城公共交通有限公司正式运作。公司在舟山市汽车运输有限公司分离基础上组建，一级法人，下设舟山港城公共交通有限公司第一分公司(定海城区区域)、第二分公司(三组团区域及定海农村区域)、第三分公司(普陀区域)。成立时，公司有公交车辆329辆，其中一分公司92辆，二分公司134辆，三分公司103辆。3月13日，舟山港城公共交通有限公司公交第二分公司析分为第二、第五分公司。第二分公司，经营定海—新城—沈家门“三组团区域”(市政府城市规划确定)客运线路。第五分公司，经营定海至各乡镇公交线。同时，新开辟69路(以白泉为中心辐射周边村镇)、旅游6号(鸭蛋山至蜈蚣峙快速公交)、68路(檀东颐景园至册子)3条公交线路。定海28路、26路、31路、37路夜间末班车调整为21时至21时30分。

2009年，舟山市人民政府第24次常务会议审议通过《关于全面推进舟山本岛城乡公共交通一体化实施意见的通知》，整合城乡公共交通资源，形成连接城乡、连通城区、布局合理、经营规范、安全便捷、服务优质、方便出行的公共客运网络，提出2010年前城乡公交一体化率100%目标，城乡公交全部实现空调化。

2008年～2010年，舟山市港城公共交通有限公司共更新车辆234辆。其中2008年更新93辆，耗资2702万元，政府补助675.5万元，贷款2026.5万元。2009年51辆，耗资1705万元，政府补助426.25万元，贷款1278.75万元。2010年90辆，耗资2984万元，政府补助746万元，贷款2238万元，更新车辆均为空调大客车。2009年，实施境内60周岁～69周岁老年乘客半价票制，70周岁以上全免

快速公交站

的公交线，扩展到31路、32路、33路、游2、游3五条公交线。

2010年，境内有城乡公交线路20条，营运车辆210辆，全境实现公交一体化。

1993年定海公交公司成立时定海公交线路情况表

单位：辆

线路	起讫站	开通时间	营运车辆	线路	起讫站	开通时间	营运车辆
31路	车站——鸭蛋山	1993.04.08	8～9	35路（5路）	新华书店——老溪	1993.4.8	13
34路	车站——老塘山	1996.12.28	5	33路	党校——甬东	2002.4.8	8～11
32路	小洋岙——4806 小洋岙——虹桥	1993.04.08	6	34路（旅2）	桔园——草子坑	2003.1.8	6～9
36路	车站——颂河	1998.09	2	37路	定海——舟山第一小学	2005.2.21	9
41路	车站——六井	2002.60	1	38路	舟医住院部——岙山码头	2006.1.6	13
30路	车站——外螺头	1996.12	1	39路	港务码头—大展	2007.5.1	6
3路	车站——舟医住院部	1993.04.08	3	81路	新城小学—三门邮局	2007.5.1	4
4路	车站——党校（城北水库下）	1993.04.08	1				

2007年市港城公共交通有限公司成立时定海境内公交线路情况表

单位：辆

线路	起讫站	开通时间	营运车辆	线路	起讫站	开通时间	营运车辆
20路	定海车站——沈家门半升洞	2007.06	27	29路	娄家——半升洞	2007.6	14
旅6	鸭蛋山——蜈蚣峙	2006.08	9	新城班线	定海——新城	2007.6	4
27路	鸭蛋山——蜈蚣峙码头	2005.05	18	42路	颐景园——外山头	2007.5	1
28路	定海港务码头——欧尚超市	2001.07	18	游1	娄家——马岙	2007.5	6

2010年定海境域城乡公交线路营运情况表

单位：千米、元

线路	起始站点	里程	全程票价	途经线路	途经站点	车辆车型	日发班次	发车间隔时间（分钟）
9路	半升洞—新城公交总站	18	2	半升洞—滨港路—永兴隧道—海印路—灵秀街—海华路—金成街—海莲路—东港隧道—东海路—海天大道—港岛路—海月道—星岛路—海宇道—市府北门—千岛路—海天大道—新城公交总站	半升洞—荷东—港都—永兴菜场—沈家门小学—莲欣公寓—龙门公寓—灵秀街—新城花园—祥云山庄（东港医院）—莲花公寓—永兴村—海中洲饭店（返回：天丰楼）—沈家门饭店—明珠花园—普陀汽车站—蒲湾一区—蒲湾二区—海珍苑—茶湾墩头—中沙头—兴业公司—海洋生物园区—平阳工业区（返回无站点）—普陀三中—公交停车场—浦西陶瓷市场—广安医院—炜驰集团—船用品市场—科来华国际广场—万塘—桂花城—荷塘月色—新城时代—星岛路—市政府北门——绿城大酒店—公安大楼—新城公交总站（39站点）	16辆金旅57座	115	7-10 夜班：10-20
15路	半升洞—北蝉	27		半升洞—滨港路—东河路—东海路—平阳浦—芦花—大展—北蝉	半升洞—荷东—港都—荷外—龙眼—东河—海中洲饭店（返回无站点）—沈家门饭店—明珠花园—普陀汽车站—蒲湾一区—蒲湾二区—海珍苑—茶湾墩头—中沙头—兴业公司—海洋生物园区—板桥头—平阳浦—花坛—水岸丽都—明峰修理—观溪头—小弯岭—年糕厂—芦花—大树下—洪洞岙—赵家岙—赵家岙村委—塔岭—秀竹庵—干施岙—电信大楼—柴家桥头—大展—太平桥（招呼站）—上潘孙—上潘孙郑家—路下徐—庙后（招呼站）—松山村—茅洋—高桥头—小展—西里所—东嶽宫—洪家桥头—北蝉小学（返回无站点）—北蝉（51）	7辆宇通59座	35	15-20
16路	三江码头—东港总站	43	7	三江码头—西码头—三西线—疏港一期—柯梅岭隧道—省道231—电厂路—宝岛大道—万金湖路—三西线—白泉车站—毛竹山—勾山—平阳浦—东海路—东港隧道—海莲路—海印路—东港总站	三江码头—三江口—光一菜场（招）—华其山（招）—船厂（招）—老鹰山咀（招）—双庙社区（招）—下沙头（招）—西码头菜场（无站牌）—干礁镇政府（招）—友谊站（招）—姚家站—东升站—柯梅岭墩—柯梅岭社区—宝岛路—白泉镇政府—白泉车站—顾氏医院—董公桥—东湖—梅山路—龙舌岙—潮面—秧田岙—全家（招）—毛竹山—万寿（招）—发达岭（招）—雪岭下（招）—洞岙—城隍头—新城村—上南山—同胜村—龙古—荷花—荷胜—[illegible]眼碶—九眼碶—勾山变电站—勾山—浅水湾—平阳浦—板桥头—海洋生物园区—兴业公司—中沙头—茶湾墩头—海珍苑—蒲湾二区—蒲湾一区—普陀汽车站—明珠花园—沈家门饭店—天丰楼（返回：海中洲饭店）—永兴村—华锦苑（返回：颐景园南门）—龙门公寓（返回：颐景园东门）—华荣公寓（返回无站）—东港贸易城（返回：东港体育馆）—碧海莲缘—东港商务中心西门—普陀卫生大楼—东港总站（65）	2辆金龙67座 14辆中龙53座	52	10-20

续表 1

线路	起始站点	里程	全程票价	途经线路	途经站点	车辆车型	日发班次	发车间隔时间（分钟）
20路	东门车站—半升洞	24	3	东门车站—新桥路—昌洲大道—海天大道—东海路—东河路—滨港路—半升洞	东门车站—骨伤医院—檀东颐景园—海运学院—新城公交总站—市政府南门—浦西陶瓷市场—公交停车场—海洋生物园区—海珍苑—普陀汽车站—沈家门饭店—东河—荷外—半升洞（15）	3辆宇通61座 22辆金龙55座	123	4–8
	东门车站—墩头客运站	20	3	东门车站—新桥路—昌洲大道—海天大道—二渔公司—墩头客运站	（快速公交）		2	
25路	舟医住院部—朱家尖（大洞岙）	40	6	舟医住院部—人民北路—昌国路—环城东路—环城南路—东山路—东山隧道—弘生大道—海客道（新城隧道）—金岛路—沧海道—港岛路—海天大道—兴普大道—朱家尖	舟医住院部—移动公司—电信大楼—定海一中—东门口—东海路口—保险公司—博物馆—桔园新村—百绿园—东山公寓—东山隧道东口—弘生集团—金湖集团—甬东—陈家岙—高云水库—郭家堂—东方润园—桃湾二区—桃湾一区—临城街道—烟草大厦—新城医院—新城机关幼儿园—丰茂菜场—桂花城—万塘—双阳—科来华国际广场—船用品市场—广安医院—浦西陶瓷市场—舟渔宿舍—勾山街道—新塘站—煤气站—徐家站—变电站—舵岙—普陀图书馆—海洋科技馆—杨岭—机场—农场—钓果峙—农场南—垃圾场—五眼—朱家尖（大洞岙）（49）	15辆金旅50座	54	10–15
26路	三江码头—东港总站	45	6.5	三江码头—文化路—环城北路—昌洲大道—海天大道—金岛路—沧海道—星岛路—海月道—港岛路—海天大道—东海路—东港隧道—纬二路—海印路—东港总站	三江码头—三江口—光一村（三潭）—三江社区—光三村—江四村—中峰庙—颜家—平石岭（招）—龙潭坑—五雷寺—长春—乌峰庙—大西岙—城北水库墩—海洋学院—413 医院—青少年宫—机关幼儿园—合源新村—长城花园—紫竹公寓—昌洲花苑—城东街道—金色雅苑—党校—黄土岭加油站—惠民桥—鳌头浦—昌国食品—海运学院—恒大晶筑城—新城公交总站—临城商业街—临城街道—烟草大厦—邦泰城西门—星岛路—新城时代—桂花城—万塘—双阳—科来华国际广场—船用品市场—广安医院—浦西陶瓷市场—公交停车场—普陀三中—海洋生物园区—兴业公司—中沙头—茶湾墩头—海珍苑—蒲湾二区—蒲湾一区—普陀汽车站—明珠花园—沈家门饭店—天丰楼（返回：海中洲饭店）—永兴村—华锦苑（返回：颐景园南门）—龙门公寓（返回：颐景园东门）—华荣公寓（返回无站）—东港贸易城（返回：东港体育馆）—碧海莲缘—东港商务中心西门—普陀卫生大楼—东港总站（68）	16辆吉江66座 2辆宇通60座	56	10–15

续表 2

线路	起始站点	里程	全程票价	途经线路	途经站点	车辆车型	日发班次	发车间隔时间（分钟）
27路	鸭蛋山轮渡码头—蜈蚣峙	37	3	鸭蛋山轮渡码头—环城南路—环城东路—表垒头路—东山隧道—弘生大道—昌洲大道—海天大道—东海路—东港隧道—海莲路—平东线—蜈蚣峙码头	鸭蛋山轮渡码头—鸭蛋山大转盘—盐仓中心小学—海富村—金鹰公寓—兴舟村—海龙村—娄家—客运中心—兴中路—西园街—孝娘桥—环南停车场—新露亭公寓—金海饭店—弘生世纪城—海滨桥—机场路—东山隧道东口—弘生集团—甬兴—金湖集团—甬东—黄土岭加油站—惠民桥—鳌头蒲—昌国食品—海运学院—恒大晶筑城—新城公交总站—公安大楼—市政府南门—万塘—双阳—科来华国际广场—船用品市场—广安医院—浦西陶瓷市场—公交停车场—普陀三中—海洋生物园区—兴业公司—中沙头—茶湾墩头—海珍苑—蒲湾二区—蒲湾一区—普陀汽车站—明珠花园—沈家门饭店—天丰楼（返回：海中洲饭店）—永兴村—莲花公寓—祥云山庄（东港医院）—山水人家—普陀图书馆—大桥东口—泗苏村—水产研究所—碶门墩—蜈蚣峙（61）	24辆宇通75座	84	9–15 夜：15
28	港务码头—欧尚	29	3	港务码头—人民南路—解放东路—新桥路—昌洲大道—海天大道—千岛路—海宇道—港岛路—海天大道—东海路—东港隧道—海莲路—金城街—海舟路—欧尚	港务码头—露亭宾馆—第三人民医院—文化广场—双拥广场—东门车站—梅园新村—骨伤医院—港城公寓—檀东颐景园—定海公交东站—党校—黄土岭加油站—惠民桥—鳌头浦—昌国食品—海运学院—恒大晶筑城—新城公交总站—公安大楼—绿城大酒店—市政府北门—邦泰城—丰茂菜场—桂花城—万塘—双阳—科来华国际广场—船用品市场—广安医院—浦西陶瓷市场—公交停车场—普陀三中—海洋生物园区—兴业公司—中沙头—茶湾墩头—海珍苑—蒲湾二区—蒲湾一区—普陀汽车站—明珠花园—沈家门饭店—天丰楼（返回：海中洲饭店）—永兴村—莲花公寓—祥云山庄（东港医院）—新城花园—锦江花苑（和润花苑）—欧尚超市（49）	22辆宇通75座	112	8–10 夜：10–15分钟

续表 3

线路	起始站点	里程	全程票价	途经线路	途经站点	车辆车型	日发班次	发车间隔时间（分钟）
29	鸭蛋山轮渡码头—半升洞	34	3	鸭蛋山轮渡码头—解放西路—环城西路—昌国路—环城东路—解放东路—新桥路—昌洲大道—沧海道—勾山—平阳浦—东海路—食品厂路—兴建路—滨港路—半升洞	鸭蛋山轮渡码头—鸭蛋山大转盘—盐仓中心小学—海富村—金鹰公寓—兴舟村—海龙村—娄家—竹山门—西园菜场—西园饭店—西关新村—将军桥—舟山中学—祖印寺—定海一中—东门口—东门车站—梅园新村—骨伤医院—港城公寓—檀东颐景园—定海公交东站—党校—三联小学—三官堂—黄土岭—大青岙（河金鱼山）—惠民桥—韩家塘—碶头山—章家庙（舟山中学）—气象局—翁洲小区—老碶菜场—烟草大厦—新城医院—绿岛新村—东荡田—建材城—两眼碶—九眼碶—勾山变电站—勾山—浅水湾—平阳浦—板桥头—海洋生物园区—兴业公司—中沙头—茶湾墩头—海珍苑—浦湾二区—蒲湾一区—普陀汽车站—食品厂路（返回无停靠站点）—伏虎路—东方红—龙眼—荷外—港都—荷东—半升洞（63）	13辆金龙46座 3辆金旅51座	62	10–15
30路	定海公交东站—外螺头	16.5	2	定海公交东站—檀东颐景园—新桥路—解放东路—环城东路—环城南路—环城西路—解放西路—西山路—昌洲大道—外螺头	定海公交东站—檀东颐景园—港城公寓（舟山二中）—畚金花苑—骨伤医院—梅园新村—东门邮政—东门车站—东海路口—保险公司—金海饭店—新露亭公寓—环南停车场—海山电影院—西关新村—西园饭店—西园菜场—电焊机厂—凯灵中学—福利院—茅岭墩—茅岭北—蔡家墩—小岭下—山高地—叶家—上游村—大井头—金鹰公司—螺头岭—老虎山—盐仓船厂—外螺头村—外螺头（34）	1国内友谊32座	6	
31路	定海公交车站—鸭蛋山轮渡码头	10.5	2	定海公交东站—双拥路—昌洲大道—昌国路—环城东路—解放东路—人民南路—环城南路—兴舟大道—鸭蛋山轮渡码头	定海公交东站—金色雅苑—城东街道—昌洲花苑—紫竹公寓—檀树新村—广电中心—东门口—双拥广场—文化广场—第三人民医院—露亭宾馆—环南停车场—孝娘桥—西园街—兴中路—区交警队—客运中心—竹山公园—娄家—海龙村—兴舟村—金鹰公寓—海富村—盐仓中心小学—鸭蛋山大转盘—鸭蛋山轮渡码头（27）	10辆金龙68座	79	7–12 夜：20
32路	鸿毛湾—舟胜高墙门	11.5	2	鸿毛湾—昌洲大道—双拥路—小洋岙村—颐景园路—新桥路—解放路—西山路—青岭路—虹桥—舟胜高墙门	鸿毛湾—颐景山庄—碧水蓝天—小洋岙村—阳光园—颐景园路—港城公寓—畚金花苑—骨伤医院—梅园新村—东门邮政—东门车站—双拥广场—文化广场—南珍菜场—西关新村—西园饭店—西园菜场—电焊机厂—凯灵中学—福利院—茅岭墩—茅岭北—蔡家墩—青岭路—虹桥—正磊预制厂—舟胜高墙门（28）	10辆宇通60座	65	10–20

续表 4

线路	起始站点	里程	全程票价	途经线路	途经站点	车辆车型	日发班次	发车间隔时间(分钟)
33路	甬东—海洋学院			甬东—弘生大道—东山隧道—青垒头路—沿港东路—人民路—环城北路—文化路—海洋学院	老鹰山(招呼站)—甬东—金湖集团—甬兴—弘生集团—东山隧道东口—东山隧道西口—建材城—机场路—海滨桥—华定大厦—海滨公园—钻石楼—露亭宾馆—第三人民医院—建设银行—电信大楼—移动公司—舟医院住院部—北园新村—机关幼儿园—青少年宫—413 医院—海洋学院(23)	11辆友谊34座	88	8–15
	海洋学院—甬东	9.5	2	海洋学院—文化路—环城北路—人民路—沿港东路—青垒头路—东山隧道—弘生大道—甬东	海洋学院—413 医院—青少年宫—机关幼儿园—北园新村—舟医住院部—移动公司—电信大楼—建设银行—第三医院—露亭宾馆—钻石楼—海滨公园—华定大厦—海淀桥—机场路—建材城—东山隧道西口—东山隧道东口—弘生集团—甬兴—金湖集团—甬东(22)			
34路	定海公交东站—老塘山—岑港	23.5	3	定海公交东站—新桥路—解放东路—环城东路—环城南路—兴舟大道—鸭老线—新司前街—岑港	定海公交东站—檀东颐景园—港城公寓(舟山二中)—畚金花苑—骨伤医院—梅园新村—东门邮政—东门车站—东海路口—保险公司—金海饭店—新露亭公寓—环南停车场—孝娘桥—西园街—兴中路—区交警队—客运中心—竹山公园(四八零六)—娄家—海龙村—兴舟村—金鹰公寓—海富村—盐仓中心小学—鸭蛋山大转盘—金鹰公司—螺头岭—老虎山—螺头王—敬老院—黄沙—新村 2—新村 1—潮面—外山头—石礁—野鸭山—紫薇农场—上山头—老塘山加油站—中海粮油—隧道口—码头—老鼠山—桃花苑—大桥下—司前老塘站—金船船配—岑港镇政府—望海桥(招呼站)—岑港(51)	4辆金龙46座 5辆金龙51座	45	10–20
35路	港务码头—舟山第一小学	14	2	港务码头—人民南路—解放东路—新桥路—昌洲大道—沧海道—千岛路—海宇道—新城小学	港务码头(钻石楼)—露亭宾馆—第三人民医院—文化广场—双拥广场—东门车站—东门邮政—梅园新村—骨伤医院—畚金花苑—港城公寓(舟山二中)—檀东颐景园—定海公交东站—党校—黄土岭加油站—惠民桥—韩家塘—碶头山—章家庙(舟山中学)—气象局—翁洲小区—老碶菜场—临城街道—市政府北门—邦泰城—移动大楼—舟山第一小学(27)	3辆宇通19座 1辆金龙55座 9辆金旅57座	76	8–20
兼	港务码头—龙舌	16	2	港务码头—人民南路—解放东路—新桥路—昌洲大道—沧海道—两眼契—龙舌	港务码头—露亭宾馆—第三人民医院—文化广场—双拥广场—东门车站—东门邮政—梅园新村—骨伤医院—畚金花苑—港城公寓—檀东颐景园—定海公交东站—党校—黄土岭加油站—惠明桥—韩家塘—碶头山—章家庙(舟山中学)—气象局—翁洲小区—老碶菜场—临城街道—新城舟山医院—东荡田—二眼碶—荷胜—龙舌(28)		4	

续表 5

线路	起始站点	里程	全程票价	途经线路	途经站点	车辆车型	日发班次	发车间隔时间（分钟）
兼	港务码头—洞岙—高峰	19.8	3	港务码头—人民南路—解放东路—新桥路—昌洲大道—港海道—星岛路—洞岙—高峰	港务码头—露亭宾馆—第三人民医院—文化广场—双拥广场—东门车站—东门邮政—梅园新村—骨伤医院—畚金花苑—港城公寓—檀东颐景园—定海公交东站—党校—黄土岭加油站—惠明桥—韩家塘—碶头山—章家庙（舟山中学）—气象局—杨家嘴—小青湾—青湾—华中—洞岙—新城村—水库下—高峰（28）	1 辆宇通 24 座	5	
36 路	定海公交东站—长春	16.5	2	定海公交东站—新桥路—解放路—西山路—青岭路—虹桥—长春	定海公交东站—檀东颐景园—港城公寓（舟山二中）—畚金花苑—骨伤医院—梅园新村—东门邮政—东门车站—双拥广场—文化广场—南珍菜场—西关新村—西园饭店—西园菜场—电焊机厂—凯灵中学—福利院—茅岭墩—茅岭北—蔡家墩—青岭路—虹桥—上星村—红星村—颂河—共裕—长春（27）	2 辆友谊 26 座	12	
37 路	娄家—舟山第一小学	18.8	2	娄家—解放西路—环城西路—腾坑湾路—环城北路—昌洲大道—海天大道—千岛路—海宇道—绿岛路—舟山第一小学	娄家—竹山门—西园菜场—西园饭店—西关新村—将军桥—滕坑湾—海山公园—北园新村—合源新村—长城花园—柴竹公寓—昌洲花苑—城东街道—金色雅苑—党校—黄土岭加油站—惠民桥—鳌头浦—昌国食品—海运学校—恒大晶筑城—新城公交总站—公安大楼—绿城大酒店—市政府北门—邦泰城—移动大楼—舟山第一小学（29）	1 辆宇通 61 座；5 辆金龙 55 座；4 辆厦门金龙 94 座	54	7–20 夜：25
38 路	舟医住院部—长峙—岙山	23.5	3	舟医住院部—人民路—环城南路—环城东路—青垒头路—东山隧道—昌洲大道—海天大道—新城大桥—长峙—岙山村	舟医住院部—移动公司—电信大楼—建设银行—第三人民医院—露亭宾馆—新露亭公寓—金海饭店—东港桥—弘生世纪城—海滨桥—机场路—建材城—军粮加工厂—虹庙—中化兴中码头—凤凰山—江口浦—甬庆—华富石材市场—甬东—十六门—电厂—惠民桥—鳌头浦—昌国食品—海运学院—长升村—马鞍村—新区—山门邮局—王家墩村—碶门口—郑家马鞍—谢家山—后岸唐家湾—新后岸村—后岸大桥下—岙山村（38）	8 辆金龙 46 座	40	12–30
兼	舟医住院部—长峙	17.3	3	舟医住院部—人民南路—环城南路—环城东路—青垒头路—东山隧道—昌洲大道—海天大道—新城大桥—长峙—岙山码头	舟医住院部—移动公司—电信大楼—建设银行—第三人民医院—露亭宾馆—新露亭公寓—金海饭店—东港桥—弘生世纪城—海滨桥—机场路—建材城—军粮加工厂—虹庙—中化兴中码头—凤凰山—江口浦—甬庆—华富石材市场—甬东—十六门—电厂—惠民桥—鳌头浦—昌国食品—海运学院—长升—马鞍村—新区—山门邮局—前盐村—长峙村—碶门口—盐山（岙山码头）（34）	1 辆金龙 51 座；3 辆友谊 34 座	20	15–55

续表 6

线路	起始站点	里程	全程票价	途经线路	途经站点	车辆车型	日发班次	发车间隔时间(分钟)
39路	港务码头—大展	26	5	港务码头—人民南路—解放东路—新桥路—昌洲大道—沧海道—千岛路—黄场尖隧道—展茅	港务码头(钻石楼)—露亭宾馆—第三人民医院—文化广场—双拥广场—东门车站—东门邮政—梅园新村—骨伤医院—畚金花苑—港城公寓(舟山二中)—檀东颐景园—定海公交车站—党校—黄土岭加油站—惠民桥—韩家塘—碶头山—章家庙(舟山中学)—气象局—翁洲小区—老碶菜场—临城街道—花园大酒店—后半浦—金鸡山—大城中学—新碶头—城隍头—新城村—上南山—同胜村—水库下—倪家—芮家—庙后—大展敬老院—路下徐—上潘孙郑家—上潘孙—太平桥—大展(42)	1辆金龙67座 6辆金龙45座	30	18–30
41	定海公交东站—六井	13	2	定海公交东站—新桥路—解放路—西山路—盐仓乡—六井	定海公交东站—檀东颐景园—港城公寓(舟山二中)—畚金花苑—伤医院—梅园新村—东门邮政—东门车站—双拥广场—文化广场—南珍菜场—西关新村—西园饭店—西园菜场—电焊机厂—凯灵中学—福利院—茅岭墩—茅岭北—蔡家墩—定海六中—田岙—六井(潮面)(23)	1辆友谊26座	7	
42路	定海公交东站—外山头	12.5	2	定海公交东站—新桥路—解放路—西山路—盐仓乡—外山头	定海公交东站—檀东颐景园—港城公寓(舟山二中)—畚金花苑—骨伤医院—梅园新村—东门邮政—东门车站—双拥广场—文化广场—南珍菜场—西关新村—西园饭店—西园菜场—电焊机厂—凯灵中学—福利院—茅岭墩—茅岭北—蔡家墩—定海六中—庆裕村—庆胜村—林家—外山头(25)	1辆友谊32座	7	
81路	舟山第一小学—山门邮局	8.5	1	新城小学—海宇道—港岛路—海月道—星岛路—沧海道—金岛路—海天大道—新城大桥—山门邮局	舟山第一小学—移动大楼—丰茂菜场—荷塘月色—新城时代—星岛路—邦泰城西门—烟草大厦—临城街道—老碶菜场—老碶商业街—新城公交总站(临城加油站)—恒大晶筑城—长升村—马鞍村—新区—山门邮局(16)	6辆友谊34座	59	10
旅游2线	草子坑—桔园	6	1.5	草子坑—白虎山路—解放西路—人民南路—环城南路　桔园	草子坑—大石头跟—聋哑学校—海山小学—西园饭店—西关新村(西门台客隆)—南珍菜场—第三人民医院(定海公园)—露亭宾馆(半露亭)—新露亭公寓(东岳山)—金海饭店—东港浦新村—博物馆—桔园(14)	6辆友谊26座	65	9–20
旅游3线	草子坑—桔园	6	1.5	草子坑—尾山路—城西河路—解放西路—人民中路—人民北路—环城北路—黄家契路—昌国路—昌洲大道—东瀛路—东山路—桔园	草子坑—大石头跟—城西路—西园菜场—西园饭店—西关新村—南珍菜场—建设银行—电信大楼—移动公司—北园新村—合源新村—开源新村—广电中心—檀树新村—紫竹公寓—昌洲花苑—檀枫新苑—骨伤医院—东山路—兰沁公寓—桔园(22)	6辆友谊26座	65	9–20

续表 7

线路	起始站点	里程	全程票价	途经线路	途经站点	车辆车型	日发班次	发车间隔时间(分钟)
游1	娄家—马岙	17	3	娄家—环城南路—环城东路—文化路—马岙	娄家—客运中心—区交警队—兴中路—西园街—孝娘桥—环南停车场—新露亭公寓—金海饭店—保险公司—东海路口—东门口—香园小区—机关幼儿园—青少年宫—413 医院—海洋学院—城北水库墩—大西岙—乌峰庙—长春—五雷寺—龙潭坑—平石岭—颜家—五一站—沙塘潭—马岙老站—文化楼（28）	7辆宇通60座	46	15–20
兼	娄家—北海	21	3	娄家—环城南路—环城东路—文化路—马岙—北海	娄家—客运中心—区交警队—兴中路—西园街—孝娘桥—环南停车场—新露亭公寓—金海饭店—保险公司—东海路口—东门口香园小区(新华侨饭店）—机关幼儿园—青少年宫—413 医院—海洋学院—城北水库墩—大西岙—乌峰庙—长春—五雷寺—龙潭坑—平石岭—颜家—五一站—沙塘潭—马岙老站—文化楼—古文化遗址—江源工贸公司—北海四叉路口—北海（33）		3	
50路	东门车站—三江码头	16	3	东门车站—解放东路—环城东路—文化路—三江码头	东门车站—东门口—香园小区—机关幼儿园—青少年宫—413 医院—海洋学院—城北水库墩—大西岙—乌峰庙—长春—五雷寺—龙潭坑—中峰庙—光四村—光三村—三江社区—光一村（三潭）—三江码头（19）	15辆宇通61座	105	8
51路	娄家—白泉	14	2	娄家—环城南路—环城东路—文化路—白泉	娄家—客运中心—区交警队—兴中路—西园街—孝娘桥—环南停车场—新露亭公寓—金海饭店—保险公司—东海路口—东门口—香园小区—机关幼儿园—青少年宫—天主教堂—海洋学院（东校区）—东湾—隧道东口—胜建—笔架山—庙后庄—舒家水泥路—皋泄—顾氏医院—白泉车站—白泉镇政府（27）	11辆金旅57座	77	10–15
52路	娄家—马岙—毛峙	24	4.5	娄家—环城南路—环城东路—文化路—马岙—毛峙	娄家—客运中心—区交警队—兴中路—西园街—孝娘桥—环南停车场—新露亭公寓—金海饭店—保险公司—东海路口—东门口—香园小区—机关幼儿园—青少年宫—413 医院—海洋学院—城北水库墩—大西岙—乌峰庙—长春—五雷寺—龙潭坑—平石岭—颜家—中峰庙—马岙菜场—马岙博物馆—北海小区—古文化遗址—三星社区—上袁村—下袁村（招呼站）—化城庵—沙交—滨海社区—五星—姚家 2—姚家 1—金鹰集团—陈家—庙桥公园—庙桥东路—小沙（43）	5辆宇通59座	15	20–115
兼	娄家—马岙—长白码头	27	5	娄家—环城南路—环城东路—文化路—马岙—长白码头	娄家—客运中心—区交警队—兴中路—西园街—孝娘桥—环南停车场—新露亭公寓—金海饭店—保险公司—东海路口—东门口—香园小区—机关幼儿园—青少年宫—413 医院—海洋学院—城北水库墩—大西岙—乌峰庙—长春—五雷寺—龙潭坑—平石岭—颜家—中峰庙—马岙菜场—马岙博物馆—北海小区—古文化遗址—三星社区—上袁村—下袁村（招呼站）—化成庵—沙交—滨海社区—小沙碶头—长白码头（36）		10	

续表 8

线路	起始站点	里程	全程票价	途经线路	途经站点	车辆车型	日发班次	发车间隔时间（分钟）
53路	东门车站—西码头	19	3.5	东门车站—解放东路—新桥路—昌洲大道—三官堂—白泉—西码头	东门车站—东门邮政—梅园新村—骨伤医院—畚金花苑—港城公寓—檀东颐景园—定海公交东站—党校（单向停靠，白泉—定海方向停）—三联小学—三官堂—沙滩—郑家塘—大平里—塘高岭—魏家—毛洋周桥头—毛洋周—千荷小学—弄口—舒家水泥路—皋泄—顾氏医院—白泉车站—虞家站—龙舌（返回：金山社区）—水库墩—教导队—黄沙周—干礅—东方红桥头—干礅镇政府—西码头（31）	12辆宇通	76	7–15
兼	东门车站—白泉	12	2	东门车站—解放东路—新桥路—昌洲大道—三官堂—白泉	东门车站—东门邮政—梅园新村—骨伤医院—畚金花苑—港城公寓—檀东颐景园—定海公交东站—党校（单向停靠，白泉—定海方向停）—三联小学—三官堂—沙滩—郑家塘—大平里—塘高岭—魏家—毛洋周桥头—毛洋周—千荷小学—弄口—舒家水泥路—皋泄—顾氏医院—白泉车站、（22）		1	
兼	东门车站—小芦	21	4	东门车站—解放东路—新桥路—昌洲大道—三官堂—白泉—小芦	东门车站—东门邮政—梅园新村—骨伤医院—畚金花苑—港城公寓—檀东颐景园—定海公交东站—党校（单向停靠，白泉—定海方向停）—三联小学—三官堂—沙滩—郑家塘—大平里—塘高岭—魏家—毛洋周桥头—毛洋周—千荷小学—弄口—舒家水泥路—皋泄—顾氏医院—白泉车站—虞家站—龙舌路（返回：金山社区）—水库墩—教导队—黄沙周—干礅—东方红桥头—友谊站—干礅镇政府—下沙头—双庙社区—外邵118号—小芦（33）		1	
兼	东门车站—鲍家	19	3.5	东门车站—解放东路—新桥路—昌洲大道—三官堂—白泉—鲍家	东门车站—东门邮政—梅园新村—骨伤医院—畚金花苑—港城公寓—檀东颐景园—定海公交东站—党校（单向停靠，白泉—定海方向停）—三联小学—三官堂—沙滩—郑家塘—大平里—塘高岭—魏家—毛洋周桥头—毛洋周—千荷小学—弄口—舒家水泥路—皋泄—顾氏医院—白泉车站—虞家站—龙舌（返回：金山社区）—水库墩—教导队—黄沙周—干礅—卫民路—鲍家（28）		2	
兼	东门车站—双庙	20	4	东门车站—解放东路—新桥路—昌洲大道—三官堂—白泉—双庙	东门车站—东门邮政—梅园新村—骨伤医院—畚金花苑—港城公寓—檀东颐景园—定海公交东站—党校（单向停靠，白泉—定海方向停）—三联小学—三官堂—沙滩—郑家塘—大平里—塘高岭—魏家—毛洋周桥头—毛洋周—千荷小学—弄口—舒家水泥路—皋泄—顾氏医院—白泉车站—虞家站—龙舌路（返回：金山社区）—水库墩—教导队—黄沙周—干礅—东方红桥头—友谊站—干礅镇政府—下沙头—双庙社区（31）		3	

续表 9

线路	起始站点	里程	全程票价	途经线路	途经站点	车辆车型	日发班次	发车间隔时间（分钟）
55路	定海公交东站—毛竹山	16	2	定海公交东站—新桥路—解放东路—环城东路—文化路—天主教堂—东皋岭隧道—白泉路—毛竹山	定海公交东站—檀东颐景园—港城公寓—畚金花苑—骨伤医院—梅园新村—东门邮政—东门车站—东门口—香园小区—机关幼儿园—青少年宫—天主教堂—海洋学院（东校区）—东湾—隧道东口—胜建—毕家山—庙后庄—舒家水泥路—皋泄—顾氏医院—白泉车站—顾氏医院—东宫桥—东湖—梅山路—龙舌岙—潮面—秧田岙—全家—毛竹山（31）	4辆宇通29座	24	15–30
56路	定海公交东站—狭门—毛峙	27	5	定海公交东站—双拥路—昌洲大道—昌国路—环城西路—解放西路—西山路—桥头施—狭门—毛峙	定海公交东站—金色雅苑—城东街道—昌洲花苑—紫竹公寓—檀树新村—广电中心—定海一中—祖印寺—舟山中学—将军桥—西关新村—西园饭店—西园菜场—电焊机厂—凯灵中学—茅岭墩—蔡家墩—定海六中—小山干—黄家湾—柳家—东方周家（新设暂未用）—桥头施卫生院—桥头施—南山总路—汪高岭（已启用）—东岳山—浦东—南善桥—鲍家洋—侯家—邬家岩（已启用）—风雨亭—永丰（单向、返回停靠）—狭门骆家—庙园—里回峰—狭门 2—狭门 1—狭门水库下—大岭（已启用）—小沙鲍家（白水桥）—花厅村—小沙—庙桥东路—庙桥公园—陈家—金鹰集团—姚家 1—姚家 2—五星—毛峙（50）	7辆宇通59座	19	15–70
兼	定海公交东站—狭门—长白码头	27	5	定海公交东站—双拥路—昌洲大道—昌国路—环城西路—解放西路—西山路—桥头施—狭门—小沙—长白码头	定海公交东站—金色雅苑—城东街道—昌洲花苑—紫竹公寓—檀树新村—广电中心—定海一中—祖印寺—舟山中学—将军桥—西关新村—西园饭店—西园菜场—电焊机厂—凯灵中学—茅岭墩—蔡家墩—定海六中—小山干—黄家湾—柳家湾—柳家—东方周家（新设暂未用）—桥头施卫生院—桥头施—南山总路—汪高岭（已启用）—东岳山—浦东—南善桥—鲍家洋—侯家—邬家岩（已启用）—风雨亭—永丰（单向、返回停靠）—狭门骆家—庙园—里回峰—狭门 2—狭门 1—狭门水库下—大岭（已启用）—小沙鲍家（白水桥）—花厅村—小沙—庙桥东路—庙桥公园—乐家门口—乐家—海丰—海丰三官塘—寨湾里—小沙碶头—长白码头（50）		6	

续表 10

线路	起始站点	里程	全程票价	途经线路	途经站点	车辆车型	日发班次	发车间隔时间（分钟）
57路	定海公交东站—北马峙	21.5	3.5	定海公交东站—新桥路—解放东路—环城东路—文化路—气象台路—73省道—三西线—万金湖路—宝岛路—电厂路—北马峙	定海公交东站—檀东颐景园—港城公寓—畚金花苑—骨伤医院—梅园新村—东门邮政—东门车站—东门口—香园小区—机关幼儿园—青少年宫—天主教堂—海洋学院（东校区）—东湾—隧道东口—胜建—毕家山—庙后庄—舒家水泥路—皋泄—顾氏医院—白泉车站—白泉镇政府—万锦湖鱼庄—开发区第一站（经三路）—友宁（经五路）—北马峙（28）	2辆宇通59座	8	
兼	定海公交东站—金山	14	2.5	定海公交东站—新桥路—解放东路—环城东路—文化路—天主教堂—东皋岭隧道—白泉路—金山	定海公交东站—檀东颐景园—港城公寓—畚金花苑—骨伤医院—梅园新村—东门邮政—东门车站—东门口—香园小区—机关幼儿园—青少年宫—天主教堂—海洋学院（东校区）—东湾—隧道东口—胜建—毕家山—庙后庄—舒家水泥路—皋泄—顾氏医院—白泉车站—虞家站—龙舌（返回：金山社区）—金星村叉口—金山体育中心—金山村委（29）		5	
58路	定海公交东站—岑港	18	3	定海公交车站—新桥路—解放东路—环城东路—昌国路—环城西路—解放西路—西山路—桥头施—岑港	定海公交东站—檀东颐景园—港城公寓—畚金花苑—骨伤医院—梅园新村—东门邮政—东门车站—东门口—定海一中—祖印寺—舟山中学—将军桥—西关新村—西园饭店—西园菜场—电焊机厂—凯灵中学—茅岭墩—蔡家墩—定海六中—小山干—黄家湾—柳家—东方周家（新设暂未用）—桥头施卫生院—桥头施—南山总路—汪高岭（已启用）—东岳山—浦东—南善桥—双桥镇政府—应周路—大岭下—小岭下—桥头社区—岑港车站（38）	7辆金龙68座	33	15–30
兼	定海公交东站—柴戴	23	3	定海公交东站—新桥路—解放东路—环城东路—昌国路—环城西路—解放西路—西山路—桥头施—岑港—柴戴	定海公交东站—檀东颐景园—港城公寓—畚金花苑—骨伤医院—梅园新村—东门邮政—东门车站—东门口—定海一中—祖印寺—舟山中学—将军桥—西关新村—西园饭店—西园菜场—电焊机厂—凯灵中学—茅岭墩—蔡家墩—定海六中—小山干—黄家湾—柳家—东方周家（新设暂未用）—桥头施卫生院—桥头施—南山总路—汪高岭（已启用）—东岳山—浦东—南善桥—双桥镇政府—应周路—大岭下—小岭下—桥头社区—桥头饭店—大庙6号—大庙57号—大庙站（招呼站）—岩头王—柴戴（43）		5	

续表 11

线路	起始站点	里程	全程票价	途经线路	途经站点	车辆车型	日发班次	发车间隔时间（分钟）
59路	娄家—钓门	28	5.5	娄家—环城南路—东河路—新桥路—三官堂—白泉—北蝉—钓门	娄家—客运中心—区交警队—兴中路—西园街—孝娘桥—环南停车场—新露亭公寓—金海饭店—东港浦新村—丁香桥—梅园新村—骨伤医院—畚金花苑—港城公寓—檀东颐景园—定海公交东站—党校（单向停靠，白泉—定海方向停）—三联小学—三官堂—沙滩—郑家塘—大平里—塘高岭—魏家—毛洋周桥头—毛洋周—千荷小学—弄口—舒家水泥路—皋泄—顾氏医院—白泉车站—白泉镇政府—宝岛路—河东桥头陈—半路秦—河东—岙底陈—大支—碶头山—黄家—方家—陆家—北蝉—何家—里沙厅—淡水坑—蒲湾—六春岙—茅岭下（招呼站）—钓门（后沙头）—钓山站（50）	7辆友谊32座	19	25–55
兼	娄家—北蝉	23	4.5	娄家—环城南路—东河路—新桥路—三官堂—白泉—北蝉	娄家—客运中心—区交警队—兴中路—西园街—孝娘桥—环南停车场—新露亭公寓—金海饭店—东港浦新村—丁香桥—梅园新村—骨伤医院—畚金花苑—港城公寓—檀东颐景园—定海公交东站—党校（单向停靠，白泉—定海方向停）—三联小学—三官堂—沙滩—郑家塘—大平里—塘高岭—魏家—毛洋周桥头—毛洋周—千荷小学—弄口—舒家水泥路—皋泄—顾氏医院—白泉车站—白泉镇政府—宝岛路—河东桥头陈—半路秦—河东—岙底陈—大支—碶头山—黄家—方家—陆家—北蝉（34）		2	
兼	娄家—黄沙	25	4.5	娄家—环城南路—东河路—新桥路—三官堂—白泉—北蝉是—黄沙	娄家—客运中心—区交警队—兴中路—西园街—孝娘桥—环南停车场—新露亭公寓—金海饭店—东港浦新村—丁香桥—梅园新村—骨伤医院—畚金花苑—港城公寓—檀东颐景园—定海公交东站—党校（单向停靠，白泉—定海方向停）—三联小学—三官堂—沙滩—郑家塘—大平里—塘高岭—魏家—毛洋周桥头—毛洋周—千荷小学—弄口—舒家水泥路—皋泄—顾氏医院—白泉车站—白泉镇政府—宝岛路—河东桥头陈—半路秦—河东—岙底陈—大支—碶头山—黄家—方家—陆家—北蝉—北蝉小学—东山后—黄沙（37）		4	

续表 12

线路	起始站点	里程	全程票价	途经线路	途经站点	车辆车型	日发班次	发车间隔时间(分钟)
兼	娄家—海丰	27	5	娄家—环城南路—东河路—新桥路—三官堂—白泉—北蝉—海丰	娄家—客运中心—区交警队—兴中路—西园街—孝娘桥—环南停车场—新露亭公寓—金海饭店—东港浦新村—丁香桥—梅园新村—骨伤医院—畚金花苑—港城公寓—檀东颐景园—定海公交东站—党校(单向停靠,白泉—定海方向停)—三联小学—三官堂—沙滩—郑家塘—大平里—塘高岭—魏家—毛洋周桥头—毛洋周—千荷小学—弄口—舒家水泥路—皋泄—顾氏医院—白泉车站—白泉镇政府—宝岛路—河东桥头陈—半路秦—河东—岙底陈—大支—碶头山—黄家—方家—陆家—北蝉—北蝉小学—洪家桥头—洪家隧道口—东狱宫—西田舍—东峰(小展)—海丰(39)		4	
兼	娄家—北马峙(新港工业园区)	26	5	娄家—环城南路—东河路—新桥路—三官堂—白泉—北蝉—北马峙	娄家—客运中心—区交警队—兴中路—西园街—孝娘桥—环南停车场—新露亭公寓—金海饭店—东港浦新村—丁香桥—梅园新村—骨伤医院—畚金花苑—港城公寓—檀东颐景园—定海公交东站—党校(单向停靠,白泉—定海方向停)—三联小学—三官堂—沙滩—郑家塘—大平里—塘高岭—魏家—毛洋周桥头—毛洋周—千荷小学—弄口—舒家水泥路—皋泄—顾氏医院—白泉车站—白泉镇政府—宝岛路—河东桥头陈—半路秦—河东—岙底陈—大支—碶头山—黄家—方家—陆家—北蝉—何家—外沙厅—中船重工—北马峙(38)		3	

续表 13

线路	起始站点	里程	全程票价	途经线路	途经站点	车辆车型	日发班次	发车间隔时间（分钟）
60路	定海公交东站—长坑	33	6	定海公交东站—双拥路—昌洲大道—昌国路—环城西路—解放西路—西山路—桥头施—岑港—烟墩—长坑	定海公交东站—金色雅苑—城东街道—昌洲花苑—紫竹公寓—檀树新村—广电中心—定海一中—祖印寺—舟山中学—将军桥—西关新村—西园饭店—西园菜场—电焊机厂—凯灵中学—茅岭墩—蔡家墩—定海六中—小山干—黄家湾—柳家—东方周家（新设暂未用）—桥头施卫生院—桥头施—南山总路—汪高岭（已启用）—东岳山—浦东—南善桥—双桥镇政府—应周路—大岭下—小岭下—桥头社区—岑港—望海桥（招呼站）—岑港镇政府—外回峰—涨次—小涨次—泰莱公司—木定次—木定次地片—丁家山—金塘弄—烟墩路口—烟墩—外弯（招呼站）—石秃岩—马鞍—农场—宫前—北斗岙—步枪湾—长坑（52）	6辆金旅28座 2辆宇通27座	10	60–75
兼	定海公交东站—宫前	29	5.5	定海公交东站—双拥路—昌洲大道—昌国路—环城西路—解放西路—西山路—桥头施—岑港—烟墩—宫前	定海公交东站—金色雅苑—城东街道—昌洲花苑—紫竹公寓—檀树新村—广电中心—定海一中—祖印寺—舟山中学—将军桥—西关新村—西园饭店—西园菜场—电焊机厂—凯灵中学—茅岭墩—蔡家墩—定海六中—小山干—黄家湾—柳家—东方周家（新设暂未用）—桥头施卫生院—桥头施—南山总路—汪高岭（已启用）—东岳山—浦东—南善桥—双桥镇政府—应周路—大岭下—小岭下—桥头社区—岑港—望海桥（招呼站）—岑港镇政府—外回峰—涨次—小涨次—泰莱公司—木定次—木定次地片—丁家山—金塘弄—烟墩路口—烟墩—外弯（招呼站）—石秃岩—马鞍—农场—宫前（45）		11	
兼	定海公交东站—紫窟	30	5.5	定海公交东站—双拥路—昌洲大道—昌国路—环城西路—解放西路—西山路—桥头施—岑港—烟墩—紫窟	定海公交东站—金色雅苑—城东街道—昌洲花苑—紫竹公寓—檀树新村—广电中心—定海一中—祖印寺—舟山中学—将军桥—西关新村—西园饭店—西园菜场—电焊机厂—凯灵中学—茅岭墩—蔡家墩—定海六中—小山干—黄家湾—柳家—东方周家（新设暂未用）—桥头施卫生院—桥头施—南山总路—汪高岭（已启用）—东岳山—浦东—南善桥—双桥镇政府—应周路—大岭下—小岭下—桥头社区—岑港—望海桥（招呼站）—岑港镇政府—外回峰—涨次—小涨次—泰莱公司—木定次—木定次地片—丁家山—金塘弄—烟墩路口—烟墩—外弯（招呼站）—石秃岩—马鞍—农场—管山咀—小坞丘—紫窟（51）		6	

续表 14

线路	起始站点	里程	全程票价	途经线路	途经站点	车辆车型	日发班次	发车间隔时间（分钟）
兼	定海公交东站—黄金湾	35	6	定海公交东站—双拥路—昌洲大道—昌国路—环城西路—解放西路—西山路—桥头施—岑港—烟墩—长坑—黄金湾	定海公交东站—金色雅苑—城东街道—昌洲花苑—紫竹公寓—檀树新村—广电中心—定海一中—祖印寺—舟山中学—将军桥—西关新村—西园饭店—西园菜场—电焊机厂—凯灵中学—茅岭墩—蔡家墩—定海六中—小山干—黄家湾—柳家—东方周家（新设暂未用）—桥头施卫生院—桥头施—南山总站—汪高岭（已启用）—东岳山—浦东—南善桥—双桥镇政府—应周路—大岭下—小岭下—桥头社区—岑港—望海桥（招呼站）—岑港镇政府—外回峰—涨次—小涨次—泰莱公司——木定次—木定次地片—丁家山—金塘弄—烟墩路口—烟墩—外弯（招呼站）—石秃岩—马鞍—农场—宫前—北斗岙—步枪湾—长坑—长坑山咀—黄金湾（54）		3	
61路	娄家—螺门	34	6	娄家—环城南路—东河路—新桥路—三官堂—白泉—北蝉—茅洋—大展—螺门	娄家—客运中心—区交警队—兴中路—西园街—孝娘桥—环南停车场—新露亭公寓—金海饭店—东港浦新村—丁香桥—梅园新村—骨伤医院—畚金花苑—港城公寓—檀东颐景园—定海公交东站—党校（单向停靠，白泉—定海方向停）—三联小学—三官堂—沙滩—郑家塘—大平里—塘高岭—魏家—毛洋周桥头—毛洋周—千荷小学—弄口—舒家水泥路—皋泄—顾氏医院—白泉车站—白泉镇政府—宝岛路—河东桥头陈—半路秦—河东—岙底陈—大支—碶头山—黄家—方家—陆家—北蝉—北蝉小学—洪家桥头—洪家隧道口—东狱宫—西田舍—东峰（小展）—高桥头—茅洋—松山村—庙后—路下徐—上潘孙郑家—上潘孙—太平桥—大展—大使岙—七眼碶—平地水库东—鱿鱼市场—螺门（65）	10辆金龙45座	39	20–25
62路	定海公交东站—岑港、大沙、光辉	28	5.5	定海公交东站—双拥路—昌洲大道—昌国路—环城西路—解放西路—西山路—桥头施—岑港—疏港公路—茶岭隧道—大沙—光辉	定海公交东站—金色雅苑—城东街道—昌洲花苑—紫竹公寓—檀树新村—广电中心—定海一中—祖印寺—舟山中学—将军桥—西关新村—西园饭店—西园菜场—电焊机厂—凯灵中学—茅岭墩—蔡家墩—定海六中—小山干—黄家湾—柳家—东方周家（新设暂未用）—桥头施卫生院—桥头施—南山总路—汪高岭（已启用）—东岳山—浦东—南善桥—双桥镇政府—应周路—大岭下—小岭下—桥头社区—岑港—望海桥（招呼站）—岑港镇政府—外回峰—涨次—小涨次—泰莱公司—木定次—木定次地片—隧道南站—张家—沙塘里—大沙—应家—陈家（招呼站）—光辉1—光辉（48）	6辆宇通59座	17	25–75

续表 15

线路	起始站点	里程	全程票价	途经线路	途经站点	车辆车型	日发班次	发车间隔时间（分钟）
兼	定海公交东站—沈毕家	29	6	定海公交东站—双拥路—昌洲大道—昌国路—环城西路—解放西路—西山路—桥头施—岑港—疏港公路—茶岭隧道—大沙—沈毕家	定海公交东站—金色雅苑—城东街道—昌洲花苑—紫竹公寓—檀树新村—广电中心—定海一中—祖印寺—舟山中学—将军桥—西关新村—西园饭店—西园菜场—电焊机厂—凯灵中学—茅岭墩—蔡家墩—定海六中—小山干—黄家湾—柳家—东方周家（新设暂未用）—桥头施卫生院—桥头施—南山总路—汪高岭（已启用）—东岳山—浦东—南善桥—双桥镇政府—应周路—大岭下—小岭下—桥头社区—岑港—望海桥（招呼站）—岑港镇政府—外回峰—涨次—小涨次—泰莱公司—木定次—木定次地片—隧道南站—张家—沙塘里—大沙—大沙街 147 号—红星—上王家—方家—地畈里—圆山—沈毕家—沈毕家村（49）		7	
64路	定海公交东站—狭门—小峙大	33	6	定海公交东站—双拥路—昌洲大道—昌国路—环城西路—解放西路—西山路—桥头施—狭门—小沙—大沙	定海公交东站—金色雅苑—城东街道—昌洲花苑—紫竹公寓—檀树新村—广电中心—定海一中—祖印寺—舟山中学—将军桥—西关新村—西园饭店—西园菜场—电焊机厂—凯灵中学—茅岭墩—蔡家墩—定海六中—小山干—黄家湾—柳家—东方周家（新设暂未用）—桥头施卫生院—桥头施—南山总路—汪高岭（已启用）—东岳山—浦东—南善桥—鲍家洋—候家—邬家岩（已启用）风雨亭—永丰（单向停靠、返回停靠）—狭门骆家—庙园—里回峰—狭门 2—狭门 1—狭门水库下—大岭（已启用）—小沙鲍家（白水桥）—花厅村—小沙—庙桥东路—庙桥公园—乐家门口—乐家—海丰—海丰三官塘—寨湾里—小沙碶头—小江尖—江尖 8 号—大江尖（江尖路）—青岙西路（大沙碶头）—竹峙山—峙岙塘（返回无站点）—溪门头（返回无站点）—大小店（返回无站点）—陷塘新区（返回无站点）—增辉社区—周黄畈 1 号—应家—大沙（兼营沈毕家 1 班）（57）	1辆金龙67座 3辆宇通59座	12	35–125
兼	定海公交东站—增洲船厂	33	6	定海公交东站—双拥路—昌洲大道—昌国路—环城西路—解放西路—西山路—桥头施—狭门—小沙—大沙碶头—峙岙塘—增洲船厂	定海公交东站—金色雅苑—城东街道—昌洲花苑—紫竹公寓—檀树新村—广电中心—祖印寺—舟山中学—将军桥—西关新村—西园饭店—西园菜场—电焊机厂—凯灵中学—茅岭墩—蔡家墩—定海六中—小山干—黄家湾—柳家—东方周家（新设暂未用）—桥头施卫生院—桥头施—南山总路—汪高岭（已启用）—东岳山—浦东—南善桥—鲍家洋—候家—邬家岩（已启用）—风雨亭—永丰（单向停靠、返回停靠）—狭门骆家—庙园—里回峰—狭门 2—狭门 1—狭门水库下—大岭（已启用）—小沙鲍家（白水桥）—花厅村—小沙—庙桥东路—庙桥公园—乐家门口—乐家—海丰—海丰三官塘—寨湾里—小沙碶头—小江尖—江尖 8 号—大江尖（江尖路）—青岙西路（大沙碶头）—竹峙山—峙岙塘—增洲船厂（55）		6	

续表 16

线路	起始站点	里程	全程票价	途经线路	途经站点	车辆车型	日发班次	发车间隔时间(分钟)
兼	定海公交东站—青林	31	6	定海公交东站—双拥路—昌洲大道—昌国路—环城西路—解放西路—西山路—桥头施—狭门—小沙—大沙碶头—峙岙塘—增洲船厂	定海公交东站—金色雅苑—城东街道—昌洲花苑—紫竹公寓—檀树新村—广电中心—定海一中—祖印寺—舟山中学—将军桥—西关新村—西园饭店—西园菜场—电焊机厂—凯灵中学—茅岭墩—蔡家墩—定海六中—小山干—黄家湾—柳家—东方周家(新设暂未用)—桥头施卫生院—桥头施—南山总路—汪高岭(已启用)—东岳山—浦东—南善桥—鲍家洋—侯家—邬家岩(已启用)—风雨亭—永丰(单向停靠、返回停靠)—狭门骆家—庙园—里回峰—狭门2—狭门1—狭门水库下—大岭(已启用)—小沙鲍家(白水桥)—花厅村—小沙—庙桥东路—庙桥公园—乐家门口—乐家—海丰—海丰三官塘—寨湾里—小沙碶头—小江尖—江尖8号—大江尖(江尖路)—青岙西路(大沙碶头)—青岙社区—杜王(招呼站)—青林招呼站—上叶(招呼站)—青林(55)		4	
66路	定海公交东站—大地畈	18	2	定海公交东站—新桥路—解放东路—环城东路—昌国路—环城西路—解放西路—西山路—桥头施—紫薇墩头—大地畈	定海公交东站—檀东颐景园—港城公寓—畚金花苑—骨伤医院—梅园新村—东门邮政—东门车站—东门口—定海一中—祖印寺—舟山中学—将军桥—西关新村—西园饭店—西园菜场—电焊机厂—凯灵中学—茅岭墩—蔡家墩—定海六中—小山干—黄家湾—柳家—东方周家(新设暂未用)—桥头施卫生院—桥头施—南山总路—汪高岭(已启用)—东岳山—浦东—南善桥—双桥镇政府—顾李—天童—百岁1区—墩头—毛家—大地畈(39)	2辆友谊33座	12	50–70
68路	定海公交东站—册子	34	6	定海公交东站—新桥路—东河路—环城南路—兴舟大道—鸭老线—舟山跨海大桥—富翅—册子南岙—桃夭门—册北	定海公交东站—港城公寓—骨伤医院—丁香桥—金海饭店—环南停车场—西园街—客运中心—海龙村(招呼站)—金鹰公司(招呼站)—富翅—南岙—桃夭门—册北(14)	2辆金龙39座 7辆宇通29座	40	15–30
69路	白泉—小沙	23	3	白泉—柯梅社区—东升社区—东碶头—镇政府—三江—马岙博物馆—三胜—五星—小沙	白泉车站—白泉镇政府—华狮啤酒厂—中竹岭下—大胜路口—柯梅窑厂—柯梅社区—柯梅岭墩—东升站—变压器停靠站—东碶头—干碳镇政府—西码头菜场—下沙头—双庙社区—老鹰山咀(招呼站)—船厂(招呼站)—华其山(招呼站)—光一菜场—三江口—光一村(三潭)—三江社区—光三村—光四村—马岙菜场—马岙博物馆—北海小区—古文化遗址—三星社区—上袁村—下袁村(招呼站)—华城庵—沙交—滨海社区—五星—姚家2—姚家1—金鹰集团—陈家—庙桥公园—庙桥东路—小沙(43)	1辆金杯13座 6辆吉江18座	35	15–30

续表 17

线路	起始站点	里程	全程票价	途经线路	途经站点	车辆车型	日发班次	发车间隔时间（分钟）
67路	白泉—塘夹岙	6.5	2	白泉—小柯梅—塘夹岙	白泉车站—中国银行—白泉镇政府—华狮啤酒厂—中竹岭下—大胜路口—柯梅窑厂—柯梅社区—贺二房—漳炎—大门岭—大门岭口—三覃—庙外路—小汉庙—塘夹岙（15）	5辆金杯13座	57	10
兼	白泉—金林	2	2	白泉—小柯梅—塘夹岙	白泉车站—洛阳营—章家2号—金林村委（4）		2	
兼	白泉—小支	5	2	白泉—小支	白泉车站—白泉镇政府—宝岛路—潘家—叶家—大树根—小支村委（7）		16	30–40
71路	岑港—册子	15	2.5	岑港车站—岑港收费站—富翅—册子（南岙—桃夭门—册北）	岑港车站—望海桥（招呼站）—岑港镇政府—金船船配（金天机械）—富翅—南岙—桃夭门—册北（7）	3辆宇通29座	24	20–60
	册子—岑港	22	2.5	册子（南岙—桃夭门—册北）—富翅—双桥收费站—鸭老线—岑港车站	南岙—桃夭门—册北—富翅—双桥收费站—老塘山加油站—中海粮油—隧道口—码头—大桥下—金船船配（金天机械）—岑港镇政府—望海桥（招呼站）—岑港车站（13）			
88路	新城公交总站—白泉	15.5	2	新城公交总站—海天大道—千岛路—海宇道—星岛路—沧海道—金岛路—海华道—千岛路—沈白线—万毛线—白泉车站	新城公交总站—公安大楼—绿城大酒店—市政府北门—邦泰城西门—烟草大厦—临城街道—桃湾二区—金鸡山—大成中学—新碶头—洞岙—雪岭下—发达岭—万寿—毛竹山—全家—秧田岙—潮面—龙舌岙—梅山路—东湖—董公桥—顾氏医院—白泉车站（24）	3辆友谊34座	16	30–120
马岙环线公交		14	2	白马街—定马线（马岙段）—三江—疏江一期—长北线—北海—沙北线—沙交村—马沙线—古文化遗址—高兴村—王家弄村—安家村—楼前街—菜场路—白马街（双向环线运营）	马岙博物馆—菜场—马岙供电所—光四村—光三村—三江社区—三潭（光一村）—三江口—电厂里—林家庙（乌龟山）—同兴村—北一菜场—北海社区—北海四叉口—沈家—沙交—化成庵—下袁村—上袁村—三星社区—古文化遗址—高兴村—王家弄村—张家—安家—马岙博物馆（26）	2辆金杯13座	24	20–50分钟

第五节　出租车客运

1988年，境内有个体出租小汽车计51辆。车型多为大陆更新流入舟山的“波尔乃茨”、“菲亚达”、“上海”、“昌河面包”等老旧杂牌轿车、面包车。

1992年8月1日，定海区汽运公司组建成立“定海夏利出租车公司”，率先投入10辆天津产“夏利”车营运。同年8月，舟山市中昌出租车有限公司成立，20辆桑塔纳轿车投入营运。10月，市汽运公司出租旅游公司成立，20辆桑塔纳轿车投入营运。

出租车整装待发

1994年，按照交通部“放有度，管有法，活有序”政策，舟山运管部门放开5座以下出租车审批权。8月，定海区汽车客运旅游服务公司出租车队成立，为全民所有制企业，成立伊始，公司有6辆桑塔纳轿车。10月，舟山市汽车运输公司与杭州外事旅游汽车有限公司共同出资组建成立“舟山千岛外事旅游汽车有限公司”。成立伊始，公司有10辆桑塔纳出租轿车。10月，市计委建设投资公司汽车出租服务部成立，为集体所有制企业，成立伊始，有5辆桑塔纳轿车投入营运。是年，境内新批出租轿车226辆904座，共有出租车646辆，主车型为普通型“桑塔纳”、“夏利”，排量均为1.6升，起步价8元。车型颜色有别。

1995年，境内出租车启用计价器，安装隔离栏保护驾驶员安全。1996年1月，市物价局批准，出租车开始安装每辆450元的防暴隔离装置。同时，又先后注册成立“海上皇宫”出租车有限公司、华亚经贸出租车有限公司、通安汽车出租有限公司、良友出租车公司、人华出租车实业有限公司、舟山市大通出租车公司等。其中，舟山市大通出租车有限公司经营出租车并销售“富康”车，开业伊始，公司20辆“富康”出租车首次投入。4月，市汽运公司下属出租旅游公司购入40辆“长安奥拓”车，首次投入境内客运市场，经营范围：限址定海城区，按车计价，每车次5元。翌年初，舟山市粮食局运输车队“良友出租车公司”营运，20辆“奥托”出租车投入境内客运市场。2001年，经区运管部门批准，该公司“长安奥拓”车退出境内客运市场。

1997年4月，定海区公路运输管理所成立“定海汽车出租服务中心”，成立伊始，中心有20辆出租车投入运营。同月，市交通委停止审批个体“夏利”营运出租车辆，6月，暂停办理营业性客运出租车审批。11月，针对舟山市已有1100辆（其中舟山岛上800辆，个体车3／5）

的情况，市政府办公室“转发市交通委对全市客运出租车（个体散户）实行统一纳轨管理的意见”，对营运个体出租车实行公司化管理，挂靠代管，产权性质不变。定海公路运管部门全面清理整顿境内客运出租车企业和自我组建的个体联合体。翌年4月，整顿后的近800辆个体出租车辆实行公司化管理。

1998年1月开始，境内从事出租车营运的驾驶员实行准驾上岗制度。市交通委员会根据市政府“总量控制”、“经营权有偿使用”原则，出台《舟山市道路客运班车和出租车经营权有偿使用的实施意见》，要求从1998年1月1日起，在全市范围内对新增、更新的出租车的经营权，停止以行政形式审批，一律实行有偿拍买使用。经营拍买实行计划控制、标底下定基数，上不封顶的原则。规定参加拍买出租车经营权的单位，必须经各级交通主管部门批准，经营条件符合《浙江省道路旅客运输开业与线路审批管理规定》和《舟山市客运出租汽车管理实施细则》的国有、集体以及股份制企业。3月9日，舟山市物价局、舟山市交通委出台《关于调整舟山岛客运出租车收费标准的通知》。境内出租车收费按汽车发动机排量分为标准型、普及型两种。出租汽车收费标准调整后，经营单位和经营者一律使用计价器，按计价器显示金额收费。4月1日起，境内出租车投放取消行政审批，新增、更新出租车，其经营权通过竞拍方式取得。竞拍标底（起拍价），夏利、桑塔纳以上车型出租车8万元，经营期限8年。8座以下各类四轮载客车和其他车型出租车6万元。各类三轮载客车（包括康复载客车）0.5万元。9月中旬，定海运管部门按照市运管部门统一部署在定海境内组织开展为期6个月的以“讲文明、树新风、争创文明出租车”为主题的优质服务竞赛活动。境内2家出租车企业于年内实行统一座位套及每天一换制度。

今天我半价为您而服务

2000年4月4日，市交通委员会根据市人民政府1998年12月28日出台的《舟山市客运出租汽车业管理办法》，制订出台《舟山市客运出租汽车业管理实施细则（试行）》，要求从事客运出租车经营业务的单位和个人，取得车辆经营权后，才能从事经营业务。经营权限为8年，期限从车辆上牌之日起算，至整8年终止。出租汽车竞拍底价，一年一次，由市交通部门会同有关部门根据市场需求核定，并向社会公布。规定，1998年3月31日前首次上牌的客运出租汽车允许更新，更新后的经营年限和拍卖费标准，按原规定执行。1998年4月1日以后上牌的客运出租汽车经营权到期终止，重新进入拍卖市场。更新客运出租车不准旧车顶替，上牌车辆定为1.36CC（含1.36CC）排量以上的中、高档车型，代表型为“桑塔纳”、“富康”车。舟山市范围内的个体客运出租汽车，必须统一纳轨到管理部门指定的单位代管，实行规模化(公司化)经营管理。纳轨车辆统一采用代管单位名称、编号。产权性质不变。车主与代管单位“自愿双向选择”。代管双方按规定签订代管协议、安全责任书,明确各自的权利和义务。营业性客运出租车应该遵守以下3条:一、车顶安装客运出租汽车标志灯,装置显示有空车待租的明显标志。顶灯的规格或式样统一由市运管部门确定。设置广告顶灯须经当地运管部门审核并报市运管部门批准。二、车辆颜色枣红色。车身两侧明显位置标明客运出租汽车经营单位名称、标志和监督电话。三、车内必备收费标准和收费办法,计价器检测证明和使用说明书,贴有市交通、物价部门监制的客运出租汽车价目表。同时,还针对舟山市出租汽车行业部分业主与驾驶员之间经济关系不清、经济纠纷不断、外地籍驾驶员在境内私下购车营运现象,围绕“清理整顿城市出租汽车等公共客运交通”活动,根据新出台的《舟山市出租汽车管理实施细则》,在兼顾业主与出资者双方经济利益基础上,结合省公路局于是年2月就舟山市宁波籍出租车司机上访一事调查印发的“关于舟山市甬籍出租车司机有关问题的情况汇报”精神,妥善化解业主及驾驶员、宁波籍人员私下购买舟山230辆营运出租车(主体是定海境内出租车)的问题。4月,针对境内出租车收费不使用计价器状况,舟山市交通委员会制定《关于舟山市客运出租汽车业管理实施细则》,重申营运出租车未使用计价器的给予行政处罚。翌年,境内有出租轿车778辆,其中个体车辆多,车容不整、车貌不洁、车况不良、失修失保现象严重。定海运管部门结合上半年开展的道路运输管理年活动,组织运管、维管、检测职能科室,开展车容车貌专项整治行动。1家无证经营业户取消,2家不符合经营资质条件的重新办理有关手续。是年9月,市交通委、市公安局联合印发《关于全市客运出租汽车统一着色的通知》,舟山市公路局在定海文化广场公开让市民选择出租小轿车颜色,市民投票表决,确定车身统一着色为上部草绿色,下部银灰色。着色费用政府承担60～80%,778辆出租车年内完成统一着色。2002年8月30日,市交通委出台《关于1998年3月31日之前上牌营运出租汽车可提前报废更新的通知》优惠政策,9月1日实施。符合提前报废更新条件的客运出租车,提前报废更新的年份,享受每一年减免10000元经营权有偿使用拍卖费的优惠政策。是年,境内有14辆车况较差出租车辆退出营运市场,强制报废。7月、9月,定海运管(稽征)所针对鱼贩为赶时间从沈家门、定海干磁水产品交易市场运载海鲜乘出租车到定海交易,严重影响车容的情况,组织稽查人员在惠明桥等地段拦车检查,共查处违章装载海鲜客运出租车30余辆,遏制载客出租车载海鲜现象。

2003年5月,市交通委出台出租车提前报废优惠政策,至年末,境内771辆出租车中,有近300辆更新为1.6L富康或桑塔纳品牌,出租车市场车型和档次提升。8月15日开始,境内客运出租汽车统一使用白色嵌色边的卡面料座套,并建立出租车座套“包月清洗、3天一换,每周清洗两次”制度。通过公开招投标,确定一家清洗公司负责座套供、换、洗。是年4月、9月、11月,境内三次开展出租车司机从业资格证专项整治。期间查处违章营运出租车226辆,查获无从业资格证的102辆,无服务资格证的55辆,其他类26辆。9月23日,市交通委行文禁止柴油发动机轿车(排污严重超标)进入舟山市客运出租车运输市场。此后,柴油发动机轿车被拒境内客运市场门外。未经批准,擅自购入“捷达”柴油发动机轿车的一律不准上牌营运，后果自负。翌年，定海公路运管部门针对出租车经营不规范、随意拉客，以及部分驾驶员在营运中用手机聊天、车内吸烟等不良现象，建立出租车企业和驾驶员服务质量信誉档案，信誉差的企业和驾驶员列入重点监控。为提高出租车运力档次，6 月 2 日，市交通委出台《关于 1998 年 4 月 1 日后上牌的客运出租汽车提前退出客运市场有关问题的通知》，车况老旧但不符合更新政策的出租车，经营业主可自由寻找合作伙伴，合并客运出租汽车剩余经营年限达到 8 年，允许更新一辆客运汽车，也允许业主在合并的车辆超过 3 辆（含 3 辆），合并的剩余年限达到 6.5 年或所合并的车辆为 2 辆合并剩余年限达到 7 年的，即可更新 1 辆客运出租车。更新上牌的客运出租汽车经营年限仍为 8 年。出租车更新政策的出台，加快了境内出租车更新改造步伐，是年，定海境内共更新客运出租车 208 辆。年末，定海拥有出租车 777 辆。2005 年，针对境内出租车乱停乱放，随意上下客等影响交通秩序现象，交通（公路）、公安（交警）配合，在定海城区设置出租车上下客点，保障城市交通安全和畅通。

2007 年 1 月，新一轮更新到期客运出租车启动。境内到期出租车 140 辆有序退出，新投放 70 辆，车型为 1.8 升排量桑塔纳 3000 型。更新后，境内出租车车型档次再次提升。同时，持有《客运出租服务资格证》的驾驶员进行“新知识、新技能”培训和考试。合格者核发《舟山市出租车驾驶员客运资格证》即 IC 卡客运资格证。5 月，市道路运输管理部门先后出台《舟山市出租汽车客运经营服务规范（试行）》、《舟山市客运出租汽车车容车貌标准（试行）》、《舟山市出租汽车驾驶员客运资格证管理办法（试行）》。6 月，定海区公路运输管理所设立“违章投诉举报处理中心”，受理乘客投诉。7 月 10 日，定海境内实施以 IC 卡管理为基础的“信用质量考核计分系统”，实行“服务质量积分考核制度”。推出自有车辆 100 辆以上企业自主选择营运标志色的措施，是时，境内百辆以上企业由年初 3 家发展到 6 家。根据《舟山市客运出租汽车车容车貌标准（试行）规定》，核准公司使用橡皮红金属漆出租车专用标志色，色号 AR602。

2007 年 11 月 19 日前定海境内出租车改色情况表

单位：辆

出租车单位	改色车辆	颜色	公司车辆	委托车辆
合计	696			
舟汽千岛	110	橡皮红	94	16
华亚公司	87	薄荷青	69	18
通安公司	142	薄荷青	105	37
海上大众	103	闪光黄	74	29
铂林公司	129	蔚蓝色	109	20
宏立公司	102	翡翠绿	54	48
大华公司	23	翡翠绿	1	22

2007年4月30日，舟山市汽车运输有限公司下属的定海公交公司，控股的舟山千岛外事旅游汽车公司，两家兼营的客运出租业务合并。9月6日，舟山汽运千岛外事汽车出租有限公司挂牌成立。

2008年，市交通委先后出台《关于开展市区客运出租车企业规范化建设活动的通知》、《舟山市客运出租车企业规范化建设标准》、《关于进一步规范出租汽车经营行为的通告》，规范出租车市场。同时，出租车行业创新管理方式，驾驶员实行IC卡记分制，扭转企业重承包轻管理的现象。按照“政府牵头，企业搭台，市场化运作”的模式，境内6家出租车安装了GPS定位监控、叫车服务平台，入网出租车辆统一安装深圳三大品牌之一的慧眼通V8车载定位终端，由杭州志远科技有限公司在舟山定点维护。实施安装的有通安出租145辆，华亚出租89辆，海众出租80辆，千岛出租99辆，铂林出租92辆，宏立出租68辆，共573辆。7月1日，舟山岛出租车调度中心对外服务，设立“8100100”叫车服务热线，提供24小时电话叫车服务。并投入10辆出租车实行定点服务，缓解新城“打的”难矛盾。按照《舟山市区客运出租汽车车容车貌标准(试行)》，定海境内各出租车公司可自定本公司出租小轿车颜色。

2009年，妥善化解各种不安定因素，加强监管，维护行业稳定。1月13日，市政府办公室出台《关于建立市出租汽车行业稳定工作联席会议制度的通知》。联席会议召集人为市分管交通副市长，成员由交通、市政府副秘书长、市委宣传部、市监察局、市公安局、市财政局、市人劳社保局、市城建、市公路、信访、物价、工商、质量技监局、总工会、残联等部门领导组成，办公室设在市交通委。

是年，全面升级改造境内出租车计价器，启用机打发票。4月9日，市公路局发出《关于进一步明确出租车打表计价有关问题的通知》称：鉴于舟山的特殊地形，长途原则上允许议价，但必须按规定使用计价器，做到明码标价。未经乘客同意，不得擅自搭客、拼载。定海、沈家门(含东港)建成区内严禁议价、搭客。出租车站场内严禁强行拉客。境内各出租车企业须按照交通部《道路运输车辆维护管理规定》、省交通厅《关于印发〈浙江省道路运输车辆维护周期规定(试行)〉的通知》，定期维护，确保车辆技术状况完好。市汽车综合性能检测站严把检测关，严格按照国家标准CBI8565-2001、行业标准JT/T198-2004及《车容车貌标准》等有关技术标准，客观公正检测，确保出租车车辆达标。6月26日，市公路局、市交警支队联合行文：撤销舟山市华亚汽车出租有限公司、舟山市铂林汽车出租有限公司道路运输企业市

出租车行业开展文明建设活动

表彰出租车文明驾驶员

级重点安全监管企业名单。12月24日，省运管局通报表彰2009年度文明出租车企业、文明出租车车队、出租车服务明星，境内舟山市海上大众汽车出租有限责任公司被表彰为岛城先锋车队、舟山通安汽车出租有限公司被表彰为海浪花平安车队、舟山汽运千岛外事汽车出租有限公司被表彰为“诚信”车队、舟山华亚汽车出租有限公司被表彰为“阳光爱心”车队，陈永朝等38名驾驶员同时受表彰。

2010年1月25日，市公路局通报表彰2009年度舟山市区客运出租车先进单位，境内舟山汽运千岛外事汽车出租有限公司、舟山市通安汽车出租有限公司两家被表彰为服务质量优胜单位，定海海上大众汽车出租有限公司被表彰安全生产先进单位，舟山市铂林汽车出租有限公司被表彰为创国家卫生城市组织奖获得单位。同年，针对国际油价持续走高，出租车营运成本增加，出租车驾驶员收入减少的情况，舟山市物价局出台《关于完善舟山市区出租汽车燃油费附加费实施办法》，实施应对油价上浮联动机制，规定从是年5月1日起，每车次向乘客多收取1元燃油附加费。同年，市15个相关管理部门重新修订《出租汽车客运管理办法》、《出租车营运权投放办法》、《客运出租车企业服务质量考核办法》等管理办法，推进境内出租车行业健康发展。

2010年，境内有出租车企业13家，有出租小轿车753辆（含金塘镇8辆个体经营单车），从业管理人员72人，司驾人员1566人。

第六节　旅游客运

二十世纪八十年代后，国家级风景名胜区普陀山、国家级生态公园朱家尖岛、省级定海历史文化名城效应凸显，定海旅游知名度、美誉度提升，旅游市场拓展，加上海岛风光、自然条件和宜人气候等吸引游客因素，定海境内旅游人群呈逐年递增趋势。同时，岛城旅游业兴起，市内外组团旅游专车、过境游客进出定海日趋频繁，流量大增，境内陆上交通旅游客运服务业快速发展。

境内陆上旅游客运始于舟山港客旅行社（初名舟山港旅游服务公司，1978年11月建立）。1986年5月，成立定海县旅游服务社，8月更名“定海县汽车客运旅游服务公司”，先后购入日本产豪华“三菱”大巴2辆，普通国产客车6辆，“桑塔纳”轿车7辆，开辟定海至宁波、杭州、温州旅游客运线及定海至宁波天童、玉皇、溪口旅游景点客运专线。2002年1月，普陀中国旅行社与普陀南顺汽车租赁有限公司组建成立普陀国旅旅游客运有限公司。7月4日，成立舟山海星外事旅游客运有限公司。两公司经营上海、杭州过境旅游专线班车，每天每班均在境内环城南路海军环南招待所停靠补员。

2005年9月，成立舟山市旅游集散服务中心，这是为方便市民出游和外地游客进岛旅游而设立的旅游服务平台，是境内陆上旅游客运枢纽。主要经营舟山—杭州、舟山—上海旅游客运线。2006年，定海境内拥有旅游客车35辆。是年8月，市交通委批复同意市汽运公司新辟定海鸭蛋山至朱家尖蜈蚣峙直达旅游公交线路。

2009年，舟山跨海大桥贯通，成为舟山与大陆的全天候通道。观大桥、游群岛、品海鲜、住农家，外地游客慕名纷至沓来。境内进一步完善路网结构、提升道路、车辆档次、完善服务功能，适应快速发展的陆上旅游客运。

2010年，定海境内共有旅游运输企业4家，拥有各类旅游客运车辆336辆，均为中高级(豪华)旅游大巴客车。其中舟山市旅游集散服务中心2010年旅游客运量25万人次。

舟山港客旅行社(曾名舟山港旅游服务公司)　1978年11月成立，集体企业，址定海港码头1号，隶舟山港务集团。不具备道路客运企业经营资质。非站场企业。

为旅客提供吃、住、行、游、购一条龙服务。代办舟山各港口始发各航班团体船票，代办宁波、杭州、上海始发团体飞机票，代办舟山居民赴香港，澳门地区及东南亚各国探亲、考察、旅游手续，代办全国各地会议服务，组织舟山居民去全国各地旅游、考察、疗养、休养。1978年至1990年每年接待国内外游客3万余人、1991年至2004每年接待国内外游客4.5万余人、2005年至2010年每年接待国内外游客6.6万余人。2010年公司拥有职工23人。

舟山港务集团客货运输有限公司　址定海港码头1号港务大楼4楼。2006年9月6日成立，舟山港务集团投资的国有独资企业，注册资金2000万元。专业从事省内外旅游组团、旅游客运、旅游接待、旅游包车等业务，有旅游大巴20辆。

定海汽车客运旅游服务公司　国有企业，址定海环城南路15号。

1986年5月，成立定海县旅游服务社，1986年6月1日对外营业，是时，2辆日本进口豪华“三菱”旅游大巴开通定海至杭州旅游班车。8月易名定海县汽车客运旅游服务公司，主营汽车客运及旅游业务，兼营汽车修理和服务业。9月，又有两辆普通国产大客车开通定海至宁波、沈家门经定海至温州客运班线。同年还经营定海至宁波天童育王、溪口汽车客运旅游业务。1987年5月，开办汽车修理厂，以对外营业为主，兼修本企业汽车。1988年有大客车6辆，固定资产108.34万元，职工59名。是年客运量9.84万人，旅客周转量2182.46万人千米。营运、修理总收入98万元。

1989年开始，形成为旅客提供吃、住、行配套服务的项目和旅游包车服务。内设：交通饭店、客运站(包括长途客运和出租车队)、旅游接待部、汽车修理厂、汽配经营部等机构。交通饭店内设客房部、餐厅部和小卖部、拥有标准客房40间，80张床位和可容纳100人的餐厅、会议室。客运站备有大型客车(豪华卧铺客车)、中型客车(空调客车)、小型面包客车和轿车等。公司具备三类旅行社经营范围，承接国内各单位的旅游业务，开辟定海去宁波、杭州、北京、广西西双版纳、桂林、安徽黄山、杭州千岛湖、苏州、无锡、南京，沈家门去温州，舟山岛去普陀山、朱家尖等旅游专线。1994 年 10 月，舟山市、定海区两级党政机关合署办公。公司即隶属舟山市交通委员会。1998 年 4 月，舟山市交通管理体制再次调整，公司并入舟山市汽车运输公司（公司内二级法人单位—“交通饭店”成建制从公司析出，直接隶属舟山市交通委员会），改称“舟山市汽车运输公司旅游集散中心”，对外保留“定海汽车客运旅游服务公司”牌子。

2006 年 3 月，交通饭店改制并改建，2007 年 3 月投入使用。有标准客房 41 间，109 床位，可容纳 200 人餐厅，小会议室 1 个，交通饭店地址，在定海解放西路 180 号，三星级宾馆。

2010 年底，拥有旅游车辆 55 辆。

定海汽车客运旅游服务公司 2001 年至 2010 年客运量变化情况表

单位：辆、人

年	车辆	年客运量	年	车辆	年客运量
2001	7	4983	2006	35	594425
2002	9	24477	2007	36	569575
2003	8	55155	2008	42	670559
2004	22	128681	2009	38	685268
2005	28	410393	2010	55	795579

舟山市旅游集散服务中心

舟山群岛旅游集散总站有限公司

2005 年 11 月，成立舟山市旅游集散中心，址定海港码头 1 号。舟山市旅游局为方便市民出游和外地游客进岛旅游而设立的旅游服务平台，舟山市人民政府重点项目，舟山群岛旅游集散总站负责具体运作。不具备道路客运企业经营资质。非站场企业。

2005 年 7 月 11 日，成立舟山群岛旅游集散总站有限公司。普陀南顺旅游客运有限责任公司（出资 51%）、定海汽车客运旅游服务公司（出资 19%）、舟山海星轮船有限公司（出资 10%）、普陀国旅旅游客运公司（出资 10%）、上海黄浦旅游集散站（出资 10%）5 家企业共同出资组建而成的股份有限责任公司。是舟山市首家以服务散客自助游为主、兼营旅游信息咨询、客房预订、票务预订、导游服务、交通服务、旅游线路等的旅游超市，舟山市拥有上海、杭州、长三角旅游集散网络售票系统的旅游企业。在舟山跨海大桥、定海、新城、沈家门、普陀山设有业务点。拥有 150 辆旅游豪华客运大巴，经营舟山——杭州、舟山——上海、沪杭直通车班线。

2010 年，客运量 25 万人次。

舟山市旅游集散服务中心旅游客运量情况表

（2005 年～ 2010 年）　单位：人

年	年客运量（人）	年	年客运量（人）
2005	5764	2008	145485
2006	65858	2009	167067
2007	108019	2010	250000

第七节　人力三轮车客（货）运

1988 年 4 月 20 日至 5 月 31 日，定海区公路运输管理所整顿在定海城关区域内从事营运的人力手拉车、三轮车，重新登记、重新发放牌证。营运人力三轮车喷印放大车号。年末，境内有牌证的个体三轮车 260 辆，日客运量约 3000 人次。

1990 年 4 月，省公安厅下达“关于抓紧做好非机动车归口管理工作的通知”，规定三轮车等非机动车由当地交警部门统一管理。8 月，迎亚运迎国庆，定海区政府发通告，成立整治领导小组，整顿定海人力三轮车。年末，境内有人力三轮车 800 余辆，其中许多是无牌无证营运。整顿后，定海人力三轮车被控制在 500 辆以内，并统一颜色，统一车容，在车站、码头等地划定三轮车停车区域。整顿后，定海人力三轮车运营秩序改观。

1993 年 10 月，配合举办舟山国际武术赛，定海交警大队加强三轮车管理，召开三轮车理事会和三轮车工人大会，向三轮车工人发出“遵守交通规则，迎接国际武术赛”公开信。三轮车闯灯越线、乱停乱放等违章减少。

1995 年 5 月 17 日，成立定海人力三轮车服务中心，定海交警大队主管，交通、工商、税务、物价等管理部门对人力三轮车管理的一些具体工作，统一交由人力三轮车服务中心办理。10 月 25 日，市人民政府颁布第 7 号令《舟山市定海区人力三轮车管理暂行规定》，规定分总则、车辆及驾驶人、行驶与装载、人力三轮车服务中心、处罚共 5 章 33 条。从法规层面规定交通、工商、税务、物价、交警等管理部门对人力三轮车管理的职责。同时规定定海城区三轮车实行单双日行驶。市交警支队随之在定海城区开展为期 1 个月的三轮车集中整顿。重新审核发证 1375 辆，其中单号 688 辆，双号 687 辆，转卖、人车分离的 163 辆三轮车被重新办理过户登记手续，并纳入分单双日行驶的要求。三轮车换发红、黄牌，安装了上岗证，车身分别喷刷红、绿漆。12 月 11 日开始实施。城区内三轮车抢客、任意占道行为得到遏制，运营秩序改观，道路拥堵状况缓解。

1996 年 3 月，市公路局运输管理所（市、区机构合署期间，定海区运输管理所的称谓）成立非机动车管理站。主要职能是为境内人力三轮车发放营运证、征收养路费。翌年 3 月，根据市人民政府协调会议精神，市公路局运输管理所将境内人力三轮车涉及公路运输的管理职能移交定海交警部门，（管理所仍负责人力三轮车营运证发放、养路费征收）。是年，定海交警部门按省非机动车管理条例规定，对已到审验、换证、换牌期限的三轮车实行换证，开展人力三轮车工人道路安全教育，摸清车辆、人员底数。

1998 年，定海三轮车服务中心专项整治违规人力三轮车。查扣无牌无证车辆 224 辆，冒牌 54 辆，人证不符 761 辆，解体“黑车”118 辆，同时完成 1410 辆人力三轮车的年审、换牌。12 月，市政府为解决下岗困难职工生计，召开专题会议，特许 22 辆人力三轮车指标（人员经民政局核准，产权不归个人）投放境内城区人力三轮车客运市场。至年末，全部完成境内 1422 辆人力三轮车年审，换牌工作。此后，定海境内人力三轮车数量被严格控制，至 2010 年，期间没有新增。

1999 年 1 月 22 日，舟山市编委批复同意，在定海人力三轮车服务中心基础上成立“舟山市定海人力三轮车管理所”，为舟山市交警支队管理的股级自收自支全民事业单位，核定编制 12 名。5 月 27 日，“舟山市定海人力三轮车管理所”挂牌。并发出为创建舟山文明城市和卫生城市，以良好交通环境迎接国庆 50 周年号召，2004 年 10 月，定海区交警部门美化文明城市形象，广泛征求市民意见后，借鉴宁波运营客运三轮车型，更新境内运营人力客运三轮车。2006 年 2 月，市政府办公室印发市政府关于加强定海城区交通管理和临城新区人力客运三轮车管理问题专题会议纪要。

2010 年，定海城区有营运人力客运三轮车 1422 辆。

1991 年 ~ 2010 年定海区三轮车拥有量情况表

单位：辆

年	三轮车辆数	年	三轮车辆数
1991	700	1996	5226
1992	700	1997	7646
1993	1371	1998	1422
1994	1391	1999	1422
1995	1544	2010	1422

第八节　正三轮摩托车客运

始于 1991 年。是时，境内有 7 辆正三轮摩托车，分布盐仓鸭蛋山轮渡码头 3 辆，临城 4 辆，均为西湖牌，6 客位，是乡镇、城郊揽客货运工具的补充。1993 年，正三轮摩托车（2 客位）及后三轮摩托车经营范围扩大至白泉、干䃎、北蝉、马岙、岑港、小沙、金塘、定海城区。至 1998 年 12 月，办理营运证 116 辆，未登记 200 余辆。2001 年 4 月，正三轮摩托车在营运中存在不安全因素逐步凸现，市、区公路运管部门酝酿取缔。2004 年 2 月，市府办转发《市交通委关于更新改造定海普陀城区机动载客正三轮摩托车实施意见》，3 月 1 日起，禁止正三轮摩托车在定海、普陀两老城区从事客运。正三轮摩托车部分拍卖，部分采取三辆更新一辆出租车办法处理，剩余部分就地拆解。是年，境内按“三更一”原则，报废97辆正三轮摩托车，更新成32辆出租车。

2009年，境内持有《道路运输证》客运正三轮摩托车作为历史遗留问题，按“五更一”原则，全部更新为出租车，一次性完成改造。即原经营业主可自由寻找合作伙伴，凭5辆合法客运正三轮更新为1辆出租汽车。正三轮车主向定海运管所申请办理客运正三轮更新手续时，须提供原始车辆及与原车相符营运证、行驶证、车牌号，区政府(管委会)负责拆解旧车，区运管所负责核验并收缴营运证，交警部门负责核验并收缴行驶证、车牌号。证照和车辆不齐备的，不办理更新手续。客运正三轮被政府部门在整顿中拆解，车主持相关证照，凭拆解部门出具证明，并经运管部门承办人、负责人和交通部门分管领导同意后，可到区运管所办理更新手续，在2009年完成更新。更新中每辆出租汽车经营权有偿使用拍卖费优惠5万元，在规定期限内不办理更新手续的自动放弃。更新出租汽车车型为桑塔纳3000型，营运年限7年。每辆出租汽车经营权有偿使用，拍卖费7万元。是年，境内按“五更一”原则，报废120辆正三轮摩托车，更新24辆出租车。

2010年1月1日起，对境内继续非法从事营业性客运正三轮，交警等部门依照相关法律法规处理。

第九节　残疾人机动三轮车客运

1994年前，境内时有残疾人机动三轮车(无牌无证)载客现象发生。是年，交警集中治理残疾人机动三轮车非法载客，劝告和教育车主，遏制残疾人机动三轮车非法载客。1997年，境内残疾人机动三轮车均相继上牌，纳入正规化管理渠道。

2008年3月，定海区残疾人联合会统一更新定海城区营运的残疾人机动三轮车，4月18日投入营运。至2010年，定海境内拥有残疾人营运机动三轮车38辆，由定海区交警部门管理。

第十节　道路客运企业选介

1988年，境内道路专业客运企业仅有舟山市汽车运输公司和定海区汽车运输公司2家。中共十一届三中全会后，确立社会主义市场经济地位，颁布“公司法”，道路客运企业转制重组。至2010年，境内道路客运企业有国有控股舟山市汽车运输有限公司、舟山市港城公共交通有限责任公司和与境外联营的舟山新干线快速客运有限公司、浙江甬舟汽车客运有限公司、浙江杭舟快速客运有限公司及与乡镇联营的舟山市金塘汇通汽车运输有限公司6家，出租车客运企业13家，陆上旅游客运企业4家。

舟山市汽车运输有限公司(市汽运公司) 址定海解放东路209弄7号。1988年3月，浙江省汽车运输公司舟山分公司下放给舟山市。9月，成立浙江省舟山市汽车运输公司（以下简称市汽运公司），隶属舟山市交通局。省汽舟山分公司所属定海、普陀、岱山、嵊泗4站同时下放给各县（区），各县（区）分别成立汽车运输公司，隶属各县（区）交通局。翌年1月，市汽运公司兼并市汽车出租公司。

1990年，市汽运公司有职工539人，拥有固定资产原值538万元，下辖定海站、普陀站、汽车出租客运服务公司、货运站、汽车大修厂、交通物资经营部、劳动服务公司、印刷厂8个基层单位。主要经营定海至沈家门线路公交车、直快车以及普陀山客运。长途客运线路有舟山至南京、无锡、常熟、苏州、杭州、瑞安、石浦、余姚、慈溪等9条。货运站经营直达全国各地的整车、零担货物运输，并实现公铁联营。时，市汽运公司有客车70辆，2562座，货车14辆，127.5吨。年客运量416.6万人次，周转量11643万人公里，年货运量1.2万吨，周转量321.2万吨公里。营运总收入932万元。

1994年7月7日，舟山市交通委员会批复同意舟山市汽车运输公司更名“舟山市汽车运输总公司”，下设“长途客运公司”、“公交公司”、“货运公司”、“物资供应公司”、“修理厂”和“印刷厂”等业务分支机构。

1994年10月，市区两级机关合署办公。1997年，整合资源，理顺市、区交通运输企业合署后的管理体制，是年2月14日，市交委决定，定海区汽运公司成建制并入市汽运公司。7月25日，市交委根据“协调会议纪要”精神，决定将原区属交通企业—定海汽车客运旅游服务公司（除交通饭店仍隶属市交通委员会），全部（包括7辆长途班车及随车人员28人，其中驾驶员8人，业务、售票、后勤管理人员20人），并入市汽运总公司。于1997年8月1日实施。

8月8日，市交委批复同意市汽运总公司内部机构设置方案，同意定海区汽运公司更名为定海客运公司。12月8日，舟山市国有城镇集体中小企业改革领导小组办公室批复同意，市汽运公司兼并定海汽运公司实施方案，改组成立“舟山市汽车运输总公司”，并指出，总公司注册资本以市、区两级公司核销后的净资产为注册资本，按《公司法》规范设立国有独资公司。

2001年，舟山市汽车运输总公司改制为股份制公司。改制时，公司总资产1.8亿元，员工2500余人，下辖快客公司、普陀长运公司、旅游集散中心、港城公交公司等8个经营实体和千岛外事旅游汽车有限公司、朱家尖客运有限公司、浙江快旅等合资公司。有三级客运车站3个，各类营运客车674辆，其中高一级以上客车153辆，客运班线140多条，通达广东、福建、江西、上海、江苏、安徽、湖北、山东、河南等地和省内各地市，市内短客运市场占有率90%以上。

2002年2月，公司更名舟山市汽车运输有限公司。所属公交公司一分为二，分别为定海公交公司和普陀公交公司。9月，设立快客分公司，货运分公司、定海汽车客运旅游服务公司（内部称旅游集散中心）、定海客运分公司、定海公交分公司等二级法人。2004年4月，投资成立舟汽驾驶培训中心有限公司（全资）。同时，投资成立舟山市旅游集散中心有限公司

(控股)。2007年5月,投资成立舟山市港城公共交通有限责任公司(全资)。9月,投资成立舟山汽运千岛外事汽车出租有限公司(控股)。2009年10月,投资成立浙江甬舟汽车客运有限公司(控股)。同年12月,成立金塘汇通汽车运输有限公司(控股)。2010年8月,投资成立浙江杭舟快速客运有限公司(控股)。

2010年底,市汽运公司有员工2651人,年末总资产3.58亿元,下辖快客分公司、普陀长运分公司、货运分公司和3家分公司,舟山市港城公共交通有限责任公司、定海汽车客运旅游服务公司、舟汽驾驶培训中心有限公司、舟山创新客运站务有限公司、舟山创新货物储运有限公司5家全资公司,及舟山市普陀朱家尖汽车运输有限责任公司、舟山千岛外事旅游汽车有限公司、舟山汽运千岛外事汽车出租有限公司、舟山市金塘汇通汽车运输有限公司、舟山新干线快速客运有限公司、浙江甬舟汽车客运有限公司、浙江杭舟快速客运有限公司、舟山市旅游集散中心有限公司10家控股、参股企业。经营范围包括道路客货运输、城市公交和城乡公交、旅游客运、出租汽车服务、印刷、车辆维修、驾驶培训等项目。拥有定海、普陀、金塘5家客运站,拥有各类营运车辆794辆,其中公交车481辆。长途客运班线65条,通达广东、福建、江西、上海、江苏、安徽、湖北、山东、河南等省、市政府所在地、省内各地市政府所在地。市内公交线路83条,覆盖舟山岛城区并扩展到乡镇。开通旅游观光车和无人售票车。年客运量5604万人次,客运周转量134883万人千米,营业收入22807万元。

舟山市港城公共交通有限责任公司　址临城新区海天大道528号。2007年4月,经市政府同意,成立舟山市港城公共交通有限责任公司,2008年1月1日正式运作。舟山市汽车运输有限公司(市汽运公司)分离组建,一级法人,专司舟山岛公交运营业务。下设第一分公司(定海城区区域)、第二分公司(三组团区域及定海农村区域)、第三分公司(普陀区域)。成立伊始,有车辆329辆,其中第一分公司92辆,第二分公司134辆,第三分公司103辆。3月,第二分公司析分为第二分公司、第五分公司。

2008年至2010年,3年共更新车辆234辆,其中2008年更新93辆,耗资2702万元,政府补助675.5万元,贷款2026.5万元,2009年更新51辆,耗资1705万元,政府补助426.25万元,贷款2238万元。

2010年,在职员工1360人,经营线路83条,拥有车辆481辆。其中营运定海城区的第一分公司有员工238人,拥有车辆118辆,日始发班车690班次,日客运量2.60万人次,年客运量1065.6万人次。第二分公司有员工338人,拥有车辆137辆,日始发班车558班次,日客运量3.7万人次,年客运量1031万人次。第五分公司有员工405人,车辆139辆,日始发班车765班次,日客运量2.82万人次,年客运量1351万人次。

定海客运公司(曾名舟山市定海区汽车运输公司,简称"定海汽运公司",非独立法人,后并入"舟山市公司",为二级公司)　址新桥路1号。1988年,交通企业体制改革,浙江省汽车运输公司舟山分公司定海汽车站下放给定海区。8月1日,定海区人民政府以定海汽车站为基础成立定海区汽车运输公司,隶属定海区交通管理局。公司成立伊始,拥有定海新汽车站1幢,面积3006平方米,大客车42辆,小客车5辆,附设汽车修理车间和劳动服务公司,职工300余人。1990年，职工273人，年末固定资产原值442万元，下设定海、金塘、白泉、北蝉、岑港5个汽车站。主要经营定海区内30条客运线路。始发长途客运班线有定海至杭州、宁波、金华、温州、温岭、路桥、石狮7条。拥有客车48辆，1922座位，货车2辆，7吨。年客运量376.6万人次，周转量7938.7万人公里，营运总收入381万元，利润8万元。1994年10月，市、区两级政府及所属部门合署办公，定海区汽车运输公司转隶舟山市交通委员会。1997年2月14日，深化改革，舟山市交通委员会为进一步理顺市、区两级陆上运输体制，定海汽车运输公司转隶舟山市汽车运输公司（后更名舟山市汽车运输总公司）。8月8日，舟山市汽车运输总公司请示市交通委员会批复同意，舟山市定海区汽车运输公司更名定海客运公司。

舟山市金塘汇通汽车运输公司　址金塘镇东风岭下金塘汽车客运中心内。2009年，舟山市汽车运输有限公司与定海金塘金联贸易公司按7:3出资比例组建成立，注册资金700万元。公司内设经理室、副经理室、办公室、财务科、安机科、车队、中巴调度站、客运站、行李房、门卫等部门，员工（含司驾人员）92人。2010年12月，金塘汇通汽车运输公司经浙江省道路运输管理局确认批准，具备享受舟山市汽车运输有限公司运输经营资质。

2009年12月1日，金塘汇通汽车运输公司与金塘汽车客运中心一并正式运作。经营线路：金塘至定海，至镇海，至杭州及金塘岛内公交线。营运里程：金塘至定海39千米，至镇海46千米，至宁波50千米，至杭州205千米。岛内沥港至大丰14千米，大丰至南山、黄岚23千米，至长沙12千米，至西丰11千米，至西堠6千米，至岑港32千米。

2010年，有车辆32辆。营运金塘至定海线13辆（含39座11辆，53座2辆），至镇海线3辆（每辆39座），至杭州线1辆（39座），机动车2辆。营运岛内线中巴车13辆，沥港至大丰线9辆（每辆19座），客运中心至岑港、大浦口、西堠、长沙线2辆（每辆19座），南山线1辆（19座），机动车1辆。

经营场地即金塘汽车客运中心。客运中心占地面积18480平方米，候车大厅及管理用房面积3193平方米（内候车大厅1200平方米），站前广场4600平方米（包括公交站点、出租车及社会车辆停放处），停车场面积12000平方米，总投资2000余万元。定海区交通局2010年4月核定为三级站。

舟山新干线快速客运有限公司　址定海环城南路15号。2010年8月，舟山市汽车运输有限公司与上海巴士、大众公司联合投资成立。舟山市汽车运输有限公司占股份50%，上海巴士公司占25%、大众公司占25%。成立伊始拥有8辆快客大巴，经营舟山—上海快速客运班线，日发8班次。是年客运量16.16万人次。

浙江杭舟快速客运有限公司　址位于定海环城南路15号。2010年9月1日，舟山市汽车运输有限公司与杭州长运集团有限公司联合投资建立。舟山市汽车运输有限公司占股份65%，杭州长运集团有限公司占35%。成立伊始，拥有28辆快客大巴，经营舟山—杭州快速客运班线，日发29班次。是年客运量14.27万人次。

浙江甬舟汽车客运有限公司　址位于定海环城南路15号。2009年10月，舟山市汽车运输有限公司与宁波市长途汽车运输有限公司、宁波市公路运输集团有限公司、宁波市宇达汽车运输有限公司联合投资建立。舟山市汽车运输有限公司占股份54%，宁波3家公司占46%。2010年，公司拥有44辆大巴，经营舟山—宁波东站、南站、北站客运班线，日发66班次。当年客运量198.7万人次。

舟山地区汽车出租公司 址定海环江路，1979年12月成立。成立伊始，在普陀山开辟汽车出租业务。1985年初，省汽运公司舟山分公司和舟山地区汽车出租公司签订协议，成立舟山汽车客运联营公司，主营定海至沈家门、西码头直快班车和出租车业务。1989年前，企业为境内唯一一家国有出租汽车服务公司，有员工114人，大小客车22辆，780客位，年客运量107万人次，周转量2390万人千米。1989年1月，并入舟山市汽车运输公司。

定海夏利出租车公司 址解放东路29号。是定海区汽车运输公司组建成立的一家国有企业。1992年8月1日对外营业。营业伊始，有10辆天津产"夏利"小轿车投入营运。1993年，整体并入舟山中昌出租车公司。

定海客运旅游服务公司出租车队（国有企业），址定海解放西路180号。1994年8月成立，有出租轿车6辆。1998年1月被舟山市汽车运输总公司兼并。

舟山市汽车出租服务部（集体企业） 1994年10月成立，市计委建设投资公司下属企业，成立伊始，有5辆出租轿车，后个人承包经营。

舟山市华亚汽车出租有限公司 址定海卫海路118号。1996年1月成立（民营企业），成立伊始，有出租车10辆。主营：出租汽车、汽车租赁、汽车中介买卖等。内设中介部、服务部、安检科、财务科。1996年～2010年，先后被表彰为"二爱一争"经营管理先进企业，道路运输企业安全管理目标考核优秀单位，省"十佳"出租汽车企业，是《平安时报》联谊友好单位。

2010年，有出租车96辆，管理人员9人，司驾人员210人，主车型是"富康"、"桑塔纳"出租小轿车。

舟山市大为汽车出租有限公司 址定海颜家峧路15-4号。1997年4月，定海区公路运输管理所投资成立"定海出租车汽车服务中心"（集体性质），成立伊始有出租车20辆，后增至140余辆（含挂靠车辆）。2001年10月，企业全部股份转让，更名"舟山市大通汽车出租有限公司"，时有出租轿车14辆，"富康"品牌轿车。2004年5月，企业股份再次变更，更名"舟山市大为汽车出租有限公司"，有24辆出租小轿车。民营企业。

2010年，有出租小轿车16辆，管理人员5人，司驾人员35人。

舟山市定海宏立汽车出租有限公司 址定海东河中路138号。1997年成立（民营企业），时称定海区宝立汽车出租有限公司，有出租小轿车20辆，后经营者转让。2002年9月18日，在工商部门登记注册，更名宏立汽车出租有限公司。公司成立伊始，自有车辆仅3辆。10余年后，成拥有70余辆出租车规模的公司。

2004年公司被市交通委表彰为先进服务窗口单位，被定海运管所表彰为先进单位，被市交警支队表彰为安全先进集体单位等称号。

2010年，拥有出租小轿车71辆，委托服务车辆44辆。其中富康78辆，桑塔纳（普桑）

27 辆，3000 型桑塔纳 10 辆，管理人员 7 人，司驾人员 167 人。

舟山千岛外事旅游汽车出租有限公司　址定海环城南路 15 号。1994 年 10 月，舟山市汽车运输有限公司与杭州外事旅游汽车出租有限公司共同出资组建，成立伊始，有 10 辆桑塔纳出租轿车从事营运。至 2000 年，拥有出租车 94 辆。至 2005 年，拥有出租车 110 辆。2007 年 9 月 6 日，与舟山市汽车运输有限公司共同出资组建成立“舟山汽运千岛外事汽车出租有限公司”，不再经营出租小轿车业务，专司旅游大巴和汽车租赁业务，公司拥有的 43 辆出租小轿车全部作股份投入舟山汽运千岛外事汽车出租有限公司。

2010 年，拥有出租旅游大巴豪华客车 28 辆，租赁旅游大巴 21 辆，761 座，经营市内、市际、省际旅游包车业务。是年客运量 15 万余人次，周转量 19125 万人千米。

舟山汽运千岛外事汽车出租有限公司　址定海东河中路 116 号。2007 年 9 月 6 日，舟山市汽车运输有限公司和舟山千岛外事旅游汽车有限公司共同出资组建成立。舟山市汽车运输有限公司占 53% 股份，舟山千岛外事旅游汽车有限公司占 47% 股份。主要经营汽车出租客运及汽车租赁业务。

2010 年，拥有出租小轿车 111 辆，其中 2 辆服务新城出租公司。挂靠 16 辆，投入营运的有 127 辆。有管理员工 14 人，司驾人员 210 人。

舟山市铂林汽车出租有限公司　址定海东河中路 138 号。1997 年，舟山市粮食局下属运输车队改制成立，初名良友出租车公司（国有企业）。有奥拓轿车 20 辆，2001 年，“奥拓”车退出客运。2002 年 12 月，更名舟山市铂林汽车出租有限公司，时有出租轿车 79 辆。其中公司自有 30 辆，（富康车 28 辆，桑塔纳车 2 辆）。公司内设办公室、业务科、财务科、安检科。有管理人员 10 人，司驾人员 220 人。先后被省交通厅表彰为“争创文明出租车先进企业”，被市区运管部门表彰为“安全目标考核先进单位”，被交警部门表彰为“行车安全先进企业”等。

2010 年，拥有出租小轿车 116 辆，挂靠车辆 20 余辆。以“富康”为主要车型，后逐步更新为桑塔纳 3000 型，是舟山市规模较大的出租车企业之一。

定海区海上大众汽车出租有限责任公司　址定海青垒头路 1 号。1998 年 8 月，海上皇宫和顺达出租车公司合并组成，时有出租车 55 辆，后有更新增加。主要从事汽车销售、出租、维修、装饰于一体的综合性经营服务企业。汽车销售主要经营各档次的轿车、面包车、箱式车、皮卡车及二手车。汽车维修能承接大小修理及二级保养。汽车装饰主要为小型车辆清洗、去污、贴膜、美容、装潢等。2004 年被市区公路运管部门表彰为道路运输安全目标管理考核优秀单位，2005 年被表彰为道路运输企业质量信誉考核先进单位。

2010 年，拥有出租小轿车 117 辆，管理人员 11 人，司驾人员 265 人。

舟山市通安汽车出租有限公司　址定海卫海路 118 号。1992 年 8 月成立，初称“舟山市中昌出租车公司”（国有企业），有出租小轿车 20 辆。1996 年 12 月，企业转制，更名舟山市通安汽车有限公司（民营企业）。主要经营小轿车出租客运业务。内设中介服务部、安检科、财务部。至 2010 年，发展到拥有 147 辆小轿车规模的出租车公司。

至2010年，先后被有关部门表彰为“二爱一争”经营管理先进企业，道路运输企业质量信誉考核优秀单位，2006年生产管理先进单位，并被推荐为省级服务先进单位。

2010年，拥有出租车147辆，管理人员11人，司驾人员333人。

金塘陆上客运中心（原金塘汽车客运中心）　址金塘东风岭下。1998年12月成立，翌年更名为金塘陆上客运中心，以当地个体中巴客车和出租车挂靠经营为主，有出租车22辆。

1994年～2010年定海境内出租车公司建立和发展情况表

单位：年、辆、人

单位	海上大众汽车出租有限责任公司	舟山市铂林汽车出租有限公司	定海宏立汽车出租有限公司	舟山市通安汽车出租有限公司	定海华亚汽车出租有限公司	舟山大为汽车出租有限公司	舟山千岛外事汽车出租有限公司	舟山汽运千岛外事汽车出租有限公司	舟山市大华汽车出租有限公司	金塘个体单车
成立年月／历年车辆数	1998.08	2002.12	2002.09	1996.12	1996.01	1998.08	1994.10		1996.12	
1994							10			
1995							40			
1996				12	10		80			
1997				30	30		131			
1998				50	50		135			
1999				60	60		142			
2000				75	70		94			
2001				95	75		90			
2002		79	41	100	80		106			
2003		87	50	105	85		111			
2004		115	60	110	80		111			
2005		134	69	125	90		110			
2006		141	75	120	85		108			
2007		138	85	135	90			100		
2008		131	90	140	90			100		
2009	119	122	100	150	97	31		99		
2010	117	116	71	147	96	71		111	16	8
管理人员	11	10	7	11	9	5		14	5	
司驾人员	265	220	167	333	210	126		210	35	

第八章　道路货运

本章主要叙述道路货物运输，包括货运工具、汽车货运、集装箱运输、危险品运输等。

第一节　货运工具

人力三轮货车　亦称脚踏三轮车，俗称“黄鱼车”。定海境内人力三轮货车从“人力手拉车”更新替代演变而来。1988 年，有 48 辆。1996 年，舟山市物价局出台货运人力三轮车牌证收费标准，规定每年每辆 10 元，三年合并计收 30 元，号牌放大工本费 30 元，重新喷印每辆 10 元。是年底，纳入定海区公路运输管理所管理，挂牌营运，是时，发牌 50 余辆（相当数量未登记）。1997 年 3 月，人力三轮货车管理职能移交交警。1999 年 9 月 2 日，市交警支队出台《关于加强定海城区货运人力三轮车管理的通知》，重点整顿定海城区三轮车运营市场的无牌无证、乱停乱放等。要求在 9 月 20 日前，定海货运三轮车按农村、城区、自备、营运等行驶区域和使用性质的不同，挂不同牌证。城区货运三轮车以此次整顿上牌车辆数为基本控制底数，原则上以后不再增加。禁止农村货运、自备人力三轮车进城搞货运。禁止货运三轮车擅自转让和高价出售。是年，人力三轮车管理所核发营运货运三轮车牌证 500 余付，并组织路查 64 次，查扣各类违章三轮车 587 辆，处理人证不符等违规营运三轮车 158 辆次，解体无牌无证三轮车 256 辆。2004 年～ 2005 年，舟山市定海人力三轮车管理所核发黄色（牌）营运货运三轮车牌证，计划发放 600 付，实际上牌发放 300 余付，黄牌工本费 30 元 / 本，年停车费 90 元 / 辆。

至 2010 年，有人力三轮货车 300 余辆。

机动三轮货车　有柴油三轮机动货车和汽油三轮机动货车两种。轻便、灵活、迅速、价廉，用于短途载货（载客）等。1989 年初，境内有机动三轮货车 48 辆。2006 年，仍有 48 辆。至 2010 年，增至 150 辆。

拖拉机　1963 年，马目农场首先引进“东方红 54”型拖拉机 3 台，后发展为四轮大方向盘式、手扶式和四轮方向盘式 3 种。1981 年后，拖拉机由田间耕作走向公路运输，从自货自运走向经营性运输，从本乡镇运输走向跨乡镇运输。1989 年初，定海区农机监理部门登记发放牌照，手扶拖拉机 1644 辆，四轮拖拉机 478 辆。1994 年，兼营和专营营业性货运轮式拖拉机减至 1483 辆。1997 年，有上路营业性货运拖拉机 1508 辆。2001 年，上路营业性货运拖拉机减至 1118 辆。2006 年，上路营业性货运拖拉机增至 2616 辆。

2010 年，定海区农机监理部门登记发放牌照的上路营业性货运拖拉机 715 辆。

货车　包括大、中型货车。1989年初，境内交通部门有载重汽车97辆，货挂车8辆。个体联户有载货汽车113辆，其中大货车62辆，小货车3辆。是年，舟山市公路运输管理处实施车辆购车审批办法，规定申请购置货车须经审核批准。

1994年，境内有货车1014辆3669.5载货吨，其中营业性货车858辆3300载货吨。1996年有货车1190辆3258载货吨，其中营业性货车952辆2879载货吨，其他机动车306辆、摩托车2689辆、载货挂车5辆。翌年4月，运管部门放开小型货运出租车（0.5吨位，俗称货的）审批权，允许该车型从事城区、乡镇、码头等货运业务。2000年，境内有货车1773辆，4709载货吨，其中营业性货车1327辆，3854载货吨，其他机动车890辆。

2001年，市区分设，境内有货车1996辆，5367载货吨，其中营业性货车1463辆4460载货吨，其他机动车252辆。2005年，有货车3385辆10686载货吨，其中营业性货车1924辆7025载货吨，其他机动车71辆，载货挂车13辆（30吨以上5辆），货运机动车66辆。

2006年，通过政策引导、企业参与，道路货运车辆运力结构朝大型化、厢式化、专业化方向发展。是年，拥有集装箱车辆225辆。翌年，有货车3127辆12579辆，其中0.5吨～20吨货运车656辆。个体联户载货汽车113辆，其中大货车62辆，小货车3辆，三轮货车48辆，年货运量154万吨，货物周转量1602万吨公里。

2010年末，拥有大小货车6137辆，装货机动三轮车150辆。

集装箱　便于商品集约化、规模化运输而专门设计并与专用车辆匹配的新型运输工具，成本相对较低、转运速度快、密封性好、无须中途换装，可快速装卸和搬运，效率高，可减少运输过程造成货损。箱体有铝合金、钢质、玻璃钢等。有足够的强度，可反复使用，大部分集装箱使用钢质材料制成。在一种或多种运输方式下运输时，按用途不同可分为通用集装箱（杂货集装箱或干货集装箱，约占集装箱总量70～80%）、特种集装箱（保温、冷藏等）及其他特种用途集装箱。国际上通用的干货“标箱”，简称20尺货柜（20×8×8英尺6英寸），40尺货柜（40×8×8英尺6英寸）。近年较多使用40尺高柜（40×8×9英尺6英寸）。境内集装箱运输始于80年代初，后过境集装箱数量逐年增加。

2010年，定海境内拥有1333辆集装箱车辆。

危险品运输车辆　从事道路危险货物运输的载货汽车。技术标准须符合国家《营运车辆综合性能要求和检验方法》（GB18565）、《道路车辆外廓尺寸、轴荷和质量限值》（GB1589）、《营运车辆技术等级划分和评定要求》（JT / T198）、《道路运输爆炸品和剧毒化学品车辆安全技术条件》（GB2003-2006）及《道路运输危险货物车辆标志》等国家强制性技术标准、规范。经当地具有承担常压罐车罐体检验机构—舟山市特种设备检测中心检测许可的运输车辆，方能载货运输。危险品运输车辆驾驶员须取得从业资格证，其他人员（押运员、装卸员、维修人员）须办理操作证，并通过危险化学品知识和应急处置知识教育方可从业。

1989年，定海境内有油罐车11辆，1999年有52辆。2010年，定海有危险品运输车辆164辆，其中槽车60辆，厢式车32辆、大小货车72辆，年运量24万余吨。

1993 年 ~ 2010 年定海境内历年拥有货运汽车情况表

单位：辆、吨

年	车辆数	吨位	年	车辆数	吨位
1993	1015	3070.5	2002	1403	4221
1994	858	3300	2003	1394	4627
1995	1060	3599	2004	1789	5770
1996	952	2879	2005	1924	7025
1997	991	3193	2006	2690	12079
1998	1036	3151	2007	3940	12579
1999	1135	3366	2008	5140	13658
2000	1327	3854	2009	5694	18665
2001	1463	4460	2010	6137	20252

第二节　汽车货运

改革开放，打破了计划经济时期国有运输企业在营业性道路货运市场上的一统天下，公路货运步入市场。进入八十年代后，诸多乡（镇）村成立搬运队、服务站，单位自用车辆和个体、联户进入营业性道路货运领域，市场主体呈现多元化。随着公路运输业的发展，汽车运输成为定海境内货物运输的一主力。

1988 年，定海境内经营道路货运的国有、集体企业，有舟山市汽车运输公司，舟山港第一、第四装卸运输公司和大丰运输社 4 家，货运量 71.8 万吨，货物周转量 1237 万吨千米。汽车运输的品种有粮食、海盐、鲜番茄、水产品、农副产品、化肥、农药、煤炭、钢材、建材、木材、纺织品、工业品、五金交电、食品和副食品等。非交通部门年货运量 200 余万吨。个体联户年货运量 42 万吨，货物周转量 1057 万吨千米。兼营和专营货运的拖拉机年货运量 154 万吨，货物周转量 1602 吨千米。

1989 年 7 月，舟山市汽车运输公司设立公路铁路联运处，办理定海至全国各地货物联运业务。8 月，舟山市外贸局成立舟山外贸联合运输服务部，开设冷藏汽车运输业务，主要从事外贸及内销冷冻、鲜活水产品的国内调运。

1992 年开始，随着舟山开发海洋和以港兴市战略目标确立和实施，定海境内港口货物吞吐量增长，道路货运量增多，货运车辆数快速增长。翌年，定海区公路运输管理所审时度势，成立“定海公路运输货物配载信息服务中心”，以“组织货源调度、代办承托业务、签发运输票据、代办货物保险、联络运输网络、组织回程配载、签发运输合同、协助处理商务、代办车辆过户、沟通运输信息、面向社会服务、提高经济效益”为货物配载提供信息服务。1993 ～ 1998 年，配载货运量达 68000 吨。

定海公路运输货物配载信息服务中心 1993 年～ 1999 年配载货运情况表

单位：吨

年	货物运量	年	货物运量
1993	43800	1997	62500
1994	47600	1998	68000
1995	52000	1999	由于交通事故、停业
1996	57800		

1994 年，市和区合署办公期间，定海区公路运输管理所更名舟山市公路局运输管理所。是年，定海境内有货车 1014 辆 3669.5 载货吨，其中营业性货车 858 辆 3300 载货吨。1996 年有货车 1190 辆 3258 载货吨，其中营业性货车 952 辆 2879 载货吨，其他机动车 306 辆、摩托车 2689 辆、载货挂车 5 辆。1997 年 4 月，运管部门放开小型货运出租车（0.5 吨位，俗称货的）审批权，允许该车型从事城区、乡镇、码头等货运业务。

2001 年，市和区机构分设，境内有货车 1996 辆，5367 吨，其中营业性货车 1463 辆 4460 载货吨，其他机动车 252 辆。2005 年，定海境内有货车 3385 辆 10686 载货吨，其中营业性货车 1924 辆 7025 载货吨，其他机动车 71 辆，载货挂车 13 辆（30 吨以上 5 辆），货运机动车 66 辆。

2006 年，成立集装箱运输企业 2 家，拥有集装箱车辆 225 辆。翌年，有货车 3127 辆 12579 辆，其中 0.5 吨～ 20 吨货运车 656 辆。货运（个私、股份制）企业 16 家，小规模货运受理点（含中介性质的相关经营法人）36 家。个体联户载货汽车 113 辆，其中大货车 62 辆，小货车 3 辆，三轮货车 48 辆，是年货运量 42 万吨，货物周转量 1057 万吨公里，年货运量 154 万吨，货物周转量 1602 万吨公里。

2010 年，定海区有货运公司 102 家，其中集装箱运输公司 92 家，拥有 1333 辆集装箱车辆，货运公司 10 家，各种货物联托运部、速递部 69 家，大小货车 6137 辆，装货机动三轮车 150 辆，人力三轮货车 300 辆。

1989 年～ 2010 年定海境内历年货运能力情况表

单位：万吨、万吨千米

年	年货运量	货物周转量	年	年货运量	货物周转量
1989	620	117441.5	2000	1473.5	582462.0
1990	482	116104.5	2001	1550.5	611068.5
1991	557.2	150221.5	2002	1632.5	682787.5
1992	637	184545.0	2003	3855.0	1592115.0
1993	410.0	257737.5	2004	4525.0	1868825.0
1994	477.5	353858.0	2005	5065.0	2091845.0
1995	1110.5	557218.5	2006	6485.0	2678305.0
1996	999.5	423433.0	2007	6685.0	2760905.0
1997	1228.5	514631.5	2008	7365.0	3041745.0
1998	1178.5	437958.5	2009	7756.0	3203228.0
1999	1298.5	502777.5	2010	12509.6	5166464.8

第三节　集装箱运输

定海境内集装箱运输始于1980年，初时，集装箱装入定海至上海定期客班轮，从定海港运至上海港。1986年2月1日，舟山海峡轮渡与大陆通渡，便捷的“蓝色公路”，打通了以往海岛与大陆营业性道路货物运输瓶颈，进出境内外的外贸物资，以及工业、造船业、建筑业的长途物资货运量剧增，效率高、成本低，新型运输工具适逢其时，随后集装箱车规模逐年发展扩张。随着海峡轮渡日夜通航，集装箱通过轮渡源源不断“点对点”直达目的地。

1990年，中国海运集团国内至香港航线国际集装箱班轮挂港（定海港）车辆过境承运试运行，12月12日，浙江省远洋运输公司“浙雁”轮，装运9只标箱，从定海老塘山作业区起航驶往香港。其中8只标箱装载对虾转口美国洛杉矶，1只标箱装载玩具转口马来西亚巴生港。至1991年，由浙江省远洋运输公司“浙雁”轮、“浙鹂”轮承运128只标箱，各类货物721吨。其中冻水产品运往美国、西欧，罐头运往澳大利亚等国，玩具运往日本、美国和中国香港市场。1999年6月，定海至上海国际集装箱国内支线通航，中国海运集团集装箱运输公司“海棠轮”（运载能力170标箱）周班运输。2000年4月，中国海运集团集装箱运输公司增加“向荣轮”投入国内支线营运，周双班运输，年内组织出运集装箱953标箱，17076吨。2001年10月，开通定海至宁波外贸集装箱国内支线班轮，年完成集装箱吞吐量1702标箱，进口重箱20标箱。陆上运输均由中国海运集团集装箱车辆过境承运。

2006年4月，境内成立浙江舟山中集国际集装箱货运有限公司，成立伊始有4辆15吨位集装箱货车。2007年，公司牵头，联合境内浙江舟山茂宇国际集装箱有限公司、舟山长通国际集装箱运输有限公司、舟山金宇物流发展有限公司、舟山友港国际集装箱运输有限公司等单位发起，筹备“舟山市定海区集装箱运输行业协会”，12月18日成立协会。协会是：从事陆上运输注册在定海的集装箱运输公司、普通货运及与集装箱运输业相关的企事业单位自愿组成的行业组织，地方性、非营利性社会团体。宗旨是遵守宪法、法律、法规和国家政策，在政府与集装箱货运公司之间发挥桥梁与纽带作用，加强会员单位（企业）人力、运力、信息等资源的共享，适时建立企业动态联盟，加强协调合作，共同开拓集装箱运输市场，提高会员企业的经济效益，促进本地区集装箱运输事业的发展。成立伊始有会员单位34家，拥有集装箱运输车辆300余辆。

繁忙的大浦口集装箱码头

2006年～2008年，定海区

政府多次出台引导和扶持集装箱行业发展的政策措施，给予每辆集装箱车政策性资金补助，3年补助计350余万元。

2005年5月，舟山市金塘港口开发有限公司与宁波港股份有限公司、香港宁兴（集团）有限公司共同出资58.5亿人民币，在定海区金塘镇大浦口组建成立舟山甬舟集装箱码头有限公司，占地238.328公顷，拟建设5个7万吨至10万吨级集装箱泊位（可兼靠15万吨大型集装箱船舶）、总长1774米、年通过能力250万标箱的大型集装箱泊位。2009年，建成7万吨泊位2个（延长490米）17.5万平方米堆场、房建工程。码头配置4台桥吊、12台轨道龙门吊、1台正面吊、2台堆高机、20台集装箱牵引车。2010年8月10日，金塘大浦口集装箱码头一期工程建成，并投入试生产。

2010年，定海境内有注册集装箱企业90家，拥有集装箱车辆1305辆（其中会员单位67家，1124辆），总载重吨27300吨，总产值69000万元。其中境内规模最大的企业——浙江舟山中集国际集装箱货运有限公司，依托宁波北仑地域优势，运用综合信息系统，基本实现物流、信息流和资金流的一体化管理，主要经营长三角地区国内、国际集装箱中转业务。已设立分公司1家，经营网点3个，拥有车辆167辆，公路日均发送货运量3500吨，单车年产值65万元，公司年产值1.1亿元。2007年，公司被表彰为“省物流重点联系企业”，成为舟山市公路局定点货运联系企业。2009年，公司加入省交通物流综合协会。

2010年定海境内拥有集装箱运输企业一览

单位：辆、万元

企业名称	成立年月	拥有车辆	法人代表	注册资金	注册地址
浙江舟山中集国际集装箱货运有限公司	2006.03	441	韩海东	1320	双桥镇
浙江舟山东运物流有限公司	2008.03	213	江伟斌	805	双桥镇
舟山市鸿扬集装箱运输有限公司	2007.05	54	王建萍	800	双桥镇
舟山长通集装箱运输有限公司	2008.07	53	尹月开	200	双桥镇
浙江舟山捷通运输有限公司	2008.04	48	郭术海	400	双桥镇
浙江江鑫物流有限公司	2008.06	98	陈波明	200	双桥镇
浙江舟山中邦集装箱运输有限公司	2008.08	36	刘胜天	200	双桥镇
舟山宝利国际物流有限公司	2009.03	0	王保利		双桥镇
浙江舟山恒发物流有限公司	2009.05	46	袁增昌	200	双桥镇
浙江舟山兴洋物流有限公司	2008.03	44	汪　洋	200	双桥镇
浙江肇奇物流有限公司	2007.06	20	姜　锐	500	双桥镇
浙江舟山茂洲杰国际物流有限公司	2008.09	18	王培光	200	双桥镇
舟山鹏翔物流有限公司	2008.06	71	彭海森	200	双桥镇
舟山畅鑫国际物流有限公司	2009.03	20	彭　涛	200	双桥镇
舟山诚达物流有限公司	2007.03	14	刘继光	200	双桥镇
浙江舟山双益国际物流有限公司	2008.12	12	毛双喜	200	双桥镇

续表 1

企业名称	成立年月	拥有车辆	法人代表	注册资金	注册地址
舟山金博国际物流有限公司	2008.06	10	金海娜	5000	双桥镇
浙江舟山灵洲物流有限公司	2008.09	10	陈　琪	200	双桥镇
舟山华通物流有限公司	2009.03	18	江灵洲	200	双桥镇
浙江舟山飞翔集装箱运输有限公司	2008.07	10	高仲鹏	200	双桥镇
舟山同鑫运输有限公司	2007.05	8	陈鹏君	200	双桥镇
浙江舟山东集物流发展有限公司	2009.03	5	童贤慧		双桥镇
浙江省舟山港龙集装箱运输有限公司	2007.07	2	曹红军	100	双桥镇
舟山天达集装箱运输有限公司	2008.10	6	杨瑞华	200	双桥镇
舟山亚欣物流有限公司	2008.06	6	周黎明	200	双桥镇
浙江舟山宁联物流有限公司	2009.06	6	邵建军		双桥镇
舟山远亚集装箱运输有限公司	2008.06	4	童贤惠	50	双桥镇
浙江舟山东乐国际物流有限公司	2008.07	4	徐振东		双桥镇
浙江舟山东航物流有限公司	2009.06	1	高希发	200	双桥镇
舟山伟业物流有限公司	2008.06	10	陈延鸣	200	双桥镇
浙江舟山普顺物流有限公司	2007.03	0	潘艳波	200	双桥镇
浙江舟山宇城物流有限公司	2009.06	14	夏　听		双桥镇
浙江中钢国际物流有限公司	2008.06	3	李　超		双桥镇
浙江舟山澳润物流有限公司	2009.06	30	张书章		双桥镇
浙江舟山中轻物流有限公司	2008.06	20	李露露		双桥镇
浙江舟山晨浪物流有限公司	2009.06	12	任海浩	300	双桥镇
舟山景盛物流有限公司	2008.03	6	韩华芳	200	双桥镇
舟山市定海荣豪集装箱运输有限公司	2008.05	17	盛加峰	80	双桥镇
浙江舟山钱通物流有限公司	2007.06	8	李忠良	300	双桥镇
舟山市嘉信物流有限公司	2009.03	2	王　辉		双桥镇
浙江协恒运输有限公司	2007.07	72	王　军	500	双桥镇（昌）
浙江宇安货运有限公司	2007.06	62	钱亚君	500	双桥镇（昌）
浙江舟山恒翔国际集装箱运输代理有限公司	2008.02	68	李　真	200	双桥镇（昌）
浙江平兴运输有限公司	2007.06	52	徐叶春	500	双桥镇（昌）
浙江舟山华恒国际物流有限公司	2008.01	50	陈　鑫	200	双桥镇（昌）
浙江无铭运输有限公司	2007.07	36	金钱宝		双桥镇（昌）
浙江舟山永轩国际集装箱运输有限公司	2008.02	20	孟　鳞	200	双桥镇（昌）
浙江舟山合顺货物运输有限公司	2008.05	34	梁德敏	200	双桥镇（昌）
舟山隆安货物运输有限公司	2008.05	16	施重阳	300	双桥镇（昌）
浙江甬烽运输有限公司	2008.07	12	李意银	500	双桥镇（昌）
舟山市海永国际集装箱运输代理有限公司	2007.11	6	王永宝	250	双桥镇（昌）

续表 2

企业名称	成立年月	拥有车辆	法人代表	注册资金	注册地址
舟山顺程集装箱货物运输代理有限公司	2008.05	3	王立波	200	双桥镇(昌)
浙江舟山恒富物流有限公司	2009.06	30	王存富	200	双桥镇(昌)
浙江舟山鹏飞物流有限公司	2008.6	15	施爱夫	300	双桥镇(昌)
浙江舟山天马货物运输有限公司	2008.05	14	王海林	300	双桥镇(昌)
浙江舟山旭升货物代理有限公司	2008.05	4	杨　旭	300	双桥镇(昌)
舟山鸿发货物运输有限公司	2008.06	2	潘刘峰	300	双桥镇(昌)
浙江舟山骏帆物流有限公司	2009.03	4	夏其君	200	双桥镇(昌)
舟山诚远国际集装箱运输有限公司	2007.08	85	宋淑成	200	盐仓街道
舟山市华达威物流有限公司	2009.03	44	陈君芬	200	盐仓街道
舟山通运通国际集装箱运输有限公司	2007.11	37	郑意蓉	200	盐仓街道
舟山天胜国际物流有限公司	2007.12	36	韩辉鹏	200	盐仓街道
浙江新平远物流有限公司	2008.05	18	王江东	550	盐仓街道
浙江舟山宁交物流有限公司	2009.06	0	陈光夫		盐仓街道
浙江舟山茂宇国际集装箱有限公司	2008.05	62	王锡义	200	金塘镇
浙江友港国际集装箱运输有限公司	2008.07	43	邵干虎		金塘镇
舟山金宇物流发展有限公司	2007.04	40	朱庆兆	800	金塘镇
浙江金通物流有限公司	2008.08	48	薛　刚	500	金塘镇
浙江舟山阿强集装箱运输有限公司	2008.05	3	胡咪咪	150	金塘镇
浙江舟山悦达集装箱运输有限公司	2007.07	12	邵舟涛		金塘镇
浙江久运物流有限公司	2008.08	42	方国荣	500	册子乡
浙江舟山赢波物流有限公司	2009.03	50	赵焕良	200	册子乡
浙江舟山龙鼎物流有限公司	2009.03	26	俞丽达		册子乡
浙江舟山浩鑫物流有限公司	2009.03	10	吕文德	300	册子乡
浙江舟山顺运物流有限公司	2009.03	24	王占英	300	册子乡
舟山致远物流运输有限公司	2009.06	8	吴坤明	300	册子乡
浙江永安物流有限公司	2007.03	22	丁爱敏	500	干磺镇(城)
浙江晟欢物流有限公司	2007.03	32	杨叶欢	500	干磺镇(城)
浙江舟山荣盛国际集装箱有限公司	2008.05	3	夏良裕	800	城东街道
浙江舟山腾运物流有限公司	2009.03	8	任孝伟	200	城东街道
浙江鑫诺物流有限公司	2007.03	3	刘安平		干磺镇(城)
舟山恒顺物流有限公司	2008.06	0	王云峰		干磺镇(城)
舟山鑫隆集装箱运输有限公司	2009.06	30	张明军	350	白泉镇
舟山市昶恒物流有限公司	2009.03	12	宋镇霆	50	白泉镇
浙江中瑞物流有限公司	2007.08	5	何海伟	120	白泉镇
舟山市九天国际集装箱储运有限公司	2008.09	27	王祥保	200	干磺镇

续表3

企业名称	成立年月	拥有车辆	法人代表	注册资金	注册地址
舟山市西峰物流有限公司	2007.06	18	范国峰	200	干礁镇
舟山瑞信船务有限公司	2007.07	2	郭宏亮	500	干礁镇
舟山万顺物流有限公司	2009.06	12	许红伟	600	干礁镇
宁波海坤国际物流有限公司	2009.06	12	何　军		环南街道
舟山市东业集装箱运输有限公司	2007.05	52	江伟斌	205	临城
舟山市恒捷集装箱运输有限公司	2008.06	10	李方根	380	临城
		2738			

2001年～2010年定海区部分集装箱运输企业运量情况表

单位：万吨

年度 企业名称	2001	2002	2003	2004	2005	2006	2007	2008	2009	2010
舟山市顺兴吉仓储有限责任公司	30	32	35	31	34	31	33	35	35	35
浙江元铭运输有限公司							10	10	11	1.15
浙江平兴运输有限公司							6.9	40.3	48	48
舟山捷通运输有限公司								24	24	24
浙江协恒运输有限公司							2500	2500	2500	2500
舟山同鑫运输有限公司							4.2	4.3	4.6	4.6
舟山港务集团客货运输有限公司							5.8	10.2	12	12
浙江宇安货运有限公司							5	17	18	18
浙江舟山恒翔国际集装箱运输代理有限公司								6.6	6.6	6.6
浙江中集国际集装箱运输有限公司						50	55	65	75	90
舟山市九天国际集装箱储运有限公司								5.4	5.5	5.5
舟山市海永国际集装箱运输有限公司									3	3
浙江舟山永轩国际集装箱运输有限公司								20	20	20
舟山天达集装箱运输有限公司									3	3
舟山通运通国际集装箱运输有限公司							2	31	32	32
舟山诚远国际集装箱运输有限公司							20	60	60	60
舟山市东业集装箱运输有限公司							3.7	7.7	6.7	6.7
舟山市鸿扬集装箱运输有限公司							4	6.5	7	7
舟山市恒捷集装箱运输有限公司								5	12	12
浙江舟山中邦集装箱运输有限公司								5	18	18
舟山长通集装箱运输有限公司								9.7	24	24
合计	30	32	35	31	34	81	2649.6	2862.7	2925.4	2930.6

第四节　危险品运输

1989年后，定海境内从事危险品（氧气、乙炔气、液化气、油品、民用爆炸物品等）公路运输的企业有国营、集体、个体。主要业务为境内的企业配送和民用供应，其次为上海、嘉兴、镇海等地有关单位配送，运载量不大。运入境内的危险品道路运输车辆，主要由舟山市海峡汽车轮渡有限公司"专渡"轮渡承担。八十年代后，舟山海洋经济开发，产业结构调整，临港工业崛起。工业园区、造船业对氧气、乙炔气、化学物品等工业用气（用品）和民用气以及油品、民用爆炸物品等危险品需求量增大，危险品运量逐年增加。

2002年3月21日，舟山市交通委员会批复筹建成立舟山市定海顺平民爆配送服务公司。7月16日，舟山市交通委员会办公室转发省厅关于继续进行道路危险货物运输专项整治的通知。8月23日，又转发交通部关于做好道路危险货物运输专项整治工作的补充通知。指出：在当地营业性运输能力不能满足生产和生活需求的情况下，方可批准危险品生产或储存企业进行自货自运。地市级交通主管部门负责审批具有10辆以下专用车辆的营业性道路危险货物运输企业；省级交通主管部门负责审批10辆以上专用车辆的营业性道路危险货物运输企业和剧毒化学品运输企业（单位）、非营业性道路危险货物运输单位。定海区公路运输管理所据此，历时一个月专项整治道路危险货物运输市场。

2004年11月18日，舟山市交通委员会办公室转发《浙江省质量技术监督局、浙江省交通厅关于开展危险化学品罐车专项检查整治工作中有关问题说明的通知》，定海区公路运输管理所据此开展专项检查和整治危险化学品罐车。整治后确定，舟山市具有承担常压罐车罐体检验资质的检验机构为舟山市特种设备检测中心，地址：舟山市定海新桥路192号。

2006年7月12日，舟山市交通委员会办公室转发的省政府办公厅关于切实加强危险化学品安全管理的通知，管理重点是：危险化学品生产、储存、运输和使用的设备定期检测检验；事故应急救援预案的制定和演练；安全生产责任制的建立完善，企业内部安全培训和安全教育落实情况。交通部门要进一步加强监管危险化学品运输，加强车辆驾驶员和押运员关于危险化学品知识和应急处置知识教育，严格执行押运员制度。定海区公路运输管理所据此严格执行危险运输驾

省局检查组检查道路危险货物运输管理工作

驶员须取得从业资格证，其他人员（押运员、装卸员、维修人员）须办理操作证，方可从业的规定。

2008 年 3 月 13 日，舟山市交通委员会办公室转发交通部安委会关于加强烟花爆竹等危险货物运输安全管理的通知。区交通局、区公路运输管理所认真贯彻执行每季度第一个星期天汇总执行情况，报送市交通委员会、市公路局（包括危险化学品道路运输驾驶员、装卸人员和押运人员三类人员的培训、发证情况）。

2009 年，定海区公路运输管理所根据省交通运输厅安全生产委员会办公室《关于进一步加强危化品运输安全管理等工作的通知》,《关于切实加强危险化学品运输安全管理工作实施意见的通知》，结合本地实际，严把危险品运输企业和从业人员的资质关，提高从业人员整体业务素质和应急处置能力，明确企业安全生产管理主体责任，落实危化品查堵制度，加强危化品运输隐患排查治理，强化管理，落实事故“四不放过”制度、应急预案和事故报告制度。上海世博会期间，落实进沪危险化学品运输车辆管理工作制度、措施，未发生一起危化运输事故。1991 年至 2010 年，定海境内先后成立从事危险品经营的企业 10 余家。

2010 年，定海区有危险品运输车辆 164 辆，其中槽车 60 辆，厢式车 32 辆，大小货车 72 辆，年运量在 24 万余吨。

危险品运输企业选介：

舟山亿洋气体运输有限公司　址舟山市临港工业园区，2002 年 8 月成立。占地面积 19354 平方米，资产总额 3500 万元。主要生产销售液氧、液氮、氧气、氮气、氩气、二氧化碳、工业切割气等工业气体，并负责运输直供。以年产 1.2 万吨液氧为主，同时年产 3000 吨液氮、140 万立方米氧气，供应舟山船舶修造业及其他工业需要。

舟山市蓝焰燃气有限公司　址定海环城南路 452 号，组建于 1989 年，有职工 2455 人。是舟山岛管道燃气生产、配送和从事液化气经营的国有全资企业，注册资金 3800 万元。下辖管道燃气制造公司（临城双阳燃气站），定海销售分公司（定海环城东路 16 号），普陀销售分公司（沈家门东海中路 38 号），液化气分公司（临城田螺峙沿山路 14 号），特种燃气分公司（新城隧道口附近），设计所（环城东路 16 号）6 个单位。

舟山海景油品运输有限公司　址定海环城南路 287 号。2005 年 6 月 21 日，中国石油化工有限责任公司浙江舟山分公司转制，更名为“舟山海景油品运输有限公司”，经营油品运输。

2010 年，在职员工 34 人，拥有油罐车 13 辆，维修车 1 辆。下设运输车队，址定海江口浦青垒头路 124 号。

舟山市民用爆破器材有限公司配送分公司　址定海环城南路 368 号海事大楼内。民爆器材运输企业，注册资金 50 万元。

2010 年，在职员工 22 人，拥有营运车辆 7 辆，危险货物专用车 7 辆。

此外，定海境内从事道路危险品运输企业还有：浙江顺源化工有限公司、浙江顺源化工有限公司舟山配送运输站、舟山市定海协力危险品运输队、舟山市定海岑港液化气供应站、舟山市华捷民爆器材服务有限公司、舟山划时代科技气体发展有限公司、舟山恒久气体有限公司等。

舟山市海峡汽车轮渡有限公司　址盐仓鸭蛋山渡口。是舟山市运输舟山岛和宁波镇间海上危险品运输主渠道。

1989年至1994年，由日班轮渡专船专渡（主要承运民用液化气）。2002年后，民用液化气用户量增加，危险品运量大增，船舶在满足装卸危险品条件（船检部门颁发的“危险品适装证书”、港航部门颁发的“危险品码头装卸证书”）的，方可营运。是年开始，开通日夜班专渡。2010年，每日开通专渡4渡～5渡。

2002～2010年定海境内公路危险品运输企业和运量

单位：辆、吨

企业名称	成立时间	拥有车辆	年份运量	2002	2003	2004	2005	2006	2007	2008	2009	2010	运输内容	注册地址
舟山恒久气体有限公司	2004.06	9				25200T 114000并	25200T 114000并	同	同	同	同	26910	乙炔、氧化瓶二氧化碳	定海白泉白泉大道35号
浙江省舟山顺盛化工有限公司	2002.09	10～22～13-7～6		2112	2112	1248	1248	1248	1248	1248	678	2019	民用爆炸物品	临城桃湾新村
浙江顺源化工有限公司	2005.06	9～8					3000 1000	4000 1200	4800 1500	8000 1500	8000 1500	10000	爆炸品、易燃液体	定海白泉岙底陈
舟山亿洋气体运输有限公司	2004.12	20					8000	18217	26623	43503	43515	88314	船舶工业用气类	定海临港工业区
舟山海景油品运输有限公司	2005.06	10～14					500000	550000	60000	70000	100000	70000	船用油汽油	定海港口浦码头
舟山市华捷民爆器材服务有限公司	2002.05	6～7		700	750	800	1000	1150	1200	1300	1500	2660	民用爆炸品	定海环城南路368号门岗二楼
舟山划时代科技气体发展有限公司	2009.07	5～7									1355	6379	船舶用气类	定海临城桃湾C区14幢4单元
舟山市定海岑港液化气供应站	2004.06	5				4000 3200	4200 4100	4500 4900	4700 6300	4800 8600	5000 10950	15950	液化气工业用气	定海岑港杨家山嘴1号

续表

企业名称	成立时间	拥有车辆	年份运量	2002	2003	2004	2005	2006	2007	2008	2009	2010	运输内容	注册地址
舟山市定海协力危险品运输队	2008.04	3 ～ 71								900	950	953	液化气	临城惠民桥
舟山市蓝焰燃气有限公司	1991.06	17		6000	6000	6000	8000	17000	17000	19000	20000	18000	液化气	定海环城南路452号

补充资料：舟山市蓝焰燃气有限公司1991年～1998年每年运量0.2万吨，1999年～2001年，每年0.5万吨。

第五篇　渡　　口

定海是一个海岛县(区),开门见海,行舟楫之便。渡口是岛与岛之间、岛与大陆之间专供渡运客、货、车的场所及设施。构成渡口的基本要素是渡运码头、渡船(渡工)、渡运航线。境内渡口按管理归口、功能性质,分为交通渡口(客滚船渡口)、乡镇渡口和专用渡口等。岛屿间从事渡运和车渡船舶(客滚船)称岛屿渡船。

交通渡口构成海上交通脉络主节点。1988 年,定海境内有交通渡口 1 处(客滚船渡口),乡镇渡口 22 处,专用渡口 1 处,渡船 30 艘(木质渡船占 90%以上),29 条渡运航线,年渡运量 260 余万人次。

1989 年 2 月,岱山县衢山海运公司"岱渡 2"客滚船开辟高亭(浪激渚)至西码头客滚船渡运线。年初,境内有 2 处客滚船渡口(鸭蛋山—白峰渡口,西码头—高亭渡口)。后随着社会、经济快速发展,岛屿开发,人流、物流量增大,客滚船航线不断向外延伸拓展。1993 年 5 月,西码头渡口竣工。翌年 10 月,上海金山渡口工程竣工。同月,西码头至上海金山客滚船航线通航,上海金山船务公司"金龙"号客滚船(500 客 4 车)营运,日 2 航次。1995 年 2 月,移三江—金山航线,日 2 航次。

1980 年,舟山市人民政府实施"小岛迁、大岛建"战略,国家交通部、省交通厅实施"拆渡建桥"的方针。定海境内 17 个海岛居民列入拆迁,乡镇渡口陆续拆并改造,数量减少,但渡口面貌不断更新,设施不断完善。1990 年 6 月 1 日,区人民政府根据市人民政府批转市交通局等部门《关于开征水上渡船更新改造资金的报告》,开征渡船更新改造基金,(按 0.02 元 / 人千米计入渡票内),征集款专门用于老旧木质渡船更新改造资金补助。"基金"征收加快了定海乡镇木质客渡船向钢质化改造步伐。1996 年,省政府召开全省水上交通安全工作会议,省市领导达成共识,加大资金和科技投入,限期淘汰乡镇老旧钢质和木质渡船,资金通过上级交通部门补助、县(区)政府和当地乡镇政府自筹办法统筹。1996 年至 2004 年 9 月,持续进行 3 次较大规模乡镇客渡船钢质化改造(三十年以上船龄为第一批,二十年以上船龄为第二批,船龄不长,但确实老旧的为第三批),至 2004 年,老旧钢质和木质渡船全部退出乡镇水上渡运线客运市场,提升了水上渡运安全系数。

2010 年,境内岛屿间、陆岛间有鸭蛋山至宁波白峰、西码头(三江)至嵊泗小洋山、三江至秀山、三江至高亭、三江至长涂、三江至衢山、金塘至宁波镇海、小沙至长白等客滚船航线 8 条,渡口(客滚船渡口、乡镇渡口、专用渡口)16 处,客滚船 12 艘,乡镇客渡船 18 艘。

第一章　客滚船航渡

客滚船渡口、是境内海上交通骨干渡口，构成要素是客滚船、航线、渡运码头等设施。

第一节　客滚船渡运

定海境内海岸线长，岛屿林立。1958年，美国建造第一艘滚装船后，因其装卸效率高，船舶周转快和水陆直达联运方便，受到青睐，滚装船分客滚船和货滚船。1986年2月2日，舟山汽车轮渡站（舟山海峡汽车轮渡公司前身）从日本引进的两艘旧客滚船更新后，名为“舟渡1”、“舟渡2”轮，营运鸭蛋山至宁波白峰渡运航线。其后，滚装运输成为连接定海与大陆海上蓝色公路的主要交通工具。至1988年，辟客滚船航线2条：一条鸭蛋山至宁波白峰航线。舟山市海峡汽车轮渡公司经营（1987年5月19日，舟山汽车轮渡站更名为舟山市海峡汽车轮渡公司），另一条西码头至岱山高亭航线，先由浙江省航运公司舟山分公司“浙江810轮”（登陆艇改建汽车轮渡）经营，1989年4月停运。同年2月，岱山衢山海运公司新建造“岱渡2号”客滚船投入高亭（浪激渚）—西码头渡运线。1991年4月开始，先后开通定海至金塘、金塘沥港至宁波镇海、西码头至上海金山、三江（西码头）至嵊泗洋山4条客滚船（汽车轮渡）航线。其中定海至金塘车渡因车客流量少，1994年3月停运。至2010年，定海拥有3处客滚船交通渡口（鸭蛋山、白峰、三江），6条客滚船渡运航线。（鸭蛋山—白峰、三江—洋山、三江—高亭、三江—长涂、三江—秀山、三江—衢山）

三江客运码头

第二节　客滚船渡口

鸭蛋山—白峰渡口（鸭蛋山渡轮站、白峰渡轮站）　1983年5月，经交通部批复同意，开通定海鸭蛋山至宁波镇海白峰司前村渡运航线，航距8.6海里，衔接329国道舟山段和杭州至宁波白峰段。同月14日建立舟山汽车轮渡站，经营该渡口，址定海人民南路150号舟山地区交通局内，为事业性质，企业化管理，以渡养渡，自负盈亏。隶舟山地区交通局。渡口建设由浙江省交通设计院设计，浙江省海港工程队施工。1984年3月开工，总投资525万元。1985年5月，轮渡站迁址临时租用的定海城关卫海路50号。1985年9月，入迁定海鸭蛋山渡口新站房。1986年1月渡口竣工，2月1日通过验收投入通渡。1987年5月19日，舟山撤地建市，“舟山汽车轮渡站”更名“舟山市海峡汽车轮渡公司”。1998年4月26日，根据舟山市委、市政府关于城镇国有、集体中小企业改制工作统一部署，改制为国有独资企业，并成立公司董事会。1998年4月29日“舟山市海峡轮渡公司”更名为“舟山市海峡汽车轮渡有限责任公司”。

鸭蛋山渡口

2008年，拥有渡轮14艘，389车位，6178客位，6座1000吨级码头，2个大型停车场，下设鸭蛋山、白峰2个客运站。2009年12月25日，舟山跨海大桥通车，“蓝色公路”客流量减少，运行鸭白线的渡轮由17艘缩减至10艘。截至2010年1月25日，一个月流量统计，轮渡客车流量下降75%，散客流量下降45%。

至2010年，有渡轮8艘，计216车位、3137客位。

鸭蛋山—白峰渡运航线　1988年前，“舟渡1号”、“舟渡2号”承运。1990年4月～5月，新购国产“舟渡3号”、“舟渡4号”2轮，投入营运。继而又先后建造或购入“舟渡5号”、“舟渡6号”、“舟渡7号”、“舟渡8号”4艘车客渡船投入营运。1993年4月起，航线昼夜通渡。2000年4月～5月，又购入“舟渡9号”，从宁波租赁“明越1号”投入营运。2001年5月，“舟渡1号”退役，购进“明越1号”，翌年4月更名“舟渡1号”，继续营运。2002年1月，新建造“舟渡10号”（28车位／442客位），从大连购入一艘二手渡轮，更新后命名“舟渡11号”，投入营运。同年7月，“舟渡2号”退役，“舟渡6号”因老旧改为承运货物专渡，翌年5月转卖日本某商会。2003年1月～8月，新建造2艘（27车位／442客位）车客渡轮，命名“舟渡2号”、“舟渡12号”。继而又先后建造新“舟渡6号”，“舟渡15号”、“舟渡16号”、“舟渡17号”投入营运。期间，2005年11月，“舟渡4号”租赁给舟山市海晶海运有限责任公司。翌年9月至2007年10月，将“舟渡8号”、“舟渡9号”先后出售给岱山蓬莱客运轮船有限公司（改名岱山7号、岱山8号）。2006年4月，租入岱山蓬莱客运轮船有限公司新建造的“岱山号”（25车位／256客位）投入营运。2007年10月，租入舟山市通达海运有限公司“通达1号”投入营运。至2007年12月，投入轮渡航线的车客渡船计13艘（即舟渡1号、2号、3号、5号、6号、7号、10号、12号、15号、16号、17号、“岱山号”、“通达1号”）计359车位，5698客位。共航行 52.35 万航次，渡运各种车辆 1036.50 万辆，旅客 1648.42 万人次，货物 1958.54 万吨。

2010 年，营运定海鸭蛋山至宁波白峰航渡线的客滚船 10 艘。年航行 46673 航次，渡运各种车辆 99.3 万辆，旅客 205.6 万人次，货物 36.8 万吨。

营运客滚船舶选介：

舟渡 1 号轮　2001 年 4 月 30 日，原“舟渡 1”（1986 年从日本引进二手旧船，长 43.5 米，型宽 11.38 米，型深 3.60 米，总吨位 486.1 吨，核定载客 290 人，载车 10 辆（5 吨标准车）。主机功率 688 千瓦 ×2，航速 14 节，可抗 10 级风）。2000 年 4 月 8 日，从宁波明越汽车轮渡公司租入“明越 1 号”（日本国株式会造船所 1984 年 10 月建造）。2000 年 4 月 25 日投入运营。2002 年 4 月租赁期满，由舟山海峡轮渡集团有限公司购入。2001 年 5 月，命名为舟渡 1 号轮。1431 总吨，743 净吨，载重量 218 吨，总长 64.95 米，型宽 11.00 米，型深 4.5 米，吃水 2.9 米，排水量 1341.9 吨，航速 14.5 节，核定载客 450 人，载车 30 辆（5 吨标准车，下同）。

舟渡 2 号轮　1986 年 2 月 1 日投入鸭白线运营的舟渡 2 号轮（1986 年 2 月，从日本引进的二手船，总长 50.8 米，型宽 12.8 米，型深 3.40 米，499.57 总吨，核定载客 480 人、5 吨标准车车 20 辆，主机功率 735 千瓦 ×2，航速 14 节）于 2002 年 7 月 1 日退役。新“舟渡 2”轮，由舟山海峡汽车轮渡集团有限公司委托舟山欣海船舶工程研究所有限公司设计、浙江扬帆船舶集团有限公司建造。1814 总吨，943 净吨，490 载重吨，总长 62.20 米，型宽 14.50 米，型深 4.5 米，吃水 3.200 米，航速 14 节，排水量 1550.5 吨，核定载客 442 人、5 吨标准车 27 辆车。2003 年 8 月 31 日，投入鸭白线运营。

舟渡 3 号轮　1990 年 10 月 5 日投入鸭白线运营的舟渡 3 号轮，总长 37 米，型宽 9 米，型深 3.5 米，总吨位 443 吨，核定载客 300 人，5 吨标准车 10 辆，主机功率 198.5 千瓦 ×2，航速 12 节，可抗 9 级风。于 1997 年 10 月退出运营。

新“舟渡 2”轮，由舟山海峡汽车轮渡集团有限公司委托舟山欣海船舶工程研究所有限公司设计、舟山市海晨船务工程有限公司建造。1814 总吨，943 净吨，450 载重吨，总长 62.20 米，型宽 14.50 米，型深 4.5 米，航速 14 节，排水量 1550.5 吨，吃水 3.2 米，核定载客 442 人、5 吨标准车 27 辆。2004 年 7 月 29 日，投入鸭白线运营。

舟渡 4 号轮　1990 年 5 月，舟山海峡汽车轮渡公司购进（宁波渔轮厂 1989 年 1 月建造），营运鸭白航线。总长 52.7 米，型宽 11.2 米，型深 3.6 米，878 总吨，核定载客 323 人，5 吨标准车 20 辆，主机功率 441 千瓦 ×2 千瓦，航速 8 节，可抗 8 级风。2005 年 11 月，租赁给舟山市海晶海运有限责任公司经营沥港—镇海航渡线。2007 年，出售给海晶公司，更名“舟海晶 7”。

舟渡 5 号轮　舟山船厂建造，1417 总吨，737 净吨，225 载重吨，总长 59.80 米，型宽 13.60 米，型深 4 米，航速 14 节，排水量 1314.65 吨，吃水 3 米，核定载客 600 人，5 吨标准车 25 辆。舟山海峡轮渡集团有限公司 1994 年 1 月 9 日购进，并投入鸭白线运营。

舟渡 6 号轮　“舟渡 6 号”轮由日本因熊船株式会社工所建造，975.84 总吨，546.47 净吨，130 载重吨，总长 57.31 米，型宽 13.5 米，型深 4 米，航速 15.63 节，排水量 1159.42 吨，吃水 2.6 米，核定载客 400 人、5 吨标准车 25 辆。舟山汽车轮渡公司于 1994 年 9 月从上海亚通股份有限公司购入，11 月 6 日投入运营，2003 年 5 月退出鸭白线运营。

新“舟渡 6 号”轮，舟山海峡轮渡集团有限公司委托舟山欣海船舶工程研究所有限公司设计、舟山市海晨船务工程有限公司建造。1814 总吨，943 净吨，满载吃水 3.200 米，总长 62.20 米，船宽 14.50 米，型深 4.5 米，航速 14 节，满载排水 1550.5 吨，核定载客 442 人、5 吨标准车 27 辆。2005 年 1 月 8 日投入鸭白线运营。

舟渡 7 号轮　1996 年 5 月，舟山汽车轮渡公司从日本奈良县大和高田市购入，7 月 6 日投入鸭白线运营。1593 总吨，828 净吨，满载吃水 3.3 米，总长 64.233 米，船宽 13 米，型深 4.5 米，航速 17 节，满载排水 1550.5 吨，核定载客 580 人、5 吨标准车 28 辆。

舟渡 8 号轮　由武汉青山船厂 1993 年 6 月建造出厂。1231 总吨，664 净吨，总长 54.10 米，船长 51 米，型宽 11.60 米，型深 4 米，航速 12 节，抗风能力 9 级，核定载客 338 人、5 吨标准车 20 辆。轮渡公司于 1997 年购进并营运。2006 年 6 月退出。同年 9 月，出售给岱山县蓬莱客运轮船有限公司，更名“岱山 7”轮，投入高亭—三江渡运航线。

舟渡 9 号轮　武汉青山船厂 1990 年 3 月建造出厂。1310 总吨，707 净吨，总长 53.70 米，船长 51 米，型宽 11.60 米，型深 4 米，航速 12 节，抗风能力 9 级，核定载客 350 人、5 吨标准车 20 辆。轮渡公司于 1998 年 4 月购入并营运，2006 年 6 月退出。2007 年 10 月，出售给岱山县蓬莱客运轮船有限公司，更名“岱山 8”轮，投入高亭—三江渡运航线。

舟渡 10 号轮　舟山海峡轮渡集团有限公司委托舟山欣海船舶工程研究所有限公司设计，浙江扬帆船舶集团有限公司建造。1814 总吨，943 净吨，满载吃水 3.200 米，总长 62.20 米，船宽 14.50 米，型深 4.50 米，航速 14 节，满载排水量 1550.500 吨，核定客位 442 人、5 吨标准车 27 辆。2002 年 2 月 7 日投入鸭白线运营。

舟渡 12 号轮　舟山海峡轮渡集团有限公司委托舟山欣海船舶工程研究所有限公司设计，浙江扬帆船舶集团有限公司建造。1814 总吨，943 净吨，满载吃水 3.200 米，总长 62.20 米，船宽 14.50 米，型深 4.5 米，航速 15.5 节，满载排水量 1550.50 吨，核定载客 442 人、5 吨标准车 27 辆。2003 年 1 月 8 日投入鸭白线营运。

舟渡 15 号轮　舟山海峡轮渡集团有限公司委托舟山欣海船舶工程研究所有限公司设计，舟山市海晨船务工程有限公司建造。1814 总吨，943 吨，满载吃水 3.200 米，总长 62.20 米，船宽 14.50 米，型深 4.50 米，航速 14 节，满载排水量 1550.500 吨，核定载客 442 人、5 吨标准车 27 辆。2005 年 7 月 11 日投入鸭白线营运。

舟渡 16 号轮　舟山海峡轮渡集团有限公司委托舟山欣海船舶工程研究所有限公司设计，舟山市海晨船务工程有限公司建造。1814 总吨，979 净吨，满载吃水 3.200 米，总长 62.20 米，船宽 14.50 米，型深 4.5 米，航速 14 节，满载排水量 1550.500 吨，核定载客 442 人、5 吨标准车 27 辆。2006 年 9 月 25 日投入营运。

舟渡 17 号轮　舟山海峡轮渡集团有限公司委托舟山欣海船舶工程研究所有限公司设计，舟山市海晨船务工程有限公司建造。1814 总吨，943 净吨，满载吃水 3.200 米，总长 62.20 米，船宽 14.50 米，型深 4.5 米，航速 14 节，满载排水量 1550.500 吨，核定载客 442 人，5 吨标准车27辆。2007年4月29日投入鸭白线营运。

通达3号轮　舟山海峡轮渡集团有限公司委托舟山欣海船舶工程研究所有限公司设计，舟山市海晨船务工程有限公司建造。3193总吨，1724净吨，满载吃水3.5米，总长78.10米，船宽15米，型深5.5米，航速16节，满载排水量2230.00吨，核定载客480人，5吨标准车32辆。2008年7月26日投入鸭白线营运。

通达1号轮　浙江省舟山船厂1997年12月建造出厂并由舟山市通达海运有限责任公司购进并投入营运。2717总吨，1358净吨，船长71.85米，型宽15米，型深4.50米，主机功率1103千瓦×2，航速12节，可抗风力8级，核定载客396人、车35辆（5吨标准车）。2007年10月，舟山海峡轮渡集团有限公司向舟山通达海运有限责任公司租赁“通达1”轮，投入鸭白线营运，2008年1月，退出鸭白线。

岱山轮　浙江凯晨船厂2006年3月建造出厂，岱山县蓬莱客运轮船有限公司购进并营运。2246总吨，1168净吨，总长65.60米，船长60米，型宽14.50米，型深4.60米，航速12节，抗风能力8级，核定载客356人、车25辆。2006年4月舟山海峡轮渡集团有限公司租进“岱山”轮并投入鸭白线营运，至2010年1月租赁期满，归还给岱山县蓬莱客运轮船有限公司。

1989年～2010年舟山市海峡汽车轮渡有限公司渡运情况表

单位：艘、辆、人、吨、元

年	航次	渡运车辆	渡运旅客	渡运货物	收　入	利　润
合计	699348	15642792	99771639	68780827	2683389897	357886692.8
1989	7890	109620	1384245	615888	8524550.46	2001491.56
1990	7256	118611	1682693	658050	8710168.27	3670606.96
1991	8926	139813	1938056	764422	11106245.32	3938692.3
1992	10994	173928	2165234	990531	12402591.03	4169666.29
1993	14371	224213	2694673	1195543	11476999.46	5218827.3
1994	15751	273469	3041391	1287543	27046725.42	3883078.88
1995	18409	315991	3107661	1480491	34597403.1	5509196.65
1996	19761	373132	3693615	1642838	44801073.23	4629486.59
1997	21337	430831	3501574	1767437	54041857.37	2868792.91
1998	22936	444449	3166969	1635518	58457876.15	4188287.13
1999	26441	507303	3510807	2183714	67344835.95	6523188.15
2000	30161	576514	3952555	2555869	87501545.13	7694346.47
2001	32401	657725	4632425	3156079	106864941	12364106.19
2002	34043	731253	5154543	3497597	118581553	10386015.54
2003	37680	859167	5327144	4190017	144580832.7	17823105.37
2004	44397	1041041	6412510	5164197	187010570.1	23125866.64

续表

年	航次	渡运车辆	渡运旅客	渡运货物	收　入	利　润
2005	47796	1149242	6780677	5688982	205502602	26678234.71
2006	54332	1343562	7840539	6845238	253924698.3	35834008.31
2007	60876	1545477	8643711	7844286	305630797.5	50689112.6
2008	65857	1739134	9267295	5964245	350765678.2	63522990.48
2009	71079	1895214	9816857	6044202	360581653.8	52216691.79
2010	46654	993053	2056465	3608140	223934700.00	10950900.00

渡口选介：

西码头—上海金山渡口

境内定海西码头至上海金山客滚船渡运航线定海一侧渡口，上海一侧址在上海金山客运码头。

1995年2月28日西码头至上海金山客滚船航线开通

1995年2月28日，舟山市海峡汽车轮渡公司与上海金马船务公司合营开通西码头至上海金山客滚船渡运航线，先期上海金马船务公司“金龙”号车客渡轮试运营。“金龙”号4车位，500客位，航线全程58海里。1995年2月28日，舟沪航线首条“蓝色公路”正式通航，两地海上航行时间缩短近三分之二，结束了舟山北往车辆须绕道甬杭的历史。1998年1月8日，成立舟山市通达海运有限公司，通达1号客滚船投入营运，与“金龙”号（后更名“金海马”）轮对开。2001年，“金龙”号（金海马）退出，通达1号轮继续营运。2003年9月，航线定海一侧始发点从西码头移址三江。2006年4月1日，定海三江—至金山客滚船航线撤销，通达1号停航。

三江码头

西码头（三江）—双合—嵊泗小洋山渡口

境内定海西码头至嵊泗小洋山客滚船航线定海一侧渡口。2006年4月，岱山双合建成1号客滚船码头，同月，舟山市通达海运有限责任公司通达2号轮经营定海三江—小洋山航线，途中停靠岱山双合客滚船码头，嵊泗小洋山一侧渡口址在小洋山港区货运广场西侧。

舟山市通达海运有限责任公司于1998年成立，注册地是西码头客运站。

扩建后的三江客运站

2006年4月1日，上海芦潮港至嵊泗小洋山跨海大桥—东海大桥贯通。同日，舟山市通达海运有限责任公司开通三江—双合—小洋山客滚船航线，全程31.5海里，航程比原（西码头）三江至上海金山缩短26海里。通达1号轮首航。4月10日，增加投入通达2行号轮营运，每天1班，上午07:50三江（西码头）开，08:50从双合开小洋山，11:00时返回。同年6月，改为每天2班。2007年8月，增加投入通达5号轮客滚船，与通达2号轮对开运营，每天3班。2008年1月，重新启用西码头客运站，渡口移址西码头，继续营运西码头—双合—小洋山客滚航线。2009年5月，通达2号轮转营“鸭白线”线，通达5号轮续营运西码头—双合—小洋山航线。每天2班。2010年1月，通达2号轮替代营运，通达5号轮退出。是年，运送旅客5.85万人次，汽车1.69万辆次。

航渡船舶选介：

营运西码头（三江）—双合—嵊泗小洋山船舶

通达1号轮　浙江舟山船厂1997年12月建造出厂。长71.85米，型宽15米，型深4.5米，满载吃水3.098米，2717总吨，428载货吨，核定载客396人、车33辆标车、396客位，主机功力1103千瓦×2，航速13.5节，抗风能力8级，遮蔽9级。1998年1月8日起，营运西码头—上海金山航线。2006年3月31日，三江—金山航线撤销。4月1日起，改营三江—岱山双合—小洋山航线。10天后，投入鸭蛋山—白峰航线。

通达2号轮　舟山通达海运有限责任公司委托舟山欣海船舶工程研究所有限公司设计，舟山市海晨船务工程有限公司建造，2006年4月出厂。3099总吨，600载货吨，长77.60米，型宽15米，型深5.50米，航速15节，抗风力8级，核定载客449人、车32辆，主机功率1765千瓦×2，航速14.5节，抗风能力8级。2006年4月10日起，投入三江—双合—小洋山客滚船渡运航线。2009年5月起，借至营运定海鸭蛋山—宁波白峰渡运线。2010年1月起，复营西码头—双合—小洋山渡运线。

通达5号轮　日本函馆造船所1981年4月建造出厂。1998年9月，在旅顺4810厂完成改建。2879总吨，长83.92米，型宽15米，型深4.80米，航速15节，抗风能力8级，核定载客382人、车32辆。舟山市通达海运责任有限公司购入并于2008年9月28日投入西码头—双合—小洋山渡运航线营运。2010年退出。

舟山市通达海运有限责任公司所属通达轮渡运业绩表（1998年～2010年）

单位：辆次、人次、吨、元

年	营运航次	渡运车辆	渡运旅客	渡运货物	收入
1998	692	11071	49874	110000	10212700
1999	704	12042	58322	134417	10363304
2000	672	15031	54950	143013	10790472
2001	636	14204	41350	106971	9060147
2002	648	14734	53375	99589	9805428
2003	600	13556	53078	78897	8815726
2004	582	15018	66677	82421	10341133
2005	612	14943	68435	90170	12161827
2006	910	24549	108647	126012	17036722
2007	1628	53253	229891	208878	35684312
2008	1981	57789	217754	232750	38577967
2009	1489	46364	159727	175707	29762298
2010	1341	34747	108262	157465	23276153

营运定海西码头（三江）—岱山县高亭、长涂、秀山、衢山；三江—双合—小洋山渡运线的定海境外企业船舶

岱渡1号轮　江西湖口江新造船厂1988年12月建造出厂。长41.40米，型宽8米，型深2.80米，297总吨，主机功率198千瓦×2，航速9.2节，续航能力50小时，可抗8级风。核定载客200人、车4辆。1989年2月，投入高亭—西码头渡运航线。2002年6月，转营岱山秀山兰山—西码头渡运航线。至2007年3月退出，作机动用船。2010年5月17日始，营运高亭—长涂大浦口、高亭—秀山渡运线。权属岱山县蓬莱客运轮船有限公司。

岱渡2号轮　江西湖口江新造船厂1989年1月建造出厂。长41.40米，型宽8米，型深2.80米，297总吨，主机功率198千瓦×2，航速9.2节，续航能力50小时，可抗8级风。核定载客200人、车4辆。1989年2月25日起，投入高亭—定海西码头渡运线。权属岱山县蓬莱客运轮船有限公司。1997年2月停运、出售。

岱渡3号轮　1993年委托上海船舶设计院设计，江西省南昌船厂承造，后期工程移至舟山扬帆集团公司造船厂续建。1996年7月出厂，8月投入高亭—西码头渡运。784总吨，长47米，型宽10米，型深3.80米，主机功率600千瓦×2，可抗9级风，核定载客400客、车12辆。9月起，开通营运高亭—镇海航线，兼营高亭—西码头渡运航线。2003年9月起，营运高亭—衢山渡运线。2008年10月起，转营岱山长涂大浦口—定海三江渡运线。权属岱山县蓬莱客运轮船有限公司。

岱渡5号轮　镇海滨海船厂1998年11月建造出厂。投入营运高亭—定海西码头渡运线，隔天兼营高亭—镇海渡运线。432总吨，长48.50米，型宽9.60米，型深3.50米，主机功率600千瓦×2，可抗8级风，核定载客250人、车8辆。2010年，营运高亭—定海三江渡运线。权属岱山县蓬莱客运轮船有限公司。

高运轮　浙江扬帆集团公司船厂1999年1月建造出厂。893总吨，464净吨，长49.80米，型宽10米，型深4米，主机功率882千瓦×2，可抗9级风，核定载客：沿海202人，遮蔽区362人，载车均12辆。1999年8月，投入高亭—镇海航线，兼营高亭—定海西码头渡运线。2006年5月，转营高亭—衢山，兼营衢山—小洋山渡运线。2009年6月退出，机动营运高亭—定海三江渡运线，至2010年仍在航。权属岱山县蓬莱客运轮船有限公司。

岱山7号轮　武汉青山船厂1993年6月建造出厂。1231总吨，664净吨，总长54.10米，船长51米，型宽11.6米，型深4米，航速12节，可抗9级风，核定载客338人、车20辆。2006年5月，投入高亭—定海三江渡运航线。权属岱山县蓬莱客运轮船有限公司。

岱山8号轮　武汉青山船厂1990年3月建造出厂。1310总吨，707净吨，总长53.70米，长51米，型宽11.6米，型深4米，航速12节，抗风能力9级，核定载客350人、车20辆。2007年10月，投入高亭—定海三江渡运航线。权属岱山县蓬莱客运轮船有限公司。

岱山9号轮　舟山海晨船务有限公司2009年1月建造出厂。1780总吨，总长57米，型宽14.5米，型深4.5米，航速13.5节，抗风能力8级，核定载客392人、车22辆。同年1月投入高亭—定海三江渡运航线。6月，替代“高运”轮营运衢山—小洋山、衢山—高亭—三江渡运航线。权属岱山县蓬莱客运轮船有限公司。

岱山轮　浙江凯晨船厂2006年3月建造出厂。2246总吨，1168净吨，总长65.60米，型宽14.50米，型深4.60米，航速12节，抗风能力8级，核定载客356人、车25辆。2010年1月，投入高亭—定海三江渡运航线，兼作机动代班船。权属岱山县蓬莱客运轮船有限公司。

渡口选介：

金塘沥港至镇海渡口

连接金塘沥港至宁波镇海渡运线，全长8海里。1994年8月，定海航运公司“金塘渡3号”车客渡首开营运。1998年6月，定海航运公司改制，更名“舟山市三江海运有限公司”，公司“金源渡1”号客滚船（原舟山市海峡汽车轮渡有限公司“舟渡3”轮）开通金塘沥港至宁波镇海客滚船航线。2003年4月24日，舟山市海晶海运有限责任公司客滚船“舟海晶6”

轮替代营运。

2005年11月，舟山市海晶海运有限责任公司向舟山海峡轮渡集团有限公司租赁，投入沥港—镇海航线。命名“舟海晶7”，宁波渔轮厂1989年1月建造。总长52.7米，型宽11.20米，型深3.60米。878总吨，457净吨，核定载客323人、车20辆，主机功率882千瓦，航速8节，抗风能力8级。2007年公司购入，继续营运。2011年1月，航线停止营运，客滚船出卖。

定海小沙海丰—定海长白渡口

连接定海小沙海丰—长白渡运航线，全长3海里，航程10分钟，“舟海晶6”、“舟海晶9”2艘客滚船，“舟海晶8”1艘客渡船经营。

“舟海晶6”客滚船　海军4806厂1990年1月建造。总长42.5米，型宽9米，型深3.5米。465总吨，242净吨。核定载客150人、车10辆，主机功率398千瓦，航速8节，抗风能力8级。1990年9月投入营运。权属舟山市海晶海运有限责任公司。

“舟海晶8”客渡船　钢质，沈家门船厂1998年4月建造。总长31.5米，型宽6.6米，型深2.85米。138总吨，核定载客98人、车1辆，主机功率272千瓦，航速9节，抗风能力9级。2004年3月投入营运。(代班船)。权属舟山市海晶海运有限责任公司。

“舟海晶9”客滚船　钢质，总长49.98米，型宽13.80米，型深3.4米。998总吨，核定载客200人、车20辆，主机功率882千瓦，航速8节，抗风能力9级。2010年投入营运。权属舟山市海晶海运有限责任公司。

小李岙汽车轮渡渡口

在金塘小李岙。汽车轮渡航线定海始发点在定海港海军登陆艇码头，终点即小李岙渡口。全程13海里。渡口建设是1990年省下达开发海岛交通项目，1991年4月20日举行车渡首航仪式。定海航运公司经营，“金塘渡3”号承运。金塘渡3号长35.08米，宽9.74米，核定可载5吨货客车6辆、旅客80人，航速5节，每天往返一次。后因客流量不足，1994年2月停航。期间共营运1063航次，渡运各类汽车1692辆次，旅客47601人次，货物1.53万吨。

境外对接(接线)渡口

岱山双合渡口　在岱山县岱西镇双合南岙。定海三江(西码头)—双合—嵊泗洋山客滚船航线，中途停靠岱山岛双合的接线渡口。

为配合嵊泗小洋山深水港开发，接轨上海，2005年3月，岱山县交通局建双合客运站(车渡站)。车渡站陆域面积18735平方米，建筑面积2398平方米，停车场地6000平方米，广场(堆场)2000平方米。大楼依山而建，面东临港，欧式风格。渡口建1000吨级客运码头1座，2个泊位。码头系高桩梁板式结构，平台长65米，宽12米。趸船靠泊码头1座，趸船平台长86.40米，宽10米。客运站设计年旅客吞吐量22万人，货15万吨，车4万辆。建设陆域面积1.08万平方米，其中管理用房及生产辅助建筑580平方米。2006年4月，建成并投入使用。2006年，舟山市通达海运有限责任公司“通达2”客滚船投入三江(西码头)—双合—嵊泗小洋山客滚船渡运线。当年完成旅客吞吐量1.75万人次，车0.35万辆次。2008年1月，重新启用西码头客运站，三江（西码头）—双合—嵊泗小洋山客滚船渡运航线的定海始发渡口，从三江移到西码头。2010 年 5 月，双合车渡码头在 1 号泊位东南面，建成 2 号泊位。1000 吨级、30 车渡，高桩梁板式结构，平台长 51 米，宽 15.30 米，设计年旅客吞吐量 165.20 人次，货 15 万吨，车 6.40 万辆，2011 年 2 月竣工启用。至年底，渡口进出客滚船舶 1 艘，日营航班增至 2 班。当年完成旅客吞吐量 5.85 万人次，车 1.69 万辆次。

小洋山渡口（洋山深水港区客运站）　在嵊泗县小洋山港区货运广场西侧。是定海三江（西码头）—双合—小洋山客滚船渡运线嵊泗县一侧的对接渡口。属上海同盛联合投资发展有限公司。

2005 年 3 月设立。占地面积 9120 平方米，建筑面积 640 平方米，停车场 6400 平方米。客运大楼沿港而建。候船大厅一次可容纳 240 人。主客运码头 1 座、2 个泊位，主码头系 2000 吨级高桩梁板式结构。平台长 180 米，宽 15 米，同时可兼靠客轮和客滚船各 2 艘。车渡码头 2 座，在主码头南北两侧，由门架墩、钢吊桥、栈桥等组成。门架墩高 10.50 米，宽 5 米，钢吊桥长 15 米，宽 5 米。栈桥长 10 米，宽 5 米。设计年旅客吞吐量 1000 万人次、货 200 万吨，车 100 万辆。并建陆域建筑面积 700 平方米，其中办公用房、候船室及生产辅助建筑 640 平方米。2005 年 9 月开工，2006 年 3 月主体建成投入使用。

岱山高亭渡口　在岱山县高亭山外。是定海西码头（三江）—岱山高亭岱山一侧客滚船渡运的对接渡口。1989 年 12 月动工，建钢筋混凝土趸船浮式结构码头 1 座，1000 吨级。长 50 米，宽 12 米，高 3.80 米。码头两侧斜坡车道各长 14.20 米，宽 7.20 米，前沿水深 4.5 米。1990 年 12 月 25 日建成。泊靠高亭—西码头航线“岱渡 1”、“岱渡 2”等客滚船。2002 年 10 月，开工建造高亭新车渡码头（1 号），20 车渡，固定结构，旁置趸船 1 艘，钢吊桥门架立柱墩 2 座。设计年吞吐能力：车 2.7 万辆次，客 50 万人次。附属设施：新建停车场地 5200 平方米，管理房建筑面积 840 平方米，占地面积 502 平方米，绿化面积 2532 平方米。2003 年 3 月完工。轮渡码头改作客轮停靠。从此，往返岱山境外各港口和岱山境内主要岛屿客滚船，均在高亭新车渡码头始发。2008 年 8 月，在高亭 1 号车渡码头西南侧，新建 3 号车渡码头（岱山竹屿新区车渡码头）。翌年 3 月竣工，6 月投入使用。系 1000 吨级滚装泊位 1 个，趸船式结构，平台长 60 米，宽 12 米，设计吞吐能力车 3.70 万辆，客 160 万人次。2010 年 1 月，在高亭新车渡东侧建高亭车渡码头 2 号泊位。1000 吨级高桩梁板式结构。长 63 米，宽 9 米，设计年吞吐能力客 166 万人次，车 9.2 万辆。是年 11 月竣工使用。2 号、1 号、3 号三座车渡泊位由东向西齿状布置。2010 年，该渡口至定海三江、至衢山、至长涂大浦口、至秀山秀北共 4 条航线。进出的客滚船舶有“岱渡 1”、“岱渡 5”、“岱山 7”、“岱山 8”、“岱山 9”及“岱山”轮、“高运”轮 7 艘、2088 客位、111 车位。完成旅客运输量 144.90 万人次，车 22.85 万辆次。

岱山浪激渚渡口　在高亭镇浪激渚发电总厂码头东侧。曾为岱山高亭—定海西码头渡运航线岱山一侧的对接渡口。渡口前身租用浪激渚驻军斜坡码头。1995 年，县政府新建浪激渚车渡码头。1997 年 3 月初建成。占地面积 1 万平方米，建筑面积 3400 平方米，仓库面积200平方米，场地面积6400平方米。建造1000吨级钢筋混凝土趸船浮式车渡码头1座，码头平台长50米，宽12米。车渡辅助码头2座，各长36米，宽9米，钢质栈桥长21.8米，宽7米。前沿水深5米，设计年吞吐能力：车2.5万辆次，货5万吨，客25万人次。是年3月起，往返岱山高亭至定海西码头客滚船航线的客滚船舶，均靠泊浪激渚新车渡码头。营运船舶有“岱渡1”、“岱渡2”、“岱渡5”轮。2003年3月初，码头停用。

岱山秀山兰山渡口　在岱山秀山乡秀南村兰山，是秀山兰山—定海三江渡运航线秀山一侧对接渡口。原址建有150吨级斜坡式登陆艇码头1座。2001年8月，在登陆艇码头东侧建成秀山兰山客货码头，码头平台长41.55米，宽8米，高桩梁板式结构，汽车荷载15吨，可兼靠小型汽车轮渡。2002年6月启用。2006年10月，建造1000吨级、20车渡兰山车渡码头1座，高桩梁板式结构。码头平台长37米，宽12米。翌年底完工使用。2008年5月，岱山秀山兰山客货码头建成。兰山客运中心占地面积8861平方米，建筑面积1040平方米，停车场及回车道面积5300平方米。可兼靠小型汽车轮渡。

1988年5月，岱山秀山海运公司向驻军购置150吨级登陆艇1艘，改装成汽车轮渡，定名“兰秀2”轮投入渡运航线。翌年投入兰山至定海西码头航线，每航次载客140人，或载5吨货车2辆。至兰山靠泊150吨级斜坡式兰山轮渡码头，至定海方靠泊西码头驻军租用车渡码头。每日2航次，航程15分钟，渡运价：客1.5元/人；车20元/吨。1990年客运量5.78万人次。2002年6月28日，“岱渡1”轮投入秀山兰山至西码头渡运航线，日营1班，后增至2班。两地开航时间：西码头上午06:50，下午16:40开，兰山上午07:10，下午17:10开，最后一班在西码头过夜。2003年5月20日起日营运增至5班。9月，建成定海三江码头。同月25日，兰山至三江汽车轮渡开通，日营6班，全程3海里，岱山蓬莱客运有限公司”岱渡1号”轮营运，日营运9班。是年，兰山客渡船渡口完成渡运量24.88万人次、汽车1.54万辆次。2007年3月，“岱山6”客滚船替代“岱渡1”营运，日营运增至10班。2009年，完成渡运量46.47万人次、车5.37万辆次。2010年，日营12班次。年完成渡运量50.80万人次、车7.01万辆次。

岱山长涂大浦口车渡渡口　在岱山长涂镇长西一村中段。岱山长涂—定海三江渡运航线长涂一侧对接渡口。2003年，岱山县交通局新建长涂大浦口长涂车渡站（客运中心）。2004年4月，建成1000吨级浮码头（趸船）10车渡客运码头。趸船平台长50米，宽12米。2009年1月9日，建成启用长涂客运中心。中心陆域面积35150平方米，建筑面积3552平方米，停车场及回车道面积32150平方米。同年12月，兴建1000吨级长涂大浦口2号车渡码头，浮式结构，趸船平台长60米，宽11.5米，2010年3月完工，5月17日投入使用。权属岱山县交通局，岱山港客运服务公司长涂客运站管理使用。

2007年7月5日，配合长涂金海湾等临港工业快速发展，提供便捷畅通交通渠道，岱山蓬莱客运轮船有限公司开通长涂至定海三江汽车轮渡航线，“岱山6”轮营运，日营1班。当年完成旅客渡运量1.63万人次，汽车0.38万辆次。2008年2月20日起日营2班，“岱渡5”轮临时替代“岱山6”轮营运。10月13日，改由“岱渡3”轮替代营运，日营3班。“岱渡5”轮退出。

第二章　乡镇渡船航渡

乡镇渡口是渡口的分类、细化，是交通支脉络的节点，构成要素是乡镇渡船、渡运航线、渡口设施等。

第一节　乡镇渡运

1988年，定海境内9个海岛乡、18个村有乡镇渡口19处，渡埠33处。渡口设施陈旧，简陋，渡埠破损严重。拥有机动渡航船30艘（船体木质的26艘，老旧钢质的4艘），1230.8总吨，1386千瓦。营运客渡运航线29条，年渡运量260万余人次。翌年12月，市人民政府批准，实施《舟山市渡船更新改造资金征取办法》，加快了定海乡镇木质客渡船钢质化改造。1996年，省政府召开全省水上交通安全工作会议，省市领导达成共识，加大资金和科技投入，限期淘汰乡镇老旧钢质和木质渡船。1996年至2004年9月，境内进行3次较大规模乡镇客渡船钢质化改造，淘汰老旧钢质和木质渡船。

二十世纪九十年代开始，贯彻市政府“小岛迁、大岛建”战略和省交通厅“拆渡建桥”的方针。至2006年12月，新城大桥通车，长峙王家墩渡口撤销。2007年9月8日，长峙、岙山两座跨海大桥通车，岙山（前山）渡口撤销。2009年12月25日，舟山跨海大桥通车，金塘大浦口、小李岙、东堠，册子、岑港等渡口撤销。

2010年，定海境内有乡镇渡口16处，渡埠3处，客渡船10艘（含2艘简易小车渡，限载5吨车2辆。），1907总吨，2503.3千瓦，1766客位。年渡运量172.2万人次，车27580辆。

第二节　乡镇渡口

沥港车渡码头（沥港客运站）　在金塘岛北端，介金塘岛与大鹏山（太平山）、捣杵山之间，沥平社区内，与沥港客滚船渡口重合。舟山市海晶海运有限公司经营管理。

1989年前，沥港客运站在沥平社区沿港南路。站内有钢筋混凝土趸船1艘，长36米、宽9米，钢质引桥长20米、宽4米，栈桥长12米、宽6米，圆形钢质栏杆2支，长20米。码头前沿水深4.5米，可靠泊500吨级客货轮。建有140平方米候船室，内置票房，可供200名旅客候船，有2000平方米水泥场地。1998年6月2日投资兴建金塘至镇海车渡码头，金塘一侧码头及站房竣工投入使用后，客运站移址新车渡码头客运站，共同使用。

1989年核定航线2条：一条始发沥港，经金塘小李岙至定海，单程21海里。渡船“金塘渡2号”，钢质，245总吨，184千瓦，核定客位280人，日渡2航次。另一条沥港至镇海，单程

9海里，渡船“金塘渡1号”，钢质，265总吨，184千瓦，核定客位320人，日渡2航次。1994年8月，由“金塘渡3号”车客渡替代。

2000年12月后，沥港经金塘小李岙至定海航线因客源萎缩停航，“金塘渡2号”改作它用。航线调整为沥港至定海，单程12海里。舟山市通达高速客轮有限公司所属“飞舟5”号轮（快艇）承运。2008年5月，航线取消，“飞舟5”号轮停航。

大浦口渡口　在金塘岛西南岸大丰浦口村，隔金塘水道与北仑港相望。舟山市海晶海运有限公司经营。

1986年码头水泥桩断裂，大丰乡集资3000元修复。1991年4月，动工兴建500吨级客货运码头，翌年4月竣工。大丰乡政府主管，大丰海运站使用。

1989年，核定航线2条，一条大浦口经小李岙至定海，单程17海里。渡船“大丰渡3号”（后更名大丰渡1号），木质，普客，47.6总吨，44千瓦，额定载客90人，日渡4航次。1993年，航线撤销，小李岙至定海新辟航线。另一条大浦口至镇海，单程8海里，渡船“大丰渡2号”，普客，木质，130总吨，99千瓦，额定载客286人，日渡2航次。1992年12月，新建“大丰渡2号”轮，钢质，普客，199总吨，184千瓦，额定载客247人。1998年1月，“大丰渡1号”轮更新后，钢质，普客，舟山扬帆船厂建造，总长31.50米，型宽6.00米，型深2.85米，额定载客250人，182总吨，90净吨，航速8节，抗风能力8级，主机功率218千瓦。2001年，政府机构改革，金塘二镇一乡合并为金塘镇，渡口由金塘镇政府主管，金塘水上客运中心经营管理。2003年8月，舟山市海峡汽车轮渡有限公司与金塘镇政府共同出资建成“舟山市海晶海运有限公司”，购进“大丰渡1号”、“大丰渡2号”渡船，更名为“舟海晶1”轮和“舟海晶2”轮。2005年“舟海晶1”轮撤出小李岙—定海航线，投入大浦口—镇海航线运营，日渡4航次，日渡运量300人次。2010年2月，舟山跨海大桥贯通，该航线停止营运。

小李岙渡口（金塘水上客运中心）

在金塘柳行小李岙村，临册子水道，距定海12海里，是金塘岛距定海最近的渡口。金塘水上客运中心经营。1992年底至1993年初改扩建后，码头长63米，平台长23米。2003年，交通部门投资500万元，新建车渡码头1座，20车渡、1000吨级高桩梁板式，2004年4月竣工。2004年开始，交通部门投资1000万元，改建小李岙客货码头，2005年3月竣工建成，500吨级兼靠1000吨级码头，结构高桩梁板式，配60吨液压升降机，同时扩建陆域面积达到7000平方米（其中填海涂4500平方米），管理房240平方米，票房、候船室300平方米。人车分流，配置地磅。大丰镇政府主管。2001年政府机构改革，金塘二镇一乡合并为金塘镇，该口由金塘镇政府主管，金塘水上客运中心经营管理。

1989年核定航线4条：一条册子经东堠、小李岙至定海航线，单程22海里，渡船“册子渡1号”，木质，普客，115总吨，主机马力136千瓦，核定客位200人，册子乡渡运站经营。2003年8月，撤销东堠渡口，该航线调整为册子直接经小李岙至定海。另一条册子经岑港、小李岙、南山至镇海航线，单程23海里，渡船“册子渡3号”，普客，114总吨，99千瓦，核定客位150人，册子乡渡运站经营。1992年航线停止营运。第三条沥港经小李岙至定海航线，渡船“金塘渡 2 号”，普客，定海航运公司经营。2000 年 12 月后，客源萎缩，“金塘渡 2 号”停航，改作他用。第四条大浦口经小李岙至定海航线，渡船“大丰渡 1 号”，普客。1993 年，航线调整为从小李岙始发至定海，渡船“大丰渡 1 号”，大丰海运站经营。2003 年 8 月，“大丰渡 1 号”轮被舟山市海晶海运有限公司收购，更名“舟海晶 1 号”（2005 年退出该航线，航行大浦口至镇海）。舟山市海晶海运有限公司“山潭渡”（东堠渡口撤销后购得）更名“舟海晶 3 号”（钢质，普客，150 总吨，220 千瓦，核定客位 245 人），营运小李岙至定海，日渡 4 航次。2004 年，海晶公司增投新建“舟海晶 5 号”轮（钢质，普客，341 总吨，551 千瓦，核定载客 428 人），航行至定海，日渡 4 航次。2 船日渡运量 1400 人次。舟山市海晶海运有限公司经营。

小李岙渡口

2010 年 2 月，舟山跨海大桥贯通，该航线停止营运，渡口移作他用。

盘峙岛渡口（含盘峙中心渡口、东山头、小盘峙、同心、西蟹峙、小岠 < 东岠 >、大岠 < 西岠 >、摘箬山、刺山码头）

盘峙岛位于定海城区南面，属定海环南街道，由大小盘峙、西蟹峙、王家山、刺山、大小五奎山、东岠（部分）、西岠山等 24 个大小岛屿组成，面积 11.9 平方千米。

1989 年，盘峙岛有渡轮 6 艘，188 总吨，211.68 千瓦，607 个客位，设有渡口渡埠码头 12 个，即西蟹峙、小盘峙、小岠、大岠、刺山、摘箬山西岙、摘箬山北岙、摘箬山东岙、东山头、五星（长坑）、定海岙和小南岙渡口，年渡运量 32 万人次。

1990 年 10 月，东山头渡口为盘峙乡中心渡口。1996 年，撤销摘箬山西岙渡口，保留东岙和北岙渡口。1997 年 1 月，五星（长坑）渡口码头扩建成浮码头。2001 年 9 月，政府机构改革，盘峙乡并入环南街道，盘峙乡西蟹峙村、大岠村、小岠村、摘箬山村和刺山村合并为五联村，盘峙岛和小盘峙合并为盘峙村。

盘峙岛核定航线 4 条：第一条，出自东山头经小盘峙至定海（其中每月逢五逢十从东山头出发，经小盘峙、大小岠、摘箬山、刺山至定海）。第二条，中心渡口（东山头）与定海对渡。第三条，定海经中心渡口（东山头）至西蟹峙。第四条，小盘峙与东山头对开。

定海盘峙岛渡口渡船营运情况表

单位：千瓦、人

渡船	船体	总吨	动力	额定载客	日渡航次 / 渡运量
盘峙渡 1 号	钢质	56	88.8	300	8 航次 /
盘峙渡 3 号	钢质	9	8.8	40	有客即运 / 80 人次
盘峙渡 5 号	钢质	38	64.5	120	4 航次 / 120 人次
盘峙渡 6 号	钢质	51	88.2	200	8 航次 / 800 人次
大猫渡 1 号	钢质	92	184	120	4 航次 / 60 人次
千岛渡 1 号	钢质	462	184 × 2	498	26 航次 / 1700 人次

1989 年以来，盘峙岛渡口几经撤并，渡船时有或更新报废。至 2001 年，有渡口 15 个，渡船 5 艘，环南街道船管站统一经营管理。2008 年 8 月，增“千岛渡 1”号渡船，有 6 艘渡船。2008 年渡运量 64.1 万人次。2010 年，有渡船 9 艘，渡运量 18.56 万人次。

盘峙中心渡口　在环南街道盘峙长坑，曾称五星村渡口。1989 年，核定渡口航线五星（又名长坑）至定海，单程 1.4 海里。渡船名“五星渡”，木质，普客，45 总吨，58 千瓦，额定客位 100 人。日渡 4 航次，日均渡运量 60 人次。五星村经营。1990 年 10 月，盘峙东山头渡口全岛中心渡口。1996 年，撤销摘箬山西岙渡口。1997 年 1 月，在盘峙岛北面（长坑）五星渡口码头原址上新建 300 吨级浮式客运码头 1 座并配套相应设施。趸船长宽 36 × 9 米，钢质引桥 21 × 4.5 米，陆域场地 2950 平方米，堆场 630 平方米，站房建筑约 300 平方米。设计年吞吐能力货运 3 万吨，客运 10 万人次。6 月 20 日开工，12 月 10 日竣工。同时盘峙岛的中心渡口由东山头迁至长坑（五星）渡口。2001 年 10 月起，渡船名“盘峙渡 1”号，钢质，普客，70 总吨，97 千瓦，核定客位 300 人，航行于定海至盘峙中心渡口，日渡 26 航次，日均渡运量 1300 人次。2008 年 8 月，新建“千岛渡 1”号，钢质，普客，462 总吨，560 千瓦（184 千瓦 ×2 台 +60 千瓦付机），核定客位 498 人，日渡 26 航次，日渡运量 1700 人次。“盘峙渡 1”号移作机动船舶用。

东山头码头　在盘峙岛上。1989 年核定航线东山头经小盘峙至定海，单程 2 海里。营运渡船“盘峙渡 1”号，钢质，普客，56 总吨，88.84 千瓦，核定客位 300 人，日渡 8 航次。东山头码头为浮码头结构，长 20 米，宽 5 米。1997 年中心渡口移至长坑五星渡口后，东山头移作与小盘峙的对江渡口。盘峙、小盘峙两岛相距 100 米，“盘峙渡 3”号往返。“盘峙渡 3”号钢质，普客，9 总吨，8.8 千瓦，核定客位 40 人，日航班不定，有客即运，日均渡运量 80 人次。

小盘峙码头　在小盘峙岛北面，与东山头码头隔海相望，相距 100 米，可靠泊 10 吨船舶。原有简易渡埠头，靠泊盘峙渡船。1997 年，在原埠头处建浮码头，长 20 米，宽 5 米。1989 年核定航线为东山头经小盘峙至定海，渡船“盘峙渡 1 号”，钢质，普客，56 总吨，88.8 千瓦，核定客位 300 人，日渡 8 航次。1997 年后，渡口航线 2 条：一条东山头至小盘峙，单程 100 米，“盘峙渡3”号营运。另一条出小盘峙经大岠、小岠至定海，单程2海里。每月逢五逢十在小盘峙始发，经刺山、摘箬山东岙、北岙，再经大岠、小岠至定海，“盘峙渡6”号营运。盘峙渡6号船钢质，普客，51总吨，88.2千瓦，核定客位200人，日渡8航次，日均渡运量80人次。

同心定海岙码头　在盘峙岛西面，有渡埠2处，即同心小南岙埠头和同心定海岙埠头。

小南岙埠头位在同心村南部，斜坡浆砌结构，长20米，宽3.5米，可靠泊40吨级船舶，是供同心渡渡船的靠泊埠头。

定海岙埠头在原同心村北部，与西蟹峙岛隔海相望，相距0.85海里，斜坡浆砌结构埠头，长25米，宽4米，可靠泊20吨船舶，也是同心渡渡船靠泊埠头，建有1间20平方米候船室。1989年核定渡口航线同心至定海，单程2.4海里。营运渡船“同心渡”，木质，普客，45总吨，58千瓦，核定客位100人，日渡4航次，日均渡运量150人次，同心村经营。1997年7月，新建“盘峙渡5”号船，取代“同心渡”，航线调整为同心经西蟹峙至定海，单程3.7海里。“盘峙渡5”号钢质，普客，38总吨，64.5千瓦，核定客位120人，日渡4航次，日均渡运量120人次。

西蟹峙码头　在环南街道五联村西蟹峙岛东面，距定海单程3.7海里。原有1座斜坡浆砌结构埠头，长60米，宽5米，可靠泊30吨船舶。西蟹峙渡船靠泊埠头。1989年，核定航线西蟹峙至定海，单程3.7海里。渡船“西蟹峙渡”，木质，普客，45总吨，58千瓦，额定载客100人。1993年8月，码头向南500米处新建块石浆砌码头1座，可泊100吨级以下船舶。1998年又投资120万元，向北300米处新建1座300吨级客货运码头并配套相应设施，其中陆域场地750平方米，设计年吞吐能力货1万吨，客3万人次。高桩梁板结构固定码头，码头平台长45米，宽8米，栈桥长45米，宽5米，桩基均采用80厘米灌注桩。11月30日开工，翌年10月30日竣工。1999年7月投入新建的“盘峙渡5号”，钢质，普客，38总吨，59千瓦，核定客位120人，航渡同心经西蟹峙至定海，单程3.7海里，日渡8航次，日均渡运量120人次。

小巨（东岠）码头　在环南街道五联村、小岠岛北岙。原有斜坡平面浆砌组合结构码头，长15米，宽7米，可靠泊150吨船舶，大岠、小岠渡船靠泊码头。建有12平方米候船室1间。1989年核定渡口航线小岠经大岠至定海，单程2.21海里。营运渡船“大小岠渡”，木质，普客，45总吨，58千瓦，核定客位100人，日渡4航次，日渡运量80人次。1995年后改由“盘峙渡2”号承运。盘峙渡2船钢质，普客，50总吨，核定客位200人。2003年1月投入新建“盘峙渡6”号，钢质，普客，51总吨，88.2千瓦，核定客位200人，日渡8航次，日均渡运量80人次。1990年投资3.35万元埠头，改建成结构为动式埠头，长10米，宽4米，1月1日开工，6月30日竣工并投入使用。2007年4月新建浮码头1座，长36米，宽8米，引桥长20米，宽4米。

大巨（西岠）码头　在环南街道五联村大岠岛南面，距定海2海里，与小岠渡埠隔江相望。原有斜坡浆砌结构埠头，长30米，宽4米，能靠泊15吨船舶，大小岠渡船靠泊码头。1989年投资3.35万元，原埠头改建成结构为动式渡埠，长10.5米，宽3.5米。11月6日开工，12月20日竣工并投入使用。1989年核定渡口航线小岠经大岠至定海，单程2.2海里。营运渡船为“大小岠渡”。1995年后营运渡船“盘峙渡2”号，钢质，普客，50总吨，核定客位200人。2003年1月，新建“盘峙渡6”号，钢质，普客，51总吨，88.2千瓦，核定客位200人，日渡运量

80人次，取代“盘峙渡2”号。

摘箬山东岙渡口码头（埠头）　在环南街道五联村，距定海3.5海里。1989年摘箬山有环岛渡埠3个，即西岙埠头（摘箬山岛西面，斜坡浆砌结构，长62米，宽3米，可靠泊15吨船舶。1963年建成后，靠泊摘箬山刺山渡船）、北岙埠头（摘箬山岛北面，平面垂直浆砌结构，长50米，宽3米，可舶靠20吨船泊。1963年建成，靠泊“摘刺”渡船）和东岙埠头（摘箬山岛东岙，斜坡浆砌结构，长56米，宽3米，可靠泊15吨船舶。1963年建成，停靠“摘刺”渡船）。

1989年核定渡口航线为刺山经摘箬山至定海，单程3.7海里。营运渡船“摘刺渡”，木质，普客，15总吨，17.6千瓦，核定客位40人，日渡2航次，日均渡运量45人次。1996年撤销西岙埠头。2000年投资102万元在东岙新建300吨级客货运码头并配套相应设施。其中陆域场地520平方米，设计年吞吐能力货运1万吨、客运3万人次。固定高桩梁板式结构码头。长23.05米，宽8米，栈桥长14.7米，宽5米。9月1日开工，翌年3月20日竣工。后因岛上居民逐年减少，航次随之减少。2001年后每月逢五、逢十1班，“盘峙渡6号”船兼靠摘箬山东岙、北岙、刺山岛，再经大岠、小岠至定海。

刺山渡口码头（埠头，又名小岙埠头）　在环南街道五联村刺山岛东面小岙，斜坡浆砌结构，长30米，宽2.5米，可靠泊10吨船舶，靠泊摘刺渡船。1989年核定渡口航线刺山经摘箬山至定海，单程3.7海里。渡船“摘刺渡”，木质，普客，15总吨，17.6千瓦，核定客位40人，日渡2航次，日均渡运量45人次。2001年后因岛上居民减少，改为每月逢五、逢十1班，由“盘峙渡6号”船兼靠摘箬山东岙、北岙，再经大岠、小岠至定海。

沥鹏渡口　在金塘沥平社区和隔江相望的大鹏岛东岸，两处对接称沥鹏渡口。沥港镇政府主管，沥港渡运站使用。2001年，2镇1乡合并为金塘镇，渡口归金塘镇政府所有，仍由沥港渡运站使用。渡口沥港一侧居沥港镇西面，1989年有1座浮式结构码头，长20米，宽9米，引桥长14米，宽4米，前沿水深1米，可靠泊100吨级船舶，有候船室1间。大鹏岛一侧，在大鹏岛东岸，1989年建有浮式码头1座，趸船长24米，宽4米，引桥长10米，宽3米，另有16平方米候船室1间，码头前沿水深1米，可靠泊100吨级船舶，与沥港渡口相距500米。

1950年前，岛上居民来往沥港，靠两只手摇橹的小舢板摆渡。途中潮流湍急，摆渡风险较大，遇上风暴，无法过渡，居民患病，得不到及时救治。为改善大鹏岛居民条件，1959年，当地政府出资、舟山船厂建造木质机动渡轮1艘，单缸“110”，11千瓦，核定客位40人，取代小舢板摆渡。同时成立沥港渡管会。10月1日通渡首航，不定时往来沥港与大鹏之间，结束舢板摆渡历史。1984年投入更新的120客位钢质渡轮1艘，58.8千瓦，核定渡运线沥港至大鹏，1988年渡运量66万人次。2000年5月，新建“沥鹏渡”船，钢质，普客，45总吨，79.4千瓦，核定客位160人，日渡不定班次，滚动发班，日渡运量330人。

东堠渡口　在金塘山潭东堠。东堠码头在金塘岛东北面，临西堠门航道，与册子岛南岙码头遥遥相对。码头陆域面积200平方米，候船室、售票房、办公室等附属设施80平方米。1989年前，码头浆砌结构，可靠泊50吨级船舶，陆域建有45平方米码头管理房和候船室。1989年10月，区、乡两级政府分别投资23万元、4万元，在埠头向外水域打灌注桩，建成钢筋混凝土平台码头。平台长 20 米，宽 7.5 米。前沿水深 2.5 米，靠泊能力提高至 200 吨级。金塘山潭乡政府主管，山潭渡运站使用。

1989 年，核定渡口航线东堠至定海，单程 16 海里，渡船“山潭渡”，木质，普客，44.5 总吨，主机马力 44.1 千瓦，核定客位 55 人，日渡 2 航次，日均渡运量 118 人次。“册子渡 1 号”兼靠。1991 年投入更新“山潭渡”，钢质，普客，主机 175 千瓦，核定客位 245 人。

2001 年政府机构改革，金塘二镇一乡合并为金塘镇。是年 5 月，镇政府建成金塘水上客运中心，岛内乡镇客渡船（剔除金源公司所属客运船舶）全部纳入该中心。2003 年 8 月，东堠客运航线停航，“山潭渡”并入舟山市海晶海运有限公司，更名为“舟海晶 3 号”，金塘岛至定海的客运船舶统一由小李岙始发，东堠渡口码头改作普通货物运输码头。

长白渡口　在长白前岸村。陆域面积 11250 平方米，配套相应设施包括候船室、值班室、门卫和厕所计 750 平方米。2007 年开工新建 1000 吨级车渡码头，2008 年 9 月 1 日完工。工程概算投资 2094 万元，决算金额 1740 万元。车渡码头平台及栈桥高桩梁板式结构，斜坡液压门吊式结构，码头长 30 米、宽 12 米，栈桥长 106 米，宽 8 米，年吞能力车 3 万辆、客 35 万人次。渡口原坐落在南岸村，南邻长白水道，与大沙油头咀、小沙毛峙码头成三犄角。1988 年 6 月 23 日，区人民政府投资 2 万元、长白乡人民政府出资 1 万元、舟山市人民政府、市交通局各补助 5 万元，合计 13 万元改建。1988 年 10 月 5 日通过验收，新码头高桩梁板式，平台长 30 米，宽 5 米～ 11 米。1994 年，在长白岛南侧（册子船厂东侧 55 米处）新建 300 吨级固定式码头 1 座，高桩梁板式结构，采用桩基梁板式栈桥，平台长 32 米、宽 10 米，栈桥石堤长 83 米，宽 6 米，陆域场地 1526 平方米，站房 113 平方米，后方道路长 83 米、宽 6 米，设计年吞吐能力客运 10 万人次、货运 8 万吨。1994 年 10 月 2 日开工，1995 年 11 月 8 日建成，工程概算 259 万元，决算 140.2712 万元。2008 年 9 月建成前岸村新车渡码头后，车客渡船靠泊前岸村新码头。

三犄角的小沙一侧在小沙海丰村浦口，与长白岛隔长白水道相望。1989 年前渡口有钢筋混凝土浆砌码头 1 座，长 47 米，宽 2.8 米，平台筑在两边礁石上，长 11.4 米，宽 6.8 米，前沿水深 1.5 米，可靠泊 100 吨级船舶，长白渡船往来小沙毛峙靠泊码头。建有候船亭 2 间，其中 1 间名“利众”，由长白旅美华侨捐建，面积 25 平方米，由小沙乡政府主管。2004 年 1

新建的长白码头启用

月，在海丰村建300吨级高桩梁板式结构和斜坡组合码头1座。核定航线海丰至长白，单程0.9海里。渡船“长白车渡1号”、“长白渡2号”。

2007年4月在海丰村建1000吨级车渡码头1座、2个泊位并配套相应设施，陆域场地约11000平方米，设计年吞吐能力车3万辆、客3.5万人次，码头平台及栈桥高桩梁板式结构，斜坡液压门吊式结构，码头长30米、宽12米，栈桥长118米、宽8米，靠泊平台长45米、宽10米。前沿水深7米，年设计吞吐能力客36万人次，车辆3.7万辆。于2007年4月25日开工，次年9月10日竣工。工程概算2094万元，决算1700万元。

1989年，渡口有营运渡船3艘，162千瓦、300客位，长白轮渡站经营（其中一艘由峙中村经营）。核定航线4条：一条长白至小沙毛峙，单程3海里，渡船长白车渡2号，钢质，115总吨，99千瓦，核定载客200人，日渡6航次，日均渡运量120人次。另一条长白至大沙油头嘴，单程1.5海里。1991年1月至1994年1月，日渡4航次，日均渡运量45人次。以后客流量减少，1994年2月至1998年4月，逢单日（隔日班）渡2航次。1998年终因乘客稀少停航。渡船长白渡1号，木质，普客，39.3总吨，44.1千瓦，核定载客65人，日渡2航次，日均渡运量40人次。第三条峙中岛至长白。峙中岛在长白岛东北边，距长白岛7海里，核定航线峙中至东山嘴、毛峙至长白，单程7海里。渡船“峙中渡”，木质，普客，15总吨，17.6千瓦，核定载客35人，日渡2航次，日均渡运量40人次。峙中村集体经营，亏损严重。1990年12月转让给长白乡轮渡站，“峙中渡”改名为“长白渡3号”。1993年6月，“大岛建、小岛迁”，居民外迁，岛内无常住人口，峙中岛至长白、东山嘴航线停航，渡口废弃。第四条长白至嵊泗滩浒。1987年因滩浒“三八”海难事件（死亡42人），新开辟一条长白至滩浒航线，单程40海里。1989年1月开航至1999年12月，每逢农历初一、十五两航班，每月4航次，年渡运量1500人次。“长白渡2号”承运。2000年1月停航。

乡镇车客渡“长白车渡1号”船，1998年10月新建，钢质，138总吨，136千瓦 ×2，核定载客98人、载（5吨标准）车1辆，替代“长白渡2”号木质渡船，2009年改名舟海晶8号。2000年12月又新建“长白渡2号”，钢质，39总吨，58.8千瓦，核定载客48人，“长白渡1”号木质渡船停用。2004年1月，小沙海丰渡口码头建成使用后，长白至毛峙航线停航改为长白至海丰（浦口），单程1.9海里，“长白车渡1号”承运，日渡12航次，日均渡运量360人次。2007年7月至2008年12月，日渡16航次，日均渡运量498人次。2008年12月，在长白—海丰航线两端渡口新建1000吨级车渡码头各1座并投入使用。长白乡政府主管。

2008年，在政府及有关部门协调下，该渡口、航线转让舟山市海晶海运有限公司经营管理。2009年，“长白车渡1号”更名“舟海晶8号”，改作危险品专用渡船。舟山市海晶海运有限公司投入“舟海晶9号”船顶替投入营运，该轮钢质，客渡船，998总吨，441千瓦 ×2台，核定载客200人，载标准5吨车20辆。翌年12月21日，因维修保养停航。同日，公司遣“舟海晶6号”代班，该轮钢质，客滚船，465总吨，398千瓦，核定载客150人，载5吨标准车10辆，投入该航线营运。2010年2月，完成代班，“舟海晶9号”继续营运。

至2010年，渡口、航线由舟山市海晶海运有限责任公司经营管理。

册子南岙渡口　在册子乡南部南岙村道头，西临西堠门，与金塘东堠埠遥相呼应。1993年，交通部门投资155万元，在道头湾客运码头西侧50米处，新建300吨级固定式客货交通码头1座，高桩梁板式结构并配套相应设施，设计年吞吐能力货运7万吨、客运15万人次，码头平台长33米、宽10米，栈桥长48米、宽6米。1993年11月10日开工，翌年6月30日完工。原船运码头归冷库使用。2005年8月，当地乡政府投资30万元，在南岙道头小货码头基础上扩建100吨级钢筋混凝土结构码头，工作平台长23米、宽5米。2006年10月，册子渡口从道头湾迁址至南岙道头，新南岙渡口设立。册子乡政府主管。

90年代册子渡口

南岙渡口1989年核定航线3条：一条册子经岑港、小李岙、南山至镇海，单程23海里，渡船“册子渡3号”（普客，木质，114总吨，99千瓦，核定载客150人），1992年因客源萎缩停止营运。另一条册子至岑港，单程3海里，渡船“册子渡2号”（木质，普客，41总吨，主机马力44.1千瓦，核定载客70人）。1989年10月，新建“册子渡4号”（钢质，登陆艇式，50总吨，88千瓦 ×2台，核定载客60人），日渡8航次，日渡运量350人次。1994年10月，新建“册子车客渡2号”（乡镇车客渡，钢质，总吨195吨，主机马力88千瓦 ×2台，额定载客80人、车1辆），“册子渡4号”退出。2005年1月，册子连岛大桥开通，册子至岑港航线停止营运。第三条册子经金塘东堠、小李岙至定海，单程17海里。渡船“册子渡1号”（木质，普客，115总吨，136千瓦，核定载客200人），日渡4航次，日均渡运量150人次。2002年6月，册子乡政府从六横购入“六横渡2号”渡轮，普客，钢质，99总吨，88千瓦，核定载客149人。改名“册子渡1号”，替代原“册渡1号”。2003年8月，东堠渡口撤销，航线调整为册子直接经小李岙至定海。为缩短航线里程，2006年10月，册子渡口从道头湾迁址到南岙道头，渡船仍为“册子渡1号”，日渡2航次，日渡运量110人次。渡口几经迁址，由册子乡轮渡站负责，经营管理体制不变。

岑港渡口　在岑港海口，亦称岑港海口渡口，曾称司前码头，与钓山埠隔港约距100米。1993年，交通部门投资149.27万元，在原渡埠码头南侧60米处，新建500吨级固定式客货码头，高桩梁板式结构，桩基梁板式栈桥，平台长40米、宽10米，栈桥长23米、宽6.5米，设计年吞吐货运12万吨、客运10万人次。1993年10月20日开工，翌年6月30日完工。渡口由岑港镇政府主管。

1989年，核定航线4条：一条册子经岑港、小李岙、南山至镇海，单程23海里。渡船“册子渡3号”（木质，普客，114总吨，99千瓦，核定载客150人），因客源萎缩1992年航线停止营运。另一条富翅至岑港，单程3海里，渡船“富翅渡”（木质，普客，9总吨，17.6千瓦，核定载客50人）。富翅村经营管理。2003年新建“岑港渡1号”(钢质，普客，12总吨，58千瓦，核定载客50人)，取代“富翅渡”。岑港镇政府船管站经营管理。2005年11月，岑港大桥建成通车，停止营运富翅至岑港航线。第三条册子至岑港，单程3海里。渡船先后有“册子渡2号”、“册子渡4号”和“册子车客渡2号”。2005年1月，册子连岛大桥开通，停止营运册子至岑港航线。第四条岑港至钓山，单程100米，渡船“钓山渡”（木质，普客，6总吨，8.8千瓦，核定载客30人），日渡不设班次，有人便渡。2000年8月，“钓山渡”私出失踪。此后，“钓山渡”和渡工杳无音讯，成了悬案。12月新建“钓山渡1”轮（钢质，普客，12总吨，17.6千瓦，核定载客30人）。至2010年，仍在继续营运。

长峙岛王家墩渡口　在长峙岛王家墩，与舟山岛惠民桥隔海相望。1992年建渡船2艘，一艘木质，5总吨，8.8千瓦，限载客50人。另一艘钢质“三防”船，12总吨，17.6千瓦，限载客50人。两船不定时往返王家墩与惠民桥。1994年，长峙乡组建成立定海顺达渡运公司，二艘渡船由村管理转为由长峙乡办定海顺达渡运公司管理。1996年2月，新建乡镇车客渡“长峙渡1号”，钢质，27总吨，58.8千瓦，核定载客120人、3吨车1辆，取代原钢质“三防”船。2002年1月，又建“长峙渡5号”，普客，钢质，6总吨，8.8千瓦，核定载客30人，取代木质船。渡口由长峙乡政府管理，2001年，长峙乡撤销，并入临城街道，渡口由临城街道管理。2006年2月，新城大桥通车，王家墩渡口停止营运。

长峙岛王家墩渡口

岙山、前山渡口　岙山渡口在岙山岛东北面岙山渔业村北侧，与长峙岛前山埠隔港相距500米。1988年，定海区人民政府与岙山渔业村分别投资6万元、2万元，在原埠东约1000米处建水泥浮码头1座，趸船长25米，宽8米，引桥长13米，宽4米，前沿水深6米，可靠泊150吨级船舶，供200客位的岙山渡船停靠。1996年，投资108万元，在岙山渔业村渡运码头东侧约50米处，新建300吨级客货码头并配套设施，其中房建600平方米，陆域场地1700平方米，设计年吞吐货运4万吨，客流6万人次，浮码头，趸船长36米、宽9米，钢引桥长20米、宽5米。1996年9月15日开工，1997年3月10日竣工。

前山渡口在长峙岛南面。1960年代，有条石、块石结构埠头及一间候船室。后建成斜坡浆砌结构埠头1座，长25米、宽3.5米，可靠泊30吨船舶。长峙乡政府管理，2001年，长峙乡并入临城街道，由临城街道主管。

岙山、前山渡口1989核定航线两条：一条岙山至定海，单程5海里，渡船为“岙山渡1号”，钢质，普客，47总吨，主机马力88千瓦，核定载客200人，每日往返定海8航次。另一条岙山至前山，单程500米，渡船为“岙山渡2号”，木质，普客，6.4总吨，主机8.8千瓦，核定载客49人，日渡38航次，日均渡运量800人次。岙山渔业村、岙山农业队经营。1994年，长峙乡政府成立定海顺达渡运公司，岙山、前山渡口（连渡船）划归乡办定海顺达渡运公司经营管理。1999年9月，新建“长峙渡3号”（钢质，乡镇车客渡，27总吨，58千瓦，核定载客98人、限载3吨标准车1辆），取代岙山木质渡船，继续航行岙山至前山。2007年9月8日，岙山大桥贯通，岙山至定海和前山航线停止营运，渡口撤销。

东蟹峙、甬东渡口 东蟹峙渡口在长峙东蟹峙岛北面，与甬东渡口隔海相望，相距0.32海里。渡口码头原为平面浆砌结构，长26米、宽5米，可靠泊15吨船舶，供东蟹峙渡船靠泊。1998年，渡口西移300米，新建300吨级浮码头，趸船长36米、宽9米，引桥长20米、宽4米。客货运码头并配套相应设施，长峙乡政府主管。2001年，长峙乡并入临城街道，由临城街道主管。

甬东渡口在城东街道甬东村江口浦。1988年，村建埠头1座，斜坡浆砌结构，长23米、宽8米，可靠泊20吨船舶，供东蟹峙渡船靠泊。1999年12月3日至2000年5月18日，建成300吨级浮码头，趸船长36米、宽8米，钢引桥长20米、宽4米，配套相应设施。工程决算金额71万元，陆域场地100平方米，设计年吞吐货5万吨、客15万人次。

1989年核定渡口航线两条：一条东蟹峙至甬东，单程0.32海里，渡船“东蟹峙渡1号”，木质，普客，6总吨，主机马力0.88千瓦，核定载客30人。另一条东蟹峙至谢家山，单程1海里，渡船“东蟹峙渡2号”，木质，普客，70总吨，主机马力0.88千瓦，核定载客30人，日渡60航次，日均渡运量300人次。东蟹峙村经营。1994年，长峙乡政府成立定海顺达渡运公司，东蟹峙、甬东渡口渡船由乡办定海顺达渡运公司经营管理。1996年9月，“东蟹峙渡船1号、2号”退出，新建“长峙渡2号”，（普客，钢质，12总吨，18千瓦，核定载客50人）投入。2003年12月，“长峙渡2号”报废，新乡镇车客渡船“长峙渡8号”，（钢质，37总吨，58千瓦，核定载客98人、限载3吨标准车1辆），营运东蟹峙与甬东渡口，每日不设定航班，有人便渡，日渡运量600人次、6车次。

至2010年，航线有乡镇车客渡“长峙渡8号”、“长峙渡1号”轮营运。其中“长峙渡1号”（钢质，27总吨，58.8千瓦，核定载客120人、3吨车1辆），于2006年2月，新城大桥开通，改作为应对客流高峰等应急备用船舶。

松山渡口 在长峙乡松山村。1989年，核定航线松山至后岸，单程500米。渡船为“松山渡”。木质，普客，2总吨，主机马力3.6千瓦，核定载客20人，不设定班次。松山村经营。1995年停止营运。

大猫渡口　在大猫岛，由梅湾码头、合兴(冷坑)码头、庵基岗码头和小南岙码头构成，供大猫渡船沿岛渡运航线靠泊和上下客。大猫乡政府主管。2001年，大猫乡并入环南街道，渡口由环南街道主管。

梅湾码头在大猫岛北部梅湾村，初为平面垂直式浆砌结构埠头，长50米、宽6.5米，可靠泊70吨船舶，始建于1956年，供大猫渡船靠泊。冬季大风和台风季节，该处风大浪急，埠头屡遭毁损。1996年8月25日，投资148万元，建成300吨级固定式客货码头并配套设施。高桩梁板式结构，平台长25米、宽8米，栈桥长35.05米、宽5米，设计年吞吐货运3万吨，客运5万人次。1997年2月10日竣工并投入使用。

合兴(冷坑)码头在大猫岛南顺风村，可靠泊150吨级船舶，高桩梁板式结构，平台长17米、宽5.5米。

庵基岗码头在大猫东面庵基岗村。1969年建成，平面垂直式浆砌结构码头，长42米、宽5.5米，可靠泊70吨船舶，大猫渡船靠泊码头。屡遭台风毁损。2008年9月20日至2009年4月28日，投资280万元，新建300吨级(兼靠500吨级)客货运码头(码头平台采用高桩梁板式结构，平台长45米、宽10米，栈桥长11米，宽6米)及相应配套设施，设计年吞吐货物4.5万吨。

小南岙码头在大猫岛南部小南岙村，原有乱石结构埠头，长25米、宽3米，供木帆船靠泊。1991年投资4万元，在原码头基础上进行扩建。

大猫岛居定海区境西南，大猫山、小猫山等3岛组成，面积6.7平方千米。1988年核定大猫至定海航线一条(弯岛内梅湾—冷坑—庵基岗—小南岙码头〈埠头〉)，单程7.1海里，渡船2艘，即大猫渡1号和2号。1号渡船，木质，普客，16总吨，主机马力17.65千瓦，核定载客56人;2号渡船，木质，普客，44总吨，主机马力44千瓦，核定载客100人。日渡8航次，日均渡运量180人次，由原大猫乡经委经营。1992年新建“大猫渡1”号船，木质，普客，45总吨，58千瓦，核定载客100人。1997年再次更新“大猫渡1号”，钢质，普客，92总吨，184千瓦，核定载客120人，日渡4航次，日均渡运量60人次。2001年9月后，政府机构改革，大猫乡并入环南街道，渡口渡船由环南街道船舶服务站经营管理。

2010年，“大猫渡1号”仍经营该渡运航线。

第二节　专用渡

专用渡口是因为特殊需要而设置的渡口，是构成定海海上交通网络的重要脉络。定海境内企事业单位设有专用场所或旅游景点为景点自设的渡口亦为专用渡。2010年，境内有旅游风景区专用渡口1处，企业专用场所渡口3处。

凤凰山渡口　在凤凰山岛南面，与城东街道甬东村隔海相望，距定海港客运码头2.5海里。2006年4月，凤凰山岛开发成旅游岛，凤凰岛雷迪森假日酒店有限公司开通定海甬东至凤凰山岛航线。营运专用渡轮3艘，即“凤凰山渡1号”、“凤凰山渡3号”和“凤凰山渡6号”。

专用渡口权属凤凰岛雷迪森假日酒店有限公司。“凤凰山渡1号”，钢质，43总吨，135千瓦，额定载客36人，“凤凰山渡3号”，钢质，28总吨，59千瓦，核定载客98人；“凤凰山渡6号”，钢质（高速船），37总吨，158千瓦×2，核定载客25人。3艘渡船均不设固定航渡班次，随游客流量大小增减。

五奎山渡口　在环南街道大五奎山岛东面，距定海道头0.54海里。1986年，定海县拆船厂出资8万元，在五奎山北面建造专用渡口，购进钢筋混凝土趸船1艘。趸船长20米，宽6米，可靠泊100吨级舶舶，营运渡船是改装旧船“盘峙渡1”号，钢质，50.56总吨，88.24千瓦，核定载客260人，载货21吨，供职工上下班和装卸物资之用。每日上午7时开航，隔30分钟一班，日均渡运量710人次，定海县拆船厂专用。后因拆船业不景气，企业转制，新组建定海五洋船厂（筹），1996年新建船坞成1座，1997年2月正式建成为定海五洋船厂。但企业仍不景气，2001年9月11日，破产清算，被浙江省海运集团五洲船舶修造有限公司收购。专用渡口东移200米，渡口码头由大五奎山北面改为东面。专用渡船2艘，一艘“五洲渡1”号（即原“盘峙渡1”号）；另一艘“五洲渡2”号，汽车轮渡，钢质，150总吨，80净吨，功率88千瓦×2，4车位。

岙山石油储运基地渡口　在岙山岛。距定海港7海里。“兴中1”号、“兴中2”号船渡运。两船靠泊岙山基地工作码头和定海港客运1号码头，专门为兴中石油储运公司接送上下班职工。2006年，新城大桥建成通车，2008年松岙大桥建成通车，临城和岙山的大桥贯通。进出岙山石油储运基地的人流物流弃渡登陆，专用渡船退出渡航。

西蟹峙—螺头渡口　在环南街道西虾峙岛和盐仓街道螺头，中间相距2海里。2005年3月1日，舟山名洋石化有限公司在定海西蟹峙岛建油库。2009年5月，为解决职工上下班的海上交通问题，公司投入专运渡船“名洋168”轮，钢质，39总吨，108千瓦，核定载客11人，并在西虾峙岛建简易混凝土固定码头，平台长15米，宽3、5米。在螺头一侧靠泊螺头村渔业码头（梁板式混凝土固定码头）。航次满足职工上下班需求。

第三章　渡运企业选介

舟山海峡轮渡集团有限公司　址定海鸭蛋山过海渡口。1983年5月14日建立，事业性质，企业管理，以渡养渡，自负盈亏，隶属地区交通局。初称“舟山汽车轮渡站”，经营定海鸭蛋山至宁波镇海白峰海峡汽车轮渡航线。1986年2月1日，正式通渡，1987年5月19日，舟山撤地建市，“舟山汽车轮渡站”更名“舟山市海峡汽车轮渡公司”。1992年4月13日起，实行企业化管理。

1998年4月29日，企业改制为国有独资企业，更名“舟山市海峡汽车轮渡有限责任公司”。至 2008 年，公司拥有轮渡 14 艘，计 389 车位、6178 客位，拥有 6 座 1000 吨级码头和 2 个大型停车场及鸭蛋山、白峰 2 个客运站。有员工 1158 人，(大专学历 292 人，中专 199 人，高中以上 316 人，行政管理人员 45 人，专业技术职称初级 73 人，中级 150 人，高级 12 人，拥有职务船员 192 人)。

2009 年 6 月，舟山市海峡汽车轮渡有限责任公司及所属 8 家子公司组建成立“舟山海峡轮渡集团有限公司”。集团公司以舟山市海峡汽车轮渡有限责任公司为母公司，其余为子公司(全资控股或大部控股、持股)。集团公司下辖岱山蓬莱客运轮船有限公司(股权 70%)、舟山市海晨船务工程有限责任公司(股权 100%)、舟山市通达海运有限责任公司(股权 100%)、舟山市通达高速客轮有限公司(股权 100%)、舟山市海晶海运有限责任公司(股权 90%)、舟山市普陀南顺旅游客运有限责任公司(股权 51%)、舟山市普陀桃花苑宾馆有限公司(股权 30.303%)等子公司。集团公司成立伊始总资产 7.5 亿元，注册资金 2.27 亿元，拥有客滚船 27 艘，高速客船 16 艘，常规客船 5 艘，游船 1 艘。旅游客运及车船联运车辆近 50 辆，员工 2200 余人。主营海峡汽车轮渡，兼营客车营运，高速船客运、旅游集散、船舶修造、散货运输、广告装饰、宾馆餐饮等。

舟山市通达海运有限责任公司　据舟山岛北岸，址马岙三江口。1998 年 1 月 8 日，在西码头客运站基础上，组建成立“舟山市通达海运有限责任公司”，注册地西码头。2007 年 2 月 1 日，注册地移马岙三江客运站。有员工 213 人，其中大专学历以上 37 人，中专 23 人，高中(职高)以上 53 人，行政管理人员 41 人，专业技术职称初级 6 人，中级 16 人，高级 1 人。拥有“通达 1”轮、“通达 2”轮 2 艘客滚船。“通达 1”轮，1997 年 10 月购进，1998 年 1 月 8 日起营运西码头至上海(金山)航线，2006 年 4 月 1 日起营运三江至小洋山(上海)航线。“通达 2”轮，2006 年 4 月建成，同月 10 日起，投入三江至小洋山(上海)航线。拥有三江和西码头 2 处客运站。2009 年 6 月，组建成立“舟山海峡轮渡集团有限公司”，公司为集团公司的全资子公司。

舟山市定海区环南鑫岛轮渡服务有限公司　址定海港客运码头 1 号 2 楼。前身是定海区环南街道船舶运输管理服务站，2009 年 10 月，企业转制，易名“定海区环南鑫岛轮渡服务有限责任公司”。翌年，自有船舶 7 艘，其中客渡船 6 艘，车渡船 1 艘(“千岛渡 2”轮，挂靠在舟山市海晶海运有限责任公司名下)，受委托管理(挂靠)船舶 4 艘，其中权属凤凰岛雷迪森假日酒店有限公司 3 艘，舟山名洋石化有限公司 1 艘。经营客渡航线 6 条：一条定海—盘峙，“千岛渡 1”轮(498 客)经营，每天来回 24 航班(夏天 26 班)。另一条定海—大猫，“大猫渡”轮(120 客)经营，每天来回 4 航班。第三条大小岠—小盘峙，“盘峙渡 6”轮(200 客)经营，每天来回航班 8 班。第四条西蟹峙—盘峙同心，“盘峙渡 5”轮(120 客)经营，每天来回 8 班。第五条定海—扎刺山，“盘峙渡 1”轮(300 客)经营，按上级有关部门要求接送各岛屿殡葬、火化。第六条盘峙东山头—小盘峙，“盘峙渡 3”轮经营，每天来回 30 左右航班。

至 2010 年末，公司拥有固定资产 1045 万元，职工 43 人，其中船员 26 人，行政管理人员、码头管理员、售票员 17 人。年客流量约 110 万人次、车 9500 辆次。

定海顺达渡运公司　址定海临城街道东蟹峙渡口旁。1994 年，长峙乡政府贯彻落实省政府《浙江省渡口安全管理规定》和市政府《关于贯彻“浙江省渡口安全管理规定”的实施意见》，为统一管理王家墩、岙山、前山、东蟹峙、松山各村渡口，组建成立“定海顺达渡运公司”。注册资金 50 万元，以渡养渡。

公司成立伊始有渡船 7 艘，其中钢质渡船 2 艘，木质渡船 5 艘。1996 年，根据省政府召开全省水上交通安全工作会议，舟山市启动三年木质渡船更新改造工程。至 1999 年，公司 5 艘木质渡船全部改造成钢质渡船。

1989 年，核定经营航线 6 条：一条长峙王家墩—舟山岛十六门。另一条岙山—定海港。第三条岙山—前山。第四条东蟹峙—定海甬东。第五条东蟹峙—谢家山。第六条松山—后岸。2005 年 12 月 27 日，连接舟山岛与长峙岛的新城大桥贯通，王家墩—舟山岛十六门航线自然废撤。2007 年 9 月，长峙大桥、岙山大桥通车，岙山—定海港、岙山—前山、东蟹峙—谢家山、松山—后岸 4 条航线自然废撤。

至 2010 年，公司仅经营东蟹峙—甬东 1 条航线和 1 处渡口，员工 4 人，渡船 2 艘：“长峙渡 1”轮，乡镇车客渡，1996 年建造，钢质，61 总吨，117.6 千瓦，核定载客 196 人、车 2 辆。另一艘“长峙渡 8”轮，乡镇车客渡，2003 年建造，钢质，61 总吨，117.6 千瓦，核定载客 196 人，车 2 辆。承担驻东蟹峙岛企业 4 家，居民 800 余人，流动人口 600 余人的人流、物流渡运。

定海沥港渡运站　址金塘沥平沥港街 1 号。1959 年 10 月 1 日，成立沥港渡管会（渡运站前身）。同年，当地政府出资、舟山船厂建造 15 吨木质机动渡轮一艘，单缸“110”，11 千瓦，核定载客 40 人，船员 3 人，取代木帆船营运沥港至大鹏航渡线。1978 年上半年，渡管会撤销，建立金塘公社交通运输站。同年 10 月易名沥港渡运站至今。

2010 年，有沥港、大鹏 2 处渡口对接码头，组成沥鹏渡口，核定渡运航线为沥港—大鹏航线。沥港一侧在沥平社区沥港街 1 号，浮式结构码头 1 座，长 20 米，宽 9 米，引桥长 14 米，宽 4 米，建有候船室兼渡运站办公室各一间。大鹏山一侧也有浮式码头 1 座，趸船长 24 米，宽 4 米，引桥长 10 米，宽 3 米，建有候船室。前沿水深 1 米，靠泊能力 100 吨。营运的“沥鹏渡”渡轮，钢质，45 总吨，79.4 千瓦，核定载客 160 人，日渡无航次，随到随开，滚动发班，日渡运量 330 人。沥鹏渡口由金塘镇政府主管，沥港渡运站使用。

舟山市海晶海运有限责任公司　址金塘沥港。2003 年 8 月，舟山市海峡汽车轮渡有限公司与金塘镇集体资产经营公司分别持股 90%、10% 组建成立“舟山市海晶海运有限责任公司”。主营定海小沙海丰至长白客渡运航线，全长 1.4 海里，航行时间约 10 分钟。公司拥有 2 艘车客渡轮和 2 艘普客轮，经营管理长白客运站、海丰客运站。

长白客运站　在长白乡，2008 年建成投入使用。主要设施有 1000 吨级（20 车渡）固定码头一座。码头梁板式结构，有栈桥、工作平台、靠泊平台、液压钢吊桥、系缆墩等设施。栈桥总长 118.2 米，宽 8 米，其中车道宽 6 米，单侧设 2 米人行道。候船室 300 平方米，办公楼一幢，停车场 6000 平方米。

海丰客运站　在小沙海丰，2008 年建成投入使用。主要设施有 1000 吨级（20 车渡）固定码头，梁板式结构。有栈桥、工作平台、靠泊平台、液压钢吊桥、系缆墩等设施。栈桥总长118.2米，宽度8米，其中车道宽6米，单侧设2米人行道。候船室120平方米，站房80平方米，停车场3000平方米。

营运船舶“舟海晶5”轮　总长43.3米，型宽7.80米，型深3.50米。341总吨，核定载客428人。主机功率551千瓦，航速9节，可抗9级风。2010年1月，随停止营运金塘小李岙至定海客运航线而停止。同年3月租赁给舟山海华客运有限公司，投入朱家尖蜈蚣峙至普陀山客运航线营运。

“舟海晶6”轮　总长42.50米，型宽9米，型深3.5米。465总吨，核定载客150人、车10辆。主机功率398千瓦，航速8节，可抗8级风。营运金塘沥港至宁波镇海客滚船航线。2011年1月，停止营运。

“舟海晶8”轮　总长35米，型宽6.6米，型深1.5米。138总吨，核定载客98人。主机功率272千瓦，航速9节，可抗9级风。营运小沙海丰—长白渡运航线。

“舟海晶9”轮　总长49.98米，型宽13.80米，型深3.40米，998总吨，核定载客200人、车20辆。主机功率882千瓦，航速8节，可抗9级风。营运小沙海丰—长白渡运航线。

第六篇　交通工贸

主要叙述围绕交通（工具设施）发展起来的工业和商业贸易业，包括船舶制造、船舶修理保养、汽车维修保养、船舶汽车零部件、配件批发交易市场、船舶汽车买卖交易市场等。

第一章　船舶制造与修理

船舶工业是定海境内经济发展的支柱产业之一，主要由船舶制造、船舶修理和船舶配套产品生产三块组成。1988年，境内有乡镇兴办的洋岙船厂、长峙船厂、盘峙船厂、盐仓船厂、联盟船厂、北蝉船厂、云龙船厂、册子船厂、大沙船舶农机修造厂和沥港船厂沪东船厂联营厂10家。有定海区二轻总公司属下的船厂5家（拥有500吨级～5000吨级船坞6座，能修理千吨级上下钢质船舶），有舟山市属企事业单位属下的市石油公司船舶修理厂（后易名舟沪油轮运输联营公司船舶修理厂）、市航运公司船厂（址洋岙十六门）、市海运公司船厂（址洋岙十六门）3家。

进入21世纪，海洋经济兴起，临港工业崛起，定海区船舶工业产业规模扩张，综合实力提高，形成船舶设计、制造、修理及船舶配件制造综合配套的产业体系。

2010年，拥有万吨级及以上船台26座，（大的船台8万吨级），94万总吨。万吨级以上船坞20座，坞容量218万吨，（大的船坞30万吨）。船舶修造企业50家，其中造船企业18家（含海工项目1家）、修船企业32家。规模以上船舶企业19家，其中造船企业15家，修船企业4家。船配企业34家，其中规模以上5家。2010年，实现船舶工业产值92.6亿元，船舶制造与修理业是定海区工业主导产业之一。

第一节　船舶修造

外籍（非中国籍）船舶修造企业

浙江盘峙船舶修造有限公司（曾名舟山市定海盘峙船厂）　址定海环南街道盘峙东山头。创建于1973年8月。下设盘峙船舶修造有限公司修造船基地、浙江半岛船业有限公司修造船基地、舟山金帆船务有限公司等。主营造船、修船、海上运输。公司占地面积100900平方米，建筑面积6786平方米，总资产3.5亿人民币。拥有各类专业技术人员68人，其中高级职称2人，中级职称13人，初级职称12人，技师27人。其中盘峙公司修造船基地获得ISO9001、GJB9001A-2001质量体系认证证书。

拥有1万吨级、2000吨级船台各1座、5000吨级码头1座，5000吨级船坞1座。2009年2月完成建造投产8万吨级、3.5万吨级船坞各1座。配套设施拥有坞吊、龙门吊、码头塔吊、汽车吊数十台，数控切割下料等全套流水线加工车间和金属加工设施。及拥有关设备、附属办公大楼、招待所、食堂等生活设施。

企业走修造并兼之路，修造船业务不断扩大，客户遍及全国各地。承接各类船舶坞修、大修和改建，质量合格率100%。其中盘峙船厂修造船基地先后成功建造过海上混凝土搅拌船、起重船、舾装工程船、货轮、全回转拖轮、客渡船、超低温金枪鱼船、化学品船、120M浮船坞、港航管理艇、海事巡逻艇等各种船舶，成功改装及修理过大马力全回转拖轮、港口作业工程船、各类型高速艇、油船、客渡船、舰艇和辅助船等船舶。

企业扩大国内业务，开拓国际市场。2007年7月，与意大利BALLOONS.p.A公司合作建造“西西里亚号”52M豪华游艇。是为绿色环保游艇，拥有无限级航区，能完成从阿拉斯加到南极等地全球旅行。同年11月，与日本国华公司合作建造4300DWT液态硫黄船和27000DWT化学品船。

公司被浙江省工商行政管理局评定为“重合同、守信用单位”，被省国防教育委员会表彰为“非公有制企业国防教育先进单位”、被舟山市人民政府表彰为“舟山市文明单位”、“舟山市先进集体”、“定海区安全生产（工作）先进单位”，被银行评定为“AAA级资信企业”。

舟山市沥港船舶修造有限公司　址金塘和建社区外小岙村。成立于1974年。厂区占地面积7万多平方米，固定资产6000万元。拥有1.5万吨级、3万吨级舾装码头各1座，另有在改造5000吨级舾装码头1座。拥有1万吨级、2.5万吨级修船船坞各1座，另有在建的2万吨级甲类钢质船舶制造车间及船台。配套设施有15T、20T、30T、40T门座式吊机5台，高架车2辆，油分离器（压缩机组）3台。船、机、电、综合等修理车间和配套的冷、机加工设备齐全，具有船舶修造、机电装配、金属加工等技术能力。

1974年～2010年，成功修理过各类冷冻船、客船、油船、渔船、工程船、散杂货轮、远洋科学考察船，外籍船舶等大小船舶3000多艘。其中万吨级以上1000多艘。2000年起，先后获得中国船级社ISO9000质量管理体系认证；中华人民共和国交通部批准的码头港口保安和外轮资格认可单位，CMCMA中国市场诚信企业，每年被中国农业银行浙江省分行、浙江融达信息公司评定为AAA资信等级企业，获评舟山市定海区安全生产管理达标B级企业。进入舟山市“最具活力50强”，被20多家远洋运输公司选为定点修理厂家。

浙江正和造船有限公司　址在册子桃夭门社区大马柱，青岛正和航运集团属下的全资子公司。成立于2004年11月，占地26万平方米，厂房面积7万平方米，码头岸线长近1000米。拥有8万吨、5万吨、3万吨级船台各1座，6万吨、5万吨级舾装码头各1座，原材料码头2座。

正和船厂新船试航

船台配套400吨龙门吊1座，300吨龙门吊1座、150吨龙门吊2座、100吨门座机2台。并配套生产车间。包括1座两喷两涂的涂装车间。车间内配有钢板预处理线、7台等离子、高精度及火焰切割机，1000吨油压机，三芯辊床等先进设备。

企业有员工5000人，其中工程师及技术人员200人，合同工人800人，劳务工人4000人。2008年中旬至2010年5月圆满交付船舶13艘。年生产船舶能力达到12艘，50载重吨～60万吨载重吨。

册子正和船厂修造的巨轮即将起航

2010年9月22日，圆满承建5.7万吨"NASCOPEARC散货轮，采用75只长20米、直径1.5米的气囊工艺顺利下水。是舟山市采用气囊下水的载重量最大的船舶，填补舟山市大吨位船舶利用气囊下水技术的空白。

浙江省海运集团舟山五洲船舶修造有限公司　址在大五奎山。是按照现代化企业制度组建、现代化造船模式运作的国有控股企业，最大股东为浙江省交通投资集团公司。2001年9月11日，浙江省海运集团有限公司与辖属温州、台州、舟山一海三家海运公司共同出资（各出资656.25万元，各占25%股权），以2625万元协议买卖价，收购地处定海民间码头对岸五奎山舟山五洋船厂破产资产（包括288.7亩土地使用权、2.5万吨级船坞及附属物资产、使用岸线3000余米），改建成建造8万吨级大巴拿马型舶舶能力，集修造一体的综合型船厂。2001年10月10日，舟山市工商行政管理局核准登记注册，注册资金1300万元。列为舟山市重点引进项目。拥有8万吨级船台、2万吨级气囊船台、3.5万吨级干船坞各1座，以及4万吨级、8万吨级舾装码头和5000吨级固定码头、300吨起重机等各1座。配备2条等离子水下切割机、800吨油压机、400吨肋骨冷弯机和时为浙江省内最大的12.5米三星辊床，有钢材预处理流水线、船体加工、管装、机装、电装、二次涂装等车间及分段制作工场等性能先进的一批修造船设备设施，建筑总面积5万余平方米。员工3000余人（含外协工，引进钱江船厂骨干员工30余人）。总资产10余亿元。具备建造10万吨级以下、符合国内外船级社建造规范船舶的能力，年造船能力40万载重吨。2002年7月1日开始，4万吨级舾装码头技改项目招标，10月5日开工。2004年7月5日，舟山市发展与改革委员会批复同意五州公司在五奎山建设厂房及配套设施，建筑面积50000平方米，项目总投资3000万元。9月起，各造船子项目陆续动工建设。翌年5月25日，首制3万吨级散货船“浙海507”轮完工，是年10月25日举行下水仪式，2007年4月14日竣工交付使用。2006年9月26日，7万吨级舾装码头动工兴建。翌年7月2日，在舟山华侨饭店召开承建全球第一艘CSR船舶审图和建造现场检验会，国家船级社协会理事会主席、CCS（中国船级社）总裁、上海佳豪船舶工程设计有限公司领导、专家80余人参加，计划建造此型船舶10艘。2006年4月14日，同德国NSC公司签订建造第一艘5万吨级大开口多用途散货船合同，翌年5月28日开工，2008年8月18日下水，2010年4月21日交船。实现“从建造国内船到国外船，从简单船种到复杂船种”的跨越。从建造第一艘船舶至2010年，共开工建造船舶21艘，44.1万载重吨。其中已交付船东投入营运的10艘国内3.3万吨级浅吃水散货船、5.45万吨级散货船，后连续建造德国船东4艘GL规范的5万吨级大开口多用途船散货船，首次按照CSR国际规范设计建造5.45万吨级散货船，达到国际先进水平，符合国际规范的5.75万吨级散货船，开始批量生产。2009年通过ISO9001：2000质量管理体系认证。被评定为国家级“高新技术企业”。是列入舟山市政府支持的龙头企业。

五洲公司全景

至2015年9月30日，舟山五洲船舶修造有限公司负债9.11亿元，同年12月，舟山市中级人民法院根据浙江省海运集团有限公司申请，受理裁定浙江省海运集团舟山五洲船舶修造有限公司破产清算，企业破产。

舟山启帆船舶修造有限公司　址定海区干礁西码头。1997年初成立，占地面积约6万平方米，海岸线300米。建筑面积4000平方米。2010年，拥有万吨级船台4台。主要建造1.8万吨级以下CCS、BV等船级社认证的各类船舶。2007年，取得中国船级社颁发的ISO9001：2000质量管理体系论证。

至2010年，建造完成各种类型2000吨～8000吨船舶约45艘（包括工程船、甲板驳、耙吸式、绞吸式挖泥船、化学品船、车客滚装船等），建造质量受到上级主管部门及船东的认可。2010年，在建13000立方成品油船2艘（CCS入级）、7000立方耙吸式挖泥船3艘。

拥有一批专业工程技术人员和现代企业管理队伍。2010年，起重设备有100、120吨龙门吊车各1台，50吨、32吨、16吨龙门吊车各1台，10吨龙门吊机4台。以及100吨平板车1辆，25吨汽吊1辆，500吨油压2台，叉车3台，等离子数控切割机2台，数控剪板机1台，数控弯管机1台等机械加工设备，以及CO2焊机、埋弧焊机、直流焊机等一系列专用设备设施。2007年建成的万吨级舾装码头及办公大楼已于年底交付使用。

浙江泰通船舶修造有限公司　址干硯镇西码头，2006 年成立，是和润集团旗下、能建造多种船型的中小型企业。注册资金 1 亿元，占地面积 12 多万平方米，拥有岸线约 300 米。建筑面积约 5、7 万平方来，其中，室内分段制造车间 22490 平方米、喷涂车间 3000 平方米。有员工 220 人（含经营管理人员 40 人），其中高级工程师 9 人、工程师 7 人、助理工程师 12 人、技师 3 名人，聘请享受国务院特殊津贴的上海江南造船厂船舶轮机、船舶船体专业技术人才 2 人。具备建造 4 万吨以下二级一类特种成品油 / 化学品液货船、散集多用途船、散货船、工程船等船舶能力，年生产能力 10 万载重吨～ 15 万载重吨。有自行对外贸易经营权，建造的船舶以出口为主。有入级法国 BV 船级社的 9000 吨、入级中国 CCS 船级社的 2 万立方成品油 / 化学品液货船、散集多用途船舶。2010 年建造的 2 万立方米成品油 / 化学品液货船，入级中国 CCS 船级社。是浙江省产出最大吨级化学品船舶企业。

浙江成路造船有限公司　址干硯双庙揽华路 22 号。2004 年 12 月成立，民营独资中型船舶建造企业，注册资金 1 亿元。主要制造 2 万吨以下散货船、化学品船、油轮、工程船等船舶。

企业占地面积约 7.4 万平方米，海岸线 485 米，建筑面积 11432 平方米。拥有 2 万吨船台 5 座，在建 2 万吨级舾装码头 1 座。配套 100 吨龙门吊 2 台、64 吨龙门吊 2 台。分段制作场地配有 20 吨以下龙门吊 3 座。数控切割机 3 台，12 米三蕊滚板机 1 台，肋骨冷弯机 1 台，600 吨、300 吨油压机各 1 台，折边机 1 台，剪板机台，弯管机 2 台以及自动埋弧焊机，CO2 气体保护焊机等系列造船专用设备。生产过程采用计算机控制，包括船体、管路、电气线路放样等先进造船工艺，分段制造及预装油漆。船台总组壳舾涂一体化。企业管理按现代造船管理模式运作，实行董事会领导下的总经理负责制，下设综合部、经营部、生产部、技术部、质检部、物供部、财务部、安设部及各生产车间。企业取得 CCS 及 NK 认可，许可生产 2 万吨以下入级船舶资质。产品销售国内沿海及世界各地。2006 年 5 月通过 IS9000;2000 质量管理体系认证。2007 年 3 月通过复审。

2010 年，在建 8300 立方米化学品油轮、12800 吨化学品油轮、13500 吨散货船。

浙江半岛船业有限公司　址盘峙大王脚板。是浙江盘峙船舶修造有限公司按照做大做强要求新扩建的一项目，2006 年兴建。占地面积 20 多万平方米，总投资 6 亿人民币，是从事船舶研发、承接国内外修造船业务的专业企业。

建有加工车间 2 万多平方米，配套加工及堆场 8 万余平方米，总组装场地 2.5 万平方米，年处理能力 100 万平方米涂装房 1 座，8 万吨和 5 万吨船坞各一座，舾装码头 260 米，400 吨、300 吨、150 吨等龙门吊 6 台，以及其他造船设备 400 多台 / 套，各类高效焊接设备 1000 多台 / 套。年造船能力 40 万载重吨。公司引进世界先进的三维设计平台，与欧洲先进的船舶设计公司和国内著名的设计单位建立全方位合作关系，形成具有半岛特色的船舶研发模式。按照现代造船模式要求，实施精度管理和“壳、舾、涂”一体化的区域造船方法。主要建造超低温金枪鱼船、化学品船、海上混凝土搅拌船、浮船坞、舾装工程船、货轮、全回转拖轮、客渡船、港航管理艇、海事巡逻艇等。并先后完成改装修理大马力全回转拖轮、港口作业工程船、各类型高速艇、油船、客渡船、舰艇和辅助船等。

舟山大神洲船舶修造有限公司　落户盘峙岛。占地面积8.7万平方米、海岸线700米。设有管子车间、冷作车间、舾装中心及大面积装焊平台，建有大型船坞1座，450×25米舾装码头1座，配备400T门座式吊机2台、400吨油压机、300M3空压机、8400KW发电机、320吨液压平板车等现代化的生产装备及辅助设施。

厂区按照“坞内搭载、立体总组、精度造船”现代总装造船模式布局，具备建造符合国内外船级社规范要求船舶能力。

主要产品是多种系列的集装箱船、散货船、油船、化学品船等，年造船能力70万吨。

中国籍船舶修造企业

舟山增洲船舶修造有限公司（造分段）　位于舟山岛北部定海工业园区（址大沙紫窟涂）。2007年8月20日筹建，2008年11月1日一期项目投产。增洲集团属下全资子公司。舟山市引进的船舶修造行业重点项目。占地面积770余亩、深水海岸线658米，海域辽阔，具备船舶修造的区位优势。按现代造船模式运作的大型船舶修造企业。

浙江增洲造船有限公司建造的环保节能型散货船下水

一期项目有6.7万平方米船体制造车间、一喷二涂分段涂装车间和416米×25米7万吨级舾装码头1座，动工在建8万吨级船台1座。配300吨、400吨龙门吊各1座，1000吨油压机、5米钢材预处理线、400吨肋骨冷弯机和12.5米三芯辊各1台，数控等离子切割机5台、火焰切割机2台，以及相应的配套设备设施和6000KVA自备发电机。年可加工分段12万吨，可建造10万吨级以下船舶4艘～6艘，总投资7.32亿元左右。截至2010年，建造的2艘92500吨散装货船分段全部完工，报验合格，并交付中组合拢。

舟山市海晨船务工程有限责任公司　在定海港口浦兴岛路。2003年成立，国有独资企业，主要经营甲类钢质船舶修造，具备建造进出口船舶企业资质。

陆域占地面积近5万平方米，建有万吨级船坞（长140米，宽19.5米）、1500吨级和5000吨级舾装码头、7000吨级和10000吨级船台各1座、150吨级龙门式起重机4座，设有金属加工、电气、钳装、船体、电焊、油漆、管工等专用车间，拥有一系列修造船所需的设备设施。

2003年～2010年建造产出各类船舶30余艘。其中研制开发钢质消波型高速客船，通过浙江省交通厅新产品新技术鉴定，是舟山唯一高速船建造基地，所建船舶均采用分段反造工艺。2006年起，实行IS09001及OHSAS18001管理体系。与多家船公司建有良好合作关系，是舟山市高速客轮、岛际客渡船、客滚船、散货船、油轮及沥青船建造基地。

舟山市定海海礁船舶修造有限公司　落户在定海港，建2004年。拥有8000吨级干船坞1座、15000吨级船台1座、5000吨级及3000吨级舾装码头各1座、1000级浮码头1座，并配套生产设备和后勤保障设施。取得ISO9001质量管理体系认证。

2010年有员工80人（含管理人员20人，各类技术人员40人）。

舟山市鼎衡造船有限公司　落户在册子岛，2005年5月筹建，2006年6月完成工商登记，注册资本2050万元。主要建造10000载重吨以下化学品船。2008年被表彰为舟山市"十佳企业"、夺得浙江省重大科技进步奖。

2006年11月，交付首艘按德国劳氏船级社规范建造德国船东3500吨化学品船。嗣后，为德国船东先后建造3500吨化学品船两艘，分别于2007年6月和2008年1月交付使用。第四艘同级别的化学品船于2008年12月交付。

企业厂区占地面积19800平方米，建筑面积3320平方米。拥有3座8000吨级钢筋混凝土船台，配套相应的放样台、分段平台及自动拼板平台。

2010年，拥有一批高素质的工程技术人员和管理人员。其中船体、轮机、电气专业的技术和质量检验人员35人，具有中、高级任职资格的工程技术人员18人。

舟山市鸿力升船舶工程有限公司　在定海十六门，成立于1975年，前身是舟山市定海洋岙船厂，2003年9月，企业改制为有限责任公司。占地面积42000平方米，建筑面积10800平方米，海岸线300米，拥有固定资产4500余万元。主要设施设备有5000吨级干船坞1座（长120米，宽16米，深7米），20000吨级（长140米，宽30米），10000吨级（长130米，宽27米），5000吨级（长90米，宽20米）造船台各1座。配套浮式码头3座（1号码头长36米，宽8.5米，高2.5米，2号码头长36米，宽9.3米，高2.5米，3号码头长28米，宽6米，高2米）。400平方米金属加工车间有五吨行车、4米龙门刨床、B50钻床、C630加长车床、万能铣床、弯管机等各类加工设备。480平方米数控车间有五吨行车。数控切割机一组（长20米，宽6米）。造船车间有六米钢板成形油压床和300吨油压床各1台，二米三芯卷板机各1台及自动切割机4台，交直流二用组合焊机2台，自动埋弧焊机3台，二氧化碳及气保焊机各6台，硅整流弧焊机以及ZXE1-500焊机、ZX5-630焊机和BX1-315、250焊机等计100余台。备有100吨、80吨龙门吊2台和25吨、8吨汽车起重机各1辆，5吨、3吨叉车各一辆及高压喷砂喷漆设备一套。配有20立方低温液气贮气罐和20立方低温二氧化碳贮气罐及天然气供气设备各1套。自备500KW发电机组1套。附属设施有办公楼、厂房、仓房、大小食堂、招待所、浴室等。能满足进厂建造、修理、改装、拆解各类钢质船舶有关人员的后勤保障需求。

2010年，有员工165人，含各类技术人员36人（其中有初中级职称12人）。1975年～2010年，承修各类铁壳船舶1600艘。包括舟山市6100吨级的"东顺9号"、4800吨级"清波"、"清泰"货轮和大连4800吨级"海丰2021"、"海丰2022"冷藏船，5000吨级"舟海油6号"油轮等，属于CCS检验的有“腾飞轮”货船、“金威、嘉银一号”等油船。修造船质量受到船东和船检的好评。

船舶修理企业选介

舟山市金平船舶修造有限公司　在金塘大鹏村。占地75余亩，从业人员150余人。拥有干船坞1座，长130米，宽43米，深8米。码头泊位3座，一号码头泊位长100米，宽13米，2号码头泊位长130米，宽10米，3号码头泊位长130米，宽7米。

舟山市定海区册子船厂　在册子乡，始建于1980年6月，2005年通过ISO9001质量认证体系认证。占地54986平方米。拥有4万吨级干船坞1座，总长200米，坞门型宽29.2米，坞内型宽34米，坞门吃水7.50米，配套40吨新型吊机1台，自动行走液压高架车及相关坞修作业设备。作业区配套舾装码头2座，配有40吨新型吊机。码头水深条件良好，配套完善。办公、生产、生活综合设施齐全，提供船舶修理改造等配套服务。

舟山市南洋之星船业有限公司　在册子乡桃夭门。2007年11月，舟山南洋船业有限公司，阿联酋埃美雷特集团—星星股份有限公司（ETA）合资组建，中国浙江舟山市重点修造船企业之一。占地20万平方米、海岸线800米，拥有8万吨级船坞1座、舾装码头2座，配套60吨、30吨、25吨门吊起重机，25吨、50吨汽车吊、高架车各1台，变电所、液氧站、空压机站等设施配套，建有专业维修车间，适合修理巴拿马型散货船、集装箱船及滚装船等各种船舶。

册子南洋船厂

舟山市定海区盐仓街道联盟船厂　址盐仓新螺头双联许家33号。企业创建于1998年，主营各类钢质客、货、化学品船、汽柴油船、原油船、工程船舶等修造业务，拥有相应配套设备设施。

至2010年，先后完成承接上海航标区、上海亚通公司、上海救捞局、舟山市海星轮船公司、舟山市港航工程处、上海航道局、国家海洋局地质勘探船、中国水产集团公司、烟台国际海运、天津国际海运、上海交运航运有限公司、上海电厂、福建生论船总公司、浙江省运总公司温州分公司等公司的15艘原船，改装成3500吨、3800吨级散货船（舟山市一海海运有限公司一艘2000吨散货船接长16米，舟山春炜船务公司一艘2500吨散货船接长20米，舟山德勤集团有限公司一艘5000吨油轮接长15米、恒达海运有限公司一艘3000吨级单底单壳沥青船改成双底双壳，并设置加温系统等）。

2010年，有职工208人，其中管理人员13人，后勤15人，生产技术工人150人，工程技术人员 25 人（含工程师 6 人，助理工程师 7 人），经济师 2 人，助理经济师 3 人。

第二节　船舶配件与配件生产企业

至 2010 年，境内船舶配件生产企业已形成一条完整的船舶舾装件、船用仪表、船舶尾轴系统、舵叶系统（螺旋桨铜铸件）等产品产业链。

定海区境内船舶配件生产企业分布情况表

企业名称	地　址	主要产品
舟山永锦船舶配件制造有限公司	定海干礅镇锡丈塘	舱口盖、烟囱
舟山市东鑫船舶设备制造有限公司	干礅	人孔盖、配电箱
舟山市飞航铸钢机械有限公司	定海干礅西码头	螺旋桨、尾管等
舟山市中灵螺旋桨制造有限公司	定海沥港工业二区	螺旋桨
舟山市定海沥港顺风推进器厂	定海沥港工业社区	螺旋桨
定海龙叶螺旋桨有限公司	定海沥港沿港北路 15 号	螺旋桨
定海区沥港有色金属铸造厂	定海沥港沿港北路 1 号	螺旋桨
舟山定海远舟电机厂	定海区双桥镇南山村	船用发电机组
定海仪表厂	双桥	船用仪表
舟山市浩盛船舶配件有限公司	双桥	船用牺牲阳极
舟山市广润船舶电器设备有限公司	双桥	船用发电板
舟山造漆厂	定海区白泉工业园区	船用油漆
舟山市定海弘鑫船舶机械厂	定海区盐仓城西工业新区	人孔盖、配电箱、支架
舟山市华宇机械制造厂	定海城西工业区 A-11 号	大型船用艉轴、舵杆、传动丝杆、大直径缸套
舟山玮达焊接有限公司	盐仓	DYJ422。DYS501/C1。DYJ507。E5015Φ3.2。4.0。5.0mm。DYJ422Φ2.5-5.0。DYJ507Φ3.2-5.0
浙江海威船舶构件有限公司	定海区马岙三江大道 18 号	船舶配件、机械配件制造、加工、销售
舟山市江远工贸有限公司	马岙	船用法兰、橡胶护舷
舟山金奥船运装饰有限公司	定海区白泉镇万变山	船舶内装饰材料
舟山奥顺船舶配件有限公司	定海区岑港镇司前社区老塘山村	舾装件、甲板机械
浙江金船船舶配件有限公司	浙江省舟山市岑港工业园区	钢质阀门、矩形窗、舱口盖、油舱盖、吊艇架等
舟山市丽岛船用设备有限公司	岑港	船舶配件、机械配件制造、加工、销售
舟山市定海区金旭机械厂	岑港	船舶舾装件

续表

企业名称	地　址	主要产品
定海琦盛机械厂	岑港	船舶机械配件
舟山市舟峰船配有限公司	岑港	尾轴系统、舵叶系统
舟山市永祥船舶配件有限公司	白泉	法兰、格栅吊架
舟山市冠升船舶机械有限公司	岑港	船舶舾装件
舟山市海潮音金铜工艺有限公司	盐仓	螺旋桨铜铸件

第三节　船舶交易

浙江船舶交易市场有限公司　址定海临城中昌国际大厦5楼。1998年6月，成立始由舟山船舶交易市场有限责任公司、舟山港务国有资产经营有限公司控股，舟山市交通投资公司、舟山市市场局和舟山市东方渔业开发公司共同出资组建，注册资金1000万元。公司地址数易，先后为定海华定大厦、物资大厦、海运大厦，最后入驻中昌国际大厦。主要经营：船舶交易、船舶拍卖、国有产权转让、船舶评估／估价、船舶设计、船舶进出口代理、船舶技术咨询、船舶保险代理、航运信息服务等。1998年～2010年，年完成船舶交易额超10亿元。2003年，易名浙江船舶交易市场有限公司。

2010年，舟山港务集团股份有限公司收购舟山市交通投资公司、舟山市市场局、舟山市东方渔业开发公司全部股份，浙江船舶交易市场有限公司成为国有独资企业。移址定海临城中昌国际大厦。

2010年，市场船舶交易额48.94亿元，是为国内同行业规模最大、年船舶交易额最多，服务功能最完善的专业市场。并先后被表彰为浙江省重点市场、浙江省服务业重点企业、浙江省文明单位、四星级文明规范市场、交通运输部“十一五”信息化先进单位等。

第二章　车辆维修

1989年初，定海境内有汽车修理厂23家，其中一级厂1家，二级厂11家、三级厂6家，能从事三级保养以下汽车维修及汽车小修，专项修理的四级厂5家。固定资产总值1440万元，流动资金80万元，占地总面积3000余万平方米，拥有室内修理场地11190平方米，从业人员385人，年修理能力1000余辆次，共计修理各类汽车1100余辆。同时，定海全区26个乡镇均设有农机修理站（点），从事各类拖拉机及农机具维修。

第一节　维修管理

定海区公路运输管理所管理境内汽车修理厂家和乡镇汽车维修点，负责核发汽车维修业经营许可证。实施票证和价格管理，统一使用舟山市交通局、财政局制定的《汽车维修专用统一发票》，统一执行舟山市交通局，物价局制定的《汽车维修工时定额和统一收费标准》，按时向公路运管部门缴纳维修营业总收入1%的管理费。是年收取管理费5571元。

培训汽车维修人员

至1990年9月，拥有汽车大修一级厂1家（舟山市汽运公司大修厂）、二级（保养）厂7家（定海汽车运输公司汽车修配厂、舟山市公路机械修配厂、定海联营汽车修理厂、舟山安达汽车修理厂、舟山市振兴汽车修理厂等7家）。三级（保养）厂12家，小修（专项修理）四级厂9家，其他维修企业（三级维护）6家，境内从业人员536人。

定海境内其他类汽车维修（三级维护）企业分布情况表

单位：平方米、人

名称	经济性质	地址	占地面积		从业人员	
			厂房	场地	人数	技工
舟山市新生汽车修配厂	全民	定海东门加油站东侧	500	700	76	55
定海旅游公司汽修厂	全民	定海解放西路85号	200	400	20	16
定海粮食局汽修厂	全民	定海紫竹林路5号	200	300	24	16
定海汽车修配厂	集体	定海解放西路路底	400	500	29	13
定海环南南方汽配厂	个体	定海洋岙加油站后	150	300	10	8
舟山八一汽修厂	全民	定海腾坑湾	250	1200	36	28

1993年，汽车维修制度改革，取消三级维护，重新设定级别标准。定海公路运管所检查、核实境内各车辆维修企业的技术状况，报舟山市公路运输管理部门审核。1994年初，定海公路运管所联合工商、财政、物价部门，清理整顿与审验个体、集体维修厂和从业人员降低维修等级或取缔技术素质低，修理质量差、收费高、管理混乱的不合格维修企业。余下来的后经市公路局核准定级，定海境内拥有汽车维修企业资质为一类甲级大修厂2家(全市3家)。分别为舟山市定海南洋汽车维修公司、舟山市汽车运输公司大修厂。

舟山市定海南洋汽车维修公司　舟山市安达汽车修理厂、定海联营汽修厂、定海环南南方汽修厂、定海大众汽修厂联合开办。一类甲级大修厂资质核准后半年，公司解体，析分为“舟山市定海南洋汽车维修公司”和“舟山中洲汽车修配厂”，均为二类乙级。

舟山市汽车运输公司大修厂(简称舟山市汽车大修厂)。1993年，大修厂因场地建造市交通投资公司办公大楼(定海区新桥路2号，国有土地划拨)，易名“舟山汽车运输公司汽车保养场”，移址定海环城南路352号(金海饭店对面)，汽修二级资质，主要承担定海公交公司、定沈快客公司和市汽车运输公司属下客货运车辆的维修保养。

1995年，市公路局成立“舟山市汽车综合性能检测站”，加强汽修企业质量监控，汽车维修从业人员上岗培训、发证上岗。2001年，年度审验，改为每季度考核维修企业，考核不合格的，降低维修等级或取消其经营权。年末，定海境内有一级汽车维修厂10家，二级维修厂39家、三级维修厂114家、汽车快修厂5家、摩托车修理51家。修理范围各类国产车、进口车及各类摩托车。

2001年，成立舟山市定海霁锋汽车维修有限公司，落户定海兴舟大道盐仓工业园区金达路。

2002年9月20日，市交通委员会办公室转发省交通厅《关于进一步规范汽车综合性能检测的通知》，强调车辆维修企业实行车辆维修合同、竣工上线检测和出厂合格证制度，营运车辆二级维护和大修竣工后的竣工检测须凭省厅运管局统一格式内容的检验签证单、车辆档案和营运证等资料单证上线检测，检测车辆须由维修企业人员持证送检。汽车维修行业管理部门对营运车辆二级维护备案，须审核维修合同、检测报告单、竣工出厂合格证、工时材料清单维修发票等二级维护资料单证。定海境内车辆综合性能检测管理进一步规范。

2003年，舟山市港城公交汽修厂(原舟山市汽运公司大修厂)从定海环城南路352号移址定海区城东街道甬东舟山市经济开发区A区定海区(甬东)弘生大道。

2004年，市委组织部、市委宣传部、市委企业工作委员会、市交通委员会、市人事劳动社会保障局、市总工会、共青团舟山市委、舟山市妇女联合会八个部门，组织选拔舟山市汽车维修技工，参加省、市技工能手比赛。2005年，市委组织部、市交通委员会，在定海组织舟山市汽车维修工技能比赛。舟山市华鸿汽车销售维修有限公司夺得团体第一名；定海中洲汽车维修有限公司第二名；定海顺达汽车修理厂、定海金盾汽车维修厂、定海南洋汽车维修有限公司并列第三名。陈丁威(舟山市华鸿汽车销售维修有限公司)夺得个人第一名；第二名周康军(定海中洲汽车维修有限公司)；第三名金恩伟(定海顺达汽车修理厂)。

2006年，浙江省发布汽车快修企业开业条件，定海境内汽车快修连锁店起步。5月10日，成立舟山市定海区恒鑫汽车维修厂（快修厂），注册在定海盐仓街道兴舟大道B–65号。

2006年9月，设立舟山弘泰汽车销售服务有限公司，东风日产汽车在舟山的首个授权经销商，舟山首家汽车4S店。汽车销售、售后维修一体，一类机动车维修企业。2007年12月，设立舟山申浙汽车销售服务有限公司，落户定海弘生大道152号。一类维修企业。年末，境内拥有一级（大修）厂5家，二级维修厂34家，三级维修厂52家。摩托车维修点43家。从业人员1318人。

2008年8月28日，舟山市人民政府批复同意《舟山市定海区人民政府关于要求审批舟山汽车城地块控制性详细规划的请示》，舟山市首家功能健全，模式新型的汽车贸易中心、博览中心、物流中心和服务中心—舟山汽车商贸城项目（舟山汽车城）落户定海双桥镇。2009年4月，舟山龙华丰田捷足先登，成立舟山龙华丰田汽车销售服务有限公司（一类机动车维修企业）。成为首批落户双桥镇石礁社区外山头舟山汽车城内的一类机动车维修企业。9月，成立舟山申通时代汽车销售服务有限公司，落户定海弘生大道152号。一类机动车维修企业。

2010年，定海公路运输管理所完成境内43家一、二类汽车维修企业和5家快修维修企业信用考核，全部换发新《道路运输经营许可证》。上岗资格证到期的维修从业人员，重新培训，换发新证，并组织参加技术等级培训班。严厉打击无证修理点，重点依法治理定海环城南路、东山路、双拥路、城北水库附近的无证汽车美容店及小型汽车修理店，“发现一起、制止一起”，为符合开业条件的无证店，办《道路运输许可证》。

2010年，定海境内有一类汽车维修企业10家，二类汽车维修企业39家，三类汽车维修企业114家，汽车快修企业5家，摩托车修理店51家。技术人员633人，其中高级技工138人，助理技工4人、中级技工153人、初级技工49人、技师39人，实习技工250人。

第二节　企业选介

舟山港城公交汽修厂（原舟山市汽车运输公司大修厂）　原址定海新桥路1号，现城东街道甬东。1988年3月，浙江省汽车运输公司舟山分公司下放舟山市（含分公司所属大修厂）。9月，成立舟山市汽车运输公司，大修厂隶舟山市汽车运输公司，国有企业，汽车维修一级资质。

80年代中期，每年完成汽车大修142辆次，三级保养285辆次，二级保养1360辆次，发动机大修21台。1980年，该厂变速箱小吊、差速器拆装架、汽油火焰钎焊三项革新成果曾参加浙江省汽车运输公司“两化”展览并获奖。1990年，有职工77人，其中工程师及技术员5人。厂区占地2000平方米，建筑面积2303平方米，固定资产原值47万元，总产值99万元。1993年，易名“舟山汽运公司汽车保养场”，同年移址定海环城南路352号（金海饭店对面），汽修二级资质，主要承担定海公交公司、定沈快客公司和市汽运公司所属客货运公司车辆维修保养。2003年，保养场场地又另作他用，迁址定海城东街道甬东舟山市经济开发区A区定海（甬东）弘生大道处。

舟山市汽运公司定海修理厂　址定海环城南路15号。1996年6月，启用舟山市汽车客运集散中心，舟山市汽车运输有限公司所有经营大陆长途班线车辆，从定海东门移址中心（含普陀分公司过境定海长途班车）。因长途班线车辆维修保养需要，成立车辆保养维修小组，2000年车辆维修小组更名注册为“舟山市汽运有限公司定海修理厂”，职工28人。

舟山弘泰汽车销售服务有限公司　址定海弘生大道158号。成立于2006年9月，2008年7月开业，注册资金500万元，法人代表费平阳。

2006年10月获得东风日产乘用车公司的品牌授权，成为东风日产汽车在舟山的首个授权经销商，舟山首家汽车4S专营店。主要经营：东风日产系列轿车的销售、售后维修服务、零部件销售。一类机动车维修企业。

公司占地近20亩，展厅、车间及新车库建筑面积3800平方米。严格按照东风日产专营店全国统一的建设标准设计施工。内设销售市场部、售后修理服务部、备件部、行政部、综合部等，员工60余人，是舟山地区销售服务功能最全，环境最优，规模最大的汽车经营公司之一。开业当年汽车销售355辆，销售额5765万元，维修量4483台次，产值达515万元。

舟山市定海中洲汽车维修有限公司　址定海新桥路114号。1987年成立，2002年5月，因城市发展规划的需要，自筹资金搬迁到昌洲大道（外环线）的城东（小洋岙）工业园区沙塘路6号。厂区征地面积4310平方米，实际使用面积3655平方米，其中生产作业车间1200平方米，仓库、办公及接待用房703平方米，辅助用房100平方米，停车场600平方米。一类机动车维修企业。

配有全套汽车维修检验、检测与诊断设备、仪器，能为汽车维修作业提供完备的质量和技术保障。有一支拉得出，打得响，过硬职工队伍。参加历次行业技术比赛，多次夺得团体第一名、第二名，受到上级有关部门的表扬和嘉奖。2010年，企业有员工53人，其中后勤及管理人员18人，技师4人、高级维修工5人、中级维修工8人。

公司曾被表彰为舟山市汽车维修行业“十佳汽车维修企业”、“汽车维修信用考核先进单位”、“安全生产先进单位”、“企业光彩之星”等称号，被浙江省重点职业学校定点为教学实践基地及奥迪、广本、解放、东风维修质量跟踪单位。

舟山市定海霁锋汽车维修有限公司　在定海兴舟大道盐仓工业园区金达路。

成立于2001年，一类汽车维修企业。是一家按照标准化、高起点建设的集汽车销售、服务、配件及信息四位于一体的现代化汽车销售、维修企业。

占地9700平方米，建筑面积5240平方米，其中轿车展厅1500平方米，办公及维修车间面积2960平方米。公司有员工83名，其中中高级专业技术人员27人，技术人员25人，销售人员11人，其他各类管理人员20人。分别是江铃、长安、北京现代、金杯、厦门金龙、江淮等系列车型舟山特约维修站。配有先进的专用检测设备，及先进的电脑汽车整形平台、远红外四轮定位仪、刹车检测线，中大烤漆房等先进维修设备。

公司严格执行ISO9001质量体系认证，以高效的电脑管理网络制订促销计划、工作部署，坚持“让用户称心，让用户放心，以用户为中心”服务，规范服务程序，开展全天候 24 小时服务，免费拖救、免费检测、免费咨询、优惠修理、电话回访、上门服务等多种优质服务活动，为用户提供快捷、全面、贴心服务。

舟山永达汽车维修有限公司　址定海盐仓兴舟大道 456 号。成立于 2006 年 8 月，一类汽车维修企业。拥有先进的汽车维修专用设备，有升降机十多架。员工中具有中高级职称任职资格的有 20 多人。

舟山华鸿汽车维修销售有限公司　址舟山市经济开发区 B 区弘生大道 466 号。成立于 2004 年，舟山市二轻汽车大修厂转制而来，占地 21 亩，其中车展厅 1230 平方米，办公综合用房 2000 平方米，大型标准车间 1800 平方米，停车场 4000 平方米，绿化面积 1500 平方米。拥有各类先进的维修检测设备，设有一条车辆检测线，拥有一支专业的汽车维修技术队伍，为汽车销售提供后盾支撑，一类机动车维修企业。

经营并代理多种汽车品牌及进口车代销业务，设有东风小康、福田、海马等服务站。

舟山申通时代汽车销售服务有限公司　址定海弘生大道 152 号。2009 年 9 月 7 日成立，元通集团旗下浙江中通汽车有限公司独资控股，上海通用汽车授权的别克销售中心和特约售后服务中心，集整车销售、车辆维修、精品装潢、保险服务为一体的综合性别克专营 4S 店，一类机动车维修企业。占地面积 8100 平方米，建筑面积 3675 平方米，汽车展示厅面积 500 平方米，维修车间内机电、钣金、油漆等功能区分割完整、清晰，设备类维修工位 14 个，有各类专业维修人员 22 人，能随到随修，提供便捷服务。计算机信息化管理，使用 DMS 维修管理系统，客户维修车辆档案实现一车一档管理，业务接待大厅为客户提供配件价格和工时价格等看板，服务信息更透明。

舟山市霁锃汽车销售服务有限公司　址定海双桥石礁外山头。成立于 2009 年 11 月，是北京现代汽车有限公司特许的舟山地区经销商，一类机动车维修企业。

占地 15 亩，其中汽车展厅 540 平方米，维修车间 1260 平方米，配件仓库 150 平方米，停车场地 2000 平方米，绿化场地 1000 平方米。总投资 2500 余万元，标准的北京现代品牌 4S 店经销商。配备各种汽车维修专用设备和计算机操作管理系统，包括车辆诊断和服务信息系统，大型烘漆房、轮胎平衡机、四轮定位仪及全套北京现代指定的专用工具和设备。有员工 58 人，其中大专以上学历或高级以上技术工占员工 30% 以上。按北京现代汽车公司要求，派送业务骨干接受北京现代汽车的专门培训，造就一支高素质、高技能的技术维修队伍。

舟山龙华广汽销售服务有限公司　址定海双桥石礁外山头。成立于 2009 年，香港龙华汽车集团投资兴建的独资企业。主营广汽丰田全线车系的销售与维修，一类机动车维修企业。占地 9600 平方米，总投资 3200 万人民币。按照全新的广汽丰田建设标准打造，拥有完善先进的技术装备设施，引进丰田在营销领域最先进的研究成果—售前、售中和售后服务过程中导入 e-CRB 的软件系统，让顾客感受到“触手可及的尊贵感”、“便利安心的享受”和“及时周到的服务”。“用我们的真诚为顾客创造价值，用我们的技术为顾客保驾护航”的企业精神，为用户提供真情、超值服务。

舟山龙华丰田汽车销售服务有限公司　址定海双桥石礁外山头。成立于2009年4月3日，占地约25亩，按照一汽丰田全球最新标准建成的4S店，一类机动车维修企业。集整车销售、售后服务、配件供应、信息反馈于一体，设有产品展示区、贵宾接待区、业务洽谈区、客户休息区、贵宾休息室、售后服务接待区和维修车间等功能区域，引进一汽丰田最新检测、维修全套专用设备，为客户提供专业的售前售中售后服务。

舟山中兴汽车销售服务有限公司　址定海临城街道工业园三道9号。成立于2001年11月15日，2008年4月开业，注册资金1000万元。隶属于宁波轿辰汽车销售集团，是舟山首家广汽本田汽车特约销售服务站。主营：汽车(限广汽本田)销售、汽车配件配件批发、零售、汽车维修(一类机动车维修企业)、汽车装饰。

技术力量雄厚，中级以上维修技工占员工总数95%，多次在广汽本田汽车公司技术竞赛中获奖。2005年、2006年分别被表彰为广汽本田汽车全国先进店、全国优秀店、全国百家顾客最满意经销商。2006年被评定为宁波市机动车维修行业四星级企业。

舟山申浙汽车销售服务有限公司　址定海弘生大道152号。成立于2007年12月27日，是浙江元通集团旗下浙江申浙和舟山物产共同投资组建的股份制企业。

占地面积8100平方米，注册资金1100万元，集整车销售、配件供应、维修服务、信息反馈、旧车置换为一体的上海大众4S店，一类机动车维修企业。主营帕萨特、波罗、途安、LAVIDA朗逸、TIGUAN途观等七大系列产品，覆盖AO级、A级、B级、SUV等不同细分市场。2010年，被维修行业管理部门评定为“3A”企业，2011年初通过ISO9001:2000版国际质量体系认证。

浙江快修定海店(户)　始建于2006年。是年，浙江省地方标准《机动车维修业开业条件》(DB / T608—2006)发布，标准第3部分首次列出汽车快修业户开业条件，定海境内的汽车快修业应运而生，至2008年发展到2家，即舟山市定海区恒鑫汽车维修厂、定海城东友谊汽配修理部。至2010年，发展到5家：

舟山市定海区恒鑫汽车维修厂　成立于2006年5月10日，注册地在定海盐仓兴舟大道B—65号，个体投资，法人周荣仕，主营汽车快修，年营业收入60万元，年维修车辆3000辆。

舟山市定海国军博士汽车修理厂　2009年8月6日成立，个体投资，法人沈国军，注册地址定海区兴海路26号，经营范围汽车快修。

舟山市金通汽车销售服务有限公司　法人沈小君，址定海兴舟大道529号，主营汽车快修。

舟山市定海弘兴汽车修理厂　2009年10月11日成立，个体投资，法人应万军，址定海兴海路71号，主营汽车快修。

舟山市众恒汽车销售服务有限公司　2010年11月9日成立，定海区舟大道55号，主营汽车快修。

定海区一类汽车维修企业分布情况

（至2010年12月31日）

企业名称	注册地址	经营范围
舟山市华鸿汽车销售维修有限公司	舟山经济开发区B区（弘生大道466号）	大型货车维修，小型车维修，危险品运输车辆维修
舟山市定海中洲汽车维修有限公司	定海沙塘路6号	小型车辆维修
舟山永达汽车维修有限公司	定海区兴舟大道456号	大型货车维修，小型车维修，危险品运输车辆维修
舟山申浙汽车销售服务有限公司	舟山经济开发区B区兴海路111号	小型车辆维修
舟山申通时代汽车销售服务有限公司	舟山市定海区弘生大道152号	小型车辆维修
舟山中兴汽车销售服务有限公司	舟山市定海区临城工业园三道9号	小型车辆维修
舟山龙华汽车销售服务有限公司	定海区双桥镇石礁社区外山头88号	小型车辆维修
舟山龙华丰田汽车销售服务有限公司	定海区双桥镇石礁社区外山头村68号	小型车辆维修
舟山弘泰汽车销售服务有限公司	定海区弘生大道158号	小型车辆维修
舟山市霁锃汽车销售服务有限公司	定海区双桥镇外山头村	小型车辆维修

定海区二类汽车维修企业分布情况

（至2010年12月31日）

企业名称	注册地址	经营范围
舟山市定海明日之星汽车修理厂	舟山市定海区甬庆弘生大道	大中型客车维修、大中型货车维修
舟山市定海新东汽配物资贸易有限公司	定海弘生大道458号	小型车辆维修
舟山市定海瑞进轿车修理有限公司	舟山市经济开发区兴海路71号	小型车辆维修
舟山市定海久润汽车维修有限公司	舟山市定海临城新区炜驰机械发展有限公司北侧	小型车辆维修
定海永安汽车修理厂	定海北蝉碶头山	大型货车维修
舟山市华豹汽车销售服务有限公司	定海区兴舟大道591号	小型车辆维修
舟山市霁锋汽车销售服务有限公司	浙江省舟山市定海区工业园（盐仓街道）	小型车辆维修
舟山市定海铭洋汽车维修服务有限公司	舟山市开发区B区定海区兴西路116号	小型车辆维修
舟山市定海金塘现代汽车维修站	金塘镇东堠路24号	小型车辆维修
舟山市华安汽车维修服务中心	定海弘生大道268号	小型车辆维修
定海骏发汽车修理厂	定海环城南路62号	小型车辆维修
舟山市定海顺达汽车修理厂	定海青垒头路52号	小型车辆维修
舟山市定海东海汽车维修有限公司	定海东山路118号	小型车辆维修
舟山市定海宏九汽车修理厂	定海盐仓街道海富外塘88号	小型车辆维修

续表

企业名称	注册地址	经营范围
定海白泉永固汽车修理厂	定海白泉高炮团营部内	大型货车维修
舟山市泰利汽车维修有限公司	舟山市定海青垒头路 59 号	小型车辆维修
舟山市定海驰凯汽车维修有限公司	定海小洋岙工业园区同业路 35 号	小型车辆维修
舟山市定海南洋汽车维修有限公司	定海兴丰路 1-1 号	小型车辆维修
舟山市港城公共交通有限责任公司	舟山市新城海天大道 528 号	大中型客车维修、大中型货车维修
浙江舟山启明实业发展公司	定海区惠民桥	大中型货车维修、小型车辆维修
舟山市定海区金达汽车修理厂	定海青垒头路 72 号	小型车辆维修
舟山市定海舟安汽车销售维修有限公司	定海沿港西路 67 号	大型货车维修
舟山市定海顺风汽配有限公司金盾汽车修配厂	舟山市经济开发区 A 区定海区(甬东)弘生大道 238 号	小型车辆维修
舟山市定海城西汽车维修有限公司	定海盐仓开发区兴舟大道边	小型车辆维修
舟山市定海白泉永佳汽车修理厂	定海区白泉镇万边山工业园区 3 号	大型货车维修
舟山市远驰汽车维修有限公司	定海金塘大丰工业一区(卫平村)	小型车辆维修
舟山市浩捷汽车维修有限公司	定海兴海路 111 号	小型车辆维修
舟山市定海东辉汽车维修中心	舟山市经济开发区兴海路 116 号	小型车辆维修
舟山市定海区建安汽车修理有限公司	舟山定海盐仓街道兴舟大道 B-16 区 99 号	小型车辆维修
定海白泉光明汽车修理厂	定海白泉仔猪市场	大型货车维修
舟山市定海凯宏汽车维修中心	定海区庆丰村环南工业区兴丰路	小型车辆维修
舟山市定海昕源汽车维修有限公司	甬东开发区弘生大道 457 号	小型车辆维修
舟山市新奥汽车维修服务有限公司	舟山市定海区干礁镇朝阳村龙潭街 71 号	大型货车维修、小型车辆维修
舟山市定海宏昱汽车维修有限公司	定海盐仓街道坝桥村(茅岭下)	大中型货车维修、小型车辆维修
舟山市汽运公司定海修理厂	定海环城南路	大中型客车维修、大型货车维修
舟山市定海昶丰汽车修理厂	定海区甬东开发区 B 区惠飞路 145 号	小型车辆维修
定海鹏程汽车修理厂	定海区金塘镇欣工路 29 号	小型车辆维修
舟山市霁锐汽车销售服务有限公司	定海区双桥镇外山头村	小型车辆维修
舟山市定海鸿顺汽车修理有限公司	定海区盐仓街道金达路 18 号	大中型货车维修

定海区三类汽车维修企业分布情况

（至2010年12月31日）

企业名称	注册地址	经营范围
定海华达汽配修理部	定海青垒头路3号	汽车零部件修理
定海宏达汽车轮胎修补店	定海环城南路	轮胎动平衡及修补(限轮胎修补)
定海金达汽车修理部	定海青垒头路	专项修理(汽车零部件修理)
定海阿鲍汽车钣金修理部	定海青垒头路	专项修理(汽车钣金、喷漆)
定海信夫电瓶经营部	定海解放东路	专项修理(电瓶维修)
宁波玻璃厂定海门市部	定海解放东路	专项修理(汽车玻璃安装)
舟山千岛电瓶维修店	定海解放西路	专项修理(电瓶维修)
定海高技电器修理部	定海青垒头路3号	专项修理(汽车电器修理)
舟山市定海汽车客运旅游服务公司舟交汽车维修中心	定海青垒头路3号	专项修理，摩托车修理(分车身修理、电子和电器修理)
时丰汽车修理服务中心	临城街道胜山村	专项修理(车身修理、涂漆)
定海秦平汽配修理部	定海青垒头路	专项修理(汽车零部件修理)
舟山市定海余利汽车美容护理用品商行	定海蟠洋山路114号	车身清洁维护、轮胎动平衡及修补、汽车装潢
定海凯宏钣金喷漆修理部	定海青垒头路3号	车身维修、涂漆(汽车钣金、喷漆)
舟山市定海凯宏汽车维修部	定海青垒头路	发动机维修(汽车零部件修理)
定海美良汽配修理部	定海青垒头路	专项修理(汽车零部件修理)
定海城东东河汽车修理站	定海青垒头路	车身维修、涂漆(汽车钣金、喷漆)
定海新东汽配修理部	定海青垒头路	发动机维修(限汽车零部件小修)
定海东新汽车钣金喷漆店	定海青垒头路3号	车身维修(汽车钣金、油漆)
舟山市定海城东嘉宏汽车装饰店	定海昌洲大道檀树南区段	汽车装潢
定海晓峰岭汽车维修厂	定海兴舟大道边	车身维修
舟山市定海威廉汽车清洗服务部	舟山市定海东山隧道西口100米庆丰村	车身清洁维护
新城老王充气补胎店	舟山市定海区临城街道东荡街三弄2号	轮胎动平衡及修补(限农用车轮胎修补)
定海金鑫汽车钣金修理部	定海青垒头路3号	车身维修
定海文明电器修理部	定海青垒头路3号	汽车电器修理
舟山市定海鑫旺轮胎翻修厂	白泉万变山	轮胎动平衡及修补(限轮胎修补)
定海可达汽车电器修理部	定海青垒头路3号	维修(专项修理)
舟山市定海区北蝉乡学兵补胎店	定海区白泉镇光明汽车修理厂内	轮胎动平衡及修补(限轮胎修补)
舟山市定海区白泉镇伟光补胎店	舟山市定海区白泉镇电厂路26号	轮胎动平衡及修补(限轮胎修补
舟山市定海区长白轮胎维修店	舟山市定海区长白乡前岸新村6号	轮胎动平衡及修补(限轮胎修补)
舟山市定海西门洗车店	定海西山路6号	车身清洁维护、汽车装潢

续表 1

企业名称	注册地址	经营范围
舟山市定海迅驰汽车美容中心	定海弘生大道 158 号	车身清洁维护、汽车装潢
舟山市定海金座骑汽车服务中心	舟山市定海新桥路 128 号	车身清洁维护、汽车装潢
舟山市新城小徐电器维修店	定海区临城街道惠民桥惠飞路 6 号	电气系统维修、空调维修
定海高峰摩托车修理部	定海盐仓蔡家墩	维修(摩托车修理)
舟山市定海区凯轮轮胎店	定海区盐仓街道兴舟大道 546 号	轮胎动平衡及修补
定海彩虹一爱车汽车美容店	定海区解放西路 320 号	车身清洁维护、轮胎动平衡及修补、汽车装潢
定海城东友谊汽配修理部	定海青垒头路 3 号	汽车快修、车身维修
舟山市定海小拇指汽车维修中心	舟山市定海兴舟大道 529 号	维修(车身清洁维护、汽车装潢)
舟山市定海区大转盘轮胎修补店	定海区兴舟大道大转盘东侧	轮胎动平衡及修补(限轮胎修补)
舟山市定海夏氏橡胶物资经营部	定海新桥路 321 号	轮胎动平衡及修补、四轮定位检测调整
定海海滨桥汽车轮胎修补店	定海区明日之星汽车修理厂内	轮轮胎动平衡及修补(限轮胎修补)
舟山市新城亮吉汽车美容中心	定海区临城街道万二村	车身清洁维护、汽车装潢
定海城东海娜汽车用品店	定海青垒头路 59 号	车身清洁维护、汽车装潢
舟山市定海区金塘浦口荣欣补胎店	定海区金塘浦口村	轮胎动平衡及修补(限轮胎修补)
舟山市定海区聪圣轮胎修补店	定海区北蝉乡王家	轮胎动平衡及修补(限轮胎修补)
舟山市定海区天元汽车美容服务中心	定海城东街道小洋岙杨家塘 4 号	车身清洁维护、轮胎动平衡及修补、汽车装潢
定海兴隆汽车水箱修理部	定海环城南路 523 号	散热器、水箱维修(水箱修补)
舟山市定海阿德轮胎修补店	定海区马岙镇白马街 31 号	轮胎动平衡及修补(限轮胎修补)
舟山市定海区欣飞汽车维修中心	定海弘生大道 455 号	车身维修、车身清洁维护、涂漆
舟山市定海邵忠轮胎店	定海东河中路 56 号	轮胎动平衡及修补(限轮胎修补)
舟山市定海老郭轮胎修补店	定海弘生大道 455-12 号	轮胎动平衡及修补(限轮胎修补)
舟山市定海马岙镇永海汽车轮胎修理店	定海区马岙镇三江社区	轮胎动平衡及修补(限轮胎修补)
定海环南东江浦车械修理店	定海青垒头路 32 号	轮胎动平衡及修补(限轮胎修补)
舟山市定海复兴莱汽车美容中心	舟山定海东赢路 79、81、83 号	车身清洁维护、车辆装潢(篷布、坐垫及内饰)
舟山市定海通利轮胎经营部	定海环城南路 18 号旁	轮胎动平衡及修补(限轮胎修补)
舟山市定海区跃驰轮胎维修店	定海区白泉镇和平车站南路 5 号	轮胎动平衡及修补(限轮胎修补)
定海环南平湖橡胶制品商行	定海环城南路	轮胎动平衡及修补(限轮胎修补)
舟山市定海顺通轮胎橡胶贸易有限公司第一分公司	定海环城南路 46 号	轮胎动平衡及修补(限轮胎修补)

续表 2

企业名称	注册地址	经营范围
舟山市定海振华汽车美容店	定海区盐仓街道兴舟大道 613 号	车辆装潢（篷布、坐垫及内饰）
舟山市定海戈学刚补胎店	定海区马岙镇三江码头进口	轮胎动平衡及修补（限轮胎修补）
舟山市定海区白泉镇姚全荣补胎店	定海区白泉路 2 号	轮胎动平衡及修补（限轮胎修补）
舟山市定海鹏舟汽车维护站	定海义桥气象台路 80 号	车身维修
舟山市定海阿明之家汽车美容店	定海大洋岙毕家井 19 号	机动车维修、三类机动车维修（车身清洁维护）、车辆装潢（篷布、坐垫及内饰）
舟山市定海清风车影汽车装饰服务部	舟山市定海青垒头路 13 号	机动车维修、三类机动车维修（车身清洁维护、涂漆）、车辆装潢（篷布、坐垫及内饰）
定海亮靓汽车装潢店	定海盐仓开发区兴舟大道 168 号	汽车装潢
舟山市欣捷汽车销售服务有限公司	定海环城南路 455 号	车身清洁维护、汽车装潢
舟山市定海汽车舟海汽车服务中心	纺织厂路 10 号 4–5	机动车维修、三类机动车维修（车身清洁维护、涂漆）、车辆装潢（篷布、坐垫及内饰）
定海城东新洲轮胎经营部	定海东河路北段 51 号	车身清洁维护、轮胎动平衡及修补、车辆装潢（篷布、坐垫及内饰）
舟山市定海车护佳汽车美容中心	舟山市定海区兴海路 71 号	车身清洁维护、轮胎动衡及修补、汽车装潢
舟山定海区大本营汽车美容中心	定海弘生大道 455–10 号	涂漆
舟山定海车爵士汽车用品店	定海文化路 82–10、11、12 号	车身清洁维护、轮胎动平衡及修补、车辆装潢（篷布、坐垫及内饰）
定海解放和兴汽车美容店	解放西路 394 号	车身清洁维护、汽车装潢（篷布座垫及内装饰修理、车身清洁维护、发动机免拆清洗）
舟山市定海创怡车饰有限公司	定海青垒头路 1 号	车身清洁维护、汽车装潢（篷布、坐垫及内饰）
舟山市定海双涌汽车美容中心	定海区双拥路 1–3 号	车身清洁维护、汽车装潢（篷布、坐垫及内饰）
舟山市定海万凌汽车维修中心	定海区甬东弘生大道 455–8 号	机动车维修、三类机动车维修（车身清洁维护、涂漆）
舟山市定海海纳汽车用品店	舟山市定海区海院路 1、3、11 号	车身清洁维护、轮胎动平衡及修补、车辆装潢（篷布、坐垫及内饰）
舟山市定海源吉汽车用品大卖场	定海区文化路 82–3–6	车身清洁维护、轮胎动平衡及修补、车辆装潢（篷布、坐垫及内饰）
舟山市定海余利汽车美容护理用品商行	定海区海院路 21、23、25、27 号	车身清洁维护、轮胎动平衡及修补、车辆装潢（篷布、坐垫及内饰）
舟山市定海天童大湾轮胎修补店	定海区双桥镇天童村大湾	轮胎动平衡及修补

续表 3

企业名称	注册地址	经营范围
舟山市定海区明轮汽车用品商行	定海新桥路	轮胎动平衡及修补(限轮胎修补)
舟山市定海鼎力至尊汽车用品大卖场	定海区新桥路 196 号	车身清洁维护、轮胎动平衡及修补、车辆装潢(篷布、坐垫及内饰)
舟山市定海鑫浩轮胎贸易有限公司	定海岑港镇老塘山村	轮胎动平衡及修补(限轮胎修补)
舟山市定海华鑫汽车修理部	定海青垒头路 3 号	车身维修
舟山市定海新城长顺汽车修理部	定海临城街道长升村中横塘	车身维修
舟山市定海郭清珠轮胎修补店	定海区双桥镇天童村大湾	轮胎动平衡及修补
舟山市定海区岑港张峰补胎店	定海区岑港老塘山公路边	轮胎动平衡及修补
舟山市定海玉柱轮胎修理店	定海区北蝉乡星明村	轮胎动平衡及修补(限轮胎修补)
舟山市定海区北蝉乡周宏秀补胎店	舟山市定海区北蝉乡三星村	轮胎动平衡及修补(限轮胎修补)
舟山市定海青岭轮胎修理部	定海区青岭北路 28 号	轮胎动平衡及修补(限轮胎修补)
舟山市金塘严祖员轮胎修理店	舟山市定海区金塘镇汽车站对面新道西路 3 号旁(左边)	轮胎动平衡及修补
金塘镇卫军车械修理部	舟山市定海金塘镇山潭南街 114 号	轮胎动平衡及修补
定海昌国云明汽配物资经营部	定海区新桥路 228 号	车身清洁维护、轮胎动平衡及修补、车辆装潢(篷布、坐垫及内饰)
舟山市定海干礁胡能军补胎店	定海区干礁镇天簌路 45 号	轮胎动平衡及修补
舟山市定海小孟汽车维修中心	定海区白泉镇宝岛路	车身维修
祺亮轮胎经营维修部	舟山市定海金塘沥港欣港路大排档 1 号	轮胎动平衡及修补
定海二朋轮胎修理店	定海区甬东村海口 1 号	轮胎动平衡及修补(限轮胎修补)
舟山市定海洪芹补胎店	定海区北蝉乡振兴路 47 号	轮胎动平衡及修补
舟山市新城海达汽车美容养护中心	临城街道金岛路(粮管所内)	车身清洁维护、轮胎动平衡及修补、汽车装潢
定海双桥国洪补胎店	定海双桥镇南善桥	轮胎动平衡及修补(限轮胎修补)
王正洪轮胎修补店	定海区双桥镇浦新村	轮胎动平衡及修补(限轮胎修补)
舟山市定海叶荣发汽车用品商行	定海区文化路 153 号	车身清洁维护、车辆装潢(篷布、坐垫及内饰)
舟山市定海区小周轮胎维修部	舟山市定海区盐仓坝桥王 29 号	轮胎动平衡及修补(限轮胎修补)
舟山市定海爵仕酷汽车美容中心	定海区横河路 36 号 -4-5	车辆装潢(篷布、坐垫及内饰)
舟山市定海开春轮胎商行	定海区双拥路 33 号	轮胎动平衡及修补
舟山市定海区车之家汽车服务中心	定海区东山路 90-96 号	车辆装潢(篷布、坐垫及内饰)
舟山市定海特福莱汽车用品店	定海环城南路 46-3 号 -1-2-3	车辆装潢(篷布、坐垫及内饰)
舟山市新城好的汽车服务部	定海区临城街道港岛路 228-40-41	车辆装潢(篷布、坐垫及内饰)
舟山市定海恒之星汽车服务中心	定海东河南路 71-77 号	车身清洁维护、轮胎动平衡及修补、车辆装潢(篷布、坐垫及内饰)
舟山市定海泉鑫汽车美容中心	定海区白泉镇万变山工业园区	涂漆

续表 4

企业名称	注册地址	经营范围
舟山市定海晓刘汽车装饰用品贸易中心	定海区横河路 36 号	车辆装潢(篷布、坐垫及内饰)
舟山市定海浙里汽车服务中心	定海区青垒头路 13 号	涂漆
舟山市定海彩虹汽车漆面修复中心	定海区兴舟大道 117 号	涂漆
舟山市定海祖波轮胎商行	舟山市定海区青垒头路 34 号	轮胎动平衡及修补
舟山市定海金港湾汽车喷漆店	舟山市定海区兴海路 70 号	涂漆

定海区汽车快修企业(分布)情况

（至 2010 年 12 月 31 日）

企业名称	注册地址	经营范围
舟山市定海区恒鑫汽车维修厂	舟山市定海区盐仓街道兴舟大道 B-65 号	汽车快修
舟山市定海国军博士汽车修理厂	定海区兴海路 26 号	汽车快修
舟山市金通汽车销售服务有限公司	定海区兴舟大道 529 号	汽车快修
舟山市定海弘兴汽车修理厂	定海区兴海路 71 号	汽车快修
舟山市众恒汽车销售服务有限公司	定海区兴舟大道 555 号	汽车快修

定海区摩托车修理店(分布)情况

（至 2010 年 12 月 31 日）

企业名称	注册地址	经营范围
定海世国摩托车修理部	定海青垒头路 3 号	摩托车修理
定海汇发摩托车修理部	定海青垒头路 3 号	摩托车修理
定海南欣摩托车修理部	定海文化路	摩托车修理
定海朝晖摩托车修理部	定海文化路	摩托车修理
定海解放利达摩托车修理部	定海解放西路 180 号	摩托车修理
定海意振达摩托车修理部	定海文化路	摩托车修理
定海白泉摩托车修理部	定海白泉镇	摩托车修理
定海现代摩托车修理部	定海文体路	摩托车修理
定海永固助动车修理部	定海临城镇	摩托车修理
定海锋波摩托车修配店	定海惠民桥村菜场旁边	摩托车修理
定海盛开摩托车修理部	定海石礁乡	摩托车修理
舟山市定海豪情摩托车修理部	定海区甬庆大岙 43 号	摩托车修理
定海盐仓铁山摩托车修理部	定海盐仓街道兴舟社区兴舟大道 8 号	摩托车修理
舟山市定海区干礅镇平华摩托车维修店	定海区干礅镇天簌路 55-5 号	摩托车修理
定海大众摩托车修理部	定海东湾村	摩托车修理

续表

企业名称	注册地址	经营范围
定海临城纪波摩托车修理部	定海临城街道塔外王家停车场	摩托车修理
定海临城星星摩托车修理部	定海临城街道塔外王家停车场	摩托车修理
定海临城永达摩托车修理部	定海临城街道塔外王家停车场	摩托车修理
定海金塘沥港琪通摩托车修配部	定海金塘沥港镇	摩托车修理
定海马岙新街摩托车修理部	定海马岙镇	摩托车修理
剑佩摩托车维修店	定海区金塘镇大象村	摩托车修理
定海金塘金丰摩托车修理店	舟山金塘山潭街	摩托车修理
定海晓峰摩托车修理部	定海区金塘大丰镇	摩托车修理
定海兴舟摩托车修理部	定海兴舟大道	摩托车修理
定海白泉意波摩托车修理部	定海白泉爱国村舒家	摩托车修理
定海宝铃摩托车修理部	定海解放西路 180 号	摩托车修理
定海临城阿二摩托车修理部	定海临城街道塔外王家停车场	摩托车修理
定海阿勇摩托车修理部	舟山市定海区白泉镇毛竹山 15 号	摩托车修理
舟山市定海五羊摩托车维修服务站	定海西山路 20 号	摩托车修理
舟山市定海一辉摩托车修理店	定海区金塘大丰镇新道西路 113 号	摩托车修理
舟山市定海区金塘镇万顺摩托车维修部	定海区金塘镇柳行街 41 号	摩托车修理
舟山市定海白泉天地摩托车修理部	舟山市定海区白泉镇白泉路 47 号	摩托车修理
舟山市定海顺舟摩托车修理部	定海区盐仓街道蔡家墩	摩托车修理
舟山市定海区干碳阿光摩托车维修部	定海区金西码头开发区 57 号楼 5 号	摩托车修理
舟山市定海海富摩托车修理店	定海区盐仓街道海富村	摩托车修理
定海马岙裕明摩托车修理部	定海马岙镇	摩托车修理
定海飞鹰摩托车维修服务中心	定海解放东路 209 弄	摩托车修理
定海昌国摩托车修理部	定海兴舟大道工业 B 区	摩托车修理
定海区大丰继昌摩托车修配店	金塘大丰新道西路 1 号(原大丰压缩机厂)	摩托车修理
舟山市新城志龙摩托车修理店	舟山市定海区临城街道城隍头村城隍头街 66 号	摩托车修理
定海岑港庄舟军摩托车修理部	定海岑港镇	摩托车修理
舟山市定海区小金摩托车维修部	定海区航标北路 27 号 -41 号	摩托车修理
舟山市定海军辉摩托车维修店	定海区白泉镇邮电路 2 号 103–104 室	摩托车修理
定海临城镇凯兵摩托车修理店	临城镇城隍头	摩托车修理
舟山市定海白泉小王摩托车修理部	定海区白泉镇繁强村中竹岭下	摩托车修理
定海北蝉可丰摩托车修理店	定海北蝉三潭庵	摩托车修理
舟山市金塘朱全统摩托车修理部	定海山潭山潭东街 8 号	摩托车修理
定海沥港华丰摩托车修理店	定海金塘港欣港路 66 号	摩托车修理
舟山市定海舟胜摩托车修理部	舟山市定海区盐仓街道蔡家墩	摩托车修理
舟山市新城方义摩托车修理部	定海区临城街道惠民桥村	摩托车修理
军军摩托车维修部	定海区盐仓街道海富村	摩托车修理

第三章　汽车交易市场

二十世纪九十年代国家计划经济一统天下时，购置车辆须由政府部门统一安排计划。政府机关、群团、事业单位公务用车，须经当地市、区政府财政局“控办”审核批准购置。企业单位用车均由上级主管部门按计划购置，专业执法部门用车由各上级主管部门统一配置。各种报废、不适用的车辆，一律由当地物资部门统一收购、拆解。

1990年代开始，随着市场经济确立，境内汽车交易打破计划经济时代由国家物资部门机电公司垄断、统一经营的格局，交易方式逐步放开。2000年后，国家出台鼓励发展汽车产业的政策导向，各种经济、包括个私经济快速发展，人民生活品质提升等因素叠加，个体、集体、公务用车购置势头强劲，轿车进入普通家庭。2008年，政府因势引导，采取优惠政策，“筑巢引凤”。汽车经销商抢占商机，做大做强企业，境内汽车市场“蛋糕”越做越大。同年8月28日，舟山市人民政府批复同意定海区人民政府《关于要求审批舟山汽车城地块控制性详细规划的请示》，舟山汽车商贸城项目落户定海双桥石礁。

2009年，舟山跨海大桥建成通车，定海境内各类车辆购置势头再次飚升。同年，双桥汽车城项目列入市、区重点服务业发展项目。2010年，舟山全市月均上牌量以接近1000辆的速度增加，全市汽车保有量达到7万辆。

2011年，双桥汽车城项目列入省重点服务业发展项目。项目建设分二期，一期规划用地25.70公顷，实际用地面积13.5684公顷，约合203.53亩，项目计划总投资3亿元。主要建设配套服务中心大楼，展览展示区、二手车交易市场和11家汽车4S专卖店。二期用地面积约250亩，规划建设汽车4S店7家。

第一节　4S店建设

4S店全称为汽车销售服务4S店，是一种集整车销售、零配件、售后服务、信息反馈四为一体的汽车销售企业。2006年，定海境内4S店起步

舟山弘泰汽车销售服务有限公司　址定海区弘生大道158号。2006年，舟山弘泰汽车销售服务有限公司获得东风日产乘用车公司的品牌授权，成为东风日产汽车在舟山地区的首个授权经销商，也是舟山地区首家汽车4S店，经营东风日产全系列轿车销售、售后维修服务、零部件及纯正精品的销售。

舟山东昌汽车销售服务有限公司　址定海双桥石礁社区。拍得2号地块，净用地面积16137平方米，分两个4S店进行建设，其中一汽丰田、广汽丰田、北京现代、一汽大众于2010

年对外营业。东风雪铁龙、上海大众斯柯达于2010年开建，年底完成地面打桩，进入地梁浇筑阶段。

舟山龙华丰田汽车销售服务有限公司（一汽丰田4S店）　址定海双桥石礁社区外山头村68号。2009年4月11日拍得1号地块，净用地面积8204平方米，总投资3200万元。2010年6月23日对外营业。

舟山龙华汽车销售服务有限公司（广汽丰田4S店）　址定海双桥石礁社区外山头村68号。拍得3号地块，净用地面积8009平方米，总投资3400万元，2010年4月22日对外营业。

舟山霁锐汽车销售服务有限公司（一汽大众4S店）　址定海双桥石礁社区外山头村。拍得5号地块，2010年3月10日与舟山市国土资源局定海分局签订土地出让合同，净用地面积8062平方米，总投资3000万元。翌年3月17日对外营业。

舟山霁锃汽车销售服务有限公司（北京现代4S店）　址定海双桥石礁社区外山头村。拍得4号地块，2010年6月22日与舟山市国土资源局定海分局签订土地出让合同，净用地面积8294平方米，总投资3000万元。翌年1月1日对外营业。

舟山驰达汽车销售服务公司　址定海双桥石礁社区外山头村。拍得6号地块，经营品牌比亚迪，净用地面积4124平方米，2010年完成图纸设计，办理相关手续。

浙江明通汽车销售有限公司　址定海双桥石礁社区外山头村。拍得7号地块，净用地8015平方米，经营品牌长安马自达，2010年尚处在办理相关手续和工程图纸设计阶段。

舟山凯桥汽车销售服务有限公司　址定海城东街道甬东村（弘生大道东山隧道东口）。拍得8号地块，净用地面积8159平方米，经营品牌上海大众斯柯达。2010年完成前期手续办理，开始进场施工。

舟山市金通汽车销售服务有限公司　址定海双桥石礁社区外山头村。拍得9号地块，净用地面积8184平方米，经营品牌一汽奥迪。拍得10号地块，净面积7663.9平方米，经营通用雪佛兰品牌，2010年均处在办理相关手续阶段。

第二节　交易场(点)建设

综合展览展示区二手车交易市场　2010年，舟山市招投标中心公开招拍挂“汽车城综合展览展示区、二手车交易市场地块”。8月4日，舟山市嘉杰汽车经纪有限公司拍得。9月17日，该公司与舟山市国土资源局定海分局签订土地出让合同，该地块用地面积23644平方米，净用地面积20080平方米。

舟山汽车商贸城配套服务中心大楼　2010年，舟山市招投标中心公开招拍挂“舟山市汽车商贸城配套服务中心大楼地块”。10月27日，舟山浩翔汽车城开发有限公司拍得，该公司2010年12月8日与舟山市国土资源局定海分局签订土地出让合同，该地块用地面积11927平方米，地上建筑面积18122平方米，地下建筑面积2705平方米（不计入容积率），建设综合服务楼 1 幢，12 层（裙楼 2 层），总投资 7000 万元，止 2010 年末，项目进入工程招投标相关程序。

2010 年，定海境内有各类汽车交易市场汽车销售公司 39 家。

2010 年定海境内汽车销售企业分布情况

企业名称	开业时间	地　　址	法人
舟山鑫通汽车销售有限公司	2000.08.28	定海机场新村 11 幢底楼 1–3 号	夏和平
舟山轿辰汽车销售服务有限公司	2001.12.31	舟山市定海区临城街道工业园 C8	陈塞娟
舟山市定海舟安汽车销售维修有限公司	2002.04.26	舟山市定海沿港西路 67 号	孙　林
舟山市华豹汽车销售服务有限公司	2003.06.25	舟山市定海区盐仓街道兴舟大道 591 号	曹志芳
舟山市锦扬汽车销售有限公司	2003.06.05	舟山市定海区弘生大道 455 号	蔡和发
舟山市欣捷汽车销售服务有限公司	2003.05.27	定海区环城南路 455 号	丁振波
舟山市定海昊丰汽车中介服务中心	2003.04.23	舟山经济开发区 B 区新海路舟山市汽车交易市场内	朱海琪 许宏华
舟山市定海区海上大众汽车出租有限责任公司海众汽车中介部	2003.07.24	舟山市定海区环城南路 465 号	芦殷华
舟山市华鸿汽车销售维修有限公司经营部	2004.01.20	舟山市定海区弘生大道 466 号	孔建亮
舟山市华鸿汽车销售维修有限公司	2004.01.18	舟山市定海区弘生大道 466 号（舟山经济开发区 B 区）	孔建亮
舟山市二手车交易市场有限公司汽车销售分公司	2004.09.21	舟山经济开发区 B 区兴海路 111 号	邵舟伟
舟山市霁锋汽车销售服务有限公司	2004.07.21	浙江省定海区工业园盐仓街道	顾聪慧
舟山市久润汽车销售服务有限公司	2005.06.28	舟山市定海区临城街道万二村	陈　永
舟山长宇汽车销售服务有限公司	2005.08.01	舟山市定海区经济开发区 B 区弘生大道 466 号	金　潮
舟山永达汽车销售服务有限公司	2005.03.23	舟山市定海兴舟大道 456 号	张密芳
舟山永杰汽车销售服务有限公司	2005.01.12	舟山定海兴舟大道 456 号	乐旭波
舟山弘泰汽车销售服务有限公司	2006.11.01	舟山市定海区弘生大道 158 号	乐旭波
舟山永耀汽车销售服务有限公司	2007.04.16	舟山市定海区双桥镇双塘村外山头 158 号	张忠义
舟山市定海区汇舟汽车销售服务有限公司	2007.08.10	定海人民南路 231 号	黄伯义
舟山申通时代汽车销售服务有限公司	2007.12.20	舟山市定海区弘生大道 152 号	张旭锋
舟山申浙汽车销售服务有限公司	2007.12.20	舟山市定海区弘生大道 152 号	池婉芬
舟山市定海区弘亚汽车销售有限公司	2008.09.23	舟山市定海区黄土岭村谢家 28 号	丁兵波
舟山中兴汽车销售服务有限公司	2008.01.29	舟山市定海区临城街道临城工业园三道 9 号	汪剑英

续表

企业名称	开业时间	地　址	法人
舟山市霁锐汽车销售有限公司	2009.11.23	舟山市定海区外山头村	许为明
舟山市霁锃汽车销售服务有限公司	2009.11.13	舟山市定海区外山头村	顾聪慧
舟山市华豹汽车销售服务有限公司定海公司	2009.08.26	舟山市定海区盐仓街道兴舟大道475号	李爱华
舟山市定海荣腾汽车销售服务有限公司	2009.08.13	舟山市定海东山路118号	徐　平
舟山市金通汽车销售服务有限公司	20090.05.04	舟山市定海区双桥镇石礁社区外山头村舟山汽车城9号	汪小君
舟山东昌汽车销售服务有限公司	2009.04.09	舟山市定海区双桥镇石礁社区	张忠义
舟山龙华丰田汽车销售服务有限公司	2009.04.03	舟山市定海区双桥镇石礁社区外山头村68号	方伟鹏
舟山龙华汽车销售服务有限公司	2009.04.03	舟山市定海区双桥镇石礁社区外山头村88号	方伟成
舟山市福顺汽车销售服务有限公司	2010.02.04	舟山市定海区临城街道海天大道1361号	陈雪燕
舟山市翔锐达汽车销售服务有限公司	2010.12.14	舟山市定海区双桥镇石礁社区外山头村(舟山汽车城内)	乐旭波
舟山凯桥汽车销售服务有限公司	2010.09.14	舟山市定海区城东街道甬庆村(弘生大道东山隧道东口)	乐旭波
舟山驰达汽车销售服务有限公司	2010.08.06	舟山市定海区双桥镇石礁社区外山头村(舟山汽车城内)	张爱军
舟山市昕瑞汽车销售服务有限公司	2010.06.10	舟山市定海区兴舟大道475号	张舟挺
舟山绰盛汽车销售服务有限公司	2010.03.25	舟山市定海区弘生大道455-7号	王祥洪
舟山市众恒汽车销售服务有限公司	2010.03.10	舟山市定海区兴舟大道555号	章红雷
舟山市明通汽车销售服务有限公司	2010.11.29	舟山市定海区双桥镇石礁社区外山头村(舟山汽车城内)	王中东

第七篇　科教文化

海洋岛际特色的定海交通、桥梁科技、船舶科技、车辆科技、公路科技等成就尤为显著，有些还在全省全国甚至在国际居领先地位，而精神文明建设则锻造了定海区交通战线广大干部职工爱岗、敬业、诚信、友善的道德风范和无私奉献、顽强拼搏的创业精神。

第一章　科技教育

1989 年～ 2010 年，境域内交通事业快速发展中，树立和强化“科技是第一生产力”观念，走科技闯新之路，开展技术攻关，广泛运用新技术、新工艺、新材料、新设备，推动科技成果转化，取得了骄人业绩。特别是舟山跨海大桥建设工程一项，至 2010 年，56 个已鉴定的科技项目中，6 项达到国际领先水平，43 项达到国际先进水平，7 项达到国内领先水平。科技有力支撑，促进境内交通新的跨越式发展。

第一节　科技成果

桥梁科技

舟山大陆连岛工程科技项目　西堠门大桥是舟山大陆连岛工程中技术要求最高的跨海大桥，金塘大桥是舟山大陆连岛工程中规模最大的跨海大桥，两桥桥位区水文地质条件复杂，风环境恶劣；工程规模浩大，技术复杂，科技含量高，施工难度大，质量和安全要求严，有多个领域无他人成功经验可供借鉴，已有技术难以满足工程建设需要。是对我国桥梁建设技术水平和能力面临新挑战。为了给工程建设提供必需的技术支撑，省政府和交通部联合组建成立舟山大陆连岛工程金塘大桥、西堠门大桥专家技术咨询组，工程建设指挥部还聘请了一批常年技术专家。指挥部实施科技建桥战略，坚持走科技创新之路，在桥梁专家关心指导下，联袂多家科研院所，吸收、借鉴国内外桥梁工程的最新成果，展开一系列工程难题攻关，目标是将两桥建设成为 21 世纪初我国桥梁建设的代表作，建设成为世界一流的跨海大桥。为两座大桥建设开展 90 余项新技术、新工艺、新材料、新设备的专题研究，其中承担国家科技支撑计划项目 1 项、交通运输部科技计划项目 2 项、交通运输厅科技计划项目 20 项，投入科研经费超过 13700 万元。以科研攻关促项目建设，以科研成果指导工程实践，优化结构设计，保证工程质量，加快工程进度，控制工程造价，确保工程安全。到 2010 年为止，已鉴定的 56 个科技项目中，有 6 项达到国际领先水平，43 项达到国际先进水平(其中 8 项部分成果达到国际领先水平)，7 项达到国内领先水平；取得了一批国家发明专利和实用新型专利；9 项科研成果获部省级奖励。

西堠门大桥完成科技项目 40 项，其中达到国际领先水平 5 项，国际先进水平 31 项(有 7 项部分成果达到国际领先水平)，国内领先水平 4 项

西堠门大桥完成的科技项目

项　目　名　称	成果鉴定结论
跨海特大跨径钢箱梁悬索桥结构特性及技术标准研究	国际先进水平
特大跨径钢箱梁悬索桥结构体系及刚度研究	国内领先水平
特大跨径钢箱梁悬索桥技术标准和指南	国内领先水平
大直径深长嵌岩桩承载特性及设计标准研究	国际先进水平
海域岛礁桥梁地基精细化综合勘察技术指南研究	国际先进水平
海域岛礁岩体质量分类体系	国际先进水平
跨海特大跨径钢箱梁悬索桥抗风关键技术研究	国际领先水平
特大跨径悬索桥加劲梁和桥塔断面气动选型数值方法	国际先进水平
特大跨径中央开槽箱梁悬索桥颤振稳定性能及控制	国际先进水平，部分达到国际领先水平
特大跨径中央开槽箱梁悬索桥涡激共振性能及控制	国际先进水平，部分达到国际领先水平
特大跨径中央开槽箱梁悬索桥静风稳定性能及评价	国际先进水平
特大跨径中央开槽箱梁悬索桥抖振响应精细化分析	国际先进水平
特大跨径中央开槽箱梁悬索桥桥面行车风环境及其改善方法	国际先进水平，部分达到国际领先水平
特大跨径悬索桥结构动力特性测试与分析	国际先进水平
特大跨径悬索桥气动参数、风场参数和抖振响应现场实测	国际先进水平
特大跨径悬索桥缆索系统关键材料研究	国际先进水平，部分达到国际领先水平
国产特大跨径悬索桥主缆用镀锌钢丝制造技术研究	国际先进水平
特高强度大规格吊索钢丝绳研制	国际先进水平
超长高强悬索桥主缆索股制造技术研究	国际领先水平
特大跨径悬索桥分体式钢箱梁成套技术研究与示范	国际先进水平
特大跨径悬索桥分体式钢箱梁设计关键技术研究	国际先进水平

续表

项　目　名　称	成果鉴定结论
特大跨径悬索桥分体式钢箱梁制造关键技术研究	国内领先水平
特大跨径悬索桥分体式钢箱梁安装关键技术研究	国际先进水平
钢箱梁防护材料及复合涂层体系研究	国际先进水平
特大跨径钢箱梁悬索桥监控、管理关键技术研究	国际领先水平
海岛气候条件下特大跨径悬索桥施工监控关键技术研究	国际领先水平
跨海悬索桥结构监测、巡检管理关键技术研究	国际先进水平，部分达到国际领先水平
养护管理智能辅助决策支持系统研究	国际先进水平
钢桥梁电弧喷涂层纳米改性封闭剂研制及工艺性能研究	国际先进水平，部分达到国际领先水平
西堠门大桥悬索桥抗风性能及风荷载研究	国际先进水平
直升机牵引悬索桥先导索过海新技术研究	国际先进水平，部分达到国际领先水平
大跨径悬索桥应用国产 1770 兆帕主缆索股技术研究	国际先进水平
西堠门大桥分体式钢箱梁受力性能及制造工艺研究	国际先进水平
西堠门大桥老虎山边坡稳定性研究	国内领先水平
西堠门大桥北边跨钢箱梁架设技术研究	国际先进水平
复杂海洋环境钢箱梁运输船舶动力定位研究	国际先进水平
大跨度悬索桥吊索的抑振措施研究	国际先进水平
特大跨径悬索桥新型分体式钢箱梁关键技术研究	国际领先水平
特大跨径悬索桥施工阶段抗风性能研究	国际先进水平
西堠门大桥风致行车安全	国际先进水平

金塘大桥完成科技项目 16 项，其中达到国际领先水平 1 项，国际先进水平 12 项（有 1 项部分成果达到国际领先水平），国内领先水平 3 项

金塘大桥完成的科技项目

项　目　名　称	成果鉴定结论
跨海大桥混凝土结构耐久性对策研究	国际先进水平
斜拉索塔端锚固新技术研究	国际领先水平
新型墩身湿接头设计	国际先进水平
900 吨轮胎搬运机两机联动移运技术研究	国际先进水平

续表

项　目　名　称	成果鉴定结论
非通航孔桥防船舶撞击系统研究	国内领先水平
金塘大桥桥墩及基础防船舶撞击及设施研究	国内领先水平
金塘大桥波流力分析研究	国际先进水平
60 米预制箱梁蒸汽养护自动化控制技术研究	国际先进水平
大跨径混凝土梁式桥竖向预应力控制技术	国际先进水平
海洋环境混凝土桥桥面铺装结构与铺装技术研究	国际先进水平
悬臂浇注混凝土箱梁顶面平整度控制技术研究	国内领先水平
重载交通组合式护栏设计及试验研究	国际先进水平
跨海桥梁高性能混凝土研制和施工控制关键技术研究	国际先进水平
金塘大桥风致行车安全	国际先进水平
大跨径连续刚构病害分析和控制技术研究	国际先进水平
金塘大桥建设关键技术研究	国际先进水平，部分达到国际领先水平

国家科技支撑的境内桥梁建设项目　境内西堠门大桥建设《跨海特大跨径钢箱梁悬索桥关键技术研究及工程示范》，是列入国家科技支撑计划的第二个桥梁项目，交通运输部为项目组织单位，浙江省交通运输厅和浙江省舟山连岛工程建设指挥部组织实施。14 家科研机构、大专院校和企事业单位的 282 名科技与管理人员（其中有高级职称的 106 人）参加研究，产、学、研紧密结合。2009 年 1 月 20 日，国家科技部立项，至 2010 年 11 月，按计划全面完成预定的目标任务。2011 年 2 月 24 日，《跨海特大跨径钢箱梁悬索桥关键技术研究及工程示范》项目在舟山通过科技部组织的验收和交通运输部科技司组织的成果鉴定。项目主要创新成果达到国际领先水平。

项目密切结合西堠门大桥工程建设，高度重视原始创新和集成创新，项目研究形成的海洋环境特大跨径钢箱梁悬索桥勘察设计、抗风、关键材料、施工、结构监测、养护管理等建设核心技术，体现了当代桥梁的最新建设理念，支撑了西堠门大桥工程的建设，并在行业标准规范和多座大跨径悬索桥建设中得到推广应用，对现代桥梁技术发展具有重要的推动作用，社会和经济效益显著。

本项目研究共总结技术报告 98 篇，出版专著 7 部，研发大跨径悬索桥设计、施工分析软件 7 套，发表论文 120 篇，开发新产品 4 项，取得专利 26 项，其中发明专利 9 项，取得工艺、工法 6 项，形成生产线 2 条，编制标准、指南 13 部，培养了一批桥梁建设高技术人才。项目的 5 个课题、23 个子课题的研究成果，经专家鉴定，达到国际领先水平的 4 项，达到国际先进水平的 21 项（其中部分成果国际领先的 5 项），达到国内领先水平的 3 项。

国家科技支撑计划重点项目《跨海特大跨径钢箱梁悬索桥关键技术研究及工程示范》课题概况

编号	课题名称	研　究　目　标
课题一	跨海特大跨径钢箱梁悬索桥结构特性及技术标准研究	确定特大跨径钢箱梁悬索桥适宜结构体系、大直径深长嵌岩桩设计方法、特大跨径钢箱梁悬索桥设计标准，完成工程示范应用。
课题二	跨海特大跨径钢箱梁悬索桥抗风关键技术研究	确定特大跨径分体式钢箱梁悬索桥加劲梁和桥塔断面气动选型数值方法，分体式钢箱梁悬索桥颤振稳定、涡振控制方法，攻克跨海特大跨径钢箱梁悬索桥示范工程抗风关键技术。
课题三	特大跨径悬索桥缆索系统关键材料研究	确定1860MPa缆用钢丝制作工艺，索长3000米以上超长高强主缆索股水平放索工艺；研制智能化索股收放装置；完成工程示范应用。
课题四	特大跨径悬索桥分体式钢箱梁成套技术研究与示范	形成分体式钢箱梁制造工法、钢箱梁安装施工工法和钢箱梁安装运输船舶动力定位工法，解决无覆盖层、复杂潮流海域的钢箱梁运输船舶定位技术难题；完成《正交异性钢桥面系统设计及基本维护指南》、《特大跨径悬索桥分体式钢箱梁成套技术指南》；研发抗风稳定性强的步履式液压缆载吊机，解决重载提升、行走同步性控制，以适应海洋环境抗风稳定性等问题；研制电弧喷涂层纳米改性环氧封闭漆产品。
课题五	特大跨径钢箱梁悬索桥监控、管理关键技术研究	建立特大跨径悬索桥线形施工控制全过程计算方法并开发计算程序，开发和完善海岛气候条件下特大跨径悬索桥施工监控参数控制法和动态寻点监控技术，建立以可靠度理论为基础的特大跨径悬索桥施工控制指标，形成《特大跨径跨海悬索桥施工监控指南》；研发基于工业以太网技术和GIS技术的跨海悬索桥结构监测巡检管理系统；研发跨海悬索桥巡检管理软件；建立特大跨径悬索桥工程养护管理智能辅助决策支持系统；完成工程示范应用。

课题一：《跨海特大跨径钢箱梁悬索桥结构特性及技术标准》

课题依托西堠门大桥工程，开展了特大跨径钢箱梁悬索桥结构体系及刚度、特大跨径钢箱梁悬索桥技术标准、大直径深长嵌岩桩承载特性及设计标准、海域岛礁桥梁地基精细化综合勘察技术及海域岛礁桥梁地基岩体质量分类体系等方面的研究，取得了多项创新成果，编制的《特大跨径钢箱梁悬索桥设计指南》、《大直径深长嵌岩桩设计指南》、《海域岛礁桥梁地基综合勘察技术指南》、《海域岛礁岩体质量分类体系指南》，充实国内相关规范，对类似工程具有较强的指导性和推广应用价值。课题研究成果达到国际先进水平。

课题5个子课题，专家鉴定研究成果达到国际先进水平的3项，国内领先水平的2项。中交公路规划设计院有限公司为该课题的承担单位，浙江省舟山连岛工程建设指挥部、中国铁道科学研究院、浙江省工程勘察院、西南交通大学、东南大学为合作单位。

课题二：《跨海特大跨径钢箱梁悬索桥抗风关键技术研究》

课题依托西堠门大桥工程，开展了加劲梁和桥塔断面气动选型数值方法、颤振稳定性能及控制、涡激共振性能及控制、静风稳定性能及评价、抖振响应精细化分析、桥面行车风环境及其改善方法、结构动力特性测试与分析及气动参数、风场参数和抖振响应现场实测等方面的研究，取得多项创新成果。课题研究成果达到国际领先水平。

课题8个子课题，专家鉴定研究成果全部达到国际先进水平，其中3个子课题的部分成果达到国际领先水平。同济大学为该课题的承担单位，浙江省舟山连岛工程建设指挥部、西南交通大学为课题合作单位。

课题三：《特大跨径悬索桥缆索系统关键材料研究》

课题依托西堠门大桥工程，开展国产特大跨径悬索桥主缆用镀锌钢丝制造技术、特高强度大规格吊索钢丝绳研制以及超长大规格高强悬索桥主缆索股制造技术等方面的研究，在特大型桥梁缆索用高强度镀锌钢丝、特高强度吊索钢丝绳的制造，超长大规格高强度主缆索股的编制和锚固技术，大规格主缆索股收放技术和装置等方面取得多项创新成果。研究成果及应用总体达到国际先进水平，其中主缆索股制造技术及智能化的水平放索工艺及装置达到国际领先水平。

课题3个子课题，专家鉴定，研究成果达到国际领先水平的1项，国际先进水平的2项。浙江省舟山连岛工程建设指挥部为该课题的承担单位，宝钢集团上海二钢有限公司、贵州钢绳股份有限公司、上海浦江缆索股份有限公司为合作单位。

课题四：《特大跨径悬索桥分体式钢箱梁成套技术研究与示范》

课题依托西堠门大桥工程，开展了特大跨径悬索桥分体式钢箱梁设计关键技术、制造关键技术、安装关键技术、防护材料与复合涂层体系等方面的研究，取得多项创新成果，编制的《正交异性钢桥面系统的设计和基本维护指南》、《特大跨径悬索桥分体式钢箱梁成套技术指南》、《钢箱梁桥防腐蚀工程施工工艺及质量验收规范》与多项施工工法，有利于完善国内相关标准、规范，对类似工程具有较强的指导性和推广应用价值。课题研究成果达到国际先进水平。

课题4个子课题，专家鉴定研究成果达到国际先进水平的3项，国内领先水平的1项。中交公路规划设计院有限公司为该课题的承担单位，中铁宝桥股份有限公司、四川公路桥梁建设集团有限公司、浙江省舟山连岛工程建设指挥部、中国铁道科学研究院、江苏中矿大正表面工程技术有限公司为合作单位。

课题五：《特大跨径钢箱梁悬索桥监控、管理关键技术研究》

课题依托西堠门大桥工程，开展海岛气候条件下特大跨径钢箱梁悬索桥施工监控关键技术研究、跨海悬索桥结构监测、巡检管理关键技术研究以及大型复杂桥梁工程养护管理智能辅助决策支持系统研究，取得了多项创新成果。课题研究成果达到国际领先水平。

课题3个子课题，专家鉴定研究成果达到国际领先水平的1项，国际先进水平的2项(有1项部分成果达到国际领先水平)。西南交通大学为该课题的承担单位，浙江省舟山连岛工程建设指挥部、中交公路规划设计院有限公司、上海思索建筑咨询有限公司为课题合作单位。

境内西堠门大桥、金塘大桥主要创新科技成果

西堠门大桥建设关键技术创新

抗风性能研究

西堠门大桥位于受台风影响频繁的宽阔海面，营运阶段颤振检验风速 78.74 米 / 秒，是世界上抗风要求最高的桥梁之一，结构抗风能否满足要求是大桥设计面临的主要挑战。经过一系列试验研究，大桥钢箱梁设计成中央开槽 6 米的双箱分体式断面，成功解决大跨径悬索桥颤振稳定性问题，颤振临界风速达到 88 米 / 秒以上。

西堠门大桥建成后，成为世界上第一座采用中央开槽钢箱梁（分体式钢箱梁）的悬索桥，是以中央开槽技术解决大跨径悬索桥颤振稳定性问题的首次实践，为今后更大跨度桥梁的建设积累了经验，奠定了技术基础。

双箱分体式钢箱梁设计与制造

综合考虑双箱分体式钢箱梁架设及运行阶段的受力要求，西堠门大桥在分体箱梁之间设置了横向连接箱梁与横向连接工字梁，并通过 1 ∶ 2 节段模型试验验证构造方案。

这种新型结构的钢箱梁，技术含量高，制造难度大，制造工艺和施工控制缺少可借鉴的经验。施工中特别加强了焊接变形研究和组装技术研究，运用了一系列新技术、新工艺，保证了钢箱梁制造精度。

钢箱梁安装

根据特大跨径悬索桥施工阶段抗风性能研究成果，制定西堠门大桥穿越台风期安装钢箱梁方案，2007 年 6 月 30 日至 12 月 16 日架梁期间两次受到超强台风影响，大桥安然无恙。

西堠门大桥桥位处水深流急，有强烈漩涡，海底地形特殊，岩石裸露，传统的架梁船抛锚定位难以实施。钢箱梁架设时，在国内首次将船舶动力定位技术引入悬索桥施工领域，并创造性地以固定于主缆上的“天缆系统”辅助架梁船定位，满足船舶定位精度需要。

针对西堠门大桥结构特点及北边跨复杂地形、水文、气候条件，北边跨钢箱梁架设时采用固定支架＋移动支架＋缆载吊机单机两次荡移并结合航道拓宽的施工技术，成功解决边跨区钢箱梁安装难题。

大跨径悬索桥应用国产 1770 兆帕主缆索股技术

提高主缆强度级别可以减轻主缆自重，减小主缆风阻力，塔、锚的规模亦可相应地减小。西堠门大桥在国内特大跨径悬索桥中首次采用 1770 兆帕高强度平行钢丝制作主缆，节约了工程投资，降低了施工难度。通过冶炼、轧制、拉丝等环节的研发、创新，实现了强度 1770 兆帕国产平行钢丝的规模化生产，填补了国内技术空白。首次采用水平成圈、放索工艺，解决了“呼啦圈”问题，提高了主缆索股的架设质量和速度。

大跨度悬索桥吊索制造技术

西堠门大桥吊索钢丝绳直径大（88 毫米）、强度等级高（1960 兆帕）、破断拉力高（5884kN）、要能满足抗疲劳 2 × 106 次性能要求，其标准之高在国内外尚无先例。经过两年多的研究，研发了高精度的捻制控制技术及股间注塑技术，成功解决了钢丝绳高强度与高韧

性之间的矛盾，攻克了大直径高强度钢丝绳设计、制造中的一系列技术难关，满足了大桥建设的需要。

直升机牵引悬索桥先导索过海新技术

西堠门水道水深流急、海底无覆盖层且为重要航道，传统的拖船牵引法、浮索法、水底牵索法等先导索过海方法在西堠门大桥较难实施，通过对日本明石海峡大桥1998年在世界上首次实施的直升机牵引悬索桥先导索过海技术进行重大改进和创新，研究适合中国国情的直升机牵引悬索桥先导索过海新技术，提出放索系统与直升机分离的创新模式，将放索系统安装在索塔顶平台上，操控方便又安全，特别是大幅降低了直升机的负荷和改造费用，为选用经济合理的直升机机型提供了依据，更具推广应用价值。研制了功能完善的，可以高速放索、收索、制动、降温的轻便灵活的放索系统；通过飞行试验，总结出在不利风况条件下直升机飞行与放索系统操作的协调控制技术。2006年8月1日，西堠门大桥采用轻型直升机（直—9直升机）在国内首次成功地将先导索牵引过海，全过程仅用时23分钟。

钢箱梁电弧喷涂层纳米改性封闭剂

西堠门大桥钢箱梁处在海洋环境中，容易遭受海洋盐雾大气的腐蚀，长效防腐措施研究尤为重要。通过将纳米技术与封闭涂料相结合，成功研制了新型电弧喷涂层纳米改性环氧封闭剂。

跨海悬索桥结构监测系统

为攻克跨海桥梁监测管理技术中多项行业难题，开展"跨海悬索桥结构监测、巡检管理关键技术研究"，重点研究跨海悬索桥信号智能采集传输监测关键技术和电子化巡检管理关键技术，构建了跨海悬索桥结构监测系统，为大桥全寿命期科学有序的数字化、信息化监控、管理提供了一个技术先进、易于管理的平台，能对大桥的风荷载、车辆荷载、温湿度效应等环境荷载及桥梁的静动力状态结构反应等进行实时监测、分析，使大桥管养者有效了解运营期大桥的结构性使用状态，制定合理的预防性养护决策，以最大限度延长桥梁的使用年限。

金塘大桥建设关键技术创新

斜拉索塔端锚固新技术

金塘大桥首创与国内外传统的几种空间索面斜拉索塔端锚固形式不同的钢锚梁和钢牛腿组合结构，解决了锚固区开裂问题，提高了塔柱的耐久性；钢锚梁和钢牛腿组合在一起，吊重轻，安装方便，施工快捷。

新型墩身湿接头研究

针对传统墩身湿接头混凝土极易开裂的难题，进行了新型湿接头的研究，提出了全新的墩身外包湿接头方案，将湿接头置于预制墩身内部，新型湿接头现浇混凝土仅为原湿接头混凝土的38%，进一步降低了现浇混凝土产生裂缝的风险，有效地保证了结构耐久性；借鉴盾构隧道设计理念，采用止水橡胶防水技术，提高了结构防海水侵蚀能力；系统研究了新型墩身湿接头施工成套技术，并在金塘大桥施工中实施。

预制箱梁蒸汽养护自动化控制技术

研究大体积混凝土预制箱梁自动化蒸汽养护控制技术。采用“大范围多点测量、分段控制”的方法，应用微机全自动控制技术，实行蒸汽养护控制自动化，做到严格、准确、实时地按养护曲线控制温度变化，并控制梁体各点温差不大于 10℃，减少微小裂纹出现，使蒸汽养护工艺精细化并更加成熟、完备、可靠，避免了人工操作的粗糙性，提高了混凝土质量与养护效率。

900 吨轮胎搬运机双机联动移运技术

研制两台 900 吨轮胎式搬运机，通过采用 GPS / RTK 定位技术和无线传输技术，实现两机共同抬吊一片 1575 吨箱梁行走速度和行走方向同步，可以将箱梁搬运至梁场内任何位置或运至出运码头装船，且只需一人操纵，为国内首创的搬运机联合作业形式。该系统实现了任意取梁，机动性好，作业方便，作业效率高，同时使场地布置更为紧凑，极大地提高了箱梁生产效率，满足了金塘大桥建设需要。

架运分离技术安装 60 米预制箱梁

金塘大桥非通航孔桥 60 米箱梁的运输、安装采用“架运分离”模式。箱梁出运和运输过程中不占用起重船，起重船在吊装现场一次抛锚就位就可以安装 2 ～ 3 跨、4 ～ 6 片箱梁，使起重船的起锚、抛锚次数大为减少，提高作业安全度。

船舶科技

1992 年　沥港船厂在 1992 年～ 1993 年间，新建了一座万吨级修船舾装码头，设计中采用了大跨度的轻型结构和桩基的优化设计，既确保了工程质量，又减少了工程造价。1993 年 6 月，省水运工程质量监理站评定为优良工程。

2003 年　舟山港务管理局在小于 500 总吨船舶上运用 PLC 技术、感应头全部采用模拟量感应头报警设定值，以编程形式写入 CPU；采用灵敏度高、操作灵活的 DRT 电控气操式操纵系统，6300 型主机通过在调速器安装软轴控制机构来调控主机的转速；对 BRC 装置进行符合实际的调整和改正，增强安全系统的可靠性，防止误动作，便于紧急情况下船长的抉择。

2005 年　浙江海油污水综合处理公司与北京大学共同实施的“船舶清洗与油污水处理回用新技术研究”列为省重点科技项目，为油污水工业化处理奠定基础。

2006 年　舟山市海晨船务工程有限责任公司的“双吊钩系统的门座起重机”技术获国家实用新型专利证书，该技术采用新型的双吊钩系统后，一台门座起重机能够代替原来亮台的作用。这是海晨船务公司继“船舶支撑下水平板装置”获得国家专利后再次申报专利成功。

2007 年　舟山海峡轮渡公司自行研制的 MANB&W9L 船用柴油机注气涡轮增压系统获得了国家实用新型专利证书，并获舟山市科学技术进步三等奖。该专利技术主要应用于鸭白线的“舟渡 5”轮柴油机中，解决该轮低工况时“冒黑烟”的现象，实用效果较好。同时可降低船用柴油机的油耗，减少废气排放对大气环境的污染。

2008 年　浙江舟山浙海油污水综合处理有限公司承担的浙江省科技计划项目“船舶清洗和油污水处理回用新技术研究”顺利通过专家验收，这标志着该项技术在舟山市取得重大突破。与传统船舶清洗工艺相比，该项技术的应用使原料及工人运行成本降低 40% 以上，运转周期缩短30%以上，且操作安全性大幅度提高。项目开发的一体化船舶油污水处理装置经过运行，外排水质达到排放标准，环境效益和社会效益显著。

浙江海洋学院、浙江欣海船舶设计研究院、中国船舶重工集团公司第702所和舟山东海工程船舶研究院研究的基于快速响应客户需求的船舶异地同步设计开发平台开发项目，获得了舟山市科学技术进步三等奖。

2009年　浙江国际海运职业技术学院参与的浙江沿海中小型港口船舶交通安全和信息管理系统的研究成果，实现对中小型港口及附近船舶、港口设施的安全监控，提高中小型港口码头的利用率和运营效率，为沿海货物运输链的完善提供保障。

2010年12月3日，浙江正和造船有限公司建造的总长222米、载重吨7万吨的散货轮“新东莞1”号乘坐在100只气囊上，朝着大海慢慢移动。短短2分钟，成功驶入海中，顺利下水。

造船行业主要有船坞、气囊、滑动三种下水方式。利用气囊下水技术克服了中小船舶修造能力受制于滑板、滑道等传统工艺的制约，气囊与船体柔性接触，可以更有效保护船体和船体涂层，而且具有成本低、用时短、更低碳环保等优点，是许多场地有限的中小型造船企业采用的下水方式。但由于承重限制，所以只被利用在一些小吨位散货轮下水，也被认为是一种非正规的船舶下水方式。2010年9月，“正和”的一艘“5.7”万吨散货船利用气囊下水，积累了经验。同年，12月3日7万吨级散货轮下水，提高了气囊下水技术的普遍适用性，有利于在更多中小型造船企业中推广。

2010年5月　位于定海盘峙岛的浙江半岛船业有限公司接3.8万吨级自航半潜船订单开始打造，同年10月15日该船顺利入坞。

半潜船也称半潜式母船，是专门从事运输大型海上石油钻井平台、大型舰船、潜艇、龙门吊、预制桥梁构件等超长超重但又无法分割吊运的超大型设备的特种海运船舶，主要分为无动力半潜驳船和自航式半潜运输船两类。世界上第一艘半潜船在上世纪70年代诞生，随后由于其在装运海洋平台、大型和特大型海工装备、集装箱桥吊等方面大显身手，建造数量开始增加。目前全球的半潜船也仅有30多艘，其中近一半的船只控制在欧洲国家手中。我国第一艘自制式半潜船是2002年下水的1.8万吨半潜船“泰安口”，目前国内此类船舶最大吨位为5万吨，是中远航运在广州中船黄埔造船有限公司定造的5万吨半潜船首制船“祥云口”号。

半岛船业打造的船总长195.2米，宽41.5米，主甲板长155.2米，宽41.5米，主甲板面积接近1个标准的足球场面积，续航力1.2万海里，自持力60天，载重吨达到19万吨，举力达3.8万吨，可以举起世界上50%以上海洋平台。半潜船工作时会通过调整船身压载水量，将船身甲板潜入5～30米深的水下，只露出船楼建筑。然后等需要装运的货物、如游艇、潜艇、驳船、钻井平台等拖拽到已经潜入水下的货装甲板上方时，用压缩空气将半潜船身压载水舱的压载水排出船体，使船身连同甲板上的承载货物一起浮出水平。此外，半潜船从设计上采用了自动导航系统，理论上在无人驾驶时也可以接近目标，因而它在危险区域作业时具有独特的作用。

该船钢质、全电焊、流线型船，短艏楼、方形尾部，宽敞作业甲板，电力推进，具有 D-1 级动力定位，由中国船舶工业集团公司第七〇八所设计，计划 2011 年 7 月底出坞，2012 年 1 月底交付。

港航海事科技

2001 年　舟山港务管理局和长春发电设备总厂电站机械研究所，研制开发了“舟山港老塘山二期煤炭专用码头港机设备无线通信连锁装置”，与传统的有线电缆传输信号相比，具有传输信号及时可靠、工作状态稳定、费用低、体积小、维护方便等优点，技术水平在国内处于领先地位。2001 年 4 月在老塘山二期煤炭专用码头安装调试，12 月，通过省交通厅和省航运管理局验收。该装置的应用，可提高输煤效率 10% 左右。

2003 年　舟山航海学校申报的《舟山水上运输发展战略研究的课题》为 2002 年浙江省交通厅科技计划项目，对舟山水上交通运输发展具有指导作用，对舟山水上交通运输业有序、快速发展将起导向作用。

2005 年　舟山海事局建成视频监控点 8 处，基本覆盖辖区内的主要航道、重要锚地、重要水域、客运码头和外轮修造船厂。有效地运用视频监控系统和船位报告，为现场执法提供便利。

2007 年　舟山港务管理局参与河海联运系列船型研究项目，主要研究内容：1、河海联运 300 吨级、500 吨级干货船船型的研究、设计。2、河海联运 300 吨级、500 吨级集装箱船型的研究、设计。为舟山金塘集装箱码头、老塘山三期（临港工业）码头等货物运输提供航行于沿海、杭甬运河及杭嘉湖主要航道的较合理的船型，从水路拓宽港口的腹地。

2008 年　舟山港务管理局定海分局用舟山港码头信息及证书管理系统替代手工台账管理，系统安全可靠，省去了人工报送统计材料的时间和差旅费，可及时掌握码头统计信息，规范证书办理，加快办证速度。

公路科技

2006 年　定海区养护公司在定马公路改坡施工现场使用新型的“太阳能信号灯”，改变以往因工程施工，由人工指挥交通带来的诸多弊端。

2008 年初　定海区公路段与养护公司推广应用新颖补洞材料“沥青冷补料”修补路面坑洞，完成国道、省道和重要县道（329 国道定海段 8 千米、73 省道定西线 10 千米、定马线 12 千米）30 千米的沥青路面坑洞修补。

2009 年初　定海区养护公司在 329 国道、大陆接线及重要县道公路，使用震荡性交通标线设置。其中，县道定马线和南毛线为该区首次采用该新型交通标线的农村公路。

9 月，定海区养护公司在 329 国道舟山段路面大中修工程首次采用纤维碎石封层技术。该技术对于提高路面平整度、抗滑与耐磨性、减少网裂、降低路面透水率有很好的作用。

定海区宏道公司机修站站长俞红斌通过反复研究与试验，自制研发护栏弯板机，并于六月份在两高线防撞护栏安装工程中试用成功，解决了防撞护栏弯道处衔接不顺的问题，防撞护栏弯道显得更加平整、美观。

第二节　科技应用

2006年，舟山船检处对境内客货船舶安装AIS设备。AIS是一种新型的辅助导航设备，能将船舶基本参数和动态参数通过VHF自动、定时播发，在VHF覆盖范围内（20海里）装备AIS设备的船舶，可自动接收。完成AIS安装后，改善了沿海通航条件，保障了沿海船舶的航行安全。

2007年，定海区公路段路政专用车辆全部装上GPS卫星定位系统。提高公路路政巡查效率，全面提升应对公路突发事件的能力。

2008年，境内运输船舶安装海上动态监管系统。系统采用移动技术和卫星技术相结合，实现船舶实时定位、船舶实时通讯、发送固定信息等功能。不仅可完成本港登记注册船舶和到港船舶的实时监控、航行数据采集，掌握确切依据，而且可以实时掌握船舶动态，合理分配港口锚地资源和装卸作业。

2008年，境内出租车建立GPS服务平台，7月1日启用出租车定位、监控叫车服务。入网车辆有定海7家主要出租车运营公司名下计685辆出租车。出租车统一安装深圳三大品牌之一的慧眼通V8车载定位终端，由杭州志远科技有限公司在舟山定点维护，并在杭州成立专门技术研发团队从事开发、维护境内出租车调度监控平台。在市公路局大楼设立出租车调度中心和“8100100”服务热线，负责市民叫车业务。入网出租车监控平台车辆共计699辆，其中通安出租145辆，华亚出租89辆，海众出租80辆，千岛出租99辆，铂林出租92辆，宏立出租68辆，友谊出租126辆。

2009年8月28日，定海航管所对全区500总吨以下运输船舶全部安装了海上GPRS监管系统，对海上作业船舶保持不间断联系和全程监控，预防和减少水上交通安全事故的发生。

2009年，境内城乡公交运营网络建立GPS定位系统，改造传统的城乡公交系统，提高城乡公交营运、管理、组织的信息化水平。提高IC卡电子票证普及率，争取与长三角中心城市联网，实施公交“一卡通”。

第二章　精神文明建设

定海交通的精神文明建设，主要依托在队伍建设、创建活动、综合治理等平台上展开。

第一节　队伍建设

2002年，定海区交通局健全反腐倡廉措施及内外监督机制，出台一系列廉政制度，针对党员干部出台《交通局领导干部廉政自律规定》、针对工程项目建设出台《建设工程廉政合同》，与区检察院结成廉政建设共建单位。翌年，规范系统内人员日常工作行为，制定完善四项制度。制订重大案件集体讨论制度、执法联系单制度、稽查案件上报制度等。制订办事制度及文明用语、工作忌语等。制订公路行政执法人员着装风纪规定及公路行政执法人品6条禁令。制订印章、票据管理制度。聘请行风及党风监督员。

2004年，开展创建“学习型”支部活动。系统内组织各类形式中心学习组8期，党员学习与电化教育48期，党员教育面100%。有10余人完成大专或大学学历课程，30余人通过各类专业和技能培训。吸收新党员3名，转正1名。新招技术专业人才1名。是年，制定《领导班子集体党风廉政建设责任制》、《领导班子成员党风廉政建设责任制》、《廉政保障工程责任制》。翌年1月始，开展为期6个月的先进性教育活动，集中学习时间50小时以上，参学率98%以上。年内与区检察院联合出台《关于加强工程项目廉政建设的若干规定》、《关于在区交通局进一步深化联合开展廉政建设工作的意见》。9月成立定海区交通局纪检监察室。

2006年，系统内高级工以上技术人员占持证人员比例达到94.3%。向社会各界招收具有大专以上文凭的行政执法、工程建设、道路运输管理及文秘工作人员11名。翌年，针对廉政建设重点环节督察及重点岗位工作人员廉政教育开展“双强双树”（“强廉政树正气、强作风树形象”）主题教育活动。交通队伍中，高级工以上技术人员比例达到96%。向社会公开招收大专以上学历工作人员4人。翌8年，开展为期3个月以“创廉政交通、树行业新风”为主题的重点岗位人员廉政教育活动。5月份，出台中层后备干部民主推荐及管理办法，在系统正式干部职工中选拔出11名优秀人才，作为机关中层干部和局属各单位班子成员后备干部。全年向社会各界招收交通工程管理、运输管理、文秘、财务等专业人员7人。全系统参加在职学历继续教育8人，参加专业技术职务、技术等级培训93人次，组织选送和自培工程管理、执法、财务、统计、档案、安全、路政、信息化等培训183人次。通过在职继续教育和培训，区交通局及局属单位工作人员中，本科学历40人、专科学历78人，分别占职工总数的22.4%和43.6%。具有高级职称任职资格的4人，中级25人、初级53人，分别占职工总数的2.2%，14%和29.6%。其中高级职称新增3人。至2008年末，系统内有技师技术等级的12人、高级工人35人，中级工1人，分别占职工总数的7%、19.6%和1%。系统内高级工以上技术工人占持证人员98%。

2009年，研究制订《定海区交通局系统建立健全惩治和预防腐败体系2008—2012年实施意见》、出台《定海区交通局班子成员跟踪督办重点工程项目活动方案》。开展为期三个月的以“争做勤廉表率、对接大桥时代”为主题，以上好一堂教育课、搞好一次警示教育、召开一次意见建议征求会、组织一次述职述廉述学报告会“六个一”活动为主要形式的廉政教育活动。同时，出台《干部多岗位实践锻炼活动方案》，以“上挂下派”和“横向交流（挂职）”形式挑选优秀人才进行为期3月至1年的跨部门、跨岗位锻炼。首批挑选出13人。9名年轻干部参与区委组织的“80”后副科级后备干部选拔，1名进入后备干部序列。招收紧缺人才8人。

2009年全系统参加在职学历继续教育9人，参加专业技术职务、技术等级培训85人次，组织选送和自培工程管理、信息化等培训130人次。至年末，定海区交通局机关及局管局属各单位工作人员中，本科学历56人、专科学历65人，分别占职工总数的31.1%和36.1%。具有高级职称任职资格的4人，中级31人、初级53人，分别占职工总数的2.2%，17.2%和29.4%。同时，又有4人参加高级专业技术职称任职资格和高级技师的评审。年末，有技师9人、高级工34人，分别占职工总数的5%，18.9%，高级工以上技术工作占持证人员比率达到100%。

第二节 创建工作

2002年，定海区交通局机关、区公路段、区公路运输管理所三家单位被区人民政府表彰为2001年～2002年文明单位。

2003年～2005年连续三年开展“信用交通年、信用交通提高年、信用交通深化年”系列信用交通活动，以“诚实立身、信誉立业”为准则，以加强基层窗口、客货运站场、文明航线建设等基础性工作为重点，以建立文明创建长效机制为落脚点，通过活动，提升一线岗位人员的服务素质，营造良好的交通环境，提高社会各界对定海交通的满意度。运管所办证中心被表彰为2003年～2004年度定海区巾帼文明示范岗。

2005年，在“窗口”行业和执法部门开展以“争一流，创品牌”为主题的文明行业创建活动。定海区交通局机关、公路段、运管所继续保持2003年～2004年度区级文明单位称号。翌年10月，成功创建定海至金塘小李岙市级文明航线，并被省交通厅命名为水路二星级客运站。是为定海区水上客运服务单位唯一的星级单位。执法大队、金道公司表彰为区级文明单位。2006年11月，定海运管所被省运管局评定为“五心级”服务示范窗口，被市交通委表彰为“十五”交通行业文明创建先进集体。2007年1月26日，该区运管所办证中心被表彰为舟山市巾帼文明示范岗，郑国英表彰为舟山市巾帼文明示范员。公路段陈永和运管所吕冬被市交通委表彰为“十五”交通行业文明创建先进个人。

2007年11月，定海区交通局机关通过市级文明单位创建考核验收。公路段完成329国道文明公路创建。翌年，以“迎大桥经济，创行业新风，塑窗口形象”主题创建活动为契机，开展“六创六争”主题创建活动。区交通局机关各科室，下属单位领导班子、股室、站、窗口，全体干部职工，凝心聚力、创工作亮点、创团队协作、创群众满意、创求知好学、创优异成绩，争做爱岗敬业的交通人、争做突出贡献的作为人、争做坚持原则的公正人、争做服务优质的热心人、争做遵纪守法的带头人、争做开拓创新的示范人。考评产生“六创六争”先进集体5家、先进个人9名。同时鼓励出租车司机踊跃参与各类岗位“文明标兵”评选活动，定海区16名司机参加活动，其中王养球、乐秀军2人被表彰为全市交通行业“文明标兵”。

2009年，升华“六创六争”主题创建活动内容，以“创凝心聚力，创工作亮点，创团队协作，创群众满意，创勤俭节约，创优异成绩，争做爱岗敬业的交通人、争做求知好学的知识人、争做坚持原则的公正人、争做服务优质的热心人、争做提速增效的带头人、争做开拓创新的示范人”。考评产生“六创六争”先进集体 7 家、个人 21 名。定海区公路运输管理所被省交通厅表彰为交通运输系统“群众满意基层站所”创建工作先进单位。定海区公路段路政股、运管所黄海舟分别被表彰为舟山市交通系统“满意服务在窗口”竞赛优胜单位和优胜个人。

2010 年，定海区交通局深化“六创六争”活动，积极参与创建国家卫生城市，省级文明区。9 月 20 日，以全国第八个公民道德宣传日为契机，组织辖区内各驾校、出租车公司、维修企业、干部职工代表 150 余人开展“公民道德宣传日定海交通系统签名”活动，提高干部职工爱岗敬业、服务奉献意识。

第三节　综合治理

2002 年度至 2005 年度定海区交通局机关获舟山市交通委授予的“舟山市治安安全单位”称号。

2008 年 4 月，定海区交通局机关获中共舟山市定海区解放街道工作委员会、定海区人民政府解放街道办事处授予的“2007 年度社会治安综合治理工作先进集体”荣誉称号。是年，定海区交通局为做好奥运安保工作，成立以局长为组长的定海区交通局反恐怖工作领导小组，制订了《定海区交通局处置恐怖袭击事件应急预案》。水上客运企业舟山市海晶海运有限公司经营的沥港客运站、金塘水上客运中心大浦口客运站和辖区内二级以上陆上客运站定海创新客运站、定海汽车南站相继购置安全检验仪器用于安全检查。

2009 年 3 月，定海区交通局被市、区两级表彰为“2008 年度市区两级治安安全单位”，获定海区解放街道党工委、定海区人民政府解放街道办事处授予的“2008 年度社会治安综合治理工作先进集体”荣誉称号，定海区交通局属下单位—区公路段获授“区级治安安全单位”称号。同年，成立定海区交通局行业维稳工作领导小组。局党组书记、局长任组长，党组副书记、副局长任副组长，下设办公室，由副局长兼任办公室主任，具体工作部门分设在局运安科、运管所。

2010 年，上海世博会期间，成立领导小组，督查管理入沪车辆、行业稳定、规范服务三方面工作，顺利完成“世博”安保任务。

第八篇　交通管理

主要叙述1989年后，舟山市定海区交通管理的机构沿革、管理范围、管理职责、管理手段，行业协会及定海境内海上管理、公路、道路运输管理、口岸管理、交通战备、人武部的管理职责。

第一章　行政管理

1989年后，定海交通管理机构的设置和体制，随着市、区两级人民政府机构设置、理顺关系。1993年3月，市交通、航管分设，定海区航运管理所航运业务隶属舟山市航运管理处，政治隶属定海区交通管理局。1994年～1997年市、区两级政府及市、区交通管理机构合署办公，定海交通管理局及所属企事业单位成建制并入市交通委员会。合署期间，舟山市交通委员会内设综合科（定海工作科），由综合科（定海工作科）承担定海区交通管理局工程规划建设等管理职能。1997年1月14日，舟山市交通委员会为理顺航运管理体制，将定海区航运管理所委托舟山市航运管理处管理。2001年，中央到地方海事实行垂直管理体制，4月1日，定海海事处在舟山港务监督定海监督站的基础上组建成立。8月，市、区两级政府及交通管理机构结束合署，实行分设，恢复定海区交通局建置。11月，定海区公路运输管理所、定海区公路段下放定海区，隶属定海区交通局。

第一节　行政管理机构

舟山市定海区交通管理局　1987年3月，撤销浙江省舟山地区行政公署，设立舟山市，实行市管县体制。浙江省定海县交通管理局更名舟山市定海区交通管理局。

定海区交通管理局是定海区人民政府主管全区交通运输的行政职能部门，是区人民政府组成部门序列之一。1994年，局内设机构有行政办公室、劳动人事股、运输管理股、计划财务股、县乡道路股、企业管理办公室6个，在册职工35人，局长杨孝勉。局属事业单位6个：定海区公路运输管理所（稽征所）、定海区县乡公路管理站、定海区交通工程设计室（与浙江省交通设计院舟山设计处二块牌子一套班子）、定海区小岭隧道管理所、定海区乡镇船舶管理所、定海区航管所。局属企业单位4个：定海区汽车运输公司（国有）、定海汽车客运旅游服务公司（国有）、定海区航运公司（集体）、定海区岑港外海运输站（集体）。

1994年7月市、区两级政府机关和市、区两级交通管理机构合署办公，定海区交通管理局成建制并入市交通委。从理顺关系，精简机构，提高效率出发，市机构编制委员会核准，舟山市交通委员会调整定海区交通管理局直属企事业单位隶属关系。调整后的事业单位：

定海区公路运输管理所（运管所、稽征所）　成建制划归市公路管理局管理，为市公路管理局下属单位，仍负责定海区域内公路运输管理和稽征工作。公管所下属6个公管站（运管站、稽征站）职能不变。规费征收和缴交仍按原规定原渠道办理，原上缴区交通局的改为上缴市交委。

定海区县乡公路管理站　撤销。其承担职能和乡镇道路养护任务转由定海公路段承担。

定海区交通工程设计室、浙江省交通设计院舟山设计处　承担职能和任务不变，隶属市交委领导。

定海区小岭隧道管理所　撤销。成立舟山市晓峰岭隧道管理站（副科级），后改名舟山市隧道管理所（副科级），下辖定海晓峰岭隧道管理站和定海小岭隧道管理站。隶属市公路管理局。舟山市隧道管理所与定海晓峰岭隧道管理站合署办公，两块牌子，一套班子。撤销定海区小岭隧道管理所。

定海区乡镇船舶管理所　纳入市交委渡口办管理。

定海区航管所　转隶市交通委。

调整后的企业单位：定海区汽车运输公司（国有）、定海汽车客运旅游服务公司（国有）并入舟山市汽车运输公司（交通饭店委直管），定海区航运公司（集体）、定海区岑港外海运输站（集体）为市交通委员会直属企业。

合署后为防止削弱定海区交通运输业的领导，1996年6月19日，舟山市人民政府办公室印发《舟山市交通委员会职能配置、内设机构和人员配制的方案》，批复同意市交通委增加设立综合科（定海工作科），科长闻波。职责是负责定海区交通生产建设管理，加强与定海区政府及乡镇政府联系，做好交通生产建设方面的行业指导和协调工作。负责制订定海区交通发展规划和计划，并与舟山市交通发展总体规划相衔接。负责协调交通建设、计划管理、科室有关定海县乡道路工程建设项目的请示事项。督促定海区航管所加强定海区域内乡镇渡口、乡镇船舶安全管理。

舟山市定海区交通局　2001年8月，根据《中共舟山市委、舟山市人民政府关于舟山市定海区管理体制调整、机构改革方案的通知》、《中共舟山市委、舟山市人民政府关于市与定海区事权划分的意见》，组建。局长闻波。10月8日，舟山市定海区人民政府办公室《关于印发＜舟山市定海区交通局职能配置、内设机构和人员编制方案＞的通知》，核定区交通局行政编制13名（含后勤服务人员和离退休干部工作人员编制），领导职数3个。局机关组成人员以合署前舟山市定海区交通管理局人员为主（从市交通委划转）。内设机构5个：办公室、计划财务科、工程建设科、运输管理安全科、交通战备办公室。

工作职责：

一、贯彻上级关于交通工作的方针、政策、法令、法规，根据市、区的总体布局，编制定海区交通行业发展规划，拟定交通行业地方性行政规章，并监督执行。

二、负责定海区县、乡公路、农村道路网络、乡镇渡口、码头等交通基础设施的建设、养护和管理。

三、负责定海区公路路政和交通安全生产管理、指导、协调，督促各乡镇政府管好乡镇渡口、码头、岛际交通、民间运输的安全生产管理。

四、负责全区公路运输的行业管理和运输组织管理，调控关系国计民生的重点物资运输、紧急物资运输。

五、负责定海区车辆维修、车辆运输服务等交通从业人员的行业管理。

六、指导交通企业管理，负责局属单位国有资产管理和保值增值监督，负责定海区运输服务企业的开业审核、审批和定海区内公路班线的审批和协调。

七、负责定海区各项交通规费的稽征和使用管理，审计监督。

八、指导定海区交通行业的精神文明建设和职工队伍建设，组织指导交通行业的职工教育、人才培训、交流和劳动工资工作；按干部管理权限，负责局管干部的考察、培养和选拔。

九、负责交通战备办公室的日常工作，协助配合有关部门管理车船、港口（码头）的治安保卫工作。

十、承办区政府交办的其他事项。

2002 年 9 月 2 日，区机构编制委员会核准增设局领导职数 1 名（总工程师）。2005 年 9 月增设纪检监察室。翌年 12 月，为进一步加强定海区公路行政执法，定海区机构编制委员会批准增设“舟山市定海区公路行政执法大队”，为局属事业单位，正股级，人员内部调剂解决。后更名“舟山市定海区交通行政执法大队”。2007 年 8 月，体制调整，保留交通行政执法大队牌子，人员回原部门。

2007 年 4 月 6 日，区机构编制委员会《关于进一步明确区属有关单位（部门）行政领导职数的通知》，核定区交通局领导职数 5 个，1 正 3 副 1 总工。

2009 年 3 月 5 日，局机关调整部分职能科室，增设行政事务管理科和规划计划科，监察室改称人事教育监察科，计划财务科改称财务审计科，工程科改称建设管理科。

2010 年，局内设机构有：办公室、行政事务管理科、规划计划科、建设管理科、运输安全科、财务审计科、人事教育监察科、海陆运管理服务科、交通战备办公室 9 个。

局属事业单位 6 个：定海区交通建设事务中心、定海区公路段、定海区公路运输管理所、定海区公路稽征所、舟山市定海区交通行政执法大队、定海区交通局金塘分局。企业单位 3 个：定海区康道交通发展有限公司、舟山市宏道公路养护工程有限公司、舟山市金道公路建设有限公司。

舟山市定海区交通运输局　2011 年 5 月 9 日，中共舟山市定海区委，舟山市定海区人民政府《关于印发＜舟山市定海区人民政府机构改革方案＞的通知》，舟山市定海区交通局更名舟山市定海区交通运输局。12月16日，舟山市定海区人民政府办公室《关于印发定海区交通运输局主要职责内设机构和人员编制规定的通知》，重新核定舟山市定海区交通运输局工作职责、内设机构和人员编制。内设机构：办公室、人事教育监察科、运输安全科（行政审批科）、财务审计科、规划计划科、建设管理科、运输管理服务科、交通战备科（人武部）8个，行政编制13名，其中局长1名，副局长3名，总工程师1名。

署定海解放西路156号。

定海区交通运输局工作职责调整方案

一、取消公路养路费、公路运输管理费、公路客货运附加费等三项交通规费的稽征管理职责。

二、划转水路货运行业管理和安全管理职责到舟山市港航管理局定海分局。

三、加强综合交通运输的规划、协调职责，优化布局，提高组合效应，促进道路、水路等各种交通运输方式的科学衔接，切实形成便捷、通畅、高效、安全的综合运输体系。

四、加强统筹区域和城乡交通运输协调发展职责，加快推进区域和城乡交通运输一体化，促进城乡公共交通服务均等化。

五、增加由区级交通主管部门主管的交通建设工程质量、安全监督管理等职能。

定海区交通运输局职责

一、贯彻执行上级有关公路和水路客运、陆岛码头等交通运输行业的发展法律、法规、规章、政策；编制定海全区公路和水路客运、陆岛码头等交通运输行业发展规划和年度计划并组织实施；承担涉及综合交通运输体系的规划协调工作；制定交通行业地方规范性文件，并组织实施。参与拟订定海全区物流业发展规划。

二、负责定海全区农村公路路网、乡镇渡口、码头等交通基础设施的规划、建设；负责农村公路的大中修；负责县道管理和养护；负责乡村道路管理和养护的监督管理工作。

三、负责定海全区公路、水路客运行业安全生产和应急管理工作。协调、指导和督促乡镇（街道）渡口及渡船安全管理工作；负责路政、运政管理工作。协调国家重点物资运输和紧急客货运输。

四、负责定海区道路运输监管和水路客运市场的准入、许可。参与协调各种运输方式的综合平衡，引导运输结构的优化；负责道路（货运、区内本岛及通桥岛屿除外客运班线）。水路客运交通运输及相关产业、汽车租赁、搬运装卸、运输服务、机动车检测和维修、机动车驾驶员培训等行业管理，组织制定相关的制度、标准并监督实施；负责出租车日常管理工作。

五、指导公路、水路客运行业的体制改革和交通运输企业管理工作，监督管理局管局属单位的国有资产；负责道路货物运输及相关运输服务企业和水上客运企业的开业审核、审批工作，负责区内水上航线、公路班线（本岛及通桥岛屿除外）的审批和协调工作；指导交通建设融资平台和融资机制建设。

六、指导定海区交通运输信息化建设和交通运输行业科技开发、技术进步，负责相关数据统计和信息发布工作；指导道路运输、水路客运行业环境保护和节能减排工作；指导定海区交通运输行业精神文明建设、队伍建设、文化建设和职业技术教育；按照干部管理权限，负责局管干部的考察、培养和选拔。

七、配合有关部门管理车站、客运码头的治安保卫工作。

八、根据定海区国民经济和社会发展需要，编制海陆运输业发展规划，拟订海陆运输业扶持政策；协助做好海陆运输业招商引资；负责定海行政区域内海陆运输业经营活动的管理；协调指导和督促有关部门及乡镇（街道）对海陆运输业的管理；按照法律、法规的规定建立行业自律机制，为经营者提供生产经营指导和政策、信息咨询服务，维护经营者的合法权益。

九、负责公路、水路建设市场监管。制定公路、水路工程建设相关政策、制度和技术标准并监督实施；负责县道公路工程、农村公路工程、大中修工程、危桥改造和安保工程、水路建设（陆岛交通码头）和其他水运工程质量监督管理和定海行政区域内主管监督项目的公路水运建设工程安全监督管理职责。

十、承办区政府交办的其他事项。

舟山市定海区交通运输局历届领导人及其任职情况表

（1989 年～ 2015 年）

成立时间	机构名称	职务	姓名	任职时间
1980.02	定海县交通管理局	局　长	杨孝勉	1980.02 ～ 1993.04
	定海县交通管理局	副局长	汤岳忠	1984.03 ～ 1994.07
	定海县交通管理局	副局长	洪达均	1986.12 ～ 1989.05
1991.12	舟山市定海区交通管理局	副局长	张益志	1991.12 ～ 1994.07
	舟山市定海区交通管理局	副局长	邱建英	1993.01 ～ 1993.05
	舟山市定海区交通管理局	局　长	邱建英	1993.05 ～ 1994.07
2001.08	舟山市定海区交通局	局　长	闻　波	2001.09 ～ 2005.04
	舟山市定海区交通局	局　长	李　军	2005.04 ～ 2007.12
2011.05	舟山市定海区交通局（交通运输局）	局　长	戎仁文	2007.12 ～ 2013.10
	舟山市定海区交通局	副局长	王汉平	2001.09 ～ 2007.05
	舟山市定海区交通局	副局长	丁善忠	2001.09 ～ 2006.07
	舟山市定海区交通局	副局长	赵志军	2005.05 ～ 2009.02
	舟山市定海区交通局（交通运输局）	副局长	邬勤平	2007.07 ～ 2011.07
	舟山市定海区交通局（交通运输局）	副局长	应仁飞	2008.07 ～ 2015.9
	舟山市定海区交通局（交通运输局）	副局长	傅造娟	2009.07 ～ 2014.01

续表

成立时间	机构名称	职务	姓名	任职时间
	舟山市定海区交通局（交通运输局）	副局长	虞建军	2009.07～2012.12
	舟山市定海区交通运输局	副局长	李鹏飞	2012.02～
	舟山市定海区交通运输局	副局长	刘奋勇	2012.03～
	舟山市定海区交通运输局	局　长	赵志军	2013.10～
	舟山市定海区交通局	总工程师	虞建军	2006.01～2009.07
	舟山市定海区交通运输局	副局长（兼）	虞建军	2014.01～
	舟山市定海区交通局（舟山市交通运输局）	总工程师	李鹏飞	2010.03～2012.02
	舟山市定海区交通运输局	总工程师	黄　燕	2012.02～
	舟山市定海区交通运输局	副局长（挂职）	方龙飞	2014.02～
	舟山市定海区交通运输局	局长助理（挂职）	叶　俊	2014.09～
	舟山市定海区交通运输局	副局长	乐科军	2015.09～

补充资料：1、2001年8月，根据《中共舟山市委、舟山市人民政府关于舟山市定海区管理体制调整、机构改革方案的通知》和《中共舟山市委、舟山市人民政府关于市与定海区事权划分的意见》，组建舟山市定海区交通局。

2、2011年5月，根据《中共舟山市委办公室、舟山市人民政府办公室〈关于印发舟山市定海区人民政府机构改革方案〉的通知》，舟山市定海区交通局更名为舟山市定海区交通运输局。

中共舟山市定海区交通运输局党委党组历届组成人员及其任职情况表

（1989～2015年）

成立时间	组织名称	职务	姓名	任职时间
1984.06	中共定海县交通管理局党组	书　记	杨孝勉	1984.06～1990.10
	中共定海县交通管理局党委	书　记	杨孝勉	1990.10～1993.05
	中共定海区交通管理局党委	副书记	邱建英	1993.01～1993.05
	中共定海区交通管理局党委	书　记	邱建英	1993.06～1994.07
2001.08	中共定海区交通局党组	书　记	闻　波	2001.09～2005.04
	中共定海区交通局党组	副书记	车利康	2001.09～2005.04
	中共定海区交通局党组	党组成员	王汉平	2001.09～2005.04
	中共定海区交通局党组	党组成员	丁善忠	2001.09～2005.04
2005.04	中共定海区交通局党委	书　记	李　军	2005.04～2007.12
	中共定海区交通局党委	副书记	车利康	2005.04～2008.12
	中共定海区交通局党委	党委委员	王汉平	2005.04～2007.05
	中共定海区交通局党委	党委委员	丁善忠	2005.04～2006.06
	中共定海区交通局党委	党委委员	赵志军	2005.05～2009.02

续表

成立时间	组织名称	职务	姓名	任职时间
	中共定海区交通局党委	党委委员	虞建军	2006.01 ～ 2008.12
	中共定海区交通局党委	党委委员	邬勤平	2007.07 ～ 2008.12
	中共定海区交通局党委	党委委员	傅造娟	2007.07 ～ 2008.12
	中共定海区交通局党委	党委书记	戎仁文	2007.12 ～ 2008.12
2008.12	中共定海区交通局党组	党组书记	戎仁文	2008.12 ～ 2011.06
	中共定海区交通运输局党组	党组书记	戎仁文	2011.06 ～ 2013.09
	中共定海区交通局(交通运输局)党组	党组副书记	车利康	2008.12 ～ 2012.11
	中共定海区交通局(交通运输局)党组	党组成员	邬勤平	2008.12 ～ 2011.06
	中共定海区交通局(交通运输局)党组	党组成员	应仁飞	2008.12 ～ 2015.08
	中共定海区交通局(交通运输局)党组	党组成员	傅造娟	2008.12 ～ 2014.01
	中共定海区交通局(交通运输局)党组	党组成员	虞建军	2008.12 ～ 2012.11
	中共定海区交通局(交通运输局)党组	党组成员	李鹏飞	2010.02 ～
2011.06	中共定海区交通运输局党组	党组成员	张成业	2012.03 ～
	中共定海区交通运输局党组	党组成员	黄燕	2012.02 ～
	中共定海区交通运输局党组	党组副书记	周明华	2012.11 ～ 2014.09
	中共定海区交通运输局党组	党组成员	刘璋宏	2013.01 ～
	中共定海区交通运输局党组	党组书记	赵志军	2013.09 ～
	中共定海区交通运输局党组	党组成员	张建伟	2014.01 ～
	中共定海区交通运输局党组	纪检组长	张建伟	2014.01 ～ 2015.08
	中共定海区交通运输局党组	党组副书记	周军波	2014.09 ～
	中共定海区交通运输局党组	党组成员	乐科军	2015.08 ～
	中共定海区交通运输局党组	纪检组长	刘璋宏	2015.08 ～

补充资料：

1、2001 年 9 月 14 日，中共舟山市定海区委批复同意，建立中共舟山市定海区交通局党组。

2、2005 年 4 月 28 日，中共舟山市定海区委批复同意，撤销中共舟山市定海区交通局党组，建立中共舟山市定海区交通局委员会。

3、2008 年 12 月，中共舟山市定海区委批复同意，撤销中共舟山市定海区交通局委员会，建立中共舟山市定海区交通局党组。

4、2011 年 6 月 13 日，根据中共舟山市定海区委《关于调整部分区属单位党组织设置的通知》，撤销中共定海区交通局党组，建立中共舟山市定海区交通运输局党组。

定海区交通局金塘分局　2001年，中共舟山市委、舟山市人民政府作出开发金塘、六横、衢山的战略决策。2005年，市委、市政府继续赋予金塘、六横、衢山三镇县级经济和事务权限。为确保交通管理的各项职能落实到位，发挥交通管理效应，为金塘岛经济和社会发展提供便捷、畅通的服务，2006年12月，经定海区机构编制委员会批准，设立定海区交通局金塘分局，股级，所需人员内部调剂，分局局长赵志军（兼）（2007.01 ～ 2009.02，时任定海区交通局副局长）；分局副局长刘奋勇（2009.03 ～ 2012.04）。

2010年8月19日，定海区机构编制委员会《关于明确区交通局金塘分局职能配置、内设机构和人员编制的批复》，"定海区交通局金塘分局"为定海区交通局派出机构，副科级，内设综合科、运输安全管理科、公路管理（养护）科、行政执法科、核定事业编制6名，其中局长、副局长各1名。

金塘分局工作职责：

1、贯彻执行上级关于交通工作的法律、法规、方针、政策，根据市、区总体布局，编制金塘区域内交通行业发展规划。

2、负责区域内公路路政管理，县道的管理和养护、渡口、码头等交通基础设施管理；负责乡村道路管理和养护的行业管理工作。

3、负责区域内交通运输行业和从业人员的管理以及运输组织管理，调控关系国计民生的重点物资运输、紧急物资运输。

4、负责区域内交通安全生产管理、指导、协调，督促镇政府做好渡口、码头、岛际交通运输安全工作。

5、指导交通企业管理工作，负责分局国有资产管理和保值增值；负责区域内运输服务企业的开业审核、审批工作和区域内公路班线的审批和协调工作。

6、承办区交通局交办的其他事项。

定海区交通局金塘分局地址：定海金塘东风岭下。

第二节　区政府协调议事机构

定海区海运管理办公室　2004年9月，定海区机构编制委员会批准设立舟山市定海区海运管理办公室，科级，区政府非常设直属机构，牌子挂在舟山市定海区交通局。主任：丁善忠（兼）（时任定海区交通局副局长，2004.09.03 ～ 2006.07.17）。其主要职责：是定海区政府服务指导境内海运业的专门机构。负责区域内海运业经营活动的管理，制定海运业扶持政策，为经营者提供政策、信息咨询服务和经营指导，维护经营者合法权益等。发挥行业管理、组织协调、公共服务和提供信息等职能，日常为境内海运企业办证、审批开辟快速通道，提高工作效率，营造有利于海运业经营发展的良好氛围，并及时通报政府发展海运企业的有关扶持政策，协助企业开拓市场，做大做强。指导定海区海运协会开展工作。

2007年上半年，定海海运协会继续在法律保障、转贷融资等方面为境内海运企业提供服务，协会编辑发行《海运信息》，建立海运协会网络，为会员企业提供服务。是年底，会员企业扩大到51家，总运力达到59.7万载重吨，创税收近6000万元。

定海区海陆运输业管理办公室　2007年6月25日，定海区机构编制委员会批复同意设立舟山市定海区海陆运输业管理办公室（挂牌区交通局），核定事业编制5名，撤销“舟山市定海区海运管理办公室”，将舟山市定海区海运管理办公室的职能划入舟山市定海区海陆运输业管理办公室。主要职责为：根据定海区国民经济和社会发展需要，编制海陆运输业发展规划，制定海陆运输业扶持政策；负责定海行政区内海陆运输业经营活动的管理；协调指导和督促有关部门及乡镇（街道）对海陆运输业的管理；按照法律、法规的规定建立行业自律机制，为经营者提供生产经营指导和政策、信息咨询服务，维护经营者的合法权益等。主任：李军（兼）（时任定海区交通局局长，2006.07.17 ～ 2007.12.11），戎仁文（兼）（时任定海区交通局、交通运输局局长，2007.12.11 ～ 2013.10.08），赵志军（兼）（时任定海区交通运输局局长，2013.10.08 ～ 2013.11.01）。副主任邬勤平（兼）（时任定海区交通局运输安全科副科长，2003.12.12 ～ 2005.09.15）；副主任傅造娟（2009.07.13 ～ 2014.01）兼（时任定海区交通局、交通运输局副局长）。

时值全球金融危机，海运市场低迷，态势严峻。海陆运管办，向上争取政策，向下搞好服务，与海运企业共渡难关。贯彻落实区政府2008年～ 2010年先后出台的《舟山市定海区人民政府关于进一步加快海运业发展若干意见》、《舟山市定海区人民政府关于支持海运企业应对金融危机保持稳定发展的若干意见》、《定海区人民政府转发市人民政府关于进一步促进航运业发展的实施意见的通知》，海运企业从2003年的24家、291艘船舶、36.8万载重吨，发展到2010年54家、442艘船舶、106万载重吨，定海境内海运业逆势上扬，稳步持续发展。

2008年12月3日前落户定海区的集装箱车辆，区政府确定由交通部门根据车辆实际缴费月数按原政策标准予以兑现车辆落户补助款等优惠政策，海陆运管办认真核实，补助款尽快发放到企业。2009年，海陆运管办会同定海区集装箱协会与定海区财政局协商，确定浙江舟山中集国际集装箱货运有限公司、浙江舟山恒翔国际集装箱运输代理有限公司、舟山市东业集装箱运输有限公司、浙江舟山东运物流有限公司、浙江鸿扬集装箱运输有限公司、舟山汇鑫物流有限公司为定海区道路货运重点联系企业，财政上予以倾斜，使企业做大做强。2010年，海陆运管办会同定海区集装箱运输协会协调沟通各方，完善海关承运监管货物登记簿年检制度。4月，需要检测的车辆累计到一定数量可向海关提出检测要求，由海关安排时间上门检测，改变企业挨个到海关检测的例行做法。至2010年末，境内注册集装箱企业发展到89家，1280辆集装箱车辆，总载重量38000余吨，入库税收38000万元，改变了以往境内陆港物流市场档次低，经营分散，物流企业资质水平参差不齐状况，推进现代物流业发展。

2013年11月1日，中共舟山市定海区委、区人民政府办公室行文撤销定海区海陆运输业管理办公室，职能划入区交通运输局。

第三节　区政府非常设机构

定海区渡口安全管理办公室　1987年8月13日，省人民政府颁布《浙江省渡口安全管理规定（试行）》，10月，成立定海区渡口安全管理办公室，隶属区人民政府，牌子挂在区交通管理局，是区政府负责定海全区渡口安全管理的职能机构。其职责是：一、宣传贯彻有关渡口安全管理的法律、法规、规章；二、监督检查渡口经营者落实渡运安全责任制情况；三、制定渡口安全管理制度，及时调处渡口安全管理中存在的问题；四、统一规划渡口的更新改造；五、对渡口工作人员进行培训考核和颁发合格证书；六、对渡口和渡运安全实施监督检查。是时，区交通管理局副局长兼任主任，区交通管理局安全股长兼任副主任。

1988年1月，市人民政府《关于贯彻"浙江省渡口安全管理规定"的实施意见》，确定市县（区）渡口安全管理办公室职责分工；各渡口主管部门职责；渡口范围、渡口设置、迁移、撤销审批；渡船更新改造；落实安全责任制；开展渡口安全检查；做好渡口安全指导和协调等。

1994年10月30日，市和区两级行政机构合署办公，定海区渡口安全管理办公室成建制并入市交通委员会（市渡口办），定海境内渡口安全管理工作，由市渡口办直管。2001年8月，根据《中共舟山市委、舟山市人民政府关于舟山市定海区管理体制调整、机构改革方案的通知》、《中共舟山市委、舟山市人民政府关于市与定海区事权划分的意见》，市区机构分设，组建成立舟山市定海区交通局。至2010年，区政府未行文设立或恢复定海区渡口安全管理办公室机构，定海全区渡口日常安全管理工作由区交通局运安科履责。

附：行业协会

定海区海运协会　2005年10月28日，成立定海海运协会，会员单位36家。其中舟山金宇船务发展有限公司、德勤集团、浙江鑫意运输贸易有限公司、舟山永盛海运有限公司、舟山新华船务有限公司、舟山海翔船务有限公司、舟山柏平船舶运输有限公司、舟山永隆海运服务有限公司、定海区海运管理办公室9家为常务理事单位。首届一次理事会选举产生，朱庆兆（舟山金宇船务发展有限公司董事长）为定海区海运协会会长。

区海运协会内设办公室、财务部、法务部、人力资源部、船用物资服务部。协会倡导企业自律、加强信息互通，开展与金融、保险等对接，共同商讨制定应对金融危机救市措施，还筹资组建舟山市首家海运企业转贷基金会，为海运企业担保，在银行到期贷款转贷上提供帮助。当年为落户定海的海运企业提供1000万元转贷资金。同年，由舟山金宇船务发展有限公司等36家海运企业提议，定海海运办、海运协会牵头协调，共同出资在盐仓鸭岑线北侧建造定海海运大厦，区政府列为重点工程，项目建设规模为新建22层大厦2幢，建筑总面积36126平方米，其中附属用房2844平方米，总用地28.43亩，项目总投资1.6亿元，主体大楼于2010年底竣工。

协会发挥自身特点和优势，在政府与海运业间起到桥梁作用。通过政府联席会议机制或其他形式，帮助海运企业解决生产经营中的融资、管理、招商引资等问题，并如实向政府反映基层问题，促使政府出台一系列扶持海运业奖励、税费优惠等扶持政策。2008年区政府出台《舟山市定海区人民政府关于进一步加快海运业发展若干意见》，2009年定海区政府出台《舟山市定海区人民政府关于支持海运企业应对金融危机保持稳定发展的若干意见》，2010年区政府出台《舟山市定海区人民政府转发市人民政府关于进一步促进航运业发展的实施意见的通知》。还在海运企业兼并、上市、融资、担保、更新船舶、船员资源调查、船员中介及代理办证等提供服务。并为会员企业提供法律培训、法律咨询、解决合同纠纷等。

2010年，协会拥有会员企业47家，拥有各类船舶200余艘，总运力达到80万吨。其中德勤集团和金宇船务发展有限公司两家企业运力达到20万吨。

定海区集装箱运输行业协会　2007年12月18日，成立定海区集装箱运输行业协会。是年，由浙江舟山中集国际集装箱货运有限公司牵头，联合浙江舟山茂宇国际集装箱有限公司、舟山长通国际集装箱运输有限公司、舟山金宇物流发展有限公司、舟山友港国际集装箱运输有限公司等发起筹备“舟山市定海集装箱运输行业协会”。同年12月18日，在定海召开“舟山市定海集装箱运输行业协会”第一届第一次会员大会，宣布协会成立，选举产生协会第一届理事，会长、副会长、秘书长。会长：韩海东；副会长：尹月开、王培光（兼秘书长）。会员单位34家，拥有集装箱运输车辆300多辆。

服务企业是协会宗旨之一。协会会员单位多数在宁波等市外经营，按舟山交警部门规定，办理车辆手续（新车上牌、过户、年检、补牌、补证等）须到舟山市交警支队办理。协会与交警沟通后，交警每月两次定期上门检测，方便了业主，提高了效率。

2008年始，协会为应对国内汽油、柴油价格多次涨价，企业经营成本增高，营业利润急剧下滑的趋势，及时与货代协会达成油价运价联动相关协议，让会员单位与相关货代单位协商合理运价，减少成本支出。

2008年，协会通过多次调查，如实向政府反映企业实际情况，促使定海区政府及时出台《关于加快道路运输业发展若干意见》。翌年，协会还与区财政局、国税局、地税局沟通，为企业争取财政扶持和税收减免政策，确定浙江舟山中集国际集装箱货运有限公司、浙江舟山恒翔国际集装箱运输代理有限公司、舟山市东业集装箱运输有限公司、浙江舟山东运物流有限公司、浙江鸿扬集装箱运输有限公司、舟山汇鑫物流有限公司为定海区道路货运重点联系企业。在政府政策的有力扶持下，定海境内集装箱运输企业如虎添翼，呈现强劲发展态势，至2010年，协会会员单位发展到67家，集装箱车辆1124辆，培育了境内现代物流市场，推进境内现代物流业健康发展。

第二章　职能管理

2010年，境内交通水上职能管理机构设有舟山港航管理局定海分局（定海区航运管理所）、舟山市港航管理局金塘分局、舟山海事局定海海事处、定海岙山海事处、定海马岙海事处（筹）。陆上职能管理机构设有定海区公路运输管理所（定海区公路稽征所）、定海区公路管理段、舟山跨海大桥超限运输检测站、舟山市汽车综合性能检测站。

第一节　港航管理机构

舟山港航管理局定海分局、定海区航运管理所　1989年，定海区航运管理所隶属定海区交通管理局管理。同年12月，舟山市水上安全监督处撤销，原定海区航运管理所港监股人员重新回到定海区航运管理所，所内设机构恢复"港监股"。是时，在编干部、职工64人。

1993年3月，市航运管理处从市交通委员会析出，与舟山港务管理局合并实行两块牌子一套班子。是时，定海区航运管理所业务归口舟山市航运管理处管理，政治仍属定海区交通管理局管理。1994年7月到1997年，市区两级机构合署办公，定海区航运管理所转隶市交通委员会。1997年1月14日，舟山市交通委员会为理顺航运管理体制，根据市政府批准的市交通委机构改革三定方案，印发《关于调整定海航管所隶属关系的通知》，定海航运管理所委托舟山市航管处管理。9月，舟山港务监督定海监督站挂牌，对外履行定海水上交通安全管理工作（内称定海区航运管理所港监股）。至2000年9月，定海区航运管理所下设置岙山、沥港、岑港、西码头4个港航管理检查站，形成区、基层站点港航二级管理体系。2002年4月，成立舟山港务管理局定海分局，与舟山市定海区航运管理所两块牌子一套班子。主要职责为：定海区港域范围内的港区规划和港口水域，陆域利用及港口岸线，航道的使用管理；开展港口、航道公用基础设施建设、维护和管理；对定海境内码头实施行业管理，实施定海引航行政管理；集中统一管理辖区内外贸船舶的装卸、驳运作业；检查、督促、指导港口和水路运输企业安全管理；负责水路运输市场准入、经营、退出的管理；港口企业经营性收费进行监督管理。2004年7月22日，舟山港务管理局、舟山市航运管理处联合印发关于调整各航务分局（航管所）内设机构、职能配置的通知，规定定海港务分局（航管所）内设综合办公室、计划财务科、规费稽征科、运输管理科、港政安全科、工程（航道）科、港航检查大队6个职能科室。下辖金塘管理站、三江管理站、岑港管理站3个基层管理站。2010年1月，市机构编制委员会《舟山市港航管理局职能配置、内设机构和人员编制规定》，舟山港务管理局更名舟山市港航管理局，8日授牌。职责是：加强港口发展的战略研究，编制舟山港口发展战略和规划，加大招商引资力度，做大做强航运业。舟山港务管理局定海分局也更名舟山市港航管理局定海分局。同年,舟山港航管理局《关于明确机关各处室及所属事业单位内设机构职能配置和人员编制的通知》,定海分局内设办公室(行政审批科)、计划财务(规费征稽科)、运输管理科、工程(航道)管理科、港政安全管理科、港航执法大队。下辖三江管理站、岑港管理站。在册职工46人。

2009年12月31日,市政府专题会议调整水运管理的职能,市交通委员会负责海上客渡运,市港航局负责海上货运(包括货运服务业)。海上客运安全管理主体为市交通委,海上货运安全管理主体为市港航局。定海、普陀两区的交通与港航有关水运管理的职能,参照市交通委、市港航局的职能分工调整,调整后水运管理的职能自2010年1月1日起执行。

2010年,舟山市港航管理局定海分局机关办公地址:定海卫海路87号海运大楼11楼。局长:陈焱。

舟山市港航管理局金塘分局　2001年,中共舟山市委、市政府作出开发金塘、六横、衢山的战略决策,2005年,赋予三镇县级经济和事务权限。

2009年4月,舟山市港航管理局在金塘设立分局,科级事业单位,主要职责:贯彻执行国家有关港口管理、航运管理、航道管理的法律法规和规章,并负责实施;负责区域内港口规划、水运规划、航道规划的组织实施;负责区域内港口水域、陆域利用及港口岸线、通航水域、航道的使用管理以及港口、航道基础性设施的管理;受局委托监督管理港口、航道建设;核发营运船舶营业运输证;组织实施局制定的全港客货运调度计划;组织实施抢险救灾、军事运输、指令性物资港口作业及运输,在旅客、货物和船舶压港时负责协调和组织疏运;征收港口各项规费,监督管理港口企业经营性收费;港口生产经营和港口机械的安全监督;负责港口水运行业的统计工作;及时汇集港口、水运信息,定期发布分析报告,为港口企业、水路运输企业和各种运输船舶和货主提供咨询服务。分局内设办公室、综合管理科、港航执法大队。金塘分局局长:陈焱(兼)。

舟山市港航管理局金塘分局机关署金塘沥港欣港路87号。

第二节　水上安全监督机构

1989年. 由舟山市水上安全监督处行使境内水上安全监督职责,是年12月撤销。同时,定海区航运管理所内恢复设立港监股,承担定海境内水上安全监督职责。1997年9月,舟山港务监督定海监督站挂牌(定海区航运管理所内港监)。2001年,中央决定海事实行垂直管理体制,定海海事处在舟山港务监督定海监督站基础上组建成立,行使境内水上安全监督职责。

舟山海事局定海海事处　2001年4月1日,成立舟山海事局定海海事处,中华人民共和国舟山海事局派出机构,正科级单位。负责定海境内水上交通安全监督管理,行使《中华人民共和国海上交通安全法》、《中华人民共和国海洋环境保护法》等法律、法规赋予的境内划定的水域,水上安全监督、防止船舶污染和行政执法等管理职能。8月6日挂牌。主要职责:负责定海境域内禁航区、交通管制区、施工作业区、锚地、码头、航道等区域的现场安全监督和通航秩序管理，应急处理水域内有碍通航秩序、影响通航环境的异常情况；负责权限内的船舶查验签证、安全检查、危管防污、船员管理、海事调查等管理工作；配合舟山海事局等职能部门做好水上相关事故的现场初步调查和取证工作；负责助航标志的监督检查，组织指挥港区、码头、船舶的防台工作；负责做好下属船艇及设备的管理工作。

定海海事处内设监管科、执法大队 2 个部门，下设金塘办事处、老塘山办事处，册子、鸭蛋山 2 个办事处合并，对外保留办事处牌子。西码头办事处归属马岙海事处（筹）管辖。2010 年，舟山定海海事处有正式职工 31 人，拥有执法车 6 辆，海巡艇 2 艘。

管辖水域范围：定海南部、老塘山港区，包括大盘峙岛、大猫岛、西蟹峙岛、摘箬山岛、金塘岛、册子岛、富翅岛、外钓岛、里钓岛等各岛屿水域。海域面积 875.2 平方千米，海岸线总长 410 千米，对外公布的公共航道 11 条、锚地 6 个，辖区内共有码头（泊位）188 座（其中危险品码头 20 座，万吨级以上码头 17 座，最大为 30 万吨）。辖区内有修造船厂 45 家，遍布各大岛屿。

2010 年，定海海事处地址：定海宏生大道 18 号。处长：毛文益。副处长：陈轶华、林文生。

定海岙山海事处 1996 年 11 月，中华人民共和国舟山港务监督岙山监督站挂牌成立，同时设置岙山现场船舶调度室，为来港作业船舶和货主提供 24 小时服务。2001 年 8 月，定海岙山海事处挂牌成立，办公地址在岙山岛兴中石油中转基地，为中华人民共和国舟山海事局派出机构，正科级单位，实行垂直管理体制，管辖岙山、松山、长峙等岛屿水域，行使《中华人民共和国海上交通安全法》、《中华人民共和国海洋环境保护法》等法律、法规赋予的辖区水域内的水上安全监督、防止船舶污染和行政执法等管理职能。监管重点是进出岙山石油基地岙山港区的油轮和各类危险品船舶。2010 年末有干部职工 9 人。内设正副处长、法制员、主管监督员、规费稽征员、现场监督员 5 个岗位。职责：

1. 负责辖区水域内禁航区、航道、交通管制区、锚地、安全作业区、施工作业区等区域的现场安全监督和秩序管理。

2. 维护辖区水域内水上游览区、水上体育竞技活动区的现场通航秩序。

3. 监督辖区内引航工作。

4. 监督检查辖区码头、泊位安全状况，监督辖区锚地、航道、调头区、泊位水深情况。

5. 应急处理辖区水域内有碍通航秩序、影响通航环境的异常情况。

6. 现场监督检查辖区内船舶的船员配备、持证、适任、值班等情况。

7. 负责辖区内的国际航行船舶进出口查验和国内航行船舶进出港签证。

8. 负责辖区内国内航行船舶的安全检查，以及船舶防污染设备和证书、文书的检查。

9. 现场监督检查辖区内船舶、设施的航行、停泊和作业情况，处理辖区内船舶、设施的违法行为。

10. 现场监督检查辖区内船舶明火作业、熏蒸作业等需经报备后方可进行的作业。

11. 调查处理辖区内非涉外、一次性死亡 3 人以下（不含 3 人）水上交通事故，配合辖区内所有水上交通事故的现场初步调查和取证工作。

定海马岙海事处（筹） 定海马岙海事处（筹）于 2008 年 1 月 1 日挂牌成立，地址马岙三江。中华人民共和国舟山海事局派出机构，正科级单位，垂直管理。辖区概况：东起普陀螺门，西至定海马目，东西长约44.5千米，南北平均宽11.5千米，总面积511.8平方千米。辖区水域内岛屿17个，其中住人岛屿2个(不包括舟山岛)，辖区涉及两区一县(定海区、普陀区、岱山县)，9个乡镇(定海区岑港镇、小沙镇、马岙镇、干礁镇、白泉镇、北蝉乡、长白乡、岱山县秀山乡、普陀区展茅镇)。行使《中华人民共和国海上交通安全法》、《中华人民共和国海洋环境保护法》等法律、法规赋予的辖区水域内水上安全监督、防止船舶污染和行政执法等管理职能。

2010年末，有干部职工28人。内设一正二副处长、一名助理，及法制员、主管监督员、规费稽征员、现场监督员8个岗位。工作职责同定海岙山海事处。

舟山海事局海巡执法支队　2013年7月，定海马岙海事处(筹)更名"舟山海事局海巡执法支队"。

第三节　公路管理机构

1989年，境内公路管理机构有定海区公路运输管理所、定海区公路稽征所，定海区公路段(隶属舟山市公路段)。1991年8月，定海区公路段更名定海区公路管理段，(隶属舟山市公路管理处)。1994年～1997年，市、区两级政府机构合署办公。间期，境内公路管理职责分别由舟山市公路局、舟山市公路局运输管理所、舟山市公路局规费征收所承担。2001年，市、区两级政府机构重新分设，恢复定海区公路运输管理所、定海区公路稽征所、定海区公路管理段。截至2010年，定海境内陆上交通管理机构有定海区公路运输管理所、定海区公路段、舟山跨海大桥超限运输检测站、舟山市汽车综合性能检测站。

定海区公路运输管理所、定海区公路稽征所　址定海环城南路48号。定海区公路运输管理所隶属定海区交通管理局，1987年9月19日设立。定海区公路稽征所(与定海区公路运输管理所合署办公，两块牌子，一套班子，业务受市公路稽征处与区交通管理局双重领导)，1988年4月设立。

1988年，两所(包括7个站)有干部职工52人。内设行政管理股、财务股、票证股、运输管理股、汽车维修管理股、稽征股、路(查)稽大队6个机构。

1994年10月30日，市区两级机构合署办公。市机构编制委员会《关于调整市与定海区部分事业单位设置的通知》，定海区公路运输管理所(稽征所)归属市公路局领导和管理，统一征收市(定海区)车辆各种规费，同时撤销定海区公路稽征所，成立"舟山市公路管理局规费征收所(副科级)。定海区公路运输管理所更名"舟山市公路管理局运输管理所"。1996年3月，舟山市公路局运输管理所内设办公室、财务票证股、运输管理股、汽车维修管理股、非机动车管理股、稽征股、路稽大队。下属单位有"定海出租车服务中心"、"定海公路运输货物配载信息服务中心"。1997年3月，三轮车管理职能移交公安，非机动车管理股撤销。1999年5月，成立"金塘陆上客运中心"。下辖盐仓、白泉、金塘3个客运管理站。2000年3月，所内股室调整为：办公室、财务票证股、运输管理股、汽车维修管理股、路稽大队、办证中心，下辖盐仓、白泉、金岛客运管理站，同时下属单位定海出租汽车服务中心、定海公路运输货物配载信息服务中心撤销，成立客运中心管理站。

2001 年 9 月，市区两级机构结束合署，分开重设。是年 11 月 13 日，定海区机构编制委员会《关于恢复定海区公路段等机构的通知》，恢复“定海区公路运输管理所”、“定海区公路运输稽征所”，两所合署办公，为全民事业单位，经费自收自支。两所额定职工编制为 52 人和 8 人，股级，隶属定海区交通局。两所内设机构有办公室、财务票证股、运输管理股、汽车维修管理股、路稽大队、稽征股、征费大厅 7 个，下辖客运中心（定海）和盐仓、白泉、金塘 4 个客运管理站。2001 年 10 月至翌年 11 月后，运输管理股一度析为客运管理股、货运管理两股，后又合并为运输管理股。2002 年，机构升格为副科级。2003 年 4 月，调整股室设置，增设办证服务中心。12 月，路稽大队并入舟山市定海区交通行政执法大队，大队下辖白泉、盐仓、金塘 3 个客运管理站，同时 3 个客运管理站分别挂舟山市定海区交通行政执法大队白泉中队、盐仓中队、金塘中队 3 块牌子。2007 年 6 月增设出租汽车管理股，同月设立违章投诉举报处理中心。2008 年 5 月增设安全驾培股。2009 年 1 月 1 日起，按照国务院“费改税”通知，撤销稽征股、征费大厅。

定海区公路运管所工作职责：

1. 依法审批公路客货运输（包括出租车）搬运装卸、车辆维修、运输服务业的开业、歇业、停业申请，统筹安排公路客货运输营运线路及客运站点布局，核发经营许可证。专司管理定海区驾驶培训学校工作。

2. 负责客货运输凭证及票据的印发，管理和监督检查。

3. 负责公路运输管理费的征收和管理。

4. 监管检查公路运输、搬运装卸、汽车维修和运输服务的经营行为和质量。

5. 具体查处违反公路运输管理的违法行为。

6. 法律、法规和规章规定的其他职责。

定海区公路稽征所主要工作职责：

1. 依法征收和管理公路规费，加强各种规费的费源管理、车辆台账管理、停驶车辆牌照管理，各种票证管理等。

2. 依法上路上户检查义务缴费人。

3. 经省级人民政府批准，在必要的公路路口、桥头、隧道口、渡口等地设立征费稽查站、实施规费稽查。

4. 依法查处漏缴、逃缴、拒缴公路规费的违法行为。

5. 法律、法规和规章规定的其他职责。

2010 年，定海区公路运输管理所内设：办公室、财务票证股、运输管理股、汽车维修股、安全驾培股、出租汽车管理股、办证中心、违章投诉举报处理心 8 个科室。下辖盐仓、白泉 2 个客运管理站。定海区机构编制委员会核定编制人员 60 人，副科级事业单位，隶属定海区交通局。所长：刘璋宏。

舟山市定海区公路运输管理局　2013年5月20日，区编办批复同意“舟山市定海区公路运输管理所”更名为“舟山市定海区公路运输管理局”，仍为副科级事业单位。局长刘璋宏，副局长洪学军、余文伟、王海平。

定海区(县)公路管理段　址定海区解放西路164号。1979年11月，成立定海县养路工区，址定海西门，舟山地区公路段一个分支，隶定海县交通管理局。1987年，定海县养路工区更名定海区公路段，隶属舟山市公路段。1990年定海区公路段增挂路政管理队牌子。1991年8月，定海区公路段更名定海区公路管理段，隶属舟山市公路管理处。1994年10月30日，舟山市机构编制委员会撤销定海区县乡公路管理站，其职能和任务由定海区公路管理段承担。2001年11月，根据中共舟山市委办公室、舟山市人民政府办公室《关于部分事业划转定海区管理的通知》，为加强定海区公路建设、管理和保护，“定海区公路管理段”划转定海区。定海区机构编制委员会核定，人员编制120人，股级，全民事业全额拨款单位，隶属定海区交通局。12月，机构升格为副科级。

2002年，根据浙江省交通厅《浙江省公路管理体制与运行机制改革的指导意见》，舟山市交通委员会《关于深化舟山市养护管理体制改革的指导意见》，定海区人民政府《关于同意定海区交通局公路管理体制与运行机制改革实施意见的批复》，成立新的“定海区公路管理段”，隶属定海区交通局。是年10月22日，按照精简、高效、管养分开、事企分开原则，合资组建舟山市宏道公路养护工程有限责任公司，定海区公路管理段出资200万元，定海康道交通发展有限公司出资100万元。与定海区公路段内设的舟山市金道交通工程有限责任公司实行“两块牌子，一套人马”。内设1个综合部，下设临城、白泉、岑港、马岙、金塘5个公路站和1个机修站。养护公路375.109千米(专业养护里程226.795千米，县乡养护里程148.314千米)。

新成立的定海区公路管理段同时挂定海区公路路政管理大队牌子。工作职责是依据《公路法》，受交通主管部门委托，代表国家行使行政管理，履行执法监督职能。具体承担路政执法、养护和建设行业管理职责，不再直接承担公路养护作业等生产性职能。其时，公路管理段人员实行选聘制，应聘人员通过资格审查、群众测评、领导考核、理论考试等关节，并经公示，择优录用33人。段内设一室三股，即办公室、养护工程股、路政管理股(兼挂路政大队牌子)、计划财务股。领导职数配1名段长、1名书记、1名副段长。办公室、养护工程股、计划财务股分别设置主任、股长各1名，路政大队设一正一副两个领导岗位，大队长由段长兼任。路政大队下辖4个中队，即金塘中队、临城中队、白泉中队、岑港中队。各中队设中队长1人。原有专业农工和其他未进入管理岗位的公路管理机构人员一律进入养护公司，保留事业身份，参加企业工资分配，事业工资作为档案工资，并规定以后新进入养护公司的人员均为企业职工性质。

2006年5月，根据《定海区人民政府关于同意定海区交通局进一步完善公路管养及企业内部改革方案的批复》精神，舟山市宏道公路养护工程有限责任公司与舟山市金道交通工程有限公司分开，各自独立经营。

舟山市宏道公路养护工程有限责任公司承担公益性的公路养护职能，专业从事公路养护，下设临城、白泉、岑港、马岙、金塘5个公路站和1个机修站，职工265人，承担定海区境内国道、省道、县乡道、农村公路的小修保养、大中修、公路绿化管理、公路附属设施、标志标线、公路抢险，公路自然灾害抢修、隧道维修等养护管理工作。2007年，公司负责329国道杭朱线、72省道定岑线、73省道定西线等40多条线路的养护工作，小修保养经费投入337.06万元，其中投向固定资产67.87万元。2008年～2009年，随着公路里程和等级的不断提高和交通流量的日趋加大，为提高公路养护质量和道路服务水平，公司积极争取资金，加快机械设备配套步伐，更新老旧养护机具设备，投入一百多万元新增清扫车、路面灌缝机、挖掘机等先进机械设备，全面实现机械化养护，提高公路保畅能力。至2008年，小修保养经费投入612.53万元，其中投向固定资产211.12万元。

舟山市金道交通工程公司按照市场化运作方式，独立经营，以公路路基、路面施工为基础，依托先进施工设备，承接舟山市境区域内省、市部分重点施工任务，奠定企业在海岛公路建设队伍中的位置。同时，随着海岛公路等级的提高，公司原有资质等级不能适应海岛公路建设市场需要，2008年4月取得公路工程施工总承包三级资质。至2010年，在职员工43人，其中工程技术专业人员29人（其中工程师1人，助理工程师23人，技术人员6人），占在职员工总人数的67.44%。

2010年，定海区公路管理段（兼挂路政大队牌子）内设机构有办公室、养护工程股、路政管理股，计划财务股。核定编制33人，在职员工36人，副科级。段长：陈小华。

舟山市定海区公路管理局　2013年5月20日，区编办批复同意“舟山市定海区公路管理段”更名为“舟山市定海区公路管理局”，乃为副科级事业单位。局长张成业，副局长何富军、夏冰、许文华。

舟山跨海大桥超限运输检测站　在双桥镇里溪社区老塘山加油站旁。2009年3月20日，市编委批复同意设立舟山连岛工程跨海大桥超限运输检测站。11月，舟山跨海大桥超限运输检测站与舟山市公路局路政管理支队高速公路大队同时揭牌，实行两块牌子一套班子，并正式运作。副科级监督管理类事业单位，隶属舟山市公路管理局，初核定事业编制20人，是年9月11日，增编20人，有编制40人。有研究生3人，211院校毕业本科生10人。工作职责是：依法查验超限运输通行证，检测车辆外廓尺寸及总载重量、轴载重量等，查处和纠正超限运输违章行为；负责组织超限车辆的货物卸载和保管卸载货物；负责检测站设施、设备的管理和维护等，保障跨海大桥运行安全和畅通。检测站采用一站多点总体设置方案，即在宁波蛟川、定海双桥和金塘分别设超限检测点，在册子岛、富翅岛、里钓岛、岑港互通设路政（超限管理）值勤点。除蛟川检测点外，其余检测点和值勤点的建设管理均由舟山市公路管理局组织实施。内设机构5个（办公室、法制科、一中队、二中队、三中队）。自2009年11月12日大队成立以来先后获省级“群众满意基层站所（服务窗口）”创建工作先进单位、舟山跨海大桥共创共建“平安大桥”先进单位等称号。

舟山市汽车综合性能检测站　在白泉和平(皋泄)顾家。1990年3月7日,国家交通部发布13号令《汽车运输业车辆技术管理规定》。1991年4月23日,国家交通部发布29号令《汽车运输业车辆综合性能检测站管理办法》。1995年2月10日,浙江省交通厅批复"同意建立舟山市汽车综合性能检测(A级)站",同年8月7日,舟山市机构编制委员会批复同意建立"舟山市汽车综合性能检测站",为市公路局所属的全民事业单位(相当副科级),独立核算,自收自支,核定人员编制36人。业务范围:

1. 检测诊断运输车辆技术状况;2. 对汽车维修的维修车辆实施质量监督;3. 接受有关单位委托检测,提供检测结果;4. 推广检测诊断技术,培训检测维修技术人员。

1995年8月28日,检测站成立并运作,址在普陀区浦西开发区。后运营车辆增多,不能满足车辆检测需要。2006年,择址定海区白泉镇和平村建新站。新站按照A级检测站标准建设,总投资1000余万元,占地面积12922.4平方米,建筑面积3061.9平方米。其中检测车间1645.98平方米,办公楼建筑面积1202.2平方米,停车场2000平方米。有职工35人,其中正式工29人(借入1人),合同工5人,临时工1人,退休2人,借出2人。内设综合部、检测部、营业部、调度车间、安检车间、综检车间6个部门。其中综合部8人,检测部3人,营业部6人,调度车间8人,安检车间5人,综检车间5人。工程师3人,技师9人,经济师2人,大专以上学历24人。

2007年10月开始在新址运营,当年检测车辆17863辆。2008年检测23477辆,2009年检测26227辆,2010年检测31075辆。

第三章　海运与安全管理

海上运输管理的目的是规范、有序、高速、有效、安全,安全管理则主要包括渡口安全管理、水上安全管理、水上安全监督等。章末附设"海上事故选录",铭记警示、教训。

第一节　海上运输管理

1989年,定海境内水路运输管理执行《中华人民共和国水路运输管理条例》,审批,核发设立水路运输企业、水路运输服务企业以及水路运输企业以外的单位和个人从事营业性运输许可证。是年,核发32艘运输船舶"三证"。实现确保国家重点物资运输任务完成,加强计划物资运输管理的目标。1990年,社会运力新增指标以1989年度船舶报废出卖吨位为标准,无报废、无出卖,即无新增运力指标,不予更新。新增个体或联户载货吨递增幅度控制在5%以内。因运力控制,定海境内个体船舶无证营运渐多。是年7月,舟山市交通局制定《舟山市水路运输企业(船舶)筹建、开业、新增运力审批办法》,申请筹建水运企业、申请水运企业开业、申请客运（渡运）航线、申请增加运力和变更经营范围，均须经所在地县（区）交通局或授权的航管所审核，同意后，再报市交通局审核批准后方可实施。是年开始，定海区交通管理部门还根据市交通管理部门部署，开展为期 3 年的水运市场治理整顿，个体船舶筹建卖买（过户）开户、发证纳入管理，着力清理无证船舶私自营运、违章、冒险航行及违章搭客等行为。同年，完成专业及社会船舶参加营业性运输的年检归口审验，“两证”换发率（二户船舶）45%。完成清理“私挂公”船舶，会同工商、边防、税务等部门检查、整顿庆丰码头、金塘大浦口、岙山等地的水运市场，在庆丰码头新设航运开票点，维护水运市场秩序。年检查考核水上客运站 11 家，客渡船 21 艘，合格 20 艘，不合格 1 艘。1991 年，完成专业、社会船舶的经营者和经营手续审核，审核面 100%，完成“两证”换发，持证经营水路运输专业和社会船舶 100%，审核个体（联户）经营者资格和经营手续，审核面 86.4%，112 艘船舶办理“两证”换发，换发率 80%。

1992 年起，行政控制运力改由市场需求调节，运价逐步放开。是年，境内新增运力 34 艘，5497 载货吨，其中钢质船 27 艘，4926 载货吨，木质船 7 艘，571 载货吨。新增船舶渐向大型化方向发展。翌年，境内水上运力继续保持增长趋势，新增船舶 49 艘，14596 载货吨，其中钢质 46 艘，木质 3 艘。期间，执行办理船舶报批、年审、发证，从事运输的育龄夫妇须出具计生证。年查验计生证明 334 份，741 人次。1994 年，舟山市统一换发新的《水路运输许可证》和《船舶营业运输证》。境内全年运输企业和个体联户年检年审换发证书 111 本，并执行换发“两证”须出示计生证明。年查验计生证明 281 份，514 人次。同年 10 月，市区两级政府机关合署办公，定海申请新增海上运力，申请单位须填写新增运力申请书、船舶来源有效文件、有关资料、代管协议书、可行性研究报告等，统一由舟山市交通委员会运输科负责办理（须报省、部核准的除外）。

1994 年～ 2001 年市区两级机关合署期间，舟山市交通委员会、舟山市航管处管理定海境内水上运输重点是保障运输船舶安全运行，每年年检年审境内水运企业及个体（联户）营运船舶，严把审批营运船舶买卖关。1995 年审批新造、过户、卖买、挂靠返回船舶 29 艘，6609 载货吨，其中到位船舶 24 艘。1996 年，贯彻执行省交通厅《关于印发〈沿海客运专项整治实施意见〉的通知》、舟山市交通委员会《关于开展水上客运专项整治工作的通知》，定海开展水上专项整治客运秩序，参加现场检查 676 人次，港监艇航查 228 航次，检查各类船舶 372 艘次，发整改通知书 13 份。1997 年，贯彻执行市政府关于开展无证船舶专项整治工作通知，市交通委职能科室会同定海航管所开展整治“三无”（无船名船号、无船舶证书、无船籍港）船舶，水上运输秩序明显好转。1998 年 8 月 17 日，舟山市交通委员会根据市政府通知，在普陀沈家门召开全市无证船舶专项整治现场会，提出《舟山市无证船舶专项整治方案》，工作目标：完成全市无证船舶的检验、登记、营运证和许可证发放、船员培训、考试发证工作和建立完善乡镇政府海上安全生产责任制。整治范围、对象：船主是舟山市居民，无合法证件或证件不全的各类运输船舶；长期从事商业性运输的渔业辅助船舶；异地挂靠的船舶。至 1999 年，定海纳轨 98 艘，举办 2 期无证船员培训班，培训考试船员 255 人，外港籍船舶回归 33 艘，1287 载货吨，清退异地挂靠船舶18艘，5.58万吨。2000年，审验境内29家水运企业，124艘客货营运船舶，(4.7万载重吨，0.48万客位)，年审率100%，年审水运服务企业14家，年审率100%。

2000年，定海区交通局恢复建制，境内管理运输船舶执行《水路运输管理条例》、《中华人民共和国行政许可法》及国家交通部有关管理规定。翌年，国家交通部制定《国内船舶运输经营资质管理规定》、《关于整顿和规范个体运输船舶经营管理的通知》、《老旧运输船舶管理规定》，规范船舶买卖、租赁、营业及资产管理等。批准开业的，发给《水路运输服务许可证》。同时开展国内运输船舶经营资质、水上客运企业和液化危险品货运企业资质、安全管理制度、危险货运等经营条件评估。定海年完成危险货物运输企业复评21家，客渡运船舶评估113艘，2.13万客位。是年开始，在国家交通部统一部署下，全国开展“水上运输安全管理年”活动。

2002年，根据省交通厅《关于全省普通货船运输企业及沿海个体运输船舶经营户专项整治工作的若干意见》，评估定海境内列入评估范围的30家企业及其经营的225艘普通货船，结果16家企业合格，合格率为53.3%。同年，根据部、省、市交通主管部门《关于继续规范和整顿全国航运市场秩序的通知》、《关于贯彻实施〈舟山市小型短距客渡船运输经营资质管理办法〉的通知》、《开展旅游船、高速船运输市场的专项整顿工作的通知》，定海境区内继续规范和整顿客运、液货危险品运输市场，在年审基础上，跟踪检查上述企业经营资质、经营行为、安全管理制度落实情况，落实企业主要管理人员变更报告制度。专项整顿旅游船、高速船运输，主要检查经营企业是否经过合法程序审批，是否具有合法经营资格，经营者的运力规模、管理人员是否符合资质要求，运输船舶船员配备、安全管理制度是否符合国家关规定等。按照交通部通知要求，在2002年7月1日前完成换发所有1万载重吨以上的船舶以及液货危险品船、客船类船舶(含载货汽车滚装船)新版营运证。是年6月18日，定海南洋船舶运输服务中心成立，定海港内97艘无证小船全部纳轨，并结合开展“全市乡镇船舶安全管理年”活动，查实72艘无证船舶。至2003年，其中42艘通过船检审核，办妥纳轨手续，未达到船检规范的，限期整改，整改后仍达不到规范的，不得从事货物运输。

2003年1月1日起，《浙江省水路运输管理条例》实施，定海发放《水条》到每一位船东，每一艘船。按照交通部《国内船舶运输经营资质管理规定》、《关于整顿和规范个体运输船舶经营管理的通知》，严把市场准入关。至年末，完成个体经营船舶企业化改造364艘，13.76万余载重吨。定海区政府在政策上扶持12家水运企业，减少各种费用和税收征收额度。同年继续开展专项整治海上危险化学品安全运输，规范单船经营，实施船舶企业化管理，建立完善船舶营运、安全、船员保险等方面管理台账和船舶档案。

2005年，按照《浙江省水路运输经营资质管理工作规程》、《关于进一步规范〈船舶营业运输证〉申报资料报送的通知》，定海发放省内个体经营货运船舶《水路运输许可证》94本，《船舶营业运输证》266本，注销134艘船舶营运证，核实13家新开业水运企业资质，并实行预警制度。向1家水运企业发出绿色警告通知书，4家给予橙色警告。是年4月初，贯彻执行浙江省港航管理局《关于开展运输船舶委托经营管理专项整治活动的通知》，定海交通局、定海航管所专项整治委托经营管理运输船舶企业，重点督促接受委托经营管理企业落实安全责任制，切实履行船舶、船员安全管理职责。同年定海海运企业、有关乡镇（街道）船管站根据舟山市交通委员会通知，建立健全船舶动态报告等三项制度，围绕创建“平安港航”的目标，专项检查27家水运企业，整治运砂（石）船超载。

2007年，定海航管部门提供市场信息，政策导向，引导海运企业按市场发展趋势发展运力，鼓励做大、做强，走规模化，集约化发展道路。年末，有各类水路运输企业21家，客渡运企业10家，全年新增海上运输企业6家（危险品运输企业3家，普通货船运输企业3家），共有各类营运船舶630艘，1133301载重吨。单船平均1938载重吨，平均船龄10.5年，特种船舶和万吨以上船舶分别占总艘数和总运力19.5%和58.3%。翌年，省委提出“创业富民，创新强省”"总战略，市委提出“两创一促”总要求，定海水上运输管理着力引导水运企业优化运力结构，继续朝“大、特、优”方向发展。年末，78家水上货运企业，运力万吨以上的达到9家，拥有各类水上货运船舶达到574艘，计运力1269080载重吨。其中油船、液化船、化学品船、冷藏船等特种营运船舶运力达到210330载重吨，占总运力16.6%。是年还以企业经营资质管理预警检查为抓手，严格管理。74家水运企业及其所属453艘船舶和60家水运服务企业参加年检年审，8家新开业水运企业核实开业资质，向2家管理人员资质不符合要求、内部管理欠规范水运企业发出红色、黄色预警通知书，向2家内部档案和台账未健全的发出绿色预警通知书。发放省内个体经营货运船舶《水路运输许可证》55本，发放、审核上报《船舶营业运输证》429份。

2009年，围绕“保稳定，促发展”主线，定海境内交通、航管部门认真贯彻省港航管理局《关于开展全省规范水路运输经营资质管理活动的通知》，严把市场准入关、资格管理关和市场退出关。年检年审71家水运企业及所属471艘船舶，核查率100%。向6家因运力资质管理人员配备不符合要求、3家因未有效开展日常管理的发出限期整改通知书，17家未正常开展业务的办理注销手续，核实11家新开业水运企业资质，核准50艘以委托经营方式从事经营活动。对预警检查71家，向其中1家发出红色、6家发出绿色预警通知书。12月31日，市政府召开交通、港航水运管理职能调整专题会议。根据会议精神，定海交通局负责境内海上客渡运，定海港航分局（定海航管所）负责海上货运（包括货运服务业）。海上客运安全管理主体是定海交通局，海上货运安全管理主体是定海港航分局（定海航管所）。职能调整自2010年1月1日起执行。

2010年，应对金融危机给海运业带来的影响，支持和帮助境内海运企业渡过难关，保持海运业健康可持续发展。继2008年、2009年定海区人民政府出台《关于进一步加海运业发展的若干意见》、《关于支持海运企业应对金融危机保持稳定发展的若干意见》，区政府又出台《转发市人民政府关于进一步促进航运业发展的实施意见》，政策扶持下，海运业逆势而上。年新增海运船舶57艘，204910载重吨，其中万吨级船舶7艘，134090载重吨。同时，发放省内个体经营货运船舶《水路运输许可证》20本，发放、审核上报《船舶营业运输证》221份，其中直接发放129份（省内33份，省际96份），审核上报138份。84艘船舶办妥营运证注销手续，审核水路运输经营者资质差错率控制在3%以内。审批、审核程序规范、台账清楚、档案完整。定海航管部门年出动执法检查人员1278人次，检查船舶222艘，开展3次打击无危险品适装资质船舶从事岛际危险品运输专项行动、2次打击水上交通运输违法生产经营行为专项活动，查处行政处罚案件47件，罚款20.89万元。全年抓好重点物资水上运输、上海世博安保水上旅客运输及重大节假日运输。

第二节　渡口安全管理

1987年前，定海境内乡镇渡口安全管理职责不清，出现多家、多头、重复管理，各自为战，“谁也不想管，谁也管不好”局面，渡口安全管理长期处于失控和安全事故多发状态。是年，省人民政府颁发《浙江省渡口安全管理规定（试行）》，10月，定海区人民政府率先在全市二县二区设立“定海区渡口管理办公室”。明确区人民政府渡口办是渡口安全管理职能部门，负责定海全区渡口安全督促、检查、指导、协调工作。牌子挂在定海区交通管理局，具体业务由区交通管理局安全股承办，主任由区交通管理局副局长兼任。在大沙、岑港、小沙、大猫、盘峙、长峙、沥港、大丰、山潭、册子10个乡镇配备11名专职乡（镇）船舶安全管理人员，分别专司所辖乡镇渡口和乡镇船舶安全管理责任。同时制定《定海区乡镇船舶安全管理员职责（草案）》，规定渡口安全管理员在现场（渡口码头）时间每天不少于6小时，特殊情况延时加班，对渡口每年四次进行安全检查。1988年，舟山市人民政府《关于贯彻〈浙江省渡口安全管理规定〉的实施意见》，要求建立市、县（区）人民政府渡口管理机构，界定市、县（区）渡口安全管理办公室、各渡口主管部门、各渡口经营单位或经营者、交通安全监督部门和其他相关部门的职责。同时要求各县（区）有计划、有组织清理和整顿辖区渡口。按照市政府“谁经营、谁管理、谁负责”、“建立机构、明确职责、实施整顿”要求，定海有渡口乡（镇）政府先后成立由乡（镇）长挂帅的渡口安全领导小组和工作职责，重点抓好渡口源头管理。在各渡口醒目处设立“渡口安全守则”牌，航管部门严格把牢“验船关”、“签证关”和现场“管理关”，定期组织渡船年检、船员培训、考核，出动港监艇上航道，到渡口现场监督管理，督促经营单位按渡船规范要求，配备通讯、消防、救生等设备，提高渡船安全装备水平。至年末，境内渡口形成了“条块结合，以块为主”、政府领导参与三级渡口安全管理体制和网络。同年，开展渡口清理整顿。按照定渡口、定渡船、定靠泊点、定渡工、定载额、定制度“六定”要求，对境内渡口设置逐个复查。聘请11位技术人员，对渡船原始资料进行技术认证。分三组对全区25艘无资料渡船进行稳性实测和绘图计算，历时5月，耗资1.9万元。并根据技术认证后实际，重新分类划定，建立渡船技术档案，明确渡船主管部门，落实经营单位，确定3个交通渡、20个农村渡、1个专用渡。重新办理企业工商登记、船舶保险、旅客意外伤害险。

1989年12月，经市政府批准，实施《舟山市水上渡船更新改造资金征取办法》，快速推动定海区乡（镇）木质渡航船向钢质化目标发展。

1990年6月9日，副市长陈泰声代表市政府与定海区副区长签订“渡口安全责任书”。

把渡口工作任务、目标要求和责、权、利三者关系分解落实到区政府。同日，舟山市交通委员会与定海区有渡口乡镇政府签订《舟山市县（区）渡口和乡镇安全管理责任书》，签订率100%。随后，区政府与乡镇政府、乡镇政府与渡口经营单位、渡口经营单位与渡船分别签订责任书。并将乡镇船舶管理员配备、使用和待遇写入区政府与乡镇政府签订的《渡口安全责任书》中，明确乡镇船舶管理员按乡镇集体干部定编，乡镇政府管理使用，专职负责所辖乡镇船舶（渡口）安全管理，待遇不低于乡镇一般干部。区政府落实措施，把渡口安全管理作为每年度考核有渡口乡（镇）政府目标管理之一。区渡口办每年两次对乡镇政府责任书执行情况进行考评打分，实行“奖优罚劣”。

1993 年 4 月，为落实乡镇船舶安全管理员经费，成立区乡镇船舶管理服务站，区物价局函复同意，乡镇船舶管理服务站向辖区乡镇船舶经营者收取每月每吨 0.50 元的船舶管理费，用于贴补助本乡镇乡镇船舶安全管理员经费。

1994 年 7 月，市区两级机关合署办公，定海乡镇渡口安全管理职责纳入市渡口办（牌子挂在舟山市交通委员会）。1995 年～ 1996 年，定海境内渡口开展全国性“安全生产周”和“反三违月”活动，参与开展 95′安全年活动和 96′安全竞赛活动。同年 12 月 13 日，舟山市机构编制委员会《关于调整定海乡镇船舶安全管理员体制的批复》，乡镇船舶安全管理员实行“条块结合，以块为主”管理体制，人员编制列入各乡镇事业编制，行政、工资等关系属乡镇，业务接受交通部门指导。至 2000 年，市渡口管理办公室定期召开乡镇渡口季度安全例会，不定期召开定海境内乡镇船舶安全管理员会议和业务培训会议，定海有关乡镇分管领导和乡管员参加。

1996 年，省政府召开全省水上交通安全工作会议，省、市领导同步加大资金和科技投入，目标是三年内基本“消灭”木质客渡船，签订《沿海客渡船更新改造资金补助协议书》。省交通厅一次性补助舟山市交通委员会 1500 万元，作为舟山市二县二区老旧木质客渡船更新改造起动资金。拨付资金从 2001 年起至 2003 年完成，分三年即每年 500 万拨付。舟山市交通委员会加上自筹资金，补助定海境内 11 艘乡镇客渡船 365.86 万元，用于更新改造。三年后，定海境内基本实现乡镇渡船钢质化。1997 年 9 月 4 日，浙江省人民政府颁布《浙江省渡口安全管理办法（88 号省长令）》，10 月 1 日起施行，《浙江省渡口安全管理规定（试行）》同时废止。7 月 8 日至 18 日，舟山市交通委员会安全处（渡口办）要求定海区有渡口乡镇，按照舟山市交通委员会《舟山市各县（区）乡镇渡口安全管理考核办法（试行）》，建立年度考核制度（一年考核两次，半年度 1 次，年终 1 次）。后成为定海乡镇渡口常态化管理制度。同年，执行舟山市物价局《关于立即停止收取乡镇船舶服务费的复函》，经费无着落，各乡镇船舶安全管员队伍不稳。乡镇客渡船安全管理一度失控失管。舟山市交通委员会向市政府反映并专题上报《关于进一步建立健全乡镇交通管理员的报告》，经市政府领导同意批复，舟山全市乡镇船舶安全管理员的报酬采取县、乡镇、市交通委各筹三分之一的办法解决。嗣后，舟山市交通委员会《关于同意补助乡镇船舶安全管理员经费的批复》，规定自 1998 年 6 月份起按时足额补助定海境内乡镇渡口 12 名乡镇船舶安全管理员每人每月 3000 元经费补助，并强调乡镇船舶安全管理员每天现场管理不得少于 4 小时，并作为一年两次（半年度和年终）考核的一项指标。

1997 年 9 月 4 日，浙江省人民政府颁发《浙江省渡口安全管理办法》（88 号省长令），10 月 1 日起施行，《浙江省渡口安全管理规定（试行）》同时废止。翌年，舟山市交通委员会进一步修订完善考核办法，出台《舟山市各县（区）乡镇渡口安全管理考评办法》，规范和促进定海境内渡口安全管理工作。

1999 年，定海境内客滚船公司吸取渤海湾"大舜"号客滚船发生特大海难事件教训，（是年 11 月 24 日，山东航运集团有限公司控股企业—烟大汽车轮渡股份有限公司所属客滚船"大舜"轮，从烟台驶往大连途中在烟台附近海域倾覆，造成 282 人遇难，直接经济损失约 9000 万元的特大海难事故）。举一反三，在交通行政主管部门、海事部门帮助指导下，严格按交通部《海上滚装船舶安全监督管理规定》（1 号令）要求，排查安全隐患，杜绝安全漏洞，以有效运行 NSM 体系为抓手，强化企业主体责任，先后建立健全"船舶车辆系固手册"、"船员手册"、"船长开航声明"等规章制度。同年，省交通厅下达创建文明渡口的通知，舟山市交通委员会结合本地实际，制定《舟山市各县（区）乡镇安全文明渡口考评办法》。翌年，普遍实施。同年，舟山市交通委员会表彰并向省厅推荐定海区长峙乡渡口为 2000 年度全省乡镇安全文明渡口。

2000 年，合署的市区两级政府机构分开，恢复定海区交通局建制，定海境内乡镇渡口安全管理行业职责由定海区交通局履行。2001 年，贯彻执行交通部《老旧运输船舶管理规定》（2001 年第 2 号部令），按规定境内部分正在营运的乡镇客渡船，尤其是"八五"期间或"八五"前期建造或购置的老旧乡镇客渡船将被强制报废。舟山市交通委员会启动 2001 年～ 2003 年老旧乡镇客渡船更新改造计划，长峙渡 6 号、沥鹏渡、盘峙渡 1 号、长白车渡等 6 艘客渡船列入更新，1 艘客渡船列入改造。舟山市交通委员会下达任务同时，与定海区交通局签订 2001 年至 2003 年《舟山市更新改造乡镇客渡船任务责任书》、《舟山市乡镇客渡船更新改造资金补助协议书》。明确补助资金 350 万元，分 3 年即每年 80 万元、190 万元、80 万元到位。定海区交通局自筹配套资金 180 余万元，并在渡船建造现场实施质量监督跟踪。各有关乡镇挑选有资质、重信誉的船厂建造，按期完成更新改造计划。更新改造全部淘汰 30 年船龄老旧钢质渡船和早年遗留下来木质渡船。翌年，区交通局分管领导带领有关科室部门工作人员，38 次深入乡镇渡口码头，实地调查，与 7 个乡镇（街道）签订安全管理责任书，落实渡口安全管理员 12 人，落实水上企业安全主管单位 3 家。同时筹资 233 万元，配合乡镇（街道）更新改造富翅渡、长峙渡 6 号、沥鹏渡、盘峙渡 4 艘乡镇渡船。

2003 年 8 月 25 日，舟山市常务副市长刘爱世主持召开市政府会议，专题研究舟山市乡镇（街通）海上船舶（渔业、海运）安全管理机构设置、安全管理人员经费落实问题，明确舟山市乡镇海上船舶安全管理机构安全管理人员工资，由市、县（区）实行定额补助，市政府按确定的乡镇安全管理站人数（92 人）每人每年补助 0.75 万元，计 69 万元，县（区）政府补助不低于此标准。安全管理人员福利、奖金、办公经费由所在乡镇承担。市政府补助经费由市财政局、市交通委、舟山港务管理局各承担 23 万元。2003 年起开始，市交通委、舟山港务管理局承担部分，统一上缴市财政局，由市财政局按实际拨付到各县（区）政府。同时，市政府出台《舟山市人民政府关于建立乡镇（街道）船舶安全管理机构的意见》，界定乡镇船舶安全管理站职责，明确乡镇船舶安全管理员由乡镇人民政府聘用。定海境内设乡镇船舶管理站 15 个（原 10 个），乡镇船舶管理员 24 人（原 12 人）。

2005 年 12 月 27 日，浙江省人民政府颁布《浙江省人民政府关于修改〈浙江省渡口安全管理办法〉的决定》（第 209 号省长令），其中第四条修改为："各级人民政府应当加强对渡口安全管理工作的领导，建立、健全渡口安全责任制，协调有关部门做好渡口安全管理工作。渡口安全管理任务繁重的地区，县级人民政府应当制定渡口突发公共事件应急预案。县级人民政府指定的部门（以下简称渡口安全主管部门）负责本辖区内的渡口安全工作。"并重新界定、明确"渡口安全主管部门安全管理职责"、"乡（镇）渡口安全管理职责"、"海事管理机构、船舶检验机构履行渡口安全管理职责"、"渡工承担安全管理责任"等。

2006 年，为加强境内海上（含渡口）安全管理工作，区交通局、舟山定海海事处、舟山港务管理局定海分局、舟山市定海区公安边防大队建立起境内海上安全管理联席会议制度，定期磋商海上（渡口）安全问题。舟山市人民政府办公室转发市交通委等部门关于舟山市 2006 年～2007 年渡口渡船安全管理专项整治实施方案的通知。整治分组织动员、调查摸底、检查整治、验收整改、总结提高五个阶段。区交通局按照方案要求，突出重点，制定具体实施方案。同年 2 月，长峙岛开发，临城通往长峙岛新城大桥开通，定海惠民桥至长峙王家墩渡口撤销。翌年，区人民政府批复同意《关于定海区渡口设置的方案》，公布盘峙中心渡口码头等 22 个乡镇渡口码头。是年，按照交通部《关于印发渡口安全管理专项整治实施方案的通知》、《浙江省渡口渡船安全管理专项整治验收评估表》、市交通委员会《关于 2006 年～ 2007 年渡口渡船安全管理专项整治实施方案》，市渡口办《渡口渡船安全管理专项整治验收评估扣分细则》，定海境内分五个阶段开展整治。7 月，经全市渡口渡船安全管理专项整治验收评估小组验收评估，验收合格。

2010 年，舟山跨海大桥贯通，金塘至定海、至宁波镇海间水上客渡航线落寂，金塘通往舟山岛、镇海间水上客运历史结束，金塘居民世代靠舟楫相渡的生活成为历史，"建桥撤渡"，曾经为之服务的渡口闲置或移作他用。

第三节　水上安全管理

1989 年后，定海境内水上交通安全管理，贯彻"安全第一，预防为主，标本兼治，综合治理"的方针，围绕"遏制重特大事故发生，把死亡和事故降下来"目标，按照"四不放过"的原则（事故原因未查清不放过；事故责任人未受到处理不放过；事故责任人和周围群众没有受到教育不放过；事故后制订切实可行的整改措施没有落实不放过），结合定海交通安全工作面临的任务、特点和重点，定海区交通局充分发挥行业管理职能，抓好水上安全各项专项整治，建立长效管理机制，落实安全防范各项措施，唱好"四季歌"。截至 2010 年，定海境内水上安全形势持续保持相对稳定态势。

1989年始，定海区交通行政主管部门放眼全国安全生产形势，强化安全意识，绷紧安全生产这根弦。充分运用行业管理手段，根据季节特点和地方实际，组织航管、港监、船检等职能部门开展以客、渡运船为重点的水上安全检查，打击和查处违章非法搭客小船，遏止各类船舶违章行为发生。结合每年开展“安全生产月”、“反‘三违’月”（违章指挥、违章操作、违反劳动纪律）活动，采取安全检查、水上整治等手段和措施，提高海运（含渡口）企业领导安全意识，防微杜渐，关口前移。帮助指导海（客）运企业推行安全管理新机制，建章立制，落实安全生产各项规章制度，完善安全生产责任制。

1990年6月9日，舟山市乡镇船舶整顿工作会议在定海召开，副市长陈泰声与定海区等各县区政府签订“舟山市县（区）渡口和乡镇船舶安全管理责任书”，明确当地乡镇（街道）政府承担所辖乡镇渡口和乡镇船舶安全管理的主体责任。

1996年，定海航管部门根据省交通厅《关于印发〈沿海客运专项整治实施意见〉的通知》、舟山市交通委员会、舟山市航运管理处《关于开展水上客运专项整治工作的通知》，专项整治境内水上客运的企业、经营者以及所有客船、客滚船（包括客渡船）。根据分工，客位超过200客的船舶及其归属企业，由市船检处派员参与县（区）所的整治，区属定海航运公司整治由市负责。翌年，随着渔业资源衰退，大批转产转业渔民看好海运市场，纷纷涌向水运业。同时，海运业复苏，舟山一度出现造船热、买船热。但是由于船主、船员法制意识淡薄，加上水运市场安全管理力量薄弱，法规滞后，出现大量无证船舶非法营运，大批船员无证操作，无证搭客频频出现，水上事故频发。7月10日，市人民政府发出《关于开展无证船舶专项整治工作的通知》，专项整治无证船舶。翌年8月17日，舟山市交通委员会贯彻市府通知，在普陀区沈家门召开全市无证船舶专项整治工作现场会。根据《舟山市无证船舶专项整治方案》，定海航管部门结合地方实际，建立班子、落实人员、制定方案，针对“船主是本市居民，目前无合法证件或证件不全的各类运输船舶；长期从事商业性运输的渔业辅助船舶；异地挂靠的船舶”，开展专项整治。截至1996年，定海境内有无证船舶240艘，其中港内无证小船65艘，无证船员350人。经过两年多的整治，截至1999年，完成纳轨船舶98艘，完成40.83%，港内小船完成64艘，完成98%，组织无证船员培训2期，培训考试船员255人，境内水上安全严峻形势得到缓解。

2000年，国家交通部统一部署，全国开展“水上运输安全管理年”活动。4月19日全市“2000年水上运输安全管理年”活动动员大会在定海举行。市交通委员会制定实施方案，确定境内重点水域航线（鸭白线，三〈西〉高线），重点渡口（金塘、岑港、长峙、长白、盘峙、小沙等），重点船舶是客滚船、乡镇客渡船。活动期间保持高压态势，严防死守，反复进行专项检查、重点检查、专项整治，确保境内水域客运船舶运输安全。翌年，定海区交通局恢复建制，与有渡口乡镇政府签订责任书。责任书“横向到边，纵向到底”。

2002年，区行政主管部门、舟山港务管理局定海分局（定海区航运管理所）贯彻执行交通部《国内船舶运输经营资质管理规定》《关于整顿和规范个体运输船舶经营管理的通知》

《海上滚装船舶安全监督管理规定》和省交通厅《关于全省普通货船运输企业及沿海个体运输船舶经营户专项整治工作的若干意见》，按照市交通委员会的部署，在境内开展运输船舶委托经营管理专项整治活动和客滚船评估。着力整治个体运输船舶（单船）企业化经营5种形式（组建公司、收购入股、光船租赁、委托管理和委托经营管理），规定4月30日前，挂靠经营的危险品运输船舶，须实现企业化改造。6月18日，定海南洋船舶运输服务中心成立，定海港内97艘无证小船全部纳入中心安全管理。翌年，开展“水上运输安全巩固提高年”、“全市乡镇船舶安全管理整治年”和交通部“反三违月”活动。根据省政府《2003年浙江省整顿和规范市场经济秩序重点工作计划》、省、市交通厅（委）《关于水上交通安全专项整治工作实施意见》，开展以规范经营行为，严把市场准入；规范船舶秩序，强化现场监督；提高船员素质，完善管理体系；规范通航秩序，实现有效监管；加强渡口安全管理为主要内容的强化水上交通安全专项整治和安全生产大检查，加强安全生产宣传教育和培训，强化防范机制，实现“四个明显”、“一个确保”，即安全生产意识明显增强，安全规章制度明显完善，安全管理责任明显加强，安全管理水平明显提高。确保水上交通安全形势稳定。是年，定海境内水上交通事故控制在舟山市交通委员会要求的“事故次数20起，死亡人数4人”限定指标内。同时，在上年开展“全市乡镇船舶安全管理整治年”基础上，继续加大专项整治无证船舶力度。查实无证船72艘。42艘通过船检审核，办妥纳轨手续，未达到船检规范的，限期整改，整改后仍达不到规范的，责令自行退出营运。定海航管部门组织专项整治水上危险化学品运输企业，先摸清运输、装卸单位底数，后确定整治重点范围和重点单位，部署、指导并督促企业开展自查自纠，整改事故隐患，加强管理危险化学品水上运输安全。根据省交通厅、省港航管理局、市航管处“关于开展运输船舶委托经营管理专项整治活动的通知”，经过调查摸底、宣传培训、组织实施、总结提高等阶段。专项整治运输船舶委托经营管理，着力加强“四客一危”（客滚船、客渡船、高速船、旅游船和危险品船）及重点水域（定海港水域、鸭白线水域、高三线水域）的监控。

2004年，定海区交通局围绕全国安全生产月，“以人为本，安全第一”，围绕全国交通系统“反三违月”，“以人为本，夯实安全生产基础”活动主题，开展安全生产对口大检查，提高重特大安全事故应急能力。根据市政府办公室《舟山市运石运沙船舶安全专项检查整治实施方案》，整治81艘运石运沙船舶，截至年末，尚有证书不全或在办理有关手续9艘，无证船舶5艘。翌年，按照舟山市交通委员会通知，定海境内海运企业，有关乡镇（街道）船舶管理站建立“船舶动态报告”、“通信联络”、“回港避风”三项制度。区交通行政主管部门组织有关部门人员，检查督促乡镇政府落实乡镇船舶管理站“四落实”（经费、人员、机构、设备），配齐应配未配人员和通导设备（中高频无线电装置、电脑、传真机等）。

2006年，根据舟山市人民政府办公室《关于做好2006年～2007年渡口渡船安全管理专项整治工作的通知》，督促有关乡镇（街道）政府建立完善渡口渡船安全管理责任制，落实安全管理经费、装备，配齐安全管理人员。3月31日，成立定海区海上安全管理联席会议机制。联席会议原则上每季度召开一次，会议主要内容：通报季度工作、海上重大安全隐患及专题研究等。会议召集人为定海区交通局局长，会议成员：舟山定海海事处处长、舟山港务管理局定海分局局长、定海区边防大队大队长。办公室设在区交通局。机制运作后，各成员单位开展海上运输安全专项治理、检查等，无特殊情况缺席，须事先通报联席会议成员单位。

2010 年，按照舟山海事局、舟山市交通委员会、舟山市港航管理局《关于集中开展严厉打击水上交通领域非法违法生产经营行为专项行动的通知》，开展专项“打非”，行动分部署、实施、总结三个阶段，时间从 8 月 25 日至 10 月 31 日。定海区交通局负责检查、打击水上客运企业或客运船舶旅客超载等违法行为，配合打击非客船载客行为，处理违法企业。定海海事处负责现场打击非客船载客、客货超载、未经船舶登记、未经检验、未取得相应证书、未按规定配备适任船员、船员无证上岗、使用伪造船员证书等非法行为。行政处罚违法船舶、船员。定海港航管理分局负责现场检查、打击海运企业或船舶的违法超载、非客船载客行为和未经批准从事海上运输的企业、船舶的违法行为，行政处罚违法企业、船舶。

第四节　水上安全监督

1989 年，定海水上安全监督由中华人民共和国舟山港务监督定海监督站负责实施。具体实施境内外贸船舶进出口联检，办理外国籍船舶进出港口审批手续，监督船舶防台防洪，组织海难救助，办理船舶登记，组织安全检查、查究违章，组织船员培训、考试、发证，审核危险货物装卸运输作业并实施现场监督，审批海域水上水下施工，审批划定禁航区域，发布航行通告，实施重要水域的交通管制。1993 年起，随着岙山石油中转基地等一批大型港口项目陆续建成投产，进出港船舶不断增加，海上安全监督任务日益繁重。1994 年～ 2000 年港口共组织实施外贸船舶进出口联检 11924 艘次；实施各类船舶检查 15921 艘次，查纠各类缺陷 6796 起。2000 年，实施开航前船长声明制度，客船、危险品船在开航前办理出港签证手续时，必须向始发港港监提交“开航前船长声明”，否则，港监部门不办理出港签证手续。2001 年 2 月，定海海事处成立，水上安全监督由定海海事处负责实施。着力完善渡口、乡镇船舶安全管理制度，建立重大事故隐患定期通报制度。10 月 1 日起，实行定海港锚位报告制度，要求 500 吨级以上船舶在定海港野鸭山锚地、西蟹峙锚地、五奎山东南侧锚地、小竹山锚地锚泊前，必须用 VHF16 频道或电话向定海海事处值班室申报锚位，经批准后方可抛锚，并报告抛、起锚时间和实际锚位。与舟山市海峡轮渡公司建立每月 1 次的“安全互通会”制度，发现安全隐患及时通报，确保鸭白线安全畅通。9 月成立现场检查行动小组，检查到港船舶和客货码头。

2002 年，定海海事部门会同有关部门清理定海港内无证运输船舶，落实港内小船安全管理责任，制止查处船舶超载和超安全适航风级等违章行为。海陆联动，查处打击介绍无证搭客“黄牛”组织者和非客船搭客船主违法行为。加强检查重点跟踪船舶力度，建立列入“黑名单”船舶和重点老旧船舶跟踪台账，到港必查，签证未报、到港未查的追究相关人员责任。规定设渡口的乡镇政府，要配备乡镇船舶安全监督员 1 人，在“乡镇政府领导下，负责监督本乡镇辖区内的船舶水上安全”。还以贯彻执行交通部1、2、3号令为契机，指导推进ISM规则国内化进程，督促第一批实施ISM规则的液化气船、散货船、跨省航行载客50客以上船公司建立安全管理体系。年安检船舶275艘次，查出缺陷3409项，纠正2561项。按照NSM规则推进时间表，预审境内船公司实施细则工作，严格老旧船舶把关。定期通报报废船舶，建立报废船舶档案台账，实施强制报废船舶有效跟踪。规范残油污水接收和船舶垃圾接收管理，召开有境内多家相关船公司、船厂和码头业主参加的残油清除作业监督座谈会和船舶垃圾接收管理会议。开展专项整治港内残油污水接收作业期间，查处违法作业船舶6艘，罚款13300元。临时留滞港内的17艘内河非法残油接收船。拟定海上垃圾接收的管理办法，7月20日起，由符合资质要求的舟山中艾物资有限公司实施定海港内船舶垃圾接收和管理。

2003年，定海海事处全面实施质量管理体系。8月1日，在原港船舶锚位报告制度的基础上建立船位报告制度。制订并实施《重大节假日现场监督管理工作预案》，明确重大节假日期间现场监管重点、应急处置、调查处罚等规定。年安检船舶239艘，查出缺陷2546项，复查船舶440艘次，纠正缺陷2103项。进一步明确船舶载运危险货物申报管理有关事宜，根据船舶载运危险货物申报审核权限，重新制定申报程序，严格审批制度。重点抽查液化气船、散装化学品船、老旧船。年受理、审批残油污水接受作业申报477份，现场检查321次；受理、审批装载危险品申报1316份，现场检查827次；受理、审批散装危险品申报572份，现场检查408次。同时，建立海上搜救网络，制定境内海域和油码头二级油污应急预案，建立定海海事处应急值班制度、搜救值班程序，规范健全内部工作程序。年实施海上抢险搜救21次。

2004年，定海海事处改革侧重单船管理模式，与有关单位和公司建立海事安全例会制度，在安全例会上通报现场检查发现的事故隐患，督促相关单位或公司整改，确定整改措施、整改期限。同时，制定《海上巡航稽查指南》、《岙山海事处危险品船舶差别式监督管理指南》、《船舶安全检查工作管理指南》、《行政处罚内部工作指南》等指导操作规范，规范操作程序。完成安装4个客运码头（定海客运码头、鸭蛋山轮渡码头、三江客运码头、岙山油码头）视频监控系统，聘用专人在重点时段进行定时监控。执法大队履行低标准船舶、重点跟踪船舶、黑名单船舶等实施安检职责。安检注重船员实际操作知识的考核。年安检船舶299艘，查出缺陷2930项，复查船舶691艘次，纠正缺陷3450项，留滞船舶2艘次。年内落实社会搜救应急待命船舶5艘，编印应急搜救联系通讯手册，初步建立定海境区海上搜救网络体系。当年，组织应急反应演练2次、实施海上搜救14起，救获142人、船舶12艘次，成功组织防御“云娜”、“鲇鱼”等台风侵袭。

2005年，定海建立客运船舶综合安全监控体系，筹建所有客运船舶信息库。通过风险评估和辨识，实现对所有客运船舶的风险预控。主动安检低标准船舶、重点跟踪船舶、黑名单船舶等。年安检船舶285艘次（其中配合舟山海事局安检22艘次），查出缺陷2166项，复查船舶503艘次，纠正缺陷2259项，留滞船舶6艘。年受理船舶残油（油污水）接收作业申报624艘次，现场检查295次，受理船舶载运危险货物申报4028次，组织非客船专项检查3次，查获非客船载客船舶4艘；流动执法检查非客船载客24次，查获非客船载客船舶8艘；

拆解非客船载客船舶6艘，罚款10500元，移交渔政部门处理1艘。年发生水上险情35起，遇险262人次，成功救助248人次，海上人命救助成功率94.7%。翌年，建立水上动态执法评估机制，提高动态执法的效能；实施《辖区船舶进出港掌控机制》，印发《客渡船安全检查须知》、《客滚船系固绑扎检查指南》，制定《定海海事处应急搜救实施细则》。年实施船舶安检510艘次，查出缺陷4550项，留滞船舶21艘，复查船舶1247艘次，纠正缺陷5574项。年共受理船舶载运危险货物申报4446次，船舶残油（油污水）接收作业申报618艘次，船舶清舱作业申报123艘次。现场检查船舶残油、油污水接收作业142艘次，检查率39%。

2007年，定海海事处完善季度监管工作分析机制，运用数理模块分析，标识辖区危险源，编制闭环监管程序，制定《散装液体危险品船舶监督管理办法》，《清洗舱及油污水作业单位信用评定办法》。年受理审批残油污水接收作业申报907份，其中清洗舱作业申报审批190份，现场监管实施残油污水接收作业184次；受理危险货物进出口申报审批4270艘次，实施现场监管1683次。同时，及时调整、更新海上搜救领导小组联系人员台账，加强与各应急搜救小组成员单位沟通联系，进一步完善海上搜救体系，整合社会搜救力量。首次在舟山海域成功组织船舶碰撞进水、伤员救助、旅客撤离的综合应急演练，配合舟山海事局圆满完成岙山溢油应急演习任务，提升定海海上突发事件应急反应能力。年组织实施海上搜救17艘次，救助船舶15艘，救助遇险人员122人次，海上人命救助成功率100%。翌年，定海海事处强化客运船舶的安全管理，严格执行客运船舶六项监管措施。按照上级局统一部署，组织开展客运船舶安全检查。组织完成定海客船综合安全监控体系风险项目的重新评估，并在此基础上重新制定风险控制计划和措施，修改完善定海海事处客船综合安全监控体系闭环工作程序。同时，加强重大节假日及特殊天气的安全监管，圆满完成元旦、春运、五一、十一等重大节假日、“两会”、清明、“十七大”期间和雾季、冬季大风等季节性恶劣天气的现场监管任务。在防御“韦帕”“罗莎”等强台风过程中，坚持“安全第一、预防为主、防重于抗、有备无患”，立足早预警、早部署、早防范、早落实，突出“四客一危”船舶和重点水域、重点工程船舶、设施的防台，落实防台值班、应急待命、信息上报通报等各项防台措施。

2009年，定海海事处以2009年水上交通运输“安全生产年”活动为主线，健全隐患排查治理长效机制，强化预控预警手段，建立事故多发区、交通密集区、客船航行区、重要通航桥区水域等重点水域、重点时段、季度评估制度。加大查处“四客一危”（即客渡船、客滚船、高速客船、普通客船和装运危险品船）重点船舶力度。是年“四客一危”船舶行政处罚立案58艘，占总立案数58.47%。

2010年，定海海事处针对定海境内客运船舶情况复杂、危险品码头、修造船厂多而散、锚地众多、跨海大桥集中的特点，结合链网工程和网格化管理模式，及时分析评估，建立完善节假日、季节性工作预案，落实安全预控措施，开展“双月平安”、“安全生产月”、客（渡）船节前安全大检查、海上游弋、巡航巡查专项活动，非客船载客专项打击、企业自备船专项检查活动，成功应对雾季、台风季节和冬季大风等季节性恶劣气候，提高监管旅游旺季、节日长假、世博安保等重要时段能力。

附:海损事故选录

2001年,定海境内海域发生海上交通事故13起,其中重大事故2起,沉船2艘,死亡2人,直接经济损失118.86万元。与上年同期相比,事故数下降111%,死亡人数上升100%,经济损失下降9.2%。

“定港机7001”与“定港机7002”碰撞事故　2002年12月29日18时20分,从定海岑港客运码头开往册子的“定港机7001”船(4总吨,主机功率〈以下略写〉17.6千瓦)在定海岑港“牛蹄礁”灯桩附近水域与从富翅开往岑港的“定港机7002”船(总吨未核定、主机功率17.6千瓦)发生碰撞,死亡1人,直接经济损失159000元。事故等级(以下略):大事故。

“浙定39091”与“浙慈818号”船碰撞事故　2003年1月6日上午9时5分,定海区金塘镇个体运输船“浙定39091”船从金塘沥港去镇海途中,船到秤山岛附近海域与“浙慈818号”船相撞,“浙定39091”船沉没,船上3人全部落水,造成1人死亡,2人失踪重大海损事故。

“浙洞机92”触礁事故　2003年10月24日12时零5分,“浙洞机92”船(247总吨、138千瓦)从上海装钢板开往温州,在定海洋螺头触礁。直接经济损失315000元。大事故。

“磊鑫4”触礁事故　2003年11月12日21时40分,“磊鑫4”船(496总吨、202千瓦)从定海盘峙装载750吨石子开往上海,在定海西蟹峙附近水域触礁,失踪2人,直接经济损失约430000元。大事故。

“浙温机28”触礁事故　2003年2月3日,“浙温机28”船(888总吨、552千瓦)从大连装玉米1335吨开往定海,9时46分在定海黄鳝骨礁触礁,直接经济损失161000元。一般事故。

“浙定61163”沉没事故　2003年2月26日,“浙定61163”船(131总吨、136千瓦)从洋小猫装黄沙160吨开往定海,14时在岙山附近水域沉没,直接经济损失180000元。一般事故。

“满洋12”船自沉事故　2004年2月16日2时,浙江省宁波市北仑区大榭乡孚竹村傅勤勇所有的“满洋12”船从宁波装载海沙500吨开往定海册子,在册子正在建造中的原油中转码头东侧水域锚泊时侧翻,船舶沉没、1人死亡,直接经济损失约47万元。大事故。

“浙嵊97219”船触礁事故　2004年3月15日3时,浙江省嵊泗县小洋乡叶国仕所有的“浙嵊97219”船从宁波郭巨海丰宕口装石子470吨驶往嵊泗洋山,在岑港中钓山触礁后进水沉没,直接经济损失约47万元。大事故。

“福星6”船触礁事故　2004年4月7日,“福星6”号船从青岛装载钢材1609吨开往浙江椒江。2004年4月9日18时25分,途经舟山水域火烧门触礁,随后在西岠岛南侧冲滩,并采取了水泵排水等措施,由于冲滩位置选址不当,9日21时30分左右沉没,直接经济损失约295万元。大事故。

“浙定59178”船触礁事故　2004年4月25日4时零6分,浙江省定海区册子乡南村何再定所有的“浙定59178”船从岑港沈龙对宕口装载石子650吨驶往上海,在定海岑港泥灰礁触礁，直接经济损失约19万元。一般事故。

“江甬3”船自沉事故　2004年12月7日3时，宁波市江甬物资中转有限公司所属的“江甬3”船在点灯山采沙水域装载约380吨黄沙前往宁波。3时20分辅机损坏，排水泵无法排除货舱中积水，船体尾部逐渐下沉，海水进入后甲板，漫入舵机舱和机舱。发生险情后，船舶自救改开向大猫岛。4时30分系靠于大猫凯旋门石料厂码头。4时50分左右，船进水加剧，“江甬3”沉没。直接经济损失约19万元。一般事故。

“浙嵊97213”船与“浙临海货0240”船碰撞事故　2004年12月7日18时10分，浙江省嵊泗县洋山镇大井潭弄35号王养定所装的“浙嵊97213”船在定海马目水域与浙江省临海市东洋镇蛇尾村李伯昌所有的“浙临海货0240”船发生碰撞，“浙临海货0240”船沉没，船上2人全部落水后获救，直接经济损失约191300元。一般事故。

“浙岱66090”自沉事故　2004年12月27日零时40分，浙江省岱山县高亭镇南浦村方交龙所有的“浙岱66090”船（57GT/88.2KW，普通货船，载货吨65吨，船长郑宽国），从宁波装运蔬菜、水果、百杂货等货物约50.5吨驶往岱山高亭，途经西堠门北口的菜花山灯桩附近水域遇风浪翻沉，船上共有13人（搭客10人、船员3人），9人获救，1人死亡，3人失踪，直接经济损失约40万元。重大事故。

“宁大1”与“运鸿7”碰撞事故　2005年2月25日16时28分，浙江宁大海运公司所属的“宁大1”（2239总吨，1985千瓦，沥青船，满载，船长徐永利）从宁波大榭装运3200吨左右的沥青开往南京，途经定海五奎山锚地，准备修理锚机，船长操作失当，穿越锚地时与锚泊船温州市乐清吴瑞权所有的“运鸿7”（2239总吨，1985千瓦，油船，空载，船长戎卫明）发生碰撞，“宁大1”右四号货舱破损、少量沥青外溢（大约0.5吨左右）、“运鸿7”艏尖舱破损，直接经济损失18.17万元。小事故。

“金石9”触损事故　2005年2月28日13时28分，黄石市鄂东海运有限责任公司所属“金石9”（3465总吨，2205千瓦，空载，船长袁岳轩）从定海五洲船厂码头出发，开往定海长礁船厂，船长没有熟知海域潮流，未采用安全航速，与盘峙油库码头西侧系缆墩（北纬30°00′078″，东经122°04′451″）触损，盘峙油库码头西侧人行天桥严重弯曲，系缆墩向东倾斜，“金石9”无损失，直接经济损失24.7万元。小事故。

“神州2”触礁事故　2005年4月9日23时零8分，连云港宇航海陆运输有限公司所属的“神州2”（488总吨，218千瓦，货船，满载，船长周永东）在定海樟矿石料厂装运900吨左右的石子开往上海，离开码头时候，船长操作失当，未采取正规瞭望，在泥灰礁触礁，直接经济损失7.4万元。小事故。

“丰贸6”触损事故　2005年6月5日23时45分，上海丰贸航运公司所属的“丰贸6”（3643总吨，2793千瓦，货船，满载，船长方根贤）在老塘山三期码头里档装载5000吨煤炭离泊时候，船长不熟知海域潮流，出现事故苗头后，采取措施不力，与老塘山三期码头引桥发生触碰，导致电缆线路拆断、码头受损，直接经济损失约200万元。一般事故。

“浙定45018”触损事故　2005年6月20日17时12分，定海顺海运输有限公司所属“浙定 45018”（199 总吨，184 千瓦，货船，满载，船长张忠武）在册子岛大马石子宕口装载 400 吨石子，离码头时，主机骤然停车，导致与石子宕口附近的在建码头发生触碰，在建码头受损，直接经济损失约 18.9 万元。一般事故。

“浙岭机 217”触礁事故　2005 年 8 月 2 日 20 时 23 分，温岭市永吉船务有限公司所属的“浙岭机 217”（483 总吨，218 千瓦，货船，满载，船长张云明）行驶在桃夭门水域，避让来船时，因船长不熟知周围海况，操作失当，在小马嘴（北纬 30° 06′ 37″，东经 121° 57′ 10″）触礁，直接经济损失约 40 万元。大事故。

“浙定 39015”与“浙定 39061”碰撞事故　2005 年 8 月 29 日 20 时零 9 分，定海沥运站所属的“浙定 39015”船（196 总吨，184 千瓦）装载石子 320 吨从定海沥港开往上海，途经菰茨航道（北纬 30° 10′ 18″，东经 121° 50′ 40″），与定海沥运站所属的、装有石子 300 吨、从册子大马柱石子厂，开往上海金山的“浙定 39061”船（196 总吨，主机功率 184 千瓦）发生碰撞，“浙定 39061”船右舷舷墙破损，右舷甲板下面变形，直接损失约 8.3 万元。小事故。

“金兆 1”触损事故　2005 年 11 月 3 日 9 时 55 分，“金兆 1”船（2121 总吨，735 千瓦）在盐仓船厂码头离泊时因当班驾驶员不熟知海域，操作失当，与钢铁研究总院舟山海洋腐蚀研究所实验平台（北纬 29° 59′ 45″，东经 122° 02′ 06″）发生触碰，造成钢铁研究总院舟山海洋腐蚀研究所实验平台 8 根横梁断裂，直接经济损失约 8 万元。小事故。

“浙舟渔冷 225”与“舟清 1”碰撞事故　2005 年 11 月 21 日 16 时，舟山市普陀区虾峙镇栅棚村陆启清所有的“浙舟渔冷 225”船（船长 69.50 米，型宽 9.50 米，型深 4.70 米，682 总吨，441 千瓦）装载 70 吨鱿鱼从沈家门开航驶往定海顺昌码头，在舟山燃料公司煤场码头外水域与正从码头解缆开航的舟山市昶晟洗舱有限公司所有的“舟清 1”船（船长 25.10 米，型宽 5.30 米，型深 2.00 米，49 总吨，88.2 千瓦）碰撞，“舟清 1”右舷后货舱破损、少量污油外溢（约 10 千克），直接经济损失 9.3 万元。小事故。

“静涛 86”触礁事故　2005 年 12 月 14 日 14 时 30 分，浙江省洞头县东海船务有限公司所属的“静涛 86”船（341 总吨，218 千瓦，船长 48.50 米，型宽 7.60 米，型深 3.90 米）装载石子 490 吨从岑港开往上海，离码头时在岑港泥灰礁触礁，直接经济损失 9.9 万元。小事故。

“国兴 3”分油机爆裂事故　2006 年 1 月 3 日 6 时 45 分，国兴船舶管理有限公司所属的“国兴 3”（1998 总吨，1305 净吨，1545 千瓦，船舶长 × 型宽 × 型深＝ 79.95 × 13.8 × 7.45 米，干货船），计划从舟山定海西码头开往沈家门马峙锚地，离泊时分油机爆裂，两名船员受伤，直接经济损失约 4.2 万元。小事故。

“宁波海力 803”触损事故　2006 年 2 月 14 日 9 时零 8 分，宁波海力工程发展有限公司所属的“宁波海力 801”（285 总吨，85 净吨，246 千瓦，船舶长 × 型宽 × 型深＝ 33.01 × 9.20 × 4.00 米，拖轮）拖带“宁波海力 801”工程船从乍浦开往定海金塘码头，在沥港水域为避让出港小船，受风、流影响，与码头发生碰撞，直接经济损失约 15 万元。：小事故。

“兴航 18”与“大庆 733”碰撞事故　2006 年 3 月 3 日 18 时 40 分，苍南县兴航海运有限公司所属的“兴航 18”（2239 总吨，1470 千瓦，船舶长 × 型宽 × 型深＝ 85.20 × 14.00 × 7.40

米，油船）在定海岙山装载燃料油3000吨，开往定海五奎山锚地，因潮流影响，船长操作不当，与与五奎山锚地锚泊的舟山浙华石油运输有限公司所属的“大庆733（2549总吨，1654千瓦，船舶长×型宽×型深＝101.50×13.82×6.50米，油船）”碰撞（北纬29°59′20″，东经122°06′11″），“兴航18”右舷第五舱水线以上局部破裂，部分燃料油外溢，“大庆733”艏柱轻微变形，直接经济损失约12万元。小事故。

“东顺8”与“浙定59121”碰撞事故　2006年3月10日10时25分，大冶市水利航运公司所属的“东顺8”（265总吨，218千瓦，船舶长×型宽×型深＝44.60×7.40×3.30米，货船）从上海装载钢材，开往浙江瑞安途中，因雾与从定海开往张家港的舟山市永茂运输有限公司经营的“浙定59121”（182总吨，184千瓦，船舶长×型宽×型深＝38.00×7.00×3.30米，货船）碰撞，造成两船不同程度受损，“东顺8”货舱进水，直接经济损失约18万元。一般事故。

“定港机2032”与“定港机3042”翻沉事故　2006年4月19日10时零2分左右，舟山市定海区戴高定所有的“定港机2032”（9总吨，17.6千瓦，船舶长×型宽×型深＝14×2.8×1.2米，驳运船）与大猫乡梅湾村龚兆毫所有的“定港机3042”（10总吨，17.6千瓦，船舶长×型宽×型深＝13×2.9×1.2米，驳运船）从定海东港浦煤场码头出发，两船分别装载钢材5吨、并靠一起绑带后驶往岙山，途经岙山在附近外长礁水域翻沉，“定港机2032”沉没，“定港机3042”获救，两船所装货物全部沉没，直接经济损失约9.5万元，小事故。

“国盛海”钩断架空电缆事故　2006年4月28日21时40分，舟山市龙辉船务有限公司所属的“国盛海”（498总吨，218千瓦，船舶长×型宽×型深＝52.00×10.80×3.60米，干货船）装载山坡土630吨从定海册子阿四码头开往上海大冶河，起锚时因锚机故障，用吊机吊锚，钩断架设在册子与老虎山之间的架空电缆，直接经济损失约18.7万元。一般事故。

“北仑3”触碰事故　2006年5月27日10时45分，宁波北仑船务有限公司所属的“北仑3”（3998总吨，2238净吨，2795千瓦，船舶长×型宽×型深＝108.50×16.20×8.10米，杂货船）在离老塘山三期码头时，因机舱值班人员操作失误，与老塘山三期码头触碰，码头边沿上的动力光缆及部分电缆损坏，直接经济损失约12万元。小事故。

“浙定42012”沉船事故　2006年6月12日17时20分，舟山市定海区大沙乡渔业村贺德意所有的“浙定42012”（33总吨，110千瓦，船舶长×型宽×型深＝25.00×4.8×2.27米，干货船）从宁波开往舟山，航行至大猫岛西南（北纬29°56′776″，东经122°01′260″）海域附近，因货物发生移位而沉没，造成1名船员失踪，直接经济损失约48万元。大事故。

“舟通1”与“长安73”碰撞事故　2006年6月20日5时50分，舟山通洲船务有限公司所属的“舟通1”（687总吨，385净吨，735千瓦，船舶长×型宽×型深＝64.91×10.00×4.50米，化学品船/油船）从江阴开往广州中山，途中雾航，与浙江省温岭市长安海运有限公司所属的“长安73”（492总吨，276净吨，198.5千瓦，船舶长×型宽×型深＝54.25×8.35×4.20米，货船）在西堠门附近水域（北纬30°02′91″，东经121°55′61″）碰撞，两船受损，直接经济损失约13万元。小事故。

“安达56”沉船事故　2006年7月2日零时10分，舟山市安达船务有限公司所属的“安达56”（496总吨，266净吨，218千瓦，船舶长×型宽×型深＝52.80×8.80×4.15米，供给船）在定海航标站码头加水，值班员擅离岗位，船舶严重超载，系泊时在航标站码头前沿沉没，直接经济损失约42万元。大事故。

“浙临机285”与“远大118”碰撞事故　2006年7月29日20时19分，临海市海河船务有限公司所属的“浙临机285”（92总吨，88千瓦，船舶长×型宽×型深＝35.89×4.30×2.60米，普通货船）从上海奉贤装载白水泥220吨开往浙江黄岩，途经舟山半洋礁附近水域（北纬29°59′27″，东经121°58′34″），与从野鸭山锚地开往宁波北仑的江苏兴航船务有限公司所属的“远大118”（2990总吨，1214千瓦，船舶长×型宽×型深＝96.80×14.80×7.27米，散货船）碰撞，“浙临机285”船首左舷舷墙部分损坏、锚机损坏，驾驶台变形，货舱进水，部分水泥受潮，直接经济损失约4万元。小事故。

“富王”与“宁大9”碰撞事故　2006年8月14日18时25分，天津富源海运有限公司所属的“富王”（4397总吨，3308千瓦，船舶长×型宽×型深＝110×17.20×8.50米，杂货船）从福州马尾装载黄沙6700吨开往舟山，舟山五奎山锚地（北纬29°59′43″，东经121°06′43″）与锚泊的浙江宁大海运有限公司所属“宁大9”（1974总吨，735千瓦，船舶长×型宽×型深＝90.32米×13.40米×6.30米，油船）碰撞，“宁大9”左舷第四货油舱舷顶列板、主甲板破损变形，“富王”满载水线以上首柱板严重变形，直接经济损失约30万元。小事故。

“清波"触损事故　2006年8月15日8时36分，浙江舟山一海海运有限公司所属“清波”（3347总吨，1500千瓦，船舶长×型宽×型深＝106.55米×14.00米×7.80米，一般干货船）装载4513吨煤炭，在舟山港靠泊十六门电厂码头，因操作不当，与码头碰撞，码头横梁裂开，“清波”船艏破损，直接经济损失约6万元。小事故。

“浙普16822”钩起海底电缆事故　2006年11月5日22时10分，浙江海升海运有限公司所属的“浙普16822”（398总吨，184千瓦，船舶长×型宽×型深＝50.91米×8.20米×4.00米，干货船）欲靠泊金塘沥港中港二航局临时码头，抛锚调头起锚时钩起广东省长大公路工程公司舟山大陆连岛工程金塘大桥第1合同段B2一B3施工平台之间的海底电缆，电缆受损，一台变压器损坏，直接经济损失约48万元。大事故。

“浙岭机333”触礁事故　2006年11月26日2时28分，温岭市永兴船务有限公司所属的“浙岭机333”（276总吨，164千瓦，船舶长×型宽×型深＝45.00米×7.20米×3.20米）从定海盘峙装载石子400吨开往上海，途经定海中门附近触礁，船艏尖舱、锚链舱及杂物舱局部破损，直接经济损失约4万元。小事故。

“浙定60105”沉船事故　2006年12月7日10时42分，舟山市定海区临城街道东蟹峙村乐国伟所有的“浙定60105”（187总吨，152千瓦，船舶长×型宽×型深＝40.00米×7.80米×2.30米）从宁波洋小猫装黄沙开往定海正和船厂，因超载和操作不当，在桃夭门大桥附近水域沉没，船上4人失踪，直接经济损失约30万元。重大事故。

“新能达洲3”与“大东方9”碰撞事故　2007年1月8日3时25分，杭州能达洲海运有限公司所属的“新能达洲 3”轮从深圳黄田机场码头开往定海，在五奎山锚地锚泊时，与锚泊在五奎山锚地（北纬 29° 59′ 4″，东经 122° 05′ 4″）的舟山市大东方船务有限公司所属的“大东方 9”轮碰撞。“大东方 9”轮船首右舷球鼻首轻微凹陷，“新能达洲 3”轮右舷货舱第二与第三舱之间水线附近局部凹陷，水线以上部分破裂，直接经济损失约 9.9 万元。小事故。

“武岭”轮触礁事故　2007 年 1 月 31 日 2 时 30 分，奉化市顶盛船务有限公司所属的“武岭”轮（总吨 498，主机功率 720 千瓦，总长 62.74 米，型宽 9.80 米，型深 4.80 米，干货船）装载散装水泥 1200 吨，从定海小竹山锚地开往福建泉州石湖，途经定海火烧门触礁，船底板大面积凹陷，局部破损，船底内肋骨局部变形，部分散装水泥受潮，直接经济损失约 47 万元。大事故。

“浙定拖 1008”轮钩起海底电缆事故　2007 年 2 月 24 日 14 时 15 分，舟山海翔船务有限责任公司所属的“浙定拖 1008”轮（190 总吨，57 净吨，总长 29.50 米，型宽 8.00 米，型深 3.80 米，拖轮）从沈家门小干拖带“浙桩 1 号”（689 总吨，无动力，总长 38.40 米，型宽 8.00 米，型深 3.80 米，打桩船，）开往定海宏洲船厂，途经响水门时钩断东岠岛至西岠岛之间的三根电力架空电缆，估计直接经济损失约 35 万元。一般事故。

“华盛河”被撞事故　2007 年 3 月 30 日 5 时 6 分，洋浦通利船务有限公司所属的“华盛河”（总吨 12323，5292 千瓦，总长 155.88 米，型宽 23.00 米，型深 13.00 米，多用途船）第 0708 航次从秦皇岛装载煤炭开往镇海，3 月 27 日 7 时 17 分在野鸭山锚地抛锚待泊，30 日 5 时 6 分被不明船舶碰撞，肇事船舶逃逸，“华盛河”左舷第一舱水线以下破损，第一舱进水，估计直接经济损失约 48 万元左右。小事故。

“瑞昌 101”沉船事故　2007 年 4 月 18 日 21 时 16 分，舟山市普陀区六横镇外平蛟中心村贺斌衡所有的“瑞昌 101”（261 总吨，136 千瓦，总长 40.95 米，型宽 9.00 米，型深 1.80 米，工程船）在定海东港浦煤场码头停泊期间，因船上未安排值班人员，涨潮时，船舶右舷嵌入码头平台内档无法起浮而进水沉没，直接经济损失约 23 万元，无人员伤亡。大事故。

“鹏鹭 9”触损事故　2007 年 4 月 21 日 20 时 34 分，厦门市鹏鹭船务有限公司所属的“鹏鹭 9”（2978 总吨，1545 千瓦，总长 99.50 米，型宽 14.60 米，型深 7.40 米，货船），从福建马尾亭江锚地装载黄沙 4500 吨丌往定海，靠泊定海东港浦煤场码头，因船长不熟知海域潮流，加上晚上靠泊，距离感受到影响，未控制好船速，触碰码头，码头严重受损，估计直接经济损失约 100 万元。大事故。

“KOMENOTSUNO.1”轮与“东海 205”轮碰撞事故　2007 年 6 月 1 日 16 时 28 分，大连松岛海运代理有限公司所属“KOMENOTSUNO.1”轮，从日本川崎开往宁波，途中与锚泊在北纬 30° 09′ 48″，东经 121° 46′ 79″附近的宁波东海海运有限公司所属的“东海 205”轮碰撞，“东海 205”轮首柱轻微凹陷，3 节锚链受损；“KOMENOTSUNO.1”轮左舷最后一舱水线以上附近局部凹陷，左舷尾楼甲板局部凹陷，直接经济损失约 6 万元。小事故。

“远航 7”触礁事故　2007 年 6 月 27 日 15 时 30 分，温州市远航海运有限公司所属的“远航 7”从温州七里港装载石子 850 吨开往上海，途经定海马目山灯桩附近（北纬 30° 09′ 46″，东经 121° 55′ 57″）触礁，船底板大面积凹陷，局部破损，船底内肋骨局部变形，直接经济损失约 19.89 万元。一般事故。

“千舟 28”触礁事故　2007 年 11 月 22 日 21 时 25 分，舟山市千舟船务有限公司所属的“千舟 28”从福建亭江锚地港装载黄砂 4100 吨开往定海，途经定海寡妇礁（北纬 29° 59′ 48″，东经 122° 02′ 57″）触礁，船底两侧舭板附近大面积凹陷，局部破损，船底内肋骨局部变形，直接经济损失约 40 万元。一般事故。

2008 年，定海境内海域发生水上交通事故 10 起，其中重要事故 1 起，大事故 3 起，一般等级事故 2 起，小事故 4 起，沉船 4 艘，死亡 3 人，失踪 2 人，直接经济损失 973 万元。与上年同期相比，事故率上升 11.1%；，死亡率上升 300%，沉船数上升了 300%，直接经济损失上升 195.8%。

“浙定 43006”触礁事故　2008 年 1 月 9 日 8 时 10 分，浙江省舟山市华川船运有限公司所属的“浙定 43006”（199 总吨，111 净吨，164 千瓦，船舶长 × 型宽 × 型深＝38.90×7.20×3.20 米，干货船）从定海岑港装载石粉 320 吨开往上海金汇港，途经定海泥灰礁（概位北纬 30° 05′ 96″，东经 121° 58′ 75″）触礁，船底两侧舭板附近大面积凹陷，局部破损，船底内肋骨局部变形，直接经济损失约 6 万元。小事故。

无证小船翻沉事故　2008 年 2 月 21 日 15 时 30 分，定海区册子乡中段星 56–2 号丁顺义所有的无证小船（主机功率：24 千瓦，船舶尺度：13.0×2.8×0.9 米）在定海南洋之星船业有限公司码头前沿测量作业，因潮流影响，船舶驾驶台触到在附近疏浚的“中海浚 801”系在岸上钢丝缆，翻沉，船上 4 人全部落水，3 人获救，1 人死亡，直接经济损失约人民币 10 万元。大事故。

“HAPPYSTAR”轮与“BODELONG”轮碰撞事故　2008 年 2 月 13 日 19 时 16 分，NAMSUNGSHIPPINGCO.，LTD 所属的“HAPPYSTAR”轮从韩国 KWANGYANG 港开往宁波，途中与波德隆（香港）海运有限公司所属的“BODELONG”轮（锚泊）在大鹏山灯桩西北约 5.5 海里（北纬 30° 10′，东经 121° 46′）碰撞，“BODELONG”轮船首首楼甲板栏杆损坏，球鼻首局部凹陷并破裂，右锚链断裂，右锚及右锚链 6 节多入海；“HAPPY STAR”轮左舷二层甲板附近舷墙部分损坏，左舷舷梯局部受损，左舷舷梯以下水线附近局部凹陷并破损，直接经济损失约 45 万元。碰撞事故。小事故。

“嵊飞 7”沉没事故　2008 年 2 月 26 日 3 时 35 分，嵊泗县鑫盛海运有限公司所属的“嵊飞 7”（499 总吨，220 千瓦，850 载货吨，船舶尺度：51.80×8.40×5.00 米，货船）从上海装载钢材 1117.5 吨开往宁波，途经舟山大菜花山附近时，受风浪影响，货物移位导致船舶沉没。船上 6 名船员全部落水，3 名获救，1 人死亡，2 人失踪，直接经济损失约 670 万元左右。重大事故。

“锦乐 16”碰撞事故　2008 年 3 月 20 日 9 时 25 分，乐清市东方海运有限公司所属的“锦乐 16”（4400 总吨，2060 千瓦，船舶尺度：117.40×16.50×8.30 米，货船）从南通汇丰码头开往舟山富生船厂修理，途经定海鸭蛋山装卸公司码头时，因船长不熟知海域潮流，回旋水域狭窄，碰撞靠泊在定海鸭蛋山装卸公司码头的“浙定 60103”船，致其进水沉没，造成直接经济损失约83万元。碰撞事故。一般事故。

“浙普拖88”触损事故　2008年3月26日13时40分，舟山市普陀海润油脂运输有限公司所属的“浙普拖88”(总吨252G，1470千瓦，船舶尺度：29.00×9.00×3.33米，拖船）在龙江船厂拖带“浙普工98”从龙江西侧航道出口时，因“浙普工98”吊杆没完全放下，船长不知道航道中有架空线，瞭望疏忽，“浙普工98”吊杆钩断盘峙至和尚山及刺山之间的架空线；直接经济损失约46万元。触损事故。一般事故。

“海通兴”碰撞事故　2008年5月6日22时15分，宜春市海通船务有限公司所属“海通兴”在定海五奎山锚地附近锚泊，因锚链断裂，发生走锚，致系泊“海通兴”左舷的“中国海关827”与靠泊在海军二支队8号码头的“东拖836”轮碰撞，两船受损，经济损失约18万元。碰撞事故。小事故。

“东油640”与“定港机2015”碰撞事故　2008年6月26日12时22分，海军92118部队所属“东油640”从宁波象山返回定海，途经定海民间客运码头附近水域时，与“定港机2015”碰撞(北纬30°00′40″，东经122°06′15″)，“定港机2015”进水沉没，1人死亡，直接经济损失约8万元。大事故。

“IRONMONGER5”轮触损事故　2008年8月21日12时50分，ISHIMAINTSHIPMGMT.CO.LTD所属的“IRONMONGER5”轮在舟山南洋之星船业有限公司码头让档离泊时，罗经甲板上面INMARSAT　C站的支撑架钩断定海册子岛与富翅岛之间的两根电力架空线，直接经济损失约45万元。触损事故。小事故。

“静涛16”触损事故　2008年9月10日2时10分，洞头县东海船务有限公司所属“静涛16”轮(492总吨，218千瓦，船长54米，温州船籍，货船）在老塘山三期东侧里档码头离泊时，因船长不熟知海域潮流，操作失当，与老塘山三期码头栈桥触碰，致码头栈桥局部受损，造成直接经济损失约42万元。触损事故。大事故。

“信旺6”轮触碰事故　2009年1月6日10时40分，连云港成金海运有限公司所属“信旺6”轮(1253总吨，701净吨，600千瓦，总长：84.00，型宽：14.5米，型深：3.60米，连云港船籍港，干货船)，从江阴申港码头装载座吊开往普陀鑫亚船厂，途经桃夭门大桥时，因船长不知道桃夭门大桥通航净空高度，不了解船上所载大件货物的实际尺度，错误设计航线，导致船舶甲板装载的门机转盘与大桥触碰，大桥钢箱梁底部局部凹陷变形、钢箱梁底部的轨道局部脱落，所载门机转盘受损。直接经济损失260万元。触损事故。大事故。

“粤电5”轮触礁事故　2009年2月16日12时6分，青岛远洋华林国际船舶管理有限公司所管理的“粤电5”(35905总吨，23407净吨，9929千瓦，船长：224.98米，型宽：32.20米，型深：18.30米，香港船籍，散货船)，从老塘山三期码头减载大豆后开往青岛，因船长不熟悉老塘山附近水域潮流，三副用雷达盲目定位，船舶触半洋礁东北侧的暗礁，右舷1#、2#、3#舱局部破损，凹陷，1#舱破损进水，部分大豆受湿。事故造成直接经济损失约460万元。触礁事故。大事故。

“浙定39127”轮火灾事故　2009年2月19日3时，舟山市定海沥港渡运站所属“浙定 39127”（499 总吨，279 净吨，218 千瓦，总长：55.90 米，型宽：8.40 米，型深：4.50 米，舟山船籍，干货船），在金塘兴舟船厂修理完毕停靠厂舾装码头过程时，因船用电瓶桩头碰线触电引起火灾，驾驶台一至三层过火，驾驶台内所有通信导航仪器毁受。直接经济损失约 30 万元。火灾事故。大事故。

“浙岱 82399”轮自沉事故　2009 年 3 月 9 日 8 时 15 分，嵊泗鑫达海运有限公司所属“浙岱 82399”轮（492 总吨，275 净吨，218 千瓦，总长：53.20 米，型宽：8.80 米，型深：4.30 米，舟山船籍，干货船）装载 1003.565 吨盘圆（线材钢）自上海驶往温州乐清，途经舟山桃夭门大桥北侧附近水域（概位：30° 06′ 15″ N / 121° 57′ 38″ E）时，因船舶超载，未经绑扎，受潮流影响，所载货物移位，舶舶翻沉，船上 7 名人员全部落水，1 人获救，其余 6 人下落不明，事故造成直接经济损失约 470 万元。自沉事故。重大事故。

“炜伦 36 号”轮触碰事故　2009 年 4 月 18 日 14 时 48 分，江苏省炜伦航行有限责任公司所属“炜伦 36 号”轮（2983 总吨，1670 净吨，1765 千瓦，总长：98.00 米，型宽：15.80 米，型深：7.40 米，南京船籍，干货船，）。装载矿砂 5000 吨，在“舟港拖 4”拖轮协助下欲驶离老塘山三期内侧二号泊位，因船长操作指挥不当，加上受风浪影响，与老塘山三期码头栈桥触碰，栈桥一根柱头断裂，码头面板局部受损，“炜伦 36 号”首楼甲板右舷墙局部损坏，“舟港拖 4”轮左侧尾部局部受损，二层甲板附近局部受损，直接经济约损失 100 万元。触碰事故。大事故。

“浙定 36088”轮沉船事故　2009 年 5 月 21 日 15 时 30 分，定海区金塘镇长沙方家岙方信龙所有的“浙定 36088”轮（239 总吨，134 净吨，202 千瓦，总长：40.00 米，型宽：8.60 米，型深：2.60 米，舟山船籍，干货船）自金塘南山横岚石子宕口装载 300 多吨石块驶往杭州湾围填抛石区，航经金塘岛东南角时触碰大黄干礁（概位 29° 59′ .96N / 121° 55′ .90E），冲滩后机舱进水，主机熄火，船舶滑入深水区沉没，船上 1 人失踪，直接经济损失 60 万元。沉船事故。重大事故。

“浙定 3922”轮搁浅事故　2009 年 6 月 11 日 3 时定海沥港渡运站所属“浙定 39228”轮（297 总吨，166 净吨，202 千瓦，总长：48.4 米，型宽：7.50 米，型深：3.35 米，舟山船籍，干货船）自上海广信码头装载钢材等货物 300 多吨开往定海，靠泊册子正和船厂码头时，因船长不熟悉水域潮流通航环境，搁浅在正和船厂东面船台的滑道上，经减载，侯涨潮，自行脱险，经济损失约 9 万元。小事故。

“浙定 61186”轮火灾事故　2009 年 7 月 17 日 22 时 30 分，定海区环南街道盘峙村张宏飞所有的“浙定 61186”轮（498 总吨，278 净吨，368 千瓦，总长：54.00 米，型宽：9.80 米，型深：2.80 米，舟山船籍，干货船）自定海大猫石子宕口装载石子 600 多吨开往定海大昌混凝土公司码头，途经五奎山锚地南侧水域时，船员生活区起火，生活区及驾驶台过火，驾驶台所有通讯导航仪器毁损，直接经济损失约 7 万元。火灾事故。小事故。

“汇通 22”轮碰撞事故　2009 年 8 月 10 日约 15 时 55 分，上海汇通船务有限责任公司所属“汇通 22”轮（496 总吨，277 净吨，551 千瓦，船长：54.9 米，船宽：8.6 米，上海船籍，散装化学品船）在舟山野鸭山锚地避台风锚泊，走锚，与洞头县东海船务有限公司所属的“静涛

166”（499 总吨，279 净吨，参考载货量 980 吨，218 千瓦，船长 52.8 米，船宽 8.8 米，温州船籍，干货船，）碰撞。“静涛 166”轮左舷破损进水，“汇通 22”轮局部受损，经济损失约 45 万元。碰撞事故。大事故。

“东顺 0238”轮沉船事故　2009 年 8 月 12 日，刘来喜所有的“东顺 0238”轮（1136 总吨，636 净吨，514 千瓦，参考载重量：1700 吨，船长：70 米，河南船籍，干货船）自宁波七里峙装载沙子 1700 吨驶往舟山马目，途经册子岛北面（30° 08′ 5N / 121° 54′ .4E）时翻沉。事故造成 1 名船员失踪，直接经济损失约 40 万元，事故类型：自沉，事故等级：大事故。

“兴宁 12”轮碰撞事故　2009 年 8 月 22 日 22 时 8 分，象山兴宁航运公司所属“兴宁 12”轮（9009 总吨，4045 净吨，3824 千瓦，参考载重吨 11697，船长：140.30 米，宁波船籍，多用途船舶）自宁波驶往上海，途经（30° 10′ 31″ N / 121° 48′ 40″ E）附近水域时与锚泊的大连金恒航运有限公司所属“金旭海”轮（9683 总吨，4637 净吨，5500 千瓦，参考载重吨 14317 吨，船长 147.5 米，大连船籍，干货船）碰撞。两船受损，直接经济损失约 150 万元。一般事故。

“浙椒机 600”轮触礁事故　2009 年 12 月 24 日 11 时，台州市椒江椒渔运输有限公司所属“浙椒机 600”轮（297 总吨，166 净吨，218 千瓦，总长 40.00 米，型宽：7.80 米，型深：3.42 米，台州船籍，干货船，）自金塘南山矿料厂石子宕口装载石子 360 吨驶往上海二号桥建工码头，航经金塘岛东南角时触碰大黄干礁（概位 29° 59′ .96N / 121° 55′ .90E），冲滩后因货舱进水向右侧翻沉没，滑入深水区（沉船概位 30° 01′ .02N / 121° 55′ .57E），直接经济损失约 48 万元。触礁事故。大事故。

“浙普 06503”轮自沉事故　2009 年 12 月 25 日 23 时，浙江省舟山市普陀区普陀山镇西山新村王祖利所有的“浙普 06503”轮（79 总吨，44 净吨，99 千瓦，总长：28.40 米，型宽：5.60 米，型深：2050 米，舟山船籍，干货船）自金塘鱼龙山石子宕口装载石子 110 多吨，在开往沥港大鹏山附近准备抛锚时发现船舶进水，随后沉没（概位 30° 03′ .69N / 121° 50′ .48E），直接经济损失 18 万元。自沉事故。一般事故。

“浙岱 66238”轮触礁事故　2010 年 1 月 18 日 5 时 10 分，舟山市鑫恒海运有限公司所属“浙岱 66238”（195 总吨，109 净吨，218 千瓦，总长：42.50 米，型宽：7.40 米，型深：3.20 米，舟山船籍，干货船，）从嘉善桐星水泥厂码头装载水泥 370 吨开往定海，途经鸭蛋山附近水域时，因船长不知寡妇礁西南侧的猫脚暗礁基本情况而触礁、沉没，水泥受损。直接经济损失 19 万元，触礁事故。一般事故。

“吉达 16”轮自沉事故　2010 年 3 月 8 日 19 时，温州市吉达运输有限公司所属“吉达 16”轮（498 总吨，278 净吨，218 千瓦，总长：53.60 米，型宽：8.80 米，型深：4.15 米，温州船籍，干货船，）从温州七里港废钢码头装载废钢 950 吨开往上海，因避大风影响在老塘山外钓附近锚泊不慎沉没，船上 6 名船员，1 名获救，4 人死亡，1 人失踪，所载货物随船沉没。直接经济损失 90 万元。自沉事故。重大事故。

“金圣海”轮触损事故　2010 年 4 月 3 日 7 时 47 分，黄石市恒风海运有限公司所属“金圣海 2”轮（2466 总吨，1380 净吨，735 千瓦，总长：93：00 米，型宽：13.80 米，型深：7.36 米，武汉船籍，干货船）。从唐山京唐港 5 号泊位装载煤炭 3329.9 吨开往定海，靠泊舟山市豪舟仓储有限公司码头时，因机舱值班大管轮反换向杆导致船舶先后与码头及在码头前沿靠泊的“浙定 58669”船碰撞，码头及船舶受损。直接经济损失约 18 万元。触损事故。小事故。

“增兴 29”轮碰撞事故　2010 年 5 月 9 日 17 时 15 分，定海增展船务有限公司所属“增兴 29”轮（1487 总吨，832 净吨，735 千瓦，总长：75.00 米，型宽：12.00 米，型深：6.30 米，舟山船籍，干货船），从大连装载大米 2500 吨开往宁波，因宁波没有靠泊计划，前往西蟹峙锚地抛锚，又因船上电子阀故障，无法换向，导致与靠泊在盘峙汽渡码头的“千岛渡 2”碰撞，“千岛渡 2”右舷船底局部破损，右舷舷墙局部受损，“增兴 29”轮球鼻首局部破损，直接经济损失约 6 万元。碰撞事故。小事故。

“浙定 58635”轮触礁事故　2010 年 5 月 19 日零时 52 分，舟山德锦船务有限公司所属“浙定 58635”轮（197 总吨，110 净吨，184 千瓦，总长：39.80 米，型宽：8.06 米，型深：3.65 米，舟山船籍，干货船）。从六横涨起港黄砂码头装载废钢 381.11 吨开往定海（目的港上海宝钢），因能见度不良，航经亮门附近时，因太靠近大亮门山而触及大亮门山延伸的山脚致船底破损进水，最终向右倾翻沉没，船上 4 名船员，1 名水手获救，2 名死亡，1 名失踪，所载货物随船沉没。直接经济损失 150 万元。触礁事故。重大事故。

“鄞通顺 41”轮触损事故　2010 年 6 月 12 日 18 时 37 分，宁波市鄞州通顺海运有限公司“鄞通顺 41”轮（237 总吨，220 千瓦，船长：45.70 米，干货船）。在洋小猫装载黄沙驶往余姚，航经大猫岛附近水域遇急流，船舶倾覆倒扣，船上 3 人落水，2 人死亡，1 人失踪，直接经济损失 30 万元，自沉事故。重大事故。

“新和达”轮触损事故　2010 年 7 月 28 日 22 时 50 分，舟山和丰船务有限公司所属“新和达”轮从青岛开往广州，途经舟山水域，在西蟹峙锚地抛锚补给，起锚时钩住西蟹峙至大猫岛之间的海底电缆，电缆受损。直接经济损失 48 万元。触损事故。小事故。

“联合 10”轮碰撞事故　2010 年 11 月 20 日 8 时，宁波联合集装箱海运有限公司所有的“联合 10”轮（2985 总吨，1671 净吨，1765 千瓦，船长：96.50 米，船宽：15.80 米，型深：7.40 米，呼号：BLAG7，宁波船籍，多用途船）自乍浦港装载 117 标准集装箱驶往宁波远东集装箱码头，途经舟山西堠门水域（概位 30° 04′ .1N / 121° 54′ .6E），与自广东载运 1500 吨陶土驶往江苏的“金源 6”轮（883 总吨，494 净吨，552 千瓦，总长：64.15 米，型宽：9.58 米，型深：5.05 米，营口船籍，干货船）碰撞。“金源 6”轮沉没，船上 9 人落水，2 人获救，7 人失踪，直接经济损失 350 万元。

“安泉州 23”轮自沉事故　2010 年 11 月 25 日 9 时 35 分，浙江玉环县干江镇垟坑村孔金去所有的“安泉州 23”轮（499 总吨，279 净吨，218 千瓦，船长：52.8 米，船宽：8.8 米，型深：4.1 米，台州船籍，曾用名：平安达 23，干货船）从台州玉环芦浦镇分水山码头载运约 964 吨废钢驶往江苏张家港，途经舟山亮门水域（概位 29° 57′ 00″ N / 122° 03′ 52″ E）时沉没，船上 7 名船员，3 人获救，4 人失踪，所载货物随船沉没。直接经济损失 300 万元。自沉事故。重大事故。

第四章　港航管理

包括港口管理、岸线管理、航道管理、船舶管理和船舶引航。

第一节　港口管理

1986 年 4 月 18 日，国务院、中央军委批复浙江省《关于要求舟山港对外开放的请示》，同意沈家门、定海、老塘山 3 个港区合并为一，统称舟山港；同意舟山港对外开放，其中外国籍船舶限进出沈家门、老塘山 2 个作业区。自此，定海境内老塘山作业区对外开放，定海辖区港口管理纳入舟山全市港口管理规划和建设中。

1993 年～ 2005 年，舟山市先后编制《舟山港总体布局规划》、《舟山港海域环境保护规划研究》、《舟山港金塘港区控制性详细规划》及较大岛屿重点岸段控制性规划。1997 年 7 月，浙江省人民政府下达《关于划定舟山港沈家门、老塘山作业区对外开放范围的通知》，扩大定海境内老塘山作业区开放水域和联检锚地范围。10 月，根据《舟山港总体布局规划》，经省人民政府批复，定海港列为舟山港八大港区之一。港区范围西起洋螺灯桩与冷坑嘴，东至勾山浦，包括大猫山、西蟹峙、盘峙、东岠、长峙、岙山、摘箬山诸岛，可供开发岸线 57.4 千米，港区内有定海、外洋螺、青垒头、瓦窑湾、盘峙、长峙、岙山、甬东、摘箬山 9 个作业区。

2005 年 12 月正式启用“宁波—舟山港”名称。宁波、舟山港一体化取得重大突破，港口深水泊位建设步伐加快。2009 年交通运输部、省人民政府《关于宁波—舟山港总体规划的批复》划分的 19 个港区中，定海境内的定海、老塘山、马岙、金塘名列其中。《批复》强调港口开发利用必须贯彻“统筹规划、远近结合、深水深用、合理开发、有效保护”原则。根据《舟山港口物流岛规划》、依托舟山岛的五大核心港区—定海岙山、定海册子、定海外钓岛等岛建设成为原油储备和油品贸易储存基地，定海老塘山港建设成为粮食中转加工配送基地，定海马岙建设成为化工品中转储运加工基地，定海金塘岛建设成集装箱中转运输基地。

至 2010 年底，定海境内港口已初步形成客货运并举，水陆联运，水水中转，功能突出，大中小泊位配套的大型综合港口构架体系，成为中国东部沿海重要能源、粮食等战略物资和大宗物资储运基地及国际集装箱物流岛之一。

第二节　岸线管理

1993 年 4 月，舟山市人民政府制发《舟山港专用码头管理暂行办法》，规定“凡需新建、扩建、改建专用码头，须经港管机关（港务管理局）批准、按规定办理城市规划、建设用地许可等手续”，港口岸线使用管理开始制度化。1997 年 10 月起，《舟山港总体布局规划实施》。岸线审批依照《规划》确定的用途，“深水深用、浅水浅用”。此后，又有《关于加强港口岸线项目建设布局管理规定》、《舟山市港口岸线、港口管理及航道监督检查办法》、《舟山市港口岸线使用管理暂行办法》等出台，依法管理，严格把关。2004 年起，每月一次巡查深水岸线，维护港口规划。2005 年，舟山港务管理局定海分局执行《舟山市港口岸线、港口锚地及航道监督办法（暂）》，把牢审批关。

2010 年 1 月，舟山港航管理局行文明确涉港项目岸线审批程序：未进入项目办理时，由舟山港航管理局规划建设处组织，五天内完成预评估，规定时间内，返回预评估意见书并抄送相关单位。同意项目建设使用港口岸线的，按程序进入审批。12 月 12 日，省人民政府第 57 次常务会议审议通过《浙江省港口岸线管理办法》，同年 12 月 1 日起施行。《办法》规范岸线管理、保护、申请审批和合理开发利用港口岸线资源的办法。其中申请使用适宜建设 3000 吨级以上泊位的沿海港口非深水岸线的，由所在地港口管理部门审查并出具意见后，报省交通运输行政主管部门会同省发展和改革行政主管部门联合审核批准。

第三节　航道管理

1993 年，舟山市航管处增挂舟山市航道管理处牌子，归口舟山港务管理局，定海境内航道管理权归属此处。主要职责是负责拟订航道发展规划和航道整治计划，指导县（区）航道管理工作，审批航道内施工及通航水域施工方案，负责航道设施的保护、航道的养护。

设立专职航道管理部门后，定海境内航道管理进一步强化职责，依法管理、严格执法。临跨栏航道建筑物行政许可审批，新建项目在合理使用航道资源的基础上，既满足建设单位需求，又不影响项目周边单位利益。2002 年～ 2010 年依法审批辖区内临跨栏航道建筑物计 250 起。具体见表。

定海“临跨栏”航道建筑物审批情况表

单位：个

年份	合计	2002	2003	2004	2005	2006	2007	2008	2009	2010
合计	250	7	17	68	17	50	36	22	22	11
临项目	218	7	17	66	13	39	27	21	19	9
跨项目	31			2	4	11	9	1	2	2
栏项目	1								1	

2002 年，按照国家有关规定和《浙江省港航养护工程管理办法》完成定海港民间码头至小竹山航道疏浚工程。是为 1980 年舟山地区交通局组织实施定海港航道疏浚挖泥工作 20

余年后的再次疏浚。施工引入市场竞争机制，采用招投标方法确定施工单位。7月31日，有疏浚资格的5家施工单位参与公开竞标，按邀请书规定确定2家中标单位和中标价，相比原施工工程结算方式节约疏浚工程款73.6万元。次年，航道管理部门严格工程管理，完成定海港客运码头3座钢引桥、2根钢撑杆和更换引桥上已损坏的钢板维修工程，质量达到设计要求。翌年，依法依规处理定海辖区内舟山大东方建材有限公司违反航道管理有关规定，擅自向航道内倾倒石屑案，违反单位受行政处理和经济处罚。

2004年始，定海港务分局（航管所）建制立章，航政艇、执法车等每月至少两次巡查干线航道，检查情况记录在案，及时消除碍航障碍。同年，根据省内外专家通过的《舟山港"龟山航门"、"灌门水道"通航等级技术论证报告》，论证外海至马岙深水航道通航等级，得出外海至马岙港区候潮可通航15万吨级船舶的结论，为马岙港区15万吨级码头深水岸线开发提供科学依据。

2005年，整治岑港航道和港区护岸，列为年度定海港航部门航养项目。市区两级航道管理部门从实际出发，拟定航道整治计划，协助定海区政府、及有关企业抓好工作落实。8月，项目获定海区发改局立项，定海区渔港开发有限公司负责实施，航道管理部门全程监督施工。当年竣工。同年，航道管理部门通过数字模型分析马岙航道二、三维潮流，满足"工可报告"编制需要。11月28日，舟山港务管理局召开审核"工可报告"，确定马岙港区进港航道按通航10万吨级、候潮通航15万吨级要求设计，航道宽100米，灌门航道窄口处宽度整治至53米，净宽设计可满足15万吨压载船低潮缓流安全通航。12月，舟山港务管理局，中交上海航道勘察设计院有限公司编制完成《舟山港航道锚地专项规划》。

2008年，市、区两级航道管理部门根据航道区域业主单位建设长白航道（马岙港区公共航道的附属航道）的要求，测量航道工程水深、浅剖、浅钻及水文测验等前期勘察工作，多次召集业主单位协商、协调，提供法规咨询服务和航道建设技术服务，航道成为航道管理部门、地方政府和企业三方共同联合建设的公共航道。同年，通过中化兴中公司30万吨油码头前沿水域炸礁工程设计方案，火烧门航道炸礁工程方案设计，金塘沥港北航道施工图评审、南洋船业有限公司临时锚地的论证。

2009年4月，《宁波—舟山港总体规划》获交通运输部和浙江省人民政府批复。2011年7月，舟山市港航管理局、中交上海航道勘察设计研究院有限公司根据舟山海域航道的变化，完善《宁波—舟山港总体规划》。依据2005年12月编制的《舟山港航道锚地专项规划》，结合海洋功能区划、通航安全，航道锚地资源整合等，调研、更新航道，充实完善舟山港域航道总体规划，整合、调整规划具备开发潜力的大型航道资源，细化其中小型航道规划。完善内容涵盖舟山境内南北向公共航路、东西向进港主航道，进入港区的港内支线航道以及各航门水道间小型船舶航线等。从舟山港海域范围大、港区分布广的实际出发，根据岛屿自然分布、港区分布和航道资源配置，规划舟山市境海域范围分为南部、中部、北部三块海域。定海区境海域在舟山全市规划海域中位南部、中部两大块。

南部海域航道规划　舟山南部海域共5个港区，涉及定海区域的即定海港区、老塘山港区和金塘港区，规划中：

金塘港区南进港航道　为满足金塘港区南侧岸线（金塘港区 C 区、D 区）的开发建设需要，C、D 区规划为 10 万吨级集装箱港区，航道与之匹配。航道由涂泥嘴环形道起北向航行至金塘岛南侧，接金塘岛南侧东西向航道进港，其中东西向航道西端与金塘水道习惯航路相连，东端便于船舶北向经西堠门出港，与分道通航制相连。航道全长约 13 千米，水深大于 30 米。航道规划为 10 万吨级集装箱船舶单向全潮通航，航道按 800 米宽度控制。

外钓、里钓岸线　舟山市“十二五”岸线规划开发建设外钓、里钓岸线。外钓岛建设 30 万吨级油品码头。规划航道由册子岛 30 万吨级进港航道起，布置进入富翅门航道。航道全长约 3.3 千米，水深 30 米～ 50 米。规划航道等级为 30 万吨级全潮单项航道，航道按 500 米宽度控制。

长白西航道、马岙港区航道规划　舟山中部海域（港区）有 2 个港区，涉及定海区域的是马岙港区。中部水域马岙港区进港航道、长白水道已基本建设完毕。为满足长白水道内企业（长宏国际、太平洋长白基地等）及钻井平台和 30 万吨修造船西向接西航路出港通航要求，规划长白西航道。航道由长白岛南侧太平洋海洋基地起，西向从马目山北、瓜连山北、五屿岛北接西航路或规划的岱山北航道出港。规划航道全长约 18.6 千米，最浅水深 8.6 米。航道规划等级为 1 万吨级船舶乘潮通航、兼顾 30 万吨级空载船舶单向乘潮通航。航道设计水深 10.5 米，规划航道利用自然水深，瓜连山北存在暗礁 1 处，需进行炸礁处理。

第四节　船舶管理

主要通过船舶检验、船舶登记、船舶签证实施管理。

船舶检验　1989 年，定海境内船舶检验机构是定海船舶检验站，定海航运管理所内设机构，业务由舟山市航运管理处船舶检验科指导，业务印章使用为“浙江省船舶检验处定海船舶检验站”。船舶检验站有船舶检验人员 3 人，内勤人员 1 人。船舶检验范围：1. 辖区内新建木质船舶和船长未满 30 米的一般干货船舶建造检验。2. 辖区内 200 总吨以下沿海航行货船的营运检验。3. 辖区内 200 客位及以下客（渡）船检验。4. 上述船舶的机（海）损事故的附加（公证）检验和技术鉴定。5. 市船检科交办的其他船舶检验工作。

1990 年 4 月，浙江省船舶检验处舟山检验所根据舟山市船舶检验实际，实行所站两级分工，定海船舶检验站承担市船舶检验所委托的有关图纸审查，200 总吨以下、主机功率 220 千瓦以下客（货）船、载客定额 250 以下客渡船、等于或小于 150 总吨油船、冷藏船、化学品船和装运危险品的特种船舶检验。是年，共检验船舶 205 艘、12202.17 总吨、13599 千瓦，其中年检 125 艘、定检 27 艘、初检 5 艘，制造检验 1 艘，临时检验 43 艘。辖区 28 家船厂有 24 家填报申请生产认可证书。翌年，定海全区 32 艘乡镇客渡船，按交通部 26 号令要求，结合本地实际，进行色度、图案、技术指导和检验，合格率 97.6%。考评定海全区 28 家乡镇船舶修造厂技术、设备、器材、船排、船坞等条件，23 家取得省船检处颁发的船舶修造认可证书。是年，检验船舶193艘次、13026.99总吨、10069千瓦，其中初检2艘次、定检23艘次、年检132艘次、临检33艘次，船检费收入14781.80元。

1993年始，市、区两级联合在境内开展船舶建造检验、定期检验，初次检验、年度检验和临时检验、并船舶审图、船用产品检验、乡镇船厂技术条件认可和年检年审。年检验船舶129艘次、16417千瓦。翌年10月，舟山市区两级党政机关合署办公，隶属定海区交通局的定海区航管所（定海船检是该所内设职能之一）成建制划入舟山市交通委员会，后转入舟山港务管理局。是年船舶检险343艘。

1995年初，定海船舶检验站检验范围扩大至300总吨、220千瓦、200客以下钢质船，并承担长度20米以内钢质船舶的出厂检验。年检验各类船舶132艘次、1725总吨、32328千瓦，其中年检86艘次、定检31艘次、临检12艘次、初检3艘次。是年10月～1997年初，停止使用“浙江省船舶检验处定海船舶检验站”业务章，使用“舟山市航运管理处船舶检验科”业务印章，检验业务不变。

1997年，定海船舶检验站更名为定海区船舶检验所，业务由舟山市航运管理处船舶检验处指导，业务印章使用“浙江省船舶检验局定海检验所”，船舶检验师增至到6人，内勤2人。检验业务新增：1.辖区内500总吨以下沿海航区货船的营运检验，可承担1000总吨以下沿海航区运沙船营运检验。2.辖区内港轮渡的营运检验。3.辖区内400总吨及以下沿海航区装运闪点超过60度油船的营运检验。4.辖区内遮蔽区、港区内工程船舶的营运检验。5.辖区内主机总功率735千瓦及以下沿海航区拖轮的营运检验。6.可承担检验船舶的改装图纸及完工图纸审查。7.市船检处交办的其他船舶检验工作。

是年，检验船舶137艘次、21250总吨、17344千瓦，其中年检53艘次、中间检验12艘次、初检38艘次、临检34艘次，船检费收入166802元，完成客渡船复验18艘，配合市船检处完成4家乡镇船厂生产技术条件认可。

1998年检验回归船舶18艘，完成客渡船复检19艘，协助市船检处完成3家乡镇船厂生产技术条件认可。翌年以客渡船、老旧船舶、外靠船舶及无证纳规船舶为检验重点，按照“一检、二帮、三把关”的指导思想开展船舶检验工作。是年，共检验各类营运船舶169艘，25128总吨、23600千瓦，其中检验无证纳规、外靠回归船舶33艘、5639总吨、5180千瓦。同时协助市船检处完成17家乡镇船厂生产技术条件认可的年审工作。2000年，以“四客一危”工作为重点，严格船检制度，把好船舶检验关。

2001年，定海区船舶检验所执行国家交通部《国内船舶管理业规定》，明确船舶机务管理、船舶检修、保养、船员配员、管理、船舶买卖、租赁、营运及资产管理规定。1997年～2002年，国家交通部制定并实施《运输船舶强制报废制度》（简称2号令）。定海境内令行禁止，认真排摸，制定上报更新老旧客渡船3期计划，当年强制报废列入第一批更新改造计划的“大丰渡”等7艘、超过30年以上船龄的老旧钢质渡船“长白渡2号”等6艘木质客渡船，跟踪检查，督促船方整改13艘有缺陷的客渡船。市属企业舟山海峡汽车轮渡公司“舟渡1”号客滚船被省厅列入全省首批淘汰对象（省厅发文当年已退出境内水运市场）。并规定今后境内新增老旧船舶超过船龄的一律不予办证。货运船舶公司面对《运输船舶强制报废制度》（2号令）刚性规定，积极筹措资金，更新运力。定海船检所还按市船检处“关于加强转港船舶有关问题的通知”，加强境内转港、纳规船舶的检验和换发证。2001年，完成85艘定海港内小船年检换牌，23家船舶修造厂生产技术条件清理复查和审验换证。推行计算机船舶档案、台账、技术管理。加强未到龄的老旧船舶日常检验，船体结构腐蚀严重、设备老化、不具备适航条件的不予发证。在船厂监管改建船舶源头，严格回归船舶的检验和换发证。认真进行大船小证复吨。年有26艘船舶被重新丈量吨位。

2003年，定海船检所按照市船检处“关于加强转港船舶有关问题的通知”，继续做好转港船舶、纳规船舶的检验和换发证书工作，重点查验船舶、图纸和船舶检验证书是否与实船相符，查核船舶干舷、吨位、船舶种类和船舶制造年月等。对纳规转港船舶，采取先纳规后提高措施，确保这类船舶技术处于良好状况。加强客渡船、老旧船舶、改建船舶、黑名单船舶等重点船舶检验，把好五关（执行法规关、工作程序关、检验质量关、证书质量关、服务质量关），使船舶在技术上处于良好的适航状态。年检验各类营运船舶262艘，其中年检164艘、换证46艘、中检24艘、附加检28艘、45260总吨、35072千瓦、载货吨65157，收取船检费64.40万元。2004年，定海船检所完成19艘无证纳规船舶检验。2005年，设船坞内检验项目。2006年12月，市船舶检验处重新界定船舶检验范围：县区负责辖区内400总吨以下沿海航区货船营运检验，建木质船舶和船长未满20米，主机功率未满80千瓦（除客渡船、客滚船、散装危险品运输船）钢质船舶建造检验。

2006年，浙江省运行船舶法定检验质量管理体系，定海船检所完成24艘港内污油回收船舶检验，完成客渡船全面复检，完成船检所网站信息建设及船检程序电脑化转换，船检管理更加规范。年检验各类营运船舶582艘，131859总吨、85261千瓦。2007年，完成境内运石运沙船舶、油渣油泥运输船舶和装运包装危险品船舶技术论证。9月，全市首艘适装油渣油污包的运输船“中海16”完成改装，检验合格投入运营。同年确定定海船舶检验所为舟山市港务局（港航局）船舶检验处的定海签证点，检验业务不变。业务章由“浙江省船舶检验局定海检验所”改为“浙江省船舶检验局舟山检验处（1）签证章”。

2008年始，定海船检落实“谁检验、谁签字、谁负责”责任制，强化验船师工作责任心和责任感。按照海事局颁布的《船舶检验技术档案管理暂行办法》，注重船舶检验档案盒资料的收集、整理、审核、建立、归档。

2010年，按照《浙江省开展“大船小证”综合治理工作实施方案的通知》精神，结合辖区实际，综合治理“大船小证”，加强2009年全国运输船舶吨位丈量专项检查活动。同年，定海海事、船检等部门针对定海辖区所属舟山籍多数营运船舶任意改变载重线，严重影响船舶营运安全的问题，积极采取措施，加强管理，包括现场检验船舶载重线，发现问题重新固定勘划，勘划完毕后由验船师现场复核，拍照存档，发现船东私自更改船舶载重线的，督促重新勘划，验船师现场复核并拍照存档。次年还增加一次船舶坞内检验。2010年，共丈量检查各类营运船舶294艘（列入检查范围船舶301艘），其中重点船舶160艘，非重点船舶141艘。完成船舶图纸审核50套，检验各类船舶604艘，其中年检271艘，中间检验91艘，换证检验137艘，建造／初次检验7艘，附加检验98艘，共计155746总吨，主机功率105557千瓦，船检费收入205.1348万元。

1989年～2010年定海区船舶检验情况表

单位：艘、总吨、千瓦

年份	检验船舶	吨位	主机功率	年份	检验船舶	吨位	主机功率
1989				2000	282	31842	30575
1990	205	12202.77	13699	2001	240	29125	27682
1991	193	13026.99	10069	2002	232	44399	29945
1992	383	18470.91	7191	2003	262	45260	35072
1993	129	14042	16417	2004	373	79650	55705
1994	130	18306	16090	2005	620	126806	85261
1995	132	17257	32323	2006	582	131859	86729
1996	104	12611	12208	2007	686	140001	96472
1997	137	21250	17344	2008	649	138043	94684
1998	153	25128	22197	2009	681	152120	103661
1999	169	25128	23600	2010	604	155746	105557

船舶登记　1988年，舟山市交通局通知，决定重新命名舟山全市专业运输企业船舶和乡镇船舶的船名。通知规定，市、县（区）交通系统主管的专业海运单位船舶，以“浙舟”为船名，市属单位新编船号使用一至二位数，区（县）属单位使用三位数，其中前一位表示区（县）代号。定海区代号为3字头。

1998年定海区境舟山市各专业海运单位船舶新编船号数字使用范围分配表

船舶拥有单位	新编船号数字使用范围
市属单位	1～99
市海运公司	51～89
定海区	301～399
定海航运公司	301～329
定海外海运输站	331～349

通知规定，专业海运单位的拖轮、驳船等船舶，在“浙舟”后面再加“拖”或“驳”，数字编号与货轮相同，在各单位分配的编号数字范围内编排。

例：拖轮和驳船分别称为“浙舟拖 ××× 号”和“浙舟驳 ××× 号”。

通知规定，定海区乡（镇）、企业、联户、个体的专业运输船舶分别以“浙定”为船名，新编船号为五位数，前二位表示乡（镇）代号，后三位数表示乡（镇）所辖船舶的顺序号。定海区的乡（镇）代号 36 ～ 65。

定海区乡(镇)企业、联户、个体专业运输船舶编号分配表

（浙定 36 ～浙定 65）

乡（镇）	编号	乡（镇）	编号
大丰	36	柳行	37
山潭	38	沥港	39
长白	40	小沙	41
大沙	42	烟墩	43
马目	44	岑港	45
石礁	46	盐仓	47
紫微	48	临城	49
洞岙	50	荷花	51
皋泄	52	白泉	53
北蝉	54	干礁	55
马岙	56	洋岙	57
城关	58	册子	59
长峙	60	盘峙	61
大猫	62		

定海境内交通渡、农村渡和专用渡船按渡口名简称或渡口所在地名加“渡”字命名，同一渡口有 2 条以上渡轮的再加顺序号，定海区交通管理局规定要求定海全区交通渡、农村渡和专用渡新命名船名在 1988 年 12 月底完成。

定海区渡船新旧船名对照表

旧船名	新船名	经营单位	补充
浙定 201 轮	金塘渡 1	定海区航运公司	
浙定 206 轮	金塘渡 2	定海区航运公司	
登陆艇	金塘渡 3	定海区航运公司	改装成汽车渡
定民渡 6 号	沥鹏渡	沥港镇渡运站	

续表

旧船名	新船名	经营单位	补充
定交 4 号	山潭渡	山潭乡渡运站	
定交 1 号	大丰渡 1	大丰乡海运站	
定交 2 号	大丰渡 2	大丰乡海运站	
定交 3 号	大丰渡 3	大丰乡海运站	
定交 13 号	册渡 1	册子乡运输社	
定交 7 号	册渡 2	册子乡运输社	
定交 6 号	册渡 3	册子乡运输社	更新后航行镇海
定民交 16 号	古次渡	岑港镇古次村	
定民渡 2 号	岑港渡 1	岑港镇钓山村	
定民渡 5 号	岑港渡 2	岑港镇里钓村	
定交 9 号	长白渡 1	长白乡交运队	
定交 14 号	长白渡 2	长白乡交运队	
定民交 15 号	峙中渡	长白乡峙中村	15 号船沉没，在新建
定交 8 号	大猫渡 1	大猫乡工办	
定交 12 号	大猫渡 2	大猫乡工办	
定交 10 号	盘峙渡 1	盘峙乡船管站	
盘峙摇船	盘峙渡 2	盘峙乡东山头村	
定民交 10 号	摘刺渡	盘峙乡船管站	
定民交 6 号	五星渡	盘峙乡五星村	
定民交 8 号	同兴渡	盘峙乡同兴村	
定民交 9 号	西蟹渡	盘峙乡西蟹峙村	
定民交 12 号	大巨渡	盘峙乡大巨村	
定民交 13 号	小巨渡	盘峙乡小巨村	更新一艘
定民交 2 号	岙山渡 1	长峙乡岙山村	
定民渡 4 号	岙山渡 2	长峙乡岙山村	
定民交 1 号	马安渡	长峙乡马安村	
定民渡 1 号	王家渡 1	长峙乡王家墩村	
定民渡 3 号	王家渡 2	长峙乡王家墩村	用登陆艇更新
东蟹峙渡船 1 号	东蟹渡 1	长峙乡东蟹峙村	
东蟹峙渡船 2 号	东蟹渡 2	长峙乡东蟹峙村	
松山渡船	松山渡	长峙乡松山村	
拆船厂渡轮	定拆渡	定海区拆船厂	

乡（镇）、企业、联户、个体的专业运输船舶，是帆船或机帆船的，分别在“浙定”后面加“帆”或“帆机”，数字编号也以分配船舶所在乡（镇）的使用范围编排。例：定海区长白乡的帆船称为“浙定帆40×××号”，定海区长白乡的机帆船称为“浙定机帆40×××号”。

1990年，定海区交通管理局完成境内船舶“三证”（水路运输经营许可证、水路运输服务企业经营许可证、船舶营运证）工作，计231艘。

1991年，重新整理登记定海境内运输船舶，建立台账制度，一船一档。同时完成专业、社会船舶经营者和经营手续审核，办理“两证”换发手续112艘，换证率80%。1992年2月25日，浙江省交通厅制定《关于加快改革开放步伐，加快发展市场经济的若干意见》，开放运输市场。新增船舶运力，只要符合开业标准，具备相应条件，即可办理船舶登记和船舶营运有关手续。定海境内客货船舶数量427艘、22756载重吨，其中167艘无证船舶纳轨，登记，计4883载货吨，新增登记船舶34艘、5497载货吨。1993年定海区新建、过户登记船舶27艘、7255载货吨、3919千瓦，其中钢质24艘，木质3艘。1994年，舟山市统一换发新的《船舶营业运输证》，强化各水运企业及个体（联户）营运船舶年检年审。全年新建、过户、挂靠返回登记船舶24艘、6609载货吨、3768千瓦，无证纳规登记船舶33艘，1287载货吨。1996年，过户、买卖、新增登记船舶23艘，其中钢质22艘，9889.6载货吨、4880千瓦；木质1艘，145载货吨、135千瓦。1997年，执行交通部2号令《运输船舶强制报废制度》、《老旧船舶管理规定》，国家船检局（89）船级字第05号《关于老龄船舶检验的暂行规定》，定海境内先后责令“扎刺渡”停航报废、“岙山渡1号”停航更新改造，清退异地挂靠船舶10艘。1998年，根据舟山市交通委《关于认真搞好无证船舶的专项整治的通知》，年完成第一批27艘、第二批43艘港内无证小船登记，并签发有效航行证书，清退异地挂靠船舶18艘，计5580载货吨。1999年继续整治无证船舶。全年登记办理无证船舶所有权证书33艘，个体联户船舶年检年审116艘。

2000年4月，设立定海海事处，执行国家交通部《老旧运输船舶管理规定》，强制报废已达到报废船龄的乡镇老旧客渡船“岙山渡6号”、“沥鹏渡”、“盘峙渡1号”、“金源渡”、“金源渡2号”、“富翅渡”6艘。2001年，按照市船检处《关于加强转港船舶有关问题的通知》，完成辖区内转港、纳规船舶的检验、登记和换发证，完成定海港内小船年检换牌85艘。2004年继续加强转港、纳规船舶换发证，年完成19艘无证船舶检验登记。2007年，贯彻执行省交通厅《浙江省水路运输经营资质管理工作规程（试行）》，完成定海全辖区132艘船舶办理了船舶营运证注销手续。2008年，完成定海辖区160艘船舶办理营运证注销手续，完成2艘新增客船营运前评估并予以船舶登记。

2009年11月30日，中华人民共和国交通运输部颁布修改后《老旧运输船舶管理规定》（2第14号令），其中“购置外国籍船舶或以光船租赁条件租赁外国籍船舶”改为“中国籍船舶经营水路运输购置人、承租人按以下规定进行船舶登记。购置外国籍船舶或者以光船租赁条件租赁外国籍船舶取得船舶检验证书后，应依法向海事管理机构申请船舶登记、光租租赁登记，取得其签发的船舶所有权登记证书，船舶国籍证书或光船租赁登记证书及临时船舶国籍证书”。

1989 年～2010 年度定海区船舶拥有量变化情况表

单位:艘、吨、千瓦、个

年份	客货船	载货吨	主机功率	其中客渡船	客位
1989					
1990	276		12880	31	3552
1991	262	17367	12330.36	32	3961
1992	427	22756	13524	32	3000
1993	417	36777	24151.4	29	3000
1994	394	34811	27878	29	2450
1995	296	40793	27255	34	3104
1996	162	20264	16353	22	2015
1997	182	21250	17344	28	2560
1998	180	21150		28	2560
1999	169	25128	23600	28	2560
2000	266	245157	30575	34	7481
2001	448	298231		37	7488
2001	410	346642		35	7274
2003	462	454838	218845.15	44	11200
2004	515	590000	270173	44	10150
2005	595	806000		45	10119
2006	591	1098000		44	10286
2007	630	1133301		45	10920
2008	619	1269080		45	11448
2009	634	1470590		32	10005
2010	474	1060302		32	10005

船舶签证　1988 年 6 月 20 日，舟山市人民政府舟政印发〔1988〕55 号文件，批复同意成立舟山市水上安全监督处。8 月，定海区航运管理所港监股(包括船检人员)划归舟山市交通局，组建成立舟山市水上安全监督处定海监督站，承担定海境内水域运输船舶签证职责。定海监督站下设木材公司、黄沙场、金塘大丰、金塘沥港、西码头、岑港和站本级 7 个签证点。1992 年，舟山市水上安全监督处撤销，定海监督站人员大部分划归定海区航管所，小部分留舟山港务局港监。同年，定海区航管所设金塘、岑港、西码头 3 个航管站，金塘大丰、沥港签证点归金塘航管站管理，岑港签证点归岑港航管站管理，西码头签证点归西码头航管站管理，木材公司、黄沙场、定海监督站签证点由定海监督站直管。

1993 年，交通部颁布《中华人民共和国船舶签证管理规则》(交通部令 1993 年第 3 号)，定海航管所各签证点按新规则签证。1999 年 11 月 24 日渤海湾“大舜”号发生特大海难事故。30 日，浙江省交通厅发出《关于立即开展对客滚船和客渡船进行安全检查的紧急通知》。同月，交通部取消客滚船和客船定期签证，统一改为航次签证。2000年，交通部对客船、高速客船签证实行开船前“船长声明”，即船舶进出口签证船长必须向签证点提交“船长声明”，船舶才准予签证。

开航前船长声明（样本）

________________海事局：

本轮________航次______月______日在__________码头/泊位装载______车辆，载客______名，开往____________港。

兹声明如下：

□　依据________气象预报和/或________气象传真分析，预报风力未超过本轮核定的安全适航风级；

□　船舶未超载；

□　船上救生、消防设备业经测试，处于良好状态；

□　所在车辆业经有效绑扎和固定；

□　本轮已制定了在紧急情况下的预防措施和反应计划。

______________轮（印章）　船长（签名）________

__________年____月____日

定海境内的舟山市海峡汽车轮渡有限公司、舟山市通达海运有限公司按照交通部、省交通厅安全评估要求，查漏补缺，满足签证条件。其中舟山海峡汽车轮渡有限公司从4月24日至11月30日，自查自纠整治公司客滚船。整治期间，舟山海峡汽车轮渡有限公司船员210人、舟山市通达海运有限公司船员25人，按规定接受客滚船船员特殊培训（海事文件规定自2001年1月1日起，未经特殊培训合格船员不得在客滚船、危险品船上服务，船员未经培训，客滚船、危险品船一律禁止运营），考试合格，取得证书。两公司各艘客滚船完成《船舶装载手册》、《安全防污染操作程序手册》、《客滚船绑扎系固手册》编写，并得到上级业务部门批准，核定船舶抗风等级，建立“船长声明”，落实巡航、消防救生演练等制度，配置和改装了船上防火、救生等相关设备、设施，港口码头安装衡重设备，满足和达到客滚船舶签证要求。

2001年，建立定海海事处，定海水域运输船舶签证由定海海事处承担。同年，在老塘山、鸭蛋山办事处试行电脑网络化管理，船舶签证点有金塘大浦口、沥港、岑港、老塘山、鸭蛋山、西码头、定海海事处本部。8月，挂牌成立舟山海事局岙山海事处，下设岙山签证点。2002年，定海海事处试行乡镇客渡船开航前“零”分钟签证办法。即根据客运站在乡镇客渡船开航前五分钟所提供的旅客数给予签证，开航后船长再用高频报告实载人数。是年，执行雾季乡镇客渡船航行最低视距，确保雾季航行安全，也便于船舶签证人员实际操作。海事部门还根据浙江、舟山海事局开展“水上运输安全管理年活动”的实施方案，严格船舶签证，严把船舶签证关，探索既保证签证实效，又符合上级规定和适合地方实际的签证管理办法，建立实行遮蔽区内部气象信息机制，方便旅客外出，增加船方收益。建立健全乡镇客渡船、液化气船、散装化学品船、油船等重点船舶的现场签证制度，现场签证责任制度。

2003年，定海海事处实施电子签证、建立完善到港船舶信息收集制度。2008年1月1日，挂牌成立舟山海事局马岙海事处(筹)，下设三江、西码头两个签证点。

2007年5月31日，国家交通部颁布《中华人民共和国船舶签证管理规则》(交通部三号令)，定海船舶签证从10月1日起全面执行部令。三号部令明确所谓船舶签证，是指海事管理机构根据船舶或者其经营人的申请，依法审查，符合船舶签证条件的，准予其航行的行政许可行为。规定要求海事管理机构收到船舶签证申请后，应当按照《交通行政许可实施程序规定》办理，强调海事管理机构当场办理航次船舶签证，签证人员须在船舶签证簿内签注是否准予签证的意见、海事行政执法证编号、日期、加盖船舶签证专用章。不予签证的，还须在船舶签证簿内签注不予签证的理由。符合“在固定水域范围内的船舶”、“定线航行的船舶”可以申请短期船舶签证取代航次船舶签证，符合“安全诚信船舶；安装并按规定使用船舶自动识别系统；在前一年度签证期内按照规定递交进出港报告；已经与有关金融机构签订船舶港务费交纳协议”的，可以向船籍港所在地的交通部直属海事管理机构或者省级交通主管部门所属的海事管理机构，申请年度定期船舶签证取代航次船舶签证。规定“海事管理机构应当在受理申请之日起7个工作日内办结短期、定期船舶签证，在20个工作日内办结年度船舶签证。准予定期船舶签证的，还应当在船舶签证簿内注明签证的有效期限、航行区域或航线”。“短期、定期船舶签证的有效期限最长不超过3个月。年度定期船舶签证在全国范围内有效，有效期限位12个月”，“客船、载运危险货物的船舶只能办理有效期限不超过1个月的短期定期船舶签证。”至2010年，定海水上船舶签证点有定海海事处所属金塘大浦口、沥港、老塘山、鸭蛋山、定海海事处本部，舟山海事局直属马岙海事处有三江、西码头，舟山海事局直属岙山海事处岙山8个签证点。

定海海域船舶签证情况表

(1989年—2010年)　　单位：艘次、万吨

年份	船舶进出港签证	进出港船舶中		货物吞吐量		国际航行船舶进出口岸查验
		客船	危险品船舶	合计	其中危险货物	
1989						
1990						
1991						
1992	1281					
1993	1356					

续表

年份	船舶进出港签证	进出港船舶中		货物吞吐量		国际航行船舶进出口岸查验
		客船	危险品船舶	合计	其中危险货物	
1994	1023				0.0231	
1995	20310					
1996	2605					
1997	7097		208		48.6173	
1998	8045		149			
1999	603	468	788	48.33	35.5100	
2000	18102	18102				
2001	90834			791.00		79
2002	156718			873.00		109
2003	182334			1165.00		261
2004	202010			1879.0		335
2005	198091			2498.00		444
2006	232842	193342		3535.00		719
2007	257278	207864		4455.00		971
2008	190371	142520		4551.00		1026
2009	180658	132333	5569	4669.70	1531.4000	1038
2010	140441	92978	4690	4130.00	1265.5000	940

第五节　船员管理

船员培训　1989 年始，港监部门规定下海普通船员必须具备“四小证”，即（“船舶消防”、“海上救生”、“艇筏操纵”、“海上急救”）技能证书，凡无“四种”技能证书则不能从事海员职业，舟山港航监督负责日常监管和考试评估。次年，舟山市交通培训中心海员专业培训站在浙江水产学院成立，舟山港航监督负责考试、发证。是年下半年起“四小证”改为“二小证”，即（“熟悉与基本安全”、“精通艇筏”）。

1997 年，国家交通部为履行《1978 年海员培训发证和值班标准国际公约（1995 年修正）》，简称 STW78 / 95 公约，加强对海员培训、考试和发证的管理工作，相继颁布了“船员适任考证发证”、“船员培训”、“船员注册和船员服务簿管理”、“海员证管理”、“船员档案管理”和针对新型船舶增多及出现的问题，颁布“高速船员特殊培训、考试和发证办法”、“客船、客滚船特殊培训、考试和发证办法”等一系列与国际接轨的船员管理法规。是年 11 月 24 日，渤海湾“大舜轮”客滚船发生重特大海难事故，国家交通部发出紧急通报，30 日省交通厅下发《关于立即开展对客滚船和客渡船进行安全检查的通知》，并要求对客滚船船员强制进行特殊培训。1999 年～ 2000 年，舟山市海峡汽车轮渡有限公司、舟山市通达海运有限公司及有关客滚船企业 603 名海员参加了客滚船船员特殊培训。

1999 年 4 月，舟山航海学校（2006 年 2 月更名浙江国际海运职业技术学院）通过国家海事局船员教育和培训质量体系审核，被许可开展船员培训。

2001 年 2 月 8 日，舟山海事局授牌成立后，海员培训、组织、协调由该局船员管理处负责。培训根据海运市场海员供需状况而定。培训采用企校联办、海事委托办班形式。舟山航海学校、浙江海洋学院负责培训。

2003 年 10 月 1 日，实施《中华人民共和国船员违法记分办法》，船员实行动态跟踪管理。当年 12 月，首次对小型海船船员实行无纸化考试。是年底，浙江海洋学院通过国家海事局船员教育和培训质量体系审核，被许可开展船员培训。翌年，全面推进小型海船船员无纸化考试。当年 8 月 1 日，实施《中华人民共和国海船船员考试、评估和发证规则》，是年举办 8 期小型海船船员无纸化考试，1053 名船员参加。至 2004 年底，境内有 2 家船员教育和培训机构，即浙江国际海运职技术学院、浙江海洋学院。浙江国际海运职技术学院具备所有等级、航区船员适任培训、考试和除液化气特殊培训资格外的所有特殊小证、专业小证的培训资格，浙江海洋学院具备《熟悉与基本安全》、丁类值班水手 / 值班机工、小型海船船员适任培训、丁类海船船员考前适任培训的资格。2005 年，新增乙、丙类值班水手 / 值班机工的培训资检。2005 年起运行浙江海事局制定的海船船员考试、评估和发证质量体系。2004 年～ 2010 年，境内培训“高级消防”、“基本安全”、“精通船筏”、“船上医护”、“乙丙类机工”、“乙丙类值班水手”、“未满 500 总吨水手、机工”、“丁类大管轮”、“丁类大副”等海员 43151 人，并取得相应证书。

船员日常监管　凡进出定海境内水域各航次海上运输舶舶，在各个船舶签证点签证时须提交船舶安全配员最低要求，不符合的一律不予签证。“港航艇”（“港监艇”）、“海巡艇”在日常执法巡航中，发现船舶人证不符、安全配员不足、借证代替、假证等，一律现场作出严肃处理。2005 年，查处 62 名未按规定上船见习船员，查处 5 名持假渔业证书或伪造海船船员资历证书。

第六节　船舶引航

1983 年 7 月，舟山港首次为外轮引航，外轮受引从虾峙门水道引航至沈家门锚地。外籍轮船总长 297 米，1.3 万吨载重吨。1989 年 3 月，引航伊朗籍船舶“AVAJ”号，总长 351 米，36 万吨载重吨，时为靠泊舟山港最大的外国籍船舶。1989 年 6 月，成立舟山港引航管理站，隶属舟山港航管理局，署定海港务码头 1 号舟山港务大楼 1903 号。舟山港引航管理站行使国家引航主权，担负进出舟山港的外国籍船舶或在港内移泊实施强制引航，为提出申请的中国籍船舶提供引航及技术咨询服务，参与涉及引航的港口、航道等工程项目的研究工作，引航范围覆盖整个舟山港11个港区，即定海港区、老塘山港区、金塘港区、马岙港区、沈家门港区、六横港区、高亭港区、衢山港区、泗礁港区、洋山港区、绿华山港区，并开展舟山港附近海域工程船长距离拖带、超大型油轮减载过驳等港外引航业务。1993年岙山石油转运基地投产后，舟山港引航船舶向超大型发展。是年2月完成装载18.9万吨原油的英国籍31.8万吨级“兰姆帕斯”号超级油轮安全靠泊岙山石油转运基地码头的引航任务，创下国内港口引靠超大型船舶码头作业的记录。2003年9月，成功引领号称“世界散货船王”的巴拿马籍“阿米恩”（AMYN）。

2010年引航船舶6637艘，其中国轮927艘，外轮5710艘，总吨308071615吨。

1989年～2010年舟山港进出口国际航行船舶引航情况表

单位：艘次、吨、万元

年份	引航船舶数			引航船舶吨位			引航费收入
	小计	国轮	外轮	总吨	净吨	载重吨	
1989	89	43	46	288864			18.1
1990	61	23	38	183900			4.7
1991	131	50	81	842674			18.9
1992	192	27	165	1646486			43.5
1993	313	26	287	5826880			91
1994	411	103	308	5269526			209
1995	465	85	380	7950373			397
1996	662	127	535	10658645			456
1997	688	77	611	10583282			540
1998	629	486	142	7428064			330
1999	547	154	393	8557142			453
2000	560	150	410	14839403			802
2001	805	141	664	11890215			551
2001	1089	87	1002	20906061			987
2003	1150	136	1014	39347824			2245
2004	1937	222	1715	61578904			3429
2005	2796	453	2343	89864873			4447
2006	4025	553	3472	148862101			6688
2007	5238	666	4572	192840000			8850
2008	5194	765	4429	221062234			10525
2009	5430	772	4658	248342512	145140148		11453
2010	6637	927	5710	308071615	177089311		14588

补充：舟山港引航管理站1989年～2010年未统计船舶净吨，载重吨。

第五章　口岸涉外机构

改革开放以前，定海境内少有口岸涉外机构。1986年4月18日，国务院、中央军委批复，同意舟山港对外开放，至2010年，定海境域口岸主要涉外单位有：中华人民共和国舟山海关、中华人民共和国舟山出入境检验检疫局、中华人民共和国海事局定海海事处、中华人民共和国舟山边防检查站、中国船级社舟山办事处、中华人民共和国外轮代理公司舟山分公司、中华人民共和国外轮理货舟山分公司。各口岸涉外单位履行国家赋予的职责，按照国家法律、法规之规定，把好“国门”，加强检查、监督和管理航行于国际航线的国轮和外国籍船舶进出舟山定海港域。

第一节　中华人民共和国舟山海关

俗称舟山海关。署舟山市定海区新城海景道599号。1988年4月1日开关，正（县）处级单位，隶属杭州海关。2002年，根据海关总署关于海关职能调整要求，杭州海关核定舟山海关人员编制总数60人。同年12月21日，国务院批复浙江省人民政府，同意舟山港口岸马迹山港区对外籍船舶开放，并设立相应海关机构，核定编制22人。

舟山海关是国家进出关境监督管理机关，依照《中华人民共和国海关法》和其他法律、行政法规，监管进出境的运输工具、货物、行李物品、邮递物品和其他物品，征收关税和其他税、费，查缉走私，并编制海关统计和办理其他海关业务。

舟山海关内设办公室、人事政工科、监管科、综合业务科、现场业务科、加工贸易监管科、稽查科、技术科、财务装备科、机关服务中心。

1989年～2010年舟山海关监管进出口船舶货物情况表

单位：艘次、万吨

年份	进出口货运量			进出境船舶
	合计	进口	出口	
合计	405616156	377938161	27717395	56334
1988	222737	215537	7200	260
1989	249588	241555	8033	398
1990	52052	38405	13647	549
1991	251199	234978	16221	842
1992	369025	349927	19098	914

续表

年份	进出口货运量			进出境船舶
	合计	进口	出口	
1993	1063597	1043470	20127	1608
1994	1130202	1125831	43771	2218
1995	2618002	2560849	57153	2805
1996	4052155	3750933	301222	2373
1997	4810775	4412153	398622	1498
1998	4068108	3479078	589030	1188
1999	3397947	3356830	41117	982
2000	9209004	7944218	1264786	1360
2001	5608740	5401984	206756	1614
2002	9038618	8724099	314519	2121
2003	21281840	20898433	383407	2846
2004	25540844	25295428	245416	3707
2005	27412679	25982853	1429826	3864
2006	35534494	33229698	2034796	4606
2007	45203553	40885500	4318053	5049
2008	61029803	56972459	4057344	4908
2009	67308986	62464924	4844062	4971
2010	76162208	69329019	6833189	5653

第二节　中华人民共和国舟山出入境检验检疫局

署定海区环城南路505号。1999年11月19日，舟山进出口商品检验局、舟山出入境动植物检疫局、舟山卫生检疫局合并组建舟山出入境检验检疫局。依照《中华人民共和国进出口商品检验法》、《中华人民共和国进出境动植物检疫法》、《中华人民共和国国境卫生检疫法》、《中华人民共和国食品安全法》和其他法律法规，行使其职权。主要职责是：

一、贯彻执行出入境卫生检疫、动植物检疫和进出口商品检验法律、法规和政策规定的实施细则、办法及工作规程，负责所辖区域的出入境检验检疫、鉴定、认证和日常监管等行政执法工作。

二、负责实施所辖区域出入境卫生检疫、传染病监测和卫生监督，负责口岸传染病的预防与控制工作，负责出入境人员的预防接种和传染病监测体检等工作。

三、负责实施所辖区域出入境动植物及其产品和其他检疫物的检验检疫与日常监管，负责动植物疫情监测、调查和汇总报告等，实施动植物疫情的紧急预防措施。

四、负责实施所辖区域进出口商品（含食品）的法定检验和日常监管，负责实施一般包装和出口危险品货物包装检验，负责进出口商品鉴定管理，负责实施外商投资财产鉴定，办理进出口商品复验。

五、负责实施与所辖区域进出口食品、动植物及其产品等的生产（养殖、种植）、加工和存放等单位卫生、检疫注册有关的宣传贯彻、受理、考核及日常监管，负责实施与进出口安全质量许可制度相关的日常监管，负责实施与出口质量许可制度相关的宣传贯彻、受理、考核及日常监管，负责实施产品和体系认证工作。

六、负责实施所辖区域国家实行进口许可制度的民用商品的入境验证，负责出口、转口商品的有关出境验证。

七、负责实施所辖区域出入境交通运载工具和集装箱及容器的卫生监督、检疫监督和有关的适载检验、鉴定，负责出入境交通运载工具、集装箱、包装物及铺垫材料和货物的卫生除害处理等工作。

八、负责执行国家、国务院有关部门和国家出入境检验检疫局签署的有关检疫、检验的国际协议、协定和议定书等，负责技术性贸易壁垒协定和检疫协议的具体实施工作。

九、负责签发所辖区域出入境检验检疫证单和标识、封识，并进行监督管理，负责出口商品普惠制原产地证和一般原产地证的签证工作。

十、负责所辖区域的出入境检验检疫业务统计，调查和收集国外传染病疫情、动植物疫情和国际贸易商品质量状况，提供有关信息。

十一、承担所辖区域内各类涉外检验检疫、鉴定和认证机构（包括中外合资、合作机构）以及卫生除害处理机构的监督管理。

十二、负责所辖区域出入境检验检疫科技、标准化和信息化工作的具体实施，承担上级下达的各项科研制标任务。

舟山出入境检验检疫局为浙江省出入境检验检疫局直属机构，内设办公室、政工处、卫生检疫处、财务处、法制与综合业务处、科技认证处、卫生检疫处、食品检验监督处、动植物检验检疫处、机电轻纺检验处、鉴定管理处、检务处、岱山现场办公室。

2003 年～2007 年，定海境内出入境交通运载工具及卫生除害处理

2003 年，检疫出入境船舶 1858 艘。其中检疫入境船舶 943 艘次；检疫出境船舶 915 艘次；检查船舶鼠患及签证 345 艘次；检查船舶卫生及签证 41 艘次；处理违反检疫法事件 4 起。

2004 年，检疫出入境船舶 2899 艘次。其中检疫入境船舶 1454 艘次，检疫出境船舶 1445 艘次。是年还首次派检疫人员到香港，随船检疫入境邮轮，方便游客。入境船舶检疫过程中，截获德国小蠊 12 次，截获巴西豆象 1 次，四纹豆象 3 次。封存疫区肉类 38092 公斤，销毁疫区肉类 420 公斤，封存水果及茄科类蔬菜 28197 公斤，销毁废旧医疗器械及药品 3 批次，计 100 公斤。累计完成船舶卫生除害处理 1000 余艘次。

2005 年，检疫出入境船舶 2864 艘次，其中检疫出境船舶 1410 艘次，入境船舶 1454 艘次。入境船舶构成以渔轮（37.2%）、散杂货船（19.7%）、冷藏运输船（17.5%）、油轮（9.2%）等占主导。由于舟山临港修造船业的发展，吸引 620 艘国际航行船舶来舟山修理，占入境船舶总数的12.5%。共检疫出入境船员49306人次，实施船舶鼠患检查629艘次，在出入境船舶中封存疫区肉类37064公斤，销毁疫区肉类620公斤，封存水果及茄科类蔬菜29396公斤，销毁废旧医疗器械及药品3批次，计100公斤。

2006年，检疫出入境船舶3136艘次，其中检疫签证出境船舶1530艘次，入境船舶1606艘次。其中国内转港的1002艘次主要以修理船转港、老塘山三期的大豆、铁矿砂、水泥熟料、化肥等大宗散货过驳中转为主。入境检疫签证船舶则仍以渔轮（32.2%）、散杂货船（19.1%）、冷藏运输船（15.1%）、活水鱼船（15.1%）、油轮（9.3%）等占主导。是年度共检疫查验交通员工58557人次。实施船舶鼠患检查682艘次，船舶卫生检查及签证77艘次。在出入境船舶中共封存疫区肉类38075公斤，封存水果及茄科类蔬菜22820公斤，销毁废旧医疗器械及药品2批次，合计80公斤。

2007年，检疫出入境船舶3139艘次，其中检疫签证出境船舶1625艘次，入境船舶1514艘次。其中国内转港的999艘次主要是修理船转港、老塘山三期的大豆、铁矿砂、水泥熟料等大宗散货过驳转港。是年共检疫查验交通员工和旅客计58834人次，实施船舶鼠患检查686艘次，船舶卫生检查及签证54艘次。

截至2007年，舟山口岸共有通过省政府验收的涉外修造船厂19家，分布在舟山市3个区县(定海区、普陀区、岱山县)7座海岛上，年检疫监管各类入境(进港)外籍修理船841艘次。

第三节　定海海事处

全称中华人民共和国舟山定海海事处，2001年4月1日成立，俗称定海海事处，行使《中华人民共和国海上交通安全法》、《中华人民共和国海洋环境保护法》等法律法规赋予的海事机构职权。是年开始，实行国际航行船舶进出定海水域口岸签证行政执法责任制，加强监督和管理，依法行政、文明执法。截至2010年，口岸查进出定海辖区水域国际航行船舶验6155艘次。

2001年～2010年定海海事处查验进出定海水域国际航行船舶情况表

单位：艘次、万吨

年份	船舶进出口签证	货物吞吐量	国际航行船舶进出口岸查验
2001	90834	791	79
2002	156718	873	109
2003	182334	1165	261
2004	202010	1879	335
2005	198091	2498	444
2006	232842	3535	719
2007	257278	4455	971
2008	190371	4551	1026

续表

年份	船舶进出口签证	货物吞吐量	国际航行船舶进出口岸查验
2009	180658	4669.7	1038
2010	164437	5054	1173

第四节　舟山边检站

舟山边防检查站俗称舟山边检站，署定海解放西路309号（2012年9月，迁址新城新岛路366号），是国家设立在舟山口岸、担负出入境边防检查任务的职能部门。检查、监护和管理出入境人员及其行李物品、交通运输工具及其载运的货物；防范、发现和打击各种违法犯罪活动，维护国家主权和尊严，保卫国家安全，为国家经济建设服务。

1990年6月22日，依法查处、非法闯入舟山港的南朝鲜商船“南荣”轮，驱逐出境。1991年7月30日，边防检查员在中日合资舟洋渔业公司所属的“舟洋渔1113”船上发现并扣留7名躲藏在机舱的不明身份者。1993年1月9日，进口联检时，查获洪都拉斯籍“卡格丸2号”船上韩国籍船长赵斗男持用他人证件。1995年～1996年，通过口岸外逃活动频繁，舟山边防检查站共查获偷渡案件8起，抓获涉案人员44人。1996年8月，先后查获国际远洋船舶方便旗船（伯利兹籍）“滨连21”号和洪都拉斯“滨连28”号轮从日本运载废电机到舟山途中，集体盗卖货物案。1997年12月23日，在“舟山33”外贸运输船抓获企图偷渡韩国的福建籍人员13人，协助偷渡人员2人。2000年11月，在俄罗斯籍“凯伯顿”轮上发现2名坦桑尼亚籍偷渡人员，经请示省边防局，作阻止入境，随原船返回处理。2001年2月，在巴拿马籍“丽浙江”轮上查获4名涉嫌偷越国（边）境者。是年，在开展反偷渡、反走私、缉枪缉毒等打击口岸违法犯罪活动和危害国家安全利益活动的整治斗争中，查获境外反动刊物2套3件，假验证章3枚；缴获猎枪1支、子弹97发。2002年2月，查获偷渡案件1起4人，移交舟山边防支队处理。2003年～2004年，连续查获多起伪假验讫章入出境案件。2005年查获伪假验讫章入出境案件15起29枚。同年10月21日，在办理中国籍货轮“海望冷6号”出境手续时，查获船员包国昌私自揭换照片冒用他人证件出境的违法案件。2006年，查处出入境违法违规案件52起157人次。2009年查获出入境违法违规案件28起、214人次，2010年查获违法违规案件16起356人次。

舟山边防检查站管辖区域的舟山市行政区域，有11个开放港区、88个执勤点，其中在定海区境内的有老塘山一期、老塘山三期、海晨船厂、五洲船厂、宏州船厂、岙山码头、沥港船厂、弘洲船厂、金舟船厂、册子船厂、册子油库、南洋船厂。边检站还承担着对舟山口岸原油中转、原油锚地减载、外国籍船舶修理、台湾船舶修理补给、境外旅游船观光、粮油中转、活水船出口、冰鲜鱼出口、远洋捕捞等的边防检查、监护和管理。

1989 年 ~ 2010 年舟山边验站检查的入出境中外籍船舶表

单位：艘次

年份	出入境			入境		出境	
	合计	中国籍	外国籍	中国籍	外国籍	中国籍	外国籍
1989	319	294	25	163	11	131	14
1990	437	419	18	217	9	202	9
1991	709	674	34				
1992	928	793	135				
1993	1210	1019	191				
1994	1705	1486	219				
1995	2608	1837	771				
1996	2048	1696	352				
1997	1950	1547	403				
1998	1490	1144	346				
1999	1157	934	223				
2000	1339	1015	324				
2001	1414	1029	385	535	212	664	170
2002	1157	834	323	418	189	416	134
2003	2408	1843	565	908	349	935	216
2004	3119	2260	859	1123	523	1137	336
2005	3229	2152	1077	1122	608	1040	469
2006	3280	2006	1274	1057	682	949	592
2007	3270	1672	1598	828	777	845	821
2008	3024	1308	1716	684	861	624	855
2009	3272	1386	1886	668	896	718	990
2010	3615	1569	2046	748	1008	821	1038

第五节　中国船级社舟山办事处

署舟山市定海区昌国路 39 号，成立于 1994 年 5 月 26 日，中华人民共和国交通部直属中国船级社下属的分支机构。

中国船级社是国家船舶技术检验机构，中国从事船舶入级检验业务的专业机构，国际船级社协会 10 家正式会员之一。在国内沿海、沿江主要港口设有 41 个分社和办事处、站，在国外 12 个国家和地区设有 16 个分社、检验处、站。已接受 22 个国家或地区的政府授权，为悬挂这些国家或地区旗帜的船舶代行法定检验。中国船级社还与境外 19 家验船机构签有相互代理检验的合作协议。形成以北京为中心，以国内沿海、沿江主要港口为依托，以欧洲、北美、大洋洲以及远东和北非地区等为主的、世界范围内的检验服务网络。

中国船级社舟山办事处主要职责：

1. 在中国船级社总部和上海分社的领导下，按照《中华人民共和国船舶及海上设施检验条例》、《中国船级社章程》有关检验规范和规则，中国船级社《质量手册》的规定进行各项业务和质量活动。

2. 接受所辖地区顾客的申请，办理船舶和冷藏装置的入级和保持入级的检验，签发临时入级证书有关技术文件和办理非入级船舶的检验发证，承担一般修理船舶（包括海损修理船舶）的图纸审查和检验。

3. 负责船用产品材料和船运集装箱的日常检验，签发相关的证书及技术文件。

4. 根据总部与外国船级社签订的技术合作协议的规定，对所辖地区的营运船舶、船用产品、材料和船运集装箱进行联合检验、代理检验及发证。

5. 接受船旗国政府的授权，代表授权国政府，执行船舶法定检验，签发相应的短期法定证书及有关技术文件。

6. 承办有关的公证检验业务。

7. 提供技术咨询服务。

8. 负责舟山地区船舶检验发证

9. 负责舟山地区船用产品、材料和船运集装箱的日常检验和发证。

中国船级社舟山办事处主要业务范围：一、按照国际公约和国家有关法规、条例提供船舶、海上设施、集装箱以及相关的工业产品合理和安全可靠的技术规范和标准；二、为海上交通运输、海上开发及相关的制造业和保险业服务；三、为保证水上人身、财产安全和保护海洋及其他环境服务。

2009 年 9 月，办事处按区域划分内设检验一部（舟山岛区域）、检验二部（六横区域）、检验三部（岱山区域）和综合办公室 4 个部门。

第六节　涉外船舶事件处理

1988 年 5 月 3 日，越南难民船 4207 号，17 吨位，50 马力，擅入定海港。难民均系越南广宁省芝街县和凉山省文郎县人。有船长阮文福等 30 人，其中男性 14 人，女性 16 人。边防检查部门检查，验证、监护后押送出舟山海域。6 月 19 日，又一艘越南难民船擅入定海港。铁壳，30 吨位，99.2 千瓦，8 级航速。船上 38 人，男 20 人，女 18 人，15 岁以下 11 人。均为越南广宁省先安县人，进港请求补给。本着人道主义精神，民政部门给予大米 90 千克、蔬菜 50 千克，土豆 50 千克、食油 2.25 千克，柴油 2 桶和淡水。边防部门将其押送出舟山海域。

1993 年 2 月 2 日 9 时许，定海区边防大队“公边 319 艇”缉私追赶可疑船舶到 2343 海区，鸣枪示警。日本海上保安厅出动飞机 3 架监视，日方巡逻艇扣押审查“公边 319 艇”23 个小时。经外交途径交涉，日方才将“公边 319 艇”送至 2163 海区放行。

第七节　海上缉私

1979 年，沿海地区对外籍船舶开放，定海境内水域海上走私活动日趋猖獗，1990 年 3 月 13 日～ 14 日，定海边防大队城道边防派出所在“浙海 715 轮”和“浙舟 54 轮”查获贩私外烟 550 条，案值 2 万多元。1999 年 1 月，新成立的舟山海关缉私分局按照海关总署党组“依法行政、为国把关、服务经济、促进发展”工作方针，从关区实际出发，开展工作履行打私职能，以打击海上走私犯罪为重点，不间断组织开展一系列打私专项行动。1999 年～ 2000 年，先后侦办、协办包括浙江省有史以来涉案数额、偷逃税额最大的“9.24”特大走私案件，中央督办的“8.15”专案在舟山的涉案人员在内的刑事、行政案件共 180 起，涉案总额 19.38 亿元，涉税 9 亿多元，罚款入库 4232 万元，抓获走私船舶 33 艘，抓捕走私犯罪嫌疑人 196 名，有 120 名被提起公诉并受到法律严惩。还先后侦破杭州关区数额最大的成品油走私案件、首起水产品走私案件、首起砂石出境走私案件，遏制了走私案件多发的势头。

第六章　公路管理

公路管理包括路政管理、公路养护、公路绿化、创建文明样板路、交通量调查。

第一节　路政管理

为保障公路完好、安全和畅通，依法保护公路、公路用地及公路附属设施，管理公路两侧建筑控制区的行政行为。路政管理的内容包括保护路产、维护路权、维护秩序、保护权益诸方面。

1989 年，定海境内公路路政管理以 1984 年国务院颁布的《中华人民共和国公路管理条例》为依据，开展工作。1990 年 3 月，省交通厅下达《关于完善我省公路路政管理机构的通知》，4 月又下达《关于完善我省公路路政管理机构的补充通知》。9 月，成立定海区公路管理段路政管理大队，办公设在定海区公路段内，负责管理定海境内国省县乡道路产路权，专职路政人员 4 人。同月，浙江省人民政府《关于加强对公路两侧建筑管理的通知》，明确公路两侧建筑红线管理范围，即国道不少于 20 米，省道不少于 15 米，县道不少于 10 米，乡道不少于 5 米，建筑红线内不得修建永久性建筑。未经批准，不得搭建临时性建筑物。为公路两侧建筑控制和管理提供了法律依据，促进了定海境内公路两侧建筑管理的规范化。1993 年，定海在国省道及重要县道公路站配置兼职路政员 5 人。1995 年 6 月起，贯彻《浙江省公路留地范围标牌设施管理办法》，11 月，施行《浙江省公路路政管理办法》，随后《浙江省交通行政处罚听证程序暂行规定》、《浙江省“四自”公路养护路政管理办法》及《浙江省公路交通标志标线管理暂行办法》等一系列有关路政管理法规、规章相继出台，为境内公路路政管理提供了法律保障。1998 年 1 月起，实施《中华人民共和国公路法》。定海区公路段路政大队运用报纸、广播、印发路政手册、宣传标牌、张贴标语、现场咨询等载体向公路沿线群众和单位宣传《公路法》和有关法律法规。是年 7 月 1 日，公路标志标线移交公路部门，定海路政部门着手开始境内标志标线的调查、搜集、整理工作。翌年，定海公路段先后完成境内 329 线、定岑线、定西线、定马线等的调查登记、标志安装划线。年末境内公路有各类标志牌 1500 余处，标线 75000 余平方。2000 年 4 月起，施行浙江省公路《超限运输车辆行驶公路管理规定》。定海公路段路政大队通过舟山电视台经济生活频道宣传治理超限运输目的、意义，引起社会共鸣。

2001 年 6 月起，按照市政府要求，境内路政许可统一进入市办证中心。申请人只要到规定的服务窗口申请办理，提供必要的材料证明，审核、审批的内部环节由窗口和定海公路段内自行协调和运作。

县级公路管理机构行政许可项目(共 9 项)

项目名称	法律依据
占用、挖掘公路或使公路改线作业许可	《中华人民共和国公路法》 《中华人民共和国道路交通安全法》 《浙江省公路路政管理条例》
跨越、穿越公路作业许可	《中华人民共和国公路法》 《中华人民共和国道路交通安全法》 《浙江省公路路政管理条例》
公路用地范围内架设、埋设管线等设施许可	《中华人民共和国公路法》 《浙江省公路路政管理条例》
建筑控制区内埋设管线等设施许可	《中华人民共和国公路法》 《浙江省公路路政管理条例》
铁轮车、履带车和其他可能损害公路路面的机具行驶公路许可	《中华人民共和国公路法》 《浙江省公路路政管理条例》
增设公路平面交叉道口许可	《中华人民共和国公路法》 《浙江省公路路政管理条例》 《浙江省实施〈中华人民共和国道路交通安全法〉办法》
超限运输车辆行驶公路许可	《中华人民共和国公路法》 《浙江省公路路政管理条例》
公路用地范围内设置非公路标志许可	《中华人民共和国公路法》 《浙江省公路路政管理条例》
公路用地林木更新、砍伐许可	《中华人民共和国公路法》 《中华人民共和国森林法》 《浙江省公路路政管理条例》

2001 年 9 月，市区两级机构分设，定海区交通局恢复建制。定海路政坚持“超前控制，支干统管，以干为主，防治结合”工作方针，做好机构队伍建设、路政宣传、巡查处治、超载超限、公路交通标志标线管理等各项工作。年行政处罚 18 起，查处超限运输车辆 29 起、违法建筑 44.86 平方米、损坏路面路肩 8.83 平方米、压顶 46.5 米／ 8 起，挡土墙 12.47 立方米／ 4 起、桥梁杆柱 17 根／ 3 起、扶手 21 根／ 3 起，送发路政手册 80 份，宣传车行驶 100 千米／ 5 次，书写墙体标语 20 幅，索赔款 230079 元，罚款 1180 元。翌年，舟山市交通委员会改革交通执法体制，将定海区公路路段路政管理大队划出，归定海区交通局直属，实行以块为主，条块结合的管理体制。2003 年，定海区公路路政大队下设大队部（路政股兼）、白泉中队、岑港中队，专职路政管理人员增至 17 人。全年上路巡查 340 天，计 5800 人次，发现违法违章案件 260 起，查处 250 起，其中行政处罚 4 起，查处违法建筑 77.42 平方米，简易棚屋 80 平方米，清理堆积物 1886 平方米，拆除非公路标牌 4 块。办理各类行政审批事项 205 件。2005 年，年上路巡查 1906 人次，46030 千米，行政处罚 8 件，审办路政许可审批事项 82 起，收取公路补偿费 48942 元（不包括责令补办手续缴纳的赔补偿费）。境内公路各线路增设防撞护栏 4270 米，隔离栏 55 米，警示桩 312 根，橡胶减速带 275 米，太阳能黄闪灯 8 只。增设、调整、更换各类标志 739 块，清理维修交通标志 45 处，布设锥形交通标识（柔性警示墩）458 只。

2006 年，以法治路，规范管理。年上路巡查 1223 人次／ 110 天，办理各类许可事项 48 件（其中审核国省道各类许可 23 件），新设及更换交通标志牌 93 块，维修及调整 48 块，划设路面标线 8427 平方米。2007 年 6 月，在马岙、岑港增设 2 个路政中队。年出动执法上路巡查 3597 人次，查处违章案件 137 件，清理堆积物 8350 平方米，审批各类路政许可 66 件（其中审核国省道及重要县道许可 19 件），增设及调整各类标志 389 处，增设警示桩 274 根，设置减速带 90 米，漆划各类标线 11995 米，采用“高强模塑材料”制成轮廓标志和诱导标志，规范化设置和维护国、省道及重点县道的标志标线。

2008 年 9 月，定海区政府出台《定海区治理公路超限超载工作实施方案》，路政大队按照“依法严管、标本兼治、立足源头、长效治理”的总体要求，在联合治超专项活动中，共出动路政执法人员 48 人次，检测车辆 85 辆，查处超限运输车辆 11 辆，遏制住境内公路运输超限车辆扩大势头。11 月 1 日始，治超由集中治理转入常态治理和长效治理。翌年共出动巡查 4569 人次，80480 千米，查处违章案件 74 件，清理堆积物 8497 平方米，拆除非公路标牌 43 块，行政处罚 15 件。审批、审核各类许可 98 件，新增、更新各类交通标志 198 块，设置减速带 125 米，道口标柱 269 根，钢质护栏 288 米，爆闪灯 7 只，警示灯 24 个，隧道反光器 63 个，凸面镜 1 个。

2010 年，继续日常巡查处治、治理超限运输、标志标线、行政许可，查处违章案件 234 件，清理堆积物 5395 平方米，拆除违法建筑物 20 平方米，清理非公路标牌 28 块，实施行政处罚 33 件，审批路政许可 69 件，审核 25 件。年查获超限车辆 32 起，全部卸载。调整、完善、新增、更新定海（舟山岛部分）和金塘岛的指路体系 1011 处。这一年 4 月，开展路政宣传月活动，公路上新设置 5 幅墙体标语，4 幅大型宣传牌，主要路段及交叉口设置 4 处宣传横幅，分发宣传手册 75 份。

第二节　公路养护

1988年，定海区公路段隶属市公路段，有管理人员和养路工109人，养护公路128.6千米。下有专业道班10个，即白泉班、岑港班、小沙班、马目班、东湾班、老碶班、马岙班、北蝉班、定海班、庆丰班。另设农工养护道班16个，即新城班、和合班、林场班、义桥班、盐仓班、大沙班、金塘班、虹桥班、星明班、田螺班、柴戴班、新建班、三八班、干磁班、大沙光辉班、洞岙高峰班，其养护里程94.17千米。拥有各类养路车辆8辆，压路机1台。公路养护贯彻“以养好路面为中心，搞好排水为重点，加强全面养护”的养路方针，实行道班岗位责任制，养路人员配备、养路经费支出、养路质量都按规定和标准执行。建立“二长六员”、“二图六表”制，管理机制更加完善。年末好路率35.6%。

1994年7月，市、区两级交通管理机构合署办公，定海区公路段隶属舟山市公路局。1998年3月，根据舟山市公路局部署，各县、区实施大道班管理。定海区公路段公路站合并为5个，即临城站、白泉站、岑港站、马岙站和金塘站。同时，专业道班及农工道班撤销，人员并入各站内。站内建立“二长四员”：站长（兼路政员），工会组长；政治宣传员、经济核算统计员、安全质量设备管理员、生活福利员；“二图六表”公路基本情况表、养护月完成情况表、材料耗存登记表、出勤统计表、晴雨记录表、公路小修保养经费计划执行情况表。年末，管养公路345.18千米，年末好路率53.58%。

2001年9月，恢复定海区交通局建制，隶属舟山市公路局的定海区公路段体制下放，改隶属定海区交通局。是时在职干部员工115人，拥有各类公路养护机械设备57（台）辆，下设5个公路站，年专业养护公路201.241千米，其中干线公路55.04千米（代养护），支线公路146.201千米。县乡公路109.91千米，其中县道42.78千米，乡道61.73千米。同时清理边沟62155米，清理废土35527立方米，修补路肩25535平方米，清扫路面8465.9千米，修补坑洞9932平方米，路面扫砂3364米，削路肩15300平方米，削高路肩72平方米，取沟25270米，清理零星塌方76.5立方米，维修挡土墙6处，疏通修理涵洞98道，加铺路面砂28160平方米。全年专业养护平均好路率56.26%，其中干线公路好路率

公路养护

76.74%，县乡公路平均好路率 39.89%。翌年 8 月，根据省交通厅统一部署，改革公路养护管理体制，公路管理与养护机构分设（事企分开，管养分离）。定海区公路段、定海区康道交通有限公司出资成立舟山市宏道养护工程有限公司。是年，专业养护好路率 60.01%，其中干线 80%，县乡养护好路率到 41.99%。

2003 年起，公路养护工程进入市场化管理，公路单项工程在 50 万元以上的项目，均实施公开招投标。是年，公路养护继续坚持“管养并重”的原则，日常养护抓住“预防养护”一环，把道路安全畅通放在养护首位。从提高道工上路率、加强巡查管理建立考核机制等环节着手，养护里程包干到人。公路养护重点从传统以养好路面为中心，转到公路路基、涵洞、边沟及公路附属设施养护，突出畅、洁、绿、美养护为目标。技术人员进入施工现场进行质量监督，确保工程质量。是年，完成油路中修 1.3 千米，大修 14.21 千米，完成年计划 100%。修复路面坑洞 16392 平方米，清理边沟 49483 米，修补路窟 6210 平方米，路基帮土 340 平方米，清扫路面 2639 千米，装运垃圾废土 1590.6 立方米，排水 431.5 千米。翌年，定海全区 180 千米专业养护公路、101 千米县乡养护公路公开招标，与中标单位签订养护合同。2005 年初，定海境内 277 千米养路公路由定海区公路段招标，并与中标单位签订养护合同。是年完成定马线刷坡工程，柳小线佳力德隧道截水沟、护墙修复工程，完成定岑线小岭隧道、鸭岑线老塘山隧道进出口刷坡工程。2007 年 4 月，完成路网调整后的国省道、县乡道 705 块里程牌、百尺桩调整设置，村道 196 块里程牌的预制埋设。年投资 1034 万元，完成 72 省道（定岑线）路面整治大修工程 4、7 千米，农村公路大中修工程 12.37 千米，安装定马线等 8 条公路安保工程的钢质防护栏计 10.33 千米。

2009 年 5 月，根据定海区人民政府专题会议纪要，乡村道、专用道划给各乡镇（街道）管理。定海区公路管理段负责定海境内 13 个乡镇、街道（除临城街道）农村公路养护管理并进行业务指导、检查和监督。统筹安排定海区农村公路养护工程计划；负责定海区县道的日常养护作业；根据规定，落实专业养护公司；依法招标，确定养护工程施工单位。是年，定海境内 13 个乡镇、街道成立公路养护站，由乡镇（街道）主管交通的副职领导担任站长，配备专职管理人员，设立经费专户，专款专用。是年，完成专业养护 40 余条国省道、县乡道线路，管养总里程 308.03 千米，其中国省道 41.61 千米，县乡道养护 266.43 千米，桥梁 98 座计 2697.44 米，涵洞 1031 个。

2010 年，根据定海境内农村公路管养基础薄弱，管理粗放等实际，按照“统一领导、分级管理、以区为主、乡村尽责”要求，制定完善《舟山市定海区农村公路管理养护体制改革实施方案》，确保农村公路“有人养路”、“有钱养路”、“有章养路”工作机制落实。同时针对农村公路路况稳定性差，设施抗灾能力弱等实际，推广沥青灌缝工艺、纤维碎石封层等技术，不断改善和提升公路技术状况，延长道路使用寿命，开展预防性养护。应用“四新”技术，落实预防措施，加强技术指导，强化监管行为，完善检评制度。

2010 年，定海有公路养护机械设备 69 台。其中养护机械设备 27 台，施工机械设备 14 台。舟山宏道养护公司购置机械设备共 28 台（其中定海段投资 420.05 万元）。

第三节　养护经费

1989年～2009年(国家征收养路费期间),定海境内干线公路(国、省道)养护工程资金主要由“国库集中支付”。2010年“国家实行费改税”后,主要在“省级中央燃油税返还收入”资金中支付。干线公路(国、省道)日常养护资金,1989年～2009年(国家征收养路费期间)主要由“省财政转移支付”加上地方财政补助资金中支付。2010年国家实行费改税后,主要由“省级中央燃油税返还收入”资金加上地方财政补助资金支付。

1989年～2009年(国家征收养路费期间),定海境内农村公路(县、乡、村道)养护工程资金主要由“省财政转移支付”,不足部分由市、县级地方财政配套资金支付。2010年“国家实行费改税”后,主要在“省级中央燃油税返还收入”资金中支付,不足部分由市、县级地方财政配套。农村公路日常养护资金,1989年～2010年(国家征收养路费期间),由“省财政转移支付”资金支付。2010年国家实行费改税后,由“市、县燃油税返还收入”和各级财政补助资金支付。

1989年～2010年定海区公路养护费支出情况表

单位:千米、万元

年份	合计	养护公路		养护费支出							
		千米	好路率%	小修保养	大中修	水毁	改建	绿化	道班房	事业费	其他费
1989	954033.94	107.350	35.60	533016.23	211288.26	15000.00	17800.99	7000.00	55326.43	45178.01	69424.02
1990	1360648.30	109.970	27.20	555068.98	209912.70	24843.85	208774.15	6973.41	277800.89	2052.20	75222.12
1991	1557254.90	139.009	72.36	633489.20	507060.37	23449.35	15483.11	6088.75	96830.28	191358.27	83495.57
1992	1510680.49	139.010	72.56	782501.26	427423.07	24560.30	—	8330.69	—	136755.41	131109.76
1993	2050582.85	138.740	72.70	981494.93	327248.87	32981.00	172395.40	7623.08	94809.98	162862.62	271166.97
1994	2799929.41	148.830	75.70	1315126.24	280685.13	28492.72	375334.60	12508.40	27134.55	442012.27	318635.50
1995	4074063.77	333.720	78.30	1334758.50	441329.20	33818.50	999625.24	10000.36	566321.60	362869.19	325341.18
1996	9224055.44	340.190	50.60	1539494.75	4923098.12	32500.00	1860000.00	15000.00	30000.00	401865.68	422096.89
1997	8718316.73	341.800	51.60	1828649.03	4277010.29	167600.00	1300000.00	12879.87	—	658669.25	473508.29
1998	9721440.93	345.180	53.58	1997763.00	3200600.00	19100.00	—	2435000.00	571778.25	913798.49	583401.19
1999	6630294.18	361.960	54.20	2268986.14	1327060.52	60662.40	—	1217893.15	260000.00	901767.54	593924.43
2000	8277224.45	373.521	55.50	2291289.18	3066180.82	399011.90	—	89979.00	858045.57	963277.58	609440.40
2001	6501011.64	375.000	56.26	2457552.70	1699628.59	132636.88	—	252302.92	359625.99	934641.29	664623.27
2002	10015148.77	376.955	60.01	2672067.30	2184341.59	82375.00	540200.00	304357.95	1527738.52	1896434.80	807633.61

续表

年份	合计	养护公路		养护费支出							
		千米	好路率%	小修保养	大中修	水毁	改建	绿化	道班房	事业费	其他费
2003	9787463.73	370.420	57.77	2410318.49	3305959.82	—	300000.00	20000.00	419751.17	3331434.25	—
2004	13005411.76	348.526	51.57	2207982.84	5551909.29	250000.00	—	100000.00	571362.00	3720033.72	604123.91
2005	20575191.53	348.526	51.81	2326290.00	12047077.43	529516.05	—	—	100000.00	3993349.59	1578958.46
2006	27819454.11	561.175	52.45	2757100.00	17967614.40	—	—	53806.50	1547900.40	4056424.41	1436608.40
2007	32193466.98	587.543	58.09	3565600.00	21170418.61	190000.00	—	300000.00	1331140.00	3882063.87	1754244.50
2008	25629285.49	594.829	58.30	6125300.00	11045957.74	260000.00	—	267886.00	2298167.25	5079700.00	552274.50
2009	23328496.78	—	—	5363400.00	10755107.00	—	—	390000.00	120692.75	4888183.63	1811113.40
2010	59277362.53	—	—	3404120.00	36088600.00	—	200000.00	380000.00	4350000.00	8968545.53	5886097.00

第四节　公路绿化

1990 年，定海境内国、省道绿化里程 30 千米，绿化树种为白榆、白衫、樟树。1995 年，定岑线、定西线、三官堂—观音堂公路（三观线）绿化植黄杨树 250 棵，水杉 260 棵，大面积治虫害二次，行道树树干涮白 46 千米。10 月，市计委批复同意 329 国道惠民桥—浦西段（7.8 千米）实施绿化工程，征地 53 亩，两侧驳坎 1.5 立方米，两侧填方及中央绿化分隔带回填 3.1 万立方米。植香樟 3000 余棵，草皮 2 万多平方米，总投资 420 万元。翌年又植草坪 2100 平方米，花、灌木 50 平方米。

定沈公路绿化

1997 年，定海区公路管理段绿化三观线 2 千米，小西线 0.6 千米。10 月，市计委批复同意 329 国道惠民桥—浦西段（7.8 千米）实施绿化工程，征地 53 亩，两侧驳坎 1.5 立方米，两侧填方及中央绿化分隔带回填 3.1 万立方米。种植香樟、黄杨等 5500 余棵，草皮 2 万多平方米，总投资 420 万元，至年末绿化带土建工程大部完工。翌年植草坪 2100 平方米，花、灌木 50 平方米。同时，绿化专业养护公路定海至马岙线、马岙至三江段全长 3.2 千米。1999 年，定海公路管理段在

329 国道定海境内段补植乔木 0.0025 万棵，定马线植乔木 0.33 万棵。

2000 年，市公路局在定海境内三江、普陀南岙各征土地 50 亩作为公路苗圃基地，当年植各类乔木 11710 棵、灌木 1000 棵、地被植物 5001 余棵，各种果木 1700 余棵。2002 年，市公路局在北蝉乡新建苗木基地 1 处。

东皋岭隧道绿化

2000 年至 2002 年，投入资金近 2000 万元，继续实施绿化境内 329 国道线，绿化面积 24.5 平方米。整个工程占地（含租赁土地）330 亩，国道两旁路基各约 5 米～ 10 米为绿化地，砌筑挡墙 3.9 万立方米，填土 19.5 万立方，植香樟 2750 棵，大叶黄杨 6800 棵，桂花 3 万棵，茶花 2 万棵，珊瑚 16 万棵，木槿、海桐树等约 1500 棵，种植草皮约 6.5 万平方米。并完成对国道绿化带除草、去虫、施肥、洒水、培土。2000 年，定海区公路管理段在南善桥至毛峙线植花灌木 0.12 万棵。

2003 年，贯彻落实省政府《关于建设“万里绿色通道”的通知》，省交通厅、市政府将定海境内 73 省道列为绿色通道重点实施项目。项目绿化带全线 12 千米，平均宽度 5 米，征用土地 122.5 亩，年内土建、绿化全部完工。翌年，市公路局与北蝉乡洪家村签订租用 1.6 亩作为公路苗木基地协议，使用期为 18 年。2004 年 7 月，定海全区提前完成省下达 329 国道、73 省道和县乡公路（县乡公路 8.5 千米植树任务，其中柳小线 4 千米，南毛线 4.5 千米）绿色通道建设任务。期间共种植麦冬 4 万平方米，大香樟 1800 棵，灌木 8 万丛。是年，“绿色通道”纳入路产保护档案。2005 年，完成省交通厅，市绿色通道工程建设办公室下达的 329 国道 247 + 000 － 290 + 200 段 470621 平方米、73 省道 1 + 950K － 14K + 000 段绿化 118943 平方米计划。完成定海境内环岛公路 4.8 千米植树任务。

公路绿化养护

2006 年，市公路局与定海城东大洋岙村委会签订征用耕地0.46亩协议，用作329国道公路绿化带。翌年，定海公路绿化里程达到385.49千米，其中干线（国省道）41.2千米，农村（县乡道）344.29千米。2007年，定海区公路段整治329国道东湾段两侧绿化，边坡绿化工程采用TBS植被护坡形式复绿，总绿化面积12780平方米。工程由舟山市交通规划设计院设计。10月26日，舟山市招投标中心公开招投标，舟山市丽景园林景观工程有限公司中标，舟山元通工程监理咨询有限公司监理，市交通工程质监局进行质量监督。11月30日开工，翌年3月30日完工，总投资22万元。年完成鸭岑线老塘山路段绿化带及景观建设1.1千米，包括填土、整平、植树等绿化内容，投入资金31.23万元。2009年2月26日，市公路局组织召开329国道舟山段（青岭）边坡绿化工程交（竣）工验收会议，会上综合评定工程质量等级为合格，同意交付使用。

2010年，绿化补植329国道29.7千米路段和72省道1千米路段。年末，定海全区公路绿化440.681千米，其中国道23.3千米、省道24.416千米、县道230.333千米、乡道68.033千米、村道75.261千米、专用道19.338千米

第五节　创建文明样板路

1996年始，定海境内公路建设开展创建文明样板路活动。5月，舟山市公路网329国道舟山境内段首创文明样板路，全长19.7千米。1997年。境内县道鸭老线创建样板路9.5千米。1998年，境内县道定马线创建样板路9.5千米。1996年至2000年定海区公路段连续5年被表彰为省交通系统创建文明样板路优胜单位。

2006年，定海境内73省道（定西线）创建成文明样板公路。定西线，南北走向，起点在定海城北文化路与329国道254K+300连接处，沿途经过8个行政村，终点西码头，全长14.63千米。2007年，定海境内329国道定海段（是时，329国道已改道）定海鸭蛋山渡口至青岭段、东皋岭隧道至白沈线普陀交界处路段创建成文明样板路。线路全长18.7千米。完成创建的线路路面平整、设施规范、行车舒适、排水畅通、执法公正、养护文明，成为“畅、安、舒、绿、美、谐”的文明公路。

2009年，定海境内县道长岙线8.743千米创建成文明样板路。创建活动由定海区交通局组织实施。局成立以局长为组长的定海区交通局文明公路创建活动领导小组，下设办公室，责任到人，职责明确。创建后，329国道境内段管理更规范，公路的通行能力提高，达到路、景、物交织协调，构成流畅、安全、舒适、优美的公路交通环境。

1996年至2009年，定海境内创建文明样板路6条，全长80.773千米。

第六节　交通量调查

1982年1月，329国道线舟山段（定海至沈家门线）始设4806厂、定海站、墩头3个间隙式交通量观测点。每月5日、20日两天为观测日，每日早晨6时到次日早晨6时为观察时段，

每年 11 月 5 日变动调查。是年该线间隙式观测平均日混合交通量 2593 辆。1983 年扩大至省道，在 72 省道(定海至岑港)线设虹桥观测点，73 省道(定海至西码头)线设白泉桥观测点。至年末，两省道年平均日混合交通量，72 省道 757 辆，73 省道 952 辆。

1984 年，329 国道线上设惠民桥连续式观测站，职工 15 人，每日 24 小时观测。是年，日平均交通量 1169 辆。

1986 年，白峰至鸭蛋山汽车轮渡通渡，外地车辆蜂拥而至，舟山车辆骤增，交通量观测点实行区间观测。329 国道改设 4806 厂、洋岙岭、惠民桥、墩头 4 个观测点。72 省道改设雅岙岭观测点。

1990 年，73 省道增洋岙岭观测点。329 国道线改设晓峰岭隧道道口、青垒头、惠民桥和墩头 4 个观测点。是年，舟山县乡道路在 5 千米以上的都设临时观测点，每季度观测 1 次，每年 11 月 5 日流动调查，由就近道班承担观测任务。1990 年，舟山惠民桥连续式观测点平均日混合交通量 1862 辆，年平均增长率 8.1%。两条省道平均日混合交通量：定海至岑港为 1579 辆，定海至西码头为 2014 辆，平均年增长率分别为 11.4%、9.6%。

1996 年，329 国道惠民桥连续式观测点搬入临城公路养护站，设专用观测房、休息室，专职观测人员 6 人，分班进行日夜观测。平均日混合交通量 4807 辆。

2001 年 11 月，329 国道线鸭蛋山至惠民桥段外环线改道工程竣工通车。线起鸭蛋山，经霸桥、青岭，穿过城北文化路、双拥路、惠民桥、临城，终止沈家门。新线开通，境内又新增 2 个间隙式观测点：鸭蛋山、坝桥，平均日混合交通量 3620 辆、2087 辆。

2003 年，73 省道定西线改道，间隙式观测点从白泉桥公路站搬迁到白泉皋泄和平村，平均日混合交通量 5344 辆。72 省道定岑线间隙观测点从雅岙岭(油库)搬迁到盐仓运管所内，平均日混合交通量 2636 辆。翌年 12 月，再次实施 329 国道线舟山段改道工程，工程起于白泉弄口村(衔接 73 省道)经临城新区、勾山镇，终至沈家门平东线相接处，全长 14.72 千米，2006 年 1 月竣工。国道观测点再次调整，2007 年 1 月搬迁到洞岙城隍头。

2010 年，国道设观测点 3 处：鸭蛋山、坝桥、洞岙城隍头，日混合交通量 13370 辆、9196 辆、9664 辆；省道 2 处：73 省道设和平村、72 省道设盐仓，日混合交通量 8439 辆、6651 辆。县乡道各线设观测点 29 点，安排在每季度季末 5 日为观测日。

2010 年定海区公路交通量观测站点分布情况表

路线编码	路线名称	观测站	站点桩号	观测代表里程			观测段里程	技术等级	日均混合交通量
				起讫点	起点桩号	终点桩号			
G329	杭州—朱家尖	鸭蛋山 Y	247K+150	鸭蛋山	247K+150	250K+415	3.265	一级	13370
G329	杭州—朱家尖	坝桥 Y	250K+415	坝桥	250K+415	266K+500	16.085	一级	9196
G329	杭州—朱家尖	洞岙 Z	266K+500	洞岙	266K+500	270K+300	3.800	一级	9664
S231	定海—西码头	和平村 Z	5K+750	和平村	4K+775	14K+584	9.109	一级	8439

续表

路线编码	路线名称	观测站	站点桩号	观测代表里程			观测段里程	技术等级	日均混合交通量
				起讫点	起点桩号	终点桩号			
S321	定海—岑港	盐仓 Y	4K+370	盐仓	0K+000	15K+696	15.696	三级	6651
X101	三官堂—大干	临城 Y	6K+000	临城	0K+000	9K+800	9.800	四级	3490
X102	鸭蛋山—东港	跃进 Z	0K+808	跃进	0K+000	9K+230	9.230	二级	2222
X102	鸭蛋山—东港	农场 Y	21K+545	农场	0K+808	21K+545	20.737	二级	1224
X102	鸭蛋山—东港	三江 Z	36K+360	三江	21K+545	36K+360	14.815	二级	3581
X102	鸭蛋山—东港	北蝉 Y	48K+760	北蝉	36K+360	53K+960	17.600	二级	2238
X103	定海—马岙	三江 Y	12K+308	三江	0K+000	13K+426	13.426	二级	3049
X104	双桥—小沙	小沙 Y	11K+857	小沙	0K+000	14K+931	14.931	二级	2305
X108	鸭蛋山—惠民桥	青垒头 Y	8K+000	青垒头	0K+000	12K+766	12.766	三级	7842
X110	干礁—平石岭	干礁 Y	0K+050	干礁	0K+000	4K+026	4.026	四级	692
X111	沥港—大埔口	东风岭 Y	6K+400	东风岭	0K+000	13K+450	13.450	二级	3020
X112	万边山—毛竹山	洞岙 Y	4K+100	洞岙	0K+000	5K+050	5.050	四级	594
X113	毛竹山—北蝉	林场 Y	0K+200	林场	0K+000	7K+414	7.414	四级	453
X114	繁强—浪洗	和合 Z	2K+235	和合	0K+000	4K+720	4.720	四级	1258
X115	茅岭—颂河	虹桥 Z	1K+200	虹桥	0K+000	7K+555	7.555	三级	694
X116	东风岭—东堠	山潭街 Y	1K+000	山潭街	0K+000	4K+107	4.107	四级	2529
X117	柳行—小李岙	溪东 Z	1K+200	溪东	0K+000	4K+334	4.334	二级	1880
X118	三官堂—西码头	油灶 Z	2K+740	油灶	0K+000	14K+669	14.669	三级	2437
X119	定海—北蝉	繁强 Z	7K+900	繁强	0K+000	12K+675	12.675	二级	2361
X120	定海—沈家门	临城 Z	10K+400	临城	0K+000	14K+300	14.300	一级	27700
X121	两眼契—高峰	高峰 Y	4K+600	高峰	0K+000	5K+859	5.859	四级	367
X124	北蝉—钓门	明星 Z	0K+500	明星	0K+000	4K+684	4.684	三级	1519
X126	长峙—岙山	山门 Y	3K+180	山门	0K+000	8K+743	8.743	二级	2470
Y602	鸭蛋山—螺头	跃进 Z	0K+921	跃进	0K+000	3K+153	3.153	四级	1246
Y603	雅岙岭—联勤	田岙 Y	0K+970	田岙	0K+000	3K+864	3.864	四级	700
Y604	应家山—野鸭山	应家山 Y	0K+010	应家山 Y	0K+000	3K+272	3.272	四级	942
Y605	岑港—柴戴	岑港站 Z	0K+020	岑港站	0K+000	4K+903	4.903	四级	691
Y607	马鞍—黄金湾	农场 Y	1K+600	农场	0K+000	7K+691	7.691	四级	663
Y625	外小岙—山潭	新建 Y	5K+300	新建	0K+000	5K+707	5.707	四级	4264
Y630	竹篱山—白石泥岗	大沙 Y	2K+600	大沙 Y	0K+000	6K+385	6.385	四级	956

第七章　道路运输市场管理

二十世纪八十年代后，定海区交通运输局及其所属定海区公路运输管理（稽征）所依据《中华人民共和国行政许可法》、《中华人民共和国价格法》、《中华人民共和国道路运输条例》、《浙江省道路运输条例》、《浙江省公路养路费征收管理条例》、交通部《道路运输车辆维护管理规定》等法律法规赋予的职责，依法依规管理定海境内道路运输市场。

第一节　运输市场管理

1989年，国家交通部提出控制车辆盲目发展的要求，定海区交通管理部门以摸底调查定海境内道路运输市场运力、运量为基础，从紧把握审批。是年审批各种车辆107辆，160客座，194.8载货吨。当年春运检查查获违规车辆5辆，罚款1542.20元。全年三次大检查，查获违规营运车辆251辆，扣车97辆，扣证55辆，罚款1704元。1990年，整顿城区人力三轮车营运市场，查处无证违章三轮车173辆。整顿后三轮车从789辆减少到530辆。

1991年，加强整顿道路运输经营行为，全辖区发放《运输经营行为自查登记表》，回收率96.7%，审批客车60辆，423客位（其中专业新增18辆，258座，个体新增42辆，165座），货运车辆45辆，119.8吨，其他车辆45辆，21.5吨。查获的15名违章驾驶员送专题学习，落实专业国有道路客运企业“车归站，人归点”，运输秩序有一定好转。1992年，加强车容站貌管理，个体营运班车实行统一定点、定时、定线制。

1994年，定海区交通管理部门积极引导境内个体营运客车辆与专业公司签订代管、挂靠合同，纳入公司化管理轨道。同年，出动执法人员156人次，整顿乡镇零星、散乱搬运装卸点。整顿后，设立临城、白泉、干䃎、小沙、岑港、金塘等地10个违规装卸罚点。并根据舟山市交通委员会《关于调整公路规费标准的通知》，调整辖区内各类车辆的规费征收，年征收养路费619.1万元、附加费90.9万元、运管费139.47万元、手拖费84.67万元、摩托车8.55万元，超额完成全年710万指标。1996年，围绕“车进站，人归点”整治要求，在定海境内客运市场严厉打击“二无、二超、二乱、三客”现象，清理完善各专业运输公司车辆承包，重新确定承包经营条件，清除不符合要求的。与交警、客运企业联合成立整顿办公室，加强现场管理和检查，车辆乱停乱放、漫游组客等现象，发现一起，查处一起。统一管理定海（舟山岛部分）长、短途客车，定沈直达线快客车辆，统一进站始发。整治出动执法人员66人次，为期2个月，同时，整治定海境内汽车配件销售点，以修促销及无证非法修理店铺，整顿22家，查处非法修理店12家。

2000年，定海境内开展道路运输管理年活动，专项整治客（货）运市场。是年，清退非舟山籍出租车驾驶员聘用上岗证到期的，换发辖区内1300余名出租车驾驶员上岗证。并巩固历年货运市场整顿成果，定海货配中心把好“三好”关（服务关、宣传关、货运开票定额关），从严控制货运车辆新增更新、过户审批。年审批新增货车230辆，更新货的17辆，过户货车90辆。2001年3月，成立“定海区运政稽查大队”，下设白泉、盐仓、金塘、临城、城区5个中队。当年查获各类违章车辆1427辆次，纠正违章车辆376辆次，警告316辆，受教育570人，罚款10.12万元。换发交通部新版道路运输证2412本，经营许可证正、副本1442本，从业资格证书3207本。2003年4月，定海区改革行政审批制度，成立“行政审批中心”。是年，交通窗口办理证件1200余件，处罚138件。同年5月，定海区政府根据舟山市交通委员会、舟山市公路局《专项整治出租汽车》和《打击无证营运客车》通知，组织所属12个部门组成联合执法小组，采取夜查和早查相结合的办法，重点检查客车消毒、站外组客情况。查出问题车158辆车次，查获站外组客10起。

2004年7月1日起，实施《中华人民共和国行政许可法》。2005年，定海境内审批行政许可项目557件，其中货车560辆、客货运企业95家、营运线路30条、客运站点28处、汽车驾校1个。办理非行政许可，年审客运车辆1129辆，年审率100%。年审货运车辆1364辆，年审率85.2%。年审维修企业率100%。开展道路运输企业信用考核，综合考核定海辖区内10家出租车公司、2家客运站、5家客运企业、7家危运企业、8家驾校、27家汽车修理厂的经营信用、市场信用、服务信用等方面，考核结果，合格率100%。同年5月1日，交通管理部门接管公安交警部门移交的11家汽车驾培学校管理职能，并建立一校一档，一人一档、IC卡学时管理制度，统一教学大纲及教材。大纲及教材使用率100%。向境内33家一、二类汽车维修企业年审不合格的，发出限期整改通知。全年核查出上牌后未及时办理落户车辆356辆，未及时办理报废注销手续车辆5辆，未办理车辆信息变更手续车辆71辆。查处假转籍车辆16辆，追缴公路规费150余万元。

2006年，专项整治辖区内“外挂”、“非转营”车辆。交通部门先进行全面排查，在电视台播发为期一个月的车辆整治登记通告，发放整治宣传资料1000份，然后依法依规整治。整治办理车辆登记证82辆，车辆临时营运证110辆，纳轨“非转营”车辆579辆／781.5吨，收取运管费1.76万元，公基金4.39万元，征收规费142.21万元。11月，组织出租车开展橙色风尚服务月活动，活动联合省交通之声舟山站，以20辆出租车统一扎绑红丝带为载体，营运于大街小巷，开展微笑服务，展示定海出租车行业文明创建与服务竞赛活动新风尚。2007年，继续整治“外挂”车辆，纳轨外挂车603辆／1446.5吨。4月下旬，境内616辆出租车完成改色。7月始，专项整治出租车，重点检查出租车有无“出租车驾驶员客运资格证”，是否按规定使用里程计价器。至11月，共出动检查人员450人次，检查出租车3265辆次，查获无客运资格驾驶员53人次，未按规定使用计价器21辆次，不按计价器显示收费的56辆次，其他违章11辆次，行政处罚计120次，罚金10万余元，各类违章出租车驾驶员扣分计548分。

2008年，做好北京奥运期间道路运输行业反恐安保工作。期间，境内道路运输企业投入安保资金20.85万元，添置安检设备4种13件，组织安防演练5次，登载媒体宣传报道稿件7篇，检查客运车辆3986辆次，检查旅客24281人次，检查行李物品26781件，查获危险品67件，违禁品7件，检查企业49家次，出动执法人员133人次。

2010年，上海举办世博期间，境内运管部门全力做好日常安全隐患排查、安全专项检查、安全宣传教育、客运站场协管、车辆数据报送、电子路单报备等各项“环沪护城河”安保措施落实工作，期间未发生一件责任事故。是年，新批准物流企业28家，新增集装箱车90辆，更新出租车149辆，客运车辆年审率100%，货运车辆年审率90.47%。年审换发营运证、道路运输证1719本，补发有关证照115件，办理非行政许可事项4189件。

第二节　运价管理

客车（公交车）运价管理　二十世纪八十年代后期，定海区内汽车客运价格一度仍沿用企业申报，政府交通行政主管部门会同物价主管部门审核批准程序。1988年，舟山市调整公路客运短途运价，总幅度每人千米增加0.014元，舟山岛（除定沈线），其他岛屿为每人千米0.04元。翌年春运期间，因运输客流集中，流量单向，车辆放空增加，票价上浮2%。

1989年，境内舟山市汽运公司开辟第一条跨省客运线路—沈家门、定海至南京，客运票价根据省交通厅、省物价局制订的标准、由省公路运输管理局核定。同年12月，舟山市物价局、交通局《关于调整公路汽车客运运价的通知》，公路汽车客运基本运价由0.033元／人千米调整为0.036元／人千米。同时，相应调整公路汽车客运相关杂费标准和行包运价，即补票费：0.20元。行包运价：0.00054 ／千克千米。行包装卸费：每件一装一卸各收0.20元。行包变更或取消手续费：每票每次0.20元。行包保管费：到达日起二天内免费保管，第三天起每件每天0.20元，第六天起每件每天0.30元。客票以角为单位，角以下四舍五入。1990年1月7日零时起执行。同月，市物价局、市交通局《关于调整海岛短途支线公路客运运价的通知》，舟山岛（除定沈线）普通客车每人千米0.052元，高靠背软座客车每人千米0.062元，其他岛屿（除嵊泗）普通客车每人千米0.06元，高靠背软座客车每人千米0.07元。1994年3月，调整舟山全市公路汽车客运票价（10座～30座）每人每千米0.10元调整为0.15元，31座以上每人每千米由0.062元～0.07元调整为0.12元。同年3月18日，定海区交通管理局、定海区物价局批复同意《关于“定—西”、“定—岑”线客运中巴直快班车运价的通知》，“定—西”线：定海至西码头每票2.60元，定海至白泉1.60元，定海至干𥔲2.30元，“定—岑”线：定海至岑港每票2.50元（含隧道通行费0.20元）。更正后的票价自1994年4月1日起执行。1996年，调整定海城区公交车票价，10站，每客1.00元，15站每客1.50元，15站以上每客2.00元。翌年，市交通委、市物价局《关于调整公路客货运输附加费征收标准的通知》：市内（含各岛）客运班车，在现运价的基础上，20千米以内（含20千米）每人次增加1角；21千米以上，每人次增加2角。跨市（跨省）客运班车，按原核定的站间里程，每人次增加5厘，并计价进为角。是年11月12日，贯彻实施省政府办公厅《关于对进舟山本岛车辆收取通行费复函》精神，即跨县、地（市）、省班车，在客车甲、乙两站始发点同时向每位旅客征收0.50元通行费，其中卧铺大客向每位旅客征收 1.00 元通行费。本岛短途班车可向每位旅客征收 0.10 元通行费，市内公交车票价中不再向旅客征收通行费。2003 年 2 月 24 日，针对 1977 年开征“扶贫基金”和征收通行费后，在原尾数伍角制的基础上产生零头尾数，市物价局、市交通委批复同意市汽车运输有限责任公司《关于要求调整市内公路客运运价的请示》，调整舟山本市公路客运运价。2004 年 12 月 20 日，市物价局、市交通委根据舟山市内公路汽车客运票价长期（1994 年核定，执行 10 年）运作以后出现的新情况，在广泛征求社会各方意见基础上，决定调整市内公路汽车客运票价（票价调整幅度超过 1 元的按 1 元执行，“定沈快客”和公交票价不属本次调整范围）。2005 年 6 月 15 日，更新后的空调公交票价从第 6 站起每人次加收 0.5 元。12 月 10 日，定海城区内公交车实行一票制，即：普通车 1.50 元 / 人次，空调车 2.00 元 / 人次。跨越城区的 9、27、28、29、35、37 路公交车，城区内票价按城区内公交车票价标准执行，超过相应路段 1 站～ 10 站 1.50 元、11 站～ 15 站 2.00 元、16 站～ 20 站 2.50 元、21 站～ 25 站 3.00 元、26 站～ 30 站 3.50 元、31 站～ 35 站 4.00 元、36 站～ 40 站 4.50 元、41 站～ 45 站 5.00 元、46 站～ 50 站 5.50 元、51 站以上 6.00 元。空调车每人次加收 0.50 元。定沈快客票价加收 0.50 元 / 人次，即：定海至沈家门（东河）4.50 元 / 人，定海至半升洞为 5.00 元 / 人。

2006 年，市物价局、市交通委《关于调整舟山本岛农村客运班车票的批复》，并规定调整后的客运票价自 6 月 15 日起执行。2007 年，境内公交售票实行无人售票“一票制”，票价由原来以里程计价改为每票最高 3 元，最低 1 元，均比原票价下降。是年 1 月 18 日，定海区物价局、定海区交通局《关于 2006 年春运期间金塘岛农村班车客运票价实行上浮的通知》：金塘沥港至大浦口线路，上浮幅度：里程在 10 千米以内，0.50 元 / 人次，10 千米（含）以上浮 1.00 元 / 人次。伤残军人、低保户凭相关证明乘车，票价不上浮。7 月 5 日，定海区物价局、定海区交通局调整金塘岛内沥大线、沥小线等部分线路站点公路客运票价，并从 7 月 5 日起，金塘岛内低保对象及 70 周岁以上老年人乘车，凭证每票优惠 0.50 元。

2009 年 8 月 1 日始，定海境内公交车实施《舟山本岛公交票价调整方案》。调整后，各条公交线原票价 3 元及以上的每票减 1 元，2.5 元的每票减 0.5 元，半票按全票的半价计收，尾数不足 0.50 元调整为 0.50 元。低票价政策实施后，公交公司每年预计减少收入 1579 万元，市政府将根据企业的最终运营情况给予财政补贴。5 月 1 日起，市客运班车执行省物价局、省交通厅《浙江省跨省、市道路班车客运基准运价》。

2007 年～ 2010 年，定海境内落实中央“公交优先”实行城乡公共交通低票价政策，定海城区公交车实行无人售票，票价降为 1、2、3 元 1 票制，市政府建立城乡公交亏损补贴补偿机制：公交企业因承担市政府指令性的免费乘车社会公益性服务而形成的亏损，由市财政核定后给予 70% 的亏损补贴，由市政府其他指令性任务所造成的政策性亏损，如康庄工程营运线路、夜班车时间延长、新区和冷僻线路、接送学生专车等形成的亏损，由市财政核定后给予 70% 的补贴。为保障乘客利益，公交企业根据实际为车辆办理乘客责任险，保险费按当年度实际额度给予补助。老年人、盲人、伤残军人等免费乘客的责任险，其保险费支出由市财政专项全额补助。

2003年2月24日调整的市内公路客运运价表(伍角制)

单位:千米、元

里程	调整前票价	调整后票价	里程	调整前票价	调整后票价
3	0.7	1	21	3.8	3.5
4	0.7	1	22	3.8	3.5
5	1.2	1.5	23	3.8	3.5
6	1.2	1.5	24	4.3	4
7	1.2	1.5	25	4.3	4
8	1.7	2	26	4.3	4
9	1.7	2	27	4.3	4
10	1.7	2	28	4.3	4
11	2.2	2.5	29	4.8	4.5
12	2.2	2.5	30	4.8	4.5
13	2.2	2.5	31	5.3	5
14	2.2	2.5	32	5.3	5
15	2.7	3	33	5.3	5
16	2.7	3	34	5.3	5
17	2.7	3	35	5.8	5.5
18	3.2	3	36	5.8	5.5
19	3.2	3	37	5.8	5.5
20	3.2	3	38		

2004年12月20日调整后的市内公路汽车客运里程票价表

单位:千米、元

里　程	票　价	里　程	票　价
3	1.00	19	4.00
4	1.00	20	4.00
5	1.50	21	4.00
6	1.50	22	4.50
7	1.50	23	4.50
8	2.00	24	5.00
9	2.00	25	5.00
10	2.00	26	5.00
11	2.50	27	5.50
12	2.50	28	5.50
13	2.50	29	6.00
14	3.00	30	6.00
15	3.00	31	6.00
16	3.00	32	6.50
17	3.50	33	6.50
18	3.50		

2006 年调整后的舟山岛内农村客运班车票价表

单位：千米、元

里程	原票价	调整后票价	里程	原票价	调整后票价
3	1.50	1.50	19	4.00	4.00
4	1.50	1.50	20	4.00	4.00
5	1.50	1.50	21	4.00	4.50
6	1.50	2.00	22	4.50	4.50
7	1.50	2.00	23	4.50	5.00
8	2.00	2.00	24	5.00	5.00
9	2.00	2.00	25	5.00	5.00
10	2.00	2.50	26	5.00	5.50
11	2.50	2.50	27	5.50	5.50
12	2.50	2.50	28	5.50	6.00
13	2.50	3.00	29	6.00	6.00
14	3.00	3.00	30	6.00	6.00
15	3.00	3.00	31	6.00	6.50
16	3.00	3.50	32	6.50	6.50
17	3.50	3.50	33	6.50	6.50
18	3.50	4.00			

补充：空调车每人次另加 0.50 元。

2006 年 7 月 5 日定海区物价局、定海区交通局通知调整的沥港至东堠线票价梯形表

单位：千米、元

1	沥港			
2	2.50	山潭 8 千米		
3	2.50	1.50	一塑机 9 千米	
4	3.50	2.50	2.00	东垢码头 11 千米

金塘大丰至长沙北岙线票价调整梯形表

单位：千米、元

1	大丰						
2	1.00	柳行 2 千米					
3	2.00	1.00	溪东（招呼站）				
4	3.50	3.00	3.00	小李岙 8.4 千米			
5	4.00	4.00	3.50	2.00	长沙南岙 9.6 千米		
6	4.50	4.50	4.00	2.00	1.50	长沙中岙 10.6 千米	
7	5.00	5.00	4.50	3.00	2.00	1.50	长沙北岙 11.6 千米

2009年调整后的舟山岛组团(定海、临城、普陀)间公交线路票价表

单位:千米、元

线路	起讫站点	里程	全程票价(元／票)		补充资料
			原票价	调整后票价	
35路	港务码头—舟山第一小学	14	3.5	2	
37路	娄家—舟山第一小学	17	4	2	原37路(港务码头—新城小学)线路调整
38路	舟医住院部—长峙	17	4	3	
38路兼	舟医住院部—岙山	23.5	4.5	3	
9路	半升洞—新城	18	2	2	
20路	东门车站—半升洞	24	5	3	
20路兼	东门车站—墩头客运站	20	5	3	
25路	舟医住院部—半升洞	33		3	
26路	三江码头—欧尚超市	43	7.5	3～6.5	多票制(欧尚超市至海洋学院站点实行3元一票制,过海洋学院站按城乡公交票价执行)
27路	鸭蛋山—蜈蚣峙码头	37	6.5	3	
28路	港务码头—欧尚超市	29	5.5	3	
29路	娄家—半升洞	31	5.5	3	

浙江省跨省、市道路班车客运基准运价表

(2009年5月1日起执行)

车型	客车类别	客车等级	参考车价	运价(元／人千米)
座席	30座以上(大型车)	普通级	20万元(含)以下	0.125
		中一级	20万元～40万元(含)	0.155
		中二级	40～60万元(含)	0.185
		高一级	60～120万元(含)	0.225
		高二级	120～180万元(含)	0.265
		高三级	180万元以上	0.305
	30座(含30座)以下(中型车)	普通级	20万元(含)以下(无冷暖空调)	0.145
		中一级	20万元(含)以下(有冷暖空调)	0.165
		中二级	20～40万元(含)	0.205
		高一级	40～60万元(含)	0.225
		高二级	60万元以上	0.245

续表

车型	客车类别	客车等级	参考车价	运价（元 / 人千米）
卧铺		普通级	20 万元以下（含）	0.185
		中级	20 万元～ 40 万元（含）	0.205
		高一级	60 ～ 120 万元（含）	0.225
		高二级	120 ～ 180 万元（含）	0.265
		高三级	180 万元以上	0.365

补充：1. 营运客车类型划分及等级评定标准按交通部《营运客车类型划分汲等级评定》（JT / T ）执行。2009 年 5 月 1 日前投入运营的车辆仍按原等级执行相应基准运价。

2. 上述班车运价已含旅客身体伤害赔偿责任保障金。

出租车运价管理　1988 年 11 月，《关于舟山市客运出租车管理办法》统一舟山市出租汽车收费标准。出租汽车使用交通部门统一印制的票证，开具收费发票金额。不按规定收费的，乘客有权拒绝付费，擅自提高运价侵害消费者利益的，公路运输管理部门或物价检查部门按照《关于价格违法行为的处罚规定》查处。1997 年，开征“扶贫基金”，舟山市出租车在现行运价基础上，每车次增收 5 角。

1998 年 3 月 9 日，舟山市物价局、舟山市交通委《关于调整舟山本岛客运出租车收费标准的通知》：定海境内出租车收费，按汽车发动机排量分标准型、普及型两种。

标准型出租汽车（发动机排量在 1600CC 及以上，代表车型桑塔纳），起步里程 4 千米，起步费 8 元，超过起步费里程后千米 1.20 元，超过 10 千米以上部分（除定沈线外）可按每车千米租费收取 50%的车辆回空费。

普及型出租汽车（发动机排量在 1600CC 以下，代表车型夏利，起步里程为 4 千米，起步费 6.00 元，超过起步里程后每千米 1.00 元，超过 10 千米以上部分（除定沈线外）可按每车千米租费收取 50%的车辆回空费。

出租汽车行驶途中因乘客要求临时停车的，5 分钟内不得收费，超过 5 分钟的按每超 5 分钟向乘客收取 1 千米租费的等候费，即等候时间不超过 10 分钟收 1 千米租费，超过 10 分钟不足 15 分钟收取 2 千米租费，依次类推。非乘客原因而发生的路障、路阻、肇事及车辆过渡等候时不计费。

因乘客要求包车、出租车也可以按小时收费。每小时租费桑塔纳及以上轿车不超过 60 元，夏利及以下轿车不超过 50 元，具体由乘客与经营者协商收费。

夜间租车收费，22时至次日凌晨5时租车为夜间租车，每车千米（各类车型）可加收0.20元。

出租汽车过桥、过渡、过隧道等经权限部门批准的收费站（点）费用，由乘客按实支付，停车费由经营者承担。

调整后的出租汽车收费标准已含公基金，旅客意外伤害保险等各种规费。

上述收费标准调整不包括奥托车，奥托车仍按现行规定执行，春运期间出租车运价另行商定。

出租汽车收费标准调整后，各经营单位和个体经营者营运时，一律使用计价器，并按计价器显示金额收费。

2004年4月2日，市物价局、市交通委《关于舟山市客运出租汽车委托服务费收费标准的通知》，同意出租汽车公司在提供服务的同时向委托服务的出租汽车经营业主收取每月每辆80元委托服务费。翌年5月，省交通厅、省财政厅、省物价局《关于停止向出租汽车收取运输管理费和城区运营出租汽车客运附加费的通知》，是月起，境内取消出租车运输管理费和出租汽车客运附加费。

2006年9月10日，市物价局、市交通委《关于舟山岛客运出租汽车实施燃油附加费的批复》，舟山全市建立油运价联动机制。境内出租车向每位乘客收取每车次1元燃油附加费，应对成品油价连续上涨趋势。

2008年12月25日，舟山市道路运输协会提出《舟山市区出租汽车运价调整方案》，市物价局、市交通委举行公开听证，又通过网络、来电、来信、来访听取各方面的意见和建议。2009年，市物价局、市交通委《关于调整舟山市区客运出租汽车运价的批复》规定，自2009年3月1日运价调整之日起，暂定收取燃油附加费，今后燃油附加费的实施以国家有关规定为准。

舟山市区客运出租汽车运价调整表

单位：千米、元

运价项目		调整前运价	调整后运价
起步价	起租里程	4千米	2.5千米
	起租基价	8元	8元
车公里租价		1.2元	1.8元
回空价	计价起程	10千米	6千米
	回空加幅	50%	30%
	回空租价	1.8 / 千米	2.34 / 千米
夜间租价（22时至次日5时）		车公里租价加0.2元 / 公里	1元 / 车次

补充：

1. 计价器显示方式　计费程序先显示的为起步价，起步里程后按千米计价调整按0.5千米计价，计费尾数以元为单位，元以下四舍五入。

2. 燃油附加费　暂定收取每车次1元的燃油附加费。今后燃油附加费的实施以国家有关规定为准。

3. 等候费　因乘客要求停车等候的，超过3分钟以后按每3分钟1千米租价计收（不含交通信号灯等候）。

4. 预约费　乘客以电话或上门预约租车，由双方约定。

5. 出市区境及包车业务计价　出市区境（指离开舟山岛）及包车业务，具体由乘客与驾驶员在营运前协商议定。

货车运价管理　1990年9月，舟山市交通局、舟山市物价局转发省交通厅、省物价局《关于整顿公路汽车货物运价的补充通知》规定，汽车货物基本运价，由原来每吨千米的0.16元，调整为0.26元，普通货物分类级差按《价格法》规定，即：一等货物0.24元／吨千米，二等货物0.29元／吨千米，三等货物0.31元／吨千米，其余特种货物费率、小型货车费率、特种车费率等，亦作适当调整。省际、省内汽车零担运价：一般零担运价，普通货物调整为每吨千米0.38元，特种货物调整为每吨千米0.50元，快件零担（指快件零担班车、挂牌营运、24小时内起运的）运价分别加成20%，县乡零担运价分别加成30%。短途货物运价计算办法，由原来的分段计算改为运价加吨次费。为消除长短途临界里程的运价反差，对反差里程实行吨次费递减费率补偿。12月，市物价局、市交通局关于整顿公路汽车货物运价的补充规定：短途货物扎口（1千米～5千米）运输运价，2千米内运输里程仍按市原规定，不足2千米按2千米计算，费率执行省定标准。实行海岛区域差价后，舟山本岛与外岛干线与支线不再实行运价比差，区域差价仍按原经省批准的执行。即按省规定短途货物运价加成，加差后运价由各运输企业自行计算，运价尾数计算到分，分以下四舍五入，货物运输区域差价在舟山本市范围内实行。

1993年后，原有定价打破，普遍转为市场协商价。

人力三轮车客运价管理　1989年前，定海境内人力三轮车客运价执行1983年定海县物价委员会、定海县交通管理局制定的标准。即起讫点为轮船码头、汽车站、东海旅社（状元桥）3处，按起讫点规定收费，或以1华里（0.5千米）起点价0.25元，后每增1华里加收0.15元，不足1华里以1华里计。郊区及进出城乡运费由双方面议。每车乘客（限乘成人2人，1米以下儿童2人）连行李总重量在180千克以内，超过应分开乘车。空放接客车，按出车点至上车点路程运费加30%，乘客叫车后因故待时超15分钟至30分钟内，收费0.30元，超30分钟按每小时0.60元计。20时至凌晨4时乘车，加收30%夜间行车费。

1989年始，随着社会主义市场经济建立、完善，定海区物价部门遵循市场经济法则，改变监管思路，“抓大放小”，适时放开定海区全境人力三轮车运价，实行面议价。运价放开始，城区运价最高面仪价为0.95元。后随着物价指数提高，人力三轮车面议价节节攀高。至2010年，一次运价普遍为5元～6元，高可达8元～10元。

舟山市（不包括普陀山）出租汽车统一收费（包括公路基金在内）标准

（1989年1月1日起实行）

单位：元、千米

车型＼租价＼项目		包天用车				临时租车		
		每日收费	可用公里程	超里程费（元／千米）	超小时费（元／小时）	每千米收费	等候费（元／小时）	基价里程（千米）
轿车	豪华型	100	80	1.20	5.00	1.20	8.00	4
	普通型	80	80	1.00	4.00	0.90	6.00	4

续表

车型	项目/租价	包天用车				临时租车		
		每日收费	可用公里程	超里程费（元／千米）	超小时费（元／小时）	每千米收费	等候费（元／小时）	基价里程（千米）
旅行车	空调							
	20 座以上上	165	80	1.80	6.00	1.30	4.00	5
	13 座～ 19 座座	145	80	1.60	6.00	1.60	4.00	5
	8 座～ 12 座	130	80	1.40	6.00	1.40	4.00	5
	无空调							
	20 座以上	145	80	1.60	5.00	1.60	4.00	5
	13 座～ 19 座	130	80	1.40	5.00	1.40	4.00	5
	8 座～ 12 座	115	80	1.20	5.00	1.20	4.00	5
	5 座～ 7 座	75	70	0.80	0.80	4	4.00	
	4 座以上	60	80	0.60	4.00	0.60	4.00	4
大客车	32 座以上							
	40 座以上	230	60	3.50	8.00	3.50	10.00	8
	32 座以上							
	50 座以上	180	60	2.40	6.00	2.40	8.00	8
	40 座～ 49 座	170	60	2.20	6.00	2.20	6.00	8
	24 座～ 29 座	150	60	2.00	6.00	2.00	4.00	8

舟山市出租汽车收费标准说明　1. 车型豪华型：发动机排气量在 2000 毫升以上（含 2000 毫升），1983 年出厂的，具有原装空调、高级音响等设备，行李箱车内开关，前座可高低前后调节。（桑塔纳、新三菱）。

车型普通型：普通轿车、上海、华沙牌等。

2. 等候费：候车时间以小时计算，不足 1 小时，超过半小时的按 1 小时计算。

营运费：小轿车每次免费等候 5 分钟，旅行车（面包车）免费等候 20 分钟，大客车免费等候 30 分钟，车辆过渡（桥、隧道等）和路障、路阻等候时间不计费。

3. 空驶费：出租车营运中，基价（起步价）里程以内的，不得收取空驶费。单程租车，超过基价里程时，超出的部分，每千米可按各类车型的车千米租价收取 50%的空驶费。

4. 夜间行车：22 时至次日 5 时前用车为夜间用车，小轿车每公里加收 0.2 元，旅行车加收 0.3 元，大客车加收 0.4 元。

5. 停车和过桥费：车辆过渡、过桥、过隧道的费用，由乘客负担；停车费由经营者负担。

6. 包日租车可用时间：各类车型均为 8 小时（不包括司机用餐、休息时间），超过 8 小时以上，收超时费。时间不足半小时按半小时计算，超过半小时按 1 小时计算。若超过 4 小时不足 8 小时的，按全包车计算。

7. 合乘：小轿车原则上不得同时租给两户或两户以上乘客使用，特殊情况，两户或两户以上乘客同时同地组用 1 辆车的，必须事先征得第 1 户乘客的同意。不分车型，每户乘客一律按实际里程租价 60%收费。

8. 临时用车，以行车里程计价收费，不足 1 千米以 1 千米计算。

9.10 座～ 13 座旅行车经批准安排班车客运的（含公路基金），舟山本岛每人千米 0.08 元，外岛以每人千米 0.085 元计算。

乡镇客渡船票价管理　定海境内乡镇客渡船按照“以渡养渡”原则制定票价，经成本测算，由渡口经营单位申报，经市、区交通行政主管部门、物价部门审核批准执行。2005 年始，定海境内乡镇客渡船票价制定开启价格听证会程序。

1989 年 3 月 22 日，定海区渡口安全管理办公室按照舟山市物价局、舟山市渡口安全管理办公室《舟山渡口费收核帐暂行办法》，征得定海区物价局同意，调整“大丰渡”、“册子渡”票价。“大丰渡 1”航线：沥港—镇海，1.80 元。“大丰渡 2”航线：大浦口—镇海，1.80 元。“册渡 3”航线：册子—镇海，3.00 元，岑港—镇海，3.00 元，小李岙—镇海，2.20 元，张家岙—镇海，3.00 元。3 月 31 日，调整大猫渡 1 号、2 号渡船票价，核定大猫渡 1 号、2 号渡船票价大猫—定海市区单程每人 0.80 元。

1992 年 6 月 15 日，调整长白、长峙乡镇渡船渡运票价：1、长白珠子山—毛峙航线票价，从 1.14 元，调整为 1.50 元（含更新基金 0.11 元）。2、珠子山—大沙航线票价，从 1.04 元，调整为 1.30 元（含更新基金 0.11 元）。3、珠子山—峙中航线票价，从 1.37 元，调整为 2.00 元（含更新基金 0.25 元）。4、王家墩—惠民桥航线票价，从 0.15 元，调整为 0.20 元（含更新基金 0.01 元）。7 月 1 日起，调整“长白渡 2 轮”（经营长白至滩浒航线），票价从每人次 16.50 元调整为 18.00 元。8 月 9 日，核定册子至岑港汽车轮渡收费标准：1、客渡票价：每人次 2.00 元（含更新基金）。2、车辆过渡票价：客车，[1]五座以下（含五座），每辆次 25 元。[2]六座至十五座，每辆次 40 元。[3]十六座以上，按 10 座为一吨换算，每吨次 30 元。其他车辆过渡票价：[1]货车按吨收费，每吨 30 元（不足一吨，按一吨计），[2]中型拖拉机，每辆次 50 元，[3]小型拖拉机，每辆次 20 元，[4]三轮机动车，每辆次 15 元，[5]二轮机动车，每辆次 8 元。8 月 15 日，金塘“大丰渡 2”轮，票价从每人次 2.30 元调整为 3.00 元（含更新基金）。12 月 23 日（春运期间）始，境内客渡航线客运票价实行浮动，春节前 30 天，春节后（含春节）30 天（即 1992 年 12 月 23 日～ 1993 年 2 月 23 日），定海区管客渡航线客运票价上浮 20%，农村渡船由各乡镇政府上浮 20%。12 月 4 日起，因柴油价格上涨，渡船票价难以继续维持支出，调整大猫乡 2 艘渡船票价，即每人每航次从 0.80 元调整为 2.00 元。自行车每辆每次 1.00 元。翌年 2 月 20 日，省物价局（批复），核定大丰至镇海航线大丰渡 2 轮客运基价为每人海里 0.529 元。票价为：下舱 5.70 元，中舱 6.70 元。是年 6 月 31 日，市交通委、市物价局根据省交通厅、省物价局《关于调整省管水上旅客运输票价的通知》，定海境内全程运距在 20 海里（含）之内的市管水上旅客运输票价每人海里从0.16元调整为0.20元。7月15日，调整“册子渡3”、“长白渡2”票价。“册子渡3”票价：1、册子—镇海由4.90元调整到6.50元；2、岑港—镇海由4.70元调整到6.50元；3、岑港—金塘由1.70元调整到2.00元；4、金塘—镇海由3.50元调整到5.00元。“长白渡2”票价：长白—滩浒由20.00元调整到22.00元。上述调整票价均包括更新基金。

1994年1月至4月，调整“金塘渡2”轮票价，定海至沥港6.50元，定海至小李岙为4.80元，小李岙至沥港为3元，均含渡改基金，票价不分舱别，实行一票制，调整大猫乡渡船票价，大猫渡1号、2号票价每人每航次2.50元（含更新基金0.19元），调整“金塘渡1”轮票价（沥港至镇海航线，1989年以来未调）每人次为4.50元（含基金），调整“大丰渡1”轮票价，定海至大浦口8.50元（含更新基金0.63元），定海至张家岙5.50元（含更新基金0.59元），定海至小李岙4.80元（含更新基金0.48元），调整“册渡3”轮票价，册子至定海5.00元（含更新基金0.68元），册子至东堠2.50元（含更新基金0.19元），东堠至定海5.00元（含更新基金0.68元）。

2002年12月31日，核定营运岑港至富翅的“岑港渡”客运票价为每人次2元。翌年12月19日，调整“册渡1”轮渡运费，册子—定海，从原12元／人次，调整为13元／人次，东堠—定海从12元／人次调整为13元／人次，册子—东堠从5元／人次调整为6元／人次。调整“舟海晶1”、“舟海晶3”轮轮票价，“舟海晶1”轮，金塘东堠—定海，从13元／人次调整为14元／人次，“舟海晶3”轮，金塘小李岙—定海，从原13元／人次调整为14元／人次。2004年11月19日，核定营运于金塘东堠至定海航线的“舟海晶5”轮客运票价为中、下舱16元／人次，上客舱20元／人次。同年，调整环南街道客渡船票价，“盘峙1”轮，定海—盘峙中心渡口，票价从2.00元／人次调整为2.50元／人次，“盘峙5”轮，定海—定海岙—小南岙—西蟹峙票价从2.50元／人次调整为3.00元／人次。“盘峙6”轮，定海—小盘峙—大小岠—扎刺原票价2.00元／人次，调整为2.50元／人次，“大猫渡1”轮，定海—庵基岗—冷坑—梅湾—小南岙，票价从5.00元／人次调整为5.50元／人次。2005年11月7日，经召开价格听证会，充分听取社会各方面意见，核定营运于定海至金塘沥港航线高速客轮票价由27元／人次，调整为29元／人次。翌年1月11日，调整“册渡1”轮定海至册子航线票价从13元／人次调整为15元／人次；定海至小李岙票价从13元／人次调整为15元／人次；册子至小李岙票价从6元／人次，调整为8元／人次。1月11日，调整营运于定海至金塘航线“舟海晶5”、“舟海晶3”轮票价。“舟海晶5”上舱从20元／人次调整为22元／人次，中舱从16元／人次调整为17.5元／人次，下舱从16元／人次调整为16.5元／人次。“舟海晶3”轮从原14元／人次调整为15.5元／人次。

2008年12月12日，核准营运于定海至盘峙中心渡口的“千岛渡1”轮运价为3.5元／人次。“舟海晶9”轮票价为8元／人次，“长白渡1”轮票价为5元／人次。

2011年4月1日，调整定海—大猫渡运票价为6元／人次，定海—大小岠—小盘峙航线渡运票价为3元／人次，定海—扎箬山—刺山航线票价调整为6元／人次，定海—西蟹峙—同心渡航线票价调整为3元／人次。

第三节　规费征收

公路规费有公路养路费、公路养路费附加费、公路运输管理费、公路建设专用基金、车辆购置附加费、公路客运更新改造基金。

公路养路费　1985年，经省人民政府同意，浙江省领有行车牌证的各类车辆始征收公路养路费。是时，经省交通厅同意，舟山养路费实行舟山本市包干使用。手扶拖拉机由舟山本市各县交通局自收自支，简易机动车及其他型号拖拉机养路费由省统收统支。1987年9月，养路费由市公路养路费征收处征收，省交通厅公路管理局统收统支。翌年7月1日起，定海境内公路养路费征收由定海公路运输管理所征收。

1990年10月，省人民政府《关于开征摩托车养路费和调整部分车辆养路费征收标准的通知》，开征摩托车（包括侧三轮、二轮、轻骑）养路费。征收标准：侧三轮摩托车每辆每年150元，二轮摩托车每辆每年100元，轻便摩托车每辆每年50元。调整部分车辆养路费征收标准：按核定载重吨位计征养路费的车辆（包括后三轮机动车），其征费标准从每吨每月105元调整为每吨每月145元；5座及5座以下非营运客车一律按1个载重吨计征养路费。营业性客车按营运收入总额的15%计征养路费，征收实绩低于按吨计征费额时，一律补足到按吨计征费额。拖拉机（包括方向盘和手扶式）按拖挂车的核定载重量计征养路费，费额标准调整为每吨每月50元。1992年12月，舟山市物价局、市交通委《关于核定公路规费标准的通知》，重新核定舟山全市规费收取标准：养路费按营运收入总额15%征收的营业性客运车辆，经测算营收折合定额养路费征收标准：跨地市客运大客车、全市5座以下轿车，每月每吨320元。公交微型车、各海岛的微型车（8座～30座）、全市7座以下微型车每月每吨280元。全市四轮箱式载客车每月每吨220元。各海岛大客车每月每吨180元。简三轮载客车每月每辆100元。1993年1月1日起实行。1994年3月，省政府颁布《浙江省养路费征收管理办法》，养路费从145元，调整至165元（是年，养路费附加费与公路养路费合并征收，停止征收手拖养路费附加费）。

1998年10月初，颁布实施《浙江省公路养路费征收管理条例》和《浙江省公路养路费征收范围和标准》。是年，定海征收公路养路费17.61万元。2003年12月，浙江省交通厅等部门下达《关于调整公路养路费征收标准的通知》，从2004年1月起，货车和非营业性客车养路费征收标准由每月每吨165元调整为每月每吨200元。是年，定海征收公路养路费1639.19万元。2007年，省交通厅转发交通部《关于进一步规范公路养路费征收管理工作的通知》。是年，定海征收公路养路费4119.51万元。

2009年1月1日起，全国范围内统一取消公路养路费征收。

公路养路费附加费　1988年6月15日，省政府制定《浙江省公路养路费附加费征收实施办法》，征收标准为：1、按每吨每月105元标准计征养路费的车辆，养路费附加费按每吨每月25元计征，两者合计征收每吨每月130元。2、按每吨每月53元标准计征养路费的车辆，养路费附加费按每吨每月 12 元计征，两者合计征收每吨每月 65 元。3、按每吨每月 42 元标准计征养路费的车辆，养路费附加费按每吨每月 10 元计征，两者合计征收每吨每月 52 元。4、按每辆每月 30 元标准计征养路费的车辆，养护费附加费按每月 6 元计征，两者合计征收每辆每月 36 元。5、按每吨每月 26 元标准计征养路费的车辆，养路费附加费按每吨每月 6 元计征，两者合计征收每吨每月 32 元。是年，定海区征收养路费附加费 50.5 万元。1994 年，征收 90.9 万元。2003 年，征收 190.6 万元。2008 年，征收 1673.11 万元。

2009 年 1 月 1 日起，全国范围内统一取消公路养路费附加费征收。

运输管理费　1988 年 11 月，舟山市公路运输管理处统一舟山全市运输管理费征收标准：专业运输单位客货车按营业收入 1%征收，非专业运输单位货车按月定额，每月每吨征收 8 元～ 12 元，客车按座位 7 座以下（含 7 座）每月征收 5 元，8 座以上减半计征。1990 年 11 月，省财政厅、交通厅、物价局联合制定《浙江省公路运输管理费征收和使用规定实施细则》，规定运管费征收范围与征收标准：从事营业性公路客、货运输的单位和个人的客、货运输车辆，按应收运费的 1%计征，从事营业性搬运装卸和运输服务的单位和个人的搬运装卸、运输服务按营业收入的 1%计征，从事营业性汽车维修的单位和个人的汽车维修按不超过营业总额的 0.5%计征。应收运费、营业收入确实难以计算的，也可核定按月定额征收。1992 年 1 月，舟山市交通局、物价局《关于整顿公路运输管理费标准的通知》，从当年 1 月 1 日起规定，舟山全市公路运输管理费征收标准：公路专业运输企业，统计资料齐全，营业额准确的，按运输营业额的 1%征收。统计资料不齐，营业收入不准确的，可定额征收。其他客货车辆（有营运证）因无法准确确定营业收入的，实行定额计征，货车每月每吨 12 元，不足半吨按半吨，超过半吨按 1 吨。客车每月每座 5 元，10 座以下扣 1 座，10 座以上扣 2 座。从事营业性运输的手扶拖拉机每年每辆 100 元，轮式拖拉机每吨每月 8 元，微型（简）四轮小货车每月每辆 15 元，三卡每月每辆 10 元，人力三轮车每月每辆 6 元，也可按票证营收额 1%征收。小板车每月每辆 4 元。

1994 年 10 月，市区两级机关合署办公。定海区公路运输管理所更名“舟山市公路局运输管理所”，定海区公路稽征所一同并入舟山市公路局。舟山市公路局运输管理所负责征收定海境内拖拉机、摩托车类的公路规费，定海境内其他车辆规费由舟山市公路局规费征收所征收。

2001 年 9 月，市区两级机关分设，12 月，经浙江省交通厅同意，恢复“定海区公路稽征所”建制，并履行定海境内公路的规费征收。

2005 年 5 月 1 日起，全省统一规定停止征收出租车运管费和客运管理费。是年，定海征收公路运输管理费 178.25 万元。2008 年，定海征收公路运输管理费 529.63 万元。同年底，《国务院关于实施成品油价格和税费改革的通知》及中央财政部等五部委《关于公布取消公路养路费等涉及交通和车辆收费项目的通知》：2009 年 1 月 1 日起，统一取消征收公路运输管理费。

公路建设专用基金　1986 年 7 月 1 日，定海境内依据省人民政府《关于建立客运汽车站和公路设施建设专用基金的批复》，开始征收公路建设专用基金。1988 年，省人民政府《关于征收公路建设专用基金的批复》，从 7 月 1 日起征收公路建设基金，在客运票价外，每人千米增收人民币 3 厘。所有经营公路客运的单位、企业、事业、联户和个体户是“公路建设基金”的代征者，必须认真做好，并按月解缴公路建设基金。征收标准：客运按客票里程每人千米征收人民币 3 厘的基础上再增收 7 厘（即每人千米征收 1 分），起征点 5 分，由经营者在发售客票时向旅客代收。货运按票价里程每吨千米征收人民币 1 分，起征点 5 分，由经营者在承运、签发货票的同时向托运单位、货主代收。并规定：客运建设基金 70% 和货运建设基金用于高等级公路建设，客运基金的 30% 用于公路客运站场及公路设施的改造和建设。1989 年 7 月，客运建设基金仍为每人千米 1 分，货运建设基金仍为每吨千米 1 分，个体（联户）货车每月每吨计征 30 元，社会车辆每月每吨计征 10 元，拖拉机每月每吨计征 10 元。是年，开征客改基金。

1992 年 3 月，舟山市物价局，舟山市交通局下发《关于整顿“公建金”和“客改基金”标准的通知》，规定舟山全市“公建金”和“客改基金”征收标准：1、全市公路交通专业客货运输企业的“公建金”和“客改基金”解缴：跨市干线客运，高靠背软座客车按总营收 23.21% 计征。舟山本岛支线客运，普通客车按总营收 29.09% 计征，高靠背软座客车按总营收 24.62% 计征。外岛支线客运，普通客车按营收 25.4% 计征，高靠背软座客车按总营收 21.92% 计征。全市支线经营的中微型车（10 座～ 24 座）按总营收 16% 计征。货运，按每吨千米 1 分代征代缴，不能按时按规定报送报表的或承包等考核经济收入等办法经营的客车，每月每座按 40 元计征，货车每月每吨 30 元计征。跨市干线已被对方扣除每人千米 1 分“公建金”的，还应向当地运管稽征部门按总营收缴纳“客改基金”5.3%。交通专业公司缴费先缴“公建金”，后缴养路费、运管费。2、社会车辆“客改基金”定额计征标准：在舟山市内经营的客运班车、旅游出租车，每月每座 40 元，10 座以下扣 1 座，11 座以上扣 2 座。3、社会车辆每月每吨 30 元，三卡（韦自伯）、无棚无座每月每座 20 元，有棚有座的舟山本岛每月每辆 100 元，外岛每月每辆 50 元，拖拉机每月每吨 10 元（全年一次缴费 8 个月，半年 5 个月，按季 2 个月），箱式微型小货车有座载客的每月每辆 160 元，微型小货车每月每辆 50 元，农用四轮等特种车辆无棚无座的每月每辆 50 元，有棚有座的载客车按每月每辆 180 元计征，不足半吨按半吨，超过半吨按 1 吨计征。上述规定自是年 4 月 1 日起执行。定海区公路稽征所严格按国家规定费率征收，应征不漏。

1995 年，开征公路重点建设基金。1998 年停止客改基金征收。1999 年 9 月 1 日起，定海停征出租轿车、拖拉机重点建设基金，其他货运车辆继续征收。

2008 年，根据《国务院关于实施成品油价格和税费改革的通知》，及中央财政部等五部委《关于公布取消公路养路费等涉及交通和车辆收费项目的通知》，自 2009 年 1 月 1 日起，统一取消公路建设基金征收。

车辆购置附加费 1985 年 4 月，国务院制定《车辆购置附加费征收办法》，自 5 月 1 日起所有购置车辆的单位和个人，一律征收车辆购置附加费。规定：国内生产和组装并在国内销售和使用的大、小客车、通用型载货汽车、越野车、客货两用汽车摩托车、牵引车、半挂牵引车以及其他运输车和挂车、半挂车、特种挂车等的车辆购置附加费费率为10%，国外进口的车辆由海关代征，费率为15%。定海境内自5月1日起始征，舟山市公路运输管理处征收汽车购置附加费，定海区车辆监理站征收三轮以下机动车辆购置附加费。1986年，省计经委《关于更新汽车减半征收车辆购置附加费的通知》，汽车报废后购车的单位，持报废证明，一年内给予车辆减半征收购置附加费。1987年10月，省交通厅、公安厅、农业厅下达《关于办理车辆购置附加费"免办凭证"的通知》，1985年5月1日前落户的机动车、挂车以及轻骑摩托车，核发"免办凭证"，机动车以行驶证上牌照日期为准，手扶拖拉机和挂车以购车发票日期为准。1985年5月1日以后落户的机动车，行驶证上未盖"车辆购置附加费已缴"印章的，凭购车发票价格补缴附加费。1990年1月，舟山市启用和换发全国统一的车辆购置附加费凭证。车辆购置附加费每年征收1次，所征收的费用作为公路建设的专项基金专款专用。2001年，停征车辆购置附加费，改征车购税。是年3月12日，国家税务总局、交通部下达《关于车辆购置税若干政策及管理问题的通知》，明确"关于最低计税价格"、"关于设有固定装置非运输车辆范围"、"关于价外费用"、"关于退税"、"关于委托代征期间，车辆税收政策解释和车购税的代收管理"等一系列有关车辆购置税的政策，均自2001年1月1日起执行。此后至2004年12月，四年时间，车辆购置附加费虽被更改为税收收入，但仍保持原征收方式和渠道，即由公路稽征部门代征。2005年1月1日起，定海区公路稽征所不再行使代征，车辆购置税由国税部门自行征收。

公路客运更新改造基金　1988年9月，舟山市人民政府下达《关于调整舟山全市客运运价和开征公路客运更新改造基金意见的通知》，10月开征。征收对象为境内经营公路客运（包括出租旅游）的车辆。征收标准为客运班车按客运里程每人千米0.01元，起征点为5分制，由经营者在发售客票时向旅客代征；专业单位（包括厂矿单位）客运包车按营业额的20%代征；个体班车按每月每座位征收30元；个体出租客车按每月每座位征收40元。公路客运更新改造基金实行统收统支，其总额70%由市统一平衡，用于客车更新、站点改造、指令性增开班车、线路亏损补贴，30%返回各县（区）使用。

1994年10月，市区两级机关合署办公，定海区公路稽征所改称舟山公路局规费征收所。1994年10月至2001年9月，定海境内拖拉机、摩托车类的公路客运更新改造基金由舟山市公路局运输管理所（合署前定海区公路运输管理所）征收，其他车辆公路客运更新改造基金由舟山市公路局规费征收所征收。

2001年，市区两级机关分设。12月，经浙江省交通厅同意，恢复"定海区公路稽征所"建制，仍履行定海境内公路客运更新改造基金征收职责。

2008年，根据《国务院关于实施成品油价格和税费改革的通知》，中央财政部五部委《关于公布取消公路养路费等涉及交通和车辆收费项目的通知》，2009年1月1日起，定海境内停止征收公路客运更新改造基金。

公路养路费及养路费附加费征收标准表

单位：元

项　目		计费单位	养路费	养路费附加费	合计	补充说明
小卧车、小吉普车		每辆每月	53	12	65	五座以下包括简易机动车
客货汽车		每吨每月	105	25	130	
挂车		每吨每月	53	12	65	
重型汽车	10 吨及以下部分	每吨每月	105	25	130	
	10 吨以上部分	每吨每月	53	12	65	
大型平板车	20 吨及以下部分	每吨每月	53	12	65	
	20 吨以上部分	每吨每月	26	6	32	
方向盘拖拉机	企事业单位	每吨每月	105	25	130	每 7.35 千瓦（10 马力）折合 1 吨
	农民个体和联户	每吨每月	42	10	52	
简易后三轮机动车	500 千克（半吨）及以下	每吨每月	30	6	36	
	500 千克以上至 1 吨	每吨每月	53	12	65	
后三轮摩托车		每吨每月	105	25	130	
手扶拖拉机		每吨每月	30	6	36	

1989 年～ 2008 年定海区各类公路规费征收情况表

单位：万元、辆

年份	养路费					客改金				运管费			汇总	
	小计	养路费	附加费	其他	车购费	客改金	公基金	客	货	运管费	手拖	摩托	车辆	吨位
1988	320	269.50	50.50	—	0.64	—	32.80	4.60	28.20	46.10	48.30	0.68	—	
1989	368	309.20	58.80	—	0.76	—	41.80	6.70	35.10	67.60	53.10	1.12	—	
1990	399.80	338.10	61.70	—	0.80	—	46.30	7.60	38.7	79.30	62.60	1.70	—	
1991	440.54	372.85	67.69	—	1.67	35.45	61.38	11.95	49.43	80.39	66.83	3.00	—	
1992	488.52	413.58	74.94	—	10.26	40.95	59.62	10.25	49.37	68.94	68.52	2.56	—	
1993	569.94	483.85	86.09	—	34.17	43.60	41.69	59.33	82.36	105.30	75.50	3.70	2297	
1994	710.00	619.10	90.9	—	59.00	47.50	124.58	48.38	76.2	139.47	84.67	8.55	2329	
1995	—	—	—	—	—	—	18.00	—	18.00	70.00	131.00	10.78	2711	
1996	—	—	—	—	—	—	15.46	—	15.46	63.05	109.65	11.00	3184	
1997	—	—	—	—	—	—	—	—	—	55.17	89.77	21.21	3382	
1998	20.30	17.16	3.14	—	—	—	2.72	2.72	—	54.91	101.69	36.70	3580	
1999	36.91	33.45	3.46	—	—	—	3.23	3.23	—	42.63	93.87	52.23	3779	
2000	23.79	20.07	3.72	—	—	—	3.20	3.20	54.06	30.52	87.11	61.85	4421	
2001	299.91	263.60	36.31	—	32.26	—	68.18	14.12	56.1	73.24	93.28	76.66	4949	

续表

年份	养路费					客改金				运管费			汇总	
	小计	养路费	附加费	其他	车购费	客改金	公基金	客	货	运管费	手拖	摩托	车辆	吨位
2002	1251.97	1101.80	150.17	—	161.86	—	269.75	59.83	209.92	156.79	85.73	105.87	5613	
2003	1601.15	1410.55	190.60	—	163.21	—	299.72	55.25	244.47	159.18	75.94	87.18	4238	
2004	2216.85	1639.19	242.13	335.53	214.97	—	351.13	71.17	279.96	188.58	77.03	101.94	8764	
2005	2509.22	1849.01	275.09	385.12	—	—	344.82	61.94	282.88	178.25	68.52	137.01	10364	
2006	3057.35	2240.64	340.28	476.43	—	—	411.61	43.38	368.23	231.13	57.61	119.3	12767	
2007	5394.17	4119.51	389.21	885.45	—	—	726.136	42.96	721.84	293.11	69.64	126.82	12446	
2008	9786.72	7026.96	1673.11	1086.65	—	—	1023.75	126.86	1011.06	529.63	54.39	103.09	20261	

第八章　道路行车秩序管理

1989年1月1日起，舟山市城市综合治理办公室规定，定海境内城区定海昌国路、解放路东西岗亭之间街道，禁止机动车鸣高音喇叭，低音喇叭鸣响时间不超过半秒钟。10月1日始，按照省公安厅部署，定海全区启用、换发机动车新牌证。

第一节　机动车管理

1990年，为加强车辆档案管理，重新审核车辆安全技术参数，已达报废年限的老旧车辆不准参加年检。是年，鸭蛋山检查站共检查过往机动车11700辆次，纠正违章3600辆次。

1991年，根据上级要求，定海境内所有大客车，实行每季度一次各项安全技术例检。并换发临时号牌、移动证、教练车号牌、试车号牌，办理汽车过户、转籍、改装改型、报废更新。翌年上半年，定海境内测试汽车排污，结果显示基本达到要求。6月1日始，小型汽车前排座椅装配安全带，并列为机动车年检项目。12月开始，从事载客营运的农用运输车、小型货车实施载人许可证制度，并按季检验。

1994年6月20日，定海成立“舟山市机动车监测站”。翌年10月，更名为“舟山市公安机动车检测站”。检测站内设检测车间、调试车间、质量小组和办公室，结束境内手工检测机动车的历史。1994年，境内开始启用、换发“九二”机动车号牌和行驶证。定海境内机动车号牌分配代号为“浙L”，市区出租车统一使用“T”代号。10月18日始，定海境内车辆检测须到舟山市公安机动车检测站检测。是年，按照“放有度，管有法，活有序”原则，公路运管部门适度放开5座以下出租车审批权。是年，公路运管部门出动执法人员37776人次上路检查各类车辆4586辆次，查获违章车辆1471辆，发违章处罚通知书680份，补交规费36.78

万元，办各类培训班20期。1995年，定海境内出租车启用计价器，安装防暴隔离护网装置。要求拖拉机安装转向灯、消声器。是年，春运、"黄金周"期间，运管出动执法人员316人次，检查各类车辆1500辆次，查获各类违章违规车辆50辆，处罚2万余元。

1996年6月18日，市交通委员会制定《舟山市客运出租车管理实施细则》。12月19日，定海交警大队清理整顿不按规定使用警车警灯警报器和非法定标志牌的车辆，并邀请了人大代表、纪检、监察、新闻单位人员监督检查。同时，组织开展"爱我舟山，爱我交通，争创文明出租车"百日竞赛活动。春运、"黄金周"期间，运管部门出动执法人次2030人次，检查各类车辆1165辆次，处理违章违规车辆305辆，追缴各类规费15万元，收缴罚款5.6万元。翌年9月1日至10月31日，交警、工商、公路、市打私办集中清理整顿定海无牌无证机动车，整顿期间上牌的给予政策优惠，自查后，定海全区汽车上牌率99%，摩托车、农用车和简易机动车上牌率97%。1997年4月始，停止个体夏利出租车审批，6月，暂定办理营业性客运出租车审批，10月，执行新的《机动车注册登记工作规范》。车辆注册登记顺序为：登记车检—检验车辆—检发牌照。11月，舟山市政府批复同意，个体出租车实行公司化管理，挂靠代管，产权性质不变。1998年1月，车辆检测执行GB7258-1997国家新安全技术标准，营运客车检测改为半年一次。同年，4月1日起，出租车投放取消行政审批，新增更新出租车的经营权通过竞拍方式取得，拍卖底价8万元，经营期限8年。

1999年，交警开展反盗抢机动车专项斗争。在定海辖区内重点比对机动车底盘和发动机号码，查控涉疑车辆。同时，公安配合工商局专项整治报废汽车回收市场，严厉查处非法收购报废汽车、倒卖整车、拼装车等违法行为，加强旧汽车的上牌管理。是年，舟山市交警按照上级指示适度放开海岛交警中队车管权限，准许岛内摩托车上牌由定海交警中队代办。同年，定海公路运管部门开展"两爱一争"活动（爱我舟山，爱我交通，争创文明出租车），并设立投诉电话，受理投诉556起，查处率100%，并与各出租车公司签订《清理整顿城市出租车等公共客运交通及道路运输市场管理年活动工作目标责任书》，出租车公司与驾驶员签订《安全责任书》，规范出租车经营。按照职责，定海公路运管部门上路检查车辆2497辆次，查处违章违规车辆227辆次。统一规范出租车顶灯样式、座套。年度考核11家出租车公司，文明用语达到60%，服装整洁率90%，使用清洁座套率95%，使用计价器率85%以上。

2001年10月1日，执行国家新的《机动车登记办法》，新上牌的机动车增发登记证明书，车牌号码采用电脑选号。是年，定海公路运管部门审核辖区内机动车辆、货运三轮车及"菜篮子专用车"、"工程自备车"经营资格、行为审验、核载人数等，发出《关于加强出租车车容车貌管理的通知》。

2002年，舟山市出台客运出租车提前报废更新优惠政策，年末，定海境内报废14辆车况较差出租车辆。是年，定海交警检查辖区内各类车辆5680辆次，纠正各类道路交通违章249931人次，处罚175701人次，暂扣证件5613人次，扣证1691本次，吊销驾驶证42本，罚款192.67万元，因交通事故肇事治安扣留28人，刑事扣留13人，查处违章停放车辆1805辆次。同年，"春运"期间，定海公路运管部门组织稽查人员在定海惠明桥等地段多次现场检查，共查处违章装载海鲜客运出租车辆30余辆，遏制出租车装海鲜影响车客现象，维护“货的”权益。

2003年10月28日，全国人大通过《道路交通安全法》，翌年5月1日起施行，出台配套的《道路交通安全法实施条例》，定海境内机动车管理纳入法制轨道，定海交通部门依法管理辖区机动车注册登记、变更、转移、抵押、注销等事宜。包括：

1.对机动车实行登记制度。机动车经公安机关交通管理部门登记后，方可上道路行驶。尚未登记的机动车，需要临时上道路行驶的，应当取得临时通行牌证。

2.申请机动车登记，应当提交以下证明：

〈1〉机动车所有人的身份证明；〈2〉机动车来历证明；〈3〉机动车整车出厂合格证明或者进口机动车进口凭证；〈4〉车辆购置税的完税证明或者免税凭证；〈5〉法律、行政法规规定应当在机动车登记时提交的其他证明、凭证。

3.驾驶机动车上道路行驶，应当悬挂机动车号牌，放置检验合格标志、保险标志、并随车携带机动车行驶证。

4.机动车号牌应当按照规定悬挂并保持清晰、完整、不得故意遮挡、污损。任何单位和个人不得收缴、扣留机动车号牌。

5.机动车有下列情形之一的，应办理相应的登记：〈1〉所有权发生转移的；〈2〉登记内容变更的；〈3〉用作抵押的；〈4〉报废的。

6.任何单位或者个人不得有下列行为：〈1〉拼装机动车或者擅自改变机动车已登记的结构、构造或者特征；〈2〉改变机动车型号、发动机号、车架号或者车辆识别代号；〈3〉伪造、变造或者使用伪造、变造的机动车登记证书、号牌、行驶证、检验合格标志、保险标志。〈4〉使用其他机动车的登记证书、号牌、行驶证、检验合格标志、保险标志。

7.登记后上道路行驶的机动车，应当依照法律、行政法规的规定，根据车辆用途、载客载货数量、使用年限等不同情况，定期进行安全技术检验。

8.国家实行机动车强制报废制度，根据机动车的安全技术状况和不同用途，规定不同的报废标准，应当报废的机动车必须及时办理注销登记。达到报废标准的机动车不得上道路行驶。

9.对符合机动车国家安全技术标准的，公安机关交通管理部门应当发给检验合格标志。

根据《道路交通安全法》、《道路交通安全法实施条例》，定海境内机动车上路须遵守行车规范：1、机动车在道路行驶，不得超过限速标志标明的最高时速；没有限速标志的路段，应当保持安全车速。2、夜间行驶或者在容易发生危险的路段行驶，以及遇有沙尘、冰雹、雨、雪、雾、结冰等气象条件时，应当降低行驶速度。3、同车道行驶的机动车，后车应当与前车保持足以采取紧急制动措施的安全距离。4、前车正在左转弯、掉头、超车时或前车为执行任务的警车、消防车、救护车、工程救险车的不得超车。5、机动车在超车过程中与对面来车有会车可能的，不得超车。6、行经铁路道口、交叉路口、窄桥、弯道、陡坡、隧道、人行横道、市区交通流量大的路段等没有超车条件及规定时速不准超过30千米的路段、地点，不得超车。7、机动车通过交叉路口，应当按照交通信号灯、交通标志、交通标线或者交通警察的指挥通过。8、通过没有交通信号灯、交通标志、交通标线或者交通警察指挥的交叉路口时，应当减速慢行，并让行人和优先通行的车辆先行。9、机动车遇有前方车辆停车排队等候或者缓慢行驶时，不得借道超车或者占用对面车道，不得穿插等候车辆。10、在车道减少的路段、路口或没有交通信号灯、交通标志、交通标线或者交通警察指挥的交叉路口遇到停车排队等候或者缓慢行驶时，机动车应当依次交替通行。11、机动车通过铁路道口时，应当按照交通信号或者管理人员的指挥通行，没有交通信号或者管理人员的，应当减速或者停车，在确认安全后通过。12、机动车行经人行横道时，应当减速行驶，遇行人正在通过人行横道，应当停车让行；机动车行经没有交通信号的道口时，遇行人横过道路，应当避让。13、机动车在道路上发生故障，需要停车排除故障时，驾驶人应当立即开启危险报警闪光灯，将机动车移至不妨碍交通的地方停放，难以移动的，应当持续开启危险报警闪光灯，并在来车方向设置警告标志等措施扩大示警距离，必要时迅速报警。14、警车、消防车、救护车、工程救险车执行紧急任务时，其他车辆和行人应当让行。警车、消防车、救护车、工程救险车执行非紧急任务时，不享受道路优先通行权。15、机动车应当在停车场或规定准许停放车辆的地点停放，禁止在人行道上停放机动车。在道路上临时停放机动车时，不得妨碍其他车辆和行人通行。16、道路养护车辆、工程作业车进行作业时，在不影响过往车辆通行的前提下，其行驶路线和方向不受交通标志、标线限制，过往车辆和人员应当注意避让。

2003 年 5 月，定海区政府牵头，由交警、交通等十二个部门组成联合执法小组，在定海境内开展整治出租汽车和打击无证营运客车联合执法行动。夜查和早查相结合，重点检查客车消毒，站外组客。期间检查车辆 158 辆次，查获站外组客 10 起，依法处理。是年，公路运管部门向境内报停未缴费车辆发出催缴通知书 2000 份，电话通知 2143 次，办理以车抵欠手续 54 份，追回规费 94.8 万元。运管人员进入工地检查 540 人次，查扣报停行驶、报废行驶、无证行驶车辆 50 辆次，核实外籍车辆 270 辆次，追回规费 22.78 万元，征收摩托车（助动车）车购税 134 万元。2004 年，舟山市针对部分车况老旧却不符合更新政策的出租车出台“数量合并，剩余年限叠加”的辅助政策，加快出租车更新改造步伐，共更新客运出租车近 200 辆。2005 年 5 月，省交通厅、省财政厅、省物价局下达“关于停止收取出租汽车运输管理费和城区运营出租汽车客运附加费的通知”，定海境内停止收取出租车此两项费用。同年，公路运管部门加强监管危险货物运输车辆，重新修订境内 8 家危运企业的安全事故应急预案、重新审核企业车辆、督促企业投保承运人责任险、危运车辆喷印“毒”、“爆”标志。并核对辖区内新增车辆，车辆变更档案，查出上牌后未及时落户车辆 356 辆，未及时办理报废注销手续车辆 5 辆，未办理车辆信息变更手续 71 辆，查处假转籍车辆 16 辆。

2006 年，定海区政府实施集装箱车辆扶持政策，为落户境内集装箱企业购置集装箱车辆补助资金，至年末，4 家集装箱企业 110 辆车辆获政府补助。同年，定海交警集中专项整治助动车、残疾车、正三轮摩托车、电动自行车、人力三轮车、“五小车”违法安装和使用警报装置。年查处交通违法行为 83550 起，行政拘留 65 人，留滞机动车 709 辆，暂扣驾驶证 70 本，吊销驾驶证2本，发现记分达到12分以上的驾驶员85人。同年，建立油价运价联动机制，9月10日起，定海区出租车向乘客收取每车次1元燃油附加费。2007年，定海公路运管部门年审辖区内1223辆客运车辆，3796辆货运车辆道路运输证，客运车辆年审率100%，货运车辆年审率92.48%。还整治外挂车辆，提高外挂车辆纳轨率。共征收纳轨外挂车603辆，计1446.5吨，征收养路费191.91万元，客货运附加费48.69万元，运管费19.43万元。是年，退出到期年限出租车140辆，投放70辆，新投放桑塔納3000车型（1.8L），出租车车型档次提升。同年，舟山市出台自有车辆100辆以上企业可自主选择营运标志色政策。定海境内百辆以上企业由年初3家发展到5家，4月下旬完成696辆出租车改色任务。7月至11月，定海运管部门出动检查人员450人次，检查出租车3265辆次，查获无客运资格证驾驶员53人次，未按规定使用计价器21辆次，不按计价器显示收费56辆次，其他违章11辆次，行政处罚120次，罚金10万余元，暂扣无营运证车辆15辆，查处逃费车辆40辆，暂扣16辆。是年，定海交警再次集中专项整治助动车、残疾车、正三轮摩托车、电动自行车、人力三轮车“五小车”违法安装和使用警报装置。共查处交通违法行为140792起，其中无证驾驶98起，醉酒驾驶30起，行政拘留135人次，追究刑事责任29人次。

2008年，根据《公安部机动车登记办法》，定海境内机动车登记使用全国联网机动车计算机网络登记系统，新机动车网上登记，实行机动车责任事故强制保险。机动车新登记牌号浙L字母不变，其他号码数字在原设定的1万辆后，在L字母后添C再任选4位阿拉伯数或个性化选号（在4位阿拉伯数后添1个英文字母）。建立春运驾驶台账，规定单程400千米以上的客运车辆必须配备2名以上驾驶员。未经检验或检验不合格车辆、年前发生过死亡事故负有责任、有超速50%以上及超员20%以上记录、交通违规记分满12分驾驶员不得参加春运。6月，定海公路运管部门专项检查三江码头出租车违章，出动检查人员1706人次，检查出租车5829辆次。查获无客运资格证的19起，不按计价器显示收费43起，拒载32起，其他违章4起，行政处罚案件161起，其中“96520”投诉处罚案件119起，罚金7万余元（其中96520罚金3.74万元），对各类违章车辆扣分达到1239分。还抓好辖区车辆二级维护签证率，定海区815辆客运车辆的维护和上线检测率达到99.6%，4513辆集装箱车辆和大小货车辆的维护和上线率达到89.6%。是年，为解决新城“打的难”，投入10辆出租车，实行定点服务。

2009年，境内出租车计价器升级改造，启用机打发票。4月9日，市公路局下达《关于进一步明确出租车打表计价有关问题的通知》：因舟山的特殊地形，长途原则上允许议价，但必须按规定使用计价器，做到明码标价。未经乘客同意，不得擅自搭客、拼载；定海、沈家门（含东港）建成区内严禁议价、搭客；严禁在出租车站场内强行拉客。是年，定海境内参加检测的客运出租车须按国家标准GB18565–2001、行业标准JT / T198–2004及《车容车貌标准》进行。3月23日至5月31日，舟山全市专项整治出租车，定海公路运管部门出动执法人员822人次，检查出租车5823辆次，扣分864分，查获出租车无从业资格证案3起，罚款2000元，扣分车辆148辆，受理出租车行政处罚案件251起，其中“96520”投诉案件53起。是年，根据省交通厅与财政厅关于大吨位车辆补助政策，定海辖区内16辆集装箱车辆获补助款16万元。

2010年，建立车辆电子档案，定海所有车辆纳入计算机管理，建档率100%。出租车行业重新修订《出租汽车客运管理办法》、《出租车营运权投放办法》、《客运出租车企业服务质量考核办法》。定海公路运管部门全年出动执法人员2079人次，检查各类车辆18650辆次，处理违规违章505起，补交罚款56.1万元。

2009年定海、新城两地机动车定期检验情况表

单位：辆次、%

		应检车辆	实检车辆	检验率%
合计		66112	40641	61.47
汽车		24016	22782	94.86
摩托车	二、三轮	35740	16190	45.29
	轻便	5434	760	13.99
	小计	41174	16950	41.17
挂车		922	909	98.59

第二节　汽车驾驶员培训

1950年定海解放至二十世纪六十年代，定海境内驾驶员培训多“以师带徒”、“随车传授”、“以运代训”。1985年，舟山军地合作，新增驾驶员利用驻军条件培训。1987年10月，成立舟山市交警支队。翌年，舟山市交警支队制定《舟山市机动车驾驶员培训暂行办法》，提出培训单位的教学设施、场地及车辆、录取培训人员身体、文化、政治素质要求和必备条件，外地培训回来的学员须进行再训学习，同时培训二、三轮摩托车驾驶员、短期轮训违章驾驶员。此后，汽车驾驶员培训逐步走上正轨。

1989年，定海培训汽车驾驶员741人，考核合格552人。1991年，舟山市交警支队在定海临城筹建成立“舟山市第一汽车培训学校”，结束境内自有车辆单位自我培训驾驶员的历史。是年，共举办汽车驾驶员培训班6期，受训驾驶员490人，3700多名驾驶员接受交通事故救护培训。同时，定海交警部门完成定海境内个体运输户驾驶员（不包括拖拉机驾驶员）《浙江省实施〈道路交通条例〉办法》统考，对不合格的重新补课。为83名违章驾驶员办了二期学习班。1992年6月27日，舟山交警支队制定《舟山市机动车驾驶员培训学校（班）教学评估办法》，未达到教学评估标准的，取消培训资格。同时改革驾驶员培训，理科归市第一汽校（址临城）上课，考试合格再输送各培训单位进行术科培训。8月17日，市政府同意，市职业技术教育中心与市交警支队联办“舟山市汽车驾驶职业培训学校”，学校本部设在定海，沈家门设分部（沈家门职业中学汽车驾驶培训班），全市职业高中启动开展汽车驾驶培训业务。9月16日，规定增学大客执照的和经复考术科不合格的大客车、大货车驾驶员由舟山交警支队集中培训，聘请社会上优秀驾驶员担任监考员。12月，1.5吨以下农用车驾驶员培训由定海交警大队自行培训或委托农机部门培训。

1993年11月10日，国务委员兼秘书长罗干召集中编办、交通部、公安部等部门，协调解决我国驾驶培训市场管理问题，会后国务院形成《会议纪要》，《纪要》提出驾驶员培训应与考试分离，交通部负责驾驶员培训，交警部门负责考试。1993年、1995年，交通部先后在南京、海南召开全国驾驶员培训行业管理工作会议。1994年，交通部《关于尽快开展汽车驾驶学校和驾驶员培训行业管理工作的通知》、《关于开展汽车驾驶学校和驾驶员培训行业管理工作的补充通知》，要求尽快开展驾校和驾培行业的管理工作。

1994年8月～9月，定海交警部门路面考核年资在5年以下及虽在5年以上但1992年以来发生过一般以上责任事故的驾驶员，考核合格率90%以上。是年，市第一汽校（址临城）为提高办学质量，扩大规模，教练车增至10余辆。1996年3月18日，根据《中华人民共和国机动车驾驶员考试办法》和市交警支队《舟山驾驶员道路考试操作规程》，定海全区进一步规范驾驶员考试。11月21日，舟山全市汽训工作会议在定海召开，各汽训学校负责人、总教练参加。重点研究探讨新公布的《机动车驾驶证管理办法》《驾驶员考试办法》。统一协调和部署全市教练员资格考核、教练车年检、驾驶证申领人员学习训练、考试车型、考试场地、考试时间等。12月17日，根据省人事厅、劳动厅规定，经舟山市职业技能鉴定中心和市汽训中心培训考核鉴定，市人事劳动局公布定海陆满国等48人为高级汽车驾驶员。

1997年12月，舟山市公路局根据省交通厅转发交通部《中华人民共和国机动车驾驶员培训管理规定》，向市政府递呈《关于我市机动车驾驶员培训行业基本情况及纳轨工作意见的报告》。正式启动舟山市驾校和驾培行业管理。舟山交警支队制定机动车驾驶员路面考试规范，定海辖区700余名违章肇事驾驶员参加统一路考。12月1日至6日，定海区汽车驾驶教练员参加舟山全市汽训学校教练员培训考核。翌年1月始，境内从事出租车营运的驾驶员实行准驾上岗制度。同时，针对驾驶员培训人数下降趋势，为吸引更多学员，定海各驾培学校试行“宽进严出”的办学方针。为确保培训质量，定海区交警大队加强日常督查。1999年6月9日始，定海驾驶员培训全面实行驾驶员术科考试“二考一”制度。即由主考交警、社会聘用监考员共同监考，监考人员监督主考官评分，使考试公开、透明。

2000年7月，省交通厅、省公安厅下达“关于明确汽车驾驶员培训管理与考核发证工作有关问题的通知”，明确浙江省汽车驾驶员培训管理与考核发证工作具体事项。9月，省交通厅提出《浙江省机动车驾驶员培训行业纳轨管理工作实施意见》，市交通委向市政府上报《舟山市机动车驾驶员培训行业纳轨管理实施方案》，市政府召开驾培工作协调会，调整交通（公路）与公安（交警）分工，明确交通部门为驾培行业主管部门，负责驾校规划布局、制订驾驶员培训管理规章制度。11月下旬，舟山市公路局召开全市机动车驾驶员培训行业纳轨管理会议，定海区运管所派员参加会议。12月，市公路局经市编委同意设置培训科，定海区运管所落实专人负责辖区驾培。

2003年10月28日，全国人大通过《中华人民共和国道路交通安全法》。《安全法》第二十条规定“机动车驾驶培训实行社会化，由交通主管部门对驾驶培训学校、驾驶培训班实行资格管理……任何国家机关及驾驶培训和考试主管部门不得举办或者参与举办驾驶培训学校、驾驶培训班”。此后，定海境内驾校培训放开，凡法人，经交通主管部门核准资格的，均可举办机动车培训学校。公安所属的驾校转制、转让、或收归国有公司管理。4月份始，定海各汽车驾培学校按照市公路局《关于实施培训结业证制度和启用省汽车驾驶员培训教学计划、大纲、教材及有关问题的通知》，实施培训结业证制度并启用浙江省交通厅统编的《浙江省汽车驾驶员培训教材》。6月13日，市交通委向全市汽车驾驶员培训业户下发《关于落实汽车驾驶员培训结业证制度和使用省交通厅统编培训教材的通知》重申：学员取得培训结业证后，驾校方可报送学员参加公安车管部门的驾驶证考试。

2005年，定海新批准舟山万通驾驶培训有限公司、舟山市浙东机动车驾驶培刑训有限公司、舟山市平安机动车驾驶培训中心、舟山市春风汽车驾驶员培训有限公司、舟山市新城汽车驾驶员培训有限公司、舟山市海苑汽车驾驶培训中心有限公司6家驾培学校。至此，定海有驾校9家。定海区公路运输管理所按职责，管理辖区驾培市场，由所内运管股派专人专职监管、检查、指导辖区内各驾校培训。同年，定海驾校根据市公路局制订的《关于规范我市机动车驾驶培训经营行为的若干意见》，设立驾校质量排行榜，启用统一监制的机动车驾驶培训教练日志和学员日志，安装IC卡系统。是年，交通部先后修订出台《中华人民共和国机动车驾驶员培训教学大纲》、《机动车驾驶培训机构资格条件》等教材、规章。9月，定海驾校启用新教材，按部颁教学大纲教学。

2007年，省交通厅制走《浙江省机动车驾驶培训教练员诚信考核办法（试行）》。定海区公路运输管理所成立专职机构，开展专项整治机动车驾培市场秩序，教练员执照情况。整治出动执法人员108人次，检查教练车辆196辆次，检查教学人员238人次，查处未经批准教学场地擅自办学（含无上岗证教练）等企业8家次，15辆教练车，查处违规教学案件20起，处罚20起。2008年5月，市公路局下放驾培学校审批权，定海区公路运输管理所增设内设机构“安全驾培股”，专司境内驾培学校审批、管理等工作。是年，境内海苑驾校被表彰为全省三级十佳驾培机构、全国创建文明诚信优质服务驾校。

汽车驾驶员培训

2009年，定海境内名流、

光阳、天天3家摩托车驾校整合为名流一家驾校。11月始，境内驾校启用模拟器教学，12月1日始，凭模拟器教学培训记录10学时和IC卡计时3学时审签培训记录。是年，新学员考试由交警实行电子红外线监考，场地考试实行“九选六”制度。由电脑任意在九项中选六项（即坡道定点停车和起步、侧方停车、通过单边桥、曲线行驶、直角转弯、限速通过限宽门、通过连续障碍、百米加减档、起伏路行驶九项）。

2010年1月，定海境内驾校按市公路局《关于进一步规范驾培结业考核工作的通知》，结业考核内容和程序按照交通部培训教学大纲、考试大纲和标准，分为科目一（理论）、科目二（场地驾驶和场内道路驾驶）、科目三（实际道路驾驶）按顺序实施。是年8月，根据省交通厅《转发交通运输部关于发布中华人民共和国机动车残疾人驾驶培训教学大纲（试行）的通知》，在定海启动舟山市残疾人驾培教学。双拥路128号地址，舟山市汽车驾驶职业培训学校（与舟山市汽校两块牌子，一套班子），时为舟山被市公路局管理的全市唯一兼有残疾人驾驶培训功能的学校。拥有加装辅助装置的残疾人驾培专用教练车1辆并通过检测上牌，车号：浙L0029学，操纵辅助装置型号：CQF-MBLIII-1、编号：20100230。按残联要求，配置改造无障碍理论教室1间、厕所1间、食堂1间、寝室1间。2名教练员经中国残联和交通运输部联合培训考核，取得残疾人驾培教练员资格。8月，定海区交通局组织举行“定海区首届汽车驾驶教练员技能比武活动”，境内9家驾培学校参加，舟山市春风驾校获团体第一名，舟山海苑驾校黄磊选手获个人第一名。10月，境内启动驾驶员从业资格无纸化考试。

2010年，定海境内有汽车驾培学校10家，教练车250辆，教练员297名，驾驶员培训量达到10500余人。

2010年定海区境内汽车驾驶培训学校分布情况表

单位：辆、人

培训学校	成立时间	地址	拥有车辆	在职人员	其中教练员	培训项目	资质
舟山市万通驾驶培训有限公司	2004.11.03	定海兴海路116号	21	30	21	汽车驾培	三级
舟山市浙东机动车驾驶培训有限公司	2004.05.03	定海城东大洋岙村毕家宕口45号	26	38	29	汽车驾培	二级
舟山市平安机动车驾驶培训中心	2004.05.05	舟山市经济开发区B区兴海路111号	24	32	26	汽车驾培	三级
舟山市汽校	1986.08	定海双拥路128号	25	32	27	汽车、摩托车驾培	二级
舟山市春风汽车驾驶员培训有限公司	2004.09	定海双桥东方村	25	38	32	汽车驾培	二级
舟山市新城汽车驾驶员培训有限公司	2004.10	定海临城横塘村	22	29	22	汽车驾培	三级

续表

培训学校	成立时间	地址	拥有车辆	在职人员	其中教练员	培训项目	资质
舟山市海苑驾驶培训中心有限公司	2004.11.08	定海文化路 109 号	25	45	29	汽车驾培	三级
舟山市舟安驾驶培训有限公司	2009.02.08	临城临海苑 370–7 号	32	41	34	汽车驾培	二级
舟山华谊驾驶培训有限公司	2010.01	定海三官堂	20	31	22	汽车驾培	二级
舟山市定海天天摩托车驾驶培训有限公司	2005.60	定海西山路 42 号				摩托车驾培	
舟山市定海光阳摩托车驾驶培训中心	2005.70	定海沿港东路 179 号				摩托车驾培	
舟山市名流摩托车培训有限公司	2005.60	弘生大道 458 号				摩托车驾培	

第三节　汽车驾驶员管理

1989 年 10 月 1 日，根据省公安厅《启用机动车新驾驶证实施细则》，定海境内驾驶员换发新证。交警部门根据就近合理原则，整顿调整驾驶员安全片组划分布局，集中年资三年以下和违章驾驶员组织学习，提高安全意识。1991 年 5 月 8 日，市人保和交警联合组织驾驶员开展交通安全竞赛活动。6 月，定海组织境内大客驾驶员、1990 年 1 月以来有违章超速、超车驾驶员进行理科统考和术科重点抽考，450 余名驾驶员参加理论和路面驾驶统考和复考。1992 年，定海交警针对个体车辆、驾驶员数量发展迅速趋势，其数量已占境内车辆、驾驶人员 45% 的实际，对个体驾驶员进行《浙江省实施＜道路交通条例＞办法》统考，不合格人员重新补课，还为 83 名违章驾驶员办了二期学习班。1993 年，定海交警部门把境内重点驾驶员划为一个安全片组，进行重点管理，还与单位一起加强管理承包驾驶员。

1994 年，定海交警部门路面考核境内年资 5 年以下及虽于 5 年以上但 1992 年以来发生过一般责任事故的驾驶员，合格率 90% 以上。1998 年 1 月，境内实行从事出租车营运的驾驶员准驾上岗制度。是年，定海区交警部门与当地客运企业驾驶员签订交通安全责任书。

1999 年 6 月 23 日，定海建立出租车驾驶员管理工作联系制度，成员由交警、出租车公司等单位领导组成。翌年 9 月，境内建立驾驶员协会。是驾驶员自我管理，自我服务的组织。1999 年，定海交警实行驾驶员违章计分制。2000 年，定海完成 1300 余名出租车驾驶员换发上岗证，完成非舟山籍驾驶员上岗证到期清退工作，岗位复训违反道路运输管理规定两次或两次以上的车主和聘用驾驶员，复训合格，才允许审验换证。

2003 年 10 月 28 日，全国人大通过《道路交通安全法》，翌年 5 月 1 日起试行，配套出台

《道路交通安全法实施条例》。2004年4月14日，国务院第48次常务会议通过《中华人民共和国道路运输条例》（后有修订）。明确规定：从事客运经营的驾驶人员，应当取得相应的机动车驾驶证，年龄不超过60周岁，3年内无重大以上交通责任事故记录，经设区的市级道路运输管理机构考试有关客运法律法规，机动车维修和旅客急救基本知识合格。从事货运经营的驾驶人员，应当取得相应的机动车驾驶证，年龄不超过60周岁，经设区的市级道路运输管理机构考试有关货运法律法规，机动车维修和货物装载保管基本知识合格。

定海公安机关交通管理部门依法作出驾驶员申请、考试和发证，换证、补证和注销管理，记分和审验，处罚等事项的具体规定。

（一）机动车驾驶人

1. 机动车驾驶人必须经公安机关交通管理部门考试合格，依法取得机动车驾驶证，方能驾驶车辆。

2. 机动车驾驶人应当按照驾驶证载明的准驾车型驾驶机动车；驾驶机动车时，应当随身携带机动车驾驶证。公安机关交通管理部门以外的任何单位或者个人，不得收缴、扣留机动车驾驶证。

3. 驾驶人驾驶机动车上道路行驶前，应当对机动车的安全技术性能进行认真检查；不得驾驶安全设备不全或者机件不符合技术标准等具有安全隐患的机动车。

4. 机动车驾驶人应当遵守道路交通安全法律、法规的规定，按照操作规范安全驾驶、文明驾驶。

5. 公安机关交通管理部门对机动车驾驶人违反道路交通安全法律、法规的行为，除依法给予行政处罚外，实行累积记分制度。公安机关交通管理部门对累积记分达到规定分值的机动车驾驶人，扣留机动车驾驶证，对其进行道路交通安全法律、法规教育，重新考试，考试合格的，发还其机动车驾驶证。

6. 饮酒、服用国家管制的精神药品或者麻醉药品、或者有妨碍安全驾驶机动车的疾病、或者过度疲劳影响安全驾驶的，不得驾驶机动车。

（二）申请、考试和发证

1. 初次申领机动车驾驶证的，可以申请准驾车型为城市公交车、大型货车，小型汽车、小型自动档汽车、低速载货汽车、三轮汽车、普通三轮摩托车、普通二轮摩托车、轻便摩托车、轮式自行机械车、无轨电车、有轨电车的机动车驾驶证。

2. 申请换领驾驶证时，应当填写《机动车驾驶证申请表》，需提交申请人的身份证明、医疗机构出具的有关身体条件的证明、机动车驾驶证。代理人申请办理机动车驾驶证业务时，应当提交代理人的身份证明和机动车驾驶人与代理人共同签字的《机动车驾驶证申请表》。已持有机动车驾驶证，申请增加准驾车型的，应当在本记分周期和申请前最近一个记分周期内没有满分记录。

3. 申领机动车驾驶证的人，在户籍地居住的，应当在户籍地提出申请；在暂住地居住的，可以在暂住地提出申请。

4. 申请机动车驾驶证考试，每个科目考试 1 次，可以补考 1 次。申请人在考试过程中有舞弊行为的，取消本次考试资格。

5. 各科目考试结果当场公布，并出示成绩单。每个科目的考试成绩单应当有申请人和考试员的签名，未签名的不得核发机动车驾驶证。考试不合格的，考试员应当说明不合格的原因。

（三）换证、补证和注销

1. 机动车驾驶人应当于机动车驾驶证有效期满前 90 日内，向机动车驾驶证核发地车辆管理所申请换证。

2. 驾驶人户籍迁出原车辆管理所管辖区的，应当向迁入地车辆管理所申请换证；机动车驾驶人在核发地车辆管理所管辖区以外居住的，可以向居住地车辆管理所申请换证。

3. 机动车驾驶证记载的驾驶人信息发生变化的，驾驶人应当在 30 日内到驾驶证核发地车辆管理所申请换证。

4. 机动车驾驶证损坏或记录填满时，应向机动车驾驶证核发地车管所申请补发或换发。

5. 机动车驾驶证遗失的，机动车驾驶人应当向机动车驾驶证核发地车管所申请补发；申请时应当填写《机动车驾驶证申请表》并提交机动车驾驶人的身份证明和机动车驾驶证遗失的书面声明，符合规定的车辆管理所应当在 3 日内补发机动车驾驶证。

6. 超过机动车驾驶证有效期 1 年以上未换证的，车辆管理所应当注销其机动车驾驶证。

（四）记分和审验

1. 机动车驾驶人在一个记分周期内累积记分达到 12 分的，应当在 15 日内到机动车驾驶证核发地或者违法行为地公安机关交通管理部门接受为期 7 日的道路交通安全法律、法规和相关知识的教育。接受教育后，车辆管理所应当在 20 日内对其进行科目考试。

2. 机动车驾驶人在一个记分周期内两次以上达到 12 分的，车辆管理所还应当在科目一考试合格后 10 日对其进行科目三考试。

3. 年龄在 60 周岁以上或者持有大型客车、牵引车、城市公交车、中型客车、大型货车、无轨电车、有轨电车准驾车型的机动车驾驶人，应当每年进行一次身体检查，在记分周期结束后 15 日内，提交县级或者部队团级以上医疗机构出具的有关身体条件的证明。

2007 年 1 月起，定海对持有《客运出租服务资格证》驾驶员进行一次“新知识、新技能”培训和考试，考试合格的核发《舟山市出租车驾驶员客运资格证》即 IC 卡客运资格证。定海有 2000 余名驾驶员领取了新证。同年 4 月，《公安部机动车驾驶证申领和使用规定》，初次申领机动车驾驶证的人员，按照其所申领的驾驶机动车的类型，实行最高 50 岁～ 70 岁和最低 18 岁～ 24 岁年龄限制。2008 年，定海境内出租车驾驶员实行 IC 卡记分制，与经营企业实施捆绑式管理，推行服务质量等积分考核制度，建立驾驶员信用档案，逐步扭转企业重承包轻管理的状况。

2009 年 4 月 9 日始，定海境内出租车使用计价器，明码标价。未经乘客同意，不得擅自搭客、拼载。舟山本岛长途载客允许议价。

2007年～2010年，定海境内对参加春运9座以上客运车辆驾驶员，进行严格的资格审查。建立春运驾驶台账，单程400千米以上的客运车辆必须配备2名以上驾驶员。年前发生过死亡事故负有责任、有超速50%以上及超员20%以上记录，交通违规记分满12分驾驶员均不得参加春运。

第四节　道路秩序管理

1989年11月5日，公安交警上路执勤佩戴统一标志“公路检查证”。1990年8月13日，交通、公安、财政设在鸭蛋山的检查站以联站形式挂牌工作，站长由交通部门担任，交警、财政各委派一名副站长，例行检查过渡车辆。1991年8月1日始，交警上路执勤，按省规定佩戴“浙江省交通警察检查证”。11月5日，公路运管部门落实“车归站，人归点”，个体客运班车全部进站，依法行政，纠风治乱，制止“三乱行为”。1992年6月1日始，落实《浙江省实施＜中华人民共和国道路交通条例＞办法》。8月，定海区物价局、财政局、公安分局《关于加强各类车辆通行停车秩序管理的通知》，8月19日又作出补充通知，规定机动车辆在定海城区停放、行驶、禁行线等。12月23日，根据公安部、公安厅有关道路交通事故处理程序和受伤人员伤残评定规定，定海区公安分局成立伤残评定小组。是年，交通运管部门对个体班车实行定点、定时、定线制度。

1993年3月1日始，禁止拖拉机等低速车上329国道境内段行驶，进城采取禁行线、单行线、限时限行办法。12月，市委、市政府指示对城关的解放路、人民路、昌国路实行机动车辆单行线管理。同时，设立“舟山市公安局定海分局交通警察大队白泉中队”，编制8名，经费由地方财政解决。1994年7月27日，定海区公安分局交警大队归建舟山市公安局交警支队直辖，改称“舟山市公安局交通警察支队定海大队”，下辖金塘、盐仓、临城、白泉各中队名称也随之改称。1995年5月17日，成立定海人力三轮车服务中心。

1996年，公路运管部门与交警、道路客运企业组成整顿办公室，加强整顿境内客运车辆乱停放，随意组客，并纳入统一管理本岛长、短途客运车辆。6月1日，舟山市公安局《关于定海区公安分局非机动车辆管理所划归舟山市公安局交警支队的通知》，支队新建“舟山市公安局定海区非机动车辆管理所”，直属支队管理，主管自行车和助动车。6月22日启用新印章，8月1日起，根据《舟山市人民政府关于禁止拖拉机在市区一定范围内通行的通告》，禁止拖拉机在市区街道通行。

1997年，为维护交通秩序定海境内公路运管执法人员，年综合执法上路2780人次，检查车辆3880辆次，处理违章违规车辆508辆，追缴各类公路规费32余万元，收缴罚款4.6万元。成立客运管理站，进驻客运中心和东门车站，实施现场秩序驻点管理和流动检查制度。7月11日，舟山市公安局制定《舟山市助动自行车管理暂行规定》，规范定海境内助动自行车管理。9月16日始，定海城区禁鸣喇叭，增设禁鸣喇叭交通标志59付。翌年3月27日，为加强自行车管理和便于自行车失窃案侦破，市公安局决定定海区自行车管理仍划归定海区公安局管辖，助动车业务划归支队车辆管理所，直属支队的定海非机动车管理职能移交定海公安分局。5 月 27 日，定海三轮车服务中心更名为舟山市定海人力三轮车管理所，并挂牌工作。7 月 20 日，舟山市公安局发布《关于停发助动车号牌的通告》，是日起，定海范围内停发助动自行车号牌。翌年，公路运管部门对定海境内三分之二个体出租车（散车）实施挂靠管理办法，进行公司化管理，要求各代管单位做到“四统一”，即（协议统一、收费统一、顶灯统一、标准统一）。9 月 1 日正式启用调整运价后的出租车计价器。

2002 年，交警在定海人民路、解放路、昌国路、城西河路等路段设立咪表泊位 16 个，查处违章停放车辆 1805 辆次，审批道路施工挖掘占道 258 起。3 月，定海公路管理部门成立“定海区运政稽查大队”，下设白泉、盐仓、金塘、临城、城区 5 个中队。

2004 年，交警加大查处机动车超速、超载超员、违法超车、酒后驾车、无证驾驶、骑乘二轮摩托车不戴头盔、非机动车闯红灯越线，行人不走人行横道等重点交通违法行为力度，严管重罚。查处交通违法 164764 人次，处罚 65816 人次（其中未取得驾驶证驾驶机动车 1747 人次，违法超载 3665 人次，处理违法超速 9630 人次，非机动车违法 12964 人次，行人交通违法 571 人次），罚款 2795485 元，暂扣车辆 1803 辆次，扣证 2447 本，拘留 17 人，并多次清查整治报废车辆。通过一系列工作，定海境内客运机动车报废率 100%，其他车辆报废率 99.9%。定海城区 11 条 3 车道以上道路限速，增设限速标志 57 块。2005 年，交通运管部门专项整顿定海境内货物托运和货物配载经营点，为期 1 个月。运管执法人员 50 人次，查处无证经营业户 10 家，补办超期经营业户手续 5 家，处罚 5 万元。综合考核境内 10 家出租车公司、2 家客运企业、7 家危运企业、8 家驾校、27 家汽车修理厂经营信用、市场信用、服务信用、完费信用等，合格率 100%。同时，定海交警大队与定海区教育局联合在定海全区 40 所中小学开展为期 1 个学期的交通安全进学校教育活动，受教育学生 3.2 万人，教师 0.26 万人。与辖区内专业运输单位建立“警企联勤”机制，召开安全管理人员及驾驶员安全会议 20 次。

2006 年，定海交警加强营运车辆、校车、大型企业单位班车管理，19 座以上客运车辆逢车必查。实施正三轮摩托车通行证制度，限制其通行范围。多管齐下纠正定海城区人力客运三轮车违章停放顽疾。新开通的“沈白线”原设计时速 100 千米 / 小时，考虑路况复杂，事故隐患多，限速至 80 千米 / 小时，部分主要岔口再调低限速。是年，境内共设置钢质防撞护栏 3819 米，警示桩 247 根、减速带 297 米，警示灯 8 个，锥形交通标志 200 只，广角弯道镜 1 块，墙式间断护栏 9700 米。城区新增道路交通标志 255 块，增划交通标线 6717 米，增设灯控路口 3 个，新增移动红绿灯 3 盏。至年底，定海城区计有交通标志 1514 块，交通标线 72253 米。翌年，定海交通运管部门整治“外挂”和“非转营”（无营运证）车辆。征收规费 142.21 万元，办理登记证 82 辆，临时营运证 110 辆，纳轨“非转营”车辆 579 辆 / 781.5 吨，补征运管费 1.76 万元，公基金 4.39 万元。定海区交警在 10 个乡镇、1 个街道建立交通安全工作站，招聘 33 名交通协管员，加大监控辖区农村道路力度。督促辖区各客运企业 397 辆客车安装行车记录仪或 GPS 系统，查处校车交通违法 14 起。开展“蓝盾”、“利剑”等各类专项整治行动 40 次。并集中整治助动车、残疾车、正三轮车、摩托车、电动自行车、人力三轮车

"五小车"。年查处交通违法行为140792起，其中无证驾驶98起，酒驾30起，行政拘留135人次，追究刑事责任29人次。

2008年，定海交通运管加强管理客运站站内秩序，严防客车超载出站，出动执法人员30人次，执法车辆14辆次，检查车辆392辆次。北京奥运会召开期间制订《定海区公路运输管理所处置恐怖袭击事件应急预案》，成立奥运反恐工作领导小组。出动执法人员64人次，检查26家出租车经营公司、危险品运输企业。查出两家陆上客运站的安保设施存在安全隐患16项，责令限期整改。6月始，整治三江港区客运码头出租车无客运资格证载客运营，出动运管执法人员1706人次，检查出租车5829辆次，查获无营运资格证车辆19辆。7月，启用新版道路运输从业人员资格证，2285人登记，至年底，发放1803本新证。3月，定海交警与定海区文明办联合开展为期5个月"伴我同行，文明出行"交通劝导活动，300余名机关干部、驻舟部队战士、志愿者加入协管队伍。并投入10.5万元，在境内35处安全隐患路口（段）安装反光镜、爆闪灯、警示桩、交通标志、减速带。还开展拖拉机、工程车超载超限等联合专项整治，继续落实辖区营运客车、危险化学品运输车、中小学生接送校车"三车三人"制。年教育、纠正各类交通违法行为84739起，处罚51713起，行政拘留136人，追究刑事责任36人。

2009年，定海交通运管部门派出500人次执法人员，进驻三江码头停车场，重点监管出租车无序停放、抢拉客源、拥堵出口、不使用计价器、宰客等乱象。边整边改，划定出租车单行内外车道，设立"按次排队，打表计价"指示牌。交警在辖区内开展"春运"、"蓝盾"、"治酒驾"、"迎国庆60周年"等维护交通秩序专项整治活动，共查纠各类交通违法行为74479起，行政拘留150人（其中醉驾拘留71人，无证驾驶71人）。并落实专人再梳理"三车三人"户籍化登记信息，每月二次通报三类重点车辆交通违法信息；每月截取公交车违法视频；加强监督闯红灯、逆向行驶等严重违法行为，要求公司内部处罚；工程车辆，以村或宕口为单位，实施逐辆登记、定期检查车况；对辖区内企事业单位员工接送车也纳入"户籍化"管理。定海境内投入102万元，隐患整改资金，安装钢质防撞护栏6980米，减速带4000余米，警示桩隔离600余根，各类交通安全提醒牌29块，利用绿化带永久隔离封闭复杂路口12处。完成盐仓兴舟大道、金塘小海线、山西线、城区弘生大道、东河中路、环城南路、东山路、东瀛路、昌国路、文化路等道路的交通安全隐患整改。

2010年，定海境内建立灵活快速、功能齐全的道路运输预警和应急反应机制，确保"春运"、"五一"、"十一"等节假日、"世博"期间安保工作，保障国家重点物资、客流高峰安全有序。是年，定海交警筹资103.5万元，安装钢质护栏6138米，减速带1660米，交通安全提醒牌27块，修剪影响视线树木550棵。提出就大桥接线和东山隧道事故预防方案。完成定海全区15个乡镇街道安全生产领导组织调整，新聘乡镇工作站队员和安全信息员123名。7月15日，舟山市首条"爱心斑马线"在定海诞生。是年，定海城区4处治安监控投入单行线限行拍摄。开展"迎世博，创文明，保平安"交通秩序专项整治活动，突出开往上海方向客运车辆、危险化学品运输车辆的路面检查。年查处酒后驾驶1102起，其中醉酒驾驶163起，拘留163人，查处违法停车19950起，违法变道超车568起。完成795名重点驾驶员、632辆重点车辆报备并录入《交警队信息平台》。

第五节　道路违章处罚

1988年8月1日，实施《中华人民共和国道路交通管理条例》，交通警察根据条例第16条处罚违章。11月，公安部、省公安厅《交通管理处罚程序规定》，规定处罚违反道路交通行为，一般由县区交警大队、中队依法裁决。吊扣6个月以上驾驶证的报市支队裁决；需治安拘留的报县区公安局分局裁决；处警告、50元以下罚款可由交通警察当场处罚。暂扣车辆、驾驶证、行驶证开具暂扣凭证，被处罚人应予24小时内交纳罚款。被处罚人不服裁决的5日内可提出申诉，主管或上一级公安交通管理机关接到申诉后5日内作出裁决，超期限申诉的一般作人民来信来访处理。1989年，定海境内公路运管、稽征部门依据《中华人民共和国道路运输条例》、《浙江省道路运输管理条例》、《浙江省公路养路费征收管理条例》，年查获违章营运车辆251辆，扣车97辆，扣证55辆，罚款1704元。

1991年1月1日起，定海交警使用由省公安厅、财政厅统一印制的《交通管理当场处罚决定书》，定额票面为伍拾元、肆拾元、叁拾元、贰拾伍元、贰拾元、壹拾元、伍元、壹元等八种，反面印有相应的罚款条文。3月，贯彻实施《中华人民共和国行政诉讼》，公安部、省公安厅发布《交通管理处罚程序补充规定》，组织辖区违章驾驶员学习、协助维护交通秩序、酌情从轻处罚，从严控制暂扣车辆号牌，申诉案件按公安行政复议案件程序办理。是年，定海公路运管部门查扣无证经营人力三轮车199辆，罚款945元。翌年5月1日，定海交警启用省总队统一规定的“机动车驾驶员违章联系单”，处理部门把驾驶员违章处理情况用“联系单”一式三份，分别告知驾驶员所在单位和所在车辆单位。6月1日，省人民政府施行《浙江省实施＜中华人民共和国道路交通条例＞办法》（第24号令），与《条例》一起执行。7月1日，省公安厅通知，停止填报《城市纠正交通违章统计月报表》，改填报《处理道路交通违章情况月报表》，按规定及时向省总队上报道路交通违章统计报表。是年，境内交通运管、稽征部门依据法规查获违章车辆284辆，罚款近1万元。翌年，查处违章车辆1471辆，发违章通知书、行政处罚决定书680份，补交各种规费36.78万元。1995年，交通部颁布《交通行政执法监督规定》（1号令），7月1日起施行。是年，公路运管、稽征部门处理境内违章车辆216辆，罚款5万元。

根据《中华人民共和国行政处罚法》、公安部《关于改革交通违章罚款缴纳办法的通知》，1996年8月27日，市公安局、财政局、中国人民银行舟山分行出台《关于我市实施交通违章罚款缴纳办法的通知》，自1996年8月起，机动车驾驶员在定海辖区内发生交通违章罚款处罚，属本辖区管辖的不再当场交纳罚款，由交警开具《交通违章罚款通知书》，交被处罚人按规定期限，到市公安局委托的市建设银行各代收交通违章罚款网点交纳罚款；不属于本辖区管辖的外地驾驶员暂仍按当场处罚办法。根据支队制订的《关于罚款交银行的实施方案》、《交通违章罚款交银行操作程序》，制定具体操作规定和说明，规定罚款交银行对象为发生一般交通事故、罚款在50元以下的舟山本市驾驶员。被处罚人超过15日不交纳罚款的，按日增加罚款5元，逾期3个月，交警部门发催缴通知并登报公告，逾期半年不交纳罚款的，登报公告并注销其驾驶证。发生交通违章在50元以上或不适用简易程序处罚的，仍依照《交通管理处罚程序规定》处罚。不属舟山本市管辖的外地驾驶员发生交通违章的以教育为主，确需罚款的，仍实施当场处罚。9月17日，市交警支队经请示省交警总队答复，如交通违章罚款通知书损坏或遗失，无法到银行交纳罚款的，由交警部门出具联系单到银行交纳罚款或直接到市交警支队交管科，定海交警大队接受处理。

1996年，交通部制定并发布《交通行政执法检查制度》等七项制度的通知（交通行政执法检查制度、交通行政执法重大行政处罚决定备案审查制度、交通规范性文件备案审查制度、交通行政赔偿案件审查制度、法律、法规、规章和规范性文件实施情况年度报告制度、交通行政执法错案追究制度、交通行政执法年度工作报告制度）。是年，定海境内公路运管、稽征部门依法处理违章车辆185辆，罚款3万元。翌年3月31日，市公安局和市建行联合发出"关于加强交通违章罚款交纳工作的通知"，强调解决罚款交银行实施中暴露的问题，要求执勤交警填写清楚罚款单据各项内容，建行代办人员要仔细核对，既严格按规定办理，又要热情为驾驶员服务。是年，定海公路运管、稽征部门处理违章车辆1508辆，追缴各类公路规费20余万元，收缴罚款4.6万元。翌年，处理违章车辆3068辆次，追缴各类规费16余万元，收缴违章罚款14余万元。

1999年6月10日，省交警总队规定，启用新的道路违章《当场处罚决定书》，并作出新规定：逾期15日未到银行缴纳罚款的，每天按罚款的3%加处罚款；逾期3个月未缴纳罚款的注销机动车驾驶证。8月，省交警总队下发《浙江省道路交通行政处罚案卷》（范本），舟山交警支队会同市局法制处统一规范案卷文书填写，并检查和指导定海交警大队交通违章处罚案卷，规范执法行为，提高执法效率。12月9日，公安部制定《机动车驾驶员交通违章记分办法》，2000年3月1日正式实施。

2003年10月28日，全国人大通过《道路交通安全法》，翌年5月1日施行。配套出台《道路交通安全法实施条例》细则，规定交通事故处理、事故责任、损害赔偿、调解等程序。是年，市交通委先行先试，推行公路管理、运管、稽征综合执法改革新模式，定海境内公路综合执法大队应时建立。大队为定海区交通局下属单位，人员从区公路管理段、运管、稽征所抽借。是年，公路综合执法大队查获境内各类违章车辆1349辆次，罚款8.6万元。其中春运期间查获违章车辆80辆，处理36起投诉事件，查获未年审和无道路运输证货车317辆，罚款1.13万元，补征公路规费42.78万元。2006年，定海公路运管、稽征部门依据国务院修订的《中华人民共和国道路运输条例》（2004年7月1日，生效）、省人大修订的《浙江省道路运输管理条例》（2006年1月1日，生效）结合有关法规、规章，处罚境内道路违章车辆。

2007年，定海区公路综合执法大队（2003年成立）因涉及体制、人员编制、经费、装备、查处与行政许可等诸多矛盾，人员解散，恢复原管理模式。是年，定海境内公路运管、稽征部门处理违章车辆案件734起，处罚金额65.41万元。其中一般性程序案件635件，罚款57.94

万元。简易程序案件99件，罚款7.47万元。投诉案件690件，其中罚款73件金额2.88万元。举报案件43件，处罚3件，金额0.55万元。

2010年，公路运管部门对违规违章的180辆次出租车驾驶员进行扣分处理。年处理违规车辆投诉案件425件，处理车辆违规违章案件478件，教育违规违章人员113人（未作处理），罚款56.12万元。

第六节　停车场管理

1989年1月，市综治办规定定海境内禁止在解放路粮站与医药公司之间人行道上停放自行车，禁止机动车辆在市区街道乱停乱放。翌年，整顿车站、轮渡码头停车秩序，交管、市容、交警联合执勤。待渡车辆、营运车、机动车、脚踏三轮车、自行车用白漆划出停车场地。翌年，整顿车站、轮渡码头停车秩序，交管、市容等配合交警联合执勤，加强管理。待渡车辆、营运车、机动车、人力三轮车、自行车用白漆划出规定停车场地。

1991年12月14日，市物价局、公安局、财税局联合出台《舟山市机动车停车场管理暂行办法》，首次规范停车场审批、收费、收费标准。是年春运，定海境内清除路障摊点600余处。1992年2月，区物价局、财政局、公安分局《关于制订定海区停车场管理暂行办法的通知》，《办法》适用定海境内所有停车场所，包括客运、码头、影剧院、宾馆、招待所等单位对外开放的停车场。强调在定海境内开设停车场，须向定海区公安交通管理机关提出开办申请，然后凭审批证明到区物价局领取《收费许可证》方可开业收费。停车收费标准须执行定海区物价局确定标准，明码标价。8月，又联合发出《关于加强各类车辆通行停车秩序管理的通知》。8月19日又作出补充通知，规定机动车辆在定海城区停放、驶禁行线等。12月14日，市城建委就定海城区停车场选址规划进行专题研究并向市人大政协报告。是时，在定海公园西南侧体育场路已建2000平方米停车场，定海港客运站候船室北侧留出2000平方米作临时停车场，对定海汽车站（东门）实行分流，在城西329国道一侧另建长途汽车客运站，在东解放桥桥边、城关人力车厂旧址设立公交车停车点。

1995年6月，市物价局《关于停车场（点）收费规定》。6月15日～7月15日，整顿定海境内停车场，统一核发停车场许可证、统一停车场标志标杆、收费票据、收费标准及其他规章制度，规范停车场管理。翌年，重新勘定定海境内城区街道临时停车点，该迁移的迁移，增设的增设，清理整顿营业性停车场（点），规范收费标准。

1998年2月，逐一检查整顿定海境内停车场。5月5日，舟山市物价局《关于规范定海乡镇停车场（点）收费的批复》，规定白泉、临城、沥港、大丰、山潭5个乡镇开设的临时停车场（点）收费价目。是月，定海各停车场制订管理规则，立牌明示，使用财政统一发票。翌年，结合年检年审重新规划和管理西门货运车停车场、交通饭店农用车停车场及舟山医院住院部停车场，营运货车、营运农用车一律入场集中停放；加强鸭蛋山渡口停车场待渡车辆停车秩序管理。6月16日至19日，重点抽查定海等地停车场63个，停车场管理、收费、服务进入标准规范。2001年,市政府改革行政审批制度,停车场开办、审批和年度审验权下放到定海交警大队并确定城区停车场。

2002年,定海新建社会停车场1个,12个标准泊位。翌年10月,境内城区东河路南段、市办证中心等路段设置176个停车泊位,实行机动车临时停车咪表计时收费管理。是年,境内城区有社会停车场6个,402只标准泊位,配建停车场9个,257只标准泊位,占路停车场点45处,364只标准泊位,其中咪表泊位127只。

2004年,定海城区增加出租车临时上下客停靠点,供临时上下客。取缔人民南路、桔园小区、海滨桥等非法停车点。2006年9月,定海路政执法大队、定海交警整治境内城区出租车随意停车及违法设摊,查处占道设摊等违法行为170余起,开放出租车夜间停放港湾和施划城区载客人力三轮车停放框。11月,出动交警48人次,运管人员18人次,整治出租车、农村货运车辆在城区随意停车、超载等违法,查处公路违章停车285起。翌年,继续加大城区违法停车治理力度。在治理中对违法停放车辆进行拍照取证,上半年共拖曳违法停放车辆43辆,纠正违法停车行为5022辆次,罚款622950元。同时通过悬挂横幅、送发宣传资料、张贴提示语和开展图板展览等多种宣传活动教育机动车驾驶员自觉遵守交通法规,杜绝不文明停车行为。

2010年,定海城区配建停车场计78处,城区社会停车场计9处,占路停车泊位计107处;新城城区配建停车场25处,社会停车场4处,占路停车泊位计3处。

1992年定海城区停车场收费标准

单位:元/辆次

类别	车　型	夜间停放	白天停放	临时停车
客车	小型客车(15座以下,含15座)	3元	2元	1元
	大型客车(16座以上,含16座)	7元	4元	2元
货车	小型货车(2.5吨以下,含2.5吨)	3元	2元	1元
	大型货车(2.5吨以上)	5元	3元	1.5元
	超大型货车(10吨以上、平板车、挂车含10吨)	8元	4元	2元
小型机动车	小型拖拉机(手扶、小方向)	2元	1元	0.5元
	大、中型拖拉机(2吨以上,含2吨)	4元	2元	1元
	摩托车	2元	1元	0.5元
非机动车	自行车	0.2元	0.1元	0.05元
	三轮车、小板车	0.5元	0.3元	0.15元

1997 年舟山市营业性停车场收费执行标准

单位：元 / 辆次

车型	车辆类型	收费标准	
		4 小时以下（含）	4 小时以上至 24 小时
货车	3 吨以下	4.00	10.00
	3 吨至 6 吨以下	5.00	12.00
	6 吨至 8 吨、5 吨加长车	6.00	14.00
	8 吨以上（含挂车、半挂）	8.00	16.00
客车	7 座以下	3.00	6.00
	8 座至 25 座	4.00	10.00
	26 至 45 座	5.00	12.00
	45 座以上	8.00	16.00
其他	二、三轮摩托车	2.00	4.00
	手扶拖拉机	2.00	4.00
	轮式拖拉机	3.00	6.00
	助动车、轻骑	1.00	2.00
非机动车	经营性三轮车	0.50	1.00
	非经营性三轮车、手拉车、自行车	0.20	0.50

舟山市区机动车临时停车点收费执行标准

单位：元 / 辆次

车型 收费标准	小型车	大型车
2 小时以下（含 2 小时）	3.00	6.00

补充资料：1、超过 2 小时，每 2 小时计收 1 次，不足 2 小时按 2 小时计算。2、市区出租车减半计收，二、三轮摩托车按小型车减半计收。

2001 年定海城区停车场收费执行标准

单位：平方米、辆

名　　称	面积	地　点	停车泊位	性质	停泊形式
城西停车场	3000	环城南路 62 号	147	社会	垂直式前进停车
环南停车场	1000	环城南路	49	社会	垂直式前进停车
港务局码头停车场	1200	沿港西路 16 号	58	社会	垂直式前进停车
舟港四公司停车场	50	沿港西路	2	社会	垂直式前进停车
总府路停车场	200	总府路	9	社会	垂直式前进停车

续表

名　　称	面积	地　点	停车泊位	性质	停泊形式
东门出租车停车场	1000	解放东路	49	社会	垂直式前进停车
市邮电局门口停车场	300	人民路～工农路	12	社会	平行式停车
凯欣宾馆停车场	1600	芙蓉路	47	公共建筑配建	平行式停车
市体育场停车场	170	环城西路	8	公共建筑配建	垂直式前进停车
东港饭店停车场	300	环城南路	9	公共建筑配建	垂直式前进停车
金海饭店停车场	300	环城南路	14	公共建筑配建	垂直式前进停车
定海医院停车场	100	人民路	5	公共建筑配建	垂直式前进停车
露亭宾馆停车场	1600	人民路	78	公共建筑配建	垂直式前进停车
舟山医院门诊部停车场	250	解放路	12	公共建筑配建	垂直式前进停车
舟山医院住院部停车场	800	人民北路 161 号	39	公共建筑配建	垂直式前进停车
北园居委停车场	90	人民北路	4	占路	垂直式前进停车
开源居委停车场	70	开源新村	3	占路	垂直式前进停车
香园居委停车场	80	香园新村	3	占路	平行式停车
邑庙居委停车场	945	人民中路	46	占路	垂直式前进停车
合计			594		

2010 年定海城区配建停车场分布情况

单位：平方米、辆

单　　位	面积	地　　点	泊位
城西河路客运中心停车场（独立于公建）	600	城西河路客运中心西侧出口	22
文化广场停车场（独立于公建）	1200	文化广场内、东	76
息耒海景酒店停车场（独立于公建）	2200	文化广场东	85
台客隆停车场（独立于公建）	800	卫海路	40
康城停车场（独立于公建）	990	东瀛路台客隆西北、东	38
舟山医院住院部外停车场（独立于公建）	800	人民北路 161 号	30
舟山医院住院部内停车场	1200	人民北路 161 号	41
凯欣宾馆停车场	1000	芙蓉路 78 号	25
金海饭店停车场	700	环城南路 321 号	40
定海医院停车场	200	人民南路 36 号	10
露亭宾馆停车场	1600	人民南路 62 号	78
联谊宾馆停车场	300	环城北路	12
舟山骨伤医院停车场	600	新桥路 355 号	39
海山电影院停车场	300	环城西路 96 号海山电影院	12

续表 1

单　　位	面积	地　　点	泊位
梅园宾馆停车场	308	新桥路 353 号梅园内	8
新华侨饭店停车场	1700	环城东路 12 号	80
原物资大楼内停车场	300	环城南路 368 号	12
五洲大酒店停车场	250	环城东路 100 号	10
卫海路东停车场	270	钻石楼南侧	9
兴中路公园北	150	市园林局南门	10
息来海景	1200	卫海路 79 号	57
至尊夜总会	240	人民南路 339 号	8
瑞豪宾馆	900	新桥路 120 号	38
海之歌宾馆	130	环城南路 341 号	7
博雁城市假日宾馆	1200	气象台路 228 号	72
金海滩大酒店	450	解放东路 150 号	20
交通大酒店	1100	解放西路 152 号	42
新西园大酒店	250	解放西路 260 号	12
南洋大酒店	150	环城南路 269 号	10
恒源宾馆	300	环城南路 484 号	14
香楠大酒店	200	环城南路 518 号	13
明欣宾馆	150	文化路 25 号	10
丰泽轩	300	文化路 12 号	16
凯尔登大酒店	900	人民南路 111 号	60
昌源大酒店	200	解放西路 260 号	12
市广电局	1200	昌国路 135 号	47
市土管局	300	昌国路 252 号	13
区政府	2295	昌国路 61 号	153
区公安分局	600	新桥路 361 号	30
区交通局	360	解放西路 156 号	18
区公路段	400	解放西路 164 号	15
区财政局	500	解放西路 89 号	20
兴中公司	500	兴中路 1 号	18
工行环南分行	220	环城南路 130 号	13
环南街道	180	环城南路 286 号	12
浙华油轮公司	150	环城南路 271 号	10
舟山海事局	350	环城南路 370 号	20

续表 2

单　　位	面积	地　　点	泊位
长城大厦	400	环城南路 357 号	22
区工商局	300	环城南路 426 号	17
舟山日报	600	环城南路 556 号	38
出入境检验检疫局	400	环城南路 505 号	24
定海法院	300	环城南路 511 号	16
市检察院	400	文化路 29 号	20
市水利局	180	文化路 64 号	10
供电所	600	文化路 14 号	37
港务大楼	1125	沿港东路 1 号	75
电信大楼	900	人民北路 8 号	32
烟草配送中心	360	解放西路 384 号	18
东门里招待所	270	昌国路 180 号	18
环南招待所	600	环城南路 157 号	34
海军招待所	250	环城南路 250 号	12
海之苑大酒店	400	机场路 26 号	25
阳光园大酒店	550	人民南路 112 号	35
贵豪大酒店	900	环城南路	60
怡东凯丽大酒店	300	新桥路	20
世纪新茂停车场	800	东河路	50
定海夜排档停车场	2500	环城南路	150
东港饭店停车场	500	环城南路	30
青少年活动中心	600	文化路	30
南珍大厦	350	人民中路	23
金茂建材市场	150	和平路	8
蔬菜批发交易市场	250	双拥路	15
文体局	400	文化广场	30
源兴副食品综合批发市场	250	环城南路 68 号	20
鼎业房地产有限公司	450	卫海路	30
城东街道办事处	800	新桥路 114–116 号	56
舟山市汽车运输有限公司	1300	解放西路 180 号	80
东海宾馆	150	西大街 16 号	9
合计	48828		2481

定海新城城区配建停车场分布情况

单位:平方米、辆

单　　位	面积	地　　点	泊位
行政中心西后角停车场		行政中心西北一号楼	7
市政府停车场(内、外)		行政中心	252
市城建委(地下、地上)		行政中心	53
市水务局(地下、地上)		行政中心	53
市地税局(地下、地上)		行政中心	53
东综合大楼(地下、地上)		行政中心	38
交通大楼(地下、地上)		行政中心	61
市国税局		行政中心	62
市公安局		海天大道市公安局内	62
市质监局		千岛路市质监局内	32
市法院		千岛路市法院内	90
民政大楼		千岛路民政大楼内	41
交警支队		海天大道 399 号	107
市疾控中心			50
新城小学		海宇道与绿岛路口西南角	20
临城小区		老桥	50
绿城喜来登大酒店		千岛路	195
新城菜场		港岛路	90
新城商城		市政府北大门对面	82
财富大酒店		市政府北大门对面	120
新城邦泰大厦		海景道	100
新城移动大楼		海宇道	112
新城办证中心		海景道	105
新城综合医院		定沈路	594
新城建设大厦		千岛路	333
新城体育中心		体育路	827
合计			3589

2010年定海城区社会停车场分布情况

单位:平方米、辆

名　　称	面积	地　　点	标准泊位	性质	停泊形式
城西停车场	3000	环城南路62号	94	社会	垂直前进
双拥广场停车场	400	解放东路	12	社会	垂直前进
海之府北侧停车场	350	海之府北侧	11	社会	垂直前进
城东停车场	3241	定沈线(党校旁)	115	社会	垂直前进
钟楼下停车场	800	人民南路工商银行与电信局间	26	社会	垂直前进
东大街停车场	180	东大街东口	6	社会	垂直前进
东门停车场	400	东门	20	社会	垂直前进
金鹰公司停车场	3500	西山路	120	社会	室内
环南停车场	500	环城南路	30	社会	机关停车点
合计			434		

2010年定海新城城区社会停车场分布情况

单位:平方米、辆

名　　称	面积	地点	标准泊位	性质	停泊形式
新城停车场	500	绿岛路旁	150	社会	垂直前进
翁山公园停车场		临城新区沧海道	40	社会	垂直前进
行政中心广场停车场		临城新区行政中心南门(东+西)	80	社会	垂直前进
行政中心北门停车场		行政中心后门停车场	14	社会	垂直前进
合计			284		

2010年定海城区占路停车泊位分布情况

单位:辆

名称	地点	泊位	性质	进泊方式	补充
鼎红至尊夜总会外	人民南路339号	16	人行道	垂直前进	
钻石楼东门	人民南路	18	车行道	垂直前进	
人民路南端	人民南路(卫海路—人民弄)	10	车行道	平行前进	
市办证中心	人民南路	4	人行道	平行前进	
金三角	人民南路环城南路	6	人行道	垂直前进	收费
人民南路(观音桥)	环城南路—蓬莱路段东侧	20	车行道	平行前进	咪表
人民南路蓬莱路口	定海公园对面	10	人行道	垂直前进	咪表
南珍大厦	南珍大厦南门	8	车行道	平行前进	咪表
一百	西大街东口	3	车行道	垂直前进	
中煌大酒店门口	西大街东口	3	车行道	垂直前进	

续表 1

名称	地点	泊位	性质	进泊方式	补充
建行门口军车停车点	人民中路与东大街路口	5	车行道	垂直前进	
建行北门	人民中路	6	车行道	垂直前进	咪表
建行对面	人民中路	4	人行道	垂直前进	咪表
横塘弄	人民中路横塘弄	8	车行道	斜式前进	咪表
县前弄	人民中路县前弄	6	车行道	平行前进	咪表
芙蓉洲北路口	人民北路芙蓉洲路	7	车行道	垂直前进	咪表
桑园弄	移动公司立体车库	3	车行道	平行前进	
帅旗弄	帅旗弄	16	车行道	平行前进	8 咪表
书院弄东口	人民北路书院弄	2	车行道	平行前进	咪表
书院弄西口	人民北路书院弄	3	人行道上	垂直前进	咪表
石柱、桑园弄口	人民北路	12	车行道	平行垂直	咪表
人民北路	人民北路西侧全段	46	车行道	平行前进	
紫竹林路东端	紫竹林路	4	车行道	平行前进	
电力小高层	环城北路东端	9	车行道	平行前进	
丹桂园北口	环城北路（人民北路—陵园路段）11	11	车行道	平行前进	
海山公园	环城北路	27	车行道	平行前进	
腾坑湾路	腾坑湾路	27	车行道	平行前进	
舟中游泳馆门口	腾坑湾路	10	车行道	平行前进	咪表
宏远宾馆	解放东路商城内	4	车行道	垂直前进	月租
解放街道西侧	解放西路	8	车行道	垂直前进	咪表
丽人汇门口	解放西路	9	车行道	平行前进	咪表
自来水公司	解放西路	4	车行道	平行前进	
西山下	解放西路 348 号	7	车行道	平行前进	
兴中公司门口	城西河路	19	车行道	平行前进	
南珍支行	解放西路	8	车行道	平行前进	咪表
800 米马路	环城东路（天时咖啡—桑园弄）	57	车行道	平行前进	咪表 23 只
友谊宾馆北侧小路	环城东路	2	车行道	平行前进	
格格梳理发店南侧	环城东路	8	4 车行道		
4 人行道	平行前进				
锦港宾馆	环城东路	4	人行道	平行前进	收费
城市信用社南	环城东路信用社南	13	车行道	平行前进	
杭州商业银行	环城东路	2	人行道	平行前进	收费
东方明珠酒店	环城东路	6	人行道	平行前进	收费
存德堂	环城东路	3	人行道	平行前进	2 个黄线

续表 2

名称	地点	泊位	性质	进泊方式	补充
总府路南口	解放西路	10	车行道	垂直前进	咪表
南珍菜场北门	天天惠门口	20	车行道	平行前进	8 咪表
总府路北口	昌国路	12	车行道	垂直前进	咪表
芙蓉洲路北口	昌国路	16	车行道	平行前进	咪表
一中原大门口	昌国路	4	车行道	垂直前进	咪表
一中对面	昌国路	2	人行道	平行前进	
一中东侧弄	芙蓉洲路	5	车行道	平行前进	
昌国路	昌国路后太平弄口	5	车行道	平行前进	
帝豪 OK 厅门口	昌国路	4	车行道	平行前进	
昌东路	昌东路	16	车行道	平行前进	
东门停车场对面空地	新桥路	4		垂直前进	
天天惠门口	新桥路	8	车行道	平行前进	黄线
新桥路洞桥	瑞豪宾馆北侧	12	人行道	垂直前进	
世纪新茂北侧	新桥路	18	人行道	垂直前进	
新桥路西端	新桥路新桥公寓南	6	车行道	平行垂直	
东港桥	新河南路	9	车行道	平行前进	
东河东路	东河路	64	车行道	平行前进	
东河北路	檀树南区东门口	21	车行道	平行前进	
华融大酒店	东门加油站对面弄内人行道上	5	人行道	垂直前进	收费
香荷园	华融—香荷园	18	车行道	平行前进	
昌洲大道与昌国路口	国佳超市	8	车行道	平行前进	
司法局门口	环城南路西段	6	人行道	平行前进	
鸿隆宾馆东侧公路收费处	环城南路	4	车行道	平行前进	
轰隆宾馆对面空地	环城南路	21	人行道 空地	垂直前进	9 大 12 小
环南招待所西侧	环城南路	5	车行道	平行前进	咪表
园林绿化公司门口	环城南路	白线			
东池饭店门口	环城南路	2	人行道	平行前进	
港务广场	人民南路	46			
环城南路商检	商检—法院	16	车行道	平行垂直	
舟山日报社	环城南路	8	人行道	垂直前进	
工农路	环城西路—东海西路	40	人行车行 各一半	垂直 39 平行 1	
定海公园后门	东海西路	13	车行道	平行前进	
海狮路口	环城西路与海狮路	6	车行道	平行前进	

续表 3

名称	地点	泊位	性质	进泊方式	补充
景海阁宾馆	环城西路	3	人行道	平行前进	收费
环城西路—卫海路口	环城西路南端	8	车行道	垂直前进	
息耒海景	息耒海晶西侧	20	人行道	垂直前进	
长城花园外	昌洲大道	30	车行道	平行垂直	
新桥路建材市场外	新桥路 186 号	11	人行道 8 车行道 3	垂直前进	
舟山二中连接路		10	车行道	平行前进	
颐景园路	颐景园路	10	车行道	平行前进	
双拥路	双拥路	11	车行道	平行前进	
文化广场东侧	文化广场东侧	10	车行道	平行前进	
芙蓉洲路（南）	芙蓉洲路	16	车行道	平行前进	咪表
天上人间 OK 厅北门	解放东路	8	车行道	垂直前进	4 收费 4 咪表
原市公安局对面	解放西路	2	车行道	垂直前进	
西山下货运车	解放西路	15	车行道	平行前进	
试航招待所前货运车	海滨桥	12	车行道	平行前进	
震达大酒店	新河北路北口空地	11	人行道	垂直前进	
东瀛路北端	东瀛路东侧	17	车行道	平行前进	
东门台客隆北侧	东瀛路	37	人行道	垂直前进	
东门市场局门口	东瀛路	8		垂直前进	
定海二中门口	黄家碶路	27		平行前进	
华定大厦前	沿港东路	10	人行道	平行前进	
和平路	海滨公园红绿灯	8	车行道	平行前进	
定海公安分局对面	新桥路	13	人行道	平行前进	
昌洲大道	昌国路—紫竹林路	40	车行道	平行前进	
东门加油站对面	新桥路	6	车行道	平行前进	
滨江家具厂门口		17	车行道	平行前进	
金寿路	消防大队门口	2	车行道	平行前进	
尾山路		9	车行道	平行前进	
东海西路南侧	靠近环城西路	7	车行道	平行前进	
五岔路口	新桥路	1	车行道	平行前进	
庆丰码头		4	车行道	平行前进	
定海公安分局对面	新桥路	13	人行道	平行前进	
合计		1288			

2010 年定海新城城区占路停车泊位分布情况

单位：辆

名称	地点	泊位数	性质	进泊方式
商业街 1	金岛路	25	车行道	平行前进
商业街 2	金岛支路	36	车行道	平行前进
桂花城西侧	港岛路	31	车行道	平行前进
合计		92		

2010 年舟山市区机动车占用道路停车泊位收费执行标准表一

单位：元 / 辆、小时

停车场地等级	收费标准		补　　充
	白天（8:00 ～ 22.00）元 / 辆·小时	夜间（8:00 ～ 22.00）元 / 辆·小时	
一类	5	3	白天最高收费 6 小时；夜间最高收费 5 小时。
二类	3	2	

一类：定海中心城区即环城东路、环城南路、环城西路、环城北路以内；

二类：定海非中心城区即环城东路、环城南路、环城西路、环城北路以外（含）。

2010 年舟山市区机动车占用道路停车泊位收费执行标准表二

单位：元 / 辆、小时

车型	收费标准（元 / 辆·小时）	补　　充
摩托车	1	1、停车不足 1 小时按 1 小时计收，停车时间 8 ～ 24 小时的，按不超过 8 小时计收；连续停放超过 24 小时的，超过部分按上述计时收费标准重新计算。 2、包月停车费由停车场经营者和车辆停放者协商确定。 3、实行指导价的停车场收费上浮幅度为 10%，下浮幅度不限。计费到元，四舍五入。 4、此收费标准试行一年。
小型车	2	
中型车	3	
大型车	4	
挂车及中型车	5	

舟山市实行政府指导价旅游景点停车场收费标准

单位:元／辆、小时

车型	收费标准（元／辆·小时）	补　充
摩托车	1.5	1、停车费上浮幅度为10%，下浮幅度不限。计费到元，元以下四舍五入。 2、停车不足1小时按1小时计收，停车时间8～24小时的，按不超过8小时计收；连续停放超过24小时的，超过部分按上述计时收费标准重新计算。 3、包月停车费由停车场经营者和车辆停放者协商确定。 4、此收费标准试行一年。
小型车	3	
中型车	4	
大型车（挂车）	6	

第七节　交通岗亭、交通信号灯

1987年1月，定海境内城区环城东路、人民路、环城西路与解放路交叉的三个十字路口，首次装置3色交通信号灯，交通指挥开始实行信号灯控制。1990年，建造昌国、东港、观音桥交警执勤岗亭3个，指挥信号灯12组。1995年，完成定海城区东门中心路信号灯设施和2个岗亭的改造，建造鸭蛋山昼夜执勤岗亭。翌年，升级改造观音桥、东港2处交通指挥信号灯装置。

1997年9月，在昌国路、人民北路、环城北路东西两个十字路口增设交通指挥信号灯、并完成3个岗亭红绿灯换线。2001年4月，定海外环线城区段6个路口设立信号灯（其中5个路口为多相位灯），更新环城东路3个路口，新增海滨桥路口信号灯（多相位灯）。年末，定海城区有信号灯路口17个。翌年，新增定海人民路昌国路口、人民北路路口、环城北路文化路口、东河路解放东路路口等主干道路口交通信号灯16组，显时器28对。

2002年1月，安装启用临城商业街和G329国道路口信号灯。8月，人民北路与昌国路，人民北路与环城北路灯控路口安装人行横道灯。10月，安装启用临城世纪大道与G329国道路口信号灯建成，更新环城南路与人民南路信号灯，新增环城南路与西园街路口，环城南路与环城西路口信号灯（多相位灯），12月，安装青垒头路与东山隧道接线口多相位灯信号灯。

2003年1月，G329国道与72省道交通年事故多发路口安装信号灯。2月，G329国道与甬兴路口信号灯安装启用，4月启用左转弯相位灯，时为市内首次采用多相位控制路口交通。5月、10月昌洲大道与昌国路口、昌洲大道与东河路口、环城东路与昌国路口信号灯采用三相位控制，G329国道境内段6个路口安装信号灯黄闪灯。7月、9月，撤除西门、文化路岗亭，更新环城北路与文化路口信号灯。2006年，新置警示灯8个，增设灯控路口3个，新增移动红绿灯3盏。调整定海城区晚高峰交通拥堵的4个路口信号灯设置。

2010 年定海境内信号灯设置分布情况

路口名称		三色灯	多相位信号灯	人行道信号灯	相位
定海城区	昌州大道与文化路交叉口		√	√	
	文化路与环城北路交叉口		√	√	
	昌国路与环城东路交叉口		√	√	南北左转单独相位
	解放东路与环城东路交叉口		√	√	南北左转单独相位
	环城东路与环城南路交叉口		√	√	
	环城东路与沿港东路交叉口		√	√	
	人民北路与环城北路交叉口	√		√	
	人民北路与昌国路交叉口	√		√	
	人民路与解放路交叉口	√		√	
	人民南路与环城南路交叉口	√	√	√	
	环城西路与解放西路交叉口	√		√	
	昌州大道与蟠洋山路交口		√	√	
	昌州大道与昌国路交叉口		√	√	南北单独左转相位
	昌州大道与东河路交叉口		√	√	东向单独左转相位
	东河路与解放东路交叉口	√			
	昌州大道与东皋线路口	√			
	环城南路与环城西路交叉口		√	√	
	环城南路与西园街交叉口		√	√	
	青垒头路与东山隧道接线口		√	√	
	昌州大道与东瀛路口		√	√	
临城	世纪大道与海天大道（G329）		√	√	
	商业街（金岛路）与海天大道		√		
公路	G329 与 72 省道路口		√	√	
	G329 与甬兴路（弘生大道口）		√	√	东向单独左转相位

第八节　电子监控

定海境内道路设置电子监控始于 1998 年 11 月。定海城区昌国路、解放东路、解放西路口安装 3 套“电子警察”设备并启用。翌年新增电子监控系统 2 组。

2002 年 7 月，环城东路改造后，在环城东路与环城南路路口、环城东路与解放东路路口、环城南路与人民南路路口安装 3 组 6 个车道“电子警察”。

2003 年，建成公路卡口监控系统，监控过往车辆，实时记录车速。10 月改造更新第一批“电子警察”，在城区和临城新区安装监控路口闯红灯“电子警察”，城区更新和新设 3 个路口 12 个车道，临城新区新设 1 个路口 4 个车道“电子警察”。年末，城区计有 6 个路口 18 个车道安装监控闯红灯的“电子警察”，临城新区 1 个路口 4 个车道安装监控闯红灯“电子警察”。2003 年，临城千岛路交叉路口安装闯红灯摄像仪，G329 国道安装超速监控器。同时，3 辆交警巡逻车启用智能移动电子警察。2005 年，定海新安装“电子警察”2 对。翌年，新增设电子警察监控设备 1 个。

2010 年，定海境内有电子监控设备 26 套。电子警察投入使用，强化交通管理手段，促进提高驾驶员、市民的交通安全意识，为减少违章，防止交通事故发生，迅速处置突发性交通事故提供科技支撑。

2010 年定海交通电子警察安装分布情况

地　　点	有无电子警察	是否接入远程监控	信号是否联动
G329 国道与 72 省道	无	是	否
G329 国道与 73 省道	有	是	否
昌洲大道与文化路	有	是	否
昌洲大道与东皋路	无	是	否
昌洲大道与蟠洋山路	有	是	否
昌洲大道与昌国路	有	是	是
昌洲大道与东河路	有	是	是
昌洲大道与东瀛路	有	是	是
昌洲大道与颐景园路	有	是	是
昌洲大道与双拥路	有	是	是
昌洲大道与新桥路	有	是	是
昌洲大道与兴东路	有	是	否
定沈线与弘生大道	有	是	否
环城东路与环城北路	有	是	否
环城东路与昌国路	有	是	否
环城东路与解放东路	有	是	否
环城东路与环城南路	有	是	否
环城南路与人民南路	有	是	否
环城南路与环城西路	有	是	否

续表

地　　点	有无电子警察	是否接入远程监控	信号是否联动
环城南路与西园街	有	是	否
环城南路与东山路	有	是	否
新桥路与东瀛路	有	是	否
新桥路与东河路	有	是	否
青垒头路与宏生大道	有	是	否
沿港东路与环城东路	有	是	否
解放西路与环城西路	有	是	否
沿港东路与和平路	有	是	否
弘生大道与东山路	有	是	否
东皋路与学院路	无	是	否
双桥收费站		是	否
72 省道与双小线		是	否
解放西路与西园街	无	是	否
文化路与学院路	无	是	否
青垒头路与纺织厂路	无	是	否
解放西路与人民中路	无	否,待接	否
昌国路与人民北路	无	否,待接	否
弘生大道与兴国路	无	否,待接	否
人民北路与环城北路	无	否,待接	否
G329 国道虹桥路口	无	否,待接	否

定海交通固定卡口设立和分布情况

地　　点	主要监控
青林卡口	超速
白泉卡口	超速
兴舟大道卡口	超速
舟山医院单行线	闯单行线
东山隧道内	流量监测及事故回放
东山隧道东口测速点	超速

补充资料:共计路口信号灯 39 处,电子警察 28 处,接入远程 34 处,信号联动 6 处,固定卡口 6 处。

2010年定海主干道灯控路口闯红灯监测设施设置情况表

路口名称	电子警察摄像		
	方向（个）	车道（个）	启用日期
昌国路与环城东路口	2	2	2003.09
解放路与环城东路口	3	5	2009改造
环城南路与环城东路	3	6	2009改造
沿港东路与环城东路	2	5	2007.12
环城北路与环城东路	3	5	2004.09
人民南路与环城南路	2	2	2002.12
人民路与解放路口			
人民北路与环城北路			
人民中路与昌国路			
解放西路与环城西路	2	2	2003.09
文化路与昌洲大道	4	8	2003.09
昌洲大道与东皋线			
昌国路与昌洲大道路口	4	6	2009.11
昌洲大道与环城北路口	2	6	2005.09
解放东路与东河路口	3	3	2007.12
昌洲大道与东河路口	2	6	2007.06
昌洲大道与东瀛路口	2	6	2007.03
昌洲大道与颐景园路口	2	6	2007.06
昌洲大道与双拥路口	2	4	2005.09
昌洲大道与新桥路口	2	4	2007.03
新桥路与东山路口	2	6	2007.06
环城南路与东山路口	3	5	2009.06
环城南路与环城西路口	2	2	2004.09
环城南路与西园街路口	2	5	2007.06
青垒头路与宏生大道	1	4	2007.03
沿港东路与和平路口	2	4	2006.11
329国道与72省道			
329国道与海院路口			
329国道与73省道口	3	5	2007.12
定沈线与兴东路口	2	5	2006.05
定沈线与弘生大道路口	4	12	2008.05
弘生大道与东山路口	3	6	2009.06
弘生大道与兴国路口			
72省道与双小线	2	2	2009.11

2010年，定海在32处主干道灯控路口设置27套闯红灯监测设施，电子警察摄像可监测车辆66个行进方向，132个车道情况。

2010年定海新城主干道灯控路口闯红灯监测设施设置情况

路口名称	电子警察摄像		
	方向(个)	车道(个)	启用日期
定沈线与三大线路口	3	7	200805
海天大道与高云路路口	3	11	200910
海天大道与临长路路口	3	10	200907升级
海天大道与长升路路口	2	8	200805
海天大道与金岛路路口	2	8	200906
海天大道与千岛路口	2	4	200309
海天大道与体育路口	4	8	200907升级
海天大道与港岛路口	2	3	200509
海天大道与海力生路口			
千岛路与海景道路口			
千岛路与海宇道路口	3	6	200910
千岛路与定沈路路口	3	10	200710
千岛路与翁山路路口	4	12	200903
千岛路与桃湾路路口	2	6	200910
千岛路与新城大道路口	3	9	200903
千岛路与329国道路口	3	6	200712
新城大道与三大线路口	2	4	200903
新城大道与临长路路口	3	9	200903
新城大道与金岛路路口			
定沈路与临长路路口	4	12	200903
定沈路与长升路路口			
定沈路与金岛路路口			
翁山路与临长路路口			
翁山路与金岛路路口	2	6	200910
金岛路与桃湾路路口			
海宇道与港岛路路口	4	12	200903
海宇道与体育路路口	4	12	200903
海宇道与绿岛路路口			
海月道与体育路路口	58	163	

2010 年，定海新城在 29 处主干道灯控路口设置 20 套闯红灯监测设施，电子警察摄像可监测车辆 58 个行进方向，163 个车道情况。

第九节　道路标志标线和其他安全设施

1988 年 12 月 5 日，市政府《关于加强定海城区交通市容环境管理的通知》，规范城区分道行驶、鸣号、噪声、拖拉机停放、营业性摊位摆设等。

1991 年，定海城区环城南路东段设置隔离栏 500 米。完成定沈 329 国道水泥路面改造工程，路面安装了反光突起路标（反光道钉）。时为舟山市首条安装反光突起路标的路段。翌年，上级明确省道、国道标志标线的设置维修管理任务由舟山交警支队承担。同年，定海城区环城南路西段新设隔离栏 1000 米，增设交通标志牌 30 块，装修隔离栏 400 米，漆划交通标线 10 千米。

1993 年，定海城区解放路、人民路、昌国路实施机动车辆单行线管理，单行线道路增设各类标志 39 只，标志杆 35 根，在经常发生事故的惠明桥路段设置了分道隔离栏。翌年春运，定海交警大队漆划标线 42 千米。1995 年，定海境内增设、修补标线、隔离栏及水泥隔离墩 300 米。同时，为配合舟山市“西水东调”工程，设置临时交通标志牌 50 余付。翌年，市政府颁发《舟山市人民政府关于禁止拖拉机在市区一定范围内通行的通告》，定海在市区内增设拖拉机禁行标志牌、标志杆 28 付。创建“文明样板路”活动中，在兴舟大道和市区新设交通标志 48 付，副标 51 付，油漆斑马线 1225 平方米。

1997 年，定海西码头与上海金山汽渡开通，增设定西线、国道线至三管线各类交通标志 50 块，其中 F 杆 39 付吗，单悬杆 4 付，单柱式 1 付、油漆定西线标线 19.3 千米，三管线标线 5.5 千米。兴舟大道增设限速标志、机非隔离标志 42 付，导向反光标 12 平方米。9 月，执行市政府在定海城区禁鸣喇叭决定，增设禁鸣喇叭交通标志 59 付，主干道和城区交通标线刷新。1998 年 7 月 1 日，根据省交通厅、省公安厅文件，舟山市公路交通标志标线的设置和管理工作从市交警移交市公路管理局。年末，定海境内更新交通标志牌（杆）116 块（根），新增标志杆 31 根，维修标志牌（杆）513 块（根），喷划交通标线 102 千米，完成城区人行护栏、人行横道线刷新，调整定海环城东路隔离栏开口。1999 年，定海境内增设交通标志牌 98 块（套），维修 5 块，刷新交通标线 202 千米。7 月，根据新颁国标，刷新城区交通标线 45 千米。完成定海市区 5 个路口渠化交通流。

2002 年 1 月，定海城区 16 个路口，开口处设置 189 米橡胶减速带，10 月，在环城南路路口和开口处设置 450 米橡胶减速带。翌年 6 月，城区 10 个路口和开口处设置 208 米橡胶减速带，9 月，昌国路东段和文化路南段 9 个路口设置 110 米橡胶减速带。年末，定海城区计有橡胶减速带 957 米。

2006 年，定海境内新置钢质防撞护栏 3819 米，警示桩 247 根，减速带 297 米，警示灯 8 个，锥形交通标志 200 只，广角弯道境 1 块，墙式间断护栏 9700 米，道路交通标志 255 块，增划交通标线 6717 米。

2008 年，境内整改 35 处道路安全隐患路口（段），投入资金 10.5 万元，安装交通标志、警示桩、减速带、反光镜、爆闪灯。其中白泉地区安装、修补减速带 400 多米，设立安全指示牌 12 块，费用由白泉镇政府解决。翌年，境内道路投入安全隐患整改资金 102 万元，安装钢质防撞护栏 6980 米，减速带 4000 余米，警示桩隔离 600 余根，各类交通安全提示牌 29 块，利用绿化带永久隔离封闭复杂路口 12 处。

2010 年，定海境内道路投入安全隐患整改资金 103.5 万元，安装钢质护栏 6138 米，减速带 1660 米，交通安全提示牌 27 块。

2001 年定海城区主干道过街设施(人行横道线)设置情况

单位:处、条

主干道路名	位　置	设置	人行横道线
1. 文化路	（1）石化学校门口	1	1
	（2）海洋学院门口	2	1
	（3）东海学院门口	1	1
	（4）气象台路口	1	1
	（5）外环线路口（南北）	2	1
	（6）机关幼儿园门口	1	1
	（7）环城北路口	2	1
2. 环城东路	（1）香园新村门口	1	1
	（2）昌国路口	2	1
	（3）城关幼儿园门口	1	1
	（4）舟山大厦门口	1	1
	（5）解放东路口	2	1
	（6）德行桥路口	2	1
	（7）蓬莱路口	2	1
	（8）环南路口	2	1
	（9）横河路口	2	1
	（10）银桥	1	1
	（11）沿港东路	1	1
	（12）东海路口	1	2
	（13）信用联社门口	2	1
3. 东河路	（1）环城南路口	1	1
	（2）丁香桥口	2	1
	（3）东河路 37 号前	1	1
	（4）解放东路	2	1
	（5）檀香新村路口	1	1
	（6）檀树南区东门口	1	1
	（7）外环线路口	1	1

续表 1

主干道路名	位　　置	设置	人行横道线
4. 人民路	（1）环城南路口	2	1
	（2）蓬莱路口	1	1
	（3）东海路口	2	1
	（4）解放路口	2	1
	（5）东大街口	1	1
	（6）昌国路口	2	1
	（7）书院弄口	1	1
	（8）桑园弄口	1	1
	（9）环城北路口	2	1
	（10）舟山小学	1	1
5. 环城西路	（1）环南路口	1	1
	（2）东海小学前	1	1
	（3）第二机关幼儿园前	1	1
	（4）解放西路口	2	1
	（5）西大街口	1	1
	（6）昌国路口	2	1
6. 沿港东路	（1）环城东路口	2	1
7. 环城南路	（1）竹山门路口	2	1
	（2）金寿路口	2	1
	（3）兴中路口	2	1
	（4）商业街（西园路口）	1	1
	（5）孝娘桥	2	1
	（6）环城西路	2	1
	（7）人民弄	1	1
	（8）人民路口	2	1
	（9）和平路口	1	1
	（10）徐家桥路口	1	1
	（11）环城东路口	2	1
8. 解放路	（1）寿星路口	1	1
	（2）兴中路口	1	1
	（3）西园路口	1	1
	（4）环城西路口	2	1
	（5）南珍菜场口	1	1
	（6）文化广场口	1	1
	（7）环城东路口	2	1
	（8）东园路口	1	1
	（9）东河路口	2	1

续表2

主干道路名	位　　置	设置	人行横道线
9. 新桥路	(1) 洋岙医院门口	1	1
	(2) 甬东路口	2	1
	(3) 二中门口	1	1
10. 昌国路	(1) 环城西路口	1	1
	(2) 舟山中学门口	1	1
	(3) 建国路口	1	1
	(4) 市府门口	1	1
	(5) 定海二中	1	1
	(6) 环城东路口	2	1
	(7) 昌东路口	2	1
	(8) 外环线路口	2	1
11 环城北路	(1) 海山公园门口	1	1
	(2) 陵园路口	1	1
	(3) 人民路口	2	1
	(4) 文化路口	2	1
	(5) 外环线路口	1	1
12. 外环线	(1) 义桥路口	1	1
	(2) 文化路口	2	1
	(3) 东皋线路口	2	1
	(4) 环城北路口	2	1
	(5) 蟠洋山小区	1	1
	(6) 昌国路口	2	1
	(7) 东河路口	2	1
	(8) 东瀛路口	2	1
	(9) 檀枫东路口	2	1
	(10) 双拥路口	2	1
13. 兴舟大道	(1) 海龙路口	2	1

2001年，定海在13条主干道路91个路口，其中文化路7个路口，环城东路13个路口，东河路7个路口，人民路10个路口，环城西路6个路口，沿港东路1个路口，环城南路11个路口，解放路9个路口，新桥路3个路口，昌国路8个路口，环城北路5个路口，外环线10个路口，兴舟大道1个路口，设置设施（标线）136处，人行横道线90条。

2010 年定海城区主干道过街设施（人行横道线）设置情况

单位：处、条

主干道路名	位　　置	设置	人行横道线
1. 文化路	（1）石化学校门口	1	1
	（2）学院路	1	1
	（3）海洋学院门口	1	1
	（4）东海学院门口	1	1
	（5）外语学校	1	1
	（6）气象台路口	2	1
	（7）昌洲大道路口	2	1
	（8）有线电视门口	1	1
	（9）育苗路口	2	1
	（10）机关幼儿园门口	1	1
	（11）环城北路口	2	1
2. 环城东路	（12）香园新村门口	1	1
	（13）昌国路口	2	1
	（14）城关幼儿园门口	1	1
	（15）舟山大厦门口	1	1
	（16）解放东路口	2	1
	（17）东海东路口	1	1
	（18）信用联社	2	1
	（19）德行桥路口	2	1
	（20）蓬莱路口	2	1
	（21）环南路口	2	1
	（22）横河路口	2	1
	（23）银桥	1	2
	（24）沿港东路	1	1
3. 东河路	（25）环城南路口	1	1
	（26）丁香桥口	2	1
	（27）东园路口	2	1
	（28）东河路 37 号前	1	1
	（29）解放东路	2	1
	（30）檀香新村路口	1	1
	（31）檀树南区东门口	1	1
	（32）昌洲大道路口	1	1

续表 1

主干道路名	位　　置	设置	人行横道线
4. 人民路	(33) 卫海路口	2	1
	(34) 环城南路口	2	1
	(35) 蓬莱路口	1	1
	(36) 定海公园门口	1	1
	(37) 东海路口	2	1
	(38) 文化广场西口	1	1
	(39) 解放路口	2	1
	(40) 东大街口	2	1
	(41) 昌国路口	2	1
	(42) 原市府后门	2	1
	(43) 书院弄口	2	1
	(44) 桑园弄口	2	1
	(45) 环城北路口	2	1
	(46) 师范附小	1	1
5. 环城西路	(47) 卫海路口	2	1
	(48) 环南路口	2	1
	(49) 海狮路口	1	1
	(50) 海军司令部西门口	1	1
	(51) 东海小学前	1	1
	(52) 东海西路口	1	1
	(53) 解放西路口	2	1
	(54) 西大街口	1	1
	(55) 白虎山路口	2	1
	(56) 昌国路	2	1
	(57) 舟山中学西侧家属楼	1	1
6. 沿港东路(含纺织厂路段)	(58) 客运码头临时菜场	1	1
	(59) 海滨公园东口	1	1
	(60) 和平路口	2	1
	(61) 环城东路口	2	1
	(62) 6 号码头路口	1	1
	(63) 青垒头路口	1	1

续表 2

主干道路名	位　　置	设置	人行横道线
7. 环城南路	（64）竹山门路口	2	1
	（65）客运中心路口	1	1
	（66）城西河路口	1	1
	（67）金寿路口	1	1
	（68）寿星路口	2	1
	（69）兴中路口	2	1
	（70）商业街(西园路口）	2	1
	（71）木材市场门口	1	1
	（72）孝娘桥	2	1
	（73）环城西路	1	1
	（74）人民弄	1	1
	（75）人民路口	2	1
	（76）和平路口	1	1
	（77）徐家桥路口	1	1
	（78）环城东路口	2	1
	（79）香楠大酒店口	1	1
	（80）东海中学门口	2	1
	（81）东山路口	1	1
8. 解放路	（82）西山路口	2	1
	（83）金寿路口	2	1
	（84）寿星路口	2	1
	（85）金家湾路口	1	1
	（86）兴中路口	2	1
	（87）市防疫站门口	1	1
	（88）西园路口	2	1
	（89）西关路口	2	1
	（90）环城西路口	2	1
	（91）原市公安局门口	1	1
	（92）总府路口	1	1
	（93）南珍菜场口	2	1
	（94）人民路口	2	1
	（95）文化广场南口	1	1
	（96）芙蓉洲路口	2	1
	（97）舟山医院门诊部前	1	1
	（98）环城东路口	2	1
	（99）汽车站东大门口	2	1
	（100）东园路口	2	1
	（101）油车跟路口	2	1
	（102）东河路口	2	1

续表 3

主干道路名	位　　置	设置	人行横道线
9. 新桥路	（103）颜家峤路口	2	1
	（104）东山路口	2	1
	（105）洋岙医院门口	1	1
	（106）定海公安分局门口	2	1
	（107）甬东路口	2	1
	（108）二中门口	2	1
	（109）港城公寓前		1
	（110）枫桥苑门口	1	1
	（111）颐景园路口	2	1
	（112）檀东颐景园前	1	1
	（113）双拥路口	2	1
	（114）昌洲大道路口	1	1
10. 昌国路	（115）环城西路口	1	1
	（116）舟山中学门口	1	1
	（117）建国路口	1	1
	（118）留方路口	2	1
	（119）区府门口	1	1
	（120）人民北路口	2	1
	（121）芙蓉洲路口	2	1
	（122）环城东路口	2	1
	（123）蟠洋山路口	2	1
	（124）昌东路口	2	1
	（125）檀树北区口	1	1
	（126）檀树南区口	1	1
	（127）昌洲大道路口	2	1
11 环城北路	（128）建国路口	1	1
	（129）海山公园门口	1	
	（130）陵园路口	1	1
	（131）人民路口	2	1
	（132）800 米马路口	1	1
	（133）文化路口	2	1
	（134）黄家碶路口	2	1
	（135）电力公司小高层前	1	1
	（136）昌洲大道路口	1	1

续表 4

主干道路名	位　　置	设置	人行横道线
12. 昌洲大道	（137）义桥路口	1	1
	（138）文化路口	2	1
	（139）东皋线路口	1	1
	（140）环城北路口	2	1
	（141）蟠洋山小区	1	1
	（142）昌国路口	2	1
	（143）东河路口	2	1
	（144）东瀛路口	2	1
	（145）颐景园路口	2	1
	（146）双拥路口	2	1
	（147）新桥路口	2	1
13. 东皋线	（148）昌州大道路口	1	1
	（149）气象台路口	2	1
	（150）东湾村前	1	1
14. 弘生大道	（151）青垒头路口	1	1
	（152）庆丰路口	1	1
	（153）西山路口	2	1
	（154）新海路口	2	1
	（155）东山路口	2	1
15. 兴舟大道	（156）隧道西口	1	1
	（157）机动车四车道起点	1	1
	（158）航标路口	2	1
	（159）海龙路口	2	1
	（160）菜场前	1	1
	（161）海富路口	1	1
	（162）中心小学门口	1	1
	（163）港园中路口	1	1
16. 青垒头路	（164）机场路口	2	1
	（165）弘生大道口	2	1
	（166）9 号码头	1	1
	（167）庆丰路口	1	1

续表 5

主干道路名	位　　置	设置	人行横道线
17. 卫海路	（168）人民南路口	1	1
	（169）港务广场北口	1	1
	（170）环城西路口	2	1
18. 颐景园路	（171）昌洲大道口	2	1
	（172）定海四中东门	2	1
	（173）颐景园西门口	1	1
	（174）新桥路口	1	1
19. 东山路	（175）新桥路口	1	1
	（176）颜家峤路口	1	1
	（177）丁香路口	1	1
	（178）环城南路口	2	1
	（179）百绿园门口	2	1
	（180）纺织厂路口	2	1
	（181）机场路口	2	1
	（182）弘生大道路口	1	1
20. 东瀛路	（183）昌洲大道路口	2	1
	（184）檀枫小区口	1	1
	（185）檀枫小学门口	2	1
	（186）新桥路口	1	1
合计	186	281	186

2010 年，定海在 20 条主干道路上 186 个路口的 281 个设置处设置过街设施（人行横道）186 条。分别是：文化路 11 个路口、15 处、11 条，环城东路 13 个路口、20 处、19 条，东河路 8 个、11 处、9 条，人民路 15 个、34 处、14 条，环城西路 11 个、16 处、11 条，沿港东路 6 个、8 处、6 条，环城南路 18 个、26 处、18 条，解放路 21 个、36 处、21 条，新桥路 12 个、19 处、17 条，昌国路 18 个、20 处、18 条，环城北路 9 个、12 处、9 条，昌洲大道 11 个、20 处、11 条，东皋线 3 个、4 处、3 条，弘生大道 5 个、8 处、5 条，兴舟大道 8 个、10 处、8 条，青垒头路 4 个、6 处、4 条，卫海路 3 个、4 处、3 条，颐景园路 4 个、6 处、4 条，东山路 8 个、12 处、8 条，东瀛路 4 个、6 处、4 条。

2010 年定海新城城区主干道过街设施（人行横道线）设置情况

单位：处、条

主干道路名	位　　置	设置	人行横道
1. 千岛路	（1）海景道路口	1	1
	（2）市公安局前道路岔口南桥南端	2	1
	（3）海天大道路口	2	1
	（4）喜来登大酒店门口	1	1
	（5）海宇道路口	2	1
	（6）定沈路口	2	1
	（7）新城城市标志物旁	1	1
	（8）翁山路口	2	1
	（9）桃湾路口	2	1
	（10）新城大道	2	1
	（11）金鸡山村（一）	1	1
	（12）金鸡山村（二）	1	1
	（13）星岛北路口	2	1
	（14）怡岛北路口	2	1
	（15）路段岔口	1	1
	（16）白沈线路口	1	1
2. 金岛路	（17）海天大道路口	2	1
	（18）沧海道路口	2	1
	（19）翁山公园东口	1	1
	（20）小区口	2	1
	（21）翁山路口	2	1
	（22）桃湾路路口	2	1
3. 体育路	（23）海天大道路口	1	1
	（25）海月道路口	2	1
	（25）海宇道路口	2	1
	（26）定沈路到路口	1	1
4. 翁山路	（27）临长路口	1	1
	（28）翁山公园北口	1	1
	（29）金岛路口	2	1
	（30）千岛路口	1	1

续表 1

主干道路名	位　　置	设置	人行横道
5. 海宇道	(31) 千岛路口	1	1
	(32) 市政府北门	2	1
	(33) 体育路口	2	1
	(34) 怡岛路路口	2	1
	(35) 港岛路口	2	1
	(36) 新城小学门口	1	1
	(37) 绿岛路口	1	1
6. 海月道	(38) 体育路口	1	1
	(39) 港岛路口	1	1
7. 港岛路	(40) 海天大道路口	1	1
	(41) 星港道路口	1	1
	(42) 海宇道路口	2	1
	(43) 定沈路路口	1	1
8. 临长路	(44) 新城大桥北端口	2	1
	(45) 海天大道路口	2	1
	(46) 定沈路口	2	1
	(47) 翁山路口	2	1
9. 定沈路	(48) 原新城停车场口	2	1
	(49) 临长路口	2	1
	(50) 长升路口	2	1
	(51) 翁山小区口	1	1
	(52) 翁山公园口	1	1
	(53) 临城幼儿园门口	1	1
	(54) 金岛路口	2	1
	(55) 千岛路口	2	1
	(56) 体育路口	2	1
	(57) 怡岛路口	2	1
	(58) 港岛路口	2	1
	(59) 绿岛路口	1	1
10. 长升路	(60) 海天大道口	1	1
	(61) 翁山小区西门	1	1
	(62) 定沈路	1	1

续表 2

主干道路名	位　　置	设置	人行横道
11. 海天大道	（63）高云路口	2	1
	（64）南海学校门口	2	1
	（65）临长路	2	1
	（66）长升路口	2	1
	（67）汽校门口	1	1
	（68）金岛路口	2	1
	（69）千岛路口	2	1
	（70）体育路口	2	1
	（71）港岛路口	2	1
	（72）万三村口	1	1
	（73）万二西	1	1
	（74）万二村口	2	1
	（75）临经六路口	1	1
12. 海景道	（76）海运学院西	1	1
	（77）海运学院南正大门	2	1
	（78）临长路口	2	1
	（79）开发公司门口	2	1
	（80）千岛路口	2	1
	（81）观景台西口	2	1
	（82）观景台东口	2	1
	（83）体育路口	1	1
13. 高云路	（84）海天大道路口	1	1
14. 绿岛路	（85）新城小学门口	1	1
	（86）海宇道路口	2	1
	（87）定沈道路口	1	1
15. 桃湾路	（88）临长路口	1	1
	（89）金岛路口	2	1
	（90）千岛路口	1	1
合计	90	141	90

2010 年，定海在新城城区 15 条主干道 141 个路口的 141 处设置处设置过街人行横道 90 条。分别是：千岛路 16 个路口、25 处设置上、设置 16 条，金岛路 6 个路口、9 处设置上、设置 6 条，体育路 4 个路口、6 处设置上、设置 4 条，翁山路 4 个路口、5 处设置上、设置 4 条，海

宇道7个路口、11处设置上、设置7条，海月道2个路口、2处设置上、设置2条，港岛路4个路口、5处设置上、设置4条，临长路4个路口、8处设置上、设置4条，定沈路12个路口、17处设置上、设置12条，长升路3个路口、3处设置上、设置3条，海天大道18个路口、22处设置上、设置18条，海景道8个路口、14处设置上、设置8条，高云路1个路口、1处设置上、设置1条，绿岛路3个路口、4处设置上、设置3条，桃湾路3个路口、4处设置上、设置3条。

2010年定海城区单行线设置情况

道路名称	单行方式	单行时段
解放东路（环城东路—环城西路）	由东往西单向通行	5:00～23:00
人民中路（昌国路—解放东路）	由南往北单向通行	5:00～23:00
东海路（环城西路—环城东路）	由西往东单向通行	全时段
昌国路（环城东路—环城西路）	由西往东单向通行	早、晚高峰时段
白虎山路（环城西路—金家湾路）	由东往西单向通行	早、晚高峰时段
芙蓉洲路南段（解放东路—东海东路）	由北往南单向通行	全时段
朱家塘弄（东海东路—芙蓉洲路南段）	由南往北单向通行	全时段
义桥路	由南往北单向通行	全时段
蟠洋山路（东皋路—建筑学校）	由东往西单向通行	全时段
工农路（人民南路—南珍菜场）	由东往西单向通行	全时段

2010年定海城区学校周边安全设施设置情况

学校名称	坐落地址	是否（√ ×）设置		
		警告标志	人横道线警告标志	护栏警告标志
海洋学院	文化路105号	√	√	√
东海学院	文化路101号	√	√	√
原航海学校	文化路108号	√	√	√
舟山建筑技校	蟠洋山路118号	√	√	×
海军第四职业技校	清凉庵新村	√	√	×
振华中等职业技校	文化路80号	√	×	√
舟山中学	昌国路5号	√	√	×
舟山二中	新桥路525号	√	√	×
定海一中	昌国路103号	√	√	×
舟山职业技校	双拥路128号	√	×	×
定海二中	合源新村76号	√	√	×
定海三中	放生池路28号	√	√	×
定海四中	墰聚庙	√	×	×

续表

学校名称	坐落地址	是否（√ ×）设置		
		警告标志	人横道线警告标志	护栏警告标志
定海五中	德行路 18 号	√	√	×
东海中学	桔园新村南区 162 号	√	√	×
育才学校	青岭路 55 号	√	×	×
开元中学	蟠洋山路	√	×	×
定海职业学校	金家湾路 9 号	√	×	×
聋哑学校	白虎山路 156 号	√	×	×
舟嵊小学	建国路 34 号	√	√	×
舟山小学	人民北路 218 号	√	√	×
定海小学	昌东新村 33 号	√	√	×
廷佐小学	人民南路 201 号	√	√	×
海山小学	白虎山路	√	×	×
城东小学	105 号碶头路 53 号	√	×	×
舟山小学分部（原义桥小学）	气象台路 107 号	√	√	×
海滨小学	和平路 102 号	√	√	×
东海小学	环城西路 110 号	√	√	×
定海小学分部	东瀛路	√	√	×

2010 年，定海境内有大中专院校、中小学等各类院校 29 所，为确保院校周边交通安全，根据不同情况，分别设立了警告标志牌、人行横道线和交通安全护栏。其中时是航海学校并入浙江国际海运职业学院，海滨小学周围禁止 0.75 吨 / 货车通行。

定海新城城区学校周边安全设施设置情况

学校名称	坐落地址	是否（√ ×）设置		
		警告标志	人横道线	护栏
南海学校	海天大道	√	√	√
海运职院	海天大道	√	√	√
新城小学	海宇道	√	√	√
大成中学	千岛路	√	√	√

定海新城城区有各类学校 4 所，为确保院校周边交通安全，根据不同情况，分别设了警告标志牌、人行横道线和交通安全护栏。

第十节　道路交通事故选录

1991年1月6日中午12时30分许，定海马目乡沿屯村夏某驾浙江11—893手扶拖拉机，装载500斤稻谷、搭乘7人，在马目乡淡水坑水库下坡处翻车坠落14.55米深的路坎，造成3死4伤的特大交通事故。

1991年6月13日13时40分，定海汽车站驾驶员周某驾“东风”牌大客车由干礁驶往定海，途径唐高岭下坡，脱档、熄火滑坡，与浙11—0143小客车相撞，造成2人死亡，5人重伤，8人轻伤的特大交通事故。周获刑五年。

1992年11月3日5时50分许，定海汽运公司驾驶员林某驾浙江11—A 0122大客车，从烟墩开往定海，途径五龙桥地段，因超速，超载，下坡右转弯时，左前轮冲出路基，车子侧翻到8米深的路基下，造成2人重伤，54人轻伤。

1994年4月14日16时30分许，定海汽运公司华西客车浙江11—A1417号，由聘用驾驶员何某驾驶，行至定海塘高岭北侧下岭时，轮胎爆破，方向失控，车子坠入路崖3米多深农田，造成19人受伤的群伤事故。事故原因是车横拉杆脱落，左端夹紧螺栓刺入左前轮内侧引起轮胎爆破。

1999年7月3日23时10分许，浙江海洋学院美籍教师保罗·罗伊尔（男，24岁）驾浙L.03295二轮摩托车，后座带着白泉镇白泉村张敏（男，30岁），在定海环城东路与文化路交接弯道处，与舟山市汽运公司朱海忠驾驶的浙L.T0676夏利出租车交会，碰撞，保罗·罗伊尔轻伤，张敏死亡，二车损坏的交通事故。为舟山首例涉外交通事故。

1999年9月10日上午7时50分许，舟山电力安装公司电力工程车行至定海环城西路与昌国路交接转弯处时，因真空泵一插销脱落，抱攀松脱，真空泵漏气，刹车失灵。工程车失去控制，连撞5人，造成2人死亡、3人受伤的重大机械故障造成的交通事故。

2004年6月11日凌晨2时许，王某某（女，1974年9月25日出生，住定海紫竹公寓，准驾：C）醉酒后驾驶浙B86487号桑塔纳轿车，在盐仓兴舟大道大转盘处与环岛发生碰撞，造成驾驶员及车内一名乘客死亡、车辆严重受损的重大交通事故。

2004年8月18日12时45分许，舟山大昌混凝土搅拌公司驾驶员蒋伟民驾驶浙L01560号重型罐式货车从临城开往定海，途经329国道259KM+70M地段时，与刚从前方定海汽运公司浙L01723号中巴客车下车横过马路的行人张少灵、张天晨（女）发生碰撞，造成张天晨当场死亡、张少灵经医院抢救无效死亡。

2004年9月21日上午7时10分许，定海区白泉镇爱国村朱某（女）驾浙江L00705号大中型拖拉机，与从老洞线东侧村道出来的沈信菊（女，临城街道城隍头村人）所骑的人力三轮车发生碰撞，造成沈信菊重伤，经医院抢救无效死亡。肇事后朱驾驶车辆逃离事故现场，并毁灭证据。经侦破，朱受刑事处罚。

2005年9月3日凌晨1时许，袁某（男，28岁，白泉皋泄村人）驾浙LT1427号出租车从白泉开往定海城区，途经73省道路段时与同向行人应某（女，18岁，小沙红光村人）、推自行车行走的冯某（女，18岁，双桥镇顺溪村人）、行人童某（男，18岁，干䃢镇双庙村人）发生碰撞，造成应、冯当场死亡，童受伤的2死1伤的重大交通事故。

2006年8月15日晚19时40分许，定海临城街道人虞某驾浙L67595号小型客车，沿临城海天大道由西往东行驶，途经海天大道翁浦桥地段右侧机动车道时，与前方同车道内同向行驶的两辆二轮摩托车接连追尾碰撞，造成虞某本人、车内乘客陈某和骑摩托车人俞某、戴某4人当场死亡的特大交通事故。

2007年11月22日上午6时45分许，安徽省宣城市宣州区俞某驾驶浙L19550号小货车从定海开往普陀，途经定沈线8KM+550M地段，与林忠华（男，定海区临城街道海防新村人）驾驶的电动自行车发生碰撞，又与路边候车的定海区明珠学校学生碰撞，造成林忠华死亡，明珠学校学生恒小龙（安徽阜阳人，7岁）、王俊林（安徽阜阳人，12岁）、单启明（江西上饶人、12岁）3人受伤的重大交通事故。

2008年10月6日13时30分许，丁佐兵驾驶与驾驶证载明的准驾车型不符的浙L07890号中型普通客车，沿岑东线由西往东行驶，至岑东线与临螺线十字路口，与在临螺线由南往北行驶的、宋怀玉驾驶的、载物超过核定载重量的浙L72582号轻型普通货车发生碰撞，造成2死9伤特大交通事故。

2009年3月18日8时50分许，河南省伊川县城关镇瓦西村晋某驾驶皖L11483号重型自卸货车，沿翁山路由西往东行驶。途经翁山路与千岛路交叉路口，与沿千岛路由北往南行驶、贺某驾驶的浙L10773号轻型普通货车发生碰撞，造成贺某及浙L10773号轻型普通货车内乘客郭某、王某3人死亡的重大交通事故。

第九章　行政执法

行政执法章主要叙述交通行政执法、道路运输（稽证）执法、公路路政行政执法、港航行政执法（包括水路运政执法、航道行政执法、港口行政执法、船舶检验执法）和水上安全监督行政执法。

第一节　交通行政执法

1989年，定海区公路运输管理所、定海区公路稽征所、定海区航运管理所受定海区交通管理局授权委托，依据《浙江省道路运输管理条例》、“浙江省公路养路费征收管理条例”、“浙江省水路运输管理条例”等法规条例，开展境内运政、稽征、航政、船检行政执法（路政由市直管）。1994年至2001年，市区两级机关合署办公，定海区公路运输管理所、定海区公路稽征所、定海区航运管理所按合署后隶属，分别受舟山市公路局、舟山港务管理局授权，开展行政执法。1996 年 3 月 17 日，颁布《中华人民共和国行政处罚法》，10 月 1 日起实施。同年 9 月，国家交通部《交通行政处罚程序规定》行政处罚的管辖、行政处罚决定及行政处罚的执行。境内交通行政执法步上有法可依，规范化、法制化轨道。2001 年 9 月，市区两级机构恢复分设，调整管理体制，定海区公路运输管理所、定海区公路稽征所、定海区公路管理段，受新组建的定海区交通局授权（市和区两级机构分设后，定海区公路管理段体制下放，隶属定海区交通局），行使境内道路运输管理、公路稽征、公路路政行政执法职责。定海区航运管理所行政执法受舟山港务管理局授权。

2003 年 1 月 1 日，施行新版《浙江省水路运输管理条例》。8 月 27 日，颁布《中华人民共和国行政许可法》。翌年 1 月 1 日，实施《中华人民共和国港口法》，定海港务分局（定海区航运管理所）为港政法定执法主体。同月，定海区交通局根据市交通委关于交通行政执法体制改革精神，组建成立区交通行政执法大队，股级。人员，从定海区交通局下属单位抽调 12 人，向社会公开招收 6 人。集中境内公路运管、稽征、路政行政执法，构成综合执法模式。同年 7 月 1 日，实施《中华人民共和国道路运输条例》、《中华人民共和国行政许可法》，2005 年 4 月 1 日，实施《浙江省公路路政管理条例》。定海区公路运输管理所、定海区公路稽征所、定海区公路管理段成为独立行政执法主体，依法立案查处道路运政、公路规费稽征、路政管理行政处罚案件。

2005年上半年，定海区交通局完成20部（条）不适用法规和规章的清理。同年10月20日，实施《浙江省航道管理办法》。明确定海港务分局（定海区航运管理所）为定海境内航政、港政、运政独立行政执法主体。翌年初，定海区交通局重新梳理系统内行政许可、非行政许可事项，结合各项专项活动，集中打击车辆超限运输、道路客运“黑车”、水路运输非法载客等。同年 8 月 1 日，实施交通部《道路运输车辆维护管理规定》（即交通部 7 号令），定海区公路运输管理所依法查处车辆维护行政处罚案件。

2007 年 1 月，定海区交通局制定行政执法责任制实施方案。5 月，定海区法制办《关于公布区级具有行政执法主体资格单位的通知》，界定区交通局、区公路段、区公路运输管理所和区公路稽征所为行政执法主体单位。（定海港务分局＜定海区航运管理所＞隶属舟山港务管理局，定海海事处隶属舟山海事局）。2008 年 11 月，执行省交通厅《浙江省交通行政处罚自由裁量执行标准（试行）》并开始约

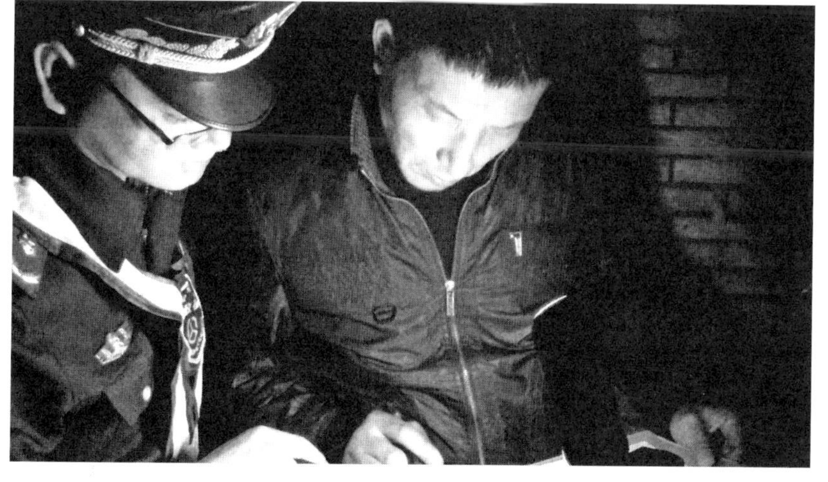

交通行政执法

束、规范行政处罚中的自由裁量权。12月，开展道路“天网3号”打击无证运营专项治理活动。

2009年1月1日，实施新版《浙江省水路运输管理条例》，定海港航分局（定海区航管所）为水上运政法定执法主体单位。同年，定海区交通局继续开展“四五”依法治交、“五五”普法工作，强化路政、运政队伍建设，全系统行政执法人员参加市交通委，市公路局、定海区法制办培训计106人次。年查处道路运政执法案件504起，处理道路举报投诉案件394起。未发生行政复议和行政诉讼案件及“三乱”行为。是年6月，定海区法制办清理行政规范性文件，涉及定海区交通局的5份，2份废除，1份修改，2份保留。10月，根据省交通厅《关于开展交通运输行政执法队伍调研工作的通知》，深入基层调研交通执法机构设置、队伍建设、进人机制，规范化、信息化建设等方面情况。

2010年1月19日，舟山市人民政府召开“市、定海区水运管理职能协调专题会议”，调整部分辖区水运管理职能，并形成会议“纪要”，规定从1月1日起，定海区水上货运企业筹建、开业审批、安全等管理职能划归定海港航分局（定海区航运管理所），定海区交通局保留水上客运管理职能。定海区水运行政执法范围随之调整。7月～9月，省交通运输厅、舟山市法制办，定海区法制办分别组织开展行政工作及行政执法案卷评比检查。是年，省交通运输厅投入交通行政执法管理电子系统，并正式运行。同时，省交通运输厅统一部署换发新版本交通行政执法证件，规定今后新申领、补领执法证件，须由所在单位在系统网上申报，申报人填写《交通行政执法证件申（补）领表》，按原程序逐级上报省交通运输厅。10月，定海区交通系统共计换发新证71本（定海港航、海事由市主管单位换发）。至11月底，定海区交通局完成《定海区交通局行政执法责任制实施方案》修订。当年查处运政执法案件477起，罚款总额745200元，其中简易程序行政处罚70起，一般程序行政407起。

第二节　道路运输（稽征）行政执法

1989年，定海区公路运输管理（稽征）所依据《浙江省道路运输管理条例》、“浙江省公路养路费征收管理条例”，依法查处违章车辆256辆次、扣97辆、扣证55本、罚款3246.20元。1990年，检查车辆3877辆次，罚款4214元。1991年9月，定海区公路运输管理所成立“依法行政执法检查领导小组”，制定完善罚款催缴单、违章通知书、谈话记录、现场记录、立案送达处罚决定书，向法院申请强制执行的工作程序和规定。1995年，查处违规车辆216辆次、罚款5000元。1998年，查处违规车辆3068辆次，罚款14万元，追缴规费16万元。翌年9月，按照市交通委《关于建立交通行政执法案件登记制度、健全执法统计报表制度的通知》，定海区公路运输管理所建立《舟山市交通行政执法案件登记表》、《舟山市交通行政复议、行政应诉案件登记表》台账。12月，按照市交通委《舟山市交通行政执法工作若干暂行规定的通知》，规范定海境内交通行政执法。是年，区交通局顺利通过市道路行政执法年度考核。同年，限期搬迁定海境内8家不符合在城区开业的企业、吊销、处理41家无证修理店，下发违章通知书25份。

定海运管"护航"春运

2001年9月，恢复定海区交通局建制，定海区公路运输(稽征)所道路运政执法为定海区交通局授权。是年，区公路运输(稽征)所成立"定海区公路运输管理所路查大队"、"定海区道路运输稽查大队"。年查处违规车辆1427辆次、罚款10.12万元，办理行政处罚案件406件。翌年6月19日，增挂"定海区道路运政稽查大队"牌子，下设金塘、岑港、临城、白泉四个中队。2003年3月，"定海区公路运输管理所路查大队"改名"定海区公路运输管理所路稽大队"。4月，定海区公路运输(稽征)所建立"行政执法联系单"制度，"重大或特殊案件集体讨论"、"违章处理报告"制度等。年查获各类违规车辆1349辆次，罚款8.6万元，处罚案件156件，其中一般程序52起，简易程序104件，举办违规学习班人员563人次，补缴规费42.78万元，取缔无证修理店11处。2004年1月，定海区交通局组建成立区交通行政执法大队，集中境内公路运管、稽征、路政行政执法职能，构建综合执法模式，定海区公路运输管理所路稽大队并入定海区交通行政执法大队。当年春运检查，查获各类违规违章车辆63辆，依法分别给予各种处罚。查处货物托运和货物配载无经营证照户10家，补办超期经营户5家，处罚金额5万元。翌年8月1日，执行交通部《道路运输车辆维护管理规定》(交通部7号令)。是年，年审一、二类维修企业33家，向不合格的发出限期整改通知。年核查出上牌后未及时办理落户车辆356辆，未及时办理报废注销手续车辆5辆、未办理车辆信息变更手续车辆71辆、查处假转籍车辆16辆，追缴公路规费150万元。2006年，查处违规违章人员事件1251件，补缴各项规费38.2万元。翌年6月，定海区公路运输管理所成立"定海区公路运输管理所违章投诉举报处理中心"，

出租行业日常检查

当年处理案件734起，处罚金额65.41万元，其中一般程序案件635件、罚款57.94万元，简易程序案件99件、罚款7.47万元，投诉案件690件、其中罚款案件73件，金额2.88万元，举报案件43件，处罚3件，罚款0.55万元。

2008年处罚案件458件，其中一般程序案件417件，简易案件41件，罚款35.65万元。投诉案件464件，其中罚款102件，罚款金额3.5万元。同年12月5日，国家实施“油改税”政策，取消公路养路费，公路运输管理费、公路客运货运附加费，定海区公路稽征所职能自行消失。

运管公安联合执法

2010年，定海境内开展“外挂车辆专项整治”、“农村小客车排查”、“查处无证营运车辆”、“打击无证修理店”、“配合乡镇政府进行市场监管”等，治理整顿非法、违规经营、扰乱运输市场秩序行为。年出动执法检查人员2079人次，检查各类车辆18650辆次，处理违规违章事件505起，补缴罚款56.12万元。违规违章的180辆次出租车驾驶员被扣分处理。处理举报投诉事件425件，处理违规违章事件478件，教育(未作处理)违规违章人员113人。

法律法规赋予定海区公路运输管理所行政执法主要职责：

1. 依法审批公路客货运输（包括出租）、搬运装卸、车辆维修、驾驶员培训、运输服务业等开业、歇业、停业申请，统筹安排公路客货运输营运线路及客运站点布局，核发经营许可证；

2. 客货运输凭证及票据的印发、管理和监督检查；

3. 公路运输管理费的征收和管理；

4. 监管检查公路运输、搬运装卸、汽车维修、驾驶员培训和运输服务的经营行为和质量；

5. 查处违反公路运输管理的违法行为；

6. 法律、法规和规章规定的其他职责。

法律法规赋予定海区公路稽征所行政执法主要职责：

1. 征收和管理公路规费，加强各种规费的费源管理、车辆台账管理、停驶车辆牌照管理、各种票证管理等；

2. 检查依法上路上户义务缴费人；

3. 经省级人民政府批准，在必要的公路路口、桥头、隧道口、渡口等地设立征费稽查站，实施规费稽查；

4. 查处漏缴、逃缴、拒缴交通规费的违法行为；

5. 法律、法规和规章规定的其他职责。

1989 年 ~ 2010 年定海境内运管部门行政执法查处车辆情况表

单位：人次、辆次、万元

年	检查人员	检查车辆	处理人员	补交规费
1989	3056	3468	1036	14.50
1990	2460	3875	825	20.70
1991	3566	3650	738	25.80
1992	3755	3760	756	26.50
1993	3776	4586	1471	16.00
1994	3268	4376	1265	30.00
1995	3388	2100	91	35.70
1996	3216	2345	116	50.60
1997	2680	2709	147	32.40
1998	3476	3678	229	65.30
1999	2868	5645	401	56.80
2000	3468	7120	577	47.50
2001	3500	7892	701	10.12
2002	3860	8217	722	70.60
2003	1100	8671	828	42.80
2004	3675	1112	977	45.60
2005	3876	10180	1068	47.40
2006	3885	13150	1251	38.20
2007	3768	11021	701	41.90
2008	2678	10969	772	38.70
2009	3665	12500	515	45.60
2010	2079	18650	505	56.10

第三节　公路路政行政执法

1990 年 3 月、4 月，省交通厅先后下达《关于完善我省公路路政管理机构的通知》、《关于继续完善我省公路路政管理机构的通知》。9 月，定海区公路管理段增挂定海区公路路政管理大队牌子，配置专职路政人员 4 人，维护国道、省道和县乡道路的路产路权，开展境内公路路政行政执法。自此，境内路政执法步入“以法治路，综合治理”轨道。其时，境内公路路政体制为市公路管理处直管，公路路政行政执法权由舟山市公路管理处委托。9 月，省政府下

公路路政整治马路市场

达《关于加强对公路两侧建筑管理的通知》，当年，定海清除公路两侧临时性建筑4处，开具罚单4份，收缴罚没款1100元。1993年，境内国道省道及重要县道公路站又配置兼职路政员5人，加强路政执法力量。1996年3月17日，颁布《中华人民共和国行政处罚法》，10月1日起实施。同年9月，国家交通部制定《交通行政处罚程序规定》，明确行政处罚的管辖、行政处罚决定及行政处罚的执行。此后，境内路政执法有法可依，步入规范化法制化轨道。1998年7月1日始，公路标志标线公安移交公路部门，定海区路政部门开展调查、搜索、整理定海境内公路标志标线资料。至1999年，先后完成境内329国道线、省道定岑线、定西线、定马线等的调查登记，并完成标志安装、划线。随着公路里程的不断延长，公路等级提高，路政执法量逐年增大。2000年4月1日起，施行《超限运输车辆行驶公路管理规定》。

2001年9月，恢复定海区交通局建制，定海区公路管理段隶属区交通局，境内公路路政执法由定海区交通局授权。2004年1月，定海区交通局根据市交通委关于交通行政执法体制改革精神，整合境内运政、稽政、路政行政执法职能，组建成立区交通行政执法大队，原路政人员进入定海区交通行政执法大队。

2003年4月1日，交通部制定《路政管理规定》并施行。进一步理顺路政管理许可、案件管辖、行政处罚、赔（补）偿、强制措施、监督检查、人员与装备、内务管理等工作。2005年4月1日，实施《浙江省公路路政管理条例》。明确定海区公路管理段为独立行政执法主体。2008年9月，定海区政府制定《定海区治理公路超限超载工作实施方案》，路政大队“依法严管、

公路路政整治马路市场

标本兼治、立足源头、长效治理”，积极开展联合治超专项活动，共出动路政执法人员人员48人次，检测车辆85辆，查处超限运输车辆11辆，遏制境内公路运输超限势头。2008年11月1日以后，境内公路治超工作由集中治理转入常态和长效管理。翌年，出动4569人次，巡查80480千米，查处违章74件，清理堆积物8497平方米，拆除非公路标牌43块。行政处罚15件。

2010年，重点抓公路红线控制、超限运输管理、非公路标牌整治、公路交通安全设施治理。定海区公路管理段路政大队年出动4250人次，巡查66300千米，查处违章248件，拆除违章建筑20平方米，清理堆积物5745平方米，拆除非公路标准牌28块，整治马路市场8个，行政处罚68件，办理一般行政处罚1件。

2003年～2010年定海区公路路政行政执法情况表

单位：千米、人次、天、件、个

年	执行巡查			查获违章案（件）	查处违章案（件）	拆除违章建筑	清理堆积物	拆除非公路牌	整治马路市场	行政处理案件	行政处罚案件（件）			强制执行案件（件）	行政许可							
															准予许可							不予许可（件）
	里程	人次	天数								简易	一般	听证		占用公路（件）	挖掘公路（件）	埋设电缆管线（件）	增设交叉道口（件）	设置非公路牌（块）	超限运输（辆）	其他（件）	
2003		5142	244	244	244	132.92	322	4	2	56	3	1				41	18	8				
2004		3750	281	75	75		1273									28	36	1				
2005	73100	3144	296	124	124		1654			31	1	9				18	35	3				
2006	63420	3957	289	57	57	11.2	725	2		54		3				28	22	8				
2007	64320	3597	250	103	103	47	3195	3		54		19			2	23	19	4				6
2008	80480	4569	313	78	78	133.5	8942	43	1	36	1	14				39	11	3				4
2009	83500	4908	356	176	176	235	4710	21		70		26				26	20	2				1
2010	66300	4250	265	248	248	20	5745	28	8	68		33				46	10	3				

补充资料：

1、2003年8月27日《中华人民共和国行政许可法》正式实施后，统计资料和台账逐渐规范，所以制表从2003年开始。

2、行政处罚栏处罚项目尚有维持、变更、撤销等项目，因定海境内未发生，故栏目简去。

第四节 港航行政执法

1989年，境内港航管理体制呈以块为主、条块结合模式。定海区航管所隶属定海区交通管理局，受定海区交通管理局委托，开展境内水上运政、航政、船检行政执法。1994年7月

9 日，中共舟山市委、市政府调整舟山市与定海区党政机关行政体制，同月 23 日，定海区交通局并入舟山市交通委员会，定海区航管所划归舟山港务管理局（市航管处）。此后，舟山港务管理局（市航管处）授权定海区航管所开展境内水上行政执法。1995 年 10 月 31 日。施行《浙江省航道管理办法》。1996 年 10 月 1 日，实施《中华人民共和国行政处罚法》。定海区港务分局（航管所）依法加强境内港口检查，加强辖区水路运输市场监管，建立定期巡查制度。2001 年，组织行政执法人员参加各类行政业务培训 50 余人（次），内部落实行政执法责任制，明确执法岗位、权限、程序和责任，规范执法文书，提高了执法水平。翌年，行政立案 36 件，其中一般程序 15 件，简易程序 21 件，没收违法所得 17213 元，罚款 104173 元，并补缴各类规费 20 余万元。遏制了境内各种水上运政航政违章违纪势头。

2003 年 1 月 1 日起，施行新版《浙江省水路运输管理条例》。是年，建立舟山港务管理局定海分局港航检查大队。全年行政立案 42 件，其中一般程序 19 件，简易程序 23 件。未发生行政复议、撤销和行政诉讼败诉案件。2004 年 1 月 1 日起，施行《中华人民共和国港口法》。分局（航管所）年出动检查人员 4770 人次，检查船舶 2000 余艘次，行政立案 63 件，其中一般程序 57 件，简易程序 6 件。行政零复议、执法零投诉，举报查处率 100%。强化行政执法，遏制境内运沙（石）船超载势头。2005 年，分局（所）根据市局《关于港航基层行政执法队伍规范化建设实施意见》，加强执法队伍规范化建设，充实执法检查人员、增配执法装备、明确工作职责、落实工作任务，提高水运市场、港口和航道监管力度。年出动检查人员 3576 人次，检查船舶 1892 艘次，依法处理港口行政处罚案件 5 件，首开舟山港行政处罚案先例。依法处理水路运政处罚案件 70 件（其中一般程序 53 件，简易程序 17 件），收缴罚没款 20.53 万元，案件全部自动履行，行政零复议、执法零投诉。并依据舟山港务管理局《关于航运管理工作内部职责分工的通知》、《关于明确港口行政管理港口岸线、港口锚地及航道监督检查内部工作职责分工的通知》，明确站点工作职责、落实工作任务、建立健全工作台账，日常加强指导站点业务，提高站点监管执法水平。

2006 年，分局（所）继续加强行政执法队伍规范化建设，加强水运市场、港口和航道监管力度，全面推进行政执法，年出动检查人员 4104 人次，现场检查船舶 2218 艘，发现违法违章行为 92 起，现场检查港口作业 289 次，其中危险货物港口作业 150 人次，发现事故隐患 97 起，督促企业落实预防措施，并按时核实。年处罚行政违法违章案件 100 件，其中港口行政处罚案件 5 件、水路运政处罚案件 92 件、航道处罚案件 3 件，处罚没款约 25 万元。翌年，分局（所）依照国家法规，执行分局（所）制定的港航安全检查制度。根据舟山港务管理局《关于明确辖区重点码头和重点危险货物监管名单及相关事宜的通知》，强化作业现场安全监控，落实辖区重要危险源、重点码头（包括重点危险货物码头）安全巡查，严厉打击各类违法违章行为。依据现场安全监督，抓隐患整改，加强行政处罚力度。年查处港航行政处罚案件 100 件（其中一般程序案件 98 件、简易程序案件 2 件），水上运政案件 85 件、港政案件 13 件、航道案件 2 件），均执行到位，行政零复议零上诉。，境内港航违法违章行为和安全隐患减少。定海港务分局董铭被市交通委表彰为“2004 年～ 2006 年度交通行政执法责任制工作”先进个人。

2008年，分局（所）调整充实站执法检查人员，改善水运市场、港口和航道执法装备，提高监管力度。年出动检查人员5860人次，车艇1082次，检查船舶1671艘次。完成港口、航道行政处罚案件25件，完成水路运政处罚案件61件，罚没款51.62万元，被舟山市交通委表彰为“2007年度舟山交通行政执法先进单位”。翌年，分局（所）行政执法依照法律法规，进一步规范港口、水路运输经营行为，保护岸线、航道资源，加强涉港工程建设监管。不定期开展运政、港政、航政巡查，全年现场执法检查2682次，出动检查人员6746人次，现场检查船舶1342艘次，检查水运（含渡运）服务企业75家次，检查港埠企业539家次（其中危险品作业码头347家次），制定《行政执法大检查实施方案》，印发《交通行政执法规范汇编》、《交通行政执法禁令》、《交通行政执法忌语》。执行《浙江省水路交通行政处罚自由裁量标准》、《浙江省交通行政处罚自由裁量权实施办法（试行）》，全面运行水路交通行政处罚管理系统，规范了行政执法行为。年立案处理各类港航违法案件80件（简易程序1起，一般程序79起）。

2010年，定海港航分局（所）抓隐患、促整改，加大行政执法力度，打击无证船舶，尤其是运石运沙船舶超载行为。严厉打击未依法批准使用岸线建设港口设施、未批准从事危险货物港口作业、未验收合格擅自投入使用码头或港口装卸设施等违法违章行。年出动行政执法检查人员2680人次、车辆1300辆次，出艇30艇次，立案处理各类运政案件37件，一般程序36件，港政案件9件，一般程序9件，航政案件1件，一般程序1件，罚没款216000元。

水路运政执法主要职责

依据《浙江省水路运输管理条例》（2009年1月1日实施），定海区水路运政执法法定授权组织为定海区航运管理所，其主要职责：

1. 依法审批水路货运企业、水路运输服务企业开业、歇业、停业；
2. 货运凭证及票据印发、管理和监督检查；
3. 监督检查水路运输企业和水路运输服务企业；
4. 依法查处违反水路运输管理的违法行为；
5. 法律、法规和规章规定的其他职责。

航道行政执法主要职责

依据《浙江省航道管理办法》（2005年10月20日实施），定海区航道行政执法法定授权组织为定海区航管所，其主要职责：

1. 宣传、贯彻、执行与航道有关的法律、法规、规章，以及国家有关航道政策和技术标准；
2. 拟订航道发展规划、建设计划、养护计划、航道技术等级，按规定报经批准后组织实施；
3. 开展航道管理、养护和建设方面工作，监督航道养护和建设工程质量；
4. 航道养护费的征收、使用和管理；
5. 保护航道及航道设施，依法处罚违反航道管理行为；
6. 依法应当履行的其他职责。

港口行政执法主要职责

依据《中华人民共和国港口法》（2004年1月1日实施），定海区港口行政执法法定授权组织为舟山市港航管理局定海分局，其主要职责：

1. 依法管理港口规划；

2. 依法征收港口管理规费；

3. 保护港口设施；

4. 依法管理港务；

5. 查处违反港口行政管理法规的违法行为；

6. 法律、法规和规章规定的其他职责。

船舶检验执法主要职责

1993 年 2 月 14 日起，实施《中华人民共和国船舶和海上设施检验条例》。定海境内船舶检验行政执法主体为舟山市港航管理局定海分局。其主要职责：

1. 依法审批验船机构的设立和撤销；

2. 依法监督验船机构的船舶检验业务；

3. 依法实施法定检验业务；

4. 依法查处违反船舶检验管理的违法行为；

5. 法律、法规和规章规定的其他职责。

第五节　水上安全监督行政执法

1989 年，舟山市水上安全监督处（舟山港监）析出定海区航运管理所内设“港监股”，成立舟山市水上安全监督处定海监督站，垂直领导。1991 年，撤销定海监督站，恢复 1984 年体制。期间，“定海港监”依据《中华人民共和国水上交通安全法》，行使定海境内水上安全监督行政执法权。

2001 年，国务院批准，我国沿海地区海事系统实行交通部海事局垂直领导体制。4 月 1 日，舟山海事局定海海事处在定海港监基础上组建成立，并根据《中华人民共和国水上交通安全法》、《中华人民共和国海洋环境保护法》等法律法规，实施境内水上安全监督行政执法。当年，定海海事处首次在老塘山、鸭蛋山办事处电脑网络化管理（试行）船舶进出港签证。是年，海事签证 34 份，海事调解 13 起，立案查处海事行政违法案 169 件，罚款 19.12 万元。未发生一起行政复议撤销和行政诉讼败诉案件。

2002 年，定海海事处落实行政执法责任制，加强监督和管理，加大处罚力度。年立案查处海事行政违法案件 373 件，罚款金额 51.25 万元，拆解无证船舶 5 艘。未发生一起行政复议撤销和行政诉讼败诉案件。翌年，定海海事处建立实施海事质量管理体系，进一步提升海事监管执法水平。年立案查处海事行政违法案件 352 件，罚款 53.2680 万元。未发生一起行政复议撤销和行政诉讼败诉案件。

2004 年，定海海事处根据《海上海事行政处罚规定》和上级相关规定，制定《行政处罚内部工作指南》，进一步规范海事行政处罚。年共立案查处海事行政违法案件 252 件，罚款

48.524万元。未发生一起行政复议、撤销和行政诉讼败诉案件。翌年，定海海事处贯彻落实浙江海事局《关于印发完善海事监管模式改革五项配套制度的通知》，打破管区概念，建立动态执法新机制，筹建水上巡航组、岸上巡查组、机动组等动态执法小组，实行小组每周轮换制、成员轮岗制。至年末，根据实际需要，调整为定海港、老塘山、岙山、金塘4大管区，辖区海上现场动态管理更加规范，保障流动执法机制、应急反应机制等新业务运作机制有效运行，避免行政不作为和执法队伍不廉洁行为发生。还通过综合分析、评估辖区客滚船安全状况，建立实施恶劣天气下非工作时间的客运现场动态执法机制(站高峰机制)，打破正常上班规律。有效整合全处力量，应对客运船舶在雾季、春季和冬季大风天及风后，易形成的客流高峰时期，进行全气候监管，确保船舶航行安全。还进一步健全海事行政执法责任制，制定实施《行政处罚案件质量考评办法》和案例点评机制，编制常规违法案件格式，海事处罚询问笔录和处罚文书，确定案件所需证据材料，出台自由裁量参照标准，组织开展法律法规的宣传贯彻和培训，提高办案效率，保证案件质量，保障行政处罚的公平公正。年共立案查处海事行政违法案件364件、罚款89.928万元，未发生一起行政复议、撤销和行政诉讼败诉案件。

2006年，定海海事处以“提升能力、规范管理”主题年活动为契机，制定《执法能力建设具体实施方案》，加强执法队伍建设，先后组织开展“八荣八耻”社会主义荣辱观教育和“向陈刚毅同志学习”主题教育活动，组织开展军事训练、文明礼仪、综合管理、业务技能培训，培训内容包括行政处罚、现场动态执法等。组织开展行政处罚办案能力、事故调查处理能力、船舶安全检查能力、证书文书单证审核查验能力、计算机操作使用能力、海事应用软件操作使用能力、公文处理能力等七大方面的业务技能测评活动。营造比学习、比知识、比技术、争一流的良好氛围。锻炼适岗本领，提高执法人员适岗能力，激发执法人员岗位成才的热情，培养岗位能手和业务尖子，在舟山海事局业务技能竞赛活动中分别夺得综合业务竞赛第一名。还引入安全形势数理模块化综合分析机制、提高动态执法计划的实效性。工作中实行动态执法评估机制，提高动态执法的效能，建立实施执法监督机制，规范执法行为。是年，共立案查处海事行政违法案件305起，罚款109.8516万元，未发生一起行政复议、撤销和行政诉讼败诉案件。翌年，定海海事处加强行政执法督察，在工作中运用程序监督、过程监督、备件审查并辅以随访、抽查、大检查、暗访等多种形式。每月组织开展执法监督、督察工作，深入查找海事行政执法活动及工作作风等方面存在的不足问题。进一步规范行政审批、行政许可、行政强制、行政处罚程序和行为。全年组织开展执法督察13次，现场执法随访24次，杜绝执法不公、滥用职权、执法违法、乱收费、乱罚款和各种摊派等损害群众利益的行为。全年立案查处海事行政违法案件277件，罚款129万元，未发生一起行政复议、撤销和行政诉讼败诉案件。

2008年，定海海事处以科学发展观为统领，按照“服务兴港、创新强局”的工作思路，全面履行海事职能，实现“两个确保”(确保不发生负有海事监管责任的重大事故，确保执法队伍不发生违法违纪事件)。是年，根据《舟山海事局2007年完善监管模式改革实施方案》，岙山海事处重新恢复运作，机构级别为正科级，设置执法支队。执法管辖水域范围为岙山水域。同年，根据舟山海事局《关于筹建舟山马岙海事处、舟山六横海事处的通知》，新设立舟山马岙海事处（筹），其行政执法区域为舟山岛北部水域，包括长白、秀山、官山等岛屿所构成的区域。是年，定海海事处实施行政执法立案296起，结案254件，结案率85.8%，罚款172.4万元，船员违法记分1133分，征收规费342余万元。翌年，定海海事处贯彻落实交通行政执法风纪等五个规范，实施行政处罚备案审查和行政执法个案电话回访制度，加强执法督察，扎实开展"五五"普法和行政执法一面旗建设成果学习。是年，船舶签证180658艘次，实施行政立案131起，结案125起，罚款47.884万元，无一起行政复议和败诉案件。

2010年，定海海事处进一步完善政务公开，严格执法监督，提高各项行政执法行为的合规率。编制了《舟山定海海事处行政执法政务公开目录》，加强行政审批工作的规范操作，建立专职兼职督察队伍，专项督察和日常督察相结合，强化执法活动过程控制，实现执法督察常态化、督察范围全覆盖。同时，配合上级局做好海事行政执法案卷评查，规范海事行政执法案例制作。是年，船舶签证164437艘次，实施行政处罚立案93起，结案87起，结案率94%，罚款47.37万元，无一起行政复议、撤销和行政诉讼败诉案件。

第十章　交通战备

1989年6月28日，舟山市交通局转发省交通厅《关于将交通战备工作纳入交通运输行业管理的通知》，强调交通战备工作是国防建设的重要组成部分，对加强国防建设，提高国家整体防御能力，起着举足轻重的作用。交通运输不仅平时要为国民经济建设服务，而且要为国防建设和战时军事运输服务，要改变交通战备与交通运输对立的观念，将交通战备纳入交通运输行业管理，做好交通战备正规化建设。

第一节　交通战备

交通战备办公室　2001年9月，合署的市、区两级政府机关分开，定海区交通局重新组建成立。根据区政府办公室《关于印发〈舟山市定海区交通局职能配置、内设机构和人员编制方案〉的通知》，"交通战备办公室"为新成立的定海区交通局内设机构之一。其职责：制定定海区交通战备建设规划，指导编制和修改重点线路、目标的战时保障方案，储备、保管、调拨交通战备器材；组织并参与国防交通工作的调查研究，指导督促交通战备专业队伍建设，配合驻军部队做好军事行动中的其他保障工作；协助有关部门管理车站、码头的治安保卫工作。11月28日，局党组任命刘璋宏为定海区交通战备办公室副主任（正股级）。2003年12月12日，局党组任命邬勤平为定海区交通战备办公室副主任。

2005年2月20日，中共定海区委调整区国防动员委员会及其各办公室领导成员。时任区交通局局长李军为区国防动员委员会领导成员，兼任区国防动员委员会下属机构区交通局战备办公室主任；时任区交通局副局长丁善忠为副主任。

定海区交通战备领导小组　2006年4月24日，成立定海区交通局战备领导小组，下设办公室，领导小组成员由下列人员组成。

组　长：李　军　区交通局长
副组长：虞建军　区交通局总工程师
成　员：陈小华　区公路段段长
　　　　张成业　区运管所所长
　　　　缪承强　金道公司经理
　　　　邬勤平　区交通执法大队大队长
　　　　刘璋宏　局办公室主任
　　　　施财龙　局运输安全科科长
　　　　李鹏飞　局工程科副科长

交通战备办公室

主　任：李鹏飞
副主任：李浩潇

2008年3月因人事变动，调整局交通战备领导小组组成人员。

组　长：戎仁文　区交通局局长
副组长：虞建军　区交通局总工程师
成　员：陈小华　区公路段段长
　　　　张成业　区运管所所长
　　　　吴铭军　金塘分局副局长
　　　　姚国宏　舟山市宏道公路养护有限公司经理
　　　　张毅群　舟山市金道公路建设有限公司经理
　　　　刘璋宏　局办公室土任
　　　　李鹏飞　局工程科科长
　　　　缪富平　局运输安全科副科长

交通战备队伍建设　2004年11月，舟山市交通委员会交通战备办公室《关于调整全市交通战备专业保障队伍人员的通知》，定海区交通局交通战备队员列入调整后舟山市交通战备专业保障分队道路抢修分队第二分队序列，第二分队队员29人。闻波（区交通局局长）任二分队分队长、车利康（局党组副书记）为副分队长。

2006年10月，为保障战时和特殊情况下的交通顺畅，提高应急交通保障能力，成立定海交通战备水上抢险分队（5艘皮划艇），并公布队长、副队长辖队员10人。

2007年4月，为增强应急情况下交通物资保障，成立定海交通战备物资保障分队，并公布队长、副队长辖队员 6 人。

2007 年 4 月，为提高战时和特殊情况下的公路应急保障能力，成立定海交通战备公路抢修保障分队，并公布队长、副队长辖队员 15 人。

2009 年 5 月，舟山市交通战备办公室《关于印发全市国防交通专业保障队伍组织调整方案的通知》，调整组建舟山市路桥抢修专业保障大队，定海区交通局交通战备人员编为大队第 2 连（编制 50 人）。

整组后，路桥抢修专业保障大队第 2 连下辖 2 个排 5 个班。1 排下辖 1、2 班，2 排下辖 3、4、5 班。

2001 年 9 月～ 2010 年，定海区交通局交通战备办公室积极开展国防教育，定期培训教育专业人员政治、业务和国防知识，提高定海全区交通战备干部职工的政治军事素质，增强国防观念，完成各项集训与战备演练。2009 年 7 月，保障大队 2 连指导员周家友被浙江省交通战备办公室表彰为 2008 年度浙江省交通战备先进个人，2010 年 1 月，定海区交通战备办公室和保障大队 2 连连长应仁飞分别被浙江省交通战备办公室表彰为 2009 年度浙江省交通战备先进单位和先进个人。

第二节　人武部

2007 年 5 月，舟山警备区批复同意设立定海区交通局人民武装部，并完成组建。局人武部是局党组的军事部，与局交通战备办公室合署办公。其主要职责：立足军事斗争需要，制定定海全区交通战备建设规划，指导编制和修改重点线路、目标的战时保障方案，储备、保管、调拨交通战备器材；组织并参与国防交通工作的调查研究，完成民兵预备役分队的整组，指导督促交通战备专业队伍建设，保障配合驻军部队做好军事行动及其他工作；协助有关部门管理车站、码头的治安保卫工作。

定海区交通局人武部贯彻落实军委主席能打仗，打胜仗的战略要求，围绕综合保障能力，建设一支听党指挥，确保战时拉得出，顶得上，作风硬的预备役、基干民兵队伍。平时从贴近实战，从难从严开展交通战备后勤保障训练和预备役、基干民兵军事训练，提高实战化水平，增强实战化军事训练质量，为定海全区交通系统经济、政治、军事建设、和谐社会建设作贡献。

2007 年 5 月 20 日，定海区人民武装部任命虞建军为舟山市定海区交通局人武部部长，周家友干事。7 月上旬，局人武部完成制订“2007 年定海区交通局基干民兵军事训练计划表”、“定海区交通局民兵集训队集训须知”，组织基干民兵 19 人参加军事训练，科目包括徒手队列、56 式冲锋枪常识及简易射击原理、单兵进攻战术。参训民兵达到“三个掌握”，即掌握徒手队列训练的动作，掌握 56 式冲锋枪一般性能、特点、大部构造、学会射击基本常识、掌握单兵进攻战术的基本动作要领。

2009 年 3 月 31 日，定海区交通局局领导分工调整，副局长应仁飞兼任局人武部部长，6

月9日，应仁飞任舟山市战时路桥抢修保障大队第2连连长，周家友为政治指导员。

2010年，定海区交通局人武部被区委、区政府、区人武部表彰为“2010年度武装工作先进单位”。

基干民兵队伍　2007年5月20日，定海区人民武装部任命虞建军为舟山市定海区交通局人武部部长，周家友为定海区交通局人武部干事。是年5月26日，根据中国人民解放军浙江省舟山市定海区人民武装部的要求，组建成立定海区交通局民兵军需物资保障分队（列编59人）和定海区交通局民兵通信连有线排（列编22人）。

2008年3月，根据中国人民解放军舟山市定海区人民武装部的整组计划，定海区交通局人武部完成民兵预备役整组，调整组建军需油料保障分队运输排，列编33人。

2009年3月，根据中国人民解放军舟山市定海区人民武装部的整组计划，定海区交通局人武部完成民兵预备役整组，调整组建了公路运输分队（列编40人）。

民兵预备役队伍整组点验　2010年3月25日下午，定海区交通局人武部在局四楼会议室举行民兵预备役整组点验大会，来自全系统的基层民兵集中整顿和点验。点验大会由局人武部部长应仁飞主持、局长戎仁文、区人武部首长、基干民兵43人参加，到点率100%。

基干民兵集训

整组点验大会在《中国人民解放军军歌》声中拉开序幕，区人武部首长宣读基干民兵干部任职命令，逐个呼点应急作战兵员。

整组要求任务分队落实，人员相识相知，兵员结构优化，编组布局科学，人员在位达标，对接关系明确，吐故纳新，吸收优秀的适龄青年参加。

会上，区交通局局长戎仁文、区人武部部长分别讲话。大会在《民兵之歌》声中结束。

2008年4月11日，定海区交通局召开民兵点验大会

军事训练　2009年7月29日下午，定海区交通局人武部组织水上应急分队民兵16人，在定海区白泉镇金林水库进行水上应急抢险训练。训练主要目的是为抗御台风等自然灾害侵扰，保障

人民群众生命财产安全，提高民兵抢险分队的水上应急抢险能力，熟练掌握皮划艇的工作原理与操纵水平。

2009年10月18日下午2时，根据定海区人民武装部统一部署，定海区交通局人武部组织民兵预备役人员，在舟山警备区黄沙周教导队靶场进行轻武器实弹射击训练，参训民兵52人，分6批次参加实弹射击训练。

2010年7月9日下午2时，根据年度军事训练计划安排，和定海区人民武装部统一部署，定海区交通局人武部组织民兵预备役人员，在×××靶场进行轻武器实弹射击训练，参训民兵56人，分6批次参加实弹射击训练。7月22日，定海区交通局人武部组织民兵预备役运输小分队基干民兵到×××靶场完成为期5天的封闭式训练。

2010年7月30日上午，定海区交通局人武部组织抢险小分队民兵，在定马公路长春岭水库进行抢险小分队水上交通应急抢险演练。参训民兵15人，动用皮划艇2艘。

国防形势教育　2008年，定海区交通局人武部根据区人武部《2008年政治工作指示》，制订“定海区交通局交战办、人武部2008年民兵政治教育计划”。要求所属各单位结合本单位实际，制定本单位教育学习计划。学习采取集中授课与分散学习相结合办法。4月份邀请区人民武装部首长作“着眼军事斗争准备，培育民兵战斗精神”的专题报告。8月份邀请部队军事专家讲解和分析台海形势。增强民兵交通战备正规化建设的责任感、使命感。认识到自己肩负的职责任务。做好战备执勤、抢险救灾、维护稳定等工作，为打造《平安定海》、构建《和谐定海》贡献力量。

2009年～2010年，定海区交通局人武部根据区人武部《民兵预备役政治工作指示》、《强化国防意识和纪律观念》、《国防后备力量基本思考题》等教材，组织教育广大基干民兵，做一个适应现代战争条件下合格的交战基干民兵。为进一步了解国防形势，增强国防观念，加强爱国主义教育，结合庆祝建国60周年活动，是年9月16日下午，定海区交通局人武部根据区人武部在局机关四楼会议室举行国防形势报告会。参加人员局机关干部职工、全体基干民兵、局属各单位班子成员。持续的国防形势教育使广大基干民兵深刻理解，在新形势下如何履行新使命，如何做好“会打仗，能打仗、打胜仗”的军事斗争准备。

第九篇　旅游交通

定海是中国唯一的群岛城市—舟山市的政治、经济和文化中心，是浙江省唯一的海岛历史文化名城核心区，处长三角南翼，杭州湾外缘。面临辽阔海洋，地理环境独特，交通快捷便利，旅游资源丰富。

第一章　旅游资源

古城定海是舟山跨海大桥的桥头堡，进出舟山的主通道。是通往海天佛国普陀山、沙雕故乡朱家尖、金庸笔下桃花岛的门户。千年文明积淀了深厚的海洋文化底蕴，传承了许多珍贵的文化遗产和人文胜迹。定海人杰地灵，居民自古以来崇文重商、名人辈出。近代有朱葆三、刘鸿生、董浩云、周祥生、王启宇等巨商大贾，有乔石、董建华、丁光训、安子介等政界名流。定海是一座光荣的城市，它曾是抗倭战争、南明抗清、鸦片战争的主战场，千年古城历经战火与硝烟的洗礼，见证了一个个可歌可泣的英雄故事，书写了一篇篇沉重辉煌的血泪史书。同归域、鸦片战争遗址、留方井等遗址古迹，已成为人们缅怀历史、追古思今的绝佳胜地。定海还是一座休闲旅游城市。作为海洋多元文化的融合之地，定海既保留了明清古街、清民大宅等一批古城建筑风貌，又具有海岛乡村田野的独特魅力。“海岛第一村”、“凤凰休闲岛”、“茶人谷”、“古驿亭”、众多的古寺宗庙散发出海岛古城特有的韵味。

2009 年 12 月 25 日，舟山跨海大桥贯通，定海成为群岛连接大陆的桥头堡。“海、陆、空”立体大交通网络，为旅客提供舒适、快捷便利的出行环境。风生水起的旅游服务业，为旅客提供了高档舒适、服务一流的休闲场所。

2010 年，定海各景点接待游客 381.2 万人次，其中国内旅游客人 375.7 万人次，国际旅游客人 552.85 人次，全年旅游总收入 26.16 亿元。

2011 年 6 月 30 日，国务院批复设立浙江省舟山群岛新区，舟山市定海区跨入新区发展时代。2013 年 2 月 22 日，浙江省人民政府批复建设舟山群岛定海国际旅游度假区，定海迎来了海洋旅游经济发展新高潮，未来定海将成为中国重要的国际海洋旅游度假基地。

第一节 古城街巷

定海古城，始建于唐代。城名数易，或称翁山、或名昌国；城池屡毁屡建，今仅存遗迹。定海古迹众多，明清时期形成的中大街、西大街、东大街等，古韵犹存。晚清时期的深宅大院蓝理故居、董浩云故居、丁光训故居等，让你睹物思人，流连忘返。佛教圣地祖印寺香火传承千年，古梁旧栋诉说着曾经的沧桑。历史纪念景点舟山鸦片战争遗址公园呈现的是崇高和尊严，折射的是历史，园内曲径通幽，景点迭出，云霭微风也能荡涤芜杂，净化心灵。

明清古街 东大街中大街西大街 3条老街形成于明末清初，是定海久负盛名的老街。石条铺就的街道两边是两层木结构商铺，二楼临街围有木栏杆，可凭栏远眺街市。街中间还保留着6道“公墙”，俗称隔火墙，隔火墙中间建月洞门，供人车通行。

东大街 东起环城东路，西至人民中路，城墙耸立的年代是东向城郊居民进入城内的主道，街道最宽。该路始建于元大德二年（1298），历经改建扩展，明末清初时期，大街上商贾如云、行业纷呈。二十世纪三十年代，定海籍沪商、上海大世界总经理唐加鹏先生捐资改造的，曾取名“唐佳鹏街”。老人们至今还记得二十世纪五六十年代，天刚蒙蒙亮，乡下的农民就挑着担子，由这条街进城卖柴卖菜购货，熙熙攘攘，车水马龙，热闹非凡。

中大街 南北走向，建于清道光年间，原名“内八甲街”。民国元年（1912），改称中大街。1966年改名“红卫中路”，1981年复名中大街。现中大街南起西大街，北至昌国路，全长250余米，宽3.5米～6米，石板路面。2001年8月，省政府批准舟山历史文化名城保护规划，中大街被列为重点保护对象。

原由状元桥西一直至龙首桥的中大街，直通县署。“文革”时，红卫西路（西大街）上延至状元桥西，红卫中路（中大街）缩短自“大同南北货”店首。东与人民中路相邻，西靠祖印寺、城隍庙，街两侧是二层建筑，砖木结构，大多为一楼开店二楼住人。

公元1891年，清光绪十七年（辛卯）正月初二，定海中大街城隍庙弄豆腐店失火，烧毁房屋4000余间，状元桥东西两侧闹市区焚毁殆尽，中大街受损最大。《申报》载：“大火毁去全城约三分之一，二千余户城内灾民失去了居所……状元状东西两岸焚毁殆尽，东至东门东井头，南至解元桥，西北至横塘弄，共焚去店铺二千余家，连门面住房共四五千间。幸各衙署得保无恙，至老太保庙亦被焚毁。”史称“辛卯大火”。定海厅同知黄树藩呼吁并发起拟建8堵公墙，杭州善士红顶商人胡雪岩、晚清著名藏书家丁松生和定海“城内八甲”，即伸出了救援之手，慷慨捐款，修复老街和新建公墙。中大街在原地重建并建两道风火墙，并镌刻《公墙碑记》石碑。这一带是历史上定海最繁华的商业区。

2009年，定海区人民政府启动中大街改造工程，以“保旧、复旧、饰旧”和“修缮、完善、改造”为原则，投入2100万元改造中大街，在保留古街原有风貌，构筑一街、二院、三巷、四入口的建筑文化的同时，突出海洋文化和海洋旅游的有机结合。

西大街 东起人民中路，西至环城西路，条石路面，总长590米，宽4.5米，街区总面积约1万平方米，肆列30余家，百货、五金、银行、饮食等行业店铺，以及串街叫卖的摊贩。曾是城内繁华的街市。西大街73号是抗日战争初期进行抗日救亡活动的定海爱国青年创办的小小图书馆旧址，留有当年郭沫若两次题写的馆名手迹。西大街89号为清定海总兵蓝理故居，蓝理是清政府收复台湾的名将。不远处将军桥下61号是世界船王董浩云故居。整条街历经数百年的历史，积淀了独特的文化底蕴。

翁洲第一古禅林—祖印寺　定海昌国路98号。舟山市重点文物保护单位和省级重点寺院。旧有"翁洲第一古禅寺"的雅称，它与普陀山关系紧密，俗有"不到祖印寺，等于没去普陀山"的说法。

祖印寺原不在定海，它就像西湖灵隐寺里的"飞来峰"一样，是从别处"飞"来的。

史料记载，祖印寺原建在岱山衢山岛，称蓬莱院，初创于五代后晋天福五年（公元940年）。迄今已有千年历史。宋治平二年（公元1065年），朝廷赐"祖印寺"额。南宋嘉熙二年（公元1238年），昌国县令余桂迁祖印寺于现址，现址原是普陀山的接待寺，祖印寺迁来后，两寺合而为一，成为昌国县城主要佛事场所，也为去普陀山礼佛的僧俗之众必经转驻之地。

在后来的岁月中，祖印寺历经大火，兵燹、海禁，屡毁屡建。宣统六年（1909），工商巨子、著名实业家朱葆三捐资再次重修，购进铁杉木为主要原料。据说现建筑中的天王殿、大雄宝殿、后大殿、钟楼以及东厢房的构架均为当时所建旧物。

祖印寺是定海最大的古寺庙，全寺建筑面积2212平方米，占地5125平方米。今寺内大雄宝殿、藏经楼、天王殿、钟楼、鼓楼、东厢房西厢房等，均为晚清建筑。大雄宝殿宽30米，深19米，高18米，十三架梁，重檐歇山顶，上檐九彩斗拱。

出寺院正大门，迎面而来的是定海城隍庙照壁。照壁高5.2米，宽14.5米，壁厚0.43米。照壁上原有许多反映民间传说故事的砖雕文饰，"文革"期间被作为"四旧"毁掉，如今只保留着照壁的外观。

御书楼　绿荫围绕、红墙青瓦、古色古香的小楼。居定海一中校园的东南角，坐北朝南，建筑面积128平方米，占地264平方米，设台门、围墙、正楼等建筑。

走过一段绿树掩映的小径，御书楼以一种朴素的姿态展现在眼前，进门穿过小院进入厅堂，迎面就是康熙的朝服画像，两旁有一木质对联："霭霭兴王地，矫矫昌国君。"这是文人集康熙皇帝的诗句并仿照其墨迹写成的。上二楼，正中上方挂康熙御笔"定海山"匾额，黑底金字，遒劲有力。这便是"御书楼"的含义所在了。

清光绪《定海厅志》记载，明末时期，海疆骚动，舟山尤为激烈。清政府采取了一系列"海禁"措施，包括迁舟山居民于内地。至康熙二十六年（1687）海疆平定，有些大臣奏请展复舟山。康熙帝认为"舟"为动荡之物，与展复舟山目的不符，下诏改"舟山"为"定海山"，御笔亲书并制成"定海山"匾额。地方官员敬奉牌匾，两年后建起御书楼。后来，御书楼屡毁屡建，饱经磨难，但匾额得以保存下来了。

1984年，舟山地区行政公署把旧学宫内的孔庙奎光阁改建成御书楼，并复制"定海山"匾额按原样悬挂。

御书楼建在旧学宫内，也就是现在的定海一中内。一中校园内，仍保存有旧学宫的泮池和池上拱桥。传说当时读书人经考试合格成为秀才的，方有资格进学宫学习，且有名额限制。新入学的秀才进了学宫大门，先要绕泮池走上一圈，叫“入泮”或“游泮”。

东管庙弄　东管庙建于清康熙年间，光绪二年重建。南北走向的东管庙弄因庙而名。与西大街成掎角之势，南北走向。南起东大街，北至昌国路。不同于大街的繁华喧嚣，东管庙弄闹中处静，庄重静谧。

弄长330米，宽4米。地铺石板的弄内，有庭园深深的刘坤记大院，炊烟轻绕的王家老宅，以及恢宏气派的王家大院和朱家住宅。4处均是舟山市文物保护点。

柴水弄　在城区中部，南北走向。南起解放西路，北至西大街，长236米，宽2.5米，水泥路面。弄内多古民居，以二层楼房为主。楼的台门多为石质，其斗拱、屋脊、栏杆、滴水板等，均有精美雕饰，窥得见定海古城些许遗风。

留方路　在定海城区北部西侧，南北走向。南起昌国路，北至留方井，长295米，宽3米，水泥路面。这一带旧有官府的储粮仓和护仓河，旧称仓河头。1966年改名光辉路，1981年，因路靠留方井而改称今名。

留方井路附近有建国路、书院弄、恒丰弄、顾家弄、帅旗弄、荷花井弄、大地园跟等街路。有留方井及义士李昌达纪念碑等。

第二节　名人故里

董浩云故居　董浩云，香港首任特首董建华父亲。故居即定海将军桥下61号，是座现代普通民居，坐北朝南，现存房屋两间，西间前筑一间厨房，厨房东为天井，南面设台门，建筑面积64.4平方米，占地面积110平方米。

董浩云，又名兆荣，定海城关人。早年在中国近代工业巨商刘鸿生创办的定海公学（现舟山中学）读书。1937年在上海创办了中国航运信托公司，1959年建造了7万吨级为当时世界十大油轮之一的“东方巨人”号油轮，1969年在香港首开集装箱航运业务，同时设立香港油轮公司，并在纽约、伦敦和日本、新加坡，以及中国台湾等地设立分公司，成为中国第一个加入世界航运组织的华人航运集团企业家，经过几十年的苦心经营，董浩云建立起一个航运王国，成为世界上七大船王之一，《纽约时报》称他为“世界最大独立船东”。

董浩云故居于1997年12月被舟山市人民政府列为市级文物保护单位。

刘鸿生故居　定海城区聚奎弄6号，刘鸿生是名震中外的“煤炭大王”、“火柴大王”。房屋坐北朝南，占地643平方米，正屋7间，左右厢房各3间。正屋后有天井和杂屋，院中一棵合抱的沙朴树，枝叶繁茂。

1921年，刘鸿生回舟山捐资23万余银元，创办定海公学（今舟山中学），并鸿贞女子初中（后并入舟山中学），为定海培养了大批人才。

朱家老宅　即朱仲三家宅，在昌国路东管庙弄，是舟山现存近代建筑中具有中西合璧风格的代表性建筑。它是当年一位曾在汉口经商商人朱仲三为其母所造住所。

胡宅　民宅民居，具定海民居建筑代表性，在中大街“城隍庙前”。深深的庭院，总体布局和建筑语言几近完美，令人一见钟情，流连忘返。

另外还有解放西路柴水弄的“林氏民居”，石柱弄的“陈氏民居”和留方路“陈坤住宅”等。

蓝理故居　定海西大街89号，清定海总兵蓝理故居。步入占地近二亩的官家府第，尚能闻到康熙二品武官当年生活气息。纪念堂内，可了解到这位平定台湾功臣的生平事迹。蓝理（1649～1720），字义书，号义山，福建漳州漳浦县赤岭畲族乡人。康熙二十二年（1683）6月，蓝理奉命率先锋队进攻澎湖，战斗中，刀创肚破，肠子流出，仍大呼杀贼，激励士卒奋勇，为清朝廷收复台湾、纳入大清帝国一统版图，立下了汗马功劳，人称“破肚将军”。被康熙帝封为“神木副将”。康熙二十九年（1690），蓝理任定海镇总兵官，任职10余年间，社会安定，经济繁荣，百姓安居乐业。主持修复普陀山庙庵，重修《南海普陀山志》。蓝府已有300多年历史，其所用杉木，都用砒霜处理过，经久不蛀。其台门为二柱五楼式的石质牌坊。

丁光训祖居　全国政协副主席、著名神学家丁光训先生的祖居，在定海区册子乡桃夭门村鹅盘山东麓，紧挨册子段舟山跨海大桥之墩。

丁家始祖五兄弟于清康熙年间从镇海塔峙双峰丁家山迁来定居。祖居始建于清咸丰年间，坐北朝南，原有自上而下3进建筑，占地2000平方米，建筑面积1200平方米。每进7间，有走廊、中堂和隔楼，雕花门窗。每进都有近百平方米的大天井间隔，正尾两房各有数十间廊坊。现存中、后两进及左右廊坊。丁氏祖居背靠青山，山山相连，周边溪谷环绕，溪水灌溉着塘里的庄稼，好山好风水滋养出一代名人丁光训。

丁光训，1915年9月生于上海，祖籍定海。上海圣约翰大学、美国哥伦比亚大学师范学院、纽约协和神学院毕业，文学硕士、神学博士，现任全国政协副主席、中国基督教三自爱国运动委员会名誉主席、中国基督教协会名誉会长、金陵协和神学院院长。著有《中国基督教的见证》（中英文）、《今日中国基督教》（中英文）、《中国基督教徒的声音》（中英文）、《丁光训文集》等书籍。

丁光训先后担任全国人大常委会，全国人大外事委员会委员、全国政协常委、全国政协副主席。

2001年，按照舟山跨海大桥工程最初的方案，桃夭门大桥的桥桩要通过册子丁家大屋。时任册子乡党委书记的张伟旭先生建议要保留丁家老屋。为此，舟山跨海大桥之桃夭门大桥桥桩绕开丁家大屋，重新定位。

丁光训7岁时曾随父亲到定海册子祖居，因此，他对于老屋更多的记忆只是童年那段。2003年11月6日，丁光训携家人到册子岛寻祖访亲，看望父老乡亲，与族人亲切交谈。当他看到儿时曾见过的老宅院内墙角的百岁天竹仍健在，感慨万千，特与家人在天竹前留影。

祖居对于丁光训老人来说虽然只是一段往事，一抹记忆，生命的历程中一个浅浅的足迹。然而，祖居是他的根，是他的一条血脉。身在异乡，丁光训老人终念念不忘家乡和家乡的亲人，写下了“月是故乡明，人是故乡亲，莘莘学子情，叶落总归根”的诗句，表达了他对故乡的眷恋之情。

丁光训祖居于 2003 年 1 月被公布为定海区级文物保护单位。

三毛祖居 三毛祖居在定海区小沙镇陈家村，是三毛祖父陈宗绪先生于 1921 年建造的院落式传统民居，占地面积 482 平方米。1989 年，三毛在陈家村祭祖。如今，小沙人民为纪念这位“三毛女”，修复和整理三毛祖居，作为“三毛作品陈列室”，分五部分展出三毛的遗物、作品和照片等。

三毛，原名陈懋平，浙江定海人，台湾著名女作家。其足迹遍及世界各地，生平著作、译作十分丰富，发表作品 23 部，约 500 万字。

第三节 古城遗址文化旅游景点

同归域 南明抗清的许多重大历史事件发生在舟山，但由于历史原因，南明抗清遗址留存至今的不多，惟同归域还保存完好。

同归域在环城北路海山公园陵园路旁，龙峰山南山脚边，一丘合葬坟茔，上题“同归域”三个遒劲有力的大字。“同归”的是 18000 人灵魂。

清光绪《定海厅志》记载着这样一段历史：清兵入关，朝代更替，但仍有许多“感念旧朝、反清复明”的势力，明朝廷国土许多（包括舟山）还在明廷旧将掌控之中。其中鲁王朱以海监国于绍兴，史称“南明”。但鲁王势单力薄，难以与清抗衡。清顺治六年（1649 年），鲁王君臣逃到旧臣黄斌卿掌控的舟山。清军组织重兵攻打舟山时，南明以偏师固守舟山，鲁王自己和张名振、张苍水等率水师北上攻打吴淞口以牵制清军。

顺治八年（1651 年）8 月，清军总攻舟山，内奸金允彦、邱元吉坠城投敌，引清兵入城，刘世勋等率全城军民与之激烈巷战，但寡不敌众。九月初二，舟山城破，清军屠城“一饭之倾，尸横若山”，万八千男女老幼同日赴难。定海城大火数昼夜不熄，黑烟蔽天雍日。城内外尸满井渠沟壑，鸦雀聚噪，井流泛黑，尸骸裸露，惨不忍睹。鲁王、张名振、张苍水等只好南下投奔郑成功。越日，清随营参军乔钵集中尸骸火化合葬，勒石题曰“同归大域”。康熙年间，定海知县缪燧见同归域“白骨青磷，寒烟衰草，即所勒之石亦复无存”，于是出私钱修复，题曰“同归域”并每年分春、秋两季在此祭祀。

同归域于 1997 年 8 月公布为浙江省省级文物保护单位。墓域和墓园又经数次修葺，周围遍植高大柏树，平添几分肃穆。墓前两副挽联曰：“水火刀兵顷刻，忠孝节义千秋”“忠魂各遂当年志，白骨同垣万古香”。

姚公殉难处 在环城北路海山公园陵园路上端。舟山烈士陵园忠魂堂下面有一泓清幽的池水，池叫“梵宫池”，是定海县知县姚怀祥投池殉国的地方。

1840 年（干支庚子年）五月，姚怀祥到舟山任职，一个月后的 1840 年 7 月 5 日，英军第一次攻打舟山。姚怀祥亲自乘小船前登英军的炮船交涉。无果而返，英军还派人送来英海军准将伯麦《致定海县令姚怀祥书》，要姚怀祥献城投降，姚公不从。定海镇总兵官张朝发率水师2000余人应战，失利，张朝发牺牲。姚怀祥亲率军民在城内继续顽强抵抗。终因寡不敌众，次日凌晨定海东门被装备精良的英军攻陷，姚怀祥退到北门，怀着“宁为玉碎，不为瓦全”的一腔悲愤，在定海城北投梵宫池殉国。

英军进入定海城以后，定海人民奋起反抗，有钱的出钱，有力的出力，污染水源，坚壁清野。英军两度占领舟山，舟山人民一直没有屈服，四出抗击英军，涌现了包祖才、定海三总兵等一大批抗英斗士，直至英军退出舟山。

“姚公殉难处”小石碑的故事背后，是舟山人民在鸦片战争中写下的浩然正气，昭示着中国人民不可辱、中华疆土不可犯的浩然之气和伟大的民族精神。

鸦片战争遗址公园　在城西竹山和晓峰岭处。在中国的近代史上，定海发生过抗荷、抗倭、抗英等数十次抗击外敌入侵的悲壮战争。舟山鸦片战争遗址公园，是一座纪念1840年～1841年鸦片战争在定海二次正面战役主战场的纪念性公园。舟山鸦片战争遗址公园（曾名竹山公园），建于1995年，占地十余公顷，竹山海拔92米，面海背山，以19世纪40年代定海鸦片战争古战场遗址为载体。

园内建有舟山鸦片战争纪念馆、“三总兵”纪念广场、百将题碑、傲骨亭，及迁建的“三忠祠”和抗英阵亡将士墓，是国家级爱国主义教育基地。园名由全国人民代表大会常务委员会原委员长乔石题写。

古驿道与止善亭　古驿道在长春岭山脊一带延伸处，保留的仅是古驿道遗存的一部分。

昔日马岙三江口是通往岱山、嵊泗与大陆的商埠。三江到县城的古驿道是官方和民间共用通道。驿道总长14千米，宽约1米，乱石铺就。每隔3米～5米有矩形石块图案或以一块石板相隔，上下坡用条石铺成台阶。遇河溪，架石板桥。数百年来，多少官人、村民和商贾在这条蜿蜒小道上留下匆匆而过的身影。如今，曾经喧哗的古驿道大部分被淹没在长春水库底下或被改造公路等，遗存的残段已被芳草黄土掩埋。

古驿道上原有一座古驿亭，过往行者的歇足处。今因公路扩建和水库建造等，只剩下止善亭，古驿道穿亭而过。

止善亭，通面阔1间宽6.20米，通进深3间12.46米，建筑面积77.25平方米。乱石砌筑墙体，南北山墙开月形门贯通古驿道。相传止善亭始建于唐朝。清嘉庆二十四年（1810年），马岙庄村民袁大帮出资修葺。2004年，马岙镇政府重修。

寺岭石拱桥　寺岭石拱桥在小沙镇光华社区峙岭村西侧约100米处，建于清嘉庆前。南北走向，架于龙潭坑上游，横跨寺岭与擂草岭之间溪坑。单孔石拱桥，溪水绕山脊曲径流淌桥下。桥身乱石块砌筑，桥面上铺垫土石。桥身长20米，宽3.20米，桥面厚1.20米，矢高约7米。

舟山现存最古老的石拱桥，架于山体的凹陷处，利用拱力作用依岩而垒，精心砌筑。这种用不规则石块垒叠的石拱桥，历经千年，完好无损，在海岛实属罕见。

马岙桥　又名长春桥，在长春岭水库上游马岙老水文站旁。官衙拨款，建于唐开元年间，后几经修缮。桥南侧刻“马岙桥于道光二十七年岁次孟春月下浣吉旦一甲重修造”，北侧刻

“大清光绪二十七年重修”。

相传，古时马岙三江到定海有一条古驿道长达 14 千米，中间有上马岙桥、中马岙桥、下马岙桥将古驿道南北相连。三座古桥中马岙桥最为有名，架于长春岭溪坑之上，桥高 2 米，两个桥墩均用 12 块石条相叠，桥主孔 3 米，左右孔 2 米。后因修建长春岭水库，把马岙桥石材搬至上游，按原状叠砌。后又随着长春岭隧道凿通废弃，今作为历史遗迹静卧在山野溪流之上，向人们展示它曾经有过的历史。

甩龙桥 在小沙镇华厅村大溪坑上游，始建于明末清初，清同治年间重修，解放后又重修。单孔桥，拱圈用条石纵联砌筑而成，东西走向，跨大溪坑。桥身长 7.70 米，桥面宽 2.40 米，高 4.20 米，中孔净跨 3.70 米，桥左右设栏板。桥板间有方形望柱，每面饰二层莲花瓣，北面中间栏板刻有“桥栏傅奕秀造”六个字。因整座桥身俨如一条倒甩的蛟龙，故名甩龙桥。桥畔曾刻石立碑，桥旁曾设桥神菩萨香火堂。

石拱桥历经百年风剥雨蚀，记载了海岛古人造桥的智慧和非凡的建筑工艺，是舟山市现存古桥梁中保存较为完整的一处，是研究舟山桥梁史的实物资料，具有重要的历史、艺术和科学价值。为保护甩龙桥，1994 年，小沙镇政府在桥侧另建一桥供村民行走。

1998 年 5 月，甩龙桥列为区级文保单位。

继思桥 在定海双桥镇南山村，始建于乾隆五年（1740 年）。嘉庆七年重修，2000 年左右重立桥栏板，桥面长 3.40 米、宽 2.29 米，桥面厚 0.23 米。桥体由采自里钓山的石板材“糯米红”砌成，两侧桥栏由三块红石板拼成，中间一块较大，两头略小。北面栏板镌刻“乾隆庚申造”五字，似为古桥原貌，红石板已显风化斑驳。南面中间石板镌刻“继思桥”三个行书大字，右边石板镌刻“嘉庆柒年”，左边石板镌刻“陆宗重建”。陆宗是附近村落夏家太公。相传造桥人是明代首辅执政夏言旁系的后人，其一支从镇海迁居定海，后在南山村修路造桥时所为，桥名“继思”意在“继思祖绩、祈求太平”。后子孙延绵三百余年。桥旁有一口比造桥年代更久远的古方井。以及夏家七架屋和一座“太平桥”。

传说南山村夏家祖宗在清顺治年间（1644 年～ 1661 年）从镇海夏度岙迁入定海。初创者采里钓山红石板做门窗，伐南山杂木竖柱架梁，盖起了七架大屋和九架大屋，在大屋旁凿井，修路造桥，繁衍后代。如今，破旧的七架大屋只有两位老人留守，从大屋出去儿孙们都已兴旺发达，事业有成。七架大屋院内还留有两只边角风化了的、定海少见的石鼓，它们被遗弃在角落里，伴随着老屋、老井、和古桥，追忆昔日祖先的辉煌。老人说:“这两只石鼓原摆放在七架大屋门外”，“擂鼓墙门”象征着当年夏家的气派与尊贵。

第四节　大桥风景旅游区（舟山册子岛月亮湾旅游区）

大桥风景旅游区（舟山册子岛月亮湾旅游区） 在定海区岑港街道册子岛，紧依西堠门大桥国内跨度第一、世界跨度第二钢箱梁悬索桥。景点有旭日涌波、波心涌动桥、临风聚仙台、流霞飞仙台等 16 处。旅游区展现原生态的海洋乡土文化，优美的海岛传说，奇丽的海洋生态景观，让人尽情体验海岛风情。景区内有烧烤区，可以尽兴品味海岛风情特色烧烤。景区入口处的特色餐厅—明岛鲍鮸鱼馆，推出“鮸鱼十吃”，鮸鱼宴远近闻名。5月～9月，还可在旅游区观望省级海洋鸟类自然保护区—五峙山鸟岛的珍稀鸟类活动。

第五节　生态观光旅游

“东海大峡谷”国家森林公园生态旅游区　在双桥、小沙、马岙、干礁、城东、盐仓6个乡镇街道交界的山区，最高点海拔478米，面积约20平方千米，是游客出入舟山跨海大桥的必经之地。内有茶人谷、千亩茶园、寺岭古村、马岙“海岛第一村”、五雷山、宋高宗赵构驻跸地紫微、史前土墩文化、三毛祖居、复翁堂等人文历史典故，有舟山土生土长的舟山锣鼓、跳蚤舞、布袋木偶戏、舟山船模、贝雕、渔民画等非物质文化遗产，还有古道驿亭等组合景观线。自然山水风光独特，水库水系山谷众多，森林植被茂密，海岛山谷山岭景色优美，历史人文资源丰富，猎奇探幽古吉祥寺、单奇洞、土墩、韭菜鳗、龙潭坑等神话童话故事及美丽传说。

茶人谷生态旅游区　在定海双桥街道狭门水库上游，最高点大潭岗海拔420米，旅游区山地约30000亩，山谷辟有千亩茶园，故称茶人谷。

进入茶人谷如进入世外桃源，溪坑旁生态化的竹林小屋和凉棚等，给人们以一种山居野处、小桥流水之感。

小溪的美只是茶人谷生态美的开端，小溪约长3千米，溯溪而上，满是另一种田野情趣。溪涧的最上端即是狭门龙潭。状若瑶池的狭门龙潭，似一方碧玉，映衬着翠谷峰峦，显得格外灵秀。龙潭深不见底，17米长的绳拴上石块放下仍不见底。传说，这个龙潭水是通往大海的。龙潭右上方，另有一条溪流流向远方……

茶人谷有1000多亩的茶园，产“海天香”牌普陀佛茶，2006年被农业部评为无公害产品，茶园是舟山市唯一列入省级高效生态农业示范基地。采茶季节，游客可以自己动手、采摘新茶、炒炒茶，品品茗，亲身体验“茶叶是怎样制成的”快乐过程。

茶人谷放养山羊、山鸡，水塘里淡水鱼游弋，地野里蔬菜鲜活，山坡上种四季果树，产各种水果，水蜜桃可与奉化水蜜桃相媲美。

茶人谷建设一期约700米木质游步道和400米石板游步道在蜿蜒的山路上延伸到龙潭坑，搭建的2个1200多平方米的木质平台于2010年6月建成。计划开辟狭门村旅游村庄，从村里到景区内的柏油马路建设已经完成。村庄及谷内绿化工程，以及标识标牌、休闲桌椅、垃圾桶和生态厕所等服务配套设施也于2010年全部完成。

交通指南：从狭门水库右侧上山，沿山路约1000米至茶人谷综合服务中心；从定海东门车站沿定岑线过定海六中，经桥头施到南善桥右转双小线，到狭门水库万年桥，客车可开到山上。

东海鸟岛　定海境域西北部、距定海舟山岛3海里的灰（龟）鳖洋中，是一组列岛，由大五峙山、馒头山、天毛山、龙洞山、鸦雀山等7座无居住民的岛屿组成。眺远看，列岛犹如一只伸出海面的手掌，故称五屿，又称五岭山，五峙山鸟岛。

五峙山列岛是全国三大鸟类保护区之一，2009年9月，五峙山鸟岛列为浙江省鸟岛自然保护区。是浙江省唯一的省级海洋鸟类自然保护区。据记载，五峙山鸟岛早在100多年前就有候鸟聚集。1986年，这里仅有300多羽海鸥和十来羽白鹭，为了保护在鸟岛繁殖的鸟类，岑港镇成立鸟岛管理委员会，并采取保护措施，开展保护活动。2010年，栖息鸟岛的海鸟已增加到12000余羽。

经专家实地考察，岛上有湿地鸟42种。一年四季均有鸟类栖息，夏季候鸟多黑尾鸥和中白鹭，冬季多环颈鸻、苍鹭和斑嘴鸟，留鸟以麻雀、白头鸭、黄鹂及白鹡鸰为主。岛上还有国家保护鸟类黄嘴白鹭3500多羽，占全国1800海里海岸线黄嘴白鹭种群数的四分之一。列入国家级保护的珍稀鸟类角鸊鸟由1988年的4羽增加到2010年的200多羽。荷兰国鸟蛎鹭因工业污染而绝迹却在中国五峙山鸟岛出现。2008年，被认为绝迹多年的“世界神话之鸟”黑嘴端凤头燕鸥（又称中华凤头燕鸥）也现身于此。

由于良好的海洋生态环境和丰富的海水饵料，在岛上栖息的鸟类已超10000多羽。春、夏季鸟“妈妈”怀带未出世的“小宝宝”到岛上孵哺生养栖息，度过快乐的“夏令营”。此时，漫山遍野都是成群的鸟儿，此起彼伏，整个岛屿成了鸟的天堂。

摘箬山岛　在定海港南部海域，距港岸线约8千米处，是定海境域南部28个岛屿中最美丽的岛屿，它与宁波峙山隔海相望。

岛的最高点海拔215米，全岛面积2.7平方千米，古称窄山，过去因遍生箬竹，改称摘箬山。岛屿中央山峰向四周延伸，远处俯看形如奔跑中的大象，故又称象岛。科学鉴定，它是亿万年前形成的一个火山喷发口，学者称它为“火山岛”。

摘箬山岛海岸线曲折陡峭，多临海峭壁，犹如一簇簇凝固的火焰，那光彩熠熠的柱状节理极像古罗马竞技场上排列整齐的石柱。在大七彩滩、小七彩滩独特的火山海蚀地貌，使礁岩呈页状、层状。礁石多褐色，但有淡黑、乌青、血红、乳白色等色调相间，每一种色调印刻的是千万年前的历史年轮。岛上鸥鹭呢喃，水下鱼虾嬉戏；蓝天共碧海一色，火山与日月同辉。此情此景此地，是岛的巨型钢琴跳动的浪涛山岛琴键，奏响出一曲曲壮美的大海之歌。

东岙依山临海，是谢晋导演拍摄《鸦片战争》海岛小渔村的外场景之一。村里那乱石砌筑的墙体、黑色的小瓦片、松软的乡间小路、淳朴厚道的民风，让你没法不想起神话中自然美的“桃花源洞天”。

摘箬山岛离开喧嚣的城市，乡风民情淳厚。有趣的是，岛上百姓独尊财神菩萨。东岙财神庙里的财神菩萨由村民自己塑捏，虽不怎么成比例，却土得让人觉得韵味无穷。相传很久以前，有个远航的小伙子把船停靠山前，上岛取水，在岛上找不到淡水，却看到有很多奇形怪状的石头，随手捡了一块放进口袋里。上船后拿给同伴看，却是一个银元宝。此事一传开，岛上百姓就在小伙子捡银元宝的地方建了一座财神庙。每年外来的渔民和本地的村民，出海捕鱼做生意都要到财神庙里拜财神菩萨，祈求发财。据说岛上的财神庙非常灵，上岛祈求发财的人年年增加。

摘箬山地势险峻，奇峰怪石千姿百态，东岙山上形象逼真的仙女峰，传说是村姑翘首期盼远航归来的丈夫。

仙女峰是传说，可在仙女峰下，确实上演过一段美丽动人的跨国恋情。说解放前摘箬山东岙，有一位青年在外国轮船上打工，船到马来西亚，青年认识一位异国女子，结下一段情缘。此后天各一方，一直到解放后仍杳无音讯，直到20世纪70年代末，此女子年过半百，却痴情不变，千里寻夫来到了小岛，与相思半个世纪的情人相厮相守直到老死。

2010年，摘箬山东岙、西岙、北岙3个自然村，只有东岙和西岙还有十来位老人留守在古朴的村落里。

摘箬山海岸曲折陡峭，多岩岸，少滩涂。东岙海滩山崖陡峭、岩石层叠、色彩纷呈，有绿色、淡黄色、褚红色、青色……五颜六色。岩层高达数十丈，煞是壮观。为了解其形成的原因，定海区政府邀请中国著名地质学家、中国登上北极第一人、浙江大学地理学院地球科学系博士生导师竺国强教授，于2003年多次上岛，实地考察摘箬山地形地貌，考察认为：1.2亿年前，摘箬山是火山强烈喷发过后形成的古火山破火山口湖。在竺教授亲自指导下，摘箬山火山地质馆于2005年9月在东岙创建。馆内展出的火山石柱标本，即取自当地。馆内还用图片、文字和音像等方式，介绍了火山与海啸的基本知识。

凤凰岛(凤凰岛游艇俱乐部)　凤凰休闲岛，距定海闹市区2.5千米，与定海港遥相对应。从凤凰岛专用码头坐快艇到定海闹市区只需3分钟。

凤凰岛，面积约0.1平方千米，定海开发无居民岛屿旅游的成功典范。岛上建有五星级标准的全岛型度假酒店—凤凰岛雷迪森假日酒店1家，拥有豪华海景套房等各类套房115间(套)，房内装饰豪华、设施齐全。山庄餐饮以舟山海鲜和高档菜肴为特色，餐厅可观海景。山庄建有游泳池、高尔夫练习场、戏水滩、夏宫中餐厅、高级会所，会务中心和多功能厅等，随处可近海观看潮起潮落，聆听浪拍沙滩，远眺岛屿峰峦起伏。

这里看似繁华的公路，不闻扰人的喧嚣，宁静致远，豁然开朗。丢掉所有烦恼、所有私心杂念，回归平和与安详。

凤凰岛游艇俱乐部、游艇度假别墅项目，包括游艇蓝水港池、游艇俱乐部会所、250个游艇泊位，以及游艇维修保养、加油加水、驾驶员培训中心等配套设施，投资约10亿元，2014年建成。

南洞艺术谷　在干础新建社区，距离定海城区8千米，陆域面积3平方千米，周边环境优雅，山野景色秀美，拥有自然的生态野趣、乡村农趣以及海岛特有的民俗、民情、民风，2010年建成大学生艺术采风基地，每年接待50余批大学生实习采风写生。戏剧谷成立舟山南洞海洋旅游文化发展有限公司，建有文化产业基地。2015年5月25日，中共中央总书记、国家主席、中央军委主席习近平考察调研定海新建社区城乡统筹发展和社区文化建设情况时，在南洞艺术谷现场欣赏了村民创作的渔民画、手工艺品。

定海海洋旅游度假基地　在定海区境域东南部，包括南部诸岛、海滨沿线、长岗山、东山、白泉、甬东以及竹山等区域。度假区内山、海、岛、城相间，旅游资源丰富，古城历史文化浓郁，水上、路上交通网络发达，是海洋旅游度假区的良好基地。

青青世界游　在马岙卧佛山下，距定海城区9千米，依山傍海，景色秀美，占地1.3万平方千米。2003年8月，马岙镇人民政府选址卧佛山下，利用近2000亩竹林，樟树林、橘园、桃园、葡萄园，启动打造“青青世界”旅游景区，让游客在山路蜿蜒、小桥枕溪、古木婆娑，竹木小屋掩映在现代绿树果林之中的环境里品读先人曾驻足过的遗址。“青青世界”2004年5月1日开业，游人在远古文明与现代文明的碰撞中体味天然氧吧“世外桃源”的无穷魅力。

2007年，外国旅游专家考察后，称“青青世界”与“桃花寨”是舟山最具生态观光旅游特色的旅游区。同年，“青青世界”被列为舟山市青少年科普教育实验基地；2008年，被列为舟山市特色乡村旅游点。

交通指南：定海城闹市区出文化路经定马线，过长春岭约9千米左拐，入“休闲胜地”牌坊，沿山脚行约1000米到青青世界生态停车场；镇政府门口向东约60米到新茂超市，新茂超市对面往北行约1000米至青青世界生态停车场。

海上千岛游　项目辟在定海境域南部岛屿，坐游船畅游大海，尽享岛际观光休闲。开发的一日游项目，游客可坐游船上无居民岛探险露营；到东岠岛、盘峙岛、摘箬山岛体验乡村农家生活；海上遥拜南海观世音菩萨、远眺长峙大桥、朱家尖大桥、朱家尖五姐妹沙滩；西看舟山鸦片战争遗址公园、定海三总兵纪念广场、舟山跨海大桥、五峙山鸟岛等；沿途有军舰、渔船、大型油货船等与你擦身而过，岛礁海岸风景无限，各岛屿间的山海奇景、军港雄姿、古城新貌等，勾勒出一幅船在海上行、人在画中游的天然海景图。途中可上凤凰山岛游玩，到摘箬山岛科普探险，上小岛体验农家渔家生活……

定海港夜游　夜游定海港，品读千岛之光。享受定海古城的海景特色。定海港南部诸岛连阵接踵，潮随涛逐，海洋生物形成的海发光粼粼，海面在灯光映衬下，更显幻丽与迷人。这里曾是中英鸦片战争定海第二次保卫战古战场，有定海最古老的道头。道头南面是风情万种的岛屿。夜幕降临，游船带你进入大五奎山、小五奎山岛灯光秀现场，途经凤凰山岛、岙山岛、摘箬山岛、盘峙岛、东岠岛、定海港，一路领略美丽千岛海滨独有的夜景，在朦胧的夜色中边喝茶边赏月，或聚朋共饮，或引吭高歌，独具情调。

摘箬山海上农家线路自助烧烤（一日游），从定海港码头出发至摘箬山岛，途中可参观火山博物馆、七彩滩、财神庙、仙女峰，中午在摘箬山岛自助烧烤，下午适时返回定海港。

第六节　旅游食文化

海鲜美食城（定海港夜排档）　在定海港客运码头，临海而建。2009年10月1日重建开业，城分两层（局部三层），整个夜排档建筑外形貌似一只只栖息沙滩的海鸥，与蓝天白云、海水相映成趣。全透观海景、亲海排楼建筑，排楼主体长400米、宽17米，总面积13600平方米，有58间摊位，可同时容纳3000余人就餐。一年四季，用餐，不受气候影响。一楼底层有敞开式大型停车场，可同时容纳200余辆车辆停放，食客无停车的后顾之忧。

海鲜美食城一层为民间候车亭，中间有客运栈道，数米宽的观光平台伸向海面。在海水映衬下，对面的大五奎山、小五奎山、盘峙岛、小竹山等岛屿清晰可辨。渔船、客船、货船、军舰和五光十色的港城夜景与明月互相映照，把海上景观点缀得十分迷人。

在一个个摊位前的活水池里，有活蹦乱跳的虾、螃蟹、石斑鱼等；菜台上摆放着黄鱼、带鱼、乌贼、鲳鱼、鱼干、贝类等海鲜品和各种新鲜的时令蔬菜。夜幕下，大海边，领海韵，品海味，聆听大海的呼吸，感受习习海风，别有一番情趣。

芙蓉洲路美食一条街　芙蓉洲路美食购物一条街，集中70多家餐馆，是一条集餐饮、娱乐于一体休闲街。夜晚的芙蓉洲路，流光溢彩，尽显繁华，各类海鲜馆、特色小吃、茶楼、咖啡厅、OK厅高朋满座。是定海特色风情、美食文化的窗口。

工农路美食一条街　工农路美食一条街由东海西路和工农路组成，街面美食店毗邻而立，特色小吃、海鲜、川菜、湘菜应有尽有。

第二章　旅游服务

旅游服务章叙述为旅游服务的企业和服务项目，有综合性的，也有单项性的。分“旅行社”“星级酒店（饭店）”和“海岛特色休闲农庄”三块介绍。

第一节　旅行社

1978年11月，成立舟山港客旅行社。1986年5月，成立定海县旅游服务社。2005年11月，成立舟山市旅游集散服务中心、舟山群岛旅游集散总站有限公司。至2010年，定海区有旅行社47家，分支机构（分社、分公司）1家，服务网点（门市部）5处，其中国际旅行社1家。

舟山市定海区境内旅行服务社基本情况表

旅行社名称	坐落地址
舟山港客旅行社	人民南路216号港务大厦4楼
舟山市定海汽车客运旅游服务公司交通旅行社	解放西路180号交通大酒店停车场内办公室三楼
舟山市定海贵豪商务旅行社	昌国路92号503室
舟山空港航空旅游有限公司	解放西路159号
舟山假日旅行社	人民北路157号2楼
舟山中远旅行有限责任公司	卫海路海韵公寓2楼2单元304室
舟山市定海光大旅行社	东河中路142号
舟山市定海春蕾旅行社	人民北路116号2楼205、206室

续表 1

旅行社名称	坐落地址
舟山春秋旅行社	环城北路 188 号
舟山市定海区露亭旅行社	新桥路 292 号（华融大酒店）301 室
舟山友好旅行社	临城建设大楼 C 座 605 室
舟山市金桥旅游有限责任公司	芙蓉洲路 40 号
舟山市康泰旅行社	青岭路 13 号 101 室
普陀中国国际旅行社	腾坑湾新村 24 号
舟山海贝阳光旅行社	定海区卫海路 71 号 A 区
舟山园林旅游有限公司	新桥路 142 弄 19 号
舟山万事达东方旅业有限公司	环城南路 27 号
舟山市定海区港城旅行社	蟠洋山路 61 号 201
舟山洲海旅游有限公司	定海区北招路 5 号（八一幼儿园附近）
舟山喜乐旅游有限公司	人民北路 46 号 202 室
舟山市定海飞扬旅行社	总府路 9 幢 503 室
舟山海之旅旅行社	蟠洋山路 130 弄 93 号
舟山远方旅行社	临城金道路 235–10 号
舟山市南国旅行社	解放西路 84 号 3 幢 401 室
舟山市中青旅行社	人民北路 223 号 201 室
舟山和平旅行社	东门东大街 141 号
舟山市半岛旅行社	芙蓉洲路 6 号 5 楼
舟山市定海汇众旅行社	西山路 21 号 H206
舟山九州旅行社	蟠洋山路 37 号（2013 年企业注销）
舟山市缤纷海外旅游有限公司	环城西路 66 号融信商务楼 6 楼
舟山市太平洋旅行社	白云花园 4A–8 号
舟山新通达旅行社	舟山定海黄家碶路 12 号
舟山市定海星天旅行社	金鹰海市盛楼西山路 5 号 –2
舟山开心旅行社	芙蓉洲路小河头 11 号（新华书店对面）
舟山群岛旅游集散总站有限公司	港务码头一号
舟山市定海天涯旅游有限公司	气象台路 202 号
舟山中国旅行社	定海区文化路 25 号
舟山市教育旅行社	定海区环城南路 352 号（贵豪大酒店 609 室）
舟山市吉祥旅行有限公司	定海南珍公寓三幢一单元对面
舟山市联合旅行社	人民北路 157 号 2 楼
舟山市定海好时光旅游有限公司	定海区土城墩路 115 号

续表 2

旅行社名称	坐落地址
舟山市定海晶舟商务旅行社	人民南路 176 号舟山新钻石楼大酒店
舟山东海岸旅行社	定海区城东街道洞桥村贺家塘 5 号
南普旅行社	昌国路 20 号 202 室
舟山安康旅行社	定海城市新境 18 幢 803 室
舟山欧亚文化旅游有限公司	定海区中大街 70 号
舟山市东游旅行社	定海区城东街道蟠洋山路 213 弄 9 号
舟山市千岛蓬莱假日旅行社定海分社	定海区城市新境 2 幢三单元 306 室
舟山金秋旅行社定海门市部	新桥路 122–3 号
普陀海中洲旅行社定海门市部	环城东路 12 号
普陀海山旅行社定海门市部	白虎山路 108 号
普陀康辉旅行社定海门市部	昌国路 180 号
浙江海都国际旅行社有限公司定海门市部	舟山市定海区石柱弄 1 幢 4 号

第二节　星级酒店(饭店)

2006 年 1 月,定海境内“新华侨饭店”率先挂牌四星级涉外旅游饭店。2007 年 8 月,舟山市第一家五星级涉外旅游大酒店“喜来登绿城大酒店”开业。后随着岛城旅游业的兴起、发展,连接大陆与舟山岛的舟山跨海大桥贯通,游客涌入,定海星级宾馆快速发展。至 2010 年,定海区内有星级宾馆 11 家,其中五星级 1 家,四星级 3 家,三星级 6 家,二星级 1 家。

定海境内星级宾馆(饭店)基本情况表

宾馆(饭店)名称	星级	地　址
喜来登绿城大酒店	五星	新城
财富君廷大酒店	四星	新城
舟山市新华侨饭店	四星级、绿色	环城东路 12 号
舟山新钻石楼大酒店	四星级、绿色	人民南路 176 号
贵豪大酒店	三星级、绿色	环城南路 352 号
舟山新金海饭店	三星级、绿色	环城南路 321 号
舟山市博雁城市假日酒店		气象台路 228 号
舟山市香南大酒店	三星级、绿色	环城南路 548 号
舟山市东港大酒店	三星级	环城南路 343 号
定海高佳庄大酒店	三星级	东海东路 48 号
华亭宾馆	二星级	人民南路 82 号

第三节　海岛特色休闲农庄

2000 年，定海区城东街道甬东村兴东路 2 号“舟山甬东鱼庄”（国家 A 级景区）开业，2005 年 10 月，定海岑港街道坞垭社区“伊甸园休闲农庄”（国家 A 级景区）开业。嗣后先后有盐仓“天鹅山庄”（国家 A 级景区）、北蝉“钓琅湾休闲农庄”（国家 A 级景区）、白泉“万锦湖休闲渔庄”、北蝉洪家“原野山庄”等一批具有海岛特色，品味自然生态野趣、乡村农趣渔乐的休闲农庄开业。至 2010 年，境内有具海岛特色的休闲农庄 22 家。

第十篇　群英谱

第一章　人物传

航运巨子许志勤

许志勤（1933～），舟山定海城关人，许廷佐孙子，许文贵儿子，1933年生于上海。1949年随父母到台湾。1952年赴美留学，1957年获路易斯安那州州立大学学士学位，1959年获堪萨斯州州立大学硕士学位，擅长远洋船舶设计。1959年学成返回，协助家族发展航海事业。1975年接过父亲肩上的担子，执掌家族事业，成为香港和合轮船公司、台湾新兴航运公司、台湾中华商船职业学校、香港国际中华中转储运有限公司的董事长。同时任香港船东协会执行委员、香港航业协会董事长等职。现为香港和合航业集团董事长。1995年，被授予舟山市荣誉市民。

许志勤生在上海，童年少年时期在上海这个繁华的大都会度过。但受祖父、父亲的影响，对故乡舟山怀有深厚的感情。他崇敬祖父。祖父许廷佐是上世纪二三十年代上海滩的俊杰。许廷佐（1882～1941），浙江定海人。幼年时靠寡母洗衣度日，10岁后从师习铜匠。稍长，离开舟山，只身闯荡上海。先在工厂学翻砂，后在外商开办的饭店做过领班，数年辛劳，薄有积蓄。娶周家塘女子周冬兰为妻。1916年在上海百老汇路开设益利饭店。后创办益利汽水厂、益利罐头厂、金店、及益利拆船打捞公司。上世纪二十年代起，涉足航运业，与同乡合股建造"舟山轮"，创办益利轮船公司，开辟在江、浙、沪沿海城市间多条航线，渐成当时上海航运界新锐。上海著名企业家。

1949年大陆解放前夕，许家船舶被国民党军征用，少年许志勤随父母入台湾。其父许文贵继承家业，拓展海外航运事业，许家在台湾百名富豪排名中列96位。

许志勤大学毕业后，梦想做一个飞机制造工程师。后来，为了续写航海世家的辉煌，放弃梦想，执掌航运公司。26岁那年，学机械制造的许志勤从美国堪萨斯州州立大学毕业并获硕士学位。因学业优秀，被美国一家航空公司相中。"造飞机"——"诱人"的梦想烈火在他的心头员点燃。正当他在飞机制造工程师的路上刚刚起步，父亲来信改变了许志勤的人生轨迹。1959年，身为航海世家传人的许文贵希望儿子回来打理家族事业。许志勤答应父亲“只试两年，不成功就接着在美国造飞机。”但这一“试”，就是大半辈子。许志勤接受父亲的安排，从美国飞赴日本，为家族企业和合轮船公司开辟海外市场，在日本建立了东京协兴株式会社。上世纪八十年代，国际航运市场兴起巴拿马型散货船。这类船载货量大，船价稳定，且在国际市场上较易寻到租家，盈利丰厚。许志勤秉承家族稳健的经营理念，二十多年来一直经营运作“海岬”型散货船，业界人士称，香港和合航业旗下的船队“成色最纯”，清一色是17 ～ 18万载重吨的“海岬”型散货船，总运力达到265万吨。许志勤执掌的家族企业规模不断扩大，香港和合轮船公司成长为国际知名航业集团，新兴航运公司是台湾颇具影响力的上市企业。2005年12月，包括香港和合航业集团在内的港台两地七家国际知名的散货船东几经酝酿，在港组成一个松散型的“海岬”型散货货船合作体，召集人以许志勤为首。合作体形成的背景和市场转变有很大关系。港台两地华资船东拥有“海岬”型船的运力几乎占全球同类船总运力的60%，但中国加入WTO后，内地进出口煤、矿、砂相当部分的市场载量由外资船公司承运，许志勤和另外六位航商自发组成港台第一个散货船合作体，目的就是调集运力，承揽内地散货运输市场大宗的散货，藉此提高在国际上的知名度，创出一条适合华资船东生存之路，求得更大的发展。祖国是香港发展的强大后盾，而香港又是中国造船业走向世界的桥头堡。许志勤的创业经历印证了这一点。从1991年开始，香港和合航业集团屡屡向内地船舶制造企业送去打造散货船的订单，前后造了10艘。作为中船集团公司下属船厂的老客户，前几年，许志勤到上海出席新船下水仪式，中船集团负责人深情地向他致谢：“香港船东送来的一份份订单就像一把把金锤，让国内造船业叩响了世界之门。”

乡情是帆，牵着爱心一路慈航。孩提时代的许志勤，每逢年过节，常常跟随祖父、父亲乘航船回定海周家塘看望曾祖母。但自从到台湾，转瞬数十年，他求学、创业、立家，辗转美国、日本和中国台湾、香港，就是没回过家乡。闲暇时光，他常常在脑海中回忆起故乡的模样，在碧波荡漾的东海之中，千岛山水如画，故乡始终不曾忘怀。上世纪八十年代中期，许志勤偶然听说家乡出了一本《定海县志》，就从香港汇了4千元人民币订了50本《定海县志》，除了自己阅读珍藏外，还分送给家人和在香港的舟山同乡，让旅居海外的舟山人从字里行间感受故乡社会、经济方方面面的变迁。

1993年5月，许志勤首次回故乡访问、祭祖。一别近半个世纪，当年的稚儿已经是花甲老人。故乡的变化令许志勤目不暇接，连连感慨“舟山发展真快”。这以后，许志勤回乡频频，或为投资兴业，或为捐资助学。每当别人问起许志勤是哪里人，他总是回答说：“当然是舟山人呀，不管走得多远，我的根在舟山。”

回报故乡，造福桑梓，接力棒在许家传了三代，跨越了两个世纪。旧时的定海城关周家塘一带，许志勤的祖父、爱国实业家许廷佐曾开挖了一口水井，供乡邻使用，井边竖着一块石碑，上书：“为善最乐”。如今水井早已填平，石碑也无处寻觅。许廷佐的善举却长留志书，为家乡人称道。

许廷佐在上海滩闯出实力后，不忘乡里，热心公益事业，乐于行善施惠、助学、济贫，做好事，被乡党誉为“为善最乐”的惠毅先生。他捐资建造了舟山西堠门灯塔，指引来往航船；把进出周家塘的木桥改造成石桥，并铺设了半路亭到周家塘的石板路，桥即胡家桥，路名蓬莱路。备尝失学之苦的许廷佐，扶持家乡教育事业，不遗余力。1924 年秋，许公在“三忠祠”内创办“廷佐义务”小学(解放后改为城关二小，现复名为廷佐小学，并晋级浙江省现代教育技术实验学校)，常年提供经费，让学生免费上学。是年，还捐助定海南郊小学 600 元。1927 年，许廷佐增办平民夜校，招收贫苦失学儿童，免收书籍费、油灯费，直至 1936 年。怀着对故土的深深热爱，许志勤的父亲和许志勤一代一代接力着这项共同的“爱心”事业。

1985 年起，许志勤的父亲许文贵和母亲许吴美娟先后五次向廷佐小学捐资，用于改善办学条件；1994 年，许志勤捐资 173 万元，为廷佐小学建造了一幢面积 2553 平方米的教学楼，1995 年，许文贵捐款 15 万美元，为学校购置计算机和语音教学设备。同年，许廷佐孙女唐许婉贞捐款 10 万美元在廷佐小学设立“唐氏奖教奖学金”。此后，许氏基金会又先后向廷佐小学捐款美元 10.5 万元、人民币 43 万元，用于进一步改善廷佐小学办学条件。1998 年，许志勤还先后代表许氏基金会捐资 275 万元，在定海蓬莱新村周家塘建成占地面积 1047.4 平方米，总建筑面积 1417.5 平方米的“冬兰托幼中心”。2004 年 10 月，前来舟山参加廷佐小学建校八十周年庆典的许志勤欣然题词：“星光灿烂”。而许氏家族代代相传的善举，亦如星辰，光耀千岛。2009 年 12 月 25 日上午，香港舟山同乡会会长许志勤先生满怀祖籍教育事业的一腔赤忱，在舟山有关领导陪同下，冒着小雨走访廷佐小学。在走访过程中，许先生对学校办学特色、管理水平和师生文明素养给予了充分肯定，并对学校发展前景寄予了很高期望。许先生还就学校扩建设想与有关领导进行交流。

1993 年 5 月首次回故乡考察时，许志勤就对舟山港水域开阔、港湾众多、深水岸线绵长的资源优势印象深刻。同年 9 月 5 日，他再次回乡，签订铁矿砂水水中转协议；12 月，出资 1000 万美元，与舟山港务管理局、首都钢铁公司共同创办舟山首和中转储运有限公司。老塘山也在那一年成为我国最大的海上矿砂中转基地。

2010 年 3 月，香港舟山同乡会举行第 11 届理事会就职典礼暨庚寅年春茗联欢晚会，许志勤荣任新一届香港舟山同乡会会长。许志勤在致辞时表示，该会成立于 1989 年，致力团结旅港乡亲，积极参与社会活动，并组团返乡访问及考察交流。表示要在前任会长杨良鋆和周亦卿指导下，在各位乡贤的大力支持下，使会务蒸蒸日上。继续秉承历届的优良传统，努力联络乡亲，不断推进会务发展，积极参与社会活动，努力发挥为家乡经济发展及对外贸易的桥梁作用，与乡亲们共同开创舟山、香港两地交流合作，共创双赢。香港舟山同乡会 20 年来对促进舟山、香港的交流，服务乡亲等方面的贡献，舟山市政府有关领导给予充分肯定和高度赞赏。

董氏两代船王传奇

董浩云，家谱中排行名兆荣，字浩云，以字行，祖籍定海。民国元年(1912 年)生于上海，1982 年卒于香港。

董浩云早年求学上海，天资颖悟，中英书籍过目成诵。因父生意经营不善，被迫辍学。民国 17 年（1928 年）考入金城银行，任职于金城集团所属天津航业公司，从此投身于航业界。民国 19 年 –28 年（1930 年～ 1939 年），历任天津轮船业同业公会常务理事、天津航业公会副会长、天津通成公司运输部经理、金城银行船务部经理。

民国 24 年（1935 年）底，董浩云携妻由天津抵沪，始自立门户。是年冬至，偕兄弟姐妹返回定海，为其父董瑞昌和叔父董瑞霖造坟（盐仓海龙村），并于定海城西购买 80 平方米平屋（房）一座（址今定海城内将军桥下 6 号，1999 年列为市级文物保护单位），委托孙连根夫妇代管。嗣后，创业外地，未再回过定海。

为与外国航商抗衡，董浩云拟制《整理全国航业方案》呈送交通部，要求创办航业与金融合而为一的中国航运信托公司。交通部批示“以民营为宜”。遂于民国 29 年（1940 年）创办民营中国航运信托公司，并于翌年向香港政府注册，经营多艘悬英国及巴拿马旗之船舶，航行沿海城市及远东口岸。

民国 30 年（1941 年），中国航运公司注册时在上海法租界外滩 12 号汇丰银行大厦设办公室。是年 12 月太平洋战争爆发，日军攻占法租界，公司搬到爱都亚路 1 号。中国航运信托公司经营的多艘船舶被掳，在上海的公司亦被日人占据，被迫停业。董浩云往重庆，成立“上海市轮船同业公会驻渝办事处”，共同商讨抗战胜利后恢复航运、向政府要求补偿征用之船舶，向日本索赔等各项事宜。

民国 34 年（1945 年）8 月日本投降后，各航商成立“民营船舶战时损失赔偿委员会”，其时适值美国国会通过各国购买美国旧船的法案，各航商即要求政府从中拨出一部分作为赔偿航商之用。公推董浩云、程余斋、谭伯英赴美接收船舶。国民政府行政院批准申请赔偿之公司共同创立复兴航业股份有限公司进行经营，董浩云为创始人之一。

同年，董浩云奉派由重庆飞往上海，以民间身份协助当局解决复苏初期的海上运输，向盟军交涉后，始从美国战时船舶管理局下拨出 10 艘自由轮，由中国租用，以解决华北运煤问题。鉴于当时航运业务实际环境之需，民国 35 年（1946 年）8 月，成立专营轮船业务的中国航运公司，购置“慈航”、“慈云”、“天龙”、“天平”、“天行”、“滦州”、“昌黎”、“唐山”等轮，辟欧美航线，从事远洋航运业务。全部雇用中国船员，开中国航运界之先河。翌年 8 月 4 日，该公司“天龙”号悬挂中国国旗，装载白报纸由上海开往大西洋，12 月 28 日驶抵法国拉佛尔港，再横渡大西洋驶往美国，装运煤炭到比利时的安特卫普。民国 37 年（1948 年）2 月 25 日，“通平”号轮由沪始发，横渡太平洋到旧金山，继又驶至菲律宾，满载椰子干，开往拉丁美洲的委内瑞拉、哥伦比亚和巴仑奎拉，创中国航运业之壮举。旅欧美和南美侨胞见到悬挂祖国旗帜的轮船抵港，爱国热情沸腾，中外各报争相刊载。是年，董浩云与程余斋、谭伯英乘“复明”号轮代表中国政府赴美接收船只，赔偿给二次世界大战时受损失的中国船东。

1950 年 8 月，公司由香港迁至台湾，易为官营。遵循第一期四年经建计划，船舶汰旧建新，新建客货轮“如云”、“东方皇后”、“凌云”、“亦云”等，购买成船“丽云”、“吉云”、“翠云”、“霭云”、“祥云”、“香港全善”等油轮，客货船有“东方丽华”、“东方友华”等，均用东方海外航线名义，烟囱上的梅花标志作为特别象征。1955年，公司复为民营，董浩云出任董事。1959年，该公司建造7万吨级油轮“东亚巨人”号，为当时世界十大油轮之一，举世瞩目。翌年，《大英百科全书》称其：“是亚洲人所拥有、亚洲人所建造、亚洲人所经营和亚洲船员所服务的最大船舶”。

1962年2月，“如云”号客货船辟美洲定期航线，《纽约前锋论坛报》、《纽约时报》、均作头条新闻报道。1967年7月19日，又辟至欧洲定期航线，装载货物，经高雄、香港、新加坡、马来西亚各港，因苏伊士运河封闭而绕道好望角转往汉堡、鹿特丹、伦敦、安特卫普，备受沿途各国地方当局及旅欧侨胞热烈欢迎。伦敦市长亦与以前纽约市长一样以金钥匙赠予船长。继又增万吨级多用途的高速客货轮“东方皇后”号（日本建造）驶行该航线。是年，该公司分三批向日本订购22万吨级极大型油轮(VLCC)和30万吨级超巨型油轮(ULCC)18艘（其中11.8万吨“东亚巨龙”号为当时全球第三大油轮）。三批油轮船名，董浩云拟定三句口号，分别是“运动产生力量”、“交通增进繁荣”、“立志开发能源”。分别以这18个字作船名，如“维运”、“维动”、“维产”……嗣后，又奉台湾当局交通部门谕示辟南美洲航线，虽货源缺乏，仍勉力以赴。1969年1月间开始，先后以“东方丽华”、“东方友华”、“东方翠华”、“东方嘉华”客货轮按月从台湾始发，行驶南美各国，促进贸易。

1970年9月，董浩云花费330万美元购入“伊丽莎白皇后”号，又耗资600万美元改装成“海上学府”。1972年1月9日，该轮在香港海面焚毁，致预定1月15日试航未成。即将购置的2万余吨的美国客船“大西洋”易名“宇宙”号接替负起国际教育之任务。先后与美国却普曼大学、科罗拉多大学、匹兹堡大学通力合作，在美国南加州创立“海上进修学校”（亦称宇宙学府），一年分春秋两学期，由合作的大学招收美国各大学学生。每学期约五百人，搭乘“宇宙”号轮环航世界，访问世界各国重要港口。设有董氏奖学金，以供亚洲、南美各著名大学困于财力之高才生登轮进修。其宗旨是让各国学生一面在船上读书，一面眼观世界，使不同民族、国籍的青年彼此了解，推进未来世界彼此合作，促进世界和平。

70年代是世界航运业的黄金期，董浩云开始高速建造货柜船，且均为当时世界上最先进的船舶。1973年，董浩云的船队往来于远东至西太平洋、远东至欧洲和远东至澳洲的航线，全部实行全面货柜化服务。是年，董浩云将经营远东至北美航线的“太平洋凤凰”、“太平洋”、“太和”、“东方领袖”、“东方骑士”及旗下之货柜、货柜拖车合建成“东方海外货柜航业公司”，股票上市香港。为发展货柜航运业务，同年收购欧洲大德轮船公司股份三分之一。1977年，响应国轮国造政策，亦因欧洲航线货柜运输之需，委托中国造船公司建造3万吨级货柜船“中华货柜”号，该船能载1750只标准货柜，时速25海里。工程完美精良，与日本、欧美船厂所造的船舶并驾齐驱。1979年，委托日本住友重工会社建造564763吨超级油轮“海上巨人”号，为世界上最大的油轮。

1980年，兼并英国有八九十年历史的第三家大公司富纳斯，惠实轮船公司（拥有轮船50艘，计90万吨）。又于1981年收购美商海铁太平洋轮船公司。董浩云不仅是中国航业巨子，也是中国人成为外国航业界大船东之第一人。董氏航运企业金山轮船公司成为实力雄厚、颇具规模的跨国集团。总公司设在中国香港，分支机构设在中国台湾、东京、纽约、旧金山、洛杉矶、伦敦、巴黎、南美，航线遍及欧洲、南北美洲、澳洲、非洲、中东，承造董氏集团船舶的船厂分布于日本、法国、意大利、英国、巴西、韩国、波兰、德国和中国台湾地区。至 20 世纪 80 年代初，董氏集团在海外发展，拥有巨轮 149 艘，计 1200 万载重吨，包括各种船舶如干货轮、油轮、散装货轮、混合轮、客轮、教育轮等，为世界其他航业集团所未有。

董浩云是中国近现代开辟远洋航运事业的先驱，是 20 世纪世界七大船王之一。他热爱中国，热爱自己的民族。30 余年坚持写日记，在日记中一再表白，建船造船不仅是为了个人或家族的事业，更重要的是“为中国人之航海能力之培植与表现，并发扬光大之”。最终目的是“愿为国人航运史开一新纪元”。

“世界船王”董浩云通晓英、日、法语，与不少国家航运界交往。对海洋怀有深厚感情，视船为其第二生命，为航运事业倾注全部心血。1982 年 4 月，邀摩纳哥（一作摩洛哥）王子雷尼尔及王妃嘉莉斯姬丽（一译葛丽丝凯莉）抵香港访问，约三日后同赴台湾高雄主持董氏集团一艘新建 3 万吨级豪华油轮“宪章”号命名典礼。是月 14 日下午，摩纳哥王子伉俪飞抵香港，董浩云亲往机场迎接。因心脏病突发，翌日病逝于香港养和医院，终年 71 岁。摩纳哥王子为其扶柩，港督亲临致祭。遗骸在香港火化后，骨灰除由家属保藏部分外，余皆撒向太平洋、印度洋和大西洋，以遂他一生对海洋的喜爱。

董浩云与妻顾丽真育有二子三女，长子建华、次子建成、长女建平、次女小平、三女亦平。长子建华继承父业。浩云生前关心家乡的交通建设，曾嘱儿为之尽力。遗著主要有《董氏航业丛书》四辑。

第二章　荣誉榜

第一节　劳动模范

全国劳动模范

李建杭　舟山海峡汽车轮渡有限公司，2005 年获全国劳动模范称号。

全国旅游系统劳动模范

方海平　舟山海峡汽车轮渡有限公司，2007 年获全国旅游系统劳动模范称号。

全国交通运输系统劳动模范

王泓波　舟山海峡汽车轮渡有限公司，2009 年获交通部“全国交通运输系统劳动模范”称号。

省级劳动模范

张承德　浙江省舟山第一海运公司，1994年获省级劳动模范称号。

李阿坦　舟山市宏道公司养护公司，2004年获省级劳动模范称号。

李建杭　舟山海峡汽车轮渡有限公司，2004年获省级劳动模范称号。

李如光　舟山海峡汽车轮渡有限公司，2008年获省级劳动模范称号。

市级劳动模范

李阿坦　舟山市宏道公司养护公司，2000～2002年获市级劳动模范称号。

第二节　先进个人

全国“五一劳动奖章”获得者

李如光　舟山市海峡汽车轮渡有限公司，2008年获全国“五一”劳动奖章。

全国三八红旗手

陈东英　舟山市海峡汽车轮渡有限公司，2009年获全国“三八”红旗手称号。

省部级先进生产（工作）者

王炳松　浙江省舟山第一海运公司，1991年获交通部“全国交通系统劳动模范”称号。

王炳松　浙江省舟山第一海运公司，1992年获交通部“全国交通系统劳动模范”称号。

王炳松　浙江省舟山第一海运公司，1993年获交通部“全国交通系统劳动模范”称号。

郭　超　舟山市汽运总公司快客公司，2002年获交通部、中公运工会“全国汽车客运系统服务标兵”称号。

周家友　定海区交通局，2006年获中共浙江省委“省优秀农村工作指导员”称号。

潘长艳　舟山市海峡汽车轮渡有限公司，2007年获全国妇联、全国妇女巾帼建功活动领导小组“全国巾帼建功标兵”称号。

倪志伟　舟山市海峡汽车轮渡有限公司，2010年获国家人力资源和社会保障部”全国技术能手”称号。

中国海员工会、交通部“金锚奖”

徐熙孟　浙江省舟山第一海运公司1990年获中国海员工会、交通部“金锚奖”。

地厅级先进个人

郑　忠　舟山市汽运总公司，获省交通厅“1997～1998年度文明营运示范驾驶员”称号。

王科达　舟山市汽运总公司，获省交通厅“1997～1998年度文明营运示范驾驶员”称号。

张　华　舟山市汽运总公司，获省交通厅“1997～1998年度文明营运示范驾驶员”称号。

郭　超　舟山市汽运总公司，获省交通厅“1997～1998年度文明营运示范驾驶员”称号。

何　松　舟山市汽运总公司，获省交通厅“1997～1998年度文明营运示范驾驶员”称号。

杨　丰　舟山市汽运总公司，获省交通厅“1997～1998年度文明营运示范驾驶员”称号。

周　琦　舟山市汽运总公司，获省交通厅“1997～1998年度文明营运示范驾驶员”称号。

厉定阳　舟山市汽运总公司，获省交通厅“1997 ～ 1998 年度文明营运示范驾驶员”称号。

林正启　舟山市汽运总公司，获省交通厅“1997 ～ 1998 年度文明营运示范驾驶员”称号。

周伟余　舟山市汽运总公司，获省交通厅“1997 ～ 1998 年度文明营运示范驾驶员”称号。

周海定　舟山市汽运总公司，获省交通厅“1997 ～ 1998 年度文明营运示范驾驶员”称号。

庄富军　舟山市汽运总公司，获省交通厅“1997 ～ 1998 年度文明营运示范驾驶员”称号。

蔡岳江　舟山市汽运总公司，获省交通厅“1997 ～ 1998 年度文明营运示范驾驶员”称号。

樊红燕　舟山市汽运总公司，获省交通厅“1997 ～ 1998 年度文明营运示范乘务员”称号。

陈最英　舟山市汽运总公司，获省交通厅“1997 ～ 1998 年度文明营运示范乘务员”称号。

许双燕　舟山市汽运总公司，获省交通厅“1997 ～ 1998 年度文明营运示范乘务员”称号。

陈雪芬　舟山市汽运总公司，获省交通厅“1997 ～ 1998 年度文明营运示范乘务员”称号。

姚对飞　舟山市汽运总公司，获省交通厅“1997 ～ 1998 年度文明营运示范乘务员”称号。

黄海丽　舟山市汽运总公司，获省交通厅“1997 ～ 1998 年度文明营运示范乘务员”称号。

施燕君　舟山市汽运总公司，获省交通厅“1997 ～ 1998 年度文明营运示范乘务员”称号。

庄燕君　舟山市汽运总公司，获省交通厅“1997 ～ 1998 年度文明营运示范乘务员”称号。

傅慧冬　舟山市汽运总公司，获省交通厅“1997 ～ 1998 年度文明营运示范乘务员”称号。

周　琪　舟山市汽运总公司，获省交通厅、交运工会“2001 年省级汽车驾驶员技术比武优胜奖”。

吴志宏　舟山市汽运总公司，获省交通厅、交运工会“2001 年省级汽车驾驶员技术比武优胜奖”。

张毅群　定海区公路管理段，获省治超领导小组“2004 年度全省治超工作先进个人”称号。

孙建平　市车辆通行费征收所〈蛋山公路检查站〉，获省治超领导小组“2004 年度全省治超工作先进个人”称号。

林航军　市车辆通行费征收所〈鸭蛋山公路检查站〉，获省治超领导小组“2004 年度全省治超工作先进个人”称号。

张毅群　定海区公路管理段，2004 年获省公路局“创建部级文明行业工作先进个人”称号。

张岳雷　定海区交通局，获舟山市人民政府“2004 年度市级优秀公务员”称号。

刘智山　定海区公路运管稽征所，2004 年获省运管局“全省汽车维修市场整顿工作先进个人”称号。

兰志平　市车辆通行费征收所〈鸭蛋山公路检查站〉，获省公路局 2004 年“创建部级文明行业工作先进个人”称号。

陈　华　市车辆通行费征收所〈鸭蛋山公路检查站〉，获省治超领导小组“2005 年度全省治超工作先进个人”称号。

许文华　定海区公路管理段，获省治超领导小组“2005 年度全省治超工作者先进个人”称号。

郭海刚　市车辆通行费征收所〈鸭蛋山公路检查站〉，获省治超领导小组“2005 年度全省治超工作先进个人”称号。

商　盛　市车辆通行费征收所〈鸭蛋山公路检查站〉，获省治超领导小组“2005 年度全省治超工作先进个人”称号。

陈　华　市车辆通行费征收所〈鸭蛋山公路检查站〉，获省治超领导小组“2005 年度全省治超工作先进个人”称号。

陈小华　定海区公路管理段，2006 年获省交通厅“迎接‘十五’全国干线公路养护管理检查先进个人”称号。

李　军　定海区交通局，2006 年获中共浙江省委办公厅“法制宣传教育先进个人”称号。

钟　伟　舟山市汽运总公司，2006 年获省交通厅“浙江省营运大客车驾驶员技能大赛个人第八名”荣誉。

俞立君　舟山市汽运总公司，2006 年获省交通厅“浙江省营运大客车驾驶员技能大赛个人优胜奖”。

赵淑红　舟山市汽运公司定海公交分公司，2006 年获省交通厅“全省交通行业十佳文明标兵”称号。

何富军　定海区公路管理段，2007 年获省交通厅“全省农村公路通达情况专项调查先进个人”称号。

翁文光　舟山市海峡汽车轮渡有限公司，2007 年获省交通厅“浙江交通十大感动人物提名奖”。

邱　丽　定海区公路运管稽征所，获省运管局“2007 年度优秀城市客运管理人员”称号。

姚国宏　舟山市宏道公路养护公司，2008 年获省交通厅“全省交通行业抗雪救灾先进个人”称号。

龚华国　舟山市汽运总公司快客公司，2008 年获省运管局“抗雪救灾保障春运”先进个人称号。

龚华国　舟山市汽运总公司快客公司，2008 年获省交通厅“全省交通行业抗雪救灾先进个人”称号。

应仁飞　定海区交通局，获浙江省国防动员委员会交通战备办公室“2009 年度省交通战备先进个人”称号。

黄涌涌　定海区交通局，获省交通厅“2010 年度全省交通运输财务审计先进个人”称号。

钱国祥　定海区公路运管稽征所，2010 年获省运管局“全省道路运输行业上海世博会安保工作先进个人”称号。

郑永平　舟山市汽车运输有限公司客运中心，2010 年获省运管局“全省道路运输行业上海世博会安保工作先进个人”称号。

鲍志定　舟山市汽车运输有限公司集散中心，2010 年获省运管局“全省道路运输行业上海世博会安保工作先进个人”称号。

李友国　舟山市汽车运输有限公司客运中心，2010 年获省运管局“全省道路运输行业上海世博会安保工作先进个人”称号。

祝双娜　舟山市旅游集散服务中心，2010 年获省运管局“全省道路运输行业上海世博会安保工作先进个人”称号。

市级优秀共产党员

李阿坦　舟山市宏道公司养护公司，2005 年获中共舟山市委“优秀共产党员”称号。

郭　超　舟山市汽运总公司快客公司，2005 年获中共舟山市委“优秀共产党员”称号。

林航军　市车辆通行费征收所〈鸭蛋山公路征费检查站〉，2008 年获中共舟山市委“优秀共产党员”称号。

第三节　先进集体

国家级先进集体

2001 年　舟山海峡汽车轮渡有限公司，获全国“五一”劳动奖状。

2003 年　舟山海峡汽车轮渡有限公司，获中央精神文明建设指导委员会“全国精神文明建设工作先进单位”称号。

2004 年　舟山海峡汽车轮渡有限公司，获国务院“全国再就业工作先进集体”称号。

2005 年　舟山海峡汽车轮渡有限公司，获中央精神文明建设指导委员会“全国文明单位”称号。

省部级先进集体

1998 ～ 1989 年　舟山市汽运总公司客运中心，获交通部“1998 ～ 1999 年度文明汽车客运站”称号。

1989 年　浙江省舟山第一海运公司，获全国交通系统经济效益先进单位称号。

1989 年　浙江省舟山第一海运公司，获省级节能先进企业称号。

1989 年　舟山海峡汽车轮渡有限公司，获省政府“1989 年度全省安全生产先进单位”称号。

1990 年　浙江省舟山第一海运公司，获国家节能二级企业称号。

1990 年　浙江省舟山第一海运公司，获省节能示范先进企业称号。

1990 年　“浙江 815”轮（浙江省舟山第一海运公司），获全国交通系统两个文明建设先进集体称号。

1992 年　“浙江 815”轮（浙江省舟山第一海运公司），获全国公路、水路旅客运输文明单位称号。

1998 年　舟山海峡汽车轮渡有限公司“舟渡 4”、“舟渡 5”轮，获交通部“1998 年全国水路客运文明船”称号。

1998年　市车辆通行费征收所(鸭蛋山公路征费检查站),获省政府纠风办“1998年度行风建设先进集体”称号。

1998年　市车辆通行费征收所(鸭蛋山公路征费检查站),获省政府纠风办“1999年度行风建设、政务公开先进集体”称号。

1999年　舟山海峡汽车轮渡有限公司,获省政府“1998～2000年度省级文明单位”称号。

1999年～2000年　舟山海峡汽车轮渡有限公司鸭蛋山站、白峰站,获交通部“1999年～2000年度部级文明客运站”称号。

1999年～2000年　舟山海峡汽车轮渡有限公司鸭蛋山—白峰航线,获交通部“1999年～2000年度部级文明航线”称号。

1999年～2000年　舟山海峡汽车轮渡有限公司“舟渡4”、“舟渡5”、“舟渡6”、“舟渡7”、“舟渡8”轮,获交通部“1999年～2000年度二级文明客船”称号。

2000年　舟山市汽运总公司客运中心,获交通部“2000～2001年度全国道路运输系统文明汽车客运站”称号。

2001年　“紫竹林”轮(浙江省舟山第一海运公司),获1999～2000年度部级文明客船称号。

2001年　舟山海峡汽车轮渡有限公司工会,获全国总工会“全国模范职工之家”称号。

2001年　舟山海峡汽车轮渡有限公司,获中共浙江省委“1998～2000年省级文明单位”称号。

2002年　舟山海峡汽车轮渡有限公司,获民政部、中国人民解放军总政治部“全国拥军模范单位”称号。

2003年　舟山海峡汽车轮渡有限公司,获全国厂务公开协调小组“全国厂务公开先进单位”称号。

2005年　舟山海峡汽车轮渡有限公司,获全国总工会、国家安全生产监督管理局“全国‘安康’杯竞赛优秀企业”称号。

2005年　舟山海峡汽车轮渡有限公司,获中共浙江省委“2005年省先进基层党组织”称号。

2005年　舟山海峡汽车轮渡有限公司,获交通部“2005年全国交通行业文明示范窗口”称号。

2005年　舟山市汽车运输总公司浙L05040号车,获交通部“2005年全国交通行业文明示范窗口”称号。

2005年　舟山海峡汽车轮渡有限公司,获交通部“全国交通行业十佳文明示范窗口”称号。

2006年　舟山海峡汽车轮渡有限公司,获中共中央组织部“全国先进基层党组织”称号。
舟山海峡汽车轮渡有限公司,获中共浙江省委“先进基层党组织”称号。

舟山海峡汽车轮渡有限公司，获中共浙江省委、省政府“浙江省维护国家安全先进集体”称号。

舟山海峡汽车轮渡有限公司，获浙江省精神文明建设委员会“省级文明示范窗口”称号。

2007 年 舟山海峡汽车轮渡有限公司“舟渡 12”轮，获交通部“2007 年全国交通行业‘巾帼文明岗’”称号

2009 年 舟山市车辆通行费征收（鸭蛋山公路征费检查站）所，获中共浙江省委、省政府“2009 年度文明单位”称号。

2010 年 定海区交通局，获中共浙江省委、省政府“2010 年度文明单位”称号。

地厅级先进集体

1989 年～ 2010 年获地厅级荣誉称号先进集体

单位名称	荣誉称号	授予年份	授予机关
舟山海峡汽车轮渡有限公司	1989 年度全省春运优质服务竞赛活动先进集体	1989	省交通厅
市车辆通行费征收所（鸭蛋山公路征费检查站）	两个文明建设先进集体	1991	省公路局、省局工会
市车辆通行费征收所（鸭蛋山公路征费检查站）	省级文明捡查站	1992	省稽征局、省运管局
舟山海峡汽车轮渡有限公司“舟渡 4”轮	1993 年度全省水路文明客船	1993	省交通厅
舟山海峡汽车轮渡有限公司	1995 年度全省春运安全有序优质优胜单位	1995	省交通厅
市车辆通行费征收所（鸭蛋山公路征费检查站）	省级文明站	1996	省稽征局、省运管局
定海汽车运输公司客运站	1995 ～ 1996 年度省级文明客运汽车站	1996	省交通厅
舟山海峡汽车轮渡有限公司“舟渡 5”轮	1995 年度全省文明客船	1996	省交通厅
定海区公路段	1996 年全省段级机料管理二等奖	1996	省公路管理局
定海区公路段	1996 年度全省创建文明样板路优胜单位	1997	省交通厅
市车辆通行费征收所（鸭蛋山公路征费检查站）	稽征工作先进	1997	省稽征局
定海区公路段	1997 年度全省创建文明样板路优胜单位	1998	省交通厅

单位名称	荣誉称号	授予年份	授予机关
定海区公路段	1997 年全省公路路政管理先进集体	1998	省交通厅
舟山市汽运总公司客运中心	1997 ～ 1998 年度文明客运汽车站	1998	省交通厅
舟山市汽车运输总公司浙 L00097 等 12 辆客运车辆	1997 ～ 1998 年度文明营运示范车	1998	省交通厅
定海区公路段	1998 年全省创建文明样板路优胜单位	1999	省交通厅
定海区公路段	1998 年公路绿化工作先进集体	1999	省交通厅
舟山海峡汽车轮渡有限公司“舟渡 5”轮	1999 年度全省水运系统安全优秀船舶	1999	省交通厅
定海区公路段	1999 年文明公路路政管理大队	1999	省交通厅
定海区公路段	1999 年全省创建文明样板路优胜单位	2000	省交通厅
定海区公路运输管理所	浙江省卫生先进单位	2000 ～ 2006	省爱卫会
定海区公路段	2000 年全省创建文明样板路优胜单位	2001	省交通厅
定海区公路段	2000 年全省公路宣传报道工作先进单位	2001	省公路管理局
舟山市汽运总公司客运中心	2002 年全省交通行业文明示范窗口	2002	省交通厅
定海区交通局	2003 年度浙江省交通“六大工程建设”先进单位	2003	省交通厅
定海区公路段	2003 年“浙江省交通六大工程建设”单项先进单位	2003	省交通厅
市车辆通行费征收所(鸭蛋山公路征费检查站)	2003 年全省二星级收费站	2003	省交通厅
定海区交通局	2004 年度乡村康庄工程双百达标“情系农民兄弟铺就康庄大道”	2004	省交通厅
定海区公路运输管理所	道路运输管理先进单位	2004	省道路运输管理局
定海区公路运输管理所	全省县级运管先进单位	2004	省道路运输管理局
市车辆通行费征收所(鸭蛋山公路征费检查站)	2004 年行风建设先进单位	2004	省交通厅
定海区公路运输管理所	全省运管系统宣传报道工作先进组织奖	2005	省道路运输管理局
定海区公路路政管理大队	2005 年度治超工作先进集体	2005	省治超领导小组
定海区公路段	2005 年度公路部门基层先进单位	2006	省公路管理局

单位名称	荣誉称号	授予年份	授予机关
定海区交通局	市拥军优属先进单位	2006	中共舟山市委市人民政府舟山警备区
定海区交通局	市军警民共建先进单位	2006	中共舟山市委市人民政府舟山警备区
舟山海峡汽车轮渡有限公司	2006 年全省交通行业文明创建工作十佳先进单位	2006	省交通厅
舟山海峡汽车轮渡有限公司	省级文明示范窗口	2006	省交通厅
舟山市汽运总公司	三星级汽车客运站	2006	省交通厅
舟山市汽运总公司客运中心	全省交通行业文明示范窗口	2006	省交通厅
定海区公路运输管理所	浙江省“五心级”服务达标窗口	2006	省道路运输管理局
市车辆通行费征收所（鸭蛋山公路征费检查站）	浙江省“五心级”服务达标窗口	2006	省道路运输管理局
定海区公路运输管理所	全省道路货运市场秩序专项整治工作先进单位	2006 ～ 2007	省道路运输管理局
舟山华亚汽车出租有限公司	十佳出租汽车企业	2006	省道路运输管理局
舟山市华鸿汽车销售维修有限公司	十佳汽车维修企业	2006	省道路运输管理局
市车辆通行费征收所（鸭蛋山公路征费检查站）	2004 ～ 2005 年度市级文明单位	2006	中共舟山市委、市政府
定海区公路段	2004 ～ 2005 年度市级文明单位	2006	中共舟山市委、市政府
舟山市汽车运输总公司	舟山市先进基层党组织	2006	中共舟山市委
定海区公路段	2006 年 73 省道（定西线）省级文明公路	2007	省交通厅
定海区交通局	2006 ～ 2007 年度市级文明单位	2007	中共舟山市委、市政府
定海区交通局	市村庄示范整治工作先进单位	2007	中共舟山市委、市政府
舟山市汽车运输总公司	舟山市创建劳动关系和谐企业先进单位	2007	市政府
定海区公路运输管理所	诚信市场建设先进单位	2007	省道路运输管理局
舟山海峡汽车轮渡有限公司	全省交通行业文明示范窗口	2007	省交通厅
定海区公路段	2006 年度公路基层先进单位	2007	省公路局
定海区公路段	2007 年度设备管理先进单位	2007	省公路局
舟山市汽车运输总公司	2006 年度道路运输诚信企业	2007	省道路运输管理局
定海区公路段	2007 年度 329 国道文明公路	2008	省交通厅

续表 1

单位名称	荣誉称号	授予年份	授予机关
定海区公路段	2007 年度公路基层先进单位	2008	省公路局
定海区公路段	2006 ～ 2007 年度市级文明单位	2008	中共舟山市委、市政府
舟山市汽车运输总公司	2008 年度道路运输诚信企业	2008	省道路运输管理局
市车辆通行费征收所（鸭蛋山公路征费检查站）	2007 年度群众满意基层站所	2008	省道路运输管理局
定海区交通行政执法大队违章处理中心	“五心级”示范窗口	2008	省道路运输管理局
定海区金塘运管站	“五心级”示范窗口	2008	省道路运输管理局
定海区公路运输管理所	浙江省出租汽车管理工作先进单位	2008	省道路运输管理局
定海区公路运输管理所	安全监管工作先进单位	2008	省道路运输管理局
定海区公路运输管理所	“天网三号”打击无证营运专项整治工作先进单位	2008	省道路运输管理局
定海区公路运输管理所	全省运管系统县所宣传报工作优秀奖	2008	省道路运输管理局
浙江名捷物流公司	2008 年度创建文明行业先进单位	2008	省道路运输管理局
定海区公路段	2007 年度先进单位	2008	省交通厅
定海区宏道公路养护工程有限公司	全省交通行业抗雪救灾先进集体	2008	省交通厅
舟山市汽运公司旅游集散中心	全省交通行业抗雪救灾先进集体	2008	省交通厅
舟山市金道公路建设工程有限公司	改革开放 30 年浙江交通创业创新先进集体	2008	省交通厅
市车辆通行费征收所（鸭蛋山公路征费检查站）	浙江省交通系统群众满意基层站所（办事窗口）创建工作先进单位	2008	省交通厅
舟山市汽车运输有限公司	2006 ～ 2007 年度市级文明单位	2008	中共舟山市委、市政府
舟山市明迪汽车销售服务公司	2008 年度创建文明行业先进单位	2008	省道路运输管理局
舟山海苑汽车驾驶培训中心公司	2008 年度创建文明行业先进单位	2008	省道路运输管理局
定海区公路段	2008 年度先进单位	2009	省公路局
定海区公路运输管理所	浙江省出租汽车行业精神文明创建先进单位	2009	省交通厅
定海区公路运输管理所	出租车管理工作先进集体	2009	省道路运输管理局

续表 2

单位名称	荣誉称号	授予年份	授予机关
定海区交通局	2008 ～ 2009 年度市级文明单位	2009	中共舟山市委、市政府
舟山五州船舶修造有限公司	高新技术企业”	2009	省科技厅
定海区公路运输管理所	浙江省交通系统群众满意基层站所（办事窗口）创建工作先进单位	2009	省道路运输管理局
定海区公路运输管理所	浙江省出租汽车行业精神文明创建先进单位	2009	省交通厅、省总工会
定海区公路运输管理所	创省级文明行业先进单位	2009	省道路运输管理局
定海区公路运输管理所	道路运输管理行政窗口文明示范岗	2009	省道路运输管理局
舟山市定海区海上大众汽车出租有限公司岛城先锋车队	2009 年出租车文明车队	2009	省道路运输管理局
舟山市通安汽车出租车有限公司海浪花平安车队	2009 年出租车文明车队	2009	省道路运输管理局
舟山汽运千岛外事汽车出租有限公司“诚信”车队	2009 年出租车文明车队	2009	省道路运输管理局
舟山市华亚汽车出租有限公司“阳光爱心”车队	2009 年出租车文明车队	2009	省道路运输管理局
定海区交通局	2009 年度浙江省交通战备工作先进单位	2010	浙江省交通战备办公室
定海区交通局	拥军优属先进单位	2010	中共舟山市委市人民政府舟山警备区
定海区公路段	2009 年度公路基层先进单位	2010	省公路局
定海区公路运输管理所	上海世博安保工作先进集体	2010	省道路运输管理局
定海区公路运输管理所	综合运输体系建设先进单位	2010	省道路运输管理局
定海华亚汽车出租有限公司	2010 年度全省出租车行业“文明企业”	2010	省道路运输管理局

第十一篇　丛　录

第一章　文　献

国务院关于同意设立浙江舟山群岛新区的批复

浙江省人民政府:

你省《关于设立浙江舟山群岛新区的请示》(浙政〔2011〕13号)收悉。现批复如下:

一、原则同意设立浙江舟山群岛新区。舟山群岛新区范围与舟山市行政区域一致,区位条件、海洋资源、海洋产业等综合优势明显,在全国沿海开发开放中具有重要地位,把设立浙江舟山群岛新区作为实施区域发展战略和海洋发展战略、贯彻落实《中华人民共和国国民经济社会发展第十二个五年规划纲要》的重要举措,加快转变经济发展方式,积极探索陆海统筹发展新路径,推动海洋经济科学发展,促进浙江省经济平稳较快发展。

二、浙江舟山群岛新区建设要以邓小平理论和“三个代表”重要思想为指导,深入贯彻落实科学发展观,突出科学发展主题和加快转变经济发展方式主线,以深化改革为动力,以先行先试为契机,坚持高起点规划、高标准建设、高水平管理。舟山群岛新区作为浙江海洋经济发展的先导区、海洋综合开发试验区和长江三角洲地区经济发展的重要增长极,要加强体制机制创新,扩大对外开放,逐步建成我国大宗商品储运中转加工交易中心、东部地区重要的海上开放门户、海洋海岛综合保护开发示范区、重要的现代海洋产业基地、陆海统筹发展先行区,在推动浙江经济社会发展、推进东部地区发展方式转变、促进全国区域协惆发展中发挥更大作用。

三、浙江省人民政府要切实加强对舟山群岛新区建设的组织领导,明确工作责任,完善工作机制。要加大支持力度,推动产业、资金、人才向舟山群岛新区集聚,为其长远发展奠定坚实基础。要在国家有关部门的指导下,制订完善相关规划,优化空间布局,明确发展重点,新区建设中涉及的重要政策和重大建设项目要按规定程序报批。

四、国务院有关部门要按照职能分工，加强对浙江舟山群岛新区建设发展的支持和指导，在有关规划编制、政策实施、项目安排、体制改革、机制创新等方面给予积极支持。要加强部门之间的沟通协调，帮助解决舟山群岛新区发展过程中遇到的困难和问题，为推动舟山群岛新区建设发展营造良好的政策环境。

设立并建设好浙江舟山群岛新区，对于深化海洋管理体制改革、创新海洋海岛综合保护开发方式、加快转变经济发展方式具有重要意义。各有关方面要统一思想，密切配合，开拓创新，扎实工作，共同推动浙江舟山群岛新区又好又快发展。

2011年6月30日

交通运输部、浙江省人民政府
《关于宁波—舟山港总体规划》的批复

交规划发［2009］163号

宁波—舟山港管理委员会，宁波市人民政府，舟山市人民政府：

你们联合上报的《关于报送宁波一舟山港总体规划的请示》（宁舟港〔2008〕4号）收悉。经研究，现就《宁波一舟山港总体规划》（以下简称《规划》）的主要内容批复如下：

一、宁波—舟山港是我国沿海主要港口和国家综合运输体系的重要枢纽，是长江三角洲地区、浙江省和宁波市、舟山市全面建设小康社会，率先基本实现现代化，扩大对外开放的重要支撑，是上海国际航运中心的重要组成部分、集装箱干线港和完善上海国际航运中心运输功能的重要依托，是长江三角洲及长江沿线地区能源、原材料等大宗物资中转港，是发展临港工业和现代物流业的重要基础。在沿长江综合运输大通道及外贸物资运输中，宁波—舟山港具有重要的地位和作用。

宁波—舟山港应具备装卸仓储、中转换装、运输组织、现代物流、临港工业、通信信息、综合服务、保税、旅游和国家战略物资储备等多种功能，以能源、原材料等大宗物资中转和外贸集装箱运输为主，逐步发展成为设施先进、功能完善、管理高效、效益显著、资源节约、安全环保的现代化、多功能、综合性港口。

二、原则同意《规划》提出的港口岸线利用规划方案。宁波—舟山海域岸线总长4750公里，其中大陆岸线长1547公里，岛屿岸线长3203公里，规划港口岸线总长449.4公里，其中大陆港口岸线136.7公里。宁波—舟山港港口岸线资源十分有限，其开发利用必须贯彻“统筹规划、远近结合、深水深用、合理开发、有效保护”的原则。

各段规划港口岸线如下：（略）

宁波—舟山港的规划港口岸线中，象山港的横山以东至大嵩江岸线、鲁家角至毛礁山西岸线，石浦的沙帽绿山至三门口大桥岸线、钓鱼礁附近岸线、三门口大桥至鹁鸪头西、鹁鸪头西至石口塘前沿岸线、纱帽绿山至三门口大桥岸线、小鸟浩至金高椅山岸线、金高椅山至坑

头岸线、门闩后至盘基岸线、金七门附近岸线，绿华山的嵊山岛岸线、枸杞岛岸线尚未开发利用，在与上述岸线对应的海洋功能区划、近岸海域环境功能区划相衔接、协调前，暂缓开发建设，作为港口岸线资源加以保护，港口岸线后方土地资源按相应的港口平面布置规划方案进行控制。

三、同意宁波—舟山港划分为甬江、镇海、北仑、穿山、大榭、梅山、象山港、石浦、定海、老塘山、马岙、金塘、沈家门、六横、高亭、衢山、泗礁、绿华山、洋山共19个港区。各港区的主要功能如下：(略)

四、原则同意《规划》对各港区水、陆域布置方案及港界划分。按规定程序经批准后纳入本规划。

洋山港区因深入开展前期研究工作，另行编制《洋山港区总体规划》，按规划程序经批准后纳入本规划。期中，上海国际航运中心洋山深山港区是洋山港区的一部分，因按照《上海市、浙江省政府关于洋山深水港区有关问题的协商纪要》的精神，抓紧开展相关规划工作，按规定程序经批准后纳入《洋山港区总体规划》和《上海港总体规划》。(略)

五、原则同意《规划》对到港船型的分析与预测，具体船型在港口建设项目前期工作中进一步论证确定。

六、原则同意港口后方公路、铁路、内河等集疏运通道规划方案，公路、铁路、内河航道的具体建设标准需通过工程可行性研究进一步论证确定。为适应宁波一舟山港长远发展需要，在城市规划调整和完善工作中应充分考虑港口集疏运通道的建设和发展要求。

原则同意港口供电、给排水、通信等生产辅助设施的规划方案，在实施过程中可根据港口发展的实际情况做必要的修正和调整。

七、《规划》提出的环境保护措施可行，在实施建设项目时，应按照国家有关规定开展建设项目环境影响评价工作，并办理相关审批手续。

八、宁波—舟山港总体规划是指导宁波—舟山港港口建设、有效保护和合理利用港口岸线资源的依据。建设港口设施必须符合《规划》。

九、由宁波—舟山港管理委员会和宁波、舟山市港口行政管理部门依据《中华人民共和国港口法》，根据职责，负责执行本《规划》，并实施监督管理。

十、调整或修订本《规划》，必须按规定程序审批。

二〇〇九年三月三十日

舟山市人民政府令(第九号)
舟山港码头管理办法

第一条 为加强舟山港的码头管理，维护港口建设、生产、经营秩序，根据国家和本省有关规定，结合舟山港实际，制定本办法。

第二条 本办法所称的码头是指用于船舶停靠、货物装卸、旅客上下的设施，包括与码头相关的浮筒、装卸平台、水上过驳和储存平台等。但从事军事任务和渔业生产的码头除外。

第三条　在舟山港内进行码头建设、生产及经营活动的单位和个人，均应当遵守本办法。

舟山港的范围按有关规定确定。

第四条　各级港务管理部门（以下简称港管部门），受交通行政主管部门委托，具体负责本办法的实施。

第五条　城建、土管、工商、税务、劳动、统计、水利、海洋、环保、物价等有关行政主管部门依照各自职责，做好码头的有关管理工作。

第六条　码头建设必须符合舟山港总体布局规划，贯彻统筹规划、远近结合、深水深用、合理开发的原则。

舟山港总体布局规划应当与城市总体规划、土地利用总体规划、环境保护功能区划、海洋功能区划及水利规划等相适应。

第七条　任何单位和个人在舟山港范围内新建、扩建、改建码头及配套设施的，在项目选址和可行性研究阶段，应向港管部门提交相关资料，申请进行港区规划审查，并征求水利行政主管部门及其他有关行政主管部门的意见。

港管部门应将审查结果告知申请人。对符合有关规定条件的，出具在码头建设中有关岸线使用、水陆域利用及建设要求的书面意见。

港管部门出具的书面意见是建设项目审批机关批准码头建设单位立项的基本条件和内容之一。

建设项目批准立项后，码头建设单位或个人应分别向港管部门办理岸线使用手续及其他有关行政主管部门的许可手续。

第八条　码头建设单位或个人应按照批准的规模、期限和有关要求进行建设。两年内不投入建设或更改建设项目的，需提前三十日按第七条规定要求向有关行政主管部门办理延期或更改使用手续。

第九条　码头建设项目竣工后应当按有关规定进行验收。验收合格的，码头建设单位或个人应在三十日内向港管部门报送竣工验收技术资料。

第十条　用于下列港口经营性业务的码头，应具备相应条件。

用于货物装卸、储存业务的，应当具备下列条件：

（一）具有与装卸货物类型相适应及符合安全技术规范的港口装卸机械和经专门培训合格的操作、维修人员；

（二）具有与储存货物类型相适应且符合安全及防污染条件的储存设施和堆放场地；

（三）具有相应的劳动保护设施和其他安全设施。

用于旅客运输、车渡运输业务的，应当具备下列条件：

（一）具有与停靠的船舶类型相适应的船舶靠离泊和旅客与车辆上下的安全设施。

（二）具有相应的候船设施和布局合理、作业安全的车辆停放场地。

用于危险货物装卸、储存作业及危险货物车渡运输业务的，除应当具备前两款规定的相应条件外，还必须具备《水路危险货物运输规则》规定的其他相关条件。符合条件的，由港管部门核发《码头泊位危险货物装卸作业许可证》。

第十一条　利用码头从事本办法第十条规定的港口经营性业务，在开业前，应先申请港管部门进行条件审查，符合条件的，由港管部门发给《码头经营许可证》。

《码头经营许可证》是证明申办港口经营性企业的单位或个人已具备相应经营场所的有效凭证。

第十二条　用于非经营性业务的码头，应向港管部门办理码头登记手续，申请领取《码头设施使用许可证》。

第十三条　用于经营性业务的码头，变更财产所有权、经营权或变更业务范围、改变码头使用能力的，码头所有权人或经营人应向港管部门申请办理变更登记手续，经核准后更换《码头经营许可证》。停止经营性业务时，应报港管部门注销《码头经营许可证》，换领《码头设施使用许可证》。

用于非经营性业务的码头变更为用于经营性业务的，应按本办法第十一条规定报港管部门进行条件审查，符合条件的，注销《码头设施使用许可证》，换领《码头经营许可证》。

第十四条　《码头经营许可证》和《码头设施使用许可证》实行年审制度，未经年审或年审不合格并在规定期限内仍达不到规定要求的，原《许可证》无效。

第十五条　从事码头货物装卸、储存、客运、车渡等业务（包括经营性和非经营性业务，下同），必须遵守有关法律、法规和规章，遵守安全操作作业规定，落实安全保护措施。

第十六条　利用码头从事货物装卸、储存、客运、车渡等业务的单位（以下简称码头单位），应按规定向港管部门报送码头基本情况，船舶、货物进出或旅客吞吐情况。

第十七条　外贸船舶需停靠码头，必须向港管部门申报，由港管部门按有关规定安排引航、指泊。码头单位不得擅自同意外贸船舶停靠并进行装卸、储存业务。

第十八条　码头单位办理货物承、托运业务，除舟山港内短途驳运、摆渡的零星货物外，应使用国家统一规定的水路货物运单，无水路货物运单的货物不得进行装卸作业。

第十九条　码头单位的公证理货，由港管部门统一管理。属国家规定强制性检验的进出口货物，由国家法定机构负责。

第二十条　码头单位对政府或港管部门下达的战备运输、抢险救灾、外事、春运、疏港等指令性任务，应当优先安排作业，按期完成。

第二十一条　码头单位应接受港管部门的委托，按国家规定的收费项目和标准，向货主和船方代征港口规费按月上缴港管部门。

第二十二条　码头单位从事外贸货物装卸、储存业务，必须按国家规定的费率标准收费。从事内贸货物装卸、储存业务的费率，可参照交通部和地方费率标准收费。禁止采取压价、伙同货主及船方逃避国家税收和规费等手段进行行业不正当竞争。

第二十三条　码头单位从事港口经营性业务，必须使用地方税务部门统一监制的专用发票。

第二十四条　码头单位在装卸、储存等业务活动中与货主发生纠纷，可申请港管部门调解。不愿调解或调解不成的，可依法申请仲裁或向人民法院起诉。

第二十五条　港管部门应对码头单位生产、经营活动进行指导、检查和监督。加强对码头、航道、航标和港口装卸机械的管理，为码头单位提供货运管理、商务调度、通讯导航、装卸工艺、码头维修、人员培训、费率、引航、指泊等方面的咨询服务。

第二十六条　对认真执行本办法，在安全生产、代征规费、完成政府和港管部门下达的指令性任务，维护码头管理秩序等方面成绩显著的码头单位和个人，由港管部门给予表彰或奖励。

第二十七条　对违反本办法的，由港管部门或有关部门依照相应的法律、法规和规章进行处理。

第二十八条　本办法在具体执行中的有关问题由舟山港务管理局负责解释。

第二十九条　本办法自发布之日起实施。原1993年发布的《舟山港专用码头管理暂行办法》（舟政[1993]11号）同时废止。

1999年12月3日

舟山港务管理局
《舟山港码头管理办法》实施细则

第一条　根据国家、省有关规定和《舟山港码头管理办法》（以下简称《办法》），制定本实施细则。

第二条　舟山港管理范围根据《浙江省人民政府关于舟山港总体布局规划的批复》划定，由定海、沈家门、老塘山、高亭、衢山、泗礁、绿华、洋山八个港区组成。

第三条　码头按业务性质可分为以下二类：

（一）单纯为本单位服务，对外不发生费用结算的非经营性码头。

（二）为社会提供或部分提供货物装卸、仓储服务和从事旅客、车渡运输业务并对外发生费用结算的经营性码头。

第四条　码头单位在新建、改建、扩建码头项目及配套设施时：

（一）在项目选址和可行性研究阶段应征得港口管理机构同意选址后，方可向建设项目审批机关申报立项。

（二）建设项目由审批机关立项并经有关单位初步设计审查后，施工前应向港口管理机构办理岸线和临、跨、拦航道建筑物审批手续，并提供下列文件资料：

1. 申请文件一式三份；

2. 项目初步设计批复；

3.1∶500—1∶1000陆域平面布置图（包括航道有关部分）一式四份；

4.1:500—1:3000前沿水域水文地形图一式二份；

5.1:1000—1:2000地形图一式三份（包括航道全部宽度、航道中心位置、建筑物具体位置、前沿水深）。

（三）500吨级以下码头由县（区）港务管理分局（管理处，以下简称处）审批，报舟山港务管理局备案；定海、沈家门、老塘山港区范围内和500吨级以上码头由舟山港务管理局审批。

第五条　新建、改建、扩建危险货物码头、泊位项目及配套设施，码头单位除按第四条规定办妥有关手续外，在施工前还应按《浙江省水路危险货物码头、泊位装卸作业认可管理办法》规定，向海事机构提出施工申请，经同意后方可进行施工。

第六条　项目业经批准，二年内因故未进行建设，码头单位应提前三十日持延期建设申请书和原岸线批复文书向原核准部门办理岸线使用延期手续。更改建设项目，需按第四条规定重新进行港区规划审查和办理岸线使用手续。逾期不办手续，原批准文件自动失效。

第七条　《码头经营许可证》、《码头设施使用许可证》的申领和审批：

（一）码头单位向县（区）港务管理分局（处）申领《码头经营许可证》和《码头设施使用许可证》，应按规定提供下列文件资料：

1.申请文书一式三份（见附件一）；

2.环保和消防部门评估意见或证明书；

3.1:500—1:1000码头及后方场地地理位置地形图和平面图各二份；

4.1:500—1:1000码头工程结构图及竣工验收报告；

5.港口机械特种作业人员资质证书；

6.港口机械技术资料。

（二）县（区）港务管理分局（处）收到申请后，万吨级以上码头报舟山港务管理局审查，其余由县（区）港务管理分局（处）审查。符合条件从事经营性业务的发给《码头经营许可证》（见附件二），从事非经营性业务的发给《码头设施使用许可证》（见附件三），县（区）港务管理分局（处）的《许可证》发放情况应报舟山港务管理局

宁波—舟山港核心港区深水航路船舶定线制管理规定（摘要）

第一章　总　　则

第一条　为维护宁波—舟山港核心港区深水航路水上交通秩序，规范船舶航行行为，改善通航环境，保障船舶、设施和人命财产的安全，促进航运安全发展，根据《中华人民共和国海上交通安全法》等有关法律、法规，制定本规定。

第二条　宁波—舟山港核心港区深水航路实行船舶定线制。

第二章　航行、停泊与作业

第五条　船舶在通航分道内应顺着该分道的船舶总流向靠右航行，并让开分隔带（线）。

第十三条　在定线制水域内，高速船顺流航速不得超过22节，逆流航速不得超过20节；

其他船舶顺流航速不得超过 16 节，逆流航速不得超过 14 节。

宁波—舟山港核心港区深水航路船舶报告制

1 适用船舶

本报告制为强制性船舶报告制，适用于使用宁波—舟山港核心港区船舶定线制，并符合以下条件的任何船舶：

1.1　客船；

1.2　外国籍船舶、设施；

1.3　危险品船舶；

1.4　拖带船队等操纵能力受到限制的船舶、设施；

1.5　300 总吨及以上的其他中国籍船舶。

2 适用的地理范围及相关海图的编号及版本

2.1　适用的地理范围为虾峙门口外深水航道、虾峙门、峙头洋、螺头水道、金塘水道、横水洋、册子水道、西堠门等水域。

5 主管机关、受理报告机关

5.1　主管机关为中华人民共和国浙江海事局。

5.2　受理报告机关为宁波 VTS 中心、舟山 VTS 中心。

舟山市人民政府
关于印发《舟山市出租车汽车客运管理办法》的通知

舟政发〔2011〕46 号

各县（区）人民政府，市政府直属各单位：

《舟山市出租汽车客运管理办法》已经市政府第 62 次常务会议同意，现印发给你们，请结合实际，认真贯彻执行。

二〇一一年八月十八日

舟山市出租汽车客运管理办法

第一章　总则

第一条　为加强对出租汽车客运行业的管理，保障各方当事人的合法权益，促进行业健康发展，根据《浙江省道路运输管理条例》等有关规定，结合本市实际，制定本办法。

第二条　本市行政区域内出租汽车客运的规划、经营与管理适用本办法。

第三条　本办法所称出租汽车客运，是指出租汽车客运经营者以出租汽车为运输工具，其驾驶服务人员（以下简称驾驶员）依照租用人的意愿接送乘客，并按车辆行驶的里程、时间或双方约定结算费用的行为。

本办法所称出租汽车客运经营者(以下简称经营者)，是指依法取得出租汽车客运经营许可，从事出租汽车客运经营的公民、法人或者其他组织。

第四条　市交通运输主管部门主管全市的出租汽车客运管理工作。

县(区)交通运输主管部门负责组织领导本行政区域内的出租汽车客运管理工作。

县级以上道路运输管理机构负责具体实施出租汽车客运管理工作。

金塘、六横等区域的出租汽车客运管理工作，经市交通运输主管部门决定，由当地管理部门负责组织实施。

第五条　公安、财政、建设与规划、质量技术监督、物价、人力资源与社会保障、工商、税务等有关行政管理部门在各自职责范围内，依法做好出租汽车客运管理的相关工作。

第六条　出租汽车客运规划应当纳入城市交通规划，包括出租汽车数量，及行业信息平台、营运调度网络、综合服务设施、专用停靠场地等的规划。

鼓励出租汽车客运规模经营、集约经营、规范经营，禁止挂靠经营。

第七条　出租汽车客运管理经费由各级财政负责保障。

第二章　营运权

第八条　本办法所称出租汽车营运权(以下简称营运权)是指当地政府授权交通运输主管部门依法投放、处置，由权利人取得出租汽车运力的权利。

从事出租汽车客运经营的，应当先取得营运权。营运权属于公共资源，实行有条件使用。

第九条　营运权投放应当遵循公开、公平、公正的原则，结合当时的社会经济状况、城市建设规模和公共交通发展需求合理投放。

第十条　营运权投放由市、县交通运输主管部门负责具体实施。金塘、六横等区域的营运权投放由当地管理部门负责具体实施。

营运权使用期限为五年，本办法施行前确定的营运权使用期限保持不变。

市交通运输主管部门应当制定市区营运权投放办法，规范投放行为。

第十一条　市区营运权投放的对象应当具有相应的出租汽车客运经营资质。

在一定条件下，也可吸纳在本市注册登记的具有一定规模的企业法人。

第十二条　营运权可以采取服务质量招投标、奖励等方式限额投放。

采取服务质量招投标方式投放营运权的，市、县交通运输主管部门应当事先制订具体的投放方案，报同级人民政府同意后实施。

对年度服务质量考核优秀的出租汽车客运规模企业，可以采取奖励方式投放营运权。出租汽车客运规模企业考核办法由市、县交通运输主管部门制定。市区营运权奖励投放的方式和数量，由市人民政府确定。

第十三条　本办法施行前确定的营运权，其使用期限届满，应当按照营运权到期处理政策进行处置。该政策由市、县交通运输主管部门负责制定，经同级人民政府同意后实施。

第十四条　权利人取得营运权，应当与有关道路运输管理机构签订营运权使用合同。

营运权使用合同属于行政合同，应当依照市交通运输主管部门制定的文本签订。变更、解除营运权使用合同的，应当经同级交通运输主管部门同意。

第十五条　权利人违反营运权使用合同规定的，市、县道路运输管理机构可以行使单方解除权。

市、县道路运输管理机构单方解除营运权使用合同的，应当书面通知当事人合同解除。合同自通知到达当事人时解除。

当事人对道路运输管理机构单方解除营运权使用合同有异议的，可以依法向直接管理该机构的交通运输主管部门申请行政复议，也可以向所在地人民法院提起行政诉讼。

第十六条　营运权使用期限届满或者营运权使用合同解除的，该营运权终止。

第十七条　2007年1月1日之前取得的营运权需要转让的，应当事先经市、县道路运输管理机构审查同意。该营运权使用期限的截止日期不得变更。

2007年1月1日起按有关政策和按本办法取得的营运权，有下列情形之一的，经市、县交通运输主管部门批准，在营运权使用期限的截止日期不变的前提下，其营运权可以整体转让：

（一）企业兼并、重组或者依法终止的；

（二）享有营运权公民死亡的；

（三）市、县道路运输管理机构认为需要转让的；

（四）法律、法规、规章规定，依照法定条件和程序可以转让的。

按前款规定受让营运权的，应当具备相应的出租汽车客运经营资质。

第三章　经营许可

第十八条　从事出租汽车客运经营活动的，应当具备下列条件：

（一）按本办法规定取得营运权；

（二）按规定选配出租汽车，并经检测合格；

（三）配备符合规定要求的出租汽车客运从业人员；

（四）有健全的安全管理制度与相应的责任承担能力；

（五）有与其经营规模相适应的办公场所和停车场地；

（六）法律、法规、规章规定的其他条件。

第十九条　申请从事出租汽车客运经营的，应当提供下列材料：

（一）出租汽车客运经营申请表；

（二）投资人、负责人身份证明及其复印件，经办人的身份证明及其复印件和委托书；

（三）服务质量承诺书和营运权使用合同；

（四）安全生产管理制度文本；

（五）已配备或拟配备出租汽车客运驾驶员的驾驶证和资格证及其复印件；

（六）法律、法规、规章规定的其他材料。

经营范围在市区的，应当向市道路运输管理机构提出申请；经营范围在岱山或者嵊泗的，应当向当地县级道路运输管理机构提出申请。

第二十条 道路运输管理机构对出租汽车客运经营申请予以受理的，应当自受理之日起 20 个工作日内作出许可或者不予许可的决定。

道路运输管理机构对符合条件的出租汽车客运经营申请作出准予行政许可决定的，应当向被许可人发放《道路运输经营许可证》。

第二十一条 被许可人取得出租汽车客运经营许可，并依据营运权使用合同选配车辆后，应当按区域向道路运输管理机构申请核发出租汽车《道路运输证》。取得《道路运输证》的，方可从事出租汽车客运。《道路运输证》一车一证，随车携带。

第二十二条 取得出租汽车客运经营许可的，应当依法办理工商登记等手续。

经营者需要变更名称、经营场所、住所地等内容的，应当依法向道路运输管理机构、工商行政管理部门办理变更手续。

第二十三条 营运权终止的，应当立即注销相应的《道路运输证》，相应的出租汽车停止营运。

出租汽车《道路运输证》被注销的，应当清除该车有关出租汽车客运的设施设备和专用标识，经道路运输管理机构审核后，由公安交通管理部门办理营运机动车改为非营运机动车的车辆变更登记手续，或者营运车辆报废手续。

第二十四条 经营者取得的营运权全部终止的，道路运输管理机构应当撤销其出租汽车客运经营许可。

经营者需要终止出租汽车客运经营的，应当在 30 日前告知道路运输管理机构，依法办理注销手续。

经营者终止经营，应当在终止经营后 10 日内，将相关的道路运输经营许可证件交回原发证机关。

第四章 经营管理

第二十五条 经营者应当遵守国家有关法律、法规和规章，遵循诚实、信用原则，规范经营服务行为，执行规定的运价标准，使用有效的税务发票。

第二十六条 经营者应当以自主经营、承包经营的方式从事出租汽车客运经营，禁止以“挂靠”、一次性“买断 " 等方式非法转让、出租道路运输经营许可证件。

经营者应当对经营方式、承包费等予以公开。

第二十七条 经营者应当为乘客提供良好的乘车环境，按规定对出租汽车进行维护，确保车辆设施设备完好，及时清洗车辆、换洗座套，保持车辆清洁卫生，并采取必要措施防止在运输过程中发生侵害乘客人身、财产安全的违法行为。经营者应当依法投保承运人责任险等法定险种。

第二十八条 根据劳动者的法定劳动时间和出租汽车的营运时间，经营者应当按规定配备相应数量、具有相应资格的人员驾驶出租汽车。

驾驶出租汽车应当同时持有资格证正证和副证。

第二十九条　从事出租汽车驾驶的人员符合下列规定的，由市、县道路运输管理机构核发资格证正证：

（一）年龄不超过六十周岁，户籍地在本市或户籍地虽不在本市，但在本市居住满五年，具有初中以上文化程度，身体健康；

（二）取得由道路交通安全主管部门核发的相应的机动车驾驶证，并在三年内无重大以上交通责任事故记录；

（三）经市、县道路运输管理机构对有关法律、法规和服务规范、服务知识、机动车维修、旅客急救基本技能等内容考试合格；

（四）法律、法规、规章的其他规定。

本办法施行前已取得资格证的人员换发、补发、变更资格证的，不受前款户籍、学历条件限制。资格证被撤销后重新申领的除外。

取得资格证正证的人员与经营者签订聘用合同或承包协议后，应当按区域向道路运输管理机构申领资格证副证。

第三十条　经营者应当依法参加社会保险，按国家规定按时、足额缴纳基本养老、基本医疗、失业等保险费用，保障被聘用人员的合法权益。

各级人力资源与社会保障部门，应当加强对经营者执行劳动合同制度、参加社会保险等情况的监督管理。

第三十一条　出租汽车客运经营责任，除法律、法规规定应由驾驶员承担的外，依法由经营者承担。

经营者不得转嫁投资风险、经营风险和经营责任。

第三十二条　企业经营者应当配备相应的机构和人员开展安全生产、车辆管理、服务质量管理、投诉处理等工作，并建立相应的工作台账。

鼓励个体经营者委托企业经营者或具有管理条件的行业协会按前款规定执行有关管理事项。

第三十三条　经营者应当加强对从业人员的管理，并建立健全从业人员教育培训和管理制度，加强对从业人员的安全、职业道德和业务知识教育，定期组织驾驶员进行有关政策法规、操作规程、服务规范等业务培训。

第三十四条　发生交通事故、自然灾害以及其他突发事件，经营者、驾驶员应当服从县级以上人民政府或者有关部门的统一调度、指挥。

第三十五条　经营者应当按照道路运输管理机构的规定，及时报送有关资料和信息。

第三十六条　交通运输主管部门、道路运输管理机构应当建立健全对经营者的服务质量信用考核机制，加强对驾驶员的客运资格、从业行为管理，积极引导、促进出租汽车客运行业信用建设。

服务质量信用考核结果和驾驶员从业行为应当与取得营运权和从业人员准入退出机制挂钩。服务质量信用考核办法、驾驶员管理办法由市交通运输主管部门负责制定。

第五章 车辆管理

第三十七条 经营者选配的出租汽车应当符合下列规定：

（一）车型、动力性能、能耗指标、废气排放等符合营运权使用合同规定的要求；

（二）装配驾驶员资格证专用支架、待租标志、顶灯、车辆调度定位仪及里程计价表等设施设备，并经测试合格；

（三）喷涂车辆标志色，粘贴或喷印运价标准、经营范围、经营者名号及监督电话等专用标识；

（四）车辆技术性能符合国家标准，车辆技术等级达到规定等级，车容车貌符合市、县交通运输主管部门规定的要求；

（五）法律、法规、规章的其他规定。

第三十八条 出租汽车安装的里程计价表，应当依法经计量检定机构检定合格，并按规定进行年检。

损坏的、失准的，未经年检或年检不合格的里程计价表不得继续使用，相应的出租汽车应当立即暂停营运。

第三十九条 出租汽车的车辆标志色应当经市、县道路运输管理机构核准。

出租汽车的车身、车内和显示屏广告，应当外观协调、内容健康，不得影响行车安全和车辆整洁，具体设置由道路运输管理机构确定。制作车身广告的还应当到公安交通管理部门办理相关手续。

按前款规定设置公益性广告的，经营者应当给予配合和协助。

第四十条 经营者应当依据有关技术规范对出租汽车进行定期维护，确保出租汽车在营运期间，车辆技术状况良好，设施设备齐全有效，专用标识完整清晰。

出租汽车的车辆维护作业项目和程序应当按照国家标准《汽车维护、检测、诊断技术规范》（GBl8344）等有关技术标准的规定执行。

第四十一条 经营者应当定期进行车辆检测。机动车综合性能检测机构按照《营运车辆综合性能要求和检测方法》（GBl8565）的要求予以检测，并依据检测报告，对照《营运车辆技术等级划分和评定要求》（JT / T198）进行车辆技术等级评定。

第四十二条 核发《道路运输证》的道路运输管理机构应当定期对出租汽车进行审验，每年审验一次。审验内容包括：

（一）车辆违章记录；

（二）车辆技术档案；

（三）车辆结构、尺寸变动的情况；

（四）车辆安装、使用营运设施设备和专用标识的情况；

（五）经营者为出租汽车（乘客）投保承运人责任险的情况；

（六）法律、法规、规章规定的其他内容。

审验符合要求的，道路运输管理机构在《道路运输证》审验记录栏中注明；不符合要求的，应当责令经营者限期改正或者办理变更手续。

第四十三条　经营者应当对出租汽车建立车辆技术档案，并妥善保管；对相关内容的记载应当及时、完整和准确，不得随意更改。

经营者建立的车辆技术档案主要内容应当包括：车辆基本情况、主要部件更换情况、修理和二级维护记录（含出厂合格证）、技术等级评定记录、车辆变更记录、行驶里程记录、交通事故记录等。

道路运输管理机构应当对出租汽车建立车辆管理档案，并对经营者建立车辆技术档案的情况实施监督管理。

第四十四条　在营运权使用期限内，经营者需要更换车辆的，应向市、县道路运输管理机构提出书面申请，经批准后方可更换。

办理车辆更换手续时，经营者应当将被变更车辆的技术档案完整移交。

第四十五条　出租汽车经检测不符合国家强制性标准要求的，应当停止行驶。

第六章　营运管理

第四十六条　营运期间，驾驶员应当遵守出租汽车客运管理规定和驾驶服务操作规程，做到仪表端正、语言文明，安全驾驶、规范服务。

第四十七条　营运期间，出租汽车内无乘客的，驾驶员应当开启待租标志；出租汽车被租用或者暂停营运时，驾驶员应当关闭待租标志；夜间营运时，驾驶员应当开启顶灯。

第四十八条　出租汽车应当在规定地点有序停放。

在道路上临时停车的，应当遵守有关规定，不得妨碍其他车辆和行人通行；道路右侧设有专用停靠点的，应当在专用停靠点靠右临时停车。

在公交车停靠站上下客的，不得妨碍公交车停靠、通行，上下客后立即驶离。

第四十九条　出租汽车驶入机场、车站、客运码头等客流集散的公共场所，应当服从道路运输管理机构的调度或派遣，以及公共场所管理机构的管理。除下客、候客外，不得擅自停车；需下客的应当在指定的下客区下客，下客后立即驶离；需候客的应当在指定的候客区内，依次排队候客，不得在候客区外揽客；下客、候客时，驾驶员不得离开出租汽车。机场、车站、客运码头等客流集散的公共场所应当设置相应的出租汽车停靠场地。

第五十条　除下列情形外，出租汽车应当在规定的经营范围内营运：

（一）载客地在经营范围内，终点在经营范围以外的；

（二）至经营范围以外，在终点返程时捎带乘客至经营范围内的。出租汽车载客至经营范围以外的，不得无故滞留，不得沿途揽客。

第五十一条　在经营范围内营运，具备下列情形的，驾驶员无正当理由不得拒载：

（一）出租汽车待租标志开启或驾驶员有营运意思表示的；

（二）租用人向驾驶员提出合理租车要求的；

（三）租用人以里程计价表计价付费的。无人陪护的醉酒者、精神病患者，驾驶员可以拒绝其上车。

第五十二条　出租汽车被租用的，驾驶员应当立即关闭待租标志，开启里程计价表，向乘客显示该次客运服务的标准运费，并依照乘客的意愿，按合理的路线行驶，不得违反规定招揽他人同乘，不得无故绕道、中断运送服务或将乘客转由其他车辆运送。

双方可以事先约定运费，但运费不得超过里程计价表显示的金额。租用出租汽车过程中发生的路桥通行费、停车费等费用，驾驶员应当事先告知，由租用人承担。

第五十三条　驾驶员应按里程计价表显示的金额或者事先约定的运费收取运费，并向乘客出具注明出租汽车行驶号牌、运费金额、承运日期的出租汽车专用发票。出租汽车专用发票由税务部门统一监制、发放，也可以委托道路运输管理机构向经营者发放。

第五十四条　驾驶员在出租汽车中发现乘客遗失物的，应及时通知乘客领取，或送交公安、道路运输管理机构等有关部门。乘客要求驾驶员送还遗失物的，应当支付送还遗失物产生的必要费用。

第五十五条　乘客应当按照有关规定文明乘车，并遵守下列规定：

（一）携带的物品应当安全卫生，符合出租汽车的装载要求，携带的宠物应当由乘客怀抱或装入容器，保证他人的安全卫生，不得携带易燃易爆等危险物品和国家明令禁止携带、运输的物品；

（二）七岁以下儿童乘车应有成人陪伴；

（三）乘车时要坐稳系好安全带，不准随意开启车门，不得有影响驾驶员安全驾驶的行为；

（四）车内不准吸烟，不得在车内或向车外扔弃物品，不得故意污损车辆及座椅、座套等设施；

（五）不得要求驾驶员超速、超载、逆行等违法违章行驶；

（六）不得要求驾驶员在不允许停车的路段上、下客；

（七）不得要求驾驶员在不具备汽车行驶条件的路段行驶。不按规定乘车不听劝告的，驾驶员可以放弃载客。

第五十六条　目的地在经营范围以外的、目的地不明确的，或者在夜间前往偏僻地点的，驾驶员可以要求租用人到公安部门办理证件登记手续，租用人应予配合；租用人不愿意到公安部门办理证件登记手续的，驾驶员可以放弃载客。

第五十七条　到达目的地，乘客应当按里程计价表显示的金额或者事先约定的运费支付运费。

驾驶员不按规定营运，使乘客利益受到损害的，乘客可以拒付运费。

第七章　监督管理

第五十八条　交通运输主管部门应当加强对道路运输管理机构实施出租汽车客运管理工作的指导监督。

第五十九条　价格主管部门应当根据市场供求，出租车运营成本、收益状况和社会承受能力等因素，依法对出租汽车的运价水平和计价结构进行适时调整。价格主管部门应当根据实际情况加强出租汽车客运经营成本监审，及时向社会公布有关情况。

第六十条　市道路运输管理机构应当对县级道路运输管理机构的出租汽车客运管理活动进行监督。道路运输管理机构及其工作人员执行职务时，应当自觉接受社会和公民的监督。

第六十一条　营运权投放应当自觉接受监察部门和上级管理部门的监督。上级管理部门发现正在进行的营运权投放违反法律、法规、规章和本办法规定的，应当责令投放机构停止投放。

第六十二条　道路运输管理机构应当依法加强出租汽车客运行业的监督检查，建立举报投诉处理制度，落实行政执法责任制，及时制止和查处违法行为。

第六十三条　任何组织或者个人对经营者、驾驶员违反出租汽车客运管理规定的行为，都有权向道路运输管理机构举报。

乘客因乘运与驾驶员发生争议，可以向道路运输管理机构书面或电话投诉，也可以要求驾驶员驾车到道路运输管理机构当面投诉。

乘客要求驾驶员驾车到道路运输管理机构当面投诉的，驾驶员不得拒绝，其间发生的车辆运行费用由主要责任者承担。

第六十四条　道路运输管理机构受理举报或者投诉后，应当在15个工作日内作出答复，并依法对违法违章行为进行处理。

举报人、投诉人、经营者、驾驶员应当配合道路运输管理机构的调查，如实反映情况或提供有关材料。

第八章　法律责任

第六十五条　不遵守本办法，违反有关道路运输管理规定的，由县级以上道路运输管理机构依据有关道路运输管理法律、法规、规章的规定予以处理。

不遵守本办法，违反其他行政管理规定的，由相关管理部门依法予以处理。

第六十六条　违反本办法规定，擅自受让营运权，或者非法受让、承租经营许可证件的，按照《浙江省道路运输管理条例》未取得出租汽车客运经营许可的规定进行处罚。

违反本办法规定，擅自转让营运权，或者非法转让、出租经营许可证件的，县级以上道路运输管理机构可以暂扣有关证件，并责令相应的出租汽车停止营运。

第六十七条　国家机关工作人员、道路运输管理机构工作人员应当依照法律、法规、规章和本办法的规定实施出租汽车客运管理，违反规定的依法给予行政处分。

第六十八条　违反有关法律法规的规定，构成犯罪的，依法追究刑事责任。

第九章　附　　则

第六十九条　本办法由市交通运输主管部门负责解释。岱山、嵊泗两县人民政府可以依据本办法制定具体的实施细则。

第七十条　本办法自2011年9月1日起施行，1998年12月28日发布的《舟山市客运出租汽车业管理办法》同时废止。

舟山市人民政府印发关于全面推进舟山本岛城乡公共交通一体化实施意见的通知

舟政发〔2009〕25号

各县（区）人民政府、市政府直属各单位：

《关于全面推进舟山本岛城乡公共交通一体化的实施意见》已经市政府第24次常务会议审议通过，现印发给你们，请结合实际，认真贯彻执行。

二〇〇九年三月三十一日

关于全面推进舟山本岛城乡公共交通一体化的实施意见

为迎接大桥时代，加快推进舟山本岛新型城市化建设进程，缓解城市交通拥挤等问题，根据浙江省人民政府办公厅转发省建设厅等部门《关于优先发展城市公共交通若干意见的通知》（浙政办发〔2007〕18号）精神，结合我市实际，现就全面推进舟山本岛城乡公共交通一体化提出以下实施意见：

一、指导思想

坚持以科学发展观统领全局，认真贯彻党的十七大精神和省委省政府全面建设小康社会、提前基本实现现代化的战略决策，按照统筹城乡发展、构建和谐社会的要求，立足舟山实际，积极推进本岛城乡公交一体化建设，构筑起与我市城乡经济社会发展水平、人口规模相适应的市场规范、管理高效、运行安全、服务优质、出行便捷、网络一体的城乡公共交通服务体系，为群众提供安全、方便、舒适、经济的公共交通服务，促进城乡经济社会和谐发展。

二、基本原则和主要目标

舟山本岛城乡公交一体化的基本原则是：一是面向群众、利民便民。坚持城乡公交优先，完善公交营运线路，合理设置公交站点，提高营运线路通达率和服务质量，切实方便和满足城乡群众出行。二是政府扶持、市场运作。充分发挥政府的引导作用，完善城乡公交优先发展扶持政策，有效整合公交资源，适度引进市场竞争机制，稳妥推进行业改革，促进城乡公交健康、规范、有序发展。三是长远规划、适度超前。着眼于我市城乡实际和长远发展，科学编制公交发展规划，科学设置城乡公交线网和场站等基础设施，适度超前规划、分步实施，逐步建立起资源共享、相互衔接、布局合理、方便快捷、畅通有序的城乡公交网络运行格局。

舟山本岛城乡公交一体化的发展目标是：加快城乡公交一体化改造步伐，定海、新城、沈家门城区的公交网络要与本岛主要乡镇的公交网络紧密联系。城乡公交站场建设、公交线路安排、公交车辆更新改造等，要统筹规划布局，合理配置资源，给予同等政策。2010年前城乡公交一体化率达到100%，基本确立城乡公共交通在城市交通中的主导地位，使城乡公交成为群众出行的首选。公交平均运行速度达到 20 公里 / 小时，城区内公交分担率达到 15% 以上，空调车比率达到 100%，万人拥有公交车建成区达到 10 标台以上，中心城区内营运线路无人售票车达到 100%。积极推进快速公交线建设，新建和改建一批公交站场设施，公共交通站点覆盖率（按 300 m半径计算）建成区大于 60%，中心城区大于 80%。提高公交基础设施智能化、信息化水平。

二、主要工作

（一）进一步明确管理体制。根据舟山实际，城乡公交保持原管理体制不变，由市交通委统一管理，市交通主管部门要加大行业管理力度，相关县（区）及部门要积极配合支持，切实解决城乡公交经营管理等方面存在的突出问题，共同推进城乡公交一体化组织实施工作。

（二）科学制定城乡公交发展规划。认真分析舟山大陆连岛工程建成通车后交通需求和发展前景，在《舟山市城市综合交通规划》基础上，细化本岛公交发展规划，科学配置和利用交通资源，促进交通规划与城乡布局和人口产业分布相协调。综合考虑公交、出租汽车等各种交通方式配置，以及与对外交通的衔接，重点确定城乡公共交通结构、线网分布、场站布局、规划控制、建设计划等。

（三）优化城乡公交路网布局。城乡公交要向新建居住区、商业区、工业（科技）园区、高教园区、风景旅游区（点）等区域延伸，特别要加强定海、临城、沈家门城区三组团之间和临城新区的公交网络建设，不断提高城乡公交线路的覆盖率。科学调度车辆和编制运行图，努力提高本岛城乡公交班线通达率，延长城区公交夜间营运时间，缩短城乡公交行车间隔时间，及时疏解客流，方便群众乘坐公交换

（四）完善城乡公交配套设施。加大公交站场建设力度，加快建设定海、临城、普陀三地较大型的公交和长途枢纽集散中心，完善和基本普及舟山本岛城乡公交枢纽站、首末站、停靠站。根据我市定海、新城、沈家门三城市组团的实际，结合客流增长情况和道路交通条件，积极研究建设三组团之间的快速公交（B R T）专线。场站等公交配套建设要与城市建设同步发展，将公共交通场站和配套设施纳入城市建设计划，确保资金和建设责任的落实，将公共交通场站作为新建居住小区、开发区、大型公共活动场所、交通、市政道路建设等工程项目配套建设的一项内容，实行同步设计、同步建设、同步竣工、同步交付使用。规划建设部门在核发上述涉及工程项目的建设工程规划许可证时，应当征求公交行业管理部门的意见，对未按规划配套建设公交站（场）等公共交通设施的建设项目，由有关行政主管部门责令项目业主予以补建或改建。

（五）改善城乡公交客运设施。加大公交车辆更新改造力度，积极引进适应舟山道路实际的新型公交车辆，大力发展车型适宜的低能环保型公交车，提高公交车辆的档次和舒适度。加强车辆养护，确保公交车辆运行安全。2010 年前，本岛城乡公交要全部实现空调化。逐步提高城乡无人售票公交车的比例。

（六）推进城乡公交智能化管理。积极推广运用高新技术和先进科技成果，对传统的城乡公交系统进行改造，进一步提高城乡公交营运、管理、组织的信息化水平。不断提高 IC 卡

电子票证普及率，积极争取与长三角中心城市联网，实施公交“一卡通”。2009年城乡公交营运网络建立GBS定位系统。

（七）加强公交企业建设。促进公交经营企业规范经营、科学管理，深化内部改革，妥善处理好社会效益与经济效益的关系，不断提高经营管理水平。加强行业自律和行风建设，开展文明线路、文明车辆创建活动，加强员工职业培训，不断提高公交行业总体服务质量。

三、保障措施

（一）加强组织领导。为积极推进舟山城乡公共交通全面发展，市政府决定成立舟山市公共交通协调领导小组，领导小组由分管交通工作的副市长任组长，交通委、发改委、城建委、财政局、公安局、国土资源局、民政局、人劳社保局等部门为成员单位。领导小组办公室设在市交通委。领导小组建立联席会议制度，研究指导协调城乡公交一体化工作，及时处理和解决城乡公交发展过程中的重点难点问题。

（二）建立财政保障体系

1. 加大政府对公交基础设施的投资力度。城乡公交基础建设要以政府投入为主，其发展应纳入政府公共体系。市政府将列出公交发展专项资金，用于城乡公共交通设施建设。征收的城市公用事业附加费、基础设施配套费、城市土地出让金等政府性基金要向城乡公共交通倾斜。交通部门根据公交规划和场站设置标准提出年度建设计划，财政部门据此列入预算并安排专项资金按实支付。城乡公交经营企业为改善客运设施条件而增加的车辆更新改造和科技智能化投入，市财政按总投资额15%比例给予补助，更新改造环保型高档公交车辆，给予20%～30%补助。

2. 建立规范的城乡公交亏损补贴制度和补偿机制。研究制定合理的城乡公共交通低票价政策，建立规范的企业成本专用评估制度和补贴制度。公交企业因承担市政府指令性的免费乘车社会公益性服务而形成的亏损，由市财政核定后给予70%的亏损补贴，由市政府其他指令性任务所造成的政策性亏损，如康庄工程营运线路、夜班车时间延长、新区和冷僻线路、接送学生专车等形成的亏损，由市财政给予70%补贴。为保障乘客利益，公交企业应根据实际为车辆办理乘客责任险，其保险费按当年度实际额度给予补助。老年人、盲人、伤残军人等免费乘客的责任险，其保险费支出由市财政专项全额补助。保险公司要从支持公益事业发展出发，在费率上予以优惠。

3. 加强对城乡公交的政策扶持。对公交企业购置用于城乡公交线路运营车辆的相关税费，按省政府《关于继续免征城乡公共交通车船税的通知》（浙政发【2008】85号）文件规定执行。城乡公交企业的房产税、土地使用税等符合现行有关税收优惠政策条件的，经有关行政主管部门审核后，可享受相应的税收优惠。对公交企业所建造的停车场、保养场、枢纽站、首末站等建设项目，经有关行政主管部门审核后免征城市市政公用设施配套费、城市道路挖掘占用费、征地占用费和绿化补偿费。

（三）强化城乡公交管理。优化城区交通出行方式，持续提高公交运行能力，科学调控定海、普陀中心城区的其他机动车流量，合理调整三轮车等交通工具的营运。积极引导城乡居民首选公交车辆作为出行的主要交通工具。强化公交优先行驶权，公安交警部门要保证城乡公交车辆对道路的专用和优先使用，对具备公交车辆通行条件、社会车辆禁驶区域的道路，允许公交车驶入。根据城乡道路实际等情况，通过采取设置安全护栏、完善标志标线、严格监督管理，加强营运车辆维修保养、提高驾驶人员业务素质、加大路查路检等措施，统一城乡公交载客定额，允许使用有站立乘员席车型的公交车，以进一步满足城乡群众的出行需求。

国务院关于同意设立舟山江海联运服务中心的批复

国函〔2016〕72号

浙江省人民政府：

你省《关于设立中国舟山江海联运服务中心的请示》（浙政〔2015〕20号）收悉。现批复如下：

一、原则同意设立舟山江海联运服务中心。舟山江海联运服务中心范围包括舟山群岛新区全域和宁波市北仑、镇海、江东、江北等区域，陆域面积约250平方公里，海域面积约2.1万平方公里。舟山江海联运服务中心区位优势独特，深水港口资源丰富，江海联运服务优势明显，大宗商品中转储备交易基础良好。设立舟山江海联运服务中心，是贯彻落实党中央、国务院有关决策部署的重要举措，有利于加强资源整合，促进江海联运发展，提高长江黄金水道运输效率，增强国家战略物资安全保障能力，对于实施长江经济带发展战略，加强与21世纪海上丝绸之路的衔接互动，推动海洋强国建设具有重要意义。

二、舟山江海联运服务中心建设要紧密围绕国家战略，以宁波——舟山港为依托，以改革创新为动力，加快发展江海联运，完善铁路内河等集疏运体系，增强现代航运物流服务功能，提升大宗商品储备加工交易能力，打造国际一流的江海联运综合枢纽港、航运服务基地和国家大宗商品储运加工交易基地，创建我国港口一体化改革发展示范区。

三、浙江省人民政府要切实加强对舟山江海联运服务中心建设的组织领导，明确任务分工，落实工作责任，建立健全投资建设、运营管理机制，在确保生态环境安全的基础上统筹推进舟山江海联运服务中心建设。舟山市、宁波市要积极发挥主体作用，认真组织实施。舟山江海联运服务中心建设涉及的重要政策和重大建设项目要按规定程序报批。

四、国务院有关部门要按照职能分工，密切配合，加强对舟山江海联运服务中心建设的指导，在规划编制、政策实施、项目布局、体制创新等方面给予积极支持，营造良好政策环境。

国务院

2016年4月19日

第二章 轶 事

“定海”之名是朝廷御赐的

定海，一个舟山人耳熟能详的地名，一个曾经震惊世界、与中华民族历史发展进程关系密切的地名。

老舟山人都知道，定海县是舟山市的前身，清代和民国时期，其管辖范围包括了舟山群岛的全部区域。但是，鲜为人知的是：定海县名，是通过皇权从宁波移过来的。

“风云定海山，东方新港城”，“海上丝绸之路”中继站的舟山群岛，历史上风云变幻，几经波折，既经历了唐代设县、撤废又恢复翁山县，北宋复设昌国县，被朝廷赋予“东控日本，北接登莱，南亘瓯闽，西通吴会，实海中之巨障，足可以昌壮国势焉”的历史重任，又被元朝创辟为昌国州，为防卫中国古代“海上丝绸之路”的安全做出过巨大的贡献，也经历了倭寇和海盗等内忧外患之害，被明朝皇帝朱元璋全面“军管”，被清朝皇帝爱新觉罗氏全面废弃荒芜，被英国殖民者坚船利炮打开国门的血泪历史。

然而，历史的车轮滚滚向前，经历了明朝廷“禁海”和清朝廷的血腥“海禁”之后，当历史翻到清康熙年间，大清帝国平定了台湾，绥靖了海疆，清朝廷重新开放广州、漳州、宁波作为对外贸易港口，准许外国商船来华贸易。此时，朝廷上下再一次看到了舟山群岛的重要战略地位，展复舟山的动议正在悄悄地酝酿！

下面，笔者带大家了解一下“定海”地名从宁波移到舟山的过程。

1684年“清康熙二十三年”，浙江巡抚赵士麟，会同定海（今镇海）镇总兵官孙惟统（一作“法”）等递上《舟山展复事宜疏》，向康熙皇帝提出建议展复舟山，让康熙十一年以来被朝廷驱迁大陆内地的原籍舟山各岛的百姓回岛，并鼓励内地农民迁居舟山群岛垦荒。认为“舟山为宁郡藩篱，亟宜展复，设兵防守，请移定海总兵于舟山，统三营驻扎镇守”，皇帝同意了。于是，朝廷颁“展海令”，开始展复舟山并前移定海镇总兵官驻守舟山岛，建舟山镇。从此，舟山群岛渔农盐百业渐渐复兴。

1686年（清康熙二十五年）农历五月，舟山镇总兵官黄大来会同浙江巡抚赵士麟等，向皇帝提出在舟山群岛重设县治的建议。翌年农历五月，康熙皇帝批示：（舟山）山名为舟，则动而不静，改“舟山”为“定海山”，并挥毫写下“定海山”三个大字，朝廷把它做成精致匾额赐给舟山地方官。康熙皇帝把宋元明清历代发生在舟山周边的内忧外患归咎给“舟山”地名，这当然是牵强，但是他祈求“舟山”成为定海的山，也算是表达了他绥靖海疆的良好愿望。1688年，根据康熙指示，朝廷在舟山群岛设县，因山名县，就称定海县。

然而，新的问题出来了：在此之前，宁波府辖下已经有了定海县。这个定海县，始建于公元909年（后梁开平三年），初名望海县，未几改为定海县。1387年（明洪二十年），朱元璋在舟山设立昌国卫军事单位，兼理民政，取代昌国县。后来干脆撤销。昌国卫机关又因为军事需要移驻象山石浦。舟山这个地方没有政府行政机构管理，军事单位管理又不得力，再后几年就将原昌国卫管辖的舟山群岛托付给了定海（镇海）县。

也就是说，在清康熙二十七年，即1688年，批准舟山群岛设立定海县前，定海县县名不仅已经存在了779年，而且一度还做过舟山群岛的上级。地名重名会带来社会管理和交往的巨大不便，出于对舟山群岛的格外关爱，康熙皇帝又下令将原定海县改名为镇海县。将这个历史悠久，意蕴深远的“定海县”地名“赐”给了舟山。

宁波本名明州，历史与舟山首次设立的翁山县一样早，都是公元738年8月3日，也就是唐开元二十六年七月十三日。公元1195年，宋宁宗趙扩登皇帝位，也就是南宋庆元元年，因其幼时曾遥领明州观察使，便升明州奉国军为庆元府，下领6县。1381年（明洪武十四年），鄞县人单仲友奏：明州名同国号，乞改州名。朱元璋以郡有定海（镇海）县，海定则波宁，故改明州为宁波府。

朱元璋认为“海定则波宁”，因为明州府下有个定海县，把明州改名为宁波，爱新觉罗玄烨也认为“海定则波宁”，且认为“波宁”必须先“宁”在海上，海上的舟山成为“定海”，陆上的宁波自然也就“波宁”了。于是就把舟山改名为定海。

由此可见，“宁波”，“定海”互为派生地名，两者连在一起，共同构成“海定波宁”之义，定海、宁波这两个地名血脉相连，手足情深。

康熙皇帝诏改“舟山”为“定海山”拉近了甬舟两地距离，密切了两地关系，增进了两地感情。

半路亭与汽车站

定海露亭宾馆大门北侧，旧建有亭子，称半路亭。亭子始建于清光绪四年（1878年）。面积约20平方米，长方形，四柱落地，无圈墙，木质结构，小青瓦坡屋项，高3米左右。亭内置石凳3条，供土地神像一尊。亭门正上方挂有牌匾一块，上书“半路亭”三字。

解放前，定海城至衜头有一条街，街宽不到4米，约一千米路程。衜头是定海水上门户，交通要道，城里居民去衜头“籴米”，经过这里，把米袋放在亭子护栏上，作短暂歇息。护栏边有“重物可放”四字。也有妻子送别丈夫离岛出门，路过亭子，还不到衜头，提前道别，夫妻俩在亭子里执手相视，泪盈眼眶，依依惜别。

传说因亭子建在定海城与衜头中间，是半路中的一个亭子，故取名为“半路亭”。1951年7月，因建造电影院拆除。

史料记载，1945年9月25日，地方政府利用侵华日军投降后遗留下来的两辆“尼桑”旧客车，设立定海汽车商行，车站设在定海半路亭，后因经营不善，舟山解放前夕停业。

1950 年 7 月，上海“费声记”汽车商行老板费声昌，调集两辆“尼桑”旧客车，又到定海设汽车商行，私人经营，车站也在半路亭。运营一段时间，旅客寥寥，经营亏本。1951 年 10 月，两辆客车撤回上海。

1952 年 5 月，定海县人民政府派人到上海，用旧钢铁换回三辆“尼桑”旧客车，成立公营定海运输公司，属定海县人民政府机关生产股管辖，车站仍设在半路亭。

1953 年 8 月 20 日，浙江省交通公司宁波分公司调拨三辆“道奇”客车，派员 12 人，到舟山接管客货运输业务，成立舟山中心汽车站，国营企业。车站还是设在半路亭。半路亭是舟山历史上首个私营、公营、国营汽车站的所在地。

昔日半路亭

舟山中心汽车站经营的 3 辆客车，往返行驶定海至沈家门，一日两班，定海至白泉至西码头一日一班。定海至沈家门的线路走向：从半路亭出发，经定海城南门外太平桥（现南珍菜场北面集市桥），往南郊小学（现东海小学），向北进入新西门，穿过城内，出新东门（现舟山粮食局附近），过洞桥，经洋岙岭，三官堂，惠民桥，老碶头，东荡田，勾山，平阳浦板桥头，墩头到终点站沈家门宫墩（现普陀人民医院），全程 27 千米，票价每票一万元（旧币制人民币，相当于现币一元）。

舟山第一座海上斜拉桥

1980 年，没请工程师，没有造桥图纸，长峙船厂书记带领一群只懂造船修船的船匠，凭着对斜拉桥的记忆，在长峙岛和馒头山岛之间造出了一座跨 67 米的现代式斜拉桥，这是舟山的第一座跨海斜拉桥。主桥跨度 67 米，南北桥头岸线各 10 米，桥梁由钢塔左右两边各 8 道 25 毫米钢索牵拉，钢索外壳涂牛油，塑料布外裹，钢塔靠岸端两根 50 毫米钢索固定。桥梁上部结构由旧铁轨焊接。桥面宽 12.5 米，由 134 块每块宽 50 厘米、长 240 厘米水泥五孔板组成。此桥的建造时间比采用斜拉桥工艺的舟山跨海大桥桃天门大桥早了 20 多年。这座斜拉桥取名“长峙大桥”，连接长峙岛与馒头山岛。馒头山岛是长峙船厂的所在地。当年厂里有 200 多名员工。没有桥，员工上下班和运送物资都只能靠小舢板摆渡，上下班人多时，员工们争先恐后，小舢板经常超载。遇到涨潮落潮，水流湍急又严重超载，还有翻船乘客落海事故。

交通不便，阻碍了厂里的发展。出于提升船厂发展效益，保障员工出行和安全需要，厂里的领导商量讨论决定，在两个岛之间造桥。造桥，拍板决定了。可大家都只是造船的能手，要在大海上架起一座桥来，这帮能工巧匠也只能望洋兴叹。恰巧，一次，厂里一位领导出差安吉，发现大溪中有座斜拉桥，回来后他便召集厂里骨干商量，确定该桥的建造方案，船厂马上筹集了四万元资金。

资金到位后，造桥的材料还是个大难题，在大海上造桥要考虑潮汐、海风、海水腐蚀……用一般材料不安全。当时物资匮乏，造桥用材全靠船厂自己筹备，十分困难。厂里领导和有关人员跑到外地，掏遍旧货市场，买来铁路换下来的旧铁轨，作为桥面骨架。但是最关键的材料钢索哪里找去？幸好安吉方面建斜拉桥，购买的德国钢缆还有剩余，都让船厂买了回来。

于是，由唯一见过斜拉桥的厂领导自己绘制草图，长峙船厂的船匠们依草图边施工边修正。没有起重设备，用铁葫芦，土法上马，租用一艘旧船，抛在港心，作为脚手架（施工船）。大桥采用斜拉桥方式，两端低锚固定，两座钢塔高 15 米，工人们站在铁桶内，用铁葫芦把铁桶拉到塔顶焊接。施工船一点一点移动，桥面主体结构一块一块焊接。就这样，没有图纸，未经专业人员设计，仅凭目测概念，土法上马，3 个月左右以后，两个岛之间成功地架起了这座舟山第一座海上斜拉桥。

金塘岛上第一辆公共汽车和第一艘轮渡

通公交车 1949 年前，金塘岛上无机动公共交通工具。1959 年，舟山县委书记王裕民指示．舟山汽车站调拨一辆 35 座旧道奇客车到金塘，设立金塘汽车站，属舟山汽车站。同年 9 月下旬一天下午，定海汽车站遣员工 3 人，随车乘陆军登陆艇到金塘，登陆艇在沥港渔业队码头边滩涂登陆。

当天下午，沥港群众早早等候在大塘墩，喜迎岛上第一辆公共汽车的到来。汽车登陆滩涂时，车轮陷入泥涂，一时动弹不得，而且越陷越深。负责现场指挥的金塘人民公社书记周美强心急如焚，叫来沥港管理区负责人，组织企事业单位干部职工和当地居民数百人，前拉后推，还是无济于事。时近黄昏，眼看潮水就要上涨，如不能在天黑前将它开上岸，汽车将被海水浸没，损失严重。有群众建议，用渔船舱板垫轮胎，再以车船用的伏地虎、四轮一起牵引。办法果真有效，终于在天黑潮涨之前，花了两个小时，将这条“泥牛”拖上岸。10 月 1 日正式通车。车站设在沥港。通车公路则是国民党军队强迫岛民修建的简易军用公路改造而成。从沥港至大丰卫平，全程 12 千米，一天 4 个班次，票价 0.29 元。

尽管是一辆老旧客车，可是对于从未见过汽车的岛上居民来说，都感到非常新奇，有赶几里路特地到车站来看汽车的。有位老人看到客车两只眼睛瞪得像“铜铃”一样大，问，它吃什么，奔得介快。有人开玩笑说，它吃油。老人说．怪不得我们人吃的油都只好定量供应了。岛上就这么一辆老旧公共汽车，还担负着接送上级首长来岛视察用车任务。1959 年 11

月，浙江省委书记处书记林乎加来到金塘视察，坐的也是这辆公共汽车。

通渡轮　大鹏岛是金塘岛外的一个小岛，与沥港隔港相望，原有5个自然村，1700人口。解放前，岛上居民来往沥港，自古以来靠的是两只手摇橹的小舢板摆渡，港内潮流湍争，摆渡风险较大，遇上风暴，无法过渡，居民患有疾病，得不到及时救治，只好卧在床上，望洋兴叹。为改善大鹏岛居民交通条件，当地政府出资，由舟山船厂代为建造木质机动渡轮一艘，单缸"110"，15马力，载客人数40名，取代小舢板摆渡，成立沥港渡管会，1989年10月1日正式通渡，不定时来回沥港与大鹏之间，结束了舢板摆渡历史。

三件喜事已过去50多年，如今岛上已发生了巨大变化，经济发达，人民安居乐业。

定海机场路的由来

机场路在定海城区东南部，东西转南北走向，西起青垒头路，东至颜家岙转北接颜家峧路，长714米，宽8米。机场路是因为曾经有过飞机场而得名。

1939年6月，日军侵占定海，为供日本水上飞机起降之用，在定海东南郊至青垒头东港浦之间修建的。机场东至炮台岗，西至东港浦，南至海岸，北至小塘，占地6万平方米。

民国33年（1944）1月～5月，侵华日军为策应太平洋战争修建该机场，拆毁民房396间，驱逐居民111户。从上海、山东、苏北抓来民工600余人为日寇修建机场。日寇在机场工地上设有炮楼、瞭望哨，在机场附近驻有警备队重兵，工地和警备队部都围有2米多高的铁丝网。由于繁重的劳动、非人的生活和不适应海岛气候，大部分民工累死、病死，其中折磨致病200余人，先后送往五奎山岛"隔离"，无一生还。不久，日寇又从苏北抓来200余人补充，最后也只剩下百余人。机场建成后，驻有日海军航空兵1个中队，飞机10余架。次年废弃。

1949年春，国民党军在定海机场的原有基础上动工修复扩建，至10月完工。扩建机场跑道长度为1200米，增加滑行道工程，添置飞行联络设备，供B–25飞机、P–51型战斗机、B–38型侦察机之使用，以增进飞行起落之能量。开始时，驻有空军1个大队，飞机14架。后为轰炸宁波、杭州、上海等地，飞机增加，国民党定海机场驻有空军3个大队，第一大队有B–25飞机8架，FB–26机2架，第三、四大队分别有P–51机16架，其他运输机、侦察机F–5、F–10及B–24各型号的飞机由台湾空军基地直接调遣。定海机场是B–25机和蚊式机的基地，其任务是"监视封锁淞沪浙闽沿海匪之港口，并掩护台湾、定海间之海上交通安全"。为保证机场安全，飞机场还驻有国民党军高射炮兵一连。

至1950年5月国民党撤军为止，几乎每天定海机场都派飞机轰炸上海、宁波。1950年6月后，该机场废弃。

蒋介石乘"江静轮"巡行舟山群岛

1949年4月21日，人民解放军胜利渡过长江。25日，蒋介石偕子经国一行逃离溪口故里．在象山港登太康舰到上海。5 月 5 日上午，蒋经国冒大雨到招商局访晤徐学禹总经理，确定调用曾驶沪甬客运航线的江静轮赴舟山。5 月 9 日～ 17 日，蒋经国在日记上这样记载："父子相依，海上漂泊"的 9 天。蒋介石父子在舟山群岛巡行。

江静轮上，除了船长、大副，最忙碌的是蒋介石。船长室改成蒋介石的办公室，他在办公室上摊开五万分之一的舟山大地图，手中拿着舟山略图，不时用比例尺测量，或坐船头上持望远镜眺望观察。

9 天中，他以舟山岛为中心，持续航行了五百余海里。蒋介石侍从秘书曾圣芬于 1950 年 10 月公开发行的《从溪口到成都》记载："从南边的桃花、登步到东方的朱家尖、普陀山，北方的长涂、岱山、秀山、长白，西方的南澳（岙）、大屿，每一个岛，总裁（蒋介石）都上去过。"蒋介石总是先走到高的地方，察看全岛形势，把重要之处都用红笔在地图上勾出来，再将当地人口、风俗民情、地方出产、水源情形一一记载下来。"所以，总裁对于舟山各岛的情况，比定海县县长还要熟悉。"曹圣芬写道，蒋"离开舟山来到台湾以后，便做了一个重要的决定：加强舟山。

此后，蒋介石、陈诚不断调兵增防，至 1950 年 4 月 30 日，守备舟山国民党军有海军、空军及美械装备陆军 75 军，青年军 87 军、67 军、52 军、19 军加 3 个独立师，共有官兵 12.5 万人。

在江静轮上随侍蒋介石身边的侍卫长是俞济时，幕僚、秘书、武官，主要有陶希圣、夏功权、曹圣芬、周宏涛等。此时舟山，虽入暮春，但仍是花香鸟语，春意盎然，很难与马上就要发生的战争联系起来。他们吃住都在江静轮上。每天都是环岛航行，登岛察看，接着便在船上开会。会议内容无非讨论国民党为何会败在共产党手中，今后应当如何改进。蒋介石要求每人都发表自己的真知灼见。大家遵命发言外，还要写成文字上书。陶希圣根据大家所写，汇成一个书面材料，呈蒋参阅。

期间，蒋介石还收到过美国魏德迈将军（抗日战争时，魏接替史迪威担任蒋介石的参谋长兼驻华美军司令官）来函。蒋家父子与这些重要幕僚就美国对蒋态度走向，作些时局变化和各方动态的研判评估。

日子一久，随行的好多人想家了。原来，这些随行官员的妻孩，大多数都在南京、上海，都因军情变化仓促赴台湾或厦门。来前已有二十天未与家人通音讯，这次为了保守行踪秘密，更没有向任何人发出过信息，所以思念甚切。

一天，有架飞机降落在定海城南机场，带来了经国先生的一封家信。信上蒋方良夫人将所有到台湾的随侍官员家眷情况都提到了。原来还是小蒋细心，关怀体贴。"烽火连三月，家书抵万金"，小蒋把台北来信念给大家听，随侍官员"有如潜水艇上的水兵回到港口时一样快乐"。

蒋介石这次舟山巡行，长孙蒋孝文（生于苏俄，时年十四岁）也自台湾赶到舟山，祖孙父子离乱中相聚，倍觉亲热。期间，蒋畅游普陀山，夜宿天福庵，还安排时间两访金塘岛。

蒋介石在舟山，看似闲云野鹤，逍遥林泉，实是精心谋划"反共大业"，考虑党政改造。不但对军队人选及政战工作有所准备，对干部组训亦有安排。部署"以定海、普陀、厦门和台湾为训练干部之地区；建设则以台湾为着手之起点"，从政治、经济和社会各方面"打击共党……以挽危局”。

蒋介石依恋舟山。小蒋5月16日，日记:“准备明日赴(澎湖)马公岛，但父亲表示甚愿在定海与普陀作常驻之计也!”

蒋经国1949年5月17日日记载，午餐后，两蒋及俞济时、陶希圣、夏功权、曹圣芬、周宏涛一行人“由江静轮登岸”，专机“一时半起飞……四时五十分飞抵马公降落”后转高雄，而从此定居宝岛台湾。同日日记还总结式地写道:“父亲自本年(1949)1月21日‘引退’以来，家乡遨游，将近四月。在此百余日中，虽‘心怀邦国’，而闲情逸致，不减当年。盖亦唯有在宁静中更能致远耳。此时中枢无主，江南半壁业已风声鹤唳，草木皆兵，父亲决计去台，重振‘革命大业’，从此已无缘再享此人间清福矣。”

长峙岛港航发展与明清历史节点

长峙岛在舟山群岛主岛舟山岛以南海域0.3千米处，近处与舟山岛岸距350米。

历史进入民国，长峙岛一直是定海县长峙乡乡政府驻地。1950年，定海解放。1953年，析定海县为定海、普陀、岱山3县。1958年置舟山县。1962年恢复1953年的定海县。此后境域基本稳定，即今舟山市定海区境。长峙是舟山市定海区的一个乡。2001年7月，长峙乡撤销，并入临城街道。长峙是一组列岛的主岛，乡人民政府驻主岛长峙岛，下辖6个行政村即为6座有居住人口的小岛，包括长峙、岙山、东岠、松山、东蟹峙、大馒头山。

民国《定海县志》载，长峙岛狭长，东南～西北走向，与舟山岛隔水对峙，故名。1956年至1958年筑塘围垦，与外长峙山合为一岛，成为现在我们所见的长峙岛。

追寻明代郑和下西洋的历史足迹，郑和船队从太仓港口出发，途经小猫山过崎头(洋)中的升罗屿。日本学者考证，升罗屿即今日长峙岛。学者研究结果，郑和下西洋的出航地点有二十余处，其中国内有七处，浙江占两处并全都在舟山，一处是崎头洋，一处是碗碟屿。宣德八年(1433年)郑和第七次下西洋回国，六月初三抵达海南岛外罗山，十四日到崎头洋升罗屿(即今长峙岛)，又从此地出发于二十二日回到太仓。永乐十一年(1413)年，郑和第四次下西洋，也是“先到浙地港泊船”，即在舟山崎头洋的升罗屿等地休整补给后继续下西洋。

明朝政府与日本贸易以“朝贡”方式进行，称为“勘合贸易”。勘合贸易规定航路是昌国舟山群岛—普陀山—宁波。嘉靖二十四年(1547年)五月二十日，日本提前一年朝贡，四艘贡船在肥前出发，进行第十一次勘合贸易。贡船直接开到镇海口，要求进宁波，宁波地方政府认为违制，“不准上陆”。日本贸易船只只好开出镇海，返回到舟山的岙山(今长峙岙山港域)停泊十个月。直到次年三月十六日才被准许上陆。

清光绪七年(1881)年，长峙、岙山等岛屿先后置风帆船，随潮可开航至定海衜头。

明清时代长峙岛在我国对外贸易上发挥过积极作用，留有值得一书的佳话。明清时代长峙岛港航的发展，为当代长峙岙山岛的开发和发展完成了前期的准备。

老街老弄追寻定海古城历史脉络的切入点

历史发展到清代，定海遭废治、徙民。今定海的街巷，大部分是在清康熙二十三年（1684）定海“展复”后逐渐形成发展起来的。康熙后的定海旧城以状元桥为中心，辐射东、南、西、北、中五条大街，直通四个城门及县署，大街再以小街、弄堂为支脉，遍及城中每一处地方。

史载，民国初期，定海有巷弄 178 条，总长 26.58 千米，纵横交错，相互连通，其中以石板石条为路面的有 96 条，总长 19.9 千米。

解放后，经济社会发展和人民生活水平提高，城市建设日新月异，一些弄堂已经不复存在，尚存的大约 50 多条，名称都沿用旧的，蕴含着些许历史信息，有些风貌已经大为改变，但也总能找寻出一些旧模样。

老人们说，定海的弄堂生活是传统的慢调、宁静，石街石埠、小巷大院、粉墙黛瓦、清溪拱桥。曾几何时，孩子的读书声、小贩的吆喝声、集市的讨价还价声是这座城市的主旋律。如今，曾经行人熙攘的古城街弄，略显冷清，但其蕴含的定海城厢文化韵味与人们生活的变迁愈加浓烈，文化含义已然超越了交通功能。定海古城是不可再生的文化资源。

城墙以内的古定海城，功能区分清晰，行政区在城中，以县衙为核心，北为武备、东为学政、西为宗教。居民生活集中在东大街、西大街以北的区域，商业分布集中于东大街、西大街以南。

城墙以外，从南门外的半路亭一直延伸到海边的道头，街市因码头而兴起。定海人开门见海，出门乘船，生来就有海的气魄、海的胸怀、海的性格、海的精神。明末清初，西风东渐，五口通商，定海的航运业发展很快。道头一带渔船、客船、货船的靠泊量迅速上升。汇集了大量的人流物流，形成以卫海路、隆泰行弄、保定弄为中心，以经营南货北货、食品医药、建筑材料、船用商品为主，鱼行、米行、木材行众多的衙头街市。这是因海因船因航运而兴起的街市。

定海古城内，大户人家多、庙多、井多，居民便以此名弄堂，信手拈来，非常常见。如都神殿弄、鲁班殿弄、东管庙弄、太保庙弄、染店弄、大田园跟、桑园弄等。有几条弄堂是被直白地命名的。因为它们在城墙脚下，就被命名为城墙脚下弄。如今，城墙不再弄犹存。

北门右城跟弄：因位于古城北门右侧得名，东西走向，东接石柱弄，西至人民路，长 105 米，宽 2 米。相对应另有北门左城跟弄，从人民北路至桑园弄。

西门左城脚跟弄：因位于城西门左侧得名，在西大街西段北侧，南北走向，长 208 米，宽 2 米。相对应另有右城脚跟弄。

东门右城跟弄：南北走向，南起东大街，北至鳌山，长 150 米，宽 3 米。

弄堂，即房屋之间的过道弄；如城东的郑家弄，城西的金家弄等。

陶家弄：城区中部，南北走向，南接解放西路，北至总府弄，长 260 米，宽 2 米左右。传说因陶姓居民聚居于此而得名。后弄内开设成泰当店，也称新当店弄。抗战初期，当店歇业，复称陶家弄。2010 年，陶家弄内一边为新店铺，一边为老房子，商业兴旺。

张家弄:东西走向,东起芙蓉洲路,西至东管庙弄,长 88 米,宽 3 米。相传明代状元张信后代住在弄内,故名。2010 年,张家弄已经不是一条弄堂,而是一个开放式的住宅小区。

书院弄:东起人民北路,西至建国路,长 292 米,宽 3 米。康熙年间,定海知县缪燧为官清廉,为民谋利,百姓拥戴他,专门为他建了一座生祠—缪公功德祠。缪燧不肯受,将它改作祭祀孔子的殿宇。缪燧去世后,殿宇改成为书院。后人为纪念缪燧,书院称蓉浦书院(缪燧字蓉浦)。因弄内有书院,故名书院弄。

东管庙弄:南起东大街,北至昌国路,长 330 米,宽 4 米,石板路面。原有东管庙在弄内。这一地区的房屋布局因城市建设而改变较大。至 2010 年,东管庙弄西侧的一些深宅大院还保存较好。

荷花井弄:东起留方路,西至建国路,长 105 米,宽 1.2 米。因为元代在那里建昌国州的州署,州署东边建有一座爱莲堂,堂前有莲池。后来莲池淤积成平地,留下地名荷花井弄。

老字号店铺是居民挥之不去的记忆,有老字号店铺的弄堂自然用老字号命名。如泉大弄(泉大酱园)、顺裕弄(徐顺裕布店)、隆泰行弄(隆泰咸货行)等。

恒丰弄:南起留方井,向北转西至建国路,长 155 米,宽 2.2 米,石板路面,因弄内的恒丰酱园而得名。这一带老弄堂很多,密如蛛网,曲折如迷宫。恒丰弄 1 号是一座精美的老宅。

广生弄:南起聚魁弄,北至东大街,长 100 米,宽 2 米,因弄内有广生店铺而得名。

一些弄堂就在定海历史上的政治、军事等设施的附近,因此得名的如总府弄、县府弄、前府街、钞关弄、炮房弄等。

帅旗弄:东起灯笼桥,西至留方路,长 465 米,宽 2 米。明代抗倭,在舟山置宁绍参将府,一度参将(俗称舟山参将)梅魁驻守舟山。参将府附近弄口竖起"梅"字帅旗,这条弄因此得名。2010 年,弄堂东侧为帅旗公寓。

前太平弄:南起西大街,北至昌国路,长 230 米,宽 2 米。清代定海经历废弃和展复磨难,设立定海县后,老百姓希望能过上太平日子,把总镇府附近的三条小弄堂分别命名为前太平弄、中太平弄和后太平弄。

定海古城,地势北高南低,在河道没有开凿之前,一下雨,山水由北至南直冲而下,流入大海,形成一条很宽阔的浦(涨潮海水溯浦而上,大雨经浦入海)。这条浦的位置大约就是现今的人民路。涨潮时,海水循着浦倒灌进来,船舶可以一直驶到道隆山下。

为使田地、房屋免受海潮侵蚀,留住雨水,世代居民捍卤蓄淡,筑塘建碶,以致留有很多含有"塘""碶"字的地名。如杨家塘、周家塘、郑家塘、胡家塘、盛家塘、陈家塘、朱家塘、戴家塘等。

横塘弄:定海城中部,曾负盛名,久已消失。原南起西大街,向北转西至中大街,长 250 米,宽 3.5 米。曾是一条横塘,故名。

几条有地方文化色彩弄堂,另有意境。

吉庆里:南起城隍庙前向北转,西至总府弄,长 100 米,宽 2 米。旧时,弄内聚居的多为新婚人家吹打奏乐及抬轿者,因此得名。在旧社会这些人的地位很低,被称为"贱民"或"堕民”。称弄为里，北方多见，舟山少闻，显示出地方文化特色。

独人弄：顾名思义，也知道这是条很窄的弄堂，只能容一人通过。独人弄在总府路的北端，以前确是一条仅宽 1 米的小弄堂，2010 年，已经成为一条挺宽的路，两旁是店铺和居民楼，路两边都停放着汽车。变化很大，唯有名称不变。城市变迁，这里可见一斑。

柴水弄：南起解放路，北至西大街，长 236 米，宽 2.5 米。弄名的起源有两种说法。一种称弄曾是柴、水集贸场所，故名。另一种则说，这条弄靠近西大街与解放西路的两个出口处，旧时均有一处小便槽。此处闹猛，行人多，有小便槽可供行人方便，颇受人们青睐。因定海方言小便（撤水）“柴水”近音，“撤水”弄写成“柴水弄”示雅。

杨希栋、任氏兄弟与舟山灯塔

太平山灯塔原名沥表嘴灯塔，在沥港大鹏山西北角，与宁波蟹浦、伏龙山遥对，导航沪甬航线船舶进入甬江及境内各种船舶。清光绪二十八年（1902），大鹏岛人杨希栋建造，经费来自南北号船商捐募。杨希栋（1849 ～ 1924）大鹏岛人。早年家境贫困，航海为业。大鹏岛西北角沥表嘴潮急礁多，过往船舶常有触礁沉没。杨希栋看在眼里，急在心里。清光绪二十八年（1902），乃募资建灯塔导航。当时频繁往返于沈家门和石浦经商的任筱和、任筱孚，积极响应杨希栋募资建塔之善举，慷慨解囊。历 5 年至 1906 年而成，开定海私人建灯塔先例。塔为砖垒，光源灯内燃植物油。其子圣波（1901 ～ 1940）继承父志，于民国 22 年（1933）独资万余元改建沥表嘴灯塔。改建后的塔身水泥砌筑，圆柱形，高 8.9 米，内置铸铁旋梯达塔顶。灯高海拔 87 米，光源由油灯改装为汽油灯。光线强，射程远。但终因运行费用过高，杨家私人难以独巨额公益而熄灭。海关闻讯，派史瑞昌前往接收管理，灯塔继续发光。2005 年，人民政府出资，大鹏山灯塔进行自动化改造。改造后的灯塔保留历史灯塔原貌，塔身高 8.9 米，灯高 87 米，射程 16 海里，是沪甬航线上的重要航标之一。现由上海海事局镇海航标处管理。

大菜花山灯塔建在大菜花山岛上。大菜花山在舟山群岛西南部西堠门北口、金塘岛北。岛因东北岸多岬角，犹如菜花瓣，且面积大于东北侧小菜花岛，故名。灯塔在岛北坡，以岛命名。西堠门航道多，暗礁多。民国十六年（1927），任筱和、任筱甫（孚）兄弟俩于大菜花山东北坡上募建灯塔，置塔于水泥平顶屋上（今菜花山灯塔前身），塔身砖垒，上置玻璃，内燃植物油灯，长夜不灭，以识别西堠门暗礁，为驶经灰鳖洋的商船、渔船导航。修建、管理灯塔由任筱和主持，向上海海关争取灯油给养，劝募资金等由任筱孚主持。筱和死后，筱孚独立难支，遂将灯塔无条件奉献国家。现由上海海事局镇海航标处管理。

继思桥与“夏阁老”

继思桥建于乾隆五年（1740 年），桥体石材为钓山版的“糯米红”，桥栏又长又厚的红石条上，北向镌“乾隆庚申造”字样，判定为古桥原貌，红石板也已经风化腐蚀，斑驳脱落。南向刻“继思桥”三个行书大字，左右有“嘉庆柒年陆宗重建”字样。乡人传说，这是当年(嘉庆七年，公元1802年)夏家陆宗太公重建古桥时所记。说桥旁一口古井，历史比桥还早，井水清澈，长年不涸。井前左右原立有护井雕狮石柱，近年修筑水泥村道时，井圈改修为方井圈，一只石柱被移往“继思桥”边河埠上，另一只石柱不知去向。桥旁即夏家“七架屋”。乡人代代相转，南山先有“七架屋”，后有“继思桥”，再有“太平桥”。太平桥于近年修成水泥桥面，桥栏石侧置，已看不出建造之年份。

据乡人介绍，定海双桥南山夏氏祖宗为明代首辅执政夏言，明嘉靖十五年(1536)以礼部尚书兼武英殿大学士进入内阁，不久为首辅执政，后人尊称“夏阁老”。考有关资料，夏言(1482～1548)　明江西贵溪上清桂洲村人，字公谨，号桂洲，隶军藉。武宗正德十二年(1517年)进士。父夏鼎，曾为临清知州。夏言自幼聪明过人，龙虎山一带至今还流传着他不少动人的故事。说是夏言15岁那年，应大学者李东阳邀请，随父亲夏鼎在上清古镇聚餐。应邀客人还有进士孟春、季春和周鼎等人。文人学士相聚，自然风流倜傥，谈吐高雅。李东阳在开席之前扫视一下前来的客人，灵机一动，出对联，上联:“孟春季春唯少仲”，要大家对出下联。在场学人面面相觑，一时都答不上来。夏言应声对道:“夏鼎周鼎独无商”。因为在场的有同榜进士孟春、季春、周鼎等人，李尚书出的联句中，既包含了两个考生的名字，又用了古人对一年四季十二个月的别称，春季三个月，正月为孟春，二月为仲春，三月为季春，合称三春。夏、秋、冬三季也是这种叫法。李尚书上联说的是在坐的只有“孟春”，“季春”，缺少中间的“仲春”。少年夏言一看余人，就有了下联，他的对句，既嵌有其父亲的姓名和另一考生的名字，又用上“夏、商、周”三个朝代名称，也是只有“夏”和“周”，缺少二者之间的“商”。众人拍手称是，传为佳话。夏言是一个才貌俱佳的人，《明史·夏言传》:“言眉目疏朗，美须髯，音吐弘畅，不操乡音，每进讲，帝必目属，欲大用之。”夏言在嘉靖初为谏官，主张废除正德年间的弊政。嘉靖二年(1523年)，夏言以兵科给事中的身份，奉诏偕御史郑本公、主事汪文盛核亲军及京卫冗员，裁汰亲军及京师卫队冗员三千二百人。因为“学博才优”，先后赐绣蟒飞鱼麒麟服、玉带、兼金、上尊、珍馔、时物无数，被世宗重用。嘉靖十五年(1526年)进入内阁，旋为首辅执政，奉旨纂修《大明会典》任总裁。夏言与世宗关系甚密，常随世宗出巡游幸。嘉靖已亥(十八)年(1539年)三月，夏言随世宗朱厚熜祭黄河、望嵩岳、南巡游幸，在河南获嘉县县城南17.5千米渡黄河时书《渡河词碑》，词文跌宕，气势恢弘。

嘉靖二十一年(1542年)被中国历史上著名的奸臣之一南京礼部尚书严嵩(1480～1567年)摈斥去官，严嵩自已兼任武英殿大学士，入阁，二十三年任首辅执政。二十四年(1545年)夏言重被起用，次年因支持陕西总督曾铣收复河套的主张，被严嵩借端弹劾革职。二十七年(1548年)十月，因此与总督曾铣、抗倭重臣张经、谏官杨继盛等均遭杀害。夏言死时年六十有七。夏言妻流放广西，从子礼部主事克承，从孙尚宝丞朝庆，削籍为民。夏克承虽不是夏言的亲生儿子，但叔侄关系非常亲密，夏言视夏克承如己出，夏克承待夏言如生父。世宗好佛，不理朝政。夏言一死，朝廷成为严嵩一统天下。严嵩伙同其子严世藩、义子赵文华卖官鬻爵，敛财聚物，颠倒功罪，混淆是非，导致民不聊生，国库亏空，武备不修，让中国军队在日本强盗面前丢尽了脸，也加速了明朝廷的腐朽和灭亡。

救护“民主 3 号”千余乘客纪实

1955 年 4 月 16 日，载着 1308 名乘客的“民主 3 号”客轮离开上海港，驶往宁波。乘客中，有人民解放军陆军第 20 军 150 人左右，海军舟山基地和第六舰队以及其他海军部队 150 多人，上海籍乘客 200 多人，其余绝大多数为宁波、舟山籍乘客。17 日凌晨雾航，偏离正常航线，在舟山金塘岛西北海域触礁。危急时刻，搭乘该轮的海军第六舰队政委李长如立即赶到驾驶室，要求原想发密码求救的船长改发 SOS 呼救。拿起话筒，亮明身份，命令船上军人舍身保护全体乘客，站到两舷栏杆边围成一道人墙，把近千群众保护在甲板中间，以防有人被挤到海里，另外组织人帮助仍在二三层舱室的乘客迅速转移到上层甲板。客轮还在缓慢地航行。突然前方发现两个亮点，经派人乘救生艇前去联系，是两艘较大的机帆船。李长如马上宣布：先让老人、儿童和妇女乘船返回宁波港。乘客们听从了指挥，救走了 300 多名老弱病残。此时天已渐亮，轮船终于抢滩成功，但下面 3 层舱室已全部进水，海水漫过救生甲板，上层甲板露出海面也不到 1 米，大部分乘客半身浸在海水之中。可是在 300 多名军人的保护下，群众情绪还算稳定。这时，从舟山方向开来了七八艘舰艇，原来是第六舰队副司令员冯尚贤率领赶来营救。同时，宁波军分区派来营救的几艘船舶也先后赶到，全体遇险人员先后登上救援舰艇。

李长如将军于 2002 年逝世。生前他把解放军官兵救援“民主 3 号”轮的经过写在回忆录里。书中写道：一位解放军干部帮一名妇女拎着一个箩筐，里面睡着一对孪生子，他们被送上机帆船后，这位妇女流着热泪说：“解放军是我们的救命恩人啊！”

回忆录最后写道：“两条渔船开走后，约在凌晨 5 时许，解放军有近 20 艘不同类型的舰艇到达现场，一起参加抢救工作，舟嵊要塞区后勤船队的‘英雄 37 号’船救了 800 多人，其余旅客都被其他舰艇先后救上船后送到宁波，而 300 余位解放军官兵是最后离开‘民主 3 号’轮的。就在全体人员离开后不久，‘民主 3 号’轮就沉入了海底。”

可以十分肯定地说，李长如是最后一个撤离轮船的人。

此事在多年后的一次回顾采访中又被挖掘出一个细节。原来，“民主 3 号”触礁后，第一个接到求救信号的是当时的华东海军部队作战参谋余刚，那天凌晨 3 时许，他接到求救信号，立即报告基地副司令张元培，后又报告舰队参谋长马冠三。首长们指示：“立即派出舰艇全力以赴抢救，保证人民的生命和财产安全。”625 炮艇最早到达失事地点并第一个靠上客轮的左舷，搁好跳板首批接下了 120 多名乘客，主要是老人、妇女和儿童。他们将受惊的乘客安排在两个舱室，送上茶水和点心，并安排老人在床铺休息，直接送到宁波白沙码头。接着“英雄 37 号”靠上客轮，800 多人获救。

杨圣波父子与金塘大鹏埠头息影亭

金塘沥港大鹏碶南面东边有个凉亭，叫息影亭。据记载，亭子始建于1921年，至今已有整整90个年头。亭子正面墙体中间镶嵌着一块宽115厘米、高55厘米勒石，记载杨希栋出资兴建大鹏渡船埠头和其儿子杨圣波修建该埠头的史实。

杨圣波，小名，宝训，金塘大鹏村人。出生于清光绪二十七年（1901）一个船工家庭。大鹏沥表嘴灯塔始建人杨希栋之子。杨圣波曾在旧上海航政局任职。

上世纪三十年代，大鹏岛船商云集，运输发达，经济繁荣，岛上800多户居民有船商几十户，“蓝眉毛”、“绿眉毛”、“大北船”等运输船只50余艘，航运于青岛、烟台、大连等地。时人称该岛为“小上海”。

大鹏岛东北面沥表嘴海域是北来南往船舶必经航线，这里礁多流急，海况复杂，时有触礁、沉船海难事故发生。为改善航行条件，船工出身的杨希栋，于清光绪二十五年（1899）出资兴建大鹏沥表嘴灯塔，为过往船只导航，此后这一海域海难事故大为减少。

大鹏岛至沥港隔江相望，江宽300米，岛上3000多居民往返沥港，靠3艘舢板船摆渡。大鹏港口向有古埠头一座，坊间称为老埠头。后因航运船舶往来频繁，上下摆渡客人增多，老埠头拥挤不堪。1921年，杨希栋出资，在老埠头西首200米、大鹏碶南面新建埠头一座，取名为杨升记埠头。埠头旁另建候船亭一座，供过往摆渡客人避风躲雨歇息，取名为息影亭。

杨希栋去世后，埠头、凉亭经风吹浪打，破败不堪，逐渐坍塌。

时任上海航政局代局长之职的杨圣波遵父遗愿，于1933年出资万元，重修裂表嘴灯塔、大鹏渡口埠头、候船凉亭。灯塔经改造，更具先进。120米乱石埠头栈桥改为大料石条后，埠头平坦又牢固，改善了摆渡条件。重修后的候船凉亭焕然一新，乡民无不拍手称好。

杨氏父子乐做善事，在大鹏岛口碑载道，名垂千秋。

为维护过往船舶有序停靠，上下过渡客人免于拥挤，大鹏渡船埠头修缮后，定海县县长谢任难特发县政府第45号布告，全文刻在石碑中。该勒石置于息影亭内，详细的记录埠头和息影亭的建造与修建过程。

布告称：“鹏山古老道头口南面，永丰碶南首，杨升记户册内地方建筑道头一座，定名升记道头，计阔八尺另，长四十余丈。又另建息影亭一座，其开办经费由老父世棠公独自筹款建筑，以全公益。现历年已久，逐渐坍塌，上落不便，丁今春由圣波捐资修饰，为求永久坚固起见，将乱石一律改用大料石条，计工料费壹仟八百余元整，息影亭一座亦已年久陈旧，期待改建，正在计划中。”公告还对维护埠头秩序作出明确规定：“惟查各帮渔船停泊，前经规定：太平道头归众渔船停泊卸装，俟脱卸完罄即刻开放，不得故意停泊。由升记道头专归航渡以及往来行船停泊之所用。为免除冲突而利交通，于民国十年七月呈求钧著告示晓谕在案，兹以工程将告竣，深恐日久玩空，肇生事端，为此具文呈请鉴核，俯赐出示晓谕周知，以资勒石而求永久，实为公便。”布告强调：“该公民修筑道头实为船只停泊计，免于上落拥挤，务应遵照按埠分别停泊，免致冲突为要。”

随着时光流逝、社会进步，解放后，大鹏岛至沥港渡船由钢质渡轮代替，靠船埠头建成了趸船码头。杨圣波父子兴建的大鹏渡船埠头、候船凉亭仍在。

舟山游客从定海老塘山港乘邮轮首次直航台湾观光

2010年9月27日，在定海老塘山码头，约1200名游客跟随"南海观音宝岛慈航访问团"，登上"歌诗达·经典"号豪华邮轮，开启四天三夜邮轮首次由定海直航台湾的观光旅行。

"南海观音慈航宝岛"之行，由普陀山佛教协会会长、普济禅寺方丈道慈大和尚带领108位僧人和218位居士，乘坐邮轮、护送1000尊南海观音像直航台湾，举办"慈航宝岛"祈法会等弘扬佛法的各项交流活动，还赠送1000尊观音宝像给台湾各寺院供奉。这次包租邮轮直航台湾经国家交通部特批。活动由舟山群岛旅游投资开发有限公司组织，1200名舟山游客持"大陆往来台湾通行证"和"登船证"同船抵达台湾，开启岛城邮轮旅游先河。

"歌诗达·经典"号邮轮，总吨位53000吨，有11个甲板供游客使用。有2个游泳池，4个室外水按摩浴缸、250米慢跑跑道、餐厅、多功能酒吧、剧院、休闲吧、棋牌室、图书馆、全方位观测台、儿童乐园，以及设有免税店的购物中心等服务设施。

第三章　谚　语

定海地处海岛，灾害性天气以风、暴、潮、雾为甚。研究掌握风、暴、潮、雾的发生、发展规律，是确保海上交通运输安全的基础。定海历史上重大的海损事故，因欠识风、暴、潮、雾而功亏一篑者不乏其例。前事不忘，后事之师。

东　风　谚

春东风，雨祖宗；夏东风，晒虾公。

东南风，雨太公；东北风，燥烘烘。

东风急吼吼，难过五更头。

东风带雨勿拢洋，挫转西风叫爹娘。

东风漫涌浪如山，挫转西风雨打弹。

东风海底掏，西风海面刨。

东风夜唱有风暴，开门南风关门暴。

春秋东风不愁旱，六月东风一场空。

东风浪翻山，西风雨打弹。

一年三季东风雨。
涝刮东风不放晴，伏里东风不下雨。
东风海底掏，西风海面毛。

南　风　谚

二月南风起，落雨在夜里。
冬季南风刮三天，不雨也阴天。
三月南风落大雨，四月南风河底干。
五月南风做大水，六月南风井底干。
暑要南，寒要北，反了风向大雨落。
冬季南风猛，来日雪花扬。
夏南风无雨，冬南风不晴。
南风转北风，大雨落成河。
一日南风三日暴，三日南风呒没暴。
秋发南风雨成潭，秋发北风田开裂。
冬天大南风，必定有霜冻。
秋后南风当时雨，霜后南风连夜雨。
十二月里南风吹，过不多久雨相陪。

西　风　谚

西北风，燥烘烘。
西风煞雨脚。
西北风转温，晴天后头跟。
秋冬西北风，日日好天空。
伏里东风井底干，伏里西风水漫天。
日转西风连夜雨。
西风伽历历，冻煞小麻皮。
春西北，好晒被，冬西北，放晴天。
夏至西北风，连日雨蒙蒙。
早西夜南晏东风，晒死河底老虾公。
梅里西风做大水。
西风勿过午，过午就是虎。
西风勿过酉（酉时，17 ～ 19 时），过酉连夜吼。

北　风　谚

北风不受南风欺。

六月北风转，绵绵雨不断。

秋前北风雨，秋后北风晴。

秋黄老北风，晒煞河底老虾公。

六七月里吹北风，一二日内有台风。

西风突转北风起，雨雪煞时到眼前。

北风冲顶天气晴，北风扫地天气阴。

入伏北风当天雨。

秋前北风风后雨，秋后北风旱到底。

冬天北风起，大雪满天飞。

风　雨　谚

干风树上叫，雨风地下扫。

地面一旦旋风起，不过三天有雨滴。

云彩对风行，天气莫望晴。

风是雨的头，风狂雨骤收。

久晴起风雨，久雨起风晴。

地上刮风云不动，风向瞬间要变动。

云行逆风天气变，逆风行云有大雨。

落了开门雨，呒没昼过水。

疾风逆行，大雨淋淋。

春东风，雨祖宗。

立春落雨到清明。

燕子低飞雨天报，燕子高飞晴天告。

风　潮　谚

东风未发浪先生，黄牛未生头先盛(露)。

东北风，浪祖宗。

东风打过更，雨在门口张。

东北偏北，草绳绷(固定)屋；

东南煞北，撑船进屋。

南风出西潮，打暴有先兆。

西风勿过午，过午猛如虎。

南风怕晒，北风怕挨。
西风落水摇进关，橹柱摇断一梭篮。

辨　云　谚

日落乌云涨，半夜听雨响。
乌云接山脊，有雨在夜里。
早上红云雨连连，夜晚红云火烧天。
瓦爿云，晒煞人。
雨中破云明，明朝好放晴。
满天一色云，遍地雨蒙蒙。
云头打架，必有雨下。
日落西山乌云发，过了半夜雨要落。
乌云接日高，有雨在明朝。
黄昏上云半夜雨，半夜上云雨来临。
早上云遮东，不雨就是风。
二更上云三更开，三更上云雨就来。
今日花花云，明朝晒煞侬。
乌头云风，白头云雨。
云似灰布，大雨不住。
天顶乱云绞，风雨来不小。

雷　雨　谚

先打雷，后刮风，有雨也不凶。
三月雨蒙蒙，必定起狂风。
清明要明，谷雨要雨。
雷声绕天转，有雨不久远。
闪电不打雷，燥风不带水。
雷打雪，雨不歇。
春东风，雨祖宗。
立春落雨到清明。
海水响闷雷，台风到门口。
先雷后雨不长久，先雨后雷落不停。
雷响天顶，有雨不猛；雷响天边，大水连天。
打炸雷，雨缩回；雷哼哼，雨倾盆。

雷响惊蛰前，七七四十九日不见天。

“惊蛰”闻雷，“小满”发水。

“小暑”一声雷，翻转重做梅。

久雨闻雷声，马上会天晴。

春打雷，雨相随。

三月天闷必有暴，六月响雷勿做风。

响雷雨易停，闷雷天难晴。

一场秋雨一场寒，十场秋雨要穿棉。

十月打响雷，棉被床上堆。

冬天起雾次日雨。

雷响过北，道地晒谷。

雾　露　谚

晨起雾露，晒破葫芦。

久晴大雾雨，久雨大雾晴。

春天起雾雨绵绵，夏天起雾连晴天。

一连三朝雾，西风兜屁股。

有露起云，雨脚已动。

霜夹雾，旱得井也枯。

夜雾雨，早雾晴，重雾三日大雨淋。

雾下山，地不干。

春雾雨，夏雾火，秋雾风，冬雾雪。

秋天起雾凉风吹，冬天起雾雪满堆。

黄梅时节有雾露，大雨已经到半路。

云吃雾落雨，雾吃云放晴。

露水直到中午干，晴天就要转阴天。

重阳一朝雾，晚稻要烂糊。

旱天起雾，天顶漏雨。

清晨浓雾，天晴不误。

物　候　谚

盐坛出汗，有雨相随。

燕子低飞蛇绊道，大雨不久就要到。

蜻蜓飞屋檐，风雨在眼前。

蚂蚁拦路，大雨如注。

蛇过道，大雨到。

雨中知了叫，预报晴天到。

青蛙夜夜叫，雨水少不了。

鸡鸭出笼早，不久雨就到。

河面鱼打花，天上有雨下。

石头出汗，河水要漫。

蚂蟥水面游，是个雨兆头。

咸鱼滴卤，大雨如注。

燕子贴地飞，出门带蓑衣。

蜻蜓高，晒得焦；蜻蜓低，雨凄凄。

蚂蚁垒窝，大雨成河。

蚯蚓出洞，不雨也风。

蚂蚁爬上灶，大水漫进岙。

蜜蜂出窝天放晴，鸡不入笼阴雨临。

缸穿裙，雨倾盆。

泥鳅吹泡，大雨要到。

风 暴 谣

正月初四土地落地暴　　正月初六上帝暴

正月初八上八暴　　正月十三上灯暴

正月十五三官暴　　正月十八落灯暴

二月初二冷风暴　　二月初六六亭暴

二月十九观音暴　　二月廿四癞狮出洞暴

清明节清明暴　　三月初三染土暴

三月十五三月半暴　　三月十九落洋暴

三月廿三娘娘暴　　四月初八牛王暴

六月十二彭祖暴　　六月十九观音暴

六月廿四雷公暴　　七月十五三官暴

九月初九重阳暴　　九月廿七廿七暴

十月初十小林（或十阳）暴　　十月十五三官暴

十月十九观音暴　　十月廿三沙和尚过江暴

十月廿五太子暴　　十月三十连星落地暴

十一月十六拖地暴　　冬至冬至暴

十二月初五乌龟暴　　十二月十三沙和尚过江暴

十二月廿三掸尘暴

（定海群众俗称刮大风为“打暴”，刮台风（热带气旋）为“做风水”。“暴”就是按季节气候而行的刮大风，期间若挨上台风，破坏性就更大。暴期所指为农历时序。在暴期外出现的风暴，俗称“野暴”，非常年惯行气候。

潮　汐　谣

海上航行，与海水流速、流向（潮汛）密切相关。船舶航行以风帆为动力时代，还与风向、风力相关切。“老大不识潮，吃苦伙计摇”。海岛人在长期生活实践中形成一个约定俗成的“潮水口诀”。以定海港港口的潮涨潮落时辰为例：

初一、月半昼过平，潮水落出吃点心。

初二、十六、早北夜北，初三、十七，潮涨日出。（北：北水，落潮水，北来潮水）

初四、十八，起更赶涂，初五、二十潮，天亮落半潮。

初八、十八，脱底小水，初九二十四，早晚南水。

十一、二十五潮落晚，日落西山夜南水。

二十五、二十六，潮涨早饭熟。

二十七、十二鸡啼涨，潮到埠头大天亮。

二十九、十四潮水旺，渔网扯断剩条纲。

潮大十二三，早晚满上滩。

上半个月月领潮，下半个月潮催月。

（昼过。指午后。早北夜北，指早上北水（落潮水），入夜北水。起更，指计更起始，时值子夜；赶涂，捕捞泥涂（潮间带）海产，说明此时潮水落出。南水。南来潮水，涨水。潮到埠头，指潮水涨平。潮水旺。指流速急，大涨、大落时潮水最急。纲，渔网上的纲绳，网纲举而网目张。）

潮　汐　谚

月上滩，潮上滩；月落山，潮落滩。

上半月，月领潮；下半月，潮领月。

一十、廿五，笃底小水。

初二、十六，早北夜北。

初二、十六昼过平，潮水落出吃点心。

初三、十七，潮水涨起日头直。

初四、十八起更爬。

初五、二十潮，早夜落半潮。

初八、廿三，拖虾回来吃夜饭。

初九、廿四，早晚南水。

初十、廿五，跌落晚，日落西山夜南水。
廿五、六，潮涨饭熟。
廿七、十二，鸡啼涨，潮到滩头大天亮。
廿八、十二夜，潮沙滩暗。
廿九、十四潮水旺，渔网扯断剩条纲。
冬涨一日，夏落一夜。
老大不识潮，吃亏伙计摇。
大水平潮小水潭，起水下五半夜潮。
（补充：舟山海域潮水，通常每隔 11.6 小时涨落 1 次。潮流按顺时针方向变化）

风 浪 谚

大风未生海先知。
无风三尺浪，有风浪打浪。
天上黄云，地上猛风。
东北风，浪太公。
春夏西风不过午，过午就是风老虎。
东风海底淘，西风海面刨。
乌云脚底白，预告大风刮。
日落西山半天红，勿是雨来就是风。
东风来，浪插顶，西风来，海生病。
日落胭脂红，无雨也有风；日落胭脂红，明朝雨夹风
江爿飞进岙，大水漫上灶。（江爿：海鸥）
霜降南风连夜雨。
风水底隔动，风暴浮面浪。
春天发东风，何必问天公。
五月南风大水赴，六月南风海也枯。
起风北水多，止风南水多。
南风发一发，心头卤水喝；西风窜一窜，心头宽一宽。
南风息落，雨点滴落。
早怕南风涨，晚怕北风退。（退：退潮，即落潮）
夏至吹南风，大旱六十天。夏至西南风，连日雨蒙蒙。
东北风，雨祖宗，东南风，燥烘烘。
早起放东风，日出好天空。
西风不过西，过西连夜吼。
北风怕晒，南风怕挨（音同拼音字母 a）。

起水打风，打到潮松。

西边乌云堆成墙，转眼北风呼呼响。

东风漫涌浪如山，挫转西风雨打弹。

三日雾蒙蒙，接着起狂风。

三日南风缓缓暴，十二月南风招雪飘。

今朝雾，明朝雾，一连三日雾，西风追屁股。

早西夜北晏东风，晒煞河底老虾公。

日晕雨，月晕风。

南风一歇，西风起窜。

南闪北勿动，北闪猛南风。

东风未发浪先生，黄牛未生头先盛。

东头一闪，大树拔起。

东闪风，西闪空。

南风夜里猛，只怕大天亮。

东风打过更，雨在门外张。

东风外做进，缺乏老番并。（番并：指银洋）

东北偏北，草绳绷屋；东南封北，撑船进屋。

滩横生浪叫声哄，不久有台风。

风水未到浪头滚，浪头圆圆浪面大，船头掉转快回家。

东风带雨不拢洋，挫转西风叫爹娘。

东风带雨不拢洋，老大拖来斩肉浆。

浪拍岩礁“啃啃”响，天气就要大变样。

春风怕日炙。

春南夏北，有风必雨。

浪叫有礁，鸟叫山到。

七月甩，八月烂。

天神未知，海神知；天盘未动，地盘动。

人怕老来病，天怕风后挨。

两夹潮，网翻肚，风暴追屁股。

海上起蛮涌，必定有大风。

秋旺老北风，晒煞河底老虾公。

暴　期　谚

野猪头云西边起，风水快到眼面前。

腊月南雨风是暴娘。

起九打暴，九头有暴。

海浪涌进岙，台风就要到。

海水臭，风将起；下隔动，有台风。

春暴勿过昼，春风怕日炙。

南风出西浪，一定要打暴。

沙洋老龙叫，夏天风水到，冬天要打暴。

西边黑云起，风暴在眼前。

东北风倒盛，西南风暴娘。

东风夜唱风暴发狂。

六七月里刮北风，一两天内有台风。

霜落南风一朝暴。

小潮像大潮，台风随后到。

南风出西潮，必定要打暴。

鲨鱼露面，台风勿远。

一日南风一日暴，三日南风雨直倒。

一日南风一日暴，两日南风两日暴，三日南风猛虎暴。

一日南风一日暴，开门南风关门暴。

隔日南风隔日暴，缓缓南风剧烈暴。

一日南风三日暴，三日南风狗钻灶。

石子归堆燕低飞，台风就在眼面前。

一鸥晴，二鸥雨，三鸥做风水，四鸥捧屋柱。

三月天闷闷，那是暴抽风。

《定海交通志（送审稿）》终审评审意见

2016 年 6 月 24 日，《定海交通志（送审稿）》终审评审会议在舟山市定海区交通运输局四楼会议室召开。应定海交通志编纂委员会邀请，省、地两级交通业务主管部门领导、地方志撰编专家 11 人，组成以周永富为组长的领导（专家）评审组，终审评审《定海交通志（送审稿）》。

专家组成员一致认为：《定海交通志》编纂组织健全，程序合法，操作规范，运行科学，遵守国务院《地方志工作条例》。

《定海交通志（送审稿）》内容丰富，资料翔实，观点正确，编排合理，言词质朴，文笔流畅，特色鲜明，且有创新，图文并茂，版面活泼。是一部定海交通发展历史上不可多得的好志书。

希望根据本次会议提出的意见和建议，查漏补缺，消灭“硬伤”，精雕细刻，精益求精，早日圆满，付梓出版。

专家组成员（签名）：

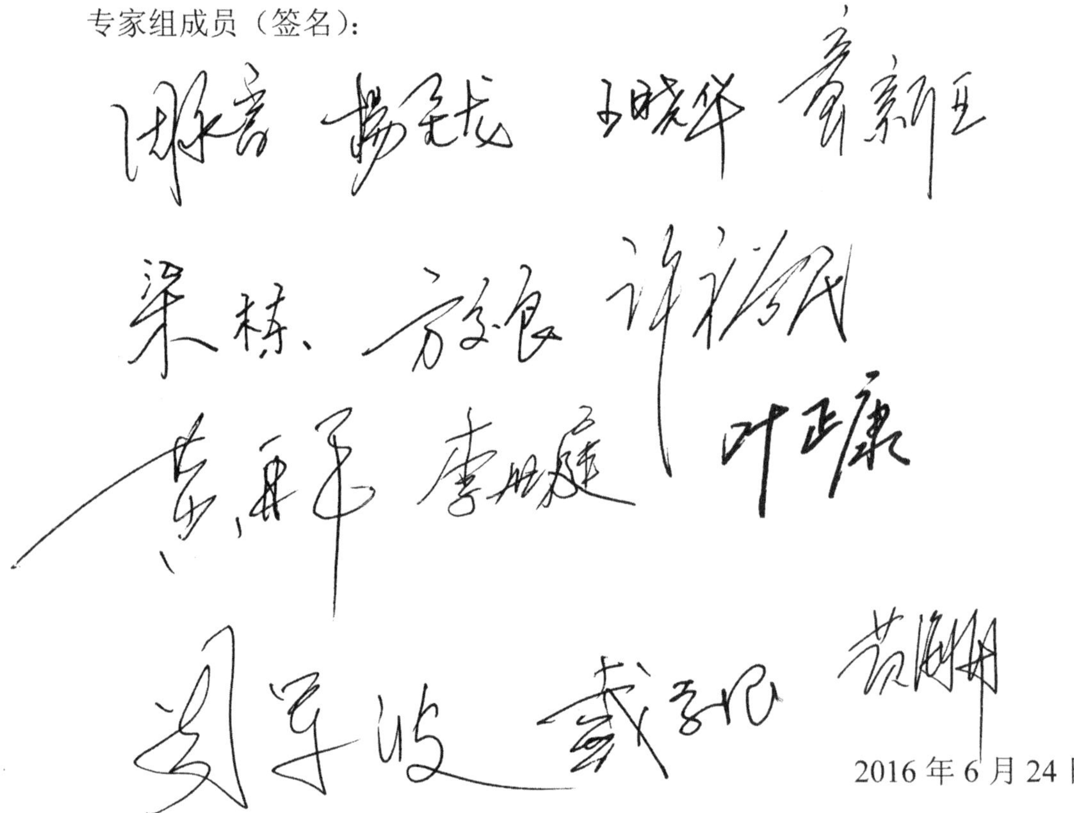

2016 年 6 月 24 日

跋

《定海交通志（1989~2010）》编纂委员会编纂的《定海交通志（1989~2010）》（以下简称《续志》）是1996年版的《定海交通志》（以下简称《前志》）的续志。《前志》1988年3月6日启动编修，1996年8月出版，上溯事物发端，下限1988年，全书31.4万字。《续志》主要记述1989年~2010年定海交通发展的历程。设11编51章166节。序言、凡例、概述、大事记导前，丛录殿后，约95万字。卷首置彩色照片和地图，随文插入照片111幅。

《续志》按照志书的特定体例谋篇设章，整体布局，通篇以及篇目、章节设置上，力求高定位，宽视野、新思维，紧扣“海”字，围绕“时代、港口、海岛交通”展开，彰显定海交通在定海经济社会发展中的地位和作为。为了实现这个目标，编纂者在试图探索全书格局、布局过程中，还勇于独辟蹊径，目的是希望编纂出一部具有时代特色、行业特色、地方特色的专业志来。《续志》编纂者始终坚持以改革开放主旋律贯穿通篇，重点记述改革开放20年间，定海交通事业变化发展的轨迹。坚持尊重历史，确保质量，经得起检验，如实反映定海交通历史和现状，辩证、客观记述定海交通各个时期前进发展步伐，真实记录定海交通基础设施建设和交通运输业发展面貌，客观看待定海交通运输管理工作的经验、教训和成果。当今海洋经济已成为国家战略。2011年6月30日国务院批复设立浙江舟山群岛新区，定海交通运输业的发展恰逢合上新区建设步伐。2016年4月19日国务院又批复同意设立舟山江海联运服务中心，赋予定海交通发展以更重要、更关键、更深刻的历史使命。《续志》必须凸显展示定海区域在发挥海洋经济国家战略和国家级新区建设中的区位优势、海岛优势、深水港优势，职能作用和职责担当，这是前所未有的，也是《前志》所无法预见的。《续志》尝试弥补《前志》缺失，做些拾遗补阙工作。《前志》没有反映定海区自然环境的内容，《续志》新设自然环境篇，重点反映境内岸线资料，意在满足方便处在定海交通发展新时期的新的利用者的需求。名人故里，《前志》已经记述的，《续志》不重复，只记述新发现的。定海古城街巷内容，《前志》已有的，《续志》不单列章节，须要反映的内容，仅在旅游资源章节中略述。

《续志》由舟山市定海区交通运输局依据国务院《地方志工作条例》，依据省交通厅批转的《〈浙江省交通志〉编纂委员会〈浙江省交通志〉编纂工作实施方案》，依据舟山市交通委（局）关于编修市县（区）交通志的指示精神组织实施，做到思想落实，组织落实，人员落实和经费落实。强有力的组织领导使《续志》的编修工作历经6年，领导班子主要成员虽有调整变动，而领导工作、编修工作一直没有中断，每届领导都一如既往地给予关心支持，取得时间投入，财力投入等最佳的回报，功在领导班子的高瞻远瞩和锲而不舍。

《续志》启动于 2009 年 8 月 29 日。晚启动于本市兄弟县（区）交通局 1 年多时间。《续志》编修过程中，我们面临诸多困难，第一个棘手的是：定海历来是舟山政治、文化中心，市级政府机关和市属企事业单位多数在定海。交通是社会性的，须“属地入志”。而向市级政府机关（局办）市级企事业单位征集、收集“定海交通志”材料困难重重。被征集（搜集）者出于各种原因，往往不是强调保密，就是以时间久了不好找等原因推托，给我们工作增加不少难度，这是其一。其二《续志》编纂如何把握、拿捏围绕定海交通主题兼顾市属一块，跳出定海区交通局行政圈子，用大视角、宽视野，审视定海交通的作用和地位，《续志》必须直面回答这一问题。而 1994 年 7 月～ 2001 年 8 月，市委、市政府创新管理体制，实施市、区两级政府机构合署办公。期间办公室电脑尚未普及，人们保存历史资料意识不是很强，合署期间，市、区两级机关干部在整合办公室过程中，因为“轻装”、“消肿”，加上一些干部因为岗位调整，职务变动、思想尚未稳定，把不该丢的资料作废纸丢失或烧毁。保存下来的定海块交通原始资料缺门断线比比皆是。这又增加了我们工作难度。再者，合署后，许多原始数据，市和区叠加、融合在市一块，定海单独块的资料很难区别分割出来。所以收集（征集）这期间的定海块交通资料不仅少，而且不健全。

第二个棘手的问题是：《前志》已出版，《前志》《续志》各有上下限。《续志》要不要在时间上“一刀切”，是否在 1988 年和 1989 年，2010 年以后的时间段划一条硬杠杠。《续志》编修者经过反复推敲、权衡，最后认为，《续志》必须保持资料的完整性，连贯性，历史性，不能搞“一刀切”。编纂中如何做好两本志书时间上的衔接，也是摆在我们面前的一大难题。《续志》处理的办法是上限、下限均略有追溯和延伸。《续志》下限 2010 年，重大突出的事物延伸到出版。

回顾《续志》编修走过的历程，从时间上分大致可分为两个阶段，第一阶段初稿形成是关键。这一阶段，从志书的整体构思、篇目设计、资料（包括文字、图照）搜（征）集、采编（向有关部门、单位）、组稿、打字、校对，斟酌、推敲、修改、完善、补充，到形成初稿，在人员少、工作量大的情况下，花 4 年 1 个月 18 天。第二阶段从统稿开始至今（2013 年 10 月 17 日~2016 年 4 月）主要任务是提高志稿质量，傍证博引，考证资料，消灭差错，忽略因为一些不可预见因素，牵扯、拖延的时间，到完成终审稿交付印刷厂印刷，历时 2 年 6 个月 13 天。

“有志者，事竟成。”面对困难和不利条件，编纂者凭着强烈的事业心和责任感，凭着意志和决心，凭着执着和韧劲，迎着困难，有条件上，没条件创造条件也要上。在实际工作中边干边学，四处奔波，不耻下问，发愤忘食，乐以忘忧，广征博采，切磋琢磨，千淘万漉，去伪存真，终于迎来完成终审，付梓出版。6 年历程，编纂者经历过贴冷面孔，坐冷板凳的尴尬心酸境遇，体会过从印刷厂拿到装订成册的志书稚形的内心喜悦和由衷快乐。期间，完成初稿后又几易其稿，反复推敲，数次修改，甜酸苦辣，倍感艰辛。通过终审后，又根据专家意见进行修改、充实、补充，润色、完善。6 年经历不寻常，字字句句皆心酸。定海交通续志从立项、着手编写到付印出版，凝结着各级领导的重视和各个单位的辛勤。是集体智慧，“众志成城”

的结晶。尤其初稿形成后，得到了地方志专家章新亚老师的帮助和支持，得到了市交通运输局、岱山、普陀、嵊泗交通运输局和境内外涉及定海交通志内容的各单位的大力支持，百忙中为《续志》提供了宝贵的资料，丰富了志书内容。有关领导和单位（部门）还不厌其烦，数次核实史料，让入志史料更具真实性。有的单位还加盖公章予以确认。这样几经反复，才使《续志》内容更加扎实可信。定海区交通局还专门邀请专业人士统稿，从专业角度审阅志书初稿，使初稿体例、图表更规范，要素更简练朴实，图、照、表、文搭配相得益彰。在此，我们再次向他们表示衷心感谢。

当然，由于《续志》资料收集范围广、涉及市级和区单位（部门）多，搜集资（史）料难度大，修志人员虽倾心尽力，辛勤笔耕，但因为原非专业编志人士，也未受过专业培训，水平有限，缺乏经验，缺陷、廖误、疏漏肯定难免，敬请读者多提批评和宝贵指导意见，以利《续志》再版时更规范，更科学，更完美。